All das Vergangene…

Manès Sperber

All das Vergangene...

Die Wasserträger Gottes

Die vergebliche Warnung

Bis man mir Scherben auf die Augen legt

Europaverlag
Wien · Zürich

1. Auflage, 1.–10. Tausend
2. Auflage, 11.–15. Tausend
3. Auflage, 16.–19. Tausend
4. Auflage, 20.–24. Tausend

Umschlag von Kurt Rendl

Medieninhaber Europaverlag GesmbH Wien

Hersteller Carl Ueberreuter Druckerei Ges. m. b. H., Korneuburg
Verlagsort Wien und Herstellungsort Korneuburg
Printed in Austria
ISBN 3-203-50840-0

Inhalt

Vorbemerkung

Wo es sich um »intime« Literatur handelt, gilt es zu unterscheiden zwischen Erinnerungen und Memoiren, zwischen Autobiographie und Tagebuch. Der Leser des Tagebuchs erfährt nicht das Geschehene, sondern erlebt unmittelbar das Geschehene mit – er bleibt in einer vergangenen Gegenwart, die sich vor seinem Geiste allmählich in eine unwiederbringliche Vergangenheit verwandelt. Das Geschehen ist alltäglich; selbst das Tagebuch eines gescheiten Autors vermeidet daher die häufige Erwähnung von Banalem nicht, das sich sehr oft einstellt und zeitweise so ernst genommen wird, als ob es überaus belangreich wäre. In der Erinnerung aber verliert es seine Konturen und bewahrt nur, was mit der Zeit, also später, wichtig, ja für die Zukunft des Tagebuchschreibers bedeutsam geworden ist.

Wesentliches unterscheidet Erinnerungen von den Memoiren: Der Memorialist – nicht selten ein gewesener Feldherr, ein abgedankter Staatsmann, ein weltläufiger Schriftsteller oder Vertrauter eines verstorbenen Machthabers – berichtet über Ereignisse, an denen er als besonderer Zeuge, vielleicht sogar als Urheber oder als Opfer einmal beteiligt gewesen ist. Daher weiß er besser als seine Zeitgenossen, warum und wie sich etwas ereignet hat. Doch steht es fest, daß Memorialisten vergangene Entscheidungen oder Taten in ein für sie günstigeres Licht rücken, so daß sie als Urheber von Siegen, aber selten als Verantwortliche von Niederlagen erscheinen. Memoiren berichten gemäß der Abfolge der Geschehnisse und bringen die historische Bedeutung halbvergessener Ereignisse *zur Geltung.* Erinnerungen *hingegen berichten über* Erlebnisse, *die ein Schicksal, den Erfolg oder Mißerfolg eines tätigen Menschen bestimmt haben.*

Als am Ausgang des Altertums der damals dreiundfünfzigjährige Augustinus *seine Autobiographie verfaßte, gab er ihr den Titel »Confessiones«, mit dem noch viele Jahrhunderte später berühmte Schriftsteller ihre Lebensgeschichte bezeichneten. Das tat z. B.* Jean-Jacques Rousseau, *dessen »Confes-*

sions« auch heute noch, zwei Jahrhunderte später, als ein außerordentliches literarisches Werk gerühmt werden. Und lange nach ihm tat es Leo Tolstoi.

Ohne einer Neigung zu Bekenntnissen nachzugeben, mag auch ein Schriftsteller von heute sein eigenes Leben beschreiben, als ob er »über sich selbst Gericht« halten wollte, indem er die Vorteile eines Angeklagten in Anspruch nimmt, der nur sich selbst als Ankläger gelten läßt. Im Wesentlichen aber geht es ihm darum, die eigene Vergangenheit zu vergegenwärtigen, *um den unlösbaren Zusammenhang seines Werdens und seiner Taten zu ergründen: um sich als einzelner und zugleich als Kind seines Jahrhunderts so zu beurteilen, als wäre er ein anderer: um sich ohne Pose, ohne Spiegel ins Gesicht zu sehen.*

»Die Wasserträger Gottes«, »Die vergebliche Warnung« und »Bis man mir Scherben auf die Augen legt« – diese Bücher einer autobiographischen Trilogie liegen hier in der Einzelausgabe meiner gesammelten Werke vor. Dem aufmerksamen Leser werden sie unschwer, ja aufs natürlichste zu einer einzigen Erzählung werden.

Meine erste Trilogie „Wie eine Träne im Ozean" habe ich am Ende meines 47. Lebensjahres beendet; die zweite habe ich zwanzig Jahre später, im Spätherbst meines Lebens, in den ersten Monaten meines 68. Jahres begonnen. In einer großen Zahl von Essays beschrieb ich während der Jahrzehnte dazwischen die Um- und Abwege, die ich früh genug in der Politik eingeschlagen und erst nach einer in jeder Hinsicht schweren Lehr- und Probezeit verlassen und sodann kritisch dargestellt habe.

Dies mag erklären, warum der Achtundsechzigjährige keinerlei Bedürfnis empfand, eine autobiographische Beichte, *ein* Bekenntnis *zu verfassen. Was er sich vorwarf, einmal geglaubt, gerechtfertigt oder getan zu haben, hatte er bereits vorher ausführlich dargetan: in seinen Romanen und noch deutlicher in seinen Essays.*

Im Frühling 1973 ging es mir nicht mehr darum, zu verstehen und zu erklären, daß das Ich und der Zeitgenosse dieses Jahrhunderts eine untrennbare Einheit bilden in ihrer Subjektivität und in ihrer objektiven Abhängigkeit von Umständen und allgemeinen Ereignissen. Das sollte dem Leser so selbstverständlich werden wie die Hitze im Sommer und die Kälte im Winter.

Während ich diese Seiten verfaßte, empfand ich keinen Augenblick das Bedürfnis, mich besser oder schlechter, klüger oder törichter, erfolgreicher oder erfolgloser zu zeigen, als ich nach so vielen Jahren schwierigen, oft gefährdeten Lebens mir selbst erschien.

Man weiß, daß die Erzähler seinerzeit der Wahl eines »Stoffes« weit mehr Aufmerksamkeit widmeten als der Form, in der sie ihn gestalten wollten. Das hat sich, spätestens in der zweiten Hälfte des 19. Jahrhunderts, vor allem im Schaffen von zwei höchst bedeutsamen Romanciers ausgedrückt, die im gleichen Jahre, 1821, zur Welt gekommen waren: Gustave Flaubert *und* Fjodor M. Dostojewski. *Blieb zwar die Frage der Formgebung für den Franzosen ein Problem der richtigen Wortwahl und einer anscheinend mühelosen, akustisch angenehmen Satzbildung, so unternahm es* Dostojewski, *auch die Nebenfiguren seiner Romane und die unerheblichsten Handlungen so darzustellen, daß sie entgegen der Tradition aufhörten, im Hintergrund, in einem Clair-obscure zu verharren; sie tauchten oft im Mittelpunkt auf und wurden nur zeitweilig in den Hintergrund verbannt.*

Solch perspektivische Verschiebung vollzieht der Autobiograph noch öfter, weil er sowohl im Rückblick wie im Schreiben gleichzeitig zwei Lebensaltern gerecht werden muß: dem frühen, ja frühesten, an das er sich erinnert, und dem viel spätern, in dem er sich die ferne Vergangenheit vergegenwärtigt. Ehe er sich dessen versieht, gerät der Schriftsteller so in ein Kreuzfeuer der Zeiten. *Während er schreibt, bleibt er gleichsam am Punkte der eigenartigen Konfrontation, an dem Vergangenheit und Gegenwart einander kreuzen.*

In einem Vorwort zu seinen »Confessions«, das er jedoch gar nicht veröffentlichte, schrieb Rousseau: *»Da ich mich* *gleichzeitig der Erinnerung an frühe Eindrücke und dem Gefühl hingebe, das mich* gegenwärtig *beherrscht, werde ich zweifach meinen Seelenzustand schildern – und zwar den des Augenblicks, in dem mir das Geschilderte widerfahren ist, und den anderen, gegenwärigen, in dem ich schreibe.«*

Der erste Band meiner Lebensbeschreibung – »Die Wasserträger Gottes« – berichtet von der Zeit des Werdens, wie sie vom Kinde erlebt worden ist, und zugleich so, wie sie sich dem Zurückblickenden darstellt. Das gilt weniger für »Die vergebliche Warnung«, den zweiten Band, der die Wander- und Lehrjahre des Autobiographen schildert, und so gut wie gar nicht mehr für den dritten Band »Bis man mir Scherben auf die Augen legt«.

Im Unterschied zum Memorialisten und zum Verfasser von Erinnerungen hat der Autobiograph nicht den geringsten Grund zur Unaufrichtigkeit. Er will weder gefallen noch sich rechtfertigen. Ihm gelingt es unschwer, objektiv zu sein, weil er sich seit vielen Jahren nicht mehr mit dem Kinde, das er gewesen ist, und nicht mit dem Jüngling seiner Vergangenheit identifiziert.

Gewiß, wie es jeder Erzähler tun muß, habe ich im Schreiben dieses Werkes Einzelnes mehr oder minder bewußt aus der Fülle ausgewählt, das Meiste aber unvermeidlicherweise im Dunklen gelassen. Für den Autobiographen wie für den Romancier bleibt die grundlegende Frage die des Auswahlprinzips, demgemäß er absondert, was er erzählt, alles andere aber ausscheidet. Man weiß, daß schlechthin keiner imstande wäre, alles *zu berichten, zu schildern, zu erzählen.*

So habe ich in meinen Romanen und meiner Autobiographie das gleiche Ziel verfolgt: »Charaktere, Situationen, Handlungen, Ereignisse, Erlebnisse und Erfahrungen zu behandeln, sofern sie in sich ein Gleichnis bergen« und über sich selbst hinausweisen.

Paris, Mai 1983 Manès Sperber

Die Wasserträger Gottes

And all our yesterdays
have lighted fools
the way to dusty death.

SHAKESPEARE, MACBETH

Erster Teil

Die Wasserträger Gottes

Vor einiger Zeit – ich hatte eben das sechzigste Lebensjahr erreicht — wurde es mir zur Gewißheit, daß ich das Gesicht, dem ich zumindest einmal täglich im Spiegel begegne, als fremd empfinde. Kein Zweifel, es gehört mir, ich trage es auf meinen Schultern, aber im Verlaufe eines Vorgangs, der Jahre gedauert haben mag, muß ich mich ihm entfremdet haben — ohne irgendeine dramatische Verwandlung und ohne das Gefühl, dadurch einen Verlust erlitten zu haben. Ich bin nie schön gewesen und bin nicht häßlich geworden — also nichts gewonnen, nichts verloren. Somit habe ich mich von diesem Gesicht abgewandt, nicht etwa um einer täglich erneuten Enttäuschung zu entgehen oder der Gewißheit einer durchs Alter bewirkten Degradation. Ich verweigere ihm nur die Anerkennung — es gehört zwar niemandem außer mir, ist aber dennoch nicht das meine — nicht jenes, darin ich mich während mehrerer Jahrzehnte zu erkennen pflegte. Und daß ich den, der ich gewesen bin, zuweilen in den Augen, unter den noch nicht weißen, doch spärlichen Brauen wiederfinde, ändert nichts daran.

Während der Tage, die auf diese zugleich banale und ungewöhnliche Entdeckung folgten, erwog ich zum ersten Mal ernsthaft, ob ich nicht meine Erinnerungen schreiben sollte. Bis dahin hatte ich diesen Gedanken von mir gewiesen, die Gründe lagen ja auf der Hand: ich verabscheue die Indiskretion, mit der in solchen Büchern das eigene und das Leben anderer ausgebreitet wird; die Neigung, ja den zeitweise unvermeidlichen Zwang zur egozentrischen Darstellung vielfach verschlungener Beziehungen und Handlungen; die maßlose Monotonie und die ermüdende Eindringlichkeit des Ich, das simultan in den drei

Zeiten spricht und agiert; die je nachdem hochstaplerische oder hypochondrische Wichtigtuerei — all das und vieles andere, das dazu gehört, schien mir unerträglich. Doch unerträglich nur, wenn ich selbst der Autor von Erinnerungen sein sollte, denn ich bin seit je ein aufmerksamer, ja begieriger Leser jener intimen Literatur, die sich aus Briefwechseln, Tagebüchern, Erinnerungen, Memoiren und Autobiographien zusammensetzt. Auch kluge, scharf pointierte Polemik lese ich sehr gern, aber ich schreibe keine und mag's auch nicht sehr, daß meine Freunde sich an ihr beteiligen.

Nicht nur diese partielle *Desidentifikation,* diese erstaunlich nüchterne, fast gefühllose Distanzierung vom eigenen Gesicht ließ in mir den Gedanken aufkommen, meine Erinnerungen zu schreiben, weil es mir solcherart gelingen könnte, mich ebenso nüchtern von meiner eigenen Vergangenheit zu distanzieren. Es kam in der Tat ein winziges Ereignis hinzu, das nur den Bruchteil einer Sekunde gedauert hat; es schwächte meine Bedenken gegen die Egotisierung des Memorialisten nicht ab, aber es weckte in mir eine vorher kaum gekannte Begierde nach Erinnerungen. Das geschah in der Provence; unter der sengenden Mittagssonne hatte ich lange, doch vergebens das Grab Albert Camus' am Friedhof von Lourmarin gesucht, ehe wir schließlich in dem Städtchen Apt halt machten, wo wir essen wollten. In den Straßen neben dem großen Platz suchte ich ein Restaurant und fand keines, das mir zusagte. Dann überquerte ich die Straße, um in ein Café einzutreten; gerade als ich meinen Fuß auf das Trottoir setzen wollte, fiel ich zu Boden. Meiner Begleiterin schien es, ich wäre ausgeglitten oder über den Rinnstein gestolpert. Man half mir auf — ich war nicht verletzt, die Brille in meiner Rechten war nicht zerschlagen, denn bevor ich zu Boden stürzte, hatte ich den Arm gehoben, um die Gläser zu schützen.

Dieser an sich unerhebliche Zwischenfall beeindruckte mich sehr, denn ich wußte, daß ich nicht gestolpert war, sondern einen Augenblick lang, in der Tat blitzartig, das Bewußtsein verloren und es wiedererlangt hatte, noch ehe ich auf den Boden fiel; desgleichen aber geschah mir das erste Mal. Es war ein Signal, das nichts an meiner Lebensweise ändern und keine Verringerung meiner mannigfachen Tätigkeiten zur Folge haben sollte. Leute meinesgleichen hatten während langer Jahre, zu lange in der Gewißheit gelebt, daß sie »Tote auf Urlaub« seien. Doch während ich nun, auf der Caféterrasse sitzend, den belebten Platz betrachtete, wußte ich, daß ich fortan nicht mehr im Lichte, sondern im Schatten eben dieser Gewißheit weiterleben würde. In einem andern Städtchen der Provence, in dem alten Cagnes sur Mer, das mir während der gefährlichsten Zeit tröstliche Zuflucht und an Wintertagen das goldene Licht und die Wärme seiner Sonne gewährt hatte, da bot sich mir alles, mein eigenes Leben und das meiner Nächsten so dar, als betrachtete ich es von außen, mit der jede Einzelheit registrierenden Aufmerksamkeit dessen, der sich entfernt und immer wieder zurückblickt, weil er weiß, daß er niemals wiederkehren wird.

Wann immer sich die früheste Kindheit meinem Gedächtnis anbot, tauchte eine Schneelandschaft auf — Schnee auf den Straßen und den Pfaden, auf den Fenstersimsen und den Dächern der Häuser, in den Gärten dahinter und auf den Feldern, auf den Bäumen, auf den fernen Wäldern und Hügeln. Ich dachte, ich würde zuallererst vom Schnee sprechen, davon, was er mir, seit ich denken kann, bedeutet hat. Doch nun drängt sich mir — wie aus den Falten eines verstaubten schweren Stoffes — aus dem Unvermuteten ein Bild auf, in dem kein Schnee zu sehen ist. Es ist der späte Frühling, überall der Duft des Flieders und die Lockung seiner zwei Farben; er blüht diesseits und jenseits des Zaunes, der uns vom Garten des polnischen Nachbarn trennt. Die einzige Polin, die bei uns in Dienst ist — die anderen Mädchen sind Rutheninnen aus den Dörfern, die das jüdische Städtchen umschließen — Jelena führt mich, nachdem wir über den Zaun geklettert sind, ins Haus der Polen. Es soll ein Geheimnis zwischen uns beiden bleiben, hat sie mir eingeschärft, die Eltern brauchen nichts davon zu wissen. Was zu wissen? Das sagt sie mir nicht, aber ich vermute, es könnte irgend etwas mit meiner einzigen Gefährtin zu tun haben, die ich von Zeit zu Zeit am Zaun zu treffen pflege.

In Wirklichkeit kannten wir einander kaum, Jadzia und ich, sprachen verschiedene Sprachen, keiner verstand die des anderen, aber das war nicht wichtig. Man lebte in einem Einverständnis, das nichts anderes betraf als die Begegnung, bei der jeder auf seiner Seite des Zaunes blieb. Uns verband in jenem Frühling wie im Herbst vorher, da wir einander entdeckt hatten, ein Schlüsselwort: *Zielony*. Sprach der eine es aus, mußte der andere sofort etwas Grünes — das eben bedeutete dieses polnische Wort — vorzeigen, gewöhnlich ein Blatt. Ein jüdischer Bub, der fast fünf Jahre alt war, somit hebräisch fließend lesen und jede Woche ein Stück aus dem Wochenabschnitt der Thora übersetzen lernte, spielte nicht mehr mit Mädchen, erst recht nicht mit einem Mädchen, das zur andern, zur feindlichen Welt gehörte. Kein ausdrückliches Verbot hinderte die Kinder daran, einander zu treffen, dennoch glaubten sie, ihre nicht allzu häufigen Begegnungen am hintern Zaun geheimhalten zu müssen.

Daher erstaunte es mich nicht zu sehr, daß der Besuch im Hause Jadzias ein Geheimnis bleiben sollte. Meine Eltern waren verreist, mein um 3 Jahre älterer Bruder in der Schule, so strebten wir am hellichten Tage dem Hause zu. Ich war beklommen, denn es war das erste Mal, daß ich ein christliches Haus betreten sollte. Im dunklen Vorraum roch ich den Weihrauch — ich kannte ihn von den Prozessionen und mochte ihn nicht. Die Türe öffnete sich, Jelena stieß mich sanft über die Schwelle, in ein helles Zimmer. Eine große blonde Frau blickte auf mich herab, neugierig, streng, traurig — ich bekam Angst vor ihren Augen, die rund waren und beunruhigend wie die einer Krähe. Sie legte die Hand auf meine Schulter und führte mich in die angrenzende Stube. Noch ehe ich sie betreten hatte, erblickte ich durch die offene Türe Jadzia, die unverkennbar und doch ganz anders war, als ich sie kannte. Sie lag, von Kopf bis Fuß weiß gekleidet, auf einem breiten Bett, über den gefalteten Händen eine lange Kette mit einem goldenen Kreuz, ihre Haare hatte ich nie so gesehen: leuchtend blond umrahmten sie in Locken ihr Gesicht, das eher dem eines jungen Mädchens als dem eines Kindes ähnelte.

Schwarz gekleidete Frauen, deren Köpfe mit Hüten oder Schleiern bedeckt waren, knieten zu beiden Seiten des Betts. Ich starrte bald auf sie und ihre kaum hörbar murmelnden Lippen, bald auf Jadzia, auf ihre im Kerzenlicht glänzenden Locken und auf ihre gefalteten, gefesselten Hände. Ich spürte den Blick ihrer Mutter auf meinem Gesicht, zuerst wie eine sachte und dann wie eine energische Berührung. Ich wußte nicht, was sie wollte, und drehte mich zu Jelena um, die hinter mir stand. Sie nickte mir zu, dann kniete sie nieder und zog mich mit sich hinunter. Da begriff ich auf einmal, daß diese Christinnen mich, ein jüdisches Kind, zu einer Sünde verführen wollten. Knien — und dazu noch vor einem Kreuz — das war etwas Furchtbares, ja so schlimm wie der Tod, vielleicht noch schlimmer.

Ich rannte hinaus und kam erst zu Atem, als ich weit weg war von jenen Frauen, hinter der ruthenischen Kirche, die mich den Augen der Polen, aber auch denen unserer Bedienten verbarg.

Daß Menschen, Kinder wie Erwachsene, sterben, daß man ihre Leichen wäscht und mit weißen Laken umhüllt, ehe man sie einsargt und schließlich begräbt, das wußte ich, denn alles, was Tod und Beerdigung betraf, war im Städtchen so öffentlich wie die Hochzeiten. Wenn in der Nachbarschaft jemand starb, schüttete man alles frische Wasser aus Kübeln und Becken und verhängte die Spiegel. An den Leichenbegängnissen, die die engen Gäßchen und schließlich die Hauptstraße durchzogen, nahmen alle teil, die nicht Krankheit oder vordringliche Arbeit ans Haus fesselte. So hatte ich häufig in Totengesichter geschaut, ehe die Sargdeckel sie für immer verbargen. Und ich hatte im Sommer davor, an einem furchtbar heißen Tag in einer leeren Hütte nahe dem Fluß den nackten Körper eines jungen Mannes gesehen, den man am Morgen aus dem Wasser gezogen hatte. Der Ertrunkene war ein Fremder, deshalb lag er nackt auf einem Brett, vielleicht würde ihn jemand erkennen. Die Fliegen summten um seinen Kopf. Eine, immer dieselbe, setzte sich auf seine Brauen, wurde weggejagt und kam wieder. Ich starrte auf sie, als müßte ich den Grund entdecken, warum sie sich auf die Braue setzte; und ich mußte immer wieder die Fußsohlen betrachten, deren Gelb mich anwiderte. Mir schien's, daß eben diese Farbe verriet, daß der Fremde wirklich tot, das heißt von seiner Seele verlassen war. Und ich hätte wissen mögen, warum die Sohlen eines Abgeschiedenen — das war für uns ein Toter — gelb waren.

Jadzia hatte nicht wie eine Tote ausgesehen, sondern wie eine jener jungen Bräute, die man mit Musik durch die Hauptstraße zum Baldachin geleitete, unter dem sie der Bräutigam erwartete. Man hatte Jadzia wohl geschminkt, ihr das schönste Gewand von leuchtendem Weiß angezogen und ihre Hände zum Gebet gefaltet — war sie wirklich tot? Und wenn sie es war, warum gab sich alles festlich in ihrem Haus? Warum trug man nicht alte, zerrissene Kleider? Warum schluchzte man nicht, warum betete man nicht laut, warum suchten nicht alle, vor allem aber die Mutter, Trost in hörbaren Klagen?

Ich erinnere mich nicht, ob ich in der darauffolgenden Nacht, allein in meinem Bett, an Jadzia gedacht, ob ich überhaupt Trauer empfunden habe. Jelena ließ mich schwören, daß ich weder meinen Eltern noch sonst jemandem auch nur mit einem »Sterbenswörtchen« je verraten würde, daß sie mich in jenes Haus geführt hatte. Erst jetzt, da ich dieses Buch beginne, taucht das Bild jenes toten Kindes vor mir auf — das Bild und die Szene mit dem abgerupten Ende und die Vermutung, daß ich um die tote Gespielin wahrscheinlich deshalb nicht getrauert habe, weil ihr Aussehen und das Verhalten der Christen mich davon abgehalten haben könnten.

Seit ich diese Zeilen geschrieben habe, ist ein Tag vergangen. Was immer ich auch inzwischen getan habe, immer wieder bemächtigte sich meiner der Verdacht, ich hätte nicht alles gesagt, als wäre da noch etwas, das dazugehörte. Es bezieht sich wohl nicht auf andere, spätere Begegnungen mit dem Tod, mit den furchtbaren, mörderischen Epidemien, die etwa 6 Jahre später – im Krieg – so viele Häuser unseres Städtchens leeren sollten. Davon werde ich noch sprechen.

Es handelt sich gewiß um etwas ganz anderes, nicht um Tod, sondern um Liebe. Ich war 15 Jahre alt, ein aktives Mitglied der linksradikalen jüdischen Jugendbewegung, deren Zentrum während des Weltkriegs Wien geworden war. Es war Frühling, wieder einmal hatten wir kein Lokal oder Heim, wie wir es nannten, und wir kamen auf dem Ufergelände nahe der Augartenbrücke zusammen. Von dieser führte eine lange Rampe zum Donaukanal hinunter, zu dem grasbewachsenen, sanft absteigenden Ufer, das unser Heim geworden war. Man sah die Erwarteten kommen, sobald sie die Brücke verlassen hatten. Ich liebte ein Mädchen, das oft sehr spät kam, vielleicht weil sie wußte, wie sehnlich sie erwartet wurde. Sie trug keine Zöpfe mehr, ihr blondes Haar fiel in Locken auf die Schultern und umrahmte ihre vollen Wangen. Einmal, es war ein sommerlicher Maitag, erblickte ich sie auf der Rampe, die sie langsam, zu langsam herabstieg. Ihre Haare leuchteten in der frühen Nachmittagssonne, sie selbst leuchtete, denn sie war von Kopf bis Fuß weiß gekleidet. Während ich in glücklicher Erregung die Nahende betrachtete, geschah mir etwas ganz Unverständliches, Sinnloses: Meine Augen füllten sich mit Tränen, mir war, als müßte ich aufschluchzen. Schnell die Augen trocknen, der absurd tiefen Bewegung Herr werden, ehe ich sie begrüßte — darauf kam es an. Vielleicht habe ich damals aus diesem Grunde nicht sofort die Erklärung für jene merkwürdige Reaktion gesucht. Nicht damals, nicht später — nicht bis zu diesem Augenblicke, ein halbes Jahrhundert zu spät. Und jetzt erst verstehe ich, warum die Beziehung zu A., die immer wieder gelöst und aufgenommen wurde, ehe ihre Rückkehr nach Polen uns trennte — warum diese Beziehung keine Vollendung finden durfte, obschon wir einander begehrten und uns keinerlei moralische Bedenken trennten. Es hat an mir gelegen; dessen bin ich heute sicherer denn je.

»Immer habe ich auf den Schnee gewartet, weil ich mich nach der Reinheit sehnte« sagt in einem meiner Romane ein Pole zu der Geliebten, die er am frühen Morgen aus dem Bett reißt, um ihr eine verschneite Allee zu zeigen. *»Der Schnee fiel dicht in großen Flocken. Es war so still,*

daß man meinen konnte, ein ganz leises Ächzen zu hören, mit dem der Schnee sich auf die Erde legte«. Ja, das glaubte ich. Meine allerersten Erinnerungen, behauptete ich, beginnen damit, daß ich dieses leise Ächzen hörte, während der Schnee fiel.

Oft, wenn der Vater und ich gleich früh erwacht waren, setzte er mich in einen verstellbaren hohen Kinderstuhl vors Fenster, das Eisblumen bedeckten. Ihr Anblick entzückte mich und machte mich so glücklich, daß ich in die Hände klatschte, wenn ich sie am Morgen wiedererblickte. Trotzdem mußte der Vater einige von ihnen auftauen und wegwischen, damit ich hinausschauen konnte — in den Hof, auf die Stallungen, auf die ruthenische Kirche zur Linken und die Kammern zur Rechten. Nur selten war in so früher Stunde die Schneedecke durch Schritte verletzt, durchlöchert worden. Nun, das Kind, das zwei, höchstens drei Jahre alt sein mochte, glaubte, daß man dem Schnee einen Schmerz zufügte, wenn man — ein Mensch oder ein Pferd — den Fuß in ihn setzte. Ich verstand, daß es unvermeidlich war, und tat es selbst, gewiß. Doch bis zum heutigen Tage suche ich den schon ausgetretenen Weg und vermeide es, die Schneedecke zu verletzen.

Ja, die Reinheit des Schnees, von dem im Roman die Rede ist, hatte für das empfindsame jüdische Kind im ostgalizischen Städtchen mehr als eine moralische Bedeutung. Es handelte sich nicht nur um die Schönheit des intakten, von niemandem und von nichts berührten Schnees, auch nicht um die Helligkeit, die er in den Nachtstunden und an dunklen Wintermorgen ausstrahlte. Es ging um etwas anderes — es hatte mit der alles durchdringenden Armseligkeit, mit der Häßlichkeit und der Unsauberkeit unseres Städtchens zu tun. All das verschwand, wurde unsichtbar — und das Städtchen war schön, sobald der Schnee es einhüllte, seine schiefen Dächer in hügelige Landschaften verwandelte, seine Gäßchen und Straßen mit weißen Teppichen belegte, die Löcher und Schutthaufen verbargen.

So verbrachte ich damals häufig die frühe Morgenstunde — die unermeßlich weite Welt vor mir und die zum Greifen nahen Eisblumen an den Fensterscheiben, die wohl früher als alles andere, worauf mein Blick damals fallen konnte, meine Vorstellung vom Schönen geformt haben. Hinter mir stand gewöhnlich mein Vater, den Gebetsmantel über die Schulter geworfen und die schwarzen Tephillin, die Gebetsriemen auf der Stirne. Er murmelte die Gebete kaum hörbar, doch beendete er jedes mit einer Melodie. Ich liebte die chassidischen Melodien, mein Vater sang sie, als ob ihm selbst die traurigsten unter ihnen Freude bereiteten, als ob sie wie die Wärmestrahlen einer grenzenlosen Güte alles befriedeten. Damals liebte ich meinen Vater mehr als irgend ein anderes Wesen, vielleicht mehr als mich selbst. Und ich habe seither nie wieder jemanden so geliebt wie ihn.

Heute früh, der Tag war noch nicht angebrochen, weckte mich ein Unbehagen jener Art, das ein Traum zurückläßt, von dem das Gedächtnis sozusagen nichts als den Schatten bewahrt hat. Es war nicht schwer zu erraten, daß die Mißstimmung sich auf etwas beziehen mußte, was ich vorgestern geschrieben hatte. Ich holte das Manuskript ins Bett, und kaum hatte ich das Heft aufgeschlagen, wußte ich, was mich wie die Erinnerung an ein Unrecht bedrückte, das man begangen hat, obschon man es leicht hätte vermeiden oder auf der Stelle gutmachen können: Ich habe vorgestern zugleich mit der Armseligkeit die Häßlichkeit und den Schmutz des Städtchens, des jüdischen *Städtele* erwähnt, in dem ich die ersten zehn Jahre meines Lebens verbracht habe.

Zablotow, so hieß dieser kleine Ort, der hunderten anderen Städtchen ähnlich war, in denen bis 1942 die jüdische Bevölkerung Galiziens, Russisch-Polens, Litauens, Weißrußlands und der Ukraine auf engem Raum zusammengepfercht lebte. Zablotow — schon der Name ist unangenehm: er spielt auf den lehmigen Boden, auf die ungepflasterten Straßen an, in denen man zu versinken drohte, sobald die unaufhörlichen Herbstregen sie aufgeweicht hatten. Die dreitausend Einwohner waren zu neunzig Prozent Juden: Handwerker, viel mehr als man je brauchen konnte, Händler mehr als Käufer — Händler ohne Kapital, welche die Waren, die sie anboten, zumeist selbst noch nicht bezahlt hatten. Sie wurden sie nicht los, weil das Geld immer rarer wurde, weil die ruthenischen Bauern, die sich jeden Dienstag zum Wochenmarkt einstellten, zu wenig zu verkaufen hatten und für ihre Produkte nur schlechte Preise erzielten. Sie konnten deshalb kaum etwas anderes erstehen als gesalzene Heringe, einen Kamm für die Braut, einmal im Jahr ein Gewand oder ein besonders billiges Paar Schuhe.

Die Zablotower waren wie die Bewohner der anderen Städtchen »Luftmenschen« oder »Luftexistenzen«, wie sie sich selbst gerne nannten — mit jener Selbstironie, auf die sie schwerer verzichten hätten können als auf ihre kärgliche Nahrung oder ihre schäbige Kleidung.

Habe ich von der Armseligkeit des Städtels gesprochen? Das Wort ist irreführend, weil durchaus unzureichend. Sich kaum je wirklich sattzuessen, war das Schicksal der meisten, obschon die Nahrungsmittel dort weit billiger waren als im Westen. Viele Kinder träumten davon, einmal, ein einziges Mal ein wirklich neues Gewand, ein Paar neue Schuhe zu bekommen — aber es geschah nur höchst selten. Gewendet, dann gekürzt, dann wieder gewendet, mit passenden und oft unpassenden Flicken repariert — eine Harlekinade weit und breit, über die niemand lachte. Die Flickschneider und die Flickschuster waren die meistbeschäftigten Handwerker, ohne sie hätten viele

Kinder nackt und auch im Winter barfuß gehen müssen.

Es gab Männer, die fasteten nicht nur an den zahlreichen Fasttagen, sondern überdies jeden Montag und Donnerstag, auch damit die Kinder oder die Enkel etwas mehr zu essen hätten. Von dem für den Sabbath gebackenen, geflochtenen Weißbrot verzehrte man nur so viel als notwendig war, um die vorgesehenen Segenssprüche zu rechtfertigen, den Rest aber bewahrte man während der Woche auf — für den Fall, daß einer krank würde. Bis spät in den kalten Herbst gingen die Kinder barfuß; im Winter mußten häufig ein oder zwei Paar Stiefel für die ganze Familie reichen. Man heizte mit der billigsten Braunkohle, aber auch für sie reichte das Geld nicht. Reichen mußte es jedoch in jeder Familie für eines: für den Lohn des Lehrers. Vom dritten Lebensjahr an mußten die Kinder, die Buben, nicht die Mädchen, in den *Cheder,* die Schule, in der man hebräisch lesen, beten und schließlich die Bibel übersetzen lernte.

Es gab bei uns Bettler aller Art: die »Verschämten«, die nur eine Anleihe machen wollten, die sie aber nie zurückzahlen konnten — nicht die zumeist winzigen Summen, die man ihnen kaum verweigern konnte, nicht das Mehl und nicht die Kartoffeln. Dann gab es die professionellen Bettler, die eingesessenen und die wandernden, die zumeist in Gruppen auftraten — vor allem, wenn wohlhabende Familien ihre Kinder verheirateten oder einen der ihren begruben. Es gab die Armen, die still hungerten und froren; sie lebten von »Wundern«, die immer eintraten, wenn auch manchmal zu spät: eine kleine Geldsendung eines Verwandten, eine Erbschaft, die einige Kronen erbrachte, oder das größte, meist erwartete Wunder: daß die Kinder in die Fremde fuhren und den darbenden Eltern immer wieder einige Gulden schickten.

Wieviele auch hungerten, niemand verhungerte. Man erzählte: Mitglieder der Gemeinde weckten den Rabbi am frühen Morgen: »Es ist etwas Furchtbares geschehen«, klagten sie, »In unserer Mitte ist einer Hungers gestorben, man hat ihn soeben tot in seiner Stube aufgefunden«. Darauf der Rabbi: »Das ist nicht wahr. Ja, es ist unmöglich. Hättest du oder du oder du ihm ein Stück Brot verweigert, wenn er es verlangt hätte?« — »Nein« antworteten sie, »aber Elieser war zu stolz, um etwas zu bitten —« »Also sagt nicht, daß mitten unter uns einer Hungers gestorben ist, denn Elieser ist an seinem Stolze zugrunde gegangen.«

Es gab solch Stolze, aber sie waren selten; die meisten hungerten sich durch, bis ihre Kinder ihnen helfen konnten, die nach Amerika auswanderten, oder bis sie an einer Lungenkrankheit oder am Herzschlag starben.

Ja, es war eine bis zur Absurdität maßlose, groteske Armut, jedoch keine *Armseligkeit,* weil die Zablotower nicht nur etwa glaubten, sondern *wußten,* daß der Zustand nur provisorisch war und sich bald alles ändern würde, auch wenn die Not schon Jahrzehnte, wenn nicht gar Jahrhunderte dauerte — in der Tat seit dem Siege des Kosakenhetmans Bogdan Chmielnicki im Jahre 1648. Gott, *ihr* Gott natürlich, griff stets ein. Spät, sehr spät, aber nie zu spät. Darüber hinaus konnte man jeden Augenblick mit der Ankunft des Messias, also mit der endgültigen Erlösung rechnen. In den zahlreichen Bet- und Studierstuben, die es in jedem Städtchen gab, fanden sich immer welche, die während der endlosen Gespräche zwischen dem Nachmittags- und dem Abendgebet bewiesen, daß eben das Übermaß von Leid und Not der Beweis dafür wäre, daß der Messias unaufhaltsam nahte. Unter den Zuhörern mochte es Zweifler geben und Kleinmütige, die befürchteten, daß sie noch vor der Erlösung sterben könnten, doch gab es kaum einen, der nicht an den Messias und sein nahes Kommen glaubte.

Sie standen in dem von Kerzen beleuchteten Bethaus,

der leise Singsang, mit dem hier und dort junge Menschen ihr Talmudstudium begleiteten, störte die eifrigen Debattierer so wenig wie der Lärm der spielenden Kinder, den man umso duldsamer ertrug, als manche von ihnen den Vater oder die Mutter vor nicht langer Zeit verloren hatten. Die Waisenknaben mußten dreimal am Tag das Totengebet wiederholen, laut, deutlich. Und wenn es ihnen zu schwer war, sprach man es ihnen Wort für Wort vor. Singsang und Kinderlärm und nicht selten ein lauter Zwist — all das störte niemanden, denn man war über die Maßen damit beschäftigt, alles zu besprechen, die eigenen Angelegenheiten und die der großen Welt. Gleichviel ob sie von sich selbst oder den anderen, den »Großen« sprachen, dauernd verknüpften sie die Wehleidigkeit mit Selbstironie, das Pathos mit Spott. Diese Männer, von denen die meisten am Sonntag nicht wußten, wie sie während der anbrechenden Woche ihre Familie durchbringen würden, und die sich am Donnerstag den Kopf zerbrachen, wo sie die Mittel finden sollten, den Sabbath zu bereiten — diese bettelarmen Männer, zumeist zu früh verheiratet und rastlos im Kinderzeugen, waren nicht armselig, denn sie wußten sich teilhaftig am *Olam haba,* an der »kommenden Welt«, zu der sie nach ihrem Tode Zutritt erhalten würden. Und traf der Messias vorher ein, so öffnete sie sich ihnen noch viel früher.

Denke ich an diese Juden zurück, wie ich sie bis zu meinem zehnten Lebensjahr täglich in den Gassen, auf dem Marktplatz, in Bethäusern und Studierstuben sah, so bringt mir die Erinnerung zweierlei Geräusche zurück: Seufzen, viel Seufzen und Ächzen, aber auch Gelächter, gutmütiges oder spöttisches, doch stets lautes Lachen, in das auch die Seufzenden und Ächzenden bald einstimmten. Jedes Bonmot, »ein gut' Wörtl« wurde sofort aufgenommen, wiederholt und ausgekostet, bis ein anderes es schließlich verdrängte. Außer den Bonmots zitierte man auch häufig weise, tiefe und besonders scharfsinnige Aussprüche. Chassidim brachten sie vom Hofe ihres Zaddik, des Wunderrabbi, zu dem sie immer wieder fuhren. Oder es handelte sich um Zitate aus Büchern und Artikeln zumeist hebräischer Autoren oder um apokryphe Äußerungen, die man dem oder jenem »scharfen Kopf« zuschrieb. Die Gebildeten schmückten gewöhnlich ihre zu langen Reden mit Zitaten aus Werken der Dichter, welche nicht immer genau paßten; aber darauf kam es nicht so sehr an. Am meisten verehrte man Schiller — er war der sublime Dichter der Ideale; man nannte häufig Goethe, doch nicht ohne eine gewisse Verlegenheit — wegen seines bedenklichen Liebeslebens; Heine schließlich wurde oft erwähnt, mit Stolz, doch zumeist mit schmerzlichem Hohn. Er war ein Täufling, das verzieh man ihm nicht, man vergaß es nie.

Was immer drüben, in der großen Welt, passieren mochte, wurde in jedem Bethause und auf dem Marktplatz eifrigst besprochen. Die Leute des Städtel ging alles an, obschon sie nur geringen Anteil am Geschehen, am Reichtum und Wohlleben der anderen hatten. Sie lebten am äußersten Rande der Welt, das wußten sie, doch hinderte es sie nicht, vehement Stellung zu nehmen und sich zumindest während der endlosen Debatten einzubilden, daß es auch auf ihre Meinung ankäme. Diese Luftmenschen lebten im Bereiche eines alles metamorphosierenden »als ob«.

Von der Häßlichkeit des Städtchens gesprochen zu haben, bedrückte mich, wie ich erwähnte, bis in den Schlaf hinein. Nun, was dachten denn die Leute vom Städtel selbst? Wußten sie, wie häßlich ihre Häuser und wie unschön ihre armselige Kleidung war? Gewiß fehlte ihnen die Möglichkeit zu vergleichen, denn die meisten von ihnen starben, ehe sie sich ein- oder höchstens zweimal weiter als 30 Kilometer entfernt hatten. Die nahen Dörfer gefielen ihnen keineswegs, die strohbedeckten Hütten der Ukrainer waren in ihren Augen viel häßlicher als ihre eigenen Häuser; überdies mieden sie möglichst die Dörfer, weil sie mit Recht fürchteten, dort der Feindseligkeit zu begegnen. Dennoch waren diese Städtchen keine Ghettos, sondern wesensmäßig ebenso wie definitionsgemäß das Gegenteil. Ein Städtel war nicht das Anhängsel einer christlichen Gemeinde innerhalb der Bannmeile, nicht ein diskriminierter Fremdkörper innerhalb einer höheren Zivilisation, sondern im Gegenteil eine scharf profilierte, in ihren Grundlagen gefestigte autonome Gemeinschaft mit einer eigenartigen Kultur — dies inmitten von Armut und Häßlichkeit, und eingekreist von Feinden des jüdischen Glaubens. Das Städtel war ein Zentrum, von dem aus gesehen die slawischen Dörfer periphere Agglomerationen waren, deren Einwohner, zumeist Analphabeten, zum Geistigen kaum eine Beziehung hatten. In all seiner Misere war das jüdische Städtchen eine kleine *Civitas Dei* — geistig und geistlich erstaunlich, in mancher Hinsicht um Jahrhunderte zurückgeblieben, nicht selten abstoßend, aber dennoch bewundernswert, weil das Leben dieser Menschen täglich, ja stündlich und bis in die letzte Einzelheit durch ihre wahrhaft beispiellose Treue zu einem unablässig fordernden Glauben bestimmt wurde. Die Juden des Ghettos von Venedig, von Rom oder Worms blieben eine in der eigenen Vaterstadt diskriminierte exilierte Minderheit, während die Einwohner des Städtels *majoritär*, also bei sich zu Hause waren; ihre nichtjüdischen Nachbarn, etwa die polnischen Adeligen mochten mächtig und reich sein und auf sie herabsehen: die Juden waren jedoch von ihrer eigenen Überlegenheit überzeugt. Im Städtel gab es nicht die Spur eines Minderwertigkeitsgefühls wegen der Zugehörigkeit zum Judentum und daher nicht die geringste Neigung, das eigene Wesen zu verhüllen oder wie die anderen zu werden.

Gewöhnlich wohnten zwei Familien zusammen, manchmal in einer einzigen Stube. Der Streit der Frauen, die am gleichen Herd kochen mußten, das Geschrei der Kinder, all das drang Tag und Nacht auf die Gasse hinaus. Das Unglück wurde stets publik, das Glück blieb oft geheim, aber es offenbarte sich aufdringlich vor aller Welt, wenn die Eltern sich ihrer Nachkommen rühmen durften. Man schalt die Kinder laut, man verfluchte sie sogar und fast im gleichen Atemzug überschüttete man sie mit den zärtlichsten Worten.

Die meisten Häuser waren ebenerdig und boten selten mehr Raum als für zwei kleine Stuben und eine Küche, sie waren aus Holz gebaut und mit Schindeln gedeckt; sie drangen aufeinander ein, als suchte ein jedes Schutz bei dem anderen. Die Straßen bildeten selten eine grade Linie, denn jedes Gebäude schien sich von den anderen zumindest durch die Form unterscheiden zu wollen, als wären sie alle im Alptraum eines Urbanisten beheimatet.

Es gab kein Gas, keine Elektrizität und keine Kanalisation im Städtchen, und es gab natürlich auch keine Wasserleitung in den Häusern, sondern einige wenige Brunnen, aus denen man das Wasser schöpfte. Wasserträger brachten es jenen, die es bezahlen konnten, ins Haus, wo man es in großen Fässern bewahrte; die Armen mußten sich das Wasser selber holen.

Diese hölzernen Bauten fingen leicht Feuer — zu jeder Jahreszeit, besonders aber im Winter, wenn die schadhaften Öfen Brände verursachten. Da die Brunnen weit waren und das Wasser in den Fässern nicht selten vereiste, wurde der Brand zu spät gelöscht. Die Winde trugen das Feuer von Haus zu Haus und eine Nacht lang mochte dann das Städtchen wie von Flammen umzingelt sein, die in den Himmel stiegen: rot-gelbe Wände erhoben sich immer höher, sanken ins Dunkel hinab und stiegen wieder hinauf. In ihrem Lichte erblickte man halbnackte Menschen, die sich bald zu einem dichten Haufen zusammenballten, als dürften sie sich nicht trennen, und dennoch bald wieder auseinanderliefen — zu den Brunnen, zu den brennenden Häusern oder zu jenen, die noch unversehrt, aber bedroht waren. Die Nacht wurde zum Tage, auch die Kinder konnten nicht schlafen, sie liefen durch die Gassen, sammelten sich in der Nähe der Brandstätten oder schleppten die geleerten Eimer zu den Brunnen.

In solchen Nächten erfuhr ich, daß furchtbares Unglück, wenn es Ereignis bleibt und nicht Zustand wird, bei den Betroffenen eine Erregung hervorruft, in der man sich verhält, als ob die geordnete Welt aus den Fugen wäre, weil ihr alle Gesetze abhanden gekommen sind.

Ich hatte sagen hören, daß immer, wenn große Brände sich entfachten, Engel herabstiegen und sich auf Dach, First und Giebel der *Hohen Schul'*, der einzigen Synagoge des Städtels setzten, um sie zu schützen. Die Sendboten Gottes nahmen dann, hieß es, die Gestalt von weißen Tauben an.

Ich mochte vier Jahre alt gewesen sein, als ich zum ersten Mal ungehindert in tiefer Nacht aus dem Hause entwischen und gleich so vielen anderen Kindern durch die Straßen laufen konnte, zum großen Brunnen, aus dem man das Wasser für Schläuche und Eimer pumpte, und zu den von den Bränden rot erleuchteten Gassen.

Mich zog's am stärksten zur Hohen Schul', zu den rettenden Engeln. Natürlich zweifelte ich nicht an ihnen, aber ich wollte sie selber sehen und mit dabei sein, wenn sie das Gotteshaus retteten. Endlich stand ich am Fuße des Hügels, auf dem man in alter Zeit die Synagoge errichtet hatte. Wir beteten da fast nie, aber ich betrat sie oft allein, um die Fresken zu bewundern — sie waren die ersten Malwerke, die ich je gesehen hatte.

Man hörte das beunruhigende Knistern der brennenden Balken, die Fassade der Schul' war hell erleuchtet, in ihren hohen Fenstern stieg der Widerschein der Flammen auf und ab. Doch all das war bedeutungslos, so schien's dem Kinde, das gespannt auf die weißen Tauben blickte, die die Schul' bewachten. Sie waren weiß wie der reine Schnee am Morgen. Auch Erwachsene schienen zu glauben, daß diese Vögel Engel waren, die jedes Mal, wenn es brannte, vom Himmel herabflogen. Den Kindern, die zu den Tauben hinaufstarrten und jede ihrer Bewegungen atemlos erspähten, war das so gewiß wie ihr eigenes Sein.

Ich bin nicht ganz sicher, daß ich ihren Glauben teilte, obschon ich nicht weniger als sie in allen Taten und Unterlassungen von religiösen Geboten und Verboten so beherrscht war, daß ich mir kaum vorzustellen vermochte, man könnte Jude sein und anders leben als wir. Und doch geschah es in einer jener Brandnächte, daß in mir die Ahnung eines Zweifels aufstieg. Gewiß, alles war, wie es sein sollte; die Tauben blieben auf dem Dach und über dem großen Tor. Die Synagoge brannte nicht, obschon der Wind das Feuer vorantrieb. Und so, hieß es, hatten seit Jahrhunderten Engel sie vor jeder Gefahr behütet.

Es wäre zwecklos, Vermutungen über den Grund meines Zweifels anzustellen, denn ich könnte sie kaum überprüfen. Ich hatte selber ein weißes Taubenpaar besessen; der Vater hatte es mir geschenkt, als wir in unser neues Haus einzogen — und ich wußte, daß Tauben keine Engel sein konnten. Aber in jener roten, mit schwarzen Bändern behängten Nacht erlebte ich die Sensation des Glaubens und die Wollust, Zeuge eines Wunders zu sein. Jedoch kurz darauf, vielleicht nur wenige Minuten später, änderte sich alles: ich war nur noch Zeuge dessen, daß die *anderen* ans Wunder glaubten. Wie früh habe ich in mir das widerspruchsvolle Nebeneinander, das Miteinander von leidenschaftlicher Bejahung und distanzierendem Zweifel entdeckt? Ich wüßte es nicht zu sagen.

Cheder — das Wort bedeutet eine Stube — so nannte

man die Schule, die gewöhnlich von einem bettelarmen Mann, einem »Luftmenschen«, in dem einzigen Raum abgehalten wurde, in dem auch seine Frau und seine zahlreichen Kinder lebten, aßen, schliefen. Die Schüler waren mindestens drei Jahre alt und selten älter als sechs. Später lernten sie bei qualifizierten Lehrern in *Chedorim,* die eher Lehrstuben glichen, doch selten Schulklassen ähnelten. Ich wollte nicht in den Cheder, wohl auch, weil ich zu Hause sehr verwöhnt wurde, besonders aber, weil ich dort der grenzenlosen Armut und einer deprimierenden Häßlichkeit begegnete. Ich erfuhr da zum ersten Mal, daß die meisten Kinder sich nicht satt aßen, daß sie an Hautkrankheiten litten, die ihre Gesichter immer wieder entstellten. Ich empfand sehr früh das Gefühl des Ekels und entdeckte recht bald, daß es mit einer Furcht, wenn nicht gar mit einer schwer faßbaren Angst einherging. Um mich ohne Zwang in den Cheder zu bringen, kam man auf den Gedanken, mich von dem Faktotum des Lehrers auf den Schultern hintragen zu lassen. Der »Behelfer“ war gewöhnlich ein junger Mann, der zu nichts fähig war und nichts vom Leben erwarten durfte. Einmal schlug er mir vor, ich sollte ihn genauso behandeln, als ob er mein Pferd wäre. Er machte Kapriolen, lief im Galopp, wieherte zwischendurch recht jämmerlich. Da er nun mein Pferd war, hatte ich ihn natürlich zu füttern. Das tat ich sehr gerne, denn ich war zumeist appetitlos und es kam mir zupass, das Täschlein zu leeren, so daß es aussehen mochte, als hätte ich mein zweites Frühstück gegessen. Aber ich fand auch Spaß daran, meinen Träger glauben zu lassen, daß er mich dank seiner Komödie dazu verführte, ihm mein Essen zu überlassen.

Das dreijährige Kind bewahrte es als sein Geheimnis, daß es nicht wirklich mitspielte, sondern nur so tat. Einige Zeit später gab ich den »Ritt« auf, zog es vor, zu Fuß in den Cheder zu gehen, denn ich brauchte nun mein zweites

Frühstück für Berele. Das war ein »Großer«, vielleicht schon sechs Jahre alt, ein stets verhungertes Füchslein. Er hatte mich bald entdeckt, natürlich wußte er, daß ich ein Kind wohlhabender Eltern war — er wurde mein Beschützer, der mich nie im Stich ließ. Jeden Tag wiederholte sich das gleiche Spiel: Er war der tanzende Bär, den ich an einer Kette durch Städte und Dörfer führte. Er gehorchte nur mir, dafür durfte ich mein Frühstück nur ihm geben, ja ich mußte es ihm in den Mund stopfen. Berele, dessen kleine Augen immer nach irgendetwas ausspähten, war eines der vielen Kinder einer Frau, die eine *Aguna* geworden war: der Mann hatte sie verlassen; fand man keine Spur von ihm, so mußte sie ihr Leben lang allein bleiben.

Ich liebte diesen Berele sehr: seine blitzschnellen Bewegungen, seine Possen und seine »Kunst«, die Großen nachzuahmen. Er war wahrscheinlich der erste Schlaukopf, dem ich begegnet bin. Er entlockte mir Spielzeug, das er verkaufte, und mein Taschengeld — immer mit dem Versprechen, mir dafür die wunderbarsten Dinge zu verschaffen: ein wirkliches Gewehr zum Beispiel. Ich galt überall als ein besonders »aufgewecktes« Kind, aber für den kleinen Schlaukopf war ich ein Närrchen, das alles glaubte. In Wirklichkeit hatte ich bald alles durchschaut und beließ ihn dennoch in seinem Irrtum. Auch später habe ich ihm nie mit einer Silbe verraten, daß ich bald genug seinen Betrug erkannt hatte. Warum? Ich dürfte damals das Überlegenheitsgefühl entdeckt haben, und darüber hinaus den besonderen Genuß, den man aus der verheimlichten Überlegenheit gewinnen kann.

Wir fuhren damals wie jeden Sommer in einen Kurort und im Herbst darauf wurde ich nicht mehr in den Cheder geschickt, in dem Berele lernte und seine komplizierten »Kombinationen« realisierte. Ich muß ihn wohl hie und da wiedergesehen haben, aber die Freundschaft war erloschen. Mir schien's, daß er mich mied, ich wußte nicht, warum, und schloß mich bald anderen Kindern an, zumeist aus wohlhabenden Familien, deren Eltern mit den meinen verkehrten. Aber ich habe Berele nie vergessen — nicht nur, weil er es war, der mir den Weg zur Psychologie gebahnt hat, sondern auch wegen der messianischen Gymnastik, die er mit mir übte. Wie die Erwachsenen wußten auch wir Kinder, daß der Messias jeden Augenblick auf die Erde herabsteigen könnte. Unsere Erlösung würde erst einmal mit einer »Umkehrung der Welt« beginnen. Berele folgerte daraus, daß man plötzlich auf dem Kopf zu stehen kommen würde. Um nun diese unangenehme Situation zu vermeiden, galt es, den Kopfstand rechtzeitig zu üben, erklärte Berele, denn so würden wir in jenem großen Augenblick in die richtige Position kommen. Unter seiner Anleitung lernte ich auf den Händen gehen, mit dem Kopf so lange nach unten, bis mir schwindlig wurde.

Später — ich hatte früh, seit dem 13. Lebensjahr, mit dem Glauben gebrochen, war zur revolutionären Bewegung gestoßen und hatte aus Treue zu ihr vieles auf mich genommen — später dachte ich oft an Bereles Kopfstand-Übungen. Längst gehorchte ich nicht mehr den Geboten und beachtete nicht mehr die zahllosen Verbote, die den Alltag des frommen Juden beherrschen. Aber die Zuversicht, mit der ich den Messias erwartet hatte, war die gleiche geblieben. Unser messianisches Gegenstück hieß revolutionäre Aktivität. In allem, was ich da lernte, erlebte und unternahm, hörte ich nicht auf, Gründe für die messianische Zuversicht zu suchen. Es mag sein, daß ich darin auch heute noch fortfahre. Es mag sein, daß ich, seit ich denken kann, keiner Idee begegnet bin, die mich so überwältigt und meinen Weg so stetig bestimmt hat wie die Idee, daß diese Welt nicht bleiben kann, wie sie ist, und daß sie ganz anders, besser werden kann und daß sie es werden wird.

Ich habe die Episode der Tauben auf dem Giebel der vom Feuer bedrohten Synagoge erwähnt, um zu betonen, daß der Zweifel sich meiner im Augenblick des sozusagen sichtbaren Wunders bemächtigte. In Wirklichkeit dürfte jedoch jene dramatische Situation nicht ausreichen, um zu erklären, wie mein Glaube durchlöchert wurde, immer öfter, immer mehr, ohne daß der Zweifel besonders sichtbar oder auch nur hinderlich geworden wäre für das einträchtige Zusammenleben, in dem das Kind sich geborgen fühlte. Das trifft so sehr zu, daß ich erst jetzt, während ich mich schreibend auf die ferne Vergangenheit besinne, dessen ganz bewußt werde, daß ich in meiner Kindheit ein »Sünder« und weit mehr noch ein Zweifler war, doch ohne schlechtes Gewissen gegenüber den Menschen und gegenüber Gott, an den ich indes so selbstverständlich glaubte wie an den Himmel über unseren Köpfen.

Sünder, sagte ich. Mir steigt eine Erinnerung auf, die wahrscheinlich nie ganz verschüttet, sondern nur vorübergehend nicht gegenwärtig war. Ich habe sie schon einmal, vor einigen Jahren, hervorgeholt, als ich versuchte, die Rolle der Sexualität in meiner Jugend und in den späteren Jahren genau zu ermessen und gleichzeitig zu erfassen, was an ihr eigenartig gewesen sein mochte.

Das Erlebnis fand wohl in der gleichen Phase, das heißt zwischen dem dritten und vierten Lebensjahr, wie die anderen Episoden statt, die ich erwähnt habe. Und diesmal kann ich mit hoher Wahrscheinlichkeit das Alter bestimmen, in dem dieser gewiß folgenreiche, wenn auch scheinbar nicht wichtige Vorfall sich ereignet hat. Es geschah an einem Versöhnungstag, es muß der Jom-Kippur des Jahres 1909 gewesen sein. Aus irgendeinem Grunde — ich war vielleicht krank oder rekonvaleszent — wurde ich nicht ins Bethaus mitgenommen. Es war ein ungewöhnlich heißer Herbsttag. Hanusia, die ukrainische Magd, hielt sich mit mir im Garten hinter dem Hause auf. Sie lag halb aufgestützt unter einem Apfelbaum, ich saß neben ihr. Wie das sonderbare Spiel begann, weiß ich nicht, doch dürfte sie es gewesen sein, die mich zu sich herangezogen und meine Hand unter ihr Kleid, auf ihre nackten Brüste geschoben hat. Sie muß sodann ihre Lage so verändert haben, daß meine Hände gleitend schließlich ihren Bauch berührten und sodann ihre Schenkel. Ich empfand eine Lust, wie ich sie erst viel später wieder erleben sollte — eine Erregung, als ob mein ganzer Körper in Flammen stünde. Alles verschmolz, die Hitze der sengenden Sonnenstrahlen, die Wärme der glatten, sanften Haut dieses großen, schwerfälligen Mädchens und die ungekannte, die Glieder, den ganzen Leib durchdringende Wollust, die mich verwirrte und hinriß — ich wußte nicht warum, wozu.

Als mich Hanusia dann abschüttelte, entdeckte ich rote Flecke in ihrem Gesicht und in ihrem Blick etwas Ungewohntes: sie schielte, während sie wie erschreckt um sich sah. Wortlos gingen wir ins Haus zurück; bald kamen auch die Beter zurück, die sich in der langen Pause ausruhten, die die Gebete des Vormittags von denen trennten, die während langer Stunden bis zum Anbruch der Nacht folgen sollten.

Ich wußte, daß ich etwas getan hatte, was gewiß nicht erlaubt war, und ebenso, daß Hanusia den Vorfall verschweigen würde. So sagte auch ich nie jemandem etwas davon, nicht damals, nicht später: niemals. Ich wußte, daß die Sünde umso größer war, als ich sie an einem Buß- und Sühnetag, am furchterregenden Jom-Kippur begangen hatte. Ich hatte aber dennoch kaum ein schlechtes Gewissen. Natürlich glaubte ich an einen allwissenden, strafenden Gott ebenso unerschütterlich wie daran, daß der Regen naß und das Eis kalt ist, aber ich fürchtete Gott nicht — nicht ihn und nicht seine Strafen. Es muß wohl einige Zeit später und mehr als einmal geschehen sein, daß ich auf das Dach der Scheune stieg und mit voller Wucht Kieselsteine gegen den Himmel warf. Ich hoffte, ein Stein würde ihn treffen, verstimmt würde Gott dann eine Klappe öffnen und böse auf mich herabblicken. Ich war entschlossen, ihm standzuhalten, ja ihm Vorwürfe zu machen, weil er noch immer den Messias zurückhielt, ohne den wir es ja nicht mehr lange aushalten konnten. Auch diese Herausforderung habe ich damals allen verschwiegen.

Die Beziehung zwischen Hanusia und mir blieb, wie sie vorher gewesen war, als hätte sich nichts unter dem Apfelbaum ereignet. Ich mag ihr insgeheim dankbar gewesen sein, doch erinnere ich mich nicht daran. Nichts änderte sich für mich nach diesem ersten sexuellen Erlebnis, obschon es zweifellos bestimmend werden sollte für die ungewöhnliche Bedeutung des Taktilen in all meinen erotischen und sexuellen Bindungen.

Nicht bestimmend, sondern mitbestimmend. Es war wohl eine Folge der besonders ungünstigen Lebensbedingungen, daß so viele Kinder des Städtchens, wie schon erwähnt, so häufig an Hautinfektionen litten. So weit ich zurückdenken kann, hat der Anblick unreiner Haut in mir stets heftigen Ekel und zugleich Furcht vor Berührung hervorgerufen. Gewiß hatte man mich frühzeitig vor den Wirkungen von Schmutz und somit vor zu naher Berührung mit den Kindern der Armen gewarnt. Doch reicht dieser Sachverhalt nicht aus, um zu erklären, warum ich mir selbst eine Hautabschürfung, etwa an einem verletzten Finger, verbarg; warum ich einen winzigen, kaum sichtbaren braunen Punkt auf dem Handrücken so unerträglich fand, daß ich versuchte, ihn mit einem Messer herauszuschneiden. (Während ich dies schreibe, fällt mein Blick auf meine mit großen und kleinen braunen Flecken bedeckten Hände, die Hände eines bejahrten Mannes. Habe ich mich mit ihnen ausgesöhnt? Vielleicht sind sie mir gleichgültig geworden — im Laufe jener distanzierenden Bewegung, die mich meinem Gesicht und immer mehr auch meinem Körper entfremdet hat.)

Noch vor dem Erlebnis im Obstgarten hatte ich mich stets von weißer, glatter Haut angezogen gefühlt, aber noch viel intensiver den Abscheu empfunden, den mir alles einflößte, was häßlich schien. Eine Warze im Gesicht, ein schiefer Mund, eine Beule — all das beunruhigte mich; ich wandte den Blick von solchen Gesichtern ab, wie ich es auch heute noch unwillkürlich tue, wenn ich jemandem gram bin oder wenn er im Begriff ist, mich anzulügen.

Noch heute kann ich Clowns nicht ansehen. Ihr Anblick rief eine der ersten, wahrhaft erschütternden Enttäuschungen meiner frühen Kindheit hervor. Endlich kam ein Zirkus ins Städtchen. Bis dahin war mir kein Tag so lang erschienen wie jener, an dessen Abend mein Vater uns in den Zirkus führen sollte. Wilde Tiere würde man sehen und wilde Menschen und Zwerge und Pferde, die Polka tanzten und im Walzerschritt wunderschöne, wie Prinzessinnen gekleidete Reiterinnen tragen sollten, und Jongleure und Trapez-Künstler und einen Mann, der auf einmal zehn Musikinstrumente spielte — und schließlich und vor allem die Clowns. Da waren sie endlich. Ihre Gewänder waren noch zerschlissener und bunter geflickt als die unserer ärmsten Bettler, ihre Gesichter waren durch dick aufgetragene Farben entstellt und statt Nasen hatten sie rote Kartoffeln. Was sie trieben, war gewiß sehr komisch, am lustigsten die Wiederauferstehung des toten Clowns, der im eigenen Leichenzug Kerzen tragend mitging und mit den anderen zusammen den eigenen Tod laut beweinte. All das war wunderbar, aber noch heute fällt es mir so schwer, das willkürlich entstellte Antlitz eines Clowns zu betrachten, wie jemandem in dem Moment in die Augen zu blicken, da er sich erniedrigt fühlt. Gewiß sind Furcht und Angst dabei mit im Spiel.

Doch, wie gesagt, empfand ich keine von beiden nach

dem merkwürdigen Ereignis am Versöhnungstag; ich glaubte an Gottes Allmacht und scheute mich trotzdem nicht, ihn herauszufordern, zum Beispiel, indem ich am Freitag Abend einen Leuchter berührte oder — natürlich insgeheim — sogar mit einem Bleistift irgend etwas aufs Papier oder auf ein Möbelstück kritzelte. Mit all dem entweihte ich den Sabbath und beging, das wußte ich, eine Sünde.

Spielte ich vielleicht nur mit der Gefahr? Das kann wohl sein, denn selbst Kleinkinder finden Spaß an solchem Spiel: sie führen den Schrecken herbei und schöpfen aus seiner Überwindung Lust und Heiterkeit. Jedoch war wohl die Gewißheit bestimmend, daß der allmächtige Schöpfer der Welt zu uns gehörte — er war ein jüdischer Gott, meinen Ahnen seit jeher verpflichtet und somit auch ihrem Sproß. Ich fürchtete Gott, zweifellos, aber nicht anders als meinen Vater, dem ich stets zu gefallen und nie zu mißfallen wünschte. Trotzdem tat ich immer wieder Dinge, die er verbot. Das war schlimm, aber nie hatte ich zu befürchten, daß er mir lange zürnen würde, denn ich hatte schnell genug herausgefunden, daß er sich bestraft fühlte, wenn er mich strafen mußte. Das Zutrauen, das er mir einflößte, war grenzenlos; es hat alle meine Beziehungen zu Menschen für mein weiteres Leben determiniert.

Wenn ich an den Wintermorgen, die er mit mir teilte, den Blick von den Eisblumen und der verschneiten Welt abwandte, so geschah es, um ihn anzusehen: sein Haupt war stets mit einer *Jarmelke* bedeckt, einem dunkelblauen samtenen Käppchen, oder mit einem schwarzen, seidenen Barett; sein Gesicht umrahmte ein modisch gestutzter schwarzer Bart. Obwohl aus chassidischer Familie und somit von strengster Observanz, trug er keine Schläfenlocken und, außer am Sabbath oder an Feiertagen, keinen Kaftan, sondern war, so nannte man das, »europäisch« gekleidet. Seine hellbraunen Augen hinter dem goldumränderten Zwicker schienen immer zu lächeln, wenn er einen anblickte, oft ein wenig ironisch, doch fast immer gütig. Sein Blick hat dem überempfindlichen Kind von Anbeginn Mut eingeflößt: Mut, tapfer zu sein, und den Wunsch, heiter zu sein und klug. An seinem Vertrauen trug ich wie an einer Bürde, einer Last von ganz besonderem Wert. Ich sagte mir immerfort, daß er mich überschätzte, und legte alles darauf an, ihn nicht zu enttäuschen; jedem durfte ich ein Leids antun, nur nicht ihm.

Im Dampfbad, wo am Freitag nachmittag alle Männer sich für den Sabbath vom Schmutz der Wochentage gründlichst säuberten, schlug einem ein furchtbarer Lärm entgegen, eine Mauer von kaum durchsichtigem Dampf verwischte die Konturen, die Hitze raubte dem Kinde den Atem. Die hölzernen Bänke stiegen in Stufen auf; je höher die Bank, umso heißer. Die Kinder blieben gewöhnlich auf den untern Bänken. Mein Vater rühmte sich vor seinen Freunden, daß ich die Courage hätte, bis zur höchsten hinaufzusteigen und es dort sogar einige Minuten auszuhalten. Ach, ich hatte die Courage nicht, aber wie durfte ich ihn enttäuschen? Ich fürchtete nicht seine Vorwürfe, doch wünschte ich so sehnlich, in seinen Augen das gute, warme Lächeln der Anerkennung zu finden. Sehr früh erwartete er von mir, ermunterte er mich, etwas nicht Alltägliches, etwas besonders Gescheites über Menschen und Dinge zu sagen, stets schlagfertig, aber nicht etwa frech oder altklug zu antworten.

Das Haus war, scheint's mir heute, stets voll von Menschen — besonders an Abenden. Oft fühlte ich da den Blick meines Vaters, der mich erwartungsvoll ansah. Immer wieder nahm ich mir vor, ihm zu sagen, daß er von mir nichts erwarten sollte, daß ich garnicht so klug wäre, wie er es glaubte. Diese Worte schwebten mir etwa bis zum zwölften Jahre so oft auf den Lippen, daß es fast unwahrscheinlich ist und dennoch wahr: ich habe sie nie ausgesprochen. In der Kindheit brachte ich nie den Mut auf, die stete Erwartung, die er in mich setzte, zu enttäuschen. Wußte er, ahnte er jemals, wie schwer es mir manchmal wurde? Er starb im 78. Lebensjahr, aber ich habe ihn nie danach gefragt. In der Tat haben wir niemals auch nur mit einer Silbe die Beziehung erwähnt, die uns beide einmal, wenige Jahre lang, so eng aneinander gebunden hatte, ehe sie aus meinem Verschulden zerbrach.

Auch das erwartete man von mir, dem 5- bis 6jährigen Kind, daß ich schön singen und die Worte genau artikulieren sollte. Das war das Leichteste von allem. Denn neben der totalen Strenge in der Befolgung aller religiösen, rituellen, traditionellen Gebote und Verbote gab es bei uns im Hause, doch nicht weniger bei den Ärmsten im Städtchen, in fast jeder Situation, am Morgen so gut wie am Abend — gab es immer den Gesang. Er drang aus allen Bet- und Studierstuben, aus den Kellern der ärmsten Handwerker, aus den Hinterhöfen und den Ställen. Die religiösen Melodien, welche die Exilierten noch aus dem Orient mitgebracht hatten, verquickten sich auf eigene Weise mit den Liedern, die die slawischen Wirtsvölker, insbesondere die ukrainischen Bauern sangen.

»Wann singt ein Jude?« fragte man und man antwortete: »Er singt, wenn er hungrig ist.« Es ist aufschlußreich, daß das Wort Jude zuweilen durch Bauer ersetzt wurde. Man dachte bei uns dann wirklich nur an den ukrainischen Bauern. Manchmal lautete die Antwort: »Er singt, wenn (oder weil) er traurig ist.«

Das jüdische Volkslied erneuerte sich ständig und blieb dem Volke treu, das den unsäglich schweren täglichen Daseinskampf nicht nur beklagen, sondern auch besingen wollte: die Mühe, Brot für die Familie zu verdienen und das Schulgeld für die Kinder; die Pein und das Glück, Jude zu sein mitten in einer feindlichen Welt; den Schmerz, den Geburtsort verlassen zu müssen, um der Not zu entgehen, und schließlich das Heimweh nach dem Lande Israel; oder auch die Sehnsucht nach dem freien Amerika, wo »man selbst an Wochentagen weißes Brot ißt«. In Amerika wie in »der alter Hejm« entstanden auch die revolutionären Lieder; aus elenden Werkstätten drangen sie auf die Gasse und verbreiteten sich in Windeseile:

»Du spinnst aus die Wolle
Und hast doch kein Kleid
Du bäckst das Brot
Doch hungern tust du.«

Von dort kamen auch die Liebeslieder mit ihrer verschämten Sinnlichkeit, mit ihrem Glückversprechen, mit ihrer Trauer über erzwungene Scheidung, über Untreue und Verlassenheit. In Wirklichkeit wurde alles besungen — ironisch und pathetisch zugleich, herausfordernd und wehleidig. Der Gesang war ein Teil des Lebens, das sich in ihm widerspiegelte, in ihm Zuflucht suchte und neuen Mut. Nicht wenige Texte stammten von berühmten jiddischen und hebräischen Dichtern, doch die meisten Lieder hatte das Volk selbst erdacht — die Resignierten und die Rebellen, die glücklich und die unglücklich Liebenden.

Die ersten Lieder, die ich hörte und ohne Worte mühelos nachsang, waren hebräische und aramäische Gesänge, die zur Liturgie gehörten. Jeden Abend konnte es geschehen, daß mitten im Gespräch einer der Gäste eine zu heftige Debatte oder das Kartenspiel unterbrach und ein Lied anstimmte, das andere aufnahmen. Ein zweites, ein drittes mochte folgen, man sang zuweilen bis in die späte Nacht oder — in Sommernächten — bis zum frühen Morgen. Jedoch an jedem Freitagabend kamen mit den Freunden des Vaters auch die alten Gefährten meines Großvaters. Man trank Bier oder Met, manchmal auch einen besonders starken Branntwein. Die weißen Kerzen in den hochstieligen silbernen Leuchtern brannten langsam aus; man blieb zuweilen im Dunkeln sitzen, um die politischen Ereignisse zu diskutieren; man ereiferte sich für oder gegen den Zionismus, der damals die Gemüter aufs äußerste erregte, man debattierte ausführlichst über diese oder jene Auslegung eines biblischen oder talmudischen Satzes und zitierte zahllose Kommentatoren. Immer wieder aber fand man zum Gesang zurück. Er war Gebet, war Trost und Klage zugleich.

»Und weißt du, Dreyfus
Warum all das dir geschieht?
Nur weil du
Nur weil du ein Jude bist.«

Wir Kinder durften aufbleiben, bis wir einschliefen, und wurden dann schlafend ins Bett gebracht.

An manchem Freitagabend erschien, stets unangemeldet, der Großvater meines Vaters. Als ich ihn kannte, war er bereits über achtzig; ein langer, weißer Bart bedeckte seine Brust; wenn er im Gespräch den Kopf zurückwarf, erblickte man eine schneeweiße oder dunkle seidene Schnur an seinem Kragen. Seine Augen waren jung geblieben — furchterregend, wenn er böse oder auch nur mit irgendeiner Meinung nicht einverstanden war. Sonst aber war sein Blick aufmerksam, ja kindlich neugierig. Er hatte sich einmal als Rabbiner mit seiner Gemeinde zerstritten, weil sie in ihrer Mitte Gegner des chassidischen Rabbi duldete, dessen Anhänger und Freund er war. In der Nacht noch verließ mein erzürnter Urgroßvater die Stadt und erreichte nach langem, gefährlichem Ritt in den Karpaten seinen Geburtsort. Er hat bis ans Lebensende jeden Versuch eines Ausgleichs zurückgewiesen. Als einer seiner Söhne später das gleiche Rabbinat übernahm, zog er es vor, dies völlig zu ignorieren. Er verbrachte sein Leben mit »lernen«, dem Studium der heiligen Bücher und ihrer Kommentare; auch deshalb zog er sich von der Welt zurück. In frühester Morgenstunde lief er aus dem Haus, um sein kaltes Tauchbad zu nehmen. Er lief, denn er hatte keine Zeit. Dem Arzt, der dem Greis nahelegte, seinen Eifer zu mäßigen, erklärte er: »Ich habe keine Minute zu verlieren, denn erst jetzt beginne ich, *wirklich* zu verstehen. Jetzt erst offenbart sich mir, was allein das Wesentliche ist.«

Ja, Reb Boruch lief, weil das Studium ihm keinen freien Augenblick ließ, aber auch weil er den Menschen ausweichen wollte. Er vertrug die Banalität nicht und nicht die Alltäglichkeit. Er ging fast nie ins Bethaus, sondern verrichtete seine Gebete im Studierzimmer. Manchmal, bei Anbruch des Abends, mochte es geschehen, daß er im weißen Kittel das Haus verließ und zu dem Hügel eilte, von dem aus er Ausschau hielt nach dem Messias; dieser mußte zwar nicht gerade zu dieser Stunde kommen, aber es gab keinen Augenblick, in dem er nicht hätte kommen können. Ich weiß nicht, ob mein Urgroßvater wirklich enttäuscht heimkehrte.

Dieser Greis, die einzige bezwingende Autorität, der ich in meiner Kindheit, wenn nicht gar in meinem ganzen Leben begegnen sollte, war der Held vieler Erzählungen, denen ich stets gerne lauschte. Aus allen ging hervor, daß er gelehrt war und weise und völlig gleichgültig gegenüber allem, woran den anderen so viel lag: gleichgültig gegenüber den Ehrbezeugungen, dem Geld, der gesellschaftlichen Position, doch unwillig, wenn nicht gar unfähig, irgendeinen Kompromiß anzunehmen, wo es sich um Glauben, Lehre und Treue handelte. Er verbarg nie seine Ungeduld, wenn er Flachköpfe oder Ungebildete anhören sollte, besonders wenn sie wohlhabend und deshalb prätentiös waren. Jedoch lauschte er stets aufmerksam den Worten, mit denen Arme und Unglückliche bei ihm Rat und Trost suchten. Sein Hochmut, sonst so fühlbar, schien einem merkwürdigen Respekt vor dem leidenden Mitmenschen Platz zu machen.

Wenn ich an diesen mittelgroßen Mann im schwarzen Kaftan mit dem schwerseidenen Gürtel zurückdenke: an die erstaunliche Behendigkeit seiner Bewegungen, an die Schnelligkeit, mit der er sich von fremder Gegenwart freimachte, dann scheint's mir gewiß, daß er mitten im Städtel, wo die Menschen so eng zusammengedrängt wohnten und einander kaum einen einzigen Tag lang ausweichen konnten, einsamer gewesen ist als irgend jemand, dem ich seither begegnet bin.

Was hatte denn jenen alten Mann in solche Vereinsamung gestürzt? Nicht der Ansturm der Feinde und noch weniger die Furcht vor ihnen, denn er war seiner Sache und ihres kommenden Sieges sicher. So war es wohl die Unmöglichkeit, die Entfernung zu überwinden, die ihn von jenen trennte, deren Freund er hätte sein mögen. Er verzieh es ihnen nicht, daß sie den Anforderungen nicht gerecht wurden, deren Erfüllung allein er als Rechtfertigung des Daseins ansah. Er hatte unrecht, das scheint mir jetzt durchaus gewiß. Wäre ich aber im Städtel geblieben und hätte es sich nicht verändert — wer weiß, ob ich nicht gedacht hätte wie er. Und ich sage mir, daß ich oft nicht weniger streng gewesen bin als er, aber mit viel weniger Grund und weniger Recht.

Diesem Ahnen verdanke ich in gewissem Sinn den Beginn meiner »Karriere«, was auch immer diese gewesen sein mag. Denn an einem Frühlingstag — der Flieder leuchtete durch ein Seitenfenster in seine Lernstube — erklärte er, daß ich ein *Ilui,* eine Leuchte in Israel, sein würde; ich dürfte damals wohl sechseinhalb Jahre alt gewesen sein. Wie alle Kinder meines Alters begann ich, jeden Sonntag ein mehr oder minder großes Stück des Wochenabschnitts der Thora zu übersetzen, der am darauffolgenden Sabbath im Bethaus vom Vorbeter vorgelesen wurde. Man erwartete, daß die Kinder am Freitag ihre Lektion gelernt haben würden. Nun geschah es, daß mein Lehrer an einem Dienstag entdeckte, daß ich Text und Übersetzung bereits auswendig wußte. Er war davon so beeindruckt, daß er das Wagnis unternahm, mich unangemeldet zum Urgroßvater zu führen, damit dieser mich »verhören«, das heißt prüfen sollte.

Die sechs Jahrzehnte, die mich von jener Stunde trennen, haben kaum eine Einzelheit in meinem Gedächtnis verwischt. Ich sehe mich vor dem schweren Tisch mit den alten Folianten stehen, neben mir den Lehrer, — ein besonders hochgewachsener Mann — der abwechselnd mich erwartungsvoll ansah und den Blick des Urgroßvaters zu erhaschen suchte. Natürlich wollte ich gefallen, doch war's mir wichtiger, beunruhigender, daß ich schon wieder etwas tun mußte, um eine in mich gesetzte Erwartung nicht zu enttäuschen. Es gelang. Ich durfte hinter den Tisch treten, der Ahne legte seine Rechte auf meinen Kopf, seine Lippen bewegten sich — wahrscheinlich murmelten sie einen Segensspruch. Dann machte er dem Lehrer ein anspielungsreiches Kompliment und fügte, auf mich weisend, die Prophezeiung hinzu. Der Lehrer führte mich schnurstracks in das Büro meines Vaters, vor dem ich wieder Text und Übersetzung herunterhaspeln mußte.

Das Lob des Rabbi Boruch war bereits im Städtchen bekannt geworden.

Bedrängender als je vorher wurde infolgedessen meine Befürchtung, daß mein Vater und nun auch mein Urgroßvater mich überschätzten und daß sie das früher oder später unweigerlich entdecken würden. Nicht selten wünschte ich, daß dies sehr bald, daß es sofort geschähe, damit Last und Furcht von mir genommen würden.

Die Erinnerung an den Blick meines Ahnen blieb für mich bewegend; er sah mich zuerst kühl, dann mit mäßigem Staunen an. Plötzlich aber leuchtete in seinen Augen etwas auf, was mich sonderbar beglückte. Diese Beglücktheit habe ich nie vergessen.

Seine Prophezeiung hat sich nicht bewahrheitet — ich bin kein *Ilui* geworden. Mit dem Glauben, der ihm alles war, habe ich, wie gesagt, in früher Jugend gebrochen und keinen anderen gesucht. So erkannte ich auch früh genug, daß ich kein »Berufener« war, obschon sich immer wieder welche fanden, die das glauben wollten. Daher dachte ich, denke ich, daß ich zwar mit meinem Ahnen manche schlechte Eigenschaft gemein habe, aber nicht seine Widerstandskraft gegen jegliche Verführung, nicht den Mut, mich allem Unwesentlichen hermetisch zu verschließen, und nicht die sonderbare Bescheidenheit, die sich aufs natürlichste mit seinem Hochmut verband.

Auch als Kind habe ich nicht gewünscht, ihm eines Tages gleich zu sein. Aber in allem Wichtigen, das ich je getan haben mag, kam es mir sehr darauf an, mir sagen zu dürfen, daß er zwar mit mir nicht einverstanden gewesen wäre, daß er aber auch keineswegs geringgeschätzt hätte, was ich in meinen besten Stunden hervorbringen mochte. Es mag sein, daß nicht nur Eitelkeit mich zeitweilig annehmen, hoffen ließ, daß ich jenen Blick zwar gewiß nicht immer, aber manchmal doch noch verdiente.

Im Unterschied zu ihm empfinde ich seit jeher das Bedürfnis, mich mit Freunden im Einklang zu wissen. Es gehört zu den leidbringenden Erfahrungen, mit ihnen nicht übereinstimmen zu können, wenn es sich um Wesentliches handelt. Doch verdanke ich diesem Urgroßvater gewiß den entschiedenen Willen und die Kraft, an einer Überzeugung nicht wankend zu werden, selbst wenn niemand sie mit mir teilen will. Er dürfte seine Einsamkeit ungleich leichter ertragen haben als sein Urenkel; vielleicht, weil er in der Tat nie allein war: er fühlte Gottes Nähe genau so deutlich wie die Berührung der Hand, die er nächtens immer wieder auf die vom »Lernen« ermüdeten Augen legte.

Dieser ungewöhnlich kluge, scharfsinnige und gebildete Mann konnte sich wohl alles vorstellen, nur nicht, daß irgendjemand wirklich gottlos sein, das heißt leben und denken könnte, als ob es den Schöpfer der Welt nicht gäbe.

Jedes Jahr vor Ostern »lernten«, lasen und übersetzten wir das Hohe Lied. Für die Kinder gab es nichts Anstößiges in diesem leidenschaftlichen Liebeslied, denn sie erfuhren dank der mündlichen Überlieferung, die die im Singsang vorgetragene Übersetzung begleitete, worum es da wirklich ging — natürlich nicht um Liebe von Mann und Weib, sondern um den Zwist zwischen Gott und seinem auserwählten Volke, das, schuldig geworden, der Liebenden im Hohen Liede gleich durch die nächtlichen Straßen irrt, um den Geliebten, das heißt also Gott zu suchen. Einen Jeglichen hält die Frau an, um nach ihm zu fragen, so gerät sie bis an die geschlossenen Tore der Stadt. Und die Wächter spotten ihrer und des Geliebten, den nie jemand gesehen habe.

Auch der Urgroßvater konnte manchmal mit seinem Gotte rechten, wie der Zaddik von Berdytschew in seinen jiddischen Gebeten es gewagt hatte. Hätte er erfahren, daß sein Urenkel Steine gegen den Himmel warf, um Gott herauszufordern und in sein böses Gesicht zu blicken, er hätte es wahrscheinlich nicht als Gotteslästerung empfunden. Der Allmächtige war überall; selbst ein Kind mußte auf ihn stoßen, unter Umständen ihn anstoßen und mit ihm handgreiflich werden. Ich schrieb fast unter Rabbi Boruchs Diktat die Worte, die ich einem Romanhelden, dem halbwüchsigen Rabbi Bynie in den Mund legte, mit denen er sterbend von seinem Kampfgefährten, einem ungläubigen Wiener Juden Abschied nahm: »Armer Mensch, Ihr bleibt ganz allein. Wie werdet Ihr ohne Gott leben können?«

Was immer die Einwohner des Städtels waren, sie glichen natürlich in vieler Hinsicht den Zeitgenossen, in deren Mitte sie lebten. Sie waren jedoch von ihnen vor allem darin verschieden, daß sie sozusagen permanente Beter waren. Die Männer widmeten die erste Stunde des Tages und eine andere, vor und nach Anbruch des Abends, dem Gebet. Zwischendurch boten sich zahllose Gelegenheiten für Segenssprüche — beim Händewaschen vor den Mahlzeiten, ehe man den ersten Bissen Brot in den Mund steckte, den ersten Tropfen trank, zum ersten Mal im Jahr eine frische Frucht aß — es war der Segenssprüche kein Ende. Die Texte waren hebräisch, ganz selten aramäisch. Der Kaddisch, das Totengebet, das die männlichen Nachkommen ein Jahr lang nach dem Dahinscheiden der nächsten Verwandten sprachen, beeindruckte mich am meisten. Waisenknaben, auch solche, die gerade erst zu sprechen begonnen hatten, wurden morgens und abends ins Bethaus gebracht, um mit dem Kaddisch das Andenken eines Toten, eines zu früh verstorbenen Vaters oder der Mutter zu ehren. Selbst während ich diese Zeilen schreibe, übermannt mich die Rührung, mit der ich den Waisenkindern lauschte, während sie dieses lange Gebet stammelnd, stockend vor der stummen Gemeinde aufsagten.

Doch da ich sehr früh den Text verstand, rief er in mir, sooft ich ihn hörte, ein Unbehagen hervor, das mit der Zeit fast alle Gebete betraf. Ein Mensch war gestorben, unschuldig, von einer unheilbaren Krankheit dahingerafft, die Hinterbliebenen blieben unversorgt zurück, einem grenzenlosen Elend preisgegeben. Und nun hatten sie dreimal täglich das Totengebet zu wiederholen, das mit den Worten beginnt: »Erhöht und geheiligt sei der Name des Schöpfers ...« und mit Schmeicheleien und Lobhudeleien fortfährt, deren die meisten Gebete aller Religionen bis zum äußersten Überdruß voll sind. Etwa um die gleiche Zeit, als der Urgroßvater mich sozusagen entdeckte, stieg in mir zum ersten Mal der Zweifel auf: Was hatte Gott es nötig, von stammelnden, armseligen Waisenkindern ohne Unterlaß wiederholen zu lassen, daß Er, Er allein groß, wunderbar ist, daß Er allein das Weltall geschaffen hat, daß Sein Wille allein alles bestimmt; daß Er allein die Juden aus Ägypten in die Freiheit geführt und ihnen das Land Kanaan zu eigen gegeben hat, und so weiter und so fort. Ich hörte allzuoft Schmeicheleien an, mit denen sich arme Leute meinem Vater näherten, und fand sie widerlich, gleichviel ob die Lobhudler sofort oder etwas später irgendwelche Vorteile erreichen wollten. Sie glaubten wohl, den zu erhöhen, vor dem sie sich erniedrigten. Und Gott sollte desgleichen wünschen, ja fordern – morgens, nachmittags, abends, ja nächtens, auch von Kindern, die mit zufallenden Augen ihn preisen mußten?

Doch gab es die liturgische Feierlichkeit, deren Stimmung dank dem Gesang alle beherrschte. Ihrethalben und nicht wegen der Worte hörte ich gute Vorbeter mit Vergnügen und häufig mit starker Bewegung an. So deutlich sie den Text auch artikulierten, er ging mich kaum an, ich hörte auf, die Worte wahrzunehmen. Es gab zwar Ausnahmen, so den Pijuth, das heißt die Gedichte, die aus dem Mittelalter stammten, und die Psalmen, die besonders an Feiertagen in das Gebet einbezogen wurden. Ich habe viele Psalmen geliebt und in der Tat nie aufgehört, sie zu singen. (Sollte ich mein zu weitläufiges Programm verwirklichen können, werde ich eine Auslese von Psalmen neu ins Deutsche und ins Französische übertragen).

Das war im Frühjahr 1933 in Berlin — ich habe kaum je einen schönern Frühling gekannt. Wie viele meinesgleichen saß ich im Gefängnis. Es gab noch keine Konzentrationslager, jeder von uns dachte, daß man ihn zu irgendeiner Stunde, wahrscheinlich am frühen Morgen, aus der Einzelzelle hinausführen und »auf der Flucht« erschießen würde. Da geschah es: der Tag ging zu Ende, im Gefängnishof hatten sich Leute von der SS zusammen mit vielen Wächtern unter der Hakenkreuzfahne zum Abendappell versammelt. Und nun drang deutlich und drohend das im Chor gesungene Horst Wessel-Lied in die Zelle. Natürlich hatte ich es schon oft gehört, aber in jenem Augenblick beeindruckte es mich wie ein Gebet, das heißt, ich achtete nicht auf die Worte, sondern nur auf die mißbrauchte alte Soldatenmelodie. Als es vollends Nacht wurde und das Zellenlicht erlosch, drängte sich mir — wie von außen kommend — ein Psalm über die Lippen: »Nicht uns, nicht uns erweise die Ehre, sondern tu's um Deiner Gnadenhaftigkeit und um Deiner Wahrheit willen. Warum sollen die Heiden höhnen: ›Wo ist denn ihr Gott?‹ Unser Gott aber ist im Himmel wie auf Erden, was er will, das vollbringt er ...«

Ich hörte mir zuerst mit ironischem Staunen zu, dann aber ließ ich mich gehen. In jener Nacht habe ich alle Psalmen, die ich auswendig kannte, leise vor mich hingesungen und dann das Nachtgebet aufgesagt, mit dem ich als Kind die Erzengel aufzählte, die, zu meinen Häupten und zu meinen Füßen, über mich und meinen Schlaf wachen würden. Im hypnagogischen Schlummer, aus dem ich schließlich in einen wahrhaft tiefen Schlaf sinken sollte, hörte ich Lieder, die einander unterbrachen und sich miteinander seltsam verquickten. Das Wiegenlied, das dem Kinde verspricht, der »Vater werde aus Amerika einen Brief schicken und zwanzig Dollar beilegen und sein Porträt dazu«, vermengte sich mit dem vulgären Schlager jenes Frühlings: »Wenn am Sonntag abends die Dorfmusik spielt ...« Doch als ich wieder wach war, fand ich die Erinnerung an die Lieder meiner Kindheit wieder. Sie verließen mich nicht mehr und füllten viele Stunden meiner Haft aus. Ich sang sie mit all ihren Strophen, bis Müdigkeit mich übermannte, und fand zu ihnen zurück, sobald ich meine Kräfte wieder beisammen hatte. Nein, sie weckten in mir kein Heimweh nach der fernen Vergangenheit oder nach dem Städtel, das ich siebzehn Jahre vorher verlassen hatte. Ich werde es zweifellos nie wiedersehen, doch bleibt es in meinem Gedächtnis — in einem Neben- und Miteinander von Farben und Bildern, von Tönen, deren Mannigfaltigkeit mich noch heute verwundert.

Es gab Haustiere im Städtel: Hühner, Gänse und Ziegen, Kühe und Pferde. Im Vergleich zu den Menschen erschienen sie mir häßlich und töricht, alle, außer den Pferden. In ihnen erkannte ich die vollkommensten Lebewesen der Erde; ich bin nicht sicher, ob ich diese Meinung geändert habe. *»Dojno dachte noch oft an eine Koppel verwundeter Pferde zurück, die man nach einer Schlacht durchs Städtchen geführt hatte, an eine graue Stute, der die Augen ausgeronnen waren. Um dieses Tier hatte er geweint, wie Tote um sich selber weinen würden, wenn sie ihren Tod erlebten.«*

Und wie dieser Held meines Romans bin ich heute noch schmerzlich berührt, wenn ich an verwundete oder hungernde Pferde denke. »Schwer, ein Jude zu sein«, dieses Wort wiederholte man oft mit einem Seufzer. Manchmal fügte man hinzu: »Schwer, ein jüdisches Pferd zu sein«, das heißt, einem Luftmenschen zu gehören, der, wie es im Witz hieß, darauf achten mußte, daß sein armes Zugtier nie erfahre, daß es den Hafer, eine so unerschwingliche Kostbarkeit, gibt.

Ein Falbe war es, den ich während eines Sommers oft ans Ufer des Pruth zur Tränke führte. Sein Zottelfell war stets sauber und glänzte. Er mochte es, von Kindern geritten zu werden, und vertrug geduldig ihre jähen Gebärden. Er war gutmütig, wohlwollend und verständnisvoll. Das las man in seinen großen, aufmerksamen Augen.

Mir ist, als ob ich sehr früh gewußt hätte, daß Kinder durch einen Geschlechtsakt gezeugt werden. Überall sah man Hähne die Hennen anspringen; oft bot sich einem das lächerliche Schauspiel eines Hundepaars, dem es, so schien's, nicht gelingen wollte, voneinander loszukommen. Beeindruckt, wenn nicht gar verwirrt, hatte mich jedoch mehr als einmal der Anblick der auf dem Hof, in der Nähe des Stalls, kopulierenden Pferde. An dem Vorgang war merkwürdig, wenn nicht gar bestürzend, daß beide Tiere bebten, als ob sie beide, nicht nur die Stute, Angst hätten. Wenn es endlich gelungen und vorüber war, gratulierten die Erwachsenen einander — der Eigentümer des Hengstes steckte die Komplimente ein, als ob er selbst eine große Leistung vollbracht hätte.

In der gleichen Phase war ich — wie so viele andere Kinder — recht oft Zeuge eines dramatischen Vorgangs: wie man dem Leib einer Stute oder einer Kuh mit ungeheurer Mühe das Junge entwand. Weil das Leiden dieser Muttertiere mich so tief bewegt hat, sind für mich bis heute unerträgliche körperliche Schmerzen mit der Vorstellung wehrlos leidender Tiere verbunden. Um einen falschen Eindruck zu vermeiden: ich bin nicht das, was man einen »Tierfreund« nennt. In meinen Augen ist nur der Mensch ein unvergleichliches Lebewesen, das wertvollste auf dieser Erde.

»Majim chajim«, so heißt das aus der Quelle sprudelnde, »lebendige« Wasser, so nannte es der aus Wien geholte hebräische Lehrer, unter dessen Aufsicht die Kinder den ersten Ausflug machten; es dürfte in der Pfingstzeit gewesen sein. Als ich, der jüngste der Schüler, die Wiesen betrachtete, die sanft anstiegen und Weideland wurden auf den Hügeln, die den Karpaten vorgelagert waren, entdeckte ich zum ersten Mal, wie viele verschiedene Farben den einen gleichen Namen trugen: grün. Doch man gab mir zu verstehen, daß es sich da nur um einen Unterschied der Schattierungen handelte. Eine andere Lehre empfing ich an diesem sommerlichen Frühlingstag. Als wir nämlich die Hügel — wir nannten sie Berge —

hinaufstiegen, erblickte ich deren höchste Spitze, die den Himmel zu berühren schien. Das Kind, das so oft insgeheim Steine gegen den Himmel geworfen hatte, ohne ihn je zu treffen, wurde von einer unaussprechlichen, erschütternden Hoffnung ergriffen: auf der Bergspitze angekommen, würde es das Ende der Welt und damit den Zugang zum Himmel erreicht haben. Was sodann geschah, das haben zahllose Menschen vorher und nachher erlebt: die Entdeckung, daß der Himmel gleich hoch und entfernt bleibt im Tale wie auf den Bergen und daß es hinter diesen andere gibt, höhere, höchste, hinter denen sich wieder andere verbergen — und so in der ganzen Welt und ohne Zahl. Diese höchst intensive Erfahrung hinterließ in dem Kinde nicht nur eine Enttäuschung, sondern auch eine erwartungsvolle Unruhe.

»Majim chajim«, erklärte der Lehrer. »Es ist das gleiche klare Wasser, das seit urdenklichen Zeiten hier hervorsprudelt, und es ist dennoch nicht, es ist niemals das gleiche Wasser.«

Gewiß, wenige Jahre später, schon in Wien und für immer von dieser Quelle entfernt, sollte ich Ähnliches in der Griechischstunde lernen und die zwei hebräischen Worte wurden durch hellenische ersetzt: »Panta rhei«, aber zuvor, zwischen den Hügeln des karpatischen Vorgebirges, begann ich in kindlicher Vorstellungsweise zu ahnen, daß man zwar die Wahrheit erfahren kann, daß sie sich aber ändert, sobald man sie kennt, und nur noch ein Hinweis bleibt, Wegweiser zu einer andern Wahrheit, die sich hinter ihr verbirgt — Hügel hinter Hügel, hinter Hügeln und keiner von ihnen der letzte.

Unser Städtchen lag am Pruth, einem Nebenfluß der Donau. Eine eiserne Brücke führte die Zablotower ans andere Ufer, hinter dem sich dicht bewaldete Hügel erhoben. Manchmal, nicht zu oft, sah man beladene Flöße den Pruth abwärtsschwimmen. Mein Vater versprach mir, er werde es später einmal so einrichten, daß ich mitfahren dürfe — einen Tag und eine Nacht lang. Es ist nie dazu gekommen. Zu den Erlebnissen, die ich, wie wohl jeder Mensch, stürmisch herbeigesehnt habe, gehört die Fahrt auf einem Floß. Gewiß hätte ich später, in meiner Jugendzeit oder in meinen reifen Jahren, diesen Wunsch erfüllen können. Aber es handelt sich wohl um jene Art von Wünschen, die man viel eher hegen als erfüllen will.

Man badete nur auf einem, dem städtischen Ufer, nicht am gegenüberliegenden. Rechts der Brücke die Männer, nackt, links die Frauen in ihren langen Hemden. Im Sommer — die Tage waren erbarmungslos heiß — schickte der Lehrer die Kinder zum Fluß, verlangte aber, daß sie nur ein-, zweimal untertauchen und dann ohne Verzug in den Cheder zurückkehren sollten. Um Zeit zu sparen, entledigten sie sich sofort ihrer Kleider, kamen nackt auf dem Marktplatz an, doch nützte es wenig, sie mußten, noch ehe sie erfrischt waren, zurück, denn nichts war so wichtig wie das *Lernen*. Und die Thora läßt man nicht warten.

Solange ich im Städtchen lebte, schien es mir das Natürlichste von der Welt, jeden Freitag im Dampfbad und während des Sommers jeden Tag am Flusse Männer nackt zu sehen. Gleichviel welchen Alters, sie bewegten sich stets ungehemmt, in der natürlichsten Weise. Die Kinder erfuhren sehr früh, wie man zeugte. Es überraschte sie so wenig wie die Kinder im Dorfe. Viele von ihnen schliefen in der gleichen Stube wie die Eltern, manche im gleichen Bett. Die Armut, die solche Promiskuität erzwang, brachte den Kindern zu frühe Erfahrungen, die sie ihren wohlhabenden Freunden freimütig übermittelten. So natürlich auch mein Freund Berele, der mich bei dieser Gelegenheit im Kopfrechnen förderte. Er belehrte mich, daß ein Mann seine Frau sechsmal beschlafen mußte, um einen Buben, und viermal, um ein Mädchen zu zeugen. Ich hatte nun auszurechnen, wie oft dieser oder jener Zablotower die Mutter seiner Kinder, deren Zahl und Geschlecht wir kannten, »getrennt« hatte. Das Rechnerische interessierte Berele und unter seinem Einfluß während einiger Tage auch mich, das Rechnerische und die Forschheit, mit der wir das Wort »trennen« verwandten, ein vulgäres jiddisches Wort für koitieren.

Das Geschlechtliche hatte nichts Schändliches an sich, es gehörte zum Familienleben — und ohne eine Familie schien diesen Kindern strikt monogamer Eltern die menschliche Existenz undenkbar. Viel tiefer als der sexuelle Verkehr, der häufig den Schlaf der Kinder störte, wirkte der Streit der Eltern nach — dieser heftige, maßlose Streit von Mann und Frau, in welchem die Armut ihre Klage dramatisiert und schließlich, wenn aller Zorn verraucht ist, in der Umarmung Trost findet, Versöhnung und damit neuen Mut zu hoffen. Die Kinder litten unter diesen zuweilen paroxystischen Zwistigkeiten und taten alles, um nicht deren Zeugen zu werden. Doch wußten sie, wie sehr die Streitenden zueinander hielten. Wenn solch ein Kind nach einem Tag, an dem der elterliche Streit seine Ohren betäubt und sein Gemüt betrübt hatte, nächtens aus dem Schlaf gerissen wurde, so sagte es sich, daß nun ja alles wieder gut und der kommende Tag friedlich verlaufen würde. Ja, die armen Kinder des Städtels — und arm waren sie fast alle — gewannen sehr früh Einsichten und Erfahrungen, dank denen sie manches besser verstanden als viele wohlhabende Kinder, die später Psychoanalytiker werden sollten . . .

Die eiserne Brücke war der Stolz des Städtchens, doch wußte man im voraus, was bald nach dem Erscheinen des Messias geschehen werde. Plötzlich werde es eine zweite Brücke geben, nicht aus Eisen, nicht aus Stein, nicht einmal aus Holz. Nein, aus Papier, jawohl: aus Zigarettenpapier.

Und die Zweifler, die Sünder, die Lästerer werden natürlich über die papierene Brücke lachen und die eiserne wählen. Ja, das werden sie tun und mit ihr ins Wasser stürzen und ertrinken. Die Frommen aber, voller Zutrauen, werden nicht zögern und nicht fürchten, singend werden sie über die papierene Brücke ins glückliche ewige Leben hinüberziehen.

Ich wußte genau, wie dünn und leicht zerreißbar das Papier war, mit dem mein Großvater seine Zigaretten drehte. Es kam aus Frankreich, hieß Riz-Abadie, die Pakkung zeigte einen Soldaten in roter Pluderhose. Ich war nun kein Lästerer, kein Frevler in Israel, davon war ich überzeugt. Also mußte ich wohl glauben, daß die Papierbrücke die sicherste war. Ohne es dem Vater meines Vaters zu verraten, beschloß ich für mein Teil, dennoch in einem Kahn den Pruth zu überqueren, wenn es einmal so weit und die Zeit gekommen war, ins Gelobte Land heimzukehren.

Im Schreiben entdeckte ich zu meiner Überraschung nun schon das zweite Mal, daß ich mich erstaunlich früh dem Zweifel öffnete und ihm mitten im Glauben eine Enklave sicherte. Und erst jetzt werde ich dessen gewahr, daß das offenherzige, gesprächige Kind, das ich war, vieles so selbstverständlich verschwieg, als ob es gar nicht anders sein könnte. Es geschah, wie aus andern Episoden schon hervorgeht, aus sehr verschiedenen Gründen. Mein Großvater war ein naiver Fanatiker, gutmütig und schwach und schnell zürnend, wo der Glaube bedroht schien, überdies dünkte er sich dazu berufen, ihn mit äußerster Härte zu verteidigen. Mein Mißtrauen gegenüber der Wunderbrücke hätte ihn erzürnt und gewiß bestürzt. Ich heuchelte ihm nichts vor; mein Schweigen genügte. Schon sah er mich, der ich doch ganz gewiß das Kommen des Messias erleben würde, mit festen Schritten der Papierbrücke zueilen.

Vieles verschwieg ich aus Furcht vor Tadel, vor Strafe, das meiste aber aus Gründen, die mit meinem sich formenden Wesen zu tun hatten. Nicht nur Kinder erfinden Geheimnisse und hegen sie wie einen zauberhaften Schatz, gebrauchen sie wie eine Art von Tarnkappe, dank der ein Teil ihres Seins unverwundbar wird, glauben sie. Erwachsene tun oft das gleiche, ohne dessen ganz gewahr zu werden. Sie finden so eine Zuflucht, eine verhüllte, schützende Einsamkeit mitten im Ehe- und Familienleben oder an ihrem Arbeitsplatz. In meiner Kindheit jedoch habe ich das Geheimnis nicht gesucht, auch nicht in jenen Freundschaften, die durch ein Geheimnis wie durch eine magische Petschaft besiegelt werden.

Warum also jene merkwürdige Verschwiegenheit, die weder die Eltern, noch die Lehrer oder die Freunde erkannt oder erraten haben dürften? Kann man den Verdacht abweisen, daß dieses Kind recht unglücklich gewesen ist? Doch nichts von dem, was ich bisher erzählt habe, begründet die Vermutung, daß ich eine unglückliche Kindheit hinter mir habe. Aber eben in diesem Augenblick wird mir klar, daß ich mir diese Frage nie gestellt habe, selbst dann nicht, wenn ich in meinen psychologischen Arbeiten immer wieder darauf hinwies, daß die Vorstellung der Erwachsenen vom Kindesalter als der glücklichen Phase unseres Lebens so absurd ist wie der Glaube an ein Paradies, das wir verloren hätten.

Man weiß, daß jedes Kind Glück wie Unglück fast ohne Übergang erleben, mit Überstürzung steigern und ebenso unmittelbar in Gleichgültigkeit verfallen kann. Diese äußerste Erlebnisintensität und der beschleunigte Wechsel erleichtern es später dem — unbewußt tendenziös — fälschenden Gedächtnis, die Erwachsenen an ihre Kindheit wie an ein Paradies oder — seltener — wie an eine Hölle zu erinnern. In Wirklichkeit überschreitet jedes Kind — und häufig fast mühelos — jene Schwelle, die Paradies und Hölle ebenso gut trennt wie verbindet.

Es war Pech, zu Beginn des Jahrhunderts in Europa, in einem jüdischen Städtchen Ostgaliziens zur Welt zu kommen, gewiß! Ein jüdisches Kind mußte schon mit drei Jahren lesen lernen, viele Stunden des Tages unter der Fuchtel der strengen Cheder-Lehrer mit Buchstabieren und bald auch mit Übersetzen schwerer hebräischer Texte zubringen. Die christlichen Kinder aber kamen erst mit sechs oder gar sieben Jahren in die Schule, man lehrte sie allmählich lesen — und nur in der Sprache, die sie schon kannten. Und sie brauchten nicht ununterbrochen darauf zu achten, daß sie nicht über die zahllosen Hindernisse stolperten, über die Gebote und Verbote, deren genaueste Beachtung dem Kinde lebenswichtig wurde, sobald es nur die Worte verstand, mit denen sie formuliert wurden. Also hätte man die anderen darum beneiden sollen, daß sie nicht Juden waren? Daran dachte keiner von uns, denn wir waren ja überzeugt, daß es ein unvergleichliches Glück war, als Jude auf die Welt zu kommen. Daß die anderen uns verachteten, haßten, verfolgten, setzte sie ins Unrecht. Daß sie solcherart schuldig wurden, auch das bewies, welch ein Unglück es war, nicht ein Jude zu sein.

Andererseits war es ja leider wahr, daß das Unglück der Diaspora über uns verhängt war, daß Fremde Gewalt über uns hatten. Und das erklärte zum Beispiel auch, warum wir mit unseren Bediensteten in ihrer Sprache verkehrten, anstatt daß sie die unsere sprachen. Und weil wir Verbannte waren — in der *Galuth*, mußten wir zwei-, dreimal so viel lernen wie die anderen. Wir klagten zwar über diesen Zwang, wir waren aber deshalb nicht unzufrieden, im Gegenteil. Ihm verdanke ich zum Beispiel, daß ich Sprachen, daß ich jede Sprache liebe, daß der Zauber der

Worte auch auf den bejahrten Mann noch so verführerisch wirkt wie auf das Zablotower Kind, das sich immerfort zurecht finden mußte zwischen dem Ukrainischen und Polnischen, dem Jiddischen, Hebräischen und Deutschen. Nicht jede Sprache klang mir schön, doch empfand ich sehr früh, daß jede etwas Besonderes an sich hatte und daß die Welt nicht die gleiche wäre, wenn ihr auch nur eine von ihnen fehlte. *Wasser, Woda, Majim* bedeuten das gleiche, ebenso wie — das lernte ich etwas später — *aqua, eau* und *water*. Aber ich ahnte recht bald, daß in jedem dieser Worte etwas mitschwang, das vielleicht nicht wirklich in ihm steckte, aber von ihm *angerufen, mitgenannt* wurde. Das slawische »Woda« ist noch heute für mich eine Flüssigkeit, die man aus dem Brunnen schöpft, das hebräische »Majim« sprudelt aus einer Quelle, das deutsche Wasser kommt aus dem Wasserhahn, den ein kleines Kind beliebig öffnen oder schließen kann.

Ich denke an den großen kräftigen Mann, der zu allen Jahreszeiten das Wasser ins Haus brachte. Jedes Mal zwei volle Eimer, die er an einer langen Stange wie an einem Joche auf den Achseln trug. Auf dem Weg zum Brunnen ging er aufrecht, den Kopf hoch erhoben, doch waren Nacken und Rücken tief gebeugt, wenn er schwer beladen vom Brunnen kam.

Habe ich mich verrannt? Von Glück und Unglück des Kindes, das ich gewesen bin, wollte ich sprechen, statt dessen beschwöre ich noch einmal die Erinnerung an den Wasserträger herauf. Seinen Namen habe ich vergessen, auch seine Gesichtszüge sind mir undeutlich geworden, aber seine Bedeutung für die Wahl des Weges, den ich einschlagen sollte, habe ich nie verkannt: Da erscheint er in seinem Bauernpelz, mit seiner riesigen Schaffellmütze auf dem Kopf. Er kommt langsam vorwärts auf dem vereisten Pfad, der zum Hinterhaus führt, in dem die Wassertonnen stehen. Ihm zieht ein weiß-grauer Dunst voraus, den der schwer atmende Mann aushaucht. Nun ist er angekommen, bleibt stehen und führt einen merkwürdigen Tanz auf, um den rechten Eimer auf den Boden zu stellen und dann blitzschnell mit beiden Händen das Joch aufzufangen, um den zweiten Eimer zu fassen, ehe er umkippt.

Er wurde gewöhnlich für einen Gang, also für zwei Eimer bezahlt oder aber pauschal für eine Woche etwa, während der er den Kunden nach Bedarf versorgte. Wir saßen in den warmen, oft überheizten Stuben; manchmal erblickten wir ihn durch die vereisten Fenster wie einen schwankenden riesigen Schatten. Ich meinte, der Mann, der solche Arbeit verrichtete, müßte damit so viel Geld verdienen, daß er vielleicht schon der reichste Mann des Städtchens sein könnte. Wenn aber dem so war, warum blieb er nicht im Warmen, in der Nähe eines hohen Kachelofens, und warum verrichtete er die so schwere Arbeit bis spät in die Nacht? Diese Frage stellte ich laut bei Tisch — wir hatten wie so oft Gäste im Haus — und löste damit ein helles Gelächter aus. Die Äußerung des Vierjährigen wurde schnell kolportiert als ein Beispiel von kindlicher Klugheit, nicht von Altklugheit.

Man belehrte mich, daß die Arbeit des Wasserträgers zwar schwer war, aber so einfach, daß ein jeder, der nichts Rechtes gelernt hatte, ihn ohne weiteres ersetzen könnte. Deshalb mußte der Mann vom frühen Morgen bis in die Nacht das Wasser schleppen, nur um sein tägliches Auskommen zu finden. Es schien allen gerecht, ja selbstverständlich zu sein, ich aber fand mich auf der Seite der Wasserträger. Ich bin es geblieben.

Eine andere Figur aus dem ostjüdischen Leben hat nicht nur das Kind beeindruckt, sondern viele jiddische Schriftsteller, unter ihnen Yizchok-Leib *Perez*, den Dichter des neuentdeckten Chassidismus und Sänger der sozialen Empörung, sowie zahlreiche Maler und Zeichner, die aus dem Städtel kamen — aus Polen, aus der Ukraine, aus Weißrußland und Litauen. Wie im russischen Chor dem Baß eine überragende Bedeutung zukommt, so fiel stets der Baßgeiger der kleinen jüdischen Musikkapelle auf, die vor allem bei Hochzeiten spielte, sich aber oft auch bei den Festen der Landadeligen produzieren durfte. Der Flötenspieler und der Geiger hatten es nicht zu schwer, mit ihren Instrumenten übers Land zu gehen, im Schnee oder auf den aufgeweichten Pfaden oder in den lehmigen Feldern vorwärtszukommen, der Baßspieler aber mußte sein Instrument auf dem Rücken schleppen. Wie er mühsam durch den Schnee stapfte, glich er mit seiner Last, die oft größer war als er und ihn zum Teil verdeckte, einem riesigen schwarzen Tier. In der Folklore war der Baßgeiger eine merkwürdige, ja beunruhigende, weil keineswegs eindeutige Gestalt: Der im Schneesturm begrabene, verhungernde Musikant rief nicht nur Mitleid hervor, sondern auch Angst — als wäre er der geheime Sendbote einer fremden Welt, einer unsichtbaren und daher umso gefährlichern Macht. Selbst heute empfinde ich ein Baß-Solo wie eine unheimliche Botschaft, die ich nie ganz dechiffrieren werde.

Die Diesseitigkeit des Wasserträgers und die Jenseitigkeit des Baßgeigers, beide erlebte ich als Unglück. Was aber erlebte ich als Glück? Den alles beherrschenden, die Lebensweise bis in die winzigste Einzelheit bestimmenden Glauben? Ja. Ja und nein. Früh genug erfuhr ich, daß er uns die Feindseligkeit all jener eintrug, die ihn nicht teilten. So weiß ich seit meiner Kindheit, daß Treue denen, die sie wahren, gefährlicher sein kann als Krieg und Cholera. Mich empörte es, daß Gott uns die Treue so schlecht lohnte, ja daß er uns bestrafte und nie belohnte. Wir waren die Wasserträger Gottes! Wenn er gerecht war, wie konnte er es dann zulassen, geschweige denn fordern, daß wir von Ewigkeit zu Ewigkeit seine Wasserträger seien?

Fast all meine frühen Zweifel an Gottes Gerechtigkeit, an der Güte der Menschen, an mir selbst, der heimlich beim Beten ganze Absätze übersprang, der zuweilen den Vater und die Mutter belog und den Lehrer — alle diese Zweifel erschütterten nicht meinen Glauben an den Gott der Ahnen, doch verringerten sie meine Zuversicht, daß der Schöpfer der Welt, der immer wieder zitierte *Ribono schel-Olam* unsereinem hilfreich zur Seite stünde. Gewiß, eines Tages, wenn der Messias endlich gekommen sein wird, wird alles anders, alles zum Besten bestellt sein und niemand wird Gottes Hilfe brauchen. Aber inzwischen war das Leben hart, so schien es mir, obschon ich und meine Brüder von den Eltern Tag für Tag aufs äußerste, ja bis zur Absurdität verwöhnt wurden.

Ein Erlebnis, welches sich dem Gedächtnis so scharf eingeprägt hat, daß die Erinnerung daran niemals ganz desaktualisiert war oder auch nur undeutlich geworden ist:

Es geschah an einem der jüdischen Ostertage, frühestens im Jahr 1911, spätestens 1912. Den Vormittag hatten die Kinder mit den Vätern im Bethaus verbracht; nun, nach dem festlichen Essen waren sie sich selbst überlassen, frei von jeder Verpflichtung, vor allem vom Schulbesuch — wie sonst nur am Sabbath. Plötzlich bemerkten wir, daß ein sonderbar gekleideter Mann die Schenke verließ. Er war klein und zierlich, trug einen hochsommerlichen Panamahut, einen hellen Anzug und gelbe Schuhe. In der Rechten hielt er einen Spazierstock, den er spielerisch in die Höhe warf und wieder auffing, in der Linken aber — und das war etwas Entsetzliches — hielt er eine Semmel. Die Kinder wußten, daß er Jude war, da er in dem schönen, steinernen Haus, in der »Mauer« mit seiner Mutter und der ältern Schwester wohnte. Man erkannte ihn, obwohl er lange weg gewesen war. Er stand auf der Schwelle des Wirtshauses so ruhig, ja vergnügt da, als ob er nicht eben ein furchtbares Verbrechen begangen hätte. Denn gewiß hatte er Bier getrunken und vielleicht eine andere Semmel, also gesäuertes Brot, gegessen und somit die Ostergebote übertreten, die die allerstrengsten waren.

Der erste Stein traf die Hand, in der er die Semmel hielt und mit der er uns zuwinkte, wie um Abschied zu nehmen. Ein großer Junge hatte ihn geworfen, andere folgten seinem Beispiel. Der Mann schien zuerst erstaunt, ja vielleicht amüsiert, er lächelte, als wollte er gerne ein Mißverständnis verzeihen. Plötzlich aber erfaßte ihn panische Angst, er stieß einen Schrei aus und begann zu laufen. Als ihm der Hut vom Kopf fiel, drehte er sich um, um ihn aufzuheben. In diesem Augenblick hatte ich ihn erreicht, ich hielt einen Kieselstein in der Hand, doch warf ich ihn nicht, denn auf einmal stand eine schwarz gekleidete Dame zwischen ihm und mir. Ihr Körper schützte den Verschreckten, der dem Hause zueilte. Nach wenigen Schritten drehte sie sich um und sagte sehr deutlich, jedoch ohne die Stimme zu erheben: »Bis ans Lebensende, ja bis zu eurem Tode werdet ihr euch schämen, daß ihr meinem kranken Bruder so Schlechtes angetan habt.« Sie schluchzte auf, dann richtete sie den Blick auf mich: »Erzähl deinem Vater, was du getan hast. Er ist gerecht.« Wieder schluchzte sie auf, dann nannte sie mich bei meinem Kosenamen.

Ich war sehr niedergeschlagen an diesem Nachmittag und zog mich in die dunkelste Ecke des Dachbodens über der Scheune zurück. Ich wußte nicht, ob ich weinen würde. Die Tränen kamen nicht. Es ist wahr, ich weinte überhaupt selten und wenig. Ich wollte mich damit trösten, daß ich erst nach dem großen Jungen einen Stein aufgehoben hatte, aber ich empfand, daß von den zahlreichen *Awejres,* den schlechten Taten, die ich begangen hatte, diese die übelste war. Ich glaubte, daß sie unsühnbar war; ich glaube es auch heute noch.

»Gedenk! Erinnere dich! Thiskor!« In drei Sprachen klang es mir von frühester Kindheit ins Ohr: »Was deinen Ahnen irgendeinmal an Unrecht geschehen ist, vergiß es nie; was sie andern Böses angetan haben, denke daran und an die Gerechtigkeit der Strafe, die sie erlitten haben. Was ihnen Gutes zugestoßen ist, behalt es im Gedächtnisse; wer dir einen Trunk Wasser gereicht hat, lösch die Erinnerung an ihn nie aus, denn er hat gehandelt wie Rebekka, die dem fremden Elieser den labenden Trunk gereicht hat. Jedes Mal, wenn du den Fuß auf die Stelle setzt, an dem du jemandem Unrecht getan hast, sollst du das Weh empfinden, an dem du schuldig warst, bist, sein wirst.«

Ja, die »Religion des guten Gedächtnisses«, der Erich von Stetten, eine Hauptfigur meiner Romane, anhängt, ist die meine geworden vor langer Zeit — sie ist die einzige, deren Gebote zu erfüllen ich mich bemühe, obschon ich auch an ihr zweifle, natürlich.

Es war im Juni 1915 — wenige Jahre nach jenem Überfall auf den geistesgestörten jungen Mann. Wir waren schon wieder auf der Flucht vor der Front, die blitzschnell, etwa fünfzehn Stunden nach Beginn der neuen russischen Offensive, unser Städtchen erreicht hatte. Der vollbeladene Wagen kam nur schrittweise vorwärts, er schlängelte sich zwischen den Kanonen, den Pontons und den marschierenden und reitenden Truppen durch, die in die Gegenrichtung, in die Schlacht zogen. Nur der Vater und ich schritten dem Wagen voran. Mit der Rechten beruhigte er durch besänftigende Berührung bald das eine, bald das andere Pferd, seine Linke umklammerte meine Hand, die nicht zittern sollte — nicht, wenn der Kanonendonner die Nacht mit ohrenbetäubendem Lärm und dem Feuerschein von Blitzen anfiel, und nicht, wenn die Schauer des erwachenden Morgens das übernächtige Kind in winterliche Kälte hüllten.

In jener Nacht, der kürzesten des Jahres, einer der

längsten meines Lebens, geschah es, daß vor meinen Augen immer wieder ein weißes Haus auftauchte mit schönen Treppen davor. Ich wollte den Schritt beschleunigen, um ohne Verzug diese Treppe zu erreichen und auf ihr zu ruhen, vielleicht sogar mit geschlossenen Augen, vielleicht gar eine Minute und noch eine zu schlafen. Das Bild verschwand, sobald wir nahe genug waren, nur die Finsternis blieb und das Gebüsch. Bald jedoch tauchte die weiße Treppe wieder auf und hinter ihr die »Mauer«. Es war nicht unser Haus, sondern das der Witwe, der Mutter jenes jungen Unschuldigen, dem ich mit einem Stein in der Hand nachgelaufen war. Sein Haus und das seiner Schwester, die meinen Kosenamen so vorwurfsvoll wiederholt hatte, war es, das sich mir in jener Nacht als wundersame Zuflucht anbot und sogleich wieder ins Nichts entfloh; mit der trügerischen Erscheinung jenes Hauses narrte ich mich in jenen Stunden, die die allerletzten meiner Kindheit waren.

Ich schreibe diese Seiten in einem Landhaus, dessen große Fenstertüren freien Blick gewähren auf sozusagen maßgerechte, gepflegte Wälder, wie man sie oft in der *Ile de France* antrifft. Unmittelbar ans Haus schließt sich ein Garten an, der sich sanft zu einem Weideplatz herabsenkt, den die Kühe verlassen haben. Von meinem Fenster aus erblicke ich links und rechts Pappeln, die völlig entlaubt sind und eine junge Birke, deren Wipfel wie durch ein Wunder einige Blätter bewahrt hat. Dieser Baum erscheint häufig in den Tagträumen von Westeuropäern, die aus dem Osten des Kontinents stammen. Auf dem Londoner Kongreß der Allrussischen Sozialdemokratie, auf dem Lenin ausnahmsweise eine Majorität um sich scharen konnte — daher der Name Bolschewiki — schrieb der Dreiunddreißigjährige wie gewöhnlich fieberhaft Zettel nach Zettel und notierte auf einem Heftblatt Programmpunkte und Forderungen, die er erheben wollte. Doch zwischendurch schrieb er, die Schriftart immer variierend, ein Wort, stets das gleiche: *Brjosa* — Birke. Das Heimweh diktierte dem Emigranten dieses Wort, denn was sollte sonst die Birke mittendrin?

Tausende von Seiten habe ich geschrieben — und wahrscheinlich werde ich schreiben, solange ich lebe — doch werde ich in der Gewißheit sterben, daß es mir, hätte ich es versucht, nie gelungen wäre, in zwei oder in hunderten von Sätzen auszudrücken, was Bäume, nicht nur Birken, und was Landschaften mir bedeuten — spätestens seit jenem Ausflug mit dem Lehrer, seitdem ich weiß, daß es kein Ende gibt oder daß auf jedes Ende viele andere folgen — endlos . . . Es ist die einzige Erfahrung, die — wie das Leben selbst — beides zugleich ist: tröstlich und beängstigend.

Andererseits ist es jedoch wahr: Zablotow und so viele andere jüdische Städtchen haben ein Ende gefunden. Man hat ihre Einwohner auf dem Marktplatz oder am Ufer des Flusses oder im benachbarten Wäldchen mit Maschinengewehrfeuer hingemacht, oder in Auschwitz, Belzec, Treblinka ausgerottet. Gewiß, es gibt einen Ort Zablotow, genau dort, wo unser chassidisches Städtchen existiert hat; er ist nun von Nichtjuden, hauptsächlich von Ukrainern bewohnt.

Zu meiner Zeit, als das Land noch zur habsburgischen Doppelmonarchie gehörte, bezeichnete man die Dorfbewohner nicht als Ukrainer, sondern als Ruthenen. Sie waren zumeist bettelarme Bauern, die ihre kläglichen Felder mit Pflügen bearbeiteten, vor die sie sich nicht selten selber spannen mußten. Die gute Erde, die fetten Weiden, die fischreichen Teiche und die Wälder gehörten meistens polnischen Adeligen, selten einem jüdischen Gutsbesitzer und noch viel seltener einem Ruthenen. Die Kirchen waren weder römisch-katholisch noch griechisch-orthodox, sondern ein Mittelding zwischen den beiden, zwischen Rom und Kiew; man nannte sie, man nennt sie *uniatisch*.

Die Ruthenen haßten die polnischen Grafen und Barone und die österreichische Beamtenschaft, die in Ostgalizien fast ausschließlich polnisch war, und sie verabscheuten die Juden, die Jesum Christum gekreuzigt hatten, und haßten sie, weil sie sich von ihnen auf den Wochenmärkten listig übervorteilt glaubten. Doch außerdem und trotz allem gab es viele, wenn auch nicht immer leicht erkennbare Bande, die die Juden des Städtchens und die Ruthenen verbanden. So unähnlich sie einander auch waren, die Armut der einen wie der anderen und die technische Zurückgebliebenheit, die ihnen gemeinsam war, und schließlich der zwar verschiedene, aber gleichermaßen tiefe, alles durchdringende Gottesglaube brachte sie einander näher, als der Fremde es je vermuten konnte. In wohlhabenden Häusern hielt man Leute aus dem Dorf als Diener, junge Mädchen als Mägde und junge Frauen als Ammen. Die Mädchen oder die jung verwitweten Frauen blieben gewöhnlich mehrere Jahre, zumindest bis sie ihre Ausstattung und ihre Mitgift erspart hatten. Inzwischen erzogen sie die Kleinkinder der jüdischen Bürger, lehrten sie die ersten Worte sprechen und die schönen Lieder singen, von denen das ruthenische Dorf widerhallte. Man zitierte zustimmend und bewundernd die Sprichwörter der Bauern und rühmte ihren Mutterwitz und ihre Lebensweisheit, die umso mehr imponierten, als die Ruthenen damals zumeist Analphabeten waren.

Nein, die Beziehung zwischen ihnen und uns war keineswegs einfach. Wir vermuteten, daß sie, wären sie im Zarenreich, bei Pogromen eifrigst mitmachen würden, dennoch brachten wir für sie viel mehr Sympathie auf als für die Polen, die in der Verwaltung und der Justiz eine monopolistische Position innehatten.

Der siebenjährige Hawrylo war der Sohn eines Bauern aus einem nahen Dorfe, der in Amerika gearbeitet hatte und mit seinen Ersparnissen heimgekehrt war — noch jung genug, um zu heiraten und Kinder zu zeugen, und reich genug, um ein stattliches Anwesen zu erwerben. Statt in die Dorfschule mit ruthenischer Unterrichtssprache schickte er seinen Sohn in die polnische Schule, die ihn besser für das Gymnasium vorbereiten würde. Das Kind hatte einen recht weiten Weg nach Zablotow; es mußte ihn im Frühjahr, manchmal aber auch im regnerischen Herbst und sogar im Winter zu Fuß zurücklegen. Hawrylo brach dann auf, noch ehe die Nacht zuende war; er war stets der erste vor dem Schultor. Es mochte geschehen, daß er sich in der großen Pause neben der Klassentür im Korridor nahe dem Heizrohr auf den Boden kauerte und sofort einschlummerte; nicht das Lärmen der Kinder, sondern die Glocke weckte ihn rechtzeitig.

Eines Tages nun geschah es, daß einer der polnischen Knaben, durch die Hilflosigkeit des Schläfers verlockt oder auch durch dessen sehr gepflegte, bäuerlich-ruthenische Kleidung gereizt, seine Freunde heranholte, um vor ihren Augen dem Ruthenen einen Streich zu spielen. Als der Kreis geschlossen war, ging der Scherzbold ganz nahe an Hawrylo heran und pißte ihm auf den Nacken. Das Kind wurde wach, zuerst wirr, ja verstört, dann sprang es mit einem furchtbaren Schrei auf. Wir — die kleine jüdische Gruppe —, wir hörten diesen erschreckenden Aufschrei, den das sofort ausbrechende wilde Gelächter der Polen nicht ganz überdecken konnte, und liefen heran. Es mag sein, daß ich nur deshalb so heftig und übrigens ganz nutzlos für den isolierten, gedemütigten Hawrylo eingetreten bin und mich für ihn geschlagen habe, weil ich anderthalb Jahre vorher einer von denen gewesen war, die einen harmlosen Kranken, der nicht wußte, was er tat, angegriffen hatten. Doch diesmal erfuhr ich genau, was Demütigung ist und wie grausam und verächtlich jene sind, die sie an Wehrlosen verüben. Ich entdeckte damals die Niedertracht der Majorität. Sie ist keineswegs die einzige, das ist wahr.

Immer wieder war ich dabei, die Frage zu erwägen, ob ich wohl eine glückliche oder eine unglückliche Kindheit gehabt hätte, und immer wieder fiel ich mir ins Wort und schweifte weit ab. Sieht man aber näher hin, wird es augenfällig, daß ich bisher fast ausschließlich unglückliche Episoden, schmerzlich nachwirkende Erlebnisse wiedergegeben habe. »Wie, ein Junge wird umhegt und gepflegt, mitten in einem Städtchen, dessen Armut geradezu sprichwörtlich ist, lebt er dahin, als ob alle Früchte für ihn und seinesgleichen reiften, die Kühe für ihn ihre Euter füllten, die Mühlen für ihn das weißeste Mehl mahlten; das übertriebene Vertrauen des Vaters ist ihm stets sicher und ermutigt ihn zu Leistungen, die ihm Überlegenheitsgefühle verschaffen, all das und noch viel mehr wird ihm zuteil — und da soll er nicht glücklich gewesen sein?«

Nun, die Haltung des Vaters hat weitreichende Ergebnisse gezeitigt — davon ist hier schon mehrfach die Rede gewesen. Aber sie waren nicht nur ermutigend, denn ich wurde durch sie ein »Opfer der Auserwähltheit«. Nur wenige Nichtjuden haben je begriffen, daß das jüdische Leid nicht etwa trotz, sondern vor allem wegen der Auserwähltheit zu unserem Schicksal geworden ist. Indem Gott mit uns ein Bündnis schloß, warf er den göttlichen Ziegelstein seiner Gnade auf uns. Seither tragen wir die erdrückende Last der Auserwähltheit wie einen Fluch und sollen sie doch dreimal am Tag wie einen Segen preisen.

Ich bin meinen Eltern kein schlechter Sohn gewesen,

aber auch kein so guter, wie sie ihn verdient hätten, denn sie sind ihren Kindern besonders gute Eltern gewesen, bessere konnte es nicht geben. Meine erste, vielleicht allererste Kindheitserinnerung zeigt sie mir beide, mich selbst aber nur als Zuschauer, als Zeugen.

Eine ungewöhnlich große, altmodische Stube mit schweren braunen Balken, drei, vier oder mehr, die aus der Decke dringen. Es ist Nacht, ich bin gerade aus dem Schlaf aufgefahren und erblicke die brennenden Kerzen in den Leuchtern auf dem Tisch, in der Mitte des Zimmers. An der Schwelle, gerade unter der Lampe, die von einem der Balken herunterhängt, eine Dame. Sie wirft den Mantel ab, hebt die Arme hoch, schreit auf und stürzt an das Bett in der Ecke, wo mein Bruder Meir, der Zweitgeborene, der Schöne, liegt. Nun ist der Vater neben ihr und nimmt sie in seine Arme; beide weinen. Ich wende mich ab, böse: Jetzt ist sie gekommen. Ich weiß, daß es zu spät ist. Wir sind alle drei schwer krank gewesen, Meir ist gestorben. Die Mutter war in Marienbad, sie hätte hier sein müssen. Ich richte den Blick auf die Flamme der Kerze, langsam drücke ich die Augen zu und lasse nur einen winzigen Schlitz offen. Durch ihn verfolge ich gespannt die Bewegung des Lichts, das sich in einzelne Strahlen auflöst, die auf mich zukommen, und in bewegliche Punkte, die abwechselnd rot und gelb sind. Sobald sich die Mutter meinem Bett nähert, stelle ich mich schlafend, ich mag sie nicht hören, nicht zu ihr sprechen.

Es war die Schuld meines Vaters, der die Mutter schonen wollte und sie von der Krankheit der Kinder erst verständigte, als es zu spät war. Das verstand ich später; daß sich mir diese Erinnerung aber mit so ungewöhnlicher Plastizität eingeprägt hat, läßt vermuten, daß ich auch nachher und während langer Zeit der Mutter unrecht getan habe. Zufall war's, daß gerade ihr die schlechte Rolle zufiel und dem Vater die gute. Es hätte leicht anders kommen können, denn die Eltern fuhren abwechselnd in Ferien, gewöhnlich jeder mit einem Kinde.

In jener Nachtstunde dürfte ich das erste Mal der besonderen Täuschung erlegen sein, durch die das kindliche *Verratserlebnis* hervorgerufen wird. Erst als ich neun oder zehn Jahre alt war, korrigierte ich endgültig und eindeutig jenen falschen Eindruck von der eleganten Dame, die erst auftaucht, wenn man sie nicht mehr braucht, und die laut um ein Kind klagt, das ohne sie sterben mußte. Es ist dennoch aufschlußreich, daß sich diese Erinnerung sozusagen dramaturgisch nie geändert hat. Dachte ich später daran zurück, so empfand ich rückwirkend Mitleid mit meiner Mutter — nicht weil sie ein Kind verloren hatte, sondern weil sie ohne ihr Verschulden in eine falsche Situation geraten war. (Als Psychologe, aber auch als Romancier habe ich den »falschen Situationen« viel Aufmerksamkeit gewidmet und ihnen eine größere Bedeutung beigemessen, als es sonst geschieht.)

Sehr früh erfuhr ich, daß meine Amme, als ich sechs Monate alt war, die Abwesenheit meiner Eltern ausgenutzt und mit Hilfe ihres Geliebten das Haus ausgeraubt hatte und in der gleichen Nacht verschwunden war. Entgegen dem damaligen Brauch, Kinder spät zu entwöhnen, mußte man mich fortan mit der Flasche ernähren, weil ich jede fremde Brust ablehnte. Für die psychologische Deutung könnte es von Belang sein, ob ich von diesem »Verrat« der Amme schon Kenntnis hatte, bevor mein Bruder starb oder ob ich davon erst nachher erfahren habe. Es ist wahrscheinlich, daß diese beiden Vorfälle im Bewußtsein und im Unbewußtsein des Kindes die Meinung hervorgerufen haben, daß man auf Frauen nicht, jedenfalls nicht so sicher rechnen könnte wie auf Männer — wie auf den Vater zum Beispiel.

Noch ehe ich ins Schulalter kam, sollte ich erkennen, daß meine Mutter eine überaus kluge Person und in vieler Hinsicht ihrem Mann überlegen war, daß sie großzügig und für jeden von uns stets liebevoll aufmerksam blieb; sie durchschaute schnell die kindlichen Sorgen und griff stets rechtzeitig ein. Das mag erklären, warum ich trotz dem doppelten Verratserlebnis keinerlei Mißtrauen gegen Frauen gehegt habe — nicht in den Knabenjahren und nicht später. Der in der Folklore und in der gesamten Literatur so häufige, mit schlecht verhülltem Ressentiment geschilderte, komisch und tragisch dramatisierte Treuebruch der Frau ist im wesentlichen ein Ausfluß der männlichen Angst vor dem weiblichen Geschlecht. Diese zumeist geheime, zum Teil unbewußte Angst habe ich in meiner Jugend gewiß auch empfunden, doch vielleicht in einem verhältnismäßig geringerem Maße — dank dem Vertrauen zu den Menschen, in dem ich erzogen worden bin, und zweitens dank dem Einfluß der Adlerschen Individualpsychologie, deren Anhänger ich im sechzehnten Lebensjahr wurde.

In der so schweren, bewegten und erlebnisreichen Phase der Pubertät lebte ich noch immer unter dem Druck eines Minderwertigkeitsgefühls, des stärksten und dauerhaftesten Gefühls, unter dem ich seit meiner Kindheit gelitten und das ich erst allmählich, gleichsam stufenweise verloren habe — des Gefühls, häßlich zu sein.

Es gibt wohl wenige Menschen, die diese Empfindung der eigenen Entwertetheit nie gekannt haben. Nicht schön oder gar häßlich zu sein, diese Befürchtung oder Gewißheit hat bestimmt auch heute noch eine höchst entmutigende Wirkung auf Menschen jeden Alters, jeder Schicht, besonders aber auf das weibliche Geschlecht.

Leicht ironische Bemerkungen, die die Eltern fast achtlos hinwarfen, dürften in mir die ersten Zweifel an mir selbst hervorgerufen haben. Wie absolute Herrscher, die unbedacht Lob und Tadel ausstreuen können, ohne je irgendwelche Folgen befürchten zu müssen, so sprechen Eltern gewöhnlich Werturteile jeder Art über Kinder aus, oft in deren Gegenwart, ohne zu ahnen, wie schwer ihre törichten, halbernsten, spöttelnden Worte das kindliche Gemüt belasten können. Diese Wirkung mag lange andauern und die Autorität überdauern, die die Eltern bei dem Kind genossen haben.

Es gehörte zu den widersinnigen Axiomen der autoritären Erziehung jener Zeit, daß man ein Kind zwar mit übertriebenen Zärtlichkeiten überschütten, ihm aber nie ein uneingeschränktes Lob spenden durfte — damit es nicht »eingebildet« würde. So war es abgemacht, daß man einem Kind verheimlichen könnte und müßte, daß es intelligent war. Gab es aber zu erkennen, daß es sich dessen durchaus bewußt war, warf man ihm vor, eingebildet zu sein. Wenn dergleichen mit mir versucht wurde, wehrte ich mich nicht ohne Erfolg, indem ich argumentierte: »Ihr wollt, daß ich so klug sein soll, daß alle anderen es merken, aber so blöd bleibe, als einziger nicht zu wissen, daß ich gescheit bin.« Umso wehrloser war ich aber gegenüber dem Verdacht der Häßlichkeit. Dieser Zustand hörte erst dann völlig auf, als ich mir selbst ästhetisch gleichgültig, sozusagen inexistent wurde. Das geschah aber sehr spät, lange nachdem die Eltern mich aufgeklärt hatten, alles wäre Mißverständnis, unvermutbare Mißdeutung gewesen. Sie erinnerten mich an die Spitznamen, die sie mir gaben und die alle meine Besonderheit hervorhoben: die dichten schwarzen Haare, die mir in langen Locken auf die Schultern fielen, den leuchtenden Blick, den Gesichtsausdruck usw.... Wie war es möglich, fragten sie sich, daß ich hinter den spöttelnden Worten nicht den Stolz herausgefühlt hätte, mit dem sie von mir sprachen.

Und es ist wahr, ein Kind des jüdischen Städtel lernte sehr früh, daß der Tonfall über den Sinn einer Äußerung mehr verrät als die Worte. Es wußte früh zu unterscheiden, wann zum Beispiel der Ausruf: »Ach ist sie schön!« bedeutete, daß ein Mädchen tatsächlich sehr hübsch oder aber umgekehrt auffallend häßlich war. Ich glaube mich noch zu erinnern, wie ich mit Staunen, ja mit einer Art Bestürzung entdeckte, daß ein Wort sein gerades Gegenteil bedeuten mochte. Bald danach aber merkte ich mit Genugtuung, daß ich, wie alle meinesgleichen, gar keine Mühe hatte, den jeweils gemeinten Sinn zu erraten, etwa zu entscheiden, in welchem Falle »Oj, welch ein Philosoph!« einen weisen Menschen bezeichnete oder einen ungebildeten Dummkopf.

Im Luxembourg sind die Gärtner damit beschäftigt, die letzten herbstlichen müden Blumen aus den Beeten zu entfernen, das welke Laub der Alleen in riesigen Haufen aufzuschichten — nun, da die Bäume so kahl sind, daß man Mühe hat, sich ihre nahe Vergangenheit und ihre nahe Zukunft vorzustellen. Hie und da hängt noch ein Blatt, zuweilen ist es noch nicht einmal gelb, an der äußersten Spitze eines Zweigs. Zu den vielen permanenten Zielen meiner täglichen Wanderung in diesem Park gehört nun auch — aber für wie wenige Tage noch? — dieses oder jenes einsame Blatt. Es ist töricht, gewiß, aber jedes Mal, wenn ich ein solches Blatt noch wohlauf finde, erfüllt mich eine Freude, als wäre mir ein unverdientes Geschenk überraschend zuteil geworden.

»*Er sprach von einem Baum, der wie durch ein Wunder zwischen den feindlichen Gräben stehengeblieben war. Über das Blatt, ein einziges Blatt, das noch am Zweige haftete. Um dieses bangte er, wenn die Winde zu heftig wurden. Und das Glück, es dann am Morgen noch zu finden!*«

Das bezieht sich auf die Briefe, die ein blutjunger Freiwilliger im Ersten Weltkrieg von der italienischen Front an seinen Vater richtete. Nichts war von seiner Begeisterung für das Vaterland, den Krieg und die hehren Ziele geblieben — nichts, keinerlei Vorstellung mehr, sondern nur ein gefährdetes Gesichtsfeld und darin Dinge, die fast so bedroht waren wie das Menschenleben, und zwischen ihnen das letzte Blatt.

Auf den Terrassen, die in einem ovalen Bogen das Bassin umschließen, stehen die steinernen Königinnen und Fürstinnen Frankreichs auf der Wacht vor sich selbst: im Sommer wie im Winter sehen die einen aus, als wären sie immerfort von ihren Gatten und Liebhabern betrogen und verstoßen worden, und die anderen, als hätten sie stets darauf gesonnen, wie sie sich ihrer Männer entledigen könnten. In diesen trüben Vormittagsstunden, wenn die wenigen Passanten eilig den Park durchqueren, bin ich oft der einzige Spaziergänger, der vor den Steingebilden haltmacht und zu den ausdrucksarmen Gesichtern aufblickt, Auch sie beziehe ich in ein Spiel ein, das mir seit meiner Jugend ein Zeitvertreib ist: Charakter und Schicksal, wenn möglich eine ganze Biographie zu ersinnen für Menschen, die etwas länger in meinem Gesichtskreise bleiben: für jene etwa, die mir in der Bahn gegenübersitzen, die im gleichen Raum wie ich darauf warten, daß die Vorstellung beginne, daß man sie ein Flugzeug besteigen lasse. Es handelt sich immer um Menschen, die unterwegs sind. (»Unterwegs«, »Die nutzlose Reise«, »Die vergebliche Heimkehr«, »Ohne Ende« — das sind Titel, mit denen ich bestimmte Teile meiner Romane bezeichnet habe.)

Unweit des recht gelungenen Standbildes der dicken florentinischen Bankierstochter Maria de Medici, die sich nach der Ermordung ihres Gatten dieses Palais errichten und den Garten arrangieren ließ, befindet sich ein Denkmal, das unbeachtet, ja für gewöhnlich unbemerkt bleibt: Eine graue, besonders niedrige Pyramide erhebt sich kaum merklich über einem schmalen, viereckigen Beet, in das man während der warmen Jahreszeit gelbe Blümchen einsetzt, die den quadratischen Grabstein schmücken, in dessen Mitte ein Kreuz und zwei Dolche eingemeißelt sind. Über ihnen hat man ein kleines Bronzerelief angebracht, das eine — wahrscheinlich trauernde — junge Person darstellt. Ich erinnere mich nicht, jemals einen Spaziergänger bei dieser Gedenkstätte erblickt zu haben. Um sie zu bemerken, muß man fast über sie gestolpert sein; im blumenreichen Garten würden die gelben Blümchen niemanden anlocken, selbst wenn sie besser plaziert wären.

So bin ich wahrscheinlich der einzige Besucher, der seine Schritte oft zu diesem Denkmal lenkt, das niemanden zum Gedenken anregt, obschon die gravierten, gut leserlichen Inschriften zumindest nachdenklich stimmen und bei älteren Leuten Erinnerungen wecken könnten: *»Ici/sept héros/de la résistance/ont été fusillés/par les Allemands/le 19 Août 1944.«* Fast jeden Tag verweile ich einen Augenblick an der Stelle, an der diese sieben, gewiß noch sehr jungen Männer, zwei Stadtpolizisten und fünf Freiwillige, vor drei Jahrzehnten sterben mußten. Mußten? Warum, wozu? Die Deutschen waren dabei, die Stadt eiligst zu evakuieren, diese sieben und alle ihresgleichen konnten die Räumung gar nicht beschleunigen und sie brauchten es auch nicht zu versuchen. Die Wehrmacht ihrerseits hätte den Krieg nicht eine Minute früher verloren, wenn sie diese sieben Gefangenen hätte laufen lassen oder sie in ein Stalag abtransportiert hätte.

Daß mich mein Weg so oft zu dieser Hinrichtungsstätte führt, hat weniger mit der Vergangenheit und mit meinen Erinnerungen zu tun als mit der Topographie: gleich dahinter liegt nämlich das *Boulodrome,* der umzäunte Platz der Boulisten, die Stunden mit einer Art von Kegelspiel verbringen. Dieses Spiel, das vor allem im südlichen Teil Frankreichs bei der männlichen Bevölkerung aller Schichten beliebt ist, zieht immer wieder Zuschauer an. Ich bin einer von ihnen — seit langem schon, seit ich selbst zu spielen aufgehört habe. An Werktagen sind es ausschließlich ältere Männer, die sich auch bei kaltem Wetter am späteren Vormittag und am Nachmittag einstellen, und zu zweit, öfter zu viert oder zu sechst einige Partien spielen: mit gleichbleibend intensivem, aber nie leidenschaftlichem Interesse.

Der eine oder der andere der sieben Füsilierten, die sicherlich alle in dieser Stadtgegend zuhause waren, hätte wohl einer der Boulisten sein können. Paris, Frankreich, die Welt — niemand brauchte ihre Anwesenheit an diesem Ort gerade in jenen Augusttagen. Und selbst wenn es mir gelänge, mir endlich ihre Namen zu merken, es würde ihren Anteil an der den Helden leichtfertig versprochenen Unsterblichkeit nicht sichern.

»Du kennst ihn auch, Lagrange, jenen Blick in den Augen der jungen Menschen, die jemanden suchen, der in ihnen den Willen zum Opfer erwecken wird. Vor ihnen fliehe ich wie vor der Pest. Für die Tiere im Walde gibt es Schonzeit. Schonzeit, Lagrange, für diese jungen Menschen!«

Das sagte im Sommer 1941, drei Jahre vor der Erschießung dieser Sieben, Dojno Faber, eine zentrale Figur meiner Romane, ein »abgekämpfter Revolutionär«, der hofft, daß es ihm endlich gelingen wird, sich »mit dem trockenen Sande der Gleichgültigkeit anzufüllen«. Im gleichen Gespräch erklärt er:

»Nein, ich verleugne nicht die Vergangenheit, aber ich finde, was ich getan habe, überflüssig ... vergeudete Zeit, mißbrauchte Kraft. Hätte ich jeden Tag Boule gespielt, es wäre besser gewesen und gewiß sinnvoller.«

Mag sein, daß die Boulespieler nach mir, dem aufmerksamen, aber stummen Zuschauer Ausschau halten, wenn ich einige Tage ausgeblieben bin; sie sehen es nicht ungern, daß einer Zeuge ihrer Erfolge wird. Es gibt zwischen ihnen und mir ein wortloses Zwiegespräch. Die sieben Toten aber, für die ich Schonzeit verlangt hätte und das Recht, Boule zu spielen, statt heldenhaft in die Geschichte einzugreifen, die ihrer gar nicht bedurfte — diese Sieben bleiben stumm im Monolog eines Spaziergängers, dem es immer unerträglicher wird, daß man junge Menschen zu Opfermord und Opfertod verführt oder zwingt. Denn noch immer ist es mir nicht gelungen, mich »mit dem trokkenen Sande der Gleichgültigkeit anzufüllen.« Dem Siebenundsechzigjährigen will es noch immer nicht gelingen zu leben, als ob es sie und ihresgleichen nicht gegeben hätte, als ob es sie nicht noch überall gäbe.

Ob ich nun beim Boulodrome verweile oder beim halb geheimen Denkmal, bei dem Bassin, auf dem die winzigen Caravellen trotz dem vom Springbrunnen erzeugten Strudel stets das Ufer erreichen, oder bei dem Karussel, dessen Elephanten, Löwen, Rehe und Schimmel Rainer Maria Rilke freundlich übertreibend beschrieben hat — immer wieder denke ich an die Erinnerungen, die ich, nicht ohne Zögern und Bedenken, zu schreiben begonnen habe. Wer noch so an der Gegenwart haftet wie ich, wen die Geschehnisse in der Welt noch so angehen, reizen, ärgern oder — ach, wie selten — begeistern, dem bleibt alle Vergangenheit gleichsam gegenwartsbezogen. Und anderseits — es ist wahr — erlebe ich den Augenblick im Lichte und im Schatten des Vergangenen, des Erfahrenen — ob es nun vergleichbar ist oder durchaus unvergleichlich.

Seit Wochen ist in diesem Garten nackter, strenger Winter — auch die letzten Blätter sind verschwunden, schnell verbrannt worden. Äste und Zweige erscheinen wie ergraut im kläglich bemessenen Licht der kurzen Wintertage. Manchmal sieht's aus, als ob es schneien wollte. Hie und da fallen dann für einige Minuten wie in dünnen Schnüren wenige Flocken grau auf die graue Erde. Zuweilen verspüre ich Mitleid mit ihnen wie seinerzeit mit den alten Bettlern, die in den Hinterhöfen unserer Gasse in Wien sangen. Einer von ihnen unterbrach sich gewöhnlich selbst nach der ersten Strophe und erklärte nicht ohne rhetorische Wirkung: »Machen wir uns nichts vor! Ich habe ja gar keine Stimme mehr und gar keine Kraft zu singen. Also werfen Sie schon Ihre milde Gabe herunter, dann höre ich auf, Sie mit meinem Gekrächze zu belästigen!«.

Der Alte — wahrscheinlich war er viel jünger, als ich es heute bin — er und hundert andere stehen plötzlich vor mir, ich kreuze sie auf allen Wegen, die ich je beschritten habe, dann tauchen sie wieder im Dunkel unter. All das, weil ich fast täglich mein Schulheft vornehme und es nicht aus der Hand gebe, ehe ich zumindest zwei Seiten geschrieben habe. Und so geschieht es auch, daß mich wie in einem Schattenspiel jene fernen Sorgen heimsuchen, die mir das Häßlichkeitsgefühl zu bereiten pflegte. Die Erinnerung an dieses Leiden ist präzise genug, aber der Gedanke an das sinnlos zu früh verlorene Leben dieser mir völlig unbekannten sieben Männer beschäftigt mich intensiver, weil das Geschehen vom 19. August 1944 fast alle Elemente jener Herausforderung in sich schließt, derenthalb es mir seit dem ersten Weltkrieg, etwa seit meinem zehnten Lebensjahr nicht gelungen ist und noch immer nicht gelingen will, politisch gleichgültig zu werden. Rückblickend würde ich meinen, daß solche Erlebnisse wie die Verfolgung des jungen Irren am Ostertag oder die Demütigung des ukrainischen Knaben in der Schule mein Verhalten und die Wahl meiner Kampfpositionen stärker beeinflußt haben als das Minderwertigkeitsgefühl der Häßlichkeit. Wie aber, wenn eben dieses die überwache Empfindlichkeit bewirkt hätte, die mich jene an sich geringfügigen Zwischenfälle mit einer so schmerzlichen Teilnahme erleben ließ, daß sie mir bis heute gegenwärtig geblieben sind?

Häßlich zu sein, schien dem Kind ein unverdientes und zugleich unabwendbares Schicksal; man konnte jedoch trotzdem unter Umständen erträglich, vielleicht sogar anziehend werden — allerdings nicht wie die Schönen durch das Sein, sondern durch das Tun. Ich dürfte niemanden um seine Schönheit beneidet haben, denn die Überschätzung und stets ermutigende und zugleich belastende Überforderung seitens meines Vaters flößte mir die Gewißheit ein, daß auch mir ein Wert zuteil geworden war. Und weil ich sehr früh entdeckt haben muß, daß es ein Glück ist, bewundern zu dürfen. Dies erfuhr ich schon als Kleinkind, als sich mir die Schönheit der verschneiten Welt, der Eisblumen auf den Scheiben, des Reifs auf den Baumzweigen wie ein Geschenk darbot, das mir den Atem raubte. Bis an mein Lebensende werde ich wohl ein Bewunderer bleiben, dankbar dafür, bewundern zu dürfen. »Im Kopf« habe ich unzählige Dankbriefe an Dichter, Maler, Schauspieler geschrieben, ich tu's manchmal auch jetzt noch. Aber eben nur in Gedanken — aus Scheu vielleicht, gewiß aber auch aus einem andern, eher sonderbaren Grunde: Hat man bis in die letzte Einzelheit den Brief bedacht, den man schreiben müßte, dann vermindert sich die Notwendigkeit, ihn wirklich zu Papier zu bringen. So ersetzt die Absicht ihre Erfüllung und entschwindet in den imaginären Friedhof der totgeborenen Taten.

Ich erinnere mich an das erste Gesicht, dessen Schönheit mir eine so maßlose Bewunderung eingeflößt hat, daß ich ganz scheu wurde und einige Minuten sprachlos blieb. Es gehörte einem fremden Knaben, der sich mit seiner Familie nur einige Tage in unserm Städtchen aufhielt. Er und seine Schwester waren mit einer besondern, fremdartigen Eleganz gekleidet — wie Prinzenkinder, sagte man: in Samt und Seide. Das Wort »taubengrau« hörte ich an jenem Nachmittag das erste Mal; das war die Farbe seiner Kleidung. Unter dem gescheitelten kastanienbraunen Haar wölbte sich ganz leicht die Stirn, deren Weiß von der leuchtenden Farbe der Wangen und den dunklen Augen abstach. Der Knabe hatte einen nicht zu auffälligen, doch immerhin sichtbaren Höcker. Um dessen Anblick zu vermeiden, ja sofort zu vergessen, genügte es, die Augen stets auf das Gesicht des fremden Kindes zu richten.

Daß ich mich an diese Begegnung so genau erinnere, mag daran liegen, daß ich lange Jahre immer wieder an sie gedacht habe. Warum? Wahrscheinlich aus mehreren Gründen. Die Schönheit, die durch eine wirklich überraschende Eleganz hervorgehoben wurde, paßte genau zur kleinbürgerlichen Idealvorstellung; sie entsprach einer klassenmäßig bedingten Ästhetik, die der dritte Stand treu seinem Wunsche formte, in Erscheinungs- und Ausdrucksformen dem Adel zu gleichen, den er ablöste. Hätte ich damals die Straßenjungen Murillos gekannt, ich hätte ihren Reiz gar nicht wahrgenommen, eben weil er keineswegs der bürgerlichen Vorstellung vom »Edlen« entspricht.

Ist es denkbar, daß ein Kind von fünf oder sechs Jahren fast wie im Reflex »klassenmäßig« reagiert hat? Ich zweifle nicht daran. Wo Armut und Mittellosigkeit die Lebensbedingungen der überwiegenden Mehrheit bestimmen, dringen die sozialökonomischen Unterschiede, selbst wenn sie relativ gering sind, mit einer unverwischbaren Schärfe ins Bewußtsein jedes Einzelnen. Von früh an hörte ich, mit Geringschätzung wenn nicht gar mit Verachtung vom »gemeinen Volke« sprechen, von »Mob« und »Pöbel«, von den »Unwissenden«, den »Bauernlackeln« und selbst von gewissen wenig qualifizierten Handwerkern. Demgegenüber hob man rühmend alles hervor, was als »fein« zu gelten hatte. Dieses Wort bezeichnete das in jeder Hinsicht Erstrebenswerte, das Edle, das Ideale, sagt man gerne.

Mein Häßlichkeitsgefühl fand immer neue Nahrung

darin, daß meine Haare schwarz waren und so lang wie die der Bergbauern, daß meine Nase nicht einen scharfen, dünnen Rücken hatte; daß meine Augen dunkel waren und ihr Blick auffällig, statt sanft und gleichgültig. »Kosak« war einer meiner Spitznamen — und das bedeutete unter anderm, daß mein Äußeres nicht »fein« genug war.

Hat mich, etwa zehn Jahre später, Alfred Adlers Individualpsychologie so interessiert, weil sie dem Minderwertigkeitsgefühl im allgemeinen eine unübertreffliche Rolle einräumt? Das mag sein, da es aber wohl kaum einen seiner Sinne mächtigen Menschen gibt, der dem Druck dieses Gefühls ganz entgangen wäre, müßten sich alle von der Adlerschen Lehre unwiderstehlich angezogen fühlen. Man weiß, daß dem keineswegs so ist, daß dieser Ausdruck bei vielen sogar ein Unbehagen auslöst, weil sie sich durch ihn wie entblößt, ja entwertet fühlen. Mich gewann für Adler, denke ich, daß er in allem den Willen und den Mut zur Überwindung der Schwierigkeit, also auch des Minderwertigkeitsgefühls, hervorhob. So ist auch alles, was hier über das Kind gesagt wird, das ich einmal gewesen bin, nur dann von Belang, wenn es nicht nur als Leiden, sondern als fortdauernder Anstoß zu dessen Überwindung verstanden wird. In meiner Kindheit wandelte mich die Verzweiflung öfter an als in späteren Jahren, aber schon damals ahnte ich, daß die Verzweiflung zumeist nur die Ungeduld des Hoffenden ist.

Jetzt, da ich meine Ungeduld — es ist die des betagten Mannes — nur mit Widerwillen, oft mit Abscheu ertrage, denke ich an jene zurück, mit der das Kind sich selbst, das heißt sein — wie ihm schien — zu langsames Werden und Tun betrachtete, kritisierte, verurteilte. Hier setzte die kompensatorische Haltung ein — es war recht oft Leistung, echte Überwindung, zuweilen aber Spiegelfechterei, Betrug und Selbstbetrug: das übliche Spiel von Lüge, von »Als-ob-Fiktion«; eine Komödie, deren Zuschauer ich war und zugleich Mitspieler — ein Betrogener, der den Betrüger narrte, denn er tat nur so, als wüßte er nicht, daß er getäuscht wurde. Ich bewunderte Berele, aber ich wünschte keineswegs, so zu sein wie er; ich bewunderte grenzenlos den Zauberkünstler, der aus dem Nichts bunte Tücher hervorholte und im Nu wieder verschwinden ließ. Aber ich wollte nicht werden wie er, denn ich wußte, daß alles eine *Komödie* war. Das Wort *Kommedije* benutzten wir Kinder bei jeder Gelegenheit; es bedeutete, nur Spaß machen und so tun als ob, aber manchmal auch, jemandem einen wirklich bösen Streich spielen, ihn irreführen, bis er glauben mochte, daß des Nachbarn Kuh übers Haus geflogen wäre und auf dem Dach ein Ei gelegt hätte, das heißt, wie man im Städtel sagte, alles glauben »was nicht gestogen und nicht geflogen war«. Man benutzte die Redewendung »Lüge bewiesen«, sooft man den andern bei einer Unwahrheit ertappte.

Sehr früh muß ich die Verführung der eigenen Einbildungskraft erfahren und ihr fast widerstandslos nachgegeben haben. Die Einbildung füllte die Lücken zwischen den Tatsachen aus, öfter noch ersetzte sie dem Kinde fehlende Kenntnisse. »Man müßte halt wissen ...« das sagte ich mir oft und tu es auch heute noch angesichts von Nachrichten, die unvollständig sind und das Wesentliche schuldig bleiben, so daß sie weder ein Urteil über den Verlauf von Ereignissen, noch eine Schlußfolgerung erlauben. Nun, der Erwachsene wartet mit gezähmter Ungeduld, das Kind wartete nicht. Seine Phantasie besetzte in Windeseile die *terra ignota* und verband sie mit der vertrauten Wirklichkeit, so daß Einbildung und Wahrnehmung miteinander ausgesöhnt und schließlich eins wurden.

Zwischen dem vierten und dem siebenten, vielleicht sogar bis zum achten Lebensjahr hielt ich mich für einen Lügner, für ein Kind, das viel mehr log als andere, das jedoch das Glück hatte, seltener erwischt und bestraft zu werden, als es verdiente. Ich war während einiger Monate Schüler eines besonders armseligen Lehrers, den man Schmerl den Blinden nannte. Seine kinderreiche Familie und seine alte Mutter teilten mit dem Geflügel die Stube, in der die Schüler, auf wackligen Bänken zusammengepfercht, im Chor lesen lernten. Ich war bei Schmerl sehr unglücklich, überdies vertrug ich weder den Geruch, der mir mit jedem Tag widerlicher wurde, noch den Blick der rotgeränderten Augen seiner Mutter, die denen der lästigen Hennen beunruhigend ähnlich waren. Mehrmals versuchte ich zu entfliehen und wurde ohne Verzug zurückgebracht. Da geschah ein Unglück: ich machte in die Hosen. Der Lehrer schickte mich daraufhin nach Hause. Während der kurzen Zeit, die man mich noch bei ihm lernen ließ, brauchte ich nicht mehr zu entlaufen: ich stellte mich mit gespreizten Beinen vor Schmerl und gestand, schon wieder wäre das Unglück passiert. Ich war dann den ganzen Tag frei. So hatte ich da eine Entdeckung gemacht, die mir noch während mehrerer Jahre zunutze kommen sollte. Es genügte, bestimmte, hauptsächlich nervöse Beschwerden, wie es wohl auch jene Inkontinenz gewesen sein dürfte, vorzuspiegeln, und man heimste die Vorteile ein, die gewöhnlich nur ein echtes Leiden mit sich brachte. Die gleiche Entdeckung haben gewiß zahllose Kinder gemacht, vor allem solche, die in der Schule zumeist unglücklich waren. Mich aber stimmte sie nachdenklich und führte mich über Abwege und Umwege zu Einsichten, die für meine Entwicklung Bedeutung erlangen sollten.

Der beliebig wiederholbare Erfolg des »Als ob«, das ich Schmerl dem Blinden vortäuschte, beeindruckte und bestürzte mich zugleich: der Grenzwall zwischen wahr und gelogen, zwischen Wirklichkeit und Schein schien umzufallen, sobald man der Einbildung ihren Lauf ließ. Ich getraue mich nicht zu ermessen, was ich damals von der Einbildung gewußt und was ich nur geahnt habe, doch bin ich dessen gewiß, daß dem dreijährigen Kind schon offenbar wurde, daß die Einbildungskraft den Weg ins Freie weist. Was man wohl zutreffender Imagination oder realistische Phantasie nennen mag, hat seither in meinen Gedankengängen so gut wie in meinen Entscheidungen und Handlungen und in meinem schriftstellerischen Schaffen eine unvergleichliche Rolle gespielt. Und dem Psychologen war sie nicht weniger nützlich als dem Romancier.

Daß ich log, flößte mir keine Gewissensbisse, sondern nur Besorgnis ein: Wenn ich, mit der Zeit immer weiter von der Wahrheit abweichend, unfähig würde, sie von der Lüge zu unterscheiden? Hörte ich von irgendeinem Ereignis, spann ich es aus, sobald ich allein war: vor dem Einschlafen oder gleich nach dem Erwachen. Ich erweiterte Ort und Zeit der Handlung, erfand Details, die hätten wahr sein können, und ließ mich von ihnen verführen, ganz andere Geschehnisse zu ersinnen. Am Anfang schien es mir, daß ich nichts anderes tat, als das Erzählte verdeutlichen; in der Tat aber gab ich ihm eine Gestalt, Formen, die ich sozusagen ausfüllen mußte. Als ich Romane zu schreiben begann, widerstand ich fast nie der Neigung, Episodenfiguren mit einer Biographie auszustatten, die ich dann gewöhnlich aus der endgültigen Fassung ausschied, weil sie unnötig und der Struktur des Werkes abträglich waren.

Doch selbst jetzt kann ich es mir nicht versagen, Lebensläufe auszudenken, die ich gar nicht erst niederschreibe, weil es offenbar ist, daß sie fehl am Platze wären.

Ein Mann tauchte plötzlich auf der Straße auf, er lief, als ob er vor jemandem flüchtete; er war in Hemdsärmeln, obwohl es kalt war; ohne sich umzudrehen, gab er gestikulierende Zeichen, die irgend jemandem gelten mochten, aber man sah niemanden. Plötzlich machte er Halt, drehte sich ganz langsam um und fast spielerisch, scherzhaft drohte er mit der Faust: man sah nicht, wem. Ich stand vor unserm Haus und wurde so unabsichtlich Zeuge dieser merkwürdigen, stummen Szene. Wäre ich nur neugierig gewesen, hätte ich leicht erfahren können, was es für eine Bewandtnis mit diesem Ortsfremden hatte, warum er flüchtete und zugleich drohte. Doch statt zu fragen, begann ich »auszuspinnen« und »auszufüllen«. Hätte sich jemand bei mir danach erkundigt, was geschehen war, hätte ich ihm eine Geschichte mit Anfang und Ende auftischen können. Und hätte er danach geforscht, woher ich all das wüßte, hätte ich geantwortet: »Ich weiß es nicht, ich denke es mir so.« Die Grenze zwischen Erfahrenem und Ersonnenem verlor ich nicht aus den Augen, aber ich tat das Nötige, damit sie fließend und schließlich unsichtbar werde.

Ich hielt mich auch deshalb für einen Lügner, weil ich niemals das Unmögliche und nur selten das Unwahrscheinliche ersann, während in den Märchen das Eingreifen unsichtbarer Gewalten in das Geschehen stets zu gewärtigen war. Mir flößten jedoch nur jene Geschichten Furcht ein, in denen wirkliche wilde Tiere die Menschen angriffen. Nie habe ich Angst vor Hexen empfunden oder vor sonst jemand, der in diesen oft gruseligen Erzählungen Menschenantlitz trug. Nicht phantastisch, sondern realistisch oder — sagen wir — probabilistisch waren die Einsatzstücke, mit denen ich die Fragmente verband, in welchen sich mir die Wirklichkeit darbot.

Was war es, das mir so früh die beunruhigende Gewißheit eingab, daß alles Fragment war und daß es gerade darauf ankam, die »Hügel hinter den Hügeln« zu erspähen, zu besteigen und jedenfalls nie zu vergessen, daß es sie gibt und daß man fast nichts weiß, wenn man sie aus den Augen verliert? Ein anderes Gleichnis, das sich mir sehr früh aufgedrängt haben muß: Da liegt eine lange Rolle, mit einem leichten Fußtritt bringt man sie in Bewegung, sie entrollt sich und ist ein langer und breiter

Teppich mit vielen bunten Mustern, die vielleicht nur sich selbst, wahrscheinlich aber weit mehr bedeuten als sich selbst — nämlich: Botschaften, Weisheitssprüche, Glaubensbekenntnisse oder Berichte über geheime Ereignisse.

Alles, was ist, mag lange bestehen oder schnell zugrundegehen; aber manches von dem, was ist, bedeutet weit mehr, als es zu sein scheint, weil es zusammengerollt oder verfältelt ist. *We ani* — »Und ich« ... So beginnt einer der vielen Sätze, mit denen der sterbende Jakob Joseph und den anderen Söhnen sein letztes Vermächtnis und seine allerletzten Wünsche kundtut. In Tausenden von Lehrstuben lernten jüdische Kinder in der gleichen Woche den entsprechenden Thora-Abschnitt zu übersetzen und den Kommentar dazu. Und sie alle wiederholten einen seit zahllosen Generationen mündlich überlieferten Text mit dem dazugehörigen Singsang: »Und ich Jakob, der ich von dir verlange, daß du mich nicht hier, in fremder Erde, begrabest, sondern in Meúrath Hamachpela im Lande Kanaan — ich habe dergleichen für deine Mutter nicht getan. Ich habe sie am Wegesrand begraben, genau dort, wo sie gestorben war. Nein, es war nicht weit von Padan, wo ich sie hätte zu Grabe tragen können, und die Straßen waren nicht unwegsam, sondern trocken wie ein Sieb unter der Sonne. Warum also habe ich ihre Leiche nicht nach Padan gebracht? Weil die Zeit kommen wird, da das Volk Israel, besiegt und verzweifelt, über diese Straße ins Exil wandern wird. Und da wird Rachel aus ihrem Grab am Wegrand erstehen, sie wird ihre Kinder segnen und die Bekümmerten aufrichten ...« Ja das und noch viel mehr war im *Unausgesprochenen* enthalten, das den Anfang des Satzes »Und ich ...« begleitete.

Ich betrachtete mich als einen Lügner, weil ich oft der Neigung nachgab, das Unausgesprochene, nicht das Phantastische, sondern das Wahrscheinliche, das hätte geschehen können und nicht geschehen war, mir selbst und anderen so darzustellen, als hätte ich davon aus sicherer Quelle gehört, oder viel seltener, als hätte ich es selbst erlebt.

Ich log natürlich auch, wie so viele Kinder und ohne Hemmung, um eine Unterlassung zu verhüllen, deren ich mich schuldig gemacht hatte oder um ein leichtes Vergehen zu rechtfertigen; ich log häufig, um der Langweile zu wortreicher Gebete zu entgehen. Gott ist allwissend — daraus schloß ich, daß ich ihn ja gar nicht betrügen könnte. Zweitens war er allmächtig, also kam es ihm ganz gewiß auf einige Gebete mehr oder weniger nicht an.

Zwischen meinem achten und neunten Lebensjahr trat sodann eine Wendung ein, deren Grund oder deren Gründe ich nicht entdecken kann — trotz aller Bemühung, im Gedächtnis ihre Spur zu entdecken. Ich fühlte mich öfter gekränkt, ja erniedrigt durch meine Lügen, selbst wenn sie nicht an den Tag kamen. Ich war ihretwegen unglücklich wie ein ernüchterter Trinker, der sich nach einer durchsoffenen Nacht im Schmutz wiederfindet und plötzlich durchschaut, wie verächtlich seine Kumpanei ist. Ich glaube nicht, daß ich daraufhin beschlossen habe, nie mehr zu lügen — was ja im übrigen wirkungslos geblieben wäre; ich kannte damals schon den Satz, mit dem ein in der Liturgie oft wiederholter Psalm endet: »Jeder Mensch lügt«. Doch begann ich, mich zu überwachen, zuerst mit geringem, aber dann mit immer größerem Erfolg. Ein gewiß nicht vorgesehener Nebeneffekt dieser strengen Wachsamkeit sollte mit den Jahren bedeutsam werden: der kritische Sinn des Knaben gegenüber jeder Unechtheit, die sich in Worten, Mienen oder Gesten ausdrückt, verstärkte frühzeitig sein Bedürfnis nach dem Echten. Und von jener Zeit an entwickelte sich meine Fähigkeit, zwischen Fiktion und Wirklichkeit immer schärfer zu unterscheiden. Das Leben war oft sehr traurig, aber es bot überreichlich Grund und Stoff für die Komödie. Später, mit zwölf, dreizehn Jahren dachte ich, ich würde in ihr nicht mitspielen. Es war ein Irrtum, der fast so unvermeidlich ist wie die menschliche Komödie selbst und ein Teil von ihr.

Es mag um jene Zeit, wahrscheinlich im Vorfrühling 1914 geschehen sein: Ein Fremder, ein wohlgekleideter Mann mit Handkoffern, wie sie die Handelsreisenden gewöhnlich mit sich trugen, brach eines frühen Nachmittags mitten auf der Straße in der Nähe unseres Hauses zusammen. Leute scharten sich um ihn; man wußte nicht, wie man ihm helfen sollte. Schließlich brachte man ihn zu uns. Man bettete ihn auf einem Diwan, öffnete seinen Kragen, hielt ihm eine Riechflasche unter die Nase und schüttete ihm schließlich ein Gläschen Schnaps in den schweratmenden Mund. Er kam recht schnell zu sich, gab gerne, wenn auch kärgliche Antwort auf die Fragen, die der inzwischen herbeigeeilte Arzt ihm stellte. Der Fremde gab zu verstehen, daß er nun schon an die zwei Tage nichts gegessen hatte, denn sein letztes Geld hatte gerade noch für die Nacht in der Herberge gereicht. Er hatte eine völlig nutzlose, erfolglose Tour hinter sich und nun nicht einmal ein Eisenbahnbillet für seine Heimreise. Während er sich an einer Mahlzeit labte, die jedes Medikament ersetzte, wurde eine Kollekte veranstaltet. Eine Stunde später brach der Mann auf, gerade früh genug, um seinen Zug zu erreichen.

Am Abend erörterte man bei uns den Zwischenfall, der die Gemüter erregt hatte. Ohne daß irgendjemand es eindeutig aussprach, wurde es offenbar, daß alle den Zusammenbruch auf der Straße, an einer zweckmäßig gewählten Stelle, als eine Vorspiegelung mit zureichenden Mitteln ansahen. Der Mann war wirklich verzweifelt gewesen, er hatte wirklich nichts gegessen und es wurde ihm zu schwer, seine Koffer mit den völlig aus der Mode gekommenen, unverkäuflichen Schuhen weiterzuschleppen. Das alles waren gute Gründe, gab man zu, doch ließ man durchblicken, daß er die Ohnmacht simuliert hatte, um genau das zu erreichen, was er dann tatsächlich bekommen sollte: Nahrung und Geld, mehr Geld, als er für die Fahrkarte brauchte, und schließlich auch Mitleid — das stets so reichlich gespendete und zu oft vergeudete jüdische Mitleid, sagte man.

Ehe man von der zögernden Ironie zum offenen Spott über einen unglücklichen Fremden überging, griff mein Vater ein. Worauf es ankam, sagte er, war, daß der Mann wirklich Hilfe brauchte und daß er sie nicht schnell genug und nicht so reichlich erhalten hätte, wenn sein Ohnmachtsanfall auf offener Straße nicht aller Aufmerksamkeit auf ihn gelenkt hätte.

Diese Episode hätte für mich nicht von besonderm Belang sein müssen; in der Tat aber hat sie eine überaus große, nachwirkende Bedeutung erlangt. Man kann mit einer ausgeklügelten Pose, durch die Vorspiegelung eines nicht gegebenen Tatbestandes die Wahrheit ausdrücken, ja sie überzeugender gestalten. Der Commis voyageur war an jenem Tag schwach vor Hunger, er hatte keinen Heller in der Tasche und hätte tagelang betteln müssen, um das Reisegeld zusammenzukriegen. Daher war die Ohnmacht das beste, wahrscheinlich das einzige Mittel, das ihn retten und das Städtel vor der Mitschuld an seinem Unglück bewahren konnte.

Ja, das war so — ich erfaßte es auch deshalb, weil mein Vater es so darstellte. Zugleich aber war ich zutiefst betroffen, als ginge es um mich selbst. Diese so absichtsvolle, zweckdienliche Verquickung eines Tatbestandes mit dem Schein des Möglichen, das als wirklich vorgespiegelt wird — das hatte ich ja selbst betrieben und nicht nur, als es galt, Schmerl dem Blinden und den Augen der alten Frau zu entfliehen. Nun aber, während ich dem ironischen Kommentar der Erwachsenen lauschte, wußte ich auf einmal, daß der Erfolg des Handelsreisenden zwar unbestreitbar, aber erniedrigend, daß er Scham und Schande war. Es gibt keinen Vorteil, dessentwegen man die Erniedrigung auf sich nehmen durfte. Das glaubte der Achtjährige wohl auch deswegen, weil sein Vater in ihm, ohne bewußte Absicht, fortdauernd den Stolz nährte.

Es fiel gewiß ins Gewicht, daß der Judenhaß, den das Städtel immer deutlich spürte, seit Jahrtausenden seine Rechtfertigung in den Gründen suchte, deretwegen man die Juden verachten dürfte. Der Antisemitismus erfand diese Gründe jeden Tag aufs neue. Die »Assimilanten«, die durch Taufe oder durch äußerste Selbstverleugnung ihre Identität verwischen wollten, flohen damals — im zweiten Jahrzehnt dieses Jahrhunderts — nicht so sehr die Nachteile des Judeseins als die Verachtung der Judenhasser. Sie unterlagen schließlich dem Zwang, ihre Stammesgenossen und insgeheim sich selbst mit der hemmungslosesten Entwertungstendenz zu beurteilen. Zu jener gleichen Zeit kam unter den Juden vor allem Mittel- und Osteuropas ein neues Identitätsbewußtsein und mit ihm ein erneuertes Selbstwertgefühl auf. Es genügte nicht mehr, die Verächter zu ignorieren, es galt, sie entschieden abzuweisen, sie zu bekämpfen, wie es schon hie und da jüdische Selbstschutzgruppen taten, die sich den Pogromisten und ihren zaristischen Anführern mit der Waffe in der Hand entgegenstellten.

Das Selbstwertgefühl jedes Menschen wird ein Leben lang tausendfach erprobt. Für meinesgleichen aber war dieses Gefühl auch durch die Art bestimmt, wie eindringlich jeder individuell sein Judesein empfand: als Schande oder als ehrenvolle Treue, als einen durch den Zufall der Geburt herbeigeführten Zustand oder als Aufgabe, so zu leben, als trüge man die Verantwortung für die anderen. Wer sich selbst verachten mußte, konnte diese Aufgabe nicht erfüllen, also kam es darauf an, die eigene Achtung täglich zu verdienen und sie um keines Zweckes willen zu gefährden.

Jener Fremde hatte die List gewählt; nun, die List war verächtlich. Das empfand ich damals zum ersten Mal mit einer Eindringlichkeit, die sich nie verringern sollte, denn auch heute erscheint mir die erfolgreichste Schlauheit als die Klugheit der Dummen oder hoffnungslos Bornierten. Den Schlaukopf Berele hatte ich bewundert; ich war ihm dankbar dafür, daß er mir eine *Kommedije* vorspielte, die zu durchschauen mir ein täglich erneutes Vergnügen bereitete.

Nun aber war ich weit darüber hinaus – ich verbot mir das Lügen und fand auch keinerlei Vergnügen an Finten und Schlichen anderer. Ja, ich begriff, daß Berele sich selbst erniedrigt und mich dazu verführt hatte, ihn zu demütigen.

Natürlich hörte ich nicht auf, hie und da eine Lüge zu gebrauchen, aber ich überwachte mich mit jener besonderen kindlichen Strenge, von der die Erwachsenen zumeist keine Ahnung haben. Ich wurde mir unleidlich, sooft ich hören mußte, wie ich — ohne irgendeinen sachlichen Grund und ohne vernünftige Absicht, nur so, vom erzählerischen Schwung hingerissen — Erlebnis und Fiktion miteinander so eng verband, daß ich fürchten mußte, den Boden unter den Füßen zu verlieren. Und dies, wie gesagt, weil meine Fiktion eben weder Hirngespinst noch Aufschneiderei, noch harmloses Phantasieren war, sondern sich ganz nahe an die Wirklichkeit anschloß. Fast immer handelte es sich um etwas, was sich tatsächlich hätte ereignen können. (Man kennt den Kunstgriff, der früher häufig von Schriftstellern angewandt wurde, die erst am Ende ihrer phantastischen Geschichte, im letzten Absatz, den Leser darüber aufklärten, daß es sich um die angeblich genaue Wiedergabe eines Traumes handelte. In anderen Fällen behauptete der Autor, die mündliche Erzählung eines sonderbaren Menschen wiederzugeben, den er zufällig in einer einsamen Herberge getroffen hätte, oder daß es sich um den Text eines Manuskriptes handelte, das er in einer Rumpelkammer gefunden hatte.)

Ich beschloß, fortan das Geschehene, das Wirkliche von dem nur Möglichen oder Wahrscheinlichen reinlich zu scheiden. Es gelang mir bis zu einem gewissen Grad. Vom 17. Lebensjahr an verspürte ich die fast unwiderstehliche Neigung, Novellen und Romane zu schreiben. Das tat ich auch, gab es jedoch recht bald wieder auf, weil all meine Zeit der Psychologie gehören sollte — und dies bis zu meinem 35. Lebensjahr; nachher erst wollte ich mich der Literatur widmen. Das ist dann auch, zwar mit einer großen Verspätung, so geschehen. Was ich mir als Kind verbot, um kein Lügner zu sein, das habe ich inzwischen zu meinem Beruf gemacht — als Romancier das wirklich Geschehene mit dem *unendlich Möglichen* zu verbinden, so daß es eine besondere Art von Wirklichkeit erhalte.

Nein, ich bin nie wirklich ein verlogenes Kind gewesen, doch habe ich zeitweise geglaubt, daß ich es wäre oder werden könnte. Ich bin kein Wahrheitsfanatiker geworden, jedenfalls nicht in der täglichen Praxis des Umgangs mit Menschen. Molière's Alceste, der Misanthrop, ist in meinen Augen kein sittliches Vorbild, sondern ein lästiger Tor, ein besonders schwerfälliger Fadian, der die Wahrheit wie einen Hammer benutzt. Solcher Wahrheitsfanatismus dient nicht der Wahrheit, sondern einer törichten Übertriebenheit, einer Entwertungstendenz gegenüber anderen und der Suche nach eigener Überlegenheit.

Selbst an den kältesten Tagen stoße ich in Luxembourg auf große Kindergruppen, Schulklassen, die mit ihren Lehrern eine Stunde lang Sport treiben. Man sieht, wie sich größere und kleinere Kreise bilden, manche Einzelgänger sich völlig absondern, andere sich in Zwiegespräche so vertiefen, daß der zuweilen betäubende Lärm gar nicht an ihre Ohren zu dringen scheint. Heute früh beobachtete ich von meiner Bank aus zwei Schüler, die kaum mehr als acht Jahre zählten. Sie waren beide fast gleich groß, im Gesicht eines jeden von ihnen drückte sich die Spannung wie eine traurige Nachdenklichkeit aus. Der eine, ein schwarzgelockter, besonders hübsch gekleideter Junge, sprach fast ununterbrochen; er hielt den Kopf gesenkt und hob ihn nur, wenn der andere ihn unterbrach, ihm antwortete. Natürlich versuchte ich, zu erraten oder zu ersinnen, worum es da wohl ginge. Was auch immer es tatsächlich gewesen sein mag, es hätte mich kaum so beeindruckt wie die beklemmende Ernsthaftigkeit ihrer Haltung. Ja, sagte ich mir, darüber sollte ich schreiben, darüber, daß Kinder das Gewicht dessen, was sie jeweils gerade bewegt, meistens unvergleichlich stärker verspüren als Erwachsene. Kummer, Erwartung und Befürchtung, Freude und Niedergeschlagenheit — immer setzt das Kind sein ganzes Wesen ein; alles scheint endgültig zu sein und geht doch so schnell vorbei, wird fast ohne Übergang von einem andern Gefühl abgelöst, das von ebenso *flüchtiger Endgültigkeit* sein wird.

Ich starrte auf die beiden, in einer sozusagen rückläufigen Ahnung fühlte ich mich eins, bald mit dem einen, bald mit dem andern. Ich hätte ihnen nachgehen mögen, als sie schließlich mit ihren Mitschülern den Garten verließen. Ich blieb sitzen, plötzlich durch den Zweifel beunruhigt, ob es mir, ja ob es überhaupt gelingen kann, sich die eigene Kindheit zu vergegenwärtigen und sie dem Leser so nahezubringen, daß sie ihm faßbar werde.

Was ist mir das Kind, was der achtjährige Knabe, der ich vor fast sechs Jahrzehnten gewesen bin? Im Jahre 1915 wurden alle unsere Familienphotos durch Kosaken vernichtet, die das Haus plünderten und darin einige Tage blieben. Die Bilder, die mir das Gedächtnis nahebringt, sind wahrscheinlich jenen Photographien nachgebildet. Alle zeigen mich in feiertäglicher Kleidung, mehrere neben meinem um 3½ Jahre älteren Bruder, einige auf einem Gruppenbild — da sind wir fünf, denn der um 5½ Jahre jüngere Bruder ist auch schon dabei. Man warf mir damals häufig vor, daß ich zugleich herausfordernd und traurig aussah. Traurig, das war fast ein Kompliment, denn die Schwermut wurde als ein Zeichen edlerer Menschlichkeit bewertet — jedenfalls im Städtel, das wie jede Provinz um Jahre hinter dem herrschenden Zeitgeist im Rückstand blieb.

Ich denke an jenen Knaben mit echter Neugier zurück, aber fast völlig ohne das Gefühl, an ihn noch gebunden zu sein; ich bin nicht er, und bin ich sein Kind, so ist er doch nie man Vater gewesen.

Die Eitelkeit verläßt mich nicht und wird wohl auch erst mit meinem vorletzten Atemzug erlöschen, aber er ist viel eitler gewesen als ich. Nicht nur, weil er zu enttäuschen fürchtete, sondern weil er so sehr gefallen wollte — nicht jedem, gewiß, auch daher sein herausfordernder Blick. Was der Photograph von ihm denken würde, war ihm gleichgültig. Den Knaben stimmte nur die Gewißheit traurig, daß er auf dem Bilde von dem blonden Bruder abstach, der der schönen Mutter nachgeraten war. Ich dürfte ihn wohl beneidet haben, obschon ich mich nicht sehr genau daran erinnere, hingegen weiß ich, daß ich oft verstimmt, ja verbittert darüber war, daß ihm als dem Erstgeborenen und dem jüngeren Bruder als dem Jüngsten Vorteile gewährt wurden, die mir, glaubte ich, ständig vorenthalten wurden — und dies nur, weil ich das unverschuldete Pech hatte, zwischen den beiden zu sein. Es waren Neid und das Gefühl des Zurückgesetztseins, die einander gegenseitig verstärkten, aber im Bewußtsein des Kindes wie in dem so vieler, deren Position in der Geschwisterreihe die gleiche ist, war es vor allem moralische Empörung über erlittenes Unrecht.

Noch bevor ich in die »Sandwich-Position« geriet, das heißt, als ich selbst noch der Jüngste war, bestimmte eine extreme Empfindlichkeit gegenüber jeder Art von Unrecht mein Verhalten, und dies fast noch stärker als die Gläubigkeit. Als ich zum Beispiel endlich meine Schuhe selbst schnüren konnte, suchte ich ein Mittel, keinen von den beiden Schuhen zu benachteiligen. Hatte ich den rechten zuerst angezogen, so schnürte ich um der Gerechtigkeit willen den linken zuerst. Übrigens achtete ich darauf, rechts und links abzuwechseln. Da war keinerlei Phantasievorstellung im Spiel, die die Gegenstände anthropomorphisiert hätte. Es ging nicht um die Dinge, sondern um den Handelnden, um mich selbst: man hatte stets darauf zu achten, niemandem ein Unrecht anzutun.

Joschér, dieses hebräische Wort wurde im Sinne von Gerechtigkeit angewandt, bedeutete aber zugleich gerechten Großmut. Es handelte sich nicht um Strafe, sondern um großzügige, freigiebige Wiedergutmachung. Und es ging immer um das fundamentale Prinzip, das der Judaismus zuerst formuliert und praktikabel gemacht hat: um die Gleichheit der Menschen vor Gott, also darum, daß das Recht eines Jeden und für Jeden stets das gleiche bleibe.

Überall, in allem, was ich schon als Kleinkind hörte und was ich später lernte und las, war die Rede vom frevelhaften Übermut, mit dem die Mächtigen und die Reichen das Recht beugen, so daß die Machtlosen und die Armen hilflos Unrecht erleiden. Und lange bevor ich die Reden des Propheten Jesajas übersetzen lernte, wußte ich, daß erst nach dem Kommen des Messias das Unrecht von der Erde verschwinden würde. Trotzdem war es inzwischen niemandem erlaubt, untätiger Zeuge eines Unrechtes zu werden, auch wenn er selbst in keiner Weise mit der Tat, dem Täter oder dessen Opfer auch nur das Geringste gemein hatte.

Ich war kein Raufbold, geriet aber trotzdem in Raufereien, wenn ich glaubte, einem Kinde beistehen zu müssen, das benachteiligt, beleidigt oder grundlos von einem andern angefallen wurde. Und kam ich danach in ramponierten Zustand nach Hause, wurde ich nie zurechtgewiesen, denn meine Eltern fanden es richtig, ja notwendig, daß ich eingriff, umso mehr als ich für mein Alter groß und eher stark, obschon sehr mager war.

Man wußte, daß mein Vater ein Mann von *Joschèr* war und wandte sich oft an ihn, damit er Richter in Zwistigkeiten sei, die Blutsverwandte, ganze Familien oder alte Freunde erbitterten und auseinanderrissen. Ich durfte dabei sein, wenn der Vater, von zwei Beisitzern assistiert, solche Schiedsgerichte leitete — gleichviel, ob es um Nichtigkeiten ging oder um Besitz, gewöhnlich um irgendwelche ärmlichen Erbstücke, oder um Bruch und Auflösung von Verträgen oder schließlich um Kränkungen aller Art. Ich verstand zuweilen kaum etwas von den wortreich vorgebrachten Beschwerden und Anklagen, war aber oft fasziniert von der beunruhigenden, ja erschütternden Intensität, mit der sich in so vielen dieser Fälle eine gehässige Entfremdung äußerte, die — wie ich erst später begriff — fast immer die Folge betrogener Hoffnungen, getäuschten Vertrauens oder enttäuschter Liebe war.

Gott hatte die Schöpfung der Welt damit begonnen, daß er ein für allemal Licht und Finsternis, Tag und Nacht von einander schied. Das stand im ersten Absatz des ersten Kapitels des Ersten Buches Moses zu lesen. Das bedeutete nicht nur das, was die Worte sagten, sondern — wie gewöhnlich in der Bibel — weit mehr und anderes, denn neben jedem Grund gab es Untergründe, wenn nicht gar Abgründe, in denen man einen zweiten, einen dritten Sinn entdecken mußte. Wie Tag und Nacht, so waren Recht und

Unrecht von einander geschieden, unverwechselbar, unversöhnlich.

Der Bub, der im Winkel der großen Stube den Klagen und Widerklagen lauschte, fürchtete manchmal, das wehrlose Opfer einer lähmenden Verwirrung zu werden, da sich alles so verknäulte, daß Ursache und Folge hintereinander im Kreise rannten und schließlich nicht mehr unterscheidbar waren. Nicht wenige dieser Fälle haben mich so beeindruckt, daß ich mittelbar noch heute unter ihrer Wirkung stehe.

Drei Familien waren in einen besonders heftigen Zwist verwickelt. Die bereits 24jährige Tochter A., die älteste von vier Schwestern, war mit B. verlobt; einige Monate vor der anberaumten Hochzeit starb ihr Vater unerwartet und ließ die Familie, wie sich herausstellte, in so zerrütteten materiellen Verhältnissen zurück, daß es keineswegs mehr sicher war, ob die Witwe die zugesagte Mitgift würde aufbringen können. Die Familie C. spann nun eine Intrige, um *B.* zur Entlobung zu drängen und ihn für die eigene Tochter zu gewinnen. Unter dem Mantel der Verschwiegenheit wurde verbreitet, daß *A.*, von ihrem Vater angesteckt, lungenkrank wäre; es hieß auf einmal, er wäre von der galoppierenden Schwindsucht hingerafft worden. Es handelte sich in der Tat um ein falsches, böswillig ausgestreutes Gerücht, das für die betroffene Familie katastrophale Folgen haben mußte, denn man fürchtete im Städtel die Lungenkrankheit fast noch mehr als die Fallsucht oder selbst den Wahnsinn. *B.* löste die Verlobung mit *A.* nicht sofort auf, sondern zog alles hin, verschob die Hochzeit, verlangte die sofortige Hinterlegung der Mitgift bei einem seiner Verwandten. Und jeder wußte natürlich, daß er bereits im Hause der C. aus- und einging.

B., ein selbstgefälliger junger Mann mit gewichstem Schnurrbart und modischem Bärtchen, war nicht dazu zu bringen, eine klare Entscheidung zu treffen. Er war nicht intelligent, sondern ein schlauer Flachkopf, der jeder Antwort auswich und, wenn er sie schließlich gegeben hatte, sofort wieder zurücknahm. Das Schiedsgericht mußte mehrmals zusammentreten, es gelang ihm trotzdem nicht, zu irgendeinem Urteil zu gelangen. Etwa ein halbes Jahr später heiratete *B.* das andere Mädchen.

Mit diesem Fall dürfte es zusammenhängen, daß ich seit meiner Knabenzeit mit Kummer an sitzengebliebene Mädchen gedacht und sie bemitleidet habe, ob ich ihnen nun im Leben, in der Literatur oder im Film begegnete. In meiner Vorstellung sind es Frauen, die ihren Zustand als tägliche Demütigung erleben und, um ihm zu entgehen, sich häufig unbegründeten Hoffnungen hingeben, deren abruptes Ende jedes Mal eine sinnlose Empörung und schließlich eine lähmende Depression hervorruft.

Die Bewohner des Städtels — wie die der anderen kleinen Agglomerationen — wußten sozusagen alles über jeden, sie interessierten sich besonders für die vermeintlich wohlgehüteten Geheimnisse. Wenn man solch ein Mädchen ansah, das bereits als »versessen« galt oder Gefahr lief, sitzen zu bleiben, so erfaßte man mit einem Blick, ob sie noch irgendwelchen Grund hatte zu hoffen und sich deshalb zum Beispiel an einem einfachen Wochentag so herausgeputzt hatte. Sie mochte einen Besucher erwarten, einen *Schadchen,* das heißt einen Heiratsvermittler oder gar einen Heiratskandidaten, wie man in Zablotow jeden unbeweibten Mann zwischen 20 und 60 nannte. Oder sie ging so stolz über den Hauptplatz, um sich dem oder jenem, der ihr irgendeinmal den Hof gemacht hatte, in Erinnerung zu bringen. Oder es handelte sich um den Versuch, erfolgreichere Konkurrentinnen herauszufordern.

Was immer es war, dieser Anblick stimmte mich traurig, selbst wenn mir solch ein älteres Mädchen schön erschien und ich gerne von ihr angesprochen wurde. Eine von ihnen — sie hieß Lea, wollte aber nur Lotte genannt werden, wegen Goethes Werther natürlich – führte mit mir gerne lange Gespräche, die längsten über das Städtel, das sie verabscheute. An guten Tagen war sie dessen gewiß, daß sie nicht mehr lange dableiben, sondern sich mit einem Großstädter verheiraten und in sein Haus ziehen würde; wahrscheinlich nach Wien. In Stunden, da die Hoffnungslosigkeit sie wünschen ließ, bald, ja sofort zu sterben, fragte sie mich eingehend danach, was ich eines Tages werden und wo und wie ich dann leben würde. Es war, als suchte sie, sich aus ihrer unerträglichen Gegenwart in die Zukunft des Knaben hinüberzuretten, die sie im voraus genau zu kennen glaubte. Dank ihrer Lektüre wußte sie alles vom »großen Leben« in Wien, in Venedig, in Paris, in Ostende, in Monte Carlo ... Nannte sie auch nur diese Namen, dann wurden ihre Wangen wieder rot, sie vergaß den Wunsch, sofort zu sterben; sie war glücklich, mein »großes Leben« im voraus arrangieren zu können.

Manchmal durfte ich ihr kleine Dienste erweisen: in der Apotheke, im Schnittwarengeschäft oder in der Delikatessenhandlung etwas für sie kaufen, das sie sofort brauchte, aber nicht selber suchen wollte, weil sie ihren Feindinnen nicht die Genugtuung verschaffen wollte, sie ungewaschen und häßlich zu sehen.

Lea-Lotte gefiel mir gewiß auch deshalb, weil sie mich deutlich genug verspüren ließ, daß ich ihr gefiel, und weil sie mir manchmal so zuhörte, als hätte sie seit jeher auf meine Worte gewartet. Überdies empfand ich für sie ein tiefes, merkwürdig zusammengesetztes Gefühl, so daß ich manchmal das Gesicht von ihr abwenden mußte, aus Angst, daß sie etwas von der Bewegung merken konnte, die sie in mir auslöste. Nicht so sehr sie selbst als die zeitweise fast unerträgliche Intensität ihrer Erwartung, die verzweifelt gebieterische Ungeduld ihrer Hoffnung, die Unruhe, die sich ihrer mit einer unwiderstehlichen Wucht bemächtigte — jedes Mal, wenn wieder ein »entscheidender Augenblick« nahte, wenn das Glück vor ihrer Türe haltmachte. Es trete aber niemals bei ihr ein, pflegte sie zu klagen.

Im Schreiben versuche ich, mich an die Züge ihres Gesichts zu erinnern; es gelingt mir nicht, während mir ihre Gesten so gegenwärtig sind, als ob ich sie gerade wieder beobachtet hätte. Um einen ihrer Zöpfe von der Achsel zur Schulter zurückzubringen, warf sie den Kopf immer wieder zurück. Diese Gebärde begleitete ein herrischer Ausdruck im Gesicht, als ob sie einem widerspenstigen Diener ihren Willen aufzwingen müßte. Ihr lag daran, daß ihr Gang »schwebend« wirke, daher trat sie so selten wie möglich mit dem Absatz auf; sie war sozusagen eine Spitzengängerin. Wenn sie jedoch mutlos und traurig war, fiel sie zusammen und ihr Schritt war langsam, schlurfend.

Lea war launisch; mitten im lebhaftesten Gespräch den eigenen Satz unterbrechend, konnte sie mich ohne Abschied verlassen, was mich gewöhnlich so kränkte, daß ich beschloß, sie zu meiden. Es kostete sie nur wenig Mühe, mich wieder auszusöhnen. Was habe ich ihr nicht alles verziehen! Nun, etwas gab es, das ich ihr nicht verziehen habe — das erniedrigende Unglück, in das sie sich selbst mit weit offenen Augen stürzen sollte.

Der junge Mann nannte sich Max, war stets nach der letzten Mode gekleidet, trug weder Bart noch Schnurrbart und natürlich keine Schläfenlocken. Er galt im Städtel als der »natürliche Sohn«, den ein Fremder, vielleicht ein reicher Mann, mit einer blutjungen Witwe gezeugt hatte. Sie kam nach Zablotow zurück, als das Kind bereits 10 Jahre alt war. Ihr »Modesalon« brachte nicht viel ein, aber sie war ja auch nicht darauf angewiesen, sagte man, da ihr früherer Geliebter sie gewiß großzügig unterstützte. Max, keineswegs dumm, wollte nicht lernen, jedenfalls nicht in dem »verworfenen Nest«, in das ihn die Mutter gebracht hatte. Er war ein Hansdampf in allen Gassen, ein Scherzbold, der sich überall selbst einlud und schließlich niemals verwiesen wurde, weil er mit seinen Witzen, Sticheleien, beunruhigenden Anspielungen und mit aufregenden Gerüchten, die sich manchmal als begründet erwiesen, alle zu interessieren verstand. Man vergaß nicht, daß er ein »Bankert« war und schätzte ihn gering, weil er ungebildet war und ein leidenschaftlicher Kartenspieler, der viel zu selten verlor. Er hatte ein rötliches, sommersprossiges Gesicht, das immer zu lachen — anzulachen und auszulachen — schien. Sah man jedoch genauer hin, entdeckte man in seinen Augen keinerlei Heiterkeit, sondern einen spähenden Blick.

Ich mied Lea, machte Umwege, wenn ich sie aus der Ferne erblickte, um ihr nur ja nicht zu begegnen. Sie warf sich weg, das hörte ich sagen, das dachte ich und war ihr deswegen böse. Sie brauchte ihrerseits den kindlichen Vertrauten nicht mehr, dennoch sprach sie mich einige Male an, wenn sie so plötzlich auftauchte, daß ich die Begegnung nicht vermeiden konnte, aber ich blieb gewöhnlich stumm. Einmal aber lief sie mir nach, faßte mich an der Schulter und flüsterte mir zu: »Später, du wirst später alles verstehen. Ich fahre weg. Für immer. Wenn ich weg bin, hör auf, mir böse zu sein. Und wenn du einmal Bücher schreibst, wie Karl Emil Franzos zum Beispiel, denk an mich! Aber nenn mich nicht Lea, sondern Lotte, nur Lotte!«

Gestern wollte ich noch einen abschließenden Satz hinzufügen: »Ich erinnere mich nicht, je wieder etwas von ihr gehört zu haben; ich bin ihr gewiß nie mehr begegnet«. Schon setzte ich an, doch wurde ich stutzig: Wie, so genau hatte mein Gedächtnis die Erinnerung an diese Episode bewahrt? Warum? Wann hatte ich an Lea zum letzten Mal gedacht — vor zehn, vor dreißig, vor fünfzig Jahren gar?

Ich weiß es nicht. Es mag sein, daß ich diese Episode nicht dem Vergessen entrissen, sondern sie schreibend erdacht habe.

In dem Zablotow von heute gibt es keine Gräber, die an die Ausgerotteten, keine Friedhöfe mehr, die an deren Vorfahren erinnern; die Stadtregister sind verschwunden, wahrscheinlich verbrannt, so auch das Matrikelbuch aus dem Jahre 1887, in dem man wahrscheinlich Leas Geburtsdatum und die Namen ihrer Eltern gefunden hätte — wenn sie überhaupt je existiert hat.

Nun, ein nicht mehr junges Mädchen hat es gewiß gegeben, das in unserer unmittelbaren Nachbarschaft gewohnt und mich oft angesprochen haben dürfte, so daß mich seine Existenz eine Zeitlang unmittelbar anging. Es geschah damals und auch viel später, daß Frauen wie Lea mit mir so sprachen, als ob ich ihr Vertrauter wäre. Und noch häufiger regten sie mich an, selbst zu sprechen, und hörten mir mit einer Aufmerksamkeit zu, die mich ermutigte und meine Eitelkeit befriedigte.

Wahrscheinlich ist Lea eine Mischung aus mehreren Frauenfiguren, älteren jungen Mädchen, die »versitzen« und sich deshalb jeden Tag aufs neue gedemütigt fühlen. Meine Empfindsamkeit gegenüber solchem Schicksal ist sehr früh erweckt worden, und auch heute bin ich noch keineswegs frei von ihr. In all meinen Romanen kommen Frauen vor, die mit dieser erdachten und wirklichen Lea zu tun haben.

Es war der verfrühte Frühlingsbeginn des Jahres 1914. Es mag sein, daß die Schrecken, die im Herbst 1914 über uns hereinbrechen sollten, mir jenen Frühling rückwirkend als die schönste Zeit meiner Kindheit erscheinen lassen.

Außer dem Pentateuch, den man jedes Jahr aufs neue vornahm, und außer den Propheten Jesaias, Jeremias, Amos, die mich so tief beeindruckten, daß ich zweifellos auch heute noch unter ihrem Einfluß stehe, außer diesen großen Texten und den dazugehörigen Kommentaren las ich die biblischen Chroniken, die mich nicht nur interessierten, sondern oft erregten und Empörung in mir hervorriefen — gegen vieles und viele, so zum Beispiel gegen den König David, obwohl man ihn als den Psalmendichter verehren mußte. Entgegen dem Wunsche meines Hauslehrers und im Gegensatz zur Tradition erfuhr ich so, daß unbeherrschte Menschen die Völker beherrschten und deshalb fast immer schlechte Geschichte machten. Außer Samuel und dem etwas primitiven, doch charaktervollen Samson mißfielen mir fast alle Helden ebenso wie mich wenige Jahre später die Heroen Homers enttäuschten. Damals entdeckte ich auch den einzigartigen, sich niemals verringernden Reiz des gedruckten Wortes. Ich liebte die deutschen Märchen, aber noch mehr die von Andersen — und lese sie auch heute noch gerne. Um die gleiche Zeit stieß ich auf die Nat Pinkerton-Hefte, Kriminalschmöker, die damals in Mode waren. Ich las alles, was mir in die Hände fiel.

Damals erschienen auch die vielen Bände der Gesamtausgabe der Werke Scholem Alejchems. Der Briefträger, der sie ins Haus brachte, verständigte am gleichen Tage die Freunde meines Vaters, die sich dann abends bei uns versammelten. Der eine oder der andere las die besten Stücke vor, meist Monologe, kurze Erzählungen, komische Szenen. Man blieb bis spät in die Nacht; wie der Dichter sich's wünschte, »lachte ein jeder mit einem Auge und weinte mit dem andern«. Ich begann erst später Jiddisch zu lesen, daher blieben Scholem Alejchem und die beiden anderen Klassiker der jiddischen Literatur, Mendele Mocher-Sforim und Jitzchok Lejb Perez während mehrerer Jahre jene Schriftsteller, deren Werke ich kannte, ohne sie selbst gelesen zu haben. Natürlich war der Neunjährige nicht fähig, alles zu erfassen, was die drei so verschiedenen Dichter zu sagen hatten, oder sie so zu verstehen, wie sie verstanden werden wollten.

Scholem Alejchem brachte mich immer zum Lachen, aber weniger durch die Schilderung komischer Situationen und lächerlicher Handlungen als durch die Sprechweise seiner Helden, zumeist Monologisten, deren Redestrom nichts einzudämmen schien. Gewiß, sie konnten einen Zablotower nicht überraschen, denn sie sprachen wie die Leute vom Städtel — und dennoch ganz anders, denn der Dichter gab jeder seiner Figuren eine Eigenart des Ausdrucks, die jeweils ihr Wesen enthüllte. Der besondere Tonfall verlieh auch den gewöhnlichsten Worten eine unerwartete Bedeutung und ließ die Lacher früh genug ahnen, daß sie später die Heiterkeit gar nicht mehr verstehen würden, die dieser Wortschwall bei ihnen auslöste. Obwohl weder mein Vater noch seine Freunde gute Vorleser waren, wirkte Scholem Alejchems Kunst der individualisierenden Sprachmusik dennoch so stark auf mich, daß ich wahrscheinlich ihm mehr als irgend einem anderen zu verdanken habe, daß ich als Leser und als Autor für jede Sprachmusik empfindlich, ja zuweilen überempfindlich geworden bin.

Ich erinnere mich genau daran, daß mir während jenes Frühjahrs oft so war, als wäre alles schöner, als es je vorher gewesen war: die Blumen und die Bäume, das Blau des Himmels und das Grün der Auen an den Ufern des Flusses. Auch das Leben, das mir, wie allen Kindern, zuweilen schwer vorkam, schien leichter, heiterer zu sein als vorher. Auf einmal war es mir gewiß, daß die Hügel zurücktreten und den Blick auf die Berge dahinter freigeben würden. Die Welt wurde weiter, größer, sie bot sich den Augen von selbst an. Was man mich in der polnischen

Schule lehrte, kam zu spät, war Kinderei und überdies in einer Sprache dargeboten, die ich nicht mochte und durchaus nicht beherrschen wollte. Was ich aber bei meinem Hauslehrer lernte und was mir tagaus, tagein von überall zuflog, was ich schließlich am Abend zu Hause hörte, sooft man aus den grünen, schwarzen, roten Jubiläumsbänden vorlas — über all das dachte ich viel nach. Es war neu und kam »wie gerufen«.

Gewiß gab es auch während jener wunderbaren Monate Stunden voller Kummer und Schwermut — eben die von den Erwachsenen so völlig verkannten oder unterschätzten Bürden des kindlichen Lebens. Dieses Nebeneinander hat bis heute nicht aufgehört, mich zu erstaunen. Ich war ein wirklich intelligentes Kind, denn ich versuchte in fast allem, dem ich begegnete, schnell und deutlich das Wesentliche vom Unwesentlichen, das Unumgängliche vom Beiläufigen oder Zufälligen zu unterscheiden. Das hinderte mich aber keineswegs, jedes Mal, wenn meine Empfindlichkeit verletzt war, töricht, ungerecht, aggressiv oder mit einer depressiven Selbstisolierung zu reagieren. Später, schon als Erwachsener stieß ich auf die gleiche intermittente Verdummung, auf die Finsternis am hellichten Tag, auf die Wüste mitten in der Oase. Nun, davon wird noch viel die Rede sein.

Vielleicht erscheinen die letzten Monate des Friedens ungleich glücklicher, als sie wirklich waren, dennoch trifft es zu, daß ich gerade damals das Gefühl hatte, daß für mich eine neue Zeit anbrach. Dieses Gefühl sollte nur einige, wenige Male in meinem Leben wiederkehren, am stärksten in meinen Berliner Jahren — zwischen 1928 und 1933. Was man noch kaum zu erwarten begonnen hat, geschieht wirklich; kein Zufall greift ein, der nicht günstig wäre; jede Bewegung von Belang erfolgt genau in dem Augenblick, in dem es gerade auf sie ankommt; alles gibt sich einem in die Hand.

Kaum habe ich diesen Satz beendet, beschleicht mich ein Zweifel: Was geschah denn wirklich in jenem Frühling und Frühsommer 1914, das einem Knaben, der erst im neunten Lebensjahr stand, soviel hätte bieten können? Welche Erwartung wurde ihm überraschend erfüllt, was war es denn, das sich ihm in die Hand gab? Ich bin betroffen, denn ich weiß keine Antwort. Zwar fällt mir etwas dazu ein, das ich erlebt und in einem noch unveröffentlichten Roman beschrieben habe, aber es dünkt mich recht unwahrscheinlich, daß diese übrigens unglückliche Episode sich im Jahre 1914 ereignet haben soll. Es geschah während der Sommerferien, die ich mit dem Vater in Jaremcze verbrachte, einem karpatischen Kurort, der damals sehr en vogue war. Doch lag im Juli 1914 bereits alles im Schatten des Unheils, das die Ermordung des Thronfolgers in Sarajevo heraufbeschwören konnte; man wußte, daß sich ihm niemand entziehen würde. So ist es zwar nicht ganz ausgeschlossen, doch höchst unwahrscheinlich, daß wir trotzdem in Ferien gefahren wären. Es muß sich jedoch eher um ein Ereignis im Sommer 1913 handeln — und ich habe mich um ein Jahr geirrt. Warum? Nun, weil dieses Erlebnis in mehr als einer Hinsicht genau zu jener »Jahreszeit des Lebens« passen würde, die etwa 12 Monate später anfing.

Es war meine erste Begegnung mit dem Theater. Mein Vater und ich saßen an jenem schönen Sommerabend in einem Gartenrestaurant ganz nahe der Estrade, auf der die Truppe eines jüdischen Wandertheaters sich produzieren sollte.

Endlich wurde der Vorhang hochgezogen, nicht ohne Mühe und Zwischenfälle — das ergab den ersten Lacherfolg, den die Komödianten an jenem Abend errangen. Die Szene spielte auf einem Platz vor dem Gasthof. Viele Jahre später erst sollte ich entdecken, daß das Stück Goldonis *»Diener zweier Herren«* in einer verkürzten, verschandelten Fassung aufgeführt wurde — das heißt aufgeführt worden wäre, denn man kam über den ersten Akt kaum hinaus. Zu Beginn war alles wunderbar, Truffaldino, dieser Tausendsassa, war überall gleichzeitig zur Stelle; ihm, der so reizend log, mußte man eher glauben als jenen, die reizlos die Wahrheit sagten. Verschwand er, wartete ich darauf, daß er wieder erschiene: mit seinen grünen Hosen, seinem roten Jäckchen und seinen blauschwarzen Locken über den lachenden Augen und rosigen Wangen.

Zu Beginn des zweiten Aktes tauchten plötzlich uniformierte Männer auf, die sich zwischen uns und der Bühne postierten. Ihr Anführer unterbrach Truffaldino und schrie: »Das Spektakel ist verboten, im Namen des Gesetzes verhafte ich die ganze Truppe wegen Vorspiegelung falscher Tatsachen, wegen Vagabundierens und wegen Zechprellerei.« Truffaldino antwortete: »Wir werden die Schulden beim Gastwirt bezahlen. Haben Sie doch ein Einsehen, wir sind keine Verbrecher, sondern nur unglückliche Künstler.« Doch schon waren alle Polizisten auf der Bühne. Der Wachtmeister packte Truffaldino und riß ihm, vielleicht aus Ungeschick, die Perücke vom Kopf, sodaß plötzlich der kahle Schädel entblößt war. Das Kind wußte nicht, daß es Perücken gab und glaubte zuerst, der Polizist hätte die schwarzen Locken herausgerissen. Es empfand dies mit maßloser Schmerzhaftigkeit, als wäre das Furchtbare ihm selbst geschehen. Der Augenblick der tiefsten Erniedrigung stellte sich erst ein, als Truffaldino seine rote Jacke auszog und sie umdrehte — da war's ein schäbiger brauner Rock. Als er die grünen Hosen herunterließ, ach, wie häßlich stand er da und wie alt sah er aus! Von aller Schönheit blieb nichts als die rote Farbe auf den Wangen, doch sie wurde bald von den Tränen weggewaschen, die der alte Mann aus Wut und Scham vergoß.

Während der Jahrzehnte, die seit diesem gestörten und

verstörenden Theaterabend vergangen sind, ist mir die Erinnerung an jenen Vorfall nicht sehr häufig, doch stets mit der übertriebenen Deutlichkeit eines Close-up wiedergekehrt. Es ist nicht schwer, Grund und Sinn solch' eigenartiger Vergegenwärtigung zu entdecken. Dem aufmerksamen Leser dieser Erinnerungen ist es vielleicht schon aufgefallen, daß es sich bei vielen der hier geschilderten Erlebnisse um die plötzliche Erschütterung, Enthüllung und Zerstörung eines »Als ob«, um die dramatische Ent-Täuschung handelt. Niemand, nichts wird wirklich verwandelt, kein guter und kein böser Zauber ist am Werke, Truffaldino wird nicht in einen armen, häßlichen alten Mann verzaubert. Er wird nur des Scheins entkleidet und dazu erniedrigt, als der zu erscheinen, der er wirklich ist.

Ja, dieses Erlebnis hätte eher zu einer späteren Zeit meines Lebens gepaßt — etwa ein Jahr später, als ich in der Bibel die *Richter,* die *Chronik* und das Buch *Samuel* »lernte«. Der junge David gefiel mir, natürlich, aber nun erst erfuhr ich, daß er einen Mann, der ihm treu diente, hinterlistig in den Tod geschickt hatte, um sich seiner Frau zu bemächtigen. Ich erwähnte es schon: damals faßte ich ein tiefes Mißtrauen gegen Helden. Jeder von ihnen trat so auf, als wäre sein Anfang schon Vollendung, aber je höher er aufstieg, um so gewisser wurde es dem, der sehen wollte, daß fast alles Schein war: eine »Kommedije«, wie die Kinder im Städtel ausriefen, wenn sie eine Täuschung durchschaut hatten.

Nur noch wenige Seiten, und ich werde vom Städtel Abschied nehmen — nicht so sehr von ihm als von meiner Vorkriegs-Kindheit. Was alles ungesagt bleiben wird! Stärker noch als sonst bedrückt mich das Gefühl, schon wieder ein Fragment geschrieben zu haben. So viele Bilder tauchen auf, Geschehnisse und Erlebnisse bieten sich der Erinnerung an, gleichsam zum Abschied, wie zum letzten

Mal. Es geht nicht nur um meine ersten Jahre, sondern um etwas, was weit über eine Biographie hinausreicht: um das ermordete Städtel, um ein religiöses, soziales und kommunales Phänomen, um eine Gemeinschaft, zu deren letzten Überlebenden ich gehöre.

Urtschy war ein alter, hochgewachsener Mann, der sich stets so gerade hielt wie eine Birke. In meiner Erinnerung ist alles an ihm weiß — vielleicht auch daher der Vergleich mit der Birke. Nicht nur sein langer Bart und seine Schläfenlocken und sein stets kahlgeschorener Schädel, sondern auch das Hemd, das er ohne Krawatte trug, und die langen Socken waren weiß. Überdies war er dafür bekannt, daß er an Festtagen statt des schwarzen Kaftans einen weißen Kittel trug. Es war dies seine Berufstracht, die ihn in den Dörfern bekannt machte, wo er immer wieder als Vorbeter fungierte. Das Honorar wurde ihm gewöhnlich in Naturalien erstattet, in Lebensmitteln und in Fäßchen mit Schnaps, den die Dorfjuden manchmal legal, öfter geheim brannten, sie und auch ihre nichtjüdischen Nachbarn.

Urtschy war der erste Trinker, dem ich je begegnet bin. Mit meinem Großvater, dessen Lerngenosse er in der Jugend gewesen und dessen engster Freund er sein Leben lang geblieben war, konnte er zu jeder Stunde des Tages und bis in die tiefste Nacht auftauchen, um nach meinem Vater zu fragen, mit dem er stets etwas »besonders Wichtiges« zu besprechen hatte. Es war jedoch gewöhnlich nur ein Vorwand, um sich die Kehle anzufeuchten — dazu brauchte er zumindest zwei Gläschen Schnaps. Er nahm fast nie eine Einladung zu einer Mahlzeit an und begründete es damit, daß er von seinem Sohne erwartet wurde. Man wußte, daß die Schwiegertochter ihn selten und ungern über die Schwelle ließ.

Wie mein Urgroßvater Boruch verließ Urtschy, von einer Vorahnung getrieben, an manchen Tagen das Haus, ging zur Brücke oder er bestieg den Hügel hinter dem Fluß, um den nahenden Messias zu empfangen. Er kam aber gewöhnlich früh genug zurück, um im Bethaus eine »Jahrzeit« mitzufeiern, das heißt seinen Teil vom Branntwein zu bekommen, den jeder zur Wiederkehr des Todestages naher Verwandter spendierte. Blieb solch ein Spender aus, erinnerte sich Urtschy oder einer seiner Trinkbrüder an die »Jahrzeit« dieses oder jenes großen Gelehrten, Rabbis oder Predigers und ließ nicht locker, ehe die Beter die paar Kronen für einen Liter Schnaps und Mohnküchlein gaben. Dieser alte Mann hatte etwas Gebieterisches an sich, das den Leuten weniger Furcht einflößte als den Wunsch, ihm zu gefallen.

Warum denke ich jetzt an ihn, von dem ich wahrscheinlich kaum mehr gewußt haben dürfte, als daß er früh verwitwet, ein Trinker und überdies der beste Freund meines Großvaters war? Wegen eines eigenartigen Vorfalls, der sich am letzten großen Herbstfeiertag ereignet hatte. In der Nacht jener *Simchath-Thora,* des Freudenfestes, mit dem die Juden Gott jedes Jahr aufs neue dafür danken, daß er ihnen sein Gesetz aufgebürdet hat — in später Nacht klopfte jemand zögernd, dann immer heftiger an unser Tor. Ich wurde wach, lauschte. Der Vater ließ einen Mann ein und machte Licht in seinem Büro. Ich stand auf, aus Neugier, aber auch um mich zu vergewissern, daß meinem Vater keine Gefahr drohte. Durch das Glasfenster erblickte ich Urtschy; wieder einmal völlig weiß gekleidet, saß er aufrecht auf dem Diwan, sein Kopf schwankte hin und her.

»Ich kann nicht schlafen«, sagte er, ohne die Augen zu öffnen.

»Warum?« fragte der Vater.

»Etwas Furchtbares ist mir passiert. Ich habe das Nachtgebet vergessen — ein Leben lang jede Nacht gesprochen und jetzt plötzlich aus — vergessen! Also, sag du es mir vor, aber ganz langsam. Ich bin nämlich nicht so nüchtern, wie ich sein sollte.«

Und ich hörte, wie mein Vater, der vor ihm stand, ihm langsam, Wort für Wort das große Nachtgebet, nicht das kleine der Kinder, vorsprach. Urtschy wiederholte es mühsam, mißlang ihm ein Wort, verbesserte er sich so lange, bis es endlich klang, wie es sollte. Kaum hatte er jedoch das letzte Amen gesprochen, fiel er wie ein Toter hin. Der Vater deckte ihn zu.

Wie weit liegt all das heute hinter mir. So weit ich mich von den Betern, den Betern aller Religionen auch entfernt habe, erwehre ich mich doch nur mühsam der Rührung, mit der ich an jenen Urtschy zurückdenke, der sich vom Schlaf nicht übermannen lassen will, ehe er das letzte Wort des langen Nachtgebets gesprochen hat. Denn nicht aus Furcht, wegen einer Unterlassung Gott zu erzürnen, verhielt er sich so, sondern aus jener eigenartigen, chassidischen Liebe zu Gott, dem der Beter ein gebender, ein dienender älterer Bruder und Tröster wird.

Seit das Städtel von Feinden besetzt und schließlich vernichtet worden ist, haben die Urtschys für mich eine Bedeutung erlangt, die ich ihnen vorher nie eingeräumt hätte; sie bleiben in mir so lebendig, wie sie es für mich nie vorher gewesen sind. Ich entsinne mich nicht, daß ich je zu erfahren versucht hätte, was aus Urtschy geworden war, zum Beispiel, ob er den Ersten Weltkrieg überhaupt überlebt hat und ob er danach wieder in Zablotow ansässig war. Kaum zwei Jahre nach unserer letzten Flucht, von der wir nie heimgekehrt sind, erlosch mein Interesse für das Städtel, für seine Bewohner, selbst für die Urtschys und die Leas. Ich zögere, den Satz hinzuschreiben, der sich mir aufdrängt: Wien verschlang mich. Nein, ich mag diesen Ausdruck nicht, der etwas Übertriebenes übertrieben bezeichnet.

Zweiter Teil

Krieg und Flucht

Es mag sein, daß die Erinnerung trotz ihrer Deutlichkeit verfälscht ist. Es war ein Freitagabend; die Hitze des Tages wollte nicht weichen. Wir hatten das Sabbathmahl noch nicht beendet, da hörten wir lautes Trompetenblasen. Es kam vom Marktplatz die große Straße herunter und näherte sich unserm Hause. Wer wagte sowas und was sollte es an einem Freitagabend? Eine Nachbarin stürzte ins Zimmer, sie erzählte, Max wäre es, der da in die Trompete stieß und damit alle Leute alarmierte. Warum, was war geschehen? Es war Krieg, antwortete die junge Frau erregt, als schwankte sie zwischen dem Vergnügen an der Sensation und der Furcht, daß nun ihr Mann, der gerade bei den Eltern im Dorf war, einrücken müßte und — Gott behüte! — in Gefahr geraten könnte. Nun, vorerst war es nur die allgemeine Mobilisierung, wie Max erklärte, der plötzlich, die Trompete unter dem Arm, vor dem Tische stand. Sah man ihn an, so mochte man glauben, er brächte die Botschaft, daß der Messias gekommen war. Sein Blick war anders als sonst, nicht forschend, stöbernd, sondern freudig. Und das Lachen, das grundlos seine Worte begleitete, war nicht boshaft, nicht schadenfroh, es war glücklich.

»Es ist ein furchtbares Unglück«, sagte mein Vater und wandte sich von Max ab, der, vom Empfang enttäuscht, zur Türe schreitend, antwortete: »Warum ein Unglück? Der Kaiser wird siegen, der Zar wird so geschlagen werden, daß er es niemals mehr wagen wird, irgendeinen seiner Untertanen zu unterdrücken.«

»Für uns ist jeder Krieg ein Unglück« sagte der Vater. »Niemand weiß, wer von denen, die jetzt in diesem Zimmer sind, den Frieden erleben wird.«

»Ich muß schon übermorgen einrücken« sagte Max, »und ich habe keine Angst. In ein paar Wochen ist alles zu Ende und ich komme als Zugsführer, vielleicht sogar als Feldwebel zurück. In der Schlacht fragt einen niemand nach dem Vater.«

Mit diesen Worten verließ uns Max. Gleich darauf hörte man wieder die Trompete, doch dachte man bald nicht mehr an sie und nicht an den zukünftigen Feldwebel. Es wurden viele Stimmen laut, es waren Frauen, alte und junge, immer zahlreicher zogen sie zum Friedhof auf den Hügel hinauf. Vor den verwitterten, halb von der Erde verschlungenen Grabsteinen ihrer Ahnen beteten und weinten sie, flehten sie die Toten um Beistand an, um ihre Interzession beim Allmächtigen. Ich hatte dergleichen noch nie erlebt. Obschon ich verstand, was der Ausdruck »die Toten bemühen« bezeichnen mochte, erschien mir dieser laute Jammer der Frauen vor den nächtlichen Gräbern doch so unheimlich, als ob plötzlich etwas völlig Fremdes in unser Leben eingebrochen wäre, das gefährlicher sein mußte als alle Drohungen, die mit der Vernunft faßbar, mit den Sinnen wahrnehmbar blieben.

Während der folgenden Tage verlor sich das Unheimliche, es wurde von einer merkwürdigen, feiertäglichen Erregung abgelöst. Junge Männer rückten ein, sie wurden von ihren Eltern oder ihren Frauen zur Bahn gebracht, die ihre Furcht vor der Zukunft nicht verheimlichten. Immer wieder wurde verhaltenes Schluchzen hörbar, dennoch herrschte eine Stimmung der Erwartung, in der nicht die Sorge, sondern die Hoffnung überwog. Es würde gar nicht zu einem wirklichen Kriege kommen, hörte man sagen, und er würde jedenfalls höchstens einige wenige Wochen dauern. Der Kaiser in Wien wußte, was er tat, hieß es allerorten. Er wollte dem Zaren eine Lehre erteilen, so daß der nie mehr versuchen würde, Österreich zu überfallen.

Fonje, so wurde der Zar genannt, war an allem Übel schuld. Sooft sich in der kalten Jahreszeit Winde von Ost und Nordost mit stürmischer Gewalt erhoben, als wollten sie die Häuser aus dem Boden reißen, wußten sogar die Kinder, was dies bedeutete: der Zar henkte Unschuldige in seinem Reiche. Und unter den Liedern, die man in jedem Hause sang, waren viele, die Rußland beklagten. Eines von ihnen war ein Wiegenlied, dessen Worte mir auch heute noch nicht ganz entschwunden sind:

Nur der Wind, der bringt Dir Grüße
Aus dem weiten Land:
Aus Sibirien schickt Dein Vater
Dir einen Gruß, mein Kind

Dorten steht er, eine Schaufel in der Hand
Tief gräbt er, immer tiefer
Reißt auf die kalte, harte Erde
Dem Feinde, dem Zaren wirft das Grab er aus.

Nach jedem Pogrom kamen Juden über die Grenze; sie blieben eine Weile, dann zogen sie weiter. Sie strebten einem Hafen zu, sie verließen Europa für immer, denn dort in Amerika hatten sie einen Gatten, einen Sohn; dort wartete Arbeit auf sie. Auf Wegen und Umwegen zog es sie möglichst weit nach Westen, weg von *Fonjes* Rußland. Oft tauchten Frauen mit kleinen Kindern auf dem Marktplatz auf; am meisten gab man jenen, deren Lieder die armen Spender erschütterte:

Juden, Söhne barmherziger Menschen
Helft, gebt
Den Toten gebt die Leichentücher
Mit den Lebenden teilt Euer Brot.

Seit der Dreyfus-Affäre und dem Pogrom von Kischinew hatte die Zablotower nichts so beeindruckt und erregt wie der Ritualmordprozeß gegen Beilis. Als nun der Krieg ausbrach, konnten sie am Anfang ihren Abscheu und ihre Angst vor ihm nur verhehlen, wenn sie an den Feind, den Zaren, dachten, von dessen Sturz man im Städtel seit Jahrzehnten träumte. Der Sieg der Doppelmonarchie, hoffte man zuversichtlich, würde in Rußland ein demokratisches, gerechtes Regime und damit die Emanzipation der Juden herbeiführen.

Die Stimmung, die im Städtel während der ersten Kriegswochen vorherrschte, war gleichsam manisch-depressiv: hoffnungsvolle Erwartung wechselte immer wieder blitzschnell mit Angst vor einer russischen Invasion, vor Pogromen, Hungersnöten und Epidemien ab. In gleichem Atem sprach man von Wundern, die die Technik oder der oder jener Wunderrabbi in ganz naher Zeit bewirken würde, jedenfalls ehe es zu spät sein könnte. Hörte man es in der Ferne donnern, fragte man sich, ob es Kanonen wären oder ein nahendes Gewitter. Man beruhigte sich schnell, denn es stand ja fest, daß Österreich die beste Artillerie der Welt hatte, daß die Grenze so geschickt befestigt war, daß der Feind vergebens gegen die Festungen anrennen und in erfolglosen Angriffen verbluten mußte. Nicht nur in diesem fernen Winkel der Monarchie ahnte niemand, daß ein gewisser Oberst Redl, der Chef eines militärischen Geheimdienstes, alle Pläne an die Russen verkauft hatte, ohne daß die strategischen und taktischen Dispositionen nach der Enthüllung des Verrats abgeändert worden wären. Daß die Russen die berühmte Festung Halycz mühelos nehmen konnten, war eine deprimierende Überraschung. Auf ihrem Rückzug bestrafte die k. u. k. Armee den Verrat, indem sie ruthenische Popen und Dorflehrer wegen unbewiesener Spionage henkte.

An einem frühen Morgen verließen wir Zablotow, als

ob wir zu einem verlängerten Sommeraufenthalt aufs Land zögen. Es bestand Gefahr, daß die Russen bis zum Pruth vordringen und — gewiß nicht für lange Zeit, sagte man — unser Städtchen besetzen könnten. Aber wir wollten selbst für einen einzigen Tag die russische Besatzung vermeiden. Das Dorf, wo wir einige Zeit bleiben wollten, war wahrscheinlich das entlegenste von ganz Galizien und das bedeutete wirklich, daß sich dort die Wölfe gute Nacht sagten. Überdies war es eines der ärmsten und seine spärliche Bevölkerung die rückständigste in jeder Hinsicht. Auch dort gab es ein Rittergut — so nannte man meist zu Unrecht jeden größern Gutshof, der einem Städter oder einem polnischen Adligen gehörte; da stand gewöhnlich ein einziges großes Haus, das im Vergleich zu den strohgedeckten Hütten, die weit verstreut im Dorf lagen, hochherrschaftlich abstach. Mein Vater brachte uns dorthin, weil er glaubte, keinerlei Truppe würde sich jemals in diesem Dorf zeigen — der Weg, der dahin führte, war gewiß auf keiner Landkarte verzeichnet, nicht zuletzt, weil es gar keine Straße gab; überdies lag Tracz — so hieß der Ort — inmitten dichtbewaldeter Hügel, die ihn völlig verdeckten, so daß nur ein unwahrscheinlicher Zufall eine berittene Patrouille hinbringen konnte.

Mir ist's, als wäre es ein besonders schöner Herbst gewesen. Wir waren zusammen mit den Kindern des Gutspächters und denen der Bauern, die da arbeiteten, eine kleine Bande von Buben und Mädeln, die glücklich waren, weil es keine Schule gab und, so dachten sie, auch lange Zeit keine mehr geben würde.

Wenn ich mich oft im Schreiben unterbreche, so geschieht es, weil es mich zum Balkon hinzieht, von dem aus man am Horizont zur Rechten den Eiffelturm erblickt und viel näher, hohe und niedere Dächer, die Glaskuppeln und gläsernen Wände der Malerateliers, die da besonders zahlreich sind. Hier, einige Schritte vom Boulevard Montparnasse, im Herzen des linksufrigen Paris, bin ich zu Hause, wie ich es in Wien und dann, bis zum Jahre 1933, in Berlin gewesen bin, doch anders zuhause als in dem winzigen Städtchen meiner Kindheit und ganz anders als in Tracz, dem versteckten Nest, in dem wir Zuflucht vor dem Kriege suchten. Wenn ich an jene Monate, die ersten des ersten Weltkriegs, zurückdenke, ist mir zumute, als hätte ich mit der gleichen unersättlichen Sehgier die Hütten zwischen den Feldern betrachtet, die bis zum Waldsaum hinaufstiegen. Staub wirbelt auf, das Geräusch eines Leiterwagens entfernt sich, dessen Räder so jämmerlich knarren, daß man glauben könnte, das störrische Ächzen alter Leute zu hören. So habe ich damals häufig vom Hoftor aus in die Welt hinausgestarrt, auf jeden Ton gelauscht — ich erwartete und fürchtete gleichermaßen eine Änderung des so friedlichen, ereignislosen Zustandes. Jenseits der großen Wälder war alles in steter Bewegung, denn dort geschah etwas, jenes Wichtige und Gefährliche, vor dem wir davongelaufen waren.

Ja, wir hatten es gut, so weit vom Schuß zu sein, und dafür sollten wir täglich Gott danken, hörte ich es oft sagen, denn wir saßen geschützt in einem heimlichen Winkel, wie auf einer versteckten Insel im toten Arm eines reißenden Stroms. Wir Kinder waren glücklich, besonders tagsüber, selbst als schließlich die Regen kamen und uns ins Haus trieben und wir wieder lernen mußten. Doch wenn ich allein war oder in der Nacht erwachte, war ich einem innern Widerstreit ausgeliefert. Es war vernünftig und gut, in Tracz zu sein, doch war man da verloren, weil man sich nicht dort befand, wo die großen Ereignisse so schnell aufeinander folgten, daß kein Augenblick dem andern glich. An einem Abend sagte der Vater: »Sollte der Krieg nicht schnell enden, so wäre es doch am besten, das Versteck aufzugeben, nach Wien zu ziehen, wo die guten Schulen selbst im Kriege offen bleiben, die Kinder also keine Zeit verlieren, egal wie lange man auf den Frieden warten muß. Wir haben gutgefederte Wagen und wohlgenährte, starke Pferde. Man könnte sich über Seitenstraßen, auf Umwegen nach Ungarn durchschlagen bis zu einer Eisenbahnlinie und dann mit dem Zug in die Hauptstadt fahren.«

Kaum hatte ich von solchem Plan vernommen, begann ich mir die zuerst schwierige Reise im Gebirge vorzustellen — alle Gefahren und ihre Überwindung und schließlich unsere Ankunft in Wien. Anderthalb Jahre später sollte es tatsächlich genauso geschehen, wie es sich der Neunjährige mit zahllosen Einzelheiten vorgestellt hatte. Nicht nur damals glaubte ich, ohne es je auszusprechen, an die Macht der Wünsche, die zur Erfüllung drängen, wenn man sie nur andauernd und hoffnungsfreudig hegt. Aber vorerst schienen die Hindernisse zu groß, überdies hoffte man, daß die russische Armee nach ihren anfänglichen Siegen in Galizien einer entscheidenden Niederlage — wie in Tannenberg — entgegenginge und daß der Zar schnell kapitulieren würde. Außerdem fürchteten die Eltern die Fremde, in der sie nur Flüchtlinge sein und daher schnell verarmen würden. Man mußte in der Nähe der Eigenen bleiben und alles tun, um Hab und Gut vor Verlust zu schützen. Diese Argumente hörte ich ungern, denn sie versperrten den Weg nach Wien.

Der einsilbige Name der Haupt- und Residenzstadt hatte in jenem äußersten, fernsten Winkel der Monarchie einen Klang von stets begeisternder Wirkung. Nicht nur dem neunjährigen Knaben war Wien Glanz und Pracht, die absolute Schönheit auf Erden, die Stadt der Paläste, die nicht aus Ziegel und Stein, sondern aus leuchtenden Kristallen erbaut sein mußte, auf die sich die Nacht niemals herabzusenken wagte. Und viele meinesgleichen träumten davon, daß sie später einmal in der Kaiserstadt zuhause sein und gleich den gebürtigen Wienern Franz

Joseph I. in seiner herrlichen, von Schimmeln gezogenen Karosse täglich bewundern würden. Ich malte mir gerne aus, daß der Kaiser mich zusammen mit anderen jüdischen Jünglingen zu einer Mahlzeit in die Burg einladen werde. Wie sollten wir uns verhalten, wie mit der Schwierigkeit fertigwerden, daß das Essen gewiß nicht koscher war, da der Monarch ja ein Katholik war. Anderseits durfte man den Gastgeber nicht verletzen. Abgesehen von diesem Hindernis schien mir der Besuch höchst verlockend. Wir werden unsere Lieder vorsingen und die schwersten Fragen, die der Kaiser und seine Ratgeber stellen werden, sehr klug beantworten, jedoch mit Zurückhaltung, damit sie nicht denken sollen, daß wir mit unserer Intelligenz protzen. Und ich bereitete schon die Worte vor, mit denen ich dann zu Hause von dem großen Ereignis berichten würde. Kaiser Franz Joseph bedeutete für alle Städtel-Bewohner der Monarchie weit mehr als für andere Untertanen, denn sie sahen in ihm den Garanten ihrer staatsbürgerlichen Rechte, den Beschützer gegen Willkür und Haß.

Wenn ich meinem Großvater die Zeitung aus Wien vorlas, — das geschah etwa zwei- oder dreimal in der Woche — wollte er vor allem erfahren, was über den Kaiser geschrieben wurde, und dann erst die Nachrichten aus aller Welt, besonders aber die Berichte über die Balkankriege, die schnell aufeinander folgten. Warum ihn der »gelähmte Türke« — so nannte man gern das ottomanische Reich — so ganz besonders interessierte, wußte ich nicht. Ich selbst achtete besonders auf die Verschachtelung von Haupt- und Nebensätzen, die bewies, so erklärte man mir, daß die Redakteure der *Neuen Freien Presse* ein herrliches Deutsch schrieben. Was Wunder, da doch alles, was aus Wien kam, nur herrlich sein konnte; das dachte nicht nur Lea, die mir in vielen Einzelheiten das Leben schilderte, das ich später einmal in Wien führen würde. Obschon eine alte Frau, vielleicht vierzigjährig, würde sie dann die Reise nicht scheuen und mich besuchen kommen und mit mir in einem Fiaker auf Gummirädern in der Praterallee spazierenfahren.

Die Sehnsucht nach der großen Stadt sollte ich bis zu jenem 27. Juli 1916 bewahren, an dem wir endlich, nach einem längeren Aufenthalt in einem provisorischen Flüchtlingslager in Mähren, über Brünn nach Wien gelangten. Die Sehnsucht glich einem kindlichen Heimweh, das gewiß eines der beklemmendsten Gefühle ist. Und zugleich empfand ich es fast als einen Verrat, dieses Dorf, das kaum eines war, zu verlassen. Es war nicht nur die Furcht, mit der Geborgenheit im toten Winkel das Sicherheitsgefühl zu verlieren, das ein Kind ebenso wie einen Erwachsenen in Einklang mit seinem Zustand und mit sich selber bringt. Es ging um mehr als das, doch wüßte ich nicht zu sagen, was es war.

Ich habe mich nie nach Zablotow gesehnt, das ich seit 1916 nie wiedergesehen habe und nie wiedersehen werde. Aber das Heimweh nach dem letzten Hause im letzten Dorfe kannte ich bereits während meiner jungen Jahre in Wien; es hat mich mein Leben lang begleitet. Nein, ich sah mich in Tagträumen nie als einen glücklichen Landmann, der ackert, sät und erntet, sondern als einen Menschen außerhalb des Getriebes, der in tiefer Stille lauscht und selten anderes vernimmt als das Pochen des eigenen Herzens, manchmal das Rauschen des Windes oder den Warnruf der Krähen. Als einen, der lauscht und unbewegt um sich blickt, der nichts befürchtet und nichts erwartet. Eine Variante dieser Vorstellung, die nicht selten wiederkam: Frauen in ukrainischer Tracht, von den Feldern zurückkehrend, biegen plötzlich auf die leere Dorfstraße ein. Ihr Gang scheint die Luft in Bewegung zu setzen. Eine einzelne, starke Stimme wird laut, bald nehmen die anderen die Melodie auf, dann verstummen sie und die erste Stimme setzt wieder ein. Stärker als die Melodien unserer

Gebete oder der chassidischen Gesänge, bringt mir der Gesang der ukrainischen Bäuerinnen jedesmal, wenn ich ihn auf einer Platte höre, meine Kindheit so nahe, als ob die unwiederbringliche Vergangenheit der Gegenwart unmittelbar benachbart wäre, als ob doch noch ein Weg zu ihr zurückführte.

Es ist wahr, ich war froh, als wir nach einigen Monaten wieder heimfuhren. Das Dorf war völlig verschneit, die Pferde verloren häufig die unsichtbar gewordenen Wege, die Schlitten glitten lautlos über den hohen Schnee, fielen in Gruben und mußten mühsam wieder herausgeholt werden. Ich dachte, ich würde dieses Tracz schnell vergessen, denn in den letzten Wochen hatten wir es alle satt bekommen. Kosakenpatrouillen waren am Saume der Waldungen aufgetaucht, die mit Gewehr, Säbel und Lanze bewaffneten Reiter blieben nur wenige Minuten. Es hieß, sie hätten einen alten lahmen Mann nach dem Popen gefragt. Als sie erfuhren, daß es in diesem Dorf gar keinen gäbe, hätten sie den Alten geschlagen und ihm gedroht, sie würden mit seiner Mutter schlafen. Man vermutete, daß sie sich verirrt hatten auf dem Wege nach einem Dorfe, das an einer Landstraße lag, welche nur drei Meilen von der Kaiserstraße entfernt war.

Wie dem auch gewesen sein mochte, die Eltern fanden danach, daß Tracz keine sichere Zuflucht mehr bot, ja daß es da unter Umständen gefährlicher werden konnte als in dem nun schon seit Wochen besetzten Städtchen.

Mancherlei habe ich in diesem winzigen Dorf zum erstenmal erlebt, Gutes und Schlechtes, vieles ist mir im Gedächtnis geblieben, wenig davon ist belangvoll und bedeutsam. Nur ein erstes Erlebnis, das fortan aktuell bleiben sollte, hat sich seither unter wechselnden Umständen mehrmals wiederholt: Es war gleich nach dem ersten Schneefall. Mein Vater reiste im Schlitten in eine relativ abgelegene kleine Stadt, die von feindlicher Besatzung verschont geblieben sein mochte. Dort wollte er vielerlei besorgen, was das Haus brauchte, und Vorräte anschaffen, die für den Winter reichen sollten. Er nahm den großen Schlitten und die besten Zugpferde. Einer der Gutsknechte fuhr mit ihm, ein älterer, brummiger Mann, der die ganze Gegend besonders gut kannte und, hieß es, sich auch dann leicht zurechtfand, wenn die Wege unter dem Schnee nicht mehr sichtbar waren. An diesem Tag hing der dunkelgraue Himmel ganz tief herab, doch fiel kein Schnee. Die Helligkeit kam nicht von oben, sondern von der weißen Erde. Der Abend brach unversehens herein, der Boden leuchtete nur noch schwach. Erst das Wiehern der Pferde würde die Nähe der Heimkehrer ankündigen, das wußte ich, denn der Schlitten fuhr ohne Glöckchen, da sie eine Patrouille anlocken hätten können.

Ich lugte immer wieder durchs Fenster, in einer Erwartung, die während der ersten Stunden immer zuversichtlicher wurde. Nun war es 8 Uhr, nun 9, es konnte nur noch Minuten dauern. Ich wollte nichts essen, auch nicht trinken, mußte dennoch später mit den anderen Kindern ins Bett. Ich blieb wach, lauschte, hörte die Erwachsenen miteinander sprechen, zu leise, ich verstand nicht, was sie sagten. Bald verschwand der Lichtschimmer unter der Tür, das Haus, in Dunkel und Schweigen gehüllt, wurde mir unheimlich, denn es war, als erwartete es nicht die Rückkehr des Vaters, als wären meine Mutter und unsere Gastfreunde um sein Schicksal gar nicht besorgt. Zu dieser späten Stunde irrte er vielleicht im riesigen Walde herum und fand nicht den Weg heraus, oder Silko, der Knecht, hatte zuviel gesoffen in der Stadt, nun lagen die Pferde und der Schlitten und mein Vater zusammen mit dem Säufer schwerverletzt in einem Abgrund. Oder sie waren von Kosaken überrascht worden und waren nun Gefangene, die man quälte, damit sie verraten sollten, wo sich das Gut befand, in dem wir uns vor den Russen verbargen. Oder die Kosaken hatten die Spur des Schlittens gefunden und dann gewartet, bis er beladen aus der Stadt zurückkomme. Meinen Vater haben sie erschossen und Silko blutig geschlagen, ehe sie ihn laufen ließen. Er würde jedenfalls erfrieren, bevor ihn irgend jemand fand. Und die Kosaken teilten sich die Beute auf. Oder es waren Banditen, die seit jeher den Reisenden auflauerten in den langen Winternächten, in denen sie Zeit genug fanden, sich selbst und die Beute in Sicherheit zu bringen und ihre Spuren zu verwischen.

All das sah ich, es spielte sich vor meinen Augen ab. Nicht Angst hielt mich wach, sondern die überwältigende Gewißheit, daß wir machtlos waren gegenüber dem Übel, welche Gestalt es auch immer annahm. Das Stärkeverhältnis war nunmehr so verändert, daß mein Vater fortan ebenso wehrlos war wie es der ärmste, dümmste, schwächste Einwohner des Städtel je gewesen sein mochte. Erst während der Tage, die folgten, versuchte ich zu ergründen, wie es in einer so veränderten Welt mit Gott selbst und mit seiner Allmacht stünde. Doch während dieser langen, schlaflosen Nacht dachte ich nicht an ihn und nicht an seine Hilfe und auch nicht daran, daß ich nun, vielleicht gerade in diesem oder im nächsten Augenblick, einer jener Waisenknaben wurde, die den Namen Gottes mehrmals am Tage mit dem Kaddisch-Gebet preisen mußten. So blieb ich die ganze Nacht in der Gewalt meiner eigenen Einbildungskraft, die mir das Mögliche, das Fürchterliche, aber auch das Tröstliche zeigte, die Rettung des Vaters, seinen Versuch, sich zu wehren, dem Feind zu entfliehen oder ihn niederzuschlagen, und bald danach sein blutüberströmtes Gesicht oder seinen leblosen Körper im Schnee neben dem umgekippten Schlitten, seines schweren Pelzmantels und des Rocks entblößt.

Die quälende Besorgnis, die mir in jener Nacht den Schlaf verscheuchte und mich um einen geliebten Menschen bangen ließ, verstörte mich nicht. Alle Vorstellungen von dem, was ihm widerfahren sein mochte, wurden im Verlauf der Nacht so realistisch, als ob sie präzise Erinnerungen an Erlebtes wären. In jenen Stunden lernte ich, ja: erlernte ich das entzauberte, wirklichkeitsnahe Gruseln.

Ich schlief knapp vor dem späten Tagesanbruch ein; der Vater, der erst um die Mittagszeit zurückkam, weckte mich. Er hatte erst am Morgen die Stadt verlassen, weil es doch zu gefährlich gewesen wäre, in der Nacht zu reisen; Silko war so besoffen, daß er außerstande gewesen wäre, sich zurechtzufinden.

Meine Überraschung, den Vater so nahe, unverwundet und lächelnd an meinem Bette stehen zu sehen, als wäre in der Nacht nichts geschehen, machte mich sprachlos. Niemand merkte etwas davon, alle redeten durcheinander. Ich habe von den fiktiven Abenteuern dieser Nacht nie zu jemandem gesprochen, aber diese durch die Verspätung einer Ankunft oder einer Mitteilung erzeugte Beunruhigung habe ich immer wieder erfahren. Und jedes Mal blieb ich, solange sie dauerte, stumm, unfähig zu einer Kommunikation mit jenen, in deren Mitte ich diese imaginierten Katastrophen erlebte. Hätte ich meiner Mutter damals etwas von der Angst um den Vater gesagt, hätte sie mich gewiß beruhigen können und mir wahrscheinlich versichert, daß es abgemacht war, daß er über Nacht wegbleiben sollte, wenn er mit den Besorgungen in der Stadt nicht rechtzeitig fertig würde. Aber sooft diese besondere Furcht sich seither — immer wieder — einstellte, warf sie mich auf mich selbst zurück, als wäre sie ein Geheimnis, von dessen Bewahrung das Leben jenes abhing, um den ich gerade bangte.

Unser Aufenthalt in Tracz hatte nun einige Monate gedauert; uns Kindern hatte er verlängerte Ferien bedeutet. Und im Vergleich zu allem, was wir bald nach unserer Heimkehr erleben sollten, waren die Traczer Tage ereignislos, leer geblieben. Während ich jedoch im Schreiben an jenes abseitige Dörfchen zurückdenke, wird mir offenbar, daß es in meiner desaktualisierten Erinnerung eine unverhältnismäßig große Bedeutung bewahrt hat, ohne daß ich mir dessen ganz bewußt geworden wäre. Wann immer ich Trost im Tagtraum vom wunschlos stillen Leben »im letzten Dorfe« suchte, stellte sich die — nicht immer scharf konturierte — Erinnerung an Tracz ein. So oft ich im Warten auf einen geliebten Menschen, der sich aus mir unbekannten Gründen zu sehr verspätet hat, von Schreckvorstellungen überwältigt werde, denke ich an Tracz. Und als ich, schon vierzigjährig, eine Episode ersann, die in einem Dorf beginnt und den dort geborenen Helden auf Umwegen bis zu einem Felde unweit von Wien führt, auf dem er an einer tödlichen Verletzung verbluten wird, schrieb ich zweifellos unter dem Einfluß des Bildes von Tracz, wie es sich dem Neunjährigen eingeprägt hat. Ich ließ die Witwe jenes Toten erzählen: *»Die Häuser in unserm Dorfe sind Hütten, die Wände und der Boden sind aus Lehm, die Dächer sind mit Stroh gedeckt ... Auch bei uns gibt es Jahreszeiten, aber unsere Landschaft gehört dem Herbst, mit jeder Jahreszeit kommt heimlich der Herbst wieder ... Überall in unserm Dorfe nisten die Krähen. In ihrem Kra-kra spricht der Herbst auch an jenen Tagen, da das Land ihn vergessen könnte ... Doch nirgends in der Welt singt man so viel wie in unserm Dorf. Nur wenn wir singen, verstummen die Krähen ... In jenen Sommertagen, da der Krieg noch so jung war, daß er einem ungewissen Versprechen nicht unähnlicher war als einer Drohung, in jenen Tagen schien das Dorf zum ersten Mal vom Herbst vergessen zu sein. Die Regen blieben lange aus, das Blau des Himmels schien dauerhaft.«*

Es war ein besonders kalter Tag, als wir in zwei offenen Schlitten das Dorf verließen. Der Rauch schlängelte sich aus den Schornsteinen der größeren Hütten, die kleineren ähnelten aus der Ferne grauen Plachen, die über dem Schnee ausgebreitet lagen. Man sah weder Menschen noch Vieh, nur ein Hund bellte in lang gedehnten Tönen, sein Heulen begleitete uns, bis wir über den Hügel waren.

Einige Stunden später, am Nachmittag, war es so weit: russische Soldaten hielten uns vor der Brücke an, die über den Pruth ins Städtchen führte. Mein Vater wurde in das Häuschen des Mautners geführt, um sich auszuweisen und zu erklären, woher wir kamen und wohin wir fuhren. Einer der Soldaten, ein großer Mann mit leuchtend blauen Augen, beugte sich zur Mutter hinab und fragte sie, wo unser Haus stehe. Sie zögerte einen Augenblick und gab ihm sodann eine falsche Auskunft. Er lachte zufrieden, meine Mutter errötete. Sie war 36 Jahre alt, galt also damals nicht mehr als jung, aber sie blieb eine schöne, sicher begehrenswerte Frau. Ich hatte die Szene genau beobachtet und, glaube ich, richtig verstanden und somit gut gefunden, daß sie dem Soldaten eine falsche Adresse angab. Aber mich verwirrte es, daß sie daraufhin über das ganze Gesicht errötet war. Bald durften wir die Brücke passieren, wenige Minuten später waren wir wieder zuhause. Wie die anderen, die im Städtel geblieben waren, sollten wir uns nun auch an die russische Okkupation gewöhnen und die schlechte Zeit bis zum Frieden überdauern, der ja doch nahe sein mußte.

Manchmal, wenn ich abends im Fernsehen die Geschehnisse des Tages durch Wort und Bild erfahre, erfüllt mich Staunen darüber, daß sich die Zeit scheinbar so leicht wie Brot in dünne Scheiben schneiden läßt. Scheinbar, sage ich, denn nichts widersteht der Fragmentierung so stetig wie die Zeit in ihrem unaufhaltsamen Fluß. Wir aber erleben sie in fortgesetzt veränderlicher Gliederung, bald gleichsam großflächig, bald als Abfolge winziger Punkte, die sich in schneller Bewegung zu einer Linie vereinigen oder sich umgekehrt unmäßig vergrößern, so daß ein winziger Abschnitt zu einer langen, nicht endenwollenden Weile wird. Es ist, als ob ein sorgloser Ignorant Bruchzahlen miteinander multiplizierte oder addierte, ohne sie vorher auf einen gemeinsamen Nenner zu bringen. Das Zeiterlebnis wird in der Erinnerung auch deshalb nicht chaotisch, weil der Erinnernde sich selbst das unabänderliche, unerschütterliche Zentrum bleibt, weil er als Damm und Schleuse den Zeitstrom immerfort reguliert oder zu regulieren glaubt.

»Sie müssen wissen, daß die einzige Präzision, auf die ich unbedingt Wert lege, die der Uhr ist. Auf jede andere habe ich verzichtet.« Dies lasse ich den polnischen Grafen Skarbek, einen leidenschaftlichen Spieler, in einer kritischen Situation sagen. Er ist mit einer echten, wenn auch ironischen Sympathie ersonnen. Ich stelle ihn gerne ins Zwielicht, lasse aber durchblicken, daß er durchaus vertrauenswürdig ist, sofern nicht das Spiel oder eine Liebelei seine Aufmerksamkeit völlig von dem ablenkt, was er gerade unbedingt tun sollte. Er glaubt aus Tradition an den Gott der katholischen Kirche, hofft zuversichtlich auf die à la longue wirksame Intervention der grenzenlos gnadenreichen Mutter Gottes. Sonst aber, im täglichen Leben, glaubt er nur an die Uhr.

Auch ich bin, seit meiner frühen Jugend — glaube ich — von der Zeit besessen, genauer seit dem zu frühen, abrupten, grausamen Ende meiner Kindheit, seit dem Winter 1915. Was ich damals zu empfinden begann, habe ich erst viel später immer wieder ausgedrückt, zuletzt nach etwa 54 Jahren, als ich (im Buch über Alfred Adler) schrieb: *»Unser Verhältnis zur Zeit ist dadurch bestimmt, daß wir nur so weit in ihr sind, als sie in uns eindringt ... Die Zeit artikuliert unser bewußtes Sein. Wir sind in ihr* *wie ein Schwimmer, der nie das Wasser verlassen darf; auch deshalb wird er eines Tages darin ertrinken müssen; wir konsumieren die Zeit und werden von ihr konsumiert, bis sie uns am Ende verschlingt.«*

Eine so obsessiv an eine alte, gleichsam enzyklopädische Tradition gebundene Innenwelt wie jene, von der meine Kindheit geformt worden ist, gewährt der Vergangenheit weit mehr Raum als der Gegenwart. Sie rechtfertigt selbst die Zukunftshoffnung mit den Versprechen und Vorankündigungen einer Vergangenheit, deren Bürde jeder als Vorzug, wenn nicht gar als Vorrecht betrachten muß. Die Gegenwart wäre somit nichts als ein Durchgang, zugleich Nachspiel und Vorspiel, jedoch für sich selbst etwas Winziges — ungeheuer wichtig im Augenblick, aber eben nur für den Augenblick. Doch nicht deswegen war man auf die Welt gekommen, nicht darum handelte es sich, sondern um »die kommende Welt«, das ist die Ewigkeit. Die Gegenwart? Keine Brücke aus Eisen und keine messianische aus Zigarettenpapier, denn kaum hatte man sie hinter sich, verflüchtigte sie sich ins Nichts. Weil ich immer nach den Hügeln hinter den Hügeln Ausschau hielt, lebte ich in der Erwartung der »Zeit nach der Zeit«.

Bald nach unserer Rückkehr änderte sich alles, zuerst nur stückweise, einige Wochen später jedoch vollständig. Es traten Ereignisse ein, die zur Folge hatten, daß jeder Tag, ja jede Stunde sich so maßlos ausdehnte, daß, im Gleichnis gesprochen, der vordere, sichtbare Hügel plötzlich alle Hügel dahinter zu verschlingen schien. Nichts vergessen, was geschehen ist, und stets daran denken, was eines Tages sein wird — diese Forderung blieb bestehen, aber der Morgen, der gerade anbrach, die Nacht, die dauerte, als ob sie nie enden sollte, überschatteten alles Gewesene und Künftige. Zum Bersten voll von Ereignissen, wuchs der Augenblick gigantisch an und drohte sich zu verewigen wie ein Schmerz, der das Sein in Leiden verwandelt.

Die Bevölkerung war von der Welt abgeschnitten. Der Postverkehr mit dem unbesetzten Teil der Monarchie blieb unterbrochen, und auch aus den neutralen Ländern erreichte selten ein Lebenszeichen das Städtel. So viele Familien hatten von den wenigen Dollars gelebt, die ihre Verwandten aus Amerika immer wieder mit den Briefen schickten, in denen sie gewöhnlich Schiffskarten ankündigten und ein baldiges Wiedersehen in New York. Nun blieben Briefe und Dollars aus; die Armut wurde zur drückenden Not, aus der es keinen Ausweg gab. Die Besatzungstruppen requirierten die Lebensmittel, deren Preis deshalb täglich stieg. Es gab nicht genug Brot für die Armen, zu wenig Kohle in diesem kalten Winter, kaum noch Holz, obwohl Wälder so nahe waren. Wollte man die Bannmeile des Städtchens verlassen, brauchte man einen Passierschein, den man nur erhielt, wenn man ein Gesuch machte und den zuständigen Unteroffizier bestach.

Das Städtel hungerte und fror; nein, nicht alle, fast alle: die Armen nur, doch bildeten sie ja seit jeher die Mehrheit und waren nun ärmer als je. Daher erkrankten sie in großer Zahl, zuerst die Kinder, dann die Alten, dann so viele andere. Und eines Tages flüsterte es einer dem andern zu: In diesem oder jenem Haus waren welche besonders krank. Gefährlich, sagte man, gefährlich nicht nur für die eigene Familie, sondern für alle Einwohner. Dann konnte man es in einer auf gelbem Papier, teils kalligraphisch, teils nachlässig geschriebenen Verlautbarung lesen, die die Kommandantur anschlagen ließ: »Fälle von Typhus sind von der Bataillonssanität mit Sicherheit festgestellt worden«, stand da zu lesen, »Um die Ausbreitung dieser Krankheit zu unterbinden, wird die Ortschaft mit sofortiger Wirkung von der Außenwelt abgeschlossen.

Noch gültige Passierscheine sind per sofort als ungültig erklärt. Kein Fremder darf die Lokalität betreten, kein Einwohner darf sie verlassen.« Es folgten Drohungen und hygienische Anweisungen, die als strengste Befehle bezeichnet wurden. So wurde zum Beispiel jede Familie mit schwerster Strafe bedroht, die es unterlassen würde, gleich nach Erkrankung einer im Haushalt lebenden Person ein sichtbares Zeichen am Hauseingang anzubringen. Die Bethäuser, Studierstuben und Schulen hatten bis auf weiteres geschlossen zu sein. Die Ansammlung von Zivilpersonen war außer im Fall von Begräbnissen strengstens verboten.

Die Schließung der Bethäuser und Schulen traf die Bevölkerung viel härter als die verspätete Bekanntmachung, daß die Epidemie ausgebrochen war. Es gab welche, die sagten, der Typhus werde sich nicht ausbreiten, die Kälte werde sozusagen die Epidemie zum Gefrieren bringen. »Also«, folgerten sie, »sind alle diese Maßnahmen keine Prise Schnupftabak wert. Und uns verbieten, ins Bethaus zu gehen, uns zwingen wollen, unsere Kinder in der Finsternis der Unwissenheit verkommen zu lassen — einen solchen Einfall kann nur ein Knecht des Zaren haben.«

Und die Leute kamen zahlreicher als sonst zum Abendgebet und die Kinder schickte man in den Cheder; man legte ihnen ans Herz, noch besser zu lernen als sonst, sich jedes Wort der Bibel einzuprägen — eben weil diese Epidemie ja ganz sicher eine verdiente Strafe bedeutete.

Die Nächte eines bejahrten Mannes sind gewöhnlich zerstückelt. Er wird zwar viel seltener durch dramatische oder melodramatische Traumszenen aus dem Schlaf gerissen, genauer: hinausgejagt, aber umso häufiger stellt sich der Halbschlaf ein, besonders kurz vor dem Morgengrauen.

Dann muß er zuweilen erst erwachen, ehe er mühsam wieder einschlummern kann. Er irrt gleichsam durch hypnagogische Zustände und Halbträume, die den Halbschlaf begleiten. In diesem zurückgewonnenen Schlaf erfaßt ihn manchmal ein merkwürdiges Gefühl von fragilem Glück, an das er sich klammert, als ginge es ums Leben.

Nur wer je ein Häftling ohne Hoffnung gewesen ist, wer in der lastenden Einsamkeit der Einzelzelle gelebt hat, der weiß, daß der Schlaf die Rettungsinsel ist, von der man gestärkt, gleichsam gepanzert in die Vergangenheit des Ausgestoßenen zurückkehren mag. Und in der Einzelzelle geschah es, daß ich, egal von wem geweckt, sofort, ohne irgendeinen Übergang, überwach wurde. Die Sinne und der Geist waren so aufmerksam und gespannt, als kehrten sie nicht aus jener Ferne zurück, von jener Rettungsinsel, die einen von dem Kummer, ein Gefangener in der Gewalt des Feindes zu sein, und von der Angst vor dem kommenden Tage trennte. Vor dem Einschlafen wählte ich jedes Mal ein besonderes Thema, das ich, ohne einen Augenblick zu verlieren, bedenken wollte, sobald ich erwacht sein würde. Es durfte auch ein vielstrophiges Lied sein, das ich dann fast lautlos vor mich hinsingen wollte, oder ein Gedicht, das ich ganz leise rezitieren würde. Dies war ein psychologischer Kunstgriff, um mich vor der Depression des frühen Morgens zu bewahren.

Gegenwärtig besitze ich keinen Kunstgriff mehr, ich schütze mich nicht vor den eindringenden Gedanken und Gefühlen, die manchmal so unwillkommen sind wie der Frost im Frühjahr. Doch seit ich dieses Buch schreibe, beziehen sie sich am häufigsten auf meine Kindheit und darauf, was ich an den vorhergegangenen Tagen geschrieben habe, etwas seltener darauf, was ich schreiben werde oder sollte.

Als ich heute aus dem Schlaf auffuhr, drängte sich mir die Epidemie nicht als Erinnerung, sondern als Wort und dann erst als eine Stimmung auf, die gewiß von Angst, vielleicht von Schrecken beherrscht wurde, die sich jedoch mit einer überreizten Neugier verband. Man erfuhr damals am gleichen Tage, daß es keine neuen Fälle gab, daß sich aber die Hungertyphus-Epidemie wie ein Steppenbrand ausbreitete; daß diese Krankheit nicht tödlich sei, daß die Todesfälle nicht durch sie herbeigeführt worden wären. Im gleichen Atemzug erzählte man, daß die Kranken wie die Fliegen starben. Die Gerüchte folgten einander ohne Unterlaß, sie nährten gleichermaßen die Hoffnung und die Verzweiflung. Diese Stimmung finde ich heute früh wieder und zugleich die seltsamerweise nicht unangenehme Verwirrung, der sich infolge der extrem ausschlagenden Pendelbewegung kaum jemand entziehen konnte.

Was ist mir das alles jetzt? Eine Erinnerung an Geschehnisse, an Erlebnisse? Oder eine *Erinnerung an Erinnerungen,* die zeitweilig verblaßt, desaktualisiert im Verlaufe eines halben Jahrhunderts wiedergekehrt sind — jedes Mal, wenn eine der charakteristischen Katastrophen unserer Zeit unser Sein bedrohte.

Das Licht, das durch die Spalten der Gardinen dringt, bleibt lange grau, wird dann weiß und vergoldet sich allmählich. Die diskreten Glockenschläge des in ein Internat verwandelten Klosters wecken wahrscheinlich sonst keinen Schläfer; mir bringen sie wieder einmal zum Bewußtsein, wie wohltuend die Stille ist, die mein Schlafzimmer erfüllt, so daß ich mitten in der Großstadt wie in dem letzten Hause jenes entlegenen savoyischen Dorfes lebe, das mir während langer Jahre ein zweites, ein besseres Tracz gewesen ist.

Damals, während jener Typhus-Epidemie, die von einer Blatternepidemie nicht etwa abgelöst, sondern begleitet werden sollte, damals wurde ich oft durch lautes

Weinen geweckt: Gegen Ende der Nacht starben, schien es, die Kranken öfter als zu anderen Stunden. Das mag eine Täuschung gewesen sein, man hörte in der nächtlichen Stille deutlicher als am Tage die Rufe der Familie, die den Sterbenden zurückzuhalten versuchten, als verließe er sie aus eigenem Entschluß. Mich dünkt, ich könnte noch heute die Worte hören: »Vater, verlaß uns nicht! Du läßt uns ganz allein zurück, wir sind Deine Kinder!« Ich höre die Melodie der Totenklage, die den Knaben so oft aus dem Schlafe riß. Ich mag dann wohl die Augen geöffnet haben, um im roten Lichtschein, der durch das Gitter des Ofens auf den Fußboden fiel, Beruhigung zu suchen. Ich brauchte nicht lange nachzudenken, es war leicht zu erraten, wer da in den letzten Zügen lag oder eben gestorben war.

Zwei Tote hatte ich vorher aus der Nähe betrachtet: den aus dem Fluß gefischten fremden Jüngling mit den gelben Fußsohlen und Jadzia, die man als schlafende Prinzessin verkleidet hatte. Doch die Toten, die ich nun täglich sehen mußte, waren anders: ihre Gesichter waren entstellt; manche lagen da, als hätte sich ihr furchtbarer Krampf erst in diesem Augenblick gelöst. Und ihre Angehörigen klagten, als ob ihnen ein furchtbares Unrecht zugefügt worden wäre und als ob sie es viel weniger verdient hätten als andere. Noch schlimmer war, daß sie nun um den Rest der Familie und um sich selbst fürchteten. Und das eben verwirrte mich manchmal, es rief in mir den damals noch unartikulierten Verdacht hervor, daß die Verbliebenen zwar tatsächlich um ihre Toten weinten, laut schluchzten und so schrien, als ob man sie einer ständigen Tortur unterwerfen würde, daß sie aber gleichzeitig um sich selber weinten, für sich selber fürchteten: daß sie am tiefsten über sich selber trauerten.

Ich sehnte mich nach einer durch nichts unterbrochenen Stille und wünschte sehnlichst, daß die Nacht für mich nicht enden sollte, ehe ich völlig ausgeschlafen wäre. Das begehrte ich, aber ich war zugleich überall dabei: in fremden Häusern, aus denen Hilferufe auf die Straße gedrungen waren, in der immer spärlicher werdenden Masse jener, die die Toten zum alten Friedhof auf dem Hügel begleiteten — ich war nicht das einzige Kind, das solcherart, von einer überreizten Neugier getrieben, zum Zeugen von Vorgängen wurde, die zugleich auf eine besondere Weise so aufregend und monoton waren wie alles menschliche Unglück, das massenhaft auftritt und zu lange dauert.

Wahrscheinlich entdeckten auch andere Kinder, daß im Unglück die einen alle Würde und fast allen Verstand verloren, daß die anderen plötzlich bis zur Unmenschlichkeit häßlich wurden und wieder andere dagegen eine Würde erlangten, die sie in ungreifbare Ferne entrückte. Diese verstummten für viele Stunden, für ganze Tage; kein Wort schien bis an ihre Einsamkeit zu dringen. An Gräbern und im Bethaus sah ich Männer das Totengebet sprechen, ihre Lippen bewegten sich zitternd, aber kein Laut wurde hörbar.

Wußte ich damals, daß ich, obschon besorgt und um mich und die meinen geängstigt, fieberhaft darauf aus war, die Menschen, ihre Gesichter, ihre Bewegungen zu beobachten? Ich glaube nicht, denn da wir in einer Welt lebten, die aus den Fugen war, fiel das Ungewöhnliche nicht mehr auf.

Davon überzeugt, daß die Juden dieses Städtchens völlig verrückt wären, weil sie trotz der Gefahr und trotz schärfstem Verbot die Kinder in die Schulen schickten, stellte der Kommandant Wachen vor die Lehrstuben und verdoppelte sie vor den Bethäusern, deren Fenster er überdies halb vermauern ließ. Da holte man insgeheim die Thorarollen aus den heiligen Schreinen und verteilte sie, so daß man den Gottesdienst in Privathäusern verrichten konnte, die von der Krankheit verschont geblieben oder bereits geleert worden waren.

An all das erinnere ich mich nur ungleichmäßig. An manches davon jedoch so, als ob das Gedächtnis recht genau einen Bericht über die Vorgänge, aber nicht die Erinnerung an sie selbst bewahrt hätte. Aus diesem Grund mögen bestimmte Ereignisse wohl den Charakter des unmittelbar Erlebten verloren und sich für mich in Mitteilungen verwandelt haben. Modifikationen dieser Art sind wahrscheinlich die Folge einer Entfremdung, die der Erlebende im Augenblick des Geschehens gewünscht und sofort oder vielleicht erst viel später, sozusagen rückwirkend, vollzogen hat.

Vielerlei mag diesen Prozeß in Gang gebracht haben, unter anderm das, was ich etwa zwei, drei Wochen nach dem Beginn der Epidemie als *monotone Sensation* und als eine Art egoistischer Trauer, als Angst der Klagenden um sich selbst empfunden habe. Mein Mißtrauen, die kindlich grausame Ungeduld dem zuweilen tatsächlich zu lauten, insistenten Jammer gegenüber erklärt sich zum Teil auch daraus, daß meine eigene Familie bis zum Ende sowohl vom Typhus wie von den Blattern verschont geblieben ist. So konnten wir uns einbilden, daß wir die Probe bestanden hätten, eben weil sie uns erspart geblieben war. Wäre ich älter gewesen, hätte ich ein besseres Verständnis auch für jene Frauen aufgebracht, die sich heulend die Haare ausreißen wollten, die sich über das offene Grab warfen und so einige Augenblicke lang verhinderten, daß ihr Toter in die Erde versenkt würde. Je lauter, je länger einer seine Trauer hinausschreit, umso weniger braucht er Trost, umso weniger verdient er ihn — das dürfte ich schon damals entdeckt haben. Mit Sicherheit könnte ich nur behaupten, daß mich ein gewisser Stil beeindruckte — so daß ich wie jene werden wollte, bei denen er so tragisch zur Geltung kam: der Stil der stumm Trauernden, der posenlosen Würde, der Echtheit des Seins, das sich dem Schein verweigerte. Den anderen entfremdete ich mich damals nach den ersten Wochen der Katastrophe, in denen ich sie aufmerksam beobachtet und mit ihnen in einer abstoßenden, doch unvermeidlichen Intimität gelebt hatte.

Es waren jedoch andere Ereignisse, die, von uns allen erlitten, meiner Kindheit ein frühes Ende setzten. Die Kriegsfronten waren in Bewegung geraten, die österreichisch-ungarische Armee verließ ihre Stellungen in den Karpaten und schickte sich an, die Russen über die Grenzen zurückzujagen. Man war mitten im Winter. Die Männer versanken bis ans Knie im Schnee und kamen so mühsam vorwärts, als ob sie in Sümpfen wateten. In der weißen Welt wirkte jegliches Lebewesen wie ein schwarzes Tier, wie ein Rabe, der langsam über die Schneefläche spreizt.

Unser Städtchen, das für die russische Besatzung trotz der Epidemie zu einer bequemen Etappe geworden war, in der sie den Krieg zu überwintern hofften, wurde fast plötzlich in einen sich schnell erweiternden Frontabschnitt einbezogen. Der Kanonendonner kam täglich näher, wurde bedrohlicher. Die Schar von Verwundeten, die das Städtchen auf strohbedeckten Schlitten oder zu Fuß durchquerten, wuchs täglich an. Es gab kein Lazarett für sie, keine Pfleger, keine Nahrung. Es folgten Regimenter, die zusammengeschlagen waren und nun zurückgezogen wurden, während die Reserven in ihre Stellungen einrückten. Eine Truppe auf dem Rückzug, eine Besatzung, die ahnt, daß ihre Tage gezählt sind — nichts ist gefährlicher für die Bewohner, für die Zivilisten, die die Geschlagenen mit kaum verhohlener Schadenfreude betrachten und sich anschicken, die eigenen, siegreichen Truppen jubelnd als Befreier zu begrüßen. Zuerst plünderten nur die Nachzügler und die Marodeure, gewöhnlich um Mitternacht; dann, als der Kampf um den Brückenkopf am Pruth unvermeidlich wurde, waren es die Okkupationstruppen, die, ehe sie abzogen oder in die vorderste Kampflinie vorrückten, zu plündern begannen — mit Ortskenntnis, anfangs fast ohne Gewalt, dann — gewöhnlich im Suff — gewalttätig, mit den Gewehrkolben auf den Rücken schlugen, auf die Brust und schließlich über den Kopf der ausgeplünderten Einwohner. Vergewaltigungen waren recht selten, Versuche dieser Art wurden meist durch das Eingreifen anderer verhindert. Der Ruf: »Habt Angst vor Gott!« schreckte die Betrunkenen recht oft ab. Man hoffte, die Plünderer würden vor den Häusern der Kranken haltmachen, aber die Soldaten fürchteten die Ansteckung nicht. Es hieß bei ihnen, wer genug Wodka im Leibe hätte, wäre gegen Typhus und Blattern immun.

Nein, es war kein Pogrom, sondern die wahrscheinlich unvermeidliche Begleiterscheinung einer Niederlage, das skrupellose Vorgehen einer Besatzungstruppe, die den Räumungsbefehl schon erhalten hat oder ihn stündlich erwartet.

Die älteren Leute brachten nun ihr Wissen zur Geltung, das seit Jahrhunderten, seit Jahrtausenden überliefert war. So ist es immer gewesen, sagten sie, und so, wiederholten sie, wird es immer sein. Es steht geschrieben: »Fällt der tönerne Krug auf den Stein – wehe dem Krug! Fällt der Stein auf den Krug – wehe dem Krug!« Und selbst die Kinder erfaßten sofort, daß wir die tönernen Krüge waren und die anderen der Stein, die fremden Krieger und vielleicht sogar auch – man wird's ja sehen – die eigenen.

Andererseits aber, erklärten die Wissenden, ist es ja von guter Vorbedeutung, daß sie so wild sind. Denn das bedeutet, daß sie selbst wissen, welch kurze Frist ihnen noch bemessen ist. Sie werden bald abziehen und wir werden sie los sein. Es leuchtete jedem ein, daß das Schlechteste das Bessere, wenn nicht gar das Gute ankündigt.

So vieles hatte sich im Verlaufe weniger Wochen geändert. Was konnte uns noch geschehen? Es geschah, daß die Nächte, die so häufig Unruhe brachten, seitdem sich die Epidemie ausgebreitet hatte, nunmehr aufhörten, die abgeschiedenen Zeiträume zu sein, in denen man Zuflucht findet und Ruhe, eine Quelle neuer Kräfte. Es begann damit, daß — zweifellos infolge eines Irrtums — das Städtchen noch vor Anbruch des Morgens von der Artillerie der vordringenden Österreicher und bald auch von den Russen bombardiert wurde. Jene wollten die Rückzugsstraße unter Beschuß halten, diese die Pontons der Österreicher zerstören. Es gelang den einen wie den anderen nur, recht viele der hölzernen Häuschen der Armen zu vernichten, sie in Brand zu schießen und einige Bauten in der Hauptstraße zu beschädigen. Als es endlich tagte, konnten sich die Kanonen zielgerecht einschießen, aber nun waren fast alle Einwohner in den Kellern, die, obschon gar nicht tief gelegen, doch einigen Schutz boten. Man hörte deutlich genug auch das Geknatter der Gewehre; von Zeit zu Zeit setzte ein Schnellfeuer ein, das sich zu nähern schien, plötzlich aber aufhörte; die Ruhe mochte mehrere Minuten, vielleicht sogar eine halbe Stunde dauern. Man verließ die Keller, sah sich vorsichtig um, spähte den Fluß hinunter, zum Friedhofshügel hinauf und zur Brücke. Es gab nicht viel zu sehen, jedenfalls waren die Eigenen noch nicht da und von den Russen sah man nur kleine Patrouillen, die im Laufschritt bald da, bald dort auftauchten. So verging der kurze Tag, der allen länger erschien als der längste Sommertag. Es hieß, da und dort wäre einer getötet worden, der sich hinausgewagt hätte, vielleicht durch eine verirrte Kugel, vielleicht von einer Patrouille. Niemand mehr wagte sich auf die Gasse.

Gegen Abend verstärkte sich das Feuer. Vom Fluß her klang es wie ein Trommelfeuer, das in später Nacht erst aufhörte. Doch setzte es bald wieder ein und wurde schließlich vom Kanonendonner übertönt. Man richtete sich in den Kellern ein, manche fanden den Schlaf so schnell, als ob sie in ihren Betten lägen. Andere blieben schlaflos, wieder andere wurden vom Hunger wachgehalten. Alle Keller waren überfüllt, denn die Armen, die keine hatten, wurden von den Begüterten natürlich aufgenommen, doch nur ihre Kinder wurden miternährt, denn die Vorräte reichten nicht aus. Wenn die Schlacht nicht bald aufhören sollte, würden alle hungern müssen.

Gewiß, ich erinnere mich an viele Episoden; belanglose und aufschlußreiche Einzelheiten haben sich dem Gedächtnis so eingeprägt, daß ich sie seither fast in jedem Augenblick gleichsam auf Abruf hätte wiedergeben können. Einige von ihnen werde ich hier festhalten; sie betreffen jedoch nicht durchaus das Wesentliche, nicht immer das, worauf es ankommt, wenn erklärt werden soll, wie ein blutjunger Mensch, ein Kind wie ich, unter dem Ansturm der Ereignisse, aus dem besonderen, individuellen Sein hinausgestoßen wird, so daß, was er während einiger Stunden oder Tage erlebt, sich ihm nicht *individualisiert.* Er erlebt zwar alles mit jener äußersten Intensität, die jedes Ereignis zu interiorisieren scheint, er weiß jedoch, daß er mitten in einem lebensgefährlichen Geschehen wehrlos gefangen ist. Alles betrifft ihn aufs bedrohlichste, aber nichts betrifft nur ihn allein: er könnte somit ein anderer oder überhaupt nicht sein.

Als mein Lehrer am andern Morgen den Keller verließ, um Lebensmittel und Arzneien für einen Kranken zu besorgen, der in unserm Keller lag, folgte ich ihm, ohne daß die Eltern es bemerkten. Ich holte ihn mühelos ein, wir gingen zusammen durch Hintergäßchen, indem wir uns immer wieder an Häuserwände drückten, um von den Schützen nicht bemerkt zu werden. Es war gerade Gefechtspause, auch die Kanonen schwiegen. Der Lehrer, der selbst Militärdienst geleistet hatte und überdies ein kluger Mann war, der stets mit Überlegung handelte, wählte den

Umweg über den Friedhof, nicht zuletzt deshalb, weil man hinter Grabsteinen Deckung finden konnte. Er war eben dabei, mir zu erklären, warum man diese Stätte mit dem hebräischen Namen *Beth-Olam*, das Haus der Welt oder der Ewigkeit bezeichnet, als das Feuer plötzlich wieder einsetzte. Es sieht fast so aus, sagte der Lehrer, als ob sich die Haubitzen gerade auf den jüdischen Friedhof einschießen täten, das heißt auf uns, die ihn mühsam im tiefen Schnee durchquerten. Wir warfen uns hinter Grabsteinen zu Boden, um abzuwarten, und damit die Kanoniere jenseits des Flusses uns aus den Augen verlören. Aber der Beschuß dauerte an, er wurde immer heftiger. Auf einmal hörten wir Pferdegetrampel hinter uns, drehten uns um: ein Russe, ein kleiner Soldat, kam angetrabt, mit seiner Nagaika hieb er unausgesetzt auf das große Pferd ein. Da geschah etwas, das so grauenhaft war, wie es manchmal nur eine Traumhandlung sein kann: plötzlich wurden der Bauch des Pferdes und der Oberkörper des Reiters wie von einer unsichtbaren Kraft hochgehoben und sogleich in Stücke gerissen. Einige fielen neben uns auf die Erde und färbten den Schnee rot. »Hab keine Angst«, flüsterte mein Lehrer, »dreh den Kopf weg. Schließ die Augen und denke nicht, denk an nichts!«

Wir hörten wilde Schreie, die vom Fluß hochstiegen, sie kamen schnell näher, dann verstummten sie plötzlich, aber der Donner der Kanonen hörte nicht auf, es schlug jedoch jetzt seltener im Friedhof ein. Ich zitterte am ganzen Leibe. Wir mußten aufstehen — es nutzte nichts — und, hinter Grabsteinen Deckung suchend, schnellstens da hinauskommen. Wir gingen nicht, wir liefen, wir sprangen von einem Grab zum andern; wir waren nahe dem Pförtchen der alten Mauer, da schlug es mit ungeheurer Wucht vor uns ein, zwischen den frischen Gräbern. Ich schloß krampfhaft die Augen, um nicht zu sehen, was da hochgeschleudert aus der Erde kam. Der Schrecken lähmte mich, eiserne Reifen schlossen sich um meine Brust. »Schon, schon, es ist schon vorbei!« hörte ich den Lehrer flüstern. Ich wollte etwas sagen, doch aus meinem Mund kam nur ein jämmerliches Wimmern. Nach einer kurzen Weile liefen wir zur Mauer hin, wir fielen in einen Trichter, der wahrscheinlich schon in der Nacht von einer Granate aufgerissen worden war, denn eine dünne Schneeschicht bedeckte ihn. Da blieben wir, halb sitzend, halb liegend. Meine Beklemmung ließ allmählich nach, auch die Beine zitterten nicht mehr. Ich mußte die Hände aus der Manteltasche holen, die Handschuhe abstreifen und mir das tränenfeuchte Gesicht mit Schnee abreiben. Es stünde irgendwo geschrieben, sagte der Lehrer, daß jedes Lebewesen Angst hat. Aber worauf es ankommt, das ist: Mut zur eigenen Angst zu fassen, den Mörder zu fürchten, doch nicht dessen Schatten. Und auch nicht seinen eigenen Schatten. Ich nickte zu allem übereifrig, obschon ich nicht sicher war, daß ich es recht verstand. Ich wünschte, daß er nur sprechen sollte, immerfort; seine Worte schützten uns zwar nicht gegen die Kanonen, aber gegen die Angst, gegen diesen furchtbaren, lähmenden Schrecken, dessen Wiederkehr ich in jener Stunde mehr fürchtete als das Schlimmste, das mir je widerfahren war.

Ohne daß wir es vorher verabredet hätten, liefen, sprangen wir, obschon wir von keinem Grabstein mehr gedeckt waren, zur Mauer, fanden das Pförtchen, das gar nicht geschlossen, sondern nur angelehnt war. Wir stießen es auf und spähten hinaus in die Weite, zum jenseitigen Ufer und zur Straße, die an den christlichen Häusern vorbei zum Bahnhof führte. »Das ist die Ruhe vor dem Sturm, das heißt vor der Schlacht«: so erklärte mein Begleiter die Totenstille, die über allem lag. Ich erinnerte mich nicht, wann das Feuer eingestellt worden war, ich hatte es nicht gemerkt. Und ich wollte fragen, ob die Ruhe vor einem Sturm etwas Besonderes zu bedeuten hätte, und was. Ich blieb stumm, denn ich spürte, daß gerade in diesem Augenblick der Schrecken sich wieder näherte, daß er mich wieder überwältigen und daß ich nicht mehr ich selbst sein würde. Zitternd begriff ich, daß ich noch keinen Mut zur Angst hatte.

»Sieh Dich nicht um, das ist besser, und schreite mit dem rechten Fuß aus!« befahl mir der Lehrer. So sollten wir ungetaner Dinge zurückkehren. Über uns, zur Rechten, lag der Friedhof; ich blickte nur vor mich hin oder betrachtete zur Linken die Flußauen und die alten Häuser, die an ihrem Rande standen. Nichts bewegte sich, aber man sah Flecke auf dem Schnee, es konnten zerschossene Wagen, tote Soldaten oder Pferde sein. Ich wollte nur achtgeben, auf dem kaum sichtbaren Pfad bleiben, hinter meinem Lehrer, der mühselig vorankam. Immer wieder mußte ich aber meinen Blick zu den Auen lenken. Plötzlich hörten wir Geräusche, Pferdewiehern und Rufe. Sie kamen vom Marktplatz, gleich hinter der Brücke. Wir warfen uns in den Schnee. Bald erschienen die Reiter, es waren österreichische Ulanen, hinter ihnen liefen Infanteristen her. Sie hielten die Gewehre mit den aufgepflanzten Bajonetten im Anschlag. Kaum hatten sie das letzte Haus hinter sich gelassen, gerieten sie ins Kreuzfeuer. Es waren die Russen, die sich in den Gräben beiderseits der Bahnhofsallee versteckt gehalten hatten.

Wieder flüsterte mir der Lehrer zu, daß ich die Augen schließen und mich nicht fürchten sollte, denn wir wären nicht in Schußlinie und das Gänze könnte nur einige Minuten dauern. Es gelang mir jedoch nicht, die Augen zu schließen, so wandte ich den Blick ab, doch gleichsam gegen meinen Willen mußte ich immer wieder auf dieses laute Getümmel starren. Endlich sagte der Lehrer: »Jetzt dürfen wir keinen Augenblick mehr verlieren.« Wir sprangen auf und liefen, ohne Halt zu machen, bis wir zu Hause waren.

Freudig begrüßten alle den Lehrer, man hatte um sein Leben gefürchtet. Niemand wußte, daß ich mit ihm gegangen war; zwar hatte man meine Abwesenheit bemerkt, aber gedacht, ich wäre im Keller des Nachbarn. Der Lehrer warf mir einen Blick zu, und ich verstand, daß es dabei bleiben sollte. Ich konnte an diesem Abend nichts essen, denn ich fürchtete, alles zu erbrechen. Spät nachts riß mich ein Weinkrampf aus dem Schlaf; die Eltern und der Lehrer umstanden mein Bett. Der Vater konnte sich nicht erklären, was einen großen, tapferen Jungen wie mich so völlig aus dem Gleichgewicht hätte bringen können. Alle ertrugen diese schweren Stunden so gut, ob im Keller, ob im Hause — und nur ich, gerade ich? Das war ihm unverständlich. Noch während man mich zu beruhigen suchte, setzten die Kanonen wieder ein. Man hatte also recht gehabt; der Kampf um den Flußübergang und das Städtel war noch immer im Gange. Wir stiegen wieder in den Keller hinunter, wahrscheinlich das letzte Mal, denn die k. u. k. Armee war im siegreichen Vormarsch, sagte man. Eine Frage von Stunden nur — und wir werden die Russen los sein und wahrscheinlich bald wieder Frieden haben. Amen!, sagten alle.

Am frühen Morgen setzte erneut ein heftiges Trommelfeuer ein, das eine Ewigkeit zu dauern schien, doch am späteren Vormittag war alles vorbei. Die Russen waren vertrieben; ein für allemal, meinte man.

»Alle strömten in die Gassen, man ging zum Fluß, da lagen noch die Gefallenen. Jeder da, wo ihn die tödliche Kugel hingestreckt hatte. In der Nähe der gesprengten Brücke lag ein junger Soldat. Man mochte glauben, daß er schlief und im Schlaf geweint hatte. Keine Wunde war an ihm zu sehen, kein Blut. Man umstand ihn, eine alte Bäuerin weinte. Als Dojno sich nach einigen Minuten wieder der Leiche näherte, bemerkte er, daß die Schuhe

des Toten verschwunden waren und das armselige Portefeuille, das in der obern Außentasche gesteckt hatte. Und da erst weinte er auch — nicht aus Trauer um den jungen Soldaten, sondern aus Wut über die Lebenden, aus tiefer Scham.«

Die Scharmützel, die ich da erwähnt habe, waren, am Geschehen des Weltkriegs gemessen, so unerheblich, daß sie — außer in der Chronik eines Bataillons — wohl keinerlei Erwähnung verdient hätten; wahrscheinlich sind sie auch nirgends vermerkt worden. Ja, ich selbst sollte in den folgenden 18 Monaten Zeuge ungleich wichtigerer Ereignisse werden. Dennoch ist es für mich seit langem fraglos, daß damals, in jenen ersten Monaten des Jahres 1915, als unser Städtel Opfer von Epidemien und von Kriegshandlungen wurde, meine Kindheit ihr abruptes Ende gefunden und mein Leben so eine Wendung genommen hat, die fortan wohl alle Vorgänge meines Werdens bedingen und zuweilen bestimmen sollte. In jenen Tagen und Nächten, besonders aber während der wenigen Stunden auf dem Friedhof und danach, im Anblick des Sturmangriffs, trat ein Bruch ein, dessen Wirkung dauerhaft geblieben ist. Nach diesen Erlebnissen habe ich die Welt niemals mehr wie vorher, nie wie ein Ganzes gesehen, dessen leuchtendes Bild in zwei einander gegenüberliegenden Spiegeln endlos wiederholt wird. Nun waren die Spiegel aufgesplittert und teilweise erblindet — sie zeigten nichts Ganzes mehr, sondern nur Stückwerk.

Was konnte ich damals von all dem, das uns, das mir zustieß, fassen, erfassen? Nicht sehr viel, gewiß. Aber ungleich mehr, als man gewöhnlich einem intelligenten Jungen in seinem zehnten Lebensjahr zutrauen würde. Ich erkannte in tiefer Erschütterung, daß es keinen schützenden

Himmel über den Menschen gab, daß es für sie, für uns alle nur die Erde, die grenzenlos gleichgültige, unachtsame Erde gibt. Die folgenreichste Wirkung vollzog sich, als ich begann, *wir* statt *ich* zu denken: wir, das heißt nicht die Meinen, nicht nur unser Volk, sondern wir Menschen angesichts von etwas, das mörderisch und gleichgültig in einem, über unser Leben, das heißt über unser Sterben entschied — und dieses Etwas war nicht Gott. Wäre der Meldereiter eine Sekunde früher an dieser Stelle vorbeigekommen, das Geschoß wäre zwar in jedem Fall explodiert, doch alles wäre anders gewesen. Also war das Schicksal blind, und man mußte gegen das Schicksal sein und alles dazu tun, daß wir uns selber Schicksal seien. Ton in des Töpfers Hand, so stand's geschrieben. Wie, sollen wir Ton in der Hand eines blinden Töpfers sein? Ich dachte, wie gesagt, *wir,* nicht *ich,* weil ich es hatte erleben müssen, daß Menschen wie von einem Sturm angeweht aus der Fremde kamen, sich aufeinander stürzten, töteten und starben. Und keiner von ihnen tat es als ein *Ich* — das war das Unwahrscheinliche und doch die Wahrheit. Keiner starb als das Ich, das er war, seinen eigenen Tod.

Was ich hier schreibe, hätte ich damals natürlich nicht so formuliert. Aber darauf kommt es nicht an. Ich wußte von nun an, daß die Welt so aussah, wie der halbblinde, zersplitterte Spiegel sie reflektierte; und daß man sie ändern mußte; und daß kein *Ich,* sondern nur ein *Wir* es zustande bringen könnte.

Das Ende einer Kindheit bedeutet eine tiefe, weitreichende Wandlung. Das hatte jedoch nicht zur Folge, daß ich mein Interesse für mich selbst verlor oder daß ich mich des vielschichtigen Egoismus entledigte. Und ich war noch viele Jahre imstande, mich immer wieder — wenn auch immer seltener — wie ein Bub zu vergnügen und mich Illusionen hinzugeben, Erwartungen und Befürchtungen töricht zu übertreiben. Darin und in so vielem anderen blieb ich mir selbst und den Altersgenossen gleich, doch wußte ich genau, daß ich aus dem Neste gefallen war. Schon während der Minuten, die das Gemetzel vor meinen Augen andauerte, und anderntags, als ich den bestohlenen Toten wiedersah, bemächtigte sich meiner eine sonderbare Neigung: In jenem Lärm und in der namenlosen Ängstigung war mir, als hörte ich mich jemandem das Geschehen in seinem Ablauf erzählen — und zwar als Erinnerung an ein Erlebnis, das weit zurücklag. Ich vollzog gleichsam eine *Gegenwarts-Entrückung*, indem ich mich in eine ferne, kommende Zeit projizierte, in der ich rückblickend das schildern würde, was anstürmende, überwältigende Gegenwart war.

Diese sonderbare Zukunftsprojektion hat mich nie mehr verlassen. Erst viel später habe ich versucht, für sie eine Erklärung zu finden; keine hat mich völlig befriedigt. Gefahr und Grauen der Erwachsenenwelt waren mit unausweichlicher Gewalt in mein Leben eingedrungen. Obwohl es mir selbst zum ersten Mal geschah, war das Übel mir keineswegs unbekannt, denn ich hatte all das als Bericht, zum Beispiel in der Bibel erfahren. Da hatte es mich beeindruckt, aber nicht gefährdet, mir nicht die Angst eingejagt, daß die Erde unter mir ins Nichts stürzte oder sich ins Nichts erhob — eben weil es sich ja nur um einen Bericht, eine Geschichte handelte. Nun aber, nach den Ereignissen, tat ich das Umgekehrte: Ich verwandelte das, was ich zu erleben im Begriffe war, in einen späteren Bericht. So verschaffte ich mir die subjektive Gewißheit, daß ich überleben würde: »Ich ganz allein bin entronnen, um es Dir zu melden, Hiob.«

Diese Erklärung ist nicht falsch, aber unzureichend, weil sie manches ausschließt, was sicherlich von Bedeutung ist. So zum Beispiel die Tatsache, daß der Schrecken, mit dem mich die geschilderten Gewalttaten erfüllten, das Bild zerstörte, das ich mir allmählich, nicht zuletzt unter dem

Einfluß meines Vaters, von mir selbst, von meiner Furchtlosigkeit gemacht hatte. Während jener Geschehnisse verlor ich den Glauben an meine Standhaftigkeit, wurde ich meinem ganzen Wesen gegenüber mißtrauisch. In der Nacht darauf, als ich nach dem Weinkrampf mich selbst zu trösten versuchte, sagte ich mir, daß es gegenüber der Maßlosigkeit der Gewalt, etwa im Kanonenfeuer, keine Standhaftigkeit geben könnte, denn da nützte sie nicht viel. Doch erst Jahrzehnte später war ich in der Lage, das Verhältnis von Gewalt, Schrecken, Angst und Furcht, von Mut, Entmutigung und Mutlosigkeit zu untersuchen. Jetzt finde ich mich damit ab, daß alle psychologischen Erklärungen und Deutungen, sofern sie überhaupt das Wesentliche berühren, fragmentarisch bleiben. So will ich es vorderhand damit bewenden lassen, daß der bedrohte Körper im fernen Raum und die geängstigte Seele in einer kommenden Zeit Zuflucht suchen können — eben dank jener merkwürdigen Gegenwarts-Entrückung.

Nein, auch nach jenen Scharmützeln war das Städtchen nicht befreit, denn wenige Tage später gelang ein russischer Gegenangriff. Meine Familie flüchtete in letzter Stunde nach Kolomea, der nahen Hauptstadt unserer Provinz. Während einiger Wochen blieb die Lage labil; schließlich zogen sich die Russen an unserm Frontabschnitt weit genug zurück, wir kehrten heim. Endlich kam der Frühling, die Epidemien erloschen, wenn auch viel langsamer, als man gehofft hatte. Es war nicht leicht, die Mädchen und die jungen Frauen wiederzuerkennen, die sich mit fast kahlen Köpfen in den Straßen zu zeigen begannen. Man gewöhnte sich an die pockennarbigen Gesichter jener, die die Blattern überlebt hatten. Niemand fror mehr, das Städtchen wurde etwas besser versorgt; die Wiener Zeitungen kamen wieder und, wenn auch selten, Briefe aus Amerika, Dollars und sepiafarbene Photos.

Man reparierte die Holzhäuser, die teilweise zerstört worden waren, man stellte die Grabsteine dorthin, wo sie hingehörten; die frischen Gräber der Kranken, die der Epidemie erlegen waren, bezeichnete man mit Brettchen. Das müßte vorderhand genügen, sagte man, im Frieden würde alles nachgeholt werden.

Immer wieder stationierten von der Front zurückgezogene Einheiten im Städtel oder in den umliegenden Dörfern — für einige Tage oder Wochen. Das Sprachengewirr der k. u. k. Armee erschwerte die Verständigung mit den Soldaten so sehr, daß es manchmal gefährlich wurde. Am schwersten hatte man es mit den Ungarn, deren Sprache bei uns niemand verstand; sie verloren schnell die Geduld, doch am Ende verständigte man sich mit ihnen dank dem merkwürdigen Militärdeutsch, von dem fast alle Soldaten einige Brocken kannten. Es blühte ein ärmlicher Tauschhandel; die Soldaten hatten kein Geld, sie zahlten mit ihren Lebensmittelrationen, mit Uniformstücken, Schuhen, Tabak und dergleichen. In den finstersten Hintergäßchen trafen sie jüdische und christliche Mädchen, auch junge Kriegerswitwen, deren Gunst sie mit Lebensmitteln oder für einige Kronen erkauften. Alles wurde im Stehen erledigt. Ich muß im Dunkeln einige Male an den Paaren vorbeigegangen sein. Was da geschah, mag mich beeindruckt, doch nicht erschüttert oder auch nur sonderlich bewegt haben. Auch das gehört zum Krieg, sagte man im Städtel. Und daß es Huren immer gegeben hat, wußten wir aus der Bibel. Die Frauenzimmer, die sich mit den fremden Mannspersonen einließen, die so lange von ihren Weibern getrennt waren, dürften fast ausnahmslos die Ärmsten unter den Armen gewesen sein — stets auf der Suche nach Nahrung für ihre Kinder, für sich selbst und für die verwaisten Geschwister. Das Städtel, in allem so furchtbar streng, wollte sie nicht verurteilen; man schaute weg.

Und dann — es ging dem Sommer zu — brachen die Russen unerwartet irgendwo beim Dnjestr durch, hieß es. Früh am Morgen war der große Platz von Soldaten überfüllt, die meisten von ihnen leicht verwundet, die Schwerverletzten in Bauernwagen auf dem Platz, auf allen Straßen und am Rande des Städtchens. Dann kamen Offiziere in Automobilen und Einheiten der Feldpolizei. Ein Major forderte vom Bürgermeister, daß das Städtchen bis 5 Uhr nachmittags völlig geräumt werde. Wir waren wie gewöhnlich unter den letzten, die sich auf die Flucht begaben. Als wir jenseits des Flusses waren, hörten wir die Sprengungen, mit denen man die Häuser ganzer Gassen niederlegte. Es sollte sich später herausstellen, daß diese methodische Zerstörung völlig unnütz gewesen war.

In der Nacht darauf geschah mir, wie ich schon erzählt habe, daß ich immer wieder steinerne Treppen vor einem weißen Haus zu erblicken glaubte. Diese verlockende, verwirrende, schließlich deprimierende Sinnestäuschung endete, als der Morgen anbrach. Wir waren aus dem Wald heraus, die steinige Straße führte an einem großen, flachen Gelände vorbei. Und da erblickten wir alle — diesmal war es keine Sinnestäuschung — ein silbern leuchtendes Flugzeug, das erste, das wir auf dem Boden, aus nächster Nähe betrachteten. Ganz in hellbraunes Leder gekleidet stand der Pilot daneben: ein junger, sehr groß gewachsener Mann, der Zigaretten mit langem, goldenem Mundstück rauchte — von jeder nur einige Züge, dann warf er sie vor die Füße der Umstehenden, zog aus der Brusttasche eine goldene Dose, der er eine andere entnahm, die er mit einem automatischen Feuerzeug anzündete.

Nach wenigen Minuten war es so weit, er stieg ins Flugzeug; während er seinen ledernen Helm über den Kopf zog, warf ein Soldat den Propeller an. Wir wichen alle zurück. Ich setzte mich ins Gras, gar nicht mehr müde und schläfrig, sondern seltsam wach. Wir sahen das Flugzeug übers Feld rollen und sich schließlich schwankend erheben. Es kreiste zweimal über unseren Köpfen, ehe es, von einem Band von Sonnenstrahlen erfaßt, vergoldet davonflog, in der Richtung, aus der der Kanonendonner herübertonte. Hätte ich damals das Wort »Übermensch« gekannt, ich hätte es auf diesen Flieger angewandt. Gerne wäre ich bis zu seiner Rückkehr dageblieben, um seiner Landung zuzusehen, aber auch um zu beobachten, ob solch ein Mann sich auf Erden genau so bewegt wie alle anderen Menschen.

Wir zogen weiter, bis nach Kuty, einer kleinen Stadt, nach der übrigens unsere Provinz, die ärmste und rückständigste Galiziens, Prokucie benannt worden war. Es war Freitag, wir wollten dableiben, um den Sabbath zu feiern. Unsere Gastfreunde schickten sich jedoch selbst an, über die ganz nahe Grenze in die Bukowina zu flüchten, denn es sah so aus, als ob der Russe, der an der galizischen Hauptfront in Bedrängnis geraten war, an diesem Nebenkriegsschauplatz umso energischer angreifen und die österreichischen Stellungen eindrücken wollte. So zogen wir weiter, wieder unter den Nachzüglern. Die Bergstraßen waren recht eng, doch nicht zu steil, gut und trocken. Der Abend brach an, die Frauen blieben in den von einem oder zwei Pferden gezogenen Wagen und brachen so zum ersten Mal in ihrem Leben das Verbot, am Sabbath zu fahren. Doch stiegen auch sie ab, als sich uns, nach einer Straßenbeugung, ein Anblick bot, der plötzlich alle verstummen ließ: Vor uns erhob sich der Weg in mehreren Serpentinen, deren Ränder man so genau bestimmen konnte, weil winzige Feuer sie beleuchteten, deren Schein im leichten Winde hin- und herflackerte. Jeder verstand, daß es sich um die Sabbathkerzen handelte, die jüdische Frauen von altersher jeden Freitag unter Segenssprüchen anzünden, kurz ehe der Abend anbricht. Wir zogen weiter, an diesen Kerzen vorüber, als ob sie Trophäen eines Sieges wären — eines Sieges nicht nur über die Feinde auf Erden, sondern auch über Gott, den man wieder einmal verhinderte, sein Gesicht von seinem Volke abzuwenden, von diesen verlorenen, ziellos flüchtenden, völlig wehrlosen Bewohnern eines chassidischen Städtels.

Gegen Mitternacht erreichten wir den Ort, der die Endstation einer Bergbahnlinie war. Obwohl sein Haus von Flüchtlingen überfüllt war, nahm unser Gastfreund uns auf, als hätte er sein Leben lang unseren Besuch erwartet. Allein, es war offenbar, daß man gleich am andern Morgen weiterziehen mußte, da die Front unaufhaltsam näher kam. Es gab Wagen in der Station; kam eine Lokomotive, so konnte man nach dem Süden der Bukowina flüchten, wo man endlich Sicherheit und Zuflucht finden konnte.

Im Lichte der ersten Morgenstrahlen bestieg man die Waggons, die Lokomotive ließ nicht zu lange auf sich warten. Man fuhr und übertrat so wieder ein strenges Sabbathverbot, man war traurig, ja entsetzt darüber, aber um Menschenleben zu retten, war das, was wir taten, ausnahmsweise erlaubt. Kaum hatte sich der Zug in Bewegung gesetzt, versammelten sich alle Männer zum Gottesdienst in einem Wagen; sie beteten mit solcher Inbrunst, daß sie zwar nicht die tödliche Gefahr vergaßen, in der sie und die ihren fortgesetzt schwebten, aber sie schöpften Hoffnung, daß der Allmächtige die Rettung nicht verweigern würde.

Wir blieben beinahe zwei Monate in dem langgezogenen, schönen Dorf mit den sauberen, weißen Häusern, in dem meines Vaters einziger Bruder und dessen Frau lebten. Uns Kindern war's, als verbrächten wir besonders schöne Ferien; wir kletterten viel in den Bergen herum, wir angelten im Gebirgsbach so viele Fische, als wir brauchten.

Im Herbst kehrten wir heim, unser Städtel war schon

seit Wochen vom Feind geräumt — er würde niemals mehr wiederkommen, wiederholten alle zuversichtlich. Die Fassade unseres Hauses wies noch die Spuren zahlloser Einschüsse auf, aber wir konnten uns wohnlich einrichten. Der Herbst kam früh und kalt, doch war er weniger regnerisch als sonst. Die Kinder lernten wieder, denn es galt, so viel aufzuholen, erklärten Lehrer und Eltern. Jede Woche kam ein neues Friedensgerücht auf, man ließ sich von ihm täuschen, weil man die Hoffnung brauchte wie einen Bissen Brot. Das Leben war furchtbar schwer, schwerer als man es je für möglich gehalten hätte. Große Teile des Landes blieben besetzt, die Kohlengruben und die Petroleumquellen und die getreidereichen Provinzen waren für uns unzugänglich.

Man vergaß nur langsam die Opfer der Epidemien, aber man vergaß sie, denn nun erfuhr man nach und nach die Namen der Gefallenen, die das Städtel zu beklagen hatte, und der Schwerverwundeten, die irgendwo in Spitälern lagen und vielleicht nie mehr wieder zurückkehren würden. Wovon werden die Witwen und die Waisenkinder leben? Was wird aus den Bräuten werden, deren Verlobte tot oder — vielleicht noch schlimmer — verkrüppelt waren?

Die Chassidim, die über die Herbstfeiertage zu ihrem Rabbi gefahren waren, deuteten geheimnisvoll an, daß man so gut wie sicher sein könnte, daß der Messias auf dem Wege war. Die Erlösung nahte also mit Riesenschritten, die Messias-Zeiten waren bereits angebrochen, denn sonst wäre es ja unverständlich, warum der Krieg sich jeden Tag immer mehr ausbreitete, sodaß schließlich alle Völker der Erde auf einmal zur Schlachtbank getrieben würden; unfaßbar wäre es, daß man hungern muß selbst im Herbst, wenn die Ernte in den Scheuern ist, daß man frieren muß, wenn doch der Baumbestand dichter ist als sonst, weil die Holzfäller zu Menschentötern in Uniform geworden sind. Daß Söhne verbluten und von ihren Eltern nicht betrauert und nicht von den Eigenen zu Grabe getragen werden, weil alles in der Finsternis der Gemüter und der mitternächtigen Unwissenheit geschieht, die sich überall ausbreitet, ehe das große, das ewige Licht die Welt und all ihre Abgründe erhellt.

Die Ironie blieb so unvermeidlich und so aufdringlich wie je, sie stimmte nur häufiger traurig als heiter: »Du lachst — wehe über dich und dein Gelächter!« Das mochte jemand vor sich hinmurmeln, nachdem er selbst ein »gutes Wörtl« angebracht und belacht hatte. Es blieb jedoch dabei: der Untergang konnte nichts anderes bedeuten als einen Übergang. In jenem harten Winter hörte ich so oft die Leute wiederholen: »Wenn der Messias jetzt nicht kommt, wann denn soll er kommen?« Aber ich war nun schon zehn Jahre alt, die Lehrzeit bei dem schlauen Berele mit seinen Kopfständen lag in fernster Vergangenheit. Natürlich war ich noch gläubig, aber anders als früher. Alles hatte einen Sinn, einen offenen und einen geheimen. Ja, alles, jedoch nicht der Krieg, nicht dieses pausenlose Morden, nicht diese Not. Ich kannte das Wort *absurd* nicht, aber es allein drückt das aus, was ich damals von der permanenten Katastrophe dachte, in der sich alles befand. Ich schläferte mich manchmal wie mit einem Wiegenlied ein, indem ich mir kaum hörbar wiederholte: Es hat keinen Sinn, gar keinen Sinn.

Wahrscheinlich hätte ich den Mut aufgebracht, meinen Urgroßvater nach dem Sinn dieses Sinnlosen zu fragen, vielleicht hätte ich von ihm gefordert, daß er das Geschehen zu rechtfertigen suche. Aber er war ein Jahr vor dem Krieg gestorben; die Urgroßmutter hatte ihn am Morgen an seinem Tisch gefunden, den Kopf auf dem Folianten, in der verkrampften Hand das große rote Taschentuch ... Merkwürdig, daß ich diese Frage nicht an den Vater gerichtet habe. So blieb ich auf mich allein gestellt; damals sah man in mir ein sehr trauriges Kind, das stets die Einsamkeit suchte, mit oder ohne Buch in der Hand. Tatsächlich aber war ich nicht traurig, sondern in einer besondern Art nachdenklich: Ich verstand, daß ich so vieles gar nicht verstand, und ich wußte, daß ich viel zu wenig wußte. Ich hatte desgleichen schon mehr als einmal früher bedacht und es hatte mich mit großer Vorfreude auf alles erfüllt, was ich gewiß noch lernen würde. Diesmal geschah es mir aber, daß ich an den Nutzen des Wissens nicht mehr glauben konnte, jene Vorfreude schien verschwunden — für immer, fürchtete ich.

Damals lehnte ich mich zum ersten Mal gegen ein Wissen auf: gegen das Studium des Talmudtraktats *Gitin*, aus dem ich alles Wissenswerte über die Ehescheidung erfahren sollte. Mir schienen die Gründe, die mich eines Besseren belehren sollten, schwach, ja lächerlich, und überdies hatte ich das Gefühl, daß auch der Vater und der Lehrer, die mich überreden wollten, nicht unerschütterlich überzeugt waren. Ich hätte wahrscheinlich auch jeden andern Traktat uninteressant gefunden, es ging somit nicht nur darum, daß mich die Scheidungsgesetze im alten Israel nicht interessierten. Viele Jahre später sollte ich einige Talmudbände in deutscher Übersetzung lesen und noch viel später an dem Kampf gegen die Feinde des Talmuds, des gewiß meist verleumdeten Werkes der Weltgeschichte, teilnehmen.

Zwischen unserer Heimkehr im Herbst 1915 und unserer vierten und letzten Flucht im Frühsommer 1916 geschah vieles, was auf unser tägliches Leben einschneidende Wirkungen ausübte. Doch erlebte ich sie nicht mehr wie ein Kind, nicht mehr als *flüchtige Ewigkeiten*, sondern als ein Geschehen, das auch dann nicht unterbrochen wurde, wenn es zum Stillstand gekommen war. Ich verstand, daß wir mitten in einem Strom waren, der in vielen Ländern dahinfloß, sodaß man glauben konnte, er hätte seine Richtung immer wieder völlig geändert; manchmal floß er friedlich dahin, plötzlich stürzte er in schäumenden Wasserfällen in die Tiefe, aber es war der gleiche Strom und es gab gar keinen Stillstand für ihn. Der Mensch kommt vom Staube her und zum Staube kehrt er zurück, so hieß es in unseren Gebeten, und die Rückkehr zum Staub beginnt im Augenblick der Geburt.

Manches von dem, was damals geschah, fand ich später wieder; von dem einen oder andern wird noch die Rede sein. Während mehrerer Jahre sollte ich in einer sonderbaren Vertrautheit mit dem Tode leben, ich fürchtete ihn weit mehr als zum Beispiel jetzt, da mich mein Alter ihm täglich näherbringt. Zugleich aber dachte ich, daß wir zu einem Hasardspiel mit dem Tod gezwungen waren, bei dem er am Ende nie verlieren konnte. Immer, in allem wußte ich mich des Beistandes sicher, den mir die Meinen und im Notfall sogar Fremde leisten würden. Nur dem Tode gegenüber fühlte ich mich seit jenem Ereignis auf dem Friedhof allein, ganz allein. Und wo war Gott? Und was nützte ihm, was nützte uns seine Allmacht?

Im Verlauf unserer letzten Flucht kamen wir endlich, nach vielen Umwegen, zur ungarisch-galizischen Grenze in den Karpathen. Hier erlitten wir einen Unfall, der tödliche Folgen hätte haben können. Eines der Pferde, das plötzlich scheu geworden war, riß den Wagen, der für den schmalen Weg zu breit war, nach rechts, zum Abgrund hin. Es glitt aus, verlor den Halt und zog das andere Pferd mit, das sich erschreckt aufbäumte, sich in den Riemen verfing und so halb über dem Absturz zu liegen kam. Ein winziges Bäumchen blockierte das linke Wagenrad, so konnten wir alle hinausspringen. Holzfäller hatten den Vorfall bemerkt und eilten uns zur Hilfe, dennoch dauerte es Stunden, ehe wir uns wieder auf den Weg machen konnten. In später Nacht erreichten wir das Städtchen, in dem ein Onkel des Vaters das Rabbinat übernommen hatte, auf das der Urgroßvater Boruch seinerzeit in tiefem Groll verzichtet hatte. Wir blieben nur wenige Tage da, obschon diese Gegend gegen die russische Invasion geschützt schien und von ihr auch weiterhin verschont bleiben sollte. Die Erinnerung an das Haus dieses Großonkels ist mir aus einem besondern Grunde lebendig, ja stets gegenwärtig geblieben — wie eine bedeutsame Warnung und zugleich wie die Scham über eine unverzeihliche, sinnlose Selbstverleugnung.

Der Rabbiner zog — vielleicht geschah es schon in der Nacht unserer Ankunft — meinen vierzehnjährigen Bruder und mich ins Gespräch, sobald wir mit ihm allein geblieben waren. Statt uns sein Mitgefühl auszudrücken, benutzte er die Abwesenheit meines Vaters, um uns Vorwürfe zu machen, die in Wirklichkeit ihm galten. Er erklärte unsere Lage, den Verlust der Heimat, die lange, schwierige Flucht und sogar den Unfall, unter dessen Wirkung wir noch standen, — all das, erklärte der Rabbi, wäre Gottes gerechte Strafe für unsere Sünden. Er spielte insbesondere darauf an, daß mein Bruder, der das polnische Gymnasium besuchte, dort jedes Mal den Sabbath entweihte, wenn er an diesem Tage schrieb, und daß er so das ganze Judentum verriet. Das Unheil ergab sich auch daraus, daß unser Vater selbst und seine Kinder keine Schläfenlocken trugen und wahrscheinlich recht oft sogar zu beten vergaßen. Alles hinge zusammen, behauptete unser Großonkel, der zornige Rabbiner, der übrigens wenige Jahre später Oberrabbiner in Rumänien werden sollte. Mein Bruder Hesio, der sonst keineswegs streitbar, sondern eher freundlich und entgegenkommend war, widersprach zuerst zögernd, dann immer entschiedener. Wir waren beide übermüdet, aber die Kränkung verscheuchte seine Müdigkeit, er hielt energisch stand und verlor alle Scheu vor dem strengen Mann.

»Aber du, du weißt, daß ich recht hab!« wandte sich unser Gastgeber plötzlich an mich, dessen Gegenwart er vorher gar nicht beachtet hatte. Ich schwieg, weil ich das keineswegs glaubte. Er aber drang in mich, ich mußte antworten. Wir hielten uns in seinem Hause auf, wir hatten an seinem Tisch gegessen und wir sollten da übernachten. Mir fiel es schwer, ihm so unrecht zu geben wie mein Bruder; ich fürchtete, das wäre undankbar und ungehörig, da er ja die große Respektsperson war. Auch mein Bruder sah mich nun erwartungsvoll an, gewiß, daß ich genau so dachte wie er. Ich öffnete endlich den Mund und gestand stotternd unsere Sündhaftigkeit und daß dies wohl an allem Unglück schuld wäre, genau wie es der Rabbi behauptete, der von unserm Urgroßvater die Strenge und wahrscheinlich sehr viel Wissen, aber nicht die Weisheit und nicht die herbe Güte übernommen hatte. Ich senkte die Augen vor dem Blick meines Bruders, denn ich schämte mich meiner Antwort, der Liebedienerei, der Feigheit.

In meinem ganzen Leben habe ich mich fortan immer wieder vor solche Prüfungen gestellt gesehen. Ich glaube, daß ich niemals mehr einer Stimmung oder irgendeiner persönlichen Verpflichtung zuliebe eine andere Meinung ausgedrückt habe als die meine. Wenn ich manchmal geneigt war, nachzugeben und, egal aus welchem Grund, als Wahrheit gelten zu lassen, was ich nicht als solche empfand, stellte sich gleich die Erinnerung an jene Szene ein, für die ich mich noch während langer Jahre schämte. Älter geworden, habe ich mir hie und da das Recht zugestanden zu schweigen, wenn ein Widerspruch völlig erfolglos bleiben mußte. Ich habe aber nie um des seelischen Komforts oder um einer Opportunität willen geschwiegen. So bin ich, ein Ungläubiger, meinem Urgroßvater treu geblieben, treuer wohl als alle Rabbiner, die von ihm abstammen.

Nun ist es wirklich so weit, vom Städtel Abschied zu nehmen, was ich schon mehrmals angekündigt habe. An jenem 27. Juli 1916, als wir am Franz-Josephs-Bahnhof in Wien aus dem Zug stiegen — ich war genau 10 Jahre und sieben Monate alt — dachte ich nicht, ahnte ich nicht, daß es für mich keine Rückkehr geben würde; ich fragte übrigens gar nicht danach, denn ich war von der Gewißheit beherrscht, daß wir nun wirklich dort angelangt waren, wo sich das Riesentor öffnete, durch welches ich in eine weite, der Zukunft verschriebene Welt eintreten würde. Alles lag vor uns.

Nein, ich vergaß das Städtel nicht in den Jahren, in den Jahrzehnten, die folgten und mich von ihm so weit entfernten, daß mir war, als läge es auf einem andern Planeten.

Es mag sein, daß das Gefühl, entwurzelt worden zu sein, sich in mir nie eingestellt hätte, wenn Hitlers Siege nicht jene Abfolge von Katastrophen heraufbeschworen hätten, die auch jetzt noch so gegenwärtig bleiben, als wären nicht schon 27 Jahre seit seinem Untergang verronnen. Wenn die jüdischen Städtel noch existierten, würden sie für mich nur einer fernen Vergangenheit angehören; da sie vernichtet, so ausgerottet worden sind, daß nichts von dem, was sie gewesen sind und hätten werden können, in die Zukunft hinüberreichen kann, gehört Zablotow nunmehr zu meiner Gegenwart. Es ist in meinem Gedächtnisse beheimatet.

Doch noch bevor ich erfuhr, daß es Zablotow und die anderen Städtel nicht mehr gab, erlebte ich mit einer überwältigenden Eindringlichkeit einen Verlust, für den ich vorerst keinen Namen wußte: Ich lebte damals in Paris, es war ein Freitagabend im März 1938; ich hatte das Radio eingeschaltet, vor allem um etwas von den Fronten des spanischen Bürgerkriegs zu erfahren. Da hörte ich völlig unerwartet den Sprecher des Senders Radio Cité sagen, daß Österreichs Schicksalsstunde geschlagen habe, daß man während der nächsten Stunden in Wien mit dem Einmarsch deutscher Truppen rechnete. Ich fand den Wiener Sender und hörte viele Stunden, bis in die tiefe Nacht hinein. So wurde ich akustisch Zeuge des Aufmarsches der Massen, die von allen Seiten zum Ballhaus strömten und bald den ganzen Heldenplatz überfüllten. »Sieg heil! Heil Hitler! Sieg Heil!« — unaufhörlich drangen diese Rufe in das schäbige Zimmer meines miserablen Hotel garni. In jener Nacht nun geschah es, daß mich zum ersten Mal das eigenartige Gefühl der Verlorenheit überwältigte, das mit der Entwurzeltheit einhergeht. Natürlich erfaßte mich Angst um meine ganze Familie und um so viele meiner Freunde, die längst hätten emigrieren sollen, es aber noch nicht getan hatten, weil sie sich von jener Stadt nicht losreißen konnten. In der gleichen Nacht entdeckte ich zu meiner Verwunderung, daß mir Wien nun nicht etwa als die Stadt erschien, die mir — wer weiß, für wie lange — unzugänglich wurde, wie etwa Berlin seit 1933. Nein, mir war, als ob Wien in diesen Stunden von der Bildfläche verschwinden müßte. In jener Nacht verwaiste ich, verlor ich meine Wurzeln; ich verbot mir das Heimweh nach dieser Stadt, die ich grenzenlos bewundert hatte, als ich noch im Städtel lebte, und die ich erst wahrhaft, ja leidenschaftlich zu lieben begann, nachdem sie mich wie durch einen bösen Zauber enttäuscht hatte — als die Zeichen ihres Untergangs in den letzten Kriegsjahren sie so entstellten, daß sie sich selber kaum noch glich.

Was das wohl sein mag: die leidenschaftliche Liebe eines Jungen zu einer Stadt, deren Glanz und Größe er aus der Ferne über alle Maßen bewundert hatte und deren jämmerlichen Niedergang er sodann aus nächster Nähe während zahlloser Tage und Nächte miterleben, erleiden mußte?

»Er kannte diese Stadt zu genau, wie man eine Frau

kennt, die man nicht mehr liebt«, habe ich in Gedanken an Wien geschrieben — fünfundzwanzig Jahre nach jenem 27. Juli 1916, an dem ich das erste Mal den Fuß auf Wiener Boden setzte. Ich lebte damals, im Herbst 1941, in der Nähe von Nizza. Wenn ich durch das schmale Fenster hinausblickte, sah ich eine winzige Bucht und weiter draußen die in der Sonne leuchtende glatte Fläche des Meeres und links auf einem vorgeschobenen Hügel ein Olivenwäldchen. Welch herrliches Land! Ich bewunderte es zu jeder Jahreszeit, doch war es mir gewiß, daß ich mich niemals danach so zurücksehnen würde, wie ich mich während langer Jahre nach Wien gesehnt habe, wo auch immer ich gerade war. Nach Wien, nicht nach Zablotow, das ich nie geliebt hatte, obschon ich dort zuerst erlebt hatte, was es bedeutet, irgendwo zu Hause zu sein.

Dritter Teil

Ende und Anfang

Was ich in Wien während der ersten Monate erlebt habe, bietet sich der Erinnerung in parallelen Reihen an, als ob sich alle Erfahrungen schon von Anbeginn aufs deutlichste voneinander abgehoben hätten. Es gab das Erlebnis der »gläsernen Pantoffel«, die den, der sie trägt, zwingen, ohne Unterlaß zu tanzen. Während vieler Wochen, bis zum späten Herbst blieb ich unfähig, der Lockung der Straßen zu widerstehen. Rastlos durchwanderte ich die Stadt, besonders den ersten, den zweiten, dritten, neunten und zwanzigsten Bezirk. Anfangs geschah es, weil ich etwas suchte: die kaiserliche Pracht, die tagtraumhafte Schönheit, die Vollkommenheit.

Der Krieg dauerte bereits zwei Jahre. Die sommerliche Morgensonne ließ alles in goldenem Lichte erstrahlen, sodaß Risse und Brüche im Schatten blieben. Doch wußte ich auch damals nicht ganz genau, was ich wirklich finden wollte; ich weiß es auch heute nicht. Nicht selten sucht man in Umarmungen Zuflucht vor der bedrängenden, quälenden Enttäuschung über die Frau, die man in den Armen hält. Fast jeder Tag brachte neue Enttäuschungen, trotzdem hörte ich nicht auf zu suchen, die Augen weit offen für die Brücken, die Straßen und auch für die entlegensten Gäßchen, ebenso wie für die Menschen: für ihre Gesichter, ihre Gebärden, ihre Kleidung; schließlich für die Paläste, für die Patrizierhäuser, für die Denkmäler; immer aufmerksam für die Geräusche der Straße, für die Gassenhauer und die Musik der Leierkästen, die man in den ärmeren Bezirken häufig antraf. Ich wanderte, weil ich suchte, aber wahrscheinlich ebenso, weil ich weglaufen wollte.

Die zweite Erlebnisreihe jener Monate begann am Tage, an dem wir endlich in Wien anlangten, mit unserem Sturz in die Armut. Wir sollten schnell entdecken, in welche Tiefen, in welche Untiefe man stürzen kann. Schon glaubt man, den Boden erreicht zu haben, aber nach kurzer Pause fällt man noch tiefer. »Tiefer als der Abgrund«, diesen Titel habe ich einem meiner Romane gegeben. Ein Kritiker wandte ein: »Das gibt es ja gar nicht, der Abgrund selbst ist das Tiefste«. Zwischen 1916 und 1918 sollte ich es in zahllosen Einzelheiten, im Absinken von Stufe zu Stufe erleben, daß jeder Fall einen anderen, tieferen auslösen kann, daß der Abgrund keinen Grund hat.

Mitten in der ersten Nacht — man hatte uns in einer miserablen Pension untergebracht — wurden wir von der Mutter geweckt, im trüben Licht einer winzigen elektrischen Birne stand sie zwischen unseren Betten, Entsetzen und Verzweiflung malten sich in ihrem Gesicht. Sie deutete auf die nahe Wand und zum Plafond hinauf und wiederholte: »Wanzen, um Gotteswillen, es gibt hier Wanzen!« Ihre Bestürzung rief in mir den Eindruck hervor, daß Wanzen — ich wußte, es waren Insekten, doch hatte ich sie nie vorher gesehen — etwas besonders Gefährliches sein mußten. Meine Mutter war eine sehr kluge Frau und überdies mutig in bedrohlichen Situationen; Ungeziefer war ihr natürlich nichts Unbekanntes, denn die armen Dorfbewohner so gut wie die Armen der Städtel wurden stets von ihm heimgesucht, von Flöhen und Läusen zum Beispiel und von Schaben in der Küche. Daß die Mutter auf die Entdeckung der Wanzen mit panischem Schrecken reagiert hat, mag sich daraus erklären, daß sie selbst zum ersten Mal durch dieses Ungeziefer aus dem Schlaf gerissen worden war; doch muß sie in jenem Moment auch dessen innegeworden sein, daß wir nun, den Armen gleich, jeder Erniedrigung durch die äußeren Bedingungen wehrlos ausgesetzt sein würden. Dieses winzige Erlebnis war für sie das erste Zeichen der Degradierung. Und sie hatte nicht unrecht. Gleich am nächsten Tag bezogen wir als Untermieter zwei Zimmer in einer Nachbarstraße bei einem kinderreichen Ehepaar. Es waren völlig ungebildete Menschen, sie stritten tagein tagaus miteinander, ihre Sprache war eine Mischung von sinnlos obszönen Ausdrücken, Flüchen und Verwünschungen; die Wohnung war unvorstellbar verwahrlost und verwanzt. Erst im Herbst konnten wir eine eigene Wohnung mieten; wir fanden sie in einem unbeschreiblichen Zustand. Uns fehlten die Mittel, daraus ein Heim zu machen, das kam erst nach und nach. Meine Eltern verließen sie 23 Jahre später, einen Tag nach Ausbruch des Zweiten Weltkrieges.

Unsere Lage hätte sich wesentlich verbessern können, wenn der Vater einen seinen Fachkenntnissen angemessenen Posten in einer der großen Banken angenommen hätte. Das lehnte er ab, da er den Sabbath nicht entweihen wollte — damals war der Samstag noch ein gewöhnlicher Werktag.

Die Eltern ertrugen den durch die Kriegsumstände herbeigeführten und durch die Lebensmittelrationierungen und Preistreiber beschleunigten materiellen Absturz psychologisch recht gut. Es gab Tausende von Flüchtlingen in der unmittelbaren Nachbarschaft, deren Lage der unseren recht ähnlich war. Sie war zu schlecht, um dauern zu können, deshalb bezog man schon wieder jenen halb ironischen, jedoch wirksamen Trost aus der Gewißheit, daß der tiefste Fall nichts anderes sein konnte als die Vorstufe zum Wiederaufstieg und daß das Schlimmste den sozusagen dialektischen Beginn der Besserung bedeutete.

Wie im Städtel stand die Tür bei uns immer offen, zu jeder Stunde gingen die Besucher ein und aus, selten kamen wir vor Mitternacht ins Bett. Die Kohle reichte gerade für die Beheizung eines einzigen Raumes, des kleinsten, des Kabinetts. Die Überfüllung dieses schmalen Halbzimmers tat der Geselligkeit keinen Abbruch. Man süßte den Tee, der immer dünner wurde, mit Sacharin und trank ein Glas nach dem andern; man diskutierte zumeist heftig und stritt sehr selten, weil sich immer ein Witzwort einstellte, das rechtzeitig die Spannung lockerte. Die Eltern und ihre Besucher mochten sich leicht einbilden, daß sich einerseits für sie nichts geändert hätte und daß anderseits dieser Zustand nicht dauern konnte.

Für mich war dieses Erlebnis der totalen Verarmung, der durchaus unverschuldeten Verelendung von einzigartiger Bedeutung. Da ich mir heute jenen Sturz und die unausweichlichen, unmittelbaren Folgen jener alles degradierenden Misere in Erinnerung rufe, frage ich mich, wann ich wohl erfaßt habe, daß dieses Unglück sich recht bald wie eine besondere Gunst auszuwirken begann.

Berele und seinesgleichen, die überwiegende Mehrheit der Kinder des Städtel, die ich in der Schule, im Bethaus und auf der Straße traf, lebten in stetem Mangel; die dringendsten Bedürfnisse wurden zwar befriedigt, doch geschah es qualitativ und selbst quantitativ fast nie in wirklich zureichendem Maße. Sie und ihre Familien standen gleichsam unter der grausamen *Herrschaft der fehlenden Dinge*. Bekam Berele endlich ein Paar Schuhe, waren sie nicht neu, sondern von seinem älteren Bruder abgetragen, zu groß und schiefgetreten. Es gab das böse Sprichwort: »Wenn die Armen endlich tanzen dürfen, müssen die Musikanten gerade pissen gehen.« Und man zitierte die selbstironische Klage des Pechvogels: »Handelte ich mit Kerzen, die Sonne würde nicht mehr untergehen; handelte ich mit Leichentüchern, es würde niemand mehr sterben.«

Ja, ich dachte stets, daß ich alles über die Armen wußte und nun, elfjährig, geriet ich selbst in einen Alltag, der mich unablässig lehrte, was arm sein ist, wirklich ist und nicht nur, wie es anderen erscheint. Ich mußte die Straßenbahn nehmen, um jemandem, der weit weg wohnte, eine dringende Botschaft zu bringen. Auf der Rückfahrt stellte sich heraus, daß ich einen Heller verloren hatte, der zu meinem Fahrgeld fehlte. Ich mußte aussteigen und den langen Weg durch die Vorstadt zu Fuß zurücklegen. Mir schien, daß der Schaffner und auch manche Fahrgäste mich mit spöttischer Genugtuung ansahen; das kränkte mich jedoch nur einen Augenblick lang. Was ich aber erfaßte, war, daß dem Armen, weil er im besten Fall nur das jeweils Notwendigste besitzt, der winzigste Verlust, eben der eines Hellers, zur Strafe wird. Gewiß, das war keine neue, keine tiefe Einsicht, aber ich erwarb sie sozusagen um den Höchstpreis: ich lernte am eigenen Leibe.

Etwa ein Jahr später bekam ich anläßlich der großen jüdischen Feiertage ein neues Paar Schuhe. Am Tag darauf verlor ich im Getümmel eines Fußballspiels einen Absatz, ohne daß ich es sofort merkte, und konnte ihn dann nicht mehr wiederfinden. Ich war über die Maßen unglücklich darüber, denn ich wußte, wie schwer es den Eltern gefallen war, uns Kinder neu einzukleiden. Ich kam sehr spät nach Hause, das Gehen ohne Absatz war schwierig, überdies zögerte ich mutlos den Augenblick hinaus, da ich ihnen würde gestehen müssen, daß ich gleichsam aus Übermut das Malheur provoziert hatte. Sie sollten mir bittere Vorwürfe machen, ich hatte sie redlich verdient. Sie unterließen es aber, ja sie trösteten mich, denn sie hatten meine große Niedergeschlagenheit bemerkt. Nicht nur im Kriege, stellten sie fest, auch mitten im Frieden, wenn es keinen Warenmangel gibt, immer kaufen die Armen viel schlechter und verhältnismäßig teurer als die andern. Das war eine Lehre, die ich nicht vergessen soll, sagten sie, auch wenn wieder normale Zustände hergestellt und wir wieder in guten Verhältnissen sein werden.

Unsere radikale Verelendung — doch nicht nur sie —

bewirkte, daß ich alles um mich herum, besonders die Menschen auf der Straße anders zu sehen begann als vorher: jeden in seiner Besonderheit, in seiner Gangart; eines jeden Gesicht und Kleidung. Dabei ist es geblieben, denn meine Aufmerksamkeit für alle, die meinen Weg kreuzen, ist noch immer nicht abgestumpft. Abgesehen von meinem — gewiß auch physischen — Sehbedürfnis, einer Art visuellen Hungers, wirkt hier jene Wiener Situation nach. Sie hat in mir etwas gefördert, was man als »nackte Menschlichkeit« bezeichnen könnte. Das bedeutet weder Menschenliebe noch das Gegenteil, sondern die Unfähigkeit zur Gleichgültigkeit gegenüber allem, was die Menschen betrifft, also in erster Linie gegenüber ihrem Dasein. Im Städtel, in jedem kleinen Dorf ist einem kaum jemand, dem man begegnet, wirklich unbekannt, es sei denn, er wäre wirklich ein Fremder. In der Großstadt ist es umgekehrt: jene, die einem nicht fremd sind, bilden die Ausnahme. Ich ging nun durch die Straßen der Großstadt, nicht fähig und nicht willens, mich mit dieser Fremdheit abzufinden. Fand ich mich damit ab, daß ich sie nicht interessierte, nichts anging, so gingen sie, sie alle mich dennoch an.

Das ist nicht so eigenartig, wie es klingen mag. Was ich da eher angedeutet als beschrieben habe, sind Motive, die wohl nicht nur in meinem Falle bewirken mußten, daß ich Sozialist wurde. Warum? Weil ich die Menschen ansah, als ob sie und ihr Schicksal, ihre Armut und ihre Verhärmtheit mich selber angingen. Die Klassen- und Standesunterschiede waren damals himmelschreiend, mit jedem Kriegstage wurden sie aufdringlicher und empörender. Als ruheloser, doch nicht unermüdlicher Wanderer mußte ich recht oft auf Bänken rasten oder auf Treppen, besonders auf jenen, die neben den Brücken zu den Ufern des Donaukanals hinunterführten. Ich blieb selten allein, immer wieder nahm da ein älterer Mann oder eine Frau

Platz. Meine Sitznachbarn wollten wie ich nur kurz ausruhen und weitergehen, weil man auf sie wartete. Und manchmal trieb es sie, eben weil auf der ganzen Welt niemand auf sie wartete, niemand sie brauchte. Oft genug geschah es, daß solch eine Frau, nachdem sie sich schon erhoben hatte, sich wieder auf die Bank sinken ließ und mit mir, nur weil ich ihr einziger Nachbar war, ein Gespräch begann. Man erwartete von dem Buben, der ich war, höchstens einsilbige Antworten, aber umso mehr Aufmerksamkeit für das Selbstgespräch. Es begann gewöhnlich mit einem Hinweis auf zunehmende Atembeschwerden beim Gehen, auf die Unsicherheit des Wetters, die unverschämte Preistreiberei der Kettenhändler, die sich auf Kosten der Armen bereicherten, auf den Mangel an Waren, die sich nur die reichen Leute, eben die Schieber leisten konnten. Dann kamen Mitteilungen über die Familienverhältnisse, über eingerückte, verwundete, vermißte oder beurlaubte Söhne, über Töchter, die arbeiten mußten, als ob sie Männer wären, zum Beispiel als Schaffnerinnen der Straßenbahn, oder über Schwiegertöchter, die es so arg trieben, als ob sie bereits Kriegswitwen wären.

Diesen Menschen, deren unmittelbare Nähe der Zufall für einige Minuten herbeiführte, lauschte ich mit echter Aufmerksamkeit, doch selten mit Neugier. Was sie mir erzählten, wußte ich ohnedies schon, oder es waren triviale Einzelheiten, die immer wiederkehrten. Hingegen beeindruckte mich jedes Mal aufs neue der Ton, der je nachdem resignierte Geduld oder zornige Ungeduld, die Erwartung von unmittelbar bevorstehenden Änderungen oder die Angst vor ihnen verriet. Mitten in irgendeiner viel zu ausführlichen, banalen Mitteilung über einen alltäglichen Vorgang mochte sich plötzlich der Ton ändern: er offenbarte eine Bitternis, die mich tiefer beeindruckte als ein Schrei der Verzweiflung, aber die Worte, sie auszudrücken, blieben aus. Der Erzähler — oder die Erzählerin — verstummte einen Augenblick, erhob sich schnell und ging weg oder wischte mit einer Gebärde das Ungesagte aus und fügte einige banale Sätze aneinander.

Das waren meine ersten Kontakte mit Menschen vom Volk; von ihnen hörte ich auch am häufigsten Worte und Ausdrucksweisen des Wiener Dialekts. Nicht selten mischten sich in die Betrachtungen meiner Banknachbarn judenfeindliche Worte, die Spott und Haß und zuweilen auch Neid ausdrückten. In den ersten Wochen reagierte ich auf dergleichen wie auf eine persönliche Beleidigung und verließ mit grimmigem Gesicht den Feind, nicht ohne mich stolz als Jude bekannt zu haben. Später wurde ich nicht etwa toleranter gegenüber diesen Intoleranten, aber ich versuchte, mit ihnen zu diskutieren. Dabei entdeckte ich zu meiner Überraschung, daß sie Juden persönlich gar nicht kannten, daß ihr Haß zwar konstant, aber durchaus oberflächlich war, daß er, so merkwürdig es klingen mag, ein *leichtsinniger* Haß war.

Weder die Ruthenen unserer Dörfer, noch die Juden unserer Städtel waren leichtsinnig; so begegnete ich in Wien zu Beginn des dritten Kriegsjahres zum ersten Mal einem leichtsinnigen Volke. Es war offenbar am beredtsten, wenn es von Genüssen gleichviel welcher Art sprach, es neigte anderseits dazu, alle, die nicht zu ihm gehörten, die »Zuag'rasten«, geringzuschätzen und sie spöttisch, wenn nicht gar verächtlich abzutun. Das Wort »teppat« — blöd — kam in all diesen Gesprächen am öftesten vor.

Was mich jedoch am nachdenklichsten stimmte, war die Art, wie sie vom Krieg sprachen. Klagten sie zwar um Gefallene, die ihnen nahe gestanden hatten, bedauerten sie die jungen Invaliden, auf die man überall stieß, so sprang es doch in die Augen, daß sie von den Schrecken des Krieges nichts wußten oder — genauer — nichts wissen wollten.

Die dritte der Erlebnis-Reihen, die ich eingangs erwähnt habe, war für mich selbst verblüffend und äußerst befremdend. Sie rief in mir zugleich ein negatives Staunen und eine Empörung hervor, der ich erst allmählich Worte verleihen konnte. Das geschah jedoch erst, als ich nicht mehr allein war. Es handelte sich um die Begegnung eines Jungen, der den Krieg aus unmittelbarer Nähe erlebt hatte, mit einer verschleiernden, erhaben-erhebenden Mystifikation, die, so schien es mir, von der ganzen Stadt unaufhörlich praktiziert wurde. Die Kriegsbegeisterung, die ununterbrochen austrompetet wurde, die in zahllosen Zeitungen am Morgen, am Mittag und am Abend mit uneindämmbarer Geschwätzigkeit verbreitet, eingepaukt, eingetrichtert wurde, war in meinen Augen eine gigantische, verruchte *Kommedije,* in der alle mitspielten. Die traurigste Komödie, die jemals den Verstand und den Anstand herausgefordert hatte.

So beredt ich für mein Alter sein mochte, standen mir dennoch nicht genug Worte zur Verfügung, um auszudrücken, warum und in welchem Übermaße diese Begeisterung unerträglich, unmenschlich und menschenfeindlich war. Mich überwältigte damals zum ersten Mal das Gefühl, vor Empörung und Ekel ersticken zu müssen. Kaum ein Tag, an dem nicht »Extra-Ausgaben« erschienen, die von unzähligen Verkäufern feilgeboten wurden; sie liefen durch die Straßen und schrien fast ununterbrochen die Titel hinaus, die balkendick auf der ersten Seite des Blattes Siege verkündeten — zugleich mit dem Tod von zehn-, zwanzig-, fünfzigtausend Soldaten, die — so hieß es — »das Schlachtfeld bedecken so weit das Auge reicht«.

Überall hörte und las man vom »goldenen Wiener Herzen«. Kaum einer meiner redseligen Banknachbarn, der es nicht mit dem eigenartigen Seufzer der Selbstbewunderung erwähnte — und da waren die Wiener, die sich auf die Extra-Ausgaben mit den blutrünstigen Texten stürzten. Ihr Bedarf an fremden Leichen war stets noch größer als das massenmörderische Angebot der lügnerisch übertreibenden Presse. So schien es mir, denn ich hatte höchst Wichtiges noch nicht begriffen — und das nicht nur, weil ich noch sehr jung war, sondern weil ich einem Milieu entstammte, das von einer hohen spirituellen Kultur beherrscht war, aber diskontinuierlich und mit Verspätung und nur am Rande von der urbanen Zivilisation beeinflußt wurde. Ich ahnte nicht, daß man einen triumphalen Bericht über den Tod von dreißigtausend unschuldigen jungen Männern mit freudiger Erregung lesen konnte, weil es als eine Sensation dargeboten wurde und anderseits, weil man sich dabei garnichts Konkretes vorstellen konnte oder mußte: nicht einmal das Sterben, den letzten, nutzlosen Hilferuf eines jungen Soldaten. Ich ahnte nicht, daß Berichte lebhafte Gefühle der Genugtuung oder der Trauer über Ereignisse hervorrufen können, die sie signalisieren und gleichzeitig wie hinter einem undurchsichtigen Schleier verhüllen.

Es brauchte Zeit, bis ich all das begriff — das und so vieles andere, aber es dauerte noch länger, bis ich begann, mich jener Strenge zu entledigen, mit der man mich gelehrt hatte, ausnahmslos alles im Namen der Gerechtigkeit zu beurteilen, zu richten. Es begann eine neue Lehrzeit für alle, doch konnte kaum jemand lernbegieriger sein, als ich es damals war, als ich es geblieben bin. Denn auf meinem Sterbebett werde ich noch — in einem luziden Augenblick — mit ironischem Selbstmitleid denken, daß nun die wichtigste Phase meiner Lehrzeit beginnen könnte, wenn man mir nur die Frist verlängern wollte.

Ich habe soeben die vorigen Seiten, die ersten des letzten Kapitels meiner Kindheitserinnerungen durchgelesen — mit wachsendem Staunen darüber, daß sie kaum eine Vorstellung von der tiefen Gefühlsaufwallung geben, die mich während jener ersten Wiener Monate fast ständig beherrscht hat. Die Intensität der Eindrücke versetzte mich immer wieder in einen Zustand von grenzenloser Überwachheit. Die Gegenwarts-Entrückung setzte damals fast gänzlich aus, denn es gab nur eine Zeit. Ich erlebte sie im wechselnden Rhythmus: sie verfloß bald reißend schnell, bald so langsam, als stünde sie still.

Es mag sein, daß kindliche wie jugendliche Begeisterung zwar nicht vergessen wird, daß der bejahrte Erinnerer aber außerstande ist, sie so wiederzugeben, wie er sie vor langer Zeit erlebt hat. Von dem vielen, was mir damals in Wien zugestoßen ist, hat mein Gedächtnis zahllose Einzelheiten mit überprüfbarer Genauigkeit bewahrt. Besonders die topographische Präzision, die sich mir auch jetzt noch aufdrängt, wenn ich durch die Straßen Wiens gehe, bestätigt die Vermutung, daß die Intensität des Erlebens ungewöhnlich gewesen sein muß. Die Pflastersteine sind zu aufdringlichen Merkzeichen geworden, die nach mehr als einem halben Jahrhundert den Spaziergänger in seine Vergangenheit zurückführen — fast als gäbe es ein Zurück, als könnte der Fluß aufwärts strömen, als könnte, was vor langem geschehen ist, wieder ein erstes Erlebnis werden: »*Noch heute wüßte ich auf Dezimeter genau die Stelle in der Praterstraße, ganz nahe dem Carl-Theater, anzugeben, wo mich an jenem Abend die Einsicht überfiel, daß ich jeden Tag in den Prater lief, weil ich noch nicht gelernt hatte, auf den Trümmern einer Illusion zu leben.*«

Rührte die fiebrige Wachheit daher, daß vorerst, während mehrerer Monate, für mich alles neu war? Neu, doch nicht so, wie ich es erhofft hatte, daß es also enttäuschend war? Wurde ich der rastlose Wanderer, weil ich auf der Suche war nach etwas, das endlich meinen Tagtraum von früher bewahrheiten würde? Ja, das war es, aber vieles andere auch. Die Ereignisse folgten ununterbrochen aufeinander, die Austräger der Extra-Ausgaben brüllten die neuen Nachrichten hinaus; besonders am Nachmittag und in den kühlen Abendstunden erschütterten ihre Schreie die Luft, manchmal klagend, als kündigten sie den Weltuntergang an, zuweilen herausfordernd, als wären sie die Drohrufe einer unwiderstehlichen Gewalt. Es handelte sich zumeist um Siege oder um erfolgreiche Gegenangriffe, nicht selten auch um Skandale, die mit der Lebensmittelknappheit und der Preistreiberei und mit korrumpierenden Schiebern zu tun hatten, hie und da auch um »Friedensfühler«, von denen in neutralen Ländern die Rede war. Je mehr Blut vergossen wurde, je mehr die Völker leiden mußten, umso mächtiger wurde die Lüge.

Wie die Erwachsenen, wahrscheinlich sogar viel intensiver als sie, erwartete ich die Nachricht, in deren Licht alles anders und die ersehnte Zukunft fast schon gegenwärtig werden würde: doch verlor ich diese Hoffnung früh genug. Ich wurde daher Leser der zumeist nur aus einem Blatt bestehenden Abendausgabe der sozialdemokratischen *Arbeiter-Zeitung.* Sie war besonders billig, ich glaube, sie kostete nur einen Heller und ich traute ihr, weil sie so oft gegen den Krieg schrieb und weil jede ihrer Nummern mit vielen weißen Flecken erschien. Das bedeutete, daß die Zensur sie gezwungen hatte, viele Nachrichten und Artikel auszulöschen, eben weil sie den Schönmachern nicht paßten. So geschah es nicht selten, daß dieses Blatt sozusagen halbseitig vor die Augen der Leser kam. Man war enttäuscht und trotzdem zufrieden, denn das bestätigte, daß man auf der Seite der Wahrheit war.

Aus einem besondern, zusätzlichen Grunde erinnere ich mich genau an jenen trüben, regnerischen Nachmittag, an dem die Ausrufer der Extra-Ausgaben mit ohrenbetäubenden Schreien mitteilten, daß der Ministerpräsident Graf Stürgkh von Dr. Friedrich Adler im Restaurant Meißl & Schaden beim Mittagsmahl erschossen worden war. Ich stand genau an der Ecke der Schmelzgasse und der Taborstraße, der längsten des zweiten Bezirks, in dem die Mehrheit der ärmeren jüdischen Bevölkerung wohnte. Die kaum verständlichen Schreie der Ausrufer bewirkten, daß Leute stehen blieben, um die Zeitung zu kaufen und sofort zu lesen, und das verursachte eine Stockung auf dem Trottoir. Im Augenblick, da ich versuchte, den Bericht über das Ereignis zu entziffern, fühlte ich einen brennenden Schmerz auf dem Nacken, links über dem Knochen. Ich griff an die Stelle, jemand hatte da einen brennenden Zigarettenstummel ausgedrückt. Als ich mich umdrehte, erblickte ich einen großgewachsenen Mann, der mich spöttisch ansah, sich dann durch die Masse durchdrängte und verschwand. Ich versuchte, ihm zu folgen, aber es war besonders schwer, und bald verlor ich ihn aus den Augen; er war wohl durch das Tor des Spitals der Barmherzigen Brüder entschlüpft. Der scharfe Schmerz hielt an, jedoch war die Empfindung, von einem Fremden grundlos gedemütigt worden zu sein, fast noch unerträglicher. Ich sah mich um, niemand schien den Vorfall bemerkt zu haben. Warum, wozu hatte der Mann das getan? Er konnte dessen fast sicher sein, daß der Bub in diesem Judenbezirk ein jüdisches Kind war. Diese Erklärung stimmte wohl, dachte ich, doch sie reichte nicht aus.

Vergebens wartete ich vor den »Barmherzigen Brüdern«, der Mann blieb verschwunden. Dann überquerte ich die Straße und ging langsam, immer wieder um mich blickend, zum Donaukanal. Nun, da ich mich wieder gefaßt hatte, begriff ich, daß ich sowieso gegen diesen Feind nichts hätte ausrichten können. Kein einziger der eiligen Fußgänger hätte mir gegen ihn Beistand geleistet. Der Schmerz war nicht mehr unerträglich und das Mitleid, das ich mit mir empfand, tröstete mich ein wenig, ehe es wieder der Empörung wich und dem Gefühl, erniedrigt worden zu sein. Ich ging in die Innere Stadt hinüber, kam vor das große Zeitungsgebäude, wo neben den üblichen Ausgaben des Tages auch die Extra-Blätter ausgehängt waren. Ich las sie aufmerksam durch, danach die Morgenausgabe, die fast eine ganze Seite dem Raubmord widmete, der an einer armen alten Bedienerin verübt worden war. Ein schlechtes Bild zeigte eine verhärmte, abgerackerte Frau. Ich wartete auf das Abendblatt, das auch bald ausgehängt wurde. Auf der ersten Seite die Photos des Attentäters und seines Opfers, des Ministerpräsidenten, der das Parlament ausgeschaltet und sich beharrlich geweigert hatte, es wieder einzuberufen. Graf Stürgkh sah so aus, wie ihn sich wohl jeder vorstellte: ein Würdenträger, ein älterer, eher in sich gekehrter Herr, der weiß, daß er für die Zeitungen photographiert wird. Friedrich Adler aber wirkte keineswegs wie jemand, der einen Menschen töten oder auch nur körperlich angreifen könnte; er sah wie ein Gelehrter aus, auch er in sich gekehrt und nicht mehr jung, ein Mann in mittleren Jahren. Ich bin nicht gewiß, ob mich meine Erinnerung nicht täuscht, doch mir ist, als hätte er einen Hut getragen, der sich etwas verschoben hatte und ihm daher schief auf dem Kopfe saß. Während ich die vielen Aussagen las, die Kellnern und anderen Augenzeugen des Attentats zugeschrieben wurden, wanderte mein Blick immer wieder zum Gesicht des Mannes zurück, der vor wenigen Stunden kaltblütig, gewiß nach reiflicher Überlegung diesen alten Herrn, den Ministerpräsidenten des kaiserlichen Österreich erschossen hatte.

Nur einige hundert Meter trennten mich von unserem Haus, wir wohnten in nächster Nähe der Marienbrücke. Wieder spürte ich den Schmerz im Nacken, nun schien er sogar stärker zu werden; ich erwartete tätiges Mitleid und Trost von der Familie und ihren Besuchern, die sich diesmal wohl noch zahlreicher eingestellt haben mußten als sonst. Schon auf dem Stiegengang hörte ich die vielen Stimmen, lauter noch als gewöhnlich. Weder meine Eltern noch meine Brüder noch die Gäste nahmen von meinem

Eintritt und von meiner zweifellos übertrieben jämmerlichen Miene Kenntnis. Meine Versuche, ihre Aufmerksamkeit auf den verletzten Nacken und auf den Vorfall an der Ecke der Taborstraße zu lenken, mißlangen kläglich. Bald war ich übrigens selbst in die Debatte hineingezogen, die, obschon durch das Attentat hervorgerufen, durchaus unpolitisch blieb. Auch der Graf Stürgkh wurde nur nebenbei erwähnt, nicht ohne Bedauern darüber, daß er nicht friedlich in seinem Bette gestorben war. In der Tat drehte sich das Gespräch, das erst gegen Mitternacht endete, hauptsächlich um die Familie Adler. Da war also der alte Dr. Victor Adler, der Genosse Doktor, so nannten ihn die sozialistischen Arbeiter im ganzen Lande, ein großer Mann, sogar der Kaiser, sagte man, behandelte ihn stets mit Hochachtung. Gewiß hatte solch ein Mensch alles getan, um seinem Sohn Friedrich, der ja auch ein Doktor, vielleicht sogar ein Professor war, die beste Erziehung angedeihen zu lassen. Und nun auf einmal das Furchtbare, das kaum auszudenken ist: er erfährt aus einer Extraausgabe, daß er, der ehrwürdige Dr. Victor Adler, der Vater eines Mörders ist. Und alle wiederholten oft das Wort *nebbich,* das jiddisch Mitleid ausdrückt, und »Der Oberste, der Allmächtige soll einen vor solchem Schlag bewahren!« Man vergaß keineswegs, von Zeit zu Zeit an den Kaiser zu erinnern, an den Leidgeprüften: die Gattin hatte man ihm getötet, der Sohn war ihm in der Blüte der Jahre gestorben, seinen Neffen, den Thronfolger hatte man ihm in Sarajewo erschossen, und nun muß er noch das Unglück mit dem Grafen erleben. Man versagte ihm keineswegs das Mitleid, aber zutiefst betroffen war man nur vom Schicksal Victor Adlers. Was kann, was wird, was muß dieser unglückliche Vater nun tun? Diese Frage erregte die Gemüter so heftig, als ob jeder noch vor Ende der Nacht eine schicksalschwere Entscheidung treffen müßte.

In jener Nacht schlief ich sehr spät ein; ich blieb bedrückt durch den Zwischenfall, an den mich der — inzwischen durch eine Wundsalbe zwar gemilderte — Schmerz immerfort erinnerte. Gleichzeitig stand ich unter dem Zwang, mich in der Rolle des Attentäters zu betrachten, mich zu prüfen, ob ich wie Friedrich Adler hätte handeln können. Und wie gewöhnlich »füllte ich die Lükken aus«: Da ist er in seinem Zimmer, den Revolver in der Hand. Wenn er wollte, könnte er ihn irgendwo verstecken, vergessen. Er aber lädt ihn mit scharfen Patronen und schiebt ihn in die Manteltasche. Er könnte beschließen, diesen Tag zuhause zu bleiben, die Tat um 24 Stunden aufzuschieben. Er verläßt das Haus und die Seinen, als ob er einen Freund treffen wollte. Er könnte tatsächlich in die Bibliothek gehen oder ins Kaffeehaus, Zeitungen lesen, sich mit Genossen unterhalten. Er begibt sich ins Lokal, wo Graf Stuergkh jeden Tag zur selben Stunde anzutreffen ist. Ja, Adler steht es sogar in diesem Fall noch frei, das Attentat nicht zu begehen, selbst nachdem er an einem Tisch neben dem des Grafen Platz genommen hat. Friedrich Adler aber ging auf einen Menschen zu, den er länger als eine Stunde beobachtet hatte, zog den Revolver, drückte ab, tötete. Um das zu vollführen, braucht es nicht nur Mut, ja Kühnheit, sondern den höchsten Grad der Macht, die ein Mensch über sich selbst ausüben kann, denn — das zeigte das Photo — Friedrich Adler war kein Mörder, kein Gewalttäter, sondern ein Wesen von höchster Empfindsamkeit.

All das bedachte ich in jener Nacht, gewiß kleidete ich die Gedanken in andere Worte. Zum ersten Mal fühlte ich mich einem völlig fremden Menschen gleichzeitig so nahe und so fern; zum ersten Mal fühlte ich eine kaum erträgliche Bangnis, die mir eine Vorstellung einflößte, die gleichermaßen Versuchung war und Scheu, ja Abscheu: Ich sah mich an der Stelle Friedrich Adlers, doch anders als er, vor der Tat zurückschrecken und in Panik davonlaufen.

Es war Krieg, täglich starben Menschen zu Tausenden, zu Zehntausenden. Ich selbst war entsetzter, bebender Zeuge solcher Taten und solchen Leids gewesen. Und nun handelte es sich um ein einziges Opfer, um einen älteren Mann, der am Krieg mitschuldig war und auch sonst viel Verantwortung auf sich geladen hatte, und um einen Täter, der getötet hatte und dennoch keineswegs ein Mörder war, sondern ein Mensch, der Recht und Frieden für alle wollte. So verhielt es sich und war doch äußerst verwirrend. Wie, das Recht mordet? Ein einzelner kann beschließen, jemanden zum Tode zu verurteilen und ihn selbst umzubringen?

Ich wußte keine Antwort auf diese Frage; ich wußte nicht, warum jener Fremde mich von hinten angefallen hatte, und ich wußte nicht, ob ich den Eltern verzeihen sollte, daß sie mir, dem Gedemütigten und Verwundeten, so gar kein Mitgefühl entgegengebracht hatten.

Einen Monat später, auf den Tag genau, an einem frühen Morgen, hörte ich meinen Vater zum ersten Mal schluchzen. Er hatte schon die Gebetriemen um den Arm geschlungen, doch immer wieder unterbrach er das Gebet. Der sechsundachtzigjährige Franz Joseph I., der Kaiser war gestorben — nach achtundsechzigjähriger Regierungszeit. Als der Vater merkte, daß mich diese Todesnachricht nicht sonderlich betrübte, wiederholte er: »Mit ihm endet Österreich. Er ist ein guter Kaiser für uns gewesen; jetzt wird alles ungewiß. Für uns Juden ist das ein großes Unglück!«

Mich erschütterten die Tränen des Vaters, das Ereignis beeindruckte mich zwar auch, aber nicht tief. Der Nachfolger hatte schon den Thron bestiegen, und daß dieser Tod das Ende Österreichs, einer Welt bedeuten sollte, das leuchtete mir nicht ein. Erst später begriff ich, daß er in der Tat ein

Ende bezeichnete, und noch viel später, daß meines Vaters tiefe Trauer nicht unbegründet war.

Alle sprachen davon, daß das Leichenbegängnis etwas noch nie Dagewesenes sein würde. Es ergab sich so, daß ich ganz allein, mitten unter Fremden das ungewöhnliche, farbenreiche Schauspiel beobachtete: zuerst in der Biberstraße, dann auf der Dominikanerbastei, auf zwei vom Franz-Josefs-Kai parallel ansteigenden Straßen. Beide sollten in den darauffolgenden Jahren für mich Bedeutung erlangen.

Aus allen Landschaften der Doppelmonarchie waren Würdenträger aller Art herbeigeströmt. Während sie in ihren traditionellen Trachten vorbeizogen, vergaß ich fast, daß es sich um den Leichenzug des von meinem Vater beweinten Kaisers handelte, denn was wir, das »spalierbildende Volk«, zu sehen bekamen, war ein ambulanter Kostümball, dessen Teilnehmer durch den Prunk ihrer Gewänder und durch die Zierstücke, mit denen sie geschmückt waren, allseits Bewunderung hervorriefen. Gewiß, sie zogen feierlich, im Rhythmus eines Trauermarsches vorbei, aber im Laufe der vielen Stunden verminderte sich die Neugier der Zuschauer, weil der ständige Wechsel der Trachten schließlich eintönig wurde. Die Bewunderungsrufe der Umstehenden verstummten, man spürte die Müdigkeit nach dem langen Stehen, es war auch nicht gerade warm. Manch einer mochte sich fragen, ob diese privilegierten Stände in ihrer prätentiösen Kleidung von anno dazumal nicht vor allem ihre Macht hervorkehren wollten, anstatt ihre Trauer um dem Kaiser zu bekunden.

Ich wies diesen Verdacht zwar nicht ab, rührte mich aber trotzdem viele Stunden nicht vom Platze weg, denn ich erwartete, daß am Ende etwas kommen, folgen müßte, was diesem schönen, aber sinnlosen Spektakel erst einen Sinn verleihen würde. Die Stunden vergingen, es kam nicht. Auch jetzt geschieht mir dergleichen noch häufig:

Beim Lesen eines Buchs oder im Theater verspüre ich die Neigung aufzugeben, tue es aber nur deswegen nicht, weil ich erwarte, daß etwa auf der 136. Seite oder gegen Ende des zweiten Aktes plötzlich etwas zutage treten wird, das dem Vorangegangenen einen ebenso überraschenden wie tiefen Sinn geben und allem, was nachfolgt, ein ungewöhnliches Interesse verleihen wird. Obwohl diese Hoffnung zumeist enttäuscht wird, erneuert sie sich bei jeder Gelegenheit.

So blieb ich denn damals bis zum Ende des Vorbeimarsches und wechselte nur zur nächsten Parallelstraße hinüber. Und am Ende wird es nicht nutzlos, sondern so lehrreich gewesen sein wie die meisten uneigennützigen Torheiten, die man in seiner Jugend begeht. An jenem Tage wurde mir offenbar, daß die dekorative Betonung von Würde, die Demonstration errungener Position nur Ironie herausfordern kann. Während meine ermüdeten Augen gleichgültig dem Zug magyarischer Adeliger aus der Slowakei folgten, dachte ich mit Stolz an den Urgroßvater, der stets auf jedes Würdezeichen verzichtet hatte, dessen Würde aber allen, auch den Ukrainern und Fremden Respekt gebot. Er verachtete alles, was Schein, was unecht war, und haßte am meisten die in der Tat gefährlichste Täuschung: die Vermengung von echt und unecht. Und nun hatte ich die Pracht von Jahrhunderten vorbeiziehen sehen. Sie hatte mich schließlich gelangweilt und entdecken lassen, daß es auf sie gar nicht ankommt, weil sie nur eine scheinbare Bedeutung haben kann.

An diesem Abend sprach man zu Hause noch lange und mit Wehmut vom alten Kaiser, doch nicht von dem Leichenbegängnis. Man befürchtete von seinem Nachfolger nichts Böses, man erwartete auch nicht viel von ihm. Wahrscheinlich gab es niemanden, von dem man noch irgend etwas erwarten konnte. Es war sehr spät, sagte man, zu spät. Niemand fragte, niemand sagte, wofür es zu spät wäre ... Das Jahr 1916 ging zu Ende. Es schien mir über alle Maßen erlebnisreich gewesen zu sein, noch mehr aber erwartete ich von dem neuen Jahr.

Inzwischen hatte sich etwas in unserm Haus verändert: die Mutter mußte sich einer Operation unterziehen, ihre Mutter, die irgendwo in Böhmen mit ihrer Tochter aus einer andern Ehe und deren Familie Zuflucht gefunden hatte, kam für einige Wochen zu uns, um den Haushalt zu führen. Großmutter Fejgy war eine mehrmals geschiedene Frau; die der zweiten Ehe entsprossene Tochter, meine Mutter, war im Hause des schnell wieder verehelichten Gatten aufgewachsen, der mit seiner zweiten Frau sieben Töchter zeugen sollte. Die »Babe« Fejgy war eine besonders kluge, humorvolle Frau, hilfreich und energisch. Sie faßte ihre Entschlüsse souverän und erwog nie, daß sie sie unter dem Einfluß von irgend jemandem abändern könnte. Sie meinte, daß niemand besser als sie wissen konnte, was sie wollte — und darauf allein kam es ihr an. Und zu tun, was man für richtig hält, schien ihr selbstverständlich. Sie war in ihrer Jugend eine ungewöhnlich anziehende Frau gewesen, aber viel zu unabhängig in ihrem Denken und Tun.

Ihr verdanke ich viele lehrreiche Stunden, die nie zu wirken aufgehört haben. Es handelte sich anscheinend um Banalitäten. Wir hatten natürlich keine Magd, die Großmutter konnte sich nicht bücken, viele Arbeiten waren zu schwer für sie. Nun war mein älterer Bruder Hesio fast fünfzehnjährig, ein junger Mann also, und mein Bruder Milo erst fünf Jahre alt, daher konnte sie von keinem andern etwas fordern als von mir, der für ihre Zwecke sozusagen im besten Alter war: ich vollendete mein elftes Lebensjahr. Ihre Art, mich zu den mannigfaltigsten Dienstleistungen zu bewegen, war — gewollt oder ungewollt — eine methodische Parodie der übertrieben erwartungsvollen Haltung meines Vaters. Wenn ich die an vielen

Stellen angeschlagenen und an anderen Stellen angefaulten Fußböden waschen sollte, konnte mir Babe Fejgy mit ernsthaften Worten und mit gutmütigem Spott in ihren jungen Augen aneifernd darlegen, daß ich unglaublich geschickt im Waschen und Aufwischen des Fußbodens sei und daß sie deshalb solche Arbeit gerade von mir besorgen lasse. Ich meinerseits tat immer oder fast immer, was sie wünschte. Diesmal war es nicht das alte Spiel, denn sie war natürlich jenem Berele weit überlegen und wußte, daß ich wohl begriff, daß sie einen Kunstgriff anwandte. Überdies verbarg sie niemals ihre Ironie, und ich wußte, daß sie wußte, daß ich wußte ... und so weiter ad infinitum. Erst als sie sicher war, daß ich ihr zur Verfügung stand, ließ sie auf Kompliment und Forderung das Versprechen einer Belohnung folgen: 10 oder 50 Heller, manchmal, selten genug, eine ganze Krone.

Als ich einige Jahre später die ersten Sätze des »Achtzehnten Brumaire« las, mit denen Marx von der Wiederholung besonderer Ereignisse spricht, sagte ich mir mit pubertärem Stolz: darüber wüßte ich gar manches zu sagen. Das ironische Spiel der nur scheinbar verhüllten Täuschung, mit dem die Großmutter das übertrieben lockende Vertrauen parodierte, das mein Vater in mich setzte, war keine Wiederholung in Form einer Farce, sondern eine Enthüllung und Befreiung zugleich. Anderseits zerstörte es die prätentiöse Gewißheit der geheimen Überlegenheit, die zu erringen glaubt, wer sich so verhält, als wüßte er nicht, daß er gefoppt wird. Während ich, mich auf den Knien langsam vorwärts bewegend, versuchte, den Fußboden mit dem miserablen, ausgefaserten Fetzen trockenzuwischen, mußte ich an Berele denken. Und in mir stieg der Verdacht auf, daß auch er seinerseits gewußt haben könnte, daß ich wußte, und es mir genau so verborgen hatte, wie ich es ihm gegenüber getan hatte. Beim Fußbodenwischen habe ich gelernt, die

Menschen nicht mehr, niemals mehr zu unterschätzen.

Nach der Genesung der Mutter verließ uns Babe Fejgy, sie kehrte noch vor Kriegsende nach Kolomea zurück; ich habe sie nie wiedergesehen. Als die Nazis die im Jahr 1939 von Sowjetrußland annektierte Stadt eroberten, erschossen sie dort viele jüdische Einwohner, ebenso wie in den umliegenden Städtchen. Alle anderen wurden später deportiert und kamen in den Vernichtungslagern um. Durch ein Versehen vergaßen die Ausrotter eine alte, bettlägerige Frau, die ganz allein lebte. Die wenigen Nachbarinnen, die sie noch hatte, Christinnen, wußten, daß sie noch da war, doch wollten sie sich nicht gefährden, indem sie sie mit Nahrung versorgten. So starb sie hungers — sehr langsam, die Zeit, die es braucht, solch' ein Sterben zu erleben. Die alte Frau war meine Großmutter Fejgy.

Am Jahresende 1916 dachte ich, daß ein neues Leben für mich anbrechen würde; Ähnliches sollte ich mir noch oft von einem neuen Jahr erhoffen. Es ist indes wahr, daß ich an 1917 stets mit besonderer, wie soll ich sagen: mit grimmiger, trotziger Dankbarkeit zurückgedacht habe. Im Verlaufe dieser 12 Monate verging kaum ein Tag, dem ich nicht etwas Neues zu verdanken hatte. Es begann damit, daß ich eine bezahlte Arbeit bekam. In den Stunden des Mittag- und Abendessens übte ich in einer jüdischen Ausspeisehalle die verantwortungsvolle Funktion aus, Bestecke an die Gäste gegen ein Pfand, gewöhnlich ein Personaldokument, auszufolgen. Brachte der Esser Löffel, Gabel und Messer zurück, händigte ich ihm das Pfand wieder aus und spülte dann das Besteck in einem mit lauem Wasser gefüllten Kübel, ehe ich es wieder verborgte. Neben den ärmsten Bewohnern dieses Teils des 2. Bezirks bildeten Kriegsinvaliden und Soldaten auf Urlaub, die nach einigen Tagen oder Wochen wieder verschwanden, die Kundschaft. Es geschah häufig, daß ich entgegen meinem Auftrag auf Geldpfand und Dokument verzichten mußte, denn es stellten sich immer wieder welche ein, die nichts dergleichen anbieten konnten. Abgesehen von den Urlaubern handelte es sich um Stammkunden, von denen die meisten gern mit mir plauschten, wenn der Andrang nicht zu groß war und ich Zeit hatte, ihnen aufmerksam zuzuhören. So kannte ich dann ihre Namen, ihre Schicksale, ihre Leiden und Hoffnungen.

Die Arbeit in der »Volksausspeisung«, bei der mein Vater als Buchhalter und Kassier arbeitete, brachte mir ein Taschengeld ein, das es mir ermöglichte, jede Woche zumindest einmal in die verbilligten Nachmittagsvorstellungen eines Kinos zu gehen, dessen Programmankündigungen ich zweimal täglich zu sehen bekam, weil es auf meinem Schulweg lag. Es war ein deprimierend trüber Saal, unsauber und luftlos. Das Kino hieß nach Johann Nestroy, der so viele Generationen von Österreichern zum Lachen gebracht hat, und lag dem schon erwähnten Carl-Theater schräg gegenüber, dessen bevorzugter Autor und Schauspieler dieser — außerhalb seiner Heimat noch heute verkannte — Dramatiker während langer Jahre gewesen ist.

Ein wandernder »Kinematograph« hatte einige Jahre vor dem Krieg eine Filmvorstellung in Zablotow gegeben, der wir natürlich staunend und bewundernd beigewohnt hatten. Aber erst im Jahre 1917 entdeckte ich im Nestroy-Kino Zauber und Macht des Films; das Erlebnis war mannigfaltig und vielschichtig. Die nachhaltigste Wirkung rührte von der Wochenschau her, besonders von den Frontreportagen, die, obschon gemäß propagandistischer Anordnung montiert und darnach kontrolliert, erschütternde Ereignisse in Visionen verwandelten, welche Träumen glichen, aus denen man wie »totgesagt« auffährt. In dem zumeist halbleeren Saal, dessen vordere Bänke, die billigsten Plätze, von johlenden Kindern besetzt waren, wurde mir vor Augen geführt, daß die Kriegshandlungen, deren Zeuge ich in Zablotow und auf den endlosen Straßen unserer Flucht gewesen war, nichts als winzige Episoden gewesen sein konnten. Das Feuer der Feldkanonen und der Haubitzen, das verstand ich nun, glich einem Manöverspiel im Vergleich zu den Artillerie-Schlachten, die die Kriegsberichterstatter gefilmt hatten. Gewiß, das alles blieb stumm; manchmal gab es zwar einen Klavierspieler im Nestroy-Kino, aber seine launenhaft zusammengestellte Musik begleitete gewöhnlich nur die Spielfilme. So wären die Bilder von ohrenbetäubenden Geschehnissen in Totenstille abgerollt, hätten die — meist zwölf- bis fünfzehnjährigen — Besucher nicht ihrerseits einen Höllenlärm gemacht, mit dem sie am Spektakel aktiv teilnahmen. Mit Rufen, die witzig sein sollten, feuerten sie die Artilleristen an, schneller zu laden, ununterbrochen zu feuern. Wurden Kriegsgefangene gezeigt, übertrafen die Jungen einander in der Erfindung von Schimpfworten, die sie zur Leinwand hinaufschrien. Und wurde gar ein Nahkampf gezeigt, brüllten sie sich heiser, so sehr nahmen sie an den Gewalttaten teil, so sehr wollten sie Rächer, Retter und Helden sein.

Während der ersten Vorstellungen, denen ich mit klopfendem Herzen, ja manchmal bebend vor Schrecken und Empörung beiwohnte, flößten mir diese blutrünstigen Schreier eine tiefe Verachtung, sicherlich auch Haß ein. Ich verachtete die Dummheit dieser Buben und haßte ihre Unmenschlichkeit. Doch mit der Zeit, nach wenigen Wochen schon, stellte sich mir all das ganz anders dar. Ich begriff, daß ich sie mißverstanden hatte. Was sie da trieben, dieser »Bahöl« war im Wesentlichen ein Spiel, das ihnen nicht nur Spaß machte, sondern sie auch vor der Angst, vor der Beklommenheit bewahrte, die das verwirrende, durchaus fremdartige Geschehen auf der Leinwand in ihnen hätte hervorrufen können. Sie waren so wenig grausam wie die Leser der Extra-Ausgabe, die sich an den hohen Zahlen der angeblich getöteten Feinde delektierten. Die einen wie die anderen nahmen die grauenhafte Wirklichkeit nur als Widerschein eines Widerscheins wahr. Sie verwechselten dauernd den Schatten mit dem Körper, der ihn warf, denn ihre realistische Phantasie reichte keineswegs aus, sich vorzustellen, was da wirklich geschah und ihnen sogar vor Augen geführt wurde: Als Leser und als Zuschauer stellten sie sich niemals oder nur im Ausnahmefalle vor, daß das Kanonenfeuer oder die Bajonette im Nahkampf einen der ihren, den Vater zum Beispiel oder einen Gatten töten könnte oder einen Bruder oder den Nachbarn, der solch einen Jungen manchmal am Sonntag zum Fußballmatch mitnahm.

Ja, ich machte Fortschritte, ich lernte, immer schärfer zu unterscheiden, schneller zu denken und viel vorsichtiger zu urteilen. Das merkte ich selbst und war mit mir manchmal so zufrieden, als wäre ich Vater und Sohn, Lehrer und Schüler in einem. Eben damals wurde es mir zur Gewohnheit, die ich nie mehr aufgeben sollte: nicht einzuschlafen, ehe ich die Ereignisse des Tages wie einen Film noch einmal hatte abrollen lassen. Viel später erst entdeckte ich, daß ich damit eine mnemotechnische Übung praktizierte, deren Wirkung sich erst jetzt abzuschwächen beginnt, aber nicht erlischt.

Auf diese Weise sah ich auch die Filme wieder, sowohl die Wochenschau wie die Spielfilme, deren Hauptdarsteller zumeist sehr gute, damals berühmte Schauspieler waren; manche von ihnen gehörten dem ständigen Ensemble des prestigiösen Hofburgtheaters an. Einer von ihnen, er hieß Alfred Gerasch, spielte die Rolle unwiderstehlicher Verführer und oft auch die tragischer Helden. Er war schön, sein Gesicht grimassierte niemals, auch wenn er dem Zuschauer seine Leidenschaft oder eine tollkühne Herausforderung glaubhaft machen sollte; seine Gebärden waren die eines jungen Mannes und zugleich voller Würde. So erschien er mir damals, so erinnere ich mich an ihn — viel mehr als stummen Filmhelden denn als Schauspieler, den ich später auf der Bühne noch recht oft sehen sollte. Es war selbstverständlich, daß jede Frau sich in ihn verliebte und sich, war sie verheiratet, seinetwegen ins Unglück stürzte. Umgekehrt waren viele der Frauen, deren Schönheit im Film wiederholt gerühmt wurde, für ihre Rolle häufig zu alt, und wenn nicht häßlich, so doch kaum hübsch, ihre Gesten und Gestikulationen wirkten bis zur Lächerlichkeit übertrieben, ob sie nun den Stolz der Tugend vor dem Fall, herzlose Koketterie oder leidenschaftliche Hingabe, die geheuchelte Treue der Ehebrecherin oder schließlich das unheilbare Weh mißbrauchter Liebe widerspiegeln sollten. Nicht selten verließ ich tief empört eine Vorstellung, in der man uns glauben machen wollte, daß sich ein Alfred Gerasch wegen einer Frau umbringt, die ich an seiner Stelle nicht mit dem kleinen Finger angerührt hätte.

Ein anderer Star der stummen Filme war Harry Walden, der oft dämonische Männer spielte, deren Liebe gefährlich, ja tödlich sein konnte, deren Erscheinung verführerisch und deren Verhalten geheimnisvoll widersprüchlich waren. Er ist wohl der erste bedeutende Darsteller gewesen, den ich je gesehen habe. Den stärksten Eindruck übte er auf mich dadurch aus, daß er in jedem seiner Filme den Zuschauer fast körperlich spüren ließ, wie Sein und Schein einander verhüllen können. Ich hatte keine Angst vor Dämonen, ich glaubte nicht an sie, aber in dem Maße, wie ich entdeckte, daß ich so wenig wußte, daß ich so vieles falsch, unzulänglich verstanden und denkhastig gedeutet hatte, bedrängte mich eine Besorgnis: Es kam so sehr darauf an, recht zu verstehen, die wahren Beweggründe zu kennen, sie zu erspähen, noch ehe sie sich in Taten kundtaten, die man falsch deuten konnte. In fast allen Filmen griff, oft unerwartet und umso beängstigender, das Böse ein — es war von stärkster dramatischer Wirkung, die ich vielleicht noch eindringlicher als das übrige Publikum verspürte. Sie bewog mich aber trotzdem nicht, an das Böse im Menschen zu glauben. So war meine ungewöhnliche, obsessive Feindschaft gegen den Krieg auch dadurch begründet, daß Soldaten einander töten mußten, obschon sie keine schlechten Menschen waren.

In Archiven und Chroniken könnte ich wahrscheinlich genauere Auskünfte über jene Filme und ihre Darsteller finden und so überprüfen, ob und wie mein Gedächtnis die Erlebnisse im Nestroy-Kino modifiziert, entstellt oder gar verkehrt wiederbringt. Ich lasse es in diesem Falle jedoch bei meinen Erinnerungen bewenden. Es muß wahr sein, daß das Spiel Harry Waldens und die Taten der von ihm inkarnierten Helden mich zum ersten Mal deutlich ein Problem erkennen ließen, mit dem ich seither nicht aufgehört habe und nie aufhören werde, mich zu beschäftigen.

Wichtigeres als diese Kinobesuche, als fast alles, was ich damals erleben konnte, geschah: Ich wurde Entlehner der in der winzigen Hafnergasse gelegenen Volksbibliothek, einer Filiale der Zentralbibliothek. Es war ein ebenerdiger Raum mit langen Ladentischen, hinter denen die Bibliothekarinnen, zwei, manchmal drei Fräulein, die zurückgebrachten Bücher übernahmen und kontrollierten, sodann die Wunschliste überflogen. Sie konnten zumeist sofort mitteilen, welche Bücher gerade verliehen und welche verfügbar waren. Die fast ausnahmslos schwarz gebundenen Bände waren gewöhnlich schon recht zerlesen, da sie in diese Filiale erst kamen, nachdem sie von den Abonnenten der Zentrale abgenützt worden waren.

In den Kategorien, aufgrund deren man die Wunschliste zusammensetzte, stieß man je nachdem auf die Buchstaben H oder N: Haupt- beziehungsweise Nebenwerk.

Zu den ersten gehörten Romane, Novellen, Theaterstücke und Gedichtsammlungen, während alle anderen Bücher als Nebenwerke galten. Man hatte ein Anrecht auf je zwei Titel der beiden Gattungen, aber die Fräulein fügten oft Nebenwerke bei, selbst solche, die der Entlehner gar nicht verlangt hatte. Und manchmal sogar mehr als zwei Bände.

Meine ersten Wunschlisten enthielten die Titel der wichtigsten dramatischen Dichtungen der deutschen Klassiker. Ich bekam gewöhnlich mehr, als ich erwartete, denn man gab mir die dicken Bände der Gesamtausgaben. Ich verschlang alles mit der Gier eines Verhungernden. Wenn von einem spätern Lebensabschnitt die Rede sein wird, werde ich versuchen, ausführlich darzulegen, was diese Werke mir bedeutet und wie sie mich beeinflußt haben. Was den Jungen vorerst gleichsam wie eine erste Liebe hinriß, war die Sprache, ihr Reichtum in Vers und Prosa, der sie von dem Alltag schied und sie weit über ihn erhob, und schließlich die wirkliche oder scheinbare Dichte: Fast jeder Satz enthielt so viel mehr, als man von so wenigen Worten erhoffen durfte. Alles schien auf alles, auf Vergangenes und Zukünftiges Bezug zu nehmen — nichts war platt, es war eine auf- und absteigende Bewegung, der man atemlos folgte.

Der Zufall wollte es, daß »Iphigenie auf Tauris« das erste Stück war, das ich aus der Hafnergasse heimbrachte. Mir ist's, als könnte ich noch heute die sonderbare, verwirrende, zugleich erhebende und entmutigende Erregung wiedererleben, die die ersten Verse, die Worte Iphigenies in mir hervorriefen. Was muß man erst alles einmal wissen, um das recht zu verstehen, sagte ich mir verzweifelt. Und werde ich je genug wissen? Es ist so wunderbar! Wie furchtbar, wenn ich unfähig bleiben sollte, es genauso zu lesen und zu verstehen, wie es sich gehört! Ich gab nicht auf und entdeckte freudig, daß sich von Zeile zu Zeile alles langsam klärte, bis es deutlich, ja ganz einfach und über die Maßen traurig und schließlich hoffnungsreich wurde.

Es war genau das, was ich später oft erleben sollte, etwa wenn eine von Dunst und Nebel teilweise verhüllte Landschaft allmählich immer sichtbarer durchbrach und sich gleichsam aus Stücken zu einem Ganzen, Sinnvollen neu zusammensetzte und Gestalt gewann.

Vier Jahrzehnte später, in einem schönen Haus am Blumenkai auf der Pariser *Ile de Cité* beklagte sich der hochbetagte französische Dichter Edmond Fleg darüber, daß ihm die Lektüre meiner Romane dadurch erschwert sei, daß jedes Kapitel, jede Episode gleichsam in der Mitte beginne. Ich erwiderte ihm, daß solche Abruptheit auch für viele andere Romane charakteristisch sei, und erklärte mit dem Einfluß der Filmkunst die Neigung des modernen Romanciers, seine Leser gleichsam mit Fallschirmen mitten in einer ihnen unbekannten Landschaft, in einer unvorhergesehenen Situation landen zu lassen.

Nun erst, da ich von meiner ersten Begegnung mit den klassischen Dramen spreche, geht es mir auf, daß diese frühe Lektüre die Artikulation meiner Romane stärker als der Film mitbestimmt haben dürfte. In den Ausgaben, die den Entlehnern zur Verfügung standen, gab es gewöhnlich weder eine Einleitung noch ein Nachwort, so gut wie keine genaueren Hinweise auf den Ort der jeweiligen Handlung und kaum die allernotwendigsten Regieanweisungen wie »tritt auf« oder »ab« oder »beiseite«. Doch wurde aus dem Fortgang der Handlung, aus Dialogen und Monologen, im rechten Augenblick offenbar, wo die Szene spielte, welcher Anblick sich den Handelnden in der Nähe und in der Ferne bot. Was mich im Jahre 1917, zu Beginn meiner unübertrefflich wichtigen Laufbahn als Entlehner der Hafnergasse-Bibliothek am tiefsten beeindruckte, war nicht so sehr die mir plötzlich aufgeschlossene fremde Welt, als die besondere Art des Zugangs zu ihr, die ich dank der Dichtung entdecken konnte. Und das gab mir im Jahre 1951 die Worte ein, die ich in einem meiner Romane einem Dichter aus der Feder fließen ließ: »*Nicht nach der Art der Wiederkäuer schreiben: keine äußeren Details geben, nicht Gebärden zeichnen und nicht Gesichter. Nur für jene, denen das Wesentliche genügt. Es ist Zeit für mich, endlich das hurenhafte Entgegenkommen zu verweigern, das man von Schriftstellern erwartet. Oder das Schreiben aufzugeben.*«

Die bläßlichen Bibliothekarinnen, die so unterernährt waren wie die meisten ihrer Kunden, holten gewöhnlich aus den mit »Nebenwerken« gefüllten Schränken Bände hervor, die sie den Lesern zusammen mit den »Hauptwerken« überreichten. Da spielte der Zufall gewiß eine Rolle; es handelte sich um Bücher, die Probleme und Ergebnisse aller Wissenschaften populär darstellten, und darüber hinaus um berühmte Werke aus allen Wissensgebieten; schließlich um Reisebeschreibungen, die jene Entlehner begeistern mußten, die nicht mehr hofften, daß sie selbst jemals eine große Reise unternehmen würden.

Die ersten Nebenwerke, die ich nach Hause tragen durfte, waren ein Reisebuch von dem damals sehr geschätzten Gerstäcker und die Erinnerungen einer Adeligen, die einige Jahre als deutsche Gouvernante an einem fremden Fürstenhofe gelebt hatte, und schließlich das Buch eines Försters über seine Erlebnisse als Jäger und als Begleiter jagender Prinzen. Ich las Gerstäcker und gab die zwei anderen Bücher ungelesen zurück. Später einmal geschah es, daß ich gleichzeitig »Gullivers Reisen« und Nietzsches »Also sprach Zarathustra« bekam, außerdem natürlich die Hauptwerke, die während vieler Wochen, wie gesagt, klassische Dramen waren. Swifts Wirkung dürfte bei allen jungen Leuten die gleiche sein; erst später erfaßt man, wie wenig heiter diese Erzählungen sind und daß die

Komik der ersten Kapitel nur unzureichend über den Haß hinwegtäuscht, der dann später immer wieder wie eine Stichflamme hochschießt. Die seltsamste Wirkung übte Nietzsches »Zarathustra« auf mich aus: er zog mich an, weil seine Sprache mich an die der Propheten Israels erinnerte. Diese kannte ich ja schon, sie waren sozusagen die meinen — und da schrieb ein Deutscher, als ob er einer von ihnen wäre, doch war er viel zu spät gekommen. Außerdem konnte er als Christ keinerlei Anspruch erheben, ihr Nachfahre zu sein. Wie seinerzeit, als mich der Lehrer zum Urgroßvater führte, um mich Text und Übersetzung aufsagen zu lassen, prägte ich mir mühelos ganze Absätze ein: »*Was groß ist am Menschen, das ist, daß er eine Brücke und kein Zweck ist: was geliebt werden kann am Menschen, das ist, daß er ein Übergang und ein Untergang ist*«. Die Disjunktion und die Konjunktion von Untergang und Übergang sind mir fast zur Gewißheit geworden. Sie ist eine der sehr wenigen, die mir geblieben sind.

Was Nietzsche vom Übermenschen sagte, ärgerte mich damals, es mißfällt mir noch heute. Zweifellos begann ich auch deswegen, nach einigen Jahren erst, immer deutlicher das falsche »Getragene«, das zu hoch und doch nicht hoch genug »Gehobene« dieser pseudoprophetischen, pseudobiblischen und antibiblischen Prosa herunterzumachen. Auch als ich unter den Einfluß des revolutionären Umwerters Nietzsche geriet, hörte ich nicht auf, seinen »Zarathustra« parodierend zu zitieren und damit hie und da fromme Empörung hervorzurufen.

Der Sturz des Zaren im Jahre 1917 erfüllte uns alle mit einer so tiefen Freude, daß man glaubte, Worte könnten sie niemals ausdrücken. Das Krumme wurde endlich wieder grade, das Unrecht wich dem Recht, davon waren wir alle überzeugt. Und nun durfte man auf ein baldiges Ende des Krieges hoffen. Statt dessen aber ergriffen die russischen Armeen aufs neue die Offensive an fast allen Fronten.

Im Mai 1917, zwei Monate nach dem Umsturz in Rußland, trat ein vergleichsweise minimales Ereignis ein: ein Ausnahmegericht behandelte den Fall des Attentäters Friedrich Adler und fällte über ihn schließlich ein Todesurteil. Dieser zweitägige Prozeß hat auf Tausende, wenn nicht Zehntausende junger Menschen eine tiefe, dauernde Wirkung ausgeübt. Trotz der Zensur konnte der Zeitungsleser den Prozeß genau verfolgen. Gleich am ersten Tage entdeckten wir alle einen ungewöhnlichen Mann, die Inkarnation all dessen, was für uns beispielhaft sein mußte. Ja, man hatte das Gefühl, daß man selber mutiger und edler wurde, wenn man den ausführlichen Erklärungen zustimmte, die Friedrich Adler — mitten im Kriege! — ungehindert vor dem Gericht, das heißt: vor der Öffentlichkeit abgab. Wir lasen mit tiefer Rührung, wie sich der junge Gelehrte auf die Tat, die ihm wie jede Gewalttat fremd war, vorbereitet und damit alle seine persönlichen Hoffnungen aufgegeben hatte.

Ihm kam es, wie er sagte, nicht auf die *Dauer*, sondern auf den *Inhalt* seines Lebens an. Mehr als die marxistische Lehre und mehr als die meisten revolutionären Schriften hat dieser Satz die Entscheidungen, die ich in meiner Jugend treffen sollte, beeinflußt. Hochgemut oder niedergeschlagen, im Scheine von Erfolgen oder im Schatten der Enttäuschungen — immer, fast immer wollte ich wissen: wofür, wozu leben? Welcher Inhalt gibt dem Leben einen Wert, der nicht nur für mich, nicht nur für diesen oder jenen einzelnen gilt? Diese Fragestellung, zuerst unzulänglich formuliert, gewann für mich im März 1917 Bedeutung, als die Revolution in Rußland siegte, und im Mai 1917, als ein einzelner mit klarer, starker Stimme im Angesicht der Machthaber die Verworfenheit und die Sinnlosigkeit des Krieges anprangerte und gleichzeitig das Recht eines jeden auf Freiheit und Wahrheit proklamierte; und weil er sich für dieses Recht mit seinem Leben einsetzte.

Friedrich Adler wurde, wie man weiß, begnadigt, doch brauchte er auch die 18 Jahre schweren Kerkers nicht abzusitzen, denn er wurde, ohne darum ersucht zu haben, am 2. November 1918 von Kaiser Karl I., dem letzten Habsburger, amnestiert. Zwei Jahre vorher, am 21. Oktober 1916, hatte sich der Attentäter damit abgefunden, daß er sein 38. Jahr gewiß nicht mehr erleben würde. Er starb aber erst im Jahre 1960, ein einundachtzigjähriger Mann, der im hohen Alter nicht nur seinem Vater, sondern auch jenem Angeklagten vor dem Ausnahmegericht ähnlich sah, der einer ganzen Generation eine Botschaft gebracht hatte, von der jedes Wort klang, als wäre es genau der Ruf, auf den wir, ohne es zu ahnen, gewartet hatten.

Das letzte Mal sah ich ihn, einige Jahre nach dem Zweiten Weltkrieg, in einem Wartesaal des Pariser Flugterminals. Er war wie ich gekommen, um Sophie Lazarsfeld, der aus Wien stammenden Individualpsychologin, das Geleit zu geben. Im Verlaufe der Stunde, die wir miteinander verbrachten, dachte ich immer wieder daran, ihm zu sagen, was er einmal für den früh erweckten Buben bedeutet hatte, und daß ich ihn damals während des Prozesses nicht nur grenzenlos bewundert, sondern auch geliebt hatte. Und wie stark all das in den Jahrzehnten, die seither verflossen waren, nachgewirkt hatte. Ich sagte ihm nichts von alledem. Wir drei unterhielten uns sehr gut, und diese Erinnerung hätte nicht im mindesten hineingepaßt. Überdies hätte ich erklären, ja rechtfertigen müssen, warum ich trotz alledem doch nicht seinen Weg eingeschlagen und nicht Sozialdemokrat geworden war.

Als ich heute früh erwachte, von den Glöckchen des Klosters und durch das intensive Licht des Junimorgens geweckt, versuchte ich, eine Art Bestandsaufnahme dessen zu machen, was ich in den letzten Wochen geschildert und erzählt habe. Manches fiel mir ein, was ich zumindest erwähnen hätte sollen, und anderes, was ausführlich hätte dargestellt werden müssen. Nun, ich sagte es schon, die Gewißheit, in Tausenden von Seiten stets nur Fragmente geschrieben zu haben, flößt mir schon seit langem nicht mehr das Gefühl ein, versagt zu haben. »Alle, das gibt es schon lange nicht mehr«, lasse ich irgendwo einen Berliner Arbeiter sagen. Nun, alles, alles niederschreiben, auch das gibt es nicht, natürlich. Jeder, der Leser so gut wie der Autor, weiß, man muß wählen, also auslassen, in den riesigen Abfallkübel werfen, was nicht unbedingt zum Werk gehört, weil es nicht wichtig genug, nicht aufschlußreich, nicht kennzeichnend ist: Stricke, aus denen man keine Seile gedreht hat, Seile, die sich nicht mit anderen verstrickt haben und nun herumliegen, im Regen langsam verfaulen — noch immer da, verurteilt zu sein und dennoch nicht zu existieren.

Lilienbrunngasse, das war der Name unserer nicht zu kurzen, nicht zu schmalen, nicht gar zu schäbigen Gasse. Als ich das erste Mal den Namen hörte, eine Stunde bevor wir die verwanzte Pension verließen, schien sich mir der Traum von Wien zu erfüllen: ein Brunnen, ein Springbrunnen wohl inmitten eines Gartens mit zahllosen Lilienbeeten. Ich hätte von dieser Stunde berichten können, in der ich glaubte, daß wir nun endlich genau dort ankämen, wohin es mich so lange gezogen hatte. Eine Stunde später waren wir da, es war so nahe, daß wir zu Fuß hingehen konnten. Verlieren wir kein Wort über die Enttäuschung. Was mich aber heute, genauer: seit ich diese Erinnerungen schreibe, immer wieder verblüfft, ist die Tatsache, daß ich jenen, in deren Mitte ich mit grenzenlosem Zutrauen lebte, so vieles verschwiegen habe — ohne das Gefühl, etwas geheimzuhalten, sondern als ginge es nur mich allein an, als müßte ich ganz ohne ihre Hilfe mit all dem fertig werden. Mich dünkt, daß ich schon als ganz junger Psychologe wußte, daß selbst die vertrauensseligsten, die schwatzhaftesten Kinder *Enklaven der Verschwiegenheit* bewahren. Dennoch will es mir fast unglaublich scheinen, daß ich so vieles, das ich mit eindringlichster Intensität erlebte, sowohl den Eltern wie auch meinen Brüdern verschwieg, obschon wir drei einander sehr zugetan waren und keinerlei Mißtrauen gegeneinander hegten.

Und ich dachte — im Wartesaal von Air France — daß ich den alten Mann, der mir gegenüber saß, wahrscheinlich nie wiedersehen würde. Ich wußte genau, was ich ihm sagen wollte, ja sollte, und tat es dennoch nicht. Und ich mache sonst immer gerne aufrichtige Komplimente — nicht nur Freunden und Bekannten, sondern auch Unbekannten und selbst Gegnern.

Die Wendung *etwas für sich behalten*, im Sinne von verschweigen, mag bedeuten, daß man es ablehnt, sein Wissen oder Gefühl mit anderen zu teilen, somit einen Rückzug in die Enklave. Wie ich schon erwähnt habe, geschah es häufig, daß ich, von Begeisterung für einen Dichter, Maler, einen bildenden oder darstellenden Künstler ergriffen, ihm einen Dankbrief schrieb — aber nie in Wirklichkeit, sondern nur »im Kopf«. Das tat ich seit meiner frühen Jugend, heute schreibe ich manchmal, nicht oft genug, einen solchen Brief wirklich, aber dann handelt es sich darum, einem Freund oder einem Bekannten Zustimmung und Dank auszudrücken.

Manche der Autoren, deren Bücher mich damals so hinrissen, waren noch am Leben, einige von ihnen wohnten in Wien. Weder in meiner Knabenzeit noch später habe ich das Bedürfnis empfunden, ihnen zu begegnen. War es Scheu, Ehrfurcht, ein hemmendes Unsicherheitsgefühl,

Furcht, zu enttäuschen oder enttäuscht zu werden? Wahrscheinlich all das zusammen, doch überdies noch etwas anderes: Im Elternhaus galt es als gewiß, daß man einem Lehrer-Meister viel mehr Dank und Ehrerbietung schulde als dem besten Vater. Zugleich aber bezeichnete man gewöhnlich die Autoren der hauptsächlich religiösen und kommentierenden Werke, die am häufigsten zitiert wurden, gar nicht mit ihrem Namen, sondern mit dem Titel ihrer wichtigsten Bücher, zuweilen sogar nur mit deren allerersten Worten. Man erzählte sich manchmal Anekdoten, die diese gelehrten Verfasser nicht immer im günstigsten Licht erscheinen ließen, doch rühmte man dessenungeachtet ihre Schriften. Bände, die zerlesen, auseinandergefallen und nicht mehr wirklich brauchbar waren, wurden fast mit Andacht verbrannt, damit keines ihrer Blätter je durch irgendeinen niedern Gebrauch entwürdigt werde.

Sehr früh dürfte ich die Vermutung, um nicht zu sagen: den Verdacht geschöpft haben, daß ein geistiges Werk mehr sein kann als sein Autor und — allgemeiner — die Tat bedeutsamer als der Täter. Als ich, etwa fünfundvierzigjährig, dem alten Friedrich Adler gegenübersaß, dessen Taten: das Attentat und viel mehr noch sein Verhalten vor dem Ausnahmegericht alle meinesgleichen zutiefst aufgerührt und in Aufrührer verwandelt hatte — als ich nun in sein kluges, empfindsames Gesicht blickte, wußte ich, was meinesgleichen ihm verdankten, aber auch, daß er von jenen Taten nun so weit entfernt war, ja, daß er und sie so auseinandergefallen waren, daß es keine Brücke mehr geben konnte, die ihn zu ihnen zurückführte. Der vor mir saß, war ein höchst wertvoller Mensch, einer der politisch klügsten Männer des Jahrhunderts; er war kein Attentäter. Um es mit grammatikalischer Präzision auszudrücken: Im Jahre 1917, nach der Begnadigung, die ihn vor der Hinrichtung schützte, hätte man ihm voraussagen dürfen: »In dreißig Jahren werden Sie nicht mehr ein Attentäter gewesen sein.«

Nicht das allein war der Grund, warum ich jene Vergangenheit nicht erwähnte und warum ich ihm nicht erzählte, welchen Einfluß sie auf mich ausgeübt hatte. Seit meiner frühen Kindheit freimütig, aufgeschlossen und beredt, wenn nicht gar redselig, bin ich ein *heimlicher* Schweiger gewesen. Und in meinen Romanen habe ich nur indirekt, in dritter Person dieses Schweigen immer wieder gebrochen; in den vorliegenden Erinnerungen tue ich es wieder, aber diesmal in erster Person; völlig bewußt, decke ich mir selbst und dem Leser das Heimliche auf, das mir, sooft ich bei mir selbst darauf stoße, (ohne eitles Wortspiel) ein Gefühl der Unheimlichkeit einflößt.

Im Sommer, als das Schuljahr schon beendet, und die Aufnahmeprüfungen fürs Gymnasium abgeschlossen waren, engagierte mein Vater einen Studenten, der mich für die Herbstprüfung vorbereiten sollte. Wenige Tage nach Beginn der Lektionen legte der Vater meinem Lehrer und mir dar, daß ich es sicher schaffen könnte, eine Klasse zu überspringen. Meine Mutter protestierte, denn es blieben nur wenige Wochen, der Sommer war furchtbar heiß, ich war spindeldürr — es wäre also unsinnig, von mir eine solche Leistung zu verlangen. Der Vater gab nicht nach, er erwog nicht einen einzigen Augenblick, daß ich durchfallen könnte.

Der »Instruktor«, der mir täglich zwei Stunden gab, war ein freundlicher, doch energieloser junger Mann von mäßiger Intelligenz, überdies völlig unfähig, auch nur einen einzigen mathematischen Begriff oder Lehrsatz zu erklären; es war gewiß seine Schuld, daß ich erst sehr spät und auch dann unzulänglich zu erfassen begann, warum es sich da eigentlich handelte.

Während dieser Wochen beherrschte mich wieder der

Zwiespalt: ich fürchtete und hoffte gleichermaßen, den Vater zu enttäuschen. Seine Neigung, meine Fähigkeiten maßlos zu überschätzen, mußte wohl, wenn ich diesmal durchfiel, einer bessern Einsicht weichen. Ich erinnere mich genau an jenen Samstag vormittag, an dem der Vater, nicht ich selbst, das Prüfungsresultat erfragen sollte. Ich war von einer fiebrigen Unruhe gepackt, die mich selbst verwunderte. Natürlich war ich ehrgeizig, das wußte ich, und wollte keinen Mißerfolg erleiden, umso mehr, als alle Freunde, unsere zahllosen Besucher immer wieder vom Vater zu hören bekommen hatten, daß ich es selbstverständlich schaffen würde. Er hatte unrecht, sich meiner zu rühmen, doch nun war es geschehen und die Blamage drohte nicht nur ihm, sondern auch mir. Er würde mir gewiß keine Vorwürfe machen, aber er würde sehr traurig sein. Seit Jahren, seit der Krieg begonnen hatte, war die Familie immer im Verlieren. Und nun, gerade jetzt sollte er auch noch diese übertriebene Hoffnung verlieren, die er stets in mich gesetzt hatte.

An jenem regnerischen Septembertag lief ich durch Gassen, die ich kaum kannte, in Wohngegenden, die mich nicht interessierten. Ich lief, als müßte ich vor jemandem fliehen, und zugleich, als wäre die Fremde eine Zuflucht vor den eigenen Gedanken, als fände man in ihr leichter den Mut zur Gleichgültigkeit oder die beschwichtigende Trauer der Resignation. Ich fand nichts dergleichen. Es galt, sich zu stellen, ich eilte auf dem kürzesten Wege nach Hause. Ich hätte Heiterkeit oder wenigstens Gelassenheit vortäuschen wollen, aber selbst heute gelingt es mir noch immer nicht, irgendein Gefühl zu verheimlichen. Der Vater, der gewiß länger im Bethaus geblieben war, wahrscheinlich um irgendeine *Barmizwah* (Konfirmation des Dreizehnjährigen) mitzufeiern, war noch nicht da. Vielleicht erfuhr er gerade in dieser Minute vom Sekretär des Gymnasiums in der Zirkusgasse die böse Nachricht. Die

Mutter tat, als bemerkte sie meinen Zustand nicht, und gab mir einen Brief von der Babe Fejgy zu lesen, der soeben angekommen war. Wie es mir in Wien zur Gewohnheit geworden war, stellte ich mich ans Fenster und blickte zum Himmel hinauf. Sein Anblick bot Ruhe, ja Trost.

Endlich hörte ich die Stimme des Vaters und eine andere, völlig fremde. Wahrscheinlich hatte er zum Sabbathmahl einen *Orech,* einen Gast, mitgebracht, den er auf dem Weg unter mehr oder minder »verschämten« Bettlern, den Schnorrern, ausgewählt hatte.

»Komm, wir gehen zu Tisch« sagte die Mutter. Und als ich mich umdrehte, fügte sie hinzu »Narrele! Was hast du geglaubt, du wirst die Prüfung nicht bestehen?« So erfuhr ich, daß ich durchgekommen war.

Während der Mahlzeit wurde darüber nicht gesprochen, denn der Schnorrer ließ niemand zu Worte kommen; es entsprach wahrscheinlich seiner Berufsauffassung, daß er die Gastgeber mit seiner Lebensbeschreibung unterhalten müßte. Er tat es übrigens mit Brio und bissigem Humor, sodaß wir interessiert zuhörten. Er versprach, uns recht bald wieder zu beehren.

Das Semester hatte zehn Tage vorher begonnen, ich kam also in eine Klasse, in der die Plätze und die Rollen bereits verteilt waren. Die Mitschüler kannten einander seit über einem Jahr. Ein Spätankömmling, wie ich nun einer war, wird gewöhnlich mit einer spöttischen, wenn nicht gar mißtrauischen Neugier, sodann mit Gleichgültigkeit betrachtet. Ich trug eine Matrosenbluse, die mir zu klein war, eine kurze Hose und lange schwarze Socken; mein Schuhwerk war miserabel, einer der eisernen Sohlenschoner hatte sich halb losgelöst und schlug bei jedem Schritt hörbar auf den Boden. Ich bekam einen Platz in der vorletzten Bank der linken Reihe. Es war gerade Lateinstunde, der Professor, Ordinarius der Klasse, war wohl selbst ein Flüchtling, denn man hörte den für die Ruthenen charakteristischen Akzent heraus, sobald er etwas schneller sprach. Mir mißfielen die Borstenhaare über seinem strengen schmalen Gesicht, das fast immer verschlossen wirkte.

Etwa eine Woche später, er hatte mich aufgerufen, einen lateinischen Text laut zu übersetzen, unterbrach er mich schroff nach dem ersten Satz, ließ mich aufs Katheder steigen und verlangte, ich sollte die deutsche Fassung wiederholen. Ich tat es, er rief: »Falsch!« und befahl mir diesen Satz auf die schwarze Tafel zu schreiben und dann laut vorzulesen; ich tat es, wieder unterbrach er mich, stand auf, unterstrich das Wort *Haus* und gebot, daß ich es noch einmal wiederholen sollte. Ich mußte es dann immerfort, fast ohne Unterbrechung tun und jedes Mal reagierte er mit dem Tadel: »Falsch!«

Es wurde ein Spiel, das ihn nicht wirklich erheiterte, sondern mit einer unerklärlichen Schadenfreude zu erfüllen schien. Die Schüler, insbesondere die in den vorderen Bänken, spielten mit, begleiteten, je länger die Posse dauerte, sein »Falsch!« mit immer lauterem, schmeichlerischen Lachen. Vor ihnen stand, hilflos dem Spott des gefürchteten Ordinarius ausgeliefert, der Neue in seinem lächerlichen Matrosenanzug, der wohl fortan der Trottel der Klasse sein würde.

Meine allererste Erfahrung mit einer staatlichen, »christlichen« Schule war ebenso grotesk gewesen. Am ersten Tag hatte die polnische Lehrerin in alphabetischer Reihenfolge die Kinder aufgerufen, die sich mit dem Worte »Jestem« — ich bin da — zu melden hatten. Als sie Sperber Manes rief, meldete sich niemand. Ich sah mich um, höchst erstaunt darüber, daß es in der Klasse einen anderen Sperber geben sollte. Die Lehrerin wiederholte den Namen — wieder ergebnislos, doch hatte sie bemerkt, daß ich mich fortgesetzt umsah. Sie fragte mich, wie ich hieße, ich antwortete: »Sperber«. Darauf sie: »Du Dummkopf, warum hast du dich nicht sofort gemeldet?« Die Kinder, bis dahin eingeschüchtert, brachen in ein lautes Gelächter aus und hörten kaum meine Erklärung, daß mein Vorname nicht Manes, sondern Munju sei. So nannten mich die Familie und alle Bekannten; die Eltern hatten verabsäumt, mir mitzuteilen, daß ich im Geburtsschein den durchaus ungebräuchlichen, mir unbekannten Vornamen Manes trug. So blieb ich, der im Städtel als ungewöhnlich kluges Kind galt, während mehrerer Tage der Dummkopf der Klasse, der nicht einmal seinen eigenen Namen kannte. Um mich zu bestrafen, ließ mich nämlich die Lehrerin während einer ganzen Woche täglich fünf Mal wiederholen: »Ich muß mir merken, wie ich heiße. Ich heiße Sperber Manes.«

Ich mochte diese hagere Person mit dem verwaschenen blonden Haar nicht und nicht die Polen und nicht ihre Sprache. Doch wichtiger für meine Beziehung zur Schule in Zablotow wie später in Wien war wohl der Umstand, daß sie für mich jedenfalls immer zu spät kam. Als ich in die polnische »Taferlklasse« aufgenommen wurde, hatte ich bereits fast drei Jahre Unterricht hinter mir; die Welt und die Sprache der Bibel waren mir vertraut und vieles andere mehr. Ich las bereits hebräisch und deutsch, kannte viele Texte auswendig, sang Lieder in jiddischer, hebräischer, aramäischer, deutscher und ukrainischer Sprache. Und ich wußte natürlich viel von den Menschen, von dem Leben der Erwachsenen. Wie hätte mich da dieser Unterricht in einer mir fast fremden Sprache interessieren sollen? Was konnte er mir bieten?

Und nun stand ich auf dem Katheder und da quälte mich ein Ukrainer — ich liebte sein Volk, überdies dachte ich, daß er wußte, daß ich keineswegs dumm war. Ich mußte, sobald das Lachen der anderen endlich verstummt war, schon wieder das Wort *Haus* wiederholen und den schadenfrohen Ruf »Falsch« hören. Ich wußte nicht, was dieser Mann von mir wollte, warum er eine halbe Stunde verstreichen ließ, ohne es mir mitzuteilen und ohne zu verbessern, was ich falsch machte. Aus der peinigenden Demütigung erlöste mich plötzlich ein Gedanke: Das alles geht mich nichts an. Er quält mich nicht, weil er mir etwas beibringen will, sondern weil er Lust daran findet, einen Wehrlosen, mich, zu demütigen. An ihm vorbei sah ich zum Fenster, zum regenschweren Himmel hinaus. Ich hörte ihn und das Gelächter der Klasse, aber ich blieb stumm. Was auch immer geschah, die Zeit mußte verrinnen, die Klingel endlich läuten und das Ende der Stunde ankündigen.

Plötzlich wurde ich an den Schultern gefaßt und herumgerissen. Der Professor stand vor mir, bleich im Gesicht brüllte er: »Bist du verrückt geworden? Dafür kriegst du das *Consilium abeundi*«. Ich erschrak und wich zurück. Jetzt erst, gleichsam rückwirkend, erfaßte ich, daß ich mit dem Fuß den Rhythmus eines aramäischen Sabbathliedes geschlagen hatte. Ich hob den Kopf, die Furcht verließ mich, denn auf einmal wußte ich, worum es die ganze Zeit gegangen war. Ich stellte einen Fuß voran, dann den zweiten und sagte laut, wiederholte schreiend dem Professor ins Gesicht: »Ha-us, Ha-us!« Er wich schrittweise zurück, hob drohend das Lineal, das auf dem Tisch lag — da klingelte es. Es war totenstill geworden in der Klasse, verstummt sahen die Lacher zu, wie ich ohne die vorschriftsmäßige Verbeugung vom Katheder stieg und hinausging.

Ich hatte das Wort so ausgesprochen, als ob es Ho-us geschrieben würde. Dies hatte den Lehrer, vielleicht ohne daß er es wußte, auch deshalb verdrossen, weil viele Slawen, nicht zuletzt die Ruthenen, das deutsche »au« wie »ou« aussprechen.

In der Pause kamen zwei Schüler auf mich zu und beteuerten, daß sie meinen Mut bewunderten. Ich wollte ihnen erklären, daß ich gar nicht beabsichtigt hätte, den Lehrer zu provozieren, und daß ich, so unglaublich es klingen mochte, den Takt geschlagen hätte, ohne es zu merken. Sie glaubten es mir nicht, ebenso wenig die anderen Kameraden, die Lacher, die mich in den folgenden Tagen scheu mieden. Ich wollte den zwei Buben sagen, daß ich ebenso gut hätte weinen können, doch unterließ ich es, denn ich hatte es nach dem Geschehenen so bitter nötig, gelobt und geschätzt zu werden. Sie fragten, ob ich vom *Schomer*, von der jüdischen Pfadfinderorganisation »Haschomer Hazair« gehört hätte, und schlugen vor, ich sollte wie sie selbst Mitglied werden, in ihre *Kwuzah* (Gruppe) eintreten, deren Führer in unserm Gymnasium studierte. Man käme ein, zwei Mal in der Woche zusammen, zumeist in der Biberstraße, wo man hebräische Lieder, vor allem Marschlieder lernte. Man übte sich im Morsealphabet, im Lesen von Landkarten; man diskutierte über jüdische Fragen und vor allem über Palästina. Am Sonntag machte man Ausflüge in den Wienerwald — die aus 15 Jungen bestehende Kwuzah allein oder mit anderen Gruppen, denn die Organisation hatte tausend Mitglieder oder noch mehr, Burschen und Mädel. Im Schomer ist man ernst, die Regeln sind streng, aber man ist auch sehr lustig. Sie erklärten, daß, wenn ich zustimmte, der Führer ihrer Kwuzah in der zweiten Pause herunterkommen und mich zur nächsten *Sichah* (Zusammenkunft) einladen würde. Ich zögerte zuzustimmen, es kam so unerwartet. Überdies stand ich noch zu sehr unter dem Eindruck der Szene auf dem Katheder. Sie aber drangen in mich und machten mir erneut Komplimente, die ich wirklich nicht verdiente. Wieder hatte ich nicht die Kraft, sie entschieden und eindeutig zurückzuweisen. Schließlich sagte ich zu. Damit traf ich eine Entscheidung, die während mehrerer Jahre von unvergleichlicher Bedeutung gewesen und in vieler Hinsicht geblieben ist.

Eine der ersten Folgen war, daß die Schule für mich so gut wie völlig an Interesse verlor. Der Schomer nahm einen immer größern Platz in unserm Leben ein, auch unter der Wirkung der Ereignisse, die einander bald immer schneller folgen sollten.

Ich wurde nicht der Trottel der Klasse, der Ordinarius lobte mich vor allen Schülern, er rühmte besonders, daß ich in Latein und Deutsch ein so guter Grammatiker sei, und prophezeite mir eine schöne Karriere als Altphilologe. Im Verlauf des gleichen Schuljahres versuchte er mehrmals, mich durch Freundlichkeiten jene Szene vergessen zu lassen. Sooft ich in mir auch nur die geringste Neigung entdeckte, ihm zu verzeihen oder auch nur so zu tun, als könnte ich vergessen, unterdrückte ich sie schnell, denn ich verachtete, ja ich verabscheute mich in solchen Augenblicken. Dieser Lehrer verschwand übrigens noch vor Ende des Schuljahrs; wahrscheinlich war er in die Heimat zurückgekehrt. Ich konnte ihn nicht vergessen und habe nie jemandem etwas von alledem erzählt. Doch als ob ich einem alten jüdischen Fluch gehorcht hätte, habe ich seinen Namen schon vor langen Jahren völlig aus meinem Gedächtnis ausgelöscht und nie versucht, ihn wieder zu entdecken.

Diese Episode hätte mich gewiß traumatisiert, hätte sich meine Verzweiflung über die unverdiente, sinnlose Demütigung nicht am Ende in einer Rebellion entladen, zu der ich bewußt den Mut nicht hätte aufbringen können. Daraus mag es sich erklären, daß es keinem, der mir nachher als Gegner oder Feind gegenübertrat, je gelingen konnte, mich zu demütigen. Eine andere, eher kuriose Folge dieses Erlebnisses dürfte es sein, daß ich in keiner der Sprachen, die ich noch erlernen sollte, je versucht habe, den fremden Akzent zu verlieren oder zu verwischen, um genauso wie die Einheimischen zu sprechen. Ich lasse es im Gegenteil gerne immer wieder deutlich werden, daß ich nicht »bodenständig« bin und nicht den geringsten Wunsch habe, den Eindruck zu erwecken, daß ich es bin oder sein könnte. Obwohl ich das Vokabular und die charakteristischen Wendungen einiger Dialekte sehr gut kenne und sie, wenn es mir notwendig erscheint, in meinen Romanen — stets sehr sparsam — verwende, so habe ich jedoch nie versucht, einen von ihnen zu sprechen.

Im Herbst 1917 und im Winter kam unsere Kwuzah im Kellergeschoß eines bürgerlichen Hauses in der Biberstraße zusammen. Die großen, ungeheizten Räume gehörten einem jüdischen »schlagenden« Studentenverband, der hier seine Fechthalle eingerichtet hatte. Nun waren seine Mitglieder in der Armee, wir fochten mit ihren Degen und Säbeln, ahmten Duellanten nach — vor allem, um uns zu erwärmen. Die meiste Zeit verbrachten wir damit, hebräisch sprechen zu lernen, die Geschichte der zionistischen Bewegung und die »Palästinographie« zu studieren. Bei den Sonntagsausflügen in den Wienerwald exerzierten wir nach hebräischen Befehlen: vergattern, Reihen bilden, im Schritt marschieren usw. Ich machte alles sehr ernsthaft, ja eifrig mit. Das Militärische war mir zuwider, aber wie alle anderen begriff ich, daß es darum ging, uns dem Galuth-Judentum zu entreissen. Wir sollten nicht mehr, nie mehr als Schicksal akzeptieren, von den Feinden nicht nur gehaßt, sondern auch verachtet zu werden; wir sollten uns niemals mehr beugen, sondern dem Feind mit hochgerecktem Rücken begegnen.

Unsere Eltern waren davor zurückgescheut, sich ohne Notwendigkeit von ihren Siedlungen zu entfernen; in den Dörfern mußten sie fürchten, Menschen zu begegnen, die ihnen unversöhnlich das Recht aufs Dasein versagten. Jede unserer Gruppen, die sonntags auf Wanderung ging, trug an ihrer Spitze blaußweiße Fähnchen mit dem Stern Davids. Es war ein für allemal abgemacht, daß wir weder Schimpf noch Herausforderung unbeantwortet, unbestraft lassen würden. Auch wenn wir schwächer und von geringerer Zahl waren als jene, die uns angriffen, hatten wir standzuhalten. Den Kopf hoch tragen, jedem ins Gesicht sehen, Auseinandersetzung und Kampf nicht meiden, nie, nie mehr davonlaufen! Das lehrte uns der Schomer, und zugleich die von der Pfadfinderbewegung gepriesenen Tugenden: Aufrichtigkeit, nicht lügen, immer hilfreich sein, jeden Tag zumindest eine gute Tat vollbringen: »Allzeit bereit!« Aber noch bevor das Jahr 1918 endete, hatte sich der Schomer aus einer jüdischen Scout-Organisation in eine freie, in wesentlichen Hinsichten wahrhaft revolutionäre Jugendbewegung verwandelt. Den ersten Anstoß gaben zweifellos die Ältesten unter uns, junge Leute, die von der Front auf Urlaub kamen und erzählten, was sie dort erleben mußten. Der Einfluß der russischen Revolution förderte das Interesse für die Sozialrevolutionäre, die Nachfahren der Narodniki, und für die anarcho-kommunistische Lehre Kropotkins, des revolutionären Fürsten, viel mehr als für den Marxismus. Kropotkins Erinnerungen und seine »Gegenseitige Hilfe« haben uns zutiefst beeindruckt und gewiß wesentlich dazu beigetragen, den Wiener Schomer für jene Ideen und Ziele zu gewinnen, die später im Kibbuz verwirklicht werden sollten.

Für uns gehörte alles zusammen: die fast militaristische Haltung bei Körperübungen, bei Gewaltmärschen, die Verwendung der soldatischen Terminologie; die völlig freien, uferlosen Diskussionen, in denen man sich heiser redete und von allem Druck befreite; die wachsende Gegnerschaft gegen den Krieg, gegen jeden, der von ihm profitierte, gegen alles Bürgerliche und gegen alles Autoritäre; die martialischen Marschlieder und die wehmütigen jiddischen Volkslieder, die revolutionären der jüdischen und der nicht-jüdischen Arbeiterbewegung und die Niggunim, die Melodien, die man in den Häusern und Betstuben der Chassidim sang.

Die Mitglieder des Schomer, fast ausnahmslos Gymnasiasten und Studenten, entstammten bürgerlichen oder kleinbürgerlichen Familien, die aus Galizien und der Bukowina nach Wien geflüchtet waren. Ihr sozialer Stand hätte in ihnen die Neigung zu einer gewissen Art von Assimilation, zu einer graduellen Entfernung vom Judentum, von seinem Glauben, seinen Sitten erzeugen können. Hier nun griff die Organisation ins Leben der jungen Menschen und ihrer Familien in einer ungeahnt widerspruchsvollen Weise ein. Die bewußte oder unbewußte Tendenz zur Assimilation machte einem entschiedenen Willen zum tätigen Judesein Platz, doch gleichzeitig entfremdete sich die junge Generation der älteren und geriet in offenen Gegensatz zur überlieferten Lebensart und damit zu ihren Eltern. Der Bruch zwischen den Generationen, der die Emigrantenfamilien überall bedroht, wurde durch den Schomer fast unvermeidlich und blieb für die Eltern zumeist unverständlich. Sie hatten befürchtet, ihre Kinder könnten sich vom Judentum und damit von ihnen selbst entfernen. Das letztere geschah, aber nicht, weil ihre Kinder sich assimilierten, sondern weil sie anders sein wollten als ihre Väter und Mütter. Diese konnten sich des Gefühls nicht erwehren, daß man fast mit Verachtung ihr Galuth-Judentum verwarf; das tat ihnen furchtbar weh, doch den Kindern schien es völlig gleichgültig zu sein. Es schien nur so, denn sicherlich ging es meinen Kameraden wie mir selbst: ich hatte in der Bewegung ein *Wir* gefunden, zu dem es mich seit dem Winter 1915 drängte. Damals konnte ich nicht ahnen, daß ich mich einer Gemeinschaft verbunden fühlen würde, die den Zusammenhalt mit der Familie lockern und schließlich sprengen würde — und dies, ohne daß die gefühlsmäßige Bindung an die Eltern aufhörte. Es lag in unserem Fall nicht nur an dem Unterschied der Generationen und ihrem natürlichen Auseinanderwachsen, sondern vor allem daran, daß wir Jungen, um mitten in einer urbanen, weltoffenen Zivilisation zu uns selbst zu kommen, vom Städtel zwar manches behalten, aber keineswegs mehr zu ihm gehören wollten. Dies war der Anfang einer Krise von einer aufwühlenden, zum Teil zerstörerischen Wirkung, deren Ausmaß, glaube ich, damals noch niemand ahnte.

Erst im Winter 1917/18 begriff die Wiener Bevölkerung, daß ihre Klagen über Hunger und Mangel jeder Art zwar gewiß begründet, jedoch übertrieben gewesen waren. Denn nun erst wurde das Leben mit jedem Tag schwerer. Manchmal war es, als hörte man die große Stadt wie einen Schwerkranken mit Mühe und Pein um Atem ringen.

Schlecht gekleidet, durchaus ungenügend gegen Kälte und Feuchtigkeit geschützt, mußte man Stunden um Stunden auf den Trottoirs verbringen: man stellte sich an. Am Morgen, zu allen Tageszeiten, natürlich, aber nun bildeten sich die Schlangen oft, noch ehe der Morgen anbrach, und schließlich mitten in der Nacht. Jeder wollte die zumindest relative Gewißheit haben, daß es noch Waren geben würde, wenn die Reihe endlich an ihm war. Denn gar zu oft geschah es nach einer solch durchwachten Nacht, daß das Schildchen »Ausverkauft« gerade im Augenblick ausgehängt wurde, da man endlich bis zur Schwelle des Ladens vorgerückt war. Ja, das Volk von Wien: Frauen, Männer, Greise, Kinder verwarteten die langen Stunden windiger, frostiger, verregneter Nächte in schlecht oder überhaupt nicht mehr beleuchteten Gassen, in der Hoffnung, ein Kilo Kartoffeln zu ergattern, die oft verfroren und kaum noch genießbar waren. Das ist das Ende, schlechter kann es gar nicht mehr werden — so trösteten die Wartenden einander, doch zeigte es sich, daß es noch schlechter werden konnte.

So sehr die Eltern es vermeiden wollten, es wurde schließlich unbedingt notwendig, daß auch wir Kinder uns anstellten. Damals wurde mir alles, was mich im Sommer 1916 an dieser Stadt enttäuscht hatte, unwichtig. Nun ging es nicht mehr um kaiserlichen Prunk, sondern um ein allgemeines Leiden, das die Gesichter so sehr veränderte, daß sie einander alle zuweilen zu ähneln schienen, selbst wenn man sie aus der Nähe betrachtete. Das geschah, weil die *nackte Menschlichkeit,* die sich auf einem verhungerten Antlitz abzeichnet, nur in wenigen, kaum variierbaren Formen zutage tritt.

Ich kannte damals noch nicht die expressionistische Kunst und hätte wohl diesen Ausdruck kaum verstanden; ich hatte die Bilder Egon *Schieles* noch nicht gesehen und nicht die Werke der Kubisten. Als ich — etwa zwei Jahre später — auf sie stieß, erkannte ich in ihnen die merkwürdig entstellten, verzerrten, in Kälte erstarrten Gesichter der Menschen, in deren Mitte ich vor Tagesanbruch oder in grauen Morgenstunden resigniert und empört zugleich, häufig durchnäßt und verfroren, darauf wartete, daß der Krämer endlich zu verkaufen anfange und daß ich in seinen Laden trete, bevor er alles ausverkauft hatte.

Ich habe sehr oft an das hungernde, frierende, gedemütigte Wien zurückgedacht — mit einem tiefen Erbarmen, aber auch mit Staunen und Bewunderung. Es gab zu jener Zeit viele Konzerte — ich besuchte sie zwar noch nicht, aber ich las aufmerksam die Affichen; die Theater spielten vor ausverkauften Häusern; Vorträge, Vorlesungen und Rezitationen waren jeden Abend gut besucht, obwohl die Säle unzulänglich oder überhaupt nicht geheizt waren. Wenige Minuten von meiner Gasse entfernt, hinter der Produktenbörse an der Taborstraße, war von einer jüdischen Hilfsorganisation unter der Leitung einer besonders aktiven, relativ jungen Frau namens Anita Müller eine Tee- und Wärmestube eingerichtet worden, die bis zur Sperrstunde stets überfüllt war. Die Kundschaft setzte sich aus alten Leuten zusammen, aus kinderlosen Soldatenfrauen, aus Urlaubern, deren Familien in dem vom Feinde besetzten Gebiet lebten, aus Kriegsinvaliden und aus professionellen Schnorrern.

Dank der Volksbibliothek hatte ich stets genug Bücher; je mehr ich las, umso unbeherrschbarer wurde meine Lesegier. Jedes Buch verwies auf so viele andere und belehrte mich darüber, wie wenig ich wußte und daß ich Rendezvous hatte mit Hunderten, mit Tausenden von Schriftstellern, mit zahllosen Werken. Alle diese Bücher gehörten jedoch der Vorkriegszeit an, außer den zumeist dümmlichen, lächerlich übertriebenen patriotischen Kriegsbüchern. Das winzige Abendblatt, meine so billige Stammzeitung, reichte nicht aus. Im Kaffeehaus lagen Dutzende von Zeitungen und Wochenschriften auf, doch konnte ich mir den Besuch eines Cafés nicht leisten, weil ich inzwischen meinen Posten als Besteckverleiher und damit mein Einkommen verloren hatte. Es kam übrigens auch deshalb nicht in Frage, weil Buben meines Alters dort nicht gerne gesehen waren, wenn sie ohne Begleitung kamen.

In der Tee- und Wärmestube — man nannte sie, glaube ich, Halle — wurde ich ein abendlicher Stammgast, denn da gab es eine Menge Zeitungen, die allerdings nicht ganz intakt waren, weil sie durch zuviele Hände gingen. Die Bemühungen des Personals und der philantropischen Helferinnen, den Lärm zu dämpfen, für Ordnung und Sauberkeit zu sorgen, blieben im Wesentlichen ohne Erfolg. Ich war's gewohnt, mich beim Lesen von Gesprächen nicht stören zu lassen, die fortgesetzt an mein Ohr drangen.

In dieser Halle begegnete ich einem Mann, der so häufig

den Namen wechselte, als ob er sich unauffindbar machen wollte. Da aber jeder wußte, daß er es war, den der jeweils neue Name bezeichnete, war das Ganze ein Spiel, das ganz gewiß vor allem ihn selbst, aber auch die anderen amüsierte.

Ich war gerade im Begriff, eine Zeitung, die ich auf einem Stuhl erspäht hatte, an mich zu nehmen, als mein Arm von hinten gepackt wurde. Ich drehte mich um und erblickte einen kränklichen Mann mit dem abgezehrten Gesicht eines Verhungernden. Er trug eine Uniform ohne Rangabzeichen und — obwohl es in der Halle sehr warm war — eine graue Pelzmütze auf dem Kopf; der rechte Ärmel hing ihm leer herab, also war er ein Kriegsinvalide. Er riß mir die Zeitung aus der Hand und rief mit strenger Stimme: »Zuerst ich, dann du!« Ich sah ihn stumm an, verlegen, denn ich wußte nicht, ob es feig wäre nachzugeben oder ungehörig, mit einem leidenden Menschen um eine Zeitung zu streiten, die ich ja ebenso gut nach ihm lesen konnte. Meine Verlegenheit wuchs, als er plötzlich in ein wildes Gelächter ausbrach, das zwei junge Soldaten in schäbigen Uniformen herbeirief, die sich neben ihn stellten. Sie blickten mich zuerst neugierig an, dann lachten sie mir ins Gesicht, aber so wie kriecherische Schüler in der Klasse lachen, um einem Lehrer zu schmeicheln, der sich witzig gibt. Auf ein Zeichen des Einarmigen verstummten sie sofort. Er lud mich mit einer eleganten Gebärde ein, mich an seinen Tisch zu setzen, an dem auch die zwei Kumpane Platz nahmen. Er sagte:

»Ich bin der Oberleutnant Grimme. Vielleicht bin ich gar kein Oberleutnant. Und es geht außerdem niemanden an, ob ich Grimme heiße oder ganz anders. Verstanden? Gut. Und wie heißt du? Wer bist du?, was kommst du jeden Abend hierher? Hast keine Familie oder bist du ein Vagabund, ein Strabanzer?«

Ich überlegte einen Augenblick, ob ich ihm antworten

sollte, und tat es dann recht ausführlich, weil ich das Gefühl hatte, daß dieser Mann mich anging; ich wollte herausfinden, warum. Daß ich ihn interessierte, überraschte mich nicht, denn es geschah nun immer häufiger, daß sich Erwachsene mit mir in ein Gespräch einließen. Und, wie schon erwähnt, sprach und spreche ich gerne. Als ich geendet hatte, zeigte er auf die Zeitung und sagte: »Also, wenn du schon sozusagen ein Politiker bist, sag mir schnell, wer ist dieser Kerenski, was will er? Und wer ist zum Beispiel Martow? Und wer ist Trotzki und wer Lenin? Was wollen diese Leute eigentlich? Und du, für wen bist du?«

Mit wachsender Ungeduld hörte er meine Antwort an, endlich unterbrach er mich und erklärte: »Gut, du weißt und du weißt nicht. Oder du weißt, aber du verstehst nicht. Oder du verstehst, aber du verstehst falsch — so wie diese zwei Lackel, die mich nicht in Ruhe lassen. Die beiden sind so blöd, daß sie sogar in dieser Welt glücklich sind. Der neben dir heißt Jankel, aber er ist dankbar, wenn man ihn Ulrich nennt. Außerdem ist er größenwahnsinnig, denn er behauptet, daß er ein Gefreiter gewesen ist. Der andere, Chaskel heißt er, wäre ein Spinoza, wenn er so klug wäre, wie er gut ist. So, jetzt nimm dieses Dreckblatt und setz dich anderswo hin. Morgen oder übermorgen werde ich dir erklären, wer wer und was was ist.«

Ich stand schnell auf, wollte ihm die Hand reichen, zögerte aber, denn es konnte ihm unangenehm sein. So lächelte ich ihn nur an. Er entblößte den Kopf und winkte mir mit der Pelzmütze ironisch übertreibend nach. Ulrich und Chaskel lachten schon wieder laut auf.

Ich erwartete die nächste Begegnung mit großer Neugier, aber sie sollte mich enttäuschen. Grimme war wie ausgewechselt, er sprach ununterbrochen, doch verstand ich kaum etwas von dem, was er so eifrig und zuweilen mit einer, wie mir schien, unbegründeten Vehemenz darlegte. Die Worte kamen wenig artikuliert, wie zerquetscht aus dem nur halboffenen Munde; es war, als würden sie wie Schleim an den bebenden Lippen hängen bleiben, ehe er sie endlich, über sich selbst maßlos verärgert, ausspuckte.

Mit der Zeit gewöhnte ich mich daran, wurde geduldiger im Zuhören, besonders nachdem Chaskel mir diese seltsame, recht oft wiederkehrende Veränderung erklärt hatte: Der Oberleutnant vertrug das künstliche Gebiß nicht, das sein Zahnfleisch reizte, Schwellungen und Wunden hervorrief, deshalb riß er es sich manchmal mitten am Tage aus dem Munde. »Mit den falschen Zähnen ist ihm nicht gut, aber er kann da sprechen wie ein Mensch. Und ohne sie ist ihm schlecht.« sagte Chaskel. »Armer Herr Krakowiak! Der rechte Arm ist weg, die Zähne sind weg und das Herz und die Lungen sind auch nicht so, wie sie sein sollten!«

Grimme-Krakowiak gab mir im Verlauf der ersten Gespräche zu verstehen, daß er aktiv die Revolution vorbereitete — nicht er allein, natürlich, aber es waren ihrer nicht viele, die so genau wie er wußten: erstens, was unbedingt getan werden mußte, und zweitens, was unbedingt verhindert werden mußte. Er berief sich auf Leute, deren Namen mir nichts sagten, die aber in den dünnen Broschüren vorkamen, die er mir borgte. Ich durfte sie nicht behalten, sondern an Ort und Stelle »intus nehmen«, wie er sich gerne ausdrückte — in einem Deutsch, das zwar fehlerlos, aber recht bizarr war, weil sich das Niveau des Vokabulars immer wieder, manchmal mitten im Satz, änderte. Bald sprach er wie ein Arbeiter, am liebsten wie einer jener Wiener Tschechen, deren »böhmakeln« von ihren bodenständigen Nachbarn oft mit Spott, zuweilen mit herausfordernder Verachtung nachgeahmt wurde; bald benützte er ein Schriftdeutsch, das oft gespreizt wirkte. Das geschah insbesondere, wenn er darlegte, daß es fortab nur einen Weg gebe, die Menschheit zu befreien: die

Revolution, die keinen Stein auf dem andern lassen würde. Ihr Ziel: der *herrschaftslose* Sozialismus, die Verwirklichung des strengsten, also menschlichsten, des anarchistischen Programms. Grimmes hohle, ja ausgehöhlte Wangen wurden rot, wenn er dieses Wort aussprach; wenn er mit dem Gebiß im Munde »herrschaftsloser Sozialismus« sagte, klang es wie der Titel eines Liebesgedichts.

Ohne es zu wollen, führte ich die erste der vielen Krisen in unserer Beziehung herbei. Ich nannte Trotzki, zitierte einen Satz von ihm nach der Zeitung und sagte, dank ihm und Lenin würde nun der Krieg ein schnelles Ende nehmen. Grimme unterbrach mich: »Du plapperst nach, was die Zeitungen zusammenschmieren. Du verblödest jeden Tag immer mehr.« Er sprach ohne Aufhör, seine Heftigkeit wurde maßlos. Plötzlich riß er sich das Gebiß aus dem Munde und verstummte. Ich verließ den Tisch, wurde bald von Ulrich eingeholt, der mir ausrichtete, daß der Herr Oberleutnant meinen Anblick nicht mehr vertrug, weil ich heuchlerisch und ein Trottel wäre wie alle Marxisten. Ich kannte damals von Marx nur Zitate, die immer wieder nachgedruckt wurden; ich wußte nicht genau, was ein Marxist ist, und glaubte auch gar nicht, einer zu sein. Ich war gegen den Krieg, für die Gleichberechtigung aller Menschen und aller Völker und besonders der Juden, denen sie in so vielen Ländern versagt wurde, für eine jüdische Heimstätte in Palästina, wie sie wenige Wochen vorher Lord Balfour den Juden zugesichert hatte. Da Kerenski den Krieg auch nach dem Sturz des Zaren fortführte, war er ein Feind; da Lenin und Trotzki sofort Frieden schließen wollten, bedeutete der Sieg ihrer Revolution etwas Gutes für alle Völker, die dem Zaren untertan gewesen waren, und für alle Armen, besonders für die Bauern — das glaubte ich wie so viele andere.

Etwa zwei Wochen später kam Chaskel in meine Ecke, unterbrach mich beim Lesen und forderte mich auf, sofort zu Krakowiak zurückzukehren. Ich antwortete, daß ich es wohl eines Tages tun würde, aber nicht gerade jetzt, nicht auf Befehl. »Was heißt nicht jetzt?« fragte Chaskel, ein stämmiger Dorfjude, an dem alles zu breit geraten war: das Gesicht, die Schultern, die Hände. Er sah mich so erstaunt an, als hätte ich mich plötzlich unter seinen Augen bis zur Unkenntlichkeit verändert. Er setzte sich neben mich und begann, seine Wickelgamaschen, die immer in Rollen auseinanderzufallen drohten, straffer zu ziehen. Währenddessen murmelte er wie im Selbstgespräch: »Wenn ein Offizier sagt: komm, kommt man. Was ist, was hat er dir getan? Er hat dir in die Suppe gespuckt? Herr Krakowiak kränkt sich, er spuckt Blut aus den Lungen, kommt so ein Bub daher und will ihn noch mehr ärgern.« Ich tat, als hörte ich ihn nicht, und las weiter. Endlich stand er auf, sah sich bedächtig um, stieß einen lauten Seufzer aus. Plötzlich packten mich seine Arme um die Hüften, ich wehrte mich, alle sahen uns an — diesen jüdischen Bauern in Uniform und mich, den er halb trug, halb stieß, bis wir endlich an Grimmes Tisch waren. Chaskel setzte mich sachte auf einen Stuhl. Der Lärm in der Halle war verstummt, alle Blicke waren auf uns gerichtet, auf mich, den Entführten sozusagen, auf den Einarmigen, der den anderen schon längst unheimlich geworden war, und auf Chaskel, der mit ausgebreiteten Armen dastand, als ob er mich wieder packen wollte. Ich hätte protestieren wollen, aber ich mußte lachen, das Gelächter griff schnell um sich, erfüllte den ganzen Raum und wollte nicht enden. Ich hatte Tränen in den Augen, so sehr hatte ich gelacht, aber wohl auch, weil ich nicht vergaß, daß mir Gewalt angetan worden war.

Grimme, dessen Lachen einem wilden Bellen glich, wurde durch einen Hustenanfall unterbrochen. Als er endlich wieder zu Atem kam, gebot er mit einer Handbewegung Ruhe. Er sagte: »Wisch dir die Augen aus und lies!«

Er hielt mir eine in hebräischen Buchstaben gedruckte jiddische Zeitschrift hin. Als er merkte, daß ich nicht gewohnt war, jiddisch zu lesen, erklärte er mir, daß es sich um eine Monatsschrift handle, die auf langen Umwegen aus Amerika gekommen wäre. Aus seinen Andeutungen ging nicht hervor, ob die Herausgeber Anarchisten oder linke Sozialrevolutionäre waren. Was er mir nun vorlas, waren von ihm unterstrichene Sätze aus einem Artikel über Trotzki, den ein im Jahr 1903 aufgenommenes Photo zeigte. Der damals 25jährige sah dem Führer der siegreichen Revolution nicht sehr ähnlich, nicht seinen Bildern, die die Zeitungen in diesen Tagen fast täglich brachten.

Ich hörte aufmerksam zu, denn es war interessant. Jeder sprach von Trotzki, aber erst jetzt erfuhr ich, wer der Mann wirklich war. Der Autor dieses langen Artikels war im Jahre 1905 ein Mitglied des von Trotzki geführten Petrograder Sowjets gewesen und hatte später, in Amerika, viel mit ihm verkehrt. Worauf Grimme besonders Wert legte, waren die Argumente, die dieser Aufsatz gegen Trotzki und den Marxismus, sowohl gegen die Menschiwiki wie gegen die Bolschewiki vorbrachte. Ich verstand nicht alles, vor allem nicht die Anspielungen auf irgendwelche Kongresse und Auseinandersetzungen, die meisten Namen sagten mir nichts. Obschon ein Bücherwurm, hatte ich noch nie ein politisches Buch gelesen. Somit hatte Grimme recht, das sah ich nun ein, ich wußte nichts, verstand nur wenig und manches falsch. Denn was da einer im September 1917 geschrieben hatte, lief darauf hinaus, daß Trotzki, Lenin und alle ihresgleichen im Falle ihres Sieges niemanden befreien würden, nicht das Proletariat, nicht die Bauernschaft und nicht die von den Zaren unterdrückten Völker, sondern daß sie im Namen der Revolution eine Diktatur, eine neue Despotie errichten würden. Nun, das klang in meinen Ohren ungeheuerlich, das war, sagte ich Grimme, unglaublich, eine bösartige Verleumdung. Ich erzürnte ihn natürlich, doch beherrschte er sich diesmal und hielt mir eine lange Rede. Es gelang ihm nicht, mich zu überzeugen, ich hörte ihm kaum zu und hatte nur ein Verlangen: ihn schnell zu verlassen. Er schien es nicht zu bemerken und redete immer weiter. Schließlich war es spät geworden und überdies, sagte ich ihm, kam es ja wirklich nicht darauf an, gerade mich zu überzeugen.

»Du irrst dich. Ich glaube an die einzelnen. Denn jeder ist ein einziger«, sagte Grimme zurechtweisend.

»Das verstehe ich nicht« unterbrach ich ihn und stand auf. »Die Revolution, die im März und die im November haben die Massen gemacht.«

»Also geh zu den Massen!« schrie Grimme »und daß ich dich hier nicht wiedersehe, geh zum Teufel!«

Ich verließ ihn und sein groteskes Gefolge, traurig darüber, daß es zwischen uns so enden mußte, und dennoch zufrieden, daß es nun aus war. Seine wirren Meinungen kannte ich nun und wußte mit ihnen nichts anzufangen. Was er immer wieder mit solcher Heftigkeit vorbrachte, stand im Gegensatz zu allem, was ich im Schomer suchte und fast bei jeder Zusammenkunft fand: das Gefühl einer Zugehörigkeit und zugleich die Freiheit. Wir alle glaubten, daß das Volk, jedes Volk, große Tugenden, schöpferische Kräfte in sich barg und daß ihm die neue Zeit gehörte: sie nahte unaufhaltsam.

Aus einem anderen Grund war ich über diesen Bruch froh. Dieser ungeduldige Mann belastete mich dadurch, daß er von mir stets etwas zu erwarten schien — ich wußte nicht genau, was. Daß ich ihm in allem zustimme? Wahrscheinlich. Hätte ich das auch nur vorgeben wollen, ich hätte es nicht zustande gebracht und er hätte es wohl durchschaut. Überdies spürte ich recht wohl, daß es sich gar nicht um mich handelte, daß ihm nichts oder nur wenig an mir lag. Er glaubte, daß ihm nur eine sehr kurze

Frist zugemessen war, und deshalb war ich für ihn gleichsam der zukünftige Zeuge. Ich weiß es jetzt, denn seither bin ich recht oft alten Männern begegnet, die auf der Suche nach ihren künftigen Zeugen waren. Und manchmal muß ich selbst der Versuchung widerstehen, zu einem jungen Menschen so zu sprechen, als wäre er der Vorreiter der Nachwelt. Und wie oft haben bekannte, ja berühmte Männer im Gespräch mit mir, selbst als ich schon lange nicht mehr jung war, die Elemente des Nekrologs oder eines biographischen Essays ausgebreitet, in der Hoffnung, daß ich davon im gegebenen Augenblick den von ihnen erwünschten Gebrauch machen würde.

Im Winter 1917/18 war ich jedoch erst ein zwölfjähriger Bub, was konnte da der kranke Mann von mir erwarten? Nun, er wußte, daß ich im Schomer war, und er dürfte gehofft haben, daß ich meine Kameraden in seinem Sinne beeinflussen würde. Er glaubte an die Ernte, so kam es nur darauf an, zu säen; ich sollte seine Saat ausstreuen.

Er war mir fremd geblieben, denn es war mir nicht gelungen, von ihm selbst zu erfahren, woher er kam, wie er wirklich hieß, wo die Seinen waren. Ich kannte nur sein Alter — er war 32 Jahre alt. Ulrich sprach bewundernd von ihm und listig, indem er ihn gleichsam durch Rückprallwirkung entwertete; er behauptete, daß Grimme Jonas hieße, aus einer reichen Krakauer Familie stammte, sich mit seiner verwitweten Mutter und seiner jungen Frau zerstritten hätte und es ablehnte, von ihnen auch nur einen Heller anzunehmen. Ulrich und Chaskel versorgten den Oberleutnant aber mit dem Geld, das seine Mutter ihnen gab. »Und weißt du, was ich dir sagen werde? Unser Pan Jonas-Krakowiak-Grimme-Leszczinsky weiß das sehr gut. Er nimmt, aber er will, daß wir so blöd sein sollen, nicht zu merken, daß er alles weiß.« Ein anderes Mal erklärte mir dieser falsche Ulrich, daß Chaskel und er deshalb zum Oberleutnant hielten, weil sie beide nur dank ihm »superarbitriert«, also vom Kriegsdienst befreit worden waren.

Was ich so erfuhr, war wenig, ungenau und ungewiß. Zu jenem Zeitpunkt wollte ich aber gar nicht mehr wissen, denn ich entfernte mich von der Wärmestube, von den alten Leuten, den Schnorrern und von Grimme. Der Schomer nahm mich immer mehr in Anspruch, auch an frühen Abenden. In den späteren Abendstunden mußte ich zu Hause helfen. Wir stopften Zigaretten — ein flinker junger Mann brachte den Tabak und die Hülsen, die wir seinen Anweisungen gemäß sparsam stopfen mußten. Wie er sich den Tabak verschaffte, war sein Geheimnis, wiederholte er oft stolz. Diese Heimarbeit war nicht zu schlecht bezahlt. Überdies machten wir, außer dem jüngsten Bruder, alle mit und manchmal half auch der eine oder andere der Besucher, die weiterhin recht zahlreich blieben, obschon viele Flüchtlinge in die befreiten Gebiete heimgekehrt waren. Die Schule nahm mir nicht viel mehr als einen halben Tag, denn ich machte meine Aufgaben gewöhnlich in den Pausen. Während des Unterrichts las ich, wenn es nur irgend möglich war; ich hatte immer ein Buch auf oder unter dem Pult. Wir, die Kameraden vom Schomer, hatten einander viel zu sagen, wir schrieben einander Briefchen in der Klasse. Die Professoren erwischten uns manchmal dabei, lasen kopfschüttelnd unsere Zettel, deren allusive Texte ihnen unverständlich blieben. Die klügeren Lehrer merkten sehr bald, daß sie mit ihren Tadelworten keinerlei Eindruck auf uns machten, und ließen uns in Ruhe. Im Vorwort zu dem Essayband *Die Achillesferse* habe ich eine Szene beschrieben, die sich in den ersten Monaten des Jahres 1918 abgespielt hat. Aufgerufen, um über den Helden Achilles alles zu sagen, was ich wußte, antwortete ich:

»Achilles war kein echter Krieger und kein Held, denn seine fast vollkommene Unverwundbarkeit machte ihn

unfähig, mutig oder feige zu sein. Nein, er hatte kein Recht, an den Kämpfen der so leicht verwundbaren Menschen teilzunehmen!«

Der Lehrer betrachtete den Verächter des Achilles: es war ein schlecht gekleideter, unterernährter Junge, ein Opfer der Beschränkungen und der Preistreiber, der mit elf Jahren schon die Beute aufrührerischer Ideen geworden sein mußte.

Der Autoritätsanspruch der Lehrer, der Erwachsenen im allgemeinen, veränderte sich nicht, aber nur den Dümmsten und Rückständigsten unter ihnen konnte es entgehen, daß der Glaube an die Legitimität ihres Anspruchs sich zusehends verringerte. Man wurde noch oft angebrüllt, mußte Strafaufgaben machen oder einige Stunden »nachsitzen«, aber diese Schläge trafen daneben: Die Messer waren so stumpf geworden, daß man glauben mochte, der Stahl der Klingen hätte sich in morsches Holz verwandelt.

Ich war keineswegs ein »frecher« Junge, doch gewohnt, ja begierig, jedem in die Augen zu schauen. Und es war wohl die nur scheinbar melancholische Hoffart, die zuweilen wie eine Herausforderung wirken konnte. Jedoch wollte ich niemanden herausfordern, nicht die Lehrer und erst recht nicht den Oberleutnant Grimme, doch konnte ich, was ich als wahr empfand, zwar verschweigen, aber nicht entstellen oder gar verleugnen. Auch deshalb wollte ich ihn nie mehr treffen; und weil ich im Schomer die Möglichkeit hatte, alles zu sagen, und weil ich dort das Glück der Freundschaft entdeckte, das im Verlaufe der Jahrzehnte für mich immer belangreicher werden sollte.

Um die gleiche Zeit ereignete sich in einem Wiener Theater ein Vorfall, von dem in den Zeitungen und auch bei uns zu Hause, während des Zigarettenstopfens, viel die Rede war: ein junger Urlauber hatte mitten in der

Vorstellung auf einen Schauspieler geschossen, der als Untersuchungsrichter einen jungen Mann gescheit, aber tückisch verhört — so hieß es. Es handelte sich um die dramatische Fassung von Dostojewskis »Schuld und Sühne«. Ich hatte schon viele Erzählungen von Maxim Gorki gelesen, die »Kosaken« von Tolstoi und Novellen von Gogol. Doch erst nach jenem Zwischenfall las ich Dostojewskis Roman, dessen Wirkung — so wie die seiner anderen Werke — ich in einem biographischen Essay zu erklären versucht habe:

»Mir wurde gewiß, daß alles, was zur ersonnenen und in Raum und Zeit so fernen Welt Dostojewskis gehören mochte, mich so unmittelbar anging, als wäre ich unversehens in sie geraten und sollte den Weg zurück nie mehr finden. Heute, ein halbes Jahrhundert später, bewahrt diese Fiktion für mich den gleichen, bedrängenden Wirklichkeitsgrad. Man steht seinem Werk nicht gegenüber, sondern wird mitverwickelt, hineingerissen — als würden wir beim Betrachten eines Bildes, einer Landschaft zum Beispiel, durch eine ungeahnte Kraft plötzlich aus unserm eigenen Raum in den gemalten verschlagen. Wer Dostojewski so liest, wie er gelesen werden will, . . . wird ein Teilnehmender und so sehr einbezogen, daß er wie durch einen bösen Zauber Komplize wird und schuldig.«

Man versteht, daß meine Begegnung mit Rodion Raskolnikoff zu den wichtigsten Ereignissen meiner frühen Jugend gehört — ich war damals im 13. Lebensjahr. Kein aufmerksamer Leser, egal welchen Alters, kann sich dem überwältigenden Eindruck verschließen, den der junge Rodion sowohl durch seine ungeheuerliche Tat, wie — fast noch eindringlicher, quälender — durch die scheinbar unerbittlich strenge Logik seiner Wirrnisse hervorruft. Alles, was er suchte, sagte, tat und unterließ, interessierte mich brennend, aber ich mochte ihn nicht und ich verabscheute seinen Meuchelmord. Diesem Roman verdanke ich die fortdauernde Warnung vor einer der gefährlichsten Verlockungen: der *falschen Alternative*. Dennoch habe ich sie einmal gelten lassen, in der Politik. Das geschah während einiger besonders schwerer Jahre, als es fast unmöglich schien, die von beiden Seiten aufgezwungene falsche Alternative abzulehnen.

Unter Dostojewskis Einfluß habe ich zum ersten Mal erwogen, ob ich nicht ein Schriftsteller, ein Romancier werden sollte. Nein, ich wollte nicht werden wie er, nicht schreiben wie er, keine Raskolnikoffs, keine gedemütigten Säufer und keine unschuldigen Huren ersinnen. Ja, was wollte ich denn? Ich wußte es nicht, und die Frage bedrängte mich keineswegs. Oft genug dachte ich an die Zukunft, doch nur als einer, der zu einem *Wir* gehört; die Zukunft würde uns, nicht mir, sondern *auch* mir gehören.

Am Ende unserer Gasse, fast unmittelbar bei der Marienbrücke, gab es eine Volksküche, die von einer Kooperative in einem Kellergeschoß eingerichtet worden war. Sie war etwas besser als die jüdische, in der ich gearbeitet hatte, nicht so schäbig, sondern eher wie einer jener Versammlungsräume, die man damals in zweitklassigen Hotels für Vorträge, Konzerte und größere Familienfeste mietete. Da es immer weniger zu essen gab, vermietete die Kooperative dieses Lokal fast jeden Abend. Ich konnte den Veranstaltungen zumeist ohne Eintrittskarte beiwohnen; ich war jung, sah mittellos aus, außerdem setzte ich mich gewöhnlich in eine hintere Reihe — nicht aus Bescheidenheit, sondern weil ich so leichter verschwinden konnte, wenn mich die Darbietungen langweilten oder wenn ich früher nach Hause mußte, wo man mich als Zigarettenstopfer aufrichtig schätzte. Es wird wohl die einzige manuelle Arbeit gewesen sein, bei der ich das Mittelmaß übertraf.

In diesem Keller sollte ich zu meiner Überraschung,

etwa zwei Monate nach dem Bruch, den Oberleutnant wiedersehen. Es war zwar eine legale, das heißt von der Polizei erlaubte, insgeheim aber politische Versammlung, die unter dem Titel »Die Welt von morgen« angekündigt war. Gewiß war ein Polizeiagent anwesend, aber er saß nicht, wie es bei politischen Veranstaltungen üblich war, auf dem Podium. Der Saal war fast voll, das Publikum setzte sich aus den Stammkunden des Lokals und aus Leuten zusammen, die man sonst nicht dort sah. Eine schlanke, schwarz gekleidete Frau trat auf. Ihre Sätze waren zuerst kaum vernehmlich, das änderte sich jedoch sehr schnell, denn sie sprach plötzlich so, als ob sie einer verbrecherischen Provokation entgegentreten müßte. Während einer halben Stunde wiederholte sie mit wachsender Heftigkeit die Behauptung, die sie als erwiesen bezeichnete: Nur weil die Menschen Fleisch fressen, nur deshalb führen sie Kriege. Und daher kommt unser Unglück. Wer den Frieden will, muß bei sich selbst beginnen, Rohköstler werden. Vegetarier sind friedlich. Sie können gar nicht anders als wohlwollend und friedfertig sein.

Nach ihr sprach ein Mann mit einer schwarzen Brille, ein Kriegsinvalide. Er begann und schloß seine kurze Rede mit dem Ruf: »Nie wieder Krieg!‹ Die Versammlung wiederholte diese Worte, eine alte Frau führte den Blinden auf seinen Platz zurück. Dann folge die im Programm ausführlich angekündigte musikalische Einlage. Ein erstaunlich wohlgenährter Geiger spielte ohne Begleitung revolutionäre Lieder, die mit großem Beifall aufgenommen wurden. Der nicht mehr junge, bärtige Mann, der dann das Wort ergriff, erwies sich von Anfang an als geübter Redner: »Die Welt von morgen heißt das Thema«, sagte er einleitend, »diese Welt hat schon begonnen. Heute ist schon morgen, nicht hier — das ist wahr, aber in Petrograd und in Moskau.« Es ertönten Rufe: »Bravo, hoch Trotzki!« Der Redner kassierte den Beifall mit einem

Kopfnicken; er war seiner Sache sicher und auch seiner Freunde, die im Saale gut verteilt waren. Wann immer er einen Satz mit einem Fortissimo endete, applaudierten sie. Er steckte eine Hand in die Hosentasche, warf den Kopf zurück — nun erinnerte er an Lenin, den ein Zeitungsphoto so gezeigt hatte.

Bald danach ereignete sich, völlig unerwartet, der Zwischenfall. Kaum hatte der Redner mit erhobener Stimme verkündet: »Die Freiheit von morgen, die wahre Freiheit gibt es schon dort, wo heute die Sowjets herrschen«, hörte man den wilden Ruf: »Lüge, Lüge, unverschämte Maskerade!« Grimme stand plötzlich da, mit erhobener Faust wies er auf den Redner und schrie: »Nicht die Sowjets herrschen dort, sondern ein bolschewikischer Machtklüngel, der die Arbeiter- und Soldatenräte entmachtet und die Konstituante mit Bajonetten auseinandergejagt hat.« Die Worte überstürzten sich, nur einzelne waren deutlich genug, aber man fühlte, daß der Einarmige eine lang angestaute Empörung entlud und daß er wußte, wovon er sprach. Ich war in meiner Ecke aufgesprungen und starrte ihn an, wie er im Lichte einer starken Deckenlampe dastand, die Stirn schweißbedeckt unter dem dunklen Haar, die Augen glühend, die Lippen bebend. Ich sah ihn zum ersten Mal in einem Anzug; in Zivil wirkte er wie verkleidet. Es war offenbar, daß er sich sehr bemühte, sich und seine Stimme zu beherrschen, aber es gelang ihm nicht. Als er gar von vielen Schreiern unterbrochen und als Konterrevolutionär, als Egoist, als anarchistischer Schreihals und schließlich als bezahlter Provokateur beschimpft wurde, verlor er vollends die Fassung — man verstand seine Worte überhaupt nicht mehr. Einige lachten; ich hielt es nicht länger aus und verließ schnell das Lokal. Helfen konnte ich ihm nicht, anderseits wußte ich aber, wie sehr es ihn kränken würde, wenn er entdeckte, daß ich Zeuge seiner Niederlage war.

In dieser Nacht lag ich schlaflos da. Es geschah das erste Mal, daß kein Buch mir Zuflucht bot, weil der Gedanke an einen Menschen, der mir im Grunde fremd geblieben war, mich während dieser Stunden unabweisbar beherrschte: der Gedanke an jenen selbstherrlichen »Einzigen«, diesen schwerkranken Einarmigen, der alles besser wußte und es sich ständig von zwei Ignoranten bestätigen ließ, der vom herrschaftslosen Sozialismus schwärmte, welcher alles verwandeln, Trauer und Tod besiegen würde.

Nicht das Mitleid mit ihm, das ich wie einen Schmerz empfand, bewegte mich so sehr, sondern die Ähnlichkeit der Situation des von einer Menge verfolgten einzelnen, die in mir die stets unangenehme Erinnerung an den jungen Irren weckte, den die Buben — und ich unter ihnen — mit Steinen bewarfen. Diesmal war ich unschuldig, aber hätte ich Grimme nicht zu Hilfe eilen sollen? Was hätte ich jedoch ausrichten können — ein Bub gegen die Erwachsenen, die um einen Politiker, einen besonders geübten Redner gruppiert waren? Nichts, nicht das Geringste hätte ich für ihn tun können, sagte ich mir. Und übrigens hatte er ja mit beleidigenden Worten eingegriffen und so nicht nur den Redner, sondern auch das Publikum herausgefordert. Und schließlich mied ich ja seit geraumer Zeit die Teestube, weil ich mit ihm nicht übereinstimmte und den Umgang mit ihm nicht mehr ertrug. All das traf zu, aber es könnte auch sein, dachte ich, daß ich stumm geblieben und dann hinausgeschlichen war, weil mir der Mut fehlte, auch nur einen einzigen Zwischenruf zugunsten des von allen Seiten attackierten Anarchisten laut werden zu lassen. Hatte ich es aus Angst, also aus Feigheit unterlassen, dem schwerkranken, völlig isolierten Mann auch nur das geringste Zeichen der Solidarität zu geben? Zu erfahren, daß ich Zeuge des Vorfalls war, hätte ihn gekränkt? Wahrscheinlich. Aber wäre es nicht viel wichtiger gewesen, ihn am Ausgang zu erwarten und ihn nach Hause zu begleiten?

Diese schlaflose Nacht ist mir darum so lebhaft in Erinnerung geblieben, weil ich damals zum ersten Mal die eigenen Motive mißtrauisch in Frage gestellt habe. Ich hatte und habe keine Neigung zur Selbstquälerei, die Grübelei, besonders die mißlaunige, ist mir völlig fremd. Aber ich drehte mich im Kreise, weil ich nicht durchschaute, daß meine Fragestellung zwar ehrlich und dennoch eitel war. Ich wußte noch nicht, daß die Selbstanklage Rechtfertigung, Freispruch und unausgesprochenes Selbstlob verhüllt. Gewiß, der Zweifel an mir war aufrichtig, aber hinter ihm und den Vorwürfen, die ich gegen mich selbst erhob und zugleich entkräftete, nistete die Eitelkeit, die das Selbstwertgefühl des Angeklagten stärkt, wenn er sein eigener Richter sein darf.

Zu jener Zeit, im Frühling 1918, beschleunigte sich der Wandlungsprozeß unserer Jugendorganisation — zwar nicht äußerlich, denn nach wie vor marschierten wir in Reih und Glied auf den Landstraßen, die Wald- und Wiesenspiele der Pfadfinder machten uns noch immer Spaß — aber das war sozusagen nur noch Restbestand, denn wir waren davon überzeugt, daß alles anders werden müßte. Selbst den Jüngsten in der Bewegung wurde es allmählich zur Selbstverständlichkeit, daß es darum ging, genau festzustellen, wie die Erziehung zur gemeinschaftlichen Selbsterziehung werden und wie eine *Jugendkultur*, ein *neuer, jugendlicher Mensch,* geformt werden könnte. Dieser Traum von dem ewigen Frühling kam von der deutschen Jugendbewegung zu uns, von jenem Schwur auf dem Hohen Meißner, mit dem junge Menschen gelobt hatten, ihr Leben fortan in innerer Wahrhaftigkeit zu führen. Unsere Ablehnung der Gesellschaft, der autoritären Schule und der bürgerlich-kleinbürgerlichen Menschen wurde unter anderem durch den Wynekenschen Juvenismus genährt, der uns zu glauben verleitete, daß Jugend nicht nur eine biologische Übergangsphase sei, sondern fundamental neue Werte schaffen und in der Folge die bürgerliche Kultur der Erwachsenen überwinden könnte.

Merkwürdig, wie sich alles traf, zusammenfloß und zu einem Einklang kam: wir bereicherten unseren Liederschatz dank dem *Zupfgeigenhansel* und sangen mit gleicher Freude die alten Landsknechtlieder, chassidische Niggunim, deutsche Kanons und die revolutionären Lieder, die aus Rußland kamen. Und wir träumten mit offenen Augen von dem verjüngten jüdischen Volk, das auf einer von ihm urbar gemachten, entsumpften, entsteinten Erde in Palästina eine neue Gesellschaft schaffen würde. Wir konnten nicht ermessen, wieviel von alledem Wunsch war, Ahnung oder ein realisierbarer, großer Plan. Mitten im ungeheuerlichen Kriegselend, das jeder von uns am eigenen Leib spürte, wurden wir von Hoffnungen erfaßt, die unsern Alltag prospektiv in die Vergangenheit verstießen. Es ist wahrscheinlich, daß ich diese Hoffnungen besonders intensiv hegte, ja ausgestaltete, weil sie meiner sonderbaren Neigung zur fiktiven Gegenwarts-Entrükkung entsprachen. Damals wurde der Schomer für viele meinesgleichen eine nie versiegende Quelle von forderndem, förderndem, tätigem Glück; er sollte es mehrere Jahre bleiben.

Während der Sommerferien kamen wir täglich zusammen, nicht mehr in den zumeist lichtlosen Lokalen, sondern an den Ufern der Donau und des Donaukanals und in den Praterauen; wir mieteten Jollen und Rollboote und verbrachten Stunden auf dem Wasser; wir gingen zusammen zu Fußballmatches, besonders zu jenen des jüdischen Sportklubs Hakoah; wir spielten selbst Fußball und Handball. Wir verbrachten Tage und Nächte im Wienerwald, den wir liebten, obwohl er damals durch aufgeworfene Schützengräben entstellt und seine Wiesen und Haine verwahrlost und verschmutzt waren.

Das Obst gedieh in jenem Jahr gut, man konnte sich im Sommer und im frühen Herbst 1918 sattessen. Die Hoffnungen, die man auf Getreidelieferungen aus der Ukraine nach Abschluß des »Brot-Friedens« von Brest-Litowsk gesetzt hatte, erfüllten sich nicht. Jeder wußte, daß man einem furchtbaren Winter entgegenging. Arbeiter kriegswichtiger Betriebe hatten schon zu Beginn des Jahres gestreikt, um gegen die Kürzung der kärglichen Brotrationen zu protestieren; man sprach von pazifistischen Versammlungen, die — mit oder ohne Erlaubnis — immer häufiger veranstaltet wurden.

Während der Ferien hatte ich auch Zeit, noch viel mehr zu lesen als sonst. Da unter den »Nebenwerken«, die mir die Bibliothekarinnen zuschoben, so gut wie niemals politische Bücher waren, blieb mein politisches Wissen auf dem Niveau eines zu spät gekommenen Zeitungslesers. Max Stirner war einer der Namen, die Grimme recht häufig nannte; wenn er vom Einzigen sprach, bezog sich das auf Stirners *Der Einzige und sein Eigentum.* Ich fand dieses Buch in der Bibliothek, las aber nur die ersten Seiten. Ein Satz: »Ich habe meine Sach' auf nichts, ich hab meine Sach' auf mich gestellt« beeindruckte mich, doch mußte ich bald einsehen, daß diese Variante einer Goetheschen Zeile zwar witzig aber unklar, vielleicht sogar nichtssagend war. Ich tat Stirner gewiß unrecht, denn ich verstand ihn nicht. Und als ich ihn mehrere Jahre später wirklich las, fand ich recht interessante Bemerkungen darin, doch blieb ich weiterhin enttäuscht. Es gibt eine beträchtliche Zahl von Werken, die wie dieses oft genannt und nur von wenigen wirklich gelesen werden. Hie und da findet sich einer, dem solch ein Buch zur Bibel wird. Warum Grimme gerade bei Max Stirner das Evangelium der individuellen Freiheit und der allumfassenden, endgültigen sozialen

Emanzipation zu entdecken glaubte, weiß ich nicht. Er hatte den »Einzigen« im Schützengraben gelesen, unter ständigem Beschuß der feindlichen Artillerie, erzählte er mir einmal, als ob damit alles erklärt wäre.

Das Neujahrsfest und der Versöhnungstag bezeichnen für die Juden das Ende des Sommers. In den Septemberwochen 1918 ging ich wie immer mit den Eltern in die Betstube, die von westgalizischen Flüchtlingen in einer Etagenwohnung eingerichtet worden war. Die meisten von ihnen waren als »Belzecer« bekannt, das heißt, sie hingen der Dynastie des Rabbi von Belzec an, welche als besonders fanatisch und politisch als reaktionär, bedingungslos regierungstreu und zionistenfeindlich galt. Für uns waren diese Chassidim »wilde« Beter. Unermüdlich fuchtelten sie mit den Armen, sie wiegten den Oberkörper und drehten den Kopf nach rechts, nach links. Sie sangen nicht und psalmodierten kaum, sondern schrien ihre Gebete hinaus, als ob sie sie dem *Ribbono schel Olam,* dem Schöpfer der Welt, ins Gesicht schleuderten. Diese gewalttätigen Gottesdienste beeindruckten mich durch ihre maßlose Intensität, aber sie mißfielen mir, der ich an skandierte Rezitative und an Melodien gewöhnt war, die zumeist das Gefühl melancholischer Zärtlichkeit weckten.

Die Schreie meiner Nachbarn waren mir befremdlich, ihre Gebärden ärgerten mich. Ich öffnete kaum den Mund, las stumm diese oder jene Seite des Gebetbuchs. Sie riefen in mir nicht einmal das Unbehagen hervor, das mir ihre Lobhudelei einige Jahre vorher, noch im Städtel, eingeflößt hatte. Damals hatte ich mich gefragt, ob Gott wirklich so unersättlich gierig nach untertäniger Schmeichelei wäre. Und nun sah ich um mich, erblickte den Vater — fast ganz in seinen Gebetmantel gehüllt — mitten in diesem Lärm horchte ich auf seine leise Stimme, die den Psalm sang: »Min hamezar karathi ... De profundis«.

Ein scharfer Schmerz durchzuckte mich, denn nun wußte ich es ganz gewiß: Gott ist nicht, ist nie gewesen, wird nie sein. Mir wurde bei diesem Gedanken nicht bange, doch fühlte ich mich auch nicht befreit, nicht als ob ich eine Last abgeworfen hätte. Ich hatte eher Mitleid mit mir, denn ich wußte, daß ich diesen Unglauben nicht würde verheimlichen können und dem Vater daher eine furchtbare Enttäuschung bereiten würde, ja unser Verhältnis gefährden, vielleicht zerstören würde.

Mir ist's, als könnte ich mich an jeden Tag des Herbstes 1918 erinnern. Das kann ich natürlich nicht, doch tauchen viele Einzelheiten, winzige und wichtige Ereignisse auf, von denen jedoch die meisten fragmentarisch bleiben: so als ob jedes von den nachfolgenden fast ganz verschlungen würde. Die Beschleunigung der Geschehnisse wuchs täglich, und täglich gewöhnte man sich daran aufs neue. Unmöglich, möglich, wahrscheinlich — all das galt, wurde auswechselbar, verwechselbar.

Im Sommer hatte ich mich von der Politik entfernt. Gewiß, man war für die russische Revolution, obwohl sie vorderhand nicht hielt, was sie versprochen hatte; man war gegen die Fortsetzung des Krieges, für die sofortige Beendigung ohne Kontributionen und ohne Annexionen; man war gegen die Schieber, gegen die Kapitalisten, gegen alle, die vom Elend profitierten. Doch es war Sommer und wir Jungen, wir waren glücklich. Nun war aber wieder der Herbst da, der fünfte Kriegsherbst. Das Schlimmste kann nicht schlimmer werden? Es wurde unerträglich — man mußte der Gewalt mit Gewalt ein Ende setzen. Ich lief in Versammlungen, wo die Redner, zumeist oppositionelle Sozialisten, forderten, daß man sofort, ohne den geringsten Verzug, dem Krieg ein Ende mache. Sie sprachen atemlos: der Polizeikommissar, der neben dem Vorsitzenden der Versammlung saß, konnte jeden Augenblick eingreifen, ihnen das Wort entziehen oder gar den Saal räumen lassen ...

Bald war es so weit: man fand sich draußen wieder, in der finsteren Straße, unter den kalten Regenschauern, wurde von der Polizei abgedrängt und schließlich auseinandergetrieben. Schnell stimmte man noch die Internationale an und das Lied der russischen Revolutionäre von 1905: »Brüder zur Sonne, zur Freiheit!«, und man wiederholte die Losungen. Dann begleitete ich wie gewöhnlich den blinden Kriegsverletzten in den Außenbezirk zurück, bis zu jenem Hause, in dem er ein Bett gefunden hatte, doch keinen Raum, in dem er sich tagsüber hätte aufhalten können.

Gegen Ende Oktober stieß ich in einer Versammlung auf Grimme. Er trug eine feldgraue Windjacke, eine Kavalleristenhose mit Ledergamaschen. Sein Gesicht war verändert, er sah nicht besser aus, aber der gequälte Zug um den Mund war verschwunden. Er sah mich lächelnd an — das erste Mal, seit wir einander kannten, und sagte: »Das und das andere, alles wird besser und wird noch viel besser werden. Du hast es sicher gemerkt, ich habe ein gutes Gebiß. Es verletzt mein Zahnfleisch nicht mehr und ich kann reden, so viel ich will. Und alles ist in Bewegung, kein Stein wird auf dem anderen bleiben. Du wirst sehen.«

Mit Staunen wurde ich dessen gewahr, daß es mich sehr freute, ihn wiederzusehen. »Ich habe dich niemals lächeln gesehen« sagte er mir. »Jetzt auf einmal kannst du lächeln, eben weil jetzt erst alles möglich wird. Hast du zum Beispiel gemerkt, daß der Kommissar nicht gewagt hat, auch nur »muh« zu sagen, als der ganze Saal den Angriff auf die Polizei beklatscht hat?«

Zusammen brachten wir den Blinden nach Hause, auf dem Rückweg fragte ich ihn nach seinen Trabanten. »Sie sind ordentliche Leute, verläßliche Gardisten«, antwortete Grimme und informierte mich, daß es eine Rote Garde gebe, vorläufig noch ein Gemisch aus verschiedenen Elementen, guten und weniger guten, Urlaubern in erster Linie und hauptsächlich solchen, die sich selbst demobilisiert hatten.

»Wenn du wenigstens 16 Jahre alt wärst, könnten wir dich mit hereinnehmen, aber so — von welchem Jahrgang bist du denn eigentlich?« fragte er.

»Ich wurde am 12. Dezember 1905 geboren.«

Er bedauerte, daß ich viel zu jung und zu schwach war, tröstete mich aber mit dem Versprechen, eine Verwendung für mich zu finden. Trotz aller Auseinandersetzungen betrachtete er mich weiter als seinen Gesinnungsgenossen. Dies war in jenen Tagen viel weniger erstaunlich als vorher: recht viele bekannten sich am Abend zu einer Überzeugung, die sie noch am Morgen als saudumm oder verbrecherisch zurückgewiesen, vielleicht sogar der Polizei angezeigt hätten. Unsere Klassenlehrer, zumeist spießige Kleinbürger, die ihre Treue zum angestammten Kaiserhause bei jeder Gelegenheit hervorzuheben pflegten, drückten nun zögernd ihre Angst vor der Unordnung aus, die vor allem durch Deserteure hervorgerufen werden könnte, von denen die Stadt tatsächlich voll war, aber sie vergaßen, den Kaiser zu erwähnen und die Armee, die dem Obersten Kriegsherrn bedingungslos zu gehorchen hatte.

Zum Abschied sagte mir Grimme, daß er auf mich rechnete und steckte mir einen Zettel zu, auf dem eine Adresse mit Gummistempel aufgedruckt war. Er kam schnell zurück und flüsterte mir zu: »Es ist meine Stabskanzlei. Tag und Nacht, immer ist wer da. Chaskel oder Ulrich oder ein anderer, ein verläßlicher Rotgardist. Du fragst ganz einfach nach dem Genossen Langer, so heiße ich jetzt.«

Zu Hause gab es kaum Besucher, denn mein Vater war nicht in Wien, sondern in der alten Heimat, wo er von seinem Vermögen zu retten suchte, was noch zu retten war. Es wollte ihm nicht gelingen, deshalb zögerte er seine Rückkehr hinaus. Wir bangten um ihn, ich verbrachte viele Stunden, ja Tage in den ungeheizten Wartesälen oder auf den windigen Bahnsteigen des Nordbahnhofs, bis er endlich, nach einer abenteuerlichen Fahrt durch das zerfallene Reich in einem Zug ankam, dessen Waggons mit tschechischen Slogans und der ersten Zeile des Liedes: »Kde domov moj« bemalt waren.

Es überraschte ihn, daß der Kaiser noch nicht abgedankt und die Republik noch nicht ausgerufen war. Daß das zu geschehen hatte, schien ihm so selbstverständlich wie daß der Tag auf die Nacht folgt. Nur zwei Jahre vorher hatte er um den Kaiser geweint, aber nun war ihm, wie fast allen anderen, die so nahe Vergangenheit in unerreichbare Ferne entschwunden. Die Sorge um den kommenden Tag überschattete alles, was je gewesen war. Der Vater erzählte von den polnischen Legionären, die Ostgalizien für das neue Polen sichern wollten, und von den Ruthenen, die ihre eigene, westukrainische Republik errichten wollten. Der Konflikt konnte zu blutigen Auseinandersetzungen führen. Und da sind die Juden, die in den Städtchen und in vielen Städten die Majorität bilden — zwischen zwei Feuern: »Fällt der Stein auf den tönernen Krug, fällt der Krug auf den Stein — immer wehe dem Krug!«

Der Vater war mit dem Beschluß zurückgekommen, daß die Familie in Wien bleiben sollte, wo ja alle drei Söhne studieren und später ihren Beruf ausüben würden. Wir bräuchten nur Frieden, alles andere müßte sich dann von selber finden. Wir saßen schon wieder zusammen um den Tisch, die »Zigarettenfabrik«; wir hatten hunderte, tausende von Hülsen mit dem zumeist minderwertigen, staubigen Tabak zu füllen. Diesmal blieben alle stumm, jeder dachte, daß es nun kein Zurück mehr gäbe und daß es so wohl am besten wäre. Die Heimat wurde zur Fremde, aber wie wenn die neue Heimat eine Fremde bliebe?

Wir tranken noch ein letztes Glas Tee, ehe wir schlafen gingen. Der Vater sagte mit einem Blick auf die Mutter: »Wir Alten müssen nur noch dauern, bis Ihr drei uns nicht mehr braucht.« Wir Kinder hätten widersprechen sollen, aber keiner von uns brachte ein Wort hervor.

Einzeln, in kleinen und größeren Gruppen, von überall strömten die Leute in die Innere Stadt. Ich beobachtete sie, wie sie in wachsenden Scharen über die Brücken des Donaukanals gingen, ja fast liefen.

Es gelingt mir nicht, mich zu erinnern, ob ich überhaupt wußte, wohin man ging und was geschehen sollte. Keiner brauchte nach dem Weg zu fragen, es war, als folgte man dem natürlichen Gefälle, das Bäche zu Flüssen vereinigt und die Ströme in vielen Windungen ins Meer lenkt. Wir, die Masse, in der ich mich befand, kamen zu spät vors Parlament. Als wir beim Kaisergarten anlangten, hörten wir einige Schüsse, dann erblickten wir eine Fahne, die Fahne der Republik. Jemand sagte, Leute, Bolschewiken hätten versucht, eine blutrote Fahne zu hissen, aber das wäre verhindert worden. Es hieß, irgendjemand, ein Führer der Sozialisten hielte eine Rede, oben auf der Parlamentsrampe, aber wir hörten ihn nicht.

»Der 12. November 1918, das ist ein historisches Datum, das werden die Kinder in der Schule lernen, man wird es nie vergessen«, erklärte stolz ein Mann, der so verhungert aussah, als ob er schon seit Tagen nichts gegessen hätte. Jemand antwortete: »Also, bittschön, von diesem historischen Datum merkt man hier nichts. Und bald wird's regnen.« Man wartete etwa eine halbe Stunde, es geschah nichts. Dann spürte man, daß sich die Masse lokkerte, in Bewegung geriet. Ich war unter denen, die über den Ballhausplatz und an der Minoritenkirche vorbei in die Herrengasse abgedrängt wurden. Auf dem Michaelerplatz blieb ich einen Augenblick stehen, betrachtete die Fassade der Hofburg. Natürlich hatte sich nichts verändert, die Enttäuschung darüber versuchte ich mir selbst zu verhehlen. Was war das für ein historisches Datum, was für eine Revolution? War ihr Beginn zugleich ihr Ende?

Auf Umwegen, durch kleine, menschenleere Gassen, strebte ich dem Lokal des Schomer zu; dort fand ich niemanden von der Gruppe, sondern nur zwei große Mädchen, die einem jungen Mann lauschten, der ein sentimentales russisches Lied sang und sich selbst auf einer Mandoline begleitete. Sie sahen mich erstaunt an und als ich — wahrscheinlich mit einem bösen Gesichtsausdruck — bemerkte: »Die Revolution ist ausgebrochen und hier, hier spielt man Mandoline!«, lachten alle drei so fröhlich, als ob ich einen Scherz gemacht hätte. Ich zögerte, dann lachte ich mit. Ich blieb eine Weile da, sie nahmen das Lied wieder auf, ich sang eine Strophe mit, dann machte ich mich wieder auf den Weg.

Zu Hause gab es fast nichts zu essen. Daß die Republik ausgerufen worden war, wußte jeder und man sprach auch darüber, daß die Rote Garde versucht hätte, das Parlament zu besetzen, aber mühelos verjagt worden wäre. Die Eltern verhielten sich so, als ob die Revolution gar kein besonderes Ereignis wäre, weil ja das Ende des Krieges und mit ihm der Sturz der Monarchie seit Tagen erfolgt war. In Wien sprach man mit Besorgnis, dann mit tiefer Trauer von Victor Adler. Das Gerücht ging um, er wäre plötzlich gestorben. Am Tage seines Triumphes hätte das müde Herz zu schlagen aufgehört, wiederholte man, als ob man einen Leitartikel zitierte. Man fand rühmende, pathetische Worte, um des Arbeiterführers zu gedenken, eines Bürgersohnes, der seine Erbschaft der Bewegung geschenkt hatte. Gewiß, er hatte sich vom Judentum sehr weit entfernt, gab man mit Bedauern zu. Aber er war in einem höheren Sinn ein beispielhafter Jude gewesen: der Idee der Gerechtigkeit treu, hatte er stets so gehandelt, wie es ihm sein Gewissen gebot. Umso schwerer, ja tragischer wäre der Verlust, denn Victor Adler starb gerade an dem Tage, an dem man beginnen konnte, eine friedliche, gerechte Gesellschaft aufzubauen.

Ich nahm an diesem Gespräch teil, erinnerte an Fritz Adler, der ja frei war und sich gewiß an die Spitze der Bewegung stellen würde. Das Gespräch wurde durch das Erscheinen eines Soldaten unterbrochen, eines fernen Verwandten, der seit langem als vermißt gegolten hatte. In jenen Tagen und in den folgenden Wochen tauchten immer wieder Leute auf, die man totgesagt hatte. Die meisten waren schwer verwundet in Gefangenschaft geraten und kamen nun fast alle als Krüppel zurück.

Ich verließ das Haus, um Grimme-Langer zu suchen. In seiner »Stabskanzlei«, einem sehr langen, doch zu schmalen Raum, fand ich Chaskel. Alles, was er auf dem Leibe trug, schien mit ihm geboren und gleich ihm alltäglich zu sein. Er sagte, Krakowiak würde gleich zurück sein, Ulrich sei gerade gegangen, mich zu suchen, denn man brauche mich. Er schlief hier in der Kanzlei, aber nur noch wenige Tage, sagte Chaskel, denn er fahre heim in sein Dorf. Nicht nur wegen seiner Eltern und der übrigen Familie, sondern weil er heiraten wolle. Und er wisse schon, wen.

Bald erschien Grimme-Langer, von zwei Soldaten gefolgt, die rote Kokarden trugen. Er sagte unwirsch: »Du hättest schon früher kommen sollen.«

Etwas milder fügte er hinzu:

»In einigen Stunden, sagen wir in ein, zwei Tagen, beginnt die Revolution, die wirkliche — und die machen *wir*. Ich werde dir das später erklären. Und jetzt paß auf, du hast eine schwierige Aufgabe zu erfüllen. *Jetzt, sofort.*«

Seine Begleiter hatten sich an einen Tisch gesetzt, der

aus zwei Brettern bestand, die auf übereinandergeschachtelten alten Koffern lagen. Nun brachten sie mir mehrere Zettel, die den gleichen Text enthielten: *Einberufung! Alarmzustand!* Darunter das Datum: *13. November, 6 Uhr 30*, und die Bezeichnung eines Lokals in einem Seitentrakt des Südbahnhofs. Auf der Rückseite eines jeden Zettels stand ein Name, zumeist ohne Vorname, aber mit genauer Angabe der Adresse, des Stockwerks und der Türnummer, welche die Wohnung bezeichnete.

Auf die Soldaten hinweisend, klärte mich Grimme auf, daß sie Rotgardisten seien, auf die man zählen könne. Das wäre wichtig, denn es bestünde die Gefahr, daß sich gewisse Leute der Garde bemächtigen und sie für ihre Zwecke benutzen würden. Man müßte deshalb alle guten Leute fest beisammen haben. Ich sollte die auf den Zetteln bezeichneten Genossen verständigen. Das gleiche sollten die anderen tun, nur er bleibe hier. Sobald alle verständigt waren, sollte ich zurückkommen, und er würde mir alles genau erklären.

Ich versuchte, ein für allemal klarzustellen, daß ich nichts tun würde, ehe ich genau wüßte, was für eine Politik er eigentlich machen wollte, mit wem, gegen wen. Außerdem wäre es schon sehr spät am Abend, zu spät für einen Jungen wie mich, Leute zu stören, die mich nicht kannten und die ich nicht kannte. Eben weil es spät wäre und die Haustore bald geschlossen würden, sollte ich mich sofort auf den Weg machen, sagte Grimme, nur keine Zeit verlieren, alles erledigen, schnell zurückkommen. Er würde mir dann alles überzeugend darlegen. Er steckte die Zettel in meine Manteltasche und begleitete mich bis zur Treppe. Ich ordnete die Zettel — es waren neun — die meisten Genossen wohnten in Gassen zwischen der Tabor- und der Praterstraße. In den Häusern mußte ich mich ohne Treppenlicht zurechtfinden, das war ich gewohnt, aber in dem Stockwerk angelangt, mußte ich ein Streichholz anzünden, um die angegebene Wohnungstür und die Klingel zu finden.

Noch heute, wenn ich schreibend an jene anderthalb Stunden denke, befällt mich eine niederdrückende Mutlosigkeit. Zwar wurde auf mein Klingeln oder Klopfen überall geantwortet, doch öffneten sich nur 5 Türen, hinter den anderen wies man mich brummig, ja mit Schimpf ab. Zumeist waren es Frauenstimmen, die mich mißlaunig ausfragten und dann behaupteten, der Mann wohne gar nicht mehr hier oder er wollte von all dem nichts mehr wissen, oder das Ganze wäre ein Irrtum, eine Verwechslung und ich ein Trottel.

Von denen, die mir öffneten, ließ mich nur einer über die Schwelle, ein ganz junger Mann in Nachthemd und langen Unterhosen. Er sagte: »Der Langer ist vielleicht ein nobler Herr, aber ein Narr. Er redet, redet, läßt einen andern nicht zu Wort kommen, darum glaubt er, er hat die Leute in die Tasche gesteckt. Die Rote Garde wird sich auflösen, sobald die Männer was Besseres finden. Und den Langer, den mögen sie jedenfalls nicht. Der weiß ja selber nicht, was er will. Sozialisten passen ihm nicht, die Bolschewiken passen ihm nicht — ihm paßt niemand. Schmeiß die Zettel weg, geh nach Haus, schlaf dich aus und vergiß das alles. Du bist ja noch so jung, hast alles noch vor dir. Da nimm ein Stückchen Schokolade, laß es langsam im Mund zergehen, dann gibt es mehr aus.« Er drückte mir die Hand und wünschte mir gute Nacht.

In einer anderen Wohnung öffnete mir eine dicke Frau, die mir mit einer Taschenlampe das Gesicht ableuchtete. Sie nahm mir den Zettel aus der Hand, las ihn langsam, buchstabierend durch, dann leuchtete sie mich wieder an und erklärte: »Sag dem Kommissar, der dich schickt, daß der Krieg lang genug gedauert hat. Eine Frau, die bei Verstand ist, möcht' ihren Mann lieber ans Bett anbinden als ihn jetzt hinauslassen, damit ihn einer erschlag!«

Nur ein Mann — er trug eine Kopfbandage, eines seiner Augen blieb geschlossen — dankte mir herzlich und versprach, sich pünktlich einzustellen.

Als ich alles hinter mir hatte und mich auf den Weg zur »Stabskanzlei« machte, überfiel mich eine Müdigkeit, als müßte ich aufs Pflaster sinken, die Augen schließen und dürfte nichts, nichts mehr erwarten. Zugleich übermannte mich die Gewißheit, daß ich wie der letzte Dummkopf gehandelt hätte, ja daß ich überhaupt keinen vernünftigen Grund angeben könnte, warum ich mich mit diesem armseligen Einarmigen eingelassen hätte, mit diesem politischen Querkopf, mit dem mich nichts verband. Ich beschloß, all das völlig auszuschalten, nach Hause zu gehen und die Dummheit nie zu vergessen, sie mir nie zu verzeihen. Die »Kanzlei« lag jedoch auf meinem Weg; ich wollte Grimme über den Mißerfolg meiner Botengänge berichten und ihm meine Meinung sagen. Vor dem Haustor fand ich Chaskel. Er hatte auf mich gewartet, sagte er, und ich brauchte nicht mehr hinaufzugehen, denn alles war zu Ende. Leute vom Arbeiter- und Soldatenrat waren gekommen, Krakowiak zu verhaften, das heißt wegzuführen, vielleicht um ihn irgendwo niederzumachen. Er hatte sich gewehrt und dabei plötzlich einen Blutsturz gekriegt. Die Fremden sind sofort weggelaufen, Ulrich hat die Mutter des Oberleutnants geholt, die hat ihn gleich irgendwo in einem Sanatorium im 9. Bezirk untergebracht. Chaskel reichte mir ein Stück Papier mit der Adresse des Sanatoriums, aber ich wollte es nicht nehmen, nicht einmal anschauen. Er sagte:

»Vielleicht hast du recht. Aber ich, ich weine, denn er ist der beste Mensch, für mich ist er der beste Mensch gewesen.« Chaskel schluchzte laut auf. Ich wußte nicht, wie ich ihn hätte trösten können, wünschte ihm gute Reise und ging nach Hause.

»Was ist mit dir geschehen?« fragte mich die Mutter; sie legte mir eine Hand auf die Stirn. »Woher kommst du?«

»Aus dem Schomer«, log ich. Sie rief den Vater; beide betrachteten mich nachdenklich. Ich sollte sofort ins Bett, einen heißen Tee trinken und ein Aspirin schlucken — ich tat, wie sie mich hieß, fast ohne ein Wort zu sagen, denn ich fürchtete, meine Stimme könnte meine Bestürzung verraten.

Natürlich tat mir Grimme leid wegen seiner grenzenlosen Einsamkeit, wegen seiner Verwirrung und wegen seiner kranken Lunge, doch in dieser Stunde war ich von mir selber schmerzlich enttäuscht. Während die Eltern auf mich einredeten, suchte ich noch immer nach einer befriedigenden Erklärung meines Verhaltens. Wozu hatte ich an diesem Abend Grimme aufgesucht, warum ihm nachgegeben, obwohl ich sein Gerede für einen Unsinn hielt? Mir war, als müßte man's mir ansehen, daß ich ohne Grund und Zweck in finsteren Treppengängen fremder, miserabler Häuser Leute aufgesucht hatte, um ihnen eine Botschaft zu bringen, die ihnen nichts bedeutete und ihnen jedenfalls so wenig willkommen war wie der Bote, der sie am späten Abend aufstörte.

Endlich ließen mich die Eltern allein. Ich nahm den einen oder andern schwarzen Band, aber es gelang mir nicht zu lesen. Der Raum, in dem mein Diwan stand, war verraucht; ich stand auf, öffnete das Fenster — kalte, feuchte Luft strömte herein. Ich fror, doch zählte ich ganz langsam bis zehn, dann noch einmal bis zehn, ehe ich das Fenster schloß und wieder unter die Decke kroch, die ich bis ans Kinn hochzog, um mich schneller zu erwärmen. Ich mußte husten, ich wollte mich beherrschen, doch es wurde immer schlimmer.

Die Mutter erschien wieder, sah mich lange an, dann wandte sie das Gesicht ab und sagte:

»Der Husten wird schnell vergehen, wichtig ist, daß du wieder zu Hause bist. Ulrich ist nämlich heute abend, kaum daß du wegwarst, wiedergekommen ...«

»Wieso Ulrich, wieso wiedergekommen?«

»Ja, der ist einige Mal hiergewesen — unter verschiedenen Vorwänden, hauptsächlich, um zu schnorren. Ein schlauer Schwätzer ist er, dein Ulrich.«

»Er ist nicht mein, außerdem wundere ich mich doch ...«

»Wundere dich nicht, behalte die Arme unter der Decke, du hättest das Fenster nicht öffnen sollen. Wundere dich nicht, er ist dir einmal nachgegangen und hat so herausgekriegt, wo du wohnst, deinen Namen kannte er schon vorher, aber er wollte noch mehr wissen. Heute abend ist er gekommen, um dich zu holen, wie ihm befohlen war, aber auch, um dich zu warnen. Was hast du dich mit seinem Offizier eingelassen? Der Schomer genügt dir nicht?«

»Der Schomer genügt mir und trotzdem habe ich mich mit dem Oberleutnant Grimme, oder wie er sonst heißen mag, eingelassen. Und das Schlimme ist, daß ich selbst nicht weiß, warum.«

»Und deshalb bist du so unglücklich?«

»Ja, denn es ist furchtbar, sich selbst nicht zu verstehen.«

Sie antwortete erst nach einer Weile:

»Es gibt die Dummheiten der Dummen, aber Kluge begehen ebensoviel Torheiten, die sind nur etwas anders, nicht viel anders. Also mach dir keine Sorgen, sowas passiert jedem.«

»Nein, nicht jedem — und mir sollte es nicht passieren!«

»Warum grade dir nicht? Hast Protektion bei Gott? Wer hat nicht Protektion bei ihm?«

Ich wollte ihr erklären, daß es sich nicht um Gott handelte und nicht um irgendeine Torheit, sondern ausschließlich darum, daß ein Mensch seine eigenen Taten verstehen muß und wissen, warum, wozu er etwas tut oder unterläßt. Ich begann, ihr das darzulegen, unterbrach mich dann selbst und verstummte.

Sie ging in die Küche, holte Hustensirup, von dem sie mir zwei Suppenlöffel gab, dann, völlig unvermittelt, begann sie, mir von ihrer Kindheit zu erzählen. Nach der Scheidung ihrer Eltern blieb sie bei ihrem Vater, der sich sofort wieder verheiratete. Als sie etwa drei Jahre alt war, verbot er ihr aufs strengste, ihre Mutter, meine Babe Fejgy, jemals wiederzusehen, sie auch nur aus der Ferne zu grüßen oder gar mit ihr zu sprechen. Die Babe Fejgy indes wartete sie hinter Haustoren und an Straßenecken ab, blieb mit ihr zwei, drei Minuten, sprach auf sie ein, küßte sie und verschwand wieder. Das Kind mußte den Vater und die Stiefmutter anlügen, verschweigen, bestreiten, die Mutter gesehen zu haben, und wurde dafür bestraft. Die Babe erfuhr davon, war unglücklich, klagte bitterlich über das Unrecht, das ihr und der Tochter angetan wurde, verzichtete aber keineswegs auf diese Begegnungen, die ja nicht geheim bleiben konnten. Sie hätte sich in Geduld fassen und alles auf die nahe Zukunft setzen sollen, da niemand die beiden mehr würde hindern können, einander nach Belieben zu sehen und sich vor aller Welt zueinander zu bekennen, wie es ja auch später geschah. Später … Aber inzwischen machten die Babe Fejgy und ihr ehemaliger Gatte das Leben ihrer Tochter zur Hölle.

»Warum tat sie das, sie, eine so kluge Frau?« fragte meine Mutter, und in ihren Augen erblickte ich die kleinen runden Tränen eines Kindes. Ich ertrug es nicht, sie weinen zu sehen, und wandte mich ab.

Was soll das, fragte ich mich, zwar erschüttert über ihr fernes Leiden, aber außerstande, irgendeinen Zusammenhang zwischen meinem Verhalten und dem der damals noch jungen Babe Fejgy zu entdecken.

»Nach meiner Operation, als meine Mutter hier war, haben wir beide von jener Zeit gesprochen, von meinen Ängsten und von der Grausamkeit der Trennung. Es tat uns beiden weh, daran zu denken, aber wir haben auch darüber gelacht. Besonders über die Nutzlosigkeit aller Bemühungen, mich der Mutter zu entfremden.«

Ich sah noch immer nicht den Zusammenhang zwischen meinen Botengängen in der Nacht und den Erfahrungen einer geschiedenen Frau, aber während die Mutter, nun wieder gefaßt, unsentimental von ihrer Vergangenheit sprach, wurde mir plötzlich gewiß, daß mir gar nicht so Schlimmes zugestoßen war, daß meine Gefügigkeit gegenüber Grimme, diesem kranken Narren, zwar kaum erklärlich, kaum gestehbar, und vor allem lächerlich war — lächerlich, aber keineswegs eine *Kommedije.*

Die Mutter tastete mir noch einmal die Stirn ab, erhob sich und sagte zum Abschied: »Hast kein Fieber. Geh morgen trotzdem nicht in die Schule, bleib zu Hause. Auch der Schomer wird einen Tag ohne dich auskommen müssen ... Der Vater will's dir nicht sagen, aber es kränkt ihn, denn er fühlt, daß der Schomer dich von uns entfernt. Und vielleicht hat es dich zu diesem Kriegsinvaliden auch nur deshalb hingezogen, weil du nicht nur von uns, sondern sogar von deinen Kameraden wegwillst ... Aber warum? Wohin? Zur Politik? Sie wird auf dich warten. Glaub mir, sie wird warten. Und du, lern' auch du zu warten.«

Ihren Rat habe ich nicht befolgt, denn ich glaubte, daß die Zeit des Wartens vorbei war und die neue Zeit der Erfüllung anbrach.

Die vergebliche Warnung

Erster Teil

Auf der Brücke

Als am 12. November 1918 die Republik Deutschösterreich ausgerufen wurde, wußte jeder, was an diesem Tag endete, doch nicht, was damit beginnen mochte. Das Reich der Habsburger war schon vorher zerfallen, die k. u. k. Armee hatte sich aufgelöst, niemand wollte mehr wissen, wofür sie gekämpft hatte, gegen wen und warum. In den Straßen der früheren Residenzstadt trieben sich versprengte Teile von Regimentern herum, die wenige Stunden nach ihrer Ankunft nichts mehr zusammenhielt; die Soldaten glichen zuweilen verirrten Marodeuren oder heimatlosen Bettlern, die darüber erschraken, daß sie ängstlichen Passanten Furcht einflößen konnten.

Man beklagte es, daß das Ende sich hinzog und der Nachkrieg noch immer nicht beginnen wollte, die Hungersnot wurde nicht gelindert und man fror in der feuchten Kälte – es fehlte an allem. Die Sieger hielten ihre Versprechen nicht, hieß es überall, das Brot war nun schlechter als je, es stank nach Fäulnis und schmeckte wie zermahlene Sägespäne. Das Ende nimmt kein Ende, wiederholte man im Spaß, doch mit verhärmtem, bösem Gesicht. Ein Lied, das man öfter grölen als singen hörte, kündigte in einem Frage-und-Antwort-Spiel Umwälzungen an. Im kläglichen und zugleich herausfordernden Ton des mutlos lärmenden Säufers fragte man:

Wer wird denn die Straßen jetzt kehren?

Und man antwortete:

Ja, die großen Herren mit die goldenen Stern'
die werden die Straßen jetzt kehren.

So lautete eine der Strophen, die immer zahlreicher wurden. Als letzte sang man gewöhnlich:

Was wird auf meinem Grabstein denn stehn?
Was wird auf meinem Grabstein denn stehn?
Hier liegt ein Soldat, der alles versoffen hat,
Hier liegt ein Soldat, der alles versoffen hat.

Und ohne Übergang mochte der Sänger nach der Ankündigung der radikalen Umkehrung und seines nahen Todes den Gleichmut bekunden, mit dem er seine Armut inzwischen ertragen wollte:

Mir is olles ans, ob i a Göld hob oder kans.
Wann i a Göld hob, kann i ins Kino gehn,
Wann i kans hob, muß i draußen stehn.
Mir is olles ans, ob i a Göld hob oder kans.

Diese und so viele andere Gassenhauer waren im Grunde nur Varianten des alten Liedes aus der Pestzeit: »Oh, du lieber Augustin, alles ist hin!« Mit diesen Liedern vermengten sich häufig der »Kaiserwalzer« und Offenbachs »Barcarole«, die auf kleinen Plätzen, in stillen Gassen und in den Höfen alter Häuser die Leierkästen spielten. Auch ihr Ende nahte, es klang häufig nur noch wie ein blechernes Dröhnen. Selbst der uralte jüdische Geiger neben dem Standbild der Madonna mitten auf der Marienbrücke änderte ein wenig sein Programm. Dem Volkslied, das mahnte: »Ein Brievele der Mamen sollst du nit versamen«, und dem andern, das die schnell entschwindende Jugend beklagte, fügte er nunmehr die »Internationale« hinzu und noch öfter das revolutionäre Trauerlied vom Jahr 1905: »Unsterbliche Opfer, Ihr sanket dahin, wir aber weinen um Euch.«

Der Alte trug stets den gleichen, viel zu großen, schlecht gefärbten Soldatenmantel, der hochgestellte Kragen verhüllte die untere Hälfte seines Gesichts. Nur wenn es schneite, kroch das alte Antlitz aus dem Mantel hervor, fast horizontal bot es sich dem Himmel an, und sein Mund fing die Schneeflocken so gierig auf, als wären sie eine lang entbehrte Nahrung.

Wann immer ich den Donaukanal überquerte, sah ich diesen Musikanten auf der Brücke. Manchmal blieb ich stehen, um ihm die letzten Nachrichten aus der Zeitung mitzuteilen. Er erwartete, daß ich ihn danach fragte, wie das Geschäft an diesem Tag ginge, denn er hatte die Antwort stets bereit. Sie lautete entweder »Heute wird Rothschild mehr einnehmen als ich« oder »Zum Sterben könnt's reichen, zum Leben nicht!« Es kam auch hie und da vor, daß er gar nicht oder nur mit einem Seufzer antwortete; manchmal schluchzte er laut auf. Noch bevor ich die Brücke hinter mir hatte, hörte ich schon wieder die sentimentale Melodie, die auch den eiligsten der jüdischen Passanten daran erinnerte, daß er »das Brievele an seine Mame« nicht versäumen dürfe.

Obschon ich den Alten nicht nur im Schnee und im Regen auf seinem Posten antraf, sondern auch im heitern Sonnenlicht, zeigt ihn mir die Erinnerung stets so, wie er in jenem Revolutionswinter aussah. Immer bläst der kalte Wind über die Brücke, miserabel gekleidet laufen die Leute hastig weiter, niemand bleibt stehen.

Es war eine Zeit des harten, verhärtenden Leidens, nicht des Mitleidens. So hat dieser alte Mann sich meinem Gedächtnis weniger wegen seines Elends eingeprägt als wegen seiner Standhaftigkeit. Und gewiß auch, weil das graue Gesicht unter den Schneeflocken irgend etwas zu bedeuten schien, das nicht nur mit dem Schicksal dieses Bettelmusikanten zusammenhing, sondern mit uns allen. Und mit dem nutzlosen Widerstand der Wehrlosen gegen Unglück, Hunger, Kälte.

Was aber die aufdringliche Anwesenheit des mitten in der Menge der Passanten grenzenlos vereinsamten Alten bedeutete, wußte ich nicht; ich habe dem nie nachgegrübelt und tue es auch heute nicht. Sonst so begierig, für alles Erklärungen zu finden, lasse ich oft manches, das sich mir als Bild darbietet, gleichsam im Rohzustand seiner Erscheinungsform und verschiebe die Aufhellung. Am Ende bleibt es in einem Licht, das kaum erlaubt, die Konturen zu erkennen, und zu schwach ist, um die Dunkelheit zu zerstreuen.

Was soll die Aufdringlichkeit, mit der das Gedächtnis mir diese unerheblichen Einzelheiten, diese nebensächlichen Szenenbilder in den Vordergrund drängt? Wir benutzen mehr oder minder bewußt Scheingründe, sooft uns die wirklichen Gründe nicht faßlich oder unwillkommen sind; so gibt es auch Schleiererinnerungen, gewiß. Es ist indes wenig wahrscheinlich, daß ich den Bettler auf der Brücke an den Anfang dieses Buches stelle, um irgend etwas zu verschleiern. Das dem schiefen Hals gleichsam aufgeschraubte flache, graue Gesicht mag den Dreizehnjährigen tiefer beeindruckt haben als dieses oder jenes wirklich wichtige Ereignis. Doch warum?

Zu den Gleichnissen, die ich seit Jahrzehnten am häufigsten in Romanen, Essays und Vorträgen benutzt habe, gehört eines, in dem es sich um eine Brücke handelt, die nicht existiert, sondern sich Stück um Stück unter dem Schritte dessen ausbreitet, der den Mut aufbringt, seinen Fuß über den Abgrund zu setzen. So mag die Brücke nicht das andere Ufer erreichen, das übrigens wohl gar nicht existiert. Der werdende, doch nie vollendete Mensch auf der Brücke, die nur so weit reicht wie sein Mut, somit nie weit genug, ist der Held und Unheld all meiner Bücher geworden. Das sage ich mir jetzt, während ich jenen elenden Alten auf der Brücke abzuschütteln versuche, um endlich von der Entwicklung der Zustände nach 1918, von Ereignissen, Begegnungen, von Erlebnissen und Menschen zu sprechen, ohne die mein Leben ganz anders verlaufen wäre in jenen 20 Jahren der Nachkriegszeit, die sich schnell genug in eine Vorkriegszeit verwandeln sollte.

Sooft ich an jene Monate denke, die der Revolution folgten, bemächtigt sich meiner die völlig bildlose Erinnerung an eine Empfindung, die von November 1918 an bis etwa zu meinem 20. Lebensjahr sehr häufig wiederkehrte. Es war eine besondere Art von Bangnis, zuweilen so heftig wie ein überwältigender Schrecken. Diese Bangnis, das war offenbar, wurde von dem Übermaß des Erhofften hervorgerufen. Es war die Sprache, der »Organdialekt« eines Zweifels, den ich mir selbst zu lange verheimlicht hatte. Als ob in mir ein Verdacht nistete, daß ich mich täuschen mochte, ja daß ich mich selber narrte.

Nur die Revolution konnte die Erwartungen erfüllen, die man an den kommenden Frieden geknüpft hatte, sagte man sich. Und überall gab es Aufruhr, Aufstände, Revolutionen. Die Räterepublik wurde in München errichtet, in Ungarn siegte die Revolution unter der Führung eines Mannes, dessen Name – *Béla Kun* – über Nacht so berühmt wurde, daß man ihn immer häufiger neben Lenin und Trotzki nannte. Wien wurde gleichsam die Vorstadt der benachbarten revolutionären Zentren.

Es dauerte jedoch nicht lange, kaum ein halbes Jahr, da wurde die von den Sozialdemokraten verwaltete Stadt zum Asyl der besiegten Revolutionäre Mitteleuropas und des Balkans und zum Sitz der exilierten Führung der in den Untergrund verbannten Parteien. Suchte man einen von diesen Männern, so brauchte man nur den Namen des Cafés zu erfahren, in dem er und seine Genossen täglich viele Stunden versaßen, eifrig damit beschäftigt, die Nachrichten aus ihrem Lande zu kommentieren und aus ihnen mit täglich erschütterter und täglich neu gewonnener Sicherheit zu schließen, daß es nur noch einiger

Wochen bedurfte, bis sie heimkehren und die Macht endlich an sich reißen konnten. Der Triumph der Konterrevolution, vor der sie hatten fliehen müssen, konnte ja nichts anderes bedeuten als eine zwar schmerzliche, aber nur flüchtige Episode, da sie ja, historisch gesehen, nutzlos war, weil im Widerspruch mit dem »Gesetz der Geschichte«.

Erst zwölf Jahre später, im Sommer 1931, begegnete ich Béla Kun in Moskau. Auf den ersten Blick hatte er noch immer einige Ähnlichkeit mit dem oft karikierten Typ eines magyarischen Schweinehändlers, doch verwischte sich dieser Eindruck sehr bald. Er war ein kluger Gesprächspartner, der sein Wissen so geschickt verwandte, daß man ihm zutraute, viele Kenntnisse und Einsichten, vielleicht die wichtigsten, für sich zu behalten.

Wir saßen in seinem Arbeitszimmer; überall: auf dem Schreibtisch, auf den Stühlen und auf dem Boden, türmten sich die Stapel von ausländischen Zeitungen und Revuen. Kun war damals Redakteur der *Iswestija,* glaube ich, oder der *Prawda* und mitverantwortlich für die Auslandsnachrichten seines Blattes. Wir sprachen über die Verhältnisse in Ungarn, über die Weltwirtschaftskrise, über die politische Auswirkung der steigenden Arbeitslosigkeit in Deutschland, über die Rolle der kommunistischen Parteien in den kapitalistischen Ländern und über die Aussichten der nahenden Revolution. Während ich ihm aufmerksam zuhörte, suchte ich in den Zügen seines Gesichts die Spuren von Eigenschaften und Taten, die ihn bei den Gegnern in Verruf gebracht hatten. Ihn machte man im Jahre 1919 für Morde und viele Untaten verantwortlich, die unter der von ihm geführten Regierung im ganzen Land, so behauptete man, begangen worden waren. Wir alle verabscheuten das Horthy-Regime, das ihn und seine Mitarbeiter als Mörder anprangerte und als Diebe, die sich mit reicher Beute an Gold und kostbarstem Schmuck aus dem Staub gemacht hätten, sobald sie ihre Macht bedroht fühlten. Nein, wir glaubten den Konterrevolutionären nichts von alledem, wir fühlten uns solidarisch mit den von den sogenannten »Strafdetachements« verfolgten und gefolterten Revolutionären. Jedoch billigten wir nur zögernd und mit vielen Einschränkungen die Maßnahmen, die sie in der Zeit der Räterepublik getroffen hatten.

Wenige Stunden, bevor mich ein ungarischer Freund zu Kun brachte, hatte ich ein langes Gespräch mit einer sowjetischen Psychologin. Als ich ihr beim Abschied andeutete, zu wem ich ging, sah sie mich nachdenklich an. Erst nach einer Weile sagte sie: »Was er in Ungarn angestellt hat, wissen Sie wohl besser als ich, aber daß er auch hier während des Bürgerkrieges furchtbar gewütet hat, daß er in der Krim zahllose Menschen liquidieren ließ – aus revolutionärem Übereifer natürlich –, davon haben Sie sicherlich nichts gehört, sonst würden Sie nicht sein Gulasch essen gehen.«

Der Ton meiner Kollegin war gehässig und ihr Gesicht wie von einem Krampf verhärtet. Béla Kun aber legte während der Stunden, die wir beisammen waren, eine Bonhomie an den Tag, die ihn nur verließ, wenn er von der Lage der Genossen in den ungarischen Kerkern sprach. Es überraschte mich nicht, an dem nicht nur bei den politischen Feinden verrufenen Béla Kun keinerlei Zeichen von Neigung zu Gewalt oder zu Gehässigkeit zu entdecken. Natürlich wußte ich, daß dieser Eindruck nichts gegen die Behauptungen über seine grausamen Interventionen bewies, aber ich war zufrieden, fortab glauben zu dürfen, daß man ihm wahrscheinlich unrecht tat. Ich hatte es damals sehr nötig, den Blick von der sozialistischen Wirklichkeit abzuwenden, dem Problem des Terrors auszuweichen.

Während der Monate, die dem Umsturz folgten,

reagierte ich auf alle Nachrichten von Terrorakten in einer affektiv parteiischen Art. Überall – außer in Béla Kuns Ungarn und in Rußland – war Terror für meinesgleichen konterrevolutionäres Verbrechen und Fortsetzung der Kriegsgreuel; der rote Terror aber war in unseren Augen eigentlich keiner, denn - daran zweifelten wir nicht – er war die Notwehr, in welcher sich das Neue, Gute gegen das Alte, Böse verteidigen mußte. Die Ermordung Rosa *Luxemburgs* und Karl *Liebknechts* bewies es, die Erschießung Kurt *Eisners* in München und die schnelle Freisprechung seines Mörders. Während langer Jahre tauchte vor meinen Augen das edle Antlitz des ermordeten Gustav *Landauer* jedes Mal auf, wenn ich Anklagen gegen den roten Terror las. Lange Jahre habe ich die Stadt München gemieden, weil sie der Schauplatz dieses Verbrechens gewesen war; sie sollte bald danach zur »Hauptstadt der Bewegung« des Nazismus werden ...

Da ist er, deutlich erblicke ich ihn, das heißt mich, wie ich mitten in meinem vierzehnten Lebensjahr aussah und mich bewegte, wie ich mich gab oder verschloß. Natürlich verspüre ich die Neigung, mit der Beschreibung seines elenden Aussehens und seines schäbigen Gewandes zu beginnen. Mehr als ein halbes Jahrhundert ist seither verflossen, aber die Erinnerung an die plötzliche Verarmung, an die Erniedrigung durch sie drängt sich mir sofort auf, als ob nichts von alldem, was seither geschah, jene schmerzliche Betroffenheit hätte mindern können.

Ich trug keine Kopfbedeckung mehr, auch an den kältesten Wintertagen nicht. Wenn der Schnee meine schwarzen Haare völlig zudeckte, rief es bei manchen Leuten, die ich auf dem Schulweg kreuzte, eine Überraschung hervor, die nicht selten in einen kaum verständlichen Ärger umschlug, dem sie einen beleidigenden Ausdruck gaben. (Ähnlich reagieren heutzutage Passanten auf die zu langen Haare junger Männer.) Meine Augen glänzten, waren feurig, sagte man, besonders wenn ich sprach. Und ich sprach gerne, eindringlich, zu schnell und undeutlich. Das Fiebrige an mir war übrigens nicht nur psychisch, denn es sollte sich bald herausstellen, daß meine Lungen infolge der Unterernährung angegriffen waren. Die höhere Temperatur am Abend störte mich nicht, doch erzeugte sie den Nachtschweiß, der mich oft aus dem Schlaf riß und in mir einen Widerwillen gegen den eigenen Körper weckte. Es war, als ertrüge ich meinen Körper nur mit einer aufgezwungenen Resignation.

Trotz aller Kritik an mir konnte ich mit mir auskommen, aber meinen Körper mochte ich nicht: nicht das Gesicht und nicht das häufige Husten und Schnupfen, nicht die allzu häufigen Magen- und Darmschmerzen. Später, aber erst im Mannesalter, verloren sich nach und nach diese Beschwerden; ich akzeptierte endlich mein Gesicht, aber meinen Körper habe ich auch später nicht gemocht, obwohl ich ihm dann kaum etwas vorzuwerfen hatte. Zwar habe ich ihn nicht verabscheut und keinerlei Grund gehabt, es zu tun, aber ich habe ihn zuweilen wie einen lästigen Begleiter empfunden, mit dessen steter Gegenwart man sich nun endlich ein für allemal abfinden mußte.

Das Gefühl, häßlich zu sein, das mich während meiner Kindheit so gepeinigt hatte, dürfte diese strenge Gleichgültigkeit gegenüber dem eigenen Leib hervorgebracht oder zumindest gefördert haben. Aber es hat gewiß auch an der alles durchdringenden jüdischen Erziehung gelegen, die nur dem Glauben und daher nur dem Geistigen einen Wert zuerkannte, alles Materielle aber als ein Übel verachtete, das leider notwendig war. Bedürfnisse wurden nicht verdrängt, das Sexuelle nicht verleugnet und eher weniger verhüllt als bei anderen, aber jedes Kind kannte die Wertskala, sobald es etwas von der Geschichte seines

Volkes verstanden hatte: Für die Glaubenstreue lebte man, man starb für sie, wenn es nicht anders möglich war, nur ein Frevler und ein Feigling verriet den Glauben, um das Leben zu bewahren, also um des vergänglichen Körpers willen.

Mein Vater war ein leidenschaftlicher Raucher, mein Großvater erwachte zwei-, dreimal in der Nacht, goß sich Wasser über die Finger, benetzte die Augen, sprach das für solche Unterbrechungen des Schlafes vorgesehene kurze Gebet – all das, um sich die Zigarette zu drehen, die er dann mit einer Befriedigung rauchte, als ob sie ihm zu lange vorenthalten worden wäre. Am Freitag, sobald der Abend anbrach, hörte man auf zu rauchen, und erst 24 Stunden später, nachdem die schöne, recht lange Zeremonie der *Hawdala,* des Abschieds vom Sabbat, beendet war, durfte man zu einer Zigarette greifen. An langen Sommernachmittagen mochte mein Vater fast unbeweglich vor dem Fenster verharren – in Erwartung der ersten Sterne am Himmel. Weder ihm noch seinem Vater noch irgendeinem ihresgleichen kam es es in den Sinn, dieser schmerzlichen Entbehrung ein Ende zu setzen. Ebensowenig dachte man an den besonders schweren Fasttagen, die im heißen Sommer wiederkehren, etwa am Trauertag der Erinnerung an den zerstörten Tempel, wenigstens mit einigen Tropfen Wasser den Durst zu lindern. Der Körper litt, man sollte mit ihm kein Mitleid haben, denn er war ja geschaffen, um zu dienen – leidend oder genießend zu dienen. Man fragte ihn nicht danach, was er begehrte – er mußte mit trockenem Brot vorliebnehmen, auch wenn man ihm die köstlichste Nahrung anbot, sofern diese nicht *koscher,* das heißt nicht gemäß den strengen Speisegesetzen ausgewählt, gereinigt und zubereitet war.

Keinem einzigen dieser religiösen Gebote und Verbote bin ich treu geblieben, dem sexuellen Drange habe ich später auch in Situationen nachgegeben, in denen ihm zu widerstehen vernünftiger, sinnvoller, würdiger gewesen wäre. Ich sage: würdiger, denn im Grunde blieb ich wohl der Auffassung treu, daß der Körper ein Diener bleiben muß und daß sich daher entwürdigt, wer ihm trotz besserer Einsicht nachgibt. Bei anderen, etwa dem preußischen Offizierskorps, war die Würde das Ergebnis strenger »Manneszucht«, bei meinen Ahnen aber das Resultat einer religiösen Erziehung. Der Körper konnte nur ein Werkzeug sein.

Während jener Zeit kamen täglich Schreckensnachrichten, die uns bewiesen, daß der Sturz des Zaren und die Befreiung der Nationalitäten des Habsburgerreiches die Judenfeindschaft kaum vermindert hatten. Es verging kaum ein Tag, ohne daß man von einem Pogrom erfuhr: in Polen, in Rumänien, in Ungarn, in der Ukraine. In Wien vermehrten sich die antisemitischen Hetzblätter, Organe von zumeist deutschnationalen Gruppen, die in jeder Hinsicht die Vorläufer der Nazis waren. Demobilisierte Soldaten und junge Leute, die sich in Haltung und Kleidung soldatisch gaben, versammelten sich am Kai des Donaukanals, zwischen den Brücken, die in die jüdischen Wohngegenden des zweiten Bezirks führten. Sie bedrohten mit Stöcken und Revolvern die jüdischen Passanten und mißhandelten sie, wenn sich ihnen eine Gelegenheit dazu bot. Sie schrien sich heiser, ihre Hetzrufe waren stets die gleichen, herausfordernd, beleidigend, drohend.

Die meisten der älteren Schomrim, der Mitglieder der jüdischen Jugendorganisation Haschomer Hatzaïr, waren Frontsoldaten, Kadetten oder Offiziere gewesen. Sie leiteten die Gegenaktion, bei denen auch wir, die Dreizehn- bis Vierzehnjährigen, mitmachen sollten. Wir statteten uns mit Schlagringen und Bergsteigerstöcken aus, die Ältesten hatten Pistolen und Dolche, die sie nur im äußersten Notfall gebrauchen sollten. Unsere Aufgabe war, den Kai vor allem in der Nähe der Brücken schon am frühen Morgen zu besetzen, um den Feinden den Zugang zu den jüdischen Vierteln zu verwehren. Überdies hatten wir auf ihre gehässigen Rufe mit Parolen zu antworten, die gewöhnlich viel mehr Spott und Verachtung als Haß ausdrückten. Wir sollten keine Schlägereien provozieren, ihnen aber niemals ausweichen und mit äußerster Härte zuschlagen. Jedoch waren unsere taktischen Möglichkeiten beschränkt, da wir ja die Brücken nicht unbesetzt lassen durften. Wurde der Druck zu stark, so blieb uns nichts anderes übrig, als uns auf das andere Ufer zurückzuziehen. Da konnte es geschehen, daß sich jüngere und häufig auch ältere Juden zu uns gesellten. Gewöhnlich bekamen aber weder wir noch die anderen Zuzug, hingegen konnten wir auf Zuschauer rechnen, zumeist Sonntagsspaziergänger, die zwar nicht unparteiisch waren und hie und da mit Rufen unsern Kampfgeist beleben wollten, jedoch das Ganze eher als ein Spektakel betrachteten. Vielleicht, weil dabei viel zuwenig Blut floß oder weil es sich ja nicht um echte Raufbolde und um die in Wien häufigen Messerstechereien handelte, sondern nur um politische Manifestationen, hinter denen keine mächtigen politischen Gruppen standen.

Nur 19 Jahre später sollten diese Wildjackenhelden, diese begeisterten Leser des unfaßlich blöden Hetzblattes *Der eiserne Besen* zur Macht gelangen und Wien »judenrein« machen, ehe sie die Ausrotter der jüdischen Bevölkerung im Osten wurden. Aber damals, während der Nachkriegswirren, waren nicht nur wir davon überzeugt, daß es sich um die letzten Nachhutscharmützel der Reaktion, der »Dunkelmänner« handelte.

Da ich alles mit einer großen, wenn auch nicht immer gleichen Intensität tat, wurde ich niemals der Mannigfaltigkeit der ohne Übergang einander folgenden Tätigkeiten und Interessen gewahr. Mir schien all das nur eine Vorbereitung auf etwas, das erst später kommen sollte. Was aber sollte das Kommende sein? So sehr ich mich auch darum bemühen mag, ich kann mich meiner damaligen Zielvorstellungen nicht entsinnen. Ich war ehrgeizig, überempfindlich, oft gekränkt, doch zu eitel, um dies zu zeigen; zugleich aber, hauptsächlich aus negativen Gründen, so gut wie niemals neidisch, zwar begierig nach Lob, doch den meisten Schmeicheleien eher abgeneigt: nicht aus Bescheidenheit, sondern im Gegenteil aus einem uneingestandenen Überanspruch, aus Hochmut. Es gelang mir auch viele Jahre später nicht, zu entdecken, worin ich mich denn auszeichnen sollte. Und die beunruhigende Erwägung, der ich mich in früheren Jahren nur schwer hatte entziehen können, kam wieder: Wie, wenn man irrte und mich überschätzte? Mein Ehrgeiz verminderte sich trotzdem nicht, die Anfälle von Mutlosigkeit bedeuteten nur eine vorerst unbewußte Tarnung, mit der ich mich selbst lange genug betrog: Im Tagtraum sah ich mich als Lehrer in einem verworfenen Dorfe — im stillen Winkel wunschlos zufrieden, jenseits von Glück und Unglück, gleichgültig gegenüber Reichtum und Anerkennung, im Einklang mit den Jahreszeiten und mit Menschen, in deren Mitte ich ohne Glanz und ohne Unmut wirken wollte. Auch die Einsamkeit des Leuchtturmwächters war für den Vierzehnjährigen ein verlockender Zukunftstraum. Seinem schlecht maskierten Ehrgeiz war jede Existenz genehm, sofern sie nur nicht die banale, gewöhnliche blieb, nicht die der meisten Menschen, in deren Mitte er lebte.

Obschon ich früh, zu früh von politischen Leidenschaften erfaßt worden bin, die übrigens noch immer nicht erlöschen wollen, habe ich in mir nie auch nur den leisesten Wunsch verspürt, eine politische Karriere einzuschlagen. Ja, schon dieses Wort allein war für meinesgleichen ein typisch bürgerlicher Begriff. Man sollte die Gesellschaft, also auch alle politischen Verhältnisse, von Grund auf umwälzen – dies sehr schnell, am besten sofort, doch nicht, um in der Politik zu bleiben, sondern umgekehrt, um sich von ihr schnell genug abwenden zu können. Wir wünschen nicht, die Macht im Staate auszuüben, sondern Staat und Macht überflüssig zu machen.

Wie aber wollte ich meinen Ehrgeiz befriedigen? Ich forsche in meinem Gedächtnis nach einer Spur des Wunsches, Schriftsteller zu werden; er wäre einleuchtend gewesen sowohl wegen meiner besonderen Beziehung zum Wort, die mit den Jahren immer intensiver wurde, als auch wegen des Respekts, den mir jeder Autorenname einflößte. Ich schrieb zwar Aufsätze in Wandzeitungen, dann Texte in den Jugendbeilagen des neuen linksliberalen Blattes *Der Tag*, die ich mit bizarren Pseudonymen zeichnete. Trotzdem lockte es mich nicht, Schriftsteller zu werden. Die einzige, doch unzureichende Erklärung dafür: die Bindung an den Schomer, an diese kleine Welt der Jugendbewegung, war so stark, daß mein Streben zu gelten, anerkannt, bewundert zu werden, nur für meine Position in diesem Kreise galt.

Diskussionen über Themen, die gewöhnlich im voraus gewählt wurden, hatten im Schomer eine große Bedeutung. Ob es sich nun um jüdische oder allgemeine, politische, religiöse und kulturelle Fragen handelte oder um aktuelle Probleme, die durch die dramatischen Geschehnisse jener Tage vordringlich wurden – die Diskussionen gaben den Anstoß, uns auf dem laufenden zu halten und über das Geschehen nachzudenken. In unseren Debatten suchte jeder, seine Intelligenz und sein Wissen zur Wirkung zu bringen. Jene, die unbeteiligt blieben, weil sie uninteressiert oder zu schwerfällig waren, fühlten sich fremd und verschwanden bald – außer wenn sie besonders gute Fuß- oder Handballspieler, Sänger oder Mandolinenspieler waren.

Man saß auf billigen Holzbänken, auf Tischen, auch auf dem Fußboden. Mitten im Wortgefecht mochte einer, der in der dunkelsten Ecke kauerte, ein Lied anstimmen. Bald sangen alle, besonders wenn es ein neues, von einem Chalutz aus Polen oder Rußland mitgebrachtes Lied war. Die ersten Nachkriegsauswanderer machten in Wien halt; junge Männer, seltener Mädchen, die illegal viele Grenzen passieren mußten auf ihrem Wege nach Palästina, wo sie dann unter größter Mühsal die ersten Kibbutzim gründeten — im Sumpfgelände oder in der Steinwüste. Nicht wenige hatten mit ihrer Familie gebrochen, die ihnen diese abenteuerliche Reise verwehren wollte. Keiner von ihnen aber fühlte sich als Abenteurer, im übrigen auch nicht als Auswanderer. Sie glaubten, aufs genaueste zu wissen, was sie taten und was sie dort im fernen *gelobten Lande* erwartete. Sie hegten die Heilserwartungen von Pilgrimen und stählten ihren Willen wie Pioniere. In ihrem ärmlichen Gepäck führten sie insgeheim Waffen, zumeist alte Pistolen, mit zu wenig Munition, Gedichtbände in hebräischer, polnischer, russischer, jiddischer oder deutscher Sprache und zerlesene Romane von Dostojewski und Tolstoi. Und schließlich das Alte Testament in der Originalfassung. Wir kannten selten ihre Familiennamen und nannten sie bei ihrem Kosenamen oder nach dem Ort, aus dem sie kamen. Nach wenigen Tagen gehörten sie zu uns. Plötzlich verschwanden sie wieder, es kamen Briefe von ihnen — gewöhnlich an Mädchen gerichtet. Man erfuhr, daß es in Palästina nur langsam vorwärtsging, daß sie aber trotzdem glücklich waren. Die Gedichte, die sie beilegten, waren zumeist *Nocturni,* auch weil die Dichter erst nach ungewohnt schwerer Tagesarbeit sich sammeln, erst in der Nacht zu sich kommen konnten. Die Alijah, das heißt die Auswanderung nach

Palästina, wurde für mich selbst damals nicht aktuell, weil ich noch nicht das rechte Alter erreicht hatte. Es kam jedoch noch ein anderer Grund hinzu, nach einem Erlebnis, das viel stärker nachwirken sollte, als ich es damals ahnen konnte.

Im Sommer 1919 wurden Hunderte, vielleicht Tausende unterernährter Wiener Kinder in neutrale Länder, vor allem nach Holland und in die Schweiz, geschickt, wo sie von Hilfsorganisationen bei Familien oder in improvisierten Ferienheimen untergebracht wurden. In vielen Fällen gelang es so, die Folgen der Unterernährung zu beseitigen oder zumindest abzuschwächen. So kam ich nach Amsterdam zu einem älteren kinderlosen Ehepaar. Der Mann, ein Diamantenschleifer, hatte ein bescheidenes Einkommen, aber er glaubte sich als Jude zu diesem Solidaritätsakt verpflichtet. Seine Frau verstand Deutsch, sprach es aber ungern, daher hatten sie verlangt, daß man ihnen einen Halbwüchsigen zuteilte, der sich auch allein zurechtfinden würde. Ich hätte es bei weitem vorgezogen, in einem Heim unterzukommen, wo ich auch Freunde hatte, aber ich traute mich nicht zu gestehen, daß es mir bei diesen guten Leuten nicht gefiel. Ich verbrachte die erste Nacht schlaflos, in einem winzigen Alkoven, wo nur ein Kasten stand, den man jeden Abend in eine Schlafstelle verwandelte. Ich wußte, daß ich nicht verstoßen war, daß mich nichts bedrohte, trotzdem war mir traurig zumute, als wäre ich verbannt und der Vergessenheit preisgegeben. Ich schalt mich selbst wegen dieser Kindereien, schämte mich ihrer, aber erst der Schlaf, der mich im Morgengrauen endlich überwältigte, befreite mich von dieser Bedrängnis.

Anderntags begann ich ein neuartiges Leben. Ich war

da in einer großen Stadt, zum erstenmal ohne Familie und ohne meine Freunde. Genau drei Jahre vorher war ich in Wien zum rastlosen Wanderer geworden, der von einer Straße zur andern zog, zu Plätzen und Parks und zu den Uferböschungen. Doch war Wien selbst am ersten Tag nicht die Fremde für mich gewesen, indes ich in Amsterdam niemanden kannte. Ich mußte mich sehr anstrengen, um zu erraten, was die Bootsmänner in den Grachten, die Händler auf den Märkten riefen. Auf einer Bank entdeckte ich ein Zeitungsblatt, das ich aufmerksam zu lesen begann. Ich verstand oder erriet einzelne Wörter, zumeist Substantive, nur selten gelang es mir, einen längeren Satz ganz zu enträtseln. Ein älterer Mann, der sich schon vorher auf der Bank befunden und mich wohl beobachtet hatte, sprach mich an. Ich antwortete ihm deutsch, das er sofort aufnahm. Bald wußte er, woher ich kam und wo ich wohnte. Dann mußte ich ihm sagen, was ich denn mit einer holländischen Zeitung anfangen konnte. Meine Antwort amüsierte ihn, er brachte mir bei, wie die Buchstaben auszusprechen waren, besonders das G und das Sch und die Vokale. Er ließ mich einige Sätze laut lesen, zeigte sich über den Erfolg seiner Belehrung befriedigt und reichte mir eine große silberne Münze. Als ich beschämt errötete, sagte er, daß auch er ein Jude wäre, und zwar ein Sephardi aus Portugal, woher seine Ahnen vor langer Zeit in das gesegnete Holland geflüchtet waren. Nachher führte er mich zur Jodenbreestraat, wo er mir einen Hering kaufte, den ich auf der Stelle verschlingen sollte, wie es auch andere taten, sodann ein Eis. Unterwegs bezeichnete er ein Gebäude als das Haus des größten Malers der Welt, der überdies ein guter Freund seiner jüdischen Nachbarn gewesen war und Rembrandt geheißen hatte. Dann riß er eine Seite aus seinem Notizbuch heraus, schrieb darauf diesen Namen, darunter das Wort *Rijksmuseum* und Nummern von Straßenbahnen. Er riet mir, so oft als möglich hinzugehen und die Bilder so lange zu betrachten, bis ich mir alle Einzelheiten gemerkt haben würde, besonders aufmerksam aber die Gemälde von Rembrandt, unserem Freund, und von Frans Hals. Den Zettel wickelte er um eine kleine goldene Münze und steckte ihn mir in die Tasche. Noch während er ganz nahe neben mir stand, winkte er mir wortlos, wie aus der Ferne zu und ging davon. Ich sah dem dicklichen Mann im hellgrauen Anzug nach, bis er um die Ecke verschwand, ohne sich umgedreht zu haben.

Er hatte mich nicht nach meinem Namen gefragt und den seinen nicht genannt. Während meiner Wanderungen in Amsterdam habe ich oft nach ihm Ausschau gehalten, es kam vor, daß ich ihn erspäht zu haben glaubte, aber er verschwand, ehe ich ihn erreichte, und kam ich nahe genug heran, war es ein anderer.

Gewiß, auch wenn ich ihm nie begegnet wäre, hätte ich den Weg ins Rijksmuseum gefunden und dort die Bilder Rembrandts entdeckt. Doch manches hätte ich nicht oder anders getan, hätte mich sein Verhalten nicht so tief beeindruckt. Die Neigung, Fremden beizustehen, die hilflos, wie in Einsamkeit gehüllt, auf meinen Wegen auftauchen, verdanke ich ihm, dessen Gesicht ich nicht wiedererkennen würde, dessen Tonfall und dessen Geste des Gebens mir jedoch bis heute gegenwärtig geblieben sind. So gegenwärtig, daß mir seinerzeit manchmal war, als reichte ich nur das weiter, was er mir an einem sonnigen Vormittag auf einer Parkbank unweit der Heerengracht geboten hatte. Ich habe an ihn öfter gedacht als an das Ehepaar, dessen Gast ich schließlich bis zu meiner Rückkehr nach Wien bleiben sollte. Erst spät, vor nicht vielen Jahren, entdeckte ich, daß ein Traum mich zu meinen armen Gastgebern zurückbrachte. Nur war ich da kein Knabe mehr, sondern ein schmächtiger, junger Mann, der müde von seiner Arbeit in die Dachstube zurückkehrte, sich wusch, dann in der Küche sein Abendbrot aß und nur selten am wortarmen Gespräch teilnahm, das seine Wirtsleute, ein gutmütiges, altes Paar, bei Tische führten.

Während der ersten Tage verbrachte ich in Amsterdam viele Stunden auf Schiffen, den großen Fähren, auf denen man unentgeltlich das Y, das große Wasserbecken durchqueren konnte. Ich wohnte in der Nähe des Hauptbahnhofs, in wenigen Minuten erreichte ich den Hafen. Erst nach zahllosen Fahrten auf diesem Wasser hörte das Erlebnis auf, neuartig und in jedem Augenblick aufregend zu sein. Nachher erst begannen meine Museumsbesuche, die ich fast täglich fortsetzte, bis ich die Stadt wieder verließ.

Sehr oft befand ich mich während vieler Minuten ganz allein in den kleinen und zuweilen auch in den großen Sälen. Es war eine Einsamkeit, die ich nie vorher gekannt hatte, denn gerade wenn niemand sonst zugegen war, entdeckte ich das Unglaubliche: Die Bilder sahen mich an, gewiß anders, als ich sie ansah, doch so, als ließen sie den sie unsichtbar verhüllenden Vorhang fallen, um sich zu zeigen, wie sie wirklich waren. Zuerst empfand ich es wie eine stumme Ansprache der Porträtierten; während der ersten Tage suchte ich die Gesichter und blickte sie lange an, etwa so, wie man in tiefer Stille auf ein sehr fernes, kaum noch wahrnehmbares Geräusch lauscht, das sich immer wieder dem Gehör entzieht. Auf den ersten Blick waren die Züge dieser Antlitze recht gewöhnlich, selten häßlich, noch seltener schön. Sie fielen dem Jungen, der aus einer hungernden Stadt kam, besonders wegen ihrer Wohlgenährtheit und behäbigen Selbstzufriedenheit auf, doch änderten sie ihren Ausdruck in dem Augenblick, da mich der Gedanke durchzuckte: Sie alle, die gelebt, gut und zuviel gegessen und sich in ihren schönsten Gewändern mit all ihrem Schmuck hatten malen lassen – sie alle sind tot seit Hunderten von Jahren –, sie und die

Kinder, die sie auf manchen Bildern umgaben, und auch die Maler, deren Augen sie unermüdlich betrachtet hatten – vielleicht in der gleichen Art, wie ich es nun tat.

In einem der großen Säle, wo Gemälde unseres Freundes, der Rembrandt geheißen hatte, hingen, waren die Besucher stets zahlreich, die meisten staunten die *Nachtwache* an. Ich teilte ihre manchmal recht laut geäußerte Begeisterung nicht. Vieles von dem, was ihre besondere Aufmerksamkeit erregte, entging mir. Die Dargestellten taten so, als wüßten sie nicht, daß sie gemalt werden, doch dachten sie wohl an nichts anderes als daran, wie bei einem Gruppenphoto, gut »herauszukommen«. Und daß die Masse sich für die *Nachtwache* begeisterte und viele andere Bilder unbeachtet ließ, dürfte für mich ein Grund gewesen sein, meine ganze Aufmerksamkeit gerade den anderen Bildern zuzuwenden.

Ich hatte das Gefühl, daß in alldem ein Gleichnis enthalten wäre, welches ich eines Tages aufdecken und enträtseln müßte. Da war das Licht der Farben, das ein Dunkel verhüllte und gleichermaßen zur Geltung brachte. Das Licht scheint in der Finsternis, aber verjagt sie nicht, sondern begrenzt sie nur. Auch auf Bildern anderer Maler sah ich Ähnliches, aber bei Rembrandt fand sich noch eine Besonderheit, die mich in uferlose Nachdenklichkeit versetzte: die Gesichter der Porträtierten waren zumeist überdeutlich in all ihren Zügen und Merkmalen, aber wenn ich sie lange genug betrachtet hatte, war mir, als ob es nur eines Wenigen bedürfte, damit ich in ihnen noch viel mehr erblicken könnte, als ich sah: ein ganzes Leben war noch da, nicht dargestellt, nicht in Falten halb versteckt, es war unmittelbar da. Die schweren Rahmen begrenzten die Fläche des Bildes, aber nicht seine Tiefe. Und diese schien mir, je länger ich das Porträt betrachtete, endlos – so daß ich nie fähig sein würde, sie zu ermessen. Es ging mir also mit manchen von ihnen wie mit der erlebten Wirklichkeit, etwa wie mit dem Bettler auf der Brücke im Schnee.

Meine Sehgier, die gewiß mitbewirkt hat, daß ich sehr früh ein Wanderer durch Straßen, ein unermüdlicher Zuschauer wurde, fand im Museum eine stets erneute Befriedigung. »Was schaugst so langsam?« — mit diesen Worten war ich in den ersten Wiener Jahren oft unwirsch angesprochen worden. Der Dialektausdruck, der den fixierenden Blick bezeichnet, meint auch zutreffend ein absichtsloses, ein das Sein suchendes Betrachten. Nun hatte ich den Ort gefunden, wo ich so »langsam« schauen konnte, als ich wollte, weil sich da alles ruhend dem Blicke anbot.

Nicht nur, weil ich nicht christlich war, sondern weil man mich gelehrt hatte, die anekdotische Darstellung des Religiösen abzulehnen, betrachtete ich die von den Evangelien inspirierten Gemälde ungern und fand sie monoton. Aber die Landschaft im Hintergrund einer Kreuzigung oder Kreuzabnahme interessierte mich stets. Ganz besonders dann, wenn sich in der Ferne Menschen und Tiere so bewegten, als ob weit und breit nichts geschähe, was sie aus ihrem beschaulichen Dasein aufschrecken könnte. Der Gleichgültigkeit der Leute im Hintergrund bin ich seither auf zahllosen Bildern begegnet. Doch mit den Jahren wurde es meine eigene, immer wieder neu geschöpfte Erfahrung, daß jeder Vordergrund auch Hintergrund ist, daß man an einer Kreuzigung vorbeigehen kann, ohne auch nur den Schritt zu verlangsamen. Und daß einer auf dem trockenen Pflasterstein einer Großstadt ertrinken könnte, ohne auch nur einen Augenblick lang die Ruhe der Passanten zu stören. Deshalb hörte ich auf, Vordergrund und Hintergrund und ihre Trennung als gegeben zu betrachten.

Im Sommer 1919, mit 13 Jahren, erfuhr ich angesichts von Bildern, bei denen ich vor ungewohnter Einsamkeit

Zuflucht suchte, daß es eine Grenze des Verstehens, des Begreifens, des Einbegreifens gibt, die man nicht überschreiten kann, weil sie vor dem Suchenden davonläuft und stets in gleicher Ferne bleibt. Der intellektuelle Hochmut, zu dem ich erzogen worden war, drängte mich da zu einer mindestens vorübergehenden Bescheidenheit: Das alles liege an mir, dachte ich, mit den Jahren würde ich fähig sein, die Fragmente zu einem Ganzen zusammenzufügen.

Ich liebte Amsterdam jeden Tag mehr, jedoch nicht das Viertel, in dem ich wohnte, auch wenn viele seiner schmalen Häuser mit ihren farbigen Fassaden und weißen Türpfosten mir gefielen. »Keitje, leckere Keitje« war der Schlager, den man in diesem Sommer am häufigsten hörte. Keitje hieß auch ein Mädchen meines Alters, das um die Ecke wohnte und häufig am Vorabend mit Freundinnen und jungen Geschwistern auf der Straße spielte. Sie war sehr schlank, eher mager, ihre Gesichtszüge waren mit strenger Präzision gezeichnet; der Blick, den sie mir manchmal prüfend zuwarf, entmutigte mich. Ich hatte Holländisch wie im Flug erlernt und konnte mich mühelos verständlich machen, aber sie tat, als ob ich sie nicht im mindesten interessierte. Erst kurz vor meiner Abreise schien sie, meine Existenz entdecken zu wollen. Das Hilfskomitee kleidete uns, bevor wir heimfuhren, neu ein — mit hübschen Hemden, neuen Anzügen und guten Schuhen. Keitje betrachtete mich aufmerksam, als ich mich in der neuen Ausstattung zeigte. Meine Freude dauerte nur einen Augenblick lang, denn sogleich bemächtigte sich meiner der Verdacht, daß ich die so lange vergebens ersehnte Gunst nur dem geschenkten Anzug zu verdanken hatte. Hatte sie mich vorher nicht beachten wollen, weil meine Armut so sichtbar war? Plötzlich, ohne daß sie sich auch nur bewegt hätte, sah ich sie, die, vom Schein der untergehenden Sonne gerötet, auf der kleinen Treppe vor ihrem Hause stand, ganz anders als vorher: sie erschien mir noch immer schön, aber in weiter Entfernung. »Sie geht mich nichts an«, dachte ich, und das bedeutete: Sie ist eine Art Mensch, von der ich nie etwas erwarten, verlangen, annehmen werde.

Gewiß, in dieser Ablehnung steckte Hochmut, doch bedeutete sie nicht zuletzt Entmutigung, kindliche Scheu vor Enttäuschungen und eine neurotische Haltung. Ich traf Keitje wieder, doch ohne Herzklopfen; ich trug wieder den alten Janker und die zu kurzen Hosen.

Es geschah noch allerlei während dieses holländischen Sommers – fast nur Schönes und Gutes. Im Ferienheim, wo ich oft meine Freunde aufsuchte, lernte ich viele Holländer kennen, zumeist jüdische Männer und Frauen. Sie taten viel für uns, immer großzügig und taktvoll. Eine Sephardin, eine Frau von 30 Jahren, führte mich durch das alte jüdische Amsterdam. Sie sprach von Spinoza und Uriel da Costa, als ob die beiden zu ihrer Familie gehört hätten, und erzählte mir viel von ihren Ahnen, die aus Portugal und aus Spanien gekommen waren. Schließlich brachte sie mich ins Haus ihres Vaters, eines sehr alten Mannes, der mir lange von Sabbatai Zwi, dem falschen Messias aus Smyrna, erzählte. Ich empfing den bestürzenden Eindruck, daß es ihm peinlich war, mich abschätzig über den zwielichtigen Mann sprechen zu hören, der in der Mitte des 17. Jahrhunderts als Erlöser begonnen und als Abtrünniger geendet hatte. »Schabsezwinik«, so hatte man voller Verachtung die Anhänger Sabbatai Zwis im Städtel genannt, noch immer mit einem Rest von Zorn und Bitternis, obgleich seit dem Tod des Renegaten und seiner Anhänger Jahrhunderte verstrichen waren.

Mein Gastgeber ließ durchblicken, daß man über jenen Smyrnaer noch immer nicht alles wüßte. Dann, ohne

Übergang, sprach er über die große, goldene Ära des iberischen Judentums. Mit Eifer legte er mir dar, daß die Spanier und Portugiesen die Juden stets sehr geschätzt und zuweilen sogar geliebt hatten, daß alles, was dann geschah, die Schuld einiger habgieriger Cliquen und der Kirche, der Inquisition gewesen war. Und als ob er damit einen Beweis für das Gesagte erbrächte, stimmte er ein spanisches Lied an, eine alte Romanze, die mir seine Tochter übersetzte.

Dreizehn Jahre später sollte ich dieses Lied wieder hören – in Sarajevo, im Hause einer großen Familie, die sich seinerzeit ins ottomanische Reich geflüchtet und schließlich in Bosnien niedergelassen hatte. Es war eine wunderbare Nacht in jenem Mai 1932, ein Fest der Freundschaft, das nicht enden wollte, ehe der neue Tag leuchtend begann. Es mag sein, daß ich der einzige bin, der sich daran erinnert, denn die anderen sind tot.

Während diese Erinnerungen an zeitlich und räumlich auseinanderliegende Ereignisse sich mir assoziativ verbinden, drängt sich mir das Wort »Schicksal« auf; ein Wort, das ich nicht mag und sehr selten verwende. Wie, wenn uns drei – dem alten Sephardi, seiner Tochter und mir, die wir in dem großen dämmerigen Raum mit den schweren dunklen Möbeln und den holzgetäfelten Wänden über vergangenes Unglück sprachen, als ob es nie, niemals wiederkehren könnte –, wie, wenn uns plötzlich ein Blick in die Zukunft gewährt worden wäre...? Und wie, wenn – dreizehn Jahre später – meinen Zagreber Freunden und unseren Gastgebern in jener Mainacht verkündet worden wäre, daß von uns allen – wir waren an die dreißig junge Männer und Frauen – nur zwei oder drei der Katastrophe entgehen würden, die zehn Jahre später über die Juden in Jugoslawien hereinbrechen sollte?

Dem räuberischen Wüten der Inquisition und den iberischen Machthabern entflohen zu sein, seit Jahrhunderten eine neue Heimat gefunden zu haben und dann, am Mittag des 20. Jahrhunderts von staatlichen Mordorganisationen, von Ustaschi am Ufer der Drina in der Nähe eines Vernichtungslagers mit Maschinengewehren hingemäht zu werden, in der glühenden Sonne eines langen Sommertages – war's ein von so langer Hand vorbereitetes Schicksal?

Wohin gerate ich da mit meinen Erinnerungen? Während ich damals, an einem spätsommerlichen Vorabend, dem alten Mann zuhörte, blickte ich verwundert und bewundernd alle Gegenstände an, die uns im Raume umgaben. Ich fand sie wieder, zum Greifen nahe, denn seit Wochen begegnete ich ihnen fast täglich auf den Bildern des Rijksmuseums. Warum vermenge ich nun jenes angenehme, beruhigende Erlebnis mit der Erinnerung an viel spätere Ereignisse, von denen ich ja noch häufig werde sprechen müssen? Spanne ich diesen Bogen, um die Unmöglichkeit der Versöhnung in einer Welt zu beweisen, in der die Narben alter Wunden bei den Gewalttätern nicht Reue hervorrufen und nicht Mitleid, sondern nur die Neigung, neue unheilbare Wunden zu schlagen? Oder versuche ich umgekehrt, durch das Beispiel dieses Sephardi anzudeuten, daß das Gedächtnis der Überlebenden eher die Spuren des Schönen und Guten als die des zerstörenden Übels bewahrt? Der Nachkomme der Vertriebenen sang in der Heimat, die den Seinen seit drei Jahrhunderten nicht mehr neu war, eine spanische Romanze und pries ein Volk, das er hätte hassen dürfen.

Noch ehe ich das sechste Lebensjahr überschritten hatte, im Städtel also, wußte ich, was auf der so fernen iberischen Halbinsel den Juden angetan worden war. Das halbe Jahrtausend hatte die Erinnerung an jene Ereignisse nicht vermindert: ich verabscheute die Spanier, ohne je einen von ihnen erblickt zu haben. Und so haßte ich die

Kreuzzügler, die die Erde in ein Jammertal für unser Volk verwandelten; so haßte ich Bogdan Chmielnicki und seine Kosaken und die Zaren Rußlands und ihre Pogromisten. Erst später, in Wien, hörten die *Anderen* auf, für mich die Anderen zu sein: der Friede, die Gerechtigkeit konnte, sollte für alle gleichermaßen gelten. Das Erbe des Leidens, das mir wie allen meinesgleichen zuteil geworden war, vergaß ich nicht, verleugnete es so wenig wie mein Judentum, aber ich verlernte schnell, retroaktiv zu hassen. Mir selbst blieb ich der Nachkomme der Gepeinigten und Verbrannten von Blois und Troyes, von Worms und Mainz und den zahllosen Städten der Topographie unserer Demütigung und Verfolgung. Aber die Anderen hörten auf, die Nachkommen unserer Verfolger zu sein. Ich glaubte, ich wußte, daß eine nahe Zukunft alle Menschen für immer vereinigen würde. Und eben in Amsterdam, der wunderbaren Stadt, die so vielen Vertriebenen schützendes Asyl gewährt und eine neue Heimat gegeben hatte – hier erlebte ich es, daß der letzte Rest der lastenden Vergangenheit mich verließ. Das Gewesene blieb unvergessen, natürlich. Aber wir gehörten der Zukunft; die große Hoffnung war mit Ressentiments nicht vereinbar. Man mußte das Nachtragen verlernen.

Das Lied, das ich in Amsterdam auf spanisch und später von den Sarajevoer Freunden auf spaniolisch singen hörte, war von der »süßen Wehmut« erfüllt, der sich die Liebende hingibt, während sie die Rückkehr des Geliebten erwartet, den sie ungewollt verstimmt hat. Rückkehr, Heimkehr – davon ist in meinen Schriften oft die Rede, öfter noch als von der Brücke. Immer läuft es darauf hinaus, daß die Heimkehr unmöglich ist und daß die Entwurzelung, der Verlust der Bindungen durch die Gewalt der Ereignisse sich ständig wiederholt.

Um vieles vorwegzunehmen: fast in allem, was ich je geschrieben habe, habe ich unbewußt, viel seltener bewußt und absichtsvoll, das Thema der Wiederholung als Drohung und als Geschehnis erwähnt. Was ich seit 1937, meinem Bruch mit der Kommunistischen Partei, besonders aber seit dem Krieg veröffentlicht habe, ist im drückenden Schatten eines überpersönlichen, vielschichtigen Unglücks entstanden, das meinesgleichen nicht nur mit Entwurzelung bedrohte, mit Demütigung und Vernichtung, sondern uns in Gefahr brachte, uns mit Haß anzufüllen.

In Amsterdam erst begann ich zu glauben, daß unsereins leben könnte, ohne stets auf der Hut sein zu müssen. Nicht nur im Angesichte der Bilder »unseres Freundes« Rembrandt empfand ich, daß die Vergangenheit uns von allen anderen nicht trennen mußte, sondern daß gerade sie uns mit ihnen verbinden kann — wie das spanische Lied den Sephardi und seine Stammesgenossen in Bosnien mit Kastilien verband.

Aus Amsterdam schickte mir eine Freundin das »Tagebuch der Anne Frank«. Die dreißig Jahre vorher gewonnenen Kenntnisse des Holländischen reichten noch aus; ich las das Buch in einem Zuge und veröffentlichte die französische Übersetzung in meiner Serie »Traduit de...« beim alten Verlag Calmann-Lévy in Paris, von wo diese Aufzeichnungen ihren Weg in alle Länder fanden, wo es überhaupt Leser gibt.

Im Dezember 1950, ich vollendete gerade mein 45. Lebensjahr, feierte ich versonnen Wiedersehen mit der Stadt und mit den Bildern im Rijksmuseum. Nun ließ ich es gelten, daß die bildende Kunst uns fremdes Sein erleben lassen kann, für das wir keine Worte finden, weil wir es gleichermaßen als grenzenlos und fragmentarisch empfinden. Einen Monat vorher hatte ich meinen zweiten Roman veröffentlicht und das erste Kapitel des dritten entworfen. Auf der Heimreise nach Paris wurde mir gewiß, daß, so viele Bände ich auch schreiben mochte, dieser Romanzyklus doch ein Fragment bleiben würde. Ja, was auch immer ich bis an mein Lebensende schaffen würde, könnte nichts daran ändern. Ich bemale eine Wand, deren Ende ich abzusehen glaube, aber sie verlängert sich, während ich malend fortschreite, so daß ihr Ende stets so ferne bleibt wie vor dem ersten Pinselstrich.

Ich habe angedeutet, daß ich nach dem Amsterdamer Aufenthalt entgegen den Prinzipien des Haschomer Hatzaïr gar nicht mehr erwog, Chalutz zu werden, das heißt, nach Palästina auszuwandern und dort, wie so viele unserer Kameraden, durch der Hände Arbeit die brachliegende Erde zu erobern. Nach den Amsterdamer Ferien stand es jedoch für mich fest, daß es eine Vergeudung wäre, unsere Fähigkeiten und Begabungen verkümmern zu lassen, um Landarbeiter in einem zu erneuernden jüdischen Lande zu werden. Ich blieb der Jugendorganisation noch einige Jahre treu, nahm aktiven Anteil an allem, was in ihrem Rahmen geschah, und machte in ihr eine sozusagen sensationelle Karriere: ich wurde bald der Führer der eigenen Gruppe und als solcher von Gleichaltrigen anerkannt; kurz danach wählte man mich zum Mitglied der Gesamtleitung. In einem gewissen Sinn dürfte dies der erstaunlichste Erfolg meines Lebens gewesen sein. Zu gleicher Zeit lebte ich jedoch im geheimen Zweifel daran, ob die Kolonisation Palästinas die Judenfrage endgültig lösen würde. Nach wie vor bewunderte ich die Chalutzim, die »nur Brot und Wasser essen, Vater und Mutter vergessen« wollten, wie es in dem jiddischen Liebeslied hieß, um das Land der Ahnen in die Heimat einer neuen hebräischen Nation zu verwandeln. Ich bewunderte sie und begann, an meiner Opferfähigkeit, an meinem Mut zu zweifeln und an meiner Fähigkeit, einer Idee vorbehaltslos zu dienen.

Mich dünkt, ich könnte heute noch erkennen, ob einer Schomer gewesen ist, zum Beispiel an seiner Art, sich zu halten und zu bewegen. Mädchen wie Jungen gewöhnten sich daran, sich stockgerade, den Kopf hoch, ein ganz wenig zurückgeworfen, zu halten, niemals dahinzutrotten, sondern auszuschreiten. Auch im Winter blieben unsere Hemdkragen offen, zumeist über den Rock geschlagen; wie so viele andere trugen wir ausrangierte Militärkleidung; wir gingen stets barhaupt, niemand benutzte je einen Schirm, der Regen durfte uns nicht stören, und nie wurden Wanderungen wegen schlechten Wetters abgesagt. Das hätte Pose sein können, doch war es eher eine Kundgebung der völligen Unabhängigkeit gegenüber aufgezwungenen Bedingungen, ein Beweis der Freiheit und unserer Fähigkeit, über den eigenen Körper nach Belieben zu verfügen. Die Mädchen verhielten sich genauso wie die Jungen, auch sie wollten keine Müdigkeit kennen; sie machten bei allen Gewaltmärschen mit und »fraßen« die Kilometer wie wir.

Wir lächelten über die tugendhaften Gebote der Pfadfinder, zu denen wir anfangs selbst gehört hatten, aber in Wirklichkeit bemühten wir uns, gemäß einer noch viel strengeren Moral zu leben, die wir als antibürgerlich ansahen. Die Forderung nach *innerer Wahrhaftigkeit,* die wir von der deutschen Jugendbewegung übernommen hatten, erlangte bei uns eine gebieterische Bedeutung, ihr gemäß verwandelten sich viele so radikal, als hätten sie sich den strengsten Klosterregeln unterworfen. Das mochte dann Tage oder Wochen so bleiben oder auch länger, aber keiner von uns sollte sich später völlig von dieser eigenartigen moralfeindlichen Moral völlig befreien.

Es lag an der Zeit und vielleicht noch mehr an der besondern Wiener Atmosphäre, daß jeder von Psychologie sprach, von der Psychoanalyse und der Individualpsychologie; man benutzte gerne viele Fachausdrücke und spiegelte anderen und sich selbst vor, daß man viel, fast alles wußte, was es da zu lernen gab. Rückblickend will es mir scheinen, daß die anfangs scheuen erotischen Erlebnisse, die eigenen und die der anderen, deren Zeuge man häufig war, für viele zum Ausgangspunkt einer psychologischen Nachdenklichkeit, einer objektivierenden Neugier wurden. Wie viele Liebesromane habe ich gelesen, doch kenne ich kaum einen, der die Liebesbeziehung zwischen ganz jungen Menschen, ihre erste Liebe als dieses fortdauernde, bald kaum merkliche, bald alles erschütternde seelische Erdbeben geschildert hätte und zugleich als schwierige Schule des Liebens, des Lebens, als ein manchmal wegen seiner extremen Intensität schmerzliches, ja beängstigendes Ahnen eines Glücks, das man vielleicht besser nicht erleben und ganz gewiß nicht überleben dürfte.

Gleichviel ob man verliebt war oder liebte, die Vibration schien die gleiche zu sein. Sie verlieh den Gesichtern und auch den gewöhnlichsten Dingen eine neue Erscheinungsform. Alles, auch das banalste Ding, war »phänomenal« – ein damals viel verwandtes Vokabel, das das Neue und Einzigartige eines Wesens, einer Eigenschaft oder einer Leistung bezeichnete.

Die Vibration war erotisch, doch übte sie auch deshalb eine solche Wirkung aus, weil sie erst viel später oder gar nicht sexuell wurde. Die Mädchen waren gewiß geschlechtlich früher reif als die gleichaltrigen Kameraden, aber auch diese kannten natürlich die geschlechtliche Begierde, die durch Träume ausgelösten Samenergüsse milderten immer wieder die Spannung, hinterließen aber keineswegs ein Gefühl der Befriedigung. Keinerlei moralisches Bedenken verbot diesen jungen Menschen, miteinander geschlechtlich zu verkehren, doch seelische

Hemmungen konnten sie davon zurückhalten. In Wirklichkeit aber brauchten sie in dieser Phase ihres Lebens die scheinbar endlose innere Bewegung der Sehnsucht viel mehr als die Befriedigung der Begierden. Sie »gingen miteinander« monate-, jahrelang, waren einander so nahe wie in der engsten Umschlingung und sehnten sich nach einander, als ob Meere sie hinderten, zu einander zu gelangen. In einem der vielen Gespräche über diese sonderbaren Beziehungen meinte einer von uns: »Wie unglücklich wäre solch ein Paar, wenn es glücklich wäre.«

Wahrscheinlich hatten wir nicht das Gefühl, eine Elite zu sein, und wohl auch nicht den Wunsch, eine zu werden. Denn wir glaubten nicht, in irgendeinem Bezug mehr beanspruchen zu dürfen als alle anderen, da wir ja aufrichtige radikale Egalitaristen waren. Wir glaubten nicht, daß wir mehr leisten konnten, sondern nur, daß wir mehr leisten mußten als alle anderen.

Die Kwuzah der Brüder, so nannte sich unsere kleine Gruppe, beschloß, daß jeder alles an eine gemeinsame Kasse abführen sollte und ihr entnehmen konnte, was er gerade brauchte. Niemals hat irgendeiner das Fehlen jeglicher Kontrolle ausgenutzt, obschon die Lockung recht groß gewesen sein dürfte. Erst als unsere Kwuzah sich auflöste, hörte diese Gemeinschaftlichkeit, das Leben in einem Wir-Sein auf, das jeden von uns gezeichnet hat. Manche meiner damaligen Kameraden sind als Opfer Hitlers zugrunde gegangen, lange ehe sie das vierzigste Lebensjahr erreicht hatten. Die Überlebenden haben an jene Zeit gewiß ähnliche Erinnerungen bewahrt wie ich, aber wir teilen sie nicht. Die Entfremdung zwischen uns begann, kurz bevor sich unsere Gruppe auflöste. Ohne Streit, ohne Mißton entfernte sich jeder von den anderen; es gab keinen Epilog nach diesem Ende.

Ich habe nicht aufgehört, darüber zu staunen, daß solche Entfremdung zwischen Freunden und zwischen Liebenden möglich ist. Mann und Frau haben während vieler Jahre ihre stete Nähe so gebraucht, als ob ohne sie ihre Existenz nicht einmal denkbar wäre. Leichte, dann schwere Krisen, immer schärfere Konflikte treiben sie auseinander. Der Schmerz des letzten irreparablen Bruches ist furchtbar, er wird allmählich dumpfer, doch dauert es lange Jahre, vielleicht ein Leben lang, ehe er dem Bewußtsein vollends entschwindet.

Mir ist's, als hätte ich schon in früher Jugend begriffen, daß jeder Bruch, daß das Ende der Zugehörigkeit zu einer Gemeinschaft, das Zunichtewerden einer Freundschaft oder einer Liebe Etappen unseres Sterbens sind. Das oft Erlebte wird unglaublich, die Gegenwart dementiert die Erinnerung, die indes so gewiß ist, daß sie umgekehrt die äußerste Entfremdung und die Gleichgültigkeit von heute unwahrscheinlich, eben unvorstellbar macht. Man hat an der geliebten Frau so gehangen, daß sich von ihr zu entfernen so unmöglich schien, wie daß der Strom zur Quelle zurückfließe. Und dann vergeht Jahr um Jahr, was auch immer geschehen mag, in welchem Zustand auch immer man sein, in welchem Lande man sich aufhalten mag — sie fehlt einem niemals, nirgends. Und obschon das Gedächtnis alles aufbewahrt hat, lebt man so, als ob es sie nicht gäbe, schlimmer, ja ungeheuerlich, als ob es sie niemals gegeben hätte. Zwar gelingt es keinem, die Vergangenheit, die er einmal mit einem geliebten Menschen geteilt hat, unwiederbringlich ins Nichts zu verbannen. Aber daß wir leben können, als ob es uns dennoch gelungen wäre, das ruft in mir seit meinen Jugendjahren eine immer wiederkehrende Bestürzung hervor.

So kurz das Menschenleben sein mag, es ist lang genug, um uns in Überlebende zu verwandeln. Jenen, die wir geliebt, die uns geliebt haben und uns seit langem entfremdet sind, und Freunden, die es nicht mehr sind, erscheinen wir – wie sie uns – als Gespenster, als lebende Leichname im fernen Nebel.

Die Stadt, diese alte heruntergekommene Stadt verjüngte sich. Am 1. Mai 1920 strömten Hunderttausende von Arbeitern und Angestellten, das ganze werktätige Volk von Wien, aus allen Bezirken zum Ring, der die Innere Stadt umschließt. Die Demonstranten, Männer, Frauen und Kinder, die Kleinsten auf den Schultern ihrer Väter, zogen mit Fahnen, Wimpeln und Blumen zum »roten« Rathaus.

Unweit der Stelle, an der ich, eingekeilt in einer farblosen, verzweifelt erwartungsvollen Menge, anderthalb Jahre vorher der Ausrufung der Republik beigewohnt hatte, beobachtete ich nun von der Treppe des Burgtheaters aus den endlosen Zug. Ich sollte in den nachfolgenden Jahren noch viele Aufmärsche demonstrierender Massen sehen – in Wien, in Berlin, in Moskau und in Paris. Doch an jenem Vormittag nur geschah es, daß dieser Anblick in mir eine unsagbare Freude und das Staunen über eine bisher ungekannte, unverhoffte Harmonie hervorrief. Ich erlebte da etwas, was sonst nur in Büchern vorkam: meine Augen füllten sich mit Tränen, Tränen des Glücks darüber, daß es desgleichen geben konnte, und darüber, daß ich zu diesen Menschen gehörte. »Mit uns zieht die neue Zeit« war der Refrain eines der Lieder, die diese Demonstranten nicht müde wurden zu singen.

Die *Masse;* die weltgeschichtliche Aufgabe der *proletarischen Masse;* die *Massen* sind alles, der einzelne nichts; der *Wille der Massen;* das *Massenbewußtsein* – welch starker Klang eignete diesen Worten, ehe sie zu Klischees der revolutionären Phraseologie wurden! Das rote Wien, das rote Berlin, das rote Paris – ich habe sie gekannt. Ich bin in den Reihen ihrer Massen mitmarschiert – alle Straßen schienen in die Zukunft zu führen, in das weltumspannende Reich der Freiheit und Gleichheit für alle, alle, alle ... Und ich habe den Aufmarsch der Massen gesehen, die Hitler zujubelten und Mussolini und Petain ... Zu 60, wenn nicht 80 Prozent und noch mehr waren es die gleichen, nur die Farbe wechselte: rot, schwarz, braun.

Und es waren Massen, die gleichen, die in Moskau und Leningrad Trotzki zujubelten, dann Bucharin und Tuchatschewski und sodann ihren Mördern. Und auch diese Massen kannten wir gut, denn wir hatten sie in den Filmen Eisensteins und Pudowkins gesehen und in den sowjetischen Wochenschauen bewundert.

Auf meinen Spaziergängen in unserer Wohngegend, auf meinen Fahrten in der Pariser Untergrundbahn begegnet mein Blick immer wieder riesigen Aufschriften, die fast alle Wände verunzieren. Die meisten von ihnen wiederholen, kaum variiert, abgestandene Klischees, rechts- und linksextremistische. Doch hie und da, auf einer riesigen Affiche, die übertreibend Waschmittel anpreist, findet sich ein von jugendlicher Hand geschriebener Text: »Ihr laßt es Euch gutgehen – und in Chile morden sie Tausende von unschuldigen Menschen!« Natürlich erfährt man nie, wer diese Worte hingekritzelt hat, aber mich dünkt, daß ich den Autor dieser Worte so gut kenne, als hätte ich viele Jahre seines Lebens mit ihm verbracht. Der Gedanke an die empörende Simultaneität begleitet mich seit meiner frühesten Jugend; an ihm scheitert meine Bemühung, endlich Ruhe zu finden in einer unerschütterlichen Gleichgültigkeit gegenüber dem Geschehen.

Damals, in meinem 15. Lebensjahr und auch später, während meiner ganzen Jugendzeit, lebte ich in der Überzeugung, daß wir an einer Schwelle stünden und jeden Augenblick bereit sein müßten, sie zu überschreiten; oder anders ausgedrückt: Wir befanden uns in einem Korridor, den wir recht schnell hinter uns lassen wollten, um endlich aus dem Intermezzo in die wirkliche Aktion einzutreten. Alles, was wir taten, konnte nur Vorbereitung sein. Wenn wir – immer auf den billigsten Stehplätzen – die expressionistischen Stücke von Hasenclever, Toller, Brecht, Bronnen, Georg Kaiser sahen oder wenn wir die expressionistischen Dichtungen lasen, kubistische Bilder betrachteten, waren wir nicht immer von ihnen begeistert, doch fühlten wir stets, wenn auch nicht immer deutlich genug, daß das alles uns ganz besonders anging, weil es die Revolution, die alles verändernde Zukunft ankündigte.

Im Sommer 1920 sah es aus, als ob die proletarische Revolution über Warschau den Weg nach Berlin und dann – wer weiß? – vielleicht bis nach Paris finden sollte, doch Mitte August wandte sich das Blatt. Wir bemühten uns, die Enttäuschung schnell zu vergessen, denn die Ereignisse folgten einander mit einer atemberaubenden Geschwindigkeit, alle schienen Umwälzungen vorzubereiten, mit denen wir ungeduldig rechneten – wir, die fast nur noch im Futurum konjugierten. Die Niederlage in Bayern, Ungarn, Polen, im Baltikum – all das bedeutete, glaubten wir, daß sich die neue Welt nur nach schmerzlichsten Geburtswehen der alten entwinden wird. Wer mit seinem Blick nur die Gipfel sucht, der kann leicht die Täler vergessen und die tiefen Schluchten. Und war ich nicht seit meiner frühesten Kindheit darauf aus, die Hügel hinter den Hügeln zu entdecken?

Aus Palästina kamen schlechte Nachrichten; die Briten schienen es mit dem Versprechen, eine rechtlich gesicherte nationale Heimstätte für die Juden zu errichten, nicht ernst zu meinen, denn sie taten vieles, um sie zu verhindern. Unsere Kameraden, die *Chalutzim*, waren untererernährt, übermüdet; viele von ihnen litten an Malaria tropica.

Noch schlechtere Nachrichten kamen aus Rußland, das, vom Bürgerkrieg verwüstet, Hunger litt und Mangel an allem. Das Proletariat, hieß es, hatte gesiegt, aber in der Tat gab es kaum mehr ein Proletariat, und dies nicht etwa, weil alle Klassen aufgehoben waren, sondern weil die Arbeitsstätten ruiniert waren. Millionen Arbeiter waren ins Dorf zurückgekehrt oder sie blieben in der Armee. Und in den besiegten Ländern, in Österreich, in Deutschland zum Beispiel, wuchs das Elend täglich.

Es gelingt mir nicht, den Fünfzehnjährigen, der ich im Winter 1920 gewesen bin, deutlich genug wieder auferstehen zu lassen. Ich sehe ihn wie eine kubistische Figur, etwa von Juan Gris. Teile des Gesichts und des Körpers sind so eingeklemmt zwischen allem, was sie umgibt, daß sie fast ihre Konturen einbüßen. Ich schwamm in einem reißenden Strom, aber ein Teil von mir blieb am Ufer. Das klingt sonderbarer, als es ist, denn gleiches gilt für Halbwüchsige heute so gut wie gestern überall in der Welt. In jener frühen Nachkriegszeit galt es ganz besonders für einen übermäßig empfindlichen, ungewöhnlich wachen jungen Menschen, der frühzeitig dessen gewahr wurde, daß er, ohne es zu wollen, immer wieder in das Widerspiel von Bindung und Bruch, in den Widerspruch von Individuum und Gemeinschaft, von Hoffnung und Zweifel geriet.

In mir war nicht eine Spur des verlorenen Gottesglaubens zurückgeblieben; das bewirkte einen Bruch, der nie mehr heilen sollte. Wann immer die leiseste Mißstimmung zwischen mir und meinem Vater auftauchte, verschärfte sie sich schnell und mündete in einen Streit über den Glauben und die Gebote und Verbote aus, die ich sinnlos fand und verlästerte. Um den Vater nicht zu verletzen, nahm ich mir vor, nicht blasphemisch zu sein, doch vergebens, denn jedes dieser Gespräche tat uns weh; Worte verbanden uns nicht mehr, sie brachten uns gewaltsam auseinander. Während der ganzen Kindheit hatte ich die Befürchtung gehegt, daß ich meinen Vater einmal bitter enttäuschen könnte. Nun tat ich Schlimmeres, bereute es sofort und vermied es dennoch nicht. Was uns aneinander gebunden hatte, verhinderte die leidvolle Entfremdung nicht. Selbst zerschlagen, blieb die Bindung bestehen — eine offene Wunde nach einer unheilbaren Verletzung.

Was ich zu verstehen ablehnte, das war, daß es sich noch um etwas anderes als nur um den Glauben an die Existenz Gottes oder um die Notwendigkeit der überlieferten religiösen Bräuche handelte. Es ging meinem Vater und seinesgleichen um den Sinn eines zweitausendjährigen Opferganges: Glaubte ich nicht an Gott, so verwarf ich, meinte der Vater, die Geschichte meines Volkes und dessen Weigerung, sich der Umwelt anzupassen und die herrschenden Religionen anzunehmen, als ob sie eine ebenso absurde wie in den Folgen selbstmörderische Herausforderung gewesen und geblieben wäre. Obwohl mein Vater keineswegs antizionistisch war, blieb es für ihn eine unumstößliche Wahrheit: Ohne das Bündnis mit Gott hatte das Judesein weder Sinn noch Bestand.

Mitten in unseren häufig wiederkehrenden, immer heftigen Auseinandersetzungen verstummte er manchmal, sah mich forschend an, als ob er an mir ein Gesicht entdeckte, das dem seines Kindes so unähnlich war wie die Nacht dem Tage. Er wandte sich ab, entsetzt darüber, daß man einen Sohn so verlieren kann — wie durch einen bösen Zauber, der ihn in einen verschlossenen Fremden verwandelt, so daß er alles vergessen kann, was ihn an die Seinen und Gott bindet, und das unvergleichliche Erbe verweigert, ja verachtet. Ihn schauderte es vor dem gottlosen, also falschen Messianismus, vor dem Abgrund, in den er mich stürzen sah.

Der Konflikt ging weit über den üblichen Widerstreit der Generationen hinaus und war in allem Wesentlichen genau das Gegenteil: Nicht nur begehrte ich nicht, das Erbe zu früh, sofort anzutreten, sondern ich verwarf es; ich begehrte in keiner Weise, des Vaters Platz einzunehmen, sondern wies ihm und allen seinesgleichen einen Platz in einer völlig veränderten Welt zu. Nicht um den Abstand zwischen zwei Generationen ging es, den die Zeit gewöhnlich überwindet, indem sie Söhne in Väter und Erben in Erblasser verwandelt – hier ging es um das Auseinanderklaffen, das die Jungen von jener Welt trennte, in welcher fünfzig und mehr Generationen ihrer Vorfahren um Gottes willen Pein, Demütigung, ja den Tod auf sich genommen hatten.

Weder damals noch vorher, noch nachher – niemals habe ich auch nur einen Atemzug lang erwogen, mein Judentum zu verleugnen oder aus der jüdischen Glaubensgemeinschaft auszutreten, solange noch irgendwo auf dem Erdenrund Juden wegen ihres Glaubens verfolgt, wegen ihrer Abstammung diskriminiert werden. Doch mitten in diesen Debatten tauchte vor mir immer wieder das Bild von dem jungen Mann auf, dem die Kinder, ich unter ihnen, mit Steinen nachliefen, weil er an einem Ostertag gesäuertes Brot zu essen wagte. Und selbst heute gelingt es mir nicht, ohne tiefes Unbehagen an jenen Vorfall zu denken.

Erst wenn man selbst Vater ist, erfaßt man, welch ein Sohn man gewesen ist. Die Spannungen und Zwiste, die Identifizierungen und die kummervollen Desidentifizierungen in der Beziehung zwischen Eltern und Kindern als »freudsches« Phänomen zu bezeichnen, wie es heute schon die dümmsten Feuilletonisten tun, und sie auf Ödipuskomplexe und Inzestwünsche zu reduzieren, bedeutet stets eine Verschiebung und Verengung des Gesichtsfeldes und bewirkt sehr oft eine Mißdeutung, die Verwechslung eines Teiles mit dem Ganzen. Der Konflikt, der meinesgleichen von den Eltern schied und mich dem Menschen entfremdete, der mir in der Kindheit fast alles bedeutet hatte, war einer der Gründe, warum mir die Psychoanalyse von Anfang an als eine zwar sehr interessante, doch bornierende und bornierte Lehre erschien. Die Insistenz, mit der libidinöse Beziehungen, inzestuöse Wünsche und Triebvorgänge als Um und Auf des seelischen Lebens dargestellt werden, genierte mich nicht im mindesten, eben auch deshalb nicht, weil meine Generation im Sexuellen weder ein Geheimnis noch eine Sünde sah und weil sie die herrschende Sexualmoral aus dem gleichen Grunde und im gleichen Maße ablehnte wie jene, die die Ausbeutung und Unterdrückung des Menschen durch den Menschen rechtfertigte. Jedoch begegneten wir täglich außerhalb der Familie Autoritätsansprüchen, die uns noch unerträglicher waren als die unserer Eltern, so zum Beispiel in der Schule, deren Methoden sich auch nach 1918 überhaupt nicht geändert hatten. Ein Zwischenfall bewies es, dessen Held oder Unheld ich war.

Der Deutschprofessor, Ordinarius der Klasse, ein relativ junger, sehr gut aussehender Mann, der sein Deutschtum bei jeder Gelegenheit wortreich zur Geltung brachte, wünschte, daß wir in einer Schularbeit ein Gespräch wiedergeben sollten, wie es von wartenden Menschen häufig geführt wird: Zum Beispiel im Theater, bevor der Vorhang aufgeht, oder etwa im Wartesaal eines Bahnhofs. Ich verfaßte nun ein Streitgespräch zwischen einem Goetheaner und einem Schillerianer. Das Thema dürfte damals gerade wieder durch irgend etwas aktualisiert worden sein, nehme ich an. Der Bewunderer Goethes erhob gegen Schiller den Vorwurf, daß die Frauenfiguren seiner Dramen nicht überzeugend, weil unweiblich und realitätsfremd wären. Das räumte der Schillerianer zwar ein, doch rechtfertigte er es mit Schillers homoerotischer Neigung, die ihn befähigte, Männerfreundschaften besonders einfühlsam zu gestalten. So unglaublich es scheinen mag, das brachte ich zugunsten des Dichters vor, den ich im übrigen als Dramatiker weit über Goethe stellte.

Einige Tage nachher lud mich der Religionslehrer insgeheim vor und informierte mich, daß mein Aufsatz in der Professorenkonferenz ausführlich diskutiert und als eine schändliche Verleumdung des Nationaldichters ausnahmslos von allen aufs schärfste verurteilt worden wäre. Er als einziger und sozusagen offizieller Jude im Kollegium hätte mich um so rücksichtsloser angreifen müssen, als es galt, energisch den Verdacht zu entkräften, es handelte sich hier um eine jüdische Respektlosigkeit gegenüber einem Großen des deutschen Schrifttums. Der Professor wies mich mit harten Worten zurecht, ließ mich gar nicht zu Worte kommen und riet mir am Ende, den Deutschprofessor, der übrigens gewiß ein Judenfeind wäre, mit allen Zeichen der Zerknirschung um Entschuldigung zu bitten. Das alles sollte ich jedoch mit der äußersten Diskretion tun, denn es war beschlossen worden, die Angelegenheit geheim zu behandeln, damit die Moral der Schülerschaft nicht gefährdet werde. Der rotbärtige Mann, der seinen Zorn gegen mich schlecht, weil ungern meisterte, meinte am Schluß, daß es mir vielleicht doch gelingen könnte, mit einem blauen Auge davonzukommen; das hinge aber nur vom Deutschprofessor ab. Diesen bat ich am gleichen Tag um eine Unterredung; er empfing mich zwei Tage später.

Der Ordinarius sah in meinesgleichen Feinde, die er maßlos überschätzte, weil er, wie so viele Antisemiten, aufrichtig davon überzeugt war, daß die Juden eine geheime, unbeschränkte Macht über die christliche Welt ausübten; selbst Halbwüchsige wie meine Freunde und ich, glaubte er, wären am Komplott beteiligt, das in absehbarer Zeit den Juden die Herrschaft über den ganzen Planeten sichern sollte. Seine Stellung zu mir schien ihn selbst gleichermaßen zu amüsieren und zu genieren, denn sie war ambivalent, und schwer erklärlich das Interesse, das er mir vor allen anderen Schülern entgegenbrachte. Er rief mich öfter auf, als nötig war, und ließ sich mit mir in Diskussionen über Sprache und Literatur ein. Auch während der langen Pausen zog er mich gerne ins Gespräch.

Um jene Zeit geschah's, daß ein von ihm selbst im Klassenzimmer angebrachtes Plakat verschwand. Es trug die flammende Aufschrift: »Hände weg von deutscher Heimaterde!« und forderte gebieterisch die Wiederherstellung des Deutschen Reiches in den Grenzen von 1914 und überdies den Anschluß Österreichs. Nun glaubte der Professor, daß ich diese deutschfeindliche Tat verübt hätte, obschon er nicht den geringsten Beweis dafür hatte, sondern nur einen Verdachtsgrund: er hatte mich einmal rufen hören: »Hände weg von deutscher Heimaterde«, als ich einem Kollegen ein Heft aus der Hand riß, das er von meinem Pult genommen hatte.

Da er mich für einen Hasser Deutschlands hielt, suchte er um so begieriger nach einer Erklärung für meine Liebe zur deutschen Literatur. Er wußte, daß ich lungenkrank war, und überschätzte gewiß das Ausmaß meiner Gefährdung. Immer wieder legte er mir nahe, die Schule vor der letzten Unterrichtsstunde zu verlassen und mich in einem Park auszuruhen, mich mit guter Luft vollzupumpen. So wechselten in seiner Beziehung zu mir echte Besorgnis und intellektuelles Interesse mit feindseligem Verdacht ab. Mir fiel es leicht, die Qualitäten eines Gegners anzuerkennen, meine Gefühle aber blieben frei von jeder Ambivalenz: dem Feinde war, bin ich feind, seine Sympathie suche ich nicht zu erringen.

Die Unterredung, in der ich als reuiger Sünder und als Bittsteller auftreten sollte, verlief anders, als der Lehrer und ich selbst es erwartet hatten. Einerseits war mir die Schule wie alles, was in ihr geschah, durchaus gleichgültig, anderseits wollte ich den Eltern die schwere Kränkung ersparen, die ihnen mein Ausschluß aus dem Gymnasium bedeuten mußte. Was mich aber in dieser Affäre am meisten ärgerte, war, daß ich Opfer eines Mißverständnisses werden sollte.

Der Lehrer ließ mich reden; er blieb unbewegt und stumm. Wenn ich mich unterbrach, sah er mir in die Augen, nicht böse, sondern abwartend, neugierig. Sobald ich wieder zu sprechen begann, wandte er den Blick wieder ab. Nach einer längeren Pause erhob ich mich und ging zögernd zur Tür; ehe ich die Klinke berührte, erinnerte ich ihn daran, daß ich gekommen war, um ihn, fand er mich schuldig, um Verzeihung und um eine Intervention zu meinen Gunsten zu bitten – all dies, fügte ich hinzu, obschon ich meine Deutung des Schillerschen Werkes nicht als herabsetzend betrachtete, sondern im Gegenteil als rühmend.

Endlich öffnete er den Mund. Ja, sagte er, er selbst wäre nicht abgeneigt, mir zu glauben und jedenfalls Gnade vor Recht ergehen zu lassen, aber wie seine Kollegen überzeugen? Denn sie waren höchst empört über meine Attacke und entsetzt über die Unmoral, die ich gerade dadurch verriete, daß ich Schiller verunglimpfte und dabei doch vorgäbe, nur seiner Ehre dienen zu wollen. Als ich schwieg, fügte er einige wohlgeformte, ironisch gönnerhafte Sätze hinzu. Ich drückte die Klinke hinunter und wartete auf das Zeichen, daß ich gehen könnte. Er gab es nicht – so warteten wir beide. Endlich kam er auf mich zu und sagte vorwurfsvoll: »Sie hätten eben das Plakat an der Wand hängen lassen sollen. Statt dessen haben Sie es entfernt und gewiß mit Hohn vernichtet.«

Ich wies mit müder Stimme diesen unsinnigen Vorwurf zurück, wie ich es schon vorher einmal getan hatte. In seinen Augen las ich, daß er mir nicht glaubte und mich verachtete, weil ich hoffnungslos leugnete. Ich riß die Tür auf, doch als ich den Fuß über die Schwelle setzte, packte mich der Zorn. Auf einmal war mir alles eins, sie sollten mich nur aus der Schule hinauswerfen, darauf kam es nun gar nicht mehr an.

»Nicht nur das Plakat«, sagte ich viel zu laut, »nicht nur das habe ich vernichtet, ich habe auch euren jüdischen Heiland gekreuzigt, und die Brunnen der Christen habe ich vergiftet und die schwarze Pest habe ich ihnen gebracht...«

Ich hoffte, daß die Worte, die sich immer schneller über meine Lippen drängten, ihn verletzen würden. Doch plötzlich verspürte ich, daß meine Wangen feucht waren, ich verstummte beschämt.

Der Professor sagte: »Weinen Sie nicht, ich habe es nicht so böse gemeint, beruhigen Sie sich doch, bitte. Und machen Sie sich keine Sorgen, die Sache wird geregelt und schnell vergessen sein.«

Meine Enttäuschung über mich selbst dauerte viele Stunden. Ich wurde mir selbst so fragwürdig wie zwei Jahre vorher, in der Nacht des 12. November 1918, nach jenen nutzlosen Botengängen in den finsteren Stiegenhäusern.

Wenige Tage später rief mich der Religionslehrer nach der Stunde zu sich und zischelte mir zu, daß ich nichts mehr zu befürchten hätte, aber fortab schon aus Dankbarkeit immer und in allem vorsichtig sein sollte. Als ich ihn verließ, fragte ich mich, ob ich nicht den antisemitischen Ordinarius diesem Rabbiner vorziehen sollte. Ich wußte, daß beide mich noch angingen, aber nicht angehen durften. Und ich wußte, daß ich viel schwächer, verwundbarer war, als ich je gedacht hatte.

Während ich heute am frühen Morgen den einander immer schneller folgenden Windstößen lauschte, die an den Fensterläden rissen, fragte ich mich, wie es mir mit meiner Verwundbarkeit seit jener Episode, seit dreiundfünfzig Jahren, ergangen ist. Verwundbar ist jeder Mensch, besonders an den Stellen, an denen er irgendeinmal verletzt worden ist. So kommt es nur darauf an, was einer daraus macht. Die Wehleidigen leiten daraus den Anspruch auf besondere Schonung ab – und das bedeutet für sie häufig das Vorrecht, jeden anzugreifen: in einer vorweggenommenen Notwehr, sagen sie. Die Welt wird immer von den Wehrufen jener betäubt, die sich anschikken, andere zu verletzen, ihnen ihr Gesetz des Handelns aufzuzwingen, um die Erfüllung des eigenen Überanspruchs zu erzwingen. Dieses Vorgehen kennzeichnet den offenbaren oder geheimen Lebensstil vieler Neurotiker.

Gewiß, es kann auch neurotisch sein, die eigene Verwundbarkeit verheimlichen zu wollen. Das habe ich zweifellos oft getan, am öftesten in den frühen Jahren, in denen man leicht dazu neigt, sich so zu verhalten, als ob man in der Tat schon jener wäre, der man werden will. Ehrgeiz war im Spiel, ein Geltungsstreben, das deshalb unbefriedigt blieb, weil mich Scheinerfolge nur selten trügen konnten.

Was hat sich seither, während eines halben Jahrhunderts, verändert? Ich staune darüber, daß ich darauf nicht prompt antworten kann. Meine Selbstsicherheit ist gewachsen wie die der meisten Erwachsenen, die unter Bedingungen leben, welche sie selbst geschaffen und stabilisiert haben. Die besondere Empfindlichkeit, die die plötzliche Verarmung meiner Familie im Ersten Weltkrieg hervorgerufen hatte, hätte neurotisierend wirken können. Daß es nicht geschehen oder jedenfalls ohne Folgen geblieben ist, habe ich dem Schomer, dem Sozialismus und schließlich der Adlerschen Individualpsychologie zu verdanken. Noch ehe ich mein zwanzigstes Lebensjahr erreicht hatte, war ich von dem Gefühl der Entwertung durch Armut völlig frei und so fähig geworden, die oft sehr schwierigen materiellen Fragen, denen ich unter den rapid wechselnden Umständen meines Lebens begegnen sollte, sachlich zu betrachten und daher relativ befriedigend zu lösen. Die Quelle meines Unsicherheitsgefühls, der Glaube oder die Befürchtung, häßlich zu sein, versiegte um die gleiche Zeit. Nicht zu den Schönen zu gehören, damit fand ich mich ab, und deshalb verringerte sich dieses Minderwertigkeitsgefühl bis zur Unerheblichkeit.

Worin bin ich aber verletzlich geblieben? Was könnte mich heute so erschüttern wie jene Episode, in der ich mich erniedrigt fühlte durch einen falschen Verdacht und den Fehlschlag meiner Bemühungen, mir Gehör zu verschaffen? Ich hatte versucht, den Feind zu überzeugen, anstatt ihn meinerseits anzugreifen. Und wahrscheinlich spürte ich recht genau, daß meine Ankläger entschlossen waren, meine wahren Motive zu ignorieren.

Mißverstanden zu werden, erfahren müssen, daß was einem wesentlich ist, von andern mißdeutet wird, treibt zur Verzweiflung. In der Freundschaft, in der Liebe gerät man nicht selten in Situationen, in denen alles, was man vorbringt, noch ehe es über die Lippen kommt, sich denaturiert und dann wie durch einen bösen Zauber so verzerrt wird, daß der andere es mißverstehen muß. Seit ich Erzählungen, Romane und Dramen las, begegnete ich dem schicksalhaften Mißverständnis stets mit Entsetzen, denn jedes Mal erzeugte es ein nicht wieder gutzumachendes Unglück. Mehr als alle Schauergeschichten hat solches Mißgeschick mich schaudern lassen; wahrschein lich ergeht es den meisten jungen Leuten so, und in den vielen Gelöbnissen, die ich mir selbst für mein späteres Leben abzunehmen pflegte, bleibt dieses gültig: Immer auf Klarstellung dringen, weder mir selbst noch anderen erlauben, etwas Wichtiges im Zwielicht zu lassen. Und dazu gehört: niemanden aus Unachtsamkeit, durch die Mißverständlichkeit des Gesagten oder Getanen verletzen; keines Menschen berechtigte Erwartung enttäuschen.

Nicht nur meine eigene Empfindlichkeit gab mir diese Regeln ein, die ich nie vergessen, aber manchmal dennoch verletzen sollte, sondern die Warnung, die in vielen Büchern und Theaterstücken so eindrucksvoll konkretisiert war, daß diese Werke für mich zu wahren Lehrstükken wurden. Hätte ich Schiller angreifen wollen und wäre daraufhin bestraft worden, so wäre ich keineswegs in meiner Empfindlichkeit getroffen gewesen. Doch handelte es sich hier um ein sinnverkehrendes Mißverständnis, also um ein kränkendes Unrecht. In mir blieb ein Gefühl der Ohnmacht, des hilf- und schutzlos Ausgeliefertseins zurück. Doch hat sich dieses Gefühl meiner niemals im Angesicht eines Feindes bemächtigt, dem ich selber feind war. Entwaffnet zu sein und in der Hand jener, die man tatsächlich bekämpft hat und wieder bekämpfen würde, ließen sie einen frei – das habe ich nie als erniedrigend empfunden. Wie ich nie dem Herbstregen vorgeworfen habe, kalt und feucht zu sein. Die Kälte empfindet man nur im Sommer als ungerecht.

Im Frühjahr 1920 hielt die große sozialistisch-zionistische Partei *Poale Zion* einen Kongreß ab, der mir als eine Reihe höchst dramatischer politischer Auseinandersetzungen in Erinnerung geblieben ist. Die aus aller Welt herbeigeeilten Delegierten waren nur noch scheinbar Mitglieder der gleichen Partei. In Wirklichkeit waren vor allem die Teilnehmer, die aus der Sowjetunion kamen, entschlossen, die Poale Zion ins Lager der Kommunisten überzuführen oder, gelang es nicht, sie zu spalten und die linke Fraktion als unabhängige Partei zu konstituieren. Es gab unter ihnen erstaunlich viele hervorragende Redner, witzige Polemiker und pathetische Propheten, die mit sachlichen Argumenten und demagogischer Entstellung der Wahrheit um die Zukunft einer Bewegung kämpften, deren Gründer und Führer sie gewesen waren. Die sozialdemokratischen Zionisten siegten, die Partei blieb ihrem Programm treu und in der Zweiten oder, wie sie damals genannt wurde, der »Zweieinhalbten« Internationale. Die Minderheit, die sich nach der Spaltung noch einige Zeit »linke Poale Zion« nennen sollte, trieb fortab im kommunistischen Fahrwasser. Fast alle, die sich dann der *Jewsekcija,* der jüdischen Sektion der Kommunistischen Partei, anschlossen, kamen 15 Jahre später in »Isolatoren« und Konzentrationslagern um, andere wurden nach kurzen Prozessen hingerichtet. Von den Delegierten der Mehrheit sind manche als Baumeister und Lenker des neuen jüdischen Staates bekannt geworden.

Ich erinnere mich deutlich der Spannung, mit der ich den Debatten lauschte; ich war nicht imstande, der einen oder der anderen Seite völlig zuzustimmen, denn die Argumente beider Fraktionen beeindruckten mich. Zwar war es offenbar, daß die russischen Delegierten sich durch keinerlei Skrupel stören oder auch nur um Haaresbreite ablenken ließen, aber sie imponierten mir eben dadurch: als ob ihr fragwürdiges Vorgehen bewiese, daß sie der größeren Sache dienten und daher, nur daher so rücksichtslos die Andersdenkenden an die Wand zu drücken, ja zu bedrohen wagten. Ich habe anderthalb Jahrzehnte gebraucht, um zu ermessen, welch ein Unglück die von Lenin und Trotzki eingeleitete und von Stalin bis zum Wahnwitz verschärfte Politik der Spaltung der Arbeiterbewegung heraufbeschwören mußte. Im Jahre 1920 war ich noch kein Kommunist, sondern ein skeptischer

Sympathisant. Was verblendete mich aber so, daß ich die auf die Vernichtung des demokratischen Sozialismus abzielende Verratsanklage gegen die Andersdenkenden nicht als eine Gefahr für die Zukunft der gesamten Bewegung durchschaute?

Man weiß, nur die Dummen kann man eine sehr lange Zeit in die Irre führen, ehe sie dessen gewahr werden. Die Klugen verführt man nicht, es sei denn, sie wünschten, verführt zu werden. Neben der Frage der Gewalt hat die der selbstgewählten Verblendung nie aufgehört, mich zu beklemmen.

Mein Gesundheitszustand verschlechterte sich im Frühling zusehends. Die ständige Fiebertemperatur störte mich, doch noch mehr die Schwächezustände, die immer häufiger auftauchten. Da der Ordinarius meiner Klasse, eben jener antisemitische Deutschprofessor, mir gestattete, dem Unterricht fernzubleiben, sooft ich mich nicht wohl fühlte, verbrachte ich manche Vormittagsstunde im Augarten, doch ebenso oft im Kunsthistorischen Museum. In seinen prachtstrotzenden Sälen und stillen Kabinetten suchte ich vergebens die Stimmung, die mich nur zwei Jahre vorher im Rijksmuseum beherrscht hatte. Es lag gewiß an mir: die Bilder sahen mich nicht an, sie steckten in ihren goldenen Rahmen, als wären sie in prunkvollen Sarkophagen aufgebahrt.

Am 23. Juni 1921 fuhr ich zusammen mit einigen jungen Frauen und Männern nach Gleichenberg in eine Lungenheilanstalt, die das *Joint Distribution Committee,* eine jüdisch-amerikanische Hilfsorganisation, für die Dauer eines Sommers, glaube ich, eingerichtet hatte. Das Datum kenne ich so genau, weil ich es auf der Rückreise eines Photos lesen kann, auf dem etwa 30 Patienten um den leitenden Arzt gruppiert sind. Alle Namen sind ordentlich vermerkt und auch die Dauer meines Aufenthaltes, der bis zum 29. September, also fast 100 Tage gedauert hat.

Wir waren alle Kriegsopfer, doch nicht in gleichem Maße. Nicht wenige der Männer, Frontsoldaten, waren verletzt oder tuberkulös zurückgekehrt. Fast keiner von ihnen hatte sich eine Existenz schaffen können — sie waren Schiffbrüchige, die in dieser Anstalt während einiger Monate sorgenlos dahinleben durften. Natürlich wollten sie genesen, doch nicht zu schnell, damit sie so lange als möglich die gute Nahrung und die schöne sonnige Hügellandschaft der Steiermark genießen und die Sorgen, die ja sowieso nicht »weglaufen« würden, warten lassen konnten.

Ich war der jüngste der Patienten, mein Zimmergenosse war ein fast vierzigjähriger Mann, der schwer gelitten haben mußte. Da er wortkarg war, erfuhr ich nur nach und nach, daß er gleich zu Kriegsbeginn eingerückt war, daß seine Frau und das einzige Kind in einem winzigen Städtel zurückgeblieben und dort an Typhus gestorben waren. Er hatte sonst keine Familie oder er wollte von ihr nichts wissen. Fast immer schloß er unsere kurzen Nachtgespräche mit den Worten: »Die Welt, die ganze Welt hab' ich in der Erd'!« Die merkwürdige Formel »in der Erd'« bezeichnet im Jiddischen äußerste Gleichgültigkeit gegenüber etwas oder jemandem — so, als ob dieser seit urdenklichen Zeiten tot und begraben wäre. Sanwel, so hieß der Mann, hatte alle, auch mich natürlich, »in der Erd'«.

Liegekur im Garten oder, wenn es regnete, auf den gedeckten Balkonen und täglich mehrstündige Sonnenbäder sollten die Kranken heilen. Die schädigende Wirkung dieser Kur war damals unbekannt oder sie wurde unterschätzt. Sanwel erlitt nächtens einige Blutstürze, zumeist nach besonders heißen Tagen. Ich holte den Arzt, der ausharrte, bis die Hämorrhagie gestillt war. Für ihn wie für seine Patienten war das improvisierte Sanatorium nur eine Durchgangsstation. Er tat, was er konnte, doch erwartete er Erfolge nur bei den jugendlichen Kranken, nicht bei Sanwel und seinesgleichen, gebrochenen Menschen, die nicht sterben, aber auch nicht wirklich genesen wollten, weil sie vom Leben nichts mehr erhofften.

Sanwel blickte allen Frauen nach, aber er sprach mit keiner, auch nicht bei Tisch, nicht bei der Liegekur. Er glaubte, daß keine ihn beachten würde, denn jede wollte schöne Reden hören, er aber war nicht der Mann dafür. Im übrigen hatte er die Frauen »in der Erd'« und sich selber auch, wie er mir manchmal versicherte. Nur nach einem schweren Blutsturz wurde er sanft, sentimental, dann fragte er mich über meine Familie und über meine Zukunftspläne aus. Manchmal bat er mich, ihm was vorzusingen, von jedem Lied nur eine Strophe, am liebsten die letzte, weil die gewöhnlich die traurigste war, etwa: »Der König ist gestorben, / die Königin ist verdorben, / die Zweiglein sind zerbrochen, / die Vöglein sind entflogen. / Ach, welch eine Liebe, / ach, welch ein Leben / hab' ich verloren.«

Sobald er wieder fest auf den Beinen war, verschloß sich sein Gesicht, er wurde wieder einsilbig. Sanwel erwartete täglich die Post mit Ungeduld, doch bekam er selten ein Schreiben, gewöhnlich nur eine Postkarte. Noch ehe der Sommer zu Ende war, wurde er nach Wien geschickt, für eine kleine Operation, hieß es, er würde gleich danach zurückkehren. Er kam nie mehr zurück.

Mein neuer Stubengenosse war ein junger Mann, etwa acht Jahre älter als ich. Er studierte Philosophie, wurde aber nicht fertig, weil er für sich selbst und seine Mutter den Unterhalt verdienen mußte. Wir diskutierten viel. Als er entdeckte, daß ich ein recht eifriger Nietzsche-

Leser war, erwähnte er Alfred Adler, den Individualpsychologen, dessen Abendkurse und Seminare in der Volkshochschule er, wie er betonte, mit Interesse und Nutzen besuchte. Wahrscheinlich hätte ich auch ohne ihn den Weg zu Adler gefunden, eben auch unter dem Einfluß Nietzsches; daß dies aber bereits im Herbst 1921 geschah, hatte ich diesem merkwürdigen Philosophen und Handelsreisenden zu verdanken. Die runden Augen in seinem breiten Gesicht sind mir mehr als einmal im Traum erschienen, wegen der Ähnlichkeit mit den Augen zweier Frauen, die mir in der Kindheit Unbehagen und zuweilen Furcht eingeflößt hatten.

Er erwähnte häufig seine Sorgen, an denen er immer schwerer trug; am meisten aber sprach er von seiner rastlosen Bemühung, einen allzu frühen Haarsausfall zu verhindern. Nichts fürchtete er mehr, als noch vor dem dreißigsten Lebensjahr durch eine Glatze entstellt zu werden. Deshalb probierte er die verschiedensten Mittel, nacheinander oder gleichzeitig. Diese Phobie bewirkt, daß, sooft ich eine Reklame erblicke, die ein Mittel gegen den Haarausfall anpreist, der untersetzte junge Mann vor mir auftaucht, wie er, über ein Buch gebeugt, sich den Kopf mit einer grünlichen Flüssigkeit befeuchtet und friktioniert. Wir trafen einander noch einige Male im Winter, dann verreiste er. Es gab niemanden, den ich nach seinem Verbleib hätte fragen können. Er war für mich eine jener Figuren, die im Leben eines jeden genau in dem Augenblick auftauchen, in dem ein Stichwort nötig ist, das sie allein bringen können. Sie mögen dann spurlos verschwinden, etwa wie ein Passant, mit dem man zusammen auf einen Autobus gewartet hat. Ja, es war noch etwas an ihm: er neigte zu Spötteleien, er reagierte oft mit Ironie, aber wandte sie nie gegen sich selbst an. Er hatte die jüdische Wehleidigkeit, jedoch nicht die jüdische Selbstironie, die mit ihr einhergeht und sie erträglich macht.

Nur eine einzige Beziehung, die in Gleichenberg begann, wurde zu einer dauernden Freundschaft, der merkwürdigsten meines Lebens. Leiser Zerwanitzer war ein etwa 34 Jahre alter, blondhaariger Mann mit hellen Augen in einem länglichen Gesicht, das häufig in der Spannung des Lauschenden erstarrte, aus der es jedes Mal ein Lächeln zu lösen schien. Er gehörte zu der kleinen Gesellschaft, welche sich um eine junge Frau scharte, die jüdische, ukrainische und polnische Volkslieder mit einer nicht starken, doch wohlklingenden Stimme sang, sobald sie irgend jemand dazu aufforderte. Das geschah gewöhnlich gegen Ende des Nachmittags, als man sich endlich von den Liegestühlen erheben durfte. Zu jener Zeit fing ich Text und Melodie mühelos auf, das gefiel ihr, wir sangen manchmal zusammen oder abwechselnd. Zerwanitzer, der mit einem ausgezeichneten Gehör begabt war, sang selbst fast nie.

Als er aus dem Krieg heimkehrte, wollte es ihm nicht gelingen, sein Studium an der Technischen Hochschule zu beenden, er gab auch sein Violinspiel wieder auf und ging nur selten in Konzerte. Da er stets adrett aussah und seine Gebärden eine strenge Abgemessenheit bewahrten, mochte man glauben, daß man es mit einem energischen, zielstrebigen Mann zu tun hatte, der sich seines Leidens schnell entledigen würde. In der Tat blieb er während mehrerer Jahre noch ein Schiffbrüchiger, der die Rettung weder für möglich noch für unbedingt wünschenswert hielt: er fürchtete das stürmische Meer, doch weit weniger als das Ufer.

Der Mann, zweimal so alt wie ich, schloß sich mir an und verhielt sich, als ob er sich meiner annehmen müßte. Das war durchaus unnötig und wirkte nicht nur in meinen Augen bizarr. Seine leise, doch wohltimbrierte Stimme kontrastierte mit seiner strengen, abrupten Sprechweise. Er gebrauchte unaufhörlich soldatische Klischees. Mit »Hergestellt« leitete er die Richtigstellung eines vermeintlichen Irrtums ein; er gebrauchte Ausdrücke wie »antreten«, »abtreten«, »drei Schritt vom Leib« und dergleichen. Gewiß, er parodierte diese Befehlsworte, aber es vergingen Jahre, ehe er auf sie verzichten konnte, und ebenso lange, bevor er aufhörte, seine Erlebnisse an der Front oder in der Etappe oder im besetzten Feindesland immer wieder zu erzählen.

Er war einer der empfindlichsten Menschen, denen ich je begegnet bin; die furchtbaren Jahre hatten ihn nicht gestählt, sondern seine seelische Verletzlichkeit so sehr gesteigert, daß es ihm erst spät gelingen sollte, wieder Fuß zu fassen. Er war einsam, bewohnte ein kleines Zimmer in einem Hotel am Rande der Stadt – es verstrichen Tage, ohne daß er das Zimmer verließ und ohne daß ihn jemand aufsuchte. Jedes Jahr verbrachte er mehrere Monate in Lungenheilanstalten. Mit siebzig starb er in Israel an der Tuberkulose, die nie ausgeheilt worden war.

Zerwanitzer unternahm es, mich in die höhere Mathematik einzuführen. Dank ihm habe ich mühsam und unzureichend einige ihrer Grundbegriffe erfaßt; viel zuwenig, doch genug, um fortab meine Ignoranz genau zu ermessen. Und Ähnliches geschah auch auf anderen Gebieten: so groß meine Wißbegier gewesen und zum Teil bislang geblieben ist, damals begriff ich, daß meine Intelligenz – wie die so vieler anderer – ungleichmäßig ist. Wie im Flug gewann ich Kenntnisse und Einsichten auf manchen Gebieten, indes ich auf anderen mutlos kriechen mußte, um auch nur das Mittelmaß zu erreichen. Ich fand mich damit, mit mir ungern ab; es geschah nicht zuletzt dank Alfred Adler, unter dessen Einfluß ich eben damals geriet.

Ich bin eine Woche weg gewesen, in Wien, wo ich für die Büchergilde Gutenberg einen Vortrag halten mußte. In diese Stadt kehre ich seit vielen Monaten in der Erinnerung zurück. Das Gedächtnis leitet mich durch Gassen, die sich so verändert haben, daß sie kaum noch jenen ähnlich sind, in denen ich einmal heimisch gewesen bin; es führt mich in Häuser, in denen ich vor langen Jahren zwei-, dreimal wöchentlich Schülern, die selten jünger waren als ich, Nachhilfestunden gab. Aus Gründen, die sich nicht leicht entdecken lassen, taucht diesmal mit besonderer Deutlichkeit eine halbleere, dunkle Parterrewohnung auf, eine ovale, angeschlagene Tischplatte in der Mitte eines Zimmers, daneben die schäbig gekleidete, völlig reizlose, etwa dreizehnjährige Schülerin auf einem wackligen Stuhl. Sie schreibt mit tintenbefleckten Fingern das Diktat, das ich wie immer improvisiere. Ihr Vater, ein Geizhals, läßt mich wochenlang auf mein Honorar warten, versucht häufig, etwas abzuhandeln, ich verlasse ihn oft im Zorn.

Meine Schülerin läuft mir nach, ruft mich, ich bleibe stehen und warte. Zum erstenmal betrachte ich sie im Tageslicht und finde, daß sie gar nicht häßlich ist, nur ungepflegt bis zur Verwilderung. Sie wollte mir wohl was sagen, aber sie steht stumm da, die Haarsträhnen verdekken ihre Wangen. Ich frage sie ermunternd, was sie denn wünsche; sie räuspert sich, hebt den Kopf und läßt ihn wieder sinken. Ich gehe, sie rennt hinter mir her, schnappt meine Rechte und steckt mir etwas zu; es ist ein Korallenhalsband. Einen Augenblick bleibe ich verdutzt stehen: Tränen rollen aus ihren rötlich entzündeten Augen, die Lippen beben, die dünnen Arme streckt sie weit vom Leibe. Schließlich streife ich ihr die Korallenschnur über den Kopf, um den zu kurzen Hals, verspreche ihr, wieder zu kommen, und verlasse sie schnellen Schrittes.

Undeutlich war mir die Erinnerung an diese Schülerin immer wieder aufgetaucht. Jetzt aber, im März 1974, wir saßen in einem Restaurant, dessen Prunk an die Kaiserzeit erinnern sollte – da sah ich die Kleine so deutlich, als ob sie, von den vergoldeten Wandspiegeln vervielfacht, sich allen Tischen gleichzeitig näherte. Während mehrerer Stunden lenkte mich diese Erinnerung immer wieder ab, warf mich weit zurück in ein trostloses Gäßchen in der Brigittenau, in ein finsteres Zimmer, wo ich einem Kind, das nie in die Schule gegangen war, die deutsche Rechtschreibung beibrachte: »Ich kenne eine Mär von einer Mähre, die übers Meer nach Mähren gebracht wurde.«

Während dieser regnerischen Tage erwog ich, die Gasse, deren Namen ich vergessen hatte, und in ihr das Haus dieses Mädchens zu suchen. Wahrscheinlich hätte ich das Gäßchen gefunden, denn ich weiß genau, in welcher Gegend es liegen dürfte. Schließlich gab ich diese Absicht auf, doch hätte ich gerne gewußt, warum mir von den vielen Schülern und Schülerinnen gerade diese, die ich längst aus den Augen verloren hatte – früher als die meisten anderen –, warum gerade sie mich gleichsam anfiel, etwa 55 Jahre nach der allerletzten Begegnung.

Jedes Mal, wenn ich das Hotel verließ, mußte ich an der Strudlhofstiege vorbeigehen und an Doderer denken, an den Roman, den er nach ihr benannt hat. Und an ihn selbst, dem ich nur einmal flüchtig begegnet war. Wir wollten einander ausführlich sprechen; es ist nie dazu gekommen, da er zu früh gestorben ist. Ich las jedes Mal die Zeilen Doderers, die da eingemeißelt sind:

Wenn die Blätter auf den Stufen liegen,
herbstlich atmet aus den alten Stiegen,
was vor Zeiten über sie gegangen.
Mond darin, sich zweie dicht umfangen

hielten, leichte Schuh und schwere Tritte,
die bemooste Vase in der Mitte
überdauert Jahre zwischen Kriegen.

Viel ist hingesunken uns zur Trauer
und das Schöne zeigt die kleinste Dauer.

In diesen Wiener Tagen drängten sich mir halbverwischte Erinnerungen an Banalitäten auf, an zumeist völlig folgenlos gebliebene Episoden. Um sie von mir abzustoßen, sagte ich mir, daß sie dem Staub auf einer schwachen elektrischen Birne gleichen, deren Licht einen schäbigen Raum nicht weniger verdüstert als erhellt. Was soll es? Hier im 9. Bezirk hätte ich mich nach der Topographie meiner Verliebtheiten orientieren können. Auch wenn diese oder jene Straße einen anderen Namen trägt, ich würde mühelos jede wiederfinden, in der ein Mädchen lebte, die mir je etwas bedeutet hat. Und unweit befindet sich das Café, in dessen Hinterzimmer ich meine ersten psychologischen Kurse gegeben habe, quer gegenüber dem Haus, in dem Sigmund Freud wohnte, und ein anderes, ein »Tschecherl«, in dem ich während eines Herbstes die frühen Abendstunden mit Kartenspiel vergeudete, dem völlig geistlosen, doch aufregenden Siebzehn und vier. Ich bin nie wirklich ein Spieler gewesen, deshalb fiel es mir leicht, früh genug vom Spieltisch aufzustehen, um in mein Stammcafé *Herrenhof* zu gehen und von da in das abendliche Hauptquartier Adlers, in das Café *Siller* am Franz-Josefs-Kai.

Die Zudringlichkeit der Banalitäten ließ mich während dieser märzlichen Spaziergänge in Wien immer wieder stocken; ich fühlte mich belästigt wie durch fette Winterfliegen in einem überheizten Zimmer und zugleich beunruhigt wie durch eine Frage, mit der man nicht fertig wird, weil es einem nicht gelingen will, sie richtig zu formulieren. Warum sollte ich in diesem Buch das Mädchen mit der Korallenkette erwähnen, sie, ihren geizigen Vater, ihr kümmerliches Haus? Hatte es einen unbekannten Grund, einen Sinn, daß sie gerade jetzt aufgetaucht war? Wie, wenn es sich um abortierte oder aus Gleichgültigkeit verkannte Erlebnismöglichkeiten von potentiell großer Bedeutung handelte?

Am vorletzten Tag unseres kurzen Wiener Aufenthaltes stand ich wieder einmal vor unserem Haus, in der so schön, so irreführend benannten Lilienbrunngasse. Es war menschenleer, man bereite den Abbruch vor, sagte mir ein Arbeiter, der sich am geschlossenen Tor zu schaffen machte. Die wenigen Scheiben, die in einigen Fenstern noch heil geblieben waren, wirkten wie erblindet; die leeren Fenster aber erinnerten an ausgeronnene Augen, die wie die lepröse Fassade selbst kein Mitleid mehr erweckten, kein Bedauern oder gar Heimweh nach dem Vergangenen, sondern nur Scheu und Ekel, als ob man über eine vertrocknete Leiche stolperte.

Die Häuser gegenüber hatten einem großen Neubau Platz gemacht. Ich suchte mir die Gesichter von Leuten in Erinnerung zu rufen, die ich während vieler Jahre fast täglich gesehen hatte. Es gelang mir unschwer, sie wie aus einem Tunnel ins Licht treten zu lassen und mich all dessen zu entsinnen, was ich von ihnen gewußt hatte, von ihren Glückstreffern und Unglücksfällen, ihrem Liebeskummer, ihren Sorgen um Frauen, Kinder und Eltern. Da war der Advokat mit dem rötlichen Haarkranz um den kahlen Schädel, der sich von seiner hochnäsigen Frau getrennt hatte, um mit einer viel zu jungen Person ein neues Leben zu beginnen. Die ganze Gasse sah aufmerksam zu, wie er sich verjüngte und mit der neuen Frau bis spät nach Mitternacht »drahte«. Es dauerte einige Monate, dann wurde er, ganz plötzlich, sagte man, ein alter Mann, den die junge Frau vor dem offenen Fenster anschrie, vor allen Leuten beleidigte, demütigte. Eines Tages war sie verschwunden; ihn sah ich oft unschlüssig am Fenster stehen, sich hinausbeugen, als spähte er nach jemandem aus, der sich verspätete. Ach, er sah so gar nicht aus wie ein Opfer unzähmbarer Leidenschaft. Nur einmal wurde seine Klage laut — als die alte Hausbesorgerin ihn nicht mehr mit »Herr Doktor« ansprach. »Und wenn ich den Zins noch so lange schuldig bleibe, ein Herr Doktor werde ich bis ans Lebensende sein.« So unähnlich dieser ältliche Mann der Romanheldin Emma Bovary war, so ging er am Ende wie sie nicht an unglücklicher Liebe, sondern an Schulden zugrunde.

Erinnere ich mich zwar an manche Nachbarn viel deutlicher als an ihn, so war er es doch, der diesmal vor mir auftauchte, als hätte ich ihn noch vor kurzem beobachtet, wie er zwischen den hellbraunen Rahmen des gardinenlosen Fensters hinausspähte. Der Grund? Neben dem schnellen Wandel seines Geschicks dürfte mich die Haltung der Gasse ihm gegenüber beeindruckt haben: zuerst die moralische Empörung über die »Verjüngung« und die bösartig ungeduldige Erwartung seines Sturzes; dann der nur scheinbar verhohlene Spott und erst am Ende ein mit Verachtung vermengtes, entwürdigendes Mitleid. Sein Sturz ließ mich ahnen, daß Klugheit nicht vor Torheiten und Intelligenz nicht vor irreparablen Irrtümern schützt. Auch heute fürchte ich die nicht schnell genug durchschaute Selbstverblendung weit mehr als die Gefahren, die uns von außen her bedrohen. Deshalb mag mich der Zweifel noch immer anziehen, fast in jeder Situation — mitten in der Begeisterung, mitten im Sonnenlicht unerschütterlicher Gewißheiten. Er bietet mir einen — allerdings nicht immer wirksamen — Schutz vor der so beängstigenden Selbstverblendung.

Auf der Heimfahrt spähte ich im Flugzeug nach der Erde aus, wie sie von Zeit zu Zeit zwischen riesigen Wolkenbänken in kleinen Stücken sichtbar wurde; ich verzichtete darauf, die Deutung dafür zu suchen, warum von den zahllosen längst entschwundenen Episodenfiguren, die meinen Weg in Wien gekreuzt oder gesäumt hatten, die beschämte Tochter des Geizhalses aus dem Halbdunkel der Vergangenheit aufgetaucht war und nachher jener Rechtsanwalt, der sich so tief ins Unglück gestürzt hatte, daß er für die eigene Gasse aufhörte, der Herr Doktor zu sein.

Die Kur in Gleichenberg hatte mein Leiden nicht geheilt, hingegen mein Krankheitsbewußtsein gefördert. Nein, ich befürchtete nicht einen verfrühten Tod und glaubte nicht einmal, daß ich während langer Jahre das Leben eines Tuberkulösen würde führen müssen. Jedoch wußte ich, daß ich einige Zeit außerstande sein würde, souverän über meinen Körper zu verfügen.

Mir wurde angeordnet, auch weiterhin täglich mehrere Stunden Liegekur zu machen, und untersagt, bei schlechtem Wetter auszugehen. Gegen Ende des Winters, bevor die gefährlichen Februarwinde einsetzten, sollte ich eine neue Kur in einer Lungenheilanstalt beginnen. Früh genug schöpfte ich den Verdacht, daß mir die Krankheit gelegen kam, daß ich aus ihr einen gewiß neurotischen, seelischen Gewinn herausholte und daß die Beschränkung meiner Bewegungsfreiheit aufzuwiegen war durch den Gewinn an Zeit, die ich fürs Lesen verwenden konnte. Das nicht zu hohe Fieber, das gewöhnlich am mittlern Nachmittag einsetzte und sich spät nachts senkte, war mir weniger lästig als andere Begleiterscheinungen meines Zustandes, doch fand ich mich damit ab – vielleicht eben deshalb, weil ich niemals daran zweifelte, daß ich genesen würde.

An den Zusammenkünften des Schomer nahm ich auch weiterhin teil, aber nicht so häufig wie vorher — und dies nicht nur, weil ich abends bei schlechtem Wetter nicht hinaus durfte. Damals absorbierte mich in einem nie vorher gekannten Maße die Lektüre von Büchern über die russischen Revolutionäre des 19. Jahrhunderts, von den Dekabristen bis zu den terroristischen Sozialrevolutionären. Weit mehr als ihre politischen Programme oder, wie man heute sagen würde, ihre Ideologie interessierten mich das Wesen und das Schicksal einzelner Revolutionäre, junger Männer und Frauen, die ohne irgendeinen zwingenden Grund sich der Gefahr aussetzten, nicht nur eingekerkert und in die sibirischen Schneewüsten verbannt zu werden, sondern Schlimmeres: zu sterben, und noch Schlimmeres: zu töten. Was mir damals widerfuhr und in mir unauslöschliche Eindrücke zurückgelassen hat, das war: in Liebe zu Menschen zu entbrennen, die fast ausnahmslos seit Jahrzehnten tot waren. Ich fühlte mich ihnen eng verbunden, besonders in nächtlichen Stunden, wenn ich, vom Lesen müde und dennoch wach, über sie und ihre Taten so sinnen mußte, als ob mein eigenes Schicksal mit dem einer Sofia Perowskaja, Vera Figner, eines Taras Scheliabow oder Kalajew untrennbar verknüpft sein könnte.

Mitten in diese Zeit fällt meine erste Begegnung mit Alfred Adler, dessen Kurs in der Volkshochschule zu besuchen, ich in der Heilanstalt dem Zimmergenossen versprochen hatte. Um es gleich vorwegzunehmen: Als ich, einer von etwa fünfzig meist jungen Hörern dem Begründer der Individualpsychologie zum erstenmal gegenübersaß, blieb mein Blick nicht lange auf ihm haften; nichts an ihm war auffällig, nicht besonders. Was er sagte, war gescheit, doch kunstlos, um nicht zu sagen gestaltlos formuliert. Oft spürte man, daß, was der Dozent aus dem Stegreif vorbrachte, nicht wirklich improvisiert, sondern wiederholt war, ähnliches hatte er wohl schon oft in früheren Kursen vorgetragen. Er sprach vom Machtstreben, doch darüber hatte Nietzsche vorher – und in welch einer Sprache – geschrieben.

Nein, ich ahnte keineswegs, welche Bedeutung Adler und seine Lehre für mich erlangen sollten, doch kam ich jeden Montagabend wieder. Manchmal nahm ich auch an der Diskussion teil, die den Vorträgen folgte. Es fiel mir nicht schwer, öffentlich aufzutreten, ich war's ja vom Schomer her gewohnt. Wie viele meinesgleichen stand ich unter dem Einfluß der Psychoanalyse, die ich jedoch nur ganz oberflächlich kannte, und brachte in ihrem Sinn Einwände vor, die zumeist nicht dümmer und gewiß nicht klüger waren als jene, welche die Freudianer seit 60 Jahren erheben. Adler, der mein Wissen wohl überschätzte, antwortete den Diskussionsteilnehmern mit gleichbleibend wohlwollendem Ernst, so daß jeder sich danach für gescheiter und die eigenen Argumente für interessanter halten durfte, als er es vorher zu glauben gewagt hätte.

So fiel mir der Fünfzigjährige durch seine Art zu debattieren auf: er flößte selbst jenen, deren Meinung er widerlegte, Mut zu sich selbst ein und zugleich den Wunsch, dem Vortragenden zuzustimmen, sich ein für allemal auf seine Seite zu stellen. Einige Jahre später ließ Adler in der *Internationalen Zeitschrift für Individualpsychologie* einen kurzen Text Benjamin Franklins, eine Art Vademekum für Debattierer abdrucken. Uns kamen diese sehr gescheiten und überdies witzigen Ratschläge zugute; Adler bedurfte ihrer nicht, denn er hatte sie angewandt, noch bevor er sie gelesen hatte. Er begann jede Erwiderung damit, daß er dem Vorredner in irgendeinem Punkt recht gab und in einem anderen interessante Hinweise entdeckte, ehe er daranging, ihn mit viel Freundlichkeit zu widerlegen. Oft war der Gegner durch die einleitenden Komplimente so anästhesiert, daß er gar nicht mehr imstande war zu widersprechen. Es gab Hörer, die bei jeder Gelegenheit das Wort ergriffen, junge und alte Käuze, es gab Frauen, deren gepreßte Stimmen eine Schüchternheit verrieten, welche sie daran hinderte, deutlich genug zu sprechen, und es ihnen erschwerte, ihre Ausführungen abzuschließen. Adler verriet nie auch nur die geringste Ungeduld.

Wer über ein Thema referieren wollte, brauchte sich nur zu melden und ein Datum festzulegen. Ich sprach etwa 25 Minuten lang über die *Psychologie des Revolutionärs.* Was ich im einzelnen dargelegt, kühn behauptet und aggressiv proklamiert haben mag? Gewiß habe ich viel zu schnell gesprochen, die Endsilben hastig verschluckt und manche Sätze bis zur Unkenntlichkeit dadurch entstellt, daß ich sie bis zum Bersten mit Parenthesen anfüllte, die sarkastisch und, viel seltener, selbstironisch wirken sollten.

Was drängte mich damals zu einer Art Identifikation mit den Terroristen der Narodnaja Wolja so unwiderstehlich, daß ich bei jeder Gelegenheit von ihnen sprechen mußte, als ob ich ein Zeuge ihres Kampfes gewesen wäre und verspätete Botschaft von ihnen brächte? Gegenwärtig kann ich diese Frage leichter beantworten als vor 53 Jahren. In weit mehr als der Hälfte meiner Schriften, in den frühen, unveröffentlichten und in den späteren Romanen, Essays, Artikeln und in meinen Vorträgen — überall da geht es um Probleme der Revolution, um jene, die sie herbeisehnten, vorbereiteten und gegebenenfalls entfachten.

»*. . . wäre es selbst so, daß seit undenklicher Zeit eine Generation nach der andern den gleichen Irrtum gehegt hat, gerade sie wäre berufen, ihre Existenz an die letzte Vorbereitung eines völlig neuen Zustandes zu setzen, und sie hätte die Chance, die die vorangegangenen Generationen nicht haben konnten — eh bien, dann* *wurde bisher das Beste geleistet in der Bemühung um ein unverwirklichbares Ziel; dann ist das Beste, was der Mensch mit seinem Leben anfangen kann, es wie eine Vorbereitung auf den unerreichbaren Zustand zu leben, in dem alles, was Wert an ihm ist, Dauer und — wer weiß — Größe finden könnte.«*

Diese Worte, die ich 1941 schrieb, ließ ich einen kommunistischen Intellektuellen im Sommer 1932 formulieren, in einem Augenblick, als er und seinesgleichen das Nahen der katastrophalen Niederlage zum erstenmal spürten.

»Vorbereitung auf den unerreichbaren Zustand...« Etwa sechzig Generationen meiner Ahnen hatten sich auf den unerreichbaren Zustand vorbereitet und oft mit ihrem Leben den Unglauben büßen müssen, den sie der Verkündung entgegensetzten, daß der Erlöser schon gekommen wäre und mit seinem Opfertod die Menschheit erlöst hätte. Diesen Unglauben teile ich nach wie vor, aber nicht den Glauben an die messianische Zukunft, in welchem man mich erzogen hat. Der Junge, der sich herausnahm, die Psychologie der Revolutionäre darzulegen, glaubte, daß nur Revolutionäre den erhabenen Zustand herbeiführen würden. Und ich mußte 20 Jahre älter werden als jener Referent, um mit einem schmerzlichen Zweifel von der Vorbereitung auf den *unerreichbaren* Zustand sprechen zu können.

Zur Zeit der Narodniki, also vor fast genau 100 Jahren, erzählte man sich eine Geschichte, die ich in meinem Vortrag zitiert haben dürfte: Bauern bemächtigen sich eines Narodnik, der ins Dorf gekommen ist, um sie aufzuklären und für den Kampf um ihr Recht zu gewinnen. Sie liefern den Revolutionär aus, er wird gehängt, und jeder Bauer will nun wenigstens ein Stückchen von dem Strick ergattern, da doch der Galgenstrick sicher Glück bringt, sagt man. Mir ging es darum, das Unglück des zu früh Gekommenen zu zeigen und die Einsamkeit jenes, der bereit ist, sich für alle zu opfern. Ich sprach im Schatten der Vergangenheit und im Lichte der siegreichen russischen Revolution, die, so meinte ich, nachträglich die Taten eines Alexander Solowjow, einer Perowskaja und all ihrer Kampfgefährten rechtfertigte.

Gleich nachdem ich geendet hatte, nahm Adler Stellung, ohne wie sonst Wortmeldungen angeregt zu haben. Und entgegen seiner Gewohnheit begann er nicht mit Lobesworten für den Referenten, sondern ging methodisch auf die wichtigsten Punkte des Vortrags ein, freundlich, aber kritisch. Er ließ mancherlei gelten, jedoch fast immer mit Einschränkungen; ich sollte sofort antworten. Wahrscheinlich stimmte ich einigen seiner Einschränkungen zu, doch nicht allen; ich erinnere mich nicht, worin ich ihm am energischsten widersprochen habe, aber ich weiß auch heute, daß diese Auseinandersetzung in mir das Gefühl einer beunruhigenden Freude zurückließ. Sie wurde dadurch verstärkt, daß Adler mir beim Hinausgehen sagte: »Sie haben wie ein Individualpsychologe gesprochen, der noch nicht weiß, daß er einer ist.« Ich durfte ihn ein Stück Weges begleiten; als er mir zum Abschied die Hand reichte, kam ich auf diesen Satz zurück. »Ich bin kein Individualpsychologe, aber vielleicht sollte ich es werden«, sagte ich, wohl mit unsicherer Stimme. Er antwortete: »Gewiß, ich werde Ihnen helfen; wir alle werden Ihnen helfen.«

Erst zwei, drei Wochen später erfuhr ich, wer mit »wir« gemeint war. Er lud mich ein, an den Sitzungen seines engern Kreises teilzunehmen; sie fanden damals in dem Kellerlokal *Die Tabakspfeife* statt, das in einer Seitengasse des Stephansplatzes lag. Viele Teilnehmer waren Mitglieder des Psychoanalytikervereins gewesen und etwa zehn Jahre vorher, zusammen mit Adler, ausgetreten. Andere waren erst später, nach dem Krieg, hinzugekommen. Es waren Ärzte, Philosophen, Professoren, einige Frauen, unter ihnen Sophie Lazarsfeld und Gina Kaus, eine junge hübsche Journalistin. Mein Erscheinen löste Verwunderung aus, doch blieb sie auch am ersten Abend diskret. Wahrscheinlich hatte Adler angekündigt, daß er einen ganz jungen Menschen eingeladen hatte. Nun sie mich in ihrer Mitte sahen, fragte sich wohl jeder – nicht länger als einen Augenblick –, welche Bewandtnis es wohl mit mir haben mochte. Ich trug einen grüngefärbten, hochgeschlossenen Soldatenrock, Breeches und rotbraune Ledergamaschen. Noch immer war ich schlecht, nicht gemäß meinem Geschmack, sondern gemäß den Launen des Zufalls gekleidet – wie in jenen Jahren so viele, die aus den Resten der Militärdepots fast alles bezogen, was sie auf dem Leibe trugen.

Man dachte wohl, daß ich bald wieder verschwinden würde, aber ich kam sehr oft, wenn auch nicht regelmäßig wieder. Manche meinten, ich müßte wohl einer von Adlers Patienten sein, und sie mochten mir nicht zuhören, wenn ich in der Diskussion das Wort ergriff; andere zogen mich ins Gespräch, interessierten sich wirklich für den Jungen und halfen mir so, mich in dem Kreis heimischer zu fühlen. Dank ihnen erfuhr ich sehr schnell, was ich alles noch lesen, lernen mußte, um die zumindest formale Gleichberechtigung, die mir Adler von vornherein zuerkannt hatte, wirklich zu verdienen. Ich war nicht einmal dessen sicher, daß ich ein Adlerianer sein mußte oder werden wollte; es gab ja noch immer den Schomer, die Revolution, die Literatur. Es gab auch den tatsächlich oder nur scheinbar verführerischen Traum vom stillen, einsamen Leben des Dorfschullehrers, des Leuchtturmwächters. Und sollte ich nicht, sobald meine Lungen geheilt waren, sofort nach Palästina auswandern, wie es die Besten unter den Schomrim taten?

Adlers Einladung hatte meiner Eitelkeit geschmeichelt und mich auch aus besseren Gründen gefreut, aber ich erkannte nicht sofort, welch ein belangreiches Beginnen es war. Mir erschien's als eine der zahlreichen Korridorepisoden, die man auf dem Umweg zu einem Ziel durchschreitet. Ich wußte schon damals, daß manche Menschen nie aus dem Korridor hinauskommen – gleich Booten, die im toten Arm des Stroms kreuzen und schließlich verfaulen, ehe sie, leck geworden, unter dem Wasser verschwinden. Ich hielt es für gewiß, daß ich alle Korridore schnell hinter mir lassen würde. Während eines ganzen Jahres oder vielleicht noch länger verkannte ich die Bedeutung, die Adler für mich gewinnen und die seine Lehre trotz aller Wandlungen für mich bewahren sollte.

Jetzt noch, in meinem neunundsechzigsten Lebensjahr, fiele es mir leicht, eine relativ detaillierte Liste all meiner Enthusiasmen aufzustellen. Selbst von mancher flüchtigen Verliebtheit wüßte ich anzugeben, unter welch besonderen oder banalen Umständen, wo und wann sie begann, und wodurch sie mir damals begründet erschien; ich erinnere mich mühelos, wann und wie ein Buch, ein Musikstück, ein Bild oder der Anblick einer Landschaft mich hinriß; von fast jeder Freundschaft, die ich seit meinen Jugendjahren angeknüpft habe, kann ich heute noch den Beginn nacherleben; die Erinnerung an ihn ist auch durch einen Bruch, etwa durch ein verfrühtes Ende, kaum je verwischt worden.

Enthusiasmen, sagte ich. Ja, wie alle jungen Menschen liebte ich es, mich zu begeistern, und empfand tiefe Dankbarkeit gegenüber jedem, der mir dazu Anlaß bot. Der Zweifel dämpfte sie nicht, grenzte aber ihre Gültigkeit ab: vom Stein nicht verlangen, daß er Wasser gebe – das war eine der ersten Regeln warnender Weisheit, die ich sehr früh begriffen und zumeist befolgt habe. (Moses, er allein, durfte das gelobte Land nicht betreten, weil er dieser Regel zuwidergehandelt hatte.)

Die Verliebtheit endete, die Begeisterung verlosch schnell wie das Licht einer vom Windstoß ausgelöschten Kerze. Oder sie verflüchtigte sich allmählich, unmerklich. Für das Ende einer Freundschaft sucht man in gehäufter Enttäuschung eine psychologische Erklärung, einen traurigen Trost. Und in all diesen Fällen gibt man der Neigung nach, den Brunnen, aus dem man gierig getrunken hat, zu vergiften und sich und andere davon zu überzeugen, daß er bereits von Anbeginn vergiftet gewesen ist. Mein Gedächtnis ist vielleicht auch deshalb dem Erlebnis treu geblieben, weil ich dieser Neigung zur retroaktiven Entwertung beinahe mühelos widerstehen konnte. Der Anblick des Spülichtwassers verdunkelt mir nicht die Erinnerung an den Quell, aus dem es einmal kristallklar geflossen war.

Ich hatte mich unterbrochen, um mich zu fragen, wie es wohl geschehen konnte, daß ich damals, in den Jahren 1921/22, nicht sogleich erkannt hatte, welche Bedeutung Alfred Adler zukam. Er beeindruckte mich während der ersten zwei Jahre wie so viele seiner Hörer, er begeisterte mich nicht. Warum nicht, warum gerade er nicht? Von mehreren Gründen drängt sich mir einer auf, der zwar nicht triftig, aber dennoch bemerkenswert ist. An seiner Sprache lag es, an der Überzahl alltäglicher Wörter, die er in einem Satzbau ohne Relief ebenso mühelos wie glanzlos aneinanderreihte; daraus erklärt sich auch, daß mir – wie so vielen seiner Kritiker, insbesondere den Freudianern – das Neue, durchaus Originelle seiner Auffassungen nicht sofort auffiel. Ausdrücke wie »Minderwertigkeitsgefühl, Unsicherheitsgefühl, Streben nach Überlegenheit, Herrschsucht, Kompensation, Gemeinschaftsgefühl« – nun, das ist bekannt, dachte man, das kann ja jeder so ausdrücken, indes Freud Termini benutzte, die oft genug nicht die seinen waren, sich jedoch dem Leser als die originelle Terminologie seiner Lehre einprägten.

Gewiß, ich war sehr jung, in der Tat zu jung. Adler überschätzte den Sechzehnjährigen, den er in den Kreis seiner engsten Mitarbeiter einführte. Ich hatte damals kein einziges Buch von ihm gelesen. Und merkwürdigerweise – erst jetzt staune ich darüber – ließ ich, ein leidenschaftlicher Leser, fast ein Jahr verstreichen, ehe ich sein repräsentatives Werk *Über den nervösen Charakter* zur Hand nahm. Ich las es, die zahlreichen medizinischen Fachausdrücke waren mir zumeist unbekannt und oft auch nicht erratbar; das inhaltsreiche Werk beeindruckte mich aber sehr, es flößte mir tiefen Respekt für den Autor ein. Ich machte ihm Komplimente – ach, ich ahnte ja gar nicht, wie dummdreist es von mir war und wie sehr ich mich damit lächerlich machte. Ich schlug ihm sozusagen ermutigend, wenn nicht gar gönnerhaft auf die Schulter. Solches tat ich nicht das erste und hélas, beileibe nicht das letzte Mal. Er aber nahm es gut auf und riet mir, seine späteren Bücher und die einiger anderer Psychologen zu lesen.

Erst nachher, Monate später, »entdeckte« ich sein Genie. Das geschah, als er – in seiner Wohnung auf der Dominikanerbastei – seinen nächsten Gefährten einen Fall von manisch-depressivem Irresein darlegte und daran Erwägungen über das Wesen solcher Fälle und über die Möglichkeiten ihrer Heilung anknüpfte. An jenem Abend erfuhr ich über Seelenkranke weit mehr, als ich vorher oder je nachher aus Büchern oder von irgendwem hätte lernen können. Und seit damals wußte ich, daß die Einwände gegen seine oft allzu platte Sprache zwar nicht unbegründet, aber durchaus unerheblich waren. Es kam darauf an, wie man ihm zuhörte: wie man an seinem lauten Denken teilnahm.

An jenem Abend hatte Adler einige beschriebene Blätter vor sich, die Krankengeschichte, die er als Ausgangspunkt seiner Erwägungen gewählt hatte. Er sprach wie zu sich selbst, hörbar genug in einem lauten Denken, das beispielhaft war für seine angewandte Zusammenhangsbetrachtung, für jenen alternierenden Prozeß des Auseinandernehmens und Zusammenfügens, dank dem Teile zu einem Ganzen werden. Erst an jenem Abend wurde ich ein Adlerianer und machte mich daran, alles zu lesen, was er je veröffentlicht hatte. Und nicht viel später begannen die Gespräche, in denen er mir, wenn wir allein waren, Einzelheiten aus seinem Leben mitteilte.

Mehrere Jahre nachher, als alles zu Ende war, fragte ich mich, warum er gerade mir, dem Adoleszenten, so vieles anvertraute. Es ist wahr, damals erstaunte es mich nicht und flößte mir auch kein Gefühl von Stolz ein, weil es ja nicht das erste Mal geschah, daß Erwachsene zu mir so sprachen, als wären sie meines vollen Verständnisses und verschwiegenen Einverständnisses sicher. Und erst in späteren Jahren verwunderte ich mich darüber, daß Adler mir niemals angeboten hatte, mich zu behandeln. Daß ich nicht die Mittel hatte, eine Psychotherapie zu bezahlen, kann für ihn kein Hindernis gewesen sein. Er bewies mir gegenüber in all den Jahren eine so freundschaftliche Großzügigkeit, daß ich auch heute nicht ohne Rührung an sie denken kann. Gewiß, ich war kein Fall akuter Neurose, das heißt, ich wurde mit meinen Schwierigkeiten allein mehr oder minder rasch, mehr oder minder gut fertig, dennoch wäre mir seine therapeutische Hilfe sehr zustatten gekommen; das wußte er sicher. Meine Mittellosigkeit verbot es mir, ihn darum zu bitten, er selbst brachte es nie zur Sprache. Ja, erst jetzt wundere ich mich darüber, aber damals, in der Sonne seiner stets gleichbleibenden Gunst, suchte und fand ich nur Gründe, ihn zu bewundern, mit ihm in allen wesentlichen Fragen übereinzustimmen. Und er ermutigte mich am wirksamsten dadurch, daß er auf all meine Einwände sehr ernst einging und manche sogar gelten ließ. Er war mir ein vorbildlicher Lehrer, dem mein Leben lang dankbar zu bleiben, ich mir in jenen Jahren versprach. Dabei ahnte ich recht früh, daß es nicht immer leicht sein würde, denn in meiner Gegenwart äußerte er sich zuweilen ungerecht, mit geradezu grausamer Strenge über Freunde und Anhänger, gegen die er plötzlich ein Mißtrauen gefaßt hatte. In solchen Fällen war er unfähig, selbst den geringsten Einspruch zugunsten der ungerecht Verstoßenen auch nur ruhig anzuhören. Und dann mochte er mich plötzlich so feindlich anblicken, daß mir bange wurde im Gefühl, einem fremden Mann gegenüberzusitzen, sosehr hatte er sich unversehens verwandelt. Er wies mich scharf zurück, mit einer abweisenden Handbewegung, die dann zur resignierenden Geste wurde. Ich wußte, nein, ich ahnte, ich begann zu befürchten, daß er eines Tages auch über mich so vernichtende Urteile fällen und keinen Rekurs zulassen würde. Und ich vermutete, daß, während sein böser Blick auf mir ruhte, er wohl denken mochte: »Auch dieser wird mich eines Tages verraten!« Doch gleich darauf schien er es nicht mehr zu glauben, und auch ich verscheuchte eiligst alle Befürchtungen.

Daß er in den zehn Jahren unserer merkwürdigen Beziehung mich nicht als fremd empfand, obschon uns außer dem Altersunterschied von 35 Jahren seine bedeutende Position und so vieles andere trennten, lag wohl daran, daß er, der große *Errater,* herausfand und es schätzte, daß auch ich fast absichtslos, ob ich nun zuhörte oder sprach, ob ich in ein fremdes oder bekanntes Gesicht blickte, stets wie ein Jagdhund Spuren suchte und ihnen unermüdlich folgte. Also erriet er, daß ich erriet – zum Beispiel dieses: daß die Kränkung, die Freud und seine Getreuen ihm in den Monaten vor dem Bruch angetan hatten, in ihm nachwirkte, als ob es eben erst geschehen wäre –, doch war seither ein Jahrzehnt vergangen. Und welch ein Jahrzehnt ... In den Gesprächen mit mir kam er immer wieder auf jene Intrigen und Anfeindungen, auf die gezielten Mißverständnisse und tückischen Verdächtigungen zurück. Fasziniert hörte ich ihm zu – gewöhnlich war es schon die späte Nacht, wir hatten eine Stunde vorher oder länger das Stammcafé verlassen, nun saßen wir bei einem Glas Bier im »Griechenbeisl« oder in einem Kaffeehaus »mit verlängerter Sperrstunde«.

Adler mag angenommen haben, daß ich alles noch in der Nacht oder am Morgen danach aufzeichnen würde, aber ich habe nie etwas notiert, sondern mich auf das Gedächtnis verlassen. Wie alle ganz jungen Menschen habe ich ein-, zweimal ein Tagebuch zu führen begonnen, es aber schnell aufgegeben. Im übrigen wäre es später wie fast alle meine Papiere vernichtet worden – in Berlin, Wien oder Paris...

Wer seine Jugend in Wien verbracht hat, der hat's an sich selbst erlebt, welch unwiderstehliche Anziehung das Theater selbst auf jene ausüben kann, die weder Schauspieler noch Regisseure oder Dramatiker werden wollen. Wir wohnten den meisten Premieren bei, blieben unbewegt, wenn das Stück uns mißfiel, klatschten ausdauernd, wenn es uns gefiel, am meisten dann, wenn das Parkett demonstrativ apathisch blieb.

Im Herbst 1922 ließ sich ein jüdisches Ensemble, das sich Wilnaer Truppe nannte, für mehrere Wochen in der Leopoldstadt nieder. Sie präsentierte als erstes eine von chassidischem Mystizismus und Aberglauben inspirierte Tragödie, *Der Dibbuk,* die seither in viele Sprachen übersetzt und überall mit Erfolg aufgeführt worden ist. Ich sah alle Stücke, die die Wilnaer aufführten. Sie und die Vorlesung eines Dichters, die etwa um die gleiche Zeit stattfand, haben mein Verhältnis zur jiddischen Sprache völlig gewandelt.

Perez Markisch, so hieß der junge sowjetische Dichter,

der in europäischen Großstädten aus seinen Werken rezitierte; in Wien war er der Gast der *linken Poale Zion.* Diese Fraktion teilte mit der alten Partei eine Etage in einem verwahrlosten Haus nahe der Taborstraße. Zu den Rechten gelangte man durch die linke Tür, zu den Linken durch die Tür, die rechts von der Treppe zu zwei winzigen, besonders schlecht beleuchteten Räumen führte. Ich dürfte der einzige junge Mensch unter den etwa 40 Personen gewesen sein, die geduldig auf den verspäteten Gast warteten. Endlich erschien er; er trug einen vom Regen ganz steifen, modischen Trenchcoat, den er sichtlich ungern ablegte. Noch ehe die nicht enden wollende, belanglose Einführungsrede eines Parteimannes zu Ende war und er zu rezitieren begann, hatte Perez Markisch gewonnen, denn er sah genauso aus, wie jeder glaubte, daß ein Poet aussehen müßte. Es war, als hätte seine Schönheit gerade da, im verdüsternden Licht der jämmerlich schwachen elektrischen Birne, eine nicht mehr übertreffbare Vollkommenheit erreicht. Nur einen Augenblick lang verrieten seine Züge, wie sehr ihn der Anblick des spärlichen Publikums deprimierte; er meisterte die Verstimmung und sprach uns mit Worten an, die jeden gewannen, weil jeder glauben durfte, sie wären gerade an ihn gerichtet.

Ich erinnere mich nicht, ob er die Texte vor Augen hatte, doch gewiß kannte er sie auswendig. Und er trug sie vor, als ob sie gerade in diesem Augenblick entstünden. Markisch gebrauchte Wörter, die ich nicht verstand, zumeist russischen oder ukrainischen Ursprungs, wie sie sich im Jiddischen oft mit dem Germanischen und Hebräischen vermengen. Es störte mich nicht, mir war's, als müßte man diese Dichtung verstehen, selbst wenn man die Sprache überhaupt nicht kannte. Tonfall, Musik, Gebärde, der bewegte Oberkörper des Rezitators und sein in Trauer verdüstertes oder in Empörung leuchtendes

Gesicht mit den großmütigen Zügen – all das bewegte, begeisterte uns.

Er las Gedichte aus den Zyklen *Der Haufen* und *Wehland:* der erste war unter dem Eindruck der Pogrome in der Ukraine entstanden, deren Zeuge er während des Bürgerkriegs selbst gewesen war; den anderen hatte die entmenschende Hungersnot im Wolgagebiet und in anderen Teilen Rußlands inspiriert.

Perez Markisch, damals etwa 27 Jahre alt, erschien mir einzigartig; später, endgültig in die Sowjetunion zurück gekehrt, paßte er sich an und schrieb, wie das Regime es erlaubte, das Regime, das ihn zusammen mit mehr als 20 anderen jüdischen Schriftstellern aus den Konzentrationslagern nach Moskau bringen und dort am 12. August 1952 ermorden ließ.

Das höchst Eigenartige an dem jungen Dichter war, daß er mühelos ein apollinisches Lebensgefühl mit jüdischer prophetischer Klage und Anklage und einer nicht weniger jüdischen, dem Irrsinn nahen, leidgequälten Ironie so ausdrückte, daß seine Hörer den Atem zu verlieren drohten. Seinethalb begann ich jiddisch zu lesen, zuerst die neue Prosa, die ich vor allem dank der von Markisch und *Uri-Zwi Grinberg* herausgegebenen Revue *Die Chaliastre* (Die Bande) kennenlernte. Grinberg, dessen Dichtung gerade damals einen durchschlagenden Erfolg errang, begegnete ich im Jahre 1923 gelegentlich eines Kongresses in Karlsbad und ein zweites Mal in Ramat Gan, 35 Jahre später. Er hatte inzwischen das Jiddische zwar nicht völlig aufgegeben, aber er war the great old Man der hebräischen Poesie geworden. 1958 schrieb ich über ihn:

»Der Mann in den Sechzigern hat sich wenig verändert, der schlanke Körper hat die gleiche Beweglichkeit bewahrt; seine lebhaften Augen forschen im Gesicht seines Gesprächspartners nach der Zustimmung oder aber nach einer trotzig bewahrten Meinungsverschiedenheit, die er sich sofort zu bekämpfen anschickt.

Er beginnt mit dem langen Monolog eines in seiner Einsamkeit stolz verharrenden Schriftstellers, dessen Ohr sich jedem Widerhall verschließt, der nicht aus ihm selber kommt... Worauf er aus ist, das ist gewissermaßen eine lebende Mythologie. Mag sein, daß die Blasphemien seines berühmten ›Mephisto‹ nichts anderes gewesen sind als die wilden Schreie einer verzweifelten Suche nach Gott, eines unbekennbaren Heimwehs. Jetzt, 35 Jahre später, scheint er alles von einer Wiedergeburt der Mythen und der Überlieferung zu erwarten. Alles? Ja, eine Rückkehr nach Zion, die total sein soll. Aber eine Rückkehr ist niemals vollkommen. Wer wiederkommt, ist nicht mehr der gleiche, der ausgegangen war. Grinberg ist nach wie vor der Dichter des unglücklichen Bewußtseins.«

Noch bevor ich jiddisch zu lesen begann, also bevor ich die Dichtungen von Markisch, Grinberg und später von *Kulbak, Glatstein* und *Leivik* kennenlernte, hatte ich meine Wahl getroffen: kein Poet hat mir damals oder jemals später solche Bewunderung eingeflößt wie *Hölderlin.* Selbst heute kann ich seinen Namen nicht erwähnen, ohne daß sich meiner die Bewegung bemächtigt, mit der ich an ihn, an seine Einsamkeit und an sein langes Erlöschen so oft zu denken pflegte.

Baudelaire las ich zuerst in deutscher Übersetzung, auch ihm bin ich treu geblieben. Auf meinen täglichen Spaziergängen im Luxembourg mache ich oft einen kleinen Umweg zu seinem Standbild, das ihn, der berühmten Fotografie nachgeformt, als die Inkarnation des unglücklichen Gewissens den Fußgängern zeigt, die selten oder in größter Eile diesen Pfad am Rande des Gartens benutzen. Weder sein verquälter Glaube geht mich an noch der von ihm verherrlichte Spleen noch seine freudlose Erotik Nur sein Ton, seine Stimme, die ich nie gehört habe, sind mir so gegenwärtig, als verstummte aller Lärm, das leiseste Geräusch, wenn er heiser, herausfordernd, fast widerwillig seine Gedichte zu sprechen beginnt.

Wie alle, die zur gleichen Zeit jung waren, las ich *Rilke* und rezitierte gern, wenn ich allein war, Teile aus seinen Dichtungen. Fast alle kannten wir seine »Weise von Liebe und Tod« auswendig. Ich sprach auch gerne Villons Verse, die in der Klabundschen Nachdichtung unter dem Titel *Der himmlische Vagant* erschienen waren. Als ich englisch und französisch zu lesen begann, erweiterte sich für mich die poetische Welt fast ins Grenzenlose. Ich singe noch viel, wenn ich allein bin, obschon meine Stimme fast nichts mehr taugt, doch zitiere ich viel seltener. Das Gedächtnis hat, glaube ich, alle Melodien, die ich je gekannt habe, treulich bewahrt, doch nur unvollständig den Text von Gedichten. Und ich lese schon seit Jahren viel weniger Poesie. Das ist – nicht nur in meinem Falle – eines der sichersten Zeichen des Alters.

Den Sommer 1922 verbrachte ich auf einem niederösterreichischen Landgut, wo ich drei Kinder für Aufnahmeprüfungen vorzubereiten hatte. Der Hof lag weit von jeder Siedlung in einem winzigen Tal, das von recht steilen, bewaldeten Hügeln eingeschlossen war. Ich mochte meine Schüler und trieb mich mit ihnen und ihren Freunden, Kindern der Gutsknechte, viel umher. An Vorabenden, die wir gewöhnlich auf den Halden verbrachten, wurde ich häufig von einer kindlichen Sehnsucht erfaßt: Ich fand die Stimmung wieder, die die Erinnerung an Tracz erweckte, an jenes trostlose stille Dorf, in dem wir 1914 Zuflucht vor der russischen Invasion gefunden hatten.

Eine Außentreppe führte zu meinem Dachzimmer, dessen Tür ich gewöhnlich offenließ, weil durch die Dachluke nicht genug Luft eindrang und Licht. So saß ich in meinen freien Stunden vor der Tür und las. Eines der ersten Bücher, die ich aus dem Rucksack herausfischte, der Hölderlins *Hyperion.* Und es geschah mir zum erstenmal, daß eine Dichtung in mir das Gefühl eines Glücks hervorrief, das keinem andern glich. Im Städtel brachte man den Kindern bei, das Gebetbuch oder den Pentateuch, aus dem sie gerade lernten, nicht zu schließen, ohne zuvor die Lippen auf die Stelle zu drücken, mit der sie das Gebet oder die Lektüre beendeten. Ich hatte dergleichen nie getan. Doch erfüllte mich solche Liebe zu *Hyperion,* daß es mir nicht lächerlich erschienen wäre, auf das Buch einen Kuß zu drücken. Ich tat's natürlich nicht – wie man fast täglich so vieles unterläßt, nur weil es mit dem Alltag zu sehr kontrastieren würde.

Als ich wieder in Wien war, fand ich zur Prosa zurück, doch beurteilte ich fortab nicht nur Romane und Novellen, sondern auch Essays und selbst philosophische Werke nicht zuletzt nach der Fülle der in ihnen gleichsam insinuierten, eingewobenen Poesie. Dies erklärt, warum Knut Hamsuns Romane für mich um jene Zeit eine unvergleichliche Bedeutung erlangten, obschon seine oft spöttische, hämisch kommentierende Prosa der Hölderlins äußerst unähnlich war. (Mein erster Vortrag über einen Dichter und sein Werk galt Dostojewski, aber mein erster in der *Internationalen Zeitschrift für Invidualpsychologie* veröffentlichter Essay war ein Versuch, die Hamsunschen Helden zu analysieren.) Auch später, als Hamsuns Sympathie für die Nazis offenkundig wurde, fuhr ich fort, jede Zeile, die er veröffentlichte, mit größtem Interesse zu lesen: *»Endlich würde er die weißen Nächte erleben, die er aus den Büchern des großen Norden kannte, dachte Dojno. Seit mehr als 40 Jahren plagiierte sich der alte norwegische Dichter, erzählte er immer wieder die gleichen Geschichten, in denen es politische Pointen von unvorstellbarer Dummheit gab. Aber in Dojno, den seine Bücher begeistert hatten, als er noch sehr jung war, stieg eine tiefe Dankbarkeit auf, sooft er an den alten Mann dachte.«*

Die Erinnerung an das Unglück Hölderlins und an die

Jahrzehnte seiner Umnachtung berührt mich auch heute noch so, als wäre ich Zeuge seines Untergangs gewesen. Solch sentimentale, bizarr intime Beziehung zu einem, der seit 130 Jahren tot ist, mag abstrus erscheinen. Um so mehr, als er nicht der einzige Tote vergangener Zeiten ist, der »in mir wohnt«. Die Erklärung ist recht einfach: Sehr früh stellte man mich in den *Zeit-Raum,* der alle Kinder Israels verbinden soll, indes sie im geographischen Raum seit Jahrtausenden voneinander getrennt, »zersät und zerstreut« sind. Die linear verlaufende, banale Zeit war für mich stets die der Individuen. Sie bezog, so lehrte man mich, ihren Sinn aus dem Zusammenhang, aus dem Platze, den sie im Zeit-Raum gewann. Nicht nur jene Ahnen, die Weggenossen Mosis waren, hatten am Fuße des Berges Sinai die Zehn Gebote angenommen, sondern alle, die nachher kamen: wir, auch ich, wir alle, die noch Jahrtausende warten mußten, ehe wir auf die Welt kommen durften – wir waren dabei und unsere Urenkel werden dabei gewesen sein. Im Zeit-Raum bildet das Vergangene einen Teil des Gegenwärtigen, das Gewesene bleibt und wird mit jeder neuen Gegenwart unmittelbar benachbart sein.

»Wir werden zu den wandelnden Friedhöfen unserer ermordeten Freunde werden, ihre Leichentücher werden unsere Fahnen sein.«

Als mir, am Ende eines Romans, diese Worte aus der Feder flossen, die ein Kommunist ausspricht, der verzweifelt ins Nichts springt, um Stalins Verbrechen nicht gutheißen zu müssen – als sich mir dieses Bild aufdrängte, fragte ich mich nicht, ob die eigene Trostlosigkeit sie mir eingegeben hatte. Als ich sie aber, einige Jahre später, in eine andere Sprache übersetzt wiederlas, da wußte ich auf einmal, daß ich das jüdische Zeitraum-Erlebnis im Sinne des *unglücklichen Bewußtseins* verbildlicht hatte: Nicht nur am Sinai haben wir uns alle die erdrückende Bürde der

Gesetzestafeln aufgeladen, nein, noch heute fallen wir unter den Wällen des von Nebukadnezar zerstörten Jerusalem, sitzen wir weinend an den Wassern Babylons, sterben wir wieder in dem von Titus eroberten Jerusalem und später in Massadah, verbrennen wir in den Autodafés Spaniens und ... und ... und ... Nach so vielen Toden werden wir zu wandelnden Friedhöfen und unsere Fahnen zu Leichentüchern. Welch eine Intimität mit dem Tode. Nicht mit den Toten, sondern mit den dem Tode durch Erinnerung und Identifizierung immer wieder aufs neue entrissenen Vorfahren.

Je älter man wird, um so näher rückt man den fernen Generationen. Lange Zeit habe ich mich mit den intellektuellen und politischen Strömungen des achtzehnten Jahrhunderts in Deutschland und Frankreich beschäftigt, besonders seit 1937, nach meinem Bruch mit der kommunistischen Bewegung. Aber erst jetzt, als älterer Mann, werde ich retroaktiv der Zeitgenosse von Menschen, die vor zwei Jahrhunderten jung gewesen sind. Diese Annäherung an die Besiegten der Vergangenheit, die sich genau in dem Maße vollzieht, in welchem die zeitliche Entfernung wächst, ist ein psychologisch erklärlicher Vorgang, doch bleibt er zumeist auf den engen Bereich individueller Erlebnisse beschränkt. Wer von Kindheit an dazu erzogen wurde, sich einem Zeit-Raum zugehörig zu fühlen und wohl auch deshalb schon in seiner frühen Jugend darauf versessen war, ein historisches Bewußtsein zu erlangen, den treibt dieser Annäherungsprozeß weit über die eigene Vergangenheit hinaus.

Wieder einmal kam alles zusammen, blieb unvermengt, denn ein jedes fand seinen Platz in meinem Zeit-Raum: die Individualpsychologie und die Zusammenkünfte mit Adler und seinem stetig wachsenden Kreis; die Poesie, die Entdeckung der jiddischen Dichtung und die Wilnaer

Truppe; die Symphoniekonzerte, in denen man, noch immer auf Stehplätzen, vor allem Beethoven und Gustav Mahler lauschte; die Vorlesungen von Karl Kraus und schließlich die Fußballmatchs.

Die revolutionäre Welle begann abzuebben, die KPD bereitete eine allgemeine Erhebung vor, doch kam es nur zu lokal begrenzten Aktionen, die schnell niedergeschlagen wurden. Die Konterrevolution machte Fortschritte, in manchen neuen Staaten lösten nationalistische Diktaturen die demokratischen Regierungen ab. Der italienische Faschismus bot sich den verelendeten kleinbürgerlichen Schichten, den Bauern und dem Lumpenproletariat als ein nachahmenswertes Beispiel an.

Ohne dessen gewahr zu werden, löste ich mich allmählich von der Politik ab. Das kommunistische Rußland hatte die NEP eingeführt, den privaten Sektor neu zugelassen und offiziell gefördert; das veränderte die dortige Situation nicht nur wirtschaflich, sondern auch sozial, jedoch nur für eine kurze Zeit, für die Dauer einer notwendigen Atempause, hieß es. Das glaubten wir durchaus, doch interessierte uns die Sowjetunion nicht mehr so wie früher, obschon — und vielleicht gerade weil — um jene Zeit schlechthin alles, was russisch war, Mode wurde im Westen. Dies sowohl wegen der siegreichen Oktoberrevolution wie auch umgekehrt dank der konterrevolutionären Emigration. Der *Chor der Donkosaken,* das Kabarett der *Blaue Vogel,* Ballette und Theatertruppen, Rezitatoren, Sänger und Virtuosen traten überall mit größtem Erfolg auf. Russisch, rot oder weiß, war Trumpf. Man mußte den nach einer Novelle von Tolstoi gedrehten Film *Polikuschka* sehen, der, sagte man, mitten im Bürgerkrieg von hungernden und frierenden Künstlern unter unvorstellbar schwierigen Umständen hergestellt worden war; ebenso bewunderte man die revolutionären Plakate Majakowskis und las die Manifeste des Dichters und *Die*

Zwölf von Alexander Blok sowie viel anderes, was, glaubten wir, die Überlegenheit der von der Revolution inspirierten Kunst bewies.

Ohne irgendwelche politische oder ideologische Begründung lehnten wir das Amerikanische ab – in der Kleidung, im Gehaben, in Musik und Tanz. Wir kannten von der amerikanischen Literatur Walt Whitmans *Grashalme*, die wir gerne rezitierten, die Bücher Mark Twains und jene Werke von Upton Sinclair, die den Leser schaudern machten vor den amerikanischen Zuständen. Einige Jahre später sollten die Prozesse der jungen Neger von Scottsborough und bald danach der Prozeß Sacco und Vanzetti in uns eine extreme Verbitterung gegen die herrschenden Schichten der USA hervorrufen. Diese Gegnerschaft wurde durch die Lachstürme, die Charlie Chaplin und Buster Keaton und andere Filmkomiker auslösten, keineswegs gemindert, aber durch Dreisers *Amerikanische Tragödie* und Sinclair Lewis' *Babbitt* bedeutend verschärft.

Die merkwürdige Mischung von rebellischer Verachtung gegenüber der Gesellschaft einerseits und von kulturellem Konservatismus anderseits fand ihren bald pathetischen, bald satirischen, stets polemischen Ausdruck vor allem in einer Wiener Zeitschrift von unbestimmter Periodizität: in der *Fackel*, die, als ich sie – im Jahre 1920 – zu lesen begann, ihren 24. Jahrgang abschloß. Ich dürfte ihren Herausgeber, Karl Kraus, als Vorleser und Coupletsänger, genauer als ein »Einmann-Ensemble« im Jahre 1921 gesehen haben. Der Zufall fügte es, daß er gerade an jenem Tag seine »magische Operette« *Literatur oder Man wird doch da sehen* zum erstenmal seiner Hörerschaft präsentierte. Die Anwesenden quittierten jede Pointe und Replik mit einer Begeisterung, die zuerst meine Verwunderung erweckte und schließlich meinen Widerwillen erregte. Mit schülerhaftem Übereifer taten die Krausianer dem Meister und einander kund, daß sie all seine Anspielungen verstanden und willig waren, über jede zu lachen, die an ihren Spott appellierte.

Ich ahnte bald, daß ich kein guter, kein geschulter Zuhörer war in diesem Kreise. Zum Unterschied von meinen Sitznachbarn wußte ich nicht einmal, daß der Ort der Handlung dieser seltsamen Operette das berühmte Café Central war. Ich vermutete nur, daß Franz Werfel gemeint war und erriet nicht die Identität der anderen Schießbudenfiguren. Ich kannte ja kaum das Milieu jener Wiener jüdischen Bürger, deren Familien seit mehr als einer Generation in der Hauptstadt niedergelassen waren. Karl Kraus, der als Kind mit seinen Eltern aus einer böhmischen Kleinstadt eingewandert war, kannte bis ins letzte Detail Sprache, Wort und Tonfall und die hektischen Gebärden, die in diesen Familien, also auch in seinem Elternhaus, üblich waren. Die Figuren seiner Operette wandten sie in einer Art an, die jede von ihnen in eine Spottgeburt verwandelte.

Gewiß, es gab viel Witziges in der Operette, unter anderen Umständen hätte ich in das Gelächter eingestimmt. Doch saß ich da, erfüllt von einem Mißbehagen, das ich überwand, als ich mitten im unzähmbaren Gelächter zu entdecken glaubte, was andere lange vor mir gewußt hatten: daß Juden seit ihrer Emanzipation in West- und Mitteleuropa, seit dem 19. Jahrhundert also, auf der mißglückten Flucht vor dem Judesein im Selbsthaß eine Zuflucht suchten.

Die zweite Schrift, die der junge Karl Kraus veröffentlicht hatte, »Eine Krone für Zion«, war ein Manifest zugunsten der radikalen Assimilation gewesen; wenige Jahre später hatte er sich taufen lassen. Nicht katholischer Glaubenseifer hatte ihn dazu bewogen, sondern das gebieterische Bedürfnis, von seiner furchtbaren Krankheit geheilt zu werden: von seiner Un-Zugehörigkeit zur Welt der Anderen.

Ich bewahrte lebhaftes Interesse für alles, was Kraus schrieb, und das bis zu den letzten Zeilen, die er vor seinem Tode veröffentlicht hat. Ich bewunderte vieles an ihm und empfand tiefen Respekt vor seinem Mut, den er in schwierigen Situationen auch dann aufbrachte, wenn er kaum auf wirksamen Beistand hoffen durfte. Er war ein unvergleichlicher Polemiker, zuweilen ein Prophet biblischer Art. Er hatte Mut zu allem, nur nicht zum Judesein ...

Gleich so vielen Schriftstellern gerate ich, während ich an einem Buch schreibe, zumindest einmal unversehens in Schwierigkeiten. Mehrere Tage müssen vergehen, ehe die bestimmende Ursache dieser Behinderung offenbar wird. Die körperliche oder seelische Müdigkeit des Schreibenden, die Nachwirkung einer Entmutigung, einer deprimierenden Begegnung oder schließlich ein bedrohliches politisches Geschehen — aus alldem kann man Erklärungen dafür ableiten, daß man ins Stocken geraten ist. Man will nur verschnaufen, sagt man sich, den Blick in die Ferne schweifen lassen, wie man es zuweilen während einer mühsamen Bergtour tun muß.

Nicht aus äußerlichen Gründen unterbricht man das Schreiben, sondern weil man plötzlich des Weges nicht mehr sicher ist und nicht des Ziels, zu dem man hinstrebt, vor allem aber, weil man dem sonst so verläßlichen Kompaß nicht mehr traut; man verdächtigt die Magnetnadel, daß sie »den Norden verloren« hat, wie es der Franzose von jemandem sagt, der sich nicht mehr zurechtfindet. Es ist, als ob man sich selbst in einen Hinterhalt gelockt hätte und aus der Sackgasse nicht hinaus, nicht zurückfände. Solche Streiche spielen manchmal Romanfiguren dem, der sie ersonnen hat, jedoch nur dann, wenn er selbst sie auf einen Abweg gebracht hat.

Ich nähere mich der Mitte dieses autobiographischen

Buches und mache halt. Was ist denn Beunruhigendes daran? Ich lese, als wären sie völlig neu für mich, die vorhandenen Seiten langsam durch, mit jener pedantischen Aufmerksamkeit für das Unwichtige, hinter dem sich die Entwertungstendenz schlecht verbirgt. Aber auch mit der sachlich kritischen Überlegung darüber, was hier zu lang geraten sein mag und was dort zu elliptisch ausgedrückt ist; und schließlich mit der Erwägung, wie sich das alles am Ende zu einem Ganzen zusammenfügen wird. Schreibt man einen Roman, so findet man gewöhnlich leicht heraus, ob und wo man abgeirrt ist und wo man wieder Fuß wird fassen können. Der Romancier ist frei, einschneidende Veränderungen vorzunehmen; er ist nicht so frei, wie man denken möchte, aber freier als in den meisten Lebenslagen und geradezu selbstherrlich im Vergleich mit jenem, der sein eigenes Leben erzählt.

Was sollte leichter sein, als den Weizen von der Spreu zu sondern – das Belangreiche, also Nachwirkende, von dem Unwichtigen, Zufälligen, Folgenlosen zu unterscheiden? Der Romancier ersinnt Erlebnisse und Geschehnisse und stellt sie in einen Zusammenhang, in dem sie sich wie Ursache und Wirkung verbinden. Er schaltet fast alles aus, was für sein Vorhaben unnütz ist. So verwendet er souverän das von ihm allein mehr oder minder bewußt und planmäßig erwählte Ausleseprinzip. Was er nicht ins Licht hebt, ist nicht, war nie, wird nie sein. Für den Autobiographen gilt dies natürlich auch, aber er ist belagert, umzingelt, umdrängt von so vielem, das bleibt, auch wenn er es unerwähnt gelassen hat. So kommt er zuweilen kaum vorwärts, weil Vergangenes, das er hinter sich lassen will, als ob es nie gewesen wäre, sich an ihn heftet und sich nicht abschütteln läßt. Und es ist unwichtig, daß es außer in seinem Gedächtnis nirgends eine Spur hinterlassen hat.

In jenem Sommer, den ich als »Hofmeister« auf einem Landgut verbrachte, tauchte eines Abends K., ein Freund aus dem Schomer, auf. Er war um einige Jahre älter als ich, ein großgewachsender Bursche, in dessen hellgrauen Augen sich Staunen verriet und Güte; sie schienen zu erlöschen, sooft K. sich in einer schwermütigen Nachdenklichkeit verlor. Er war ein Wanderer und mochte zuweilen glauben, daß sich seine langen Beine auch ohne seinen Willen in Bewegung setzten, immer auf dem Wege zu einem *Nicht-Hier,* das sie schleunig wieder verließen, sobald es sich in ein *Hier* verwandelte. Er aber glaubte, daß es ein *Dorten* gibt, das niemals *Hier* wird. Er glaubte auch, daß er eines Tages von dem Mädchen, das ihn stets brüsk abwies, doch geliebt werden würde, weil es, wie er meinte, »ganz unmöglich ist, daß eine wahrhaft große Liebe unerwidert bleibe«.

Wir trafen einander oft in Parks, vor allem im Augarten; auch während des späten Herbstes und während der Wintermonate zog es uns hin. Wir gingen stundenlang auf den vereinsamten Pfaden hin und her, unter den nackten Zweigen, unter den eingeregneten oder eingeschneiten Bäumen. Seine Art zu erzählen war bäuerlich: bedächtig, umwegig, zähflüssig. Er hatte Humor, zeigte ihn aber nur dort, wo er am wenigsten zu passen schien.

K. war mir ein treuer Freund; wir sprachen über alles miteinander, doch nie über seine Ratlosigkeit, die Ziellosigkeit, der er kein Ende setzen konnte, obwohl es Zeit war, daß er sich für einen Beruf entscheide und für ein Mädchen, das ihn lieben wurde.

Und nun war er plötzlich da, er hatte sich nicht angesagt und er verriet nicht, weswegen er gekommen war. Er würde vielleicht einige Tage bleiben, sagte er, doch blieb er nur die Nacht. Ich wußte nicht, ob ihn eine Erwartung zu mir gebracht hatte, die enttäuscht worden war. Es war noch früher Morgen, als er seine Sachen in die beiden

Brotsäcke packte. Der Regen würde sicher noch den ganzen Vormittag anhalten, auch deshalb sollte er wenigstens bis nach dem Mittagessen bleiben, bat ich ihn. Nein, er bliebe ja so gerne, nach dem so guten Gespräch, mit dem wir ein gut Teil der Nacht ausgefüllt hätten, aber er müßte weg, zurück nach Wien, sofort.

Ich sah ihm nach, wie er im strömenden Regen auf der lehmigen Straße mühsam ausschritt, und ich wiederholte immerfort die ersten Zeilen des Liedes: »In diesem Wetter, in diesem Braus, nie hätte ich gelassen die Kinder hinaus.« Sooft ich seither Mahlers *Kindertotenlieder* singen hörte, immer tauchte vor mir das Bild auf und immer erweckte es in mir jenes sonderbare Gefühl der eigenen Hilflosigkeit, das uns heimsucht, sooft wir uns als unfähig erweisen, dem zu helfen, dem wir unbedingt beistehen möchten.

Sieben Jahre später tauchte K. ebenso unerwartet bei mir in Berlin auf. Er hatte inzwischen einige Jahre in Palästina verbracht und war nun nach Europa zurückgekommen. Um dazubleiben oder nach einigen Monaten in seinen Kibbuz zurückzukehren? Ich weiß es nicht. Gleich nach seiner Ankunft überreichte er mir ein großes Paket mit Fotos, die er auf seinen Wanderungen in Palästina und Ägypten aufgenommen hatte – Landschaften, wie ein Mann sie sieht, der ganz allein durch die Welt wandert, der Wüstenhügel, ausgetrocknete Flußbetten und Oasen aus der Ferne erblickt und sie viele Minuten oder Stunden lang nicht aus den Augen verliert, ehe er sie endlich erreicht. Im Wust der Fotos, die mir zufällig geblieben sind – die meisten sind zwischen 1933 und 1941 vernichtet worden –, finde ich noch einige von jenen, die mir K. gebracht hat. Er hätte mir so viel zu erzählen, erklärte er, noch ehe er über die Schwelle trat. Im Verlauf der Tage, die er bei uns blieb, setzte er oft wieder an, aber ich hatte keine Zeit; selbst bei Tisch bot sich keine Gelegenheit zu diesem Gespräch, denn fast immer waren Gäste da, denen ich mich widmen mußte.

So handelt es sich in diesem Fall wohl nicht um eine Gedächtnislücke, sondern darum, daß ich damals gegenüber K. in einer unvorstellbaren Weise, ohne es selbst zu merken, versagt und die Hoffnungen enttäuscht habe, derethalb er vielleicht die weite Reise unternommen hatte. Man ließ es ihm an nichts fehlen, natürlich. Man bot ihm das hübsche Gastzimmer, Theater, Kino, auch etwas Geld und am Ende eine Fahrkarte. Ich versagte ihm nichts von alldem und blieb ihm gerade das schuldig, worauf es ihm allein ankam. Daher erfuhr ich nicht, weiß ich nicht, warum er gekommen war, was er von mir erwartete. Und als er uns wieder verließ — wußte ich da auch nur, wohin er ging, zu wem, welchen Gefahren entgegen? Ich blickte ihm nicht nach. »In diesem Wetter, in diesem Braus ...«

Hätte ich K. nicht erwähnen müssen, als ich vom sommerlichen Landaufenthalt sprach? Und ist es notwendig, diese Berliner Episode zu erwähnen, nötig im Sinne meiner Autobiographie? Oder um außerhalb jeder chronologischen Ordnung die jedenfalls zu spät auftretenden Gewissensbisse schnell zu bewältigen? Diesen moralischen Verdacht muß ich gleicherweise verstärken und abschwächen: Während der 45 Jahre, die seit K.'s Abreise verstrichen sind, habe ich keinen einzigen Versuch unternommen zu erfahren, wie es ihm seither ergangen ist, wie er durch die schwere Zeit hindurchgekommen, ja ob er überhaupt noch am Leben ist. In der Tat hat ihn nicht ein Schuldgefühl, sondern »die Logik des Schreibens« wieder in mein gegenwärtiges Leben zurückgebracht. Einer Melodie, eines Tonfalls wegen: »In diesem Wetter, in diesem Braus, nie hätte ich gelassen die Kinder hinaus.« (Ich zitierte es übrigens oft falsch: »Nie hätte ich sollen lassen ...«)

In der Tat könnte ich jedem meiner Romane und Essays einen bestimmten Satz oder einen Satzteil voranstellen, der nur mir das beherrschende Motiv des Werkes anzeigt. Die Worte, die ich in der Kindheit so oft psalmodieren hörte: *»Lo hamethim jehallelu – Jo, welo kol jordé duma* – Nicht die Toten werden Gott loben und nicht, die ins Schweigen hinabsteigen«, diese Psalmzeile wurde mir zum Kehrreim während der Jahre, in denen ich die Trilogie *Wie eine Träne im Ozean* schrieb. Shakespeares »All our yesterdays...« begleiten mich wie ein Refrain, besonders eindringlich aber, seit ich diese Autobiographie schreibe.

Nichts Erheiterndes an diesen Schlüsselworten oder gar an Rückerts *Kindertotenliedern.* Und nichts an Hölderlins »Doch uns ist gegeben, / Auf keiner Stätte zu ruhen, / Es schwinden, es fallen / Die leidenden Menschen / Blindlings von einer / Stunde zur anderen...« Doch handelt es sich nicht um sie, sondern jeweils um eine Musik, um winzige Melodien – sie sind Bojen gleich, die anzeigen, wo wir, zu weit ins Meer hinausgefahren, Schiffbruch erlitten haben.

Ich dachte nicht daran, Schriftsteller zu werden. Ich veröffentlichte meine ersten Artikel unter einem ausgeklügelten Pseudonym, das aus den Silben der Namen einiger Narodniki zusammengesetzt war. Dem ambitiösesten dieser überladenen Texte, die in etwa tausend Worten alles, ja alles Wichtige enthalten sollten, gab ich einen Untertitel, der seinen pathetisch-ironischen Charakter betonte. Keinem meiner Freunde habe ich von diesen Artikeln erzählt oder je das Pseudonym gelüftet. Und keinem habe ich mein erstes großes Manuskript zu lesen gegeben – eine Erzählung von etwa 180 Seiten, die ich als Novelle bezeichnete; ebensowenig zwei längere Romane, die der damals bekannte, kluge Journalist Leo Lederer von seiner Sekretärin abtippen ließ. Albert

Ehrenstein, der unvergessene Autor der seinerzeit berühmten Erzählung *Tubutsch,* las meine Romane und sandte sie mit einer Empfehlung an einen kleineren deutschen Verlag, der sie annahm. Nicht von mir, sondern von Ehrenstein erfuhr es Adler, der mich tags darauf warnte: »Wenn Sie schon jetzt eine literarische Karriere anfangen, dann werden Sie nie ein Psychologe sein.«

Ich war damals neunzehn Jahre alt und stand in der Gunst des Meisters, der mich ermutigte, Kurse zur Einführung in die Individualpsychologie zu geben, die sich dann in Arbeitsgemeinschaften verwandelten. Adler übergab mir überdies Fälle von Kindern und Jugendlichen, recht schwierige, überaus lehrreiche Grenzfälle, denen ich sehr viel Zeit widmete. Ich schrieb, weil ich mich dazu gedrängt fühlte, ich liebte die Literatur, doch besessen war ich damals nur von der Psychologie.

Als ich mich nach einer schlaflosen Nacht damit abfand, meine Romane vorderhand nicht zu veröffentlichen, erfaßte mich die Trauer dessen, der um einen Toten klagt, den zu retten er nicht alles getan hat. Nach wenigen Tagen jedoch faßte ich mich wieder – ich hatte beschlossen, mit 35 Jahren die Psychologie aufzugeben und Schriftsteller zu werden. Das lag in weiter Ferne – eine fast so lange Zeit zu warten wie die, die ich bereits gelebt hatte. Ich blieb einige Tage vom Café Siller fern, wo Adler seinen Stammtisch hatte, wanderte durch die Straßen abgelegener Bezirke, saß in Parks, die ich kaum kannte. Ich war unglücklich, wollte es aber geheimhalten, weil ich keinen wahren Grund dazu hatte und kein Recht darauf. Und ich tröstete mich immerfort mit einem einzigen Gedanken, mit einer Jahreszahl: 1941.

Eine Erinnerung aus jener Zeit ist nie verblaßt: während einer Woche oder länger arbeitete ich zusammen mit anderen jungen Leuten in einem Landhaus bei Klosterneuburg. Eine große Zahl von Kindern im Alter zwischen 5 und 14 Jahren waren dort provisorisch untergebracht worden; sie alle waren verwaist, ihre Eltern waren von Soldaten der ukrainischen Armee des Hetmans Petljura massakriert worden. Ein älterer Mann, auf dessen Namen ich mich leider nicht mehr besinnen kann, suchte in den verwüsteten Städteln und Städten wie Proskurow die verschreckten, verhungernden Kinder aus, sammelte sie in Transitlagern und brachte sie schließlich nach Palästina. Er begleitete selbst jeden der Transporte, mobilisierte in den Großstädten, wo er haltmachte, materielle und pädagogische Hilfe. Es schien, als hatte er das Fürchten verlernt; ihn erinnerte der Anblick der Kinder daran, daß er kein Recht hatte, mutlos zu werden. Zur Einführung erklärte er uns: »Denkt nie an die furchtbaren Erlebnisse dieser Waisenkinder, wenn ihr mit ihnen seid. Behandelt sie, als ob sie hier in Ferien wären, zeigt ihnen niemals euer Mitleid. Jedes dieser Kinder hat genug Vergangenheit für ein ganzes Leben; sie brauchen Zutrauen zur Gegenwart und Hoffnung auf die Zukunft. Den Vater, die Mutter kann ihnen niemand ersetzen, aber ihr könnt ihre Freunde werden, ältere Brüder und Schwestern.«

Es war leicht, mit den Kindern, den kleineren wie den größeren, fröhlich zu sein, zu spielen und zu tanzen; den Schauer des Erlebten schienen sie vergessen zu haben. Doch nachts riß das Unvergessene viele aus dem Schlaf, aus dem sie mit Angstschreien auffuhren. Am Tage empfanden es die Kinder deutlich genug, daß sie nichts mehr bedrohte, daß auch die lautesten Geräusche, die an ihre Ohren drangen, keine Gefahr ankündigten. So durften sie kindlich dahinleben, als hätte es das *Andere* nie gegeben, die Flammen der in der in der Finsternis brennenden Häuser, nie die Gewalt der plündernden Mörder noch die schrillen Schmerzensschreie; nie die Flucht ins Ungewisse und nie die Angst in der Einsamkeit, entdeckt zu werden, und die Angst, von den Eigenen vergessen, für ewig verlassen zu sein.

Nebeneinander, durcheinander, gegeneinander — für alles, ich sagte es schon mehr als einmal, für alles hatte das Leben Platz. Um jene gleiche Zeit, als sich noch immer nicht die nächtlichen Angstschreie der Pogromwaisen desaktualisiert hatten, wurden wir — einige Freunde aus dem Schomer und ich — Felskletterer. Im Sommer und im Frühherbst fuhren wir an Samstagabenden nach Payerbach-Reichenau, wo wir um Mitternacht ankamen, wanderten von dort in eines der Täler, von denen aus man zu den Gipfeln der *Rax* oder des *Schneebergs* aufstieg. Wir machten nur kurz halt, nahmen einen Imbiß zu uns, zogen statt der Goiserer die Kletterschuhe an und brachen auf, sobald die Gipfel in Schein der aufgehenden Sonne erglühten. Einige von uns erwiesen sich als gute Kletterer; nach wenigen Wochen wagten wir es, auf schwierigen und bald auch auf den schwierigsten Steigen, den sogenannten Nuller- oder Doppelnullersteigen, angeseilt zu zwei oder zu dritt, zum Plateau hinaufzuklettern.

Mein behandelnder Arzt, selbst ein erfahrener Alpinist, war der Meinung, daß zwar die Anstrengung des langen Anmarsches für mich zuviel sein könnte, mir aber anderseits die Höhenluft nur gut tun könnte. Die ermüdende Wirkung des Kletterns spürte man erst, wenn man oben angekommen war. Die Eltern, die jeden Montagmorgen in ihrer Zeitung Berichte über die zumeist tödlichen Unfälle in den Bergen lasen, waren unruhig, aber sie hatten es längst aufgegeben, meine Lebensweise zu beeinflussen. Sie blieben an Sonntagsnächten wach, bis sie meine

Schritte im Hof hörten. Manchmal trieb sie die Unruhe, mich vor dem Haustor oder an der Straßenecke abzuwarten, um mich schon aus der Ferne zu erblicken.

Solange der wahrscheinlich einzigartige Rausch der *nüchternen* Sinne währt, den dem Felskletterer sein lebensgefährliches Tun verschafft, bleibt die gesicherte Welt in die Ferne entrückt, unerheblich, unbeachtlich. Ich hatte mir sehr früh gelobt, nicht »für nichts«, sondern für etwas Sinnvolles zu sterben und deshalb frivole Todesgefahren zu meiden. Doch sooft sich eine Gelegenheit bot, einen Tag in den Felsen zu verbringen, vergaß ich das Gelöbnis. Nein, auch in späteren Jahren habe ich mir keine Vorwürfe deswegen gemacht, daß ich mit meinen Kletterpartien allwöchentlich meinen Eltern soviel Kummer bereitete. Seit meiner Kindheit kannte ich die Qual des ängstlichen Wartens auf die Wiederkehr eines geliebten Menschen und nahm dennoch nicht die geringste Rücksicht darauf.

Im Rahmen eines vom Jugendamt organisierten Zyklus von Kursen zur Ausbildung von Gruppenführern der jüdischen Jugendbewegung hielt ich eine Reihe von Vorträgen über die Beziehung zwischen dem Einzelnen und der Umwelt, der organisierten Gemeinschaft, etwa einer Jugendgruppe. Die Probleme, um die es da ging, haben übrigens nie aufgehört, mich zu interessieren. Meine Hörer waren junge Menschen zwischen 16 und 19 Jahren, die von ihrer Organisation delegiert worden waren. Mit etwa vierzig von ihnen fuhr ich im Sommer 1923 nach Karlsbad, wo sie sich dem Zionistenkongreß als Ordner zur Verfügung stellten.

Ich hatte früh aufgehört zu glauben, daß der Zionismus – selbst wenn ihm die Errichtung eines jüdischen Staates gelänge – je die Judenfrage lösen könnte. Was ich aus den Millionen Worten, die man auf jenem Kongreß zu hören bekam, entnehmen konnte, änderte nichts an dieser Überzeugung. Es schwächte aber auch nicht meine Bewunderung für jene ab, die in Palästina unter den schwersten Bedingungen eine neue Lebensart für sich selbst schufen und Stück um Stück ein Asylland für die Verfolgten und Vertriebenen dem Sumpf, dem steinigen Boden und der Wüste entreißen wollten. Sooft ich an diese jungen Menschen dachte, die ja meinesgleichen waren, mußte ich mich des Gefühls erwehren, daß ich versagte, wenn ich mich ihnen nicht zugesellte. Aber selbst in solchen Augenblicken zweifelte ich nicht daran, daß das Schicksal der Juden nicht sosehr in Palästina als in Europa und Amerika durch den Sieg des Sozialismus entschieden werden würde, der, glaubte ich, mit Riesenschritten nahte und in zehn, fünfzehn Jahren Wirklichkeit werden mußte.

In Karlsbad traf ich auch einen älteren Mann, der häufig in meine Kurse kam, wo er nichts zu suchen hatte. Er hatte sich mir schon in Wien vorgestellt, aber erst während des Kongresses, nach einer sehr langen, ermüdenden Sitzung, sprach er mich an. Er sagte mir, daß er als Kammer- oder Debattenstenograph für Plenarsitzungen und Komiteeberatungen engagiert worden war. Polyglott, stenographierte er mühelos in fünf Sprachen und mit einiger Schwierigkeit in zwei anderen. Sein Honorar war recht beträchtlich, aber nicht deswegen war er froh, daß man gerade ihn gewählt hatte, sagte er. Er erklärte, ein Zionist zu sein, aber — das unterstrich er — nicht Herzlscher Observanz. Darüber, aber vor allem in einer anderen sehr dringlichen, ja vitalen Angelegenheit, müßte er mich sofort sprechen. Als ich zögerte, wandte er sich an meine Begleiterin: »Ich sehe Sie beide fast immer zusammen. Er wird Sie heiraten und sein Leben mit Ihnen verbringen. Sie haben also Zeit, ich habe keine. Also lassen Sie mir Ihren Freund für ein Stündchen.«

»Sofort?« fragte ihn Mirjam, die, wie er prophezeite, in der Tat einige Jahre später meine Frau werden sollte.

»Ja, sofort«, erwiderte er ganz ernst. »Es ist nämlich wichtig und dringend. Zwar handelt es sich nicht um ein Geheimnis, trotzdem lassen Sie uns beide allein.« Er wehrte meinen Vorschlag, uns in ein Café zu setzen, mit einer ungeduldigen Gebärde ab. Wir ließen uns auf dem winzigen Hügel hinter dem Schulgebäude nieder, in dem unsere Gruppe untergebracht war. Im schnell verdämmernden Licht des Vorabends blickte ich dem Stenographen, der äußerst intensiv, aber langsam sprach, ins längliche Gesicht. Alles an ihm war schmal – die Stirne, die Augenbrauen, die Nase, das Bärtchen.

Die zu ausführliche präliminäre Bemerkung lief darauf hinaus, daß die Errichtung einer Heimstätte, die das ganze jüdische Volk oder die Hälfte aufnehmen könnte, vielleicht gegen Ende des Jahrhunderts, gewiß nicht früher möglich sein würde. Die Judenschaft wächst indessen stetig, behauptete er und legte mir dar, warum. Endlich kam er zu seiner *Idee,* ohne deren rechtzeitige Verwirklichung die Juden der Gefahr eines schnellen, totalen Untergangs ausgesetzt blieben.

»Warum Untergang, warum total? Alle Menschen sterben«, sagte ich, »aber wir sind das einzige Volk, das seit Jahrtausenden untergeht und doch bestehen bleibt.«

»Stimmt, so ist es bisher gewesen. Aber jetzt haben die Feinde ein Mittel, uns ohne Schwert und ohne Feuer zu vernichten. Sie können uns zum Hungertod verurteilen. Verstehen Sie mich?«

Ich sah ihn an, zögerte, ihm zu sagen, daß ich verstünde und nicht verstünde, aber er wartete gar nicht auf meine Antwort. Er legte seine Hand auf meine Achseln, sah mir tief in die Augen und rief, die zwei Silben reinlich trennend: »Pilze, Pil – ze, Pil – ze!« Dann ließ er meine Achseln so brüsk los, als ob er sie zurückstieße, näherte sein Gesicht dem meinen und flüsterte mir wie ein geheimes Losungswort zu: »Keller. In den Kellern!« Und verstummte. Ich fragte ungeduldig, aber auch unsicher geworden: »Was für Pilze, welche Keller?«

»Ein jeder Jude verfügt, auch wenn er arm ist, über einige Quadratmeter Erde in seinem Keller. Nun, das genügt, um Pilze zu züchten — jedenfalls so viele, als eine Familie braucht, um sich kärglich, aber dennoch ausreichend zu ernähren — während vieler Tage, ja sogar während mehrerer Wochen. Pilze sind nahrhaft«, wiederholte er einige Male und informierte mich, daß man sie, kalt oder warm, schmackhaft zubereiten kann. »Ich habe alles selbst ausprobiert. Ich habe auch ein Heft mit Rezepten zusammengestellt. Also?« schloß er triumphierend.

Nein, er war nicht verrückt. Gegen seine fixe Idee gab es wahrscheinlich allerlei einzuwenden, und ich wußte im übrigen gar nicht so genau was, da ich von Pilzen nichts verstand und zum Beispiel auch heute nicht imstande wäre, einen giftigen Pilz zu erkennen.

»Sie werden doch zugeben«, begann er wieder, »es ist möglich, also notwendig, daß jeder Jude in seinem Keller Pilze züchte.«

»Ja, aber ich habe ja mit alldem nichts zu tun. Warum wenden Sie sich an mich?«

»Diese Frage habe ich erwartet. Ich werde sie beantworten, auf alle Fragen weiß ich eine Antwort, auf alle.« Nach reiflicher Überlegung, erklärte er, hätte er mich ausersehen, nachdem er sich in meinen Kursen davon überzeugt hätte, daß ich auf junge Menschen einen starken Einfluß ausübte. Und um etwas Neues durchzusetzen, braucht man die Jungen, weil sie nicht durch Gewohnheit und Routine völlig beherrscht wären. »Sie sind mein Mann! Sorgen Sie sich nicht, lassen Sie sich alles durch den Kopf gehen, und Sie werden einsehen, daß Sie diese Aufforderung nicht ablehnen dürfen.« Ich wollte ihm widersprechen, er ließ mich nicht zu Worte kommen. Erst in Wien sollte ich ihm meine wohlüberlegte, unwiderrufliche Zustimmung geben, und gleich danach würde er mir den Plan darlegen, den er zur totalen Mobilisierung erst einmal aller europäischen Juden ausgearbeitet hatte.

In der Tat suchte er mich mehrmals am frühen Morgen bei mir zu Hause auf oder fing mich an Straßenecken ab. Es wollte mir nicht gelingen, ihn davon zu überzeugen, daß er auf mich keinesfalls rechnen könnte. Das lag nicht nur an seiner Monomanie und an seiner Einsamkeit, sondern wohl auch an seinem nicht unbegründeten Eindruck, daß er mich interessierte, daß seine Idee mir zuerst zwar lächerlich vorkam, ich aber die tragische Warnung trotzdem ernst nehmen mußte. Zu den Anekdoten, die ich gerne erzähle, gehörte eine Zeitlang jene, deren Held er war. Sie erheiterte meine Zuhörer und natürlich mich selbst. Seit langer Zeit habe ich sie jedoch nicht mehr erzählt – seit ich erfahren habe, daß meine Großmutter Fejgy verhungern mußte, weil die Nazis vergessen hatten, die alte Frau ins Vernichtungslager zu deportieren, als sie die ostgalizische Stadt Kolomea judenrein machten. Und weil die Nachbarinnen, statt sie zu ernähren und sich so selbst zu gefährden, darauf gewartet hatten, daß die kranke Greisin endlich zu rufen, zu atmen aufhören sollte.

Was aus dem Stenographen geworden ist, weiß ich nicht; ich erinnere mich auch nicht, wann ich ihn das letzte Mal gesehen habe. Es geschah wahrscheinlich im Herbst 1927, kurz vor meiner Abreise nach Berlin. Der Umgang mit ihm war mir lästig geworden, wie es der Umgang mit käuzigen Erlösern immer wird. Ich habe es nie über mich gebracht, sie gleichgültig und kalt abzuweisen. Mit den Jahren bin ich sogar vorsichtiger geworden in der Ablehnung der Heilsbotschaften, die jeder von ihnen zuerst schüchtern-freundlich, bald jedoch eindringlich und schließlich zudringlich fordernd dem bringt, den er als Apostel erwählt hat. Ich habe solcher Werbung stets widerstanden und mich ihr schließlich entzogen – nicht immer leichten Herzens. Im Gegenteil, fast von jedem dieser bizarren Fälle habe ich einen, wie soll ich sagen, einen bitteren Nachgeschmack behalten, wie er dem aufsteigt, der sich damit abfinden muß, jemandes große Erwartungen brüsk enttäuscht und ihn so in seine gefährliche Einsamkeit zurückgeworfen zu haben. Wie es alle tun, lachte auch ich über Käuze, die meinen Weg kreuzten, und ärgerte mich jedesmal, wenn ich ihnen gestattet hatte, mich zu lange aufzuhalten. Aber seit langem flüstere ich mir nach jeder Begegnung mit einem von ihnen zu, daß nicht sehr viel dazu gehören würde, aus mir einen Kauz zu machen – aus mir wie aus jedem Schriftsteller, der ein Jahr oder länger tagaus, tagein Stunden damit verbringt, Worte aneinanderzureihen, die er findet, indem er sich selbst aushorcht. Und der in den anderen Stunden des Tages daran denken muß, was er geschrieben hat, was er hätte schreiben sollen und was er am folgenden Tag oder irgendwann wird schreiben müssen – all das in der unbeweisbaren Annahme, daß, was er da zu Papier bringt, andere, völlig Fremde interessieren, sie so angehen wird, als wär's ein Stück von ihnen selbst.

Zum Unterschied von jenen Käuzen lebe ich in der Mitte von Menschen, die mir sehr nahe sind. Wie sehr vereinsame ich dennoch jedesmal, wenn ich schreibe ... Auf welch' lange Wanderung durch eine verschneite Wüstenei begibt man sich, wenn man ein neues Buch beginnt. Unermüdlich sucht man unterwegs Samenkörner, entdeckt oder erfindet sie, eines nach dem andern, um sie in den Wind zu säen.

Im frühen Sommer habe ich die Arbeit an diesem Buch unterbrochen, nun ist es Herbst, mit den Strapazen, mit den Reisen muß ich Schluß machen, Begegnungen, die nicht unbedingt notwendig sind, auf später, auf den kommenden Sommer verschieben, mich wieder einkapseln und die Isolierung in einer Zelle mit einem Buch teilen, das erst werden soll.

Im Mai mußte ich nämlich wieder nach Wien, um zu Studenten über den »freien Menschen« zu sprechen und um dann mit einem Team des Saarländischen Rundfunks durch die Stadt zu ziehen und an jenen Stellen, die für mich einmal Bedeutung gehabt haben, vor Kamera und Mikrofon zu erzählen, »wie all dies geschah«. Wir kamen gerade noch rechtzeitig an, um die letzte Brandmauer meines Elternhauses und mich davor zu fotografieren; anderntags war die in jeder Etage mit einer anderen Farbe bestrichene Wand dem Erdboden gleichgemacht. Ich wurde auf der Augartenbrücke und auf dem Ufer des Donaukanals interviewt und vor dem Justizpalast, der 1927 angezündet worden war, und vor der Hofburg; im Augarten vor dem Hause, in dem Mozart und später Beethoven konzertiert hatten, und schließlich vor der Zwingburg, die die Nazis als Flakturm in der Mitte des Gartens errichtet hatten, der nun alles verschandelt, weil die Sprengung dieses Eisenbetonbaus die umliegenden Wohnhäuser schwerstens gefährden könnte.

Dann flogen wir nach Split, von wo wir nach Korčula und Dubrovnik fuhren. Während dieser Wochen machte ich eine eigenartige Erfahrung: die Erinnerungen, die die Stätten vergangener Ereignisse in mir wachriefen, waren zumeist weit weniger lebendig, weniger unmittelbar als jene, die das Schreiben in mir seit dem Tage erweckt, an dem ich begonnen habe, von »all dem Vergangenen« zu erzählen.

Nun, im Mai 1974, saß ich auf der Uferböschung des

Donaukanals, genau an der Stelle, wo wir Schomrim zahllose Nachmittage und Abende zu verbringen pflegten. Das Bild, das sich dem Blick bot, war gar nicht so verschieden von jenem, das wir damals – vor mehr als 50 Jahren – stets vor Augen hatten. Und mein Gedächtnis gab auf jede Frage, die ich ihm stellte, genaueste Antwort. Es war, als ob ein Damm gebrochen wäre, so strömte die Erinnerung auf mich zu. Doch brauchte ich sie nicht und wandte mich fast von ihr ab. Nein, sie ließ mich nicht kalt, die Erlebnisse wurden bis ins letzte Detail präsent, aber sie waren nichts als gut erhaltene Leichen. Doch 1200 Kilometer von da, mit dem leeren Blick auf die Wand des Raumes, in dem ich schreibend die Erinnerung rufe, werde ich jedesmal völlig der Gegenwart entrückt, und was einmal gewesen ist, wird aufs neue Erlebnis.

Gewiß, ich beantwortete alle Fragen, die man mir in Wien stellte, spontan, aufrichtig, ausführlich. Und darauf kam es ja an. Doch erst in Dalmatien war ich wieder imstande, das Gewesene wie im Prozeß des Schreibens nicht nur zu erinnern, sondern wieder zu erleben. Gleich am ersten Abend in Split, am schwach beleuchteten unteren Rande eines verwinkelten Platzes, stießen wir auf eine Gruppe junger Männer, die alte Kirchen- und Volkslieder *a cappella* sangen. Es waren an die acht Mann, die vor einem unbeleuchteten Schaufenster einen Halbkreis bildeten. Es störte sie nicht, daß man stehenblieb, ihnen zuhörte oder an ihnen vorüberging. Als ihr Gesang aus der Ferne leise an mein Ohr drang, war mir's, als vernähme ich ein Signal, das mich rief; in die Nähe der Sänger gelangt, hätte ich sagen mögen: »Endlich – wir sind angelangt, ich habe heimgefunden.«

Im Frühling 1932 hatte ich mit Freunden auf dem oberen Teil dieses Platzes gesessen, wir waren nach einer opulenten Mahlzeit bis spät nach Mitternacht zusammengeblieben. Die Zeit sollte nicht verfließen, viele Stunden in einem einzigen, unveränderlichen Augenblick enthalten sein. In ihm war alles eine Gegenwart, die dem Vergangenen nichts schuldete und vom Zukünftigen nichts verlangte. Selbst die verwitterten venezianischen Löwen, die die Balkone der Patrizierhäuser des Platzes stützten, schienen seit langem dazu ausersehen, am Rande unseres Seins Dekor zu spielen.

Einer der wenigen Überlebenden, stand ich nun, fast auf den Tag genau 42 Jahre später, im Halbdunkel auf diesem Platz, die Augen bald weit geöffnet, um die Gesichter der Sänger zu erspähen, bald geschlossen, um die Gesichter der Freunde wiederzufinden. Das Gefühl, heimgefunden zu haben, war töricht, das wußte ich. Dennoch verflog es nur langsam.

Es kam in Korčula wieder, noch stärker, bewegender, mitten am hellichten Tag. Nein, ich brauchte der Illusion nicht zu widerstehen, denn ich blieb dessen eingedenk, daß es keinen Weg zurück gibt. Was Dalmatien, was insbesondere Korčula mir gewesen ist, werde ich an anderer Stelle berichten. (Mir fällt ein, daß ich der ganzen Autobiographie den Titel geben könnte: *Die ewige, die unmögliche Heimkehr.* Diese Worte haben mich wie ein unentrinnbarer Kehrreim während dieser Expedition begleitet.)

Alexander Weissberg wohnte ganz nahe der Augartenbrücke; wenn er nachmittags oder abends in die Stadt hinüberging, erblickte er unsere Gruppe auf der Böschung. Manchmal blieb er minutenlang stehen, um auf unsern Gesang zu lauschen. Viele von diesen Liedern hatte er schon öfters gehört, denn seine Familie stammte aus einem Krakauer jüdisch-bürgerlichen Milieu. Im Frühjahr 1923 stieg er eines Tages die lange Rampe hinunter, ließ sich in unserer Nähe nieder. Als es Abend wurde und wir auseinandergingen, kam er auf mich zu. Er wollte wissen, wer wir waren und warum wir da statt in einem Lokal zusammenkamen. In diesem Augenblick begann eine Freundschaft, die erst 41 Jahre später enden sollte, als Alex, schwer herzkrank, am 4. April 1964 in Paris plötzlich verstarb.

Der junge Mann, der mich da freundlich und selbstsicher ansprach, trug einen modischen Anzug, ein weißes Hemd mit gesteiftem Kragen und eine seidene Krawatte. Er hatte ein eher volles, hübsches Gesicht, eine hohe weiße Stirn über leicht gewelltem Haar und braune Augen; er war gut gewachsen und in den Schultern breiter als irgendeiner von uns. Er war ein junger Bürger in den Augen der romantischen, nicht sehr gepflegten Jugendbewegler. Mitten im Gespräch stellte er sich vor: er studierte Physik an der Universität und an der Technischen Hochschule, stand im 22. Lebensjahr, war aktives Mitglied der sozialistischen Studentenbewegung und überzeugter Marxist. En passant nannte er Sozialistenführer sowie bekannte Journalisten und Schriftsteller; sie alle schien er persönlich zu kennen. Er erriet meinen Verdacht, daß er mir imponieren wollte, und lächelte selbst darüber. Ich lachte auf, er lachte mit. Wir stiegen langsam die Brücke hinauf, er begleitete mich nach Hause, zwei Brücken weiter. Auf dem Wege trat er zweimal in eine Konditorei ein, er widerstand der Lockung der im Schaufenster ausgestellten Torten nicht. Ich war ein leidenschaftlicher Raucher; er hat nie in seinem Leben eine Zigarette angerührt.

Alex führte mich in den Kreis seiner Freunde, Bekannten und Genossen ein und wurde seinerseits in meinem Kreise heimisch. Wir diskutierten viel, zeitweise bis zum Morgengrauen miteinander und mit vielen unseresgleichen; wir alle waren wissensdurstig und sehr beredt. Von keinem hätte man sagen können, er wäre der Intelligenteste, aber in manchen Hinsichten dürfte Alex der Klügste unter uns gewesen sein. Mit seiner weit überdurchschnittlichen Fähigkeit zur logischen Fragestellung, Erörterung und Schlußfolgerung hing, so paradox es klingen mag, seine zeitweise kaum beherrschbare Spielleidenschaft zusammen. Es ging in seinem Falle nicht um Gewinnsucht und nicht um ein Streben nach Überlegenheit, sondern um einen Sieg über den Zufall, aus dem der Spieler ohne Verzug das Wahrscheinliche filtriert, um es sodann so zu behandeln, als ob es bereits Gewißheit wäre – wozu es dank seiner klugen Berechnung in der Tat werden kann. Sein Leben lang blieb Alex vom Aleatorischen, jenem Möglichen angezogen, auf das nicht nur der Kartenspieler zu rechnen wagt. Er hätte ein ganz großer Spekulant im Sinne des berühmten amerikanischen Financiers Baruch werden können, aber er wollte nicht am Reichtum der Welt teilhaben, sondern an ihrer sozialistischen Umgestaltung teilnehmen. Und eben dieses Ideal dürfte ihn davor bewahrt haben, sich im Kartenspiel unrettbar zu verlieren. Wir nannten ihn manchmal den »großen Kombinator«, nicht ohne Ironie und echte Bewunderung. Wenn wir, spät in der Nacht im Stammcafé allein geblieben, in Ruhe die Zeitungen lasen, konnte es geschehen, daß Alex mir erklärte, wie leicht man innerhalb zweier Tage ein kleines Vermögen verdienen könnte. Er sah voraus, daß zwischen bestimmten Börsenkursen in Zürich, Wien und London eine Differenz eintreten müßte, die erst 24 Stunden später ausgeglichen werden würde. Hier galt es, die Initiative zu ergreifen; die zweieinhalb Punkte konnten je nach Einsatz eine bedeutende Summe ergeben. Ich überprüfte hie und da, ob sich seine Voraussagen tatsächlich bewahrheiteten, und wußte daher, daß er sehr oft recht hatte. Es ist um so bezeichnender, daß keiner von uns je erwogen hat, daraus Profit zu ziehen.

Alex neigte dazu, seine Freunde zu überschätzen und von ihnen in Superlativen zu sprechen. Mir klang dies zuweilen wie eine ironische Übertreibung, doch fand ich bald heraus, daß ihm diese großmütige Überschätzung eine besondere Freude bereitete. All jenen, denen er mich mit der Zeit vorstellte, hat er mich rühmend angekündigt. Zur Rede gestellt, mochte er gestehen, des Guten zuviel getan zu haben, begründete es aber mit seiner Absicht, mich wirksam zu »managen«. So managte er alle, die er gern hatte, besonders eindringlich, um ihnen bei hübschen Mädchen eine günstige Aufnahme zu sichern. Er ist sein Leben lang ein knabenhaft guter, hilfsbereiter Freund geblieben, der sich von der eigenen Scharfsicht nie daran hindern ließ, gar nicht mehr junge Frauen so anzusehen, als ob sie gerad erst erblüht wären; und den oder jenen Freund für so genial zu halten, wie er ihm in früher Jugend erschienen war.

Von Alex wird in diesem Buch noch oft die Rede sein, von ihm, seinem Tun, seinem widerspruchsvollen Lebenslauf und seinem verfrühten Tod. Frei von aller Friedhofspietät, finde ich mich jedes Jahr am 4. April auf dem Friedhof von Thiais bei Paris ein, in jenem entlegenen Teil, in dem polnische Exilierte begraben sind und seit einiger Zeit, nur durch einen schmalen Pfad getrennt, auch muselmanische Kinder. So stehe ich an Alex' Grabstein, sehe seiner Witwe Sofia zu, wie sie frische Blumen aufs Grab pflanzt und dessen marmorne Platte blank putzt. Zumeist ist das Wetter milde, immer wieder wird ein Stück des perlmutterfarbenen Himmels sichtbar. Manchmal mache ich eine Handbewegung, als wollte ich die Aufmerksamkeit meines Freundes auf das rasche Wolkentreiben hinlenken, auf die impressionistischen Farben, die auch nach unser aller Tod immer wechseln und immer die gleichen bleiben werden.

Nein, die da unter der Erde modernden Knochen

gehen mich nichts an, sie sind nicht Alex. Würde er plötzlich zu sprechen anfangen, um eine unserer Diskussionen in Gang zu bringen, irgendeine gewagte These von sich geben, ich wäre nur halb erstaunt. Es könnte zu einer nicht enden wollenden Auseinandersetzung kommen, wo wir einander bald auf die Nerven gehen würden. Und wie gewöhnlich würde dies nicht einen Augenblick lang das Band lockern, das wir an einem Vorabend im Frühling 1923 geknüpft haben.

Durch Alex lernte ich zwei junge kommunistische Intellektuelle kennen, die sich nicht nur vom Oberleutnant Grimme auffällig unterschieden, jenem konfusen, peinvoll ungeduldigen Revolutionär meiner späteren Kindheit, sondern auch von den anderen Kommunisten, denen ich gegen Ende des Krieges und in den Jahren nach dem Umsturz begegnet war. Die Mitglieder der KP Österreichs und ihre aktiven Sympathisanten, die ich traf, waren marginal, genau wie diese Partei sowohl in sozialer wie ökonomischer und politischer Hinsicht am Rande der Dinge und Geschehnisse. Die Arbeiterklasse, auf die sie sich beriefen, war sozialdemokratisch, sie interessierte sich zwar für Rußland, aber keineswegs für österreichische Kommunisten. Die *Rote Fahne,* das Zentralorgan der KP, hatte zuerst einige Aufmerksamkeit erregt, aber mit dem Abflauen der revolutionären Welle in den Nachbarländern schrumpfte ihre Käuferzahl bis zur Unerheblichkeit ein. Und den jungen Mann, der das Blatt tatsächlich redigierte und fast alles, was darin lesbar und interessant war, selber schrieb, stellte mir Alex eines Abends vor: Willi Schlamm. Auf den breiten Schultern trug er einen wohlgeformten Kopf, ein einnehmendes Gesicht, in dem die Augen hinter der Brille oft heiter, belustigt aufleuchteten. Man traf einander im Café, unweit der Druckerei seiner Zeitung, im 9. Bezirk, glaube ich, also weit vom *Herrenhof,* das unser Stammcafé war. Ich begegnete Willi auch manchmal sonntags im Wienerwald und schließlich bei Alex, der in der elterlichen Wohnung viele Leute zusammenbrachte.

Etwa um die gleiche Zeit »entdeckte« Alex einen polnischen Kommunisten, den ich Rudolf Walka nennen will. Es war nicht ganz klar, ob er ein politischer Flüchtling war, der fürchten mußte, in seiner Heimat verfolgt zu werden, oder ob er, wie so viele andere polnische Juden, im Ausland studieren mußte, weil an den Universitäten seiner Heimat der *numerus clausus* praktiziert wurde.

Noch hatte Stalin seine Macht über die KP nicht völlig ausgebreitet, noch war Trotzki nicht ausgeschlossen, offene Diskussionen waren noch bis zu einem gewissen Grade innerhalb der kommunistischen Parteien möglich. Lenin war tot, doch sprach man noch immer vom Marxismus und nicht vom Leninismus; vom Stalinismus war noch keine Rede. In dieser Phase, in der Mitte der zwanziger Jahre, repräsentierten Willi Schlamm und Rudolf Walka zwei miteinander unversöhnbare Typen junger Kommunisten. Uns schien es, daß ihre Verschiedenheit hauptsächlich individualpsychologischer und überdies intellektueller Natur wäre. Wie Alex, ich und so viele unsere Freunde liebte es auch Willi, Witze zu erzählen, jüdische, doch noch öfter politische Anekdoten aus Moskau und Leningrad, Kiew und Minsk, die die Führer der Sowjetunion recht boshaft verspotteten. »Die Welt wird natürlich kommunistisch sein – in dreißig Jahren, oder – dank dem unermüdlichen Eingreifen der Bolschewiki und der Komintern – erst in hundert Jahren.« So witzelte man.

Walka blieb stets auf der Wacht, um die Linie der Partei vor jeder Kritik zu beschützen. Und er schien unfähig, irgend etwas als unpolitisch zu betrachten. Er brachte es tatsächlich fertig, einem Jungen eine *sehr gefährliche Rechts-*

abweichung vorzuwerfen, weil er mit einem Mädchen ging, das den ewigen politischen Diskussionen und insbesondere den kommunistischen Sprachklischees ganz entschieden die Liebe vorzog. Abweichungen nach rechts oder links, zentristische Versöhnlerei, ultralinke Kinderkrankheiten und vor allem kleinbürgerliche Sentimentalität – das waren die Vorwürfe, die er in jedem Gespräch mit staatsanwaltlicher Strenge gegen den oder jenen erhob. Er wurde unerbittlich, wenn er einen gefährlichen „Fraktionismus" witterte. Wir belächelten oder verlachten auch in Walkas Gegenwart die Stereotypie seiner Ausdrucksformen. Doch schien ihn das keineswegs zu stören, denn er war seiner Sache sicher und glaubte an die Macht, die hinter ihm stand. Anderseits imponierte er manchen von uns trotz alledem, denn er ließ uns vermuten, daß er direkt mit der obersten Führung der Bewegung verbunden war, in ihrem Auftrag handelte und sprach.

Es dürfte zu Ostern 1926 oder 1927 gewesen sein. Im kalten Regen trotteten wir in finsterer Nacht zu einer kleinen Bahnstation, um noch vor Tagesanbruch ein Industriedorf zu erreichen, wo am Morgen der Jahreskongreß des Kommunistischen Jugendverbandes eröffnet werden sollte. Alex und ich gehörten nicht zu ihm, hatten aber gerne die Einladung angenommen, an der Tagung teilzunehmen. Wir »latschten« auf der lehmigen Landstraße im aufgelösten Haufen dahin – etwa 40 junge Menschen, die sich die Laune durch das schlechte Wetter nicht verderben ließen. Mitten in unsere Heiterkeit fiel ein Schatten. In der Finsternis näherte sich jedem von uns ein Mann. »Paß auf«, flüsterte er, »hier heiße ich nicht Walka, hier heiß' ich Weiss.« Ich folgte ihm mit den Augen, wie er von einem zum andern ging, immer mit der gleichen Botschaft, die völlig unnütz schien, aber überaus gut zu ihm und seiner bürokratischen Konspiration paßte.

Einige Zeit später sollten wir merken, wie sehr er in der Tat der Prototyp des Kommunisten war, den die stalintreue Partei erforderte – mit der am falschen Ort falsch angewandten Konspiration, mit der Paranoia der Ketzerverfolger und der Stereotypie der pseudorevolutionären Liturgie. Übrigens hat Walka alles überlebt: Stalins Siege und Liquidationen, den Zweiten Weltkrieg, den polnischen Oktober 1956 und alles, was danach folgte. Er war Chefredakteur eines der wichtigsten Parteiblätter, ehe er in die Ecke gestellt wurde; auch mit der von der polnischen Regierung praktizierten Judenfeindschaft hat er sich wohl abgefunden und zum Unterschied von den meisten polnisch-jüdischen Kommunisten das Land nicht verlassen.

Willi Schlamm, der bei jenem Jugendkongreß eine führende Rolle spielte, trat bald aus der Partei aus, denn er war nach einem Konflikt mit der Führung in der Minderheit geblieben. Er und seine charmante Gefährtin und spätere Gattin Steffi feierten dieses Ereignis im Freundeskreise. Wir sangen alle den Refrain, den er zu diesem Anlaß gedichtet hatte: »Von jenseits der Barrikaden an recht schönen Gruß!« Keiner von uns, wohl auch sonst niemand in der Welt, hätte damals voraussehen können, was zehn Jahre später während der berüchtigten Jezhowtschina in der Sowjetunion und innerhalb der kommunistischen Parteien geschehen sollte.

Schlamm traf ich noch einige Male, eher zufällig, vor Hitlers Machtergreifung in Deutschland. Später las ich seine Artikel in der Prager *Weltbühne*, deren Chefredakteur er geworden war. Er war ein witziger Polemiker, aber vom Stil Karl Kraus' so beherrscht, daß er, dem es an Originalität nicht gefehlt hätte, nun häufig wie ein selbstvergessener Nachahmer oder wie ein Parodist wirkte.

In den vierziger Jahren suchte er mich einige Male auf. Er kam aus Amerika mit dem Projekt, eine bedeutende europäische Zeitschrift zu gründen, hinter der organisatorisch und finanziell der Herausgeber von *Time-Life*, der damals berühmte Henry Luce, stand. Der Plan scheiterte, Schlamm fuhr in die USA zurück, arbeitete an Publikationen konservativ-liberaler Richtung führend mit. Dann ließ er sich wieder in Europa nieder; als Leitartikler deutscher Zeitungen erzielte er große Erfolge und provozierte viel Widerspruch. Er vertrat und vertritt weiterhin eine extrem antisowjetische Politik, die ihm im deutschsprachigen Gebiet die gehässige Gegnerschaft nicht nur linker, sondern auch liberaler Kreise zugezogen hat. Er ist ein Einzelgänger geworden; vielleicht verbittert — ich weiß es nicht, denn wir haben seit Jahrzehnten keinen Kontakt mehr miteinander. Alex aber, der von sich aus nie eine Jugendbeziehung aufgab, traf mit ihm häufig zusammen; ihre Dispute dürften auf beide eine vorübergehend verjüngende Wirkung ausgeübt haben.

Schlamm und Walka, so verschieden voneinander, als ich zum erstenmal diesen intellektuellen kommunistischen Parteifunktionären begegnete, haben dennoch etwas Wesentliches gemeinsam: die totale Unfähigkeit, die Welt anders als im Hinblick auf den Kommunismus und im Verhältnis zu ihm zu betrachten. Und ich habe ihnen hier so viele Zeilen gewidmet, weil beide an dem gleichen überpersönlichen Beziehungszwang leiden: verfolgend und verfolgt um den Kommunismus kreisen zu müssen.

Gab es unter den sozialistischen Studenten einige, die, durch Walka beeinflußt, sich der KP näherten und für sie insgeheim warben, so gab es auch solche, wenige an der Zahl, die von einer mit der Romantik der Jugendbewegung verknüpften Deutschtümelei erfaßt wurden. Die »Kluft«, die auffällige Kleidung, mit Runen geschmückte Spangen und Gürtel, altgriechische Sandalen, die aus irgendeinem Grunde altgermanisch sein sollten, die betont verständnisinnige Art, beim Händedruck einander lang und tief in die Augen zu blicken – mit diesen Sonderlichkeiten begann es, damit endete es in den meisten Fällen. Warum sich einige dieser jungen Menschen mir immer wieder näherten, mich einluden, in ihren Kreisen zu sprechen, habe ich nie zu ergründen versucht. Manchmal, nicht oft, nahm ich ihre Einladung an; mich interessierte ihre Romantik, die sachlich etwas Künstliches, zuweilen sogar Kitschiges an sich hatte, jedoch subjektiv gewiß aufrichtig war. Einige von ihnen waren Söhne reicher Juden, die sich oder jedenfalls ihre Kinder hatten taufen lassen und auch sonst alles taten, um ihr Herkommen in Vergessenheit zu bringen. Mein selbstverständliches, selbstbewußtes Judesein dürfte eben deshalb dem einen oder andern imponiert haben. Durchaus zu Unrecht, denn ich hatte keinerlei Verdienst daran; es lag an meinen Eltern und an der Erziehung, die sie mir gegeben hatten.

Einem dieser Studenten, der übrigens am Ende doch bei den Sozialisten geblieben ist, verdanke ich eine Erfahrung und eine weitreichende Einsicht. Erst in seinem Elternhaus, einem Palast am Schwarzenbergplatz, begegnete ich dem kapitalistischen Reichtum, denn was ich bis dahin gekannt hatte, war kleinbürgerlich oder mittelständisch gewesen. Mich beeindruckten die marmornen Treppen, die Läufer und Teppiche, die vom Parkett nur schmale Ränder sehen ließen, die hohen Räume, von denen mancher größer war als unsere ganze Wohnung, die Möbel, die Gobelins und Gemälde an den Wänden – all das betrachtete ich, wenn nicht immer mit Bewunderung, so doch mit Staunen darüber, daß man so wohnen, sich also von den Dingen so einkreisen lassen konnte.

Während der Butler uns die Jause servierte, erinnerte ich mich an all die haßvollen Anspielungen auf die herausfordernde Prasserei der Reichen, von der in Broschüren und Zeitungen so oft die Rede war. In Wahrheit hatte mich diese Anklage nie beeindruckt: mich drängte zur Revolution das Elend der Armen, der Wasserträger meiner Kindheit, der Kohlengräber des »*Germinal*«, doch nicht der Überfluß der Reichen. Ich dachte und denke auch heute, daß der Klassenneid nicht ein Motiv echter revolutionärer Gesinnung ist, sondern nur jenes Verkürztheitsgefühl nährt, das die Besitzgier und die Flucht vor der eigenen Klasse fördert. Und ich habe nie jenen Genossen ganz getraut, die am beredtsten wurden, wenn in ihrer sozialen Empörung der Neid zu halluzinieren begann.

Den Verkehr mit Reichen habe ich nicht nur nie gesucht, sondern ihn stets als zu schwierig empfunden. Abgesehen vom zu großen Unterschied des Lebensstandards, der alles kompliziert, macht sich der oft beschriebene Umstand geltend, daß die Hochbegüterten sich mit dem Alltag viel schwerer abfinden als die anderen und nur Menschen brauchen, die stets neue Mittel erfinden sollen, um sie vor deprimierender Langeweile zu bewahren.

Im Adler-Kreise tauchten immer häufiger neue Gesichter auf; neben Ärzten, Psychologen und Philosophen, kamen auch sehr wohlhabende Patienten aus aller Welt. Manche blieben mehrere Monate und verschwanden dann völlig, andere kehrten häufig wieder. So ergab es sich, daß ich im Verlauf der Jahre mehreren von ihnen begegnete. In meinem Stammcafé jedoch lernte ich vor allem viele Intellektuelle kennen, von denen manche eine gewisse Bekanntheit erlangt hatten – politische Journalisten, Theaterkritiker, Schriftsteller, Maler und Musiker und schließlich »Personnagen« – Männer und Frauen, die mit dem *Da*-sein so vollauf beschäftigt waren, daß sie gar nicht die Zeit aufbrachten, auch noch etwas zu tun.

Jeder kannte diese Originale, doch wenn einer von ihnen verschwand, wurde man dessen gewahr, daß man von ihm so gut wie nichts gewußt hatte.

Frau Dr. Genia Schwarzwald war gewiß eine Personnage, sozusagen: ein Genie des *Da*-seins. Wo immer sie war, stand sie im Mittelpunkt, doch von ihr wußte man alles – sogar das einzige Detail, das sie unbedingt verheimlichen wollte: nämlich, daß sie eine Jüdin aus dem südöstlichen Randgebiet der Monarchie war. Sie hatte ein Mädchengymnasium gegründet, das man die Schwarzwaldschule nannte, und früh genug einen Kreis junger Intellektueller um sich geschart, von denen die meisten recht schnell bekannt und einige zumindest in Wien berühmt wurden. Ihr ungewöhnlich kluger Gatte, ein bedeutender Bankfachmann, half ihr bei zahllosen Unternehmungen, blieb aber im Hintergrund. Alles drehte sich um Frau Doktor, eine körperlich reizlose, zu massive, doch charmante, unermüdlich tätige Person, die zwar immer spontan handelte, aber die Wirkungen ihrer Spontaneität im voraus zu berechnen wußte. Sie hat erstaunlich vielen Menschen viel Gutes getan, sie hat notwendige Aktionen, etwa für alte Leute, für unterernährte Kinder, für mittellose oder kranke Intellektuelle und für verkannte Künstler und vieles andere in Gang gebracht, gewöhnlich mit Erfolg. In das von ihr gegründete Ferienheim für Intellektuelle in Grundlsee kam ich im Frühjahr 1924 als zahlender Gast. Das große Haus, mit Recht *Seeblick* genannt, erhob sich auf einem Hügel, der den freien Ausblick auf den See und auf die ihn umschließenden Berge bot. Selbst wenn es regnete – und das war oft der Fall –, bot sich die Landschaft in Formen und Farben wie ein in sich geschlossenes Kunstwerk dar, dessen Harmonie auch an Sommertagen so gefährdet war wie das Gleichgewicht eines Seiltänzers, der im Sturm über einen Abgrund schreitet. Riesige rote Felsenplatten drohten auf die Bauern- und Fischerhäuser zu fallen; zu bestimmten Stunden des Tages verwehrten die bewaldeten Hügel den Sonnenstrahlen, bis zum Seeufer vorzudringen. Selbst wenn der Himmel verhängt war, ging das Spiel der wechselnden Lichtströmungen weiter. Der plötzlich einsetzende und ebenso schnell aufhörende stürmische Regenguß, der phlegmatisch selbstzufriedene Landregen — jeder Wechsel verfärbte die Landschaft ebenso wie die Sonne, die an lichten Sommertagen den See in einen Spiegel verwandelte, in dem der Himmel, blau und goldfarben, zum Greifen nahe war.

Während mehrerer Jahre bin ich im Sommer, manchmal nur für wenige Tage, wiedergekehrt. Die Gelegenheit, geistvollen Menschen zu begegnen, war verlockend, mein Wunsch, mich gerade in ihren Augen zur Geltung zu bringen, blieb lebhaft, verlor aber recht schnell seine Dringlichkeit. Ein Mann wie Egon Friedell, dem Anschein nach darauf bedacht, eher Personnage als Persönlichkeit zu sein, spielte sich selbst wie eine ihm auf den Leib geschriebene Rolle; er war witzig, stets schlagfertig und so bizarr wie seine elefantische körperliche Erscheinung. Er verhielt sich genauso, wie man es von ihm erwartete, siezte laut seinen häßlichen Köter vor dem begeisterten Publikum und gebrauchte hie und da ein zu starkes Wort. Jedoch war es unverkennbar, daß Friedell ein überaus ernster, nachdenklicher Mann, ein offener, fruchtbarer Geist war, der in spöttischem Spaß nur Trost suchte und Zuflucht.

Als im Frühjahr 1938 Österreich »heimfand« ins Reich, da ging es ans Sterben. Friedell hörte die Schritte der braunen Schergen; was folgen sollte, brauchte er nicht mehr zu erleben, denn er wohnte hoch genug, um tödlich zu stürzen. Als sein schwerer Körper aufs Pflaster schlug, endete weit mehr als nur das Leben eines Schriftstellers und Schauspielers, einer Wiener »Type«, eines Helden zahlloser Anekdoten, die zur Wiener Kultur gehörten und über sie weit hinauswiesen. Dieser Freitod war eine winzige Episode des erzwungenen Untergangs einer ungewöhnlich fruchtbaren, gleichermaßen traditionellen und rebellischen Kultur, die durch eine bis zur Vollendung gelungene Dosierung heterogener Elemente möglich geworden war – und dies im Schatten eines durch Schlampigkeit gemilderten oder verschärften Absolutismus. In jenen Nachkriegsjahren, während deren Genia Schwarzwalds *Seeblick* der ideale Ort der Begegnung wurde, ahnte niemand, daß das Ende so nahe war und so mörderisch werden sollte.

Es gab allerdings nicht wenige Gäste in diesem Heim, die seit Jahren oder seit Jahrzehnten in einer Stimmung des Untergangs lebten, welche keineswegs melancholisch anmutete, sondern im Gegenteil durch eine – wie soll ich sagen – postpurgatorische Heiterkeit charakterisiert war. Zu meinen liebsten Gesprächspartnern während eines Sommers im *Seeblick* gehörte ein Mann mittlern Alters, der das beschauliche Leben eines bescheidenen Rentiers führte. Er war ein Privatgelehrter, der sich hauptsächlich für das »Kleingedruckte« interessierte, im besonderen für das unnötige und ihm desto genehmere Wissen, das einerseits verkannte oder vergessene Miniaturisten des 16. Jahrhunderts betraf und anderseits einige Erfinder von Automaten, die einmal Müßiggänger an mitteleuropäischen Fürstenhöfen amüsiert hatten.

In der Inflation war sein Vermögen zu einem Trinkgeld zusammengeschmolzen, er mußte daher seinen Unterhalt verdienen und wurde Archivar. In der großen Wohnung seiner verstorbenen Eltern blieb er ganz allein, ärmer als ein qualifizierter Fabrikarbeiter. Er hatte fünf Jahre in der Uniform gesteckt, nun trug er schonungsvoll seine Vorkriegsgarderobe ab. Er war, sagte er, niemals mit den anderen im Schritt gegangen, weil er es nicht wollte und nicht mußte; nun mußte er es zwar, doch tat er es nicht. Er beklagte nicht den Untergang des Kaiserreichs und nicht den Sturz der Schicht, der er durch Geburt angehörte.

Er interessierte mich nicht nur, weil er mir manches von seinem Wissen übermittelte und weil er nur dem Schein nach ein Oblomow, in Wirklichkeit aber ein tätiger Mensch war und keineswegs schwankend in Geschmack und Urteil. Ich begleitete ihn auf seinen langen Spaziergängen, obschon die schwedischen Junglehrerinnen, die jährlich zu einem Deutschkurs nach Grundlsee kamen, eine ganz besonders anziehende Gesellschaft waren. Ihnen zog ich oft den Archivar vor, denn in ihm begegnete ich zum erstenmal einem Menschen, der in seinem Sein beruhte, als ob die Zeit so bewegungslos wäre wie der Raum. Er behauptete, nie eine Zukunftsperspektive gehabt zu haben. Seine Verarmung schützte ihn noch viel wirksamer als der verlorene Wohlstand vor jeder Zukunftsperspektive und erlaubte ihm, seelenruhig in der Vergangenheit zu »marodieren«. An diesen Unzeit-Genossen, den ich recht früh aus den Augen verlor, habe ich öfter zurückgedacht als an die so vielen namhaften Gäste des *Seeblicks*. Er war frei von jeder Hoffnung und von aller Furcht vor der Zukunft; frei von jeglichem Ehrgeiz, frei von intensiven Gefühlen. Er dürfte der einzige Mensch gewesen sein, dem ich die souveräne Gleichgültigkeit glaubte.

16 Jahre später, im Juni 1940 – Frankreich hatte kapituliert, wir waren verloren, der letzte Rest unserer Kompanie von Kriegsfreiwilligen machte hinter Grenoble halt, endlich konnten wir eine ganze Nacht ruhen –, da tauchte die Erinnerung an den Archivar auf: an seine Figur, doch nicht an sein Gesicht, das sich mir wie in einem Nebel verbarg, an seine Gangart, seine Sprechweise, vor allem aber an seinen Gleichmut. Müde bis zur

Regungslosigkeit lag ich neben meinen schlafenden Kameraden. Ich hätte alles und alle vergessen wollen, einschlafen und lange oder überhaupt nicht mehr erwachen. Da dachte ich an diesen Meister der Indifferenz, zum erstenmal schien es mir vorstellbar, daß auch ich gleichgültig werden könnte; das allein mochte vielleicht die Rettung, die verächtliche Rettung sein.

Im Spätherbst 1925 fuhr ich nach Meran, wo ich in einer Lungenheilanstalt so lange bleiben wollte, bis ich ausgeheilt war. In der Tat war ich nun körperlich und ganz gewiß seelisch so weit: nicht nur war ich vom Willen zur Genesung wie besessen, sondern geradezu außerstande, der Krankheit weiterhin auch nur den kleinsten Platz in meinem Leben einzuräumen. Kranksein, das war: die eigene Zeit mißbrauchen, ein Irrtum, eine Verfehlung und überdies ein Unsinn – das warf ich mir vor. Bei der Liegekur auf der gedeckten Veranda hatte ich einen Nachbarn, den ich aus Gleichenberg kannte. Es war ein spindeldürrer, hochgewachsener Mann mit einem länglichen, grauen Gesicht; dieser sephardische Jude, der einem El-Greco-Bild entstiegen schien, befolgte aufs genaueste alle ärztlichen Anweisungen mit einer Feierlichkeit, als ob er damit einen sakralen Dienst ausübte. Nur während der abendlichen Liegekur handelte er ihnen zuwider: er pfiff, obschon es ihm der Arzt widerraten hatte und es ihn so sehr ermüdete, daß er nachher nur torkelnd in sein Zimmer gelangen konnte. Dank seinem ungewöhnlichen Gehör konnte er ganze Symphonien fast ohne einen einzigen Mißton zum besten geben. Wir starrten die Lichter auf dem schneebedeckten Vigeljoch an, als ob sie unseretthalb und wegen des Konzerts auf unserer Veranda leuchteten. Auch jene Patienten, denen Musik auf die Nerven ging, unterbrachen die Lektüre der Kriminalromane, sobald mein Nachbar Schuberts *Unvollendete* pfiff. Wann immer ich sie seither höre, taucht der Schnee auf den Dächern der Stadt zusammen mit den Lichtern auf dem Vigeljoch auf. Im Halbdunkel lagen wir bewegungslos da und warteten, daß die berühmten Akkorde des zweiten Themas der *Unvollendeten* wiederkehrten.

Die meisten waren jüngere Menschen, nur wenige älter als 35 Jahre oder jünger als 25. In ungeduldiger Erwartung dachten sie an das tätige Leben, in das sie zurückfinden wollten – auch darin waren sie den Patienten der improvisierten Gleichenberger Heilanstalt sehr unähnlich. Überdies kamen viele aus Siegerländern; es gab Italiener unter uns, nur wenige waren politisch interessiert. Mein Antifaschismus schien auch jenen übertrieben, die zugaben, daß die Ermordung des Sozialistenführers Matteoti ein schändliches Verbrechen war, das die gefährliche Verderbtheit der faschistischen »Retter« enthüllte. In Meran selbst spürte man kaum etwas vom diktatorischen Charakter des Regimes, aber das hatte ich schon vorher begriffen, daß der Fremde das Häßliche, Unsoziale und jede Art von Unordnung in freien Ländern, sofern es ihn interessiert, aber auch gegen seinen Willen ohne weiteres entdecken kann, indes es der Diktatur ein Leichtes ist, fast alles unsichtbar zu machen, was ihr Prestige schädigen und ihre Propagandalügen enthüllen könnte. Schon damals, Ende 1925, begegnete man dem zugunsten der Schwarzhemden vorgebrachten Argument, daß nun die Züge in Italien pünktlich abfuhren und ankamen, daß man von den Geldwechslern nicht mehr beschwindelt wurde und dergleichen mehr. Ich lehnte solche Rechtfertigung heftig ab, doch kam es selten zu Diskussionen. Die Kranken interessierten sich für ihre Krankheit, träumten von ihrer Genesung und dem nahen Glück. Es ist erstaunlich, daß ich erst damals, also mit 20 Jahren, entdeckte, daß die Mehrheit politisch gleichgültig ist oder, nach kurzen Phasen politischer Aufwallung, immer wieder in ihre

Gleichgültigkeit zurückfällt. Erst viele Jahre später sollte ich begreifen, welch ungewöhnliche Bedeutung der Gleichgültigkeit zukommt, wie sehr sie dem Terror seit jeher und überall förderlich ist.

Als ich im Frühjahr die Heilanstalt verließ, zögerten die Ärzte, mich für geheilt zu erklären, stimmten aber darin überein, daß sich mein Zustand dank der langen Kur wesentlich gebessert hatte. Am Abend vor meiner Abreise ließ ich mein Fieberthermometer so fallen, daß es zerbrechen mußte; der Hausarzt, ein traurig resignierter und humorvoller Prager Jude, der dabei war, verstand, daß es sich nicht um eine ungeschickte Gebärde oder um eine Fehlleistung handelte, sondern um eine wohlüberlegte Handlung. »Sie haben, scheint's, einstimmig beschlossen, von heute an gesund zu sein. Nun, wohl bekomm's!« sagte er. Ich könnte mir eine Krankheit einfach nicht mehr leisten, erwiderte ich. »Und ohne Thermometer wird es Ihnen ohnehin nicht gelingen, krank zu sein, das ist gewiß. Wenn Sie eines Tages Ihre pausbäckige Gesundheit anwidern sollte, so kommen Sie halt wieder her. Die Anstaltsleitung wird immer ein Thermometer und ein hübsches blaues Flascherl für Ihr Sputum bereit halten.« Der Arzt wollte nicht an meinen Genesungswillen glauben, weil es ihm nicht gelang, sich dem Meraner Glück im Winkel zu entziehen und nach Prag, in das bewegende und bewegte Leben, zurückzukehren.

Wir haben einander nie wiedergesehen; ich bin nie in die Heilanstalt zurückgekehrt, der Zustand meiner Lungen hat mich nie mehr interessiert. Die individualpsychologische Selbsterziehung erwies sich da als sehr wirksam; überdies wandte ich eine gewisse »Vorstellungstherapie« an – nicht etwa das übrigens nur scheinbar banale oder komische »Es geht mir täglich besser« des seinerzeit so berühmten Coué. Statt dieser autosuggestiven Liturgie, die unter Umständen recht wirksam sein kann, entwikkelte ich Vorstellungen, in denen ich die unmittelbare Zukunft erprobte, das heißt gewisse Haltungen seelisch trainierte. Ich rollte vor meinen Augen nicht den Film des leichten Gelingens ab, sondern im Gegenteil bildete ich überdeutliche Vorstellungen von Schwierigkeiten, von unvorhergesehenen Hindernissen, die mühsam überwunden werden mußten. Diese Methode habe ich später noch weiterentwickelt. Vor eine schwierige Alternative gestellt, habe ich die möglichen negativen Folgen im Falle der einen oder anderen Entscheidung mit schonungsloser Deutlichkeit in Betracht gezogen, mich also nicht durch optimistische Visionen, sondern im Gegenteil durch die Erwägung der ungünstigsten Hypothesen ermutigt. Ja, ermutigt, denn immer ergab es sich, daß es auch im schlimmsten Falle nicht so schlimm sein würde, daß ich seinetwegen etwas unterlassen mußte, das mir logisch, richtig, anständig und somit notwendig schien. Die gleiche Strategie der Vorstellungen habe ich auch in der Heilpädagogik und der Psychotherapie angewandt, natürlich stets im Sinne der grundlegenden Einsichten Alfred Adlers.

Da ich hier von einem Erfolg in meiner Selbsterziehung spreche und damit andeute, daß ich auch als Psychologe, Pädagoge und Therapeut mancherlei zustande gebracht habe, bemächtigt sich meiner die Erinnerung an ein immer aufs neue wiederholtes Versagen, an eine wiederholt erlittene Pein, die mich eben damals, zwischen 1924 und 1926, keinen Tag vergessen ließ, wie ohnmächtig ich sein konnte, gerade da, wo es auf eine psychologische Wirkung ankam. Y., meine damalige Freundin, war von einer Eifersucht besessen, die sie, aufs äußerste gesteigert, in Depressionen stürzte. Sie war dann unfähig, an anderes zu denken als an den Verrat, dessen Opfer sie zu sein glaubte, und an die Demütigung, die ihr durch meine vermutete Untreue ohne Unterlaß zugefügt wurde.

Gelang es mir nicht, sie sofort diesem Zustand zu entreißen, so griff sie zu jener Waffe, die nur den Feind oder die Gleichgültigen nicht ängstigt: zur Selbstmorddrohung.

Zwei Jahre lebte ich unter diesem Terror; was auch immer ich unternahm, um die Freundin vor dem Leid zu bewahren, das sie sich selbst zufügte und mir aufzwang, bewirkte nur eine Beruhigung von kurzer Dauer. Die Erfolge, die ich damals erringen konnte – sie erscheinen mir selbst jetzt, da ich nicht ohne Skepsis an sie zurückdenke, beträchtlich, ja sogar erstaunlich –, sie alle wurden in meinen Augen völlig entwertet, weil ich nicht imstande war, Y. zu helfen. Obschon ich wußte, daß Y. mit dem gleichen neurotischen Extremismus eine frühere Beziehung bereits zur Hölle gemacht hatte, konnte ich mich der Einsicht nicht verschließen, daß ich manche Krise hätte vermeiden können, wenn ich nicht dies unterlassen oder jenes getan hätte. Rückblickend erfasse ich aufs deutlichste, daß jene permanente Niederlage eine tiefe, dauernde Wirkung auf mich ausgeübt hat. Ich sollte diese Enklaven der Finsternis nie vergessen und nicht jene Enklave der Monaden-Verschlossenheit, die ich schon einige Zeit vor der Begegnung mit Y. in mir entdeckt hatte.

Ich fuhr mit einer Freundin ins Salzkammergut, das, wie das ganze Land, in jenem Winter so eingeschneit war wie nie vorher. Wir unternahmen trotzdem lange Wanderungen und stampften mit unglaublicher Mühe durch den meterhohen Schnee. Damals nun geschah's: Der Abend fiel ein, wir waren übermüdet und hätten aufgeben müssen, aber ich dachte nicht daran, denn das Ziel stand fest, wir sollten den Ort erreichen, in dem wir übernachten wollten. Ich ging voran, die Freundin hatte es somit leichter, sie brauchte nur in meine Fußstapfen zu treten. Vor einer Brücke machte ich halt, drehte mich um und erschrak: sie war nicht hinter mir. Ich ging zurück und fand das Mädchen im Schnee, sie war gefallen und liegengeblieben, hatte mich gerufen, immer wieder, und mich weiterstapfen sehen, als ob ich allein oder taub wäre. Das bestürzte mich, denn nun war's, als besänne ich mich· Ja, ich hatte rufen hören und hätte mich umwenden, umblicken sollen, hatte es jedoch nicht getan, sondern den Ruf weggescheucht, ihn wie das Summen eines zudringlichen Insekts abgewehrt. Den Ruf ungehört verhallen lassen, diesen Nichtbeantworten, dieses Nichtverantworten, das paßt doch gar nicht zu mir, dachte ich, und begriff nicht, wie es hatte geschehen können. Ich suchte dafür dramatische Deutungen, ehe ich eine relativ einfache fand, deren Gültigkeit mir erst viel später einleuchtete, nachdem ich mich – im Verlauf von Jahrzehnten – einige Male bei solchem Versagen ertappt hatte.

In Bewegung auf ein Ziel zu, wenn man von der Zielstrebigkeit beherrscht wird und gleichzeitig der magnetischen Wirkung unterliegt, mit der das Ziel uns zu sich zieht, kann es geschehen, daß riesige Scheuklappen fast jede Wahrnehmung verhindern. In einem Blackout folgt man nur jener Lichtspur, die uns dem angestrebten Punkte nähert, alles andere bleibt im Dunkel, wird von ihm verschlungen. Eine geradezu lebensgefährliche Zieltreue hat mich recht oft dazu verführt, in einer Aktion, in einer Bewegung entgegen dem gesunden Menschenverstand auch dann fortzufahren, wenn kein zwingender Grund bestand, sondern umgekehrt äußerste Übermüdung und zu große Schwierigkeiten eine Unterbrechung unbedingt notwendig machten. Ich wäre auch heute imstande, so dumm auf der Ausführung eines Projekts zu beharren wie jener Neunzehnjährige, der da, mit jedem Schritt im tiefen Schnee versinkend, keinen Augenblick erwägt, seinen Plan zu ändern, sondern im Gegenteil alle Kraft auf die Überwindung der Hindernisse konzentriert, so daß er für alles, was um ihn sonst geschieht, blind und taub wird. Schon als Fünfjähriger widerstand ich zäh der Lockung, eine zu mühsame Handlung abzubrechen: ich trug im Dampfbad meinem Vater die Scheffel kalten Wassers bis auf die höchste Stufe hinauf, dorthin, wo es am heißesten war. Davon habe ich bereits berichtet: ich wollte des Vaters Erwartungen nicht enttäuschen. Während ich von Stufe zu Stufe stieg, dachte ich nur an eine einzige Möglichkeit, wieder zu Atem zu kommen und mich des Scheffels zu entledigen: so schnell wie möglich die oberste Stufe erreichen, auf der mein Vater saß. – Mag sein, daß von daher das spätere unsinnige Verhalten herrührt.

Doch warum hat die Erinnerung daran, daß ich imstande gewesen war, den Hilferuf meiner Freundin zu überhören, so lebhaft und unangenehm mahnend in mir weitergelebt? Eine zusätzliche Erklärung ist nicht abzuweisen: Der in Not geratene und ohne Hilfe gelassene Rufer hätte ich selber sein können, könnte ich auch jetzt noch in jedem Augenblick sein. Auf den ersten Blick war es die Identifikation mit meiner Freundin, die mein Entsetzen über meine späte Hilfe hervorrief; der zweite Blick durchschaute meine Angst um mich selbst.

Einige Monate nach meiner Rückkehr aus Meran veröffentlichte ich mein erstes Buch, ein dünnes Bändchen, mit dem Titel: *»Alfred Adler, der Mensch und seine Lehre«;* es war die erste Monographie über den Begründer der vergleichenden Individualpsychologie. Im biographischen Teil verwandte ich recht ausgiebig die mündlichen Mitteilungen, die er mir über seine Kindheit, seinen Werdegang und, besonders ausführlich, über sein Zerwürfnis mit Freud gemacht hatte. Weniger als fünf Jahre waren vergangen, seit ich das erste Mal in seinen Kurs gekommen war; weder er noch ich konnte voraussehen, daß er wieder fünf Jahre später, im frühen Herbst 1932, mit mir brechen würde.

Der erste Satz dieses biographischen Essays lautete: »Alle Formeln, die man für ihn, den Menschenkenner par excellence, den Weisen ohne äußern und innern Bart fände, müßten sich als nichtssagend vor der Einzigartigkeit der Erscheinung eines Menschen erweisen, der so restlosen Mut zum Menschsein aufbringt.« Und am Schluß heißt es »... diese Leistung konnte nur der hervorbringen, der vom Pathos der Gemeinschaft beseelt war, der sich gedrängt fühlte, jene Lehre zu schaffen, die alle, die sie kennenlernen, mit einer Lebensaufgabe belastet: voranzugehen bei dem Abbau des Strebens nach Macht und bei der Erziehung zur Gemeinschaft... Alfred Adler ist das soziale Genie unserer Zeit.«

Die Bewunderung, der ich so dithyrambischen Ausdruck gab, war echt, denn ich empfand das Bedürfnis, sie jedem kundzutun. Es gab welche, die meinten, Adler hätte meine Jugend mißbraucht, indem er mich dazu gedrängt hätte, diesen Lobgesang anzustimmen und zugleich gegen Freud dreist zu polemisieren. Ich widersprach dem aufs heftigste – mit Recht, meine ich heute noch, ein halbes Jahrhundert danach. Ich hatte damals die erste Gelegenheit, die sich mir bot, ergriffen, um mich zu Adler zu bekennen, was ich um so dringender wünschte, als ich tatsächlich über das Vorgehen Freuds und der Freudianer gegen Adler und alle übrigen Ketzer tief empört war. Alles, was seither, während der letzten 50 Jahre, publik geworden ist, beweist, daß Adlers Darstellung objektiv war. Freuds sukzessive Brüche mit so vielen seiner intimsten Mitarbeiter erhärten diesen Beweis.

Es ist wahr, ich wollte dem bewunderten Mann auch Dank abstatten für das Vertrauen, das er mir von Anbeginn erwiesen hatte. Und ich wollte ihm auch eine Freude bereiten. Er war der erste Leser, für den ich in wenigen Wochen diesen Essay schrieb, ich durfte ihm größere Stücke aus dem Manuskript vorlesen.

Handelte es sich nur um eine naive, juvenile Geste? Das behauptete Hans Sperber, der bedeutende Linguist, ein Freudianer. Und er sagte mir voraus, ich würde diese Schrift einmal sehr bereuen. Wir pflegten einander nur während der Sommerwochen in Grundlsee zu treffen, wo er ein Gast Genia Schwarzwalds war. Professor Sperber war ein gescheiter, wohlwollender Mann, dessen Urteil mir auch deshalb wichtig war, weil sein Buch über den Bedeutungswandel der deutschen Sprache mich beeindruckt hatte. Seine Äußerung stimmte mich nachdenklich, in den Jahren des Bruchs mit Adler und auch später habe ich manchmal an sie gedacht. Er hat sich geirrt, denn ich habe nie bereut, dieses Büchlein geschrieben zu haben, auch nicht in jenen für mich so schlimmen Jahren, in denen Adler und sein sektiererisches Gefolge, wahllos in den Mitteln, mir bösartige Kränkungen zufügten. Natürlich bedeutet das nicht, daß ich im Jahre 1936 über ihn so geschrieben hätte, wie ein Jahrzehnt vorher. Nein, das hätte ich nicht vermocht, und ich habe es in *Alfred Adler oder das Elend der Psychologie,* das ich 1971 veröffentlicht habe, auch nicht getan.

Die Zahl der Teilnehmer an meinen psychologischen Kursen vermehrte sich fortwährend. Zu meiner Arbeitsgemeinschaft gehörten nicht wenige meiner alten Freunde, auch frühere Schomrim, so die Brüder Joshua und Immanuel Bierer, die nach einander die Kwuzah (Gruppe) geleitet hatten, in die ich im Jahre 1917 als einer der jüngsten Schomrim aufgenommen worden war.

Die heilpädagogische und therapeutische Arbeit, die mir Adler immer häufiger zuwies, war lehrreicher, als ich je zu hoffen gewagt hatte; die Begier zu lernen, neue und tiefere Einsichten zu gewinnen, beherrschte mich fast in jedem Augenblick meines wachen Seins. Ein Traum aus jener Zeit: Ich stand vor einer Prüfungskommission und wurde gefragt: »Was wissen Sie über die Qualität und Quantität der Imponderabilien auszusagen?« Ohne Zögern antwortete ich: »Noch wissen wir davon zuwenig, aber ich bin davon überzeugt, daß wir in einiger Zeit alles darüber wissen werden.«

Bin ich heute auch viel reicher an Erfahrungen, vielleicht auch an Einsichten, somit ungleich ärmer an Illusionen und an Hoffnungen, so ist es mir dennoch gewiß, daß jener Zwanzigjährige oft genug einen schärferen Blick bewies und eine kühnere, blitzartig erleuchtende Intuition. Dennoch war er – also ich – so dumm, daß ich nicht merkte und erst viel später entdecken sollte, daß mein Büchlein mir bei vielen Adlerianern, besonders bei einigen seiner frühen Weggefährten, eine sorgsam verhehlte und um so unversöhnlichere Feindschaft zugezogen hatte. Ich ahnte nicht, daß die Nichterwähnung ihrer Namen in meiner Monographie von ihnen als eine beleidigende Herausforderung aufgenommen werden könnte. Ich hätte dem Umstand Rechnung tragen müssen, daß sie sich nicht als Anhänger Adlers ansahen, sondern als seine Gefährten – sie, die zusammen mit ihm Freud verlassen hatten. Sie waren auf mich um so wütender, als sie gar nicht wagen konnten, diesen Vorwurf an Adler selbst zu richten, da sie damit die gleichsam rebellische Eifersucht enthüllt hätten, die seine Erfolge bei ihnen hervorriefen; diese Erfolge, die ja auch ihnen in jeder Hinsicht zugute kamen, aber Adler weit über seine frühere Position als Primus inter pares hinaushoben. Mich bestürzt noch heute das völlige Versagen jenes Scharfblicks und jener Intuition, die ich soeben an dem Zwanzigjährigen gerühmt habe. Was ich da ahnungslos angestellt hatte, wurde mir erst von dem Augenblick an klar, als sich

Adlers Freundschaft für mich in eine zuerst zaghafte, wahrscheinlich ihn selbst befremdende Mißgunst zu verwandeln begann. Da erst traten jene Kollegen vor, um ihn vor mir, insbesondere vor meiner für die Individualpsychologie so gefährlichen politischen Tätigkeit zu warnen. Das geschah fast ganz offen nach dem Wahlsieg, den die Nazis im September 1930 bei den Reichstagswahlen errangen.

Anläßlich einer internationalen Tagung der Individualpsychologen fanden wir marxistischen Adlerianer uns zu längeren Diskussionen zusammen, um uns über die Grundsätze zu einigen, die wir in unserer psychologischen Tätigkeit und im Rahmen der Arbeiterparteien und sonstigen linken Organisationen vertreten wollten. Wurde zwar bei unseren Besprechungen der Einfluß des Austromarxisten Max Adler spürbar, an dessen Arbeitsgemeinschaften viele der begabtesten marxistischen Pädagogen und Führer der sozialistischen Jugendbewegung seit Jahren teilnahmen, so machte jedoch Alice *Rühle-Gerstel* auf uns alle den stärksten Eindruck.

Die aus Prag stammende Gattin des revolutionären Sozialisten Otto Rühle war die intelligenteste und wohl auch die gescheiteste Frau, der ich je begegnet bin. Im Verlauf der zahlreichen Gespräche, die wir in Wien, in ihrem Hause bei Dresden, in Berlin und – kurz vor Kriegsausbruch – in Paris geführt haben, hat sie mich nur zweimal enttäuscht, ja vor den Kopf gestoßen: Sie erklärte mir, daß sie ihren viel älteren Mann nicht überleben wollte und deshalb gleich nach seinem Ableben Selbstmord verüben würde. Sie saß entspannt auf dem Drehstuhl vor dem Klavier, sie hatte mir etwas aus Verdis »Macht des Schicksals« vorgespielt und vorgesungen; die Sonne drang durch die Fenstertüren langsam bis in die Ecken des breiten Zimmers vor. Alice wollte mich von der verkannten Größe Verdis überzeugen; ich hörte ihr recht gleichgültig zu, sie merkte es, verstummte, dann bedauerte sie, daß Otto trotz seiner Erkrankung in die Stadt hinuntergefahren war, statt im Bett zu bleiben. Ohne Übergang, ja im gleichen Tonfall eröffnete sie mir dann ihren Beschluß. Mir schien er unsinnig, es lohnte nicht, darüber zu sprechen. Nur einen Augenblick lang stieg in mir der Verdacht auf, daß sie diese Drohung eines Tages wahr machen könnte, doch wehrte ich ihn energisch ab ... Sie hat sie wahrgemacht – etwa 15 Jahre später.

Alice hatte gerade ein Buch veröffentlicht; dessen Titel *Der Weg zum Wir* mich natürlich ganz besonders ansprach. *Wir*, das Wort und das Versprechen, das es für mich seit langem enthielt, bezeichnete Weg und Ziel. Es war ein gutes Buch, wie fast alle Werke, die sie allein oder mit ihrem Mann in jenen Jahren veröffentlichte. Sie formulierte darin mit Umsicht und Mut Auffassungen, auf die die marxistischen Adlerianer sich einigen konnten. Im Unterschied zu Otto, der zuweilen nur mühsam seine Ungeduld zähmen konnte, die schlecht begründete Einwände oder nutzlose Abschweifungen in ihm erzeugten, gelang es Alice, auch in ermüdenden Debatten Gleichmut zu bewahren, ihren Witz weise zu benutzen, das heißt sich die Ironie zu verwehren, wenn der Gegner intellektuell oder psychisch zu schwach war. Sie argumentierte wie ein virtuoser Florettfechter, ohne verwunden zu wollen, denn sie blieb der Verletzlichkeit des Mitmenschen stets schmerzlich, mitleidend bewußt, weil sie ihre eigene Empfindlichkeit so gut kannte und sich nur schwer, zu langsam, klagte sie, und nie ganz mit ihr abfand. Alice war, als wir einander das erste Mal trafen, etwa 35 Jahre alt, also gut 15 Jahre älter als ich und um ebenso viel Jahre jünger als ihr Mann. Sie war keineswegs häßlich, auch nicht schön, doch schien sie es zu werden, wenn sie in einer reizvollen Mischung von Mädchenhaftigkeit und leuchtender Luzidität sehr komplizierte Sachverhalte analysierte.

Otto Rühle war der Autor sozialpsychologischer, pädagogischer und und später – unter dem Pseudonym Karl Steuermann – auch politischer Schriften. Sein *Karl Marx* ist eine höchst interessante, tiefschürfende, dogmenfreie Biographie; seine Arbeiten über das proletarische Kind unter den Erziehungsbedingungen der kapitalistischen Gesellschaft bewahren noch heute ihre Aktualität. Und er war ein Revolutionär, der der Verlockung von Prestige, Karriere und Macht mühelos widerstanden und den höchst seltenen Mut aufgebracht hatte, eher die politische Einsamkeit zu wählen, als sich dem Bürokratenapparat einer Partei eingliedern zu lassen. In einer persönlichen Auseinandersetzung mit Lenin hatte er dessen freiheitsgefährdende diktatorische Haltung kritisiert und mit der KP gebrochen – er, der einer der ersten, so seltenen Sozialisten war, die von Anbeginn gegen den Ersten Weltkrieg und gegen die Opportunisten im eigenen Lager tapfer gekämpft und wie Karl Liebknecht im Reichstag gegen die Kriegskredite gestimmt hatten. Gleich Rosa Luxemburg lehnte er es später ab, die Diktatur der bolschewikischen Partei als eine proletarische Demokratie anzuerkennen. Er solidarisierte sich mit der Oktoberrevolution, doch brach er mit ihren Führern, als er nach langen Auseinandersetzungen zur Überzeugung gelangte, daß die Bolschewiki ihre Diktatur nie zugunsten einer wirklichen, proletarischen Demokratie aufgeben würden.

Rühle half die *Kommunistische Arbeiterpartei* gründen, die das kommunistische Endziel anstrebte, doch die Anwendung bolschewikischer Methoden unter allen Umständen vermeiden wollte. Nach einiger Zeit trennte sich Otto Rühle auch von der KAP, weil er das Parteiwesen als solches ablehnte. Damit war seine parteipolitische und parlamentarische Laufbahn zu Ende. Er behielt bis zuletzt

Kontakt mit aktiven Sozialisten und Kommunisten, doch gehörte er keiner Gruppe mehr an. Die Psychologie nahm in seinem Leben und seinem schriftstellerischen Wirken einen immer größern Platz ein, gewiß auch unter dem Einfluß von Alice, die er inzwischen geheirat hatte, doch wurde er nie ein Adlerianer. Machte er sich zwar die wichtigsten Grundsätze der Individualpsychologie zu eigen, so blieben die Probleme der proletarischen Erziehung, der Volksbildung und der Emanzipation der Frau im Mittelpunkt seiner vielen sozialpsychologischen und politischen Untersuchungen und Initiativen.

Adler kannte Alice sehr gut, schätzte sie und begrüßte alles, was sie für die Verbreitung seiner Lehre tat. In *Der Weg zum Wir* handelte es sich, wie der Untertitel dieses Buches anzeigte, um den »Versuch einer Verbindung von Marxismus und Individualpsychologie«. Adler versicherte Alice, daß er gegen eine solche Verbindung nichts einzuwenden hätte, und sagte mir, daß er natürlich uns gegenüber ebenso unabhängig und neutral bleiben müsse wie gegenüber den Bemühungen katholischer oder protestantischer Psychologen, seine Auffassungen mit irgendeiner Glaubenslehre zu verbinden. Gegen diese Stellungnahme hatten wir unsererseits nichts einzuwenden.

Damals, um die Mitte der zwanziger Jahre, lebte man in einer Prosperität, deren längere Dauer man allerdings für unwahrscheinlich hielt. Doch die großen revolutionären Spannungen hatten sich inzwischen nach Asien, vor allem aber nach China verlagert, indes Europa aus der gefährlichen Nachkriegssituation allmählich den Weg zum Frieden zu finden schien. Die nichtmarxistischen Adlerianer, selbst die konservativen unter ihnen, fühlten sich weder beunruhigt noch kompromittiert dadurch, daß eine große Zahl, vielleicht sogar die Mehrheit der Mitarbeiter und aktiven Anhänger Alfred Adlers der Sozialdemokratischen Partei oder ihr nahestehenden Organisationen angehörten. Gewiß, es gab Sezessionen; so hatten sich von Adler einige Ärzte getrennt, die man der Rechten zurechnen konnte. Diese Trennung war jedoch durch andere Gründe bestimmt und eher die Folge von Meinungsverschiedenheiten, die kaum mit Politik und nur wenig mit Weltanschauungsfragen zusammenhingen.

Die erste, anscheinend schnell und folgenlos beendete Verstimmung zwischen Adler und mir hatte einen besonderen und, könnte man meinen, paradoxen Grund: Während einiger Monate widmete ich mich ununterbrochen, bei Tag und bei Nacht, der Beobachtung und Behandlung eines halbwüchsigen Patienten, eines Falls von *Dementia praecox,* den Adler mir anvertraut hatte. Ich wohnte allein mit dem Kranken in einer am Rande der Stadt gelegenen Wohnung und führte ihn einmal in der Woche Adler vor, der meinen jeweils kurzen oder längeren Bericht anhörte und danach einige Fragen an mich und an den Kranken stellte; im übrigen ließ er mich völlig frei gewähren.

Es war die lehrreichste Zeit meines Lebens — und dies nicht nur für mich als Psychologen und als Erzieher, sondern fast noch mehr im Hinblick auf anthropologische Fragen und Zweifel, die mir während dieses Zusammenlebens mit einem Geisteskranken immer deutlicher, bedrängender aufstiegen. Natürlich wußte ich schon vorher, daß es zwischen der seelischen Störung, die man — terminologisch verkehrt — Neurose nennt, und der Geisteskrankheit, die man ebenso verkehrt als Psychose bezeichnet, nicht etwa nur quantitative Unterschiede gibt. Das stand überall zu lesen, damit stimmte auch Adler im Prinzip überein. Zugleich aber war es eine nicht ganz eindeutig formulierte Tendenz Sigmund Freuds sowie Adlers und ihrer Gefährten, die Psychose als psychotherapeutisch ansprechbar und — unter gewissen

Umständen — heilbar anzusehen. Sie übernahmen oft die Behandlung von manisch-depressiven und von schizophrenen Fällen, am häufigsten von Paranoikern jeden Alters. Damit verschärften sie den Gegensatz, der von Anfang an zwischen der offiziellen, klinischen Psychiatrie und ihnen bestanden hatte. Die Psychiater und Neurologen argumentierten etwa so: »Entweder es liegt eine Heilung vor, dann handelt es sich nicht um eine Psychose; und war es eine Psychose, so ist der Psychotherapie keine Heilung gelungen, sondern eine unzulässige Verwechslung einer Remission, einer unvorhersehbar kurzen oder langen Unterbrechung des akuten psychotischen Zustandes, mit einer in der Tat unmöglichen Heilung. Hat der Therapeut Glück, so stirbt sein vorgeblich geheilter Patient, bevor die Remission ihr sonst unvermeidliches Ende findet.«

Joseph war sechzehneinhalb Jahre alt, zweites Kind, doch einziger Sohn einer wohlhabenden Familie, die unansehnlich und in ihrem Äußeren armselig wirkte. Erst acht Monate nach dem Ausbruch der Krankheit, die mit einer schnellen Folge von Gewalttätigkeiten und irren Reden begonnen hatte, wandten sich die Eltern an Adler. Die inzwischen außer Gebrauch geratene Kraepelinsche Bezeichnung *Dementia praecox* entsprach genau diesem Fall, den man in der einschlägigen Literatur ausführlich beschrieben fand.

Joseph war untersetzt und dicklich, im Schlaf hatte er ein schwammiges Knabengesicht, das im Wachen durch den immer wieder verstohlen von unten her starrenden und schnell wieder abgewandten Blick einen unangenehmen Ausdruck annahm und häßlich wurde. Ich entdeckte sehr bald, daß er, glaubte er sich allein, vor dem Spiegel diesen starren Blick und seine schnelle Abwendung unermüdlich wiederholte. Er übte auch andere Grimassen vor dem Spiegel ein. Nachts erhob er sich manchmal vom Bett, ging ins Vorzimmer und, nur mit Nachthemd oder Pyjama bekleidet, spielte er sich selbst den wilden Mann vor. So mißtrauisch er in den ersten Wochen auch war, er sollte niemals entdecken, daß die Spiegel in allen Räumen so angebracht waren, daß er stets zumindest von einem Raum aus indirekt beobachtet werden konnte.

In seinem Verfolgungswahn war Joseph darauf gekommen, daß sich seine Verfolger durch Geräusche mit der Nase verständigten und in dieser geheimen Sprache seine Ermordung vorbereiteten. Er lauschte auf die Geräusche, die ich in meinem Bett machen würde, sobald ich die Leselampe abgedreht hatte. Er wußte nicht, daß ich sehr lange unbeweglich mit geschlossenen Augen daliegen konnte; das tat ich seit meiner späten Kindheit jedesmal, wenn ich vor dem Einschlafen die Ereignisse des Tages »abrollen« ließ. Da ich die erwarteten oder gefürchteten Geräusche nicht machte, verminderte sich sein Mißtrauen mir gegenüber, denn er schloß daraus, daß ich mich an der Verschwörung vielleicht nicht beteiligte. Auch deshalb gelang es mir, früher als vorgesehen, in ihm den zwar überaus schwachen, doch zeitweise wirksamen Willen zu einem Kontakt zu wecken. Er öffnete einen schmalen Spalt im Panzer, in dem er, der rastlos Verfolgte, ein Asyl gefunden zu haben glaubte. Er lugte durch diesen Spalt hinaus, spähte mir nach, um herauszufinden, ob ich in der Verschwörung gegen ihn irgendeine Rolle spielte. Zugleich aber wuchs auch sein Interesse für mich, das heißt, es kam öfter vor, daß meine Existenz in ihm eine Neugier hervorrief, die mit ihm, das heißt mit dem Komplott gegen ihn, nichts zu tun hatte.

Man weiß, daß Mathematiker neben unserer Welt einen anderen, ebenso denkbaren, das heißt mathematisch in sich schlüssigen Kosmos errechnen könnten. Im Zusammenleben mit Joseph tat sich mir eine ganz andere, eine winzige, in sich geschlossene Welt auf, deren einziger Bewohner von der Gewißheit beherrscht war, daß nur er allein die volle Wahrheit kannte, sie aber, wollte er sein Leben retten, mit allen Listen verheimlichen müßte. Ein Paranoiker zieht große Stücke der erlebbaren Wirklichkeit in seine fixe Idee mit ein, läßt aber zahllose Bereiche gleichsam als riesige Enklaven bestehen. Sein Beziehungswahn bleibt also begrenzt und erlaubt ihm häufig, seine Arbeit ordentlich auszuführen, meistens zu ordentlich, pedantisch, und sich im Alltag zurechtzufinden und nicht aufzufallen, außer durch Eigenheiten, die man ihm nachsieht, weil doch fast jeder einmal launisch oder schrullig reagieren kann.

Josephs Wahrnehmungsweise aber verzerrte alles Sein, das eigene und das der anderen. Er praktizierte eine totale Weltanschauung, die nur ihm eigen war und allen andern verborgen bleiben mußte. Diese autistische Seinsauffassung erlaubte die Existenz nur eines einzigen Wesens – und das war er. Die Mimik, die er vor dem Spiegel einübte, war ein Teil der Komödie, die er anderen vorspielte, obschon er allein existierte – einfach, doppelt, vielfach. Er war alle Schauspieler und zugleich das ganze Publikum. Er allein war Subjekt: Gott. Die anderen waren Objekte, nützlich, da sie ihn ernährten und vor Unannehmlichkeiten schützten. Aber sie waren vor allem gefährlich. Wenn er schlief, konnte nichts geschehen, denn sobald er die Augen schloß, hörten die anderen, die menschlichen Objekte auf zu existieren.

Josephs Zwiesprache mit sich selbst blieb unhörbar, sie wurde nur laut, wenn er sich allein glaubte. Die Worte, nicht immer deutlich genug artikuliert, bildeten verknäulte Satzfetzen. Es brauchte einige Zeit, bis ich sie fast so gut verstand, als ob sie ganze Sätze wären; sie drückten in schnellem Wechsel Warnungen, Drohungen und triumphale Genugtuung aus. Die Stereotypie der Äußerungen erschwerte zuerst das Erraten, machte es aber dann um so leichter, denn Joseph drehte sich in einem ganz engen Kreise herum; er lief wie das Eichhörnchen auf den Speichen eines freischwebenden Rades, ohne sich fortzubewegen. Wenn wir in die Stadt fuhren, um Adler aufzusuchen, oder wenn wir im nahen Walde längere Spaziergänge machten, erweiterte er nur scheinbar die Front, an der er in seinen Reden unentwegt den Kampf fortsetzte.

Vielleicht werde ich eines Tages ausführlich über diese Klausur mit einem geisteskranken Jungen erzählen, über die Behandlung und ihre Folgen berichten und eingehend schildern, wie diese Krankheit sich mir darbot, aufdrängte, in ihrer häßlich-jämmerlichen Verzerrung aller Wahrnehmungen, in der Verwirrung der Gefühle und schließlich in der negativen Faszination, die diese *Gegenwelt* auf mich ausgeübt hat. Hier spreche ich nur davon, weil diese Episode, wie angedeutet, Adlers erste Verstimmung gegen mich hervorgerufen hat. Das geschah, als Adler in Josephs Zustand eine erstaunliche Besserung feststellte, eine — schien's ihm — normale Kontaktfähigkeit, die den Gesichtsausdruck des Jungen so auffällig verwandelte, daß er gar nicht mehr dem Kranken ähnelte, den man zu ihm gebraucht hatte. Adler führte mit ihm ein längeres Gespräch, das noch wenige Wochen vorher völlig unmöglich gewesen wäre, und erörterte mit ihm die nahe Zukunft.

Am Abend des gleichen Tages rief mich Adler an und sagte, er hätte die Eltern vom Erfolg der Behandlung verständigt und mit ihnen abgemacht, daß sie vor Ende der Woche ihren Sohn abholen sollten. Er fand höchst rühmende Worte für meine Arbeit und forderte mich auf, ungesäumt einen Bericht zu schreiben und ein langes Referat über diesen Fall in einer der wöchentlichen Sitzungen des Individualpsychologischen Vereins zu halten.

Fast betreten dankte ich ihm für seine Worte und bat ihn, mir trotz seines Zeitmangels wenigstens eine halbe Stunde zu widmen. Er, der mir nie etwas verweigert hatte, stimmte auch diesmal mit gewohnter Herzlichkeit zu. Zwei Tage später empfing er mich mit Worten freudigen Triumphs, ich aber war gekommen, um ihm eine enttäuschende Mitteilung zu machen: Ich glaubte nicht an die Dauer, ja nicht an die Echtheit dieser Heilung, sondern betrachtete sie als eine – wer weiß wie schnell – vorübergehende Besserung, als eine Remission. Ich gab zu, daß diese durch die Behandlung beschleunigt, vielleicht auch ausgelöst und dank ihr eindrucksvoller ausgefallen sei. So wäre die einzige Schlußfolgerung, daß diese besondere Psychose, die Hebephrenie, wie Adler sie mit Recht schon vorher genannt hatte, psychisch gut ansprechbar wäre. Das könnte ich in dem Referat darlegen und zuvor den Fall so analysieren, als ob es sich um eine Psychoneurose handelte. Gleich danach würde ich hinzufügen, daß jedoch ein Fall von Psychose vorlag, die Analyse somit nur den *Mittelbereich* der kranken Persönlichkeit deuten konnte, nicht aber die »extremen Ränder«. Adlers Gesicht verdüsterte sich, während ich sprach, schließlich unterbrach er mich mit der Bemerkung, daß ich nach diesen sehr anstrengenden Wochen übermüdet wäre und auch deshalb nicht nur meine eigene Leistung verkenne, sondern auch die für die Individualpsychologie so interessanten Folgerungen unterschätzte. So wäre es also das beste, ich ließe mir Zeit mit dem Referat und hielte es nach reiflicher Überlegung einige Zeit später. Er selbst behielt sich vor, in den einleitenden Worten und in der Diskussion seine von meiner Deutung abweichende Meinung vorzutragen.

Die Verdüsterung wich wieder aus seinem Gesicht, sein Ton verlor die schlecht verhohlene Strenge. Er las mir einen interessanten Brief vor, den er gerade aus New

York bekommen hatte, und begleitete mich dann bis zum Treppenabsatz.

Im Haustor blieb ich eine Minute stehen, als ob ich auf jemanden warten müßte, der mich beruhigen würde. Dann ging ich die Dominikanerbastei hinunter zum Franz-Josephs-Kai, ich machte halt an der Stelle, an der ich elf Jahre vorher das nicht enden wollende Spektakel des prunkvollen Begräbnisses des alten Kaisers betrachtet hatte. Ein Jahrzehnt war seither vergangen, ich war ein anderer geworden. Doch in diesem Augenblick war ich nicht glücklicher als der Flüchtlingsbub. Die Erinnerung an das Kind, das ich gewesen war und das sich so oft versprochen hatte, nichts zu vergessen, verscheuchte meinen kummervollen Ärger, denn nun wußte ich, daß ich nicht nachgeben durfte. Der Gedanke an die in der Öffentlichkeit auszusprechende Meinungsverschiedenheit blieb äußerst beklemmend. Und natürlich zweifelte ich nicht einen Augenblick daran, daß Adler von der Heilung Josephs überzeugt war. Daß ich seine Überzeugung nicht teilen konnte, hatte nichts mit irgendeiner vorgefaßten Meinung zu tun, sondern mit dem Ergebnis meiner Erfahrungen, die ich während jenes Zusammenlebens mit dem Halbwüchsigen gewonnen hatte: Gewiß gab es, wie in der Neurose auch in diesem Fall, das mehr oder minder bewußte, jedenfalls vom Kranken selbst mißverstandene *Arrangement* im Sinne Adlers, es gab die Spiegelkomödie, in der Joseph seine Rolle unermüdlich probte, die des wilden Mannes so gut wie die des ungerecht bestraften, hilflosen Kindes. Er wiederholte auch eine Reihe von anscheinend sinnlosen Zwangshandlungen, die zu einer Zwangsneurose gepaßt hätten. Trotz alldem mußte der Beobachter zur Gewißheit gelangen, daß all das und die Streitgespräche mit der nur dem Kranken hörbaren Stimme nicht ein *Organdialekt* waren, in dem eine schwere seelische Störung ihren Ausdruck suchte, sondern umgekehrt eine Störung von Organen, die sich in einem psychischen Dialekt äußerten. Im Verlauf eines späteren Gesprächs sagte ich Adler, daß es mir schiene, als wäre Josephs Psychose das Erbrechen eines schwer Besoffenen oder eines Vergifteten.

Mein Referat fand einige Wochen später im großen Hörsaal des Anatomischen Instituts in der Schwarzspanierstraße statt. Einleitend wies Adler auf das ungewöhnliche Interesse meines Experiments, meiner Beobachtungen und ihrer Resultate hin, und in der Debatte brachte er seinen praktisch unbegrenzten therapeutischen Optimismus zur Geltung. Er war souverän wie in seinen besten Stunden. Gleich allen anderen lauschte ich ihm, wie er da alle überlieferten Etiketten in Frage stellte und alle Grenzpflöcke beseitigte. Neurose, Psychose – jeder wußte, was diese Worte bezeichneten, jedoch seien die Grenzen zwischen ihnen fließend. Jedes Krankheitsbild erforderte seine besondere Deutung im Sinne einer Ganzheitsbetrachtung, ohne sie blieben Verzerrungen und tendenziöse Akzentverschiebungen unvermeidlich.

Im Schlußwort widersprach ich kaum merklich dem Lob, das mir gespendet worden war. Viele Einzelheiten, die ich erwähnte, waren eher geeignet, Adlers Argumente zu erhärten. Begann ich einen Satz des Widerspruchs, so schwächte ich ihn alsbald so ab, daß er nicht mehr klar genug war. Spätnachts, als ich wieder allein war, empfand ich zum erstenmal, wie widerlich ein Erfolg sein kann, doch erst am Morgen des übernächsten Tages ermaß ich seine Abscheulichkeit. Es klingelte ununterbrochen an unserer Tür, Männer und Frauen kamen, alle mit dem gleichen Zeitungsblatt in der Hand. Sie beriefen sich auf einen Artikel, in dem über jenen Abend berichtet und ich als ein Wundertäter gerühmt wurde, der junge Geisteskranke nach kurzer Behandlung in normale Menschen verwandle. Es war eine der schlimmsten Stunden meines

Lebens, diesen unglücklichen Vätern und Müttern ununterbrochen wiederholen zu müssen, daß alles falsch war und sie von mir nichts zu erwarten hätten. Schließlich lief ich aus dem Haus, zuerst zu meinem Namensvetter, dem damals sehr bekannten Anwalt Dr. Hugo Sperber, der mir entschieden abriet, irgend etwas gegen die mächtige Zeitung und gegen den Reporter zu unternehmen, da ich ihnen ja weder eine Beleidigung noch eine Berufsschädigung vorwerfen konnte. Ich flüchtete mich dann nach Neuwaldegg zu meinem Freund Zerwanitzer, bei dem ich einige Tage blieb, bis ich mich auf eine zehntägige Wanderung begab.

Einsam bestieg ich Berge und zog durch spärlich bewohnte Täler. Endlich hörte ich keine Worte mehr, sprach sie nicht, dachte sie nicht oder nur als ganz kurze Unterbrechungen der Stille, als winzige Wüsten in der Oase der Wortlosigkeit. Der Anblick der in Farben und Umrissen so oft verwandelten Landschaft nahm mich völlig gefangen; ich betrachtete sie gedankenlos, ohne das Bedürfnis, ohne den Wunsch, die Eindrücke zu formen. Meine Sehgier fand unaufhörlich Befriedigung, doch anders als jene, die ihr Straßenpassanten oder Museen boten. Ich stand der Landschaft nicht gegenüber, sondern war in ihr; sie und ich, wir atmeten in gleichen, gleichmäßigen Zügen. Wie man gespannt und fast atemlos lauschend »ganz Ohr« sein kann, so war ich während jener Sommertage »ganz Auge«. Ich erfuhr, daß es für mich eine Zuflucht im Raume gibt – ähnlich der Flucht nach vorn in der Zeit, jener *Gegenwartsentrückung,* mit der ich 1915, im Städtel, unter dem Kanonendonner in eine kommende Zeit auszuweichen versuchte. In der äußersten Einsamkeit und Stille wurde mir der zeitlos gewordene Raum zur Rettungsinsel.

Um jedes Mißverständnis zu vermeiden: wie auch immer eine Landschaft beschaffen sein mag, mein Verhältnis zu ihr bleibt völlig frei von heidnischen Vorstellungen, von Mythen und Symbolen. In den zerstiebenden Nebelschwaden erspähe ich keine Elfen, hinter den Bäumen keine Waldgeister, im Wasser keine Nixen. Die Dinge der Natur sind für mich, wie seinerzeit für den impressionistischen Maler, nur sie selbst – im steten Spiel von Licht und Schatten, in ihren wechselnden Farben und Formen. Ich kann fast unbewegt Stunde um Stunde meinen Blick auf einem See, auf einem Ufer ruhen lassen, auf Brücken, Bäumen, Hügeln, Hainen und Bergen. Ich erwarte nichts, auch nicht, daß sie mich an andere Landschaften erinnern. Ihr Sein allein befriedigt das meine, wenn nichts anderes mich befrieden kann.

Am Tage nach meiner Rückkehr ging ich abends in Adlers Café. Er beantwortete meinen Gruß mit gewohnter Wärme, fragte mich aus, wo ich mich in der letzten Woche vergnügt hätte. Alles war wie früher; der eine oder andere der Stammtischgäste erwähnte den Fall Joseph, um mir Komplimente zu machen; es genierte mich nicht mehr, weil ich kaum hinhörte. Zwischen Adler und mir ist nie wieder die Rede auf diesen Fall gekommen; den zuerst gefaßten Plan, über ihn ausführlich zu schreiben, gab ich dann auf. Man weiß, daß manches Unglück viel lehrreicher ist als das Glück. Der Irrsinn ist solch ein Unglück; aber nur wer von ihm nicht selbst betroffen ist, kann etwas daraus lernen – nichts Tröstliches, das ist wahr. Aber er kann Einblicke gewinnen in jenen Vorgang der vollkommenen Alienation des Menschen, für den man philosophische und soziale Teilerklärungen finden mag, die aber so lange fragwürdig bleiben werden, als man den organischen Prozeß nicht erforscht haben wird, der diese für unseren Geist so beängstigende Katastrophe herbeiführt. An anderer Stelle werde ich vielleicht noch auf diese Frage zurückkommen.

Etwa anderthalb Jahre später erfuhr ich durch einen

Zufall, daß Joseph nach einem schweren Rückfall in der großen Wiener Irrenanstalt Steinhof interniert worden war...

Der 15. Juli 1927, ein schöner, nicht zu heißer Freitag, versprach ein angenehmes Wochenende. Am mittlern Vormittag verbreitete sich jedoch mit Windeseile eine Nachricht, ein unglaubwürdiges Gerücht, das nur sehr leichtsinnige Leute ausgestreut haben konnten, um sich »a Hetz« zu machen. Der Justizpalast brannte, hieß es, die Brandstifter, eine Masse von wilden Gesellen, verhinderten mit Gewalt die angerückte Feuerwehr, den Brand zu löschen. Den Bürgermeister Karl Seitz, der sie aufforderte, ja beschwor, die Löscharbeiten nicht zu stören, hätten sie beschimpft, ihn körperlich bedroht, sagten die einen, erschossen, behaupteten die anderen und führten als Beweis an, daß man ja in der Innern Stadt, jedenfalls am Ring, ununterbrochen schießen hörte. Noch vor der Mittagsstunde kannte jeder die Wahrheit: empört über die Freisprechung der Heimwehrler, welche in Schattendorf (Burgenland) Mitglieder des Republikanischen Schutzbundes provoziert, unschuldige Menschen getötet hatten, waren Demonstranten vor den Justizpalast gezogen, um nicht nur gegen dieses Urteil, sondern auch gegen frühere Gerichtsentscheidungen von gleicher Parteilichkeit zu protestieren.

Man weiß, nichts setzt Menschen in solch leidenschaftliche Bewegung wie das *symbolträchtige Unrecht;* es erweckt in ihnen das Gefühl, daß die Justiz die Gerechtigkeit und mit ihr die Opfer verhöhnt, so daß deren Mörder als Helden paradieren dürfen. Eben deshalb trieb es die Empörten vor das Gebäude, das ihnen nach dem Schattendorfer Urteil als der Palast des Unrechts erschien, das jeden von ihnen heute oder morgen schutzlos den Übeltätern auslieferte.

Wie es zur Brandstiftung gekommen ist, wer sie gewollt, vorbereitet oder improvisiert hat, konnte weder damals noch später mit Sicherheit festgestellt werden. Es gibt eine negative Gewißheit: weder die Sozialdemokratische Partei noch irgendeine ihrer vielen Organisationen, auch nicht der Republikanische Schutzbund — niemand, der zum sozialdemokratischen Lager gehörte, hat diese politisch wahnwitzige Tat gewünscht, geplant oder verübt. Man erwog, ob der Brand nicht das Werk lumpenproletarischer Elemente sein könnte, die sich immer dort, wo Massenaktionen im Gang sind, als Müßiggänger einstellen, die dabeisein wollen, als Taschendiebe und als Gewalttäter, und der Polizei den erwünschten Grund zu Unterdrückungsmaßnahmen liefern. Die Brandstifter mochten zielsichere Provokateure sein, die mitten in der Stadt einen Zusammenstoß der sozialistischen Massen mit der Polizei auch dadurch auslösen sollten, daß sie die Löscharbeiten verhinderten. Um der Feuerwehr die Rettung des Justizpalastes zu ermöglichen, schossen die Polizisten ohne Warnung, behauptete man, auf die Masse der Demonstranten und leerte so den Platz vor dem Haupttor des brennenden Gebäudes.

Im Verlauf des Tages und bis in den Abend setzte die Polizei die bewaffnete Aktion gegen größere und kleinere Gruppen von Manifestanten fort, die ohne Waffen irgendwelcher Art anmarschierten. Von dem Rathaus bis zum Volkstheater tauchten auf dem Ring und hinter ihm nie vorher in der Stadt gesehene Kampfwagen auf, aus denen die mit Gewehren ausgerüsteten Wachleute von ihren Sitzen aus nach beiden Seiten ihr Feuer richten konnten.

Wir — Alex, ich und viele unseresgleichen — standen dem Parlament gegenüber, an der Ecke, wo der Ring in der Richtung Bellariastraße umbiegt. Wir hatten den Blick bis zum Justizpalast frei und bis zur Auerspergstraße, Ecke Lerchenfelder Straße. So konnten wir das Anrollen dieser Wagen und die Aktion der in wilde Krieger verwandelten Schutzleute beobachten, die, am Platz angekommen, aus den Wagen sprangen, 10 bis 15 Meter vorwärts liefen und feuerten, ohne stehen zu bleiben und ohne genau zu zielen. Man empfing den Eindruck, daß sie auf Beine von Menschen schossen, die wir nicht sahen. In der Tat schoß die Polizei nicht selten aufs Pflaster, so daß die aufprallenden Patronen ähnliche Verletzungen wie Dumdumgeschosse bewirkten. Noch ehe der Lärm des Schnellfeuers verhallte, drangen Rufe der Empörung und Schmerzensschreie an unser Ohr.

Blickten wir zur Bellaria und weiter bis zur Ecke der Babenbergerstraße, so sahen wir Gruppen von jüngeren und älteren Menschen, Männern und Frauen, die, sommerlich gekleidet, häufig mit aufgekrempelten Hemdsärmeln, in breiten Reihen ohne Banderolen und ohne Fahnen anmarschierten. Sie waren aus ihren Fabriken und Werkstätten zusammengeströmt, zweifellos auf die Nachricht hin, daß die Polizei unbewaffnete Menschen wie sie selbst in der Nähe des Parlaments wie tolle Hunde abknallte. Wie sie nun näher kamen, mußten sie in fast gleichen Abständen das Knattern der Gewehre wahrnehmen; das gab ihnen genau die Richtung an, in der sie vordringen mußten — um was zu tun? Als Verstärkung gegen die Schützen einzugreifen? Und war dem so — wie wollten sie den Bedrängten zu Hilfe eilen und die Angreifer zurückschlagen? Glaubten sie wirklich, mit ihren nackten Fäusten schwerbewaffnete Menschenjäger abschrecken und in die Flucht schlagen zu können? Oder erwarteten diese Manifestanten, daß ihr Anblick allein genügen würde, um der feuernden Polizei zum Bewußtsein zu bringen, daß sie kein Recht und keinen Grund hatte, Mitbürger zu töten, die ihnen nur mit ihren Leibern, mit ihren nackten Händen widerstehen konnten?

Fast 48 Jahre trennen mich von jenem Ereignis, dem Erlebnis des abgründigen Staunens, von dem Entsetzen über jenes mörderische Geschehen im Herzen der alten Stadt, die an diesem Tag, unter dem weiten, blauen Himmel, im kaum spürbaren, zärtlich kühlenden Wind, während langer Stunden in einen Kriegsschauplatz verwandelt blieb, auf dem nur jene den Krieg führten, die bestellt waren, das Leben der Wiener zu schützen – sie, die Wach- und Schutzleute. Und die anderen? Die anderen, die starben. Warum waren sie gekommen, warum aus fernen Stadtteilen, aus Vorstädten herbeigeeilt? Jede Gruppe ging für sich allein, so wie sie losgezogen war, auf die Gewehrläufe zu und löste sich erst auf, sobald das Feuer gegen sie eröffnet wurde. Fast hundert waren es, die den Abend nicht mehr erleben durften.

Was bedeutete das alles, welch widersinniger, verwirrender Traum war es, mit offenen Augen geträumt? Und da all das in tagheller Wirklichkeit geschah – wo war denn die Führung der Sozialdemokratischen Partei, warum griff sie nicht ein? Verhandelte sie mit der Regierung, mit dem Polizeipräsidenten von Wien, diesem friedlichen Herrn Schober? Warum drängte sie nicht darauf, daß die Polizei sofort in die Kasernen zurückbeordert werde? Wo war der Republikanische Schutzbund, die militärische Organisation der SP, die, hieß es, in Wien allein über Zehntausende von gut ausgebildeten, kampfbereiten Männern verfügte? Ihr Aufmarsch hätte genügt, die Angreifer zu verjagen, die reaktionäre Regierungspartei einzuschüchtern, die sich andernfalls durch die Geschehnisse ermutigt, ja berechtigt fühlen konnte, die Unterdrückung der Opposition zu verschärfen und den faschistischen Kampfverbänden freies Spiel zu lassen.

Und wir, was taten wir hier? Wir, die ja gar nichts ausrichten konnten, sondern nur Schlachtenbummler spielten, die sich hinter Bäume oder ins Gebüsch des Volksgartens flüchteten, wenn das Feuer sich so näherte, daß wir plötzlich in die Schußlinie gerieten. Nun, wir waren keine Gaffer und keine leichtsinnig kühnen Sensationsjäger. Alex so gut wie ich und unsere Freunde, die sich ohne Verabredung an der gleichen Ecke eingefunden hatten — jeder von uns wußte, daß es unnütz, ja hirnrissig und gefährlich war dazubleiben und daß man sofort verschwinden mußte. Ich glaubte auch keineswegs, daß wir Solidarität dadurch bewiesen, daß wir uns nicht von der Stelle wegrührten; wir alle dachten überdies, daß die Gruppen, die da anmarschierten, unbedingt aufgehalten werden mußten. Einige Leute, die wahrscheinlich von der Parteiführung dazu beauftragt waren, versuchten es tatsächlich, die selbstmörderische Konfrontation mit der Polizei zu verhindern. Die Manifestanten zögerten zwar, zogen aber dann doch in die Richtung des Volkstheaters und des Justizpalastes weiter. Warum? Weil, was sie da erlebten, nicht wahr, ja gar nicht möglich sein konnte. Unmöglich, daß sich in ihrer Stadt irgend jemand fände, der auf sie schießen würde, als ob sie Hasen wären. Wenn aber so etwas möglich war, ja, dann hatte alles ja sowieso keinen Sinn mehr. Und wie unter der Wirkung eines blitzschnell wirkenden, schweren Giftes bemächtigte sich ihrer eine Erbitterung, die sie unwiderstehlich zu einem gleichsam passiven Amoklauf ins Nichts antrieb.

Woher ich das weiß? Weil jeder von uns auf dem Beobachterposten, auf den uns niemand gestellt hatte, ebenso empfand wie sie alle: Es ist nicht möglich, das darf und kann nicht sein! Sofort, in einer Sekunde, in einer Minute wird etwas geschehen und plötzlich wird die Situation völlig verändert sein, jeder wird sich selbst und sein Heim, das Vertrauen zu seinesgleichen, zu allen wiederfinden. Und wenn nicht? Was dann? Dann ist es eben gleichgültig, ob man leben bleibt oder hier krepiert oder erst einmal selbst ein Mörder wird.

Es lösten sich trotzdem aus den Reihen der Marschierenden, sobald sie ins Feuer gerieten, Leute los, liefen auseinander oder blieben wie wir ganz nahe an einer Ecke im toten Winkel stehen; andere entfernten sich, so schnell sie konnten.

Als am späten Nachmittag die offenen Kampfwagen vor uns haltmachten und aus ihnen Polizisten heraussprangen, die ihre Gewehre gegen uns in Anschlag brachten, während ihre Vorgesetzten uns schreiend aufforderten zu verschwinden, trotzten wir nicht und zogen es nicht vor, an Ort und Stelle erschossen zu werden, sondern liefen durch das nahe offene Tor in den Volksgarten und kehrten auf unsern Posten erst zurück, als die Wagen wieder weg waren. Der Tag war noch nicht zu Ende, alles war noch möglich, der Schutzbund konnte endlich auftauchen, von Ottakring oder anderen Arbeiterbezirken hinter dem Gürtel und – ein Gerücht ließ es uns hoffen – von Floridsdorf kommen, wo, hieß es, Tausende Schutzbündler in voller Kampfrüstung auf den Befehl zum Eingreifen warteten. Kamen sie, so wollten wir uns ihnen anschließen; endlich würden wir Waffen in die Hand bekommen.

Man weiß, sie kamen nicht. Gegen Abend wurde das Feuer spärlicher, es rückten auch keine neuen Kolonnen mehr an. Erinnere ich mich recht, so bedeckte sich der Himmel, es regnete, nicht überall in der Stadt, aber über der Brandstätte, die Pflastersteine wurden reingewaschen, vom vergossenen Blut blieben noch Spuren in den Rillen zwischen den Steinen.

Auf unserem Heimweg, wir hatten uns kaum mehr als etwa 300 Meter von unserem »Posten« entfernt, war uns, als kämen wir von weit her, denn wir entdeckten, daß in der gewohnten Welt sich nichts verändert hatte: die Straßenbahnen verkehrten wie an allen Wochentagen, die Cafés und Restaurants waren offen, nirgends fehlte es an Kundschaft, man konnte sich auf den Terrassen bedienen lassen, wenn man Zutrauen zum Wetter hatte und die paar Tropfen des Abendregens nicht scheute.

Wir blieben stumm, bis wir uns an der Hollandbrücke trennten. Zum Abschied brachten Alex und ich, als ob wir es so verabredet hätten, den gleichen Satz hervor: »Ein zweites Mal lassen wir uns den Otto Bauer nicht erschlagen.« Vom Gelächter, das einmal dieses spöttische Scherzwort begleitet hatte, blieb nur doch der gleiche bittere Geschmack zurück wie nach einer demütigenden Kränkung, die man nicht rechtzeitig erkannt und nie abgewehrt hat.

Eines Morgens hatte sich in den Arbeiterquartieren und in vielen Fabriken das Gerücht verbreitet, Otto Bauer, der von allen verehrte Führer der SP, wäre ermordet worden. Das geschah nach einigen tödlichen Angriffen der Heimwehrleute, die ja wußten, daß sie auf milde Strafen, wenn nicht gar auf Freisprüche rechnen konnten. Auf die Nachricht vom Tode Otto Bauers hin bemächtigte sich der Belegschaften eine ungeheure Empörung, man sprach von Streik und Demonstrationen, von der Notwendigkeit, das Verbrechen am gleichen Tag zu rächen. Sehr bald erfuhr man aber, daß der Genosse Bauer heil, das Gerücht also völlig aus der Luft gegriffen war. Am Abend erzählte man sich nicht nur im Café Herrenhof, daß Otto Bauer dem Chefredakteur der *Arbeiter-Zeitung,* dem autoritären und sehr kompetenten Austerlitz, am Morgen gesagt hätte: »Und hätten die mich wirklich erschlagen, so hättet ihr die Schlagzeile für die AZ fertig gehabt: ›Ein zweites Mal lassen wir uns den Genossen Bauer nicht erschlagen.‹ «

»Nicht ein zweites Mal«, das war der Kehrreim der schwächlichen, stets unausgeführten Drohungen, mit denen die Sozialisten auf die wachsende Aggressivität der herrschenden Christlichsozialen Partei und der Bürgerkriegstruppen reagierten.

Man weiß, daß der verantwortliche Polizeipräsident nicht gemaßregelt und nicht zur Verantwortung gezogen, sondern einige Zeit darauf zum Regierungschef auserkoren wurde; man weiß, daß nicht Polizisten vor Gericht gestellt wurden, sondern Demonstranten, manche von ihnen, noch ehe ihre Verletzungen ausgeheilt waren. Am 12. Februar 1934, sechseinhalb Jahre später, schon zu spät oder viel zu früh, erhob sich ein – viel zu geringer – Teil der Arbeiterklasse gegen den sogenannten Ständestaat und wurde niedergeschlagen. Wenige Monate nach diesem seinem Sieg wurde der Bundeskanzler Engelbert Dollfuß in seinem Amt von einem Nazikommando umgebracht. Österreich schickte sich an, ein zweites Mal zu sterben.

Es ist erstaunlich, wie wenig über den 15. Juli 1927 geschrieben worden ist, wie wenige Erlebnisberichte ihn für die Nachgeborenen festgehalten haben. Denn wir waren Tausende, die ihn unmittelbar erlebt und wie einen oft wiederkehrenden Alptraum im Gedächtnis bewahrt haben. Man scheut vor der Schwierigkeit zurück, zu intimen, verwirrenden Erlebnissen gewordene Vorgänge zu schildern, die in ihrem Ablauf so einfach waren wie das Szenario eines unbegabten, phantasielosen Autors, der seine Effekte nur in der unaufhörlichen Wiederholung des gleichen dramatischen Zwischenfalls sucht. Dieses zugleich sinnwidrige und monotone Geschehen erweckte in jedem die Vermutung, daß es einen verborgenen Sinn und überdies leichtfertig verkannte Gründe haben könnte. Es war ein *symbolträchtiges Unrecht,* so aufrührend wie der Justizmord an Sacco und Vanzetti, der seit Jahren vorbereitet und 38 Tage nach dem 15. Juli tatsächlich ausgeführt wurde. Man erinnert sich, daß das

Schicksal dieser italo-amerikanischen Anarchisten überall in der Welt Millionen Menschen in Bewegung gesetzt hatte, nicht aus politischen Gründen – obwohl die Organisatoren der zahllosen Aufmärsche in den Großstädten politische Zwecke verfolgten –, sondern aus einem unzähmbaren Zorn über ein Unrecht, das einen jeglichen erschütterte, als ob er dessen Opfer wäre oder werden könnte.

Ich bin gewiß nicht der einzige, auf den dieses Erlebnis nie aufgehört hat zu wirken. Es hat in lebenswichtigen Situationen mein Verhalten fast so stark mitbestimmt wie das Geschehen auf dem Zablotower Friedhof im Winter 1915. Und von beiden ist mir noch etwas geblieben, das nur dem Anschein nach harmlos ist: ein *negatives* Staunen über die Ereignisse und über jene, die darin als Täter, Opfer, Zeugen einbezogen waren – und über mich selbst. Dieses Staunen will nicht enden, es vermindert meine Fähigkeit, mich mit dem Selbstverständlichen abzufinden, ohne welches der Alltag jedoch nicht denkbar wäre.

Ich stimmte dem Marxismus – den ich ernsthaft studierte – in allem Wesentlichen zu; ich bekannte mich zum historischen Materialismus und zur Notwendigkeit, in unserer Lebenszeit, also ohne Verzug, die klassenlose Gesellschaft zu schaffen. Ja, das alles schien mir erwiesen und dennoch nicht selbstverständlich. Das negative Staunen, das meine Zweifel an Gottes Macht und Gerechtigkeit und schließlich an seiner Existenz geweckt hatte, nährte später meine Zweifel an der Rationalität der Menschen als Gestalter ihrer eigenen Geschichte, ihres kollektiven und individuellen Geschicks. Die Vernünftigkeit des Irrationalen, das Methodische des Wahnsinns, die Schlüssigkeit einer Kette von Irrtümern, die unangreifbar bleibt, solange man den Initialirrtum als unantastbare Wahrheit gelten läßt – auf all das stieß ich täglich in meiner psychologischen Arbeit, enttäuscht, doch gleichzeitig ironisch-belustigt bei der kritischen Betrachtung meines eigenen Tuns.

Als ich die seinerzeit vielbeachtete Biographie Wilhelm des Zweiten von Emil Ludwig besprechen sollte, begann ich die Geschichte des Weltkriegs in seinen Voraussetzungen, Ursachen und Anlässen und schließlich in seinem Ablauf eingehend zu studieren. Schon waren zahllose Memoiren erschienen, in denen Staatsmänner, Feldherren, Politiker und Diplomaten sowie Agenten aller Art »auspackten«. Auch da kam ich aus dem Staunen nicht heraus. Denn diese vernünftigen Darstellungen ließen in dem jungen Leser, der ganze Nächte über ihnen verbrachte, nur eine Gewißheit zurück: Nie war solch mörderischer Wahnwitz zum Unglück der ganzen Menschheit mit so viel Logik und so viel abwägenden Bedenken vorbereitet und so *methodisch* viereinhalb Jahre lang, tagaus, tagein, in Gang gehalten worden. Die *vernünftigen Irrtümer* verraten sich selbst wie bellende Hunde; so verrät sich die Fälschung dadurch, daß sie soviel echter ist als das Original, das ja fehlerhaft sein darf.

Ich wüßte nicht mit Bestimmtheit zu sagen, wer, die Rühles oder Adler, zuerst die Meinung äußerte, daß die Berliner Gesellschaft für Individualpsychologie jemanden wie mich, gerade mich brauchte. Adler wünschte, daß ich die Vereinigung davor bewahren sollte, vom rechten Weg abzuweichen. Er fand in den Arbeiten Fritz Künkels, der führenden Persönlichkeit der Berliner Vereinigung, recht vieles, was zwar noch nicht im Gegensatz zur Individualpsychologie stand, aber immer deutlicher eine Loslösung von ihr anzukündigen schien. Alice Rühle, die Künkels Fähigkeiten richtig, somit sehr hoch einschätzte, befürchtete ihrerseits, daß seine Neigung zu einer christlichen

Philosophie ihn dazu verführen könnte, sich einem Mystizismus deutsch-protestantischer Prägung zuzuwenden; Otto Rühle schließlich sah in ihm einen Mann der Rechten, zwar weit klüger als die Deutschnationalen, aber doch einen Nationalisten. Die Rühles glaubten zuversichtlich, daß ich, dank ihrer Hilfe, der individualpsychologischen Bewegung in Berlin und überall in Deutschland einen »Linksruck« geben würde.

Ich kannte Deutschland kaum und Berlin überhaupt nicht; Wien war mir zur Heimat geworden und das kleine Österreich war mir ein Vaterland. Warum sollte ich nun weg von Wien nach Berlin? Dafür gab es neben Adlers Wunsch mehrere Gründe, auch politische; und diese fielen seit dem 15. Juli entscheidend ins Gewicht.

»Dem Kiebitz ist kein Spiel zu hoch«, wiederholte man im engeren Kreise Otto Bauers, wenn es darum ging, die Ablehnung jeder »Abenteurer«-Politik und mancher offensiven Initiative zu rechtfertigen. Nicht nur in der Jugend wuchs nach dem 15. Juli der Unmut über die zaudernde Taktik der SP; die Kritik, die die winzige KP Österreichs an ihr übte, hätte überzeugen können, hätte sie nicht wie das Gekeife eines gehässigen Hysterikers Mißtrauen und Widerwillen erzeugt. Gemäß der Generallinie der Kommunisten wurden die Sozialdemokraten als Verräter der Arbeiterklasse, als Agenten des Kapitalismus und schließlich als »Sozialfaschisten« enthüllt. Kam es in Fabriken und Werkstätten zu Diskussionen, die gewöhnlich von den wenigen Kommunisten im Betrieb durch diese verleumderischen Anwürfe provoziert wurden, so endeten sie nicht selten mit Schlägereien; und jedesmal wurden sie von der *Roten Fahne* als neuer, endgültiger Beweis für die richtige Parteilinie der Komintern bezeichnet: »Sozialfaschisten überfallen klassenbewußte Proletarier. Höher die Fahne des Kommunismus!«

So war es für uns, für Alex, mich und unsere Freunde,

ebenso unmöglich, die Taktik der Sozialdemokratie gutzuheißen, als der KP zuzustimmen oder ihr gar beizutreten. In Deutschland aber, wiederholten wir, war die KP nicht eine zusammengewürfelte Gruppe von Lumpenproletariern, kauzigen Intelligenzlern und raunzenden Industriearbeitern, sondern eine große, wohlorganisierte Bewegung, eine wirkliche Massenpartei, die auch auf nichtproletarische Schichten in Stadt und Land einen steigenden Einfluß ausübte. Nach dem 15. Juli bedeutete das für uns: Man muß Kommunist sein — in Deutschland, aber nicht in Österreich, wo die KP ebenso aggressiv in Worten wie hilflos in Aktionen ist. Diese Erwägung gab den Ausschlag, als ich beschloß, nach Berlin zu übersiedeln.

Ich verließ Wien erst im späten Herbst. Während mehrerer Wochen veranstalteten meine Freunde und Schüler Abschiedsfeste, als ob ich mich expatriierte oder eine abenteuerliche Reise in ein fernes Land anträte. Ja, ich wurde gefeiert und muß es wohl mit einiger Verwunderung, aber nicht ohne Vergnügen und Dankbarkeit aufgenommen haben.

In Dresden unterbrach ich die Reise, hielt dort einen Vortrag und blieb einige Tage im Hause der Rühles in Buchholz-Friedewald. Wir diskutierten ständig, zu zweit oder zu dritt. Niemand war geeigneter als Otto Rühle, mich vor dem Eintritt in die KP zu warnen. Unvergleichlich erfahrener als ich, hatte er schon seit langem den sozusagen immanent oder konstitutiv konterrevolutionären Charakter jeglicher Partei erkannt. Gewiß, er ahnte so wenig wie irgendein revolutionärer Sozialist, daß die bolschewikische Parteidiktatur sich unaufhaltsam in ein totalitäres Regime verwandeln und im Namen des Kommunismus den menschenfresserischen stalinschen Despotismus als höchste Errungenschaft der Menschheit glorifizieren würde. Das ahnte damals keiner, Rühle nicht, auch

Trotzki nicht, der um jene Zeit aus der KP ausgeschlossen wurde.

Wir saßen morgens im kleinen Garten, es war ein sonniger Oktobertag. Otto, den geliebten großen Hund zu Füßen, brachte gut gelaunt zwischen den Argumenten Anekdoten aus seiner politischen Vergangenheit an. Sein Vater, königlich-sächsischer Bahnwärter, war stets sehr ungehalten darüber, daß sein Sohn ein militanter Sozialist war und alle, auch ihn immerfort drängte, in die Gewerkschaft einzutreten. Daher kam es zu heftigem Streit, sooft Otto die Eltern besuchte. Dann brach der Krieg aus, Otto stellte sich dem Kriegspatriotismus seiner Partei entgegen, die ihn in den Reichstag entsandt hatte, und kritisierte aus gleichem Grunde die Gewerkschaften. Als er sich nach Kriegsende frei machte und seine Eltern besuchte, trat ihm der Vater strahlend entgegen: »Otto«, sagte er freudig und gerührt zugleich, »diesmal wirst du mit mir zufrieden sein, denn ich bin der Gewerkschaft beigetreten.« Und der Sohn antwortete: »Da ist's aber höchste Zeit, daß du aus der Gewerkschaft wieder austrittst.« Der Bahnwärter sah seinen Sohn versteinert an, endlich gefaßt, klagte er: »Dir kann man es aber auch nie recht machen.«

Auch ich konnte es Otto nicht recht machen. Einerseits stimmte ich seiner kritischen Auffassung von dem Wesen jeder Partei im allgemeinen zu, ließ auch die meisten Einwände gelten, die er gegen die KP und die Leitung der Komintern vorbrachte, blieb aber trotzdem dabei, daß man nur in den Reihen einer solchen Partei am großen Kampf teilnehmen könne und außerhalb ihrer zum untätigen Zusehen verurteilt bleibe. Ohne es auszusprechen, dachte ich dabei an ihn selbst, der sich wenige Jahre vorher zurückgezogen und sich so selbst aus der Politik verbannt hatte – er, den Mut, Charakterstärke und Wissen befähigt hätten, ein bedeutender Führer der deutschen und der internationalen Arbeiterbewegung zu werden. Ich meinerseits beabsichtigte keineswegs, ein Berufspolitiker oder – um mit Lenin zu sprechen – ein professioneller Revolutionär zu werden, sondern nur ein Militant, ein aktives Mitglied einer revolutionären Partei.

An jenem Vormittag berichtete ich Otto Rühle von meinen ersten politischen Abenteuern, von dem einarmigen Oberleutnant Grimme, seiner Roten Garde und dem so absurden und traurigen Ende seiner Aktion. Verblüfft merkte ich, daß mich eine tiefe Rührung übermannte, während ich von dem ersten Revolutionär sprach, dem ich je begegnet war, von seiner Misere und seinem Ende. Rühle meinte, aus dieser winzigen Erfahrung sollte ich keine Schlüsse ziehen auf die Notwendigkeit, nur an Aktionen einer großen Organisation teilzunehmen. Dann bat er mich, ihm in allen Einzelheiten von jener Episode zu erzählen. Das tat ich zögernd.

Eine der Hauptfiguren meines Romans war ein einarmiger Mann, ein fanatischer Revolutionär, der im Bürgerkrieg eine bedeutende militärische Rolle spielt, sich aber bald nach dem Sieg selber aus der Bahn wirft; er weiß mit dem Leben nicht mehr viel anzufangen. Mein Romanheld war Grimme weit überlegen und ihm vielleicht nur äußerlich, wegen des verlorenen Armes ähnlich, doch in diesem Gespräch, während ich Rühle stockend von den Botengängen für die nicht existierende Rote-Garde-Fraktion erzählte, ging es mir auf, daß jenes Erlebnis noch immer in mir nachwirkte. Die Disproportion zwischen der Größe des Ziels und der Armseligkeit der Mittel, mit denen es erreicht werden sollte, machte mir bange. So war mir diese Erinnerung zur Warnung geworden, ich trug ihr Rechnung, sagte ich mir, wenn ich nun – neun Jahre später – entgegen so vielen triftigen Gründen und trotz Rühles Warnung dabei blieb, mich der Partei anzuschließen.

Bei Tisch mußte ich Alice die ganze Geschichte noch einmal erzählen, aber nun war ich wieder ganz gefaßt und brachte eher die grotesken Zwischenfälle zur Geltung. Am Ende lachten wir alle drei – nicht spöttisch, eher wohlwollend – über den Dreizehnjährigen. Alice verbarg nicht ihre Enttäuschung darüber, daß ich über das weitere Schicksal Grimmes nichts zu berichten wußte. Ich hatte einmal einen seiner »Pfeifendeckel«, den zwielichtigen Ulrich, getroffen. Er ließ durchblicken, daß Ingenieur Jonas, so nannte er Grimme, die Textilfabrik seines Vaters ausgebaut hätte, daß er die ganze Zeit in Skandale verwickelt wäre – wegen seiner Frau und wegen seiner Geliebten und wegen großer Spielverluste im Kasino von Zoppot. Das alles ließ er durchblicken und fügte mancherlei hinzu, was diese Informationen überaus fragwürdig machte. Am Ende schien es nicht einmal bewiesen, daß Grimme überhaupt noch am Leben war.

Ich verbrachte noch 24 Stunden in Dresden, wo ich gemäß dem dringenden Wunsch der Rühles in der Wohnung einer Frau übernachtete, die ich in ein persönliches Gespräch verwickeln sollte, damit sie sich endlich mit einem vertrauenswürdigen Psychologen aussprechen könnte. Sie war eine Rohköstlerin strengster Observanz. Während wir gleich nach meiner Ankunft das von ihr zubereitete Abendbrot verzehrten, ließ die große, hagere Frau durchblicken, daß sie nur schwer Zutrauen fassen könnte zu einem Menschen, der sich gewöhnlich mit Tierleichen anfüllte. Nur für die Rühles ließ sie eine Ausnahme zu und für einen Mann, der in ihr und auch in sein eigenes Leben dadurch eine zerstörerische Unordnung brachte, daß er auf den Genuß von Leichen keinesfalls verzichten konnte. Sie schaute mich an, wenn ich sie nicht ansah, und wandte ihr Gesicht ab, sobald ich den Blick auf sie richtete. Ich aß genau so viel, als ich mußte, um den Hunger zu verscheuchen, und machte ihr dann ein übertriebenes Kompliment, bevor ich zur Zigarette griff. Sie zögerte einen Augenblick, ehe sie die Dachluke ihrer großen Mansardenstube öffnete. Ich stellte mich so, daß der Rauch sich schnell verflüchtigte, erwog dabei, meinen Koffer aus dem kleinen Schlafzimmer herauszuholen und in ein Hotel zu fahren. Sie merkte es, trat auf mich zu, sah mir zum erstenmal ins Gesicht und sagte: »Otto und Alice, beide glauben, daß Sie mir helfen könnten. Aber ich glaub's nicht und Sie ja auch nicht. Ich interessiere Sie nicht, ich mißfalle Ihnen sogar.«

»Das scheint nur so, umgekehrt mißfalle ich Ihnen«, antwortete ich. »Ich fülle mich gerne mit Tierleichen an, trinke dazu Wein oder Bier, rauche vorher, nachher und zwischendurch Zigaretten und finde überdies, daß Vegetarier viel zuviel vom Essen reden. Aus diesen Gründen und wohl auch aus anderen gefalle ich Ihnen nicht. Damit müssen wir beide uns bis morgen früh abfinden, dann bringe ich das Gepäck zum Bahnhof. Abends fahre ich nach Berlin weiter, und wir werden einander nie mehr sehen.«

Etwas versöhnlicher, sagte sie: »Sie sind ja ein Genosse, ich habe nichts gegen Sie, aber anderseits können Sie ja gar nicht verstehen, warum ich mit Edgar unglücklich bin – eben weil Sie kein Vegetarier sind.«

Es war offenbar, daß sie nun sprechen wollte, nicht weil sie von mir Rat oder Hilfe erwartete, sondern weil sie es nötig hatte, die eigene Klage zu hören. Sie sprach bis spät in die Nacht, ohne sich auch nur einmal vom Küchenstuhl zu erheben, auf dem sie aufrecht, fast unbeweglich saß; nur der Kopf sank ihr auf die Brust in den kurzen Pausen, die den Redestrom unterbrachen; zuweilen war's, als gäbe sie etwas zu Protokoll. Sie berichtete mit vielen Einzelheiten über ihre Kindheit, ihre Arbeit in der Fabrik, über ihre frühe politische Aktivität und über Edgar. Schließlich auch darüber, wie sie Vegetarierin wurde. Ihre Art zu erzählen glich einer komplizierten Arbeit an mehreren Webstühlen, sie verließ den einen, eilte zum andern, zu einem dritten, kam zum zweiten zurück, zum dritten und so fort. Ihr zuzuhören, war ermüdend und, sooft sie Einzelheiten ausbreitete, eher langweilig. Dennoch beeindruckte sie mich so sehr, daß ich schon damals dachte, ich würde sie nie vergessen.

Sie haßte ihren Namen Hildegard, fand ihn häßlich und beschämend – sie verriet mir nicht, warum. Vielleicht, weil er von jenem Mann gewählt worden war, der ihre Mutter nicht heiraten und sie selbst nie anerkennen wollte. Sie mußte ihn Herr Eschenheim nennen; er kam zweimal im Monat, ließ sich eine große Mahlzeit servieren, die er allein aß. Die Mutter und Hildegard sahen stehend zu, immer bereit »zu springen«, wie er das nannte, auf einen Wink von ihm das Glas nachzufüllen, neue Gänge aufzutragen, ihm die Serviette, die ihm oft entglitt, aufzuheben und dergleichen mehr. Nicht nur in der Gasse, in der ganzen kleinen Stadt wußte jeder, daß Hildegard Eschenheims uneheliche Tochter war, die, traf sie ihren Vater draußen, ihn nicht grüßen durfte.

Diese dreißigjährige Frau, die da zu dem Fremden sprach, als ob sie sich ein für allemal aller Worte, all des Ungesagten, dessen sie bis zum Ersticken voll war, entledigen müßte, suchte täglich – in der Rohkost, in der Teilnahme an anarcho-kommunistischen Manifestationen und der Zugehörigkeit zu proletarisch-pädagogischen Gruppen, in ihrer Arbeit als gelernte Buchhänderin und in der »freien Liebe« – Rettung vor der Erniedrigung, die, obschon nur noch Erinnerung, täglich in ihr wiedererstand.

Ich war gewiß nicht der erste, dem sie »alles« von sich erzählte. Alice und Otto Rühle hatten ihre Lebensgeschichte schon gehört und die Klage über ihre Unfähigkeit, die Angst vor Erniedrigung zu überwinden. Und natürlich habe ich in jener Nacht nichts anderes für sie tun können als ihr zuhören. Als ich, 15 Jahre später, die Romanfigur Erna und ihr klägliches Ende in einer Mansardenstube ersann, dachte ich gar nicht an Hildegard. Aber als ich die von einer sehr guten Schauspielerin verkörperte Erna 1970 in einem Film sah, der nach meinem Buch *Der verbrannte Dornbusch* gedreht worden war, konnte ich kaum den Tränen wehren.

Damals aber, nach jenem Gespräch mit dieser Frau, die ich nie wiedersehen sollte, wandelte ich durch die Straßen der schönen Stadt und dachte nur an die nahe Zukunft, an mein Neubeginnen in der Fremde. War ich meiner selbst zwar recht sicher, so vergaß ich nicht, daß ich imstande war, vielerlei Fehler zu begehen, mich übermäßig zu begeistern, mich arrogant oder umgekehrt allzu entgegenkommend zu zeigen. Das alles blieb ohne Folgen da, wo ich von Freunden umgeben war. Aber in der Fremde würde ich jeden Fehler büßen müssen, vor allem meinen größten, wenn auch nicht dauerhaften, unverschuldeten Fehler: so jung zu sein, viel zu jung für alles, das ich unternehmen sollte. Ich gelobte mir, nicht zu schnell aufzugeben, selbst wenn sich im Laufe der ersten Monate kein einziger Erfolg einstellen sollte. Mein Vater hatte mir versprochen, mir während der ersten sechs Monate zu helfen, aber die Summe würde gering sein, gerade genug, um die Miete eines nicht zu teuren Zimmers zu bezahlen und mich vor Hunger zu bewahren.

Im vollbesetzten Coupé hörte ich den laut geführten Gesprächen zu und summte dabei kaum hörbar ein Lied nach dem andern. Zwei Reisende, alte Bekannte, die der Zufall nach Jahren wieder zusammengeführt hatte, berichteten einander, wie es ihnen inzwischen ergangen war. Mich interessierte ihre Sprechweise mehr als ihre Geschichten. Die Witzigkeit, die mitten im Trivialen immer wieder aufblitzte und die Plattheit ihrer Sprache vergessen ließ, war Folklore und nährte sich von wohlplacierten Klischees des Berliner Volksmundes. Manche von diesen kannte ich aus der Literatur, aber nun erst vernahm ich sie in der als schnoddrig verschrienen preußischen Mundart, die der Ironie weit stärkere Wirkung verleiht als die Sprache der Wiener. Als wir uns Berlin näherten, färbte sich der nächtliche Himmel rosarot, orange und grau. Ich dachte an den Himmel über dem brennenden Städtel und bewunderte den Widerschein des Lichtmeers, das die Wolken über der Riesenstadt illuminierte. Zum erstenmal sah ich ein solches Farbenspiel, es war der allererste Eindruck, den ich von Berlin empfing. Und er war wohl stärker, als ich es damals empfunden habe, denn ich mußte später die viel zu zahlreichen Anspielungen auf dieses wohlbekannte Phänomen in den Manuskripten meiner Romane streichen. Mit Wien hatte mich seit meiner frühen Kindheit, lange bevor ich dort hinfuhr, eine hoffnungsfreudige Intimität verbunden; mit der Hauptstadt des Deutschen Reiches verband mich keinerlei Traum, ich hegte weder ein Vorurteil gegen sie noch den Wunsch, sie zu lieben.

Zweiter Teil

Die vergebliche Warnung

War Berlin keineswegs so häßlich, wie es in Büchern zu lesen stand, so fehlte ihm doch der Reiz jener alten Städte, die am Ufer eines Flusses oder eines Sees gleichsam organisch gewachsen sind. Außer den zudringlichen neugotischen Bauten war fast nichts wirklich störend an dieser riesigen Agglomeration, aber vieles blieb an ihr – in mehr als einem Sinne dieses Wortes – *beziehungslos.* Ich habe keines der bequemen, groß angelegten Häuser vergessen, in denen ich gewohnt habe, aber die Erinnerung an sie weckt keinerlei Gefühl. Und dennoch habe ich während meiner Berliner Jahre, also eben in diesen Häusern so vieles mit solcher Intensität erlebt, daß ich glauben mußte, ich wäre auf einem Höhepunkt angelangt, und es ginge nur noch darum, ihn nicht zu geschwind zu überschreiten. Nicht in Jahren lebte ich da, sondern in Tagen und Nächten, in Stunden – so dicht folgten einander Tun und Geschehen, Begegnungen und Bindungen, Absichten und Verwirklichungen. Das lag nicht nur an mir, sondern an der Stadt, wie sie eben damals war. Die Berliner, die eingeborenen und die zugewanderten, schienen während der letzten Jahre der Nachkriegsprosperität unerschöpfliche Energien zu entwickeln, sie nahmen jeden Tag aufs neue den höchst spannenden, begeisternden Wettlauf mit der Zeit auf. Zuerst fragte man sich mißtrauisch, ob diese hektische Regsamkeit nicht ein überwertetes Getue, ob diese Vitalität nicht das Ergebnis eines künstlich erzeugten Rausches wäre, auf den Ermüdung und Stumpfheit folgen müssen. Die Erprobung sollte bald folgen. Die Wirtschaftskrise, die gegen Ende 1929 einsetzte, traf Berlin mit besonderer Härte und griff grausam in die Existenz aller Einwohner dieses ungeheuern Industrie-, Handels- und Verwaltungszentrums ein.

Mir gefielen die Berliner vom ersten Tag an, wohl auch deshalb gelang es mir schnell, guten Kontakt mit ihnen zu erlangen, nicht nur mit den Intellektuellen, sondern mit Menschen in allen Lebenslagen, vor allem mit Arbeitern.

Ein etwa vierzigjähriger Mann von mittlerem Wuchs, stämmig, unter aschblondem Haar ein helles, volles Gesicht, eine wohlgeformte Stirn, hinter blitzenden Gläsern gescheite Augen, die spöttisch winken und schnell abwinken können, ein beweglicher, dünnlippiger Mund, dem eines Kleinkindes ähnlich, das mühsam das Weinen zurückhält. Ein erster Eindruck, der immer wiederkehrt: ein protestantischer Theologe, der viel schreibt, insgeheim wohl auch Gedichte. Ein leerer Ärmel des wohlgeschnittenen Rocks – der Arzt und Psychologe *Fritz Künkel* hatte im Krieg einen Arm verloren; am gleichen Tag, wahrscheinlich in der gleichen Stunde, an einem andern Abschnitt derselben Front, erlitt sein Bruder die gleiche Verletzung. Künkel glaubte nicht an einen Zufall, auch nicht an eine simple, wenn auch statistisch höchst seltene Koinzidenz, denn er blieb in allen Lebenslagen ein deutender Denker, der überall einen Sinn vermutete, welcher nicht unbedingt, ja überhaupt nicht vernünftig sein mußte. Dieser überaus scharfsinnige Psychologe war ein dialektischer Nachfahre Ekkehardts, des deutschesten aller christlichen Mystiker. Künkel war auf eine eigene Art gläubig – was auch immer er war, er war's auf eine eigene Art, so auch deutschnational. Er hatte recht, sich als niemandes Jünger zu betrachten; war er geneigt, von jedem zu lernen, der etwas Neues zu sagen hatte, so ging er doch stetig vorwärts auf einem Weg, der sein eigener war. Schon gab es welche, die ihm folgten, obschon er noch mit der Sicherung der Grundlagen beschäftigt war, auf denen er sein Lehrgebäude errichten wollte.

Fritz Künkel wußte von mir und zweifelte nicht daran, daß ich nicht nur mit Adlers Zustimmung, sondern auf dessen Wunsch nach Berlin gekommen war. Als Vorsitzender der *Berliner Gesellschaft für Individualpsychologie* hieß er mich willkommen und drückte seine Gewißheit aus, daß meine Mitarbeit sich für alle als überaus nützlich erweisen würde. In unserem ersten längeren Gespräch erwähnte ich mehrfach die beiden Rühle, die er natürlich kannte, und gab ihm zu verstehen, daß auch mir wie diesen beiden sehr viel daran läge, die Verbindung zwischen Individualpsychologie und Marxismus enger zu gestalten. Er wollte erfahren, was das praktisch bedeuten konnte. Zweierlei, erwiderte ich: erstens, die Kenntnis der Individualpsychologie innerhalb der Arbeiterbewegung zu verbreiten, auf sozialistische Jugendführer und Sozialfürsorger und Leiter pädagogischer, staatlicher und städtischer Institutionen Einfluß zu gewinnen; zweitens, innerhalb der individualpsychologischen Bewegung die Kenntnis sozialer Sachverhalte zu fördern und damit die richtige Einschätzung ihrer Bedeutung für das bessere Verständnis individueller und sozialer Phänomene.

Er fragte mich nicht, ob ich darauf ausginge, die gesamte individualpsychologische Bewegung in Deutschland zu politisieren, ließ aber durchblicken, daß er solche Absicht nicht gutheißen könnte, fügte jedoch nicht hinzu, daß er sich ihrer Ausführung widersetzen würde. Unser Gespräch nahm bald darauf eine andere Wendung, wir diskutierten über Dialektik – nicht die hegelsche oder marxsche, sondern über die von ihm vorgezogene *vitale Dialektik,* die er als die Quelle aller Motivationen ansah. Er drückte sich klar aus, wie unabsichtlich gelangen ihm frappante Formulierungen; ähnlich wie Heidegger und

C. G. Jung benutzte er häufig alltägliche Worte und eher verbrauchte Redensarten in einer Weise, die ihnen eine andere, tiefere Bedeutung und damit eine unvermutete Originalität verlieh. Lange bevor ich Heideggers »Sein und Zeit« gelesen hatte, war ich in Dichtungen auf solch erstaunliche Aufwertung von abgebrauchten Worten gestoßen. Bewunderte ich sie nun auch bei Künkel, so konnte ich ihm jedoch nur da zustimmen, wo er als Charakterologe sprach. Als Mystiker aber interessierte er mich nur ästhetisch, denn sein Gott war, sofern überhaupt vorhanden, ein bläßlicher Zivilist, ein leicht zu verscheuchender Schatten des jüdischen Gottes, den mein Urgroßvater Boruch überall antraf und sein Leben lang mehr liebte als irgendein Wesen auf der Welt.

Für Adler wie für Rühle war es eine abgemachte Sache, daß Künkel und ich immer schärfer abgegrenzte, entgegengesetzte Positionen einnehmen würden. Wir waren zwar in der Tat Gegner, aber wir diskutierten gerne privat und in öffentlichen Veranstaltungen, stets neugierig auf des anderen Argumente und seine Art, sie vorzubringen. Nach unserer ersten Begegnung stellte Künkel seinen Ordinationsraum und das Wartezimmer für meine Kurse zur Verfügung. Damit begann meine Karriere in Berlin. Er selbst blieb manchmal nach seinem ermüdenden Arbeitstag auch da, um zuzuhören, und riet Leuten, die ihm nahestanden, seinem Beispiel zu folgen.

Während ich diese Zeilen schrieb, versuchte ich, mir diese Begegnungen auch bildlich genau in Erinnerung zu rufen. Manchmal gelang es mir, Künkel, den ich seit 1933 nicht wiedergesehen habe, und Ruth, seine früh verstorbene Frau, die mir ein sehr guter Freund gewesen war, auferstehen zu lassen, mit allen Einzelheiten ihrer äußeren

Erscheinung, ihrer Gebärden, des charakteristischen Tonfalls des einen und andern. Am undeutlichsten, ja fast verschwommen blieb mir mein eigenes Bild. Ich könnte – nicht ohne Mühe, das ist wahr – Zug für Zug des Gesichts wiederfinden, Gesten, Körperhaltung des Vortragenden und natürlich die schnelle Gangart, mit der ich, ohne es zu wissen, die Allüre meines Vaters nachahmte. All das zusammen ergibt jedoch nur die Kennzeichen eines Signalements und kein Porträt. Die Erklärung? Ich werde sie jetzt nicht suchen, doch dünkt es mich, daß es mit jener das Gesichtsfeld einengenden Zielstrebigkeit zu tun hat, die ich bereits erwähnt habe. Ich war nach Berlin gekommen, wo ich kaum jemanden kannte, sollte eine schwierige Aufgabe erfüllen und auch zu diesem Zweck schnell Menschen gewinnen: für Adler, für die marxistische Individualpsychologie, für die Revolution und schließlich für mich. Oder für mich, damit sie mir trauten, glaubten und sich so leichter für die Sache gewinnen ließen.

Adler hatte mir vor meiner Abreise zwei Bogen in die Hand gedrückt – sie enthielten in doppelter, handschriftlicher und maschinegeschriebener Ausfertigung eine Empfehlung, die mich als den »besten Interpreten seiner Anschauungen« bezeichnete und sein »vollstes Vertrauen« in meine Person und zu meinen Initiativen nahezu hyperbolisch ausdrückte. Diese Empfehlung habe ich nie benutzt, ja ich habe nicht einmal erwogen, sie jemandem zu zeigen oder ihrer Erwähnung zu tun. Und es hatte dieser seltsamen Bescheinigung gar nicht bedurft, um in mir das sichernde Bewußtsein zu stärken, daß ich nicht etwa für mich, sondern vor allem als Abgesandter für eine Sache einzutreten hatte.

Das Sendungsbewußtsein paßte gewiß zu meinem Wesen wie zu dem so vieler junger Menschen, die in Zeiten großer Katastrophen den eigenen Weg ins Leben suchen und, um ihn zu finden, sich Bewegungen anschließen, die sich ihrerseits darauf berufen, daß sie eine historische Aufgabe zu erfüllen haben, da ihnen allein die hohe Sendung zuteil geworden ist, einen Stamm, ein Volk, eine Klasse, die ganze Menschheit zu befreien. Ohne ein Sendungsbewußtsein hätte wohl keiner der jungen Narodniki den Willen, geschweige denn den Mut aufgebracht, »ins Volk« zu gehen, um in verworfene Dörfer, wo sie niemand erwartete und kaum jemand verstand, die Botschaft des Menschenrechts und des Aufruhrs zu tragen; keiner von ihnen hätte sich auch nur einen Augenblick für fähig gehalten, sich in einen Kopfjäger, in einen Mörder zu verwandeln. Das Undenkbare wurde möglich, ja zur unerläßlichen Pflicht, sobald diese jungen Leute überzeugt waren, in Treue zu einer Sendung als *Abgesandte* zu handeln.

Die Frage, wie bescheiden oder unbescheiden ich seinerzeit in persönlichen Angelegenheiten gewesen sein mag, scheint mir unerheblich, ja nicht einmal interessant. Daß ich nie ein Ausbund an Bescheidenheit gewesen bin, ist wohl gewiß; in der Tat wünschte ich gar nicht, bescheiden zu sein, und war es dennoch gegenüber Menschen, deren Geist oder Edelmut, unverdientes Leiden oder Alter mir das Gefühl einflößte, daß ich ihnen etwas schulde: Respekt, vielleicht Bewunderung und jedenfalls den Vortritt in allem. Doch wo es darum ging, sich für eine Sache einzusetzen, da galt in erster Linie das Gesetz der Aktion, das persönliche Einschränkungen nicht gelten ließ.

Was ging einen aus dem ostgalizischen Städtel Zablotow stammenden blutjungen Juden der Kampf des deutschen Proletariers an? Mit welchem Recht maßte er sich an, in jenem eine Rolle – und wäre es auch nur die winzigste – zu spielen? Wen repräsentierte ich? Gewiß nicht die Arbeiter von Berlin-Wedding, von Essen oder von

Chemnitz. War ich ein Abgesandter? Nicht einmal die Eigenen hätten mich dazu erkoren; die frommen Juden nicht, weil ich ungläubig war; die Zionisten nicht, weil ich an ihre Lösung der Judenfrage nicht glaubte; meine Freunde aus der Jugendbewegung nicht, weil ich es abgelehnt hatte, ihre Mühsal zu teilen, weil ich bestenfalls ein skeptisch freundlicher Beobachter blieb, indes ich am Aufbau ihrer Kibbuzim als einer von ihnen hätte teilnehmen müssen. Und war ich ein »Abgesandter« Adlers, so vergaß ich im Gespräch mit Künkel nicht, daß er ein repräsentativer Psychologe Deutschlands war oder werden konnte – er, nicht ich.

In meiner Erinnerung bleibt, wie gesagt, das äußere Bild dessen, der ich damals gewesen bin, so verschwommen, als ob ich mich – so merkwürdig es klingen mag – bei diesen Begegnungen ausgeschaltet hätte. Das Unsicherheitsgefühl, das mich hätte hemmen können, kam gar nicht auf, solange ich mich nicht um mich kümmerte, nicht um den Eindruck, den meine Person hervorrufen mochte. Deshalb kannte ich kaum das Lampenfieber. So überaus persönlich meine Art vorzutragen anderen erschien, mir war sie stets ein lautes Denken, bei dem es nur darauf ankam, alle Mittelbarkeit so auszuschalten, daß der Hörer unmittelbar teilnehmen, das heißt, den Gedankengang als einen eigenen Denkakt erleben könnte. Das zu erreichen, dürfte mir damals recht häufig gelungen sein. Ich ermaß meine Wirkung erst viel später: als die frühe Jahreszeit meines Lebens, als diese Phase triumphaler Juvenilität vorbei war. Daß ich mich somit während mehrerer Jahre in einer besondern, überaus förderlichen Weise verkennen konnte, war ein Ergebnis individualpsychologischer Selbsterziehung. Dank ihr konnte ich mich dem Vergleichszwang relativ leicht entziehen. Weit mehr als heute war ich damals fähig, jedes Menschen Eigenart zu entdecken und seine Unvergleichbarkeit anzuerkennen. In allen Fällen galt für mich: jeder ist allen Menschen unendlich ähnlich, keiner ist dem andern gleich. Allen andern ungleich, konnte ich den einzelnen nur verstehen, wenn ich unterstellte, daß ich er sein und wie er handeln könnte.

Die durch diese Einsicht beeinflußte, doch nicht immer erreichte Haltung hinderte mich nicht, ehrgeizig zu sein und eitel, manchmal zornig und, wenn auch nur vorübergehend, borniert. Der Wille und das Bewußtsein, für eine Idee einzustehen, haben so viele andere, die um jene Zeit jung waren, vor dem Egozentrismus bewahrt, aber nicht vor der Selbstsucht, sofern diese sie nicht in offenen Widerspruch mit den Forderungen des Kampfes für die *Sache* brachte. Was immer das Interesse für mich als Vortragenden erweckt haben mochte – meine Jugend, meine Fähigkeit zu improvisieren, laut zu denken, eigenen Widersprüchen eindeutig Ausdruck zu geben und sie sodann überzeugend aufzulösen oder umgekehrt in ihnen vorerst weiter zu verharren – das wie so vieles andere konnte meinen damaligen Erfolg erklären.

In Wahrheit habe ich mich erst viel später danach gefragt: als ich auf der verbrannten Erde des Niemandslandes alles, was ich je unternommen hatte und zugleich mich selbst und den Sinn meines Seins so kritisch zu überprüfen begann, als ob es gälte, über die Berechtigung meiner Fortdauer zu entscheiden. Ich betrachtete alles im unguten Licht des zerstörenden Feuers, das im allmählichen Erlöschen nur noch die verkohlten Trümmer beleuchtete. An den bitteren Geschmack der Hoffnung hatte ich mich schon gewöhnt; ich fand mich schwer mit dem Geruch kalter Asche ab, der die Erinnerung an die »Erfolge« der Berliner Jahre unleidlich machte.

Es gab nur wenige Deutsche, die Achtung oder auch nur geduldige Sympathie für die Weimarer Republik aufbrachten; sie wurde von erbarmungslosen Extremisten rechts und links ausdauernd verachtet und gehaßt. Es fand sich kaum jemand, der ihr die ungeheure Leistung des Wiederaufbaus des entehrten, zerschlagenen, verarmten Reiches und den kulturellen Aufschwung gutgeschrieben hätte, dessen Ergebnisse selbst heute, fünfzig Jahre später, überall in der Welt gerühmt werden. Mehr als anderswo war die ungeliebte Republik in Berlin zu Hause – und dies nicht nur, weil es die Hauptstadt des Reiches war.

Zehn Jahre nach dem Ende des Krieges war Deutschland wie berauscht von einem scheinbar unaufhaltsamen Aufstieg, hingerissen von der eigenen Betriebsamkeit und dem täglich beschleunigten Wachstum seiner Produktivität und seines Lebensstandards. Das Kleinbürgertum und der niedere Mittelstand vergaßen nicht, daß Krieg und Inflation ihre Ersparnisse völlig entwertet, sie aus Rentnern mit gesicherter Zukunft in Mittellose ohne Gegenwart verwandelt und ihre Nachkommen enterbt hatten. Sie verziehen es nicht und verabscheuten deshalb die Republik, deren Beseitigung durch die Rechtsextremisten sie herbeisehnten. Alle anderen aber, vor allem die Arbeiter und Angestellten, deren Reallöhne seit dem Ende der Inflation stetig wuchsen, hofften, daß die Besserung ihrer Lage ungestört anhalten würde. Am Rande der Städte erstanden neue Siedlungen, in denen die werktätige Bevölkerung Luft, Licht und modernen Komfort, kurz, all das fand, was sie sich in den alten Arbeiterquartieren hatte versagen müssen. In den sehr häufigen Festveranstaltungen der linken Organisationen gab es natürlich auch Reden, die die bevorstehenden Entscheidungskämpfe, das vielbesungene »letzte Gefecht« ankündigten. Das Publikum klatschte frohgemut in geduldiger Erwartung des künstlerischen Programms, dem dann endlich die Tanzmusik folgen würde.

Nur wenige Jahre später begegnete ich diesen Männern, Frauen und Jungen; ich sah sie viel öfter als in den ersten Monaten meines Berliner Aufenthaltes, doch nun handelte es sich nur selten um Feiern, fast immer um politische Versammlungen, um Straßenmanifestationen, denen Zusammenstöße mit der Polizei und immer häufiger auch mit den Nazis ein Ende bereiteten. Die Züge der verhärmten Gesichter spiegelten nun keinerlei Frohmut wider, am öftesten verrieten sie Unmut, Zorn und ungeduldige Hoffnung.

Die Vorträge und Kurse ließen mir nur wenige Abende in der Woche frei, daher suchte ich Veranstaltungen und Cafés erst nach zehn Uhr auf, häufig von Hörern begleitet, die weiterdiskutieren wollten oder mit mir zusammen entspannende Unterhaltung suchten. Das vielgenannte *Romanische Café* enttäuschte mich und rief in mir das Heimweh nach dem *Herrenhof* wach. Die »Berühmtheiten«, die man hier, im Schatten der Wilhelm-Gedächtnis-Kirche antraf, waren kaum interessant, zumeist »Originale«, Typen, verspätete Bohemiens. Dort lernte ich – vorerst nur flüchtig – den überaus populären »rasenden Reporter« Egon Erwin *Kisch* kennen, mit dem ich später, im Pariser Exil, oft zusammenkommen sollte.

Kisch war ein warmherziger, humorvoller Mensch, der seinen Witz nur ausnahmsweise, hauptsächlich in der politischen Polemik, boshaft verwandte. Er wußte fast alles »auf alle«, wie man in Prag sagte; dieser höchst begabte Journalist benutzte das große Geschehen nach Belieben als Rohstoff für Reportagen ebenso wie für ausführliche und erheiternde Anekdoten, anderseits verwandelte er Zwischenfälle, lokale Ereignisse und persönliche Begegnungen in politischen Lehrstoff. Seine Leser mußten den Eindruck gewinnen, daß er seine Reportagen mühelos aus dem Ärmel schüttelte. In der Tat kam ihn jedoch das Schreiben so schwer an, als müßte er die Worte erst erfinden oder einzeln in einem schlecht gedruckten Wörterbuch zusammenklauben. Er saß stundenlang über dem entmutigend gleichgültigen Papier, schrieb zwischendurch altmodische, kalligraphische Buchstaben und zeichnete daneben Männchen und Tiere, um nicht ganz allein zu bleiben und um sich selbst zu beweisen, daß er doch irgend etwas zustande bringen konnte. Man weiß und wird es übrigens gewiß bald wieder entdecken, daß er in der Tat trotz dieser Mühsal viele gescheite, witzige Bücher veröffentlicht hat. Ein treuer Kommunist, schrieb er die Wahrheit über die Lage der Armen und Unterdrückten, in Reportagen und Erzählungen schilderte er, was er selbst gesehen, gehört, hinter den Fassaden und Kulissen entdeckt hatte. Doch dauerte es nicht lang, und er wurde schieläugig und schließlich halbblind: Er sah das Übel nur auf der anderen, von den Kommunisten bekämpften Seite; im eigenen Lager erblickte er nur das Gute oder zwang sich dazu, nur dieses wahrzunehmen. Oder er durchschaute es mit seinem scharfen Blick, entdeckte Lug und Trug und verschwieg es ... Viele Leute, auch solche, die er kaum kannte, drängten sich um seinen Tisch, nannten ihn mit erschlichener Intimität *Egonek,* und er ließ es geschehen, weil er, wo auch immer er war, die Prager Stimmung brauchte, um sich heimisch zu fühlen.

Ich fand in Berlin kein Café, in dem ich Stammgast hätte sein wollen, wie ich es im *Herrenhof* war, sooft ich wieder Wiener Boden betrat. Auch im *Romanischen Café* gab es einige Personnagen, hauptsächlich solche, die man verkrachte Existenzen nannte; unter ihnen fanden sich Mädchen und junge Frauen, die, schien es, aus düsteren Provinzstädten oder aus besonders strengen Pastorenhäusern ausgerissen und atemlos ins Lokal gerannt waren, um der Welt zu zeigen, »was 'ne Harke ist«. Am Ende kam es in den meisten Fällen darauf an, ob sie einen arrivierten Partner fanden oder einen Mäzen oder ob sie sich mit einem verkannten Genie zusammentun mußten. Manche dieser Frauen tauchten in meinen Kursen auf und verschwanden bald wieder.

Was auch immer man gegen unser Jahrhundert vorbringen mag, den Vorwurf, Genies verkannt zu haben, verdient es weit weniger als irgendein anderes. Und in jener Zeit war Berlin die anerkennungsfreudigste Stadt der Welt. Während der Hauptsaison verging kaum ein Tag, an dem man nicht aus dem Morgenblatt oder spätestens durch die Abendzeitung den Namen eines neuen Genies erfuhr. Um das Tempo, auf das alle so stolz waren, nie zu verlangsamen, war es notwendig, jedem Tag einen neuen Glanz zu verleihen. Jongleure und Lebensphilosophen, Schauspieler und Begründer neuer Glaubenslehren, Tänzer mit weltanschaulichem Programm und von ungeduldigen Erbprinzen bedrohte oder gestürzte orientalische Könige mit auffälligem Gefolge, auch der Korruption verdächtige Präsidenten und Bürgermeister großer Städte — sie alle zog es nach Berlin. Und die Stadt entdeckte sie so schnell und adoptierte sie so musterhaft, daß man vermuten mußte, sie hätte sie gezeugt und geboren. Nein, niemand wurde verkannt. Um jeden, der etwas zu sagen, zu lehren, vorzuführen oder gar »vorzuleben« hatte, bildete sich geschwind ein Kreis; winzige oder umfangreiche Gruppen von Glaubensdurstigen scharten sich um sakrale oder profane Wahrheits- und Heilbringer.

Während mehrerer Monate erschienen in einem meiner Kurse einige Männer und Frauen zusammen mit ihrem Meister, einem außerhalb ihrer Gruppe kaum bekannten Philosophen. Dieser isolierte sich gleich, nachdem seine Begleiter im Vortragsraum Platz genommen hatten; er setzte sich in ein kleines Zimmer daneben, ließ aber die Tür offen, so daß er dem Kurs folgen konnte. Von Zeit zu Zeit begab sich einer seiner Anhänger zu ihm, bekam von ihm irgendeinen Auftrag, der wohl die nachfolgende Diskussion betraf. Den Meister, Dr. Goldberg, der tatsächlich ein interessanter Denker gewesen sein soll, traf man häufig im *Romanischen Café* in der Mitte seiner Jünger an. An ihm, der ein Mann mittleren Alters war, schien alles zu schwer und linkisch zu sein: das zu volle Gesicht, der massive Leib und die Gebärden. Viel später hörte ich, daß Thomas Mann sich bei seiner Konzeption der Joseph-Tetralogie von Goldberg hätte beraten oder beeinflussen lassen. Der seltsame Hörer verschwand bald aus dem Kurs, doch einige seiner Leute kamen immer wieder. Es gab unter ihnen gelehrte Männer, Autoren philosophischer Abhandlungen, Redakteure und Pressefotografen. Auf den einen oder andern stieß ich in der Pariser Emigration wieder. Ob Juden oder Nichtjuden, sie alle erinnerten mich lebhaft an Chassidim, die sich im Städtel häufig um einen Wunderrabbi scharten, der nur wenige Anhänger fand, weil er kein »Enkel« war, kein Nachkomme einer großen Dynastie von Rabbis. Und es mutete mich höchst kurios an, daß dieser kleine Meister in Berlin das Gehaben eines Wunderrabbis nachahmte, indem er sich in meinem Kurs und wahrscheinlich auch bei anderen Gelegenheiten genauso verhielt wie sie, die am Gebet der Gemeinde zwar teilnahmen, jedoch abgesondert in einem Nebenraum, wo sie sichtbar bleiben sollten.

In jenen Jahren kamen viele politische Emigranten aus Ländern der faschistischen und militärischen Diktaturen. Sie wohnten Tür an Tür mit Familien, die aus dem kommunistischen Rußland geflohen und seit Jahren eifrig damit beschäftigt waren, exilierte Russen zu sein. Ihre echte Nostalgie wurde praktikabel, eine Einnahmequelle: russische Restaurants, Bars in jeder Preislage gehörten fortab zum permanenten *Berliner Betrieb,* von dem man zwar spöttisch, doch mit nie erlahmendem Interesse und oft mit Bewunderung sprach. Auch die ultralinken Gäste des *Romanischen Cafés* aßen gerne in diesen russischen Lokalen und wurden in vorgerückter Stunde gefühlsduselig beim Anhören der Balalaikas und der Zigeunerromanzen. Die nicht mehr jungen, skrupellos geschminkten Sängerinnen erinnerten an die noch immer berüchtigt verführerischen Huren von Babylon, doch verhüllten sie ihre Fülle in farbigen ukrainischen Gewändern.

Alles Fremde war à la mode, doch das Russische allein blieb jahrelang Trumpf, vielleicht weil es gerade in Berlin alle Gegensätze umfaßte, ohne sie im mindesten zu versöhnen oder zu verwischen. Von den ultrareaktionären Monarchisten bis zu den streng marxistischen Menschewiki und den Anarchokommunisten, die sich auf Kropotkin beriefen, von bigotten Prawoslawen bis zu Juden strengster Observanz; von pogromistischen Hetzern bis zu Schriftstellern, die zwischen einer strikt apolitischen, antibürgerlichen Ästhetik und einem ästhetisch reaktionären, doch politisch revolutionären Aktivismus schwankten – sie alle fanden sich hier zusammen, stets beobachtet und nicht selten von Agenten des Sowjetregimes benutzt, das nun seit Jahren jeden Morgen vor seinem unmittelbaren Zusammenbruch stand.

Unter meinen Hörern fanden sich von Anfang an russische Emigranten, fast ausnahmslos Menschewiki. Die jüngeren unter ihnen sollten sich immer mehr den Kommunisten nähern; einige sind schließlich in den dreißiger Jahren heimgekehrt und später in Lagern und Gefängnissen zugrunde gegangen. Nach Hitlers Machtergreifung sind die anderen über Frankreich oder England nach Amerika geflüchtet, wo sie Wurzel faßten und endlich aufhörten, Emigranten zu sein.

Die menschewikischen Hörer wußten natürlich genau, wo ich politisch stand und wie entschieden ich für die Sowjetunion eintrat Doch hinderte es sie nicht, mit mir herzliche Beziehungen anzuknüpfen. Sie waren wirklich liberal und tolerant, überdies hatten sie sich damit abgefunden, daß sich auch ehrliche und gescheite Leute weigerten, die Zeugenschaft von Emigranten gelten zu lassen.

»Warum willst du uns nicht glauben? Warum ziehst du die Lügen der anderen, ihren Betrug vor?« Mit diesen Worten riß mich, noch ehe der Morgen graute, Cl. aus dem Schlaf. Schluchzend wie ein Kind, dem niemand den Schmerz glauben will, wiederholte sie: »Warum, warum?«

Cl. war eine erst spät aus Rußland geflüchtete junge Frau, die Tochter eines bekannten linken Sozialrevolutionärs. Während der wenigen Wochen unserer Freundschaft hatte sie stets politische Diskussionen vermieden und war stumm geblieben, sooft man in ihrer Gegenwart über die Vorgänge in der Sowjetunion gesprochen hatte. Nun erst brach es aus ihr heraus, es gelang mir nicht, sie zu beruhigen; meine Argumente überzeugten sie nicht, sie verschärften ihre Verbitterung. Als sie sich endlich faßte und mich bat, ihr die Heftigkeit ihrer Vorwürfe zu verzeihen, war's schon Tag. Der graue Himmel kündigte Regen an; als ob es eine ungeduldig erwartete Botschaft wäre, lauschten wir auf das Geräusch, mit dem das Haustor geöffnet und metallene Kübel aufs Trottoir geschoben wurden.

Cl. sagte: »Du hast Panait Istratis Romane gelesen und sie gemocht, nicht wahr? Lies nun auch seine Rußland-Bücher!« Ich antwortete, daß ich die erste dieser Reportagen bereits gelesen hatte, und fügte hinzu, daß ich Istrati glaubte, aber dafür hielt, daß er die von ihm beobachteten Fälle administrativer Ungerechtigkeit in der Sowjetunion unzulässig verallgemeinerte und daher falsche Schlüsse aus ihnen zog. Cl. wandte sich stumm ab. Nach einer Weile sagte sie: »Verzeih, ich fühle mich sehr schwach und will versuchen, noch einige Stunden zu schlafen. Am besten, du stehst gleich auf und gehst nach Hause.« Als ich mich über sie beugte, um Abschied zu nehmen, fügte sie hinzu: »Wir werden einander nicht mehr sehen. Ich fahre weg, weit weg und werde nie wiederkommen.« Sie winkte ab, als ich ein Rendezvous für den Abend oder den Tag darauf vorschlug. Ich habe Cl. nie wiedergesehen und nur durch Zufall Jahrzehnte später erfahren, daß sie in einer kleinen Stadt in Amerika lebte und daß es ihr gut ging.

Sie war älter als ich, fast dreißigjährig. Der Zufall fügte es, daß wir in später Nacht eine größere Gesellschaft verließen; wir wohnten im selben Viertel und hatten den gleichen Weg. Während wir in der lauen Nachtluft durch die endlich beruhigten Straßen gingen, begann sie leise zu singen; sie kannte auch die Lieder, die ich von den ruthenischen Bäuerinnen in Tracz gehört hatte. Sie sah jedoch keineswegs wie eine Bäuerin aus, sondern wie eine jener jungen russischen Revolutionärinnen, zu denen ich in romantischer Liebe entbrannt war im gleichen Jahre, da ich von Adler entdeckt wurde, als ich in seinem Seminar von russischen Revolutionären sprach.

Cl. trug ihr aschblondes Haar wie einen Kranz um den Kopf geschlungen, die Wangen ihres ovalen Gesichtes röteten sich schnell und häufig, die hellgrauen Augen wechselten oft den Ausdruck: man las in ihnen Staunen, freudige oder unangenehme Überraschung, dann folgte stets eine Bewegung des Kopfes, die Abwehr bedeuten mochte oder die Entschlossenheit, gleichgültig zu bleiben. Wo immer sie war, sie blieb zumeist ganz nahe der Tür, als ob sie sich den Fluchtweg freihalten müßte. Gesprächig war sie nur, wenn die Rede auf die ferne oder nahe Geschichte des russischen Reiches, besonders der Ukraine, kam. Sie war Historikerin, durch eine Scheinheirat mit einem Reichsdeutschen hatte sie die Staatsbürgerschaft erlangt und hoffte, sich so aussichtsreicher um eine Dozentur an einer deutschen Universität bewerben zu können.

Cl. hörte mich gern über Menschen sprechen, auch wenn sie sie gar nicht kannte, und über Bücher. Meine juvenile Begeisterung für Narodniki mißfiel ihr nicht, obwohl sie ihr abwegig schien. Romantiker in der Politik, meinte sie, seien nicht weniger gefährlich als die skrupellosesten, machtsüchtigsten Despoten.

Das Ende dieser winzigen Episode, dieser Passade, hat in mir einen dauerhaften Eindruck hinterlassen. Die nächtliche Szene, die Verzweiflung jener klugen Frau darüber, daß jemand, der ihr nahe war, die in die Augen springende Wahrheit nicht sehen wollte und die Nöte verkannte, deren Zeugin und Opfer sie selbst geworden war, hat in mir seit jener Nacht immer wieder eine besondere Art von Ungeduld mir selbst gegenüber wachgerufen. Man findet in meinen Romanen die Verzweiflung jener russischen Emigrantin in Szenen wieder, deren Heldinnen zwar keinerlei Ähnlichkeit mit Cl. haben, aber gleich ihr wie in einer Verstörung mit dem Partner brechen, weil sie sich mit seiner energisch gegen die Wahrheit geschützten Unwissenheit nicht abfinden können.

Den leidenschaftlichen Leser, der ich seit meinem zwölften Lebensjahr gewesen bin, beeindruckte am nachhaltigsten, daß in allen Tragödien die Warnung rechtzeitig erfolgt, aber ungehört verhallt, daß sie, mißdeutet oder mißachtet, den so nutzlos Gewarnten nur noch unaufhaltsamer zu Taten drängt, die das Unheil erzwingen. *»Wer gewarnt werden muß, willst du unbedingt wissen? Sag mir doch lieber: wer ist nicht gewarnt? Ich weiß nicht, wie das früher gewesen ist, jetzt nützt keine Warnung mehr. Nicht, weil die Leute mutiger sind als früher, sie sind feig. Sie haben schon Angst davor, die Warnung zu verstehen.«* Diese Worte legte ich einem vorübergehend an sich selbst verzweifelnden Apparatschik in den Mund; so sprach er im Sommer 1938.

Während einiger Monate kam in meine Kurse ein hochgewachsener, auffällig magerer Mann, der den mit einem Pelzkragen aufgeputzten Mantel stets anbehielt, auch wenn er ganz nahe der Heizung zu sitzen kam. Seine dunklen Augen blieben, wenn er zuhörte, fast immer geschlossen, doch sandten sie, sobald er sprach, aus tiefen Augenhöhlen Blitze, die man zuerst als Signale der Feindschaft empfand. Man merkte jedoch rechtzeitig, daß sie nichts anderes verrieten als seinen Willen, schnell und widerspruchslos überzeugend zu wirken. Es vergingen Wochen, ohne daß sich seine Anwesenheit bemerkbar machte, er blieb im Winkel neben der Heizung, wie zugedeckt von seinem zu weiten Mantel, als ob er auf der Ofenpritsche eines russischen Bauernhauses läge und, ungestört von all dem Gerede, in der wohligen Wärme eingeschlummert wäre.

In Wahrheit aber blieb er stets wach, denn er wollte alles genau verstehen, mußte aber scharf aufpassen, da er es mit der deutschen Sprache nicht leicht hatte, besonders wenn sehr schnell gesprochen wurde. Das erste Mal hatte er mich vor dem Haustor abgefangen, seinen Namen unverständlich gemurmelt und mir dann erklärt, aus Gründen, die er mir nicht in zwei Worten darlegen könnte, wäre es absolut notwendig, daß er an meinen Kursen teilnähme. »Aber gratis!« fügte er mit blitzenden Augen hinzu. »Ich bin arm, hab' kein Geld für solche Dinge. Ich bin nur vorübergehend hier, nämlich das ist so: ich bin ein Machnowatz.« So begegnete ich das erste Mal einem nahen Kampfgefährten des im Zwielicht verbliebenen bäuerlichen Anarchisten Machnow, der in den Bürgerkriegsjahren eine nicht unbedeutende Partisanengruppe um sich geschart hatte, die sich vor allem aus Bauern, Arbeitern und aus Deserteuren sowohl der konterrevolutionären Truppen wie der Roten Armee zusammensetzte. Der schlechte Ruf der Machnowtzi war gewiß auch ein Ergebnis der sowjetischen Propaganda, die sie als eine im Dienste der Weißen mordende und sengende Bande von Pogromisten und Henkersknechten hinstellte. In Wirklichkeit wußte man wenig von ihnen, außer daß sie sich nach Art der Guerilleros recht erfolgreich geschlagen hatten, aber schließlich besiegt worden waren. Machnow und einige seiner Gefolgsleute waren über Rumänien und Polen nach dem Westen, nach Paris geflohen.

Mein Machnowatz kam zuerst in den Kurs, nur um herauszufinden, ob ich überhaupt imstande wäre, etwas für seine Leute zu tun, das heißt die Wahrheit über sie und ihre wahren Ziele, über ihren Kampf zu verbreiten und schließlich über ihren furchtbaren, doch, wie er glaubte, nur vorläufigen Untergang zu berichten. Er kam häufiger wieder, als er beabsichtigt hatte, weil ihn die Diskussionen interessierten, obwohl die Debattierer, wie er streng erklärte, sich das Maul trocken redeten, ohne genau zu wissen, worüber sie da stritten.

Er zweifelte nicht im mindesten daran, daß ich geneigt sein würde, von ihm alles, die ganze Wahrheit über Machnow und seine Leute zu erfahren. An einigen aufeinanderfolgenden Sonntagen saß ich ihm gegenüber, jedesmal etwa drei Stunden lang, und hörte seinen umwegigen Bericht an. Sein Wortschatz war begrenzt, aber farbig, drastisch im Adjektivischen und dramatisch in der Wahl der Tätigkeitswörter. Er wirkte überzeugend, wenn er von Aktionen, Scharmützeln, Schlachten, von unerwarteten folgenschweren Begegnungen oder katastrophalen Zufällen berichtete, doch schwach und wie von den eigenen Argumenten verwirrt, wenn er beim Zuhören Zweifel spürte, die zu entkräften und zu zerstreuen ihm nicht sofort gelingen wollte.

Herr Eckert – so sollte ich ihn nennen, er bekannte seinen wahren Namen niemals, damit, sagte er, seine Mörder niemals erfahren sollten, wen sie wirklich gekillt hatten –, Eckert also erwartete von mir genauso wie jener Debattenstenograph mit dem Projekt, in jüdischen Kellern Pilze wachsen zu lassen, absolut nichts für sich selbst. Ich durfte ihm am Anfang jedes Gesprächs einen Tee und am Ende einen Schnaps servieren lassen, die Einladung zu einer Mahlzeit lehnte er jedoch stets ab mit dem Vorwand, er würde zum Essen bereits erwartet. Was erhoffte er von mir? Daß ich, was er mir berichtete, schriftlich niederlegen und einmal veröffentlichen sollte? Für ihn war ich ein Psychologe, kein Schriftsteller. Suchte er Rat? Er ließ mich nicht einmal ahnen, wie, wo, wovon er lebte. Ihm lag daran, daß ich die ganze Wahrheit über die Machnowtzi erfahren und nie mehr vergessen sollte, das wiederholte er mir einige Male. Als die wärmere Jahreszeit kam und man nicht mehr heizte, blieb der Stuhl neben der Heizung unbesetzt, oder es saß ein anderer darauf; Herr Eckert blieb aus. Einmal, etwa zehn Jahre später, in Paris, in der Rue Monsieur le Prince, glaubte ich ihn erblickt zu haben, wie er um die Ecke bog, doch war er es wohl nicht.

Wie Cl. brachte auch er mir eine Warnung, der die unmittelbare Wirkung versagt blieb, doch tauchte sie immer wieder auf – so, als ich die Geschichte der Brigade jugoslawischer Partisanen ersann, die nach vielen Kämpfen und Siegen schließlich zugrunde ging, weil – wie einer von ihnen erklärte – *»es selbst im Märchen noch nie vorgekommen ist, daß einige Weizenkörner die Mühlsteine zerrieben«.* Die kleinen Gruppen zwischen den Mächten, die wenigen zwischen den Majoritäten, erwecken unschwer die Sympathie nachdenklicher Menschen, die sich fragen mögen, warum sie selbst sich niemals den wenigen zugesellen. Die Lächerlichkeit Don Quichottes war in meinen Augen niemals gewisser als seine paradigmatische Größe, dennoch war ich entschlossen, kein Don Quichotte zu werden.

Einer der aktivsten linken Individualpsychologen, der Sozialpädagoge Heinz Jacoby, brachte mich mit extrem pazifistischen Anarchisten zusammen, vor denen ich von Zeit zu Zeit Vorträge hielt, gewöhnlich im Rahmen des »Nie wieder Krieg!«-Museums, das in einem nördlichen Arbeiterviertel installiert war. Der Saal, der kaum 80 Personen faßte, war gewöhnlich voll; die meisten Zuhörer waren belesene Arbeiter, die die Müdigkeit überwanden, sobald man Fragen behandelte, die ihnen am Herzen lagen. Ich sprach gerne zu diesem Publikum, weil mich die Diskussion, die jedem Vortrag folgte, stets interessierte und weil ich da, mehr als anderswo, der überaus glücklichen Verbindung des trockenen, penetranten Berliner Mutterwitzes mit dem Radikalismus aufrührerischer Menschen begegnete, die ohne jeglichen Willen zur Macht gegen alle Machthaber, auch gegen die zukünftigen der »proletarischen« Diktatur, kämpften und ihre Niederlage im voraus in Kauf nahmen. Auch sie waren Weizenkörner, die nur wenige Jahre später zwischen den Mühlsteinen zerrieben werden sollten.

Beziehungen, die potentiell eine unübertreffliche Bedeutung erlangen konnten, jedoch niemals über den Ansatz hinauskamen – solche Beziehungen hat ein jeder mehr als einmal angeknüpft und sehr bald verkümmern lassen: mit Frauen, die man hätte lieben können, mit Männern, denen man sich nahe zu fühlen glaubte. Warum hat mir der Radikalismus der Anarchisten zwar sehr gefallen, aber nie Zutrauen zu ihren Aktionen eingeflößt? Darauf wüßte ich eine Antwort, die jedoch sofort durch eine dem Anschein nach entgegengesetzte abgelöst würde: »Warum habe ich mein Leben lang für die Anarchisten Sympathien bewahrt, obgleich ich seit jeher ihren

Weg, so die individuellen Terrorakte und ihre voluntaristische Geschichtsauffassung, entschieden ablehne? Warum die Partisanen der Djura-Brigade ersinnen, die schon im voraus der Niederlage geweiht sind? Und warum überhaupt das Mißtrauen gegen Sieger, selbst wenn sie für die bessere Sache gekämpft haben, und warum der Zweifel am Sieg? *»Nur die Kürze des individuellen Lebens macht aus, daß gewisse Leute als Sieger in die Geschichte eingegangen sind: sie haben die Umwandlung ihres Sieges in eine Niederlage nicht mehr erlebt... Hat Alexander, hat Cäsar, hat Napoleon gesiegt? Hat Cromwell, Danton oder Robespierre gesiegt?... Es gibt keine Sieger.«* Diese Worte habe ich im Jahre 1941, im Schatten der militärischen Siege Hitlers, geschrieben.

Doch wenn es je eine Zeit gegeben hat, in der ich den Sieg für möglich hielt und mich als einen von vielen Millionen Menschen auf dem Wege zu ihm glaubte, so waren es eben die Berliner Jahre, deren jedes ganz nah bevorstehende, weltgeschichtliche Entscheidungen anzukündigen schien. Was ich tat – eifrig, unermüdlich und zumeist mit sichtbarem Erfolg –, hatte nichts oder nur ungefähr etwas mit diesen imminenten Entscheidungen zu tun. Für mich jedoch fügte sich alles in einen umfassenden, unlösbaren Zusammenhang.

Dank Otto Müller-Main, der unter uns der weitaus beste, stets verläßliche Organisator war, gelang es der Berliner Gesellschaft für Individualpsychologie, ein Institut zu schaffen, das eine wachsende Zahl von Psychologen, Pädagogen, Ärzten und Sozialarbeitern anzog, die regelmäßig die Kurse belegten. Je deutlicher sich die Trennung Künkels und seiner Anhänger von uns Linken abzeichnete, um so mehr bemühten wir uns, wir alle, die Zusammenarbeit innerhalb des Instituts ungestört fortzusetzen. Künkels und meine Kurse wurden zeitlich so anberaumt, daß man beiden folgen und so gleichsam aus erster Hand erfahren konnte, was uns einte und was uns voneinander entfernte. Einige Male im Jahr organisierten wir Weekendtagungen, die gewöhnlich mit einem öffentlich Zwiegespräch zwischen Künkel und mir endeten. Es ging da in erster Linie um die Grundlagen einer Charakterologie, um die Notwendigkeit und Möglichkeit, diese mit einer Soziologie, einer Geschichtsauffassung, einer Weltanschauung oder einem Glauben und schließlich mit einer sozialen Praxis zu vereinen. Im gleichen Maße wie die Wirtschaftskrise die Sorgen des Alltagslebens drükkender gestaltete, nahmen die sozialen Probleme in unseren Debatten einen immer breitern Platz ein; in allem wurde die politische Fragestellung unausweichlich.

Ich wirkte als psychologischer Experte für die *Berliner Zentrale für Wohlfahrtspflege,* die, von Sidonie Wronski, einer ungewöhnlich energischen, umsichtigen Frau, geleitet, schon vor der furchtbaren Krise den Bereich sozialer Fürsorge wesentlich erweitert hatte; ich lehrte an mehreren Fachschulen, die Fürsorger und Sozialpädagogen ausbildeten, und überdies am Sozialpolitischen Seminar der Preußischen Hochschule für Politik, das unter anderem Juristen psychologische und pädagogische Kurse bot, damit sie in den neugeschaffenen Jugendgerichten ihre Funktion mit Kompetenz ausüben könnten. Im Auftrag der Stadt Berlin gab ich in einigen Fürsorge-Erziehungsheimen, die sich außerhalb der Stadt, zumeist in der Mark Brandenburg befanden, Kurse und Beratungsstunden für die Heimerzieher. Noch viel anderes müßte ich in diesem Zusammenhang aufzählen, doch im Schreiben verwundere ich mich über den so tätigen jungen Mann, der ich gewesen sein muß und der wohl gar nicht wußte, was Müdigkeit ist. Ich glaubte, mich gar keiner Aufgabe entziehen zu dürfen, und verfügte über die Zeit, als ob sie so elastisch wäre, daß man in ihr das und jenes und immer mehr unterzubringen vermöchte, nicht zuletzt die psychotherapeutische Tätigkeit, der ich jeden Tag durchschnittlich sechs Stunden widmete, die Kurse im Individualpsychologischen Institut und in den Fachschulen und überdies öffentliche Vorträge und Debatten über psychologische, pädagogische und politische Probleme. Recht oft klingelte spät in der Nacht das Telefon, ein Freund hatte es dringend nötig, sich auszusprechen; oder es läutete am Haustor unten ein dem Heim entlaufener Fürsorgezögling, der Rat, etwas Geld und sofort eine Bleibe für die Nacht brauchte und Schutz vor der Polizei, die ihn suchte, um ihn ins Heim zurückzubringen.

Am Sonnabendabend gab ich in meiner Wohnung einen Vortragszyklus vor einem geschlossenen Kreis jener Teilnehmer der anderen Kurse, welche mich am meisten interessierten. Im Mittelpunkt der Vorträge und Debatten standen abwechselnd: das Wesen der psychologischen Deutung, ihre Technik und ihre Grenzen, und Erwägungen über die Voraussetzungen einer adlerisch-marxistischen Sozialpsychologie. Jeder konnte Fragen und Einwände vorbringen; auch deshalb zog der Kurs viele Leute an, darunter recht viele Ausländer, die nur einige Wochen oder Monate in Berlin blieben.

Erst jetzt frage ich mich erstaunt: Was begründete mein Selbstvertrauen? Was erweckte und nährte das Vertrauen der anderen zu dem so jungen Menschen, der ich war? Die Antwort muß vielerlei einbegreifen, was nicht nur mich und nicht nur die besondere Situation betrifft, in der sich mir damals alles so darbot, als ob es hinter der Kulisse nur auf ein Stichwort gewartet hätte. So die Begegnung mit Menschen, die mich fördern konnten oder jedenfalls zu fördern wünschten, und mit anderen, die mich brauchten oder gerade mich zu brauchen glaubten. Um es schon hier ohne Umschweife festzustellen: mitten in dieser nicht nur dem Anschein nach so erfolgreichen

Tätigkeit verstärkte sich, zuerst langsam und fast unmerklich, der Zweifel am Wert meiner Erfolge. Nicht nur der meinen, sondern der psychologischen Erfolge im allgemeinen, ihrer Reichweite, ihrer Tiefe, ihrer Dauerhaftigkeit. Und schließlich drängte sich mir immer wieder die Frage auf: Wer behandelt wen? Zum Beispiel, traf es zwar zu, daß mein Selbstvertrauen das Vertrauen jener förderte, die sich an mich wandten, so wußte ich dennoch von Anbeginn, daß ich meinerseits ihr Vertrauen brauchte wie einen Bissen Brot.

Thomas Manns Romanheld Joseph, Jakobs Lieblingssohn, hatte eine Art, älteren Leuten gute Nacht zu wünschen, die ihnen wohltat und für die Dauer einer Nacht Kummer und Gebrechen zu lindern schien. Vielleicht weil ich selbst viel und gerne sprach, rief meine Art zuzuhören in jenen, die zu mir kamen, oft die Gewißheit hervor, daß ihre Worte so aufgenommen wurden, daß zugleich mit dem, was sie mitteilten, offenbar wurde, was ihnen unausgesprochen als Erlebnis und Leid zugrunde lag. Die Regentropfen wurden nicht vom Boden verschlungen, sondern von einer tiefen Zisterne aufgenommen und bewahrt. Anderswo habe ich, gewiß nicht als erster, den Verdacht ausgesprochen, daß zu den Beweggründen des Psychologen auch ein Streben nach Macht und Überlegenheit gehören kann und in seiner Bemühung, den andern so zu verstehen, als ob er sich mit ihm identifizierte, ein Bedürfnis nach Selbsterweiterung. Weil nichts, beinahe nichts dergleichen mich damals beseelte, wenn ich einem Leidenden gegenübersaß, hörte ich oft viel mehr, als er aussprach.

Es gab natürlich auch Mißerfolge. Ihnen verdankte ich präzisere Fragestellungen betreffs der Beziehung des Menschen zu sich selbst und zu seinen beabsichtigten, vollbrachten oder unterlassenen Taten. Ausgehend von unserer Fähigkeit zu irren und unserer Unfähigkeit, niemals zu irren — besonders da, wo es um uns selbst geht — bemühte ich mich, die Psychotherapie als eine eigenartige, im voraus zweckgebundene Beziehung zweier Menschen, als eine gemeinsame Suche nach Wahrheit und als einen fortgesetzten Solidaritätsakt, aber auch als eine Verführung zu analysieren, bei der die Rollen des Verführers und des Verführten immer wieder, zumeist unmerklich, miteinander vertauscht werden können.

Den Ausdruck »fauler Zauber« konnte man überall hören, doch wohl nirgends so oft wie in Berlin; auch deshalb gefielen mir die Berliner so gut. Ich war entschlossen, kein Zauberer zu sein, mich von den Bezauberten nicht bezaubern, durch das Echo der eigenen Stimme nie verführen zu lassen. Ich blieb nicht immer auf der Höhe dieses ernüchternden Vorsatzes, sondern erlag oft genug dieser und manch anderer Lockung. Dann war ich enttäuscht über mich, doch nicht entsetzt, denn spätestens seit meiner Begegnung mit Alfred Adler wußte ich, daß ich in nichts exemplarisch war, es nie sein würde und — bei Lichte besehen — auch gar nicht sein wollte.

Ein junger Philosoph, der schlechthin alles gelesen zu haben schien, führte in meiner Gegenwart ein langes Gespräch mit Adler, der auf dessen zahllose, fast durchwegs kritische Fragen mit Geduld und Gleichmut und einem Humor einging, der allerdings dem Interviewer fast völlig entging, so daß er immer ungeduldiger, fordernder und schließlich herausfordernd wurde. Am Ende, die Unterredung hatte sicher zwei Stunden gedauert, verlangte der Philosoph wieder einmal vorwurfsvoll, daß Adler doch zugebe, daß seine Lehre bestimmte Fehler habe. Da holte Adler nach einer Pause anscheinend tiefer Nachdenklichkeit seine Virginiazigarre ganz sachte aus dem Mund, sah dem strengen Prüfer in die Augen und antwortete: »Jo, was wollen S' denn, mein Lieber, gar kane Fehler soll meine Sache haben?«

Am Sonnabendkurs nahmen zeitweilig einige Fremde teil, die sich unter falschem Namen vorstellten. Es war in jedem Falle besser, nur die falschen Namen zu kennen und auch sie schnell genug wieder zu vergessen. Doch sind diese Männer meinem Gedächtnis nie entschwunden, denn Teile ihrer Lebensgeschichte und auch jene Schwierigkeiten, derenthalb der eine oder andere sich an mich wandte, bewahrten für mich weit mehr als ein psychologisches Interesse, das mit den Jahren nicht geringer wurde.

So verschieden sie voneinander waren, ein auffälliges Merkmal hatten sie gemein – eine banale Unauffälligkeit in ihrer korrekt mittelständischen Kleidung, in der Bescheidenheit und diskreten Höflichkeit ihrer Reaktionen; ihr Deutsch hatte einen fremden Akzent, der slawischen Ursprungs sein konnte, doch schwer auszumachen war; ergriffen sie – selten genug – in der Diskussion das Wort, so faßten sie sich immer kurz. Jeder von ihnen war unterwegs und blieb in Berlin nur bis zum Augenblick, da er seine Marschorder bekam, die ihn zumeist auf Umwegen etwa nach Shanghai oder Detroit, nach Hongkong oder San Franzisko, nach Brasilien oder Italien, nach Finnland oder nach Indien versetzte. Der eine ließ sich dann im fremden Land als Korrespondent großer europäischer Zeitungen nieder oder als Vertreter einer internationalen Import-Export-Agentur oder als Kunsthändler, als Impresario oder als reicher russischer Emigrant, der an den Börsen vieler Länder spekulierte, oder aber als Privatgelehrter. Sie waren in Berlin, um sich »auszulüften«, sich an die neue Identität zu gewöhnen und sich selbst nur noch mit dem falschen Namen anzusprechen. Sie sollten in jeder Zeitung erst einmal den Börsenbericht studieren, Bekanntschaften in dem oder jenem ihnen vorher völlig fremden Milieu anbahnen, um sich auf sie gelegentlich berufen zu können.

Ich entdeckte, daß sie, mit einer einzigen Ausnahme, noch etwas anderes gemeinsam hatten: jeder von ihnen hatte im Bürgerkrieg bedeutende militärische und politische Funktionen ausgeübt, stets in unmittelbarer Verbindung mit Trotzki, dem Kriegskommissar und Chef der Roten Armee. Später attachierten sie sich an ihn als den Führer der Opposition innerhalb der Partei. Aus diesem Grunde wurden sie nach 1925 allmählich »abgehängt«, auf dekorative, doch unwichtige Posten, in der Tat aufs Abstellgleis gestellt und schließlich wenige Tage vor oder nach Trotzki aus der Partei ausgeschlossen. Kurz darauf brach jeder von ihnen öffentlich mit der Opposition, verpflichtete sich in demütigen Reueerklärungen zu unwandelbarer Treue gegenüber der Parteiführung und bat um Wiederaufnahme in die Partei. Diese wurde ihnen gewährt; sie behielten ihren militärischen Rang, den sie natürlich in der neuen, geheimen Funktion, die jedem von ihnen im Ausland zugewiesen wurde, keineswegs zur Geltung bringen durften.

Einer dieser Männer – ich will ihn Robert Plontin nennen – ist mir besonders deutlich in Erinnerung geblieben, weil er, gleichviel wovon er mit mir sprach, sei es von seiner großen und doch völlig entwerteten, fast sinnentleerten Vergangenheit oder von seiner Klaustrophobie, durch die er, der so viele Beweise von Tapferkeit gegeben hatte, sich grenzenlos gedemütigt fühlte. Wovon Plontin auch immer sprach, es endete immer mit der Klage über die Trennung von seinem dreijährigen Sohn. Er verging vor Sehnsucht nach ihm, ihn bedrängte eine unerträgliche Bangnis um das Kind, das zusammen mit seiner Mutter, einer jungen, nicht allzu gescheiten Frau, jeder Gefahr schutzlos ausgesetzt blieb. Träume rissen ihn aus dem Schlaf, in denen er hilflos zusehen mußte, wie sein Sohn von einem Lastwagen überfahren wurde; wie er in ein finsteres Loch geworfen wurde; wie er von einem uniformierten Mann mit einer Nagaika geschlagen und mit lackierten Stiefeln getreten, furchtbar zertreten wurde. Eine Pein, die ihm, auch wenn er endlich erwacht war, das Herz verkrampfte, begleitete den Wiederholungstraum, in dem er Schura, sein Kind, in einer Bande von Besprisorny, elternlosen, obdachlosen Kindern, erblickte, bis auf die Knochen ausgedörrt, Tränenrinnen im farblosen Gesicht.

Plontin wandte sich gerade an mich, weil er sich aussprechen mußte und dafür jemanden brauchte, der seine Geheimnisse unter allen Umständen wahren würde. Das traute er mir zu, nachdem er mich während einiger Kursstunden beobachtet hatte. Ihn frappierten meine Traumdeutungen, er hoffte, ich würde ihm helfen, sich von den peinigenden Wiederholungsträumen frei zu machen und damit vielleicht auch seine Sorgen um das Kind zu mindern. Während der Monate, die er in Berlin blieb, kam er dreimal wöchentlich zu mir. Die Klaustrophobie, die er vielleicht auch allein hätte meistern können, verschwand recht bald; die ängstigenden Träume wurden seltener, doch suchte ihn sein Kind als Besprisorny noch manchmal heim.

Plontin war einer dieser neuen Männer, die vor der Machtergreifung zu jung gewesen waren, um der Partei anzugehören, und erst nach dem Bürgerkrieg im Staat und im Machtapparat der bolschewikischen Partei Leiter von Ausführungsorganen wurden, die die Beschlüsse der obersten Parteiführung zwar beeinflussen, aber nur in ihrem engeren Tätigkeitsbereich Entscheidungen treffen konnten. Keinen von ihnen überraschte es, für Mißerfolge der ihnen anbefohlenen Aktionen verantwortlich gemacht zu werden, und jeder von ihnen fand sich damit ab, daß seine Erfolge als Triumphe der Führung, des Zentralkomitees der KP, des Politischen Büros und schließlich als das alleinige Verdienst des Generalsekretärs gepriesen wurden. »Wer befehlen will, muß gehorchen lernen«, dieses alte Prinzip war schon wieder bestimmend. Plontin und seinesgleichen waren in den Augen des Generalsekretärs und seiner Gefolgsmänner um so gefährlicher, als sie während des Bürgerkriegs Initiative und Kühnheit bewiesen hatten und, von der Führung oft abgeschnitten, aus eigenem Entschlüsse getroffen und zu oft recht behalten hatten. Der Generalsekretär hatte ihre Beseitigung längst beschlossen, jedoch mußten sie ihm vorerst noch dienen, Trotzki abspenstig werden und Strafexpeditionen leiten, Schrecken säen und Haß ernten; nachher sollten sie im Ausland auf gefährliche Posten gestellt werden, die sie nicht überleben durften, ohne den Argwohn des Verrats zu erregen.

Weder Plontin noch ein anderer dieser Männer berichtete mir ausführlich, wo und wann sie nach der Niederwerfung des Kronstädter Aufstandes und der Beendigung des Bürgerkriegs geplante oder befürchtete Aufstände »liquidiert« und so jegliche Neigung zu Widerstand in Stadt und Land rechtzeitig gelähmt hatten. Der Wiederholungstraum ließ jedoch vermuten, daß der Anblick der Besprisorny in Plontin gleichzeitig Mitleid und Haß, ja einen Willen zu ihrer Vernichtung erzeugt haben dürfte.

»Nein, keinen Haß!« wiederholte Plontin. Als ich stumm blieb, fragte er: »Und wieso Haß, warum?« Ich schwieg und er verstand, daß ich stumm bleiben würde, bis er über jene Geschehnisse und Taten berichtet haben würde, die wahrscheinlich im Wiederholungstraum nachwirkten. So blieben wir beide stumm, bis ich mich erhob und damit das Ende des Gesprächs anzeigte. An der Schwelle sagte er zögernd: »Ich muß es mir noch gründlich überlegen, ob es einen Sinn hat, daß ich wiederkomme.« Er kam zwei Tage später wieder, niedergeschlagen, unsicher im Sprechen, fahrig in den Gebärden, die er nicht mehr ganz zu beherrschen schien. Noch ehe er sich im Fauteuil zurechtgesetzt hatte, stieß er die Worte hervor: »Ich bereue nichts, ich habe mir nichts vorzuwerfen. Würde die Partei mir heute wieder solche Aufgaben zuteilen, so würde ich nicht zögern, sie zu erfüllen.« Diesen Satz wiederholte er im Laufe der Stunde mehrere Male, jedesmal begleitete eine Geste der in die Höhe geworfenen Arme die zu laut, ja gebieterisch ausgesprochene Versicherung seines guten Gewissens. Umgekehrt artikulierte er sehr deutlich, doch leise, nachdenklich das Bekenntnis, das er auch wiederholte: »Nein, keinen Haß. Ich kann nicht hassen, das ist meine unheilbare Schwäche. Nie ist es mir gelungen, das Hassen zu erlernen.«

In dieser Stunde erfuhr ich zum erstenmal aus seinem Munde, was die sogenannte Dekulakisierung wirklich gewesen war. Wir alle glaubten, daß der Boden kolchosfeindlicher Groß- und Mittelbauern zugunsten der Kollektivwirtschaft enteignet werden sollte. Wir kannten aus großen Reportagen und aus sowjetischen Filmen den rücksichtslosen Kampf, den die Kulaken gegen die landarmen Bauern führten, welche in den vom Staat mit allen Mitteln geförderten Kolchosen die endgültige Lösung all ihrer Probleme sahen. Im Kolchos, der die gesamte Landbevölkerung proletarisierte, vollendete sich die sozialistische Revolution, denn dank ihm wurde die Trennung von Stadt und Dorf endgültig aufgehoben — es war seit Oktober 1917 die größte soziale Wandlung —, das verkündeten die Führer der Sowjetunion, das wiederholten begeistert die Kommunisten in der Welt; das leuchtete mir ein, so daß ich noch Jahre nach meinem Bruch mit dem Kommunismus fortfuhr, den Kolchos als eine vorbildliche Einrichtung zu betrachten.

Plontin war einer der obersten Kommandeure der Truppen, die die Dekulakisierung durch Strafexpeditionen erzwangen. Sie schlugen so hart zu, daß kein Verdächtiger entkommen konnte — und wenn dabei hundert unschuldige Verdächtigte mitbetroffen wurden. In diesen Feldzügen des Argwohns war der Sieg über die unbewaffneten Bauern zwar im voraus sicher, es kam jedoch überdies darauf an, einen solch wilden Schrecken zu verbreiten, daß in keiner der zahllosen bäuerlichen Siedlungen des riesigen Landes auch nur einer überleben könnte, ohne von einer lähmenden Angst erfaßt zu werden, sooft er auch nur insgeheim an einen offenen oder getarnten Widerstand gegen *Wlast,* gegen irgendeinen Befehl des Staates oder der Partei zu denken wagte.

Plontin selbst kam fast nie in ein Dorf, er lenkte den Einsatz vom Hauptquartier aus, doch wußte er genau, was da geschah, was seine Truppen und was die spezialisierten Detachements der GPU anrichteten. Als er sich anschickte, mir darüber ausführlicher zu berichten, unterbrach ich ihn mit den Worten: »Sofern es nicht unmittelbar Sie selbst betrifft, lassen Sie bitte Personen- und Ortsnamen, ebenso besonders schlimme Episoden aus.« Gewiß, ich wollte mich nicht unnütz mit der Kenntnis von Geheimnissen belasten, überdies aber scheute ich vor einem Wissen zurück, das mir sowohl politische wie seelische Schwierigkeiten bereiten würde. Somit versuchte ich da, zum erstenmal bewußt, den Blick von einer die Sowjetunion betreffenden, unbequemen Wahrheit abzuwenden, zum ersten-, doch beileibe nicht zum letztenmal. Plontin sah mich erstaunt an, zuckte die Achseln und antwortete auf russisch, was er weder vorher noch nachher je getan hatte: »Nu ladno, nu charascho!«

Er hatte eine rigorose Art zu erzählen, man hörte gleichsam die Absätze, in denen er seinen Bericht gliederte. Ihm ging's darum, mir zu beweisen und sich selbst in Erinnerung zu rufen, daß im Bürgerkrieg die Logik des Kampfes beide Seiten beherrschte. Gemäß dieser Logik wurde die Grausamkeit unvermeidlich, für den Sieg war kein Preis zu hoch. Daher die Fälle von namenloser Grausamkeit – hüben wie drüben. Ohne sie wäre es in einem Bürgerkrieg zuweilen unmöglich, die Fronten reinlich zu scheiden.

In der Expedition gegen die Kulaken genügte die kriegerische Grausamkeit nicht, deshalb griff man auch die Zukunft an: man nahm den Bauern alle Lebensmittelvorräte weg, sehr oft auch das Saatgetreide, so daß sie alle, um nicht zu verhungern, ihre Dörfer freiwillig verließen. Es geschah aber etwas, das Plontin und seinesgleichen nicht gewollt, das niemand geplant hatte: an vielen Orten wurden Eltern und Kinder auseinandergerissen. Wie das Vieh aus den Ställen verschwand, erschlagen wurde oder mit aufgeschwemmten Bäuchen in Flüssen davonschwamm, so flüchteten die Kinder, von den Soldaten verjagt oder von den Eltern weggeschickt, die ihnen das eigene Schicksal ersparen wollten, oder von Ängsten gehetzt wie Pferde, die die Nähe von Wolfsrudeln wittern. Man begegnete ihnen häufig in Städten, sie traten in Haufen auf, wie Herden furchtsamer Tiere, früher oder später schlossen sie sich den Banden der Besprisorny an.

Als Plontin eines Morgens mit seinem Adjutanten aus dem Wagen stieg, tauchten plötzlich zwischen ihnen und dem Kasernentor einige Rudel dieser halbnackten, völlig verwahrlosten Waisen auf und starrten wortlos die Offiziere an. Plontin gab dem Adjutanten die Anweisung, diese Bande sofort verjagen zu lassen. Da fiel sein Blick auf den kleinsten unter den Kindern: er fror in seinem löchrigen Bauernhemd, ein Arm war nackt. Plontin hatte den Eindruck, als ob das Kind weinte, unhörbar und ohne Tränen. Er wollte sich dem Buben nähern, da riß ihn der Adjutant mit einem harten Griff zurück und rief böse die Wache am Tor, die zugesehen und sich nicht gerührt hatte. Nun griff sie ein, schlug mit den Gewehrkolben auf die Rücken der auseinandergetriebenen Kinder. Der

Kleine fiel nach einigen Schritten zu Boden, zwei größere Jungen kamen zurück und schleppten ihn fort.

»Wölfe!« sagte der Adjutant, »das sind Wölfe, in wenigen Jahren werden sie das Gebiß von Wölfen haben. Man muß sie liquidieren, ehe es soweit ist — jetzt, sofort.« Plontin erwiderte: »Ordnen Sie an, daß man sie in Lastzügen verfrachten und nach dem Süden abschieben soll — heute noch, sofort! Man muß sie aus der Stadt verjagen.«

»Warum sprechen Sie von Haß?« fragte er mich und fügte hinzu: »Ich habe es Ihnen schon erklärt: im Krieg habe ich das Mitleid verlernt, wie alle, die die Pflicht hatten zu töten, Menschen in den Tod zu schicken. Vorher hatte ich mir ein Leben ohne Mitleid gar nicht vorstellen können. Anderseits hatte ich ja auch nicht geglaubt, daß der Sohn eines kleinen jüdischen Schneiders aus einem winzigen litauischen Nest irgendwo bei Marjampol ein Divisionsgeneral und Generalstabschef einer Armee werden würde. Ohne Krieg und Revolution hätte ich mit viel Glück vielleicht eine Privathandelsschule absolvieren dürfen und es sodann zum Buchhalter der winzigsten Bankfiliale Rußlands gebracht.«

So hatte denn der kleine frierende Besprisorny in ihm das »verlernte« Mitleid wieder erweckt. Das hatte nicht nur mit seinem Sohn zu tun, sondern auch mit seiner eigenen Vergangenheit, mit einem Erlebnis des Kindes, das er selber gewesen war. Dieses Erlebnis ließ sich der Vergangenheit entreißen. Plontin erfaßte schnell genug, daß ein Mensch, der es billigt oder auch nur zuläßt, daß einer zugrunde geht, obgleich er ihn retten könnte, damit das Todesurteil über den Bruder, über das eigene Kind fällt. Alles menschliche Sein ist von Anbeginn ein Zusammenhängen, aus dem man sich nicht lösen kann. Im Wiederholungstraum, der ihn mit dem Anblick seines in einen Besprisorny verwandelten, hoffnungslos verelendeten Sohnes quälte, ging es um weit mehr als um das Kind und um ihn selbst, den uniformierten Missetäter, und um seine Angst vor einer Zukunft, deren Gefahren er ahnte, aber nicht erkennen wollte.

»Ja, worum geht es also?« fragte er. »Um welche Zusammenhänge handelt es sich denn?« Ich antwortete umwegig, das heißt, ich schob ihm Fragen zu, so daß er selbst erklären und deuten mußte, was ihn, das frierende Kind aus dem Städtel, zur Revolution und in den Bürgerkrieg geführt hatte. Daß kein Kind mehr frieren, durch Armut verkürzt und gedemütigt werden sollte, darum hatte seinesgleichen gekämpft. Und nun, so viele Jahre nach dem Siege, stand er plötzlich sich selbst gegenüber, wie er mit drei Jahren gewesen war, und zugleich vor den Tausenden, deren Elend unvergleichlich größer war als jenes, das er je gekannt hatte. Grund des Seins, Ziel des Seienden – was war aus allem geworden? Und wer, was hatte am 7. November 1917 gesiegt – in den Bürgerkriegen, in den Strafexpeditionen, in der Dekulakisierung? Die Vergangenheit und die Zukunft verschmolzen miteinander in den quälenden Träumen des Schläfers: der kleine Junge aus dem Städtel bei Marjampol im Jahre 1893, das verhungernde Bauernkind und der kleine Sohn, 36 Jahre später, sie hingen zusammen, gingen ineinander über, gingen ineinander ein.

Der Mensch ist Produkt und Produzent seiner Umstände, und die Revolution sollte beweisen, daß er weit mehr Produzent als Produkt seiner Umstände ist, hieß es bei Marx. Plontin war in der vordersten Reihe jener gewesen, die in der vorangekündigten *letzten* Umwälzung der gesellschaftlichen Verhältnisse wahrhaft radikal gehandelt hatten. »Radikal sein heißt, die Sache an der Wurzel fassen. Die Wurzel für den Menschen ist der Mensch.« Doch in welchen Zustand hat die Umwälzung ihre Urheber selbst versetzt? Was und wen hat sie wirklich von Grund auf verändert, verbessert? In der Tat dauerte es noch Jahre, bis ich wirklich so weit war, nicht nur diese Fragen zu stellen, sondern auch reif und mutig genug, die Antworten, die schon so lange warteten, nicht zu verkennen, ihnen nicht auszuweichen. Ja, damals, nach der Begegnung mit Plontin, hätte meine *zweite* oder *dritte* Lehrzeit beginnen können. Doch geschah es noch lange nicht, denn ich brauchte den Glauben an die Sowjetunion, an jenes Sechstel der Erde, das, wiederholte man unermüdlich, zur Heimat des Sozialismus geworden, die Ausbeutung des Menschen durch den Menschen abschaffte, ja unmöglich machte. Glaubte ich wirklich, daß die Wasserträger gesiegt und alle Macht und Unterdrückung ein für allemal abgeschafft hatten? Das *wollte* ich glauben, also deutete ich alles um, wie man eine Geliebte metamorphosiert, damit sie dem Bilde gleiche, das allein man wirklich liebt.

Plontin, der »Abgehängte«, der ausgesandt war, um unter gefährlichsten Bedingungen einen weitverzweigten, höchst geheimen, parallelen Ausforschungsdienst zu organisieren, hätte keinen Augenblick gezögert, sich dem Befehl zu unterwerfen, selbst wenn seine Familie nicht als Geisel zurückgehalten worden wäre. Das Schicksal seines Sohnes hing davon ab, daß Plontin sich nicht noch mißliebiger mache und nicht den Verdacht erwecke, er könnte sich dem exilierten Trotzki wieder nähern. So war dieser mit vielen Orden ausgezeichnete rote General ein Gefangener, der sich selbst bewachte im Dienste jener, die beschlossen hatten, ihn langsam, auf nützliche Weise umzubringen. Das wußte er, doch kein Wissen konnte nutzloser sein.

Dank Plontins Einblick in die internen Vorgänge und seiner ausführlichen Schilderung der Umstände, unter denen die folgenschwersten Entscheidungen während und nach der Revolution getroffen wurden, erfaßte ich, wie wenig das Geschehen jener Jahre das dramatische Exempel eines weise angewandten dialektisch-revolutionären Denkens, wie sehr es ein Durcheinander von bald widerstreitenden, bald erzwungen übereinstimmenden Meinungen gewesen war, von nicht oder nur halb ausgeführten Beschlüssen, deren unerwünschte Folgen durch entgegengesetzte Maßnahmen teilweise beseitigt oder zumindest gemildert werden mußten. Kein Fehlschlag, den die verantwortlichen Männer nicht dazu benutzt hätten, ihre Machtposition dadurch zu stärken, daß sie die Schuld an ihm der Opposition außerhalb oder innerhalb der herrschenden Partei auferlegten und die Kritiker der Sabotage verdächtigten, indes sie die Andersmeinenden als Feinde entlarvten. Diese Dialektik hat kein Aristoteles, kein Hegel und kein Marx entdeckt, sie hat seit jeher jede absolute Macht gerechtfertigt und sie von jeder Verantwortung befreit.

Plontins wahren Namen hätte ich wahrscheinlich entdecken können – spätestens nach der Destalinisierung im Jahre 1956, aber ich habe es nie versucht; die Romanfigur, die ich in Erinnerung an ihn ersonnen habe, nannte ich *Litwak* – Litauer.

Hede Eisler, die einmal die Frau des aus Wien stammenden professionellen deutschen Kommunisten Gerhard Eisler gewesen war, nahm an dem schon erwähnten Samstagabendkurs teil und brachte immer wieder Leute mit. Einer von ihnen war ein sehr gut aussehender junger Mann, der mir wegen seiner klugen Art zuzuhören auffiel. Seine Augen quittierten die leiseste ironische Anspielung. Saß er nahe genug, so suchte ich in seinem Gesicht die Komplizität, die einem Vortragenden willkommener ist als die lauteste Zustimmung. Er ergriff nur selten das Wort, was er sagte, war intelligent, aber weniger gescheit, als ich erwartet hatte. Als Hede Eisler ihn mir vorstellte, deutete sie halb an, daß er gerade beschäftigungslos wäre, aber es nicht mehr lange bleiben würde. Ich sollte wohl vermuten, daß er ein wichtiger Mann der Komintern war. Er hieß Richard Sorge.

Jahrzehnte später erfuhr ich durch den Headwarden des Oxforder St. Antony College, William Deakin, der im Besitze einer ungeheuren Masse von Informationen war, sehr viele Einzelheiten über Sorge, über den er ein Buch schreiben sollte. An der Karriere dieses »Meisterspions« erstaunte mich nur, daß er imstande gewesen war, das Vertrauen der Nazis zu gewinnen, so, als ob er zu ihnen gehörte. Deakin, der als britischer Offizier in Titos Hauptquartier die gefährlichste Phase des jugoslawischen Partisanenkriegs miterlebt und mit scharfem Blick beobachtet hatte, wunderte sich seinerseits darüber, daß ein Psychologe über Sorges Mimikry staunen konnte. Ich erklärte ihm, daß junge Intellektuelle, die zu einer revolutionären Bewegung stoßen, fast ausnahmslos *bekenntniswütig* sind. Sich offen angesichts der ganzen Welt für die Sache einzusetzen, sich zu ihr in Wort und Tat zu bekennen wie der Liebende zu seiner Leidenschaft, wird ihnen zu einem drängenden Bedürfnis. Deshalb kann man sie so erfolgreich als Werber in ihrem eigenen Kreis benutzen — sie wirken ansteckender als die Träger virulenter Bazillen. Und aus dem gleichen Grunde versagen sie dort, wo sie ihre Überzeugung verheimlichen sollen oder gar vorgeben, sie zu bekämpfen. Plontin zum Beispiel war ein hochintelligenter, tatkräftiger Mann, aber kein Intellektueller wie Sorge. Das mochte ihm ein raffiniertes Doppelspiel von ganz kurzer Dauer erleichtern und ihm die Existenz eines Spions unmöglich machen — doch gelang sie ihm vortrefflich. Wer sich so meisterhaft verstellen kann, verstellt sich vielleicht gar nicht. Es handelt sich nicht um eine fintenreiche doppelte Beleuchtung, sondern um eine zwittrige Zweideutigkeit. Die erstaunlichsten Wagnisse von Übeltätern und Betrügern erklären sich häufig aus einer Bewußtseinsverdunkelung, dank der sie ihrer Gewissenlosigkeit nur selten, niemals während der Aktion, gewahr werden.

Viele Stunden verbrachte ich täglich damit, Männer und Frauen anzuhören, die glaubten, einer längeren psychologischen Beratung oder einer Psychotherapie zu bedürfen, weil sie »mit sich nicht fertig wurden«; weil sie ihre Schwierigkeiten, Hemmungen, Ängste oder Süchte aus eigener Kraft nicht überwinden konnten, weil sie täglich vor unausweichlichen, stets dringlicher werdenden Entscheidungen zurückschraken; weil sie sich immer aufs neue in winzige Sackgassen verrannten; weil sie in der Beziehung zu ihren Eltern und Kindern, zum Ehepartner, zum Geliebten, zu ihren Vorgesetzten oder Untergebenen versagten oder nie die Anerkennung erhielten, die sie zu verdienen glaubten; weil sie ununterbrochen Konflikte erzeugten und sich als deren Opfer fühlten; weil sie unglücklich liebten oder gar nicht liebten, weil sie sexuell gleichgültig oder besessen waren oder nur das eigene Geschlecht zu lieben glaubten; weil die eigene Eifersucht oder die des Partners die Ehe zur Hölle machte; weil sie es nicht länger mit dem Partner aushielten, die Trennung von ihm aber mehr fürchteten als das größte Übel.

Es gab solche, die zu sprechen begannen, ehe sie sich zurechtgesetzt hatten, und nicht aufhörten, ehe sie wieder im Stiegenhaus waren; andere brauchten viele Stunden, ehe sie über kümmerliche Ansätze hinauskamen, mühsam Klagen über ein Leiden hervorbrachten, das sie mit zu oft genutzten, verbrauchten Worten unzulänglich beschrieben; andere sprachen schnell, stockten aber immer wieder – hastige Läufer, die immer zu früh oder zu spät ankamen, weil sie gar zu häufig über die eigenen Beine stolperten. Schließlich gab es die »Wanderpatienten«; sie kannten alle angesehenen Spezialisten, behaupteten, alle wichtigen Bücher gelesen zu haben und daher genau zu wissen, was Freud, Jung, Adler, Steckel und andere gerade über ihren so ungewöhnlichen Fall denken würden.

Beinahe alle dachten, sie wären besondere, interessante Fälle. Adler sprach oft davon, daß der Neurotiker schnell stereotyp wird: seine Art, Konflikte zu provozieren und auf sie zu reagieren; zu leiden und die Nächsten zum Mitleiden zu zwingen; schließlich die »Arrangements« der neurotischen Lebensmethode — all das, auf den ersten Blick so eigenartig, wenn auch nicht einzigartig, erweist sich auf den zweiten Blick als eine zwar fehlerhafte, aber automatisierte Mechanik, als eine Maschine, Altes zu erzeugen — ein Mutterbauch, der Greise in die Welt setzt.

Dennoch hörte ich stets so zu, als wär's das erste Mal, daß ich solchem Fall begegnete. Es geschah kein Wunder, das Alte blieb alt, aber es ging um etwas anderes: um die Herstellung einer besonders gearteten Beziehung, um eine Partnerschaft, die weder der des Paares noch der Freundschaft noch einer beruflichen Zusammenarbeit gleichen konnte oder auch nur gleichen durfte. Dem Anschein nach ging es dem einen um alles: um sich selbst, seine Gegenwart und seine Zukunft, dem andern aber nur um eine Episode seines beruflichen Wirkens zugunsten eines Fremden, der, einmal entlassen, vielleicht nie mehr auch nur ein Lebenszeichen geben würde.

»Ich brauche nur einen Rat« — damit führten sich die meisten ein und erfuhren zu ihrer Bestürzung, daß der Psychologe den Rat weder geben konnte noch wollte, daß er keinen Weg zu weisen hatte, sondern dem Hilfsbedürftigen nur zum Mut und zur Einsicht verhelfen wollte, Weg und Ausweg selbst zu suchen, allmählich zu finden und damit die nahen und die fernen Gründe seiner Hilflosigkeit zu entdecken.

Die meisten, die sich an mich wandten, gehörten der sogenannten bürgerlichen oder kleinbürgerlichen Intelligenz an, nicht wenige unter ihnen waren Intellektuelle von Bedeutung, begabte Künstler, renommierte Schauspieler. Fast alle hatten bereits viel über Psychologie, besonders über Psychopathologie gelesen. Die Psychoanalyse war damals in ihren Kreisen *en vogue,* in Cafés und Salons wurde Freud ausgiebig, wenn auch nicht immer text- und sinngetreu zitiert. Ein neuer Schicksalsglaube trat in den Selbstdarstellungen dieser ultramodernen »Aufgeklärten« zutage: traumatisierende Handlungen besonders des Vaters oder der Mutter waren an fast allen Fehlentwicklungen schuld, ihre Wirkung wurde durch andere traumatische Erlebnisse verstärkt. Hier kündigte sich ein sonderbares, ganz neues Phänomen an, das nur wenige Jahre später für das Geschehen in unserm Jahrhundert Bedeutung erlangen sollte: das Phänomen der *verdüsternden, verfinsternden Aufklärung,* eines Obskurantismus sui generis. Er erreichte seine Vollendung in einem Atheismus, der den Gottesglauben nicht wirklich abschaffte, sondern ihn nur ersetzte, so in Emanzipationsbewegungen, deren Dynamik zur Errichtung absolut versklavender, entfremdender Tyranneien mißbraucht wurden. Der Neurotiker, der alle seine Taten, sein Versagen und sein Leiden psychologisch auf seine Vergangenheit und diese wiederum auf die Vergangenheit anderer, der Eltern vor allem, zurückführte, hoffte, solcherart eine schrankenlose Freiheit zu erringen. In der Tat vernebelte er jedoch damit seine Gegenwart. War er sich selbst ein Produkt – wie sollte er wahlfrei seine Zukunft produzieren? Die *Freiheit von* ist notwendig, total wäre sie jedoch nur einem Toten erreichbar, wenn ihm überhaupt etwas erreichbar wäre ... Die *Freiheit zu* hat nur Wert, wenn sie von dem errungen wird, der die Verantwortung für sein Werden und sein Tun auf sich nimmt, statt sie bei Eltern, bei Vorfahren zu suchen und stets mühelos da zu finden; er würde sie in den Gräbern Adams und Evas aufstöbern, hätte er nur Zugang zu ihnen.

Man kennt die Anekdote vom Passagier im Schlafwagen, der fast ohne Aufhör stöhnt: »Gott, habe ich einen Durst!« und so den Schlaf seines Mitreisenden stört. Dieser verläßt schließlich sein Bett, bringt dem Stöhnenden ein Getränk und hofft auf ungestörten Schlaf. Doch wird er bald wieder geweckt, denn nun ächzt der Mann auf dem Oberbett: »Mein Gott, hab' ich einen Durst gehabt, hab' ich einen Durst gehabt!«

Aus dem gleichen Grunde, aus dem er sich mit dem Durst nicht abfinden kann, sich jedoch das Getränk nicht selbst holt, sondern diese Mühe dem Nächsten aufbürdet, aus eben diesem Grunde fährt er fort, dessen Schlaf zu stören, weil und solange er selbst nicht eingeschlafen ist. Da der Neurotiker aus seinem Leiden nichts lernt, bleibt es gegenwärtig, auch nachdem es vergangen ist. Die Psychotherapie – und nicht nur die der Freudianer – scheint die retroaktive Klage »Hab' ich einen Durst gehabt!« zu legitimieren, ja ununterbrochen hervorzurufen.

»Ich bin unglücklich darüber, daß ich nicht glücklich bin, jedenfalls nicht so glücklich, wie manch anderer an meiner Stelle wäre.« Mit dieser Klage wenden sich, vor allem in den reichen Städten der USA, viele an den Therapeuten. Als Saint-Just, der Erzengel der Französischen Revolution, freudig verkündete: »Eine neue Idee ist in Europa geboren, die Idee des Glücks«, leitete er eine Ära ein, in der der Anspruch auf Glück ein unverbrüchliches Recht werden sollte; er ist in vielen Fällen zu einer unerfüllbaren Pflicht geworden. Das fehlende Glück wurde den Menschen unerträglich wie eine fortdauernde Demütigung, als sie nicht mehr der Einsicht widerstanden, daß das Diesseits alles, das Jenseits aber nichts ist.

Wilhelm *Reich,* der übrigens gleich mir der Sohn einer

jüdischen Familie aus Galizien war, hatte etwa zwei Jahre später als ich Wien verlassen und in Berlin Fuß gefaßt. Er war Kommunist und stand mit seinem Meister Sigmund Freud in einem vorerst nicht deklarierten, doch sich schnell verschärfenden Konflikt, der gewisse Ähnlichkeit hatte mit der noch verhohlenen, wachsenden Entfremdung zwischen Adler und mir. Nicht nur deshalb entstand zwischen Reich und mir gleich bei unserer ersten Begegnung ein Einverständnis, das eher freundschaftlich als sachlich war, denn wir stimmten in zu vielen Fragen gar nicht überein. Willi Reich, ein stämmiger Mann, dessen bäuerliches, oft gerötetes Gesicht anzuschwellen schien, wenn er sich im Gespräch ereiferte, konnte aggressiv wirken: er war von der Gewißheit durchdrungen, daß seine Auffassungen so überzeugend, so unanfechtbar richtig wären, daß sich ihnen niemand verschließen könnte, verschließen dürfte. Es kam nicht selten vor, daß er in der Lebhaftigkeit der Diskussion, wurde sie stehend geführt, den Partner tatsächlich immer mehr an die nächstliegende Wand drängte, ohne es zu merken. Er hatte Humor und stimmte laut in mein Lachen ein, wann immer ich ihn darauf aufmerksam machte.

Reich meinte, daß Freud seine Psychoanalyse gleichsam kastrierte, indem er den Antagonismus von Lust- und Realitätsprinzip durch einen Kompromiß: die *Sublimierung,* aufheben wollte. Erwies sich Freud somit als ein Reformist, so war Wilhelm Reich nicht nur als Kommunist ein Revolutionär, sondern aus gleichen Gründen auch als Psychoanalytiker. Die Psychoanalyse, sagte er, könnte ihr einziges Ziel, die psychische Gesundung der Kranken, nur erreichen, wenn sie eindeutig nicht nur die Verdrängung, sondern auch die kompromißlerische Sublimierung durch eine absolut unbeschränkte Triebbefriedigung anstrebte. Nur eine orgastische Menschheit könnte psychisch gesund sein, das war seine Folgerung. Für die revolutionäre Bewegung bedeutete das, daß sie dieses radikale psychoanalytische Programm zu ihrem eigenen machen müßte, nicht nur um zu siegen, sondern um nach dem Sieg die klassenlose Gesellschaft durch eine absolut triebfreie Erziehung zu formen. Aber schon jetzt, sofort, in der Phase der Vorbereitung der Revolution, müßten die Kommunisten dieses Programm propagieren und in ihrem eigenen Triebleben verwirklichen.

Ebenso wie ich gab Wilhelm Reich Kurse an der von der KP geschaffenen Marxistischen Arbeiterschule (MASCH) und leitete in ihrem Rahmen und in Verbindung mit anderen Parteiorganisationen Arbeitsgemeinschaften, die der von ihm so genannten Sexpol (Sexualpolitik) gewidmet waren. Bei einer von Parteileuten organisierten Besprechung im engeren Kreise kam es zu einer ernsten Auseinandersetzung zwischen uns. Am Ende sagte ich: »Willi, wenn du die Sexualität politisieren willst, tue es. Was auch immer es bedeuten mag, es kann unserem Kampf nicht schaden, sondern eher nützen. Wenn du aber die Politik sexualisieren willst, so begehst du einen doppelten Irrtum, einen psychologischen und einen politischen. Ich bin dagegen.«

Er reagierte sehr scharf und brachte ein, wie er glaubte, ebenso frappierendes wie überzeugendes Argument: Der propagandistische Erfolg der Nazis, erklärte er, wird äußerst gefördert, wenn nicht gar bestimmt dadurch, daß das Hakenkreuz als Sexualsymbol auf die Massen eine ungeheure Anziehung ausübe, indes unser Hammer und unsere Sichel unter diesem Gesichtspunkt völlig wirkungslos und daher unbrauchbar seien.

Wir trafen einander nach dieser Sitzung noch einige Male. Wie vorher störte die wachsende Meinungsverschiedenheit keineswegs unsere gute Beziehung. Im Exil sah ich ihn nur einmal in Oslo, im Sommer 1936. Er nahm mich sehr herzlich in seinem Hause auf, berichtete mir von seinen therapeutischen Erfolgen, von seinen neuen Einsichten, vor allem von der überragenden Bedeutung seiner Orgasmustheorie und den ungewöhnlichen Wirkungen, die er dank ihr erzielte. Vier Jahre waren vergangen, seit wir einander in Berlin das letzte Mal getroffen hatten. Er schien mir verändert, nicht äußerlich, sondern in seiner Art, von sich selbst zu sprechen: er hatte den Weg zu Heil und Heilung entdeckt, er allein besaß den Schlüssel, der das Tor des Paradieses öffnet. Mehr als einmal unterbrach ich ihn, um ihn daran zu erinnern, wie sehr unsere Auffassungen seit jeher auseinandergingen. Er fuhr jedoch fort, zu mir wie zu einem potentiellen Apostel seiner neuen Religion zu sprechen. Ich mußte gehen, er begleitete mich ein Stück Weges, bei dem Königsschloß nahmen wir herzlichen Abschied. Er hatte mich nicht gefragt, weswegen ich nach Oslo gekommen war und ob sich meine Stellung zur Partei nicht geändert hätte. Und doch war er es gewesen, der, durch eine norwegische Journalistin von meiner Ankunft informiert, darauf bestanden hatte, daß wir einander unbedingt wiedersähen. Die monomanische Besessenheit hatte ihn gehindert, von etwas anderem als seiner Theorie und seinen Erfolgen zu sprechen. Im Gegensatz zu Freud, der sich in seinem sechzigsten Lebensjahr jenseits des von ihm selbst so eindringlich vertretenen Lustprinzips gestellt hatte, glaubte Reich an das Glück und daß es durch die Schrankenlosigkeit der sexuellen Lustbefriedigung erreicht werden könnte. Er blieb auf seine Art der Revolution treu, denn er glaubte, daß es ohne die vollkommene, beliebig wiederholbare Befriedigung im Orgasmus keine Befreiung geben könnte.

Seit etwa 15 Jahren haben junge Menschen gemäß Reichs Auffassung zu leben und im Sinne seiner Sexpol zu rebellieren versucht. Sie haben es darauf angelegt, sich von jeglicher Bindung zu befreien und sich im »Ausleben« der endlich befreiten Triebe durch nichts hemmen zu lassen. Es besteht nicht der geringste Grund dafür, anzunehmen, daß sie tatsächlich psychisch gesünder, glücklicher, freier geworden sind als die anderen. Reich ist zu früh gestorben, doch hätte er wahrscheinlich, selbst wenn er länger gelebt hätte, allen Erfahrungen getrotzt, die ihn von seiner Obsession hätten abbringen können. Er ist kein Scharlatan gewesen, sein guter Glaube darf nicht bezweifelt werden; sein Abweg hat ihn von der orthodoxen Psychoanalyse entfernt, aber er hatte ihn beschritten, weil er glaubte, in unwandelbarer Treue zur Psychoanalyse die äußerste Konsequenz aus ihr ziehen zu müssen. Karikierte er so die Lehre Sigmund Freuds? Wahrscheinlich. Doch wer wüßte nicht, daß die Karikatur oft nur eine übertreibende Enthüllung ist!

Ich habe Willi Reich gern gehabt; bei unserer letzten Begegnung machte er den Eindruck eines Kauzes, der seine beträchtlichen Fähigkeiten und seine erstaunliche vitale Energie für die Verwirklichung der Idee des *vollkommenen Glücks* verbrauchte, somit für eine der ältesten, verführerischsten und unseligsten Illusionen der Menschheit. Er ist nicht ihr Wegbereiter, sondern eines ihrer zahllosen Opfer geworden.

Das sexuelle Problem taucht natürlich in der psychologischen Beratung und in der Therapie sehr häufig auf; in nicht wenigen Fällen bildet es – zumindest während einer bestimmten Phase der Behandlung – das zentrale Thema, doch variiert sein Inhalt von Fall zu Fall. Zuerst geht es da um die Schwierigkeit, einen Partner zu finden, beziehungsweise ihn zu behalten; um die bei Männern in unzähligen Formen verhüllte Angst vor der Frau; um psychische Impotenz, Frigidität und Eifersucht. Für den Adlerianer wie für den Freudianer ist die Erforschung der Kindheitserlebnisse und die genaueste Durchleuchtung der Beziehung zu den Eltern, den Geschwistern und allen anderen Personen der engeren Umwelt natürlich die erste Voraussetzung für das Verständnis des einzelnen Falls. Das soziale Erdbeben des Weltkrieges und der Nachkriegszeit hatte alle Grundfesten aufgerissen und in Trümmer gelegt – das galt besonders für die besiegten Länder. Die Töchter der durch die Inflation verarmten Familien, die für eine standesgemäße Ehe erzogen worden waren, hatten mit ihrer Mitgift ihren sozialen Stand verloren. Im Kriege, der zehn Millionen junge Europäer sinnlos hingemordet hatte, waren sie verwitwet, ohne je geheiratet zu haben. Es galt, einen Beruf zu erlernen, um sich vor dem Absturz ins Nichts zu bewahren und um einen Gatten oder zumindest einen Geliebten zu finden. In mehr als einer Hinsicht bildeten diese Frauen die Avantgarde einer radikalen Emanzipation, einer sexuellen Revolution. Auf der Suche nach einer dauernden Bindung, trugen sie nicht selten dazu bei, die Bindung anderer zu lösen, ja den Sinn jeglicher Bindung in Frage zu stellen. In ihren Fällen, wie später in denen der durch Arbeitslosigkeit deklassierten Menschen, denen ich als Berater der Wohlfahrtspflege immer häufiger begegnete, traten die Probleme einer charakterologischen Sozialpsychologie mit besonderer Schärfe hervor. Die Verbindung des Marxismus mit der Individualpsychologie wurde so eine praktische, täglich umfassendere Aufgabe.

»Das gesellschaftliche Sein bestimmt das Bewußtsein.« Gewiß, aber wie, in welchem Vorgang, in welchem Maße? Und wie steht es umgekehrt mit der Rückwirkung des Bewußtseins auf das soziale Sein im allgemeinen und auf das individuelle Dasein im besonderen? Als mir sowjetische Kollegen im Herbst 1931 vorschlugen, die Leitung einer Forschungsgruppe zu übernehmen, arbeitete ich im Handumdrehen einen Plan aus, in isolierten

Nestern Tadschikistans Untersuchungen über die Bewußtseinsänderungen anzustellen, dank denen Menschen jeder Altersstufe in wenigen Jahren den Sprung über Jahrhunderte in ein technologisches Zeitalter machen und wie, durch welche Bewußtseinsvorgänge sie sich von den Ängsten und Versprechungen der Magie lösen und »wahrnehmungsfrei« werden.

Eines der Grundthemen der Dichtung war seit jeher die Bindung gewesen, die vorgeblich angeborene der Familie, die affektive, die leidenschaftliche und die durch Schuld oder Versagen gefährdete und schließlich zerstörte Bindung. Dieser Bruch der Bindung, doch nicht ihre Entwertung trennte meine Kindheit von meiner Jugend, entfremdete mich meiner Familie und ihrem Gottesglauben. Auch infolgedessen war ich Psychologe geworden. In Berlin hatte ich es dann in vielen Fällen mit der zumindest teilweisen Vernichtung des Bindungssystems und ihren Folgen zu tun. Die Wirtschaftskrise, die sich von 1930 an unaufhaltsam verschärfte, bewirkte soziale, politische und psychische Reaktionen, die einander beeinflußten und zu bestimmten Bewußtseinsänderungen führten, denen kein Schema und kein Deutungssystem wirklich gerecht wurde. Und das rief in mir, der mittendrin stak, aber alles beobachten und analysieren wollte, als ob es außerhalb stünde, eine Vibration hervor, welche der erwartungsvollen Erregung der Sinne nicht unähnlich war. Die Hügel hinter den Hügeln sollten sich auseinanderschieben und den Blick in das Unendliche freigeben, das hatte ich so sehnlich als Kind gewünscht; nun war ich schon 25 Jahre alt, aber ich erwehrte mich nur schwer der Empfindung, daß alles Erwünschte ganz schnell herannahte: für alles war's der Vorabend. Wir mußten uns daher fieberhaft für das Schwerste und Beste vorbereiten: für den ersten Tag der Welt, die wir selbst dem Chaos entreißen und gestalten würden. Auch deshalb lehnte ich schließlich das sowjetische Angebot ab. Entscheidende Kämpfe standen in Deutschland bevor; wer da wegging, desertierte. (Wäre ich aber, wie in Aussicht genommen, 1932 in die Sowjetunion gegangen, dann hätte man mich zweifellos aus Tadschikistan geholt und in einem der Isolatoren, wahrscheinlicher im Gulag Karaganda, zugrunde gehen lassen.)

In jenen Krisenjahren mehrte sich fortlaufend die Zahl jener, die es drängte, vom Abstrakten weg zum Konkreten, von der Theorie zu einer ihr gemäßen Praxis, aus der beschränkenden Privatheit zum Sozialen überzugehen. Nicht nur wir marxistischen Sozialpsychologen suchten den einzelnen gleichzeitig in seiner Individualität und in seiner Sozialität, in der *Totalität seiner Existenz* zu erfassen und ihn gesellschaftlich, das heißt politisch zu aktivieren. Überall gab es Psychologen, Soziologen, die von anderen Ausgangspunkten aus ähnlichen Zielen zustrebten. In Wien begründeten Paul Lazarsfeld und Marie Jahoda mit einigen Freunden eine Forschungsgruppe, die soziale Wirtschaftspsychologie in Untersuchungen von größerem Ausmaß betrieb. In Amerika erweiterten sie später ihren Arbeitsbereich und leisteten bedeutende Beiträge zur Entwicklung der modernen Soziologie. In Frankreich und in Deutschland und auch in der Sowjetunion arbeiteten Psychotechniker neue Tests von sozialpsychologischem Interesse aus. Mit manchen dieser Forscher hielt ich ständigen Kontakt, so mit Lahy in Paris und mehreren marxistischen Psychologen in Moskau und Leningrad. Von diesen war allerdings ein halbes Jahrzehnt später kaum einer noch in Freiheit; man kompromittierte sich schwer, wenn man sich nach ihrem Wohlergehen erkundigte.

Einige Male nahm ich an Diskussionsabenden teil, die im Hause des Nervenarztes und Schriftstellers Alfred Döblin, in der Frankfurter Allee, glaube ich, stattfanden.

Dieser bedeutende Dichter wurde seit langen Jahren in engeren literarischen Kreisen sehr geschätzt, errang aber gerade zur Zeit, als wir in seinem Hause zusammenkamen, durch seinen in viele Sprachen übersetzten und auch verfilmten Roman *Berlin Alexanderplatz* jene Berühmtheit, die seine früheren Werke wohl eher verdient hätten. Wenige Monate, bevor das große Publikum Alfred Döblin entdeckte, begann es, das *Theater am Schiffbauerdamm* allabendlich bis auf den letzten Platz zu füllen: der Triumph der *Dreigroschenoper* übertraf damals den der erfolgreichsten, von Piscator inszenierten, mehr oder minder revolutionären Stücke im *Theater am Nollendorfplatz.* Bertolt Brecht, einer der nicht mehr so jungen, auf Teufel komm 'raus provokanten expressionistischen Dramatiker, durch die sich seit langem niemand mehr herausgefordert fühlte, fand sich am Tage nach der Premiere im Mittelpunkt des allgemeinen Interesses. Er hatte die Energie und die Klugheit, diese vorteilhafte Position nicht nur eine Saison, sondern sein Leben lang zu halten.

Fritz Sternberg, der neben Brecht an den Gesprächen in Döblins Haus teilnahm, war ein marxistischer Nationalökonom, der in linken Kreisen vor allem durch seine Interpretation und durch die Verteidigung jener Arbeiten Rosa Luxemburgs bekannt geworden war, in denen sie ihre originellen Thesen über den Imperialismus und die Akkumulation des Kapitals formuliert hatte. Sternberg war ein temperamentvoller Debattierer, der stets im rechten Augenblick interessante Zitate, statistische Daten und kühne Behauptungen vorzubringen wußte. Sein im Jahr 1926 erschienenes Buch *Der Imperialismus* blieb jahrelang im Zentrum ernster Diskussionen, doch erst sein *Niedergang des deutschen Kapitalismus* sollte eine weite Verbreitung finden; in diesem Buch beantwortete er Fragen, die sich jeder denkende Deutsche stellen mußte.

Brecht, der sich damals dem linken Sozialisten Sternberg politisch sehr nahe fühlte, dominierte unsere Abendgespräche nicht sosehr durch die Meinungen, die er vertrat, als durch seine Fragen; in der Tat drehte sich alles um Themen, die in erster Linie ihn interessierten. Es war eine sonderbare Situation, die Döblin und Sternberg akzeptierten, als ob es selbstverständlich wäre. Mir schien es keineswegs so, doch interessierten auch mich Brechts Probleme und Projekte während einiger Abende, dann blieb ich aus.

Auch im Zwiegespräch — Brecht wohnte wie ich im Westen und nahm mich manchmal in seinem Wagen mit — ging es um eine Frage, die ich beantworten sollte: In welchem Maße und mit welchen Mitteln könnte man es zustande bringen, daß das Verhalten der Personen auf der Bühne für die Zuschauer ein Lehrbeispiel würde? Dies nicht nur im Sinne der geistigen und seelischen Beeinflussung, die das Theater ja jedenfalls ausübt, sondern als ein methodisches Training. Der Zuschauer soll durch die dargestellten Vorgänge trainiert werden, etwa wie ein Sportler, dem man Automatisierungen beibringt, dank deren ihm Höchstleistungen gelingen könnten. Brecht, der sich für die Verhaltenspsychologie des amerikanischen Behaviorismus recht ernst interessiert hatte, wollte möglichst genau erfahren, ob und wie die Automatisierung des komplexeren Verhaltens zustande kam und welches der kürzeste Weg zu ihr war. Ich war kein Behaviorist, doch beschäftigte ich mich, das wußte er, sehr eingehend mit der Frage des Trainings von Verhaltensweisen, mit der Analyse menschlicher Beziehungen und mit der Rolle des Bewußtseins bei der Bildung von Leistungsautomatismen.

Bert Brecht, damals etwa 32 Jahre alt, war ein schlanker Mann, der zuerst durch seine Kleidung Aufmerksamkeit erregte. Er trug eine Schirmmütze, die an die Kopfbedekkung erinnerte, welche Lenin in revolutionären Versammlungen wie ein Fähnchen in der Hand schwang, wenn er besonders aggressiv wurde. Niemand, der das Gesicht des Dichters unter dieser Mütze erblickte, konnte glauben, daß es sich um einen Proletarier handelte, denn er sah eher wie ein relativ junger, fanatisch-unduldsamer, die Nächstenliebe selten und ungern praktizierender Mönch aus. Überdies trug Brecht eine Lederjacke — wie die Politkommissare der Roten Armee in den sowjetischen Filmen. Seine Hemden waren von jenem schlecht gefärbten oder entfärbten Werktagsblau, das Fabriksarbeiter aus praktischen Gründen bevorzugten. Es hieß, Brecht ließe sich seine proletarischen Hemden aus matter Seide nach Maß schneidern. All das schockierte mich keineswegs; und daß der Autor von *Baal, Trommeln in der Nacht* und der *Hauspostille* ein eigenwilliger Mann sein mußte, daran konnte man ebesowenig zweifeln, wie daß er sehr intelligent und außerordentlich begabt war. Hingegen mußte es manche überraschen, daß er sich stets so benahm, als ob jeder ihm daher stets eine Überlegenheitsposition in allem einräumen müßte. Zweifellos stärkte ihn das Sendungsbewußtsein, das ihn gerade um jene Zeit auch zum Kommunismus drängte - zum Kommunismus, aber nicht zur Arbeiterbewegung, wie sie wirklich war. Er fühlte sich als Begründer einer besonderen Theaterkunst und eines ihr verpflichteten Ordens. Er scharte Mitarbeiter um sich, die ihm willenlos ergeben sein mußten.

In Diskussionen offenbarte Brecht einen Scharfsinn, der an mittelalterliche Scholastiker und an talmudische Tüftler erinnerte. Geriet er, was oft genug geschah, auf einen Holzweg, so blieb er auf ihm verstockt stecken, ehe seine praktische Klugheit ihn auf eine wegsame Bahn zurückführte, doch übten die Holzwege sein Leben lang eine beinahe unwiderstehliche Anziehung auf ihn aus.

In dem letzten nächtlichen Zwiegespräch, das ich mit Brecht auf dem Heimweg hatte, berichtete er mir von einem Vorfall, der sich bei der Probe seines Stücks *Mann ist Mann* ereignet hatte. Er erzählte diese Anekdote als Beispiel, aus dem sich eine Schlußfolgerung ergab. Einem im übrigen sehr begabten Schauspieler wollte es nicht gelingen, eine bestimmte Replik genau so zu bringen, wie Brecht sie ihm wiederholt vorsprach. Da verlangte Brecht, daß er zur kleinen Verbindungstreppe komme, die während der Proben die Bühne mit dem Saal verbindet, auf der zweiten Stufe haltmache, sich tief bücke und den Schnürsenkel des rechten Schuhs löse. Der Schauspieler verweigerte es, zuerst erstaunt, dann unangenehm berührt und schließlich beleidigt. Der Streit der beiden Männer wurde immer heftiger, die Stimmung auch für die übrigen Anwesenden sehr peinlich. Da sagte Brecht: »Ich bin nicht verpflichtet, Ihnen zu erklären, warum Sie das tun sollen. Und wenn Sie nicht sofort den Schnürsenkel lösen, dann werde ich eben Ihre Rolle gleich umbesetzen.«

Gedemütigt, wortlos gehorchte der Schauspieler. Als er gleich darauf die Replik wiederholte, da klang sie endlich genauso, wie Brecht es von Anfang an gewünscht hatte. Ich glaubte keineswegs, daß Brecht mir das so ausführlich erzählte, um sich zu rühmen, daß er den Willen eines sehr bekannten Schauspielers in Gegenwart seiner Kollegen gebrochen hatte. Nein, das Beispiel sollte nur etwas beweisen, aber es rief in mir ein so heftiges Mißbehagen hervor, daß ich ihn verließ, noch ehe wir die Straßenecke erreicht hatten, an der wir uns sonst trennten.

Einige Wochen später las ich *Die Maßnahme.* Mehrere Jahre sollten noch vergehen, ehe die Moskauer Prozesse der ganzen Welt eine Dramatisierung solch mörderischer Fiktion vorführen sollten; mit der mißbrauchten Dialektik des »Kiebitzes, dem kein Spiel zu hoch ist«, glorifizierte der Autor der *Maßnahme* die grenzenlose Niedertracht, die Millionen Menschen zuerst um ihre Würde und ihre Freiheit, dann um ihr Leben bringen sollte. Ich verabscheute dieses Stück, hörte aber nicht auf, Bert

Brechts ungewöhnliche Begabung zu bewundern, doch nicht seine von der bürgerlichen Intelligenz als Weisheiten bewunderten Banalitäten von der Art: »Nur wer im Wohlstand lebt, lebt angenehm.« Seinen *Dreigroschenroman* habe ich in einer kommunistischen Zeitschrift unter einem meiner Emigrantennamen besprochen und dabei hervorgehoben, daß das Lumpenproletariat keine oder nur eine schädigende Rolle in der Emanzipationsbewegung spielen kann, daß Huren, Lumpen und Verbrecher keineswegs als Bundesgenossen zugelassen, geschweige denn angeworben werden dürften. Und genausowenig wie der Zuhälter Mackie Macheath der *Dreigroschenoper* waren Brechts mörderisch strenge Parteihelden im Bereich einer Revolution gewachsen; sie entstammten den Bilderbuchvorstellungen, die jener sich vom illegalen politischen Kampf macht, der an ihm nie teilgenommen, in ihm nicht einen Fingernagel riskiert hat.

Erst im Sommer 1936 sah ich Brecht wieder. Wir trafen einander in London, wo ein internationaler Kongreß antifaschistischer Schriftsteller über ein von Maxim Gorki vorgeschlagenes und von André Malraux vertretenes Projekt einer neuen Enzyklopädie beraten sollte. Es kam dabei übrigens nichts heraus, nicht nur wegen des geradezu höhnischen Widerspruchs des damals höchst angesehenen H. G. Wells, sondern weil am Vorabend des spanischen Bürgerkriegs und des nahenden Weltkriegs ein auf so viele Jahre berechnetes Projekt nicht ernst genommen werden konnte.

Brecht logierte in einer kleinen Wohnung, die ihm ein anderer Emigrant überlassen hatte. Er nahm mich da auf, wir aßen zusammen, dann kamen einige andere Genossen dazu. Brecht erzählte mir von seinen Arbeiten, sprach belustigt darüber, daß er Geld verdiente mit Songs, die er für den Sänger Richard Tauber, einen Meister besserer Schmachtfetzen, anfertigte. Es war übrigens das erste Mal, daß ich Brecht bei Tageslicht sah. Deshalb wohl entdeckte ich erst bei dieser Gelegenheit an ihm ein Lächeln, das um seinen alten, fest geschlossenen Mund spielte – ja, spielte und das ganze Gesicht erhellte. Es hätte meine Erinnerung an die Demütigung des Schauspielers mildern können.

Wir trafen uns dann in einer anderen, bürgerlichen Wohnung mit dem Komponisten Hanns Eisler, dem ich oft in Paris begegnete. Er war ein geistreicher Mann, der sein bedeutendes Talent oft in Brechts Schatten zu verzetteln schien. Mit einigen anderen faßten wir eine Resolution ab, die die deutschen Delegierten der Konferenz unterbreiten sollten. Als Brecht in einem Gespräch zu dritt oder viert einen Genossen barsch mit den Worten unterbrach: »Genug, das interessiert mich nicht«, stieg in mir mit äußerstem Unbehagen die Erinnerung an jene Episode wieder auf, doch erklärt dies allein nicht, warum ich ihm in scharfem Ton erwiderte: »Es genügt, daß es uns interessiert. Wir setzen das Gespräch ohne Sie fort.« Am Vortag hatte ich indirekt erfahren, wie anpassungsfähig Brecht überall dort war, wo er nur durch Konzessionen oder durch Unterordnung etwas erreichen konnte, worauf es ihm gerade ankam.

Die Jahre, die folgten, bewiesen in der Tat, welch unfehlbaren Sinn er für Opportunitäten da aufbringen konnte, wo es sich nur um sein Interesse handelte. So zum Beispiel, als er auf der Flucht aus Dänemark nicht im Vaterland des Sozialismus blieb, sondern alles unternahm, um in das kapitalistische Amerika zu flüchten; desgleichen, als er nach dem Krieg so viele in Bewegung setzte, damit sie für ihn die österreichische Staatsbürgerschaft erlangten, ehe er sich in Ulbrichts Berlin für ständig niederließ. Und seine posthum erschienenen Aufzeichnungen haben gezeigt, wie leicht es ihm fiel, die Wahrheit zu verschweigen, wie *diskontinuierlich* er »die fünf Schwierigkeiten beim Schreiben« überwunden hat. Dieser Lieblingsautor der bürgerlichen Intelligenz hat die Widersprüchlichkeit seines Verhaltens in seinem klugen Galilei-Drama angedeutet und zur eigenen Zufriedenheit ausgedeutet. Er hat – spätestens seit der Mitte der dreißiger Jahre – stets seine Sendung, seine Arbeit und seine Wirkung als *absolut prioritär* betrachtet und alles andere gemäß diesem Bezugssystem eingeordnet oder untergeordnet. Auch wer ihm jene Bewunderung versagt, die ihm zu seinen Lebzeiten und nach seinem Tode fast überall in der Welt zuteil geworden ist, muß anerkennen, daß nicht Opportunismus, sondern sein Sendungsbewußtsein und seine fanatische Pflichttreue gegenüber dem eigenen Werk sein Verhalten gegenüber dem Stalinismus, gegenüber seinen Verbrechen und mörderischen Fiktionen bestimmt haben. Und damit auch die unwürdige Zweideutigkeit und seine doppelt geheime »Doppelzüngelei«.

Und mein Privatleben oder was man so nennt – hätte ich darüber nicht ausführlich berichten müssen? Diese Autobiographie, in der so viele Seiten über Begegnungen mit anderen berichten, über deren Eigenheiten und Schicksale, gibt kaum Auskunft über mich selbst, über Liebe und Ehe. Ist das nicht merkwürdig, nicht verdächtig? Nun, im einleitenden Teil meiner Erinnerungen habe ich deutlich genug meinen Abscheu gegen jegliche, besonders gegen die publike Indiskretion bekannt. Was zwei Menschen miteinander aufs engste verbunden und sie dann nach Monaten oder Jahren für immer getrennt hat, gehört beiden *gemeinsam,* nicht dem einen oder dem andern allein. Daher ist jede Indiskretion in diesem Erlebnisbereich eine Entwendung, die die Neugier des Lesers zwar befriedigt, ihn jedoch zu einem Eindringling macht und damit degradiert.

Mirjam hatte fast zur gleichen Zeit wie ich dem Schomer angehört; wir begannen sehr früh, »miteinander zu gehen«. Die Bindung schien lose zu sein, da sie oft gestört und unterbrochen wurde; doch nach kurzer Zeit kehrten wir gewöhnlich zueinander zurück, fast immer ohne irgendwelche Erklärungen, die das jeweilige Intermezzo und dessen Ende begründet hätten.

Wir heirateten, noch ehe wir das 23. Lebensjahr vollendet hatten. Wir hatten so vieles gemein und wir liebten einander, begehrten einander. Mirjam war nicht glücklich mit sich und nicht mit mir; ihre Empfindlichkeit steigerte sich immer wieder sprunghaft ins Maßlose, Unbeherrschbare und machte ihr und mir das Leben höllisch schwer. Sie ging weg, kam wieder, erzeugte Leiden. Wir beide entdeckten, daß ich nicht imstande war, ihr zu helfen, indes so vieles, was ich tat, ihr zur demütigenden Kränkung wurde. Ich habe das langwierige Scheitern und den schließlich irreparablen Zusammenbruch dieser Ehe stets als ein schweres Versagen empfunden. Die Erinnerung an das völlig sinnlose Leiden, das uns schließlich auseinandergerissen hat, ist in den Farben zwar verblaßt, doch deutlich genug bleiben beide Niederlagen: die sie mir zugefügt hat und die ich ihr zugefügt habe. Beide stürzten mich seinerzeit in eine Verzweiflung, die nicht weniger tief war als jene, deren ich mich manchmal mitten in den Katastrophen meiner Kindheitsjahre erwehren mußte. Ich habe davon nie zu jemandem gesprochen, denn es wäre so sinnlos gewesen wie diese Zerstörung selbst. Die Wortlosigkeit gehört zum negativen Staunen.

Zum »Privatleben« gehörten auch die winterlichen Kostümbälle, zu denen sich jeden Sonnabend zahllose – nicht nur junge – Intellektuelle einstellten. Ich tanzte sehr gerne und viel, zuweilen auch in später Nacht an Wochentagen. Die Bälle wurden gewöhnlich zugunsten von Zeitschriften, Kunstvereinen, Künstler- und Theatergruppen veranstaltet; sie waren einander ähnlich, weil ein bedeutender Teil der Habitués überall die gleichen waren, doch zeichnete sich jeder Ball durch irgendeine Eigenart aus, etwa durch die Dekoration der Tanzsäle, die Wahl der Kapellen und dergleichen.

Man weiß, daß nach Kriegen, Epidemien und anderen verheerenden Katastrophen eine »tolle« Zeit anbricht, weil eine delirierende Freude sich der Überlebenden bemächtigt, die die nahe Vergangenheit schnell ins Nichts zurückdrängen und die Toten in den tiefsten Abgrund des Vergessens versenken wollen. Wo der Tod die Reihen furchtbar gelichtet hat, da tanzt man viel, wie ums Leben – *janz toll,* hieß es bei den Berlinern, und die Pariser staunten selbst über die »folles années«, die ohne Übergang den Kriegsjahren folgten.

Die erste massenhafte sexuelle Emanzipation war das Werk jener, die nach dem Ersten Weltkrieg jung waren. Die Freiheit fiel ihnen nicht zu, sie mußten sie erkämpfen, doch war das nicht schwer, und in den besiegten Ländern leichter als anderswo. Mehr als ein Jahrzehnt war nach dem Zusammenbruch vergangen, die sichtbaren Spuren des Krieges schienen ausgelöscht, aber der Grund, der so lange die Gewißheiten getragen hatte, brach morsch zusammen. Die ältere Generation war schuldig geworden, deshalb kam der jungen alle Unschuld abhanden, ohne daß sie es merkte. Und sie mußte fortab leben, als ob nichts mehr selbstverständlich wäre; wer die Selbstverständlichkeit verloren hat, ist dazu verurteilt, sein Leben zu improvisieren.

Auf diesen Bällen trafen einander Hunderte junger, reizvoller Männer und Frauen, die im Rummel und Tummel ihr Liebesleben improvisierten; beinahe jeglicher Hemmung ledig, waren sie entschlossen zu verführen und durchaus geneigt, sich verführen zu lassen, sich jedem Genuß hinzugeben und ihn, war er enttäuschend, getrost hinzunehmen und schnell zu vergessen. Werbung und Erfüllung trennte fast nichts, es gab keine Erwartung, kein Bangen und fast keine Freude. Denn nur der Genuß war selbstverständlich, alles andere blieb ungewiß, fragwürdig, vor allem der Wert der Beziehungen, die man mit so stürmischer Eile anknüpfte. Nur einige Stunden oder Tage später verwandelten sie sich in Bekanntschaften zurück, die man gleichgültig vergessen konnte.

Von Montag bis Freitag hatte es der Psychotherapeut mit den Niederschlägen dieser Erlebnisse zu tun. Man wollte von ihm erfahren, wann man lieben könnte, lieben müßte und wie. Clara Zetkin, eine ältere deutsche Kommunistin, wandte sich während der Jahre des Kriegskommunismus an Lenin, um über die kommunistische Jugend Klage zu führen, vor allem über die jungen Männer, die die »Glas-Wasser-Theorie« praktizierten. Sie schliefen wahllos mit den Mädchen, wann immer sie Lust hatten, schwängerten sie und wandten sich dann von ihnen ab, wie man das geleerte Glas wegschiebt, sobald man seinen Durst daraus gestillt hat. Der Psychologe sollte erklären, was denn gegen die »Glas-Wasser-Praxis« einzuwenden wäre. »Nichts«, pflegte ich zu antworten, »nichts, wenn Sie nicht danach fragen ... Sie fragen aber danach, weil Ihnen ein Glas Wasser, ja Millionen solcher Gläser nicht genügen. Und dies, weil jeder lieben und geliebt werden will. Und es mag sein, daß das Lieben schwerer fällt, weil es so leicht geworden ist, eine Frau beziehungsweise einen Mann ins Bett zu kriegen und wieder loszuwerden.«

Nicht nur Wilhelm Reich war davon überzeugt, daß

die unbegrenzte sexuelle »Enthemmung« und die mit ihr einhergehende »Entklemmung«, »Entstauung«, die Menschen in Revolutionäre verwandeln. Doch genauso wie das Hakenkreuz – Sexualsymbol oder nicht – völlig wirkungslos blieb, solange die Deutschen die Vorteile des wirtschaftlichen Aufschwungs genossen, genausowenig förderten der moralische Zusammenbruch und der von ihm begünstigte Prozeß der sexuellen Emanzipation die Neigung zur sozialen Revolution. Befriedigte Genußsucht stimmt nicht aufrührerisch, sondern manchmal, in der Pause zwischen den Genüssen, angenehm melancholisch. Als jedoch die steil ansteigende Arbeitslosigkeit den tollen Jahren und der Prosperität brutal ein Ende setzte, als Millionen Familien täglich um ihr Auskommen bangen mußten, da trieb es zahllose Menschen, junge und ältere, Männer und Frauen zu jenen hin, die ihnen eine Hoffnung boten und sich dafür verbürgten, daß sie sich erfüllen werde: also zu den Extremisten, die den Glauben an ihre einzig mögliche, *totale* Lösung predigten und jede andere als infamen Betrug bekämpften.

Am 20. Mai 1928 stimmten 2,6% der deutschen Wähler für die Nationalsozialisten, aber kaum ein Jahr nach dem Ausbruch der Weltwirtschaftskrise waren es 18,3% und 20 Monate später 37,2%. Gewiß, auch die Kommunisten errangen einen Stimmenzuwachs, der nicht unbedeutend war, aber im Vergleich zur Sturmflut der Nazis unbeachtet bleiben konnte: statt 10,6% im Jahre 1928, erhielten sie am 31. Juli 1932 14,2%, also weniger als die Hälfte mehr, indes die Nazis ihre Stimmen fünfzehnfach vermehrt hatten.

Doch für einen Berliner Linken, ob er nun ein Arbeiter, Angestellter oder Intellektueller war, sah das keineswegs so aus. War zwar der Einfluß der Nazis in der Studentenschaft stetig gewachsen, so hauptsächlich, weil sie innerhalb der nationalsozialistischen Kreise auf Kosten der traditionellen Rechten Anhänger gewannen. Aber nur an den Außenrändern oder in feindlichen Zusammenstößen begegneten die Linke und Rechte einander. Ein linker Intellektueller konnte in Berlin überall: im Café, im Theater, im Konzert und Ballsaal, bei der Lektüre der Wochenschriften, wie etwa der *Weltbühne;* und der großen deutschen »Intelligenzblätter« wie *Frankfurter Zeitung, Berliner Tageblatt, Vossische Zeitung,* beim Anhören der kulturellen Radiosendungen und nicht zuletzt als Leser der literarischen und politischen Neuerscheinungen, den Eindruck gewinnen, daß die Zahl der marxistischen Revolutionäre sich täglich vergrößerte, daß außer den Kommunisten auch die Sozialisten sich auf die nahende, revolutionäre Auseinandersetzung mit den Faschisten vorbereiteten. »Subjektiv – objektiv – konkret« – diese Worte wurden in jeder Diskussion bis zum Überdruß wiederholt. Hatte die Not der werktätigen Schichten *objektiv* eine revolutionäre Situation geschaffen, jedoch nicht *subjektiv,* weil das Bewußtsein der Massen hinter der *konkreten* Entwicklung noch im Rückstand blieb? Oder war es umgekehrt: War das Krisenbewußtsein schon so stark geworden, daß sogar jene armen Teufel, die sich zur SA verirrten, sich für Revolutionäre hielten und tatsächlich glaubten, daß die NSDAP nach der Machtergreifung sofort die soziale Umwälzung erzwingen wird?

Die Führung der KP und ihre zahllosen Funktionäre gaben Antwort auf diese Frage, auf alle Fragen, die der Tag brachte, über Theorie und Praxis, Strategie und Taktik im Kampf »Klasse gegen Klasse«, im Kampf gegen die Sozialdemokraten, die als »Sozialfaschisten« nach wie vor der Hauptfeind blieben, gegen die katholische Zentrumspartei, die als »Zentrumsfaschismus« entlarvt wurde; gegen die »Versöhnler« innerhalb der Partei, gegen die »Luxemburgisten«, gegen die »Abweichler« von links und rechts und gegen jeden, der auch nur die leiseste Kritik an der Politik der Sowjetunion oder der von Moskau anbefohlenen »Bolschewisierung« der kommunistischen Parteien übte. Jeder, der an der Strategie oder der Taktik der KP zweifelte, machte sich verdächtig, wurde »abgehängt«, das heißt aller Funktionen enthoben, kaltgestellt, von den Genossen isoliert und bald ausgeschlossen.

Als die Nazis im August 1931 zu einem Plebiszit gegen die sozialistische Koalitionsregierung Preußens aufriefen, nahmen alle Parteien der Mitte und der Linken für diese Regierung Stellung. Hitler glaubte natürlich nicht, daß die Majorität ihm zustimmen würde, doch ergriff er die Initiative, um alle Unzufriedenen, die politisch nicht festgelegt waren, für die NSDAP zu mobilisieren. Und da geschah das Unfaßliche: Kurz vor der Abstimmung, die umgekehrt die völlige Isolierung der Nazis und der extremen Rechten unter Beweis stellen sollte, und ohne irgendeine Vorbereitung auf eine solche Kehrtwendung forderte die KP ihre Wähler und die der ganzen Linken auf, zusammen mit den Nazis die preußische Regierung zu stürzen. Die Bolschewisierung der Partei war nun so weit gediehen, daß sich kaum ein führender Kommunist erhob, um gegen diesen Beschluß und gegen die Art, wie er – wo? von wem? – gefaßt worden war, öffentlich oder auch nur im Rahmen geschlossener Parteiversammlungen zu protestieren. Die Führung bewies damit ihre Unfähigkeit, den Befehlen »von oben«, den noch so sinnwidrigen Anordnungen der Russen, den Kadavergehorsam zu verweigern. Von da an nahm ich ihre Reden zwar mit Respekt vor ihrer revolutionären Überzeugung auf, aber mit nur sehr beschränktem Zutrauen zu ihrer Urteilskraft und mit Ironie, wenn nicht gar mit einem gewissen Widerwillen gegenüber ihrer »Stampiglien-Sprache«, das heißt ihren wie unter einem unwiderstehlichen Zwang wiederholten Wort- und Satzklischees. Vier Jahre vorher hatte ich in Berlin Vertrauen zur Partei gefaßt und mich bereit gefunden, für diese Klischeesprache eine Rechtfertigung gelten zu lassen, denn ich begehrte zu glauben, daß diesmal die große Hoffnung begründet war, daß dank der Partei – und nur dank ihr – die soziale Revolution in Deutschland siegen und sodann ganz Europa erfassen würde.

Mein Bedürfnis, zu hoffen und deshalb zu glauben, blieb gleich stark, aber seit jenen Wochen im Sommer 1931 begann sich in mir der Zweifel daran zu regen, daß die KPD, die stärkste aller Parteien außerhalb der Sowjetunion, daß diese so gut organisierte proletarische Bewegung mit ihrem Rotfrontkämpferbund, ihrem Jugendverband, den zahllosen kulturellen, sportlichen und anderen Nebenorganisationen, mit ihrer Presse, ihren Verlagen und Buchklubs – daß diese Partei mit ihren fünf Millionen Wählern im entscheidenden Augenblick die großen Taten vollbringen könnte, von denen so vieles für die nahe und ferne Zukunft abhing.

Ich kannte mehrere Führer der Partei und recht viele ihrer höheren Funktionäre. Obschon ich sie mit dem Wunsch betrachtete, sie schätzen, ja vielleicht bewundern zu können, schienen sie mir mit seltenen Ausnahmen eher mittelmäßig; die Schlauköpfe waren zahlreicher unter ihnen als die Klugen; man fand bei ihnen mehr Disziplin als Mut zu eigenen Initiativen. Jedoch traute ich jedem von ihnen zu, sich in Treue zur Partei ohne das geringste Zögern aufzuopfern, wann und wo immer es nötig sein könnte. Die meisten von ihnen stammten aus Arbeiter- und Handwerkerfamilien und waren, ehe die Parteiarbeit ihr Beruf wurde, gelernte Arbeiter, Handwerker, kleine Angestellte oder Volksschullehrer gewesen. Die ihnen zugeordneten Sekretäre jedoch waren in der Mehrzahl junge Intellektuelle, die dem höheren Mittelstand oder dem Bildungsbürgertum entstammten. Sie alle duzten sich untereinander, wie es in der Partei allgemein geschah, aber der Abstand zwischen den führenden Funktionären und ihren Mitarbeitern blieb stets deutlich. Die Intellektuellen schrieben zwar die von ihren Chefs gezeichneten Artikel, Reden und Parteireferate, sie spielten aber nur graue Eminenzen, sie waren es nicht, denn die wichtigen Entscheidungen wurden ja nicht im Karl-Liebknecht-Haus, dem Sitz der Parteileitung, gefaßt, sondern in Moskau. So kam es für die Position der Führer und der ihnen zur Verfügung gestellten Intellektuellen darauf an, eine Woche, einen Tag oder mindestens eine Stunde früher als ihre Rivalen in der Partei zu erfahren oder zu erraten, welche strategische oder taktische Wendungen, welch neue Anordnungen und Parolen von Moskau vorbereitet wurden. »Drüben«, »dort oben« und später »zu Hause« – mit diesen Wörtchen bezeichnete man im engen Kreise die Sowjetunion, Moskau, das *EKKI* (Exekutivkomitee der Komintern) und als letzte, alleinbestimmende Instanz Stalin und seine Leute, die allein die Macht hatten, Befehle zu erlassen – jenen Befehl zum Beispiel, der der KPD den plötzlichen, hirnrissigen Frontwechsel zugunsten des Naziplebiszits aufzwang. Ebenso war es Stalins Clique, die den bestürzenden, gefährlichen Wahlsieg der Nazis im September 1930 als Hitlers Höhepunkt erklärt hatte, dem ohne Aufschub der Niedergang folgen würde. Diese von unbestreitbaren Sachverhalten täglich widerlegte »Analyse« und Prophezeiung mußte sodann Ernst Thälmann, der Führer der deutschen Kommunisten, wie ein Papagei wiederholen und in allen Parteieinheiten bis hinunter zur kleinsten Zelle so lange als unumstößliche Wahrheit verkünden lassen, bis sie die schnell aufeinanderfolgenden Wahlen vor aller Augen als Irrtum und schließlich als blöde Propagandalüge entlarvten.

Im Hochsommer 1931 fuhr ich mit Mirjam nach Moskau, wo wir einige Wochen später am Internationalen Psychologenkongreß teilnehmen wollten. Wir hatten so viele Berichte von Rußlandreisenden gelesen, daß wir nur noch zu überprüfen hatten, ob sich alles wirklich genauso abspielte, wie sie es schilderten. Würde das Herz stärker, höher schlagen im Augenblick, da der Zug in die Grenzstation einfahren und sich langsam dem Torbogen mit der Aufschrift »Proletarier aller Länder – vereinigt Euch!« nähern würde? Oder angesichts der Rotarmisten mit dem roten Stern auf ihrem Helm, die die Pässe kontrollieren würden? Zwar hatte man das und so vieles andere, das den »Pilgrim in die Zukunft« als erstes beeindruckte, oft genug in Fotos und Filmen gesehen, dennoch schlug das folgsame Herz höher, keinerlei Ironie verminderte die Begeisterung, denn ja, es ist wahr, wir liebten die Sowjetunion und hatten gleich Liebenden Augen nur für all das, was unsere Bewunderung für sie und das russische Volk steigern konnte. Für das Volk, das die erste proletarische Revolution zum Sieg geführt, den furchtbaren Bürgerkrieg gewonnen, Hungersnöte und tausend Miseren ohne Klage ertragen und aus allen Prüfungen nur noch mutiger hervorgegangen war. Wir wußten recht vieles, das uns mißfallen, enttäuschen konnte, aber auf unserer Waage wog es leicht gegenüber alldem, was im *Vaterland des Sozialismus* vollbracht worden war. Obschon wir somit durchaus voreingenommen waren, so wollten wir doch dem Beschluß treu bleiben, das Alltagsleben der arbeitenden Menschen aus unmittelbarer Ansicht kennenzulernen. Deshalb verließen wir immer wieder das Hotel Metropol, in dem wir untergebracht waren, und logierten einige Tage in einem alten bürgerlichen Haus im Zentrum der Stadt, ein anderes Mal in einer neuerbauten Vorstadt, die nach Bucharin benannt war.

Der ältere Mann, der uns das Zimmer seiner verreisten

Tochter überließ, war vor der Revolution dei Inhaber dieser großen Wohnung gewesen, nun blieben ihm, seiner Frau und seiner Tochter zwei Räume und das Recht auf Küchenbenützung, das sie mit sieben anderen Mietparteien teilten. Läutete es an der Wohnungstür, so lauschten alle und zählten die Klingelzeichen. Unsere Gastgeber brauchten nur bis zum dritten zu zählen, die zwei ersten sowie das vierte und die nachfolgenden galten den Nachbarn. Georg Jossipowitsch Gordon war Direktor einer großen Bank gewesen, wohlhabend, doch nicht reich. Nach der Revolution konnte er in der Wohnung bleiben, wenn er sich auch mit den Zwangseinquartierungen und einem subalternen Posten in der Staatsbank abfinden mußte; nun stand er gerade vor der Pensionierung. Seine ältere Tochter war Psychologin, die jüngere, verheiratet, war Chemikerin, seine Frau übersetzte technische Artikel aus dem Französischen. Gordon, dessen ältere Tochter mich in Berlin aufgesucht hatte, sprach mit mir offenherzig. Nein, er war kein Kommunist, seinerzeit hatte er mit den Menschewiki sympathisiert, aber nur mit den Gemäßigten unter ihnen. Nun brauchte er keine Meinungen zu haben, niemanden interessierte, was er von der Politik dachte. Im übrigen hatte er zumindest einen guten Grund, zufrieden zu sein: Rußland hatte die Revolution und alle dazugehörigen Wirren hinter sich: »Uns ist schon alles geschehen, uns kann nichts mehr passieren! Den anderen Ländern aber, eben Deutschland zum Beispiel – oh, wieviel ihnen noch bevorsteht, bis sie soweit sein werden wie wir.« Es klang spöttisch, ein wenig mitleidig, doch meinte er es ernst. Als ich mit Bewunderung davon sprach, daß der Fünfjahresplan schon nach vier Jahren erfüllt sein würde, wandte er den Blick ab, ehe er zustimmte. Fortab ließ er sich nicht mehr auf politische Gespräche ein. Ich mußte ihm viel von Wien erzählen, wo er vor dem Krieg ein Jahr lang gelebt hatte, von den

Cafés, vom Burgtheater und – das hörte er am liebsten – vom Prater, von der Grottenbahn, dem Riesenrad und von allem, das ihm ein heiteres, jugendlich leichtfertiges Leben in Erinnerung zu bringen schien. An sein »Uns kann nichts mehr geschehen« habe ich später oft denken müssen.

In der Vorstadt wohnten wir bei einer Psychologin, die zum Komitee gehörte, das unseren Kongreß vorbereitete. Während ihres mehrmonatigen Aufenthaltes in Berlin war sie eine aufmerksame Hörerin im Individualpsychologischen Institut gewesen. Sie trat uns eines der drei sehr kleinen Zimmer ihrer Wohnung ab, die in einer Siedlung gelegen war, deren Häuser in Größe, Bauart und Fassade zum Verwechseln ähnlich waren. Die Einwohner gehörten den mittleren Priviligierten, dennoch war ihr Alltag seit 1929, nach den ersten Monaten des Fünfjahresplans, durch die Versorgungsschwierigkeiten zu einem zermürbenden Kleinkrieg geworden. Was ich da genau beobachten konnte, erinnerte mich in zahllosen Einzelheiten an das zum Verzweifeln schwere Dasein während der letzten Kriegsjahre in Wien.

Nikolaj Bucharin, damals der Vorsitzende des Obersten Wirtschaftsrats, dem in der Planwirtschaft eine hervorragende Bedeutung zukam, antwortete auf meine Frage, warum der Versorgung des arbeitenden Volkes im Lande der Revolution nicht absolute Priorität zugestanden wurde, mit den Formeln, die man überall hörte. Wir saßen in seinem großen hellen Büro, das einen weiten Ausblick auf die Stadt bot, auf die Moskwa, auf die Zwiebeltürme einer Kirche, auf einige wenige neue Bauten und auf alte schmutzige Häuser, wie sie in den russischen Romanen des vergangenen Jahrhunderts beschrieben waren. Bucharin, gut gelaunt, mühelos von einer Sprache zur anderen übergehend, sagte an diesem Vormittag viel Kluges, zum Beispiel über Oswald Spenglers Bücher, über das historische Bewußtsein, über Tolstoi, über gewisse russische Intellektuelle in der Emigration. Was er jedoch über die Lebensmittelnot, den Mangel an Gebrauchsgegenständen in der Sowjetunion vorbrachte, konnte nur jene überzeugen, die im voraus überzeugt waren oder sehnlichst begehrten, es zu sein; zu diesen letzteren gehörte ich selbst.

»Kommen Sie in drei Jahren wieder, Ihre Fragen werden dann völlig gegenstandslos geworden sein. Wir werden gutes Brot haben und Fleisch und Gemüse in beliebiger Quantität und ausgezeichneter Qualität. Ja, unsere Kinder werden so viele Bananen und Orangen essen wie die Kinder von Paris«, sagte er zum Schluß mit einem breiten Lächeln, das seiner Prophezeiung mehr Glaubwürdigkeit verlieh als seine Argumente. Ach, wie gut es einem tat, das zu hören und es glauben zu dürfen. Beim Abschied wandte er sich an mich, er wollte wissen, ob die Vorbereitungen für den Psychologenkongreß zufriedenstellend wären. Und da er sich überdies nach dem Thema meines Referats erkundigte, war ich geschmeichelt, ja knabenhaft glücklich.

Während der zwei Wochen, die wir nicht als Touristen und nicht als die umsorgten Gäste des Staates lebten, entging mir kaum etwas von dem, was einem auch nicht sehr aufmerksamen Beobachter den Eindruck vermitteln mußte, daß die Armut des Volkes größer, bedrückender war als selbst in dem von der Krise heimgesuchten kapitalistischen Deutschland mit seinen Millionen Arbeitslosen. Ohne bewußte Absicht paßte ich »wie ein Haftelmacher« auf, so daß ich fast alles wahrnahm, insbesondere das Gute, aber auch das Schlechte, das Armselige, die demütigende Herrschaft des Mangels, die genau zu ermessen mir seit meinem zehnten Lebensjahr viel leichter fiel, als sie zu verkennen. Nein, ich verschloß die Augen nicht vor dem Elend und erlaubte mir auch nicht, irgend etwas zu verschönern. Trotzdem narrte, betrog ich mich täglich, stündlich mit dem ewigen »budjet« – *es wird sein,* mit dem Konjugieren im Futurum. Bucharin selbst war es, der rechtzeitig davor gewarnt hatte, daß die von Stalin beschlossene Agrarpolitik die hinterhältige und auch die offene Feindschaft der Bauern hervorrufen, die Ernährungslage der Städter fortlaufend erschweren und am Ende eine Hungersnot unvermeidlich machen würde. Und nun, im Sommer 1931, erklärte er, daß nach der neuen Ernte die Sowjetunion ein für allemal den Engpaß überschritten haben werde: *budjet,* alles wird besser sein, immer besser werden ...

Ich wollte mich darüber empören, daß die öffentlichen Verkehrsmittel so unzureichend waren, daß eine Fahrt in den überfüllten Straßenbahnen körperlich schlechthin unerträglich war – wie ein maßlos übertriebener Gag eines amerikanischen Films: schlecht genährte, übermüdete Menschen aneinandergepreßt, widerstandslos passiv gegenüber den Massen, die sich an jeder Haltestelle noch hineindrängten, man erfaßte gar nicht wie. Gleich so vielen anderen Utopia-Pilgrimen hob ich jedoch bei jeder Gelegenheit hervor, daß in der Moskauer Straßenbahn der Schaffner nicht stehen mußte, sondern auf seinem Sitz an der Tür blieb und die Passagiere einander das Fahrgeld durch den ganzen Wagen über zahllose Köpfe hinweg weiterreichten und ebenso die Fahrkarte zurückbrachten. Ja, das rühmte ich ernsthaft, das andere aber berichtete ich lächelnd – eben wie eine Szene aus einem komischen Film.

Im »Kultur- und Erholungspark«, dem Lunapark Moskaus, bewunderte ich die großen Gipsfiguren, welche *Udarniki,* das heißt die besten Stoßbrigadenarbeiter, darstellten. Anerkennend wiederholten wir überall, daß in diesem Park nicht Krieger und Feldherren, sondern arbeitende Menschen die Pfade säumten – es waren proletarische Siegesalleen. Wir blieben bei jeder Ansammlung stehen, vor der gewöhnlich junge Menschen kurze, aber feurige Reden hielten über den Fünfjahresplan, über die bereits errungenen und über die unaufhaltsam nahenden Triumphe. Noch heute fällt es mir schwer, an der Echtheit der Begeisterung zu zweifeln, die, schien es, die Zuschauer ebenso beseelte wie die Redner.

»Alle sind jetzt voller Hoffnung, denn sie fühlen, daß wir in wenigen Monaten über den Berg sein werden. Das hat nichts mit politischer Gesinnung zu tun, sondern mit dem sehnlichen Wunsch des ganzen Volkes, daß das Experiment des Fünfjahresplans vollauf gelinge, denn das Mißlingen würden alle furchtbar büßen müssen«, erklärte mir einer der Führer der bulgarischen KP, der seit Jahren in Moskau lebte. Er war ein kluger Mann, der Ketzereien mit so viel Humor vorbrachte, daß es ihm leichtfiel, sich selbst zu desavouieren, sobald jemand ihn verdächtigte, ein »Abweichler« zu sein. Nun, das war er in der Tat. Nämlich ein Bucharinist, doch weit konsequenter als Bucharin selbst und überzeugt davon, daß ungeheure Fehler in der Agrarfrage begangen worden waren, besonders in der sogenannten Dekulakisierung, die die kommunistischen Hoffnungen vernichten mußten, wenn man nicht sofort die Lage der Bauern von Grund auf besserte. Ich besuchte ihn in seiner Sommerfrische, am Rande eines Dorfes, in dem es so gut wie gar keine Bauern mehr gab. Er trieb sich viel auf dem Land herum und wußte genau, was man in den Hütten dachte.

Von diesen Besuchen erzählte ich einer Kollegin, deren Mann, ein sehr bekannter Psychologe, in der akademischen Welt eine führende Position innehatte. Die Frau, die über vierzig war, sah recht gut aus; der herausfordernde Trotz, der sie sehr oft überkam, verlieh ihrem Gesicht und den leuchtenden braunen Augen eine Schönheit, die aufreizend, doch nicht anziehend wirkte. Sie kannte den Bulgaren und seine Frau; sie schien überhaupt vieles über fast alle Leute von einiger Bedeutung zu wissen, insbesondere über die politischen Wandlungen, über die rechtfertigende Selbstverleugnung, dank der so viele Leute seit 1921 beziehungsweise seit 1924 oder seit 1927 ihre Linientreue beweisen und so ihre Privilegien bewahren konnten.

»Ihr Bulgare gehört zu jenen Glückspilzen, die jeden Morgen beim Lesen der ›Prawda‹ entdecken, daß sie eigentlich schon immer so gedacht haben, wie es das Blatt gerade an diesem Tage von ihnen verlangt. Auch mein Mann gehört zu denen. Er ist sogar ein Meister in der Kunst, sich selber ins Gesicht zu spucken.« Ich fragte sie nicht, warum sie dann bei ihm bliebe; in der Tat kam ich selten dazu, sie nach irgend etwas zu fragen, denn wann immer wir zu zweit blieben, führte sie allein das Gespräch und bestimmte zum Beispiel auch, daß wir nicht im Hotel Metropol oder in einem der wenigen guten Restaurants essen sollten. So führte sie mich jedesmal in eine *Stolowaja*, eines jener Wirtshäuser, in denen nicht privilegierte Moskauer zu Mittag aßen, die im Zentrum der Stadt beschäftigt waren. Das Essen war da noch weit schlechter als jenes der Volksspeisehalle, wo ich während des Krieges in Wien gearbeitet hatte. Es war da auch viel schmutziger und das Brot ungenießbarer als das Wiener Brot im Jahre 1918, im letzten Kriegswinter. Lisa, so will ich diese Frau nennen, fand beinahe Gefallen an dem Essen, sooft sie auf meinem Gesicht den Widerwillen entdeckte, den es in mir erzeugte. Sie empfand gewiß auch Schadenfreude, doch noch mehr zornige Genugtuung darüber, daß sie mich verhinderte, im Genuß der schützenden Unwissenheit zu bleiben.

Lisas Mann war ein Trotzkist gewesen, sie nicht. Für sie hatte die Konterrevolution in jenen Tagen gesiegt, da unter Lenins und Trotzkis Führung der letzte Aufstand der wahren Revolutionäre niedergeschlagen wurde. Sie war in Kronstadt dabeigewesen, hatte alles mit angehört und angesehen und ein für allemal erfaßt, daß die Diktatur der Bolschewiki nicht proletarisch war. »Man müßte mir das Hirn aus dem Schädel reißen, damit ich das je vergesse«, erklärte sie böse.

Ich hörte ihr gewöhnlich aufmerksam, aber nicht gerne zu, schließlich mied ich die Begegnungen. Weil ich nicht wissen wollte? Ja, aber auch weil ich doch so gut wie alles wußte, was sie mir herausfordernd ins Gesicht schleuderte, als ob ich die Ursache des Übels wäre. Ja, ich wußte oder vermutete, argwöhnte, durchschaute – und dennoch war mein Wissen nutzlos! Das sagte ich mir jedoch erst einige Jahre später, als ich vor seinen Konsequenzen nicht mehr zurückschrak. So merkwürdig es mich heute berührt: nicht die tatsächlich sehr schwerwiegenden Sachverhalte, die Lisa mir ungeduldig und unduldsam vor Augen führte, waren es, die mich so befremdeten und mich ahnen ließen, daß ich eines Tages würde brechen müssen, um nicht mitschuldig zu werden. Nein, winzige Vorfälle und flüchtige Eindrücke bewirkten, daß ich mich während einiger Augenblicke alldem, was mich da umgab, so entfremdete, daß es mir wie eine vorgetäuschte Landschaft mit einer falschen Sonne erschien.

Es geschah in Leningrad, auf dem Platz vor dem Finnländischen (Oktober-)Bahnhof. Ein ärmlich gekleideter, hagerer Mann war von rücksichtslos hastenden Passanten vom Bürgersteig auf das Straßengleis hinuntergedrängt worden; er blieb einen Augenblick ratlos stehen, ohne das Klingeln der Straßenbahn zu beachten, vielleicht ohne es auch nur wahrzunehmen. Da stürzte ein Polizist auf ihn zu und begann, ihn mit Fäusten auf Nacken und Schultern zu schlagen. Der Mann drehte sich langsam um, die Fäuste in grauwollenen Handschuhen sausten auf Stirn und Kinn des ratlos Staunenden herab.

Im letzten Lichtschein des lauen Herbsttages starrte ich auf die Handschuhe und das unter den Schlägen wankende Opfer, das weder auszuweichen noch zu flüchten suchte. Warum setzte sich der Mißhandelte nicht zur Wehr? Und die vielen Gaffer rund herum — warum griffen sie nicht ein? Endlich ließ der Milizionär von dem Mann ab; der trat aufs Pflaster zurück und verschwand in der dichten Menge.

Diese klägliche Szene hat mein Gedächtnis seit jenem September 1931 in allen Einzelheiten so genau bewahrt, daß ich sie an Ort und Stelle mühelos rekonstruieren könnte. Bei jedem der zahllosen Gespräche über die Sowjetunion, die ich nachher in Berlin führen sollte, ist sie vor mir mit gleichbleibender Deutlichkeit wieder aufgetaucht, doch habe ich sie zehn Jahre lang wie ein schändliches Geheimnis verschwiegen und sie später als das Erlebnis einer meiner Romanfiguren geschildert, als den »dunklen Punkt« im Bewußsein eines deutschen Kommunisten, den man späterhin in Moskau liquidierte, da er sich weigerte, in einem stalinschen Schauprozeß die Rolle eines »Diversanten«, Spions und Saboteurs zu spielen.

Nichts von alldem, was ich bis dahin über die Sowjetunion, ihr Regime und insbesondere über die Praktiken der Tscheka (später GPU genannt) gelesen oder gehört hatte, noch die desillusionierenden Erfahrungen, die ich in Rußland nicht hatte vermeiden können — nichts von alldem hatte mich so bestürzt und aufgewühlt wie jener Vorfall, an dem schließlich das Verhalten der zahllosen Zeugen, der so gerühmten »Sowjetmenschen«, für mich zuerst unverständlich und dann um so aufschlußreicher war. Als ich etwa zwei Wochen später in einer belebten Straße in Charkow einige gefesselte Männer mit blutig geschlagenen Gesichtern sah, die von GPU-Leuten eskortiert wurden, auch da empfand ich jene seltsame Herzschwäche, die eine plötzliche, besonders schwere und in ihren Folgen bedrohliche Enttäuschung in uns hervorruft. Aber sie verschwand bald wieder – ich sagte mir, daß es sich gewiß um gefährliche Verbrecher handeln mußte, um jene Saboteure, die die Ernte ganzer Kolchosen verbrannten, in den Dörfern Traktoren vernichteten, somit wohl um eingeschmuggelte Weißgardisten.

Eines Nachts kreuzten wir auf unserem Heimweg einen großgewachsenen Mann, der mit beiden Händen über dem Nacken einen langen Sack trug, der ihm den Rücken hinunterhing. Er kam nur langsam, mühsam vorwärts – die Last mußte ungewöhnlich schwer sein, sie beugte seinen Oberkörper tief hinab. Der Anblick machte mir Angst, ja mir war so bange wie in der Kindheit, wenn ich auf die Geschichte des verirrten Baßgeigers lauschte. Selbst Lisa, sonst so schnell mit dem Worte, zauderte diesmal, ehe sie uns aufklärte: Der Mann, von dem wir in der schlecht beleuchteten Straße nur die Umrisse wahrnahmen, war ein illegaler Leichenbestatter; ein alter, doch noch kräftiger, sehr gläubiger Jude, trug er nächtens die Leichname frommer Glaubensgenossen, die in geweihter Erde, auf einem jüdischen Friedhof den Überlieferungen getreu mit Segenssprüchen und dem Totenbett begraben werden sollten. Natürlich wußte das die Polizei, ließ aber diese Fanatiker gewähren; wahrscheinlich waren einige bestochene Milizionäre im Spiel.

Seit meiner frühen Jugend erscheinen mir Bestattungszeremonien als klägliche Trauer- und Trostspiele und die verkleideten Leichname als Mummenschanz, den man keinesfalls mit Menschen identifizieren durfte, die zu leben aufgehört haben. Tote Körper sind unrein, man sollte sie von allem, was lebt, abschneiden. Wer je gelebt hat, dauert weiter im Geiste und überdies in den Leibern seiner Nachkommen. All das hatte man mir beigebracht, als ich noch ein Kind im Städtel war.

Was nun mit der Leiche geschah, die dieser alte Mann durch Moskau trug, war mir durchaus gleichgültig. Aber ich blieb während langer Stunden unter dem Alpdruck, der auch nicht wich, als ich mich von dieser Stimmung befreit und zur Realität zurückgefunden hatte. In mir stieg eine unabweisbare Ahnung auf, daß die Judenfrage auch in der Sowjetunion vielleicht nicht gelöst und der Judenhaß nicht besiegt worden war.

Wenige Monate später, wieder in Berlin, geschah es, daß ich gegen Ende der Nacht weinend aus dem Schlaf hochfuhr. Solches hatte sich selbst in meiner Kindheit nur äußerst selten ereignet, zuletzt Ende 1915 oder Anfang 1916. Und nun war ich um 16 Jahre älter, ein aktiver, selbstsicherer Mann; maßlos überrascht fragte ich mich, was ich wohl geträumt haben mochte. Der Traum hatte mich in die Sowjetunion versetzt, in eine Stadt, die größer war als Zablotow, aber keine Großstadt. Ich sah junge Menschen durch die Straßen laufen, etwas Furchtbares wurde vorbereitet oder geschah bereits: ein Pogrom. Eine Frau rief mir ungeduldig zu, ich sollte ihr folgen, weglaufen, sonst würde es zu spät sein. Ich wies auf eine Gruppe *Komsomolzen* (junger Kommunisten) hin und sagte, es bestünde keine Gefahr, denn die würden ja sofort eingreifen. Die Frau riß sich den türkischen Schal vom Kopf und schrie mir böse ins Gesicht: »Komm, Verrückter! Die Komsomolzen machen ja den Pogrom, die Komsomolzen!« Da brach ich in Tränen aus; davon waren meine Wangen feucht und das Kissen.

Der erniedrigte Arme auf der Straße vor jenem Bahnhof, von dem aus der aus dem Exil heimkehrende Lenin die proletarische Revolution als nächstes Ziel proklamiert hatte; die Gleichgültigkeit der Passanten gegenüber dem Erniedrigten und Beleidigten; der Alte mit der Leiche auf dem Rücken und schließlich der Traum, in dem die Eigenen sich als jene Feinde enthüllten, die zu fürchten, man mich als Kind gelehrt hatte – diese sachlich unerheblichen Episoden riefen die tiefste Erschütterung meines Glaubens an die neue Gesellschaft, an den neuen »sozialistischen Menschen« hervor. Nichts von alldem, was ich in den Jahren vorher an Enthüllungen und Angriffen gegen die Sowjetunion gelesen hatte, und nichts von dem, was mir in diesem Sommer 1931 an den russischen Zuständen mißfiel, nichts hatte so tief auf mich gewirkt – nicht die mehr oder minder häufigen, doch zumeist charakteristischen Mißstände, auf die Lisa mit böser Eindringlichkeit meine Aufmerksamkeit hinlenkte, und nicht die grotesken Situationen, in die der Rußlandreisende geriet.

Da wir von Moskau aus viele Bahnfahrten unternahmen, bot sich uns zu jeder Tages- und Nachtzeit, sooft wir einen größeren Bahnhof betraten, ein Anblick dar, der uns zuerst überraschte, sodann fast amüsierte wie ein riesiges, barockes Jahrmarktspektakel, bald darauf aber genierte und peinlich störte. Geführt von einer zuständigen Begleitperson, gingen wir an Gruppen sitzender, hokkender, liegender Männer, Frauen und Kinder vorbei, in deren Mitte Koffer, Bettzeug, Kleider, Möbelstücke, lebendes Geflügel, Primuskocher und Geschirr und so viele andere Gegenstände sich befanden. Und diese Hunderte, in der Mehrzahl Dorfleute, warteten anscheinend geduldig Tage und Nächte darauf, daß man ihnen endlich Zulaß zu einem Zug gewähre. »Die Züge sind alle überfüllt«, klärte man uns auf, »weil es einerseits zuwenig Zugmaterial gibt und anderseits, weil die Leute zuviel reisen, wozu sie der sehr niedrige Eisenbahntarif anregt.« Wie aber kam man dann doch in den Zug? Wir zum Beispiel hatten nicht die geringsten Schwierigkeiten, wir warteten nie. Nun, dafür brauchte man eine »bumaschka«, das heißt ein »Papierchen«; es gab allerdings eine Rangordnung der »bumaschkas«. Jene, die unser Begleiter an der Kassa oder bei der Bahnhofs-GPU vorlegte, waren, wie es sich erwies, »sehr stark«, das heißt, sie erzielten sofort das gewünschte Ergebnis.

Nach kurzer Zeit wurde auch der Törichteste unter uns dessen gewahr, daß Touristen, vor allem aber Gäste dieser oder jener sowjetischen Institution oder Parteiorganisation zahllose Privilegien genossen, die sonst nur der heimischen herrschenden Schicht vorbehalten waren. Wir hätten sie ablehnen müssen, aber ich kenne keinen Fall, in dem irgendeiner das Privileg abgelehnt hätte. Der seinerzeit berühmte Zeichner David Low, der den Reisebericht eines englischen Sympathisanten illustrierte, hat in einigen witzigen Zeichnungen diese reisenden Parias dargestellt; der erheiterte Beobachter vergißt, sich zu empören, und ist belustigt über den Zustand, den er in seiner Heimat nie ertragen würde. Nach der zweiten oder dritten Begegnung betrachteten wir diese Massen mit der idiotisch-asozialen Neugier, die so viele Touristen an dem pittoresken Elend in fremden Ländern befriedigen. Weder vor der Rußlandreise noch je nachher ist mir die Armut und die Verwahrlostheit der Elendsquartiere pittoresk erschienen, doch im Lande des Sozialismus geriet ich, wie so viele andere, in eine Situation, wo ich, mich mit den Herrschenden identifizierend, die Zustände nur mit jener toleranten Unaufmerksamkeit betrachtete, dank der man sich leicht mit dem Übel abfinden kann, dessen Nachbar und Nutznießer man absichtslos geworden ist. Wenige Jahre nachher dachte ich daran zurück – mit Unbehagen über mich selbst und später mit bedrängender Scham.

In jenem Sommer 1931 errang der sowjetische Film *Der Weg ins Leben* einen ungewöhnlichen Erfolg, der ihm kurz darauf auch überall im Westen beschieden war. Die jungen Darsteller waren keine Schauspieler, sie verkörperten sich selbst, wie sie an einem exemplarisch gelungenen Erziehungsexperiment teilgenommen hatten. *Besprisorny,* elternlose, verwahrloste Kinder, die unter den Einfluß von Verbrechern geraten und von ihnen mißbraucht worden waren, wurden in ein Heim gebracht, wo ihnen im Geiste sozialistischer Erziehung, wie wir sie damals verstanden, die Möglichkeit geboten wurde, zu sich selbst zurückzufinden: zu einem seelischen Gleichgewicht, zum Selbstbewußtsein und zu einer konstruktiven schöpferischen Gemeinschaft; bis dahin hatten sie in einer Scheingemeinschaft destruktiver Banden dahinvegetiert.

Alle, auch die Skeptiker und Reaktionäre unter den Teilnehmern an dem Psychologenkongreß, der uns alle in Moskau zusammengeführt hatte – alle waren von diesem Film begeistert. Zusammen mit dem sehr angesehenen Psychologen William Stern und seiner Frau fuhr ich in ein Dorf unweit von Moskau, wo sich das Besprisorny-Heim befand, welches als Modell für den »Weg ins Leben« gedient hatte. Wir waren von dieser pädagogischen Leistung sehr angetan – sie war das Erfreulichste, das die Kongressisten bis dahin in der Sowjetunion gesehen hatten. Man wollte wissen, wie viele solcher Selbsterziehungskollektive es in Rußland gebe. Viele, sagte man uns, aber ihre Zahl würde bald geringer sein, denn das Problem dieser elternlosen Kinder sei bereits so gut wie gelöst. Das wollten wir gerne glauben, obschon wir jedesmal, wenn wir nachts an dem Großen Theater vorbei ins Hotel zurückkehrten, auf dem zentral gelegenen Platz, wo Asphaltschmelzöfen brannten, zwanzig oder dreißig obdachlose Kinder sahen, die sich wach oder schlafend am Feuer wärmten. Ja, antwortete man, als wir darauf hinwiesen, das seien die allerletzten Reste der Besprisorny. Noch zwei, drei Wochen, dann würde es den Kindern zu kalt sein und sie würden freiwillig Aufnahme in die Erziehungsheime suchen. Den Zweifel des Ehepaares

Stern suchte ich zu zerstreuen, indem ich darauf bestand, daß es den Sowjets ja ein leichtes wäre, diese paar Dutzend Kinder aus Moskau, jedenfalls aus der Stadtmitte zu entfernen, wo sie alle Aufmerksamkeit auf sich zogen. Daß man sie ungestört daließ, bewies, daß diese furchtbare Kindernot, eine unmittelbare Folge des langen Bürgerkriegs, so gut wie verschwunden wäre.

Erst später, als ich allein war, mußte ich an Plontin denken, an seinen erschreckenden Wiederholungstraum und an die Dekulakisierung. Fast zehn Jahre waren seit dem Ende des Bürgerkriegs vergangen, diese Kinder waren nicht dessen Opfer. Also?

Noch im gleichen Jahr zeigte man den *Weg ins Leben* in Berliner Kinos. Er wurde an einem Sonntagvormittag in einem großen Saal vor geladenem, hauptsächlich intellektuellem Publikum aufgeführt. An der öffentlichen Debatte, die gleich darauf folgte, nahm ich als Psychologe teil. Als jemand die Frage aufwarf, ob denn alle Besprisorny schon pädagogisch erfaßt und somit von der Straße verschwunden wären, antwortete ich, es gebe in der Sowjetunion gewiß noch winzige Gruppen solcher Kinder, aber es handle sich da höchstens um Dutzende von Kindern, und auch sie würden sehr bald, noch während des Winters, auf den »Weg ins Leben« gelenkt werden. Das glaubte ich auch. Als mich jedoch einige Tage später in einer Abendgesellschaft jemand fragte, wie ich eine solche Behauptung, die offenbar wahrheitswidrig wäre, aufstellen konnte, da betonte ich aggressiv die Aufrichtigkeit meiner Überzeugung. Doch las ich in den Augen dieser Frau, daß sie mir nicht glaubte, und war davon so betroffen, daß ich mich an jenen Abend und diese Szene noch heute genau erinnere. In zahllosen privaten und öffentlichen Diskussionen hatte ich die von anderen bestrittene Richtigkeit meiner Meinung zu beweisen. Hier geschah es nun zum erstenmal, daß meine Aufrichtigkeit bezweifelt wurde. Und das traf mich so hart, weil ja der Zweifel diesmal begründet sein konnte – auch das empfand ich damals zum erstenmal.

Und zum erstenmal, seit ich schreibe, frage ich mich – nicht ohne Besorgnis, ob ich es dem Leser nicht zu schwer mache, mein damaliges Verhalten zu verstehen: dieses beschränkende, verschränkende Ineinander von Wissen und Nichtwissen, von Verzweiflung über die getäuschte Hoffnung und von Begeisterung für alles, was auch nur im entferntesten einer Erfüllung nahe kommen konnte. Man denkt an das in einem undurchsichtigen Behälter aufgespeicherte Spülicht, das unter einer Ölschicht unsichtbar bleibt, bis ein Schlag die fette Oberfläche auseinanderreißt und das schmutzige Wasser hochspritzen läßt.

Dem Leser sind einige meiner Erlebnisse in der Sowjetunion bekannt, die, von außen als Ereignisse betrachtet, zumeist unwichtig waren, aber so signifikativ, daß sie weit über sich hinauswiesen, auf Zusammenhänge, die sonst unvermutet geblieben wären. In diesem Sinne ist fast alles, was ich bisher von meiner dreimonatigen Reise erzählt habe, in den spärlichen Fakten und in deren Deutung durchaus negativ. Trotz alldem änderte sich nichts an meiner politischen Haltung; nach Berlin zurückgekehrt, setzte ich mich intensiver als je vor einer immer breitern Öffentlichkeit für die Sowjetunion ein. Gewiß, ich erwähnte die prekäre Versorgungslage und die zahllosen Alltagsschwierigkeiten, mit denen die arbeitenden Menschen ringen mußten, aber nur, um um so ausführlicher und überzeugender von der Begeisterung aller für den Fünfjahresplan zu berichten. Warum verschwieg ich fast allen, auch meinen nächsten Freunden, jene Informationen, die mir die gehässige, aber wohlinformierte Lisa aufgedrängt hatte? Zum Beispiel jene über die Kaltstellung, über das Verschwinden von so vielen, über die man nichts erfahren konnte, da man höchstens einmal danach fragen konnte, wohin sie verschwunden waren, und überhaupt nicht, warum es geschehen war.

Was ich von Plontin erfahren hatte, bewahrte ich als ein berufliches Geheimnis, doch seit dem Herbst 1931 wußte ich, daß in Rußland nicht das Proletariat die Diktatur ausübte, nicht die Sowjets und nicht einmal die KP, sondern eine ganz dünne Führerschicht, die niemandem verantwortlich schien und jeden, der sie offen zu kritisieren wagte, abdrängen, »abhängen« und an jeder offenen Meinungsäußerung verhindern konnte. Wir sprachen darüber im Freundeskreis ganz offen; darüber und über die Idolisierung Stalins, die wir natürlich nicht als eine spontane Bewunderung, sondern als eine *von oben* energisch geleitete Aktion ansahen; wir spotteten darüber ebenso wie über die byzantinische Geschmacklosigkeit, die zu dem Priesterseminaristen Dschugaschwili paßte. Wir waren geneigt zu glauben, daß Stalin ein bedenkenlos energischer Organisator war und daß die Sowjetunion während der ersten Jahre des Fünfjahresplans gerade einen Mann wie ihn brauchte. Doch verkannten wir völlig die Logik eines Kampfes um die Macht, wie er von einer skrupellos herrschsüchtigen Clique geführt werden kann, und durchschauten nicht, daß eben die Eigenschaften, die Stalin, wie Lenin in seinem Testament warnend erklärte, unfähig machten, die Funktion eines Generalsekretärs auszuüben, ihn dazu drängten, immer mehr persönliche Macht zu akkumulieren, um schließlich allmächtig zu werden. Kein Zweifel, wir unterschätzten Stalin und seine taktischen Fähigkeiten, ebenso die Schwäche der Gegner gegenüber seiner eigenartigen, despotischen Schlauheit. Wir begingen diesen Fehler, weil wir es vorzogen, ja weil wir entschlossen waren, an die Partei zu glauben und in ihr allein die Konzentration des besten Willens und die mobilisierende Kraft unbändiger Energien zu suchen. Was könnte ein Mann, selbst wenn ihm skrupellos ergebene Spießgesellen dienten, gegen die Partei ausrichten – gegen eine Partei, die alles ist, alles sein muß?

Der *cocu,* der seit Jahrtausenden in Spottliedern, Possen und Komödien verhöhnte betrogene Ehemann, ist nicht immer dümmer als andere, seine Sehkraft nicht schwächer als die des Nachbarn. Nein, nicht aus Dummheit verkennt er seine Lage, sondern weil es ihm vor allem darauf ankommt, zu lieben und sich geliebt zu glauben. Er braucht den Glauben an die Treue seines Weibes weit mehr als die Wahrheit über ihre Untreue. So allgemein wie der Tod ist die Selbstverführung durch die Illusion des Glücks, durch die Beharrlichkeit von Hoffnungen, die man, sind sie vernichtet, als Mumien aufputzt, so daß sie fortab gegen den Tod gefeit sind.

In der von einer globalen Wirtschaftskrise täglich aufs neue erschütterten kapitalistischen Welt waren wir Millionen, in Deutschland waren wir Zehntausende von jungen Intellektuellen, die – wie von dem eigenen Sein – davon überzeugt waren, daß nur eine Revolution die Welt von Not, Unterdrückung, Demütigung und Krieg ein für allemal befreien könnte. Und jeder von uns fand dank dieser Überzeugung seinen Platz unter den Menschen, mit denen zusammen er an diesem ungeheuern Wagnis teilnehmen würde – bald, sehr bald, in einem Augenblick, der so unaufhaltsam nahte wie für meinen Urgroßvater der Messias. Die Skeptischsten unter uns fanden hier eine Gewißheit – die einzige, der keine Erschütterung zu drohen schien. Im Lichte dessen, was sein, also kommen *mußte,* stellte die Geschichte der Menschheit ein wildes, sinnloses, mörderisches Auf und Ab von *sound* und *fury* dar; im Lichte dessen also, was unbedingt geschehen mußte, aber nicht geschehen würde, wenn wir, gerade wir es nicht herbeiführten, betrachteten wir alles. So lasen wir zum Beispiel die Ilias wieder, und ganz anders als früher, fragten wir uns, während wir der »Missa solemnis« lauschten, welche Bedeutung ihr nach der Revolution zukommen sollte, vernachlässigten wir leichter Hand die Fragen, die eines jeden eigene, »private« Zukunft betrafen. Auch die Aufrichtigsten und moralisch Strengsten unter uns fanden sich deshalb damit ab, daß, wo es um die *Sache* ging, die Wahl der Mittel nur von der Zweckdienlichkeit bestimmt werden durfte. Natürlich, es gab Grenzen, eben moralische Grenzen, aber sie waren fließend und sollten es bis auf weiteres bleiben.

Mich hatte es erschüttert, daß in einer Diskussion jemand, dessen Urteil mir nicht unwichtig war, glauben konnte, ich hätte eine Meinung vertreten, die nicht wirklich die meine wäre. Seit meiner frühen Jugend war für mich *kennen* mit *bekennen* untrennbar verbunden. Außer wenn ich mir, mühsam genug, das Schweigen aufzwang, war ich, wo es um Überzeugungen ging, geradezu bekenntniswütig. Die Bemerkung jener Frau zwang mich, etwas zur Kenntnis zu nehmen, das ich – ähnlich wie der *cocu* – wußte und nicht wissen wollte. Blieb meinesgleichen in den persönlichen Beziehungen, im sogenannten Privatleben den ethischen Kriterien durchaus treu, nach denen wir eigenes wie fremdes Verhalten beurteilten, so hatten wir uns allmählich – wahrscheinlich ohne es immer oder sofort zu merken – einem Prinzip unterworfen, welches diese Kriterien im Kampfe außer Kraft setzte, in der Beziehung zu allem, was der *Sache* nicht diente, zu allen, die nicht die Partei waren. »Gegen die Partei hat niemand recht; sie weiß, was du nicht weißt; ihr verheimlicht man nichts ... An der Front diskutiert man nicht die Befehle, man exekutiert sie ... Die Front ist überall – bis zum endgültigen Sieg der Revolution.«

Wir – meine engeren Freunde: Alex Weissberg, der geistvolle Physiker Fritz Houtermans, in dessen Haus sich viele Gleichgesinnte oft trafen, besonders junge Physiker, die recht bald berühmt werden sollten, wie etwa Lev Landau –, wir alle haßten jede Art von totalitärer Beschränkung, überhaupt jegliche Begrenzung des freien Denkens, des Andersdenkens. So diskutierten wir freimütig, oft mit beißender Ironie über die Partei, über die Generallinie, über die Strategie und Taktik, über den sophistischen Mißbrauch, den die Parteiführer mit dem Worte »Dialektik« trieben. Doch genügte es, daß ein Fremder, jemand, der nicht Kommunist war, sich zu uns gesellte und seinerseits etwa an der von der Partei in Deutschland betriebenen Politik Kritik übte, damit wir sie wie ein Mann verteidigten. Zuerst war es wie ein Spiel, das der Rechthaberei und der lokalpatriotischen Borniertheit ähnlicher war als einem »Kampfeinsatz«, aber es wurde schnell genug ein Verhalten, das uns so selbstverständlich und gerechtfertigt erschien wie die Wahl der Sache, für die wir einstanden.

Ich habe bereits die Bücher des von Romain Rolland entdeckten Panaït Istrati erwähnt, in denen er die sowjetische Wirklichkeit von links, nicht von rechts enthüllt hatte. Das Manuskript des ersten der drei Bücher über seinen Aufenthalt in Rußland, »Vers l'autre Flamme«, brachte er zu Rolland, der davon so begeistert war, daß er schrieb: »Diese Seiten sind heilig. Sie müssen in den Archiven der *Ewigen Revolution* aufbewahrt werden. In ihrem goldenen Buch. Wir lieben Sie deshalb noch mehr, wir verehren Sie dafür, daß Sie das geschrieben haben.« Und im selben von Istratis, nicht Rollands, Erben jetzt erst publizierten Brief heißt es beschwörend: *»Aber veröffentlichen Sie es nicht!* Sie dürfen es nicht in diesem Augenblick veröffentlichen.« So Romain Rolland im Frühjahr 1929, zu einer Zeit, als noch keinerlei Nazigefahr bestand und die Linke in Europa weder um ihre Freiheit noch um ihre Existenz zu fürchten hatte. Der französische Dichter, der im Ersten Weltkriege seine Stimme, die Stimme des Gewissens erhoben hatte, handelte als einer der moralischen Initiatoren jener *Verschwörung des Schweigens,* die die Sowjetunion vor jeder Kritik schützen sollte. Es ist möglich, wenngleich nicht beweisbar, daß ich es dennoch abgelehnt hätte, die Sowjetunion im Geiste dieser Verschwörung, des »Budjet«-Mythos und der Dialektik genannten Tarnsophisterei zu rechtfertigen, wenn es meinesgleichen im Sommer 1931 und nachher möglich gewesen wäre, auch nur einen einzigen Tag lang die wachsende Nazigefahr zu vergessen.

Es gab auch andere Faktoren, die direkt oder indirekt bewirkten, daß ich – außer in der Einsamkeit, die der zweiten Besinnung förderlich und der Selbsttäuschung hinderlich ist – vieles in der Sowjetunion mit Zustimmung, ja mit Begeisterung aufnahm. Es tat uns unendlich wohl, durch ein Land zu reisen, wo niemand die Arbeitslosigkeit fürchten mußte. Und gerade wir, die Kindheit und frühe Jugend zwischen 1914 und 1924 erlebt hatten, empfanden eine beinahe kindliche Bewunderung für die Energie des Aufbaus. Daher rührte auch das damals so weit verbreitete Interesse für die Architektur, nicht nur für die eines Le Corbusier; wir interessierten uns für alles, was die Leute vom *Bauhaus* taten, vielleicht auch, weil es sich *Bauhaus* nannte und nicht Akademie oder Institut. Nun, die Sowjetunion richtete wiederholt ihren Ruf an die Architekten, an Erbauer von Wasserkraftwerken und von Kanälen, die Meere miteinander verbinden.

Hüben – drüben . . . Hier eine Welt des Niedergangs, in der das ewig Gestrige mordend verendet – dort eine neue Welt im Aufbau für neue Menschen. Drüben – hüben: die Sowjetunion, das sozialistische Sechstel der

Erde auf einer Seite – die fünf Sechstel auf der andern, wo man angesichts von Verhungernden Weizen verbrannte, um den Preis zu halten, und wo sich die Kohlenhalden haushoch türmten, indes in den Hütten der Ausgesteuerten Kinder erfroren.

Seit die Krise begonnen hatte, wurde dieses Alternativdenken unabweisbar, zwingend. Meinesgleichen war gegenüber aller Propaganda sehr skeptisch, wenn auch nicht durchaus gefeit. Ich wußte genau, wann und in welchem Ausmaß ich das sozialistische Selbstlob und die Slogans der kommunistischen Parteien mißtrauisch aufnehmen mußte, aber was damals in der kapitalistischen Welt geschah, wirkte wie eine Herausforderung, die täglich unerträglicher wurde. Ich fragte mich, ob der Leser dieses Buches meine Stellungnahme, etwa im Zusammenhang mit der Rußlandreise, verstehen würde. Nun, die Voraussetzung dafür ist jedenfalls, daß er nie vergesse, wie quälend nicht nur dem Gewissen, sondern dem unverwirrten Bewußtsein jene Misere war, die zahllose Menschen mitten in einer reifen, reichen, fast unbegrenzt produktionsfähigen Gesellschaft dazu zwang, im entwürdigenden Gefühl ihrer Nutzlosigkeit dahinzuvegetieren. Nicht utopischer Aberglaube nährte die Hoffnung, die ich trotz allem auf das Land der Oktoberrevolution setzte, sondern der verachtungsvolle Widerwille gegen eine Gesellschaftsordnung, die nur 15 Jahre vorher einen Weltkrieg, das widersinnigste Massenmorden der Geschichte, heraufbeschworen hatte und nun entschlossen war, ihren Fortbestand auch um den Preis einer Weltennot und einer fortschreitenden Beschränkung der garantierten individuellen und kollektiven Freiheiten zu sichern. Wir aber glaubten, daß es eine andere Gesellschaftsordnung als die kapitalistische geben konnte und daß nichts am Sozialismus, an der Kommunistischen Partei, an der Sowjetunion so schlecht sein konnte, daß wir dessenthalben auch nur einen Moment lang den Blick von dem permanenten Unrecht abwenden dürften, von der zerstörerischen, erniedrigenden Verelendung von Menschen, die sich damit abfinden sollten, daß sie überflüssig waren, nur weil die kapitalistische Wirtschaft sie nicht brauchte.

Hüben – drüben ... Auch auf unserem internationalen Psychologenkongreß war es spürbar, wie sehr die Fronten sich schieden. Natürlich erhielten die sowjetischen Psychologen von der Fraktion, die die Kommunisten unter ihnen für die Leitung des Kongresses gebildet hatten, genaue Anweisungen, über welche Themen sie referieren, an welchen Debatten sie teilnehmen, wie sie sich gegenüber einzelnen, vor allem prominenten bürgerlichen Teilnehmern verhalten sollten. Als kooptiertes Mitglied nahm ich an den Beratungen dieses Komitees teil. Da gab es kluge, auch witzige Leute, die genau die Grenze beachteten, an der ihre Ironie und ihre Skepsis haltmachen mußten. Ein älterer Mann und eine ganz junge Frau, deren hübsches bäuerliches Gesicht durch die mißtrauische Strenge ständig verdüstert wurde, mit der sie alle Vorschläge aufnahm, vertraten hier den Willen der zuständigen Parteiinstanz; zweifellos war einer von beiden überdies die Vertrauensperson der GPU. Beide entschieden jedesmal, ob die von den sowjetischen Psychologen vorgelegten Referate akzeptabel waren, das heißt, genau der »Linie« entsprachen. Dabei achteten sie sorgsamst auf die Wahl und die Zahl der Zitate – Marx, Lenin, Stalin, Engels mußten zitiert werden, Lenin und Stalin am häufigsten, und zwar gleich zu Beginn des Vortrags, aber nicht weniger oft im Schlußwort. Außer ihnen mußte noch der wegen des »bedingten Reflexes« berühmte Physiologe Pawlow, ein Zeitgenosse, ausgiebig, jedoch mit beschränkter Zustimmung erwähnt werden.

Die Sitzungen dieses etwa zehnköpfigen Komitees

begannen ausnahmslos mit großer Verspätung, die jedoch nur mich erstaunte. Alle rauchten Papirossy, Zigaretten mit sehr langem Mundstück; sie anzuzünden war nicht leicht, denn die Reibflächen der Streichholzschachteln waren so schlecht, daß man sie viele Male reiben mußte, ehe das Zündholz Feuer fing. Das war ärgerlich, störend, denn wenigstens einer war immerfort im geräuschvollen Kampfe mit der Schachtel. Auf die Frage, wieso es nicht gelang, brauchbare Reibflächen herzustellen, wurde mir wie üblich erwidert, das wäre nur vorübergehend, bald würde die Sowjetunion die besten Reibflächen erzeugen. Man fand sich damit ab wie mit dem schlechten Brot und vielem anderen, aber in jedem der vorgelegten Kongreßreferate waren mehrere Absätze der Erinnerung an die furchtbare Erbschaft der Vergangenheit und der dithyrambischen Lobpreisung des Neuerrungenen gewidmet. Stillschweigend unterwarf man sich dem Gebot, die schlechtesten Seiten der Vergangenheit mit den besten der Zukunft zu vergleichen und das Beste an der Gegenwart so hervorzuheben, als ob es bereits das Übliche wäre. In diesen Sitzungen geschah etwas Merkwürdiges: das nicht enden wollende kleine, doch ärgerliche Geräusch der erfolglos angeriebenen Zündhölzer erschien allen immer häufiger wie ein unwiderlegliches, gefährliches Dementi der so bedingungslos gerühmten Fortschritte der Sowjetunion. Als ich einmal eine Bemerkung darüber machte, lächelten manche, wurden aber sofort wieder ernst, als sie merkten, daß das den zwei Offiziellen, vor allem der jungen Genossin, mißfiel. Zumindest dem Anschein nach wurde jede Äußerung der beiden so aufgenommen, als ob sie selbstverständlich immer richtig und richtungweisend sein müßte. Ich nahm mir vor, in rein politischen, doch nie in anderen Fragen nachzugeben.

Noch ehe ich Rußland wieder verließ, tauchte dieses Problem besonders deutlich auf. Im Namen einer höhern

Instanz fragten mich sowjetische Kollegen, ob ich bereit wäre, in Berlin eine internationale Zeitschrift für marxistische Psychologie zu leiten. Das zuständige Büro der Komintern erwartete von mir eine baldige, zustimmende Antwort und ließ mich wissen, daß Willi Münzenberg die Revue in einem seiner Verlage herausgeben oder, paßte mir keiner von diesen innerhalb seines Konzerns, einen Fachverlag für sie gründen würde.

Willi *Münzenberg,* damals 42 Jahre alt, strebte mit Riesenschritten dem Höhepunkt seiner ungewöhnlichen Karriere zu. Schon war sein Name weit über Deutschlands Grenzen gedrungen, überall in der Welt, in der kommunistischen Bewegung und in den zahllosen Sympathisanten-Organisationen, besonders aber in intellektuellen Kreisen vieler Länder errang der Propagandist der Komintern unter verschiedenen Namen mit variablen Mitteln die erstaunlichsten Erfolge. Lenin, der Willi während des Krieges in der Schweiz schätzen gelernt hatte, beauftragte ihn während der Hungersnot in den Wolgagebieten, eine Solidaritätsaktion in Gang zu bringen. Es kam da nicht sosehr auf die materielle Hilfe an als auf die propagandistische Ausnutzung humanitärer Bestrebungen zugunsten des bolschewikischen Regimes. So entstand damals die von Willi geleitete *Internationale Arbeiterhilfe,* die nur dem Anschein nach eine Konkurrentin der Roten Hilfe war, denn die IAH war vor allem dazu bestimmt, die von ihr geweckte Solidarität zu organisieren, das heißt mit Berufung auf sie antikolonialistische, antiimperialistische, antifaschistische Vereinigungen zu gründen. In ihrem Namen veranstalteten Willis Leute sodann internationale Kongresse, schufen sie Verlage, Bücherklubs, Zeitungen und Zeitschriften, ebenso wie die schnell berühmt gewordene Filmgesellschaft *Meschrabpom.* »Berlin am Morgen« und »Die Welt am Abend« waren zwei mit großem

Geschick redigierte Tageszeitungen, die die Leser viel stärker anzogen als »Die Rote Fahne«, das Zentralorgan der Kommunistischen Partei Deutschlands. An die Spitze der internationalen Bewegungen gegen Imperialismus und Kolonialismus, gegen Krieg und Faschismus stellte Willi Männer wie Romain Rolland oder Henri Barbusse oder die Witwe Sunyatsens und ähnliche, damals weltbekannte Figuren. Die über die ganze Welt verstreuten Ortsgruppen bekamen Schlagworte geliefert, die einer Generallinie entsprachen, nach der man sich zu richten hatte. Die in viele Sprachen übersetzte Propagandaliteratur war zumeist mittelmäßig und repetitiv, obschon berühmte Männer, unter ihnen Schriftsteller von Weltruf, als Autoren zeichneten. Denn Münzenberg war im Reiche der Intellektuellen zum Rattenfänger geworden, die ganze Welt war sein Hameln. Er rief – und die Unterschriften kamen: für Hilferufe zugunsten Hungernder oder politisch Verfolgter, zugunsten von Kolonialvölkern oder unschuldig verurteilten Negern, zugunsten von nichtkommunistischen Dichtern, Philosophen, Priestern, die allerdings in den meisten Fällen tatsächlich geheime Funktionäre der Komintern waren.

Aus guten und weniger guten Gründen sprach Münzenbergs Propaganda besonders die Intellektuellen an. Deshalb war es ihm leicht, ein Propagandainstrument zu vervollkommnen, das seither nicht mehr aus der Mode gekommen ist: die »Unterschriften-Stampiglie«. Dichter, Künstler Bischöfe, Philosophen, Wissenschaftler aller Art wurden von ihm bewogen, mit ihrer Unterschrift zu bezeugen, daß sie sich in die erste Reihe der radikalen Kämpfer stellten. Sie brauchten nur jedesmal, wenn er es wünschte, zu protestieren, begeistert zu Taten aufzurufen oder ihren Schauder vor Untaten zu proklamieren. Münzenberg stellte Intellektuellenkarawanen zusammen, die sich auf einen Wink von ihm in Bewegung setzten, auch die Richtung bestimmte er. War ein Name unter einem halben Dutzend solcher von Münzenbergs Mitarbeitern unterbreiteten Erklärungen erschienen, so wurde er fortab ohne die ausdrückliche Einwilligung seines Trägers benutzt. Es wurde zahllosen Intellektuellen zur lieben Gewohnheit, im Morgenblatt ihren Namen – neben viel berühmteren oder weniger bekannten – immer aufs neue gedruckt zu sehen. Man weiß, daß Münzenbergs *Stampiglie* – mutatis mutandis – noch immer gute Dienste leistet.

Ehe ich Münzenberg traf, wußte ich wie so viele andere, daß er nicht sehr wählerisch war, wenn er darauf ausging, fähige Männer für seinen engeren Mitarbeiterstab zu gewinnen. Sein Spürsinn leitete ihn bei seiner Suche nach *zweckdienlichen* Menschen, deren Fähigkeiten jedoch ihren Gehorsam und ihre Treue ihm gegenüber nicht mindern durften.

Bevor uns, wenige Jahre später, die Emigration zusammenführte, traf ich Willi nur zweimal. Er war kleingewachsen, der verhältnismäßig zu lange Rumpf machte aus ihm einen Sitzriesen; sein bartloses Gesicht blieb sein Leben lang ohne Alter. Wenn er einen Beschluß überlegte und schnell zu einer Entscheidung gelangen wollte, heftete sich sein Blick spähend auf irgendeinen Gegenstand im Raume und manchmal, wie zufällig, auf das Gesicht seines Gesprächspartners. Die Spannung löste sich, sobald er einen Beschluß gefaßt hatte und wußte, was er anordnen konnte. Dieser Sohn eines dörflichen Schankwirtes, der, früh verwaist, als »Leistenjunge« in einer Erfurter Schuhfabrik begonnen hatte, benutzte die Befehlsgewalt, die er über viele Menschen ausübte, nicht wie etwa ein Unternehmer oder ein hoher Offizier an der Spitze einer Truppe, sondern wie ein Feldherr, der von seinem Hauptquartier aus Schlachten lenkt, ohne sich auch nur in die Nähe der Front zu begeben. Ja, Willi, der ohne Koketterie seinen Heimatdialekt bewahrt hatte, war ein ganz ausgezeichneter Organisator, ein Führer, der sehr früh entdeckt hatte, daß niemand zugleich führen und ausführen kann.

Damals, gegen Ende 1931, einigten wir uns mühelos darauf, das Revue-Projekt erst später in Angriff zu nehmen. Ich brauchte viel Zeit, um vorerst herauszufinden, wer außerhalb Deutschlands die marxistischen oder zumindest sowjetfreundlichen Psychologen waren, die als Mitglieder des Redaktionskomitees und als verläßliche Mitarbeiter gewonnen werden müßten. Trotz Zeitmangels gelang es mir, sie recht schnell zu finden, aber ein geheimes Bedenken hielt mich zurück. Ich wollte nichts unternehmen, was mich in Abhängigkeit von Willi bringen konnte. Überdies band mich zu vieles an meine psychologische Arbeit, an Freunde und Mitarbeiter, zu denen sich immer öfter interessante Menschen gesellten, die aus der Provinz und aus dem Ausland kamen, um sich in unserm Institut und in den Privatkursen und Seminaren mit der Individualpsychologie und ihrer Anwendung vertraut zu machen. Nicht selten geschah es da, daß einer, der gekommen war, um zu nehmen, ein Gebender wurde; aus der Zusammenarbeit erwuchs eine dauernde Freundschaft.

Der Zagreber Arzt *Dr. Beno Stein* machte häufig Studienreisen, die ihn damals auch nach Deutschland führten, wo er die klinische Homöopathie studierte. Seine Frau Vera kam oft nach Berlin, von der kulturellen Vitalität dieser Stadt angezogen. Ihr psychologisches und soziales Interesse bewirkte, daß wir einander begegneten; sie wurde eine anregende Teilnehmerin meiner Kurse, später auch eine verläßliche Mitarbeiterin. Ich hörte ihr gerne zu, wenn sie bildhaft von ihrer Heimatstadt und dem jüdisch-kroatischen Milieu sprach, von den Vorgängen im Königreich Jugoslawien, in dem sich die Kroaten durch die Serben beeinträchtigt, schikaniert, ja unterdrückt fühlten, oder von den Untaten der Polizeidiktatur, die im Jahre 1929 errichtet worden war. Am häufigsten berichtete Vera von dem großen Freundeskreis, in dessen Mitte sie und Beno gleichsam ihre wahre, ihre innere Heimat hatten. So wurde ich begierig, ihren Mann kennenzulernen.

Als ich ihn das erste Mal erblickte, dachte ich an Dickens' Mr. Pickwick. Dr. Stein war mittelgroß und so beleibt, daß er fast unförmig wirkte, doch war er körperlich nicht weniger behende als geistig; sein gut geschnittenes, zu volles Gesicht war durch kluge Augen erhellt, in denen ein neugieriger Humor leuchtete; sie versprachen Verständnis und Beistand, eine zugleich behutsame und energische Hilfe. Er war ein ganz ausgezeichneter Arzt, weil er ein von großen Lehrern ausgebildeter Mediziner und ein brüderlicher Mitmensch war.

Beno kam aus Böhmen, hatte während des Krieges als Militärarzt in kroatischen Militärspitälern gedient und in Epidemielazaretten gearbeitet, stets im Wettlauf mit dem Tode. Er vergaß dabei sich selbst, achtete nicht der Gefahr, die er herausforderte, und blieb vor den Krankheiten bewahrt. Nach dem Krieg hätte er in seine Heimat zurückkehren, sich wie sein Bruder Jula in Prag oder in Wien etablieren können, doch blieb er in Kroatien und war da wirklich zu Hause. Er wurde in der ersten Stunde unserer Begegnung mein Freund, wir fanden Interesse aneinander und hofften, daß es sich nie erschöpfen würde. Beno, etwa zehn Jahre älter als ich, war weltoffen, er bewahrte die jugendliche Begier, zu lernen und zu verstehen; in ihm wirkten Klugheit und Güte zusammen, nicht gegeneinander.

Obwohl ich anfangs der Gebende und auch später niemals nur der Empfangende war, habe ich sehr früh unsere Freundschaft als ein glückliches, wenn auch nicht unverdientes Geschick empfunden. Gewiß, Beno verwöhnte mich, doch bin ich ja immer wieder, mein ganzes Leben lang – selbst im Gefängnis, im Lager, im Militärdienst – Menschen begegnet, die sich selbstlos um mein Wohlergehen kümmerten. Doch wußte ich, daß ich, käme ich je in Not, in erster Linie von Beno Hilfe erwarten und rechtzeitig erhalten würde.

Beno, Vera und ihre Freunde gründeten eine Individualpsychologische Vereinigung in Zagreb, nachdem ich dort eine Reihe einführender Vorträge gehalten hatte, die ein zahlreiches, ungewöhnlich aufmerksames Publikum angezogen hatten. Ich kam auch daher häufig nach Jugoslawien, vor allem nach Zagreb, und reiste überdies viel im Lande umher, sprach in verschiedenen Städten, machte in vielen Dörfern halt. Im Frühjahr 1931 verbrachten Vera, Beno und ich einige Tage auf der Insel Rab. Vom ersten Augenblick an wußte ich, daß die Adria, ihre Küsten und Inseln mir fortab mehr bedeuten würden, als Worte ausdrücken können oder sollen. Meine Liebe zu dieser Landschaft, über die ich seither viel gesprochen und geschrieben habe, bewahrt für mich selbst etwas Unerklärliches – etwa wie die sonderbare Wirklichkeit des Traums, in dem der Schläfer zwar vermutet, daß er nur träumt, und dennoch zu träumen fortfährt.

Von der Reise nach Dalmatien, Split, Dubrovnik und den umliegenden Inseln habe ich bereits Erwähnung getan. Natürlich waren Beno und Vera und, unter meinen neuen Freunden, der Nervenarzt Dr. Rudolf Rosner und seine Frau Dora mit von der Partie. In jenem Mai 1932 hätte meinesgleichen verblendet sein müssen, um nicht zu spüren, daß die unausweichliche Entscheidung mit wachsender Schnelligkeit herannahte. In den schönsten Augenblicken jener glücklichen dalmatinischen Tage konnte ich nur mühsam die Ahnung verscheuchen, daß es vielleicht das letzte Mal war, daß wir die Tage so heiter beginnen und die Nächte so glücklich beenden konnten.

Durch diese Ahnung, die ich nur Beno nicht verhehlte, wurde unsere Lebensfreude nicht vermindert, sondern so gesteigert, als ob sie einem Schmerz abgewonnen würde, der uns auflauerte, uns jedoch so lange nicht übermannen konnte, als wir hier auf der Halbinsel zusammenblieben. Kein Gottesglaube, keine utopischen Hoffnungen, keine kollektiven und keine politischen Illusionen – nichts von alldem war mir geblieben, als die große Bedrängnis begann. Und da gewannen die Erinnerungen an jene Tage in jener Landschaft für mich eine psycho-hygienische Bedeutung ohnegleichen.

Bevor ich damals Jugoslawien verließ, machte ich noch einmal halt in Zagreb, wo ich mit Leuten der Kommunistischen Partei Kontakt aufgenommen hatte. Einige von ihnen waren illegal, wir mußten einander unter besonderen Bedingungen treffen, in unverdächtigen, großbürgerlichen Wohnungen oder in Häusern mit mehreren Ausgängen. Die Polizei kannte gewiß die Namen von Intellektuellen, die zu der verbotenen Kommunistischen Partei gehörten, und bespitzelte sie mit mehr oder minder großem Eifer. Zwei von den Männern, die ich traf, wurden von den Behörden als gefährlich betrachtet, jedoch mit Vorsicht, um nicht zu sagen mit Delikatesse beobachtet: Der eine, Miroslav *Krleža,* galt als der bedeutendste Schriftsteller des Landes. Dieser Poet, Romancier, Essayist und Dramatiker ist noch heute ein Mann von ungewöhnlichem Charme, ebenso geistreich wie geistvoll. Damals benutzte er sein großes Wissen mit der Entschiedenheit eines Rebellen, der die Lächerlichkeit und Niedertracht der herrschenden Unordnung weder ignorieren wollte noch ertragen konnte. Seine Schriften übten auf zahllose junge Intellektuelle, aber auch auf seine Altersgenossen einen Einfluß aus, der sich sowohl in ihren politischen Entscheidungen wie in ihrer Geschmacksbildung auswirkte.

Den Romancier und Essayisten August *Cesarec*, der zum engsten Freundeskreis Krležas gehörte, traf ich sehr oft, denn er nahm aktiven Anteil an den Arbeiten der Individualpsychologischen Vereinigung, deren Vorsitzender Beno Stein war. Dank Cesarec, der über die Adlersche Lehre und ihre Verbindung mit dem Marxismus eine längere, sehr gehaltvolle Studie schrieb, wuchs das Interesse für die Individualpsychologie in weiten Kreisen der studierenden Jugend und gleichzeitig unter den marxistischen Intellektuellen. Einige von ihnen kamen dann zu mir nach Berlin – es war das letzte Jahr der Weimarer Republik, das fürchteten wir, aber wir glaubten es nicht.

Im Juli 1932 fuhr ich mit etwa 20 engeren Mitarbeitern und Hörern in einen Badeort an der Ostsee, wo wir ein kleines Hotel gemietet hatten. Am Vormittag trug ich vor, am Nachmittag diskutierten wir. Es waren gute, fruchtbare Tage; am Abend tanzte man bis in die späte Nacht. Wir vergaßen die Lage nicht, nicht die ungeheuren Probleme, die fürchterliche Drohung, die grauenhafte Not. Wir lasen viel und hielten uns auf dem Laufenden. So erfuhren wir am 20. Juli, daß auf Befehl des Reichskanzlers von Papen ein Leutnant mit zwei Soldaten die preußische Landesregierung, deren Präsident Otto Braun ein Sozialist war, ohne die geringste Mühe abgesetzt hatte. Wir brachen sofort nach Berlin auf, als stünden große, vielleicht entscheidende Aktionen unmittelbar bevor. Man weiß, es geschah nichts. Die Kommunistische Partei, die ein Jahr vorher zusammen mit den Nazis in einem Plebiszit die Absetzung dieser Regierung gefordert hatte, wandte sich nun an die Arbeiterklasse mit der Aufforderung, gegen die Absetzung mit einem Generalstreik zu protestieren. »Sturm über Deutschland!« verkündigte und forderte der Balkentitel des kommunistischen Zentralorgans. In derselben Nummer der »Roten Fahne« konnte man lesen, daß irgendeine Aktionsgruppe ausgesteuerter

Arbeitsloser in einem Viertel des Berliner Bezirks Prenzlauer Berg einstimmig die Ausrufung des Generalstreiks begrüßte und den ADGB, den Gesamtverband der deutschen (sozialdemokratischen) Gewerkschaften, aufforderte, in allen Betrieben eine Urabstimmung zu veranstalten.

In einem meiner Romane, der dieser Episode ein langes Kapitel widmet, erklärt ein Eisenbahner in der Nacht vom 20. auf den 21. Juli: *» . . . wat heeßt hier Urabstimmung? Wenn wa jedesmal, wenn die Kommunisten eine Streikparole ausjeben, ne Urabstimmung müßten orjanisiren, ja Mensch, denk doch mal an! Nee, haben se jesagt, die SPD hat den Beschluß jefaßt, die Sache jeht vor det Staatsjericht. Und für den Streik wird's noch Jelegenheit jeben, wenn wir ihn wollen werden.«*

Ein anderer stimmte ihm zu:

»Generalstreik, det is wat verflucht Ernstes, damit spielt man nicht. Da geht es um alles. Und da muß man sich schon fragen, wann und wofür und mit wem man so was macht. Nicht für Severing und nicht mit den Kommunisten, die zuerst mit den Nazis Plebiszit machen, damit daß der Severing geht, und jetzt plötzlich wollen, wir sollen partu Aufstand machen, damit der Severing bleibt.«

43 Jahre sind seit jenen Sommertagen vergangen und 35 Jahre, seit ich sie beschrieben habe. Ein dreifach Verbannter, vor dem alle Tore verschlossen blieben, ein Flüchtling in der Mausefalle, erlebte ich jene Julitage wieder, in denen wir eine Niederlage erlitten, die trächtig war mit allen, die noch folgen wollten — und von denen jede vernichtender war als die vorangegangene. Im Jahr 1940 gelang es mir besser, schreibend die Stimmung der Verzweiflung wieder zu erwecken:

»Dojno hätte die Begegnungen dieses viel zu langen Julitages auslöschen mögen, doch mußte alles durchdacht, zweifach erlitten werden — wie eine Beschämung, die man in der Jugend erfahren hat.«

Warum Beschämung? Weil alle meinesgleichen sich's gestehen mußten, daß, was da geschah, nur die Folge einer Politik war, die seit Jahren falsch, ja wahnwitzig gewesen war – und daß wir das gewußt, im engen Kreis darüber diskutiert und nichts Wirksames unternommen hatten, um es abzuändern. Wir waren allezeit zu Taten bereit, die weit mutiger sein sollten als wir selbst, dies aber nur gegenüber dem Feind, nicht aber den Eigenen, nicht der Partei gegenüber. Wir wußten im voraus, daß die SPD und der ADGB mit ihrem Legalismus den Kampf vermeiden würden, bis es für ihn zu spät sein würde; wir wußten, welch eine wahnwitzige Politik die KP-Führung mit der wütenden Bekämpfung der reformistischen Arbeiterbewegung und mit der erfolglosen Gewerkschaftsspaltung jahrelang betrieben hatte. Nun schlug die letzte Stunde. Die Partei mußte sofort der Führung der Sozialisten und der Gewerkschaften eine Aktionseinheit gegen die Nazis und ihre Verbündeten vorschlagen und dementsprechend die gesamte Parteiarbeit neu orientieren! Es geschah jedoch nicht sofort, nicht nach Wochen und nicht Monate später.

Und wir, die wußten, daß es ohne den geringsten Zeitverlust geschehen mußte, ja daß es Selbstmord war, wenn man es unterließ – was taten wir? Wer von uns trat offen gegen die Fortsetzung dieser Politik auf, wer trat aus Protest gegen diesen Irrsinn öffentlich aus der Partei aus? Keiner. Wir ballten die Fäuste, doch nur in der Mantel- oder Hosentasche. Warum? Weil selbst die Skeptischsten unter uns unfähig blieben zu glauben, daß die KP die Machtergreifung Hitlers kampflos zulassen könnte. Also, sagten wir, wird sie – unter den ungünstigsten Bedingungen, die sie und die SPD verschuldet haben – kämpfen, deshalb dürfen wir ihre Reihen nicht verlassen.

Ich sprach von der Verzweiflung, die sich unser in jenen Tagen bemächtigte, als es sich erwies, daß die KP trotz ihrer sechs Millionen Wähler von der Arbeiterklasse und innerhalb ihrer Reihen so isoliert war, daß ihre Generalstreikparole nicht weniger wirkungslos blieb, als wenn irgendein sektiererisches Grüppchen sie ausgegeben hätte. Unserer Verzweiflung mengte sich tiefer Widerwillen bei, als die Führung wie gewöhnlich ihre Verantwortung auf die »unteren Funktionäre, die es nicht verstanden hatten«, abwälzte.

Nicht trotz, sondern eben wegen dieser Stimmung suchten wir Lebensfreude, wo immer wir sie finden oder hervorrufen konnten. Mit uns waren junge Frauen, die schön waren oder den Verliebten so erschienen; die Seen rund um Berlin warteten auf uns an sonnigen Tagen, abends fand man sich bei irgendeinem Gartenfest oder in einer unserer Wohnungen zusammen; man trank, tanzte, »ketzerte und meckerte« viel. Je näher der Morgen rückte, um so gewisser war's uns, daß die deutsche Arbeiterklasse, die bestorganisierte der Welt, niemals, nicht einen Tag lang, eine faschistische Diktatur ertragen würde, wie sie sich in Italien breitmachte. Alfred Kurella, der im faschistischen Italien viel gereist und ein Buch über Mussolinis Regime und die Lage des italienischen Volkes veröffentlicht hatte, verglich das weit überlegene spezifische Gewicht der Arbeiterklasse in Deutschland mit dem eines Landes, in dem nur ein relativ geringer Teil, der Norden, industrialisiert war. Kein Zweifel, das deutsche Proletariat war unvergleichlich stärker, reifer, reich an Erfahrungen, die in ihm seit Jahrzehnten das Vertrauen zu den eigenen Organisationen genährt hatten.

Heini Kurella, Alfreds Bruder, stimmte dieser Analyse zu; er hatte ein so helles Gesicht, daß man glauben mochte, es könnte wie ein Licht im Dunkel scheinen. Beiden hörte man gerne zu – sie wußten so viel und drückten sich gut und präzis aus. In einer dieser späten Nächte kamen wir auf den entscheidenden Anstoß zu sprechen, den jeder von uns irgendeinmal empfangen haben mußte, um den Weg zur Revolution zu betreten, als ob dieses Ziel allein erstrebenswert wäre und als ob ein einziger Weg zu ihm führte. So verschieden unser Herkommen war und die Art, in der wir uns von unseren Anfängen entfernt hatten, keiner von uns hatte sich der revolutionären Bewegung angeschlossen, *nachdem* er Marx gelesen hatte, sondern umgekehrt hatte jeder zuerst die Sache der Arbeiterklasse zu seiner eigenen gemacht, ehe er im Marxismus überzeugende Gründe, eine zur erwünschten Praxis passende Theorie suchte. Mit Staunen stellten wir fest, daß für uns alle Blaise Pascals Wort galt: Wir hätten nicht gesucht, hätten wir nicht vorher gefunden oder wären wir nicht vorher gefunden worden.

Über Alfred Adler habe ich viel geschrieben – außer dem biographischen Büchlein im Jahre 1926 habe ich über ihn und seine Lehre, 100 Jahre nach seiner Geburt und 33 nach seinem Tode, ein monographisches Werk veröffentlicht, darin ich auch einiges über unser Verhältnis zueinander berichtet habe.

Wie diese Beziehung begonnen und recht schnell eine unvergleichliche Bedeutung für mich erlangt hat, habe ich hier ausführlich dargelegt. Doch wie, wann hat sie geendet, genauer: wann begann sie zu enden? Das unangenehme Intermezzo, das im Zusammenhang mit dem Fall des jungen Joseph meine erste Enttäuschung über Adler hervorrief, blieb ohne Folgen. Vergaß ich es keineswegs, so war mein Groll dennoch völlig verraucht, diese Episode änderte nicht das Bild, das ich mir von Adler gemacht hatte. Und er seinerseits bewies mir weiterhin das Vertrauen, das er dem Halbwüchsigen geschenkt hatte.

Als ich in Berlin die Redaktion des Bulletins der Individualpsychologischen Gesellschaft »Sachlichkeit« übernahm, schickte er mir handgeschriebene Beiträge und ermutigte mich so, dieses bescheidene Blättchen in eine *Zeitschrift für individualpsychologische Pädagogik und Psychohygiene* zu verwandeln. Aus Amerika, wo er während des Wintersemesters lehrte, und aus Wien schrieb er mir Briefe, in denen er mir gewöhnlich kurz über seine Arbeit und seine Vortragsreisen berichtete und ausführlicher über die Entfaltung der Bewegung; er ging überdies mit freundschaftlichem Interesse auf die Berichte über meine Tätigkeit ein. Wie fast alles, was ich damals besaß, ist auch meine gesamte Korrespondenz jener Zeit schon im Jahre 1933 verlorengegangen, daher kann ich nicht das genaue Datum des langen Briefes feststellen, in welchem Adler anregte, ich sollte ein ausführliches Buch über *Sigmund Freud und die Psychoanalyse* schreiben. Was ich in meinem Essay über Adler nur polemisch angedeutet hatte, würde ich da mit allen Einzelheiten entwickeln können. Er deutete an, daß er mir in jeder Hinsicht behilflich sein und mir einen Verlag und einen substantiellen Vorschuß verschaffen wollte, so daß ich ohne materielle Schwierigkeiten so viel Zeit, als ich brauchte, für diese Arbeit aufwenden könnte. Er sagte diesem Werk einen großen Erfolg voraus, besonders in Amerika.

Das peinliche Gefühl, das diese Anregung in mir hervorrief, verstärkte sich, als ich ein paar Tage später den Brief erneut durchlas. Adler zweifelte offenbar keinen Augenblick daran, daß ich seinen Vorschlag annehmen würde. Ich aber hatte keine Zeit und vor allem keinen Grund, eine Kampfschrift gegen Freud zu veröffentlichen, die, gleichviel wie ich es anstellte, jedem als eine wenn auch indirekte, persönliche Abrechnung Adlers mit dem Begründer der Psychoanalyse erscheinen mußte. Als Adlerianer und als Marxist war ich (und bin es heute mehr denn je) ein entschiedener Gegner der meisten als Theorien präsentierten fragilen Hypothesen der Freudianer, doch empfand ich nicht die geringste Neigung zu einer Polemik, um so mehr, als ich keineswegs in die Nachbarschaft jener geraten wollte, die mit den schlechten Gründen der überlieferten Sexualmoral einerseits und denen einer bornierten Experimentalpsychologie anderseits die Psychoanalyse bekämpften und herabsetzten. Am peinlichsten berührte mich an diesem Vorschlag, daß er jenen recht zu geben schien, die, wie Hans Sperber, mir vorgeworfen hatten, ich hätte mich von Adler mißbrauchen lassen und seiner Rancune gedient.

Erst nach langem Zögern beantwortete ich den Brief, dankte ihm für die Anregung und begründete die Ablehnung damit, daß ich mitten in Aufgaben steckte, von denen ich keine einzige vernachlässigen oder aufschieben könnte; zu diesen gehörten meine direkten und indirekten Bemühungen, die Adlersche Lehre zu verbreiten, ihr tätige Anhänger zu werben, die ihrerseits in ihrer Heimat – in Deutschland, Jugoslawien, Lettland, Litauen und in der Sowjetunion – den Wirkungsbereich der Individualpsychologie fortgesetzt erweiterten. In dem recht langen Brief war dem Vorschlag Adlers nur ein Absatz gewidmet; ich wußte, daß er meine Gründe als zutreffend und dennoch unzureichend erkennen und daher folgern würde, daß ich ihm nach wie vor treu ergeben blieb, wo es darum ging, für seine Lehre einzutreten, daß ich es aber vorzog, dort zu kämpfen, wo es um unser aller Schicksal ging.

Erst als wir einander in Wien wieder trafen, erwähnte Adler noch einmal seinen Vorschlag. Er wollte wissen, ob ich mir die Ablehnung wohl überlegt hätte und bei ihr zu bleiben gedächte. Ich hatte den Satz, mit dem ich dies bestätigte, kaum beendet, als er einige Jünger, die am Nebentisch saßen, heranwinkte; er wechselte das Thema, noch ehe sie sich zu uns gesellten. Keiner von uns beiden sprach über die Angelegenheit, als wir später einmal zu einem Gespräch zusammenkamen. Ruth Künkel, die es arrangiert hatte, versprach sich viel von der Begegnung Adlers mit Künkel und mir. Sie lud uns alle zu einem Mittagessen bei Kempinski am Kurfürstendamm ein. Jeder von uns dreien hätte, denke ich, der klugen, charmanten Ruth zuliebe alles tun wollen, um diese 105 Minuten angenehm zu gestalten; es gelang keinem.

Daß Künkel nicht sein Apostel sein wollte, verzieh ihm Adler um so leichter, als er ihn niemals als einen verläßlichen Anhänger betrachtet hatte. Mich sah er so gut wie niemals an; zweimal versuchte er, mich anzulächeln — das Lächeln kam nicht zustande, es glich einer wehleidigen Grimasse. Uns allen mißlang alles — jeder Satz, der die Unterhaltung in Gang bringen sollte, endete abrupt in einem betroffenen Schweigen. Nur Aussprüche über die Speisen, die man uns auftrug, über den Wein, das Mineralwasser, die Semmel, die die Berliner Schrippe nennen, über die Bedienung bei Kempinski und schließlich über den Kurfürstendamm — derlei Bemerkungen formten Gesprächsfetzen, die sich jedoch nicht zu einem Gespräch zusammenfügen ließen. Endlich ergriff Adler, wohl Ruth zuliebe, die Initiative, unsere Zusammengehörigkeit in einer eindrucksvollen Weise zu illustrieren: er erfaßte für einen Augenblick meinen, dann Künkels Ärmel, schließlich den eigenen und sagte zu Ruth: »Sehen Sie, unsere Anzüge haben fast die gleiche Farbe und das gleiche Muster.« Ruth stimmte mit überstürzter jugendlicher Begeisterung zu, wir bestellten das Dessert. Der Mißmut der Enttäuschten in Ruths schönen Augen und Adlers Versuch, unsere Anzüge für eine flüchtige Manifestation eines Gemeinschaftsgefühls zu benutzen — das erlebte ich nachher in Wiederholungen wie das nicht enden wollende Geräusch einer beschädigten Grammophonplatte, auf der die Nadel in der ewig gleichen Rille kreist.

Das war meine letzte persönliche Begegnung mit

Alfred Adler. Im Herbst 1932 trafen wir einander während einiger Tage häufig bei der internationalen Tagung der Individualpsychologen in Berlin. Er begrüßte mich wie einen Fremden und mied mich sodann. Ich meinerseits achtete darauf, nicht in seine unmittelbare Nähe zu geraten. Ein Jahr vorher hatte ich sein Verhalten als kränkend empfunden; fast alle seine Getreuen, die ihn jeden Abend im Café Siller umringten, hatten bereits im Herbst 1931, als ich während einiger Wochen wieder in Wien war, große Mühe, mich sofort zu erkennen. Die hemmungslosesten Schmeichler unter ihnen, die mir mit dem Eifer von Höflingen den Hof gemacht hatten, sahen mit verglasten Augen an mir vorbei.

Adler hatte viele Menschen von Charakter angezogen, aber ihre Zahl verminderte sich in dem Maße, als sich der Kreis seiner Mitarbeiter, Jünger und Anbeter in eine Sekte verwandelte, wie sie sich etwa 15 Jahre vorher oder noch früher um Sigmund Freud gebildet hatte. Sektierer sind darauf aus, einander und sich selbst in den Treuebeweisen gegenüber dem Haupt der Sekte täglich zu übertreffen. A la longue genügen auch die übertriebensten Lobpreisungen nicht, man dient dem Meister am überzeugendsten, wenn man sich durch die Enthüllung des Verrats hervortut, den ein anderer Sektierer unter Umständen begehen könnte und insgeheim vielleicht schon vorbereitet.

Was das Beste an Adler und das Beste an mir war, hatte unsere Beziehung ermöglicht, wobei natürlich sein Anteil der weitaus größere, der wirklich belangreiche war. Früh genug, ich habe es bereits erwähnt, stieß ich bei ihm auf die Stichflamme des Argwohns, die sich plötzlich entzündete, wenn ich einen Freund oder Mitarbeiter zu verteidigen suchte, von dem er sich gerade abwandte, als ob dieser ein geheimer und um so gefährlicherer Feind wäre. Tief beeindruckt, ja erschreckt, mochte ich dann verstummen, doch habe ich ihm nie gegen meine Überzeugung recht gegeben. Warum nicht, da mir doch an seiner Freundschaft so viel lag? Eben deswegen: ich wagte eher, sein Mißfallen zu erregen als ihm irgend etwas vorzutäuschen. Ich glaube, ich habe fast alle seine Sympathien geteilt und nur wenige seiner Abneigungen.

Adler hat es nach 1930 nie zu einer Diskussion über meine Arbeiten kommen lassen, denen er eine Abweichung von seinen Auffassungen hätte vorwerfen können. Mehrere Aufsätze, die ich veröffentlichte, besonders der letzte über »Schule und Sekten«, welcher in der von Professor Arthur Kronfeld herausgegebenen Fachzeitschrift erschien, mußten ihn erbosen. Überdies waren einige seiner deutschen Mitarbeiter immer mehr nach rechts gerückt; sie und ihre Gesinnungsgenossen ließen keine Gelegenheit ungenutzt, Adler zu warnen, daß die Zukunft der Individualpsychologie in Deutschland aufs schwerste gefährdet würde dadurch, daß Leute wie ich als ihre legitimen Repräsentanten angesehen und daß seine Lehre deshalb als marxistisch, ja als kommunistisch abgestempelt werde. Adler war politisch viel klüger als jene, die auf ihn so einsprachen, daher kann er nicht gehofft haben, daß die von einem Juden begründete individualpsychologische Bewegung in einem Dritten Reich weiterwirken könnte, selbst wenn sie nicht im geringsten mit dem Odium des Marxismus belastet wäre. Trotzdem bezichtigte er uns, den Bestand der individualpsychologischen Bewegung in Deutschland zu untergraben und alles zu tun, was ihre Vernichtung herbeiführen mußte. Er verkannte die Situation: Wir waren es, die der Individualpsychologie in vielen Bereichen einen bedeutenden Platz errungen hatten — in der städtischen und staatlichen sozialen Fürsorge, in der Sozialpädagogik; wir lehrten an den wichtigsten Fachschulen und gewannen in jedem Semester neue aktive Anhänger. Die von jenen Sektierern gegen uns lancierten Angriffe erschütterten keineswegs unsere Position, sondern verminderten das Ansehen, das wir Alfred Adler verschafft hatten. Das zahlreiche Publikum, das der Berliner Tagung beiwohnte, war in der überwiegenden Mehrheit unserthalben gekommen. Adler hatte, bevor ich nach Berlin ging, mehrfach vor ausländischen Freunden gerühmt, daß ich die Jugend für ihn gewänne. Er sah diese Jugend auch in Berlin um mich versammelt, doch diesmal wünschte er, daß sie mir bald abspenstig werde.

Über das tiefe Leid, das Alfred Adler mir damals und in den Jahren danach zufügte, dürfte ich nur meinem Freund Beno geklagt haben. Es dauerte viele Jahre, ehe ich den Schmerz überwand. Es kam darauf an, die Erinnerung an das Gute, das ich Adler verdankte, keinen Augenblick durch das Unrecht verdunkeln zu lassen, das er mir antat. Nicht nur ihm, sondern auch mir selbst schuldete ich es, niemals meine Dankbarkeit ihm gegenüber zu vermindern oder auch nur zu desaktualisieren. Das war gerecht und für mich selbst von größter psychohygienischer Bedeutung. Er hatte mir, allerdings nicht nur mir, das Böse weitergegeben, das Freud ihm zugefügt hatte. Doch eben dank Adler war ich fähig, diesem seinem Beispiel nicht zu folgen.

Heute, mehr als 40 Jahre nach jenem schmerzlichen Erlebnis, denke ich viel öfter an die vergangene Freundschaft als an ihren Verlust. Noch entschiedener als seinerzeit bedauere ich, daß Adlers Lehre nicht die Verbreitung gefunden hat, die sie verdient und die zum Nutzen aller so notwendig wäre; nach wie vor meine ich, daß die Mitwelt und bisher auch die Nachwelt Alfred Adler und sein Werk zum eigenen Schaden verkennt und maßlos unterschätzt.

Bei den Reichtagswahlen im November 1932 erhielt die NSDAP 11,75 Millionen Stimmen, die SPD 7,25 und die KPD etwa 6 Millionen; so waren die beiden Arbeiterparteien zusammen noch immer weit stärker als die Nazis. Aber die kommunistische Führung blieb bei ihrer *Generallinie* und wiederholte immer wieder: »Die SPD ist nach wie vor die soziale Hauptstütze der Bourgeoisie. Unsere strategische Hauptaufgabe besteht nach wie vor darin, den Hauptstoß innerhalb der Arbeiterklasse gegen die SPD zu richten, zur Loslösung von Millionen von Arbeitern aus der Gefolgschaft der SPD-Führer. Jede Vernachlässigung unseres Kampfes gegen die sozialfaschistischen Führer, jede Verwischung des prinzipiellen Gegensatzes zwischen uns und der SPD, jede Kapitulation vor den Phrasen der SPD-Führung, jedes leiseste Zugeständnis an die opportunistische Ideologie gefährdet die Durchführung unserer revolutionären Massenpolitik.« Solche Erklärungen wiederholte die Leitung der KPD mit den gleichen Klischees auch nach Hitlers Machtergreifung.

In den Straßen des *roten Berlin* begegnete man immer häufiger den braunen Uniformen der SA und den schwarzen der SS. In den Arbeiterbezirken, wo sie noch zahlreicher waren als in den bürgerlichen Wohnvierteln, kam es täglich zu Zusammenstößen zwischen SA-Leuten und dem RFB, dem Roten Frontkämpferbund; es gab auf beiden Seiten viele Verletzte, nicht selten auch Tote. Es war offenbar, daß die Krise auf die Entscheidung zutrieb, Deutschland würde rot werden oder braun. Befand man sich also in einer revolutionären Situation? Die *objektiven* Voraussetzungen für sie waren gegeben, doch wie stand es mit den sogenannten *subjektiven* Voraussetzungen? Die Majorität der Arbeiterklasse wählte sozialdemokratisch, blieb den reformistischen Gewerkschaften treu und bewahrte der SPD nach wie vor ihr Vertrauen. Die ununterbrochen wiederholten Aufrufe, eine rote Einheitsfront zu bilden, blieben ohne jede Wirkung, weil die KP damit beschäftigt war, »den Hauptstoß gegen die SPD« zu richten. Daher empfanden die Nichtkommunisten die Einheitsfronttaktik als unaufrichtig, ja als ein dummdreistes Manöver, an dessen Gelingen kein verständiger Mensch glauben konnte. Wie durfte man in diesem Fall von einer revolutionären Situation sprechen?

Bisher waren die Losungen *Einheitsfront, Kampf* leere Worte geblieben. Jetzt aber ging es um Bestand oder Untergang, jetzt sofort kam es auf den Zusammenschluß aller linken Kräfte an! Und gerade da geschah plötzlich etwas Unglaubliches, etwas Ungeheuerliches: ein von der *Nationalsozialistischen Betriebszellen-Organisation* ausgerufener Streik der Berliner Verkehrsarbeiter, der in der Tat gegen die sozialdemokratische Stadtverwaltung gerichtet war, wurde von den Kommunisten gutgeheißen, die Rote Gewerkschaftsopposition schloß sich ihm an und half so, die städtischen Verkehrsmittel stillzulegen. Walter *Ulbricht,* dessen steilen Aufstieg niemand voraussah, leitete im Auftrag der Partei das kommunistische Streikkomitee.

Die Verwirrung, die sich in jenen Novembertagen der Geister bemächtigte, sollte immer mehr den Aktionswillen lähmen und eine Apathie erzeugen, die im entscheidenden Augenblick einem Totstellreflex beängstigend ähnlich wurde. Fünfzehn Monate vorher hatte die KP auch im letzten Augenblick über den ausdrücklichen Befehl Stalins am Volksentscheid für die Absetzung der sozialistischen Koalitionsregierung Preußens gestimmt. Ein Jahr darauf hatte die KP zum Generalstreik für die Wiedereinsetzung dieser selben Preußenregierung aufgerufen. Und nun sollte man wieder mit den Nazis gegen die arbeitende Bevölkerung Berlins zusammengehen? »Teddy«, so nannte man Ernst Thälmann, »muß es ja wissen. Unsereins kann das gar nicht übersehen. Es ist eben wie im Krieg: Maul halten und weiterdienen.« Das sagten sich die Mitglieder der KP, das erklärten ihnen die Leiter ihrer Zellen, die ORG- und die POL-Leiter des Unterbezirks. In ihren Zeitungen lasen sie, daß die sozialfaschistischen Kapitalistenknechte in ihrem Sturm gegen die Strategie und Taktik der KP sich wieder mal blutige Köpfe holen würden. Überzeugten die »unteren Funktionäre« und die wütenden Zeitungsartikel und Flugblätter die bestürzten Anhänger? Wo war der gesunde Menschenverstand, warum ließen sich die Berliner ihre »hellen Köpfe« vernebeln?

Dafür gab es mehrere politische und noch zahlreichere psychologische Gründe: Erstens, die Kommunisten, die ununterbrochen totale, absolute Opposition betrieben, hatten mitten in der Prosperität die Krise angekündigt und die Vernichtung des Systems gefordert, das immer größeres Elend für eine stetig wachsende Zahl von Menschen heraufbeschwören müßte. Die Kommunisten haben recht gehabt, wiederholte ihre Propaganda seit 1929; sie war darin durchaus überzeugend.

Zweitens, in der ganzen Welt gab es nur ein einziges Land ohne Arbeitslose: die Sowjetunion, ein Sechstel der Erde, das die Bolschewiki vom kapitalistischen Joch befreit hatten. Also mußte man von ihnen lernen, um ihr Beispiel nachahmen zu können. Da die Führung der KPD genau das tat, sollte man nur ihr vertrauen; sie würde das deutsche Proletariat auf kürzestem Wege zum Sieg führen.

Daneben gab es Gründe, die auch die Zweifelnden davor zurückschrecken ließen, sich von der Partei loszulösen. Wer einer Betriebs- oder Straßenzelle seit längerer Zeit angehörte, mußte mit Recht fürchten, daß er, sollte er sich abwenden, zuerst wie ein Treuloser, dann wie ein Schädling und schließlich wie ein Feind behandelt werden würde – und das gerade von jenen, die seine engste Umwelt bildeten und an die er sich um so stärker gebunden fühlte, als sein offener Einsatz für die Parteilinie ihn von allen anderen, seinen Brüdern, seinen Betriebskameraden und allen Freunden isoliert hatte. Ähnlich wie Elitekorps und Geheimbünde etablieren sich extremistische Gruppen als geschlossene Milieus, die den Abspenstigen in Acht und Bann tun. Kam hinzu, daß selbst in jenen düsteren Novembertagen kein Kommunist aufrichtig daran glaubte, daß man im nahenden Bürgerkrieg gegen die Sozialdemokraten kämpfen würde. Allen war es gewiß, daß die härtesten, gefährlichsten Kämpfe bevorstanden und daß man sie gegen die SA, die SS und vielleicht auch gegen den *Stahlhelm,* einen reaktionären Frontkämpferverband, führen würde und keineswegs gegen die Sozialisten oder die katholischen Arbeiter. Deswegen mußte bei der Partei ausharren, wer sich nicht drücken wollte.

Ich setzte meine Arbeit fort, verminderte sie aber allmählich, denn ich wollte Zeit haben für alle Kontakte, die von einem Augenblick zum anderen notwendig werden konnten. Ich hatte täglich viele *Treffs* mit Aktivisten des Jugendverbandes, mit verantwortlichen Parteileuten, mit ausländischen Genossen, die in Berlin für internationale Organisationen arbeiteten, mit Jugoslawen und natürlich mit all meinen Freunden, am häufigsten mit Houtermans und seiner Frau Charlotte, in deren Haus wir häufig bis in die späte Nacht diskutierten.

Uns ging es vor allem um einen Verdacht, der schließlich unabweisbar wurde: Wie, wenn das Geschwätz vom sozialfaschistischen Hauptfeind nicht auf Irrtum und Verblendung zurückzuführen wäre; wie, wenn die Verschärfung der Zwietracht innerhalb der Arbeiterbewegung unter betäubenden Einheitsfrontrufen nicht das Ergebnis einer hirnrissig falschen Einschätzung der Lage und der wirklichen Kräfteverhältnisse, sondern im Gegenteil die zielsichere Anwendung einer Politik wäre, die vorerst nicht auf den Sieg des deutschen Proletariats abzielte, sondern sich mit dem Sieg Hitlers im voraus abfand und deshalb alles unterließ, was tatsächlich eine Einheitsfront gegen ihn ermöglichen würde? In diesem Falle, aber nur in diesem, war der nazi-kommunistische Streik ein ausgezeichneter Schachzug, denn nun konnte keine Gewerkschaft, kein Sozialdemokrat die Einheitsfront als etwas anderes denn als ein schamlos dummes Täuschungsmanöver ansehen.

Ja, aber ... Aber warum sollten die Russen, sollte Stalin die Revolution in Deutschland nicht nur verhindern, sondern die gesamte Arbeiterbewegung den siegreichen Nazis preisgeben wollen? Nur um die Sozialdemokratische Partei und die reformistische Gewerkschaft loszuwerden?

Wir hielten uns für gescheite junge Leute. Unsere politische und historische Bildung war überdurchschnittlich, unsere revolutionäre Gesinnung unerschütterlich, ebenso aber unser Wille, die Wahrheit zu kennen. Noch waren wir unfähig zu verzweifeln, obschon wir seit Tagen, ja seit Wochen immer wieder von dem Gefühl bedrückt wurden, daß alles noch viel bedrohlicher war, als wir es ermessen konnten, und daß wir sofort handeln müßten. Dantons dreifaches »De l'audace« war von Marx, von Lenin, von allen zitiert worden, die das Gesetz des revolutionären Handelns charakterisieren wollten. Wo war nun unsere Kühnheit?

Wir waren nicht die einzigen, denen es nicht gelang, zu glauben, daß die KPD eine Machtergreifung Hitlers nur mit Worten und nicht mit Waffen bekämpfen würde; nicht die einzigen, die sich *nicht erlaubten,* zu verzweifeln. Ohne große Illusionen, ohne romantische Aufwallungen, ohne jedes Pathos und ohne Siegeszuversicht bereiteten sich in diesem düsteren Herbst Hunderttausende darauf vor, ihr Leben in einem bewaffneten Widerstand zu wagen, der jedenfalls auch dann sinnvoll sein würde, wenn die Niederlage so gut wie sicher wäre. Ohne den Glauben an den bevorstehenden Kampf hätten wir in Verzweiflung nicht nur die Sache, sondern uns selbst, den Sinn unseres Lebens aufgeben müssen. Ja, wir waren Hunderttausende, die es nötig hatten, so zu denken, um die vergangene und die kommende Stunde und um sich selbst zu ertragen.

Eines Tages geschah es, daß acht Studenten im Sozialpolitischen Seminar der Hochschule für Politik ihre Hefte und Bücher auf die Pulte legten und ostentativ zuklappten — genau in dem Augenblick, in dem ich meine Vorlesung begann. Daß es unter meinen Hörern mehrere Nazis gab, war gewiß, aber bis zu jenem Tage hatten sie ihre Gesinnung nicht in störender Weise zur Geltung gebracht. Mein Blick streifte immer wieder die Pulte dieser jungen Leute, die mit verschränkten Armen und mit ins Leere starrenden Augen ihre negative Präsenz manifestierten, aber ich brachte es über mich, so zu sprechen, als ob nichts vorgefallen wäre. Als sich die gleiche Szene aber einige Tage später wiederholte, blieb ich eine Weile stumm und richtete vom Katheder aus meinen Blick auf die Demonstranten, auf jeden einzelnen von ihnen, und sagte dann etwa folgendes: »Wenn ihr euch mit meinen Augen betrachten könntet, würdet ihr darüber erschrekken, wie eure Gesichter verändert sind — und das, weil ihr auf Befehl etwas tut, was euch selbst zuwider wäre, wenn ihr es euch erlauben könntet, selbständig darüber zu urteilen. Warum ich *ihr* sage und nicht *Sie,* darüber können Sie nachdenken, während Sie mir, getreu dem Verbote, nicht zuhören.«

Drei entschuldigten sich später bei mir; einer schrieb mir einen langen Brief, ein anderer bat telefonisch um Verzeihung, der dritte wartete mich beim Haustor ab – jeder wünschte, daß es ein Geheimnis zwischen ihm und mir bleibe. Alle drei betonten, daß sie ihr Verhalten bedauerten, aber nur weil es gerade mich betraf. Wo es um die Sache ging, käme jedoch persönliche Rücksicht nicht in Frage, das müßte gerade ich als Kommunist recht gut verstehen. Der athletische junge Mann am Haustor fügte dieser mit heiserer Stimme vorgebrachten Erklärung die Worte hinzu: »Übrigens werden Sie es ja erleben, daß wir Nationalsozialisten gerade das verwirklichen werden, was Sie anstreben, denn wir meinen es mit der sozialen Befreiung genauso ernst wie mit der nationalen.« Ich antwortete ihm: »Nichts werde ich sehen, nichts werden Sie sehen ... Hitler will den Krieg. Wir begegnen einander noch in Eintracht wieder, ja, in einem Massengrab ...« Er wollte etwas erwidern, ich gab ihm keine Gelegenheit dazu.

Das Land lebte im Zustand des Bürgerkriegs, der nicht gleichzeitig an allen Orten geführt wurde, sondern bald hier, bald dort aufflackerte. Jedoch überall, besonders aber in den Städten herrschte die Stimmung des Bürgerkriegs, nicht nur in den von herausfordernden Haßgesängen, wilden Drohrufen und Schüssen wiederhallenden Straßen, sondern auch in den zahllosen Versammlungen, wo allabendlich die sogenannten Saalschlachten ausgefochten wurden. Die Gespräche verstummten zwischen Familienmitgliedern, zwischen Nachbarn, zwischen Leuten, die in der gleichen Werkstatt arbeiteten und natürlich auch zwischen den sonst so beredten Intellektuellen. Es war, als hätten bestimmte Worte je nach der politischen Zugehörigkeit der Sprechenden eine völlig andere, zumeist entgegengesetzte Bedeutung. In der babylonischen Verwirrung weiß jeder, daß der andere den Sinn der Worte nicht nur aus böser Absicht verkehrt, sondern auch aus Dummheit oder Charakterlosigkeit.

Wer zur deutschen Linken gehörte, konnte leicht glauben, daß mit seltenen Ausnahmen alle charaktervollen, intelligenten Menschen links standen und daß sich da alle echten Intellektuellen zusammenfanden, sofern sie sich nicht an die Bourgeoisie verkauft hatten. Jeder Intellektuelle wußte das jeweils passende Zitat aus Marx, Lenin und Engels anzubringen und dank der marxistischen Krisentheorie darzulegen, daß sich der *verfaulende* Kapitalismus in Gewaltmärschen seinem unaufhaltsamen Ende näherte. Und daß die Bourgeoisie, besonders aber der Monopolkapitalismus Mussolini und Hitler in den Sattel heben mußten, um den Sieg der proletarischen Revolution hinauszuschieben. Es geschah nur selten, daß einer die Stimmung, die solch einleuchtende Erklärung auslöste, durch die Frage störte: »Wenn über 13 Millionen für Hitler stimmen, unter ihnen zweifellos Hunderttausende Arbeitslose, so kann man es wohl nicht daraus erklären, daß die Kapitalisten seine Propaganda und seine uniformierten Truppen finanzieren. Umgekehrt geben sie Hitler um so mehr Geld, je erfolgreicher er ist. Warum glauben zweimal soviel Leute an die Versprechungen der Nazis als an die der Kommunisten?«

Selten versuchte einer die ungewöhnliche Anziehungskraft der Nazis zu erforschen. »Je ärger, um so besser« blieb die Maxime, das heißt, man hielt es für gewiß, daß die wirtschaftliche Not ein revolutionärer Faktor ist. Not lehrt nicht beten, sondern kämpfen; kämpfen gegen den Klassenfeind und gegen das *System,* das pausenlos enthüllt und restlos vernichtet werden muß. Übrigens klagten auch die Nazis das *System* an. Auch sie versprachen, es gleich nach der Machtergreifung zu zerschlagen. Ebensowenig wie die Kommunisten ließen sie es zu, daß jemand mit ihnen nur *teilweise* übereinstimme; sie verlangten *bedingungslose* Zustimmung, ja Unterwerfung; wer sich nicht freudig unterwarf, war nicht etwa ein Gegner, er war ein Feind. Die Zahl der Deutschen, die von den Nazis nicht als Feinde angesehen und bedroht werden wollten, wuchs zugleich mit dem Notstand des Volkes und überdies in dem Maße, wie die Leute wegen der Tatenlosigkeit der Nicht- und Antinazis in der Regierung, in der Mitte und auf der Linken, immer mehr an den Sieg der Nazis zu glauben begannen. Die Wandlung erfolgte schrittweise, die Schritte aber folgten einander immer schneller. In vielen Kreisen hörte man auf, in Gegenwart Fremder irgend etwas gegen Hitler zu sagen, man tat es immer seltener innerhalb der Familie oder im Gespräch mit Nachbarn. Dann fand man, daß Hitlers Gegner furchtbar übertrieben, daß sie ihn unterschätzten, sein Redenertalent und seinen Idealismus gehässig verkannten. Schließlich wolle Hitler ja nur das Beste für das ganze deutsche Volk, wiederholte man immer öfter, wenn Nazis in Hörweite waren.

Die Apathie breiter Schichten, wie sie in jenen schicksalhaften Monaten zutage trat, erklärt sich auch aus der verwirrenden und schließlich paradox neutralisierenden Wirkung des Feinddenkens. Wo immer es in der Welt überhandnimmt, auf welche Ideologie es sich beruft, es drängt die Begeisterten und die Ängstlichen dazu, sich der Diktatur zu unterwerfen – da doch alles Jacke wie Hose ist, da doch der Katholik Brüning, der Sozialdemokrat Wels und Hitler – da sie alle drei Faschisten sind.

Die linksextremistischen Intelligenzler ihrerseits lebten trotz ihrer besseren Einsicht in der Stimmung eines steten Aufstiegs: ihre Gedichte und Lieder, ihre satirischen und politischen Theaterstücke und Kabarettnummern, die von zahllosen kleinen Truppen in Sälen, aber auch in Wohnhöfen und auf Dorfplätzen aufgeführt wurden, ihre

Artikel, ihre Bücher und Polemiken – all das fand so starken Widerhall, daß ihnen war, als stünden sie am Webstuhl der Zeit. Die Parteiredner kamen von den Propagandareisen begeistert zurück; in allen Veranstaltungen waren sie einer Kampfstimmung begegnet, dergleichen sie seit 15 Jahren, seit den Revolutionstagen, nicht erlebt hatten. Das huttensche »Es ist eine Lust zu leben!« wiederholte Willi Münzenberg in einer Versammlung am Ende einer Agitationsreise, so hingerissen war er von dem fiebrigen Willen zu großen revolutionären Taten, von denen seine Zuhörer beseelt waren.

Also: revolutionäre Begeisterung oder Resignation der durch das Elend zermürbten Massen? Was war es nun: unzähmbarer Tatendrang oder lähmende Verzweiflung? Beides war anzutreffen – gleichzeitig, nebeneinander oder im schnell wechselnden Nacheinander. Hunderttausende, sagte ich, waren bereit, auch ohne Aussicht auf Sieg zu kämpfen, sie hätten unter Umständen jene Millionen mitreißen können, die, ohne es zu wissen, auf ein Zeichen warteten, das überzeugender wäre als das ewige Geschwätz der Maulhelden. Auch Sozialdemokraten und Parteilose wünschten, daß etwas geschehe, über die Köpfe der Parteiführung hinweg – etwas, das das gespaltene Lager wieder einen konnte.

So durfte man die kühnsten Hoffnungen hegen und bald danach wieder verzweifeln. Die einander immer schneller jagenden Ereignisse schienen leicht deutbar und verwirrten dennoch die Geister: hatte man diese Welt mit einem zuversichtlichen »Guten Morgen!« zu begrüßen oder mit einem bösen »Gute Nacht« zu verwünschen? Die langen Gespräche, die sich häufig bis nach Mitternacht hinzogen, endeten immer wieder mit der zögernden Zuversicht, daß andertags Moskau die katastrophal falsche Linie endlich aufgeben und ein sofortiges Bündnis mit der SPD und den Gewerkschaften anbefehlen würden. Dieser Tag brach nicht an, beide Parteien rannten gegeneinander in das gleiche Unglück.

Ich weiß nicht genau, welcher Januartag die ebenso sensationelle wie unglaubliche Mitteilung brachte, daß die Regierung einen für Sonntag, den 22. Januar, anberaumten Aufmarsch der Nazitruppen auf dem Bülowplatz erlaubte. Dieser Platz war in ganz Deutschland als das Zentrum der KPD bekannt, die dort im Karl-Liebknecht-Haus ihr Hauptquartier hatte. Die Fassade war gewöhnlich mit farbigen Spruchbändern, mit Porträts der Führer und riesigen Plakaten bedeckt, bei jeder Gelegenheit wurden überdies blutrote Fahnen mit Hammer und Sichel gehißt. Es ging das Gerücht um, daß dieses Gebäude in Wirklichkeit eine Festung mit geheimen Kellergängen und Schießständen wäre. Das Karl-Liebknecht-Haus war aber tatsächlich am besten durch die Umwohner geschützt, die in ihrer erdrückenden Mehrheit bewährte Kommunisten waren. Was sollte also diese Provokation? Spekulierte Reichskanzler Schleicher, dieser wegen seiner Schlauheit weit überschätzte politische General, auf das blutige Treffen, zu dem er die herausgeforderten Kommunisten zwang, und darauf, daß es Hitlers Ansehen schwächen und Hindenburg daran hindern werde, ihn mit der Bildung einer neuen Regierung zu betrauen? Schleicher war nicht der einzige, der davon überzeugt war, daß die Kommunisten alles, schlechthin alles tun würden, um den Nazis den Zugang zum Bülowplatz zu verwehren. Der General mag darauf gerechnet haben, daß er in diesem Falle neben der Polizei auch die Reichswehr erfolgreich einsetzen und Hindenburg und dessen Hintermännern beweisen konnte, daß nur er, Schleicher, in der Lage war, mit dem Heer den Bürgerkrieg zu verhindern, Ruhe und Ordnung im ganzen Lande wiederherzustellen und sie fortab gegen links und rechts zu sichern.

Schleicher verrechnete sich, denn die KPD überließ an diesem Sonntag den Bülowplatz, auf den in jenen Stunden ganz Deutschland starrte, der SA und der SS, die ungeschoren mit ihren Fahnen paradieren und der Welt vor Augen führen konnten, daß sie von der Gegenwart nichts zu fürchten und von der nahen Zukunft alles, die ganze Macht über Deutschland zu erwarten hatten.

Die KP hatte nicht nur davon Abstand genommen, die bewaffneten Einheiten des Roten Frontkämpferbundes zu mobilisieren, geschweige denn einzusetzen, sondern sie hatte überdies aufs strengste verboten, daß Kommunisten auch nur das geringste unternähmen, was den Nazis beibringen konnte, daß sie in dieser Wohngegend unwillkommene Eindringlinge waren. Die Partei hatte ihren Mitgliedern und Sympathisanten den *Totstellreflex* aufgezwungen.

Man muß wissen, daß die KPD selbst in den ruhigsten Zeiten, während der Jahre der Prosperität und der politischen Windstille, an ihre Mitglieder, ja an alle deutschen Arbeiter fortgesetzt die Aufforderung ergehen ließ, sich für einen Aufstand bereit zu halten, der vielleicht nicht sofort, aber kaum später als am übernächsten Tag ausbrechen würde. Gegen das Verbot der 1.-Mai-Demonstration im Jahre 1929 trat die KP zu blutigen Kämpfen an, ließ Barrikaden in Neukölln und Wedding errichten und rief leichtfertig und erfolglos den Generalstreik aus. Je näher aber die Bewährungsprobe heranrückte, um so häufiger begnügte sich die Partei mit politisch bedeutungslosen Abwehr- und Gewaltakten. Die Kapitulation des 22. Januar wäre zwar in jedem Fall kaum zu rechtfertigen gewesen, selbst wenn es sich um eine Episode in den blutigen Händeln zwischen den Nazis und Kommunisten gehandelt hätte, doch so konnte niemand daran zweifeln, daß die Kapitulation der KP ein politisches Faktum von größter Bedeutung war.

Wenige Tage später, Mittwoch, den 25. Januar, fand eine von der Partei organisierte Protestdemonstration statt, an der übrigens nicht nur Kommunisten, sondern auch Sozialdemokraten und Parteilose teilnahmen. Wir waren Tausende an diesem dunkelgrauen Nachmittag, die langsam durch die Straßen zogen; wir hätten Zehntausende, Hunderttausende sein müssen, aber diesmal, nach der Kapitulation vom Sonntag, blieben viele zu Hause, da sie an Sinn und Nutzen einer solchen Kundgebung nicht glauben konnten. Es fehlte nicht an aggressiven Losungen, die man besonders an den Straßenecken laut wiederholte – sie richteten sich gegen alle Feinde, gegen Schleicher, die Polizei, gegen alle Verräter und die Spießgesellen der braunen Mörder und so fort.

Der Wind blies immer heftiger, er verschlug den Schreienden den Atem; die Rufe wurden deshalb nicht seltener, sondern immer schwächer. Es gab unter uns weniger junge Leute als sonst, die Mehrheit waren Männer mittleren Alters, schlecht genährt, armselig und nicht warm genug gekleidet; manche trugen dünne Regenmäntel über abgenutzten Wollwesten. Sie froren bitterlich, das Schreien strengte sie an, aber anderseits, sagte einer von ihnen, wärmte es ja einen auch. So schrie er mit und zitterte dennoch vor Kälte. Es wurden Reden gehalten: Ja, der Bülowplatz gehörte uns und das Karl-Liebknecht-Haus erst recht. Und die anderen werden sich die Köpfe einrennen, blutige Köpfe holen. Ja, der Tag naht, da wird das deutsche Proletariat mit den Kapitalisten und seinen Knechten abrechnen, es wird mit ihnen russisch reden, es wird dem großen Beispiel der Bolschewiki folgen. Höher das Banner Lenins, Stalins, Thälmanns! Alle ballten die Fäuste jedesmal, wenn es galt, drohend und hoffnungsvoll zugleich »Rot Front!« zu rufen; es war das Amen, das die Reden an den dafür geeigneten Stellen unterbrach und sie schließlich beendete.

Der Wind war mit dem Anbruch der Dunkelheit noch kälter, beißender geworden, er drang von allen Seiten auf den Platz ein und verfing sich zeitweise heulend zwischen den Häusern. Es kam zu keinen Zusammenstößen, es fielen auch keine Schüsse, so wurde niemand verletzt. Die nicht zu weit wohnten, konnten rechtzeitig zum Abendbrot zu Hause sein.

Ich nahm an Straßenkundgebungen in Berlin nur selten, gewöhnlich nur zusammen mit Freunden teil. Diesmal fügte es sich, daß ich in eine Gruppe von Vorstädtern geriet, mit denen ich bis zu Ende zusammen blieb. Auch jene, die sich untereinander kannten, sprachen kaum. Wir hatten uns schnell heiser geschrien, überdies war es nicht leicht, im Winde ein ordentliches Gespräch zu führen, selbst wenn es kurz war. Die Demonstranten hatten jedoch einen anderen Grund zu schweigen, jeder mußte daran denken, keiner wollte es aussprechen: Am *Sonntag* hätten wir hier sein müssen, jetzt aber gilt's nicht viel, jetzt ist's zu spät. Wir ballen die Fäuste im Rücken des Feindes, wir spucken ins Nichts gegen den Wind, aufs eigene Gewand kommt's zurück. Natürlich, man war gekommen, marschierte da in Reih und Glied, schrie alle Parolen brav mit, hob die Fäuste und rief »Rot Front!« – ja, aber wo war denn die Front? Die Empörung über die Vorgänge von Sonntag und die Disziplin hatten uns an diesem Mittwoch hergebracht, gewiß, aber nicht weniger eine Hoffnung, eine traurige, zu oft mißbrauchte Hoffnung, die nicht erlöschen wollte.

Die Erinnerung an diese Kundgebung, an die Männer, mit denen ich in einer Reihe mehrere Stunden lang marschierte, an die zwei älteren müden Frauen vor uns und an den jungen Arbeiter mit der angeschlagenen Brille hinter mir – diese Erinnerung ist in den Einzelheiten verblaßt. Aber sie hat nie aufgehört, auf mich eine mahnende Wirkung auszuüben. Ihrethalben habe ich zu lange, fast fünf Jahre lang gezögert, ehe ich mit dem verderbten Kommunismus gebrochen habe; ihretwegen habe ich nie aufgehört, die Sache der arbeitenden Menschen als meine eigene zu betrachten – fortab ohne Illusionen, mit einer Zuversicht, an der nichts mehr maßlos ist.

In den Tagen nach der Kundgebung ging ich selten aus, sah nur wenige Freunde; ich war erkältet heimgekommen, der Husten, der sich verschlimmerte, steigerte mein Bedürfnis nach Stille und Einsamkeit. Öffnete ich das Radio, so stellte ich auf eine französische Station in der Normandie ein, die einer Likörfirma gehörte und neben einer relativ diskreten Reklame für ihre Erzeugnisse Tag und Nacht gute Musik sandte. Mein Zustand verschlimmerte sich, ich wurde bettlägerig. Montag, den 30., nachmittag stellte sich bei mir ein Arzt ein, den besorgte Freunde ungebeten geschickt hatten. Von ihm erfuhr ich, daß Hindenburg den General Schleicher geschaßt und Adolf Hitler zum Reichskanzler ernannt hatte. Die tiefe Unruhe, die sich meiner bemächtigte, erklärte der Arzt mit meinem hohen Fieber, das er gerade gemessen hatte: »Mit diesem *Gefreiten* wird die Reichswehrclique hinter den Kulissen spielend fertig werden. Die ganze Chose wird ein Zwischenfall gewesen sein«, erklärte der Arzt. Es hörte sich an, als ob er jemanden zitierte, einen Abgeordneten etwa, einen Ministerialrat oder einen liberalen Leitartikler. Am späten Nachmittag kamen Anrufe von Freunden; wir sprachen miteinander ausführlich, jedoch in der halb geheimen Sprache, mit der man konspirative Vorsicht zu üben glaubt – für den Fall, daß die Polizei mithört. Ach, die ärmlichen Listen und Kniffe, die durchsichtig sind wie ein nicht ganz sauberes weißes Glas!

Abends übertrugen alle deutschen Sender die Reportage vom Aufmarsch der SA, der SS, des Stahlhelms und riesiger Massen – Deutsche aller Klassen, aller Stände kamen, um dem Führer zuzujubeln, der von Zeit zu Zeit auf dem Balkon erschien. Die Journalisten wurden bald von Goebbels' Leuten abgelöst; je weiter der Abend fortschritt, um so mehr verwandelte sich die Demonstration in eine Siegesfeier. Minutenlang donnerte es »Heil Hitler! Sieg Heil!« mit stürmischer Gewalt. Die Reporter schrien in die Mikrofone, um sich Gehör zu verschaffen, denn die vor den Radiokästen sollten das *historische* Ereignis, den *Aufbruch der Nation* miterleben.

Ich rief bei Freunden an, die in Arbeitervierteln wohnten, um zu erfahren, ob es dort irgendwelche Gegenkundgebungen gab. »Das rote Berlin bleibt ruhig«, antwortete mir einer von ihnen. »In drei Monaten ist dieser Spuk vorbei, dann kommen wir dran. Und wir, wir werden bleiben.« Es war ein Redakteur der *Roten Fahne,* er wußte genau, was man zu glauben und zu sagen hatte.

Ich fragte mich mißtrauisch, warum ich mich immer wieder zwang, den wahrhaft ohrenbetäubenden Lärm des Jubels anzuhören, der aus dem Radio drang; die Antworten, die ich fand, befriedigten mich nicht. Auch ohne das Gebrüll wäre ich diese Nacht unfähig gewesen, auch nur einen Augenblick zu vergessen, daß etwas Furchtbares geschehen war, daß dies nur den Anfang von namenlosem Unglück bedeutete, einem Unglück, dem sich niemand würde entziehen können, auch jene nicht, die jetzt jubeln, und die anderen, die gleichgültig bleiben. Von all unseren Prophezeiungen und Warnungen waren mir die gewissesten: Hitler an der Macht, das ist das Ende der Freiheit; Hitler an der Macht, das führt früher oder später zu totalem Krieg. Nur 14 Jahre waren seit dem Ende des Weltkriegs vergangen, Hitler bezeichnete sie in seinen Reden als »Jahre marxistischer Schmach und Schande«. Nun wird er die Kriegsindustrie wiederherstellen und dann die *Nation in Waffen* gegen die Welt marschieren lassen.

Erst Jahre später stellte ich, mich dieser Nacht besinnend, mit Staunen fest, daß ich in jenen Stunden beinahe an alle Gefahren gedacht habe außer an eine, die sich womöglich noch deutlicher abzeichnete als die anderen: Ich hatte keinen Augenblick erwogen, was die Nazis den Juden antun würden, nun da sie die Macht hatten, »Juda verrecken« zu lassen. Welch sonderbare Unterlassung eines Juden, der sich sonst an sein Volk am engsten gebunden fühlte, wann immer Unrecht und Verfolgung es bedrohten. Ich ging in die Irre, weil ich – wie fast die ganze Linke – glaubte, daß die Nazis, was auch immer sie vorgaben und sozialdemagogisch versprachen, den Interessen des Kapitalismus nie zuwiderhandeln und dessen Prinzip, die Unantastbarkeit des Privateigentums, der »heiligen Güter«, niemals in Frage stellen würden. Die SA wird in der Grenadierstraße und in einigen anderen Gassen, wo arme Juden wohnen, Überfälle machen, pol nische Juden aus ihren Wohnungen hinauswerfen, einige jüdische Köpfe blutig schlagen; sie werden den Numerus clausus an Universitäten einführen, sicher an der medizinischen und juridischen Fakultät, um die jüdische Kon kurrenz zu schwächen – sonst wird alles beim alten bleiben.

So reagierte man in linken und liberalen Kreisen auf das »Juda verrecke!« und die ersten Verordnungen der Nazis, auf ihre Reden und Zeitungen. Kurt Tucholsky, der vieles weit besser durchschaute als so mancher Politiker – auch er irrte sich. Herr Wendriner, ein von ihm ersonnener typischer Berliner Jude, räsoniert unter der Nazidiktatur, wie Tucholsky sie voraussieht: »Na, jedenfalls herrscht Ordnung. Also Ordnung herrscht mal. Sowie Sie Staatsbürger sind und den gelben Schein haben, also Schutzbürger, passiert Ihnen nichts ... Darin sind sie konsequent.«

Die ersten Wochen des Februar vergingen, ohne daß »die Nacht der langen Messer« über Deutschland angebrochen wäre. Gewiß, die Nazis, auch die nichtuniformierten, provozierten überall Zwischenfälle, aber ihre Herausforderungen überschritten selten das Maß des gerade noch Erträglichen. Gerüchte, daß Leichen an Flußufer und Deiche angeschwemmt wurden, tauchten fast täglich auf; bald sprach man von Massenverhaftungen, wußte aber nur wenige Namen zu nennen. »Hitler ist der Gefangene seiner Koalitionspartner. Wenn's ernst wird, erstarrt so ein österreichischer Gefreiter in Habtacht-Stellung vor einem Feldmarschall und selbst vor einem preußischen Offizier, der das Befehlen gelernt hat.« Man beruhigte sich schnell, denn man sah es ja: Es wird nicht so heiß gegessen, wie es gekocht wird, wiederholten viele Bürger. Und Leute, die aus Moskau kamen und somit ganz genau wußten, was man zu denken und wie man die Linientreue zu praktizieren hatte, betonten mit überlegener Voraussicht, daß es natürlich sehr bald, spätestens im Herbst, zu blutigen Auseinandersetzungen zwischen Hitler und den von Papens und Hugenbergs kommen würde, das heißt zum Kampf zwischen den Kampfverbänden der Nazis einerseits und dem Stahlhelm und der Reichswehr anderseits. Daher stellte sich schon jetzt vordringlich die Frage: Welche Stellung soll die KP in diesem Fall beziehen? Nun, meinten die Leute, deren Stimmen nur Widerhall waren, es wäre so gut wie sicher, daß sich die Partei keineswegs zugunsten des Stahlhelms und der Armee entscheiden, sondern eher die Nazis unterstützen würde, die ja – selbst wenn sie in diesem Kampf siegen – so geschwächt sein werden, daß man sie leicht wird erledigen können. Nachher, ja nachher bricht unsere Zeit an. Also eine Frage von drei, sechs Monaten ...

Der Genosse, der mir unsere in wenigen Monaten zum Guten gewandte Zukunft beschrieb, war von meiner Reaktion ernsthaft enttäuscht. Statt uns den Kopf zu zerbrechen, ob wir in sechs Monaten mit den Nazis gegen den Stahlhelm marschieren werden, sollten wir jetzt, sofort zusammen mit der gesamten Linken den Kampf aufnehmen – jetzt, bevor die Nazis sich aller Macht- und Verwaltungspositionen im Reich und in den Ländern, in allen Gemeinden bemächtigten. »Es gibt«, sagte ich, »nicht nur die vielzitierte Logik des Kampfes, sondern auch die Logik der Macht, die ihre Gewalt so lange legitimieren kann, bis sie das Recht hat, selbst die leiseste Opposition als ein Verbrechen zu verfolgen. Jetzt fühlen sich unsere Leute noch nicht besiegt, selbst viele Nazis glauben noch nicht sosehr an ihren Triumph – aber wenn wir noch einige Wochen verstreichen lassen, wird die ganze Welt an ihn glauben.«

Der Genosse, der, wie er sagte, mir so oft mit größtem Interesse zugehört hatte, fand, daß ich diesmal kleinmütig war, fast ein Defaitist, ein kleinbürgerlicher Intellektueller voller Zweifel und Ängste. Ich wies ihn scharf zurück, ihn und die elendige, Dialektik genannte Sophisterei, die es ihnen gestattete, jene, die kämpfen wollten, als Kapitulanten und Defaitisten zu beschimpfen. Er lenkte schnell ein und versprach mir, daß ich – wie alle Zweifler – in wenigen Monaten einsehen würde, daß wir in Wirklichkeit keine Niederlage erlitten, sondern im Gegenteil bald mit Riesenschritten den Weg zur Macht wieder antreten würden. Ehe er ging, verriet er mir den Zweck seines Besuches: Dank meinen Beziehungen zu bürgerlichen und zu gut gestellten Intellektuellen sollte ich sofort Unterkünfte, Abstellkammern und Anlaufstellen für Post und Kuriere besorgen. Man brauchte sie nicht nur für die Partei, sondern auch für internationale Organisationen. Hatte man nicht schon längst für den Fall der Illegalität alles vorgesorgt? fragte ich ihn. Gewiß, antwortete er, aber man brauchte eben mehr, als man vorgesehen hatte, deshalb sollte, müßte ich unbedingt – eben das erwartete man von mir ...

In den späten Abendstunden des 27. Februar verdrängte die Nachricht, daß der Reichstag in Flammen stand, jeden Gesprächsstoff und alle Schläfrigkeit. Die Mitteilung, daß die KP diesen Brand entzündet hatte, der ihren Mitgliedern und Anhängern im ganzen Reich als »Fanal«, als Signal zum allgemeinen Aufstand dienen sollte, bedeutete, daß die Schonzeit vorbei war und daß die Nazis nunmehr über den Vorwand verfügten, das Land legal mit Terror zu überziehen. Kein vernünftiger Mensch glaubte, daß Kommunisten den Reichstag angezündet hätten; viele waren überzeugt, daß es ein Akt der Nazis war, die diese Provokation brauchten, um die schon vorbereitete »Sonderverordnung zum Schutze von Volk und Staat« zu erlassen, die praktisch die konstitutionell verbürgten Rechte abschaffte. Es gab viele, die meinten, es handle sich um eine zwar von den Nazis selbst nicht ausgeführte, doch von ihnen provozierte Brandstiftung; der in flagranti ertappte Niederländer Van der Lubbe habe aufrichtig geglaubt, eine revolutionäre Tat zu vollbringen, indes er tatsächlich nur ein Werkzeug war. (Über die Verursacher dieses Brandes bestehen noch heute Meinungsverschiedenheiten.)

Eine Woche später, am 5. März, wählte das tief aufgewühlte Land einen neuen Reichstag. Der Terror, der sich seit dem 28. Februar überall fühlbar machte, engte zwar die Wahlfreiheit ein, beeinflußte aber das Ergebnis nur wenig beziehungsweise nur dort, wo die Wähler fürchten mußten, daß das Geheimnis der Abstimmung nicht geschützt wäre. Die Nazis gewannen Stimmen, in erster Reihe auf Kosten ihrer Verbündeten, indes die katholische Zentrumspartei und die SPD ihren Wählerbestand behielten. Die KPD verlor zwar 19 Mandate, aber im Hinblick auf die Berserkerwut, mit der das neue Regime die KP angriff, blieb der Verlust erstaunlich gering.

Unvergeßlich – doch wie oft, wie schnell entschwindet, was man unvergeßlich glaubt, dem Gedächtnis, so daß man nicht einmal mehr weiß, daß man vergessen hat... Unvergeßlich bleiben die zahllosen Beweise von Charakterfestigkeit im Sturm der Gewaltdrohungen und in der steigenden Sintflut der Feigheit. Heute noch, 42 Jahre nach jenen Tagen, in denen das Wort von den »Märzgefallenen« in einem schändlichen Sinne wieder aufkam, denke ich mit unverminderter Bewunderung an jene Zehntausende Berliner, hauptsächlich Sozialdemokraten und Kommunisten, die, ohne zu zögern, ihren Antifaschismus vor aller Augen manifestierten, indem sie ihre Fenster und Balkone mit roten Fahnen und Wimpeln schmückten. Sie glaubten keineswegs, daß Hitler nach den Wahlen wieder die Macht abgeben würde, selbst wenn seine Partei nicht die Mehrheit erhielte. Sie wußten, daß die letzten Tage der schon so bedrängten und fürchterlich verkürzten Freiheit angebrochen waren und nur Schlimmeres, das Schlimmste folgen konnte. Die SA-Männer, die in kleineren und größeren geschlossenen Gruppen vorbeimarschierten, machten unter diesen Fenstern halt und riefen Schimpfworte und Drohungen hinauf, um die Passanten aufzuhetzen – all das ohne Wirkung.

Niemand zählte mehr die blutigen Zusammenstöße in Wahlversammlungen, in verkehrsreichen Straßen und Arbeitervierteln, wo die SA mit Versprechungen um arbeitslose Jugendliche warb – mit wachsendem Erfolg, doch gegen den Widerstand des Roten Frontkämpferbundes, den die Eltern der Umworbenen gewöhnlich unterstützten.

Wie so viele andere verbrachte ich seit dem Reichstagsbrand die Nächte meistens nicht mehr zu Hause, sondern in Wohnungen von Freunden, die die morgendlichen Haussuchungen von Polizei und SA nicht zu fürchten hatten. Bei der Familie, die mich in der Nacht des 5. März beherbergte, tauchte am frühen Abend ein proletarischer Genosse aus einem andern Stadtbezirk auf, ein etwa 35jähriger Mann, der im Betrieb und in der Partei wegen seiner Klugheit, Schlagfertigkeit und Forschheit wohlbekannt war; nicht nur auf Gleichgesinnte übte er einen Einfluß aus, der ihre Entscheidungen recht oft bestimmte.

Hannes, so hieß er auch bei jenen, die ihn wenig kannten, war seit dem frühen Morgen auf den Beinen gewesen, hatte bei den Wahllokalen darauf geachtet, daß die SA solche Wähler, die als Nazigegner bekannt waren, nicht am Betreten des Lokals hinderte. Uniformierte Nazis belagerten alle Gemeinde- und Bezirksämter und suchten je nach Lage der Dinge zu gefallen oder einzuschüchtern und jene zu verjagen, in denen sie Gegner vermuteten.

Wir saßen vor dem Funkgerät und warteten, wie so viele Hörer in Deutschland und im Ausland, auf die Wahlresultate, die zuerst nur spärlich einliefen und mit der vorgerückten Stunde immer dichter folgten — bis spät nach Mitternacht. Man trank, spaßte, zwischendurch diskutierte man recht ernst. Wir erwarteten keinerlei Überraschungen, die Entscheidung kam diesmal nicht aus den Wahlurnen. Die Optimisten unter uns, die überzeugt waren, daß die KP, vor allem auf Kosten der SP, Stimmen gewinnen würde, wurden enttäuscht; wir anderen betrachteten unseren Stimmenverlust als mäßig und führten ihn nicht nur auf den Terror zurück, sondern auf die Passivität der Partei, die die einen enttäuscht, die anderen, so viele Arbeitslose im Ruhrgebiet zum Beispiel, ins Feindeslager abgedrängt hatte.

Bis gegen zwei Uhr blieben Hannes und ich beim Radio, hatten aber dann genug. Wir machten es uns auf den Matratzen bequem und wollten nun schlafen. Dazu kam es aber nicht. Hannes erklärte nach einer Weile, er würde gewiß kein Auge zumachen können, in ihm steckte eine zu große Unruhe. So setzte ich mich auf, rauchte eine Zigarette an und gab ihm zu verstehen, daß auch ich gerne auf den Schlaf verzichten würde. Nach einigen steckengebliebenen Anläufen gelang es Hannes endlich, ein Gespräch in Gang zu bringen. Er wollte von mir nur eine psychologische Erklärung für etwas haben, was ihm am Vormittag vor dem Schöneberger Rathaus zugestoßen war. Nichts Besonderes, gewiß, nur das übliche Meckern, der Streit mit den Nazis, es ging darum, den andern vom Platz wegzustoßen, dann kriegte man ihn am Hinterkopf zu fassen, der Kerl schwankte, wollte aber nicht fallen, sondern stieß seinen Arm mächtig vor Den kriegte man an der Schläfe zu spüren, fast am Auge, dann packte man ihn mit beiden Händen an der Gurgel. Ja, und da geschah es: plötzlich standen zwei SS-Männer vor Hannes, beide mit dem Revolver in der Hand, der eine gab ihm mit dem Fuß einen Stoß gegen das Schienbein, das war schlimm, aber so was nimmt man mit in so einem Fall, der andere aber kam ganz nahe, Gesicht an Gesicht, und plötzlich hatte Hannes dessen Revolver genau in der Herzgrube. Und da passierte es ihm. Ja, was denn? Nichts und alles sozusagen. Ihm war auf einmal, als ob die Knie ihm nicht mehr gehörten und nicht die Beine und der Boden drunter, als ob all das absackte, sozusagen unter ihm wegrutschte. Und das Herz war auch nicht mehr da, es schlug nicht mehr.

Er sei nicht feig, fügte Hannes nachdenklich hinzu, nicht feiger als irgendwer, eher mutiger. Wenn er mal dabei war, wo geschossen wurde – und geschossen wurde nicht nur auf einer Seite, denn es kam scharf geladen zurück, und da mußte der und jener daran glauben, und er, Hannes, mittendrin, er schoß, stand seinen Mann, und die Furcht, die merkte er erst nachher. Aber die Knarre in der Herzgrube und diese junge rosige Fresse mit den Fischaugen so nahe, daß sie alles, sogar den Himmel ver deckte – das war was anderes ... keine Furcht, sondern ein Schrecken, der ... der aus einem Kumpel in einer Sekunde einen ausgefaserten Waschfetzen machte.

»Und das Schlimmste, das weißt du ja noch nicht. Nämlich, hätte der mich ausgefragt, ich hätte ihm alles brühwarm serviert, ich hätte verraten, verstehst du das? Wer mich kennt, der glaubt das ja gar nicht –«

»Du hast aber nicht verraten, Hannes«, beruhigte ich ihn.

»Nein, aber nur, weil er mich nichts gefragt hat und so stumm geblieben ist wie ein Fisch mit seinen Fischaugen ... Und da will ich von dir, wo du doch Psychologe bist, wissen, was man gegen den Schreck tun kann. Ich meine, was man tun kann, damit man standhält.«

In Wirklichkeit brauchte er meine Erklärung gar nicht. Er hatte es nur nötig zu sprechen – von sich, seiner Familie, von Erfolgen, die er in den letzten Wochen im Roten Frontkämpferbund gehabt hatte. Er merkte überhaupt nicht, und auch mir fiel es nicht sofort auf, daß er da ein ausführliches Geständnis ablegte, das der Polizei und den Nazis Hinweise auf Zustände und Vorfälle in der KP und überdies die Maßnahmen enthüllt hätte, die sie seit November für die Sicherung ihrer illegalen Existenz getroffen hatte. Er bricht das Geheimnis, er erbricht die Geheimnisse wie ein Gift, das der Körper im Krampf ausscheidet, dachte ich. Um dem ein Ende zu setzen, drehte ich das Deckenlicht an, aber er sprach weiter. Als er endlich wieder Atem schöpfte, fragte ich ihn, wie er das Überlaufen von RFB-Männern zur SA beurteilte und ob er glaubte, daß sich die Fälle jetzt häufen könnten.

Hannes blieb eine Weile stumm, dann antwortete er in seiner gewohnten, ruhig belehrenden Art. Er begann mit dem damals bei Parteileuten fast unvermeidlichen Klischee »Die Frage muß man anders stellen« und legte vorsichtig die psychologischen und wirtschaftlichen Gründe dar, die kämpferische junge Leute dazu bewogen, den Lockungen der SA nachzugeben. Da waren welche, die Racheakte fürchteten für das, was sie den Nazis bei Schlägereien angetan hatten; andere gaben nach, weil sie bei der SA viele alte Freunde fanden. Sie waren vielleicht im selben Haus groß geworden; wie wollte man, daß dann so einer, nur weil er in der SA war, ein Kapitalistenknecht, ein gedungener Arbeitermörder sein sollte?

Je länger Hannes sprach, bedächtig von einem Punkt zum andern übergehend, um so deutlicher wurde es, daß er, ohne es zu merken, seinen Standpunkt verrückte, so daß am Ende die Überläufer fast als Vorläufer erschienen. Befiehlt die Partei nicht sofort den Aufstand gegen das noch nicht gefestigte Regime an, dann wird es gewiß lange Jahre bestehen bleiben. Und dann werden die Hitlerleute dafür sorgen, daß kein Mensch, jedenfalls kein Arbeiter, eine Stelle kriegt, wenn er nicht Mitglied einer ihrer Organisationen wird. Und in dem Fall wieder werden alle Arbeitnehmer natürlich nachgeben müssen — dafür werden schon die Frauen sorgen, die werden nicht zulassen, daß die Kinder hungern, nur weil ihr Vater nicht das Notwendige tun will, um seine Familie zu versorgen. »Tja, und da wäre es jetzt schon Zeit, den Schritt zu wechseln, am besten recht bald, und die Eroberung der Naziorganisationen von innen her, verstehste, von innen her vorzubereiten.«

Da ich nicht zustimmte, brachte Hannes zusätzliche Argumente vor für diese »Zukunftstaktik«, wie er sie nannte; er wiederholte sich bis zum eigenen Überdruß und schlief schließlich mitten in einem Satz ein. Die Nacht war nicht zu Ende, ich machte das Licht aus und wartete auf den Schlaf; er kam erst, als der Morgen anbrach. Man weckte mich nicht, ich erwachte gegen Mittag, Hannes war längst gegangen.

»Er kommt vielleicht heute nicht wieder. Aber du,

bleib doch ganz einfach«, forderte mich die Frau des Hauses auf, eine alte, liebe Freundin. Ich zögerte, ihr vom nächtlichen Gespräch mit Hannes etwas zu sagen, sie zu warnen, daher riet ich ihr, in den kommenden Nächten niemanden zu beherbergen; man müßte mit dem Mißtrauen der Nachbarn rechnen, die ja alle die Hakenkreuzfahne hinausgehängt hatten. Die Freundin sagte: »Es ist nicht sicher, daß Hannes heute Abend wiederkommt, aber wenn — wir haben nicht den geringsten Grund, ihm zu mißtrauen, nicht wahr?« Ich antwortete nicht. Sie blickte mir ins Gesicht, ich wandte es ab; sie verstand.

Unter Zugzwang stehen, so nennt der Schachspieler jene Situation, in der er handeln, ziehen muß, obgleich in seiner Lage kein guter Zug möglich ist. Im persönlichen und im politischen Leben kündigt der Zugzwang zumeist eine bevorstehende, unabwendbare Niederlage an; diese erzeugt dann viele solche Situationen — und das so lange, als die Gründe des Niedergangs nicht beseitigt worden sind.

In jenen Märztagen verbreiteten wir Nachrichten über den Naziterror, wo immer wir konnten, sowohl um die Bedrohten zu warnen wie um die verbrecherische Skrupellosigkeit der Nazis zu enthüllen. Es erwies sich jedoch, daß wir damit in vielen Schichten, ja selbst bei Genossen, eine unerwünschte, fatale Wirkung erzielten: zugleich mit dem Abscheu gegen die Gewalt riefen wir bei den Lesern unserer Flugblätter eine lähmende Angst hervor, so daß sie sich am liebsten in Höhlen verkrochen hätten. Da solche Flucht nicht gelingen konnte, flüchteten viele von ihnen in die Arme der Verfolger, indem sie sich unter den Schutz von Nazis stellten, mit denen sie verwandt oder sonstwie verbunden waren. Sie bildeten sich zuerst ein, daß sie in ihrem Innern die gleichen blieben, doch gehörten sie bald zu den »Märzgefallenen«, die noch lauter als andere »Heil Hitler!« riefen und jede Gelegenheit ergriffen, ihre Bewunderung für den Führer und die »nationale Erhebung« kundzutun.

An einem jener Tage veröffentlichte der Dichter Gottfried Benn, ein Prototyp jener Intellektuellen, welche von den Nazis als »Kulturbolschewisten« beschimpft wurden, in einer vormals liberalen Zeitung einen Artikel, in dem er sich rückhaltlos zu dieser Erhebung bekannte — ohne irgendwelche poetische Undeutlichkeit oder gewagte Metaphern. Es war eines jener damals häufigen feigen Wagnisse, die nur Angstbesessene in der Panik vollbringen. Ich erinnere mich mit einer unnützen Genauigkeit: Es war die Uraufführung eines Stücks, das eine Wiener Freundin geschrieben hatte; in der großen Pause kauften wir wie gewöhnlich die schon am Abend von Zeitungsjungen ausgerufene Morgenausgabe. Auf der zweiten Seite, unter dem Strich, da stand es zu lesen — zweimal zu lesen, denn sonst war es nicht zu glauben: »Man kann ja gar nicht soviel essen, wie man kotzen müßt'«, sagte man sich.

Die Überläufer konnten sehr gefährlich werden, so zum Beispiel die Taxichauffeure, die unter dem Druck der Polizei ihre politische Vergangenheit schnell in Vergessenheit bringen wollten. Hatte man einen Fahrgast mit Koffern, der sich nicht beim Bahnhof, sondern vor einem Wohnhaus absetzen ließ, da mußte der Chauffeur die nächste Polizeistation genau informieren.

Wir verbrachten Tage und noch häufiger Nächte damit, die Wohnung »zu säubern«, alles zu vernichten, was uns kompromittieren konnte. Doch war es nicht einfach. In Erinnerung daran habe ich einmal geschrieben: »Die Papiere zerreißen und ins Klosett werfen, ist nicht gut, die Nachbarn werden aufmerksam, daß ununterbrochen die Wasserspülung in Betrieb ist, sie erraten den Grund und laufen zur Polizei. Sie im Ofen verbrennen, ist auch nicht sehr gut, selbst in der kalten Jahreszeit, wo die rauchenden Kamine nicht auffallen. Es geht zu langsam, man muß jedes Papier einzeln verbrennen und zu Aschestaub zerschlagen, sonst könnte man noch die verkohlten Manuskripte lesen. Bücher kann man in den Fluß werfen, aber dazu gehört viel Umsicht, sonst macht man sich verdächtig. Photos verbrennt man am besten auf brennenden Kohlen.«

Was man unbedingt in die Zeit nachher hinüberretten wollte, das brachte man aus dem Haus. Man ließ sich zum Bahnhof bringen, blieb dort einige Minuten, ging durch eine andere Seite hinaus und ließ sich, als ob man gerade mit dem Zug angekommen wäre, in die sichere Wohnung fahren.

Man führte lakonische Telephongespräche oder man schwatzte umgekehrt ganz albern drauflos und ließ im Redestrom die chiffrierten Worte mitfließen. Auf den medizinischen Jargon, in dem Überfälle, Haussuchungen, Verhaftungen oder Verschleppungen mitgeteilt wurden, konnte man auch weiterhin nicht verzichten, er war unersetzbar. Wir benutzten die gleichen Kniffe und begingen die gleichen Fehler wie die Proskribierten im alten Rom, wie alle, für die die eigene Erde, das eigene Haus und die altbekannten Gesichter der Nachbarn wie über Nacht fremd und feindlich geworden waren. Und wie jene blieben wir unfähig, den doppelten Fehler zu vermeiden: den Spürsinn des Feindes zu überschätzen und zu unterschätzen – gleichzeitig oder abwechselnd. Gewiß, die Schlauheit ist die Klugheit der Unintelligenten und die Waffe der Unfreien, doch nicht nur das erklärt, warum Intellektuelle in der Illegalität es selten zustande bringen, gleichzeitig schlau und klug zu sein. Ach, alles war grauenhaft, und wir waren gezwungen, ohne das geringste Talent eine Komödie zu spielen, die entgegen aller Tradition fast immer schlecht endete.

Am 10. März hätte ich von Prag aus eine Vortragstournee beginnen sollen, die von dortigen Freunden zusammen mit linken Studentenverbänden organisiert wurde. Ich sagte ab, obschon ich kaum glauben konnte, daß die Partei sich noch zu großen Aktionen entschließen würde. Es gab auch einen anderen, zufälligen Grund, der mich bestimmte, Berlin nicht zu verlassen. Mirjam und ich waren getrennt, sie lebte mit ihren Eltern zusammen, ich hatte unsere Wohnung aufgegeben und mich bei einem Bekannten einquartiert, der nun nach langer Arbeitslosigkeit fern von Berlin eine Stelle gefunden hatte. So wohnte ich denn in der Künstlerkolonie, wie man einige Straßenzüge um den Rüdesheimer Platz nannte – nicht etwa, weil Künstler dort die Mehrheit bildeten, sondern weil sie eher auffielen als ihre Nachbarn, nicht zuletzt dadurch, daß sie alles unternahmen, um ihren politischen Radikalismus eindringlich kundzutun. Als es galt, konspirative Methoden zu benutzen, verrieten sie sich durch ihre auffällige Geheimnistuerei. Nach dem Reichstagsbrand begannen sie zu verschwinden, denn rundherum lebten viele Nazis, zumeist jüngere Leute, die jeden dieser Linken leicht identifizieren konnten. Zur Zelle dieser Siedlung gehörten auch einige Arbeiter, Ausgesteuerte, die viel Zeit hatten und auch deswegen mit den intellektuellen Genossen häufig zusammenkamen. Mich kannten sie nur dem Namen nach. Einer von ihnen, Jensen, der stets so auftrat, als ob er im Namen der proletarischen Genossen spräche, schloß sich mir an; der untersetzte, breitschultrige Mann war seiner anziehenden Wirkung natürlich bewußt, leutselig schenkte er jedem sein Vertrauen, und jeder erwiderte es, ohne zu zögern.

In unserem ersten Gespräch erwies es sich, daß auch Jensen davon überzeugt war, daß unsere Kapitulation die Nazis für lange Jahre unbesiegbar machen würde. Die Genossen erwarteten stündlich die Kampflosung der Partei, hier im Viertel hatten sie einige Waffen, wenige gewiß, aber für eine bescheidene Freischärleraktion würde es in den ersten Stunden reichen. Man mußte rechtzeitig vom Unterbezirk ernstere Waffen bekommen; mit den Leuten vom RFB war Jensen in Verbindung, aber die konnten vorderhand nichts abgeben, vor allem keine Munition. Ich wurde mißtrauisch, hörte zu, ohne mich zu äußern. Die Erkundigungen, die ich gleich danach einzog, waren sehr günstig: alle, die Jensen seit längerer Zeit kannten, setzten in ihn vollstes Vertrauen; man schätzte ihn, hatte ihn gern. Er kam jeden Tag wieder, die Geschehnisse überstürzten sich, wir hatten viel Gesprächsstoff. Eines Nachts erschien er mit zwei jungen Genossen, die ich nur vom Sehen kannte. Man müßte sofort Verstecke für die Revolver finden, der Genosse, der sie bisher verwahrt hatte, Gärtner eines reichen Villenbesitzers in Dahlem, war aufgeflogen. Die zwei Jungen, die bei ihm gelegentlich gearbeitet hatten und wußten, wo er sie vergraben hatte, waren bereit, noch vor Ende der Nacht die zwei Armeepistolen und die paar Revolver und die Munition herauszuholen. Ja, aber was dann? Nun, das Zeug muß sowieso hierher, meinte Jensen, damit man es zur Hand habe, wenn es soweit ist ... In der Wohnung gab es keine Betten, sondern drei Couches, in deren unterm Gestell tagsüber das Bettzeug verwahrt wurde. Da konnte man die Knarren unterbringen, die Munition hingegen unter mehrere Genossen verteilen.

Während ich überlegte, ob ich zustimmen sollte – viele Gründe sprachen dagegen –, fühlte ich den Blick der drei Männer, hob die Augen und erwiderte ihn. Zugzwang – ich muß nachgeben, obschon es wohl ein Irrtum, vielleicht ein nicht gutzumachender Fehler ist, sagte ich mir, und stimmte laut zu. Ich verlangte nur, daß die Waffen tagsüber gebracht wurden und nur von einer Person.

Wir besprachen die Einzelheiten, unter anderem, daß ich die Nächte nicht mehr in dieser Wohnung verbringen würde, aber jeden Tag, doch nicht zur frühen Morgenstunde, in der die Polizei sich einstellen konnte, sondern erst gegen 11 Uhr dort sein und durch Anordnung der Fenstervorhänge das Zeichen geben würde, daß alles in Ordnung sei.

Die sicherste Unterkunft bot sich mir bei einer guten Freundin, die völlig unpolitisch war. Sie bewohnte in einem bürgerlichen Viertel eine ganz kleine komfortable, ja luxuriöse Wohnung, die aber nur ein großes Zimmer hatte. Sie richtete mir abends ein bequemes Lager, wir mußten einander nicht stören. Weiß Gott, die Situation hatte nichts, was eine erotische Stimmung fördern konnte, die Mischung von Furcht und nicht entladener Empörung, von Bangnis und Tatendrang bedrückte Gedanken und Gemüt. Trotzdem befiel mich am Abend des 14. März, als ich meiner Gastgeberin zusah, wie sie ihr Bett aufmachte und mein Lager bereitete, die Gewißheit, daß ich in dieser Nacht ihrer Nähe nicht widerstehen würde. Verweigerte ich mich sonst, so gut ich konnte, der Verführung durch die sich so reichlich bietenden Gelegenheiten, so bestand hier ein zwingender Grund zur strengsten Enthaltung. Abgesehen davon, daß weder bei ihr noch bei mir auch nur eine flüchtige Verliebtheit im Spiel gewesen wäre, dachte ich mit Entsetzen daran, welch schmerzliche Enttäuschung dieser Vorfall für einen Menschen bedeuten würde, an dem mir sehr viel lag, und welch sinnlose Komplikationen er in der Beziehung zwischen meiner Gastgeberin und mir herbeiführen konnte. Ich benutzte einen Vorwand, um nicht dazubleiben. Es war zu spät, eine andere Bleibe für die Nacht zu finden, und ohne jedes Gepäck in einem Hotel abzusteigen, erweckte stets Verdacht. So entschloß ich mich denn, diese Nacht doch in meiner Wohnung zu verbringen.

Dort wurde ich in nicht zu früher Morgenstunde von Polizisten eines neugebildeten »Kommandos zur besondern Verfügung« und von SA-Leuten geweckt, in deren Begleitung sich auch eine junge Frau befand, die die Kompetenz einer politischen Kommissarin zu haben schien. Sie untersuchten die ganze Wohnung, interessierten sich für alle Papiere, Manuskripte, Briefe, am meisten für Photos von einzelnen und noch mehr für Gruppenaufnahmen. Sie stöberten unter meinen Büchern, ein SA-Mann stieß Siegesrufe aus, wenn er auf einem Buchrükken einen slawischen Namen entdeckte. Das Fräulein mit der Hakenkreuzbinde am Arm klärte ihn unwirsch auf, daß Dostojewski kein Bolschewist war. Sie rissen die Laken von meiner Couch, einer öffnete das Gestell. Ein Schupo begleitete mich ins Badezimmer: »Machen Sie sich mal fertig – für alle Fälle, denn wenn gegen Sie nichts vorliegt, nehmen wir Sie gar nicht mit.«

Ich erwartete jeden Augenblick einen Schrei, der mir anzeigen würde, daß sie die Waffen in einer der anderen Couches gefunden hatten. Ich hörte sie laut miteinander reden, Möbel verrücken und Dinge auf den Boden werfen – aber der Schrei kam nicht. Als ich angezogen wieder in das Zimmer trat, fragte ich das Mädchen, das ungeduldig in einem Manuskript blätterte, was sie suchte, was sie wissen wollte. Sie hob ihr hübsches rundes Gesicht, ihre braunen Augen blickten an mir vorbei, sie zuckte die Achseln und nahm das Manuskript wieder vor. In den zwei anderen Zimmern lagen Bücher, Kleider, Stühle und Blumentöpfe auf dem Boden herum. Schließlich wurden Koffer herbeigeschleppt, Manuskripte, Briefordner, Fotos und mehrere Bücher hineingepackt. Ein anderer Polizist sagte mir: »Wenn Sie ein Köfferchen haben oder eine Aktenmappe, tun Sie Sachen hinein, die man für einige Tage braucht.« Ein SA-Mann mit Rangabzeichen warf ein: »Kein Gepäck, Zahnbürste genügt. Nur was er in die

Rocktasche stecken kann – und auch das ist schon zuviel. Alles ist zuviel für das Gesindel!«

Meine Eskorte – ein Polizeiinspektor in Zivil, zwei Schupos, vier SA-Männer und das junge Mädchen – führte mich auf den nahegelegenen Platz, von dem wilde Rufe und höhnisches Gelächter bis in meine Straße drangen. Nahe am Rande des Platzes hielt ein offener Lastwagen, auf dem einige Reihen Bänke standen, Verhaftete saßen darauf, nur Männer, das Gesicht zum Platz gewandt; sie gehörten gewiß alle zur Künstlerkolonie, waren in meinem Alter oder nur wenig älter. Fünf Männer in jeder Reihe, stumm, in sich gekehrt; die am Rande saßen waren zerzaust, einige bluteten leicht aus Mund und Stirn.

Man stieß mich hinauf, ich mußte mich auf die letzte Bank setzen. An die 30 bis 40 Männer und Frauen umstanden den Wagen in losen Gruppen, fast keine Kinder und nur wenige Jugendliche. SA-Leute gingen von Gruppe zu Gruppe und klärten sie darüber auf, daß wir da oben bolschewistische Verbrecher, Brandstifter, Verräter wären, eine schändliche Brut, eine Pestbeule am deutschen Volkskörper, die man endlich ausbrennen würde – aber gründlich. Das Pulver war zu gut für uns, uns erwartete der Strick oder das Beil. Auch das wäre noch zu gut für solche Halunken, warf eine ältere Frau ein, die noch vom Laufen atemlos war. Sie stieß einen der Gefangenen in die Rippen, glitt dabei aus und schrie auf. Danach stürzten sich zwei andere auf den Angegriffenen, schlugen ihm auf den Rücken; ein Junge sprang auf und spuckte ihm ins Gesicht. Bald nahmen alle Umstehenden an der Aktion teil, die die Nazipresse gewöhnlich mit dem gerechten Volkszorn erklärte und als nachahmenswertes Beispiel empfahl. Nun erst erreichte der Volkszorn seinen Höhepunkt. Wir fünf auf der hintersten Bank waren ihm völlig ausgeliefert, denn wir bildeten eine von allen Seiten zugängliche Angriffsfront. Die Schläge, die von unten nach oben geführt wurden, trafen nicht immer, sie taten zwar weh, aber waren erträglich. Alle spuckten uns an, der Speichel traf nur selten das Gesicht, öfter den Rock, die Hosen, die Hände.

Ein älteres Ehepaar näherte sich; es machte Anstrengungen, zu laufen, aber der Mann, der sich auf einen Stock stützte, machte immer wieder halt. Ich hatte die beiden erblickt, als sie in die Straße einbogen, die auf den Platz mündete, und die Augen von ihnen nicht mehr abgewandt. So entfernte ich mich gleichsam vom Platz und den dilettantischen Lynchern, von ihrem blöden Geschrei, ihren schlecht gezielten Schlägen und ihren im Spucken wie im Fluchen verzerrten Gesichtern. Um diesen Anblick zu vermeiden, starrte ich auf das alte Paar, das endlich den Platz erreichte und einen Augenblick verschnaufte, ehe es auf uns zulief. Das Gesicht des etwa 65jährigen Mannes war rot angelaufen, seine Linke stieß die Leute zur Seite, seine Lippen bewegten sich, doch gingen seine Worte im Lärm unter. Nun stand er vor mir, rechts und links machte man ihm Platz, die Leute waren neugierig geworden oder sie wußten, was von ihm zu erwarten war. Er hob den Stock und rief mit einer schrillen Stimme: »Verbrecher, Betrüger, ihr habt die Inflation erfunden, ihr habt mich zum Bettler gemacht, mich und das ganze Volk!« Dann drang er mit seinem Stock auf uns ein, bald schwang er ihn wie einen Säbel, bald stieß er ihn gegen die Angegriffenen wie einen Degen. Da tauchte plötzlich neben ihm ein Schupo auf, drängte ihn zu seiner Frau ab, die ihn auffing. Der Schupo sprang dann auf den Wagen und rief: »Nun müssen wir aber weg und die Schurken dahin bringen, wo sie hingehören!« Aber die Masse drängte von allen Seiten auf den Wagen zu; einige Polizisten stellten sich zwischen sie und uns. Wir merkten, daß ihre Gesten wilder waren als die Schläge, die unsere Schultern trafen und seltener die Köpfe. Zwei SA-Leute brachten vor unserer Bank eine große Sammelbüchse an. Sie riefen: »Volksgenossen, macht schnell, wenn ihr Gaben für die SA spenden wollt, hier ist die Büchse.« Nur wenige warfen etwas hinein, die Gruppe zerstreute sich sofort. Am Rande des Platzes drehten sich manche um, doch wandten sie ihre Blicke rasch wieder von uns ab und verschwanden.

Erst als der Wagen sich in Bewegung setzte, blickten wir einander verstohlen an. Einen kannte ich recht gut, es war ein jugoslawischer Schriftsteller, der schon lange in Deutschland lebte und unter dem Pseudonym Theo Balk publizierte. Theo wischte sich lächelnd Bluttropfen von den geschwollenen Lippen, das Blut auf der Stirn knapp unter dem Haaransatz bildete ein geronnenes Rufzeichen. Wir taten, als ob wir einander nicht kennten, und drückten unser Einverständnis durch ein kaum merkliches Kopfnicken, durch das Zucken einer Achsel aus.

Dann erst erblickte ich den jungen Mann, der hinter dem nicht schnell fahrenden Wagen hinterherlief, immer wieder irgend etwas zu rufen schien, während er den Arm so hob und senkte, als ob er eine Münze in die Sammelbüchse werfen wollte. Doch konnte es auch ein Gruß mit der geballten Faust sein. Alle paar Meter gelang es mir, ihm in die Augen zu sehen; ich kannte ihn gewiß, aber ich wußte nicht, wer er war. Als der Wagen an einer Straßenkreuzung anhielt, kam er ganz nahe heran, blickte mich an, Tränen rannen ihm über die Wangen. Ich nickte ihm zu, hob die Hand und senkte sie langsam. Er verstand und blieb zurück. Die SA-Leute stiegen aus, wir blieben allein mit den Polizisten, was bedeutete, daß man uns ins Polizeipräsidium brachte und nicht in einen der Keller, wo SS und SA ihre Gefangenen folterten. Etwa 20 Minuten später fuhren wir durch ein Seitentor in den Hof der großen Polizeikaserne ein. Man ließ uns ruhig aussteigen;

manchen fiel es jedoch schwer, die Schupos wurden ungeduldig, aber nicht feindlich. Man führte uns durch lange Gänge, dann warteten wir in einem bewachten Raum, wir durften die Toilette benutzen, das Gesicht waschen. Ich zerriß einen Brief, in dem mehrere Namen und eine Adresse genannt waren, heimlich in kleine Stücke, machte Kügelchen daraus und verschlang sie, andere taten das gleiche. Das war nicht dumm, erwies sich aber als unnötig.

Jeder wurde einzeln aufgerufen, hatte Namen, Adresse und Beruf anzugeben, Taschen zu leeren und alle Gegenstände auf den Tisch zu legen. Ich wurde nicht verhört, sondern in ein anderes, besseres Büro geführt, der Beamte hinter dem Tisch sagte mir, daß ich mich in Schutzhaft befände. Dann wurde ich ins Untergeschoß geführt und in eine große Zelle unsanft, doch nicht brutal hineingestoßen. Sobald die Türe hinter mir zugefallen war, stürzten sich Leute auf mich, die wissen wollten, woher ich kam, von wem ich verhaftet, geschlagen worden war, welcher Partei ich angehörte. Andere verlangten eine Zigarette und wieder andere die letzten Neuigkeiten oder eine Zeitung. Ein groß gewachsener Mann näherte sich bedächtigen Schritts, die anderen wichen ihm aus. Er kenne mich, sagte er, hatte mich bei Vorträgen und Debatten gehört, zuletzt im »Nie wieder Krieg!«-Museum. Er selbst sei ein Modelltischler, teilte er mir mit, während er mich an der Hand zu einer Pritsche führte, die gerade frei geworden war. Wenn ich nicht zu müde war, sollte ich ihm erzählen, was passiert war, sonst später; übrigens wäre ich ja doch leidlich davongekommen. Er zeigte auf einige Häftlinge, junge und einige ältere, die alle arg zugerichtet waren. Er selbst war von der Polizei aus dem Haus geholt worden, denn er stand auf einer der alten Listen; die neuen hatten die sozialdemokratischen Beamten weggeschafft, vielleicht sogar vernichtet. Jetzt füllen die Nazis die Gefängnisse mit Leuten, die vielleicht einmal zum Spartakus oder zur KP oder zur KAP gehört hatten, aber sich schon längst vom Rummel zurückgezogen haben. So er selbst, er war KP gewesen, 1928 Oppositioneller, dann hatte er endlich die Neese pleng; er trat nicht aus, das nicht, sondern blieb einfach weg. Er wechselte die Fabrik, meldete sich nicht bei der Betriebszelle, fertig! Ich hörte ihn ohne Mißtrauen an und war ihm dankbar dafür, daß er sich meiner angenommen hatte, denn ich war müde und schwach vor Hunger. Ich begann nun erst, den Schmerz im Rücken und im Nacken zu spüren. Ich erzählte ihm kurz, wie alles zugegangen war und daß es mit den Schlägen nicht so schlimm gewesen wäre. Die Schupos hatten uns mit ihren Fäusten sogar etwas Gutes angetan, denn hätten sie nicht zugeschlagen, so hätte man doch versucht, uns zu lynchen.

Ich legte mich auf die Pritsche und schloß die Augen. Was war geschehen, wieso waren die Waffen nicht gefunden worden? Die im Schlafzimmer suchten, wußten, daß die Couch ein Untergestell hatte, und schauten da auch nach. Sollten es die anderen nicht auch gewußt haben? Unwahrscheinlich, aber nicht unmöglich. So konnten sie noch einmal kommen und die Revolver entdecken. Zwar hatte ich die ganze Zeit daran gedacht, aber nur wie man in einer halben Betäubung etwas wahrnimmt. Und nun packte mich die Furcht so sehr, daß ich fror.

»Da, nimm den Zucker, der ist nahrhaft, kannst ihn mit dem Brot essen, dann haste eine Mahlzeit.« Der Modelltischler stand wieder vor der Pritsche, ich mußte mich beherrschen, daß die Hand nicht zittere, mit der ich ihm das Stück Brot und den Zucker abnahm. Ich fragte ihn nach seinem Namen – er hieß Raabe – und ließ mich von ihm über das Leben in der Zelle informieren; die war gerade überfüllt, aber vor der Schlafenszeit sollte alles in Ordnung kommen, sagte er. Das hier war eine beschissene Durchgangsstation, mit einem stinkenden Klosett unter einem Fenster, das keines war. Die Wasserleitung aber war ein Segen – und an schlechtes Essen gewöhnt man sich, wenn man nichts Besseres hat.

Raabe diskutierte mit niemandem über Politik, auch mit mir nicht. Nach allem, was geschehen war, meinte er, gab es erst einmal nur eins: Stillhalten und abwarten! »Also Maul halten und weiterdienen?« fragte ich. Er antwortete: »Die Hälfte der Leute hier sind bei der Verteilung von Flugzetteln geschnappt worden. Auf Maschinengewehre kann man auch mit Knallerbsen antworten, gewiß, auch so kann man Selbstmord begehen.«

Ich blieb fünf Tage in diesem Keller, in dem nur selten einer länger als 24 Stunden behalten wurde. Das konnte bedeuten, daß sie mich als lästigen Ausländer ausweisen oder abschieben, das heißt zu einer Grenze bringen und mich so loswerden wollten, es konnte aber auch anderes bedeuten. Wurde einer hinausgeholt, wußte er nicht, ob er zum Verhör oder in ein »echtes« Gefängnis gebracht oder entlassen wurde.

Es gab gewiß Spitzel unter uns, man nahm sich vor jedem in acht, den man nicht kannte. Einer mochte noch so präzise Angaben über seine politische Tätigkeit und die Umstände seiner Verhaftung machen, fast immer verriet irgend etwas an seinem Gesicht, an seiner Stimme, an seinen Gebärden, was an ihm falsch war. Wer hingegen »echt« war, nannte keinen Namen von Genossen, machte keine genauen Angaben über seine politische Tätigkeit, ließ es bei Andeutungen bewenden und schloß daraus, wie sie von dem andern verstanden wurden, auf dessen Verläßlichkeit.

Als »Dienstältester«, der ich nach Raabes Abgang wurde, aber auch weil jeden Tag unter den »Zugängen« Leute waren, die mich kannten oder die von mir wußten, hatte ich eine Position erlangt, dank der ich fast allen politischen Häftlingen so begegnen konnte, als ob wir einander schon seit langem, seit Jahren kannten. War ich mit ihnen zusammen, so schwächten sich meine Befürchtungen ab, ich war ein freier Mensch, der seine psychologisch-politische Arbeit unter ungünstigen Bedingungen fortsetzte. Damals nahm ich mir vor, einmal ausführlich zu berichten, was ich da sah, hörte, die Menschen zu beschreiben, mit denen ich eine Gemeinschaft einging, als ob sie fürs Leben wäre und die nach einigen Stunden ein Ende nahm. Keinen von ihnen habe ich je wiedergesehen, doch viele von ihnen blieben in meiner Erinnerung. Die fünf Tage in dieser Zelle, deren Geruch mir Speise und Trank so verekelte, daß ich von jeder Mahlzeit nur einige Bissen hinunterwürgen konnte, wären ein nicht enden wollender Alptraum gewesen; die Sorge wegen der Waffen, die Selbstvorwürfe und die Verzweiflung über die zum Verhängnis gewordenen Irrtümer hätten mich nicht losgelassen – all das aber wurde tagsüber desaktualisiert dank dem Vertrauen, das mich in den langen Stunden dieser Gefangenschaft mit Menschen verband, die wie ich in die Hand des Feindes gefallen waren, von dem sie das Schlimmste: Demütigung, Folter, den Tod befürchten mußten.

Es blieben die Nächte – eine in winzige Stücke zerschlagene, auseinandergerissene Zeit. Es gab die Angstschreie der Träumer, ihre unverständlichen, wütenden oder jämmerlichen Rufe; keine Stunde verging, ohne daß die Tür aufgerissen und ein Häftling mit barschen Worten in den überfüllten Raum gebracht oder gestoßen wurde. Und immer war einer auf dem Weg zum Klosett, ein anderer suchte sein Lager wiederzufinden, immer wieder drangen scharfe Befehlsworte aus dem langen Korridor, manchmal das beunruhigende Geräusch von Laufschritten. Die erste Nacht verbrachte ich halb sitzend, weil im Liegen die Rückenschmerzen unerträglich wurden, Kopf und Nacken taten mehr weh als am Tage. Ich wollte auch gar nicht schlafen, denn ich mußte eine Erklärung suchen für alles, was geschehen war. Für mich stand es fest, daß weder Jensen noch seine beiden Begleiter, die mir die Waffen ins Haus gebracht hatten, irgend etwas mit meiner Verhaftung zu tun hatten. Ich war polizeilich noch in meiner alten Wohnung gemeldet, also suchte die Polizei nicht mich, sondern den Besitzer der Wohnung, die wohl angezeigt worden war, weil sich da immer so viele Leute zu treffen pflegten. Aber die Waffen? Entweder die Polizei und die SA hatten die Couch nicht geöffnet, dann bestand die Gefahr der Entdeckung auch weiterhin; ich aber hatte keine Möglichkeit, eine Warnung hinauszuschicken. Oder die Waffen waren schon vor der Haussuchung weggeholt worden — von wem? Jensen hatte keinen Schlüssel ... Mir war es immer wieder, als ob ich einen Schleier, wie Spinnweb so dünn, aufheben müßte, dann würde ich die Lösung des Rätsels entdecken.

Ich bedachte nicht nur die Möglichkeit, daß man mich, wurden die Waffen gefunden, aus einem Schutzhäftling in einen schweren Verbrecher verwandeln und wegen Vorbereitung von Mordanschlägen verurteilen konnte. Ich beschloß, mich damit abzufinden — ich war eine Geisel in Feindeshand, die Nazis konnten Leute wie mich am kommenden Morgen oder 48 Stunden später aus dem Gefängnis holen und »auf der Flucht« erschießen. Also mußte ich mich darauf vorbereiten; ich hatte das Recht, es zu fürchten, durfte aber die Stunden oder Tage, die da kommen mochten, nicht mit dem Gedanken daran ausfüllen. Doch meine Furcht verschwand nicht — und wieder mußte ich an das lächerliche Arsenal denken. Noch weit lächerlicher als dieses Arsenal fand ich mich selbst. Alles, was ich seit Monaten getan hatte, war unsinnig, zuletzt der Entschluß, Deutschland nicht zu verlassen, sondern vorläufig dazubleiben — weswegen, wozu? Mich erfüllte fast Abscheu, ja eine mit Verachtung gemischte Abscheu gegen den Siebenundzwanzigjährigen, der weder liegen noch angelehnt sitzen konnte, dem ein dumpfer Kopfschmerz und eine lastende Müdigkeit die Schärfe des Gedankens und der Sicht verwehrte.

Am Tage darauf söhnte ich mich zwar nicht mit mir aus, aber ich ließ mich nur zu gerne ablenken. Der andere Ausländer wurde geholt und kam nicht wieder; ein Faktotum, das das Essen verteilte, deutete an, er wäre entlassen worden. So begann ich wieder zu hoffen, ohne es irgend jemandem zu gestehen. Nun machte ich mir keine Vorwürfe mehr: Ja, ich habe Irrtümer begangen, seit ich lebe, immer wieder. Und sollte ich von hier lebend herauskommen, so werde ich wieder Irrtümer begehen, unerhebliche, belangreiche, folgenschwere. Wie bisher. Und inzwischen ging es mir besser, die Kopfschmerzen hatten nachgelassen, der Rücken tat weniger weh, er hinderte mich nicht am Schlafen. Ja, es ließ sich leben, wenn man einen leben ließ. Furcht und Angst nisteten in mir, in den Gedärmen, im Magen und in der Herzgegend. Aggressiv, also kämpfend zu sterben und es nicht einmal zu merken — ja, das möcht' einem jeden passen, so wie einem Juden sich mit Schweinefleisch vollzupampfen und sich dann auf einem jüdischen Friedhof begraben zu lassen ... Ich glitt langsam in den Schlaf hinüber, über die jüdischen Witze lächelnd, die ich mir selbst erzählte.

Am 20. März wurde ich endlich abgeholt, in einen Wagen gebracht und in einen mannshohen, sehr schmalen Schrank hineingeschoben, dessen obere Wand eine Art Drahtgeflecht war, durch das man hinausschauen konnte. Die Augen adaptierten sich rasch, bald fand ich die unzerteilte Welt im Lichte der Frühlingssonne wieder. Die beschwingte Bewegung der frühsommerlich gekleideten Passanten riß mich hin, löschte das Unglück aus – minutenlang. Nur sechs Tage waren vergangen, seit man mich der Welt dieser freien Geschöpfe entrissen hatte, doch war's mir, als fände ich sie nach einer sehr langen, schmerzlichen Trennung wieder. Ich vergaß nicht eine Sekunde lang, daß ich einem unsichern Schicksal entgegengeführt wurde, daß ich nicht aus der Schutzhaft entlassen, sondern auf dem Weg in ein Gefängnis war, und daß das Schlimmste, das ich während der Nächte befürchtet hatte, mir bald geschehen könnte.

Mit einigen anderen Häftlingen wurde ich im Gefängnis von älteren Wärtern übernommen, die jedem von uns die üblichen Fragen stellten und uns der Form halber durchsuchten. Wir schritten dann durch lange Gänge, meine Zelle lag am äußersten Rande. Ein SS-Mann trat zuerst ein, besichtigte mißtrauisch die schmutzigen, stellenweise mit Blut bespritzten Wände, stieß den Stiefel an die Bettkante, warf einen Blick auf den Kübel an der Tür, dann zum vergitterten Fenster hinauf und trat wieder in den Gang. Der Wärter erklärte, daß ich mich tagsüber weder aufs Bett legen noch setzen durfte, daß ich nicht versuchen sollte, zum Fenster hinaufzuklettern, es sei strengstens verboten. Bis auf weiteres würde ich meine eigenen Kleider behalten, ich hatte Anrecht auf ein Stück Seife und ein Handtuch, sie lagen auf dem Waschbecken. Bücher aus der Bibliothek gab es nicht, Pakete für meinesgleichen auch nicht. Und bis auf weiteres keine Briefe.

Ich sah hinauf, das Fenster war nicht klein, weit größer und vor allem breiter als eine Luke. Ich hatte Glück. Ich stellte den Schemel mitten in die Zelle, die nicht zu klein, auch nicht zu schmal war. Ja, ich hatte Glück – und blickte hinauf zum Himmel, zu diesem diskret blauen Junihimmel über Berlin, den ich immer geliebt habe. Aber nun waren wir erst im März, welch ein sommerlich wamer März! Solch frühen Frühling hatte ich schon mehr als einmal erlebt, wann – wo? Nicht denken und sich nicht erinnern, nur schauen, ermahnte ich mich, und blickte hinauf, gespannt, als erwartete ich etwas, das dort oben geschehen könnte. Jetzt nur nicht denken, später werde ich mich an alles wieder erinnern. An Zeit wird es mir nicht fehlen, solange man mich hierläßt – Tage noch, vielleicht Wochen.

Der Lärm in der Durchgangszelle hatte mich gestört, doch hatte ich mich an ihn gewöhnt. Das Zusammensein mit so vielen Menschen ohne eine Möglichkeit, sich für eine Stunde oder einige Minuten zu isolieren, hätte mir entsetzlich sein müssen, aber ich hatte es ertragen, vielleicht weil ich dringender als je Menschen brauchte. Ich brauchte auch Einsamkeit, jetzt mehr als je, gleichviel ob es die letzten Tage meines Lebens waren oder der Beginn einer neuen Lehrzeit.

Der Rücken schmerzte wieder sehr, ich war müde und hungrig; eine längliche, durchsichtig-dünne Wolke tauchte plötzlich auf, das weiße Segel ohne Boot schwamm ganz allein im weiten Himmel. Ach, wie würde ich jetzt schlafen, wenn ich aufs Bett dürfte …

Laute Stimmen, das Geräusch der Kelle, die an den Kessel schlug, weckte mich – ich nahm den Napf, den Becher und den Löffel vom Brett, die Tür wurde aufgeschlossen, ein anderer Wärter stand da. Ich kriegte einen Teller voll mit Kartoffeln und Kraut und einer Flüssigkeit, einer Suppe wohl, ein Stück Brot und ein braunes Getränk. Ehe er die Tür schloß, sagte der Wärter leise: »Na, na, wird schon nicht so schlimm sein.« Der Fraß war nicht zu schlecht, ich aß ihn sogar ganz gern, das Brot war genießbar, das Getränk roch nach Hering.

Ich schlief sehr gut, obschon ich immer wieder aufwachte mit dem absurden Gefühl, daß mich die ungewohnte Stille geweckt hätte, und schlief, ehe ich mich darüber verwundern konnte, wieder ein. Es war das erste

Mal seit Monaten eine gute, sanfte, eine samtene Nacht – samten, so bezeichnete ich mancherlei Gutes in meiner Kindheit, nachdem ich meinen ersten schwarzen Anzug aus Samt bekommen hatte.

In meinen Romanen und Essays, auch in Interviews, habe ich einzelne Episoden meiner Haft erwähnt. Aber erst jetzt, als ich meine Erinnerungen zu schreiben begann, schien's mir an der Zeit, davon ausführlich zu sprechen. Nun merke ich aber, daß mir viele Einzelheiten, meist unwesentliche, das ist wahr, entfallen sind. Zum Beispiel muß es in meiner Zelle ein offenes Wandschränkchen gegeben haben. Ich habe es, als ich die Zelle beschrieb, nicht erwähnt – und es ist nicht das einzige, das in meinem Errinerungsbild fehlt. Ich entsinne mich vieler Menschen, doch nicht eines jeden mit der gleichen Genauigkeit. Am deutlichsten finde ich die Wandlungen des psychischen Zustandes wieder, in dem ich jene Wochen verbracht habe; sie haben mich so nachhaltig beeinflußt, daß ich seither und noch heute bei allen wichtigen Entscheidungen den Einsichten gerecht zu werden suche, die ich damals gewonnen habe. Dennoch werde ich hier nicht die ausführliche, analytische Schilderung jenes Erlebnisses einschalten; vielleicht werde ich sie überhaupt nie schreiben, nun es so spät geworden ist in meinem Leben.

In den ersten zwei Tagen genoß ich die Stille, sagte auch den Essenträgern nie ein Wort, antwortete, wenn es notwendig war, mit einem Blick, einer Gebärde. Ich aß wie im Polizeigefängnis gerade so viel, als nötig war, damit ich nicht verhungerte, wurde auch jeden Tag schwächer, doch störte es mich nicht. Mit der Zeit mußte ich die Gewaltmärsche in der Zelle – von der Tür zum

Fenster und zurück – öfter unterbrechen und mich auf dem Schemel ausruhen.

In der Nacht des dritten Tages setzte eine abscheuliche Selbstquälerei ein: das fortgesetzte Schwanken zwischen einer störrischen Hoffnung, einer fiebrigen Erwartung meiner Freilassung, die schon anderntags oder spätestens Ende der Woche erfolgen würde, und der Verzweiflung darüber, daß ich verloren war, daß ich selbst grundlos in die Falle gegangen und zwecklos in ihr geblieben war, bis die Tür zufiel. Bald gehörte die Nacht der Hoffnung, bald waren es die frühen Stunden des Tages, die mich mit Illusionen anfüllten nach einer Nacht, in der eine bösartige Verzweiflung mich zu einem mörderischen Selbsthaß drängte. Das alles müßte ich, schriebe ich jenen Bericht, hier ausführlich schildern und dann den seltsamen Prozeß beschreiben, dank dem ich mich vor mir selber rettete.

Gegen die »zögernde Attitüde« vor schwierigen Entscheidungen wandte ich stets in meiner Selbsterziehung wie in der Psychotherapie den Kunstgriff der *Vorstellung vom negativsten Fall* an. Wie ich andernorts angedeutet habe, handelte es sich darum, zu erwägen, welche Folgen ein Entschluß im schlechtesten Falle zeitigen könnte, und dann zu überlegen, wie schlimm sie wirklich wären und was man dann noch tun könnte. Nun, ich rettete mich durch die Anwendung dieser *pessimistischen Ermutigung* und fand mich ohne Wehleidigkeit damit ab, daß ich verloren war, daß ich in mehr oder minder naher Zeit die Zelle lebend verlassen würde, aber nur um bei einem »Fluchtversuch« erschossen, mit zwei, drei anderen ermordet zu werden. Einer von diesen würde wohl ein politisch wichtiger, bekannter Mann sein, die anderen aber gleich mir, »Muster ohne Wert«. Ich war das Muster eines Ostjuden, eines Kommunisten, dem es gelungen war, sich in städtischen und staatlichen Institutionen breitzumachen und unter dem Vorwand, Psychologie zu lehren, »bolschewistisch zersetzend« zu wirken und gleichzeitig die »Weltherrschaft des internationalen Judentums« zu festigen. Ich war keineswegs berühmt, sondern nur in einigen Kreisen bekannt — auch das machte mich zu einem Musterfall, denn solche wie mich gab es viele, ich bot aber überdies einen praktischen Vorteil: ich war zur Hand.

Wer ohne Hoffnung lebt, verzweifelt nicht mehr. So war es gewiß die bedeutendste psychologische Leistung, die ich je vollbracht habe, daß ich mich instand setzte, als *Toter im Wartestand* zu leben. Von da an fürchtete ich nichts mehr — das Spiel war ausgespielt, ich konnte nichts mehr verlieren. Fortab lauschte ich auch nicht mehr, wenn am anderen Ende des langen Ganges, wo sich die Wärter aufhielten, der Name eines Gefangenen ausgerufen wurde, der vielleicht in die Freiheit entlassen wurde. Viele dieser Namen klangen wie meiner. Nun aber ging mich das nichts mehr an, ich wartete auf niemanden, auf nichts.

Wie ich nun auf die siebenundzwanzig Jahre und dreieinhalb Monate zurückblickte, bot sich mir fast alles mit einer unübertrefflichen Deutlichkeit an. Das war also meine letzte, aber verkehrte, weil von aller Zukunft abgeschnittene *Gegenwart-Entrückung.* War mir nur noch eine Woche gewährt, so konnte ich das Vergangene wieder beleben. Ich schrieb »im Kopf« über alles, was ich in diesem Lebenszeitraum wie in einer Landschaft erblickte. Ich verbot mir, bei Gefühlen zu lange zu verweilen. Es war gefährlich, an die Menschen zu denken, die ich liebte oder geliebt hatte, von denen ich geliebt wurde. Dachte ich an sie, so hielt ich Distanz und verließ sie hastig, wenn es mir nicht gelingen wollte. Was ich mir antat, was mir da geschah — lassen wir das; ich werde es nicht beschreiben.

Seit ich in der Einzelzelle war, erfuhr ich nichts mehr; außer den Wärtern und den sie zumeist begleitenden SS-

Leuten und dem Faktotum sah ich niemanden; meine Nachbarzelle blieb unbesetzt. Manchmal, in später Nacht, hörte ich eine Ziehharmonika. Der mediokre Spieler kam wohl betrunken vom Wirtshaus und ging »immer die Wand lang«, blieb stehen, spielte und ging weiter. Manchmal verschlief ich ihn, obschon er mein einziger Kontakt mit der Außenwelt war.

Eines Tages erschien ein eleganter junger SS-Mann mit dem Wärter, der im Korridor stehenblieb. Der Nazi setzte nur einen Fuß in die Zelle, ließ mich meinen Namen wiederholen und sagte schließlich, ohne mich anzusehen: »Man könnte Ihnen ein Paket zukommen lassen, man will wissen, was Sie wünschen — zu essen, zu rauchen, vielleicht Bücher, keine politischen natürlich.« Ich brauchte alles, vor allem Zigaretten und Streichhölzer, vielleicht auch Schokolade und viel zu lesen, zum Beispiel eine Geschichte des Mittelalters. Ich war ohne Wäsche, ohne Pullover, es war vormittags recht kalt in der Zelle. Am übernächsten Tag kam der SS-Mann wieder, ein Faktotum trug das große Paket in die Zelle. Der junge Mann sagte: »Man hat eine Ihrer Kolleginnen verständigt, die dafür sorgen wird, daß Sie einige Ihrer Kleidungsstücke bekommen.« Das Paket war offen, enthielt viele Leckerbissen, Zigaretten, Rasierklingen, ein Steckschach, Bücher und einen Pullover. Ich fragte, wem ich für all das zu danken hätte; er überhörte die Frage und sagte: »Es wird ganz ausnahmsweise erlaubt, daß Sie von nun an jede Woche auch von anderer Seite ein Paket bekommen.« Ich fragte: »Wer ist »man«?« Er verließ wortlos die Zelle.

Als er eine Woche später mit einem Paket wiederkam, sagte ich: »Danken Sie bitte *man.* Aber ich werde von *man* nichts mehr annehmen, wenn *man* nicht das Inkognito aufgibt.« Wieder ließ er mich ohne Antwort. Inzwischen hatte ich in der Tat meine Kleidungsstücke bekommen und viele Delikatessen. Ich konnte nicht erraten, wer von meinen Freunden das geschickt hatte, denn alle Absendernamen waren fiktiv.

Der ältere der beiden Wärter, der fast täglich unter irgendeinem Vorwand die Zelle aufschloß und mir, wenn niemand im Gang war, einige Worte sagte, ließ deutlich durchblicken, daß ich die Sonderbehandlung nur dem SS-Mann zu verdanken hatte, der so was wie ein Offizier war. Als er einmal andeutete, daß er selbst ein alter Sozi war, fragte ich ihn nach politischen Neuigkeiten. Er erwiderte leise, daß ich nichts versäume, es gab nichts Erfreuliches in den Zeitungen.

Trotz der bedeutenden Verbesserung meiner Lage blieb ich bei meiner *negativen Gewißheit*. Daß ich nie zu einem Verhör geführt wurde, hätte mich optimistisch stimmen können, aber das durfte nicht sein. So viele Tage nach meiner Verhaftung bot mein Verhör kein Interesse mehr. Trotzdem änderte sich mein Leben. Ich legte ein Programm fest, an das ich mich strenge hielt: Lesen, alles Wichtige noch einmal erleben und »im Kopf« aufschreiben. Schach spielen. Bestandsaufnahme alter Lieder, jedes mit allen Strophen, die ich je gekannt habe. Nur ein Punkt des Programms wurde gestrichen: ich hatte begonnen, Briefe zu schreiben. Das stellte sich als gefährlich heraus, es drohte, mich wieder ins Leben zu stoßen, Hoffnungen zu erwecken. Nein, ich behaupte nicht, daß ich glücklich war. Aber ich war nicht mehr unglücklich. Fürchtete ich den Tod nach wie vor, so dachte ich kaum mehr an ihn; übrigens dachte ich auch wenig an Politik. Tat ich es aber, so mit dem alttestamentarischen Gefühl, daß, was geschah, von uns verschuldet war, daß wir es also verdienten. Wir hatten genau gewußt, aber wie Unwissende oder wie *Feinde der Wahrheit* gehandelt. Unsere Feinde verdienten noch eher den Untergang, gewiß, und sollten wir gerettet werden, so nur, weil sie noch viel übler waren als wir.

Eines Tages erschien wieder der junge SS-Mann. *Man* wollte wissen, womit man mir die Lage angenehmer gestalten könnte. »Mit der Befreiung«, antwortete ich. Der hübsche junge Mann wehrte mit der Hand ab und blickte mir zum erstenmal ins Gesicht. Ich betrachtete ihn fast amüsiert – aber plötzlich wußte ich, daß er der Sohn einer Hörerin war, einer schönen Frau, mit der ich im Laufe der Jahre zwei-, vielleicht dreimal einige Worte gewechselt hatte. Sie wußte, daß es mir sehr lieb war, wenn sie sich so setzte, daß ich sie auch dann sehen konnte, wenn ich in den Saal blickte. Sie kam fast immer früh genug, um diesen Platz in der dritten Reihe halbrechts einzunehmen.

Er warte auf meine Antwort, drängte der junge Mann. »Sagen Sie der Dame, daß ich stets mit Freude daran denken werde, daß gerade sie *man* ist. Und daß ich ihr auch dafür danke.«

Während der Tage, die diesem Gespräch folgten, schaltete ich einen Teil meines Programms aus, um mich auf ein Thema zu konzentrieren, über das ich dann auch »im Kopf« zu schreiben begann – bedächtiger, als ich je etwas zu Papier gebracht habe. »Unsere Sekundär- und Tertiär-Existenzen«, das war der Arbeitstitel des Essays, den ich wirklich schreiben wollte, wenn ich leben bleiben und jemals wieder frei sein sollte. Ich habe es dann doch nicht getan, ja nicht einmal ernstlich erwogen, obwohl ich auf diesen Gegenstand in Anspielungen immer wieder zurückgekommen bin.

Was ich da Absatz für Absatz formulierte, beruhte auf der Feststellung, daß ein jeglicher neben seinem Ich-Sein eine Du- und eine Er-Existenz hatte, die, zwar auf ihn bezogen, sich sehr wohl völlig von ihm ablösen konnte. Dies nicht nur, indem sie sein Leben überdauerte, sondern ihm schon zu Lebzeiten eine Rolle zuwies und ihn eine wichtige Aufgabe erfüllen ließ, ohne daß er es ahnte oder wollte.

»Wie viele bin ich?« Mit der Beantwortung dieser Frage leitete ich den im Kopf geschriebenen Essay ein. Wer, was bin ich, zum Beispiel, der Mutter dieses SS-Jünglings? Davon ging ich aus und kam schnell zum Problem der verschiedenen Zeiträume, an denen man teilhat, ohne dessen gewahr zu werden. Ich saß ständig auf dem Schemel, blickte zum Himmel hinauf, dachte nach, erwog, schrieb. Während dieser Stunden fühlte ich mich zuweilen so frei, so leicht, als ob ich schweben könnte, wenn ich wollte. Ich vermied noch immer, meine Gedanken bei jenen verweilen zu lassen, die ich liebte, aber ich flüchtete nicht mehr vor ihnen.

Eines Morgens wurde ich sehr früh geweckt, aufgefordert, mein Zeug schnellstens zusammenzupacken und mich fertig zu machen. Auf die Frage, wohin man mich brachte, antwortete der Wärter, neben dem ein SS-Mann stand: »Jedenfalls weg von hier.« Daß er mich dabei nicht ansah, deutete ich als schlechtes Zeichen. Ich wurde in einen winzigen fensterlosen Raum gebracht, man ließ mich lange warten, zuerst allein, dann mit einem ältern, übelgelaunten Mann, der auf meine Frage, wohin wir wohl gebracht würden, unwirsch erwiderte, daß er mit mir nichts zu tun haben wollte. Endlich brachte man uns zum Gefangenenwagen; es war ein schäbiges, altes Gefährt, der Kasten, in den man mich steckte, roch nach Erbrochenem. Da ich mein Bündel mit mir in diesen stehenden Sarg nehme mußte, hatte ich kaum Platz zu stehen, schließlich warf ich es auf den schmutzigen Boden und stand auf dem modischen Morgenrock, den ich mit wenig Geschick um meine Bücher, Zigaretten und Wäsche gewickelt hatte.

Es war ein besonders trüber, regnerischer Apriltag. Ich sah nichts von der Außenwelt, kriegte auch nicht genug Luft. Der Gefangentransport dauerte den ganzen Tag, er klapperte viele Gefängnisse und Polizeistationen ab. Es war Abend, als ich endlich hinaus konnte – ich befand mich wieder im Hof des Polizeipräsidiums. Ich schleppte mich mit meinem Packen nur mühsam vorwärts, doch mußte ich den Schritt beschleunigen. Man brachte mich in ein großes Stiegenhaus, vor eine eiserne Wendeltreppe, ich sollte zum dritten Stockwerk hinauf, aber schnell, schnell. Auf der schmalen Treppe ging mein Bündel auf, aus dem Morgenrock fielen die Zigaretten, dann einige Bücher. Ich hörte einen Wärter unten böse rufen: »He, Jungs, seht auch das mal an, da bringen sie einen Herrn mit seidenem Morgenrock und mit Büchern«. Gelächter. »Runter, hol mal deine Büchelchen und die anderen Dingerchen. Rasch, mach mal!« Der Wärter, der über mir stand, gab mir einen wuchtigen Stoß, ich verlor das Gleichgewicht, fiel aber nur einige Stufen hinunter, erhob mich, stieg langsam hinunter, klaubte die Sachen auf, packte sie unter den höhnischen Rufen der Wärter, die mich umstanden, zusammen und wurde hinaufgejagt. Bald fielen wieder Bücher aus dem Packen, wieder mußte ich hinunter. Die Zuschauer konnten sich an dem Spektakel nicht satt sehen. Und mit wachsender Wut reagierten sie auf die unerträgliche Herausforderung, daß sich da ein Häftling mit seinen Büchern breitmachte; ja, gewiß, der Anblick der Bücher erbitterte sie.

Bis zur Atemlosigkeit erschöpft, begann ich wieder hinaufzusteigen – zum dritten-, zum viertenmal. Erneut lockerte sich das Bündel, begann sich zu entleeren, man brüllte mich von unten und von oben an. Ich konnte nicht mehr, mir war nun wirklich alles gleichgültig, ich ließ mich auf die Stufe sinken und schloß die Augen. Eine Hand berührte meine feuchte Stirn, ein schwarzer Häftling, gewiß ein Faktotum, beugte sich über mich und sagte: »Ich werde alles zusammentun und in die Zelle bringen.« Er half mir auf, so erreichte ich den oberen Flur, ein Wärter stützte mich, führte mich zur Zelle, wo mich ein Polizist erwartete, der mich bis zum Bett geleitete. Das Licht der Lampe war hell, alles in der Einzelzelle war hellgrün; freundlich, angenehm, dachte ich, während ich wieder zu Atem kam. Bald wurde die Türe wieder aufgeschlossen, mein afrikanischer Retter legte die Sachen ordentlich auf dem Bett aus. Etwas später brachte mir der Wärter dunklen Tee in einer großen Tasse. Ich setzte mich, nahm sie in beide Hände, die endlich zu zittern aufhörten, beugte mich darüber und erblickte mein Gesicht mit den hohlen Wangen, mit den Augen, in denen ich das erste Mal seit langem wieder kindliche Trauer und Bangnis entdeckte; und ich sah, daß meine Schläfen ergraut waren. Der Anblick rief in mir keine Gedanken über mich selbst hervor – ich tat mir leid, so leid, als ob es sich um einen anderen handelte.

Während der etwa zwei Wochen, die ich in der hellgrünen Zelle blieb, habe ich viel erlebt. Ich verlor da meine Hoffnungslosigkeit und wurde wieder ungeduldig. In anderem Zusammenhang mag ich auf diese letzten Hafterlebnisse noch zurückkommen. (Egon Erwin Kisch verbrachte um jene Zeit einige Tage in einer solchen Einzelzelle und schilderte später mit viel Humor die Eigenheiten dieses Gefängnisses und die wahrscheinlich ungewollten Quälereien, denen der Gefangene da besonders in den Nächten ausgesetzt war.)

Meine Ungeduld wuchs in dem Maße, wie ich als gewiß annehmen wollte, daß sich viele Menschen energisch um meine Freiheit bemühten – in Berlin, aber gewiß auch in Wien. Ich war davon überzeugt, daß mein Vater nichts ungetan ließ, um mich zu retten, und daß es ihm gelingen würde. Daß man mich zur Polizei zurückgebracht hatte, deutete ich als seinen ersten Erfolg.

In diesen Tagen ging ich den ganzen Weg zurück – zu jenen, die sich mit meinem Untergang nicht abfinden wollten. Ich hielt mich an sie, im Wachen und im Traum. So war ich keinen Augenblick mehr allein. Und ich verbrachte Stunden damit, mir die erfüllte Verheißung so vor Augen zu führen, als ob sie schon Wirklichkeit und nur noch eine kurze Weile von einem dichten Morgennebel verhüllt wär Ich zauberte mir Dalmatien vor, seinen Himmel am Mittag und eine im Wasser einer winzigen Bucht sich spiegelnde silberne Mondsichel am Abend.

»Nämlich – heute ist nämlich der Geburtstag des Führers«, sagte der Schupo, der mich an der untersten Treppe vom Wärter in Empfang nahm. Er ging hinter mir durch viele Gänge, an jeder der zahllosen Ecken blieb ich stehen, bis er mir einsilbig die Richtung angab: rechts, links oder geradeaus. Im Büro übergab man mir den Entlassungsschein, erklärte mir, daß ich besser noch am gleichen Tag das Land verlassen sollte. Man überreichte mir einen der Koffer, die man mitgenommen hatte; er wog nicht schwer, also behielten sie meine Manuskripte. Der Schupo begleitete mich zum Haupteingang. »Nun geht's wohl heim zu Muttern!« sagte er, als er mich auf dem Bürgersteig verließ.

Ich nahm eine Taxe und ließ mich zu Mirjam fahren. Nur sie, meine legitime Frau, konnte mich aufnehmen, ohne sich dadurch bei der Polizei verdächtig zu machen. Ich blieb bei ihr drei Tage, nahm in einer »neutralen« Wohnung Abschied von Freunden. Ich war aufgeräumt, zu gesprächig, aber ich erwähnte nie die schweren Stunden; ich versprach ihnen, später einmal alles ausführlich zu erzählen. Es ist nie dazu gekommen.

Siebenundzwanzig Jahre später habe ich Berlin wiedergesehen. Es war keine Heimkehr, nicht einmal eine Rückkehr, sondern ein gespenstischer Besuch. Keiner meiner Freunde war mehr da, keiner der Genossen, mit denen ich die letzten Krümel einer großen Hoffnung geteilt hatte.

Bis man mir Scherben auf die Augen legt

Erster Teil

Mit dem D-Zug, der vom Anhalter Bahnhof über Dresden und Prag nach Wien fuhr, verließen an diesem düsteren, unangenehm warmen Apriltag zahlreiche Männer und Frauen ihre Heimat. Die meisten saßen im Coupé der zweiten Klasse, einige in der ersten und nicht wenige in der dritten Klasse. Hatte es der Zufall so gefügt, daß Bekannte im selben Wagen zu sitzen kamen, so taten sie, als ob sie einander nicht kennten. Jeder verhielt sich, als könnte seine Anwesenheit unbemerkt bleiben, wenn es ihm nur gelang, seine Vergangenheit von sich abzutun und so unbeachtlich zu werden wie »echte« Passagiere, etwa solche, die sich zu einem Geschäftsjubiläum oder zu einer Familienfeier begeben.

Ich aber konnte auffallen, denn ich war so abgemagert wie einer, der nach einer schweren Operation das Spital zu früh verlassen hatte. Ein Polizist mochte hingegen beim Anblick meines verhärmten Gesichts vermuten, ich wäre soeben aus einem Gefängnis freigelassen worden. Ich hatte den Entlassungsschein in der Tasche; er konnte mich gegebenenfalls vor einer Verhaftung im Zug oder an der Grenze bewahren oder umgekehrt neuen Verdacht gegen mich wecken. Knapp vor der Grenzstation zerriß ich ihn im WC und ließ seine Reste unter den Rädern aufs Geleis flattern. Und da mein »langsamer« Blick die Aufmerksamkeit auf mich lenken konnte, schloß ich die Augen, wie von einem Schlummer überrascht, eingeschläfert von dem gleichmäßigen Geratter und den singenden Schienen.

Die Kontrolle verlief in unserem Abteil und wahrscheinlich im ganzen Zug wie üblich, die Pässe wurden flüchtig geprüft und den Reisenden sofort zurückerstattet. Man blieb nur noch eine kurze Weile auf deutschem Boden, die tschechische Paß- und Zollkontrolle war etwas genauer, aber auch sie endete ohne Zwischenfall. Erst als der böhmische Schaffner die Türe unseres Abteils öffnete und uns mit betonter Freundlichkeit ersuchte, ihm die Fahrscheine zu zeigen, wurde es offenbar, daß von den sechs Fahrgästen vier eben keine üblichen Passagiere waren, sondern Menschen auf der Flucht, die nun erst, in der Fremde, aufatmeten und miteinander Gespräche anknüpften, die laut und so hastig geführt wurden, als gälte es, verlorene Zeit wieder einzuholen, schleunigst zur stumm verleugneten Vergangenheit zurückzufinden, sich wieder zum eigenen Wesen zu bekennen. In wenigen Minuten erfuhr man, was die Gesprächspartner seit Hitlers Machtergreifung befürchtet, erlebt, erlitten hatten.

Ich blieb stumm, in einer gedankenarmen, unartikulierten Nachdenklichkeit. Die Gewißheit, nun endlich gerettet zu sein, rief in mir jene merkwürdige Freude hervor, die eher einem befriedenden Verzicht gleicht, den man sich leidvoll abgerungen hat; sie erweckte in mir den sehnlichen Wunsch nach einer vollkommenen Stille, nach einem sehr langen, tiefen Schlaf, aus dem man wie zu einem ersten Tage erwachen möchte.

Ich war nicht ein Emigrant, Wien war für mich nicht ein Asyl, sondern die Heimat, in die ich nun zurückkehrte, da mir Berlin – wohl für einige Zeit – verloren, verschlossen bleiben müßte. Die drei Reisegefährten erwogen, wann sie heimkehren würden. Einer erklärte, im Herbst werde Hitler abgehalftert sein, indes die anderen meinten, daß sich die Nazis wohl ein Jahr, vielleicht sogar bis zum späten Herbst 1934 halten könnten. Bis dahin, bis zur Heimkehr hatte jeder von ihnen recht viel vor, noch keine fertigen Projekte, gewiß, aber mancherlei Aussicht. Ohne dessen gewahr zu werden, gerieten die drei Berliner in eine wohltuende Ferienstimmung; einander überbietend, priesen sie alles, was das alte »goldene« Prag für sie bereithielt. War ihre Familie erst aus Berlin nachgekommen, so sollte es gar nicht so übel sein, in Böhmen die Hitlerzeit zu überwintern. »Ja, vor allem, wenn dieser Winter den Sommer nicht überdauert«, scherzte einer und erntete Beifall.

An diesem Tag, dem 24. April 1933, begann ihre Emigration. Gewiß hatten sie in Berlin Bekannte und Freunde unter jenen politischen Flüchtlingen, die seit 1919 aus Rußland, Ungarn, Italien oder aus Polen in Deutschland ein Asyl gefunden hatten. Für einige Wochen oder Monate nur, hieß es zuerst, bis der Spuk zu Hause zerstoben und die Heimkehr möglich sein würde. Die beredten, ja aufgeräumten Emigranten in meinem Coupé erwogen offenbar nicht einen Augenblick lang, daß auch in ihrem Lande der Spuk dauerhaft werden und ihr Schicksal dem jener Flüchtlinge gleichen könnte. Man weiß, es gibt eine Art von Unglück, die nur anderen widerfahren kann – fast jedem anderen, nur nicht einem selbst. Das Exil ist solch ein schicksalhaftes Unglück.

Siebzehn Jahre vorher, im Sommer 1916, war ich – damals zehnjährig – ein Flüchtling geworden. Daher dachte ich, während ich in meiner Ecke unbeteiligt diesen Emigrationsneulingen mit mäßigem Interesse zuhörte, daß ich sehr wohl wüßte, welchen Enttäuschungen sie entgegengingen. Ich irrte mich in jener Stunde und auch nachher, obschon ich mich über das Ausmaß unserer Niederlage keineswegs täuschte. Denn erst nach und nach sollte ich wie alle Zeitgenossen erfahren, daß dies eine andauernde, eine endlose Niederlage war und daß die von ihr herbeigeführte moralische Katastrophe selbst den Sturz ihrer Verursacher, unserer Feinde überdauern konnte.

In Prag unterbrach ich die Reise und blieb bei Freunden, die mich wie einen Rekonvaleszenten rührend umsorgten. Meine Eltern konnten sich gedulden, nun da sie wußten, daß ich der Gefahr entronnen und frei war.

Die Stadt war in jenen fiebrigen Wochen noch mehr als sonst der Ort erwünschter oder zufälliger, bizarrer oder folgenreicher Begegnungen. Sozialisten und Kommunisten fanden bei ihren einheimischen Genossen warmes Mitgefühl und tätige Solidarität. In den nicht endenwollenden Diskussionen kehrte man immer wieder zur Frage zurück: Wie war das alles möglich? Die stärkste kommunistische Partei außerhalb der Sowjetunion, ein seit vielen Jahrzehnten gewerkschaftlich organisiertes Proletariat, eine sozialdemokratische Massenorganisation, die trotz allen Rückschlägen intakt geblieben war – das als vorbildlich gerühmte deutsche Proletariat akzeptiert kampflos, widerstandslos eine Niederlage, deren Folgen für ganz Europa, ja für die ganze Welt katastrophal zu werden drohen?

Die Euphorie der glücklich Entkommenen währte nur Stunden, höchstens ein bis zwei Tage, ehe sie einer Unruhe, einer hektischen Betriebsamkeit wich, die mit düsterer Apathie abwechselte. Man redete zu schnell, zu viel und verstummte zwischendurch, als ob man keine Worte mehr hätte und nie mehr etwas würde sagen wollen.

In Prag erfuhr ich, daß die KPD-Führung eine von der Komintern gebilligte, das heißt von den Russen anbefohlene Resolution angenommen hatte, in der sie sich selbst zu dem in voller Ordnung ausgeführten Rückzug beglückwünschte und erklärte, daß ihre stets richtige Linie unverändert bleiben mußte. Das Zentralorgan der tschechischen KP stellte auf der ersten Seite die Frage: »Was ist denn der Unterschied zwischen dem Benesch-Faschismus und dem Nazismus?« und antwortete, daß es in der Tat keinen Unterschied gebe. Überdies wiederholte man, daß die Sozialdemokraten Sozialfaschisten und daher nach wie vor die Hauptfeinde der Arbeiterklasse waren. Das las ich in der deutschsprachigen Ausgabe dieses Blattes kurz nach meiner Ankunft, während ich im Café Continental auf eine Genossin wartete, eine Unbekannte, die mir eine Botschaft überbringen sollte. Ich bemerkte sie erst, als sie mich ansprach: »Ich bin Ilse und soll dich benachrichtigen«, flüsterte sie mir hastig zu. Meine Aufforderung, sich zu mir zu setzen, lehnte sie ab, denn sie hätte mir nur mitzuteilen, wo, zu welcher Stunde ich meinen »Treff« hatte. Alles an ihrem Gesicht, ihrer Figur, ihrer Kleidung war so unscheinbar, daß sie in diesem Café auffallen mußte, besonders wenn sie noch länger stehenblieb. An ihr vorbeiblikkend, klärte ich sie darüber auf, daß jegliche Hast unkonspirativ sei, ebenso ihre Art, mir die Nachricht zu überbringen, ohne sich vorher vergewissert zu haben, daß ich tatsächlich jener war, den sie erreichen sollte. Sie antwortete: »Sei pünktlich, gewartet wird nicht. Tach!«

Zu der von Ilse angegebenen Nachmittagsstunde fand ich mich im Bierlokal ein, kurz danach kam der Parteimann, schritt auf mich zu und schlug mit geballter Faust auf den Tisch. Diese auffällige Begrüßung war, so hieß es, im Roten Frontkämpferbund üblich geworden; anstatt die Faust herausfordernd hochzustrecken und kräftig »Rot Front!« zu rufen, schlug man sie im Lokal gleichsam insgeheim auf den Tisch. Diese Geste kennzeichnete, das merkte ich erst in jenem Augenblick, den für die Partei charakteristischen Widerspruch: die Herausforderungen mit einer töricht selbstverräterischen, »konspirativen Technik« zu verbinden, die während langer Jahre unnötig gewesen und nun gefährlich geworden war.

Leo – so wollte der Funktionär genannt werden – war ein etwa vierzigjähriger, beleibter Mann, dessen breites Gesicht jedes Lächeln so lange bewahrte, daß es von den Worten, die es begleitete, desavouiert wurde. Auch deshalb erkannte ich Leo, den ich nur wenige Male bei Sitzungen gesehen hatte, ohne Zögern. In einigen Worten drückte er mir seine Freude über meine Befreiung aus, informierte mich über die Ankunft von Genossen, die mir – das wußte er – nahestanden und mich gewiß gerne wiedersehen würden. Sodann erkundigte er sich nach meinen Plänen. Er fand es gut, daß ich nicht in Prag bleiben wollte, wo sich bereits zu viele Emigranten eingefunden hatten, und riet mir, ob ich schließlich in Wien bliebe oder nach Jugoslawien ginge, mit der deutschen KP, am besten durch ihn selbst Tuchfühlung zu bewahren. Er hatte keine Zeit, mußte gleich zu einem anderen Treff eilen, doch wollte er mir freundlich raten, in meinen Äußerungen über die Linie der Partei vorsichtig zu sein und nicht, *niemals* mit Ironie über die Heckert-Resolution der Komintern zu sprechen. Er wartete meine Antwort nicht ab, sondern fuhr fort: »Ja, auch das wollte ich dir gerade noch sagen: laß dich mit Edgar, Edgar Köhler nie wieder ein. Querverbindungen muß man unbedingt vermeiden, ganz besonders in der Illegalität, also auch in der Emigration.«

Edgar, das war einer der vielen Namen, unter denen ein Mann auftrat, der zweifellos zum »Apparat«, das heißt zu einem der Geheimdienste der Partei gehörte. Er hatte mich zwei Monate vorher aufgesucht und gebeten, ich sollte ihm helfen, Unterkünfte, Abstellkammern und Anlaufstellen für Post und Kuriere zu beschaffen. Bei dieser Gelegenheit – wenige Tage vor dem Reichstagsbrand – legte Edgar mir dar, daß die Nazis spätestens im Herbst in Schwierigkeiten geraten würden und daß bald danach »unsere Zeit« anbrechen mußte.

Leo, dessen Masken-Lächeln mir mit jeder Minute unbehaglicher wurde, warnte mich also vor der Querverbindung mit jenem Mann; ich verstand, daß er das Gespräch nur herbeigeführt hatte, um mir dieses Verbot zu übermitteln. Ich antwortete: »Vielleicht solltest du eher Edgar vor mir warnen. Er hat mir das letzte Mal einen Vortrag gehalten, um mich zu überzeugen, daß wir – wie es in der Resolution heißt – überhaupt keine Niederlage erlitten haben. Und er hat mich einen Defaitisten geschimpft, weil ich dabei blieb, daß da, wo Hitler siegt, wir geschlagen sind.«

»Nein, das verstehst du nicht richtig. Überhaupt ihr Intellektuellen . . .« Ich ließ ihn nicht ausreden, die Botschaft hatte er schon ausgerichtet, und ich meinerseits würde es gut vertragen, Edgar nie wiederzusehen und ebenso das Geschwätz über die Intellektuellen nie wieder zu hören. Endlich verschwand sein Lächeln. Er sah mich forschend an. Es geschah ihm wohl zum ersten Mal, daß ein intellektueller Genosse nicht eifrig, ja begeistert zustimmte, wenn man ihm und seinesgleichen vorwarf, daß sie die Politik nicht recht verstehen konnten, weil sie ja leider keine Proletarier waren. Er selbst hob bei jeder Gelegenheit hervor, daß er Arbeiter und Sohn eines Arbeiters war und sprach von sich selbst und von den Arbeitern als Kumpeln. Um mich zurechtzuweisen, begann er: »Ich alter Kumpel . . . « Er merkte meine Ungeduld und ging.

Ich war schon vor 1933 einige Male in Prag gewesen, jedes Mal zu kurz, und beabsichtigte, diesmal etwas länger dazubleiben, um mit dieser ungewöhnlichen Stadt vertraut zu werden. Diesmal erwog ich mit Freunden, ob ich mich nicht in Prag niederlassen und da meine psychologische Arbeit aufnehmen sollte. Wir ließen die Frage offen, weil nichts zu einer sofortigen Entscheidung drängte, aber ich wollte da jedenfalls noch mehrere Tage verweilen, um mit Kollegen Kontakt aufzunehmen. Doch schon am Tage nach dem Gespräch mit Leo fuhr ich nach Wien – nicht ohne Bangnis vor der Begegnung mit den Eltern. Ich ermaß die Qual der Unruhe, in der sie auf Nachricht warten und das Schlimmste hatten befürchten müssen. So bewirkte fremde Gewalt, daß ich mich ihnen gegenüber schuldig fühlte, und ich konnte nicht versprechen, daß ich fortab aller Gefahr ausweichen und alles unterlassen würde, um sie vor der Wiederkehr solcher Drohungen zu schützen.

Ein Traum, nach der Begegnung mit Leo geträumt, bestimmte mich, Prag zu verlassen: Ich war aus der Haft entlassen worden, wußte aber, daß ich zurückkehren, mich den Nazis stellen und von ihnen wieder einkerkern lassen müßte; somit war ich nur auf Urlaub. Alle um mich herum – ich sah im Traum kein einziges Gesicht deutlich genug – alle warteten darauf, daß ich keinen Tag mehr zögere, da sonst anderen Genossen schlimmste Repressalien drohten. Ich wehrte mich nicht. Jedoch warf ich es mir selber mit jener Bitternis und extremen Intoleranz vor, deren ich mich auch im Wachen nicht erwehren kann, sooft ich die Torheit oder Sinnwidrigkeit meines Tuns entdecke. Welch ein Wahnwitz, in eine so teuflisch bedingte Befreiung eingewilligt zu haben. Und wie unerträglich wird mir die Gefangenschaft nunmehr sein.

Ich wurde wach, noch war es Nacht, ich wartete auf die Dämmerung. Das Bewußtsein, daß ich wirklich frei war, löste die Beklemmung nur allmählich; sie wich auch nicht, als ich schon im Zug saß, der mich nach Wien brachte. Dieser Traum sollte während einiger Jahre fast unverändert wiederkehren. Er verschwand erst, nachdem ich mit der Partei gebrochen hatte. Doch ist die Erinnerung an ihn kummervoll geblieben – an ihn, an die heftigen Selbstvorwürfe und an die Trauer, in der er mich während mehrerer Jahre jedesmal aufs neue zurückließ.

Es war eine Heimkehr. Meine Eltern, von meinem Bruder Milo und einigen meiner Freunde begleitet, erwarteten mich am Bahnhof. Als sie mich erblickten, klatschte die Mutter wie ein kleines Mädchen in die Hände und rief aus: »Er ist da! Du bist da!« Ihre Augen füllten sich mit Tränen, sie verstummte; der Vater stand leicht vornübergebeugt, wie am Ende der Schemone-Esra, des Gebetes der 18 Segenssprüche, das man unhörbar zu verrichten hat.

Während der Tage, die folgten, war ich den Eltern dankbar dafür, daß sie mit keinem Worte erwähnten, wie sehr sie während meiner Haft gelitten hatten. Sie spürten wohl, daß ich ihre Klage wie einen verdienten Vorwurf empfinden würde. Durch einen Freund aus dem Adler-Kreis, den Anwalt Dr. Edmund Schlesinger, erfuhr ich, was mein Vater alles unternommen hatte, um mich zu retten. Indes jeder, auch Dr. Schlesinger, daran gezweifelt hatte, daß man irgend etwas bei den Nazis ausrichten konnte, war mein Vater, getreu einer tausendjährigen Tradition, unfähig, sich vorzustellen, daß es keine Hoffnung mehr gibt. Mit Hilfe Dr. Schlesingers und anderer gelang es ihm, diplomatische Demarchen zu erwirken, die meine Freilassung erreicht oder zumindest beschleunigt haben. Als ich ihm davon sprechen wollte, winkte er ab. In der Tat wünschten die Mutter und er, niemals an jene Wochen erinnert zu werden. Habe ich ihnen in den Tagen nach meiner Heimkehr oder irgendwann später für ihre Zurückhaltung gedankt? Ich kann mich nicht erinnern, es getan zu haben. Die Worte waren bereit, nichts leichter, als sie auszusprechen. Es geschah wohl eben deshalb nicht. Ein jeglicher kennt dieses schwer begreifliche Verschweigen, das Ungesagte, das man erst dann über die Lippen bringt, wenn es zu spät ist: Worte, die man den Toten sagen würde, denen sie zu Lebzeiten etwas bedeutet hätten.

Die vom Christlichsozialen Dollfuß autoritär geführte Regierung drängte die Arbeiterbewegung immer energischer in die Defensive, der Kampfgeist des durch wachsende Arbeitslosigkeit entmutigten Proletariats sank unaufhaltsam. Dollfuß schaltete das Parlament aus; er konnte es wagen, den Republikanischen Schutzbund für illegal zu erklären und die Manifestationen zum Ersten Mai zu verbieten. Die Sozialisten und ihre Gewerkschaften antworteten mit Parolen, die ebenso wortreich wie kraftlos waren. Es kam überdies zu einigen Demonstrationen, die sich schnell auflösten. Wer sich an die riesigen, feierlich-freudigen Aufzüge früherer Jahre erinnerte, sah in diesen Versuchen eines verspäteten Widerstandes viel eher ein Rückzugsgeplänkel kampflos Geschlagener als die Anfänge einer Konteroffensive.

Bald nach meiner Ankunft in Wien nahm ich mit Freunden und Genossen Kontakt auf. Man sprach stundenlang über die Lage, immer in der gewohnten Mischung von überzeugendem Pessimismus und jener sarkastischen Leichtfertigkeit, mit der man die schlimmsten Gefahren zur Kenntnis nahm und gleichzeitig so lächerlich machte, daß sie Gegenstand von Bonmots und Witzen wurden. Ich wiederholte unermüdlich, daß die kampflose Niederlage die schlimmste war, und rief bei manchen Zustimmung, doch zugleich Polemik und Streit hervor. Die KPD, die jahrelang das unmittelbar bevorstehende »letzte Gefecht« angekündigt und im entscheidenden Augenblick vor den Nazis das Feld widerstandslos geräumt hatte – diese Partei, ihre Führer, Mitglieder und Anhänger waren ja gewiß nicht geeignet, den österreichischen Sozialisten Ratschläge, geschweige denn Anweisungen zu geben. Ich bestritt das nicht, sondern versuchte nur zu erklären, warum die KP so völlig versagt hatte. Es gelang mir nicht, vielleicht auch, weil ich selbst es noch nicht völlig begriffen hatte.

Auch heute, 43 Jahre nach jenen Geschehnissen, ist es nicht leicht, alle Faktoren gegeneinander abzuwägen, die damals die Entscheidungen der Sowjetunion, der KPD und ihrer Führer, sowie die Haltung der Massen und der sich selbst überlassenen einzelnen bestimmt haben. Es bleiben so viele Restprobleme zurück, manche sichtbar, die meisten aber wie durch Zufall oder mit Absicht in den »Falten der Geschichte« verborgen. Seit dem Ersten Weltkrieg, noch ehe ich der Kindheit entwachsen war, habe ich die Ereignisse unserer Zeit stets als aufmerksamer, zuweilen tätiger Zeuge verfolgt. In Wahrheit bin ich mit ihnen nie fertig geworden.

Was der heutige Tag heranträgt und der morgige bringen mag, ich erlebe es als Folge von Geschehnissen und Entwicklungen, die in Zeit und Raum weit zurückliegen. Im Friedhof des Vergangenen liegen die Toten nicht unter den Grabsteinen, sie kauern auf ihnen: die Verfolger neben ihren Opfern – alle: jene, die an ihrem Mut zugrunde gegangen sind, so gut wie jene, die aus Gleichgültigkeit oder Mutlosigkeit Komplizen ihrer Verderber geworden sind – alle!

Wer aus nächster Nähe den Ersten Weltkrieg und seine noch immer unermessene Absurdität erlebt hat, sodann die kurzatmigen Revolutionen und die von ihnen herausgeforderten Konterrevolutionen, die Krise, den Aufstieg der Nazis, die Triumphe Stalins, Hitlers, Mussolinis, Francos, dann den Zweiten Weltkrieg, den nicht nur die Nazis verloren haben, sondern alle jene, die auf das Ende *aller Diktaturen der Lüge* gehofft hatten – wer all das und was auf diesem Erdenrund seither gefolgt ist, erlebt hat, der wird zum besessenen Erben des Vergangenen, das in einem riesigen, doch einzigen Zeit-Raum untergebracht ist. Er vergißt nichts, auch nicht, wie leicht man sich in diesem Zeit-Raum verirren kann.

Spricht hier ein Traumatisierter, der nicht nur das Gras wachsen hört, sondern auch den Marschtritt jener, die es zertreten werden? Vielleicht. Ich bin nicht mißtrauisch geworden, nein, ich habe nur gelernt, alles in Frage zu stellen, besonders jede Gewißheit, auf die sich jene berufen, die schrankenlose Freiheit und zukünftiges Glück versprechen und Verzicht, Unterwerfung, Mord und Tod propagieren.

In den endlosen, zumeist nächtlichen Diskussionen, die Klarheit bringen sollten, verteidigte ich keineswegs die Politik der KP; ich kritisierte die Taktik der österreichischen

Sozialisten – aber mit Maß. Wie viele meiner Freunde war ich zwar für einen entschiedenen Widerstand gegen das autoritäre Regime und seine faschistischen Verbände, doch zugleich bestand ich darauf, daß die Linke mitten in diesem Kampfe den weit gefährlichern Feind, den Nazismus, keinen Augenblick vergessen dürfte. Damals, im Frühjahr 1933, steckten die österreichischen Antifaschisten in der Falle, sie waren vor eine Alternative gestellt, deren beide Möglichkeiten sie ohne Zögern zurückweisen mußten. So engte sich ihr Spielraum fortgesetzt ein – auf dem schmalen Grat drohte der Sturz bei jeder Bewegung, also durfte man sich bis auf weiteres nicht provozieren lassen, meinten die Vernünftigeren unter uns. Einige von diesen erwiesen sich während der blutigen Kämpfe, die nur zehn Monate später unvermeidlich wurden, als die Tapfersten.

In jenen Wochen, den ersten meiner wiedergewonnenen Freiheit, wurde ich von einem anderen Wiederholungstraum heimgesucht; in ihm geschah nichts – es wurde nur gesprochen. Die Worte stürmten auf mich ein wie ein sintflutlicher Regen. Sie überfielen mich, erfüllten die Luft, den Raum, so daß ich das Gefühl hatte, in ihnen zu ertrinken und von ihnen gleichzeitig erdrückt zu werden. Ich empfand weder Angst noch Schrecken, sondern eine unaufhörliche Belästigung, die durch ihre wachsende Eindringlichkeit zur Pein und schließlich zu einer unentrinnbaren Qual wurde, die mich endlich aus dem Schlaf riß. Minutenlang ließ ich im Geiste Bilder abrollen, um mich dem Denken, den eigenen Worten zu entziehen. Mir, der seit seiner frühesten Jugend Sprachen so sehr geliebt und ihren Eigenheiten stets besondere Reize abgewonnen hatte, mir wurden die Worte zum Ekel. Auch dieser Traum sollte während einiger Jahrzehnte wiederkommen, so lange, bis ich mich endlich damit abgefunden hatte, das Geschehen, die *tägliche Weltgeschichte* so tatenlos zu ertragen, wie der Bauer stumm, mit griesgrämiger Geduld die Launen des Wetters erleidet, die verkehrte

Reihenfolge von Regen und Sonne, den Frost, der die frühen Blüten vernichtet, den Hagel, der die reifende Frucht zerschlägt.

Ich war im 28. Lebensjahr, als ich aus Berlin nach Wien zurückkam. Damals und noch lange Jahre nachher blieb ich unfähig, das Geschehen tatenlos zu erleben, denn alles war Forderung und Herausforderung: nicht nur reagieren, sondern agieren, d. h. sich das Gesetz des Handelns nicht aufzwingen lassen, sondern sich seiner bemächtigen. Das entsprach nicht nur der Auffassung, in der wir alle übereinstimmten, sondern auch meinem Bedürfnis, meinem Charakter. Denn auch in der Politik wählt man Standort, Gegner und Kampfziel gemäß dem eigenen Charakter.

Während jener langen Gespräche schien fast alles äußerlich unverändert. Wir saßen an unseren Stammtischen im Café Herrenhof oder lagen auf einer Wiese im Wienerwald und sprachen uns »den Mund fuselig«, wie der Berliner sagt. Große Kämpfe nahten, aber nicht die Linke war in der Offensive, nicht die Arbeiterklasse stieß in dieser furchtbaren Weltwirtschaftskrise vor – wir waren überall in der Defensive. In Österreich gehörten nunmehr fast 40% der organisierten Arbeiter reaktionären Gewerkschaften an, denn die furchtbare Notlage erzeugte keineswegs den Willen zur Revolution, sondern lehrte sozusagen beten. Niemals verloren wir die Nazigefahr aus den Augen, jedoch minderte dies nicht im geringsten unseren »Endphase-Optimismus«, der auf der Gewißheit beruhte, daß auch unsere schlimmsten Niederlagen nichts anderes sein konnten als umwegige Etappen zum Siege der großen Sache, der proletarischen Revolution.

Ohne daß wir es je ernsthaft erwogen hatten, veränderte sich vor unseren Augen das Bild des historisch bewußten Proletariats, verdunkelte sich die marxistische Bilderbuch-Vorstellung von der Arbeiterklasse, die allein berufen, willens und fähig wäre, eine klassenlose Gesellschaft zu errichten. Der Parteifunktionär Leo war so überrascht, daß ich ihn das nicht aussprechen ließ, was damals zum festen Bestand der Parteiphraseologie gehörte: daß ein Kumpel dank seiner proletarischen Natur unfehlbar die Dialektik der Politik, alle kühnen Wendungen und jede Kapitulation der Komintern verstand, indes die »kleinbürgerliche Mentalität« es selbst dem parteitreuen Intellektuellen sehr erschwerte, das gleiche Verständnis aufzubringen, ohne welches man in Gefahr geriet, von der Parteilinie abzuweichen und »auf dem Misthaufen der Geschichte« zu landen.

Ich hatte dieses Gerede von der kleinbürgerlichen Mentalität der Intellektuellen niemals ernst genommen, doch in diesen Monaten der faschistischen Triumphe begann sich – nicht nur mir – der marxistische Mythos von der Arbeiterklasse und ihrer historischen Rolle in einer Sintflut von Worten aufzulösen. In meinen Träumen schlugen sie auf meine Ohren ein und aggregierten sich zu schweren Gewichten, die mir die Brust eindrückten.

Wien war eine gut verwaltete Stadt mit sauberen Straßen und gepflegten Parkanlagen, doch überall, in den verkehrsreichen Bezirken wie in den armen Vierteln, überall stieß man auf Bettler und jämmerliche Hausierer. Damals gab es in dem kleinen Österreich etwa 600.000 Arbeitslose, von denen fast die Hälfte ausgesteuert war, das heißt keine Unterstützung mehr erhielt. Gewiß, niemand verhungerte, die Not war anders als in den Kriegsjahren, aber für das Empfinden der Betroffenen noch schmerzlicher: Der durch die Arbeitslosigkeit Verelendete betrachtete seine Lage häufig so, als hätte er sie, ohne es zu wollen, selbst herbeigeführt und trüge unschuldig Schuld an ihr. Wieder wie im Kriege, als ich noch ein Kind war, wurde ich Zeuge fremder Not: Diesmal geschah es nicht auf den Stufen, die zum Donaukanal herunterführten oder beim Schlangenstehen, sondern zumeist auf Parkbänken. Mich zog es in jenen Wochen, in denen ich mich, wie man mir wiederholte, sehr schonen sollte, in öffentliche Gärten. Durch den Gewichtsverlust war ich noch sehr geschwächt und mußte immer wieder ausruhen, wenn ich durch die Stadt wanderte. So wurde ich in Gespräche verwickelt, in denen meine Banknachbarn nicht nur über eigenes und allgemeines Elend klagten, sondern ihre Meinung über die Lage äußerten und jene anklagten, die sie aus Unvermögen oder Eigennutz herbeigeführt hätten. Erstaunlich oft kam der Stoßseufzer wieder: »Aber mich will doch niemand hören!« oder: »Was nützt's, wenn heute doch ein jeder gescheiter sein will als alle anderen?« Die Empörung war mit Wehleidigkeit, der Zorn über das große Unrecht mit Raunzerei gepaart. Man fragte selten nach der Meinung des Nachbarn, aber man bat ihn zwischendurch um eine Zigarette oder um die Zeitung, wenn er sie vielleicht schon ausgelesen hätte.

Ich begegnete einer Frau wieder, der ich einmal während einiger Wochen den Hof gemacht hatte. Als ich sie ansprach, sah sie mich erstaunt und nachdenklich an, sie wollte genau abschätzen, wie sehr ich mich inzwischen verändert hatte, und erraten, ob Krankheit oder Armut mein schlechtes Aussehen verursachte. Endlich sagte sie: »Weißt, heutzutage sehen manche Leute schon aus, als ob sie grad aus dem Gefängnis kommen möchten.« Als ich ihr gestand, daß ich tatsächlich in der Haft so abgemagert war, meinte sie kopfschüttelnd: »Ja, was du immer für Einfälle hast. Und was kannst denn du schon angestellt haben?«

Wir setzten uns auf eine Caféterrasse. Eigentlich wollte sie sofort nach Hause, denn auf ihre neue Köchin wäre kein Verlaß, aber dann blieb sie, bis sie mir alles über ihre nahe Vergangenheit und über ihre neue, zweite Ehe erzählt hatte. Was sie nicht unmittelbar berührte, existierte für sie nicht oder verflüchtigte sich spurlos. Und erwähnte sie die

Umwelt, so nur, indem sie das Geschehen auf ihr eigenes Leben bezog. Am Ende lud sie mich ein, sie oft zu besuchen, jedenfalls zum nächsten Jour fixe ihrer stadtbekannt kunstsinnigen Stiefmutter zu kommen. Ich sollte ihr dann schließlich schwören oder zumindest versprechen, daß ich mich unverzüglich an sie wenden würde, sollte ich einmal wegen der verfluchten Politik, wie sie sagte, Schwierigkeiten haben oder sonst irgendwelche Hilfe brauchen.

Ich habe sie nie wiedergesehen, jedoch zuweilen – anscheinend grundlos – an sie gedacht. Erst viele Jahre später ging es mir auf, daß von uns beiden sie die »Normalere«, auf ihre Weise die Lebensklügere war. Und daß sie mich mit Recht als einen Verschwender meiner Kräfte ansehen konnte, da ich nach Schatten haschte und nichts Besseres zu tun wußte. Haschte auch sie selbst nach Schatten, so war es doch was anderes, denn sie tat es, um zu lieben und geliebt zu werden, indes alle Motive meines Handelns ihr fragwürdig erschienen. Damals aber und während langer Jahre nachher blieb ich unfähig, mir auch nur vorzustellen, daß man irgendeinen Sinn in einem Leben um des Lebens willen finden könnte. Nicht das Sein, sondern das Seinsollende schien mir sinngebend, sinnschaffend. So erschüttert ich gerade in jenen Wochen war, geschwächt, seelisch überempfindlich und Träumen der Selbstquälerei ausgeliefert, so erwog ich dennoch keinen Augenblick, anders zu leben als vorher. In meinen Augen war die Partei entwertet, ihre Führung subaltern im Geist und unfähig, ihre Aufgaben zu erfüllen, aber der Kommunismus blieb für mich auch weiterhin die – trotz allem – unvergiftete Quelle, aus der man den Sinn des Lebens schöpfen konnte, wie ihn sonst nur die Religion zu bieten vorgab. Ich aber hatte den Glauben von mir abgetan. Mir und meinesgleichen war nichts versprochen, was wir nicht selbst erfüllen sollten. Es gab kein Jenseits, das Diesseits war überall; wo immer man stand, war Rhodos, wo man sein

Leben erprobte, indem man sich selbst und die Selbsterweiterung durch Teilnahme am Überpersönlichen auf die Probe stellte.

Schon in der Einzelzelle hatte ich es mir versprochen, daß ich nur einige Zeit in Wien bleiben und dann nach Jugoslawien gehen würde, um dort meine Freunde wiederzufinden und mit ihnen an die Adria zu fahren. Auch diese Frist kürzte ich ab.

Zagreb kannte ich recht gut. Dort hatte ich mich schon vor 1933 mehrmals aufgehalten, das erste Mal im Frühling 1929, als Vera und Beno Stein mich eingeladen hatten, in Jugoslawien Vorträge zu halten. Meine Ankunft am frühen Morgen in der Hauptstadt Kroatiens, die in der Doppelmonarchie Agram geheißen hatte, ist mir deutlich in Erinnerung geblieben. Ein Träger machte sich erbötig, das Gepäck in das nahe gelegene Hotel zu bringen, ich sollte ihm zu Fuß folgen. Der Platz vor dem kleinstädtischen Bahnhof lag in der schon heißen, prallen Sonne; kleine Gruppen bäuerlich gekleideter Männer standen herum, als ob sie geduldig auf etwas oder auf jemanden warteten.

»Die Lackel glauben, daß sie Arbeit finden werden«, informierte mich der Gepäckträger, der wahrscheinlich in der k. und k. Armee gedient hatte und leidlich deutsch sprach. »Das hier ist der Zrinjevac, berühmt, sehr berühmt«, fügte er hinzu. Vor uns breitete sich eine Avenue aus, in deren Mitte ein länglicher Park angelegt war; auf den Bänken lagen Schläfer. Plötzlich tauchten einige bewaffnete Männer auf, sie brüllten wie Viehtreiber, noch ehe sie die Bänke erreicht hatten, dann stürzten sie sich auf die Schläfer, rissen sie hoch, stießen ihnen die Fäuste in die Rippen, zerrten an ihren Hemden und verjagten sie schließlich mit Fußtritten und Flüchen.

Man hätte glauben mögen, daß es sich um eine sorgfältig einstudierte Szene handelte, die Spontaneität der wilden Gesten schien viel zu echt. Natürlich wußte ich, daß dem nicht so war, und vermutete, daß die arbeitslosen Dorfburschen kein Obdach hatten und sich deshalb einige Stunden Schlaf auf den Parkbänken »erschwindeln« mußten, wie ihnen die Wächter sittlich empört vorwarfen. Ich dachte nur deshalb an eine Filmregie, weil dieser herausfordernde Anblick, der allererste, den mir Zagreb bot, so durchaus zu meinem *Anti-Bädekerismus* paßte und jener gesellschaftlichen Ordnung gemäß war, die die Not nicht abschaffen konnte und deshalb wohlorganisierte Gewalttaten gegen Notleidende verübte. Die jungen Männer liefen zum Bahnhof, die roten Muster ihrer farbigen Gewänder leuchteten in der Sonne; unter dem hohen blauen Himmel sah die Welt an diesem Morgen heiter aus – heiter und empörend.

Der Kellner, der mir im Hotel das Frühstück servierte, klärte mich auf: Die Polizisten wären ja gar nicht so schlimm, die kämen ja selbst vom Lande; sie ließen die Bauern in der Nacht schlafen, aber am Tage mußten sie sie wegjagen, um den schlechten Eindruck nicht nur auf die Touristen, sondern auf die Hiesigen zu vermeiden. »Schließlich ist ja eine Parkbank zum Sitzen da und nicht zum Schlafen.« Er war davon überzeugt, daß ich mit ihm übereinstimmte, und wünschte mir ohne Übergang guten Appetit.

Ich habe in jener Stadt sehr viel Gutes und Schönes erlebt, wertvolle Menschen kennengelernt und Einsichten in die Verhältnisse gewonnen, aber wann immer ich an jenes Zagreb denke, stellt sich unabweisbar zuerst die Erinnerung an die im leuchtenden Morgen aus dem Schlaf gerissenen, verjagten Bauernburschen ein. Zweifellos führt ein Weg von dieser Episode zu einem Schulerlebnis zurück: Ein dörflich gekleideter ukrainischer Junge, der, vom langen Schulweg ermüdet, in der Pause neben dem Ofen einzuschlummern pflegte, wurde einmal durch polnische Mitschüler in demütigender Weise geweckt. Damals mag ich 7 oder 8 Jahre alt gewesen sein. . . .

Im Städtel hörte man oft die merkwürdige Beteuerung: »Das werd' ich nicht vergessen, bis man mir Scherben auf die Augen legen wird.« Nun, diese Vorfälle bewahren in meinem Gedächtnis seit meiner frühen Kindheit einen ungewöhnlichen, sachlich unangemessenen Platz – und es wird wohl so bleiben, bis man mir Scherben auf die Augen legen wird. Warum aber, was steckt dahinter? Eine unauslöschliche Erinnerung an eine Demütigung in früher Kindheit oder das früh ausgeprägte Bewußtsein des besonderen Schicksals meines Volkes, das, entwaffnet und erniedrigt, fast zwei Jahrtausende lang außerstande blieb, sich zu wehren? Und es ist wohl bezeichnend, daß ich, fast noch ein Kind, *Schuld und Sühne* lesend, von der Gewißheit ergriffen wurde, daß der Dichter dieses Romans selbst ein gedemütigter Mensch war. Später entdeckte ich in Werken anderer Autoren dieselbe Intensität, mit der Dostojewski Szenen der Erniedrigung beschreibt. Ich stieß häufig auf jene extremen Situationen, in denen der Held, durch sich selbst, durch eigenes Versagen aufs äußerste entwertet, am Ende in ungewöhnlichen Taten Zuflucht suchen muß.

Der Untergang der habsburgischen Monarchie setzte die Völker des alten Reiches frei: Die Nationalitäten verwandelten sich in Nationen, deren jede ohne Verzug ihren neuen Staat mit allen, insbesondere militärischen Mitteln zu sichern suchte. Meinesgleichen betrachtete dieses »Erwachen der Völker« als einen revolutionären Fortschritt, als einen Triumph der nationalen Freiheit, auf die, glaubten wir, die revolutionäre Befreiung von Armut und Klassenherrschaft sehr bald folgen müßte. Es sollte sich jedoch erweisen, wie trügerisch diese Hoffnung war: Die sogenannten Nachfolgestaaten lösten nicht das nationale Problem, an dem die Monarchie zugrunde gegangen war, sondern vervielfältigten es. Die Ukrainer und Litauer in Polen, die Ungarn in

Rumänien und der Slowakei, die Deutschen in Böhmen blieben oder wurden benachteiligte Minderheiten, diskriminierte »Nationalitäten«, die auf Befreiung durch nahe oder ferne Konflikte hofften, selbst auf die Gefahr hin, daß diese sich in Anlässe zu Kriegen verwandelten.

Erst als ich dank Beno und Vera Stein mit vielen aufrechten und politisch klugen Menschen in Berührung kam, lernte ich die wirkliche Lage Jugoslawiens kennen. Mit Staunen, ja zu meinem Entsetzen entdeckte ich, daß zahllose Kroaten in den Serben – und nicht nur im König und in der ihm dienstwilligen Regierung – Unterdrücker sahen. Weniger als elf Jahre waren vergangen, seit die Träume dieses Volkes wahr geworden waren, seit es die Unabhängigkeit erlangt und sich, gleichberechtigt, mit den Serben und Slowenen vereinigt hatte. Und nun stieß man überall im Lande auf eine heftige Abneigung, ja auf Haß gegen die Serben und Abscheu vor dem jugoslawischen Staat. Als Volk und als Staatsbürger fühlten sich die Kroaten gleichermaßen entmündigt, des Rechts auf ihre Identität beraubt.

August Cesarec, Romancier, Novellist und Essayist, hatte sich sehr jung dem revolutionären Flügel der kroatischen Nationalbewegung angeschlossen und war wegen Teilnahme an einer Verschwörung gegen den Gouverneur des Landes vor Gericht gestellt worden. Nach dem Kriege stieß er zur kommunistischen Partei, wurde einer ihrer intellektuellen Repräsentanten und blieb es auch in der Illegalität. Von der Polizei häufig der Beteiligung an verbotenen Aktionen verdächtigt und in Haft genommen, wurde er zumeist mangels ausreichender Beweise recht bald wieder auf freien Fuß gesetzt. Obschon er äußerlich durch nichts auffiel, war er eine bekannte Figur in der Stadt; auch die Gegner respektierten ihn, seinen gleichsam stillen, doch unerschütterlichen Mut, seine wehmütige und zugleich fordernde Liebe zu den Kroaten, schließlich seine schriftstellerische Begabung und sein Wissen.

Mich zog es zu Cesarec von unserer ersten Begegnung an: Er lehrte mich, das so vielschichtige, zum Verzweifeln widerspruchsvolle Wesen seines Volkes und des merkwürdigen Staates Jugoslawien verstehen. Mit der fernen und nahen Geschichte, mit allen Schichten des Volkes, mit dem Alltag der Bauern wie der Arbeiter, der Beamten wie der Pfaffen war er so vertraut, als ob er einer von ihnen wäre. Im Unterschied zu seinem berühmten Freund und Genossen, dem überragenden Miroslav Krleža, dachte und schrieb August Cesarec so, als ob er mitten im Gedränge stünde; er blickte jeden aus Augenhöhe an, nicht von oben, nicht von unten. Ihm war jeder Raum überfüllter Lebensraum, voll von Menschen, die aneinander klebten, selbst wenn viele von ihnen so einsam waren wie der Flüchtige, der von niemandem erkannt werden will.

Im Zusammenhang mit unseren Gesprächen bemühte sich Cesarec seinerseits um eine Verbindung von Marxismus und Individualpsychologie. Seine in mehreren Arbeiten dargelegten Auffassungen verstärkten das Interesse jugoslawischer Intellektueller, besonders der studierenden Jugend, die in einer marxistischen Psychologie für ihre politische Protesthaltung neue, persönliche Beweggründe und neue Betrachtungsweisen fand.

Der Zufall fügte es, daß die *Hrvatska Matica,* eine kroatische Kulturorganisation und bedeutende Verlagsanstalt, mit der Cesarec häufig zu tun hatte, im gleichen Hause wie die Wohnung und die Ordination meines Freundes Beno Stein untergebracht war. So teilte Cesarec häufig unser Mittagessen; fast täglich stellten sich andere Freunde zum Kaffee ein. Um gegebenenfalls vor der Polizei die Häufigkeit ihrer Besuche zu begründen, wurden alle in Benos Kartothek als Patienten geführt. Natürlich wußte man in der Stadt und somit auch bei der Polizei, daß diese zumeist jungen Männer und Frauen bei Dr. Stein nicht nur Heilung suchten, sondern Gesinnungsgenossen, die aktive Mitglieder der verbotenen kommunistischen Partei waren oder es bald wurden.

Die balkanischen Diktaturen jener Jahre, denen Lateinamerikas nicht unähnlich, unterschieden sich in wesentlichen Hinsichten von dem faschistischen Italien und noch weit mehr von dem Regime der Sowjetunion und dem des Dritten Reiches. Die Polizei Jugoslawiens behandelte alle, die zum sogenannten einfachen Volk gehörten, mit ungehemmter Grobheit, wandte tätliche Drohungen oder Gewalt bei jeder Gelegenheit an, um ihre selbstherrliche Autorität zur Geltung zu bringen, sie erzwang brutal Gehorsam und Unterwerfung, wann immer »Ruhe und Ordnung« wiederhergestellt werden sollten. Um jede Regung der trotz Verbot organisierten Opposition zu unterdrücken, noch bevor sie irgendeine Bedeutung gewann, setzte die politische Polizei alle Mittel der Bespitzelung und der Einschüchterung ein; sie mißhandelte, folterte Verdächtige, sofern sie nicht den sozial und wirtschaftlich mächtigsten Schichten angehörten; sie scheute nicht die Ermordung von Untersuchungshäftlingen, wenn es galt, die Spuren grausamer Tortur zu verheimlichen oder durch eine Erschießung »bei einem Fluchtversuch« die Opposition in Schrecken zu versetzen.

Bei den Linken suchte die Polizei vor allem Literatur; dieses Wort bezeichnete keineswegs literarische Schöpfungen, sondern maschinengeschriebene, hektographierte oder gedruckte Flugzettel, Artikel, Zeitungen, Broschüren oder Bücher, die nur konspirativ hergestellt und illegal verbreitet werden konnten. Fand man bei jemandem solche Literatur – und war's auch nur ein einziges Exemplar –, so legte man es darauf an, aus ihm den Namen der Person herauszupressen, die ihm das »illegale Material« übergeben hatte. Die Verfolger fanden so heraus, wer der Verteiler, Erzeuger oder der Kurier war, der diese Schriften – gewöhnlich aus Wien – gebracht hatte. Zuweilen entdeckte die Polizei eine winzige Druckerei, eine Handpresse in einem Keller oder sie fand die Spur, die ins Ausland führte, nach Österreich oder in die Schweiz, von wo aus größere Sendungen von Propagandamaterial eingeschleust wurden.

Zwar meinte ich, seit jeher das Wesentliche über das Leben unter einer Diktatur zu wissen, aber in Wirklichkeit erfaßte ich erst in Jugoslawien, unter welchen Vorwänden und mit welchen Finten die Mechanismen der Unterdrükkung angewandt werden und wie verschieden sie auf die Betroffenen wirken. Widerstrebend nahm ich zur Kenntnis, daß die Gewaltherrschaft im Alltagsleben bei den meisten Gleichgültigkeit hervorruft, weil sie sich durch sie weder bedroht noch persönlich eingeengt fühlen. Unter der nichttotalitären Diktatur gewöhnt man sich daran, nur innerhalb der vier Wände oder im Gespräch mit Gleichgesinnten oder aber umgekehrt da, wo einen niemand kennt, auf das Regime zu schimpfen oder, ohne es genau zu bezeichnen, die von ihm getroffenen Maßnahmen zu kritisieren. Das Volk findet die jahrtausendealte Technik der Vorspiegelungen wieder, um mit dem Anschein des gebotenen Respekts sein Mißfallen über die Herrschenden auszudrücken. Es benutzt die hinterhältige, durchaus unauffällige Sklavensprache, die selbst der Dümmste blitzschnell erlernt. So beginnt und beendet man zum Beispiel jede Kritik mit dem so leicht zu variierenden Deckwort: »Wenn der König (oder Mussolini, oder Hitler, oder Stalin . . .) es nur wüßte . . .«

Im Januar 1928 war in offener Parlamentssitzung in Belgrad der geliebte Führer der Kroatischen Bauernbewegung Stepan Radić von einem serbischen Abgeordneten niedergeschossen worden. Auch sein Bruder und mehrere seiner Gefährten wurden zu Opfern dieser ungeheuerlichen Herausforderung. Als ich einige Jahre später durch Kroatien reiste, fand ich in zahllosen Bauernhäusern Radić's Bild wie eine Ikone aufgehängt und mit Kreuzen und Bändern in den kroatischen Nationalfarben geschmückt. Häufig brannten Öllämpchen und Kirchenkerzen unter dem Bild. Äußerlich bewahrte das Land Ruhe, griesgrämige Gleichgültigkeit. Die in ungarischen und italienischen Geheimlagern ausgebildeten Ustaschi, tatendurstige Terroristen, kehrten in winzigen Gruppen heim, wurden aber, zumeist noch ehe sie etwas unternehmen konnten, von Polizei und Gendarmen aufgespürt, umzingelt und vernichtet oder dem Gericht überliefert, das sie zu langen Kerkerstrafen verurteilte. Den einzigen Triumph errangen die Terroristen in Frankreich, wo sie den schlecht beschützten König Alexander gleich nach seiner Landung im Oktober 1934 umbrachten.

Die Flugzettel und Broschüren der Kommunisten gelangten nicht immer und nicht zahlreich bis zu den Arbeitern großer Betriebe, und nicht bei ihnen, sondern bei Studenten, Intellektuellen und linksliberalen Bürgern riefen sie wahres Interesse und Sympathie für die illegale Partei hervor. Manche von diesen wurden Mitglieder und schließlich Erzeuger und Verbreiter dieser sogenannten Literatur. Im ganzen aber blieb die Wirkung solcher Propaganda gering, ja unerheblich, wenn man sie mit den furchtbaren Folgen verglich, die sie für so viele Oppositionelle hatten. Doch nicht nur die Führung im Ausland und ihre Vertreter im Innern, sondern auch jene, die sich selbst der Gefahr aussetzten, erachteten es als selbstverständlich, daß die Stimme der Partei immer wieder und um jeden Preis laut werde. Auch die Ketzer, die mit der anbefohlenen Politik oft genug nicht einverstanden waren – selbst sie zögerten niemals, die ihnen von den Parteifunktionären erteilten Aufträge auszuführen und sich damit der Verfolgung auszusetzen.

In der Tat war es die Illegalität, die dem Propagandamaterial seine Bedeutung verlieh; es ging weniger um den Wert der Texte als darum, sie trotz des Verbotes zirkulieren zu lassen. Jedes Flugblatt wurde zum Beweis, daß die Diktatur nicht allmächtig und die Opposition nicht ohnmächtig war.

Das Regime und seine Polizei überschätzten die Wirkung

dieser ärmlichen Propaganda, weil sie in ihr einen Vorwand für die unaufhörliche Terrorisierung der öffentlichen Meinung und für die Verfolgung der in die Konspiration abgedrängten Opposition fanden. Im Laufe meines ersten Aufenthaltes in Jugoslawien drängte sich mir die Frage auf, in welchem Maße jene, die durch Schrecken herrschen wollen, ihrerseits von Ängsten beherrscht werden, die sie geheimhalten wollen, so daß in der Diktatur die Angst von oben ununterbrochen die Angst von unten erzeugt. Daraus ergibt sich ein seltsames Zusammenwirken von Unterdrükkern und Unterdrückten, zwischen jenen, die durch den Schrecken herrschen, um ihrer aggressiven Angst zu entgehen, und ihren Opfern, die sich bedingungslos unterwerfen, um ihre Furcht vor dem permanenten Schrecken zu mäßigen.

Erst sechs Jahre später schrieb ich *Zur Analyse der Tyrannis*, nicht zuletzt, um mich von der Wirkung der einen wie der anderen Angst endgültig freizumachen. Da hatte ich endlich das besondere Wesen der totalitären Regime, des Hitlerschen wie des Stalinschen, so erfaßt, daß ich sie in psychologischer Sicht darstellen konnte.

Als ich im Frühjahr 1933 nach Zagreb fuhr – es war meine vierte oder fünfte jugoslawische Reise –, da wußte ich bereits, durch die deutschen Ereignisse und meine Begegnungen in der Gemeinschaftszelle belehrt, daß es zwischen der im Balkan und in Lateinamerika von Cliquen und Juntas errichteten Diktatur einerseits und Hitlers Regime andererseits nicht nur einen quantitativen, sondern einen qualitativen, einen wesensbedingten Unterschied gab. Das leuchtete auch meinen jugoslawischen Freunden ein, doch fuhren sie fort, gemäß der Kominternlinie unterschiedslos alles als faschistisch zu brandmarken: die Hegemonie der Serben im jugoslawischen Königreich ebenso wie die sozialdemokratischen Koalitionsregierungen in verschiedenen europäischen Ländern, sowie das Programm des »Faschisten« Roosevelt, der mit seinem New Deal, sagte man, sich nun offen enthüllte.

Eben weil die KP im Untergrund erbarmungslos verfolgt wurde, gelang es den Funktionären sehr leicht, die Zweifler und Kritiker unter den intellektuellen Kommunisten zum Schweigen und zu schnellem Einlenken zu bringen. »Angesichts des Feindes diskutiert man nicht, man gehorcht der Führung!« Das leuchtete auch den ketzerischsten Genossen ein, deshalb riefen sie Zwiste nur auf Nebenkriegsschauplätzen hervor. In den wenigen legalen Revuen der Linken, die scheinbar ausschließlich kulturellen Fragen gewidmet waren, wurden scharfe ideologische Kämpfe ausgetragen, die als ästhetische oder philosophische Auseinandersetzungen begannen und intern zu schweren politischen Konflikten führten. Am Ende entschied die Partei autoritär, es gab Ausschlüsse, irreparable Brüche alter Freundschaften. Hinter den Streitfragen, die sich zum Beispiel auf die Freiheit des künstlerischen Schaffens oder auf den sozialistischen Realismus oder auf den Empiriokritizismus Ernst Machs bezogen und auf die wissenschaftliche Verifizierbarkeit der in Friedrich Engels' »Dialektik der Natur« enthaltenen Thesen – hinter alledem ging es um den Stalinschen Monolithismus, darum, daß selbst im letzten montenegrinischen Dorf niemand, der sich Kommunist nannte, auch nur um Haaresbreite von der Linie abwich, die Moskau allein bestimmte und von einem Tag auf den andern völlig ändern, ja umkehren mochte.

In diesen Zeitschriften waren die meisten Artikel mit Pseudonymen gezeichnet, die mehr oder minder enthüllbar waren. Ein Name aber ragte hervor: Miroslav Krleža. Der ihn trug, war sehr früh berühmt geworden; ihn kannten alle, er blieb in jeder Zeile unverkennbar. Auf ihn berief sich die Partei insgeheim, wo immer sie sein Prestige nutzen konnte, denn seinethalben kamen junge Intellektuelle zum Kommunismus. Gegen ihn entfachten nun die Parteifunktionäre mit

Hilfe besonders aggressiver Neophyten Polemiken, in denen sie Krležas mangelnde Linientreue verdammten; es gelang ihnen aber nicht, ihn zum Schweigen oder zur Umkehr zu bewegen. Sein Beispiel war gefährlich, denn er zog es in jeder Situation vor, eher sich selber treu zu bleiben als sich zum sozialistischen Realismus zu bekennen, d. h. so zu schreiben, wie es den Parteifunktionären gepaßt hätte.

Miroslav Krleža war für eine militärische Karriere bestimmt gewesen, doch riß er aus der k. und k. Kadettenschule aus, schmuggelte sich über die Grenze, um sich der serbischen Armee, die gerade wieder einmal Krieg führte, zur Verfügung zu stellen. Die serbischen Brüder aber mißdeuteten seine Absichten, er wurde festgenommen und wegen Spionage im Dienste des Kaisers und Königs Franz Joseph zum Tode verurteilt. Es gelang, ihn zu retten; er kam rechtzeitig zurück, um im Weltkrieg an die russische Front geschickt zu werden. Dort wurde er zum Dichter, der schreiben mußte, weil er sich täglich durch die unfaßbare Sinnlosigkeit des organisierten Massensterbens, durch den skrupellosen Leichtsinn und die mörderische Schlampigkeit der Herrschenden ebenso herausgefordert fühlte wie durch die Untertänigkeit der Opfer. Mit den unter dem Titel *Kroatischer Gott Mars* bald nach dem Krieg erschienenen Erzählungen errang Krleža eine einzigartige Position in der serbo-kroatischen Literatur, die er bis auf den Tag bewahrt hat. Obschon er sich von Anbeginn zur Oktoberrevolution bekannte, war sein Buch weder ein kommunistisches noch ein marxistisches Anti-Kriegsbuch. Es war das Requiem einer Menschheit, deren Tun nur als Absurdität erfaßt, verabscheut und bejammert werden konnte.

In völlig verschiedenen Formen haben drei österreichische Autoren den Ersten Weltkrieg als ein aberwitziges Geschehen dargestellt, dessen gigantisches Ausmaß sie jedesmal auf die Dimension der Individuen, ihrer Schuld und ihrer Misère zurückgeführt haben, auf ihr Vergehen und ihr Verkommen, auf ihre Überansprüche und ihre Knechtseligkeit, auf ihre skrupellosen Listen und ihre unbesiegliche Dummheit. Karl Kraus, Jaroslav Hašek und Miroslav Krleža enthüllten das Gesicht der Weltkriegsmacher so, daß es einer von Gelächter und Todeskrampf geschüttelten Fratze glich. Es gab da im Übermaß zu lachen, zu hassen, zu verspotten und so vieles, das Angst machte – die Grenze zwischen den Mördern und den Ermordeten blieb fließend.

Als ich Krleža das erste Mal begegnete, war er im besten aller Alter: siebenunddreißigjährig, ein reifer Mann, dem man zutraute, daß er bis ans ferne Lebensende den juvenilen Elan bewahren könnte, den der Blick seiner leuchtend klugen, herausfordernd witzigen und traurigen Augen, seine Gesten und Wortkaskaden verrieten. Die Jugend bewunderte den Mann nicht weniger als sein Werk. In den Salons der noblen Zagreber Oberstadt und des reichen Villenviertels Tuškanac träumten Frauen von ihm mit offenen Augen; und da er, wie es hieß, Kommunist war, waren sie nicht abgeneigt, sich mit einer Revolution abzufinden, sich mit ihr irgendeinmal, später, sogar auszusöhnen.

Noch bevor ich einen seiner Texte gelesen hatte, erweckten die Gespräche mit diesem Dichter in mir das Gefühl, daß er ein liebevoller Sohn und ein unerbittlich kritischer Vater seines Volkes war. Ihn von Kroatien, von dessen Landschaften, Bauern, seinen Kleinbürgern, Würdenträgern und Adeligen sprechen zu hören, war für mich ein wahrhaft einzigartiges Erlebnis: Mit der bald melodiös weichen, bald spöttisch harten Stimme sprach aus ihm ein unterdrücktes Volk mit seiner schlauen Widerspenstigkeit, seiner fatalistischen Unterwürfigkeit und seinem Abscheu vor Gewalt und mit der Hemmungslosigkeit, mit der es sich ihr wie im Rausch ergab. Und dieser Krleža, sagte ich mir knabenhaft begeistert, der alles weiß, der mühelos von einer Sprache zu einer zweiten, einer dritten und vierten wechselt; der die Weltliteratur und die Weltgeschichte kennt, über alles auf dem laufenden ist – er steigt da in der Hauptstadt einer Provinz herum, von der Polizei überwacht, von der Zensur beengt; bedrängt von der Zwietracht seines Volkes, von den gefährlichen Irrtümern seiner Partei und dem wirtschaftlichen und geistigen Elend ringsum.

Ich bin damals, vom Frühling 1933 bis Mai 1934, in Jugoslawien geblieben, zwischendurch fuhr ich zu einem längern Aufenthalt nach Wien und für eine Woche nach Prag. Nur wenige Tage nach meiner Ankunft in Zagreb begann ich Vorträge zu halten, die eine noch zahlreichere Hörerschaft anzogen als in den Jahren vorher. Unbekannte, jüngere und ältere Menschen, sprachen mich oft an, ihre Freude über meine Befreiung rührte mich, flößte mir Mut zu der für mich damals neuen Gewißheit ein: daß man auch aus Irrtümern und ihren Folgen und aus dem Leiden Rohstoff für den Sinn gewinnen kann, den man dem Leben gerade dann geben muß, wenn es aufs äußerste gefährdet ist und sein Sinn sich zu verlieren droht.

Dreiundvierzig Jahre trennen mich von jenem frühen Sommer 1933, dem Sommer einer Freundschaft, die mich fast hätte vergessen lassen, was geschehen war, und das Grauenhafte, das sich vorbereitete. Kaum einer von denen, deren Nähe mich mit Freude erfüllte und mir befriedendes Einverständnis bedeutete, ist noch am Leben; die meisten sind Opfer der Gewalt geworden, sie sind nicht eines »natürlichen« Todes gestorben, sondern am hellen Mittag ihres Lebens vernichtet worden. Daher ist meine Erinnerung an sie in ein Sonnenlicht getaucht, das immer wieder von Finsternis verschlungen wird – schmerzende, glückliche Erinnerungen ... Keine von ihnen will verblassen. Manchmal jedoch, im friedlich dahinfließenden Alltag, im anscheinend dauerhaft gesicherten Wechsel von Tun und Ruhen, von gemäßigter Erwartung und angemessener Erfüllung oder Enttäuschung – manchmal überfallen mich die bildhaften Vorstellungen, die mich den Untergang dieses Freundes oder jener Freundin so miterleben lassen, als ob ich verurteilt wäre, bis an mein Ende der tatenlose, hilflose Zeuge ihrer Vernichtung zu bleiben. Bewegungslos erstarre ich im Banne dieses Untergangs, mein Blick bleibt lange an irgend etwas haften, an der Wand gegenüber, an der Rückenlehne eines Stuhls, an einer weißen Wolkenbank. Es gelingt mir nicht immer, schnell genug zur Gegen-Erinnerung zurückzufinden, zur Helligkeit einer Stimme, die weit mehr durch Klang und Tonfall als durch Worte jeden Tag aufs neue zu mir in jene geheimste Einsamkeit drang, in der die gefährlichsten Zweifel am Sinn des eigenen Daseins nisten.

Das slawische Wort für Brüderlichkeit: *bratstvo* drängte sich mir damals häufig auf die Lippen, wenn wir in einem Dorf an einem Bauernfest teilnahmen, wenn uns die Sommernächte in Gärten und Wäldern viel zu schnell zu vergehen drohten. Wie waren wir jung, auch die ältesten unter uns! Und so jung werden sie, die nicht überleben durften, mir gegenwärtig bleiben, bis man, ja bis man mir Scherben auf die Augen legen wird.

– In Zagreb erreichte mich Mirjams Nachricht, daß sie schwanger war. Unausgesprochen hatten wir es beide während der Tage, die ich nach meiner Freilassung bei ihr verbrachte, darauf ankommen lassen. In der Zelle hatte ich es mir vorgeworfen, daß ich ohne Nachkommen sterben und in niemandem weiterleben würde. Nicht gleiche, aber wohl ähnliche Gründe dürften Mirjam bewogen haben, einer Empfängnis nicht vorzubeugen. Und nun wir ein Kind erwarteten, fragten wir einander nicht, ob es uns fortab besser gelingen würde, zusammen zu leben. So schnell sie konnte, liquidierte Mirjam ihre und ihrer Eltern Wohnung in Berlin, sandte, was an beweglichem Gut zu retten war, nach Wien und kam zu mir nach Jugoslawien.

Wir verbrachten die Sommermonate auf der Insel Korčula, die mir der deutsche Maler und Graphiker Richard Ziegler und seine Frau Edith gerühmt hatten. Sie besaßen dort ein Haus mit einem großen Garten, der uns in den heißesten Stunden Schatten spendete und die Kühle des *Maistrals*, der, zahmer als der Mistral aus dem Rhônethal, sich meist am frühen Nachmittag einstellte.

Beno, Vera und viele unserer Zagreber Freunde verbrachten die Sommerferien mit uns im Hotel Bon Repos, auf dem Hügel über einer kleinen Bucht gegenüber der Halbinsel Pelešac, auf der pensionierte Offiziere der k. u. k. Marine friedlich ihre Blumen züchteten.

Uns vergingen jene Wochen in der dalmatinischen Landschaft, auf dieser Insel mit ihren Buchten, ihren Hügeln und biblischen Tälern, als ob wir exterritorial, von der Welt abgesondert wären. Wir waren glücklich, wenn wir die Augen aufschlugen und den schimmernden blauen Himmel über uns erblickten und weiße Segel auf dem Meer. Die Schiffe, die fast gleichzeitig, gewöhnlich um Mittagszeit, aus dem Süden und aus dem Norden, aus Dubrovnik und aus Split kamen, brachten Zeitungen aus aller Welt. Während wir sie lasen und die Nachrichten besprachen, verloren wir die Exterritorialität, die Vorgänge in Deutschland warfen uns in die Zeit zurück. Es gab unter uns welche, die auf das plötzliche Erwachen der deutschen Arbeiterklasse hofften. Sie hatten dafür so viele theoretisch und politisch fundierte Gründe, daß man zögerte, ihnen zu widersprechen. Und war es nicht offenbar, daß Hitler an den Problemen scheitern mußte, deren Lösung der Republik nicht gelungen war? Mit welchen Zaubermitteln wollte er die Arbeitslosigkeit abschaffen? Wie wollte er die »Versailler Ketten« brechen? Wollte er aufrüsten, so mußte er auf den unüberwindlichen Widerstand der Siegermächte stoßen.

Gewiß, wer den sieben Millionen Arbeitslosen wieder Arbeit verschaffen könnte, der würde die politische Gegnerschaft des Proletariats zwar nicht beseitigen, aber besänftigen und die Massen neutralisieren. Aber der Kapitalismus, mit oder ohne Hitler, war in seiner *Endkrise* hierzu gar nicht imstande. »Alle Zeichen deuten auf eines hin: daß in allernächster Zukunft gewaltsame Klassenkämpfe zu erwarten sind.« Das erklärte wörtlich die Führung der KPD, das glaubten jene unter uns, die mit kurzen Fristen rechneten.

Auch wer diesen Optimisten nicht zustimmte, widersprach nicht energisch genug, denn keiner von uns konnte sich vorstellen, daß Hitlers Regime die Arbeitslosigkeit auch nur erheblich vermindern würde. Und nun nahte überdies die fatale Stunde der Wahrheit – der auf den Herbst angesetzte Prozeß gegen Dimitrow und seine bulgarischen Genossen sowie gegen den deutschen Kommunisten Torgler mußte dem deutschen Volk unwiderleglich beweisen, daß nicht die Kommunisten, sondern die Nazis den Reichstag in Brand gesteckt hatten. Damit wird Hitler mitsamt seinen Göring, Röhm und Göbbels vor der ganzen Welt gerichtet sein, damit wird ihr schnelles Ende beginnen.

Inzwischen waren die Konzentrationslager errichtet worden; die Nachrichten, die zuerst nur spärlich durchsikkerten, ließen Schlimmstes für das Schicksal der dort Internierten befürchten. Seit sie die Macht ergriffen hatten, verübten die Nazis zwar weniger Morde, als sie selbst angekündigt und wir befürchtet hatten, aber sie demütigten, mißhandelten, folterten ihre Gefangenen. Daß die so mächtige Kommunistische Partei Deutschlands mit ihren Millionen Wählern nicht das Allergeringste tun konnte, um den Insassen der *Konzlager* zu Hilfe zu eilen, z. B. einen einzigen Ausbruch zu organisieren, verstärkte den Eindruck, daß die Folgen der Niederlage, die wir am 30. Januar 1933 erlitten hatten, viel weiter reichen konnten, als wir wahrhaben wollten, und daß niemand und nichts auf die Dauer Hitler daran hindern würde, in einem Krieg die unbegrenzte Erweiterung seiner Macht in Deutschland und schließlich die Herrschaft über den ganzen europäischen Kontinent zu suchen.

E verging kein Tag, ohne daß wir über die bedrückende Gegenwart und die so bedrohliche Zukunft sprachen. Was wir als zukünftige Möglichkeiten erwogen, sollte innerhalb des Jahrzehnts eintreffen, aber im Grunde glaubten wir unseren eigenen Worten keineswegs. Fast glichen wir dem Hasardspieler, der das Letzte auf eine Karte setzt und ausruft: »Natürlich verlier' ich auch diesmal!« Wie er selbst es nicht immer wissen muß, ist dieser Ausruf ein jämmerlicher magischer Trick, denn er glaubt natürlich nicht, daß er verlieren wird.

Der vorstehende Satz hat mich so nachdenklich gestimmt, daß ich während einiger Tage nicht weiterschreiben mochte. Auf meinen Spaziergängen im Luxembourg nahm ich mir die Zeit, fast jeden einzelnen Kastanienbaum gründlich zu betrachten, um genau festzustellen, wie es mit seinem Erwachen, mit den auf den einzelnen Zweigen sich öffnenden Knospen oder gar den über Nacht aufgeschlossenen Blättern stand. Während ich den Vorsprung oder die Verspätung dieses oder jenes Baums feststellte, bemühte ich mich, rückblickend zu erfasssen, wie wir das Geschehen erkannt oder verkannt hatten: Wir sahen viel voraus, wenn auch nicht alles, wir erwogen realistisch den Beginn und den Ablauf von Ereignissen und meinten: Ja, so könnte es kommen, so wird alles verlaufen, wenn man es nicht verhindert. Und doch lebten wir dahin, als ob sich nichts von alledem je wirklich ereignen müßte.

Wir waren davon überzeugt, daß das deutsche und natürlich auch das internationale Proletariat, daß die Sowjetunion, aber auch die Siegermächte des Ersten Weltkrieges und die von ihnen protegierten kleinen Staaten die Pläne Hitlers rechtzeitig durchkreuzen und ihn verhindern würden, Deutschland in den Krieg zu führen. Wir verabscheuten den imperialistischen Kapitalismus der Westmächte, doch rechneten wir darauf, daß er alles tun würde, um die Wiederauferstehung des deutschen Imperialismus zu verhindern.

Ich bin nun schon eine Stunde lang damit beschäftigt, einzelne Bäume so eingehend zu betrachten, als hinge davon etwas ab, das ich sofort oder in nächster Zeit unternehmen müßte. Ich bin einer der bejahrten Männer, die täglich im Luxembourg ihren Spaziergang machen, die im Herbst, das im Regen faulende Laub unter ihren Füßen, sich selbst mit kaum verhohlener Unruhe fragen, ob sie wohl noch da sein werden, wenn das neue Laub grünen wird. Und ich, der schon seit jeher ein »Erinnerer« sein wollte, ich sollte keine Schicksalsfragen an die Zukunft stellen, sondern nur rück blickend die Vergangenheit befragen? Und wie hätte der kaum 28jährige damals reagiert, wenn – es klingt grotesk – wenn sich ihm plötzlich die Ereignisse der inzwischen vergangenen dreiundvierzig Jahre offenbart hätten? Hätte er resigniert zugegeben: »Es war eine unzulässige, weil unbegreifliche Gewißheit, wie es jedem sein eigener Tod ist.« Und wäre es anders gekommen, wenn wir diese unbegreifliche Gewißheit dennoch rechtzeitig erkannt hätten?

Ich weiß darauf keine Antwort. Die Disproportion ist zu groß zwischen dem Tun des einzelnen und der großen Strömung, die zahllose Menschen mitreißt und sie für Tage, Monate, Jahre dem eigenen, erhofften oder geplanten Dasein entfremdet. Wer sollte ermessen können, was es bedeutet hätte, wenn viele einzelne mit jener Gewißheit gerechnet und anders gehandelt hätten, als wir es getan haben? Ich bin kein hellenischer Tragiker, das Schicksal hat nie meinen Arm und gewiß nicht meine Feder geführt: Mich geht der Mensch an, so wie er ist und solange er für das, was er tut, die Verantwortung tragen kann. War es ein Verhängnis, daß wir alles als Eventualität vorhersehen konnten und nichts durchschauen sollten von alledem, was uns solch unnennbares Unglück und so vielen den verfrühten, gewaltsamen Tod bringen sollte? Doch was soll mir das Wort »Verhängnis« – ein Wort aus Schauerdramen. Wir sind dagewesen und selbst jene, die nur Zeugen sein wollten, sind mitverantwortlich. Das Recht auf Gleichgültigkeit ist nicht unverbrüchlich, ebensowenig das Recht auf Unwissenheit.

In Wien, wo ich im Hause meiner Eltern die ersten Herbstwochen verbrachte, begann ich *Menschenkenntnis als soziale Charakterologie* zu schreiben. Da das Buch eine Reihe von Vorlesungen enthalten sollte, denen jeweils eine Diskussion folgte, beschloß ich zu improvisieren, das heißt: diktierend den Text so zu sprechen wie meine Kurse und Vorträge, die ich stets ohne Manuskript, gleichsam laut vordachte und in Gedankengängen entwickelte, statt fertige Gedanken anzubieten.

Als wir wieder nach Zagreb zurückkehrten, wo wir uns bis auf weiteres niederlassen wollten, fuhr ich mit dieser Arbeit fort. Statt des jungen Mannes, der für mich in Wien gegen ein bescheidenes Entgelt getippt hatte, weil er nichts Besseres zu tun fand und ihn die Sache interessierte, erklärte sich Dora Rosner, die fehlerlos und ebenso schnell schrieb, bereit, das Buch zu tippen, so daß ich im gleichen Tempo wie in meinen Kursen den improvisierten Text sprechen konnte.

Ich denke sehr oft an Dora und stets so, als ob nicht schon mehr als vier Jahrzehnte seit unserer letzten Begegnung verstrichen wären, als ob der Tod sie nicht schon vor langem, seit 1941, in unerreichbare Ferne entrückt hätte. Es war eine eigenartige Freundschaft, die uns verband. Wir schrieben einander fast nie; ich habe ihr wohl nie gesagt, wieviel mir ihre Freundschaft bedeutete und welche Freude mir ihre besondere, nur selten in Worten oder Gebärden bekundete Zärtlichkeit bereitete. Die zierliche Frau mit dem Mädchengesicht hat für mich ihre Gegenwart bewahrt, ebenso das Lächeln ihrer hellbraunen Augen, in deren Blick, wenn sie zuhörte, eine spielerische Herausforderung und eine amüsierte Neugier einander ablösten.

Die *Soziale Charakterologie* wollte ich ihr und Beno Stein widmen. Wie es einen jungen Menschen drängt, den Namen seiner Geliebten immer wieder, gleichviel in welchem Zusammenhang zu nennen, so empfand ich das Bedürfnis, die Freundschaft zu erwähnen, die mich auf eigene Weise an diese Frau und in anderer Art an Beno band. Ich tue das auch weiterhin, doch nur im stummen Selbstgespräch, wie es ein allein gebliebener Vater tun mag, dem der Krieg den Sohn getötet hat.

Beno war viel älter als ich, ich war auch jünger als Dora. Nun aber bin ich sehr viel älter als beide – ja, als wäre ich ihr Vater geworden. Diese fortdauernde Beziehung zu ihr wie zu ihm ist ein Teil meines Verhältnisses zu mir selbst geworden. Und ich weiß seit langem, daß solch Überleben das Dasein gefährden kann. Auch deshalb schrieb ich einmal den nur scheinbar pathetischen Satz: »Wir werden zu den wandelnden Friedhöfen unserer ermordeten Freunde werden.«

Ein nicht von den Nazis oder den Ustaschi, sondern von Stalins Leuten ermordeter Freund ist mir Djuka Cvijić gewesen. Einer der ersten Führer der Kommunistischen Partei Jugoslawiens, war er auf Befehl der Russen ins Exil geschickt und später »abgehängt« worden. Ich lernte ihn in Wien kennen und traf ihn zeitweise beinahe täglich. Wir sprachen so gut wie nie von persönlichen Angelegenheiten, das Wesentliche wußten wir voneinander. Ich fragte ihn nicht, er sagte mir nicht, wo er in Wien wohnte; wir trafen einander stets in bürgerlichen Cafés. Obschon er legalen Status hatte – er war Korrespondent der sowjetischen Presseagentur Tass –, beachtete er die Regeln der Konspiration, deren wichtigste lautet: Nirgends,durch nichts auffallen! Er war ein gut gewachsener, schlanker, mit diskreter Eleganz gekleideter Mann; sein längliches, schmales Gesicht, in dem kein Zug hervorstach, ermutigte Kellner, ihn als Herr Doktor oder Professor zu begrüßen; das entsprach auch dem anständigen Trinkgeld, das sie von ihm empfingen. Das einzige, was ihre flüchtige Aufmerksamkeit erregen konnte, war die Zigarettenspitze, die sich so manipulieren ließ, daß der Stummel der ausgerauchten Zigarette mechanisch ausgestoßen wurde. Und noch kurioser war, daß fast alle Leute, mit denen er zusammensaß, daß seine engsten Genossen die gleiche »patentierte« Spitze benutzten. Djuka, der ein leidenschaftlicher Raucher war, unterstrich Sätze, die ihm wesentlich schienen, indem er die Zigarette auf den Aschenbecher legte und nicht wieder an den Mund führte, ehe er den so hervorgehobenen Text beendet hatte. Alle seine Bewegungen waren bedächtig, aber seine Gangart war schnell, als ob er auf einen dringenden Ruf hin wegeilen müßte.

Durch ihn kam ich mit jenen jugoslawischen Kommunisten in Verbindung, die von Wien aus die illegale Partei leiteten; unter anderen mit dem Generalsekretär Milan Gorkić, von dem noch die Rede sein wird, und mit Vertretern der Kroatischen Bauernbewegung, die nach der Ermordung ihres Führers Radić von Doktor Vladko Maĉek angeführt wurde. Doch von all diesen Männern war Djuka der einzige, zu dessen menschlicher Qualität und politischer Urteilsfähigkeit ich sofort Vertrauen faßte. Deshalb zögerte ich nie, Missionen auszuführen, die mich in Jugoslawien aufs schwerste gefährden konnten. Mir war es gewiß, daß er alles reiflich bedacht hatte und nicht ohne Grund gerade mir diese Aufgaben anvertraute. Natürlich hat auch er sich oft genug geirrt, wie es jedem widerfährt, der politische Meinungen faßt und der Notwendigkeit nicht ausweichen darf, schicksalhafte Entscheidungen zu treffen. Dennoch glaube ich noch heute, daß er ein ungewöhnlich kluger, zugleich leidenschaftlicher und skeptischer Politiker gewesen ist. Von frühester Jugend an der Sache ergeben, lehnte er es bis zum Ende ab, das *sacrificium intellectus* zu bringen, und büßte es in Moskau mit seinem Leben.

Im Oktober oder spätestens im November 1933 gelangten wir beide, jeder auf seine Weise, zur Überzeugung, daß es in recht naher Zeit, noch vor dem Ende des Winters, in Österreich zu einem Aufstand der sozialistischen Partei und ihrer Zweigorganisationen, besonders des noch immer einsatzbereiten Republikanischen Schutzbundes kommen könnte, ja kommen mußte, weil die Häuptlinge der Bürgerkriegsverbände es methodisch darauf anlegten, die Sozialisten zu dieser Auseinandersetzung zu zwingen.

Da um jene Zeit, neun Monate nach Hitlers Machtergreifung, die Kommunisten und ihre Sympathisanten noch immer die Sozialisten als Faschisten oder als deren Helfershelfer und gefährlichste Komplizen anprangerten und sie zumindest in Worten bekämpften, als wären sie nach wie vor der Hauptfeind, beschlossen wir, unverzüglich in Moskau auf die bevorstehenden Ereignisse hinzuweisen und entschiedenst vor der Verkennung der wahren Lage und der Stimmung im sozialistischen Lager zu warnen. Stunden und Stunden erwogen wir, auf welchem Wege, mit welchen Argumenten wir diese Auffassung wirksam zur Geltung bringen könnten. Ein Rapport, den Djuka in seiner Eigenschaft als politischer Auslandsbeobachter der TASS-Agentur abgesandt hatte, wurde mit einem scharfen Verweis beantwortet. Briefe an Bela Kun, der in der Komintern eine bedeutende Funktion ausübte, an Manuilski und einige andere im Kreml wohlangesehene Genossen blieben lange ohne Antwort. Schließlich kam der Bescheid: Man sollte solchen Kaffeehausklatsch unbeachtet lassen und aufhören, die Komintern damit zu behelligen.

Djuka wollte aber nicht aufgeben. So verfaßte er einen Bericht, den er nicht an eine kommunistische Organisation, sondern an das *Narkomindjel,* das Außenamt der Sowjetunion, richtete. Er war überzeugt, daß es dort genug Leute gab, die zumindest ernsthaft erwägen würden, ob, warum und unter welchen Umständen es zu diesem Aufstand überhaupt kommen könnte.

Man weiß, Moskau, das ja nicht an Tränen glaubt, Moskau, das die deutschen Kommunisten in die kampflose Niederlage geführt hatte, ließ die kommunistischen Tintenkulis nach wie vor gegen die Sozialisten hetzen, die bald danach, am 12. Februar 1934, in Österreich einen Kampf aufnahmen, den sie zwar verlieren mußten – aber sie, nicht die deutschen Kommunisten waren es, die sich zum bewaffneten Widerstand entschlossen.

Auch dadurch, daß er recht behielt, ist Djukas Schicksal besiegelt worden: Er wurde einige Zeit später nach Rußland gerufen und als einer der ersten unter den jugoslawischen Kommunisten ohne Prozeß durch die GPU ermordet. Nur daraus, daß ich nie eine Nachricht von ihm bekam und daß aus Moskau keiner irgendeine Botschaft von ihm brachte, mußte ich schließen, daß man ihn liquidiert hatte.

Als ich mit dem Kommunismus brach, geschah es auch seinethalb, denn der Gedanke, daß ich auf der Seite seiner Mörder bleiben sollte, war unerträglich geworden. Ich fühlte fast körperlich Djukas Nähe, als ich den *Verbrannten Dornbusch* zu schreiben begann; einer der wesentlichen Figuren dieses Romans, Vasso Militsch, habe ich manche seiner Züge verliehen. Vasso denkt sich in der Zelle Briefe aus, die er nie schreiben wird; in einem von ihnen heißt es: »Wenn ich tot sein werde, wird dein Leben aufhören. Es wird dein Überleben beginnen, in dem ich mitbegriffen sein werde . . . Mein Leben wird nur gerechtfertigt sein, wenn du meinem Tod einen Sinn gibst.«

Als wir im späten Herbst nach Zagreb zurückkehrten, mieteten wir uns in einer vornehmen Straße der Oberstadt ein, die in einen geschlossenen Park mündete, welcher zum Palais des Königs gehörte. Belgrad war die Residenzstadt, der Monarch erschien nur selten in Zagreb. Er, der seit früher Jugend überzeugende Beweise seines Muts erbracht hatte, scheute vor der Lebensgefahr zurück, der er sich in der kroatischen Hauptstadt aussetzte, wenn er sich da auch nur vorübergehend aufhielt. Ustaschi-Kommandos, die dank der Komplizität der Grenzpolizei benachbarter Staaten ein- und ausreisen konnten, spähten ständig nach einer Gelegenheit, den König zu ermorden.

Kurze Zeit, nachdem wir uns in der Oberstadt niedergelassen hatten, wurden wir Zeugen seltsamer Vorgänge, die erklärlich wurden, als man erfuhr, daß das jugoslawische Herrscherpaar zu einem längern Besuch in Zagreb einziehen, sich zu offiziellen Empfängen der Bevölkerung zeigen und an einem Abend die Honoratioren der Stadt zu einem Ball einladen würde. Jedes Mal, wenn wir nach Hause gingen, mußten wir größere Wachtposten passieren, mit Karabinern bewaffnete Polizisten und Agenten in Zivil, die beidseits von Straßensperren den Passanten die Identitätspapiere abverlangten und alles, was sie mit sich trugen, vorzeigen ließen.

Mirjam und ich hatten gewöhnlich weder Taschen noch Pakete, trotzdem löste unser Erscheinen bei den Wächtern, besonders bei den oberen Posten, eine ängstliche Unruhe aus. Mirjam war hochschwanger, das war sichtbar genug, aber die Agenten mußten sich selbst davon überzeugen, daß es sich da nicht um einen falschen Bauch handelte, in dem die junge Frau Bomben hätte schmuggeln können. Daher stürzten sie jedes Mal, wenn wir uns näherten, auf uns zu, als ob sie uns zu Boden werfen wollten, bremsten vor Mirjam, starrten ihr mißtrauisch ins Gesicht, streckten die Hände aus, wie um nach ihrem Bauch zu greifen, und hielten im letzten Augenblick inne, da ich ihnen die Sachlage erklärte. Sie zögerten, bevor sie von uns abließen.

Obschon sich diese Szene des öftern wiederholte, gewöhnten wir uns nicht an sie, nicht an die Sperrketten und nicht an diese einander stets abwechselnden Männer, die um so unruhiger waren, je mehr Waffen sie auf sich trugen und anderen Furcht einzuflößen suchten.

Eines Morgens aber war es aus: Über Nacht hatte die Königsfamilie unsere Straße, die Stadt, Kroatien verlassen – fluchtartig, denn man war einer Gruppe von Ustaschi auf die Spur gekommen, die sich anschickte, Alexander und seine Suite auf dem Ball oder auf dem Wege dorthin zu ermorden.

Natürlich wußten alle sogleich alles und noch weit mehr, als es zu wissen gab; man blieb gespannt und wartete auf explosive Ereignisse oder mindestens auf sensationelle, wahrhaft unerhörte Nachrichten.

Wenige Tage nachher, in der späten Stunde einer kalten, regnerischen Nacht wurden Cesarec und ich auf dem Jelačić-Platz im Herzen Zagrebs aufgehalten. Wir kamen von einem Nachtmahl mit Freunden, das sich zu lange hingezogen hatte, wo alle zuviel gegessen, getrunken und viel zu viel geredet hatten. Und nun wurden wir plötzlich Zeugen einer merkwürdigen, einer theatralisch übertriebenen Szene. Gendarmen überquerten den Platz, von Polizisten gefolgt, in deren Mitte drei Männer in aufgerissenen Hemden und kotigen Hosen, die Hände und nackten Füße in Ketten geschlagen, sich mühsam hintereinander dahinschleppten. Im gelben Licht von Pechfackeln und im weißen Schein von elektrischen Taschenlampen schwankten ihre blutig aufgeschwollenen Gesichter auf und ab, hin und her.

Obschon sie von den Wächtern mit Zurufen und Fußtritten zu schneller Bewegung angetrieben wurden, kamen sie nur langsam vorwärts. Auch die Faustschläge, die ihre Rücken trafen, blieben ohne Wirkung.

Wir begriffen, daß die Gefangenen Ustaschi waren, die man wegen des versuchten Mords am König Tag und Nacht in Dörfern und Wäldern gesucht hatte, und daß ihre Flucht nun zu Ende war. Als der Zug in der Nebengasse verschwunden war, blieben wir wie angewurzelt stehen. Nicht nur das Mitleid mit den jungen Gefangenen war es, das uns überwältigte, obschon wir wußten, daß sie uns noch mehr als ihre Verfolger haßten und daß ihre Partei, käme sie zur Macht, uns ohne Zögern ausrotten würde. Nein, nicht nur das Mitgefühl mit gefolterten Menschen ließ uns erstarren, sondern die Gewißheit, daß ihre Ermordung so viele andere, sinnlose, noch weit grausamere Gewalttaten entfesseln würde.

In meiner Erinnerung ist diese Begegnung mit der Empfindung durchdringender, feuchter Kälte verknüpft, als wenn Regenschauer pausenlos auf mich niedergegangen wären, und mit dem Gefühl, daß ich mich niemals von dem logisch leicht auflösbaren Widerspruch befreien würde, von dem inneren Zwang, mich mit den Opfern zu identifizieren, indes ich sie politisch verurteilte und ihre anerzogene Mordwut verabscheute.

Cesarec und ich blieben weiterhin stumm und nahmen nur mit einem Händedruck Abschied voneinander. Ihm wie mir war das Wort von der »Logik des Kampfes« vertraut; doch was mich seit jener Nacht immer wieder ängstigen sollte, war die »Logik des Hasses«. Und die Wahrscheinlichkeit, daß sie den Brudermord zwischen Serben und Kroaten unvermeidlich machen konnte, wenn nicht vorher die nationale Frage durch die soziale Revolution gelöst wurde, deren nahes Kommen wir erhofften und deren Verspätung wir befürchteten.

Am 29. Januar 1934 gebar Mirjam nach sehr langen, schweren Wehen unsern Sohn, dem wir im voraus einen slawischen, einen deutschen und einen hebräischen Namen gewählt hatten: Vladimir, Friedrich, Uri. Als ich an jenem frühen Wintermorgen die Klinik verließ, lag die Stadt unter der weißen Decke des Schnees, der über Nacht gefallen war. Unformuliert, gleichsam hinterrücks, fiel mich der Zweifel an: war es nicht unvernünftig, ja wahnwitzig, daß Leute wie wir im Jahre 1934 ein Kind in die Welt setzten? Ich wies den Gedanken daran ab. Wie zahllose Väter vor mir, empfand ich das Glück darüber, daß Mirjam die Entbindung gut überstanden hatte und daß wir nun ein gesundes Kind hatten. Die Freunde, schnell informiert, freuten sich mit uns. So war es leicht, die Drohungen der Gegenwart und der Zukunft zu vergessen, denen dieses Kind ausgesetzt sein würde, und seine Ankunft zu feiern, als ob wir im Morgenlichte eines Neubeginnens stünden.

Zwei Wochen später, am 12. Februar brach der Aufstand in Österreich aus: in Linz, in Wien, in Bruck an der Mur und in anderen Städten. Noch ehe der kurze Wintertag zu Ende ging, war jedoch die Insurrektion besiegt, obschon die Kämpfe an verschiedenen Orten noch einige Tage andauerten. Besiegt, weil sie, ohne zentrale Führung, die Taktik von Belagerten wählte, die auf Entsatz rechnete. Doch kam keine Verstärkung, da große Teile der Arbeiter nicht kämpfen und nicht streiken wollten; die gefährdeten Arbeitsplätze waren ihnen wichtiger als alle Politik. Und auch die Hoffnung auf das hilfreiche Eingreifen der ausländischen Gewerkschaften, der sozialistischen und liberalen Parteien des Auslandes blieb unerfüllt. Der böse Zufall fügte es überdies, daß an diesem gleichen Tage in Paris antifaschistische Einheitsaktionen stattfanden, welche die Aufmerksamkeit der ganzen Welt auf Frankreich lenkten.

Am 13. übermittelte mir ein Freund Nachrichten, die er ohne Schwierigkeiten telephonisch aus Wien erhalten hatte: Die Eisenbahner streikten nicht, die Versorgung mit elektrischem Strom verbesserte sich von Stunde zu Stunde; man hörte durchs Telephon Einschläge und schwachen Kanonendonner; in einigen Außenbezirken wurde gekämpft, es ging um solche Wohnhauskomplexe wie den Reumannhof und den Karl-Marx-Hof.

Auch als alles zu Ende war, blieb es unmöglich, die Verluste der Aufständischen genau festzustellen. Man schätzte die Zahl der Toten auf 1200 und die der Verwundeten auf 5000. Man errechnete, daß es etwa 10.000 Verhaftete gab. Die gesamte sozialistische und gewerkschaftliche Bewegung wurde von dem triumphierenden Regime in die Illegalität verbannt.

In einer überfüllten Durchgangszelle lasse ich einen gefangenen Februarkämpfer, der da im dunklen nicht weniger zu sich selbst als zu den schläfrigen Genossen spricht, sagen: »Wir im Arbeiterheim, wir haben gedacht, in a paar Stunden ist der ganze Bezirk unser, da gehn wir übern Gürtel hinüber, machen dann Ordnung in der Innern Stadt. Und plötzlich geht das Licht an, und aus war es mit'n Streik. Und dann hamma auf die Munition gewartet, nix is gekommen, wie wenn ma uns vergessen hätt. Der Bezirk hat sich nicht gerührt. Und mir haben die Verwundeten dagehabt, mir haben sie nicht einmal versorgen können, na ja, ich sag's ja, mir sind allein gewesen. Das Volk ist immer allein.«

In den Tagen des so schnell niedergeworfenen Aufstandes lauschten wir auf die immer schwächer werdenden Hilferufe von Kampfgruppen, die in einigen Arbeiterbezirken Wiens noch immer, doch hoffnungslos Widerstand leisteten. Das Leben aller anderen, auch das unsere natürlich, ging im Trott des Alltags weiter, aber mit unseren Gedanken und einem verstörendem Gefühl waren wir bei jenen sozialistischen Männern und Frauen, die als erste in Mitteleuropa gegen den überall zu einer Generaloffensive angetretenen Faschismus die Waffen ergriffen hatten und nun allein gelassen wurden.

Dachte ich an unsere kampflose Niederlage in Deutschland, so zweifelte ich nicht im mindesten daran, daß dieses letzte Gefecht Sinn hatte, daß es nur scheinbar ein Ende bezeichnete, in der Tat aber ein Neubeginnen der sozialistischen Partei Österreichs war, die eben, weil sie die Gegenwart aufs Spiel gesetzt hatte, sich eine Zukunft sicherte.

Gewiß, das glaubte ich ganz entschieden, doch sah ich gleichzeitig, als ob ich mittendrin wäre, daß Menschen starben und daß die Überlebenden neuen Gefahren und Demütigungen entgegengingen. Was sollte da der historische Sinn, was die – vorerst und für lange Zeit – abstrakten Hoffnungen auf eine Zukunft, die jedenfalls nicht die der Opfer sein würde? Die Vorstellung, daß ich unter Umständen selbst in die Lage geraten könnte, ähnliche Aktionen im kleinen, wenn nicht im großen anzuordnen, diese Vorstellung wurde und blieb mir unheimlich, denn es gelang mir nie, von den einzelnen abzusehen.

Man kennt die Gemälde, auf denen die zu einem Spektakel, einem gemeinsamen Marsch oder einer Schlacht in Massenteilchen verwandelten einzelnen abgebildet sind. Aus einiger Entfernung gesehen, täuschen sie Realität vor, aber aus der Nähe betrachtet, erweisen sich die meisten Menschen, beziehungsweise ihre Köpfe als hingetupfte farbige Punkte, Tropfen von Farbe. Ich bleibe unfähig, mich mit der Farbtropfen-Metamorphose abzufinden. Obschon ich die Masse seit Jahrzehnten studiere, bleiben Menschen für mich einzelne, ihre Beziehungen und Verbindungen interessieren mich aufs äußerste. Genau wie die Person nicht auf diese oder jene ihrer Taten reduziert werden kann, und wären deren Folgen auch maßlos, so wird sie auch nicht von der Masse verschlungen, so bleibt sie trotz allem weit mehr und anderes als ein Farbtropfen im historischen Hintergrund.

Karl Münichreiter – als ich diesen Namen wie so viele Zeitgenossen zum ersten Mal vernahm, war es um seinen Träger bereits geschehen: Schwerverwundet, wurde dieser Schutzbundführer aufgrund des Standrechts sterbend unter den Galgen geschleppt und hingerichtet. Im Gedanken an ihn schrieb ich 8 Jahre später:

»... ein Regime mag Tausende von Menschen töten, das Gewissen der Überlebenden bleibt träge und ungerührt, doch irgendeines Einzelnen Sterben rührt alle Zeitgenossen auf, läßt einen Schauder noch der Nachwelt, weil das Unrecht, diesem Einzelnen angetan, symbolträchtig ist. Und das symbolträchtige Unrecht allein bewegt alle, läßt in jedem das Gefühl entstehen, es wäre ihm geschehen.«

Das symbolträchtige Unrecht – ich habe schon oft davon gesprochen – bringt in mir weder Haß, noch Rachegelüste hervor. Es begleitet die undeutliche und dennoch bedrängende Ahnung, daß wir Zeitgenossen, die eine solche Missetat nicht verhindert, dem Opfer nicht beigestanden haben, schuldlos Schuld auf uns geladen haben.

Während langer Jahre, zwischen 1934 und 1972, geschah es manchmal in später Nacht, daß ich, aus irgendeinem Grund oder grundlos erwachend, wie aus weiter Ferne das Weinen eines Kindes vernahm. Lauschend wartete ich darauf, daß es aufhörte, daß das wohl kranke oder verängstigte Kind wieder einschliefe oder daß ihm jemand Hilfe oder Trost brächte. Es ist verwunderlich, daß ich erst recht spät den Verdacht geschöpft habe, es könnte sich in den meisten Fällen um eine psychisch bedingte Sinnestäuschung handeln. Ich hörte das maßlose Weinen in dichtbesiedelten Stadtvierteln und in abseits gelegenen Dorfhäusern. Es drang an mein Ohr in Kasernen und Internierungslagern – und das selbst mitten im grotesken Lärm, mit dem die schnarchenden, schnaufenden, stöhnenden oder schimpfenden oder aus dem Traum um Hilfe rufenden Schläfer den ungelüfteten Raum erfüllten.

Als Kind, im Städtel, wurde ich während der großen Epidemie durch das laute Weinen von Nachbarn geweckt, die einen Sterbenden umstanden. In Wien, als Halbwüchsiger, lebte ich stets im Banne der Gleichzeitigkeit von Glück und Elend: »Während wir im zitternden Licht der Morgendämmerung unsern Aufstieg zur Alpenspitze beginnen, steigen Grubenarbeiter, in deren Herzen ein steter Verzicht nistet, in tiefe Schluchten hinab.« Dieses Simultanitätsbewußtsein nährte damals täglich meine soziale Empörung.

Nach einem unbewußten Filtrierungsprozeß blieb nur das Gefühl der Hilflosigkeit dessen zurück, der helfen müßte und es in keiner Weise tun kann. Das manchmal wirklich vernommene, doch öfter nur in der Einbildung erlauschte kindliche Weinen erinnerte mich daran. Ich hätte es auch ohnedies nicht vergessen, aber der unüberwundene Schmerz erzeugt häufig eine Art von Wiederholungszwang.

Im späten Frühling erreichte mich ein Ruf der Partei. Ich sollte nach Paris kommen, hieß es, man brauchte mich für eine wichtige ideologische Arbeit im internationalen Maßstab. Zwar zog ich es damals noch immer vor, der Diskussion über die Politik der KPD und ihre Rechtfertigung durch die Komintern auszuweichen, aber ich mußte der Aufforderung Folge leisten – und ich wollte auch aus persönlichen Gründen meinem »Glück im Winkel« entfliehen. Weder die verwöhnende Freundschaft noch die Anerkennung, die ich bei einer wachsenden Zahl junger Menschen gewann – nichts konnte mich darüber hinwegtäuschen, daß mich die *Provinzialisierung* bedrohte. Einige meiner Zagreber Freunde hätten es gewiß auch in der großen Welt sehr weit bringen können, doch nun waren sie die Stars einer Provinz geworden. Ich bewunderte sie und lernte viel von ihnen, aber je länger ich dablieb, um so besser konnte ich ermessen, wie schwer, wie unvollkommen es ihnen gelang, sich der Provinzialisierung, der Beschränkung durch die beschränkten Verhältnisse zu entziehen. Der in weitem Abstand bedeutendste Dichter, der beste Essayist, der interessanteste Philosoph, der erfolgreichste Arzt, der klügste Advokat in der Stadt, im Lande zu sein – das ist, erkannte ich, auf die Dauer noch gefährlicher als für den Machtstrebigen der Erste in Rom, Cäsar zu sein.

In den Zentren des schöpferischen geistigen Lebens gibt es keine Superlative, oder es gibt sie nur im Plural als schmeichlerisch übertriebene Komparative. In Athen und in Rom, in Florenz und in Amsterdam gab es nicht den Einzigen, sondern mehrere Einzige zur gleichen Zeit in einem unvermeidlichen Nebeneinander, in einem seltenen Miteinander und häufigen Gegeneinander. Das galt, das gilt nicht nur für die Genies, die Leuchttürme, sondern für die Begabten in allen Bereichen. Mit dem Strom oder gegen ihn, doch niemals allein im Strom . . . Schafft man zwar in der Einsamkeit, so bleibt man doch stets dessen gewahr, daß sie eine von vielen Einsamkeiten ist. Niemand entledigt sich seines Ichs, aber niemand entwindet sich dem Wir. So kommt es auf die Vielfalt und auf das Potential dieses Wir an.

Die Reise nach Paris unterbrach ich in Wien, wo sich später Mirjam mit dem Kind niederlassen sollte.

Jene meiner Freunde, die an den Februarkämpfen teilgenommen hatten, waren zumeist in einem Unterschlupf untergetaucht, wo sie mit falschen Papieren polizeilich angemeldet, also konspirativ legal waren. Sie hatten sich Bärte wachsen lassen oder die Haare gefärbt, sie kleideten sich anders als früher, manche änderten ihren Gang, hinkten zeitweise. Obschon der Aufstand, der nun drei Monate zurücklag, von der Bevölkerung vergessen schien, so blieb er doch im Mittelpunkt unserer Gespräche. Es erstaunte mich keineswegs, daß die Besiegten, eben weil sie gekämpft hatten, von der verlorenen Schlacht mit einer Genugtuung sprachen, als ob sie die Tatsache, daß es zu ihr überhaupt gekommen war, als einen Erfolg bewerteten und die Niederlage als die notwendige Voraussetzung künftiger sozialistischer Siege in Österreich. Für die meisten stand es fest, daß die alte Parteiführung schuld daran war, daß man zu lange in der Defensive geblieben und der Auseinandersetzung ausgewichen war, bis man sich am Rande des Abgrunds befand. Man nannte mir die Namen junger Männer, die die neue Führung im Lande bildeten; sie waren mir so unbekannt, daß ich nicht unterscheiden konnte, welche ihre wahren und welche ihre falschen Namen waren. Einige Zeit später erst sollte ich ihnen in Paris begegnen, oft in Anwesenheit ihrer Vorgänger, die ihnen so überlegen waren, daß man an eine Ablösung durch die Neuen kaum glauben konnte.

Ich traf Schutzbündler, die sich anschickten, sich jenen Kampfgenossen zuzugesellen, die über die Tschechoslowakei nach Rußland gefahren waren und nach triumphalen Empfängen beschlossen hatten, sich dort niederzulassen. Jene, die in Wien selbst oder in einer Vorstadt, illegal und von ihrer Familie getrennt, ein zwar materiell nicht zu hartes Dasein führten, das aber nicht dauern konnte, nicht dauern durfte, fühlten sich unwiderstehlich zu dem »Land des verwirklichten Sozialismus« hingezogen, wo sie mit offenen Armen und verschwenderischer Großzügigkeit aufgenommen würden und, mit ihrer Familie wieder vereint, ein neues Leben beginnen könnten. Als Gegenleistung genügte es, einige wortreiche Manifeste zu unterschreiben, in denen die Sozialdemokratie schimpflich herabgesetzt und die Sowjetunion und Stalin, der Führer des Weltproletariats, mit Superlativen geehrt wurden. Nun, dazu fanden sich jene bereit, die der Hoffnung so dringend bedurften, daß sie ihrethalb die eigene Vergangenheit und selbst das, was das Beste an ihr gewesen war, verleugneten.

Dem einen oder andern gab ich zu bedenken, daß die materielle Existenz der manuellen Arbeiter in Rußland zuweilen so schwierig war wie unter den Bedingungen einer Kriegswirtschaft. Doch löste diese Warnung bei den meisten ein Unbehagen aus, das von Mißtrauen gegen den Warner begleitet wurde; daher lenkte ich schnell genug ein. Meine Argumente waren um so schwächer, als ich sie ja nicht offen genug vorbrachte; in solcher Situation war ich schon damals und wurde immer mehr einer, den man in der Stalinschen Polizeisprache einen »Doppelzüngler« nannte. Meinesgleichen vertrug immer schwerer die Fiktion der gebieterischen Propaganda und mußte dennoch, wenn auch ungern und gegen den eigenen Widerstand, ihre Lügen wiederholen, bis sie zuweilen verräterisch wurden, d. h. fast genau – wenn auch antithetisch – die unbekennbare Wahrheit über die wirklichen Zustände und Geschehnisse enthüllten. Ob sie nun Gorki oder Bucharin hießen, diese Doppelzüngler wünschten keineswegs, gegen die Sowjetunion recht zu behalten oder deren Führung im Namen der Wahrheit vor aller Welt zu entlarven. Sie waren Doppelzüngler nicht nur innerhalb, sondern auch außerhalb des Machtbereichs der GPU und daher im voraus besiegt.

Wenige Tage vor meiner Weiterreise nach Paris traf ich Ludwig Wagner, der zusammen mit Ernst Fischer die Linksopposition im Rahmen der sozialistischen Partei, besonders aber bei den organisierten Betriebsbelegschaften geführt hatte. Der blonde Schnauzbart machte ihn nicht unkenntlich, die aus den tiefliegenden Höhlen hervorleuchtenden Augen verrieten ihn mir, sobald ich ihn in der Straßenbahn erblickte. Den Blick dieser Augen eines romantischen Liebhabers hatte ich oft mitten im ernsten Gespräch gesucht, als müßte ich in ihnen etwas völlig Ungewöhnliches entdecken.

Kaum mehr als 10 Jahre waren vergangen, seit wir einander das erste Mal begegnet waren – am Vorabend eines heißen Frühsommertags, auf der Halde des Tafelbergs im Wienerwald. Damals waren die schwedischen Reigentänze gerade in Mode gekommen; die Bewegung der etwa 30 jungen Menschen, die unermüdlich den Reigen bald öffneten, bald schlossen, schien so leichtfüßig, vielleicht weil nicht Leidenschaft und nicht Gier sie in diesen Stunden zueinander drängten, sondern jene seltene Freude, die man zutreffend die helle nennt. Und auf Ludwig Wagner, der mit seinen 25 Jahren einer der ältesten war, richteten sich alle Blicke. Nicht nur die Mädchen zog es zu ihm. In jenen Stunden schien's allen selbstverständlich, daß der Mittelpunkt stets dort war, wo er stand. Alle Freude war auf sein Da-sein bezogen. Und wir alle waren voller Hoffnung, es war gewiß: »mit uns zieht die neue Zeit«.

Nun, ein Vierteljahr nach dem niedergeschlagenen Aufstand saßen wir einander gegenüber, um weit mehr als um das Jahrzehnt gealtert, das seit jener ersten Begegnung verstrichen war. Unser Kontakt war lose gewesen, aber enger geworden in den Monaten, die unmittelbar dem Aufstand vorausgingen. Ludwig war einer jener Wiener Genossen, die an die Unabwendbarkeit des bewaffneten Konfliktes geglaubt und ihn vorbereitet hatten. Die Niederlage hatte seinen Mut nicht gebrochen, er sprach von all dem, was nunmehr getan werden mußte, und davon, was er und seine Genossen organisatorisch und propagandistisch trotz der Illegalität zustande bringen konnten. Die konspirativen Bedingungen seines Lebens schienen ihn fast zu amüsieren, doch fand er sich mit ihnen wohl schwerer ab, als er vorgab. Seine Freudigkeit glich eher einer Aufgeräumtheit, einer Fiebrigkeit, die ich gut kannte: Sie bemächtigt sich unser, wenn das Gefühl, ständig bedroht zu sein, der Hoffnung weicht, daß man das Schicksal, dem man »näher ist als sonst«, meistern wird.

Wir trafen einander noch einigemal, bevor ich Wien verließ. Als wir Abschied nahmen, erinnerte ich Ludwig an jenes Treffen auf dem Tafelberg und erzählte ihm, wie sehr er mich und alle, die dabei waren, beindruckt hatte; er selbst hatte nur eine blasse Erinnerung daran bewahrt. Er war einer jener Menschen, die in jungen Jahren ihren Höchstpunkt erreichen und eine Saison lang die kühnsten Hoffnungen erwecken. Ludwig ist als politischer Emigrant nach Amerika gegangen und dort vor der Zeit gestorben.

Wann immer ich einer Gruppe von jungen Menschen begegne, halte ich Ausschau nach einem, der, wie Ludwig in jener fernen Jahreszeit, einem Johannes gleicht, der nicht das Kommen eines Heilands ankündigt, sondern einen Frühling, der dauern und eine Jugend, die nicht enden wird, solange die Quelle ihrer Freude selbst mitten im wütendsten Getümmel unversiegbar bleibt.

Zweiter Teil

Von Paris kannte ich seit meinem ersten Besuch im Sommer 1929 vor allem das Quartier Latin, wo ich in einem Hotel garni abgestiegen war, in welchem mein Bruder Hesiu wohnte, der damals einige Semester in Paris verbrachte, um ein Zusatzstudium abzuschließen.

Vom ersten Augenblick an fühlte ich mich da zu Hause. Obschon ich damals natürlich alles Sehenswerte auch auf dem rechten Ufer besichtigte, so blieb die linksufrige Stadt das Paris, in dem ich vorhatte, von 1940 an zu leben – ich hatte beschlossen, mich mit 35 Jahren von der Psychologie abzuwenden und nur noch zu schreiben. Im Juni 1934 war es sechs Jahre zu früh, ich kam, um an einem von deutschen Emigranten im Auftrag der Komintern gegründeten »Institut zum Studium des Faschismus«, INFA genannt, als »ideologischer« Leiter mitzuarbeiten.

Die jungen Leute, die mich an der Gare de l'Est erwarteten, waren zumeist Berliner, manche von ihnen kannte ich von meinen Kursen her. Sie brachten mich zuerst in ein Café, wo wir sogleich ein Gespräch begannen, das nicht »ordentlich« werden wollte. Sie wünschten zuviel auf einmal zu erfahren und drängten darauf, meine Meinung über die Lage im Reich zu kennen, mein Urteil über die nahe Vergangenheit, die Gegenwart und über die Dinge, die da kommen sollten. Das Gespräch wurde so fahrig, daß man denken mochte, ihm wäre eine zu kurze Dauer bemessen und jeder von uns müßte nachher eiligst seines Weges gehen, um nicht einen letzten Zug zu versäumen.

Erst gegen Mitternacht brachten sie mich ins Hotel. Einer von ihnen, ein sehr gut aussehender junger Mann begleitete mich mit meinem Gepäck ins Zimmer und betrachtete mich sodann, als ich ihm danken wollte, mit so gespannter Aufmerksamkeit, daß ich zögerte und schließlich verstummte. Er fragte stammelnd, ob ich ihn nicht erkennte. Ich versuchte, mich dessen zu entsinnen, wann und wo ich ihn vorher gesehen haben mochte. Da verzogen sich seine Lippen zu dem gleichsam gestotterten Lächeln, das bei Kleinkindern durch eine enttäuschte Erwartung hervorgerufen und zumeist von Tränen weggewischt wird. In diesem Augenblick erkannte ich ihn: Er war der Jugendliche, der dem offenen Lastwagen nachgelaufen war, auf dem Polizei und SA mich zusammen mit anderen Bewohnern der Roten Künstlerkolonie 15 Monate vorher abgeführt hatten. An ihn, seine Gesten und an die Tränen auf seinen Wangen hatte ich seither immer wieder zurückdenken müssen, und nun hatten wir stundenlang am gleichen Tisch gesessen und ich hatte ihn nicht erkannt. Ich versicherte ihm, daß ich seine so kühne Bekundung von Solidarität und Mitgefühl keineswegs vergessen hatte und daß die Erinnerung an sie, also an ihn, mich gewiß bis an mein Lebensende begleiten würde. Er unterbrach mich: »Ja, ich weiß, es war eher dumm als kühn gewesen. Es hat dir natürlich nichts genützt, nicht damals und nicht später. Aber es war so grauenhaft, daß ich irgend etwas tun mußte, nur damit du wissen sollst, daß ...«

Ich fand nicht das rechte Wort; meinen Dank zu wiederholen, wäre töricht gewesen. So ging ich mit ihm noch einmal hinunter, wir setzten uns auf die Terrasse der Capoulade, eines Studentencafés, das noch nicht geschlossen hatte. Er informierte mich über sein Leben: er war kein Emigrant, denn er war nicht kompromittiert; er hatte einen Paß und konnte jederzeit zu seinen Eltern nach Berlin zurück. Man nannte ihn hier Bertold, nur zwei Leute kannten seinen wirklichen Namen. Er wollte in Paris bleiben, wenn er da etwas Wirksames gegen die Nazis tun konnte, sonst würde er zurückgehen und im Untergrund Gefährten und Aufgaben suchen.

Ich traf ihn noch häufig, bis er im Spätherbst oder Winter heimfuhr. Seither habe ich von ihm nichts mehr gehört und habe auch nach dem Kriege nirgends seine Spur entdeckt. Was immer er seither getan oder unterlassen haben mag, in meinem Leben hat er – während der schlimmsten Jahre – eine bedeutende Rolle gespielt: Bertold wurde zur Inkarnation des Deutschen, dessenthalben ich mich stets geweigert habe, an eine Kollektivschuld des deutschen Volkes zu glauben. In einer sozusagen filmischen Symbolik wurde er für mich eine Gallionsfigur: die Tränen auf den Wangen des jungen Menschen mahnten mich, nie das andere Deutschland zu vergessen – selbst in jenen Stunden nicht, da meinesgleichen in Gedanken an Deutschland wie in einem Meer von Bitternis zu ertrinken drohte, manchmal darin zu ertrinken wünschte.

Ein Spaziergang von 15 Minuten bringt mich zur Rue des Fossés St. Bernard, bis in den Hof des Hauses 22, auf den die Fenster der INFA blickten. Das Institut zum Studium des Faschismus war in einer mittelständischen Wohnung untergebracht – in allen Räumen gab es Kamine mit Marmorgesimsen, über denen große Spiegel jedem das eigene Bild mit goldener Randverzierung präsentierten. So wurde man sich selbst unvermeidbar und war geschmeichelt oder enttäuscht; am Ende fand sich wohl jeder mit seinem Äußern recht zufrieden ab.

Der Weg, der mich zu jener Straße führt oder zur Rue Buffon, wohin das Institut im Winter übersiedelte, erzeugt assoziative Erinnerungen, selbst wenn ich sie keineswegs suche. Hier wie sonst nur im engern Stadtbilde Wiens »erheben sich die Pflastersteine zu Denkmälern eines verflossenen Lebens, werden Pflastersteine, Parkbänke, Tramhaltestellen zu Anlässen fast endloser Erinnerungsketten, mit denen die Vergangenheit einen wieder einfängt«.

In der Tat hat sich dieses Viertel im Verlaufe der 40 Jahre nur wenig verändert. Und selbst manch kleiner Laden, unansehlich und vielleicht nur scheinbar von allen Käufern vergessen, hat seinen Platz bewahrt. Die verflossenen Jahrzehnte haben die ältere Frau nicht verändert – sie ist wohl die Enkelin der nicht mehr jungen, verwitweten oder geschiedenen Frau, die ich an einem Junimorgen 1934 nach dem kürzesten Weg zur Rue des Fossés St. Bernard gefragt hatte. Ehe sie mir die nicht ganz richtige Auskunft gab, maß mich ihr Blick mit jener seltsamen Mischung von Mißtrauen und Erwartung, mit der Großstädter abwehrend und dennoch neugierig auf die Annäherung eines Fremden reagieren.

Auch der kleine Laden mit den verschiedensprachigen Bibeln in den Schaufenstern hat sich der neuen Zeit bewahrt; und noch immer mache ich vor seinem Schaufenster halt und versuche, die Titel auf den exotischen Ausgaben zu entziffern. Und wie seinerzeit bleibe ich vor Kinos und Kirchen stehen, trete manchmal in St. Etienne du Mont ein und bleibe da einige Minuten sitzen. Das Panthéon, dessen Turmspitze ich von meinem jetzigen Schlafzimmer aus sehe und dessen weiße Säulen mir bei meinen täglichen Spaziergängen im Luxembourg entgegenleuchten, betrachte ich lieber aus der Ferne. In die Bibliothèque St. Geneviève, in der ich während mehrerer Jahre gearbeitet habe, setze ich nie mehr den Fuß. Mir ist da nichts Böses angetan worden, doch meide ich sie, als ob ich so der Erinnerung an das Emigrantendasein auswiche. Jedoch bleibe ich gerne vor dem Haus 69 in der Rue Cardinal Lemoine stehen; es war seinerzeit das *Hotel des Sports,* in dem ich fast drei Jahre gewohnt habe. Ich habe mein Zimmer beschrieben: »Alles, was sich darin befand, war von bescheidener Häßlichkeit: ein Bett, ein Nachttisch, drei Stühle, ein alter Lehnsessel, ein Kleiderschrank, der schlecht schloß, ein länglicher Spiegel, der boshaft jeden Betrachter noch häßlicher widerspiegelte, als er war. Die Papiertapeten an den Wänden vermittelten die Üppigkeit tropischer Pflanzen mit aufdringlicher Lebhaftigkeit. Im friedfertigsten Bewohner erzeugte ihr Anblick immer wieder das dringende Bedürfnis, mit einem Maschinengewehr Löcher in diese Wände zu schießen. Aber keiner tat das, man tötet die Häßlichkeit nicht.«

Das Hotel lag sehr günstig, nur wenige Minuten von der INFA entfernt; deshalb wohnten da auch viele Mitarbeiter des Instituts. Sie sparten das Fahrgeld, überdies konnten sie einigemal am Tag einen Sprung ins Hotel machen, um festzustellen, ob Post für sie gekommen war, besonders die erwartete Geldsendung, mit der sie die rückständige Miete bezahlen mußten. Doch ließ das Geld zumeist zu lange auf sich warten, die Hotelbesitzerin mußte mehr Großmut und Langmut aufbringen, als man, sagte sie, von irgendeinem Menschen, selbst von einer Heiligen verlangen dürfte; sie aber war keine Heilige.

Die etwa 5 oder 6 Zimmer der INFA waren in schlecht möblierte Büros verwandelt worden, in denen die Genossen, mit seltenen Ausnahmen junge Menschen, lasen, diktierten, schrieben. Aus allen Räumen klang das Klappern der Schreibmaschinen, das die Stimmen der Diskutierenden nicht übertönte. Unbeachtet ging ich aus einem Zimmer ins andere, ich kannte keine der Frauen und hatte nur zwei der Männer irgendeinmal in Berlin gesehen. Einer von ihnen begrüßte mich sehr herzlich und führte mich in sein Büro. Nicht nur er, alle wären froh, daß ich endlich da war – man hätte mich etwas früher erwartet. Wir könnten nun ungestört sprechen, das Zimmer war sein Büro und fortab auch das meine. »Hier heiße ich Peter« fügte er hinzu. »Wie willst du dich nennen?« Ich nannte, ohne zu zögern, den Namen Paul – nicht weil ihn schon früher benutzt hatte, sondern einerseits weil die ärmliche Silbe mir so gar nicht gefiel, andererseits weil Paul als französisch, deutsch und englisch gelten konnte. Manche, die seit langem wußten, wie ich hieß, nannten mich in Paris Paul; ich gewöhnte mich schnell daran, es amüsierte mich, einen Namen zu tragen, den ich nicht mochte. Es paßte zu dem Leben in der Fremde, zu meinem häßlichen Hotelzimmer und der so schlecht verhohlenen Schäbigkeit aller Dinge, die sich darin befanden.

Peter oder Pierre Merin war in der Tat der Jugoslawe Otto Bihaly, der lange in Berlin gelebt hatte und in linken intellektuellen Kreisen wohl angesehen war. Er hatte in mehreren Arbeiten ästhetische Probleme mit Empfindsamkeit und Sachverstand behandelt. Sehr gewandt im Umgang mit Fremden wie mit Freunden, in der Tat ein seiner Wirkung bewußter Charmeur, nahm er jeden für sich ein, weil er seinerseits sich zu geben, ja zu verschwenden schien. Auch mir gefiel er in diesem ersten, langen Gespräch sehr gut; übrigens habe ich für ihn, den ich einige Monate später aus den Augen verlor und sodann erst nach einem Vierteljahrhundert, im Jahre 1960, in seiner Heimat wiedersah, das gleiche Gefühl bewahrt. Seine Studien über die naive Malerei, wie er sie vor allem in Jugoslawien entdeckt und umsichtig gefördert hat, sind höchst schätzenswert, ihr bedeutender Erfolg durchaus begründet.

Gleich nach der ersten Besprechung drängte sich mir die Vermutung auf, daß er fast unabsichtlich und dennoch methodisch den Eindruck zu erwecken suchte, daß hinter den Dingen, die er mit scharmanter Bescheidenheit vorbrachte, weit mehr steckte, als er sagen durfte, ohne wohlbehütete Geheimnisse preiszugeben. Es konnte Plusmacherei sein, eine Taktik, die ein Engländer witzig als *Upman-ploy* beschrieben hat. Peter war indes kein aggressiver, sondern ein gutmeinender sanfter Plusmacher. Und er war es vielleicht nur in jener besonderen Situation, unter dem Einfluß einer Parteipolitik, die ihren Propagandisten auftrug, die tragisch begründete Klage über wehrlos erlittene, grausame Verfolgungen mit Hinweisen auf die eigene, unbesiegliche Kraft zu verzieren. (Man weiß heute besser als damals, daß sich in der totalitären Propaganda Verfolgungswahn und Verfolgungssucht vermischen und dies, gleichviel ob diese Parteien noch um die Macht kämpfen müssen oder sie bereits hemmungslos ausüben können.)

Peter und ich sprachen über die Parteilinie, als ob sie keineswegs in Frage gestellt werden könnte. Wir dachten an die Leiden und Gefahren, denen die Nazigegner im Dritten Reich ausgesetzt waren, und stimmten beide darin überein, daß ernste Studien über alle Spielarten des Faschismus und eine auf sachlichem Wissen beruhende Aufklärung über dessen Ursache, Wesen und Wirkung notwendiger waren als je. Nun, das war eben die Aufgabe dieses Instituts.

Wir besprachen eingehend die Arbeitsteilung, die Pläne zur Schaffung von Forschungsgemeinschaften und zur Gestaltung der mehrsprachigen Zeitschrift, deren erste Nummer bereits in Vorbereitung war. Man kam uns holen, denn in der großen Küche wurde das Essen ausgeteilt: Sandwiches aus langem, weißen Brot, das die Pariser »Flöte« nennen. Man hatte Anrecht auf einen Sandwich mit Leberpastete und einen mit Käsebelag. Dazu trank man den »gros rouge«, einen roten Wein, der billiger war als Limonade, und nachher Kaffee. Man aß sitzend, stehend oder auf- und abgehend. Mir gefiel diese Stimmung, sie erinnerte mich an die Jugendbewegung, an das Gruppenleben auf großen Wanderungen, an jene Eintracht, die die Gemüter befriedet und selbst durch Meinungsverschiedenheiten und laute Diskussionen nicht gestört wird. Ich kam mit vielen ins Gespräch; selbst jenen, denen ich zum ersten Mal begegnete, fühlte ich mich nahe wie seinerzeit den Kameraden im jüdischen Jugendverband Haschomer Hatzaïr.

Die meisten stammten aus Deutschland, einige aus Österreich, aus Polen und nicht wenige aus dem Balkan und aus Italien. Man hörte nur wenig französisch, fast alle sprachen deutsch. Es gab Zeitungen aus allen Diktaturländern, aber das Dritte Reich stand im Mittelpunkt all unserer Erörterungen und der geplanten Studien. Ich las regelmäßig den *Völkischen Beobachter,* den *Angriff,* den *Stürmer* und jene Zeitschriften, die das Denken der deutschen gebildeten Stände formen und widerspiegeln sollten. Übrigens blieb ich ein Leser der Nazipresse noch lange, nachdem die INFA liquidiert worden war. Der Widerwille, den sie in mir stetig nährte, minderte keineswegs meine Lernfähigkeit. Die Presse bot mir sozusagen öffentliche Privatissima in Individual- und Massenpsychologie, dank denen ich nicht nur das Übermaß sowie die Grenzen der tyrannischen Macht, sondern auch die seltsame, nicht nur erzwungene Komplizität der Beherrschten, der bedingungslos Unterworfenen zu ermessen lernte. Besser als irgendein anderes Deutungssystem half mir Alfred Adlers Lehre, die *Psychologik der Macht,* sowohl der angestrebten, wie der durch die Schrekkensherrschaft ausgeübten Macht zu erfassen.

Als Hitler am 30. Juni 1934 den Chef der SA, den Hauptmann Röhm und seine Gefährten tückisch umbringen ließ und überdies eine Anzahl von politischen und militärischen Persönlichkeiten »liquidierte«, versuchten wir, diese Gangster-Morde zu deuten und ihre Folgen für die unmittelbare und fernere Zukunft des Naziregimes vorauszusehen.

Ich übernahm es, in einem ausführlichen Referat diese überraschenden Ereignisse zu analysieren; es war mein erster öffentlicher Auftritt in Paris. Ich weiß nicht mehr, was ich im einzelnen während der etwa 90 Minuten ausgeführt haben mag. Entgegen der durch das ungeheuerliche Geschehen neu entfachten, maßlosen Hoffnung auf ein unmittelbar bevorstehendes Ende des Regimes, vertrat ich die Auffassung, daß die Vertilgung der SA-Führer bei ihren Truppen gewiß bittere Enttäuschung und vereinzelt auch grimmige Empörung hervorrufen müßte. Jedoch wäre es eine gefährliche Illusion, auf eine offene oder geheime Revolte der SA gegen Hitler zu rechnen. Seine Position würde im Gegenteil im eigenen Kreis sowie der Rechten, der Armee und selbst dem deutschen Volk gegenüber nach einer schnell überwundenen Erschütterung stärker werden als je zuvor. Die sogenannte zweite Revolution, von der Röhm gesprochen hatte, würde es weder jetzt noch später geben, aber nach dem wohl sehr nahen Ende Hindenburgs würde Hitler ausnahmslos alle Kommandostellen legitim besetzen können. Ich verteidigte diese Auffassung gegen die zahlreichen Einwände, die in der vielstündigen Debatte vorgebracht wurden, ohne auch nur einmal das Beispiel anzuführen, das sich mir in der Diskussion immer wieder aufdrängte und von mir wie mit einem Schreckreflex abgewiesen wurde: Die radikale Ausschaltung der linken Sozialrevolutionäre, der Arbeiter-Opposition, der Trotzkisten und aller anderen Revolutionäre, die sich nicht rechtzeitig und bedingungslos dem Generalsekretär Stalin unterworfen hatten, schien die Kommunistische Partei, respektive ihre Führung gestärkt und keineswegs geschwächt zu haben. Stalins Macht war schrankenlos, unangreifbar.

Erst drei Jahre später sollte ich in meiner *Analyse der Tyrannis* das Prinzip der totalitären Führermacht ausführlicher darlegen, wie es mir im Vortrag über die Röhm-Affaire immer wieder vorgeschwebt hatte – ein Prinzip, das auf Stalin ebenso anzuwenden wie auf Hitler ich mir wortlos und so radikal verbot, wie meine Vorfahren sich etwa das Übertreten ihrer rituellen Tabus verwehrten.

Ich kannte übrigens unter den Genossen niemanden, dem ich diese Erwägungen hätte anvertrauen können; mir selbst überlassen, suchte und fand ich auch deshalb Argumente, die ich nicht nur als ketzerisch und gefährlich, sondern auch als nicht oder falsch begründet verwerfen wollte. Indes gab es in der INFA jemanden, mit dem ich diese gefährlichen Thesen über »die Logik der Macht« hätte aufrichtig erörtern können, doch entdeckte ich das erst zwei Jahre später. Das war Arthur Koestler, dem ich viele Jahre vorher sehr flüchtig in Wien begegnet war und den ich erst später in Berlin kennengelernt hatte.

Wir trafen einander bei einer aus Ungarn stammenden Familie, deren Wohnung am Kurfürstendamm den Freunden ihrer Söhne und der einzigen Tochter immer so offen stand wie ein Wiener Kaffeehaus. Koestler, der an die 25 Jahre alt war, aber noch jünger aussah, hatte gerade einen der vielen Höhepunkte seiner journalistischen Karriere erreicht. Er gehörte zu den leitenden Redakteuren im Hause Ullstein, war maßgebend für das Feuilleton der *Berliner Zeitung am Mittag* (B.Z.) und Chef der wissenschaftlichen Rubrik. In der Tat hatte er guten Grund, auf seine erstaunliche Laufbahn stolz zu sein, die er ausschließlich seiner Begabung verdankte, seinem Einfallsreichtum und seinen erfolgreichen Initiativen.

Er hatte eine knabenhafte Art, seine Erfolge zu rühmen - etwa wie ein Halbwüchsiger, der sich in das Bett einer vielbegehrten Frau hineinschmuggelt oder alle Frauen eines Harems in einer einzigen Nacht verführt und zum Überfluß vergewaltigt hätte. Koestler schien absichtlich Antipathie herauszufordern, sich aufs unangenehmste »unnütz zu machen«, wie der Berliner in solchem Falle sagt. Gewiß begriffen die meisten Stammgäste jener Geschwister, daß sie es da mit einer ungeschickten, überkompensatorischen Selbstinszenierung eines äußerst empfindlichen Menschen zu tun hatten, dessen Spott ihn – so hoffte er – vor jeder Verletzung bewahren würde. Auch wer – wie ich – seinen Witz und seine zynischen Repliken zu schätzen wußte, auch der hatte es oft schwer, ihn ernst zu nehmen und sich mit ihm in eine sachliche Diskussion einzulassen.

Und nun, im Sommer 1934, traf ich ihn wieder; er war ein besonders wichtiger Mitarbeiter der INFA, der er nicht nur seine ungewöhnliche journalistische Begabung zur Verfügung stellte, sondern auch seine Sprachkenntnisse und die Beziehungen, die er einige Zeit vorher als Pariser Ullstein-Korrespondent angeknüpft hatte.

Er war ein Jahr lang durch die Sowjetunion gereist, hatte bei meinem Freund Alex Weißberg gelebt, der in Charkow mit dem Aufbau eines thermodynamischen Instituts beschäftigt war. Ich war begierig auf die Nachrichten von Alex und seiner Frau Eva, überdies wollte ich erfahren, wie sich einem solch scharfen Beobachter die Sowjetunion nunmehr darstellte. Daß er Kommunist geworden war, hatte ich noch in Berlin erfahren – zu meiner Überraschung, denn er schien weder geeignet noch geneigt, sich einer Bewegung auf längere Zeit anzuschließen und damit auf die Rolle eines Zuschauers zu verzichten, der nur mitansehen will, was geschieht, und dann objektiv kommentieren kann, weil er niemand als sich selbst und seiner Einsicht verpflichtet ist.

Als wir nun an diesem Juninachmittag auf der Terrasse eines Passanten-Kaffees an der Ecke des Boulevard St. Germain zum ersten Mal allein einander gegenübersaßen, war's mir, als ob das Bild, das ich seit den Berliner Tagen von ihm hatte, sich zwar unerheblich in Einzelheiten, aber im Gesamteindruck wesentlich verändert hatte. Er sprach über Rußland, über Alex, doch viel ausführlicher über sich selbst, über seine persönlichen Erlebnisse in der Emigration, über Enttäuschungen und Schwierigkeiten. Den leisen Unterton einer ungewollten, schwer gestehbaren Wehleidigkeit übertönte in jedem Satz die Selbstironie.

Sein Knabengesicht war unverändert geblieben, doch nun erst bemerkte ich die bald sinnlich auseinanderstrebenden, bald spöttisch oder vergrämt verkniffenen Lippen, deren untere jedesmal bebte, wenn er sich über jemanden besonders aggressiv oder entwertend geäußtert hatte. Auch in seinen blauen Augen tauchte der Widerspruch auf: sie widerspiegelten den Hohn und die Selbstironie und ohne Übergang eine ungewöhnliche Empfindlichkeit, eine Angst vor Täuschung und Enttäuschung, die Furcht, daß ein Schmerz, dessen man sich nicht versehen kann, die Kraft, ihn zu ertragen, vernichten könnte. In zwei Bänden seiner Autobiographie, in *Arrow in the Blue* (1952) und *The Invisible Writing* (1954) hat Arthur die Wurzel seiner Widersprüche aufgedeckt und das durch sie bedingte Widerspiel analysiert, in dem er seit frühen Jahren seine Beziehung zu sich selbst und zur Umwelt zu dramatisieren gewohnt ist.

An jenem Nachmittag faßte ich ein großes Zutrauen zu Koestler, denn da er nun wenigstens während einer Stunde auf Selbstinszenierung verzichtet hatte, wurde sein Wesen unverstellt sichtbar und mit ihm sein Streben nach innerer Wahrhaftigkeit, um den ihm fremden, doch schwer ersetzbaren Ausdruck anzuwenden, der für die Jugendbewegung einst so viel bedeutet hat.

Seine in der Tat sehr schwierige materielle Lage besserte sich bald danach, auch andere Probleme fanden eine adäquate Lösung. Er schrieb eine Artikelserie über das *unterirdische Deutschland,* die von der vielgelesenen Zeitung *L'Intransigeant* mit großem Erfolg veröffentlicht wurde, andere Arbeiten folgten. Im wesentlichen wollte Koestler sich der Sache der Partei, dem antifaschistischen Kampfe widmen. Das änderte sich auch nicht, als er sich zusammen mit Peter von der INFA trennte.

Es nahte der Hochsommer, die Tätigkeit des Instituts sollte bis September sehr verlangsamt werden, so sandte man mich nach London, wo ich mit kommunistischen und sympathisierenden Intellektuellen Kontakte herstellen und Mitarbeiter für die kommenden Publikationen werben sollte. Die Engländer, die ich bei dieser Gelegenheit kennenlernte: Gewerkschaftler, Schriftsteller und Wissenschaftler, die fast alle insgeheim der Kommunistischen Partei angehörten, gefielen mir sehr gut, doch entdeckte ich zu meiner Überraschung, wie verschieden sie von denen des Kontinents sein konnten. Einerseits schienen viele von ihnen gar nicht davon überzeugt zu sein, daß der Zweck die Mittel in jedem Fall rechtfertige. Andererseits zeigten sich die meisten meiner Gesprächspartner nicht etwa unwillig, sondern unfähig, für wahr zu halten, was wir ihnen über die Gestapo und die Konzentrationslager erzählten. Und dies, obschon gerade in jenen Tagen auch die bürgerliche Weltpresse voll war von Berichten über den Naziputsch und die Ermordung des Bundeskanzlers Dollfuß in Wien. Wenige Wochen vorher hatte bereits die Röhm-Affaire selbst die Gleichgültigen aufgerüttelt und erregt.

Da die Kontakte, die ich in London herstellte, zwar nicht unnütz waren, aber für die INFA keine große Bedeutung haben konnten, kam ich früher als vorgesehen nach Paris zurück. Ich war glücklich, diese Stadt und in ihr die alten und die vielen neuen Freunde wiederzufinden. Überdies erwartete mich eine Überraschung: Der Verlag NRF-Gallimard, bei dem ich vor meiner Abreise nach London das etwa 550-seitige Manuskript meiner *Sozialcharakterologie* eingereicht hatte, informierte mich, daß er das Buch annahm und es recht bald französisch veröffentlichen wollte.

NRF – diese drei Buchstaben bezeichneten die knapp vor dem Ersten Weltkrieg gegründete *Nouvelle Revue Française,* eine im wesentlichen literarische Zeitschrift, die in den zwanziger und dreißiger Jahren eine ungewöhnliche Bedeutung überall dort erlangte, wo man französisch las. André Gide, einer ihrer Gründer und Inspiratoren, stand damals im Mittelpunkt des intellektuellen Lebens. Seine fortlaufend veröffentlichten Tagebücher, seine vom Publikum vorher wenig beachteten frühen Werke fanden einen starken Widerhall; sie und noch mehr seine neueren Bücher wurden von katholischen Polemikern als willkürlich gezielte Herausforderungen bekämpft, als Dokumente moralischer und geistiger Verderbnis gebrandmarkt. Gide war der Sohn und materiell sorgenfreie Erbe einer streng protestantischen Familie; er bekannte sich in seinen autobiographischen Schriften und in seinen Tagebüchern zur Glaubenslosigkeit und gab Einblick in das Liebesleben eines Päderasten. Mit seiner Lebensphilosophie wie mit seinen literarischen Arbeiten, die für eine ganze Generation maßgebend wurden, ebnete er den Weg zu einer unbürgerlichen Ästhetik – dies mit Berufung auf Racine so gut wie als Vertreter eines Nietzscheschen Immoralismus und einer neuen, gleichsam nüchternen Empfindsamkeit, der das bürgerliche Bedürfnis nach Zierat und Künstlichkeit fremd und verächtlich geworden war. Von Gide und dessen Freunden gestützt und beraten, wurde Gaston Gallimard ein vorbildlicher Verleger und der Verlag NRF der interessanteste Frankreichs, wahrscheinlich sogar Europas.

Zu den zahlreichen Mitarbeitern der Zeitschrift und den vortrefflichen Autoren, mit denen Gallimard sich umgab, gehörte ein deutscher Historiker und Philosoph, der in Deutschland selbst wenig bekannte Bernhard Groethuysen. Er befand sich in Frankreich, als der Erste Weltkrieg ausbrach, wurde als Feindstaat-Angehöriger interniert und schließlich in eine Provinzstadt verwiesen. So lebte er sich in dem fremden Lande so gut ein, daß er sich schließlich einige Zeit nach Kriegsende in Paris ganz niederließ. Während langer Jahre und bis zu seinem Tode war er für die NRF weit mehr als ein Berater in Fragen, die die deutsche Literatur, Philosophie und Psychologie betrafen; allmählich wurde er der Sokrates dieses anspruchsvollen Kreises. Dazu paßte recht gut, daß er in der Mitte so vieler emsig schreibender Leute selbst nur wenig schrieb und noch weniger veröffentlichte. Er war mit der Vorbereitung eines sozialhistorischen Werkes beschäftigt, das, wiederholten seine Bewunderer oft und gerne, von unübertrefflicher Bedeutung und nachhaltigster Wirkung sein würde.

Groeth – so nannte man ihn in der NRF mit Respekt und Sympathie – war ein Mann von stattlicher Erscheinung; zu dieser paßte die ruhige, selbstsichere Art seiner Rede und der sie begleitenden Gebärden; auffällig war an ihm nur sein graumelierter Bart, da man ja weit und breit keinen andern sah. Er rauchte ununterbrochen, nach Pariser Manier nahm er die Zigarette erst aus dem Mund, wenn sie bis zu einem winzigen feuchten Stummel ausgeraucht war. Die Asche, die er somit niemals abstreifte, fiel auf seinen Bart, verstreute sich bald auf die eine, bald auf die andere Achsel, weil er im Sprechen den Kopf häufig in eine langsame Pendelbewegung brachte. Wir trafen einander bis zum Kriegsausbruch recht oft; ich holte ihn aus dem Verlag in ein nahe gelegenes kleines Bistro, wo wir gewöhnlich lange sitzen blieben. Ich sprach gerne mit ihm und hörte ihm ebenso gerne zu, aber während der allerersten Gespräche konnte ich mich nicht enthalten, in kindlicher Spannung auf den Aschenregen zu achten, der allmählich den Bart vollends ergrauen ließ.

Bei der ersten Begegnung sprach mir Groethuysen mit Kompetenz und Wohlwollen von meinem Manuskript; sein Lob tat mir gut, denn er war außerhalb meines engsten Freundeskreises dessen erster Leser. Ehe ich ihn verließ, stellte er mir Brice Parain vor, der mit mir die Einzelheiten des Vertrags besprach. Parain mochte ein Bauernsohn sein, der aus einem der spärlich bewohnten Dörfer Mittelfrankreichs in die Stadt gekommen war, um alles zu lernen, alles zu erfahren. Ein Mann von Geist und Charakter, folgte er in allem seinem eigenen Weg: als Slawist und Rußland-Kenner war er in offizieller Mission nach Rußland gegangen, weil er ein begeisterter Kommunist war. Doch lernte er schnell aus enttäuschenden Erfahrungen und wandte sich frühzeitig ab. Ein Linguist und Semantiker zu einer Zeit, als nur wenige Leser sich für die jetzt bis zum Überdruß modisch gewordene Disziplin interessierten, schrieb er einige Bücher von Bedeutung, die nur wenige Leser fanden. Zum Unterschied von Groeth, der sich, nicht zuletzt unter dem Einfluß seiner russischen Frau, dem Kommunismus zuwandte und kritische Äußerungen über die Sowjetunion bis zuletzt vermied, war Brice Parain ein nüchterner, entschiedener, doch zumeist schweigsamer Gegner der kommunistischen Ideologie geworden. Wir sprachen selten und wenig miteinander; oft genug erschien er mir wie ein Mensch, der verstummen und vereinsamen muß, weil man ihn mit der Wahrheit, die man nicht kennen will, allein läßt. Ich habe ihn somit in der Tat wenig gekannt, erst kurz vor dem Tode ergab sich eine besondere Gelegenheit, sein Gesicht näher zu betrachten: als Großaufnahme in einem Film von Goddard, der ihn in den Mittelpunkt einer Szene stellte, die in einem Pariser Bistro spielte. Das vergrößerte Antlitz auf der Leinwand war zu einer kuriosen Landschaft geworden, in der die Falten schmalen, aus der Ferne erspähten Bergtälern glichen, in die nie ein Sonnenstrahl dringt.

Als ich in den Verlag kam, um den Vertrag zu unterzeichnen, teilte mir Groeth mit, daß André Malraux wünschte, mich kennenzulernen und mich zum Tee erwartete; er wohnte gerade um die Ecke. Ich verstand, daß Groeth ihm von mir und meinem Manuskript gesprochen und so die Neugier des Dichters hervorgerufen hatte. Ich hatte Malraux' *Condition humaine* trotz einer wenig gelungenen Übersetzung mit Begeisterung gelesen. Wie so viele Leser und Kritiker in der ganzen Welt, glaubte ich, aus der Handlung dieses Romans schließen zu können, daß der Autor selbst ein tätiger Zeuge der Ereignisse im revolutionären China gewesen war. So begab ich mich in einer geradezu adoleszent-freudigen Erwartung in die ganz nahe Rue du Bac, wo ich nicht nur einen bedeutenden Dichter kennenlernen, sondern die Gelegenheit ausnutzen wollte, von einem Chinakämpfer Näheres über manche Phasen jener Revolution zu erfahren, deren Sieg uns während einiger Jahre als gewiß erschienen war und deren Niederlage uns daher so unbegreiflich blieb wie ein besonders verworrener Alptraum.

Der noch nicht ganz dreiunddreißigjährige André Malraux hatte 10 Monate vorher den berühmtesten und einträglichsten aller französischen Literaturpreise, den Prix Goncourt, für die *Condition humaine* erhalten. Viele Laureaten des Preises, die diese Auszeichnung nicht nur als Triumph, sondern als Gewähr für kommende Erfolge ausgekostet hatten, fielen eine Saison später in die Lage jener Schriftsteller zurück, an die man sich nur erinnert, wenn sie ein neues Buch veröffentlichen. Der am Fuße des Montmartre geborene André Malraux war jedoch schon Jahre vorher bekannt geworden und dies nicht nur durch seine frühen Artikel und Schriften und nicht nur durch einen Prozeß, der ihm im Zusammenhang mit seinen Ausgrabungen in Indochina angehängt wurde, sondern durch die überraschende, ja faszinierende Wirkung seines Feuergeistes und durch die extreme Intensität, mit der er alles zu empfinden, wahrzunehmen schien und in frappanten Sätzen wie Raketen aufleuchten ließ: kondensierte Schlußfolgerungen aus Gedankengängen, die der Gesprächspartner nur vermuten konnte, da Malraux, anstatt sie darzulegen, bereits anderen Schlußfolgerungen zueilte. Der Zuhörer mußte stets wie ein »Haftelmacher« aufpassen, denn Malraux sprach mit einer atemberaubenden Schnelligkeit zu viel und undeutlich. Ein Läufer, der sich selbst zu überholen sucht, machte er selten halt. In den Tagebüchern, Erinnerungen und Artikeln all jener, die ihm je begegnet sind, findet man das Staunen wieder, das er beinahe stets hervorrief, und die Bewunderung, die dieser Zauberer in ihnen erweckte, doch viel seltener den Widerstand, mit dem sich die Bestrickten von der gar zu eindringlichen, ja vehementen Faszination nachher zu befreien suchten.

Schlank, groß gewachsen, hellbraunes Haar, eine breite Strähne wie ein Rufzeichen in der Mitte der Stirn, welche an die der romantischen Dichter der ersten Hälfte des 19. Jahrhunderts erinnert. Das längliche Gesicht mit den schnell bewegten, einen Augenblick lang nervös entstellten Zügen, ändert im Verlaufe des Gesprächs sein Alter: zuweilen ist es das Antlitz eines hypersensiblen Jünglings, zuweilen läßt es die durch das noch ferne Alter degradierten Züge ahnen. Die großen grünlich-grauen Augen passen bald zur romantischen Stirn, bald zur Beredtheit eines Intellektuellen, der souverän über seine Mittel verfügt und mit scharfem Blick ihre Wirkung genau ermißt.

Im mittelgroßen Raum, der gleichzeitig Salon und Speisezimmer war, saßen wir zu dritt um den runden Tisch, Clara Malraux zwischen ihrem Mann und mir. Sie übersetzte, was er und ich sagten, sprachlich und intellektuell so meisterhaft, daß wir bald vergaßen, daß unser Gespräch in zwei Sprachen geführt wurde. Malraux hätte mich über mancherlei, etwa über meine Person oder meine Arbeit ausfragen können, doch kaum hatte ich mich gesetzt, wollte er wissen, wie ich als Psychologe und Marxist die sterilisierende Wirkung erklärte, die der Faschismus ohne Zweifel auf das künstlerische Schaffen ausübte. In Wahrheit überraschte mich diese abrupte Interpellation nicht – erstens, weil sie so gut zu ihm paßte, und zweitens, weil ich merkte, ich weiß nicht woran, daß er sie wohl vorbereitet hatte. Meine Antwort dürfte, gelinde gesagt, überaus vorhersehbar gewesen sein. Sie schien jedoch auszureichen, um ein Gespräch anzuregen, das wir durch Jahrzehnte fortsetzen sollten. Was er an jenem Nachmittag zumeist monologisch darlegte, war wesentlich, in Ansätzen ein Stück jener Kunstphilosophie, die er später in mehreren Werken entwickeln konnte.

Als ich, einige Jahre vorher, meine kritische Stellung zu Freuds Arbeiten über Kunst und Literatur formulierte, drückte ich den Verdacht aus, daß die Psychologie zwar vielerlei zum Verständnis des Künstlers, aber fast nichts zur richtigen Einschätzung seiner Kunst und nur Unerhebliches zur Erklärung des künstlerischen Schaffens beitragen könnte. Auch deshalb nahm ich Malraux' brillante Formulierungen mit der gleichen Aufmerksamkeit auf, mit der ich ein Jahrzehnt vorher Adlers Analysen neurotischer Fälle gelauscht hatte; und mit der gleichen Gewißheit, einem genialen Menschen gegenüberzusitzen, der meine Begier, zu erkennen und zu verstehen, gleichermaßen steigerte und befriedigte.

Als ich im Verlaufe dieses ersten, ausgedehnten Gesprächs Malraux einige präzise Fragen über bestimmte Phasen der chinesischen Revolution stellte, erwiderte er zwar mit frappanten Sätzen, ohne indes irgend etwas vorzubringen, das mir unbekannt war oder auf unmittelbar an Ort und Stelle gewonnenen Erfahrungen beruhen mußte. Da ich gelesen hatte, daß er eine Zeitlang der Propaganda-Chef der Kuomintang gewesen war – und das erschien mir fabulös –, wollte ich schließlich auch wissen, wo er chinesisch gelernt hatte. Seine chinesischen Sprachkenntnisse wären nur pragmatisch, nicht theoretisch, nicht grammatikalisch, gestand er, und fügte mit bescheidenem Stolz hinzu: »Genau so wie das Arabisch von T.E.Lawrence.«

Ich dankte Clara, ohne deren Übersetzungskunst das Gespräch nicht möglich gewesen wäre, und sprach den Wunsch aus, sie und ihren Mann oft wiederzusehen. Es war für Malraux gewiß nichts Ungewohntes mehr, im Gesicht eines Fremden, der ihn aufsuchte, Zeichen der Verehrung, der Verwunderung und Bewunderung zu entdecken. Nur die Unzulänglichkeit meines Französisch hinderte mich, ihm meinerseits solche Gefühle auszudrücken. Es war allerdings gar nicht nötig, auch wortlos waren sie wohl deutlich genug.

Wir sahen einander oft, immer öfter, in den ersten Jahren zumeist in Gegenwart Claras in ihrer Wohnung, wo antifaschistische Emigranten, insbesondere Italiener, aber auch

Deutsche stets willkommen waren. Damals wurde Malraux der Saint-Just des Antifaschismus, die jungen Intellektuellen sahen in ihm ihren vorbildlichen Repräsentanten, den Chorführer, den Protagonisten. In seiner eigenartigen Rhetorik wechselten ironische Herausforderungen an den Feind mit Anklagen und Klagen über Unrecht und Verfolgung ab, metaphysische Aphorismen und aggressive Beschwörungen folgten einander ohne vermittelnden Übergang und hielten die Hörerschaft in Bann, auch wenn ihr manche Worte, Satzteile und Gedanken entgingen oder unverständlich blieben.

Unter dem Einfluß Malraux', der selbst nie in die KP eingetreten ist, haben viele junge und ältere Intellektuelle den Weg zum Kommunismus eingeschlagen. Für viele war auch André Gides Stellungnahme zugunsten der Sowjetunion eine Gewähr dafür, daß dieser Weg der richtige war – jedenfalls bis zu seiner desillusionierenden Reise durch Rußland und der daraufhin unvermeidlich gewordenen Abwendung vom Kommunismus. Den gläubigen Katholiken und bürgerlichen Schriftsteller François Mauriac zog es in den stets überfüllten großen Saal der Mutualité (im Quartier Latin), um sarkastisch amüsiert, aber oft genug auch tief beeindruckt Gide als Versammlungsleiter walten zu sehen und Malraux' Inkantationen mit Skepsis, doch nicht ohne Bewunderung zu lauschen.

Damals setzte zögernd und noch recht undeutlich die Wendung der kommunistischen Politik ein: Die Sozialisten waren nicht mehr unbedingt die Hauptfeinde, bald darauf nicht einmal Nebenfeinde; die sogenannte *formelle Freiheit* wurde nicht mehr verspottet und als ein ganz besonders gefährlicher Schwindel, als eine Bewußtseinsvernebelung enthüllt; die demokratischen Regime hörten auf, als verhüllte und daher um so gefährlichere Varianten des

Faschismus täglich entlarvt zu werden; die *Marseillaise* wurde nicht mehr höhnisch niedergepfiffen, sondern unmittelbar vor oder nach der *Internationale* mit übertriebenem Enthusiasmus gesungen. Einige Zeit danach hörte man auf. die nationale Armee als hassenswert und zugleich als lächerlich zu karikieren, die Kommunisten wurden auf Stalins Befehl die entschiedensten, ja chauvinistischsten Patrioten Frankreichs, bedingungslose Anhänger der Demokratie, wie sie in den fortgeschrittensten kapitalistischen Staaten existierte. Mit schmerzlichem Bedauern mußten wir immer daran denken, daß diese neue Politik Hitlers Triumph und alles Unglück, das noch drohte, hätte verhindern können, wenn die Komintern, d. h. Stalin, der KPD nicht eine diametral entgegengesetzte Strategie anbefohlen hätte.

Diese Wendung, die erst später auf dem VII. Kongreß der Komintern durch die Proklamation der Volksfront-Politik für alle Kommunisten vorbildlich wurde, erlöste viele Mitglieder von der innern Zwietracht, in der jeder sich selber unerträglich wurde, sooft er öffentlich für eine Generallinie, für eine paranoische Taktik eintreten mußte, die er insgeheim für verkehrt und gefährlich hielt. Endlich konnte man wieder mit sich selber im Einklag sein.

Diese Wandlung verbesserte übrigens auch die Aussicht der INFA, auf Kreise einzuwirken, die man bis dahin gemieden hatte. Wurde unsere Bereitschaft, mit allen Demokraten zusammenzugehen, wirklich glaubwürdig, so konnte das zuerst neblige Projekt einer internationalen Ausstellung zur Aufklärung über den Faschismus nun mühelos in Angriff genommen werden. Vom späten Herbst an betrachteten wir die Realisierung dieses Plans als unsere vordringlichste Aufgabe. Persönliche Auseinandersetzungen, hinter denen Arthur Koestler wohl mit Recht eine rücksichtslos betriebene Intrige des die INFA überwachenden Komintern-Delegierten vermutete, hatten zur Folge, daß er selbst und Peter und mit ihnen einige andere sehr gute Genossen das Institut verließen. Andererseits strömten jedoch immer neue Mitarbeiter hinzu, manche von ihnen kamen aus faschistischen Zuchthäusern und Konzlagern. Ihr elender Zustand schwächte nicht im mindesten ihren Willen ab, auch unter materiellen Bedingungen mitzumachen, welche sich von Tag zu Tag verschlechterten. Der erwähnte »Delegierte«, ein Funktionär der Komintern, erhielt, sagte man, sein Gehalt regelmäßig, doch die für die INFA zugesagte monatliche Subvention ließ auf sich lange warten und traf manchen Monat überhaupt nicht ein.

Nach dem Attentat in Marseille, dem am 9. Oktober 1934 König Alexander von Jugoslawien und der Außenminister Barthou zum Opfer fielen, machte die Pariser Polizei auf Fremde ebenso unermüdlich wie nutzlos Jagd. Wurde ein sichtbar mittelloser Fremder angehalten, so mußte er neben seinen Ausweispapieren zumindest 20 Francs – damals etwa DM 3.50 – vorzeigen, andernfalls konnte er wegen Vagabondage festgenommen und ausgewiesen werden. Nicht wenige unserer Mitarbeiter verfügten gewöhnlich nicht über diese Summe, sie blieben tagelang fast ganz ohne Geld. So kriegte jeder von ihnen, ehe er auf die Straße ging, 20 Francs ausgehändigt, die er dann wieder im Büro ablieferte, damit sie einem andern als Weggeld dienten. Wir lachten darüber, aber es erheiterte uns keineswegs. Und jeden Tag aufs neue erhob sich das schwierige Problem, wie man all diese jungen Menschen ernähren sollte. Einmal ergatterte eine Freundin, die bei sehr reichen Leuten angestellt war, deren gesamte Jagdbeute an Hasen für uns. Ein köstlicher Schmaus während der ersten zwei, drei Mahlzeiten, ein gutes Essen nachher, schließlich aber konnte keine noch so überraschende kulinarische Metamorphose dieser Tiere die Leute vor dem Überdruß bewahren, so daß sie es vorzogen, lieber hungrig zu Bett zu gehen.

Ich selber wurde von meinem Freund Beno unterstützt, sooft er vermuten mußte, daß ich es nötig hatte. Überdies gab es wohlhabende Leute, die nach wie vor unbeirrbar an meine Zukunft glaubten, mir Geld liehen und geduldig warten wollten bis – wie ich, Schwejk zitierend, versprach – bis »um 6 Uhr nach dem Weltkrieg«. Fast meine ganze Zeit widmete ich der Vorbereitung der Ausstellung, deren Drehbuch ich schrieb; es wuchs sich schließlich zu einem Buch aus, das jedoch nie veröffentlicht werden sollte. Ich entsinne mich übrigens nicht, gelegentlich welcher meiner vielen Übersiedlungen es mir abhanden gekommen ist. Es mag auch sein, daß es erst im Juni 1940, als die Gestapo mich suchte, verschwunden ist mit allem, was ich besaß.

Die Ausstellung kam trotz allen materiellen Schwierigkeiten zustande, doch merkte man, daß die aufgewandten Mittel nicht gereicht hatten. Die zum Teil mobilen, recht einfallsreich ausgeklügelten elektrischen, mechanischen und optischen Schauobjekte wurden in allzu billiger Ausführung hergestellt, auf andere hatte man verzichten müssen, obschon ihnen das Drehbuch einen bedeutenden Platz eingeräumt hatte.

Denke ich zwar ungern an die INFA-Periode als an eine am Ende deprimierende Enttäuschung für so viele Menschen zurück, die bereit waren, sich auch unter den schlechtesten Bedingungen mit ihren besten Kräften für eine schwierige Aufgabe einzusetzen, so bewahre ich doch gerne die genaue Erinnerung an die Tage und Nächte, die wir in den Räumen jener Kunstgalerie in der Rue de la Boëtie mit der Vorbereitung und Installierung der Ausstellung verbrachten. Wie gewöhnlich ging es lärmend zu, das Hämmern und Sägen hörte selten auf, laute Auseinandersetzungen folgten einander, wurden aber durch viel Spaß und Gelächter unterbrochen. Erst lange nach Mitternacht, wenn viele schlafen gegangen waren und andere, an eine Wand gelehnt oder mit dem Rock als Kissen, Stille und Halbschlaf suchten, trat Ruhe ein. Zusammen mit dem »Werkmeister« nahm ich Änderungen am Drehbuch vor und half ihm, den Arbeitsplan für den anbrechenden Tag festzulegen, als wir durch den leisen Gesang zweier Stimmen unterbrochen wurden. Die junge Sängerin war wenige Tage vorher aus Polen gekommen, wo sie während einer langen Untersuchungshaft schwer mißhandelt worden war; ihr Freund, der mit ihr zusammen festgenommen, aber schon nach wenigen Tagen wieder freigelassen worden war, vertrat bei uns in der INFA die polnische Fraktion. Am Tage nach ihrer Ankunft brachte er die junge Genossin zu uns, sie sprach nur polnisch und verstand französisch, wenn es sehr langsam gesprochen wurde. Da ich etwas polnisch verstand, kam es zwischen uns zu wortarmen, doch beinahe zärtlichen Gesprächen jedes Mal, wenn wir einander begegneten. Und das geschah in jenen Tagen sehr oft.

Nun lauschte ich ihrem Gesang und mich übermannte die Lockung, alles zu vergessen : Die Politik, den Feind, das Exil, das immer beengender wurde, die Prozesse in Moskau, die immer unbegreiflicher und beängstigender wurden, und die INFA mit ihrer Ausstellung, die wegen der Ärmlichkeit der Mittel fortwährend zusammenschrumpfte, noch ehe sie fertig war – alles hätte ich vergessen wollen, um dieser Stimme zu folgen, in ein fernes Dorf, in eine Einsamkeit, aus der kein Weg zurückführt. Gewiß, das war die Wiederholung des so oft mit offenen Augen geträumten Traumes, den mir die Erinnerung an Tracz eingab, jenes Dorf unserer ersten Zuflucht nach dem Ausbruch des Krieges 1914. Und nun war's, als ob eine der Bäuerinnen aus jenem Dorf gegen Ende einer durchwachten Nacht mitten in Paris aufgetaucht wäre, eine Botin aus einem anderen Leben, in dem unsere Sorgen und Hoffnungen sich wie durch einen Zauber in nichts auflösen würden. Alles, was uns umgab, und wir selbst – all das würde wesenlos werden, nicht mehr sein, niemals gewesen sein.

Der Junge verstummte bald völlig, Rynia sang allein: polnische, ukrainische, russische Lieder. Ich suchte sie in ihrem Winkel erst auf, als sie lange still geblieben war. Sie lächelte mir zu in der Art, in der sie alles tat, allem begegnete: ihre eigene Scheu rief Schüchternheit hervor; niemand scherzte mit ihr leichtsinnig dahin, man hätte sie keusch genannt, wenn dieses Wort nicht so lächerlich geworden wäre. Sie war nicht anders gekleidet als die jungen Mädchen im Städtel, auch ihre Haartracht war altmodisch, ihre Bewegungen furchtsam und etwas mißtrauisch.

Sie mochte mich vielleicht nur, weil sie wußte, daß ich sie so gerne sah und sie stets so freudig begrüßte, als ob ich gerade auf sie lange, beinahe zu lange gewartet hätte. In dieser Nacht sagte ich ihr, daß ihr Gesang meine Müdigkeit und meine unwillige Resignation weggewischt und mich mit Heimweh erfüllt hätte. Ich endete mit einem polnischen Dankeswort. Sie antwortete: »Dich habe ich sehr gern, aber ihn« – sie zeigte auf ihren Freund – »ihn liebe ich«. Sie wandte sich dem Jungen zu, der sitzend zu schlummern schien. Sie senkte den Kopf und lehnte ihr Gesicht an seine hochgezogenen Knie.

Wir sahen einander noch während mehrerer Tage bis zur scheinbar erfolgreichen Eröffnung dieser ersten internationalen antifaschistischen Ausstellung und hie und da auch während einiger Wochen nachher, bis die INFA liquidiert wurde. Mit der Arbeitsgemeinschaft, zu der sich so viele bereit gefunden hatten, lösten sich auch die Bande, die so vielen das Exil erträglicher gemacht und es recht oft in ein passionierendes Abenteuer verwandelt hatten. Den Deutschen und Österreichern unter den Genossen begegnete ich noch oft in den wöchentlichen Veranstaltungen des Schutzverbandes deutscher Schriftsteller, in politischen Versammlungen und in den Kursen, die ich im Rahmen der Emigrations-Hochschule gab. Aber nur der Zufall fügte es, daß ich etwas von dem jungen Paar erfuhr. Es hieß, sie hätte ihn verlassen, weil er sich als Trotzkist entpuppt hätte; andere meinten, sie wäre in die Fangnetze der Trotzkisten geraten.

Von den etwa 60 Menschen, denen ich zum erstenmal in der INFA begegnet bin, ist mir Rynia allein in einer noch immer nicht ganz desaktualisierten Erinnerung geblieben – sie, die wie eine flüchtige Komparsin aufgetaucht und bald verschwunden war. Und sie hat mir nie ein Lebenszeichen gegeben, obschon sie meinen wahren Namen gekannt hat und mich – jedenfalls nach dem Kriege – leicht hätte finden können.

Nach einer langen Unterbrechung nehme ich wieder das Heft zur Hand. Ich bin viel auf Reisen gewesen, habe Freunde und alte Bekannte mit Vergnügen wiedergesehen und neue Bekanntschaften geschlossen: Gesichter, Gebärden, Worte haben sich meinem Gedächnis eingeprägt, ihren Platz in dem schwebenden Bereich der Erinnerung gefunden, die mir häufig als eine nicht immer genehme, manchmal zudringliche, doch stets unentbehrliche Begleiterin erscheint, der man nachläuft, sobald sie sich zu entfernen droht.

Was hätte ich nicht alles von der INFA-Zeit erzählen müssen! Dinge, die historisch, politisch und nicht zuletzt persönlich aufschlußreich gewesen wären. Statt dessen habe ich ganze Seiten dieser Rynia gewidmet, von der ich ja weit weniger gewußt habe als von so vielen anderen, interessanteren Menschen. Und wie weit trifft es dann wirklich zu, daß ich an jenes Mädchen oft gedacht habe in den 41 Jahren, die seit unserer letzten Begegnung verstrichen sind?

Während ich auf dieser Reise, zumeist in nächtlicher Zurückgezogenheit, diese Frage erwog, wurde ich immer wieder von ihr durch eine andere, vordringlichere abgedrängt: Was ist denn damals, in jener ersten Phase meiner Pariser Emigration mit mir geschehen? Und wie erklären, daß mir von den so zahlreichen neuen Begegnungen, von meiner Arbeit nichts erinnernswert, erzählenswert erscheint, als jene Begegnung mit dem fremden Mädchen und ihren Liedern, die ich nach einem anstrengenden Tag, wahrscheinlich nach deprimierenden Auseinandersetzungen hatte singen hören? So ging es darum, diese Frage in den Zusammenhang zu stellen, in dem sie unverzüglich zu einem winzigen Teilchen eines umfassenden Sachverhalts zusammenschrumpft, der jenen Mann im dreißigsten Lebensjahr betrifft, der ich damals gewesen bin. Das aber scheint mir gar nicht leicht. Warum wohl?

Ich schreibe ohne die geringsten Notizen. Hätte ich welche gemacht, so wären sie längst verschwunden; und keinen Artikel, den ich damals veröffentlicht habe, habe ich zur Hand, keine Manuskripte, ganz zu schweigen von Arbeitsplänen, Projekten, Thesen, die als Basis für öffentliche und interne Diskussionen gedient haben. So muß ich mich auf mein selektives Gedächnis verlassen und jenes Auswahlprinzip anwenden, das mich in der Wahl von Inhalt und Form all dessen lenkt, was ich schreibe.

Noch ehe ich das erste Pariser Kapitel zu schreiben begann, somit in den Tagen, als ich meine Erinnerungen gleichsam zu mobilisieren versuchte, änderte sich etwas in meinen nächtlichen Träumen. Das geschah auch während der Reise und wiederholte sich weiterhin:

In Episoden, deren Zeuge ich ungewollt, als zufälliger Beobachter werde, geschieht einer lose zusammenhängenden Gruppe von Menschen durch jemanden ein Unrecht, der mit der Zustimmung anderer handelt, die – nicht deutlich sichtbar – hinter ihm stehen. Der Vorgang ist nicht dramatisch, es handelt sich nicht um Mißhandlung oder Folter, sondern fast immer um eine scheinbar unwichtige Diskriminierung. So wenn, zum Beispiel, wartenden Menschen, die endlich an einem Tor, an einem Schalter, an einem Eingang angelangt sind, plötzlich schonungslos erklärt wird, daß andere, die noch gar nicht da sind, Vorrechte haben. Die Wartenden sollen sich noch länger gedulden und müssen schließlich unverrichteter Dinge nach Hause gehen. Der es ihnen ankündigt, verhehlt den Benachteiligten nicht seine Geringschätzung, seine Schadenfreude an ihrer Demütigung. Manchmal, doch nicht immer, versuche ich einzugreifen – stets vergeblich. Es ist, als ob meine Worte ungehört blieben. Schließlich werde ich in ein schlecht beleuchtetes, menschenleeres Gäßchen abgedrängt.

Es gibt für jedes Alter charakteristische Wiederholungsträume. Am häufigsten stellen sie sich in der Kindheit ein, begleiten manche Menschen ein Leben lang oder kehren nach langer Unterbrechung im fortgeschrittenen Alter wieder. Die Bejahrten werden von Träumen heimgesucht, in welchen ihnen, neben ihrer Hinfälligkeit und ihrem körperlichen Versagen, der Anblick einer Welt aufgedrängt wird, in der alles vergreist ist.

In den Unrechts-Träumen, die durch meine in der Erinnerung angebahnte Rückkehr zu den ersten Emigrationsjahren ausgelöst worden sind, bin ich zumeist ein Zeuge, doch scheinbar nur. Denn der Träumer steht auch dann im Mittelpunkt des Geschehens, wenn er sich als Zuschauer erblickt. Die häufig als Rechtfertigung der Eigensucht vorgebrachte Behauptung, daß jeder sich selbst der Nächste ist, bleibt leider auch im Traum wahr, ja ganz besonders in ihm. So bin ich da in mehr als einer Gestalt vorhanden: Ich bin der Beobachter, der manchmal, doch stets erfolglos eingreift, und zugleich einer der Wartenden, Benachteiligten, Gekränkten. Welche Erlebnisse, welche für das Schicksal der Emigranten kennzeichnenden Vorgänge transportiert hier der Wiederholungstraum?

Ich war in Paris anfangs kein typischer Emigrant, da ich jederzeit nach Wien zurückkonnte, wo ich zu Hause war, oder nach Zagreb, wo mich hilfreiche Freunde erwarteten. In vielen Hinsichten war es eine jener Perioden, in der alles, was uns anfordert, uns zugleich auch fördert, unsern Lebensbereich erweitert und uns gleichzeitig neue Energiequellen entdecken läßt. Daß ich in Paris so vielen Männern und Frauen begegnete, die ich bewundern konnte, bewahrte mich endgültig vor einer *Provinzialisierung*. Hier war ich in keiner Hinsicht der Erste, der Zweite oder Dritte, sondern einer von vielen, wenn auch keineswegs gesichtslos. In der Tat begegneten mir die meisten, an denen mir liegen konnte, mit wachsendem Interesse; die Aufmerksamkeit, mit der sie mir zuhörten, die Erwartungen, die sie in mich setzten – all das steigerte den Anspruch, den ich an mich zu stellen gewohnt war.

Was soll aber dann die besondere Selektion des Gedächtnisses, das gerade, ja fast ausschließlich die Frustration der INFA-Arbeit in den Vordergrund drängt und die Mittellosigkeit, in der Moskau entgegen allen Versprechungen alle Mitarbeiter ließ? Und warum empfand ich das Bedürfnis, von Rynia zu sprechen und nicht davon, daß ich zu jener Zeit liebte und geliebt wurde? Mag sein, daß ich dies nur deshalb verschwieg, weil ich – um der Wahrheit willen – nicht hätte verbergen können, daß ich, um der geliebten Frau stets nahe zu sein, während mehrerer Wochen in einem grenzenlos verwahrlosten, von wenigen Emigranten und sonst nur von Verkommenen bewohnten Hotel, in einer der elendsten Gassen geblieben war – vielleicht als Selbstbestrafung dafür, daß ich die Liebe einer Frau erwiderte, die weiterhin mit einem anderen Mann lebte.

Um jene Zeit tat ich alles und unterließ vieles, nur um mich in Eintracht mit den Genossen zu fühlen. Ich vertrat die Sache der Partei nicht nur in öffentlichen Versammlungen und Sitzungen, sondern auch in persönlichen Gesprächen. Es war leicht, sobald man an den Feind dachte, es war schwer und erforderte immer öfter den Verzicht auf das eigene Urteil, sobald man den Blick dem eigenen Lager und jenen Vorgängen in der Sowjetunion zuwandte, die schließlich in den Moskauer Prozessen ihren abgrundlosen Tiefpunkt, den Höchstpunkt der Tyrannei erreichten.

Im Herbst 1934 stand im Mittelpunkt der Diskussionen das für den 13. Januar 1935 anberaumte Plebiszit im Saarland, das entscheiden sollte, ob es seine Rückgliederung an Deutschland, somit an das Dritte Reich, wünschte oder es vorzog, bis auf weiteres, das heißt bis zum Ende der Hitler-Herrschaft, unter dem Völkerbundsmandat zu bleiben.

Während langer Monate wiederholte die KPD die absurde Parole: »Stimmt für die Rote Saar!« und ignorierte somit die vom Völkerbund formulierte Alternative. Das war solch ein Wahnwitz wie etwa ein Versuch, durch das Manipulieren des Lenkrads ein motorloses Auto in Bewegung zu setzen. Erst sehr spät rief die Partei zur Einheitsfront mit allen saarländischen Antifaschisten auf, die sich für den Status quo einsetzen wollten. Fast alle Funktionäre, die in Frankreich Asyl gefunden hatten, nahmen an diesem Kampfe mit dem Aufwand ihrer ganzen Energie teil. Gewerkschaftler, Journalisten, Künstler aller Art wurden ins Saarland geschickt. Endlich, spät genug, geschah das Notwendige, das einzig Vernünftige – man kämpfte endlich geeint gegen den wirklichen Feind.

Die Pessimisten unter uns glaubten, daß vielleicht die Hälfte der Saarländer für »die Heimkehr ins Reich« stimmen würden – gewiß nicht aus Sympathie für die Nazis, sondern um ihre bedingungslose Zugehörigkeit zur deutschen Nation zu manifestieren. Trotz der Weltwirtschaftkrise, die überall eine revolutionäre Situation hätte herbeiführen sollen, entfalteten sich überall nationale Bewegungen, denen die Kommunisten übrigens in der Weimarer Republik aus strategischen Gründen propagandistisch zur Hilfe gekommen waren. Doch nur die Pessimisten glaubten, daß am 13. Januar 1935 der Nationalismus die Saarländer dazu bewegen könnte, die Regime-Frage außer acht zu lassen und gegen den Status quo zu stimmen. Ich glaubte wie alle meine Freunde, wie der Saarländer Gustav Regler und wie Arthur Koestler, die beide bis zur letzten Stunde in der Saar blieben, daß selbst im schlimmsten Falle nur wenig mehr als 50% der Saarländer für den Status quo, also für den Antifaschismus stimmen würden.

Man wußte, noch ehe der Tag des Referendums zu Ende war, daß die Beteiligung alle Erwartungen übertraf: 98% waren bei dieser freien Abstimmung zur Urne geeilt; das stimmte uns noch hoffnungsvoller. Um so furchtbarer wirkten die Resultate, sie waren niederschmetternd, und man mußte sich Gewalt antun, um an ihrer Richtigkeit nicht zu zweifeln. Ich wollte es dem Radio nicht glauben und wartete ungeduldig auf die Morgenzeitungen. Wir waren nicht besiegt, sondern – wie die französischen Sportler nach einem Debakel sagen, pulverisiert worden. 90,3% wollten sofort »heim ins Reich«, nur 8,8% hatten dagegen gestimmt. In diesem Lande der Berg- und Industriearbeiter hatten Katholiken, Sozialisten, Kommunisten nicht einmal 10% gegen die Solidarisierung mit Nazideutschland zusammenbringen können. Diese Niederlage, die im Grunde nur eine Schlacht auf einem Nebenkriegsschauplatz beendete, habe ich zugleich als äußerst demütigend und als die Ankündigung größerer Katastrophen empfunden, die wir nicht würden verhindern können. Ich warf mir vor, daß ich das Ereignis maßlos überschätzte, daß es für die zukünftige Entwicklung der Lage keine besondere Bedeutung haben konnte. Dennoch blieb es lange, noch Jahre nach dem Zweiten Weltkrieg in dem »Feigheits-Asyl« aufbewahrt, wohin ich alles abschiebe, was ich zwar nicht vergessen kann, aber aus meinem Blickfeld verbannen muß, weil ich nicht der Gefangene einer nutzlosen, sinnlos demütigenden Erinnerung werden will, die wie die Grammophonnadel auf einer schadhaften Platte stets in der gleichen Rille kreisen muß. In Wahrheit aber gelang das Abschieben so wenig, daß ich eben in jenen Wochen ein Spezialist für Niederlagen wurde. Ich lernte, scharf zu unterscheiden zwischen einer Niederlage, die zwar ein Ereignis von bestürzender Wirkung ist und nicht folgenlos bleiben kann, und einem Zusammenbruch, der sich aus einem Geschehen in einen Zustand verwandelt, in dem der festeste Boden zu einem alles verschlingenden Sumpfe wird. Jeder, auf dessen Hilfe man rechnet, wendet sich gleichgültig oder feindlich ab, selbst der dümmste Streich bringt dem Feind Erfolg und Ruhm ein.

Inzwischen drängte sich dem Marxisten, der nie auf das Recht zu zweifeln verzichtet hatte, der Verdacht auf, daß die Weltgeschichte sich unzulässig verspätete und den Nationalismus keineswegs vergehen, sondern umgekehrt ihn in unserm Jahrhundert so schalten und wüten ließ, als ob gemäß dem geschichtsphilosophischen Fahrplan das »letzte Gefecht« des weltweiten Klassenkampfes nicht unmittelbar und nicht absehbar bevorstünde. Also verloren wir unsere Zeit mit Umwegen, die gemäß der gleichen Geschichtsphilosophie unnötig, nutzlos und furchtbar kostspielig waren.

Als wir, Gustav Regler, Koestler, ich und einige andere Genossen in einem tragisch-zynischen Gespräch unsere Gedanken von dem Saardebakel abzulenken suchten, nahmen wir Zuflucht zu Anekdoten und suchten Erheiterung in Witzen, mit denen sich schon im Römischen Reich die Proskribierten auf der Flucht vor den außer Rand und Band geratenen Cäsaren und ihren Häschern aufzumuntern pflegten. Ach, wir waren Leute mit beträchtlichen Geschichtskenntnissen, auch sonst nicht ohne Bildung und nicht ohne waches Bewußtsein. Aber in jenen Tagen konnten wir uns nur schwer des Verdachts erwehren, daß alles, was wir wußten und unternahmen, unwirksam bleiben könnte, und daß es keineswegs genügte, sich verständlich zu machen, um verstanden zu werden. Die Augen kann man schließen, die Ohren nicht. Doch ist es leicht, nicht wahrzunehmen, was ans Ohr dringt – und wäre es der verzweifeltste Hilferuf.

Über die zuständliche Niederlage, ihre Hintergründe und ihre besonderen, unvermuteten Gründe, über die Rolle der Gleichgültigen und die Taubheit, die ihnen unbewußt bleiben kann wie der Zweck, dem sie feige dient, über den Prozeß, durch den Einschüchterung sich in Verführung und erzwungene Unterwerfung in begeisterte Zustimmung verwandelt – über all das dachte ich damals viel nach. Zuweilen mit solcher Intensität und Dringlichkeit, als ob die Antwort auf die so aufgeworfenen Fragen für eine unmittelbar bevorstehende Aktion von Bedeutung sein könnte.

Seit dem 1. Dezember 1934 beschäftigte mich überdies ein Problem, das zu einer stetig wachsenden Sorge wurde, die ich lange Zeit selbst meinen nächsten Freunden verschwieg. Ich erinnere mich mit unübertrefflicher Deutlichkeit der äußeren Umstände, unter denen es begann, obschon es auf diese nicht im mindesten ankam: Es war ein regnerischer Abend. Außer meiner Freundin befanden sich in meinem Zimmer zwei Männer, die mich kennenlernen wollten, französische Genossen, von denen einer perfekt deutsch sprach. Zu später Abendstunde öffnete ich das Radio, um die Nachrichtensendung aus Moskau zu hören. Nach der Internationale kam die in einer gehoben-traurigen Tonlage vorgetragene offizielle Mitteilung, daß Sergej Kirow im Leningrader Parteihaus einem konterrevolutionären Attentat zum Opfer gefallen war. Die ganze Sowjetunion, hieß es, war über den Tod des besten Kampfgefährten Stalins von tiefster Trauer erfüllt. Am Ende wurde verkündet, daß das Schwert der Revolution die Verbrecher und deren Komplizen aufs härteste treffen würde.

Ein Kurzschluß, der das ganze Haus in Finsternis hüllte, unterbrach den Sprecher. Obschon wir von Kirow nicht viel wußten, hatten wir, die eine Weile stumm im Dunkeln sitzen geblieben waren, das Gefühl, daß mit diesem Tod etwas begann, was weit über den Einzelfall hinausgehen würde. Ich jedenfalls empfand, daß damit eine Kette furchtbarer Ereignisse beginnen könnte, doch wußte ich es nicht zu begründen, als meine Gäste mich erstaunt über den Grund meines Entsetzens befragten.

Als einige Monate später den längst ausgeschalteten, ständig überwachten alten Bolschewiki Sinowjew und Kamenjew und einigen anderen Genossen, die seit Jahren eingekerkert waren, der Prozeß wegen konspirativer Vorbereitung jenes Leningrader Attentats gemacht wurde, drängte sich nicht nur mir der Verdacht auf, daß Stalin beschlossen hatte, alle früheren Oppositionellen zu vernichten. Ja, die psychologische Deutung dieses Vorgehens machte mir nicht die geringste Schwierigkeit, aber ich gestand der Psychologie im Politischen nur eine laterale Rolle, etwa die einer Hilfswissenschaft zu.

Das Ergebnis des Saarplebiszits hatte bewiesen, daß bis auf weiteres vom deutschen Proletariat keine Erhebung gegen das Naziregime zu erwarten war. Daß die westlichen Mächte bis unmittelbar an den Rand des Abgrunds vor Hitler zurückweichen würden, war auf den ersten Blick unglaubhaft, aber auf den zweiten durchaus wahrscheinlich. Somit blieb Sowjetrußland der einzige sichere, wohlgerüstete, kampfbereite Alliierte gegen Hitler – davon waren wir überzeugt. Und dies war einer der Gründe, warum ich mir trotz Stalin jede Kritik an der Sowjetunion verbot – auch deshalb war ich ein *Doppelzüngler.* So nannte der stalinistische Polizei- und Propagandaapparat jene, die trotz besserm Wissen vor ihnen kapitulierten, auf jegliche oppositionelle Tätigkeit verzichteten und sprachen und schrieben, als ob Stalin immer in allem recht behalten müßte.

Ich war nie ein Anhänger Trotzkis gewesen, hörte aber niemals auf, alles zu lesen, was er veröffentlichen ließ. Auch war ich stets dessen gewiß, daß Trotzki seit seiner frühen Jugend ein Revolutionär gewesen war und es bis ans Lebensende bleiben würde. Im Jahre 1935 hörte ich aber auf zu widersprechen, wenn jemand in meiner Gegenwart den Begründer der Roten Armee »als Agenten im Dienste des Monokapitalismus« bezeichnete – ich stimmte nicht zu, ich schwieg. Und ich zitierte in einer Rede – niemals schriftlich – Worte der Selbstanklage, die Sinowjew in seinem ersten Prozeß aussprach, um zu begründen, warum die Sowjetunion in der Vorbereitung auf den tödlich-gefährlichen Zusammenstoß mit dem Dritten Reich in eine Zwangssituation geraten sei, die es ihr bis auf weiteres nicht erlaubte, auch nur eine potentielle Opposition zu dulden.

Dies alles erwähne ich, um zu erklären, warum sich, als ich die Erinnerung an jene Jahre beleben wollte, Träume einstellten, die mich mit Bitternis und einer völlig wirkungslosen und um so entmutigernden Empörung erfüllten. Deutet man diese Träume, so versteht man, daß mein Tun in jener Zeit nicht etwa Schuldgefühl, sondern eine schamvolle Befremdung in mir erzeugt hat über meine »selbstgewählte Unmündigkeit«. Die Träume verdecken und verkehren gerade das, was sie hervorgerufen hat, und lassen mich die schöne Rolle des Gerechten spielen, der die Opfer verteidigen und ermutigen will. So handelt es sich um eine sinnverkehrende Transposition. Mehrere Jahre gehörte ich zu jenen, die es vorzogen, geduldig darauf zu warten, daß das Krumme wieder gerade werde, daß die Lüge von selbst der Wahrheit weiche. Ich akzeptierte die erpresserische Behauptung, daß es nur die Alternative Hitler oder Stalin und nicht auch ein Drittes gäbe. Diese Träume täuschen, wie ich damals mich selbst und andere getäuscht habe. Doch hinter der Dramatisierung der Handlung zeichnet sich die Wahrheit erkennbar ab: Ich bin kein objektiver Zuschauer gewesen, kein die Wahrheit suchender Zeuge – ich war selbst mitten drin. Und die Stimmung, in der ich aus diesen Träumen erwache, gemahnt mich daran, daß ich eine Zeitlang im Namen einer zukünftigen gerechten Welt die Pflicht zur Unauthentizität widerwillig, doch tatsächlich auf mich genommen habe . . . Man sieht, wie so viele Menschen lügen auch Träume mit dem Mund und offenbaren »mit dem Maul« die Wahrheit.

Neben der Arbeit in der INFA, die, wie erwähnt, schon im Sommer 1935 ein abruptes Ende fand, hatte ich andere Funktionen. Eine von diesen erforderte meine regelmäßige Teilnahme an öffentlichen Sitzungen des Schutzverbandes emigrierter deutscher Schriftsteller, der in Wirklichkeit *fraktionell* von den Kommunisten geleitet wurde. Fraktionell, das bedeutet, daß die kommunistischen Mitglieder eines »Harmlosen«-Vereins sich indirekt seiner Leitung bemächtigen, indem sie auf dekorative Posten Leute schieben, die sonst im Hintergrund geblieben wären und nun als Garanten für eine unparteiliche Leitung und die politische Unabhängigkeit des Vereins paradieren sollen. Obschon diese repräsentativen Figuren in der Tat gewöhnlich keine Parteimitglieder sind, ist es für die Fraktion ein Kinderspiel, sie als Strohmänner beliebig zu benutzen und so die Organisation total zu beherrschen. Es genügt, daß der Sekretär oder dessen aktive Mitarbeiterin zur Partei gehören. Die Honoratioren sind gewöhnlich reife oder überreife Männer, die ungern etwas Unwichtiges – etwa eine Unterschrift – verweigern oder sonst etwas einer liebenswürdigen Frau abschlagen, die ihnen jugendliche Bewunderung entgegenbringt. Der Erfolg des fraktionellen Einsatzes imponiert, aber es bedarf weder besonderer Intelligenz noch irgendwelcher Kühnheit, ihn zu erringen. Eine zielbewußte Fraktion von fünf Leuten ist stärker als die etwa 300 Mitglieder des

Vereins, weil diese einzelne sind und gewöhnlich nichts anderes wollen als das, was mit den statutarischen Aufgaben des Vereins zusammenhängt und zugleich ihren persönlichen Interessen förderlich sein könnte. Bringt dann irgend jemand eine Resolution ein zugunsten der Befreiung von politischen Gefangenen in einem fernen Lande, so ist es ihnen gleichgültig und sie stimmen jedenfalls nicht dagegen. Also wird die Resolution einstimmig angenommen. Für die Fraktion ist es ein taktischer Anfang; sie wird in richtiger Dosierung noch ganz andere Beschlüsse annehmen lassen und sachte alle Vorstandsposten mit Leuten besetzen, deren Ehrgeiz und unmäßiger Bedarf an Schmeicheleien sie besonders »manövrabel« macht.

In den Fraktionssitzungen des Schutzverbandes begegnete ich manchen Schriftstellern, die ich von Berlin her kannte, und anderen, die ich seit langem schätzte, ohne sie vorher getroffen zu haben. Zu diesen gehörte in erster Reihe Anna Seghers. Das rundliche, in seinen Zügen klare, helle Gesicht der jungen deutschen Jüdin wirkte weder deutsch noch jüdisch. Wenn wir einander gegenübersaßen und ich sie betrachtete, fragte ich mich manchmal, ob sie nicht Jeanne d'Arc ähnelte; ich nannte sie gerne die Jeanne d'Arc aus Mainz. Es überraschte mich daher auch nicht, daß sie später das Protokoll des Prozesses gegen die Jungfrau von Orléans dramaturgisch bearbeitete. Das Erstaunlichste am Gesicht dieser deutschen Dichterin war indes das Spähende ihres Blicks, ein plötzlich auftauchendes und verlöschendes Aufblitzen in ihren Augen. Man mußte an China denken und sich darüber verwundern, weil an Annas Gesicht nichts Chinesisches war, aber man war dessen nicht mehr gewiß, sobald man erfuhr, daß sie Sinologie studiert hatte. Und es ist eine kaum bestreitbare, doch schwer erklärliche Tatsache, daß bei älteren Sinologen, gewöhnlich nach einem langen Aufenthalt in China, chinesische Züge auftauchen. Anna aber war jung und hatte nie in China gelebt.

Zum Unterschied von den Fraktionsgenossen und der Mehrzahl der politischen Emigranten wohnte Anna mit Mann und Kindern nicht in einem Pariser Hotel garni, sondern in einer Villa in Bellevue bei Versailles. An Sonntagen fuhr man gerne zu ihr hinaus und wurde sehr gut aufgenommen. Man dachte so spät wie möglich an die Rückfahrt in die Stadt, in das sonntags gewöhnlich unaufgeräumte Zimmer, das einem dann noch viel miserabler erschien.

Ich habe Anna vom ersten Anblick an gemocht und es hat lange gedauert, ehe diese – in leisem Anklang amouröse – Sympathie völlig erloschen ist. Sie ihrerseits hat mich vielleicht auch gerne gehabt, denn sie kam mit mir noch einige Mal zusammen, nachdem ich bereits mit der Partei gebrochen hatte und somit in Verschiß geraten war. Sie mag es allerdings mit dem Einverständnis der zuständigen Instanz gemacht haben, die herausbekommen wollte, ob ich vorhatte, gegen die Partei offen aufzutreten. Jedoch habe ich diesen Verdacht erst viel später geschöpft, und zwar als sie mich bei einer zufälligen Begegnung in Paris nicht mehr erkannte und auch dann, als ich mich nannte, nicht erkennen wollte. Es hätte mir damals – im Jahre 1947 oder 48 – gleichgültig sein können, war es aber nicht und ist es wohl auch heute noch nicht. Denn was ich einmal an ihr bewundert habe, bewundere ich auch heute noch. Und ich erinnere mich gerne an ihr junges Gesicht, an ihre Lippen, die sich zu einem Dorfmädchen-Lächeln verzogen, sooft sie eine angenehme Überraschung quittierte oder mißtrauisch spöttisch ihre Unsicherheit verhüllte, während sie zögernd eine passende Replik suchte.

Ich traf sie manchmal in einem Café, von dem sie nur wenige Schritte zum Bahnhof Montparnasse machen mußte, um nach Hause zu fahren. In dem inzwischen verschwundenen banalen Passanten-Café schrieb sie emsig. Die vielen schnell wechselnden Gesichter, die Gespräche an den

Nebentischen, der manchmal plötzlich aufbrausende und schnell verhallende Lärm – all das hätte sie stören und ablenken müssen. Doch hatte es die gegenteilige Wirkung, sie wie eine Wand von der Welt zu isolieren.

Öfter, doch zu keiner Zeit sehr häufig, trafen wir uns in der ruhigen oberen Etage gewisser Cafés des Quartier Latin. Wir sprachen viel über Literatur; sie war belesen, kannte fast alle bedeutenden Werke der Weltliteratur und hatte sie kritisch durchdacht; mühelos erspähte sie deren Eigenheiten, die Vorzüge und Schwächen der charakteristischen Machart. Fast lieber noch sprach sie über Leute, über Genossen und gemeinsame Bekannte. Sie horchte mich mit einer gespielt verborgenen Neugier, mit einer zu auffälligen Geschicklichkeit aus – es hörte niemals auf, mich zu amüsieren. Wir sprachen selten über Politik, das fällt mir jetzt, sozusagen rückwirkend auf. Nur zwei politische Gespräche sind mir stets gegenwärtig geblieben. Das eine ergab sich im Zusammenhang mit ihrem Buch über den österreichischen Februaraufstand, über das sie mir, während sie schrieb, einiges erzählte. Nach seinem Erscheinen diskutierten wir darüber ausführlich, weil ich ihre Darstellung und Deutung dieser Ereignisse nicht ohne weiteres gelten lassen konnte. Überdies sollte ich einen Artikel über ihren *Weg in den Februar* für die *Inprekorr* schreiben (Es handelte sich um die *Internationale Pressekorrespondenz*, die in mehreren Sprachen herausgegebene, meistverbreitete Zeitschrift der Komintern, dank der die Kommunisten der ganzen Welt erfuhren, was in der Bewegung und in der Sowjetunion geschah, ebenso was gerade die Linie war, von der man nicht einen Zollbreit abweichen durfte.)

Gewiß habe ich da von Anna und ihrem Buch nur Gutes gesagt und fast all meine Einwände verschwiegen. Aber in jenem Gespräch mit ihr merkte ich zum ersten Mal, wie sehr sie entschlossen war, sich in keinem einzigen Fall von der jeweiligen Parteilinie zu entfernen. Alle spöttischen Bemerkungen, alle kritischen Anspielungen, die sie im Zwiegespräch anscheinend ohne Rückhalt, ja mit sichtbarem Vergnügen machte, waren vergessen, sobald es ernst wurde, d. h. sobald sie schrieb oder öffentlich auftrat. Doch brachte ich das nicht zur Sprache, auch nicht bei unserm letzten Rendezvous in dem düstern, verwahrlosten Obergeschoß eines Cafés auf der Schattenseite des Boulevard St. Michel, als sie mir im Ton eines geheimzuhaltenden Einverständnisses zuraunte: »Stalin hat also den Bucharin im Bett bei Unanständigkeiten mit Radek erwischt.« Sie zeigte dabei auf den Titel der Abendzeitung, die in großen Lettern die Verhaftung Bucharins meldete. Diese heute abstrus erscheinende Bemerkung war damals leicht verständlich, da sie eine Travestie des Satzes war, mit dem viele Deutsche die Erschießung Röhms begründeten: Hitler persönlich hätte ihn nächtens bei homosexueller Unzucht mit SA-Offizieren erwischt ... Anna erwartete wohl, daß ich laut auflachte, ich lächelte aber nur und wartete meinerseits, daß sie – Spott beiseite – mir endlich eröffne, was sie von den Prozessen hielt, derenthalben ich, das wußte sie, etwa ein Jahr vorher weggegangen war. Wir schwiegen eine Weile, beide mit verschlossenem Gesicht. Dann machte sie eine witzige Bemerkung über ein auffällig ungleiches Paar, das gerade heraufgekommen war und schlecht die Enttäuschung verbarg, diesen Saal nicht leer vorzufinden. Ehe wir das Café verließen, kam ich auf die Weltlage und den nunmehr schnell herannahenden Krieg zu sprechen. Sie ging darauf vorsichtig ein. Wie gewöhnlich war alles, was sie in zumeist einfachen, spröden Sätzen formulierte, klug, aber kurzatmig. Abrupt verließ sie die Politik und regte mich mit anspornender Neugier an, über dies und jenes Auskunft zu geben, über gewisse französische Schriftsteller und über das Mädchen, das sie zuletzt in meiner Begleitung gesehen hatte. Das dürfte unser letztes Rendezvous gewesen sein.

Nein, Anna Seghers war keine »Doppelzünglerin« und ist

es gewiß auch heute nicht. Der gleiche Zynismus, der den atheistischen Aristokraten Frankreichs im 18. Jahrhundert erlaubte, von ihren Untergebenen, dem Volke zu fordern, daß es fromm und kirchengläubig bleibe, ermöglichte es ihr trotz ihrer Einsicht in die wirklichen Verhältnisse der Sowjetunion und der stalinistischen Bürokratie aller kommunistischen Parteien eine stalinistische, später ulbrichtsche Jasagerin zu bleiben. Die herrschende Schicht, der ihr Mann, ein professioneller Kommunist, angehörte, so wie sie selbst, eine mit Recht hochgelobte und daher repräsentative Dichterin, war in jeder Hinsicht von der herrschenden Clique Stalins abhängig – nicht zuletzt, wo es sich um ihre und ihrer Familie Sicherheit handelte.

Genau wie Brecht, bekannte sich Anna Seghers zur Arbeiterklasse, gesellte sich aber in der Tat nicht dem Proletariat zu, sondern der Bürokratie – dies zu einer Zeit, da die Führung der kommunistischen Parteien um so tyrannischer wurde, je willenloser sie sich Stalin und seinen Leuten unterwarf. Dennoch muß man die Haltung dieser beiden bedeutendsten Dichter im Lager der deutschen Kommunisten verschieden beurteilen. Zum Unterschied von Brecht ist Anna Seghers in ihrer Jugend eine Dichterin der ausgebeuteten, unterdrückten und im Widerstand unbesiegbaren Menschen des Alltags gewesen. Ihr Verderbnis hat wohl in der Emigration begonnen, sich aber erst vollendet, als Anna Seghers, nach Deutschland zurückgekehrt, Ulbrichts Dichterin wurde. Das taten auch andere, die im Exil für die Freiheit zu kämpfen meinten oder vorgaben. Von ihr aber habe ich hier so viel gesprochen, weil ich sie liebevoll bewundert habe, als wir und alle unsere Gefährten noch jung waren und weil mir manchmal ist, als wäre sie bald danach, noch in jungen Jahren, aus dem Leben geschieden.

»Die Toten bleiben jung«? Denke ich an die Dichterfürstin der DDR, so muß ich daran zweifeln.

Ovid, Dante, so viele Berühmte und Vergessene haben über das Exil geschrieben. Anders berichten über das Leben in der Fremde jene, die dort nicht zu lange leiden mußten, ehe sie, heimgerufen oder siegreich, zurückkehren konnten, und wieder anders geartet sind die Erinnerungen jener, die ihre Heimat nie wiedergefunden haben oder nur so spät, daß sie Mühe hatten, sie wiederzuerkennen, und sich darüber entsetzen mußten, daß man sie selbst bis zur Unkenntlichkeit verändert, gealtert fand oder vorgab, daß sie die gleichen geblieben wären – als wollten die Daheimgebliebenen so die Erinnerung an die Verbannung und die eigene Schuld an ihr auslöschen.

Gleichviel ob man die menschlichen Verhältnisse oder die außermenschliche Natur erforschen will, immer gilt es, zwischen den beherrschenden und den von ihnen abhängigen, beherrschten Widersprüchen zu unterscheiden. Nun bewirkt die Verquickung eben dieser Widersprüche im Leben der Verbannten häufiger als in jeder andern Lage Irrungen und Verwirrungen, die in erster Reihe dadurch begründet sind, daß der Exilierte der flüchtigsten und dennoch belangreichsten der drei Zeiten: der *Gegenwart* feindlich ist. Nur in der Vergangenheit findet er die eigene Rechtfertigung und Gründe, auf eine Zukunft zu hoffen, welche alles gutmachen, die Usurpatoren stürzen, die Verbannten aber in der wiedergefundenen Heimat erheben soll. Dieser gewollte und dennoch täglich aufs neue erlittene *Gegenwartsverlust* hindert ihn, im Asylland Fuß zu fassen. Er wünscht es ja garnicht, denn er ist unterwegs, für ihn ist alles provisorisch, jedes Jetzt wird ihm ein flüchtiges Inzwischen. Dieser flagrante Widerspruch zur Realität der Gegenwart erzeugt einen höchst kuriosen Sachverhalt: eine Ferienstimmung jener Abart, die sich bei Ausbruch eines Krieges verbreitet, aber recht bald einer kummervollen Ernüchterung weicht. In dem von unkontrollierbaren Kräften abgeschafften Alltag werden die Gewohnheiten unbrauchbar, die gelungene, dauerhafte Anpassungen an sich gleichbleibende Umstände sind.

Im Exil sind die Betten anders als zu Hause, die Kost ist anders, der Umgang ist anders, wie der sonderbare Gruß »Msiödam« (Messieurs-Dames), mit dem man einen Laden betritt und verläßt. Auch der Feriengast ist in der Fremde, aber er findet alles kurios und amüsant; heult er mit den Wölfen, bellt er mit den Pudeln, so ist das ein Spiel, in dessen Kürze die Würze liegt. Der politische Emigrant ist in allem wesentlichen das Gegenbeispiel eines Touristen: möchte er zwar so leben, als ob der Zug, der ihn heimbringen wird, schon unter Dampf stünde, so kann er doch nicht voraussehen, ob er bereits in einer Woche oder in einem Monat oder erst in einigen Jahren wieder zurückkehren wird. Er weiß auch nicht, ob und wie lange er die Miete wird auftreiben können, doch ahnt er, daß auch er wie viele seiner Leidensgenossen eine immer niedrigere Miete schuldig bleiben, immer armseliger wohnen wird. Notgedrungen wird er sich viel herumtreiben, stets mit seinesgleichen oder anderen Fremden, fast nie mit Einheimischen. Die radikale Gleichgültigkeit des Parisers, seine entschiedene Abneigung, in die Existenz eines Fremden einbezogen zu werden oder diesen in seine eigene Existenz eindringen zu lassen, diese Haltung gewährleistet jedem einzelnen eine persönliche Freiheit, derengleichen man sonst kaum anderswo kennt. Sie kam den Verbannten zugute, aber sie ermöglichte auch, daß die Ärmsten, die Einsamsten unter ihnen zugrunde gingen, daß sie »unter freiem Himmel, mitten unter vielen Menschen, auf den Pflastersteinen ertranken, ohne daß sich auch nur ein einziger Passant umdrehte«.

Die eigenartige Ferienstimmung der Emigranten läßt gegenüber allen Kümmernissen eine unangreifbare Enklave der Sorglosigkeit entstehen, wie sie der bankrotte Schuldner während eines allgemeinen Moratoriums genießt. Viele persönlichen Probleme müßten den Flüchtling aufs äußerste bedrücken und zu einer sofortigen Lösung drängen. Da er aber ohne seine Schuld außerstande gesetzt ist, dies auch nur zu versuchen, gewöhnt er sich daran, alles in der Schwebe zu lassen. In den großen Ferien darf auch der schlechteste Schüler vergessen, daß Lehrer, Aufgaben und Prüfungen auf ihn warten.

Es gab unter den deutschen Emigranten eine beträchtliche Anzahl von erfahrenen, ja zum Teil hervorragenden Fachleuten, doch konnten sie ohne eine ordentliche Aufenthaltserlaubnis kein Ansuchen um eine Arbeitsbewilligung einreichen. Jedoch selbst dann, wenn der Emigrant die oft und lange genug verweigerte »Carte d'Identité« endlich erlangt hatte, erhielt er nur in den seltensten Fällen das Recht auf einen Arbeitsplatz. Die Arbeitslosigkeit, die in Frankreich im fünften Jahr der Weltwirtschaftskrise unvermindert anhielt, machte es den Ämtern, hieß es, zum Gebot, Ausländern jede Stelle vorzuenthalten, die einem Einheimischen zugute kommen konnte. Wer, ökonomischer Immigrant oder politischer Emigrant, in flagranti bei entlohnter Arbeit ertappt wurde, hatte die Ausweisung, manchmal die sofortige Überstellung an eine Grenze zu gewärtigen. Die Ausübung akademischer Berufe war von vornherein unmöglich, da den ausländischen Diplomen keinerlei Gültigkeit zuerkannt wurde. So waren denn die mittellosen Emigranten zu einer »Luftexistenz« verurteilt. Gewiß, es gab politische, konfessionelle und philanthropische Organisationen, die im Frühling 1933 den ersten Flüchtlingen halfen, aber schnell genug ermattete die tätige Solidarität, die Helfer waren hilflos und die Hilfsbedürftigen zu zahlreich. Überall begann man's zu spüren: Die Welt brauchte keine Emigranten und erwehrte sich nur schwer des Verdachts, daß diese Flüchtlinge ihre Niederlage nicht nur verschuldet, sondern auch verdient haben mußten.

Daß jemand in einer totalen Einsamkeit dahinlebt, das spüren die anderen so schnell wie einen unangenehmen

Geruch. Und genau so spüren die Gleichgültigen, die sich ohne Bedenken hinter die Sieger und die Glücklichen stellen, den bittern Geschmack, der allem anhaftet, was von den Besiegten kommt, die aus ihrem Sturz nichts gelernt haben und deshalb darauf bestehen, den Zusammenbruch als einen äußerst schmerzlichen Unfall anzusehen, als einen Irrtum, den die Geschichte logischerweise sehr schnell wiedergutmachen würde.

Die deutsche Emigration war überall, besonders aber in Paris, nur eine von vielen. Nicht die unglücklichste, nicht die apathischste und nicht einmal die zersplittertste; sie war die unbeliebteste. Weil sie deutsch, weil sie deutsch und jüdisch war, weil sie sich nicht nur eindringlich, vordringlich, zudringlich bemerkbar machte, sondern die Heimischen mit einer Warnung belästigte, die man nicht vernehmen und jedenfalls unbeachtet lassen wollte. Und gemäß der Magie des Alltags verdächtigt man den Überbringer einer schlechten Botschaft seit jeher, an dem Unglück mitschuldig zu sein, von dem er berichtet, und wissentlich oder unabsichtlich Komplize jener, vor denen er warnen will.

Und das Mitleid? Nun ja, das dramatische Unglück: eine Naturkatastrophe, plötzlicher Tod durch Gewalt oder Unfall weckt das Mitgefühl auch der Gleichgültigen; es überdauert jedoch nur um ein weniges das vernichtende Ereignis. Der elende, bejammernswerte Zustand, den dieses hinterläßt, zieht nur während einiger Tage die Aufmerksamkeit auf sich, ehe es der Vergessenheit anheimfällt, die den seelischen Komfort der Gleichgültigen schützt. Seit dem Kriegsende 1918 hatten sich so viele Flüchtlingsströme über Mittel- und Westeuropa ergossen, daß die Gastländer sie nur noch mit bürokratischer Routine aufnahmen oder an den Grenzen zurückwiesen. Die Reichen konnten es sich, wie gewöhnlich, überall richten; die Armen, die keine Reisepapiere hatten und sich über die Grenzen schmuggeln mußten, blieben lange illegal und waren froh, endlich durch einen

Ausweisungsbefehl ein gesetzlich identifizierendes Papier in die Hand zu kriegen. Es ging auch darum, die Ausweisungsfrist immer wieder verlängern zu lassen und es schließlich nach Monaten durch ein *Recipissé* zu ersetzen, eine polizeiliche Bestätigung, daß man um eine Aufenthaltsbewilligung ersucht hatte. Die Gültigkeit dieseses Dokuments war zuerst auf einige Tage beschränkt, später gezählte Wochen und schließlich Monate gültig. So mußte der Emigrant zahllose Male zur Préfecture pilgern, dort klopfenden Herzens Stunden warten, zuerst um sein Gesuch einzureichen, dann um die Entscheidung entgegenzunehmen. Ich glaube nicht, daß einer von uns den Weg in die Préfecture und die Wartestunden ohne eine Störung seines Selbswertgefühls überstanden hat. Gewiß, die Schalterbeamten, zumeist Frauen, die nur ungern die intimen Gespräche mit ihren Kollegen unterbrachen, waren nicht böswillig, aber sie hatten ihre religiösen, rassischen oder politischen Vorurteile gegen ihre Klienten, die »métèques« (Metöken), wie man unwillkommene Fremde nennt. Die Manieren dieser Beamten waren brüsk, wurden aber dem Gebenden gegenüber einnehmender: einige Schachteln Zigaretten in Geschenkpackung kamen fast immer gelegen.

Der Mann, bei dem man in den schwersten Stunden Erheiterung fand, war der ebenso beliebte wie bewunderte »rasende Reporter« Egon Erwin Kisch. Der 1885 geborene deutschsprachige Prager Schriftsteller war einer der ältesten unter uns, ein vielgereister Mann, der die Welt und zahllose Menschen in vielen Ländern kannte. Kisch hatte den Weltkrieg mitgemacht, war während der Revolutionstage in Österreich einer der Führer der ebenso bedeutungslosen wie kurzlebigen Roten Armee gewesen, hatte sich in der Sowjetunion, in China und in Amerika herumgetrieben und alles mit weit offenen Augen angeschaut. Kisch tauchte im dramatischen Augenblick gerade dort auf, wo ein großes Abenteuer eben begann oder endete – er hatte Rendezvous mit Streiks, die zu politischen Generalstreiks werden konnten, und mit Aufständen und Bürgerkriegen. Und überall stieß er auch mit freudiger Überraschung auf etwas Pragerisches, am liebsten auf einen der von ihm so scharf gezeichneten Prager Typen, etwa auf einen kleinen Abenteurer, der ihn in tiefer Nacht beim Durchwaten einer Furt des Stromes Amur mit »Egonek« ansprach, wie so viele es im Café Continental in Prag, im Romanischen Café in Berlin und nun in den Bistros des Quartier Latin taten. Denn Kisch war überall zu Hause. Wie so viele andere, freute ich mich jedes Mal, ihn in einer Fraktionssitzung, im Schutzverband oder in einem der Cafés wiederzusehen, wo man zu einer Besprechung in ganz kleinem Kreise zusammenkam. Ich besuchte ihn auch manchmal in Versailles, wo er mit seiner Frau wohnte, die, hieß es, ihn später gehindert haben soll abzuspringen. Das hatte er für den Fall angedroht, daß Stalin es wagen sollte, Bucharin zu vernichten. Kisch sprang nicht ab, schluckte alles und verstummte. Seine Heimatstadt war sein letztes Exil. Als tschechischer Staatsbürger und alter Kommunist war er zurückgekommen, wurde von den Genossen als Fremder behandelt, in eine finstere Ecke geschoben und vergessen. Seinen frühen Tod erfuhr man mit Verspätung.

Als wir in Paris seinen fünfzigsten Geburtstag feierten, sprachen wir auch viel über seine Zukunft, um ihm mit der von jedem wiederholten Versicherung zu schmeicheln, daß er von uns allen der jüngste wäre. Keiner von uns hätte die Einbildungskraft aufgebracht, ein solches Ende des so parteitreuen Egonek in einer kommunistischen Tschechoslowakei zu ersinnen. Was die neuen Herrscher wohl übelnehmen konnten? Vielleicht, daß er deutsch geschrieben hat wie Kafka und Werfel und so viele Prager Juden, die einmal Untertanen Kaiser Franz Josephs gewesen waren.

Ich denke gerne an Egon Erwin Kisch zurück, an ihn und seine Bücher, von denen gewiß mehrere ihren Platz wiederfinden und behalten werden. Er bleibt trotz seiner Treue zur Generallinie in meinen Augen als Zeuge seiner Zeit viel schätzenswerter, fast immer vertrauenswürdiger als so viele namhafte Schriftsteller, die ohne Zwang als Lobhudler der Tyrannen aufgetreten sind, als falsche Sachverständige in der Verteidigung einer Sache, die ihnen im Grunde nicht wichtig und nicht gut genug war, als daß sie sich je der Partei angeschlossen hätten.

Lion Feuchtwanger, ein begabter Schriftsteller, der mit großer Gewandtheit bedeutendes historisches Wissen und Klugheit in seinen Romanen zur Geltung brachte, war keineswegs ein Kommunist und überdies weder materiell noch literarisch auf eine sowjetische Unterstützung oder auf die Förderung durch die internationale kommunistische Propaganda angewiesen. Außerhalb Deutschlands, vor allem in den angelsächsischen Ländern, hatte er seine größten Erfolge errungen; daß ihm die deutsche Leserschaft unzugänglich wurde, traf ihn wie alle deutschen Autoren, die den Nazis nicht paßten, sehr schwer. Er aber blieb auch in der Emigration ein wohlhabender Mann, den sogenannten rollenden Rubel brauchte er nicht, obschon er gewiß nicht unzufrieden war, daß die russischen Übersetzungen seiner Bücher in großen Auflagen gedruckt und wahrscheinlich verkauft wurden.

Feuchtwanger veröffentlichte in der schlimmsten Zeit der *Jeschowtschina* einen Reisebericht über Rußland, um zu bezeugen, daß es mit den Moskauer Prozessen seine Richtigkeit hatte. Er wußte es ganz genau, hatte er doch persönlich mit Stalin gesprochen. Überdies hatten ihm seine sowjetischen Kollegen, natürlich die berühmtesten unter ihnen, versichert, daß man an der Verwerflichkeit der Angeklagten der Moskauer Prozesse nicht zweifeln konnte. Und sie hatten ihm im voraus dafür gedankt, daß er seine ungeheuere moralische und intellektuelle Autorität nunmehr energisch gegen die Verleumder der Sowjetunion, somit für die Verbreitung der Wahrheit einsetzen würde. Doch als Feuchtwanger aus Frankreich floh, wählte er keineswegs die von ihm so gepriesene Sowjetunion, sondern die USA als Asylland. Das taten auch zahlreiche andere Sympathisanten, unter ihnen Heinrich Mann. Kisch aber und Anna Seghers wie fast alle prominenten Kommunisten der Pariser Emigration flüchteten über Marseille nach dem fernen Mexiko und nicht nach dem viel nähern Rußland.

»Darauf pfeife ich wie auf das Jahr 40« ist eine alte französische Redensart, um Gleichgültigkeit und Geringschätzung gegenüber einer Forderung oder Drohung oder einer prekären Lage auszudrücken. Dieses Wort wiederholte man bis zum Überdruß mit bitterer Selbstverhöhnung nach dem Zusammenbruch im Sommer 1940. Von diesem Jahr werde ich noch sehr ausführlich sprechen, doch greife ich hier vor, weil jener Sommer so wie die Wochen, die auf die Unterzeichnung des Hitler-Stalin-Paktes und den Ausbruch des Weltkrieges folgten, Kommunisten und Sympathisanten auf eine unausweichliche Probe stellte: sie sollten ihre Aufrichtigkeit sich selbst gegenüber beweisen. In Marseille oder in Lissabon gestrandet, trafen sie, ohne zu zögern, aus Selbsterhaltungstrieb ihre negative Wahl: gleichviel wohin, aber nicht in die Sowjetunion. Sie pilgerten nach dem fernen Amerika, nach Mexiko, sofern ihnen die USA das Visum verweigerten.

Wieder verbringe ich einige Wochen in der Vallée de Chevreuse, da ich hier, so nahe von Paris, leben und arbeiten kann, als ob ich auf einer Insel im toten Arm eines Stroms weilte. Die Waldungen auf den gewellten Hügeln und die roten Ziegeldächer an ihrem Fuße ziehen den Blick an, doch lenken sie die Aufmerksamkeit nicht ab. Im Genusse der Stille verfolgt man die Gedanken, sobald man sich an das Geräusch der an- und abfliegenden Flugzeuge gewöhnt hat. Ja, hier ließe es sich leben, als ob es keine andere Zeit gäbe als eben jene Gegenwart, der sich die Verbannten zumeist feindlich versagen.

In den Emigrationsjahren kam ich nur selten in diese Gegend: zu einem halbtägigen Besuch am Wochenende oder zu einem besonders geheimen, wichtigen *Treff* im Landhaus eines reichen Sympathisanten, der uns aufgeregt, mit überbetonter Diskretion begrüßte, dann verschwand und schließlich wiederkam, um uns in seinem Wagen nach Paris zu bringen, wo wir an verschiedenen Metrostationen ausstiegen. Gleichviel unter welchen Umständen ich seinerzeit hergekommen war, ich fühlte mich in der Fremde. Alle Stationen waren Umsteigestationen und man mußte länger warten, als vorgesehen war. Das von Kafka geschilderte Fremdsein oder Fremdwerden, das Befremden und Befremdetwerden hat immer psychologische oder metaphysische Gründe. Die Fremdheit all dessen, was mich umgab, noch richtiger: die Fremdheit all dessen, in dem ich mich nur peripher geduldet fühlte, hatte mit meiner Situation und den sie kennzeichnenden dominierenden Widersprüchen zu tun.

Nicht das Haus, nichts in ihm und in dem es umgebenden Garten gehört mir. Trotzdem bin ich jetzt hier nicht weniger zu Hause, nicht fremder und nicht heimischer, als Monsieur Dupont aus Paris oder Dumour aus Lyon es hier wäre. Warum, was hat sich denn seit damals geändert? Daß ich kein Ausländer, sondern ein französischer Staatsbürger bin? Nun ja, doch ist keineswegs dies das Bestimmende, sondern daß ich wie fast alle meinesgleichen seit dem Ende des Dritten Reiches aufgehört habe, unterwegs und in einem Inzwischen eingezwängt zu sein, daß ich, ohne die Vergangenheit zu vergessen, in der Gegenwart lebe, mit ihr bald abgefunden, bald verfeindet, doch jedenfalls mit ihr auf Gedeih und Verderb verbunden.

Trete ich durch das Tor auf die Straße hinaus, dann erblicke ich dörfliche Häuschen, die wohl Villen Platz machen werden, in welchen die Pariser Zuflucht vor sich selber suchen, und die recht hübschen, älteren Häuser der eingesessenen Mittelbürger, die sich hinter den unechten weißen Fassaden einreden möchten, daß sie würdig die Adeligen ersetzen, deren Stühle sie sonntags in der Kirche besetzen, als ob sie Erben der ausgestorbenen oder guillotinierten Noblesse wären. Was habe ich mit diesen Dörflern gemein? Den Himmel, die Aussicht auf die Hügel und die großen leuchtenden Bauten in der Ferne, in die jetzt die berühmte Ecole Polytechnique aus Paris übersiedeln wird. Wir haben die großen und kleinen politischen Zwiste gemein, die gesellschaftlichen, wirtschaftlichen und sonstigen Skandale, von denen auf einmal überall die Rede ist, die aber ebenso plötzlich wieder vergessen werden; schließlich die Krisen und Konjunkturen und die Zukunftsperspektiven, denen gewöhnlich keine Dauer beschieden ist. Auch die Sprache habe ich mit den Einwohnern gemein, aber nur bis zu einem gewissen, wenn auch hohen Grade. Daß ich in diesem Lande zu Hause bin, liegt vor allem daran, daß ich eines Tages, noch während des Krieges, beschließen mußte, niemals zurückzukehren. An diesem Tage erfuhr ich, was in Auschwitz, Treblinka und Belzec, was in Polen, in den baltischen Staaten und in Rußland, in den Städten und in den Städteln meinem Volk angetan wurde. Aus negativen Gründen hörte ich also auf, ein Emigrant zu sein, noch ehe die Zeit gekommen war, eine neue Heimat zu wählen. Fortab konnte es für mich keine Rückkehr mehr geben ... Erst nachher kamen die positiven Gründe zur Geltung, die ich auch vorher gekannt, aber nicht berücksichtigt hatte.

Seit meiner frühen Jugend fühlte ich mich aufs stärkste durch die Werke französischer Schriftsteller, insbesondere der Moralisten des 17. und 18. Jahrhunderts angezogen; mir schien's, daß ich ganz ähnlich dachte wie sie und genauso schreiben würde, wenn ich die Erfahrung und das Talent eines La Rochefaucould hätte.

Jahre später, in der Emigration verwandelten sich die Gespräche mit Malraux, mit dem Soziologen und Geschichtsphilosophen Raymond Aron, der nun seit 40 Jahren mein Freund ist, aber auch mit so vielen anderen französischen Intellektuellen unversehens in Dialoge, d. h. wir entledigten uns schnellstens des Ballasts der Nebensächlichkeiten. Nicht nur das Leben, auch ein Gespräch, so lang es auch sein mag, ist zu kurz, als daß man dem Beiläufigen mehr Zeit als unbedingt nötig einräumen dürfte. Mit Leuten, die schnell denken und sprechen und so rapid Repliken bringen, als ob sie diese seit langem bereithielten, fühle ich mich seit jeher heimisch. Fast alle meine französischen Freunde sind ausgezeichnete Improvisatoren, ernste Menschen, die ihre Improvisationen seit Jahrzehnten vorbereiten, das heißt: nie aufhören zu lernen. Häufiger als anderswo habe ich unter den Franzosen den »Lerner«, jenen Typus des Städtels wiedergefunden, den ich seit meiner Kindheit bewundere.

Ein anderer jener positiven Gründe ist meine Liebe zu Paris. Ich hege sie unverringert und wohl unverminderbar seit 1929. Meine Leser wissen von meiner intimen Beziehung, der zuerst naiv verherrlichenden, später enttäuschten und schließlich leidenschaftlichen Liebe zu Wien, ebenso von meiner mit einer Spur von Ironie gemischten Bewunderung und Sympathie für Berlin. Und nun die Bindung an Paris. Gleiche ich nicht dem vaterlosen Kinde, das jedem freundlichen Mann »Papa« sagt? Es geschieht nicht selten, daß ich auf Reisen anstatt Paris »Wien« nenne, wenn ich meinen Wohnort bezeichnen soll. Die Spuren einer vergifteten Liebe bleiben länger sichtbar als die einer langsam erschöpften, ausgebrannten Leidenschaft.

Weit mehr als im seinerzeitigen Berlin fühlt man in Paris den unverwechselbaren Rhythmus einer Weltstadt, in der sich Kraftlinien aus allen Weltrichtungen schneiden oder vereinen. In Berlin war ich dessen innegeworden, daß Wien eine kleine Großstadt, viel eher eine sozusagen verwitwete Residenzstadt als eine Hauptstadt war. Berlin war, vor Hitler, nahe daran, eine Weltstadt zu werden, Paris aber, viel kleiner, ist seit Jahrhunderten, was Berlin werden wollte. Oft genug habe ich in diesen Erinnerungen von meinem Heimweh nach dem letzten Dorf gesprochen. Nun, darin zu wohnen, fiele mir viel leichter als in einer mittelgroßen Agglomeration. Solch dörfliche Einsamkeit aber bietet auch Paris; ihr ist nicht nur die schon erwähnte Gleichgültigkeit der Pariser förderlich, sondern auch der fast unvermeidliche *Quartierismus:* Wer da wirklich heimisch geworden ist, beschränkt sich immer mehr auf sein Wohnviertel, eben auf das Quartier, auf das sich dann Paris für die meisten Dinge des täglichen Lebens reduziert. Daraus geht, denke ich, deutlich genug hervor, daß diese Stadt der Bilderbuchvorstellung, die man sich gemeinhin von ihr macht, im wesentlichen durchaus unähnlich ist. Nein, die Pariser sind keineswegs die eleganten und leichtsinnigen, erotisch und politisch besessenen Männer; die Pariserinnen sind wahrscheinlich ebenso treu oder ehebrecherisch wie andere Großstädterinnen. Darüber hinaus aber sind sie als Hausfrauen ungewöhnlich tüchtig, selbst wenn sie einem Beruf nachgehen.

In dem Maße, wie ich das Volk im Alltag und bei allen besonderen Gelegenheiten kennenlernte, stellte ich mit Staunen und Bewunderung fest, daß es besser als irgendein anderes in Europa und wohl auch sonstwo den Lockungen der Vulgarität widersteht. Vor dem Kriege wurde ich dessen zum ersten Mal Zeuge: Hunderttausende, Männer und Frauen, feierten den 14. Juli. Sie tanzten in allen Straßen, auf allen Plätzen, füllten die Bistros, wo reichlich getrunken wurde – all das ohne Überwachung und auffällige Disziplin.

Die einzelnen bewahrten auf natürlichste Weise ihre Individualität, sie wurden nicht zum *Vulgus*.

Neben den geschichtlichen Gründen, aus denen man solches Verhalten erklären könnte, gibt es gewiß auch andere, zum Beispiel das Sprachniveau des Pariser Volkes; es ist das höchste – ich glaube nicht, daß die arbeitenden Menschen irgendeiner anderen Großstadt ihre Sprache so gut beherrschen. Gewiß entlehnt man dem Argot dies oder jenes Wort, wenn es witzig oder besonders gewagt erscheint, doch ist das Modesache und bei den »besseren Leuten« häufiger im Schwange als beim Volk, das selbst wortschöpferisch ist. Die Wiener sprechen ein Idiom, die Berliner einen Dialekt, die Pariser das Französisch, das seit mehreren Jahrhunderten zur Schriftsprache geworden ist. Diese Eigenheit mag sich auch daraus erklären, daß die Pariser (seit der Revolution) an die Macht des Wortes, an den Zauber der Rede glauben – ja, fast genauso wie die Intellektuellen.

Mein Paris ist seit jeher – ich sagte es schon – das des linken Ufers, genauer: jener Stadtteil, der von der Seine, vom Pont de Tournelle bis zum Pont du Caroussel die Hügel hinansteigt, deren höchster als Montparnasse berühmt geworden ist. In einigen Cafés und Kinos des nach ihm benannten Boulevard findet man an den Wänden die etwa 100 Namen von Malern, Dichtern, Musikern, Filmregisseuren und Schauspielern, die hier ihren Aufstieg begonnen haben. Nach dem Ersten Weltkrieg trat der Montparnasse die Nachfolge des Montmartre an, der den Touristen überlassen wurde. Ein Emigrant konnte sich auf den Terrassen des Dôme, der Rotonde, der Coupole und des Select heimisch fühlen, selbst wenn er nur die paar Sous hatte, um ein kleines Bier oder einen *Café nature* zu bezahlen. In allen, die da saßen, in den berühmten oder erst gerade bekannt gewordenen Künstlern, konnte er seinesgleichen sehen: Leute, die zumeist gleich ihm die Zustände und die eigene Lage als provisorisch ansahen.

Der Luxembourg-Garten, der das Quartier Latin mit dem Montparnasse verbindet, zog mich vom ersten Tage an, doch wurde er meine Zuflucht erst in jenen Wochen, da ich mich so unglücklich fühlte, daß ich aufhörte, dafür Worte zu suchen, und verstummte. In mehreren Büchern habe ich von diesem Garten ausführlich gesprochen.

Nirgends, in keiner andern Stadt habe ich das Unglück solchermaßen als Schuld empfunden, als verdiente Strafe, als einen Sturz, der »tiefer als der Abgrund« werden mußte, ehe ein Neubeginnen möglich würde. Doch je unerträglicher mir die Last des Lebens wurde, um so inniger liebte ich die Stadt, ihre Schönheit und die erstaunlich intime Harmonie, in der sich die wechselnden Stile der Jahrhunderte in einem Beieinander der Kirchen, der Paläste, ganzer Straßenzüge zu einem Kunstwerk vereinen, das niemand im voraus geplant hatte. Ja, es geschieht nicht selten, daß ich auf einer Seinebrücke stehenbleibe, den Strom aufwärts und abwärts betrachte, als erblickte ich diese städtische Landschaft zum ersten Mal: den Schiffsbug der Cité-Insel und die zwei zarten Giganten, die Türme von Notre Dame, die Fassaden des Louvre auf dem rechten Ufer und, in der Mitte, die schönen, alten, doch nicht alternden Häuser, auf dem linken Ufer neben der Kuppel der Académie Française die zahllosen Kästen der Bouquinisten und an manchen Tagen den perlmuttfarbenen Himmel über all dem – ja, wenn ich das betrachte, dann übermannt mich Rührung, als wäre es ein nicht mehr erhofftes Wiedersehen nach einer aufgezwungenen, zu langen Trennung.

Nach dem Ende der INFA, im Frühsommer 1935, fuhr ich nach Wien. Während der wenigen Wochen, die ich dort verbrachte, erwog ich, ob ich nicht bleiben und mich wieder ganz der Psychologie widmen sollte. Trotz der elenden Wirtschaftslage, die auch den Lebensstandard der Mittelschichten senkte, waren meine Aussichten zwar nicht verlockend, aber nicht ungünstig. Dagegen sprach aber, daß Österreich über Nacht unter die Herrschaft der Nazis geraten, zur Ostmark des Dritten Reiches herabsinken konnte. Noch war die Mausefalle offen, aber die Frist verstrich ... Andererseits flößte mir der Gedanke, daß ich auf vielfache Widerstände der orthodoxen Adlerianer stoßen würde, ein tiefes Unbehagen ein. Darauf wollte ich es nicht ankommen lassen. Hatte ich Adlers Honig empfangen, so mußte ich mich mit dem Stachel abfinden, sagte ich mir in Erinnerung an ein altes Gleichnis, das man im Städtel gern zitierte: »Sprich zur Biene und sage ihr: Gib mir nicht deinen Honig und stich mich nicht mit deinem Stachel.«

Fast anderthalb Jahre waren seit dem Februaraufstand und ein Jahr seit der Ermordung des Bundeskanzlers Dollfuß vergangen; das Regime, von der Kirche und von Mussolini offen gefördert, vom Bürgertum mit Sympathie, doch mäßigem Zutrauen gestützt, ließ die paramilitärischen Verbände paradieren, internierte die aktivsten unter den Sozialisten, sobald es ihrer habhaft wurde. In den Kaffeehäusern kursierten Witze, durch die die erbärmliche Schwäche dieses autoritären Regimes entblößt und ohne allzuviel Bosheit verspottet wurde. Überall, in den Straßen Wiens und viel häufiger in der Provinz, stolzierten junge Leute in Kniehosen und weißen Socken – es war die geheime Uniform der Nazis –, deren Zahl sich genau in dem Maße vermehrte, in dem Hitlers Macht in Deutschland sich befestigte und der Widerstand der Großmächte gegen seine Praktiken kraftloser wurde. Österreich war dem Ende näher als im November 1918, sein Wille zur Selbständigkeit wurde täglich schwächer, trotz aller offiziellen Manifestationen einer Stärke, die – das war gewiß – keine echte Probe überstehen konnte.

Einer von den Leuten der jugoslawischen KP, mit denen ich in Wien den Kontakt wiederaufgenommen hatte, drang in mich, illegales Material mitzunehmen. Ich mußte schließlich einwilligen. Er brachte in meinen zwei Koffern einen doppelten Boden an und verstaute soviel Material: Zeitschriften und Broschüren, daß die Koffer etwa zweimal soviel wogen als üblich. Der Träger am Südbahnhof, der mein Gepäck zum Zug brachte, fluchte so laut darüber, daß er die Aufmerksamkeit der Mitreisenden auf mich lenkte. An der Grenzstation, auf jugoslawischer Seite, stieg ich aus, um mit einem Lokalzug in einen slowenischen Badeort zu fahren, wo ich Freunde besuchen sollte, ehe ich nach Zagreb weiterfuhr.

Ich mußte mich sehr beeilen, um die Verbindung nicht zu versäumen, deshalb verließ ich den Zug, bevor die Kontrolle passiert war. So ergab es sich, daß ich, ohne es zu beabsichtigen, der Grenzkontrolle entging. Erst in Zagreb erfuhr ich, daß mein Zug besonders scharf perlustriert worden war. Polizisten in Zivil ließen alle Koffer aus den Gepäcknetzen herunterholen, ihren Inhalt ausbreiten, um sie darauf zu prüfen, ob sie einen doppelten Boden hatten. Daraus schloß ich, daß ich angezeigt worden war, sei es durch den Träger, der vielleicht ein Agent war, oder durch einen Mitreisenden. Da sie meinen Namen aber nicht kannten, konnte ich, als ich in Zagreb ankam und sofort meine Koffer loswurde, durchaus beruhigt sein.

In einem Gespräch mit Milan Gorkić, den ich da in strengster Illegalität wiedertraf, beklagte ich mich über den »Techniker«; Milan versprach, ihm einen Rüffel zu erteilen. Ein mir unbekannter Genosse, der uns bald wieder verließ, äußerte den Verdacht, daß es sich vielleicht nicht um einen Fehler, sondern um einen absichtsvollen Mißgriff handelte: Wäre ich nicht an der Grenze ausgestiegen, so wären nicht nur die Broschüren und die Exemplare des Parteiorgans der Polizei in die Hände gefallen, sondern Dokumente, deren

Geheimhaltung für die illegale Partei von vitaler Bedeutung war. Gorkić, der beeindruckt, aber nicht überzeugt war, erklärte mir, daß in der Illegalität Mißtrauen und nach jedem Fehlschlag erneute Verdächtigungen nicht vermeidbar wären. Und daß in diesem Falle überdies erbitternde Erinnerungen an innerparteiliche Fraktionskämpfe Menschen voneinander trennen, die sonst alles gemein haben: die Treue zur Partei, die Unversöhnlichkeit gegenüber dem Feind, der sie alle gleichermaßen bedroht.

Daß man Milan Gorkić zum Generalsekretär erwählt, das heißt, daß Moskau ihn als Führer der jugoslawischen Partei eingesetzt hatte, war erstaunlich, denn von Geburt ein Tscheche, hatte er mit den Gründern und ersten Organisatoren und Theoretikern der Partei wenig gemein. Er war überdies viel jünger als die meisten und Männern wie Djuka Cvijić oder Moše Pijade durchaus unähnlich. Der hübsche, kräftig gebaute Mann, dessen großzügiges Gesicht nicht nur Frauen gefiel, flößte Zutrauen ein, Vertrauen zu seiner Kraft und seinem guten Willen.

In Paris wandte sich Gorkić häufig an mich, zog mich zuweilen auch den Beratungen der Parteileitung zu, schickte mir, wenn er auf Reisen war, manchmal einen seiner Mitarbeiter, die in kulturellen und internationalen Fragen Auskunft und Rat brauchten. Ich fragte ihn natürlich nie nach seinem wahren Namen – den habe ich erst nach dem Kriege erfahren – noch nach seinen persönlichen Verhältnissen, indes ihm alles Wissenswerte über mich bekannt war.

Die wenigen Monate, die ich in Zagreb und Dalmatien verbrachte, gaben mir neuen Mut. Wieder entdeckte ich, daß es gar nicht so übel ist, glücklich zu sein, sich im Einklang mit vielen zu fühlen und jeden Morgen aufs neue zu erfahren, daß, was einen umgibt, wahrhaft liebenswert ist.

Auf dem Rückweg nach Paris sollte ich über Venedig reisen, um dort einige Genossen zu sehen. Ich fuhr auf einem alten Schiff, das für Passagiere dritter Klasse einen winzigen Raum hatte, der von jungen Bäuerinnen mit ihren Säuglingen und Kleinkindern besetzt war. Am späten Abend wurde es auf dem Deck sehr kalt, der dünne Regenmantel reichte nicht aus, mein Gepäck aber war so verstaut, daß ich nicht herankonnte. Um mich zu erwärmen, lief ich auf dem Hinterdeck auf und ab; schließlich kauerte ich mich in einem Winkel nieder, wo ich vor dem heftigen Ostwind Schutz fand.

Eine bejahrte Frau lag da auf einer Plache. Sie hatte einen Ranzen unter dem Kopf, den sie als Lehne benutzte, wenn sie sich aufsetzte. Jedesmal, wenn ich auf meiner Deckwanderung in ihr Gesichtsfeld kam, fühlte ich den Blick ihrer erstaunlich jungen Augen auf mir ruhen. Es traf sich, daß die bestgeschützte Ecke in der Nähe ihres Lagers war, wo ich, die Arme über der Brust verschränkt, mit geschlossenen Augen auf den Schlaf wartete. Ich versuchte tonlos zu singen und mich so einzuschläfern, aber die Kälte hielt mich wach. Schließlich unterbrach ich den Gesang, legte den Kopf auf die hochgezogenen Knie, »leerte« ihn und zauberte ein stehendes Bild vor das innere Auge: die weißen Treppen, die in der Abenddämmerung von der Bucht zum Hotel hinaufsteigen. Die einschläfernde Wirkung blieb aus, die Kälte in den Knochen riß mich alle paar Sekunden aus dem Halbschlaf. Da berührte jemand mein Knie, ich fuhr zusammen. Vor mir stand ein großgewachsener Junge, einer der Begleiter der alten Frau. »Es ist die Großmutter«, sagte er, »sie kann nicht schlafen, weil Ihr dasitzt, weil Ihr immerfort friert. Steht auf, sie wird es Euch selbst sagen.« Und ohne meine Antwort abzuwarten, griff er mir unter die Achsel und half mir auf. Im schwachen Licht, das zu schlingern schien wie das Schiff, sah ich, wie die alte Frau sich aufrichtete und mich zu sich heranwinkte, als ob ich in der

Ferne wäre, indes ich ganz nahe neben ihr stand. Ich mußte den Kopf ihrem Gesicht nähern, dann stieß sie mich mit einer sachten Gebärde zurück, zog unter der Plache eine Decke hervor, die schwer war und breit.

»Das ist um deiner Mutter willen, daß ihr mein Unglück erspart bleibe. Ich fahre meinen liebsten Sohn begraben in fremder Erde«, sagte die Frau und wies mit der Hand in die Ferne, gewiß dorthin, wo sie mit ihrem Mann und dem Enkel den Sohn begraben mußte.

Als ich am Morgen die Decke zurückgab, wollte sie wissen, wohin ich fuhr und warum ich nicht zu Hause blieb bei Frau und Kindern und in der Nähe der Eltern. Ich wußte nicht, was ich ihr antworten sollte, und sagte zögernd: »Es sind meine Ferien, ich fahre nach Venedig, um dort alles Schöne zu besichtigen, und weil dort die Bilder eines großen Malers ausgestellt werden.«

Der junge Mann half ihr, vom Lager herunterzusteigen, zusammen mit ihrem Mann bemühte er sich, das Gepäck zur Landungsbrücke zu schaffen. Schon sah man eine Stadt und davor Schiffe im Hafen; sie gingen an Land.

Seither bin ich dieser alten Frau, kaum merklich verändert, am häufigsten im Süden begegnet. Immer in Schwarz gekleidet, sah ich sie vor ihrer Türe sitzen und Kühlung suchen am Abend nach einem zu heißen Tag. Ob sie nun allein war oder von jungen Frauen und Kindern umgeben, in ihrer Haltung und in ihren Gebärden lag stets eine Würde, die mir Respekt und Scheu einflößte, derengleichen ich selten vor jemanden empfunden habe. Und diesen Großmüttern bin ich auf steinigen Pfaden begegnet, wo sie sich hinter einem Eselchen oder mit einer schweren Last auf dem Rücken bedachtsam fortbewegten auf dem Steg zu einem Hügel zwischen Zypressen und Ölbäumen, oder zwischen niederen Steinmauern, die Weingärten oder Gemüsebeete gegen gefräßige Ziegen schützten. Und immer suchte mein Blick die Augen in ihrem Gesicht, dessen Züge bewahrt blieben, so wie die hohe Reife sie gefestigt hatte – vom Alter angegriffen, doch nicht verwischt und nicht entstellt. Diese Frauen gehen in das Reich der Großmütter, nicht der Mütter ein, was immer Goethe mit deren Reich gemeint haben mag.

Bei vielen Volksstämmen zeigen Farben und Muster der Kleider an, ob eine Frau noch nie geboren oder schon mehrere Kinder zur Welt gebracht hat, ob sie eine Witwe ist und schließlich ob sie aufgehört, vielleicht verzichtet hat, zu empfangen und zu gebären. Damit konnte manchmal ihr Sturz beginnen, aber besonders in der mediterranen Zivilisation beginnt damit ein neues Leben, welches einer reifen Frau erleichtert, die Schwelle zwischen den Generationen rechtzeitig, ja freiwillig zu überschreiten. Fortab dient und herrscht sie im Reiche der Großmütter.

In Venedig, wo ich seither viele Sommer verbracht habe, gehe ich oft in den Vierteln spazieren, in denen man fast nie Touristen begegnet. Da sind die Handwerker zu Hause und das würdevolle Volk, das dem Fremden kaum das Gesicht zuwendet. Hier habe ich manchmal, an späten Nachmittagen, Rendezvous mit jenen Frauen, von denen man lernen müßte, wie man sich mit dem Alter versöhnt.

Im Sommer 1935 stand Venedig wie ganz Italien mitten in der propagandistischen Vorbereitung zum Krieg gegen Abessinien. Der Friseur, der mir die Haare schnitt, hielt mich für einen Franzosen und verlangte daher gerade von mir, daß ich aus »lateinischer Solidarität« der Eingliederung Abessiniens in das italienische Kolonialreich zustimme.

Auf der Suche nach den Genossen kam ich in Volkscafés und billige Weinstuben, überall sprach man von den bevorstehenden Siegen. Auf einem Platz hinter den Markthallen des Rialto fand eine von Schwarzhemden scheinbar improvisierte Versammlung statt, wo Halbwüchsige und ältere Männer sowie beleibte Faschisten Reden schwangen, die wie Muster dramatischer Rhetorik die Zuhörer so in Erregung brachten, daß sie entschlossen schienen, noch bevor es Nacht wurde, Addis Abeba zu stürmen. An diesem Abend erst, also recht spät, entdeckte ich den theatralischen Charakter, der mit jedem politischen Extremismus einhergeht, welcher sich an die Massen wendet.

Bis spät in die Nacht suchte ich die Männer, die in bestimmten Lokalen, an bestimmten Plätzen, an dieser oder jener Brücke mich erwarten und mich an meinem dünnen, über die Achsel geworfenen schwarzen Regenmantel, einem zusammengerollten grauen Hut in der Linken und der Pariser Abendzeitung *Le Temps* in der Rechten erkennen und mich mit »Pardon, Monsieur Lagrange?« ansprechen sollten. Endlich, am späten Abend, als ich mich auf den Stufen von Santa Maria della Salute ausruhte, sprach mich eine Frau an. Sie hatte mich, sagte sie, den ganzen Tag gesucht und stets verfehlt. Gerade wollte sie die Suche aufgeben und mit dem Vaporetto nach Hause fahren, da hatte sie zufällig die französische Zeitung erblickt. Es wäre besser, ich reiste sofort ab, ein wichtiger Genosse war aufgeflogen, die anderen hatten Reißaus genommen. Etwas war los, der Boden schien sehr heiß – das wiederholte sie zweimal. Sie wußte augenscheinlich nicht, worum es sich handelte und worüber ich mit den flüchtigen Genossen hätte sprechen sollen. Daher erwähnte ich nichts davon. Ihr Vaporetto näherte sich, sie sprang die Treppe hinunter, kam schnell zurück, um mir gute Reise zu wünschen, und erreichte noch das Boot.

Eine Nacht und einen halben Tag verbrachte ich in der dritten Klasse des Zugs, der mich nach Nizza brachte. Von Venedig habe ich so gut wie nichts gesehen; während langer

Jahre sollte ich von dieser Stadt vor allem die Erinnerung an ein vergebliches Suchen bewahren. Ein selbstverblendeter Sucher, sah ich nichts, weil mein Blick fortwährend nach jemand aus war, der sich nicht zeigte: ein Wanderer, der nicht rasten darf, weil vielleicht gerade an der nächsten Ecke jener auf ihn wartet, den er sucht und von dem er in einer Minute und nicht später gefunden werden würde. Mir blieb die Erinnerung von einer Müdigkeit der Füße, die man als Taubheit bezeichnen könnte; sie schienen den Boden kaum zu empfinden, sondern nur noch das Gewicht, das sie trugen. Sie taten mir leid, als wären sie ohne Erbarmen mißhandelte Geschöpfe.

Auch im vollbesetzten Coupé sprach einer vom Krieg, aber da die anderen ihm kein Stichwort brachten und schnell einschliefen, verstummte er resigniert und schlief bald selber ein. Ich blieb wach, dachte an die alte Frau auf dem Schiff: sie allein, sagte ich mir übertreibend, sie allein war ernsthaft. Alle anderen – ich selbst, dem es gelungen war, in Venedig zu sein und es nicht zu sehen; die sieben Schläfer im Coupé, von denen jeder vor allem darum bemüht war, für sich selbst und sein Gepäck mehr Platz als die Nachbarn zu ergattern; das faschistische Italien, das bombastisch ein politisches Theaterstück aufführte, die Parodie einer Tragödie, die früher oder später furchtbar enden mußte. Und es war möglich, daß all unsere Bemühungen, diesen Krieg, dieses Vorspiel eines neuen Weltkrieges zu verhindern, nutzlos bleiben und daß wir nichts verhindern und nichts erreichen würden. Wir liefen unseren Ohrfeigen nach – unbeachtete Clowns, die sich einbilden, Heldenrollen zu spielen.

Es gelang mir diesmal nicht, mich durch Singen mit geschlossenem Mund abzulenken, ich brachte auch kein stehendes Bild zustande. Ich fuhr nach Nizza, um einige Tage mit meiner Freundin zu verbringen; es war abgemacht, daß es die Abschiedsfeier sein sollte. Ich würde dann allein nach Paris weiterfahren, wo wir einander im Herbst, aber nur als gute, verläßliche Freunde, wiedersehen würden. Es war kein Bruch, sondern ein gemeinsamer Verzicht. Wir sahen einander noch recht oft, sprachen über vielerlei, aber nicht über unseren Verzicht und nicht über uns selbst. Doch mit der Zeit schrumpften die Themen zusammen, denn sie wollte nichts von meinen politischen Abweichungen, meiner Ketzerei wissen. Sie war nicht sicher, daß sie der Lockung oder der Gefahr widerstehen könnte, meine Worte »weiterzugeben«, d. h. zur Kenntnis der Parteifunktionäre zu bringen.

In Paris stieg ich wieder im *Hotel des Sports* ab, fast war es eine Heimkehr. Der sommerliche Herbst schien nicht enden zu wollen, ich blieb mit Freunden bis spät in die Nacht auf der Terrasse unseres Stammcafés sitzen. Über den Garten des Luxembourg kam eine frische Brise von der Seine herauf. Wir hatten Gesprächsstoff für ein Jahrhundert, über unser Jahrhundert, das erst 35 Jahre alt war, aber bereits überladen mit Geschehnissen und Problemen und mit genug Explosivstoff, um alles dem Erdboden gleichzumachen. Und mit der nicht ausrottbaren Hoffnung, spätestens nach dem Kataklysma alles besser, schöner neu erstehen zu lassen.

Von dem Geld, das ich in Zagreb verdient hatte, blieb noch etwas zurück, genug, um drei Wochen bescheiden zu leben und für eine Monatsmiete. Die Frage, warum ich überhaupt nach Paris zurückgekommen war, vermied ich; war die naheliegende Antwort zwar nicht dumm, so reichte sie doch als Begründung nicht aus. Um sie überzeugender zu gestalten, erinnerte ich mich und meine Freunde daran, daß Professor Lahy, der eine bedeutende Position im psychologischen Lehr- und Forschungsbetrieb innehatte, versprochen hatte, mir eine Arbeit zu verschaffen, die mich materiell und intellektuell befriedigen würde. Es handelte sich nur noch um die Regelung einer Budgetfrage, vertröstete er mich, also um einige Wochen, zwei, drei Monate höchstens.

Ich glaubte daran immer weniger, denn ich hatte inzwischen begriffen, daß in Frankreich mehr als in irgendeinem andern Lande ein Versprechen keine verbindliche Zusage, sondern eine Höflichkeit, meistens eine hinausgeschobene, nie ausgesprochene Ablehnung bedeutet. Wer es nötig hat, daß eine Zusage erfüllt werde, dem hilft auch seine Klugheit nicht, die so wohlgemeinte und doch so üble Komödie der leeren Versprechen zu durchschauen, und er spielt mit, obschon er endlich zu ahnen beginnt, daß ihm eine bittere Enttäuschung bevorsteht. Ich selbst habe einige Jahre gebraucht, ehe es mir gelang, mir keine Illusionen zu machen und jedes Versprechen als eine irreführende Lockung zu durchschauen.

Niemand darf glauben, daß er sich nie solcher Täuschung schuldig gemacht hätte. Doch handelt es sich bei jenen aus Politesse gegebenen Versprechen zu oft um eine leichtsinnig verschleierte Methode, dem Bittsteller die Hilfe zu verweigern, indem man ihm, ohne zu zögern, noch mehr verspricht, als er erbittet und man ihm jeweils erfüllen könnte. Man sagt zu – nicht erst für übermorgen, sondern bereits für morgen früh, spätestens für den Nachmittag. Und man empfängt mit angemessener Bescheidenheit die sich überstürzenden Dankesworte. Danach wird es dem Bittsteller immer seltener und schließlich überhaupt nicht mehr gelingen, den so großzügigen Helfer zu sprechen oder ihn auch nur ans Telephon zu kriegen.

Diese Helden der Versprechens-Komödie rechneten mit einem Erfolg von fünfzig Prozent, wenn sie nichts taten: Würde dem Ansuchen des Bittstellers von der Behörde stattgegeben, so sollte er nur glauben, daß es das Ergebnis der versprochenen Intervention war; wurde es abgelehnt, so mochte er annehmen, daß dies trotz der Bemühungen dieses Komödianten geschehen war.

Professor Lahy war kein solcher Komödiant, er bemühte

sich wirklich, aber ohne Erfolg, weil Frankreich zum Unterschied von den USA und England keineswegs die emigrierten Intellektuellen eingliedern wollte. Die Enttäuschungen, die ich soeben erwähnte, erfuhr ich fast ausschließlich im Zusammenhang mit meinen Bemühungen, für die INFA und ähnliche Institutionen moralische und materielle Unterstützung zu erlangen.

Der Verlag erwartete die Übersetzung meiner *Menschenkenntnis als soziale Charakterologie* im frühen Herbst und plante, das Buch im Frühjahr 1936 zu veröffentlichen. Jedoch war der Übersetzer nicht pünktlich, man mußte mit einer Verspätung von sechs Monaten rechnen. In Wirklichkeit hat er die Übersetzung nie abgeliefert. Ich aber hatte gehofft, daß das Erscheinen des Buchs und dessen wahrscheinlicher, wenn auch mäßiger Erfolg, es mir erleichtern würde, meine Berufsarbeit wiederaufzunehmen. Auch das war einer der Gründe, deretwegen ich nach Paris zurückgekehrt war.

Dritter Teil

Seit dem Ende der Nachkriegswirren und dem Abebben der revolutionären Welle in Europa geschah es zum *ersten* Mal, daß die Kommunistische Internationale, die längst zu einem Instrument der sowjetischen KP und der russischen Außenpolitik geworden war, die sogenannte Generallinie der wirklichen ökonomischen, sozialen und politischen Lage in den kapitalistischen Ländern anpaßte und somit dem »objektiven Faktor« und auch den vielfältigen Strömungen, Regungen und Änderungen der öffentlichen Meinung Rechnung trug. Dies geschah, noch bevor der siebente Kongreß der Komintern gemäß den ihm »von oben« vorgelegten Resolutionen, natürlich einstimmig, beschloß, überall die Politik der Volksfront als die einzig richtige Strategie und Taktik anzuwenden. Daraufhin leiteten die Kommunisten der demokratischen Länder mit den Führern sozialistischer, demokratischer, bürgerlicher und religiöser Parteien und Gewerkschaften Verhandlungen ein, die auf eine sofortige Aktionseinheit abzielten. So sollten die antifaschistischen Parteien sich bei Wahlen, besonders im Falle eines zweiten Wahlgangs, auf einen gemeinsamen Kandidaten einigen, der als Repräsentant der Volksfront gewiß alle antifaschistischen Stimmen erhalten würde. Die KP verzichtete nicht nur auf die Parole »Klasse gegen Klasse«, sondern auch auf die systematische Feindseligkeit gegen die Sozialisten und gegen die linkszentristischen Parteien, etwa gegen die Mittelpartei der seit Jahrzehnten in Frankreich führenden Radikalen und Radikalsozialisten. Die KP ging noch weiter, sie bot »brüderlich die Hand« sowohl den religiösen Arbeiter- und Jugendgruppen, wie auch jenen christlichen Parteien, die eindeutig gegen den Nazismus auftraten.

Man durchschaute, daß diese Wendung von der sowjetischen Außenpolitik bestimmt war, welche der Isolierung Rußlands ein Ende machen wollte, da ja das »sozialistische Sechstel« der Erde fortab nicht mehr von den »imperialistischen Kriegstreibern«, sondern von den »faschistischen Aggressoren« bedroht war. Es kam jedoch nicht nur für die Sowjetunion und die Komintern darauf an, alle politischen Kräfte in einer breiten Front, eben der Volksfront zum Kampf gegen den inneren und äußeren Faschismus zu mobilisieren. Gerade das hatten wir ja in der INFA angestrebt, das hatte mit sehr bedeutenden Mitteln im Rahmen der von ihm geschaffenen Organisationen Willi Münzenberg schon im Zusammenhang mit dem Dimitrow-Prozeß getan. Bisher hatte es sich jedoch nicht um die anderen Parteien, sondern um einzelne und um sympathisierende kulturelle Gruppierungen gehandelt.

Von meinen ersten Begegnungen mit Münzenberg in Moskau und in Berlin habe ich bereits erzählt*. In Paris, wo er gleich nach Hitlers Machtergreifung mit Babette Groß und seinen Mitarbeitern sein Hauptquartier aufschlug, hatte er inzwischen höchst Ansehnliches geleistet: im Gegenangriff hatte er die Nazipropaganda außerhalb Deutschlands mühelos mit den in viele Sprachen übersetzten zwei Braunbüchern überrannt. In richtiger Dosierung hatte er Schrecken und Abscheu gegen das Dritte Reich erweckt; er hatte den Lesern nicht etwa Angst vor den Nazis eingeflößt, sondern den Wunsch, sie als ebenso verächtlich wie hassenswert zu enthüllen.

In einem winzigen Sackgäßchen, an dem die meisten Passanten des Boulevard Montparnasse achtlos vorbeigingen, in einem Häuschen, das ein parodistischer Baumeister aus Spaß improvisiert zu haben schien, wurden beinahe mühelos die Fäden gesponnen, mit denen Willi und seine Leute die freie Welt mobilisierten: für Freiheit und Frieden,

* Siehe: *Die vergebliche Warnung*

gegen Krieg und faschistische Unterdrückung, für eine universelle, humanistische Kultur und für die Rettung des kulturellen Erbes – gegen die nazistischen Bücherverbrenner, gegen die Barbarei usw. usw..Daß Münzenberg einer der Führer der von Moskau finanzierten und geleiteten internationalen Bewegung war, das wußten viele Schriftsteller, Musiker, Maler, Professoren aller Fakultäten, Priester aller Konfessionen, Theater- und Filmleute und so viele andere mehr oder minder authentische und jedenfalls namhafte Repräsentanten intellektueller Berufe. Sie wußten es und bewunderten Willi um so mehr: Gab er nicht ein großes Beispiel von Toleranz, unparteiischer Haltung im Kampfe für die Kultur, für Frieden und Freiheit?

Gewiß, es wäre barer Unsinn, Münzenberg als einen verführerischen Tausendsassa zu rühmen oder ihn anzuklagen, den guten Glauben wohlmeinender Philosophen und naiver Poeten mißbraucht oder sie durch skrupellose Täuschungsmanöver auf Abwege geführt zu haben. Der einzige Kniff, der stets überzeugende Kunstgriff, den er selbst und seine Mitarbeiter fast gegenüber jedem anwandten, den sie unbedingt gewinnen wollten, bestand darin, ihn davon zu überzeugen, daß man gerade ihn in dem großen und so schweren Kampfe brauchte: ihn als Gewährsmann für die gute Sache; für die Aktion, die gerade notwendig war, um Menschenleben zu retten, um der Verblendung entgegenzuwirken im Angesichte der wachsenden Gefahr für Frieden und Freiheit, schließlich um die Gleichgültigen aufzurütteln. Käme der Aufruf gerade von ihm, dem allgemein geschätzten, bewunderten Mann, so würde das die Zögernden erwecken. Deshalb ...

Ja, auch die Berühmten, die dessen nicht bedürfen sollten, auch sie haben es nötig, daß man ihnen oft, immer öfter in Erinnerung rufe, wie man sie braucht, daß nur dank ihnen alles erst möglich wird, indes ohne sie ... Und die Berühmten, an die sich Münzenbergs Organisationen wandten, hatten das Gefühl, daß man zu ihnen im Namen der Weltgeschichte sprach, ihnen eine verdient bedeutende Rolle anbot, die ihr Ansehen in der Welt nur mehren und ständig reaktualisieren könnte. Um sofort ein Mißverständnis auszuschalten: Hier ging es nicht so sehr um nie ganz befriedigte Eitelkeiten, nicht um den Honigseim der zu süßen und monotonen Schmeicheleien, mit denen die Großen dieser Welt übersättigt werden, sondern darum, im Dienste eines großen Ideals berufen zu werden, um als einer der Besten, Mutigsten, Weisesten für das so schwer gefährdete Gute einzustehen. Als der Erste Weltkrieg ausbrach, sah man, wie diese Angerufenen sich in den Kampf stürzten, Manifeste zu Dutzenden zeichneten, Aufrufe schrieben, die weder zu ihrem Wesen noch zu ihrem Wissen paßten. Zumeist recht unwissend in der Politik, erteilten sie ihrem Volk politische Lehren, die nicht ihre eigenen waren. Damals handelte es sich um den Patriotismus. Die meisten dieser Elite-Manifestanten fanden recht schnell zu ihren Berufen, ihrer wirklichen Kompetenz und ihrem Schaffen zurück, für das allein sie wirklich maßgebend waren. Und sie vergaßen recht bald und hofften auf die Vergeßlichkeit der anderen.

Die Manifeste, Resolutionen, Forderungen und Proteste, die die Münzenberg-Leute unterschreiben ließen, haben den berühmten und erst recht den weniger bekannten Intellektuellen sehr wohl gefallen. So groß der Machtzuwachs des Faschismus war, im Bereiche des Geistigen blieb seine sogenannte Ideologie und seine nationalistische Mythologie trotz aller Propaganda ein fragwürdiges, vor allem provinzielles Phänomen.

Der Volksfront-Antifaschismus, wie ihn Münzenberg, keineswegs allein, aber am energischsten und wirksamsten verbreitete, appellierte vor allem an den Willen zur uneingeschränkten persönlichen Freiheit, die für den Intellektuellen in der Tat eine unabdingbare Voraussetzung für all das ist, was er sein und was er tun will. Die bürgerliche Gesellschaft mochte borniert und zuweilen bis zur Verblendung feindlich sein gegenüber jeder Neuerung, die ihren angestammten Geschmack schockierte – so spottete sie über die Impressionisten und kaufte ihre Bilder nicht, sie blieb wie jede herrschende Schicht immer um Jahre im Rückstand, jedenfalls bis zum Ersten Weltkrieg. Aber sie hatte weder die Macht, noch ein sachliches Interesse, die Freiheit der Schaffenden anzutasten. Mussolini förderte die schlechte Kunst, die faschistische Unterdrückung wirkte auf vielen Gebieten hemmend, seltener vernichtend, denn sein Regime war auf halbem Wege zur totalitären Despotie stehengeblieben. Es verbot alle Äußerungen einer offenen politischen Opposition und versagte den Nichtfaschisten die staatliche Förderung, aber ließ sie zumeist ungeschoren. Der Nazismus aber ließ es nicht bei Kontrollen und Verboten bewenden, sondern ging darauf aus, alles zu vernichten, was in Widerspruch zu seiner »Ideologie«, seiner Mythomanie von Größe oder zu seinem Verfolgungswahn geriet. Wer sich ihm nicht unterordnete, war verjudet oder entartet.

Die Nazis warfen ihren Gegnern vor, gegen das Dritte Reich Greuelpropaganda zu treiben, aber es genügte tatsächlich, die Texte eines Goebbels und seiner Tintenkulis wörtlich zu zitieren, um bei zahllosen Lesern ein Schaudern über das Unmaß der nazistischen Verblendung und ihres Hasses hervorzurufen und über die Hybris, die sie zu Feinden der Menschheit werden ließ. Als aufmerksamer Leser der Nazipresse mußte ich immer wieder darüber staunen, daß sie nie dem Drang widerstand, sich ihrer Niedertracht zu rühmen – als ob dank ihr den Nazis Deutschland gehörte »und bald die ganze Welt«.

Man hörte Hitler, Göring, Goebbels im Radio, sah und hörte sie in den Wochenschauen im Kino. Am Anfang errangen sie Heiterkeitserfolge, doch änderte sich das mit der Zeit. Man spürte immer bedrohlicher das Gefährliche, das Unberechenbare, das beim Anblick dieser so mächtig gewordenen, wie im Irrsinn gestikulierenden Komödianten in die Augen sprang. Am Ende glaubte man ihnen nichts als die Ernsthaftigkeit ihrer Drohungen und ihre Selbstvergötterung.

All das erklärt, warum der überwiegende und beste Teil der Intellektuellen überall, wo man frei war, die Wahrheit zu erkennen und auszusprechen, von 1933 an im Antifaschismus ein notwendig gewordenes Bekenntnis zu sich selbst sah und zu allen Werten, die die menschliche Existenz lebenswert machen. Die einen waren Antifaschisten, weil sie seit langem links standen, viele andere gingen zur Linken über, weil sie den Faschismus bekämpfen wollten. Münzenbergs Organisationen sowie alle anderen von den Kommunisten offen oder insgeheim geleiteten Vereine, Verbände und Bewegungen fanden so viele Anhänger, weil die Reden und Taten der Faschisten, besonders der zur Macht gelangten Nazis, eine wachsende Zahl von Menschen um ihre Freiheit und um ihre persönliche Würde bangen ließen.

Wenn es somit um die Freiheit und gegen die Tyrannis ging, warum bezogen dann die Antifaschisten nicht die gleiche Kampfstellung gegen die sowjetische Tyrannis? Gab es nicht auch da eine einzige Partei, die sich mit dem Staate indentifizierte und sich bedingungslos einer Führung unterwarf, die ihrerseits alle Entscheidungen einem stets und überall gepriesenen Führer überlassen mußte? Diese Frage hätte um so dringlicher werden müssen, als die sogenannte proletarische Diktatur gerade in den Jahren des stürmischen Antifaschismus immer mehr ihren monolithischen Charakter verstärkte und vor aller Augen zur totalitären Despotie Stalins wurde.

Jedoch galt auch hier die schon zitierte Maxime: »Im Kampfe mache Front gegen den Feind, hab' ihn, nur ihn im Auge!« So durfte, mußte der Antifaschist bis nach dem Sturz Hitlers den Despotismus Stalins vergessen. Sein Reich war ja das einzige Land auf dem Planeten, das niemals faschistisch werden konnte, weil es die Klassengesellschaft abgeschafft hatte, hieß es, und ein sozialistisches Land geworden war.

So nahmen denn auch die keineswegs kommunistisch gesinnten Intellektuellen in Kauf, daß die von ihnen unterschriebenen Manifeste gegen die faschistischen Missetäter immer häufiger rühmende Hinweise auf den idealen, freiheitlichen Charakter der Sowjetunion enthielten.

Im Herbst 1935 wurde ich ein ständiger Mitarbeiter des von der Jugend-Komintern gegründeten, finanzierten und geleiteten internationalen Comités, das von Paris aus eine Weltbewegung der Jugend gegen Krieg und Faschismus ins Leben rief. In dem Comité sollten Delegierte aus allen Ländern jene Jugendorganisationen vertreten, die sich offen zum Antifaschismus bekannten. Ich gehörte natürlich nicht zur Jugend-Komintern, aber man bot mir diesen Posten an, weil ich mich seit langem nicht nur psychologisch, sondern auch politisch mit Jugendfragen befaßt hatte. War ich somit im wesentlichen ein Berater, so verstand es sich doch von selbst, daß ich bei der Herausgabe von Zeitschriften, Propaganda-Texten und Büchern mitzuwirken hatte. Die Entscheidung über alles, was von Belang war, wurde in Moskau durch die Bürokratie der Jugend-Komintern getroffen, in Wirklichkeit lag sie aber bei den russischen Mitgliedern der obersten Instanz, die ihrerseits die Befehle Stalins und seiner nächsten Mitarbeiter ausführten.

Das Weltcomité wurde von einer großen Zahl weltberühmter Männer und Frauen »patroniert« und moralisch und intellektuell gestützt. Auf den Briefbogen, den Zeitschriften und Propagandabroschüren wurden all die Namen solcher Garanten gedruckt; ich nannte die Häufung dieser überall gruppiert auftauchenden, berühmten Namen die »Münzenberg-Stampiglie«.

Die Mitglieder des Comités, das die Weltbewegung leiten sollte, galten als Repräsentanten jener nationalen und internationalen Jugendverbände, die den Prinzipien der neuen »universellen« Jugendbewegung zustimmten, ohne damit irgendeine materielle oder sonstige Verpflichtung einzugehen. Das Pariser Comité seinerseits zahlte den wenigen permanenten Delegierten jener Organisationen ein Gehalt, so daß sie in Paris sorglos leben konnten. Die meisten von ihnen, hauptsächlich Nichtkommunisten, kritisierten nur selten die von den Kommunisten formulierten Vorschläge und lehnten sie niemals ab. Mit der Zeit wurden diese katholischen, protestantischen, liberalen und gewerkschaftlichen Delegierten aktive Sympathisanten oder gar Mitglieder der KP; das mußte jedoch geheim bleiben, denn diese jungen Leute waren ja nur brauchbar, solange sie nichtkommunistische Organisationen vertraten. Die einzigen, die sich solcher Maskierung widersetzten, waren die von Ollenhauer, dem Führer der deutschen sozialistischen Jugend und der Jugendinternationale, beeinflußten Delegierten. Ollenhauer hatte seit langem diese Fiktion durchschaut, daher ließ er sich vorsichtig und nur fallweise auf eine Zusammenarbeit im internationalen Maßstab ein.

Die aus Moskau nach Paris entsandten Leute der Jugend-Komintern kontrollierten tatsächlich das Comité und seine Aktionen in jeder Einzelheit. Doch waren auch sie gehorsame Ausführer von Beschlüssen, die nicht sie selbst gefaßt hatten. Alles war bürokratische Fiktion zwischen zwei Realitäten: der absoluten Herrschaft der Stalinschen Clique über alle kommunistischen und para-kommunistischen Bürokraten, und der anderen Realität: es gab tätsächlich viele junge Menschen in der Welt, die aufrichtig gegen jede autoritäre Herrschaft, gegen jede Form von Unterdrückung kämpfen wollten.

Zweiundzwanzig Monate verbrachte ich in einer täglichen Zusammenarbeit mit gleichaltrigen, aber auch jüngeren

Menschen, die zur zweit- oder dritthöchsten Bürokratie der kommunistischen Weltbewegung gehörten. Sie waren scheinbar gewählt, in Wirklichkeit jedoch von oben eingesetzt worden. Ich selbst war nicht einmal fiktiv gewählt und wurde, wie gesagt, als Berater zugezogen, gewiß über Vorschlag einer höheren Instanz. Ich widmete mich voller Hoffnung der neuen Aufgabe, um so mehr, als es galt, eine Volksfront-Politik anzuwenden, obschon sie noch nicht zur offiziellen Linie der Komintern geworden war.

Meine Beziehung zu dieser Elite der Funktionäre gestaltete sich angenehm. Marcel, der permanente Leiter des Pariser Büros, der aus der Tschechoslowakei kam und Gottwald, dem Führer der dortigen Partei, sehr nahe stand, war ein scharmanter, intelligenter Mann, charaktervoll in allen Situationen, in denen er es sein durfte, ohne mit dem Stalinschen Bürokratenkodex in Widerspruch zu geraten. Marcel war lernbegierig und deshalb in jenen Gesprächen besonders aufmerksam, die ihn nachdenklich stimmen konnten. Auch in den schärfsten Auseinandersetzungen bewahrte er gute Manieren. Manchmal fragte ich mich, ob er über die Massenverhaftungen und Prozesse in Rußland anders dächte als ich, aber er und ich, wir vermieden es, über diese Vorgänge zu sprechen.

Marcel kehrte gleich nach dem Kriege heim, rückte, wie vorausgesehen, in sehr hohe Parteistellungen auf, wurde Minister und 1952 eingesperrt und zu einer hohen Kerkerstrafe verurteilt. Nach Stalins Tod war er unter den ersten Freigelassenen, die rehabilitiert wurden. Ich habe triftige Gründe anzunehmen, daß er sich, zum Unterschied von so vielen seiner engeren Genossen, in der furchtbaren Prüfung mit Anstand gehalten hat. Da ich hier nur Gutes über ihn zu sagen habe, nenne ich seinen wahren Namen nicht, um ihm nicht zu schaden. Später einmal, nach einem neuen Prager Frühling von dauerhafterer Wirkung werde ich – oder meine Erben – ihn mit seinem wahren Namen bezeichnen. Dies gilt auch für andere, die ich nur mit einem Decknamen genannt habe, weil sie noch in Diktaturländern leben. Anna Seghers hingegen habe ich genannt, weil ihr nicht einmal mein Lob schaden könnte.

Warum schreibe ich über diese Periode so ausführlich und für wen? Für jene, die damals 20 Jahre alt waren oder älter? Sie konnten die Wahrheit über die Vorgänge überall in der Welt erfahren und die mit Tücke und Gewalt verhüllten und verkehrten Zusammenhänge schnell genug durchschauen. Das konnten sie, gewiß, aber sie taten es zumeist nicht.

So wie ich im Jahre 1940 in Gedanken an jene zu schreiben begann, die dreißig Jahre später jung sein würden, so schreibe ich dieses Buch in Gedanken an Leser, die jetzt jung sind oder in der Mitte ihres Lebens stehen. Im Angesichte der Gegenwart, dieses letzten Viertels unseres Jahrhunderts, ist es gleichermaßen schwer und notwendig, so klar wie nur möglich den einen und den anderen der Widersprüche darzulegen, um zu zeigen, wie es möglich war zu glauben, daß man die Forderungen des geistigen Anstandes mit eklatanten Widersprüchen versöhnen könnte, ja müßte. Zwei solcher Widersprüche will ich hier ausführlich darlegen; der erste ist auch heute noch so aktuell wie vor vierzig Jahren:

Obschon seit der Französischen Revolution und, in noch höherem Maße seit 1848, Intellektuelle in der Politik, besonders aber in der Arbeiter-Bewegung, eine gewisse Bedeutung erlangten, wann immer es galt, End- oder Fernziele zu bestimmen, hat sich ihr tatsächlicher Einfluß auf die Entscheidungen, abgesehen von kurzen, rhetorisch-dramatischen Episoden, fortgesetzt verringert. Dies galt schon zur Zeit Marxens und für ihn selbst, es gilt in unserem Jahrhundert und hat sich nach der Russischen Revolution, besonders aber seit Lenins Tod überall verallgemeinert. Zu gleicher Zeit hat sich jedoch der Zustrom von Intellektuellen zur Politik, insbesondere zu revolutionären und in geringerem Maße zu konterrevolutionären Bewegungen vervielfacht. Deshalb konnte der Eindruck entstehen, daß alle Politik von Ideologen und anderen Intellektuellen entscheidend bestimmt, zuweilen von ihnen allein gelenkt wird.

Und eben während dieser Jahre fühlten sich zahllose Intellektuelle überall in der Welt, unter ihnen die besten, charaktervollsten, verpflichtet, mit der Komintern zusammen, gewöhnlich unter ihrer maskierten aber tatsächlich totalen Führung, in den Kampf um die Freiheit zu ziehen. Übten diese Intellektuellen einen Einfluß aus? Ganz gewiß auf ihresgleichen, aber so gut wie überhaupt nicht auf das Volk, nicht auf die damals so oft erwähnten Massen und natürlich nicht auf die Politik der Sowjetunion.

Nun die zweite Feststellung, die gewiß viele nicht zuletzt deswegen vor den Kopf stoßen wird, weil sie so vielen biographischen Behauptungen widerspricht, die der Selbstrechtfertigung dienen und die gar zu große Verspätung bestimmter Einsichten begründen soll. *Kein seiner Sinne mächtiger Zeitgenosse*, insbesondere *kein Intellektueller*, dem alle Informationen zur Verfügung standen, gleichviel ob er Kommunist oder Sympathisant war, *mußte* an die Wahrheit der in den Moskauer Prozessen abgelegten Geständnisse glauben. Im Gegenteil verboten gesunder Menschenverstand sowie die leicht erlangbare Kenntnis des Vorlebens dieser Angeklagten, ebenso wie die Lektüre der offiziellen Presseberichte, diese Gerichtsverhandlungen auch nur einen einzigen Augenblick lang als authentisch anzusehen. Und niemand wußte es besser als intellektuelle Kommunisten und Sympathisanten, denn ihnen war seit vielen Jahren bekannt, wer und was diese Männer gewesen waren, was sie getan hatten ein Leben lang. *Ich glaube jenen nicht, die erst zwanzig Jahre später, nach Chruschtschows unvollständigen Geständnissen,* die Wahrheit erkannt zu haben behaupten, oder nachdem sie selbst in solchen Prozessen, etwa in Sofia, Budapest und Prag erlitten hatten, was vorher den Opfern Stalins angetan worden war.

Heute wie damals spielten Intellektuelle in der Politik eine weit geringere Rolle, als sie selbst und ihre Anhänger glaubten. Sie waren, sie sind im besten Fall Stimmungsmacher, die im eigenen Milieu Wirkungen ausüben, welche Theatererfolgen nicht unähnlich sind. Aber die politischen Entscheidungen werden von anderen getroffen. Unter diesen mag es Intellektuelle geben, die professionelle Politiker geworden sind, doch dann handeln sie als solche.

Man konnte, ja man mußte wissen, was Dachau war und später Auschwitz; man konnte und mußte wissen, daß Hitler auf Eroberungen ausging und daher den Krieg vorbereitete und ihn entfachen wollte, solange er noch jung genug war, um ihn selbst zu führen. Man wußte, daß die Union der Sozialistischen Sowjetrepubliken nicht von Sowjets regiert wurde und nicht von Arbeitern und Bauern, sondern von der KP, das heißt nicht von der KP, sondern von einer winzigen Gruppe von Männern, satrapischen Bevollmächtigten, die im Kadavergehorsam einem Mann dienten, den man mit der Nation, dem Staat, der Partei identifizierte, so daß er allein am Ende alles sein mußte – und daher die millionenfachen Deportationen, Verhaftungen und Hexenprozesse. All das wußte jeder, das konnte, das mußte jeder erfahren, sofern er es wollte.

Hexenprozesse, sagte ich. Wenn so viele Menschen seinerzeit an die Existenz und das unheilvolle Treiben der Hexen im Dienste des Teufels, ja an diesen selbst glaubten – warum sollte man den Kommunisten und ihren Sympathisanten nicht zutrauen, daß sie bis zum 20. August 56 aufrichtig geglaubt haben, daß jemand wie Trotzki, Bucharin, Kamenjew und alle anderen, vom Teufel der Konterrevolution besessen, dem Kapitalismus freiwillig oder gezwungen gedient haben?

Nun, die Teufel- und Hexengläubigen ließen in ihrer Gottergebenheit die Irrationalität gelten und sahen in allem Absurden, in allem, was die menschliche Vernunft außer Kraft setzte, den Beweis dafür, daß ihr Glaube in der göttlichen, nicht der menschlichen Wahrheit gründete. Die guten und die bösen Wunder brauchten nicht der Natur des Menschen, sondern dem Göttlichen zu entsprechen. Jedoch so wenig wie auf ein Jenseits und auf eine Ewigkeit, kann sich ein Marxist auf die Macht des Absurden berufen, um den teuflischen Zauber zu erklären, der die Majorität der Führer der kommunistischen Parteien und fast alle alten Bolschewiki 20 Jahre nach der Revolution in kapitalistische, faschistische Agenten verwandelte, in Todfeinde all dessen, wofür sie seit ihrer frühen Jugend gelebt hatten. Blieb der Marxist sich aber treu, dann mußte er diese grauenhaften Spektakel als alptraumhafte Herausforderungen verwerfen.

Dieser lange Diskurs bereitet die Antwort auf die Frage vor: Wie konnte ich so lange, bis 1937, dabeibleiben – ich, der nicht glaubte und bereits recht früh das Wesentliche der Vorgänge erraten hatte, durch welche die Prozesse ermöglicht wurden?

Ich blieb dabei, weil mir die Volksfrontpolitik als Strategie des Antifaschismus schon lange vorher als die einzig richtige erschienen war. Ja, wir kamen nun aus der Defensive heraus – in Frankreich, in Spanien ging man bald zur Offensive über. Ich hatte, seit ich in dem Comité arbeitete, stets mit Jugend zu tun. Ich bereiste zwei Mal die skandinavischen Länder, um alle nicht-faschistischen, vor allem aber die sozialistischen Jugendorganisationen für die Teilnahme an unserer Weltbewegung zu gewinnen. Bei all diesen Bemühungen war ich durchaus im Einklang mit mir selbst. Erwartete ich zwar von Konferenzen und Kongressen nur einen Bruchteil dessen, was sich die Komintern davon zu versprechen schien, so reichte schon dieser Bruchteil aus, um aus dem Tief der Niederlagen herauszukommen. Fast alle meine Besprechungen in Kopenhagen, Stockholm und Oslo empfand ich als ein Brückenschlagen; in vielen Begegnungen, die nicht nur politisch waren, lernte ich Menschen kennen, die mir gefielen, deren Anschauungen und Zweifel mich interessierten, deren Hoffnungen mir Mut einflößten. Ich denke da zum Beispiel an den norwegischen Dichter Nordahl Grieg, einen besonders schönen, geistvollen Mann, der wenige Jahre später im Krieg sterben sollte.

Was ich von der Geringfügigkeit der Rolle der Intellektuellen gesagt habe, traf natürlich auch durchaus auf mich zu: Selbst wenn ich immer wieder die Meinung dieses oder jenes Kominternmanns in längeren Gesprächen beeinflußt habe, so konnte ich schon deshalb keine nachhaltige, genauer: keine im Endeffekt entscheidende politische Wirkung erzielen, weil jeder von ihnen sich den Moskauer Anordnungen nicht nur unterwarf, sondern von ihrer Richtigkeit blitzartig überzeugt werden konnte. Denn das allein wollte er aufrichtig – das und nichts anderes. Mehr als einmal geschah es, daß Marcel zum Abschluß eines kritischen Zwiegesprächs mir erklärte: »Ich weiß nur eines – jedesmal wenn die russischen Genossen in einer unklaren Situation Stellung nahmen, erwies es sich früher oder später, daß sie recht hatten.«

Ich war noch immer ein Doppelzüngler. Aber nicht mehr wie vorher, denn ich war mit der neuen Politik der Einheitsfront einverstanden: meine Tätigkeit stand in keinem direkten Zusammenhang mit den Geschehnissen in der Sowjetunion. Und ich folgte der schon zitierten Devise und hatte stets »nur den Feind im Auge«.

Ich habe die letzten Seiten mit allgemeinen Betrachtungen angefüllt und nur wenig über die Situation berichtet, in der ich damals lebte, und über die Episoden, die den Alltag artikulierten.

Da ich einen Teil meines bescheidenen Gehaltes für den Unterhalt meines Sohnes in Wien aufwandte, mußte ich mich sehr einschränken, konnte nur eine volle Mahlzeit im Tag einnehmen und das zumeist in den Prix-fixe-Lokalen, wo man für 4 bis 6 Francs (weniger als eine Reichsmark) ein Essen von 4 bis 5 Gängen bekam, dazu beliebig viel frisches Brot und etwa 3 oder 4 Deziliter, manchmal sogar einen halben Liter Wein oder ein anderes Getränk. Alles war inbegriffen, »tout compris«, was man genau mit »alles verstanden« übersetzen könnte. Als ich mit den Jahren dieses Essens überdrüssig wurde und mir der Geruch dieser Gasthäuser widrig wurde, so daß ich seinethalben manchmal die Straße überqueren mußte, empfand ich es als unklug, denn da fand man ja die beste Gelegenheit, sich für 24 Stunden sattzuessen.

Diese Lokale sind verschwunden und durch Läden ersetzt worden oder bescheidene Reisebüros. Prix fixe-Mahlzeiten kann man auch heute in fast allen Restaurants serviert bekommen, doch sind sie viel teurer und nicht für bettelarme Studenten, stellenlose Angestellte oder Emigranten, sondern für Touristen bestimmt. Für Leute, die so mittellos sind, wie wir es damals waren, gibt es heute nichts mehr – so billig kann und will wohl niemand mehr essen. Jedes Mal, wenn ich an einem Hause vorbeigehe, wo ich mich *tout compris* zu sättigen pflegte, stelle ich mit Genugtuung fest, daß der Geruch verschwunden ist und ich selbst ihn mir nur noch abstrakt in Erinnerung bringen kann.

Die Emigration ist, ich sagte es schon, ebenso wie ein Kriegszustand, jenen unbesonnten Ferien ähnlich, die sich trostlos verlängern, weil das einzige Schulhaus abgebrannt ist oder eine gefährliche Epidemie den Alltag durchbrochen hat, so daß die gewohnten Pflichten aufgehoben und die Regeln im Verkehr der Menschen verändert sind. Am hellichten Tage fanden sich viele Emigranten vor den Kinos ein, die für Matinées besonders niedrige Eintrittspreise verlangten. Oder sie sonnten sich in den leeren Parks, während die heimische werktätige Bevölkerung ihrer Arbeit nachging. Sie waren auch zahlreich unter den Gaffern, die vor Kirchentüren auf das Erscheinen von jungen Hochzeitspaaren, von Konfirmanden oder Trauergemeinden warteten.

Die Emigranten hatten einerseits keine Zeit, denn »lange kann es nicht mehr so weitergehen«, wiederholte man: noch einige Wochen, höchstens zwei, drei Monate würden sie diesen sich täglich verschlimmernden Zustand ertragen. Andererseits aber hatten sie weit mehr Zeit, als sie brauchten, da es ihnen ja aufs strengste verboten war zu arbeiten.

Es gab wohl einige, die trotz dem Elend in einer beglückenden Spannung lebten, z. B. Leute, die nur durch die normalen Umstände daran gehindert worden waren, ihre erfinderische Gabe zu entwickeln. Solch ein verhinderter Erfinder lebte nun in einem winzigen Zimmer mit seiner Familie, die sich mit kärglicher Nahrung begnügen mußte, da er all seine Zeit auf die Idee verwandte, welcher er sich dank seiner Misere endlich bis in die späte Nacht widmen konnte. Und natürlich gab es für alle, die nicht zu alt und nicht zu jung waren, die Liebe – das Licht, das auch in der Finsternis leuchtet. Erlosch es wieder, so blieb nur die Finsternis zurück, ein *taedium vitae*, vor dem man in einer neuen Beziehung Zuflucht suchte. Liebe trieb die Heimlosen zueinander und wieder auseinander. Außer dem politischen Kampf und den Illusionen, die ihn begleiteten, konnte nur die Liebe dem einzelnen die Gewißheit vermitteln, daß er noch lebte, daß nichts wirklich verloren und alles noch zu retten war.

Hier drängt sich mir die Erinnerung an ein winziges Erlebnis auf, das mit solcher Tröstung nichts zu tun hat. Im Keller eines billigen Kaffeehauses wurde von Emigranten ein Kabarettabend veranstaltet: ein Conférencier versuchte, witzig zu sein, Schauspieler rezitierten, Sänger sangen.

Dann wurden alle Lichter ausgemacht, auf dem schmalen kleinen Podium erschien ein ganz junges, sehr hübsches Mädchen in einem Tricot, das ihre Formen aufs willkommenste enthüllte. Aus einem Grammaphon drang leise eine Musik, die langbeinige Tänzerin sprang hoch und schon die ersten Schritte ließen das Schlimmste befürchten. Ihre unbeherrschten Bewegungen brachten sie in Gefahr, ins Leere zu stürzen, das merkte sie und wollte es nicht wahrhaben: dieser Auftritt war ihre große, einzige Chance.

Ich habe in jenen Jahren so viele Liebesbeziehungen an den elenden Lebensbedingungen scheitern sehen und täglich für ihren Bestand gefürchtet. Aber um diese junge Tänzerin auf den zu schmalen, staubigen Brettern, auf denen kaum ein Schritt gelingen konnte, habe ich gebangt und einen stechenden Schmerz im Herzen empfunden, als sie ausglitt, fiel und sich verletzte. Wie jener alte Musikant auf der Marienbrücke in Wien, ist sie für mich die Figur eines Gleichnisses geworden, dessen Bild ich bewahrt habe, ohne je zu ergründen, warum.

Die ersten sieben Monate des Jahres 1936 bilden in meiner Erinnerung einen Abschnitt, der, aus dem Zeitlichen ins Räumliche übertragen, mir heute noch wie eine in der Frühsommersonne strahlende und, nächtens, von zahllosen Leuchtkörpern erhellte Insel erscheint. Wir waren Hunderttausende, waren Millionen in Frankreich, Spanien und vielen anderen Ländern, denen jeder Tag das kaum noch Erhoffte zu erfüllen schien: die zuerst nur defensive antifaschistische Gegenbewegung wurde zu einer echten Befreiungsaktion. Als am 26. April 1936 die in der Volksfront verbündeten Parteien die Mehrheit in der Deputiertenkammer errangen, erkannten alle, daß es sich um weit mehr als um einen Wahlsieg handelte. In Paris, der Hauptstadt der Revolutionen, aber auch in den fernsten Provinzen fühlte man sich wie von einem Mistral belebt, der den fauligen Föhn verjagt. Man wurde immer weiter vorangedrängt, immer näher zum Ziel, das man angestrebt, doch während langer Jahre für beinahe unerreichbar gehalten hatte.

Um jenes im letzten Viertel unseres Jahrhunderts schwer begreifbare Geschehen faßbar zu machen, will ich vorwegnehmend das Unglaubliche feststellen: Das Besondere am Erlebnisse war nicht der Sieg, der sich nach so vielen Niederlagen einstellte, und nicht die Lust, um nicht zu sagen: die Wollust an unserm Triumph, sondern die Freude. Ich mußte immer wieder an die »Agape der Brüderlichkeit« denken, an jenen unabsehbar langen Tisch, um den sich – das träumten die jungen Revolutionäre von 1790 – eines Tages alle zusammenfinden würden, die eine Zukunft aufbauen wollten – eine Zukunft, die mit ihnen anfing.

Über alle Avenuen zogen Männer, Frauen, Kinder zu den Plätzen der *Bastille* und der *Nation,* ihre Rufe und Lieder drangen in die Nebenstraßen und wurden von jedem gehört; sie waren selten gegen den Feind gerichtet, es waren Freudenrufe. Alle sollten mitmachen, um mehr Gerechtigkeit, das unverbrüchliche Recht für alle zu erringen.

Mit Hunderttausenden war ich in Wien singend über den Ring marschiert – es war am 1. Mai nach dem Weltkrieg, die festlich kämpferische Stimmung verriet, wie wenig die Demonstranten den Druck des Alltags vergaßen. In Berlin war ich mit verelendeten Arbeitern mitgegangen, deren aufrührerische Rufe den Feind kaum mehr schrecken und sie selbst kaum noch ermutigen konnten. Nun aber, in den Aufmärschen der Pariser Volksfront, klangen die pathetischsten revolutionären Lieder so heiter, als käme uns das Erwartete auf halbem Wege entgegen.

In den weiten Höfen der Fabriken, in den Werkhallen, in denen »ein starker Arm alle Räder zum Stillstand« gebracht hatte, überall feierten die Streikenden, die die Arbeitsstellen besetzt hatten, die Verbrüderung mit allen, die sich zu ihnen und ihren Familien gesellten. Berühmte Sänger trugen abwechselnd politische Lieder, Arien und Schlager vor, beliebte Kapellen spielten zum Tanze auf. Man dachte nicht an den Feind, sondern an das bessere, schönere Leben, das nun für alle anbrach, die von ihrer Arbeit leben, und an die Freiheit, welche – das wollte man glauben – nun ein für allemal vor jeglicher Bedrohung gefeit war.

An der Spitze der riesigen Züge von Manifestanten schritten Arm in Arm die berühmtesten Dichter, die einflußreichsten Denker und die Künstler von überall, die hier in Paris ihren Weg und ihr Ziel gefunden hatten. Mit ihnen marschierten die Führer der Parteien und Gewerkschaften von zahllosen Fachverbänden und Gilden – alle waren da. Zum erstenmal feierte Paris seinen Aufruhr wie ein Fest, es fiel kein Schuß, niemand mußte sterben. Niemals, seit die Losungsworte: *Freiheit*, *Gleichheit*, *Brüderlichkeit* die Schritte von Aufständischen gelenkt hatten – niemals hatte man sich der Brüderlichkeit so nahe gefühlt wie in den Maitagen 1936. Immer hatte mich die Frage der revolutionären Gewalt, ihrer Berechtigung und ihres Wirkens zutiefst beunruhigt. Nun bewiesen die Ereignisse die Wirksamkeit der gewaltlosen Aktion. Nichts wünschte ich sehnlicher, als daß sie nicht nur für die Bewegung und Frankreich, sondern auch später und überall gelte.

Die vor uns lebten, haben manche Worte so verschwenderisch benutzt, daß sie fast unbrauchbar geworden sind. Deshalb muß ich eine ungewohnte Scheu überwinden, um es auszusprechen, daß wir damals Stunden wirklichen Glücks erlebt haben. Ja, ich wiederholte mir manchmal die oft zitierten Worte Hegels über die Französische Revolution: *»Eine erhabene Rührung hat in jener Zeit geherrscht, ein Enthusiasmus des Geistes hat die Welt durchschauert, als sei es zur wirklichen Versöhnung des Göttlichen mit der Welt nun erst gekommen.«*

Ja, es sah nach einer Versöhnung aus, der Versöhnung aller, die guten Willens waren. Und das geschah mitten in der Zeit der Verachtung, da man nur mit Mühe den Klang des wütenden Gebells und der höhnischen Drohungen vergessen konnte, die aus Deutschland herüberschallten.

Während der ersten Wochen des gleichen Jahres – ich hatte gerade die dreißig überschritten – tauchte Jenka auf. Während einer öffentlichen Diskussion – ich antwortete gerade Egon Erwin Kisch – bemerkte ich sie vom Podium aus, weil sie schön war, weil sie so zuhörte, als ob es für sie eine besondere Bedeutung hätte, daß ich im Gegensatz zu meinen Diskussionspartnern gegen die Assimilation und für ein jüdisches Palästina eintrat.

Einmal kreuzte sie meinen Weg im Quartier Latin und einige Tage später erschien sie in einem der psychologischen Kurse, die ich im Rahmen des Bildungsprogramms der deutschen Emigration während zweier Semester abhielt. In unserem ersten Gespräch fragte ich sie, ob sie mit mir leben wollte. Sie erwiderte zurechtweisend, daß dies wohl die verkehrteste Art sei, mit jemand eine Beziehung anzuknüpfen. Das glaubt sie übrigens auch weiterhin; daß wir seither, also seit mehr als 40 Jahren zusammen sind, beweist, scheint es, nichts gegen ihre damalige Auffassung.

Dieses verwöhnte lettisch-jüdische Mädchen war keineswegs darauf vorbereitet, ein Leben wie das meine unter jenen besonderen Umständen zu teilen, die sich überdies bald aufs äußerste verschlechtern sollten. Doch vorerst, in der ersten Hälfte des Jahres 36, stand alles im Zeichen der ungeheuren Aufwallung. Als in den Jahren, die nachher kamen, das Leben zur Bürde wurde, trug Jenka mit ihrer unangreifbaren Lebensfreude weit mehr als ihren Teil mit Mut und Gleichmut. Sonst abgeneigt, dem, was man Glück und Pech nennt, eine nennenswerte Rolle zuzubilligen, weiß ich, daß ich mit Jenka Glück gehabt habe – von Anfang an.

Weder vorher noch nachher fühlten sich die politischen Emigranten in Frankreich so heimisch wie während der ersten Monate der siegreichen Volksfront. Man konnte zeitweise den Blick von Deutschland abwenden und durfte auch Stalins Rußland vergessen oder den Gedanken an die dortigen Geschehnisse zumindest in den Hintergrund drängen. Wie sehr der Westen jeder Auseinandersetzung mit Hitler auswich, hatte er kurz vor den französischen Wahlen, am 7. März, bewiesen, als er die entgegen den frei getroffenen Vereinbarungen erfolgte militärische Besetzung des Rheinlandes widerstandslos zuließ. Eine Volksfront-Regierung würde diese Provokation Hitlers niemals geduldet haben und ebensowenig die Eroberung Abessiniens durch Mussolinis Italien, sagte man und tröstete sich mit der Gewißheit, daß sich dergleichen nicht wiederholen würde.

Der Bürgerkrieg verwandelte Spanien in ein Kampfgebiet, in welchem sich, glaubten wir, das Schicksal der Freiheit schnell und natürlich zu Ungunsten der Diktaturen entscheiden würde. Kaum jemand sah voraus, daß dieser Krieg an die dreieinhalb Jahre dauern, mit dem Triumph Hitlers, Mussolinis und Francos, mit dem Untergang der Republik und der Vernichtung so vieler Menschenleben enden würde. Noch heute, Jahrzehnte nach jenem Sommer 1936, dem Sommer unserer Hoffnungen, verbleibt für alle Antifaschisten, die noch unter den Lebenden sind, die spanische Tragödie eine quälende Erinnerung, eine unauslöschliche Kränkung. Der Name der am 27. April 1937 bombardierten Kleinstadt Guernica wurde damals weit mehr als eine geographische Bezeichnung. Diese drei Silben bedeuteten fortab die flagranteste Herausforderung und mit der Zeit, die uns dem Zusammenbruch immer näher brachte, das aus

Trümmern gebildete Denkmal unseres Unvermögens, den Menschenfeind zu besiegen, dessen Macht und Wirkung wir augenscheinlich noch immer unterschätzten. Das »No pasaran!« des belagerten Madrid, das bis zuletzt aushielt, war begeisternd, aber nicht für den Westen, der entschlossen war, nichts zu tun, was ihn in einen Krieg verwickeln könnte. Die Politik der Nichtintervention, welche die Republik an Franco und seine Alliierten auslieferte, mißfiel der Mehrheit der Bevölkerung im noch freien Europa und beruhigte sie zugleich. Denn in Wirklichkeit wollten alle den Frieden bewahren – um jeden Preis. Fast um jeden Preis.

Und da erwies es sich, daß wir recht hatten, wir, die trotz aller Zweifel der Sowjetunion treugeblieben waren. Sie war nicht neutral, sie allein lieferte der republikanischen Armee und den internationalen Brigaden Panzer, Kanonen und Flugzeuge. Konnte man aber darüber die Moskauer Prozesse vergessen, in denen Sinowjew, Kamenjew und andere Bolschewiken selbstverleugnende Selbstanklagen erhoben, deren Haltlosigkeit jedem, der sich nicht verblenden lassen wollte, in die Augen sprang? Gleichzeitig kamen Berichte aus der Sowjetunion darüber, daß täglich zahllose Menschen gegen Ende der Nacht aus ihren Wohnungen geholt wurden und verschwanden: Emigranten, alte deutsche Kommunisten wurden als Gestapospitzel, als Spione und Saboteure »enthüllt«, die gegen Stalin, Molotow und andere Attentate vorbereitet hatten; auch sie verschwanden spurlos.

Wir blieben ohne Nachricht von unseren besten Freunden. Schrieben sie nicht aus Angst, sich durch den Kontakt mit dem Ausland zu kompromittieren, oder waren sie bereits verhaftet, deportiert?

Johannes R. Becher, der aus der Pariser Emigration nach Moskau geholt worden war, aber von Zeit zu Zeit in Frankreich auftauchte, schilderte in einem Anfall von Zynismus, der sich bei ihm zuweilen geistreich mit Galgenhumor verband, Anna Seghers und mir, wie Genossen, insbesondere die Funktionäre der deutschen kommunistischen Partei, im Moskauer Hotel Lux lebten: jeder darauf bedacht, sich nicht durch den Verkehr mit einem Freund zu kompromittieren, den man vielleicht in der Nacht darauf abholen würde. Im übrigen waren alle ständig bemüht, nur ja nicht aufzufallen. »Man hört den Donner rollen, jeder zieht den Kopf ein, macht sich klein bis zur Unsichtbarkeit und hofft, daß es beim Nachbarn einschlägt. Ist es vorbei, dann wagt man wieder frei zu atmen. Doch ist's nur für eine Nacht vorbei . . Man lebt in der ständigen Angst – alle, nur nicht der Genosse Pieck.« Das und weit mehr berichtete Becher von den irrationalen und dennoch begründeten Ängsten, die die Komintern-Gäste im Lux und fast alle anderen Einwohner der Sowjetunion beherrschten. Gleichzeitig wurde in Nazideutschland und in Rußland pausenlos durch Rundfunk und Presse, in Worten und Musik verkündet, daß »das Leben bei uns so fröhlich ist wie nie vorher«.

André Gide, der im Spätsommer von einer langen Reise durch die Sowjetunion zurückgekehrt war, berichtete in zwei Büchern, in *Retour de l'URSS* und *Retouches au Retour de l'URSS* über die enttäuschenden Erfahrungen, die sich ihm während seiner ganzen Reise aufgedrängt hatten. So zum Beispiel: jedes Mal, wenn er öffentlich oder privat vom Bürgerkrieg in Spanien sprach, antwortete ihm ein betretenes Schweigen oder eine leere Formel. Noch hatte Stalin nicht entschieden, ob er in Spanien eingreifen würde; hätte er es aber sofort, in den ersten Tagen der faschistischen Rebellion getan, dann hätte die Republik siegen können, noch ehe Hitler und Mussolini ihre Flieger und ihre Infanterie einsetzten.

Obschon ich Gide alles glaubte, was er über seine Erlebnisse in der Sowjetunion berichtete – ich ahnte ja Ähnliches seit langem –, so gehörte ich doch zu jenen, die bedauerten, daß er mit der Veröffentlichung dieses Pamphlets nicht gewartet hatte. Es war im Interesse der spanischen Republik, daß ihr einziger Verbündeter nicht angegriffen und seine Waffenlieferungen überall gerühmt würden. Ich lebte im Bewußtsein dessen, daß dies die Zeit der Erpresser war und wir gezwungen waren, uns zwischen ihnen einen Weg zu bahnen. Half Rußland, leider verspätet, den Spaniern, den faschistischen Aufstand schnellstens niederzuschlagen und damit der Intervention Hitlers und Mussolinis, die seit Jahren von Sieg zu Sieg schritten, ein Ende zu bereiten, so mochte von einem sozialistischen, doch nicht stalinistischen Spanien aus eine neue revolutionäre Bewegung ausgehen.

Obschon ich damals das totalitäre Herrschaftssystem des Stalinschen Rußland erkannt hatte, blieb ich fähig zu glauben, daß die russischen Drahtzieher solch eine neue Bewegung dulden würden. Daß rundherum fast alle die Aussichten optimistisch beurteilten und Stalin noch bedingungslos vertrauten, entschuldigt meine Verblendung nicht. Ich wußte, daß Süchtigkeit eine der verhängnisvollsten, die Urteilsfähigkeit und den geistigen Anstand äußerst gefährdenden Krankheiten ist, doch erkannte ich damals nicht, daß das Bedürfnis zu hoffen sich in eine nicht weniger zwingende, gefährliche Sucht verwandeln kann. Ja, ich war *hoffnungssüchtig*, deshalb bewahrte meine Skepsis mich davor so wenig, wie seine Erfahrung im langjährigen Umgang mit Narkomanen den giftsüchtigen Arzt heilt.

Heute noch meine ich, daß die Volksfrontpolitik, sofern sie allseits aufrichtig betrieben wurde, die einzig richtige war, daher verurteile ich keineswegs meine politische Tätigkeit jener Jahre. Seit die Komintern den Parteien diese Politik anbefohlen hatte, hatte ich zwar nicht wieder Zutrauen zu ihr gefaßt, jedoch daraus die Zuversicht geschöpft, daß man nunmehr die furchtbarsten Irrtümer vermeiden und damit aus dem Tief unserer Niederlagen wieder hochkommen könnte. Ich bemühte mich, die Führer freiheitlich gesinnter Jugendorganisationen für die Aktionseinheit gegen den Faschismus zu gewinnen, also auch für das republikanische Spanien, in welchem bürgerlich-demokratische, sozialistische, kommunistische, anarchistische und – besonders im Baskenland – auch katholische Jugendgruppen mit vereinten Kräften die Republik verteidigten.

Ich wirkte bei der Vorbereitung eines Weltkongresses der Jugend und gleichzeitig bei der Planung eines Jugendpavillons mit, der im Rahmen der Exposition Universelle die verschiedenen Aspekte der antifaschistischen Jugendbewegung in Bild, Schrift und Ton zur Geltung bringen sollte. Überdies nahm ich an den politisch-kulturellen Bemühungen der deutschen, fast ausschließlich von Kommunisten, offen oder insgeheim, vorbereiteten Veranstaltungen der Emigranten teil.

Die Begeisterung des Sommers war bald abgeflaut, doch vergaßen die Millionen Lohn- und Gehaltsempfänger nicht, daß sie zum ersten Mal am Meer, an den Seen und auf den Bergen Erholung hatten suchen dürfen – dies dank den *congés payés,* dem bezahlten Urlaub, von dem sie kaum zu träumen gewagt hätten. Das ist doch keineswegs eine revolutionäre Errungenschaft, sondern nur eine kleinbürgerliche Ablenkung, mäkelten töricht manche Ideologen, zumeist Bürgersöhne, denen Ferien reformistisch, ja konterrevolutionär schienen. Sie ahnten nicht, daß noch 40 Jahre später auch unpolitische Zeitgenossen mit Dankbarkeit an die Volksfront zurückdenken würden und daran, daß sie vom Sommer 1936 an fern von der täglichen Routine, jährlich einige Wochen lang sorglos dahinleben durften wie die Wohlhabenden.

Mit der kalten Jahreszeit kehrten die alten Sorgen wieder. Der durch die Streiks erkämpfte höhere Lohn entwertete sich im gleichen Maße wie die Währung. Man lief noch immer in die Versammlungen und marschierte durch die

Avenuen, vor allem, um für Spanien zu demonstrieren und gegen die Nichtintervention, aber man spürte, daß die Einheit nicht mehr so selbstverständlich war wie in den Mai- und Junitagen; die Kommunisten agitierten fast offen gegen Léon Blum, der, hieß es, der Nichtintervention hatte zustimmen müssen, um das Bündnis mit England nicht zu gefährden. In der Tat unterstützte Blum das kämpfende Spanien, soweit es nur möglich war. Er war der quälenden Lage um so wehrloser ausgesetzt, als er nach Jahrzehnten ununterbrochener Opposition nun selber an der Macht war. Seinen Freunden wiederholte er immer wieder, daß ihm vor nichts so sehr graute wie davor, Entscheidungen zu treffen, die bewirken könnten, daß schon wieder junge Menschen auf den Schlachtfeldern töten und sterben müßten: »Alles, nur nicht das, jedenfalls nicht zu meinen Lebzeiten!« Er war nicht nur seinen Anschauungen, sondern auch seinem Wesen nach ein Feind der Diktatur. Blum fühlte sich zutiefst solidarisch mit dem spanischen Volk, jedoch schrak er vor jedem Schritt zurück, der zum Krieg, zu einem zweiten Weltkrieg führen könnte. Die Macht in seinen Händen forderte sein Gewissen heraus, aber er wich auch der eigenen Macht nicht. Das machte aus ihm im Angesichte eines Hitler einen unzulänglichen, fast wehrlosen Regierungschef.

Das Jahr 1937 begann sehr schlecht, was dann während acht langer Jahre folgte, sollte immer schlimmer werden. Wie einen Kehrreim, der sich einem zwingend aufdrängt, wiederholte ich mir manchmal im Gehen die von Karl Kraus so oft zitierte Shakespearesche Mahnung: »Wer darf sagen, schlimmer kann's nicht werden? Es ist schlimmer nur als je. Und kann nicht schlimmer kommen: Es ist nicht das Schlimmste, solang man sagen kann: dies ist das Schlimmste.«

Am 23. Januar 1937, kaum 5 Monate nach dem Sinowjew-Prozeß, der mit der Ermordung von 16 unschuldigen Menschen geendet hatte, begann der Prozeß gegen Radek, Pjatakow und so viele der Kampfgefährten Lenins und Trotzkis. Ich streiche andere Namen, die dazu gehören, aus, denn was mögen sie Lesern bedeuten, die heute 40 Jahre alt sind oder noch jünger?

In diesen Schauprozessen klagten sich Unschuldige selber an, indem sie Verbrechen gestanden, die sie nicht begangen hatten, welche überdies nur Fiktionen waren. Die von Stalin und seinen Polizisten phantasielos erdachten Verbrechen büßten sie mit dem Tode und ihre Angehörigen und Freunde mit Verbannung und beschleunigtem Untergang. Im Hinblick auf diesen Sachverhalt geht es gar nicht mehr darum, wie bekannt, wie berühmt diese Opfer waren, ihre Namen tun nichts zur Sache. Und doch kann das Ungeheuerliche jener Vorgänge von jenen nicht ganz ermessen werden, denen diese Namen nichts sagen.

Von delirierenden Antisemiten ist nach dem letzten Kriege die Behauptung verbreitet worden, Adolf Hitler wäre ein Jude, ein Agent der »Weisen von Zion« gewesen und hätte in ihrem Auftrage das Deutsche Reich moralisch, militärisch und wirtschaftlich verwüstet. Nun, die Anklagen und die Geständnisse in den Moskauer Prozessen und in jenen, welche in Sofia, Budapest und Prag folgen sollten, waren nicht weniger hirnrissig, eine nicht weniger schamlose Herausforderung an den Verstand. Nicht nur in der kommunistischen Presse, sondern in zahllosen bürgerlichen Zeitungen der ganzen Welt konnte man Artikel lesen, deren Autoren bezeugten, daß die Angeklagten schuldig waren und ihre Hinrichtung zur Rettung des Friedens und der Freiheit notwendig war.

Die Linke hatte gehofft, daß der erste Schauprozeß der letzte sein würde. Damals, im August 1936, stand alles im Zeichen des kurz vorher ausgebrochenen Spanienkrieges und der sozialen Errungenschaften der Volksfront in Frankreich. Um so schauerlicher wirkte der neue Prozeß. Es ging nicht um Radek und seine Mitangeklagten – die meisten waren übrigens in einem andern, entgegengesetzten Sinne als dem der Anklage schuldig geworden, indem sie sich Stalin und seiner Clique immer wieder, bis zur Selbstverleugnung unterworfen hatten.

Somit fühlte ich mich weniger ihrethalb betroffen als wegen der eigenen Kapitulation, der eigenen Doppelzüngigkeit schuldig und durch dieses grauenhafte Spektakel gedemütigt und entwertet. Natürlich überschätzte ich keinen Augenblick lang die Wichtigkeit dessen, was ich in der Bewegung getan hatte; einer mehr oder weniger, ich oder ein anderer – das zählte kaum. Aber insofern es sich um meine eigene Vergangenheit handelte, die ich fortab als eine ungewollte Komplizität an einer grausamen, wahrheitsvernichtenden Daueraktion einer winzigen Machtgruppe ansehen mußte, welche eine ganze Bewegung wie eine verächtliche, feige Geisel gedemütigt hatte, war mir all dies ein Grund, mich selbst als einen betrogenen und betrügenden Mithelfer und als unschuldigen Mittäter zu verabscheuen.

Wer sich selber feind wird, gerät in Gefahr, jeden Ausblick auf die Zukunft zu verlieren. Damit begann die schwerste, bedrohlichste Phase meines Lebens. Noch hatte ich viele Freunde in der Welt, und seit einem Jahre Jenka. Aber es gab niemanden, dem ich mich hätte eröffnen wollen. »Als hätte ein Gott seit Jahrtausenden alle Einsamkeit für mich allein aufgespart ...« so begann ein Text, der eine Tagebuch-Eintragung hätte sein können, wenn ich ein Tagebuch geführt hätte.

Wenige Wochen nach Beginn des zweiten Prozesses, am 9. Februar 1937, wurde Arthur Koestler, der als Korrespondent der Londoner Tageszeitung *News Chronicle,* tatsächlich aber im Auftrage Willi Münzenbergs nach Spanien gegangen war, in Malaga von Frankisten verhaftet. Er hätte diese Stadt noch rechtzeitig mit den republikanischen Truppen verlassen können. Das war seine Absicht gewesen, erfuhr man, doch im letzten Augenblick war er aus dem rettenden Wagen abgesprungen und in das Haus zurückgekehrt, wo ihm ein englischer Wissenschaftler Gastfreundschaft gewährte.

Dörte, die noch immer die legitime Gattin Arthurs war, setzte sich in Paris und London unermüdlich für seine Befreiung ein, die jedoch höchst unwahrscheinlich war, da er inzwischen nach Sevilla überführt und zum Tode verurteilt worden war. Durch Dörte, die mich ständig auf dem laufenden hielt, erfuhr ich die spärlichen Einzelheiten, die man über seine Gefangennahme und seine allem Anschein nach aussichtlose Lage in Erfahrung bringen konnte.

Während mehrerer Wochen riß mich die Unruhe um ihn fast jede Nacht aus dem Schlaf. Nein, nicht nur die Sorge, sondern auch die Begier zu verstehen: Warum hatte es Arthur vorgezogen, in Malaga zu bleiben, sich also der tödlichen Gefahr auszusetzen, anstatt wie alle seinesgleichen vor den anrückenden feindlichen Truppen zu fliehen? Warum, wozu war er in der Falle geblieben?

Wer sein Gesicht stets dem Feinde zuwendet, bleibt davor bewahrt, die Schwächen und das klägliche Versagen des eigenen Lagers entdecken zu müssen. Ich habe bereits erwähnt, daß Leute wie Koestler und ich schon seit Jahren in dieser absichtsvollen Ablenkung eine Zuflucht vor Enttäuschungen fanden und einen Grund oder zumindest einen Vorwand, der Auseinandersetzung mit den Eigenen auszuweichen. Daher nahm ich an, daß Arthur Zeuge einer Debandade wurde, in die der Rückzug einer militärischen Einheit sich so häufig verwandelt, wenn sie sich zu schwach glaubt und es jedenfalls ablehnt, sich dem anstürmenden Gegner zu stellen. Koestler mußte sich wohl einen Augenblick lang als einen dieser Ausreißer verabscheut haben. Daher beschloß er, lieber dem Feind ins Auge zu sehen als mit den Ausreißern zu fliehen und die republikanische Bevölkerung in Malaga schutzlos dem Feind auszuliefern. Natürlich war das ein völlig unsinniges, quichottisches Wagnis, das kein vernünftiger Mensch gutheißen konnte, das ich in jenen Nächten jedoch recht gut verstand, obschon ich dauernd an die völlige Einsamkeit denken mußte, in der er seinen nahen Tod erwarten müßte.

In jenen Stunden wurde ich Koestlers Freund. Ich nahm mir vor, ihn allein, kam er mit dem Leben davon, in meinen Plan einzuweihen: mich vom Jugendcomité und von der Partei zurückzuziehen, mit der Partei zu brechen, vorderhand wortlos – sofern dies möglich war. Und damit es gelinge, hatte ich beschlossen, Paris zu verlassen, nach Wien zurückzukehren und dort, abseits aller Politik, neu anzufangen.

In seinem *Spanischen Testament* hat Koestler alles, was er damals erlitten und worüber er in der Todeszelle meditiert hat, in vorbildlicher Weise dargelegt. Als er nach Paris zurückkehrte, empfand auch er, daß unsere Freundschaft für ihn wie für mich an Bedeutung gewonnen hatte. Was uns verband, waren nicht Erfolge, sondern das Leiden an der Zeit, an der mörderischen Maßlosigkeit von Lüge und Gewalt und schließlich der Wille zum Widerstand gegen alle ideologisch maskierte Niedertracht.

Wir waren beide im 32. Lebensjahr, beide in mehr als einem Sinne heimatlos, überaus empfindlich, doch abgehärtet gegenüber Schlägen und Entbehrungen, gegen die gefährliche Lockung von Erfolgen sowie gegen die Eingebungen der Einsamkeit. Wir glaubten damals, so gut wie alles erfaßt, insbesondere den Mechanismus der Stalinschen Prozesse durchschaut zu haben. Das traf zu, jedoch nicht ganz. Wir meinten, wir hätten keine Illusionen mehr; das war die letzte oder eine der vorletzten, die langsam schwand und niemals verschwinden sollte, denn »es ist nicht das Schlimmste, solange man noch sagen kann: dies ist das Schlimmste . . .« Die Lehrjahre nahmen kein Ende.

In der ersten Hälfte des Jahres 1937 ging ich oft auf Reisen, um für das Comité dauerhafte Kontakte mit Jugendverbänden herzustellen. Ich wußte, daß ich aus dem Gesichtskreis dieser recht interessanten Menschen, denen ich bei dieser Gelegenheit auch persönlich nahekam, bald verschwinden würde. Jedoch hatte ich beschlossen, von dem, was bald meiner kommunistischen Vergangenheit angehören würde, nichts, auch keine persönlichen Beziehungen zu erben. Nach Wien zurückgekehrt, würde ich nur noch ein »politischer Kadaver« sein. Gewiß fiel's mir schwer, mich im voraus damit abzufinden, daß so viele, vor allem junge Genossen, mit denen ich in Paris täglich zusammenkam, mir fremd und, gemäß Parteibefehl, schließlich feindlich werden müßten. Zum Unterschied von vielen, die sich vorher oder nachher zurückzogen, habe ich keineswegs schlechte Erinnerungen an meine Genossen bewahrt. Es ist wahr, die charakterliche Qualität besonders der führenden Funktionäre war mediokер. Fast alle hatten schon die stalinistische Umerziehung hinter sich und waren deshalb unfähig geworden, an der *Linie* zu zweifeln, das heißt den Mut zum Zweifeln aufzubringen. So war es unvermeidlich, daß ihre Beziehungen zu Freunden, ja sogar zum Ehepartner so funktionell wurden wie die zu ihren Vorgesetzten und ihren Untergebenen. Trotzdem habe ich bis zu meiner Trennung von ihnen sowohl mit den Leuten der Partei wie den Repräsentanten und Funktionären der internationalen Organisationen zumeist gute Erfahrungen gemacht.

Es gab Ausnahmen, eine von ihnen bildete Michal, so

nannte sich der Mann, der später unter dem Namen Farkas als Generaloberst bekannt und als Minister in Rakosis Regierung berüchtigt werden sollte; er war ein Beispiel dafür, was die Stalinsche Dressur aus einem mittelmäßigen Mann machen konnte, dessen Schlauheit, Herrschsucht und egoistische Rücksichtslosigkeit sich als überaus förderliche Eigenschaften erwiesen in dem unaufhörlichen Wettlauf um Positionen, für die man Beweise der Treue, der bedingungslosen Unterwerfung zu erbringen hatte. Diese Eigenschaften brachte er mir gegenüber kaum zur Geltung, denn ich war ja kein »Apparatschik«, kein Rivale, sondern so etwas wie ein »Spez«, ein Fachmann, den man benutzen und gegebenenfalls ausschalten und sogar als Sündenbock für eigenes Versagen büßen lassen konnte – gemäß dem Beispiel, das Stalin seit Beginn seiner Karriere seinen Gefolgsleuten gegeben hatte.

Dieser gleiche Michal aber hat mich vor einer Lebensgefahr bewahrt, von der ich erst später Kenntnis erhielt. Zwar stand für mich fest, daß ich weggehen müßte, aber der Rückzug ins Privatleben erschien mir eine unzulässige Lösung – jedenfalls solange der spanische Krieg nicht beendet war. Deshalb bat ich Michal zuzustimmen, daß ich meinen Posten verlasse und mich einer kämpfenden Einheit der internationalen Brigade eingliedere. Michal ließ einige Wochen verstreichen, ehe er mir einen entschieden abschlägigen Bescheid gab, über den er nicht weiter diskutieren wollte. Wenige Tage später erriet ich, daß irgend jemand »weitergegeben« hatte, das heißt dem deutschen oder russischen »Apparat« die Worte der Überraschung, des Zweifels und schließlich des Entsetzens hinterbracht hatte, mit denen ich die Nachricht von dem sogenannten Putsch der *Poumisten* in Barcelona aufgenommen hatte. Ich hielt das Ganze für eine Provokation, die die Verfolgung und schließlich das Verbot dieser ultralinken, antistalinistischen Partei rechtfertigen sollte. Eine Sekretärin und zwei junge Mitarbeiter waren Zeugen meines Ausbruchs gewesen. Michal hatte also in Erfahrung gebracht, daß ich fortab kompromittiert war und daß man mich unschädlich machen würde, käme ich in den Bereich der in Spanien tätigen »Apparate«.

Noch etwas später begriff ich, daß es Michal als Chef des Comités darauf ankam, daß mein Fall nicht aufgegriffen würde, da man später auch ihn wegen seiner unzulänglichen revolutionären Wachsamkeit hätte angreifen können. Jedenfalls war mir damit der Weg nach Spanien fortab verschlossen. Ich erwähne diese Episode, weil sie eine Vorstellung davon gibt, wie präsent die GPU und die Moskauer Prozeßmacher weit über Rußlands Grenzen hinaus überall da waren, wo Menschen zusammenkamen, um gemeinsam für die Freiheit zu kämpfen.

Stalin hatte befohlen, im Westen Europas einen Moskauer Schauprozeß der vor allem in Katalonien wohlangesehenen revolutionären Partei zu inszenieren und Männer von hohem moralischen und politischen Mut, die seit ihren frühen Jahren gegen Ausbeutung und Unterdrückung gekämpft hatten, als Agenten Francos zu verleumden und sodann zu vernichten. So mächtig nun die russischen Agenten in Spanien waren, dieser Prozeß mußte ihnen mißlingen – die Angeklagten, treu der revolutionären Tradition, verteidigten sich nicht nur, sondern griffen die Ankläger, Hampelmänner im Dienste der GPU, heftig an. Diese Provokation hatte jedoch die Aufsplitterung der Republikaner zur Folge und das wachsende Mißtrauen des spanischen Volkes, welches zu entdecken begann, daß es keine wahren Verbündeten hatte und als Einsatz verwandt wurde in einem Spiel, das Spanien nur noch verlieren konnte.

Die Bombardierung Guernicas durch deutsche Flugzeuge erfuhr ich aus dem Abendblatt *Le Temps,* das ich auf dem

Weg zu dem Hotel kaufte, in dem eine etwa zehnköpfige Delegation der sozialistischen Jugend Spaniens abgestiegen war. Santiago Carrillo, dem Führer dieses Jugendverbandes, der wohl schon vorher mit den Kommunisten sympathisiert hatte, war es mühelos gelungen, seine Organisation in die Jugend-Komintern zu überführen. Die Prozedur fand in Moskau ihren offiziellen Abschluß, unmittelbar danach wurde die ganze Delegation in ein von der GPU verwaltetes Erholungsheim gebracht, wo sie einige Tage sehr verwöhnt, üppig ernährt und reichlichst mit Getränken versorgt wurde. In mehr oder minder alkoholisiertem Zustande wurden die jungen Spanier ins Flugzeug verladen; in Paris machten sie halt, ehe sie heimkehrten.

Als ich sie in aufgeräumter Stimmung antraf, mehrere Champagner Flaschen waren bereits geleert worden, andere wurden herangetragen, da zögerte ich, ihnen von dem fürchterlichen Schicksal Guernicas zu berichten. Ich entdeckte jedoch bald, daß sie davon bereits Kenntnis hatten, denn Abendblätter lagen auf den Tischen herum; es schien allen aber selbstverständlich, daß das Fest seinen Fortgang nehme.

Ich erwähne diese winzige Episode, weil sie ganz gewiß dazu beigetragen hat, meinem Schwanken ein Ende zu setzen. An jenem Abend empfand ich's aufs deutlichste, daß ich zu diesen Menschen keineswegs gehörte, obschon ich mit ihnen den Feind gemein hatte. Aber da sie ihm ähnlich wurden, konnte uns die gemeinsame Gegnerschaft nicht mehr verbinden. Ich wollte keinen von ihnen verurteilen, aber jeder von ihnen inkarnierte für mich den vielgerühmten neuen, den Stalinschen Menschen, der zwar weiterhin von der Solidarität mit den Ausgebeuteten und Unterdrückten sprach, aber nur noch auf ausdrücklichen Befehl handelte – je nachdem solidarisch oder erpresserisch und immer häufiger mörderisch.

Ich verließ schnell das Fest und wanderte im kalten Regen

durch die Straßen, deren Asphalt unter den Bogenlampen die Oberkörper der Passanten widerspiegelte und zuweilen auch fast leserliche Teile von Plakaten, die in großen Lettern Lebensfreude versprachen. Immer wieder drängte sich mir der zu sentimentale Vers Paul Verlaine's auf: »Il pleure dans mon coeur/comme il pleut sur la ville«. Das war einmal schön gewesen, sagte ich mir, doch wie schnell entleeren sich Symbole, entwerten sich Parabeln. Das Ereignis von Guernica war für Symbole und Parabeln durchaus unbrauchbar, wie jede sinnlose Verwüstung ließ es in dem Überlebenden nur Fragen zurück: »Warum? Wozu? Warum gerade diese Stadt, diese Opfer, diese in ihren Spielen von Mördern überraschten Kinder?«

Wie so viele andere, dachte auch ich in dieser Nacht, daß Guernica wahrscheinlich nur ein winziger Anfang war, der unnennbare Zerstörungen ankündigte. Das verängstigte Kind auf dem von Haubitzen beschossenen Friedhof, das ich 22 Jahre vorher gewesen war, wurde an diesem Abend wieder präsent und sollte in den Jahren, die da folgten, nicht wieder verschwinden. So sind diese Geschehnisse für mich nackt, unverhüllbar, unübersetzbar geblieben. Picasso war ein Glückspilz, da er für das Unheil kindliche Gleichnisse finden konnte, in denen wohlgeformte Tiere mehr märchenhaften Schrecken als Tod verbreiten.

Als wenige Monate später in der Exposition Universelle zahllose Besucher von nah und ferne das Ausstellungsgelände füllten, begierig, sich zu wundern und zu bewundern, des Lebens Fülle in tausend Formen zu entdecken und sich zugleich als Zeitgenossen gerühmt und verwöhnt zu fühlen, da gerieten manche von ihnen in die Pavillons, in denen von Spanien, vom Bürgerkrieg, vom Ringen um Freiheit, von der friedens- und freiheitliebenden Jugend Worte und Bilder zeugten. Große Mengen drängten sich Sekunden oder Minuten lang vor Picassos »Guernica« und suchten dann schnell den Weg ins Freie, zu dem Platz etwa, wo heroische

Figuren voller Jugendkraft den Weg ins Deutschland Hitlers und – gegenüber – den Weg in Stalins Rußland wiesen. Etwas weiter saß ein beleibter Mann nackt auf einem Roß – man hatte Mussolini als römischen Imperator ans Ufer der Seine gestellt. Die Pariser, die gewöhnlich reizvollere Nuditäten zu sehen bekamen, fanden den nackten Duce lächerlich, aber nicht komischer als in den Wochenschauen ...

In jenem Frühsommer erreichte mich eine sehr schlechte, doch nicht überraschende Nachricht: mein Freund Alex Weißberg war in Charkow verhaftet worden. Man brauchte sich nicht den Kopf über solch ein Ereignis zu zerbrechen. Es war gewiß, daß man gegen ihn, wie vorher gegen so viele russische und ausländische Kommunisten die Anklage wegen Sabotage, Vorbereitung eines Attentats gegen Stalin und Molotow, wegen Anwerbung deutscher Arbeiter für ein deutsches Spionagenetz erheben würde. Während langer Monate hatte ich befürchtet, daß mein Bruch mit der Partei ihm schaden würde. Nun hatte dies nichts mehr zu bedeuten, denn er hatte sich gegen einen Feind zu wehren, der in einem simulierten Wahnsinn Amok lief. Die Untersuchungshäftlinge wurden gezwungen, sich ein Vorleben auszudenken, das mit ihrer Vergangenheit nichts gemein hatte. Ich glaubte, daß von all meinen Freunden Alex jener war, der sich durch seine geistige und eigenartige logische Unnachgiebigkeit retten könnte. Niemand konnte ihm helfen, man mußte abwarten und den Kummer und die Furcht verhehlen.

Ich brauchte nur wenige Wochen, um meine Abreise vorzubereiten und um Abschied zu nehmen. Niemand wollte glauben, daß ich fähig wäre, mich ins »Privatleben« zurückzuziehen. Daß ich aufhörte, ein »Berufsrevolutionär« zu sein, überraschte hingegen niemanden, denn alle wußten, daß es mir stets zutiefst widerstrebt hatte, ein Funktionär zu sein. Ich würde meinen Beruf wieder aufnehmen und völlig unabhängig sein, das schien allen normal.

Ich wußte, daß die meisten nach meinem Bruch mit der Partei sich von mir abwenden würden. Noch bekundeten sie mir unbegrenztes Vertrauen und sprachen von ihren persönlichen Angelegenheiten, von ihren politischen Zweifeln und Gewißheiten mit mir. Aber sehr bald würden sie sich mit Erfolg davon zu überzeugen versuchen, daß ich ihr Vertrauen nie verdient hätte. Es waren unter ihnen recht viele, die ich gern hatte und die ihrerseits an mir hingen. Von ihnen verabschiedete ich mich mit einem Wunsch, den ich noch oft wiederholen sollte: »Vergiß mich nicht« sagte ich, bevor ich meines Wegs ging. Und so mancher beteuerte, halb im Scherz, daß er mich nicht vergessen könnte, selbst wenn er es wollte.

Ich nahm Abschied von den Gassen und Gäßchen, in denen ich mich stets heimisch gefühlt hatte, von den Bänken in den winzigen Parkanlagen, den sogenannten Squares, und von den Alleen des Luxembourg, in denen die Kastanienbäume ihr überreiches Laub wie schwere Ornate trugen. Ich folgte mit dem Blick bald diesem, bald jenem kleinen Segelboot im Bassin, als müßte ich mir die winzigste Einzelheit einprägen.

In jenen Wochen sah ich auch Milan Gorkić wieder. Vielleicht ist meine Erinnerung an jene Begegnung mit dem Generalsekretär der Kommunistischen Partei Jugoslawiens so deutlich geblieben, weil ich schon damals befürchten mußte, daß sie die allerletzte sein könnte.

Obschon es ein sonniger, nicht zu heißer Sommertag war, saßen wir nicht auf der Terrasse, sondern in einem Winkel des hintern Saals des Café Aux Ministères auf dem Bd. St. Germain. Es geschah ohne Verabredung, jeder hatte dem andern etwas zu sagen, was fremder Neugier nicht ausgesetzt sein sollte. Ich teilte ihm mit, daß ich alle Funktionen niederlegte und in wenigen Tagen Paris verlassen und mich in Wien der Psychologie, wahrscheinlicher noch der Literatur zuwenden würde. Da dieser neue Anfang im Hinblick auf die Umstände recht schwierig werden mußte, hatte ich beschlossen, mich bis auf weiteres von jeder politischen Tätigkeit fernzuhalten. Ohne daß ich es ausdrücklich sagte, konnte er mit Sicherheit annehmen, daß ich in der Tat von der Partei Abschied nahm, mit ihr lautlos brechen wollte.

Gorkić schien nicht überrascht, blieb aber eine Weile stumm. Wir sahen einander nicht an, sondern richteten unsere Blicke auf die Glastür, auf den Boulevard, die hastenden Menschen, die hellen Kleider der jungen Frauen. Schließlich versicherte er mir, daß er meinen Beschluß zwar bedauere, aber durchaus verstehe. Auch er stand vor einer Abreise: er war nach Moskau berufen worden. Da er in meinen Augen den Schrecken erspähte, beruhigte er mich: »Nein, es ist nicht, was du meinst. Es handelt sich um eine Beratung, an der ich unbedingt teilnehmen muß«, fügte er auf kroatisch hinzu; wir sprachen gewöhnlich deutsch miteinander. Als ich nicht antwortete, erinnerte er mich daran, daß es in der Sowjetunion nicht nur Säuberungen, Verhaftungen und Prozesse gab, daß das Leben auch dort weiterging, auch die Arbeit der Komintern. Ich tat, als ob er mich überzeugt hätte, doch merkte er, daß dem nicht so war, und legte mir dar, daß er jedenfalls dem Befehl – er verbesserte sich: der Einladung folgen mußte. »Fahr ich nicht, so wird man mich als Verräter denunzieren, als einen Dieb, der mit der Parteikasse durchgegangen ist, als Agent der Polizei oder von Wallstreet. Und das wäre ein furchtbarer Schlag gegen die Partei; in Jugoslawien würden die Fraktionskämpfe wieder aufleben, gute Genossen würden sich enttäuscht abwenden – nein, ich darf das nicht riskieren.«

Ich hätte ihm erwidern mögen, daß er in Moskau den Tod riskierte und überdies, daß man seine Vergangenheit retroaktiv ins Gegenteil verkehre und ihn zumindest als faschistischen Agenten anprangere. Ich sagte ihm nichts von alledem. Er wußte es zweifellos ohnehin, wollte es aber nicht wahrhaben.

Als wir voneinander schieden, sagte ich ihm nicht »Auf Wiedersehen«, und nicht »Vergiß mich nicht«, und wohl auch nicht, daß er mich, fände er mich nicht anderswo, im Café Herrenhof in Wien suchen sollte oder am Bassin des Luxembourg, in dem Kinder kleine Segelboote schwimmen lassen. Ich wünschte ihm gute Reise und baldige Rückkehr; dann wandte ich den Blick von seinem Gesicht ab.

Einige Zeit danach wurde Milan Gorkić in Moskau umgebracht. Man verbreitete das Gerücht, die GPU hätte herausgefunden, daß seine dort tätige englische Maitresse oder Ehefrau ihn für den britischen Geheimdienst angeworben hatte. In der Tat wurden während jener Wochen fast alle in Moskau anwesenden Führer der jugoslawischen Partei ermordet, etwa zur gleichen Zeit wurde die Führung der KP Polens ausgerottet. Sie alle sollten, das befahl Stalin, Agenten gerade jener Polizei gewesen sein, welche sie verhaftet und gefoltert hatte.

Mit einer Verspätung von vierzig Jahren hat Marschall Tito vor kurzem im Vorwort zur 40bändigen Ausgabe seiner Gesammelten Werke seinen Vorgänger, den Generalsekretär der Kommunistischen Partei Jugoslawiens Milan Gorkić, vollständig rehabilitiert und angeregt, daß man dem ermordeten Genossen und seinen Gefährten »in der Geschichte der revolutionären Bewegung Jugoslawiens den gebührenden Platz einräume«.

Ich wollte von jemandem, der schon früher den Ausbruch aus der Knechtschaft gewagt hatte, erfahren, wie es ihm in aer ersten Monaten der neuerrungenen Freiheit ergangen war. Paul Fröhlich, ein Freund und Kampfgefährte Rosa Luxemburgs, war einer der Begründer der KPD gewesen. Ich schätzte und mochte diesen klugen Mann, der gleichfalls in Paris lebte, wo er zur Führung der sozialistischen Arbeiterpartei SAP gehörte.

Wir sahen einander nicht sehr häufig, obschon wir beide an den Gesprächen Gefallen fanden, die wir stets so führten, als ob es sich von selbst verstünde, daß alles, was wir einander sagten, zugleich sehr ernst und zur totalen Wirkungslosigkeit verurteilt war. Ich drängte ihn oft, von der Vergangenheit und der revolutionären Bewegung während des Ersten Weltkrieges zu erzählen. Gerade ihn wollte ich am letzten Tag vor meiner Abreise aufsuchen; ich traf ihn aber nicht in seinem Hotelzimmer an, obschon ich einige Male wiederkam.

Jahre später ließ ich eine Romanfigur sagen: »Immer schien es mir gewiß, daß unmittelbar nach dem Bruch ein Gefühl der Befreiung in mich einkehren würde, das alles aufwiegen müßte, selbst die Todesdrohung. Aber das Gefühl ist ausgeblieben. So enttäuschend beginnt die Befreiung nach solcher Sklaverei . . .«

Ja, wer zu lange eine schwere Last auf seinem Rücken getragen hat, fühlt, wenn er sich wieder aufrichten kann, den Schmerz so lebhaft, als ob ihn nun die Bürde doppelt drückte.

Vierter Teil

Die Eltern empfingen mich in gewohnter Weise: die Mutter mit Klagen über mein schlechtes Aussehen und mit der Befürchtung, daß ich wohl verhungern würde, wenn ich nicht alles äße, was sie mir fortwährend vorsetzte, und der Vater mit beherrschter Rührung. Er wollte erfahren, was ich nun vorhätte, ob ich in Wien bleiben oder wieder verreisen würde. Es war Ferienzeit, also war es nicht ungewöhnlich, daß ich nach Hause kam. Ich sagte ihnen nichts davon, daß ich vielleicht überhaupt dableiben würde, daß ich nun neu anfangen müßte. Welcher ihrer Söhne auch zurückkam, es war für sie das Natürlichste auf der Welt, daß er dann zu Hause blieb. Denn wo immer die Eltern wohnten, da befand sich das Zuhause ihrer Kinder, ob sie nun schon erwachsene Männer waren und in der Fremde lebten.

In der Tat fuhr ich aber bald nach dem sommerlich brütenden Zagreb, das ich jedoch schnell verließ, um erst wiederzukehren, sobald die Freunde aus den Ferien zurück waren. Ich ging nach Dalmatien und fand es schöner als je; als das Schiff in der Höhe von Korčula, »meiner« Insel, hielt, verwunderte ich mich darüber, warum ich nie ernsthaft erwogen hatte, hier Fuß zu fassen, mich mit den ärmlichsten Bedingungen ein für allemal zufriedenzugeben – Amen sela!

Jenka und ich hatten in Paris Abschied genommen. Sie sollte sich fortab frei fühlen, denn es war gar zu ungewiß, wie sich mein Leben gestalten würde. Ich machte den Sprung ins Nichts und durfte daher niemanden an mich binden. Es brauchte nicht vieler Worte, um das klarzustellen, denn von unserer ersten Begegnung an, 18 Monate vorher, hatte ich Jenka sozusagen vor mir gewarnt und davor, an eine gemeinsame Zukunft zu glauben. So blieben wir bis zur letzten Minute meines Pariser Aufenthaltes zusammen. Es schien uns beiden unwahrscheinlich, daß dies das Ende sein sollte. Doch gab es wohl keinen Ausweg.

Auf ihrer Heimreise nach Lettland machte Jenka einen Umweg und fuhr nicht nordwärts, sondern nach dem Süden. In Venedig fand sie auf dem Zwischendeck eines Touristenschiffes Platz und kam schließlich ermüdet, doch von der dalmatinischen Landschaft begeistert in Korčula an. Während der Tage, die sie da verbrachte, nahmen wir voneinander zum zweiten Mal Abschied – mit vernünftigem Verzicht und dem Zweifel daran, daß es wirklich die letzte Begegnung sein könnte.

Es fällt mir schwer, mir mein Verhalten von damals zu jener frühen Nachmittagstunde eines heißen Tages zu vergegenwärtigen, als ich ganz allein auf der Mole blieb und dem langsam aus dem Gesichtskreis entschwindenden Schiff nachblickte – in einer Trauer, für die ich keinen Ausdruck suchte. Ich verlor, ich würde noch sehr lange in allem ein Verlierer bleiben, das empfand ich wie eine Gewißheit; der Trauer war eine merkwürdige Genugtuung beigemengt, fast eine Schadenfreude, denn alles schien folgerichtig: so tief mußte ich fallen.

Ich führte nun ein Doppelleben. Niemand konnte die gefährliche Mutlosigkeit ermessen, in welcher ich dahinlebte, ich verbarg sie nicht, sie verbarg sich selbst in mir. Jene, in deren Mitte ich auf Korčula und später in Wien weilte, fanden mich manchmal weniger lebhaft als sonst, mitunter auch weniger aufmerksam, wenn sie mir von ihren Sorgen sprachen – ja, das kam noch häufig vor – und weniger treffsicher in den Antworten, die sie von mir erwarteten. Mancher meiner Freunde in Zagreb mochte das deutlicher wahrnehmen, als ich auf der Rückreise in ihrer Stadt haltmachte. Sie merkten, daß ich mich für ihre Angelegenheiten nicht mehr mit der gleichen Intensität interessierte und überhaupt nicht mehr so für sie da war wie früher. Doch stellten sie keinerlei Vermutung darüber an, was diese Änderung herbeigeführt haben könnte, denn sie hofften, daß sie bald vorübergehen würde.

An einem besonders schönen Abend, in einem Gartenrestaurant, in dem sich zu jener Stunde von Tisch zu Tisch eine fast zu laute Heiterkeit verbreitete, begann ich mit einem sehr nahen Freund ein Gespräch, in welchem ich meine Mutlosigkeit bekannte und eine Trauer, die mir den Wunsch eingab, nicht mehr zu sein. Sobald ich den Bruch mit der Partei und die Gründe erwähnte, die mich zu diesem Sprung ins Nichts gedrängt hatten, vollzog sich ganz plötzlich ein auffälliger Wechsel in Haltung und Gesichtsausdruck meines Freundes. Er setzte sich zuerst straff auf, gleich danach aber kauerte er sich zusammen, als ob er sich unsichtbar machen wollte. Seine Stirn und seine Wangen röteten sich wie im Abglanz einer nahen Flamme. Er wandte den Blick von mir ab, schloß die Augen, nicht nur, um mich nicht zu sehen, sondern um sich in kindlicher Selbsttäuschung zu verstecken.

Ich merkte all das, aber sprach weiter von mir: von meiner nahen Zukunft, von meiner Zukunftslosigkeit. Ich bat ihn nicht um Hilfe, darauf kam es nicht an, aber zum ersten Mal überwand ich eine für mich kennzeichnende neurotische Abneigung: diesmal zeigte ich mich endlich in meinem seelischen Elend. Erst als ich geendet hatte, faßte sich mein Freund und eröffnete mir, halb im Scherz, daß seine Frau ihn vor diesem Gespräch gewarnt und behauptet hätte, ich wäre ein Trotzkist geworden. Ich reagierte mit einer abweisenden Handbewegung und erwartete, daß er fortfahre. Er sagte: »Nun, nein, ja.«, verstummte, wandte den Blick ab und kauerte sich wieder zusammen.

Einen Augenblick lang betrachtete ich, wie um mich abzulenken, die lächelnden und lachenden Gesichter an den Tischen, ich hob die Augen zu dem noch immer grünen Laub des weitverzweigten Baumes über unseren Köpfen.

Dann sah ich wieder den Freund an, der kein Wort mehr fand und es wohl auch nicht suchte. Auf einmal fühlte ich Tränen unter den Wimpern, ich holte die Sonnenbrille aus der Tasche, um sie zu verbergen; es dauerte lange, wohl länger als eine Minute, ehe ich mich wieder faßte. Ich fragte ihn nach einer Angelegenheit, die in seinem Berufskreise gerade viel Aufsehen erregte, er antwortete lebhaft und witzig, und ich stellte dann Fragen, die ihn und seine Familie betrafen. Wir verließen das angenehme Lokal, schlenderten wie gewohnt eine Weile durch die Stadt, setzten uns in ein Café, wo wir gemeinsame Freunde trafen, und nahmen erst spät abends Abschied. Er war herzlich wie immer, aber im Unterton zögernd und befremdet.

Ja, er fürchtete mit Recht, daß ich gekommen war, um die Gewißheiten zu zerstören, die ich selbst ihm einmal gebracht hatte. In ihnen hatte er sich eingerichtet, wie fast alle, die mir nahe standen. Sie hatten in dieser Orthodoxie Schutz gefunden, und die Gefahren, die sie mit sich brachte, galten als ein Beweis dafür, daß sie recht hatten

»Du hast Menschen zur Partei gebracht, ich habe es getan. Sie haben mit ihrer Vergangenheit gebrochen, mit Freunden, mit ihrer Familie – im Namen der Hoffnung, die wir ihnen verkündet haben. Was sollen wir ihnen jetzt sagen, wenn wir sie als Trug oder, schlimmer, als vergiftete, in ihr Gegenteil verkehrte Wahrheit enthüllen? Was sollen wir ihnen anbieten? Deine Einsamkeit? Meine Einsamkeit?« Dies sagt im ersten Band meiner Romantrilogie Dojnc Faber. Es ist das Jahr 1937, er selbst wird wenige Monate später auf diese Hoffnung verzichten und damit auf die Freundschaft all jener, denen er sie dargeboten hat.

Ich blieb noch einige Tage in Zagreb, alles verlief wie gewohnt, aber es war das Ende, dem vielleicht später, dachte ich, irgendwann ein neuer Anfang folgen würde. Jedoch schien es mir ungewiß, ob es für meinesgleichen noch ein Später geben könnte.

Einen Tag vor meiner Abreise ließ ich mich von Beno gründlich untersuchen. Die Extrasystole war, wie ich vermutet hatte, psychogen, denn er fand das Herz durchaus in Ordnung. Ich hatte gehofft, daß sie verschwinden werde, sobald ich meiner Komplizenschaft ein Ende gesetzt haben würde. Doch sollte diese nervöse Herzstörung mich noch einige Zeit belästigen.

Im Zug, der mich nach Wien brachte, drängte sich mir wieder eine winzige Episode wie ein Motiv auf, das in einer Komposition entwickelt werden müßte: Im Morgengrauen bleibt ein Zug mitten auf der Strecke stehen. Ein Mann, allein im Schlafwagencoupé, hat die Nacht sitzend verbracht, vom Gedanken beherrscht, daß er nirgends ankommen will, daß alles, was er unternimmt, sinnlos wird, noch ehe es vollbracht ist. Er öffnet das Fenster, beugt sich hinaus: niemand ist zu sehen, nichts als Stoppelfelder. Er erhebt sich, nimmt seinen Mantel und seinen Hut und geht ganz langsam durch den Korridor. Setzt sich der Zug gleich in Bewegung, so wird der Mann weiterreisen, sonst wird er aussteigen. Er wartet einige Sekunden, ehe er die Türe öffnet, abspringt und sich gemessenen Schrittes entfernt. Wo auch immer er haltmachen wird, wird es das Nirgendland sein. Er hört den Pfiff der Lokomotive, dann das Rollen des sich eilig entfernenden Zuges.

Ich begann zu ersinnen, wie es dem Reisenden dann am Morgen im ersten Dorf ergeht, das er auf seiner ziellosen Wanderung betritt. Drei Jahre lang habe ich diese Episode »im Kopfe« schreibend ausgebreitet, mit zahllosen Einzelheiten ausgefüllt. Erst drei Jahre später, als ich endlich zu schreiben begann, hörte ich damit auf.

Im Herbst 1937 gab es in Wien kaum einen informierten Menschen, der an dem Sieg Hitlers über Österreich, an dem nahen Anschluß ans Dritte Reich gezweifelt hätte. Die

Hoffnung, daß die Westmächte diese Wendung verhindern würden, war spätestens seit der Rheinlandbesetzung erloschen, und daß Mussolini sich Hitler entgegenstellen würde, das glaubte man selbst im katholischen Lager immer weniger. Man diskutierte nur noch über das wahrscheinliche Datum des Ereignisses, das jedenfalls für alle österreichischen Juden und die deutschen Emigranten, aber auch für viele katholische Antinazis fürchterliche Folgen haben mußte. Wird es noch in diesem Herbst, im Winter oder erst im Frühjahr eintreten? Darüber stritt man mit jener leicht theatralischen Heftigkeit, die im völlig zweck- und wirkungslosen Meinungsstreit recht häufig die Gemüter so erregt, als ob es um eine endgültige Entscheidung von größter Bedeutung ginge. Nun, es ging um Erniedrigung und Entrechtung, um Folter und Tod. Das wußte man, dennoch lebte jeder so dahin, als ob er es zwar für möglich, aber nicht wahrscheinlich und keinesfalls für gewiß hielte. Zwischendurch erzählte man die neuesten Witze und Anekdoten. »Du lachst? Weh dir und deinem Gelächter«, ist eine oft zitierte jüdische Replik. An sie dachte ich oft mitten in unseren Gesprächen.

Jene Monate verbrachte ich abwechselnd in drei Enklaven. In der einen war ich ein geselliger Zeitgenosse, den man gerne im Café, bei Ausflügen und Parties sah, mit dem man bis zum Morgengrauen diskutieren, durch die nächtlich stillen Gassen schlendern konnte. Schließlich war's, als ob ich Wien nie verlassen und mich seit meiner frühen Jugend – abgesehen von den graumelierten Schläfenhaaren – kaum verändert hätte. Ja, ich suchte damals mit Vorliebe die Gesellschaft von Leuten, die sich weder für meine psychologische noch für meine politische Vergangenheit interessierten. Was während der »Amtsstunden« geschah, war ihnen fad, erst um 6 oder 8 Uhr abends begann ihr Leben und das der Leute, mit denen allein sie ihre Abende teilen und sich das Jahrhundert vertreiben wollten.

Manche von ihnen glaubten, daß die Existenz nur als eine Art Spiel ernst zu nehmen wäre, alles andere aber episodisch war. In Wahrheit verbarg ihr Leichtsinn eine Resignation, die sich jeder täglich abzwang. Mit ihnen erst, also sehr spät, sollte das längst untergegangene alte Österreich wieder einmal, zum so oft wiederholten, letzten Mal sterben – in Buchenwald und in ärmlichen Mietshäusern, in winzigen Bergdörfern und den schäbigsten Hotels des Westens diesseits und jenseits des Atlantischen Ozeans.

In meiner zweiten Enklave fand ich die spröde, unermüdlich verwöhnende Freundschaft jener wieder, mit denen ich in der Jugendbewegung und außerhalb ihrer meine frühen Jahre verlebt hatte. Rückblickend mochte es ihnen scheinen, daß wir miteinander ein nicht enden wollendes Fest gefeiert hätten, mitten in der Schwere der Kriegs- und Nachkriegsjahre, in deren Elend und unhemmbarer Hoffnungsfreudigkeit. Manche, die gleichen Alters waren wie ich oder um wenige Jahre älter, hatten durch mich den Weg zu Alfred Adler gefunden und waren in seinem Kreise geblieben, bis die Entfremdung zwischen Adler und mir jene, die zu seinem engsten Gefolge gehörten, zu meinen Gegnern machte.

Fast all diese Freunde, vor allem die jungen Frauen unter ihnen, errieten nach der ersten Wiederbegegnung meine Bedrückung. Ihre scheue und um so wirksamere Güte, die ich damals und auch später erfahren habe, auch sie werde ich so wenig, ja noch weniger als das Unglück vergessen, bis man mir Scherben auf die Augen legen wird. Ohne es zu wissen, haben diese Freunde mich in jenen Monaten vor mir selbst gerettet.

In der dritten Enklave – räumlich war sie das Zimmer, das ich in meinem Elternhaus wiederfand – war ich darauf aus, neben der »Freiheit von« die »Freiheit zu« wieder zu erobern. Daher suchte ich, für mich und jene, die mich hören wollten, klarzustellen, wie es mit jener Diktatur bestellt war, die zum Unterschied von der herkömmlichen Despotie die Massen tatsächlich mobilisiert, dank ihnen zur Macht gelangt, um dann die totale, totalitäre Herrschaft über Leib und Seele auszuüben.

Wie junge Schriftsteller ihr erstes Werk schreiben, indem sie wie in einem Rausch ihre intimsten Erlebnisse, die Leiden und Triumphe ihrer ersten Leidenschaften in das Reich des Ersonnenen transponieren, wo alles paradigmatisch oder parabolisch wird – in solch unerwarteter Sturzgeburt brachte ich in wenigen Tagen, will es mir scheinen, aber wohl eher in einigen Wochen, meinen Essay *Zur Analyse der Tyrannis* zu Papier.

Nein, ich fühlte mich danach nicht befreit und ich erwartete nicht den geringsten Erfolg für den Fall, daß diese Schrift überhaupt je veröffentlicht werden sollte. Dennoch war jener Oktobertag 1937, an dem ich den Essay beendete, der Ansatz zu einem neuen Beginnen, denn ich hatte mein Schweigen gebrochen. Ohne Hitler oder Stalin zu nennen, hatte ich versucht, das Wesen ihrer Regime so deutlich aufzuzeigen, daß der unvoreingenommene Leser die eine wie die andere Diktatur hinter ihrer ideologischen Maskierung identifizieren und sodann deutlich genug durchschauen konnte, was sie konstitutiv gemein hatten.

Aber wo waren meine Leser, sofern es sie überhaupt gab? In Deutschland, wo jeder gefährdet war, bei dem man regimefeindliche Schriften fand? Damit diese Feindschaft nicht einem Polizisten oder einem SS-Mann sichtbar auf den ersten Blick werde, nannte ich, wie gesagt, weder Hitler noch die Nazis. Und ich bezeichnete auch Stalin nicht, damit die Kommunisten ihrerseits es nicht als eine antisowjetische, faschistische Schmähschrift anprangerten, ohne auch nur eine Zeile gelesen zu haben. Es ist wahr, ich glaubte keineswegs daran, daß diese Vorsicht etwas nützen könnte, ebensowenig hielt ich es für wahrscheinlich, daß ein deutschsprachiger Verlag geneigt sein würde, diesen Essay zu veröffentlichen. Darin irrte ich mich. Gerade damals wurde in Wien ein neuer Verlag gegründet, dessen Rechtsberater und Mitarbeiter ein guter Freund aus der sozialistischen Jugendbewegung war. Er las mein Manuskript, der Verlag nahm es sofort an und wollte es als zweiten Band einer anspruchsvollen Schriftenreihe im Frühling 1938 veröffentlichen. Ich bekam die Bürstenabzüge zur Korrektur wenige Tage, bevor Österreich ein Teil des Dritten Reiches wurde.

In meinem Elternhaus ging es, wie immer, lebhaft zu; angemeldet oder unangemeldet stellten sich Gäste zu jeder Tageszeit ein, abends am häufigsten. Wie seinerzeit gab es auch jetzt wieder ein zentrales Thema. In unseren ersten Wiener Jahren war es der Krieg gewesen, nun war's die Herrschaft der Nazis, der drohende Untergang Österreichs. Ich nahm selten an den Gesprächen teil, selbst wenn ich im Hause war, denn ich hatte meinerseits viel Besuch. Manchmal wurden die Stimmen so laut, daß man befürchten konnte, die Auseinandersetzung würde zu Konflikten führen. Ich beruhigte meine Freunde – Eiferer finden Vergnügen nicht nur an der eigenen Heftigkeit, sondern auch an der ebenso herausfordernden Art der Andersdenkenden, ihre Meinung zu vertreten. Seit meiner frühen Kindheit im Städtel kannte ich die ständigen, schnell dramatisch zugespitzten, dann sich besänftigenden Debatten, die den Zablotowern so manches Vergnügen ersetzten, das sie sich weder leisten konnten noch leisten durften. Darüber, ob Gambetta ein Jude gewesen war oder nicht, ob die Familie Montefiore so reich war wie die Rothschilds, ob die Deutschen oder die Franzosen klüger, gelehrter, ob die einen oder anderen bessere Menschen, tapferere Soldaten wären und schließlich, bei welchen Völkern es mehr Judenfeinde gäbe – über diese und ähnlich, zumeist schwer beantwortbare Fragen wurde unermüdlich debattiert, sofern man sich nicht den Kopf über den Ursprung eines Zitats oder über die Klärung einer besonders »herben« Frage zerbrach, die in irgendeinem Traktat des Talmud zwar eine Lösung gefunden hatte, die jedoch nur galt, wenn man sie »tiefschürfend« interpretierte.

Eines frühen Morgens erhielten wir aus Zablotow die telegraphische Nachricht, daß meines Vaters Vater gestorben und wegen des unmittelbar bevorstehenden Sabbaths wenige Stunden nachher bestattet worden war. Der Großvater, der das achtzigste Lebensjahr bereits überschritten hatte, war nach kurzem Leiden verschieden.

Während der Woche, die auf die Todesnachricht folgte, verwandelte sich unsere Wohnung in ein Bethaus. Gemäß der Tradition verließ der Vater nicht das Haus; vom frühen Morgen bis in die späte Nacht saß er auf einem Schemel, Freunde und Bekannte kamen auf Trost-Besuch. Jene, die den Verstorbenen gekannt hatten, sprachen lobend über ihn und versicherten, daß ihm im Jenseits Gerechtigkeit widerfahren, somit nur Gutes geschehen werde. Der Trost wurde von den Anwesenden mit tiefen Seufzern und am Ende mit einem lauten »Amen« begleitet. Bei alledem kam es darauf an, daß der Vater morgens, nachmittags und abends das Totengebet sprechen könnte, ohne das Haus zu verlassen; dazu brauchte man jedoch ein *Minjan,* das heißt zumindest neun Männer, um mit ihm zusammen eine Betgemeinde zu bilden. Es war zumeist nicht schwer, das Minjan zusammenzubringen, da wir, die drei Söhne, zumeist anwesend waren. So kam es, daß ich mich nach Jahrzehnten zum ersten Mal wieder unter Betern befand, die stumm oder mit fast unsichtbar bewegten Lippen leise oder aber recht laut die Texte sprachen, die mit geringen Varianten für die drei täglichen Gottesdienste bestimmt sind. Manche beobachteten mich verhohlen, sie horchten enttäuscht, denn ich blieb stumm. Der eine oder andere hielt mir das offene Gebetbuch hin, stieß sanft meinen Ellenbogen an und sah mir auf den Mund. Ich kannte noch fast alle täglichen Gebete auswendig. Um nun zu beweisen, daß ich nicht ein Abtrünniger, wenn auch ein ungläubiger Jude war, sagte oder sang ich einige Sätze. Es würde meinem Vater guttun, dachte ich, von diesem Mann dafür belobt zu werden, daß sein Sohn einen guten Kopf und eine – trotz allem – jüdische Seele bewahrte.

In jenen Stunden dachte ich oft an das Städtel zurück; an den Fluß und an die Brücke, an den Urgroßvater Boruch, an seinen Messias, der nicht kommen wollte und an den meinen, der gekommen war und der falsche wurde, ein Anti-Messias. Ich sehnte mich gewiß nicht nach dem Städtel zurück, obschon es mir einen Augenblick denkbar schien, daß dort Zuflucht finden könnte, wer sich von der Zeit und den Zeitgenossen abwenden wollte. Jedoch wurde es mir sogleich klar genug, daß es nirgends eine Zuflucht gab für jemanden, der noch immer alles ändern und nichts vergessen wollte.

Ich hörte dem Vater aufmerksam zu, wenn er das Todesgebet sprach: gefaßt, jedes Wort klar artikulierend und jedes Mal nickend, wenn die anderen ihn mit »Amen« unterbrachen. Und während er sich dann auf den Schemel setzte und das Gesicht zu den Stehenden emporhob, wurde ich mir dessen bewußt, daß ich bis zu diesem Augenblick es zwar oft gesehen, doch nie bemerkt hatte, daß er gealtert und sein Antlitz das eines sechzigjährigen Mannes war; dreißig Jahre war es für mich somit fast unverändert geblieben. Trotz allem Unglück, allen Enttäuschungen hatte er doch im wesentlichen Glück gehabt: sein Messias war nicht gekommen.

Ich kam oft am Siller, dem Stammcafé der Individualpsychologen vorbei; man war schon tief im Herbst, auf der Terrasse wurde nicht mehr bedient; dieses Café hatte ich seit dem Bruch mit Adler nie mehr betreten. Als mich im Mai 1937 die Nachricht erreichte, daß er in Aberdeen einem Herzschlag erlegen war, empfand ich das Bedürfnis, mit Adlerianern über ihn zu sprechen, mit ihnen zusammen um ihn zu trauern. Ich schrieb einen längern Nekrolog, den Groethuysen übersetzte und in der *Nouvelle Revue Française* veröffentlichen wollte. Daraus wurde nichts, denn man fand, daß Adler nicht ausreichend bekannt und somit sein Ableben nicht wichtig genug war, um ihm zwei Seiten der Zeitschrift zu widmen.

Wieder in Wien, dachte ich daran, Adlers Witwe, die sehr bemerkenswerte Frau Raissa aufzusuchen, aber es gelang mir nicht festzustellen, ob sie in Wien war oder in New York. Mich erschütterte Adlers Ende aus naheliegenden Gründen, aber auch weil ich dachte, daß er sehr lange hätte leben müssen, damit es ihm endlich gelänge, seiner Lehre die Anerkennung, den gebührenden Platz in der Erziehung der kommenden Generationen zu sichern. Ich hatte nicht gehofft, daß er sich je mit mir aussöhnen, mir die abweichenden Auffassungen verzeihen werde, doch war es mir möglich erschienen, daß er eines Tages in mir nicht einen undankbaren Gegner, sondern einen dankbaren, wenn auch ketzerischen Jünger sehen würde. Sein verfrühter Tod löschte diese Hoffnung aus, so blieb es beim Fehlschlag, in den sich die Beziehung zu meinem Lehrer verwandelt hatte. Ich glaubte, glaube noch immer, diesen Fehlschlag nicht verschuldet, nicht verdient zu haben.

Die jungen Menschen, die durch meine Kurse in die Individualpsychologie eingeführt worden waren, hatten sich inzwischen als Ärzte oder Lehrer etabliert. Die veränderte Stellung der Adlerianer zu mir blieb ohne Wirkung auf sie und sie wandten sich an mich, sooft ich in Wien war, wie an einen Freund, einen Berater oder Psychotherapeuten. Ich erwog nun ernsthaft, ob ich zur psychologischen Arbeit zurückkehren sollte. Gewiß würde ich damit am sichersten meinen Unterhalt verdienen, doch sprachen dagegen zumindest zwei voneinander unabhängige Gründe: Meine skeptische Einstellung gegenüber der Psychotherapie aller Schulen verminderte zwar nicht meine Überzeugung, daß diese Behandlung häufig notwendig, in vielen Fällen hilfreich und von nachhaltiger Wirkung war. Jedoch sah ich darin keinen wahren Heilungsprozeß mehr, sondern nur eine Förderung zur Selbsterziehung. Nach wie vor glaubte ich somit an die heilsame, jedoch nicht an die heilende Wirkung des Wortes. So war es nicht eine Ablehnung der Psychotherapie, die mich zögern ließ, diese eigenartige, halb künstlerische, halb wissenschaftlich fundierte Praxis wiederaufzunehmen, sondern eine Ungeduld, die sich meiner zuweilen bemächtigte, wenn Menschen Hilfe suchten, um Schwierigkeiten zu entgehen, die ihnen wohl Leiden bereiteten, die aber im Hinblick auf das Unheil der Zeit eitel und unerheblich erscheinen konnten. Der Mann, der Stunden daran wandte, sich über seine Gattin zu beschweren, die seine Bemühungen, für sie und ihre Kinder eine komfortable Existenz zu sichern, nicht ausreichend schätzte, dieser Mann überschätzte sein Leiden und das Unrecht, das die Ehefrau ihm antat. Er kam nur, weil er sich den seelischen Komfort der Psychotherapie materiell leisten konnte, ein Vorläufer jener Hunderttausende, die nach dem Zweiten Weltkrieg zuerst in Amerika und dann auch in Europa eine Behandlung beanspruchten, nur weil sie glaubten, daß das Leben ihnen das Recht auf Glück ungerecht vorenthielte. Diese nicht befriedigten Liebhaber des Glücks wünschte ich nicht zu behandeln – die wirklich Leidenden gingen fast nie zum Therapeuten, nicht zuletzt deshalb, weil sie in dieser schweren Wirtschaftskrise gar nicht das Geld hatten, die Behandlung auch nur bescheidenst zu honorieren. Ich gab Beratungsstunden und verdiente damit genug, denn solange ich im Elternhause blieb, brauchte ich nicht viel.

Hie und da wandten sich auch orthodoxe Adlerianer,

insgeheim, an mich. Ich empfing sie zumeist in einem bürgerlichen Kaffeehaus, dessen große Kristallüster mittelständischen Gästen den symbolischen Luxus boten, den sonst nur die Reichen bei sich zu Hause genießen durften. Die Stammkunden waren hier Heiratsvermittler, Eltern von Heiratskandidaten beiden Geschlechts; am Samstag und Sonntag nachmittags fanden die vorgeblich einem Zufall verdankten Begegnungen statt, welche die wohlarrangierte Brautschau von Anno dazumal ersetzten.

Wir saßen in einem schlecht beleuchteten, stillen Winkel, ich hörte die Berichte von Therapeuten an, welche mir Probleme darlegten, mit denen sie in diesem oder jenem Fall nicht fertig wurden. Noch immer erspürte und erriet ich recht schnell den »Knotenpunkt« eines Falls, die verräterische Verschränkung von Erlebnis und Fiktion, die negative Übertreibung in der Selbstdarstellung des Neurotikers, das individuelle Ausredesystem in seiner Verschiebung von Ursache und Wirkung, von Provokation und Leiden. Ja, es tat mir gut, das Zutrauen zu mir selbst wiederzugewinnen, aber in Wirklichkeit glaubte ich nicht daran, daß all das eine Bedeutung hatte, solange die Welt aus den Fugen war.

Der zweite, der entscheidende Grund, warum ich mich nicht entschließen konnte, in Wien neu anzufangen, war die Gewißheit, in einer gerade noch offenen Falle zu verharren, indes unaufhaltsam der Augenblick nahte, da die Klappe sich schließen würde. Dies erzeugte in mir eine drängende Unruhe und noch öfter eine Art Verachtung meiner selbst, der so vieles klar durchschaute und voraussah, jedoch nichts dagegen unternahm und sich so dem Feinde in die Hand gab – zum zweiten und wohl letzten Mal.

Ich verbrachte die Abende mit Freunden im Café, begleitete sie manchmal in Cabarets und Nachtlokale, fuhr mit ihnen am Wochenende aufs Land hinaus, war für jede Ablenkung und Zerstreuung zu haben und empfing die Verwöhnung wie ein eben verwaistes Kind. Flauberts *Frédé-*

ric Moreau und Gontscharows *Oblomow* hatten im jugendlichen Leser, der ich einmal gewesen war, nur Zorn und Ungeduld gegenüber ihrem steten Zögern und fatalen Nichtstun hervorgerufen. Und nun wurde ich selbst eine jener Figuren, deren Scheitern keinerlei Mitleid verdient. Jeden Morgen faßte ich den Beschluß, ohne Verzug alles zu unternehmen, um schnellstens wegzukommen – gleichviel wohin, nur hinaus aus der Mausefalle. Wenn ich dann nach Mitternacht unbewegt die Leselampe anstarrte, versuchte ich, meine Gleichgültigkeit zu rechtfertigen, diesen dummen, schlechten Gleichmut, bis ich wieder einmal »im Kopf« zu schreiben begann.

Es war der Roman des Mannes, der mitten auf der Strecke den Zug verläßt und über die von Herbstregen völlig aufgeweichten Felder in die Ferne stapft – zu keinem Ziel hin, nur in die Ferne, die weiteste Ferne. Oder die Geschichte eines kleinen Wiener Bezirksbeamten, der in der Wohnung seiner verstorbenen Eltern lebt – er hat nie anderswo gewohnt. Die Frau hat ihn verlassen, er weiß nicht warum. Mehrere Jahre hat er auf ihre Rückkehr gewartet, in Schränken und Kästen alle Fächer, in denen sie ihre Sachen bewahrt hatte, leer gelassen. Dabei ist es geblieben, obschon er sie nicht mehr erwartet und gar nicht wünscht, daß sie wiederkomme. An Sonn- und Feiertagen und an Abenden, die er einsam verbringt, schmiedet er ohne Unterlaß geheime, gefährliche Pläne, die auf die Vernichtung seiner Nachbarn abzielen.

Und jeden Abend begann ich aufs neue den sehr langen Brief an jenen Freund zu schreiben, dessen Entsetzen angesichts meiner Apostasie und meiner Hilflosigkeit mir solchen Schmerz zugefügt hatte, daß ich die Tränen nicht zurückhalten konnte. Mitten in dem nie vollendeten Brief schlief ich oft ein, erwachte wenige Minuten später und las, bis mir die Augen zufielen.

Jenka war aus Lettland nach Paris zurückgekehrt, wo sie dank ihren Sprachkenntnissen leicht eine Arbeit fand. Wir schrieben einander regelmäßig; sie sah nicht ein, warum ich in Wien blieb, anstatt mich rechtzeitig in Sicherheit zu bringen; sie erwartete mich in Paris.

Ein Mann, der mir von allen meinen neuen Freunden am wenigsten verpflichtet war, bot mir aus eigener Initiative an, während eines halben oder ganzen Jahres statt meiner die monatlichen Beiträge zum Unterhalt meines Sohnes zu leisten, und stellte mir eine Geldsumme zur Verfügung, mit der ich etwa ein Vierteljahr in Paris auskommen könnte. Wir vereinbarten, daß meine Autorenhonorare (für die *Analyse der Tyrannis*) an ihn gezahlt werden sollten. Es gab natürlich keine Honorare, aber er erfüllte aufs pünktlichste sein Versprechen und ermöglichte so meine rechtzeitige Abreise aus Wien. Der Chemiker Dr. Fritz Lederer, der so mein Leben rettete, emigrierte einige Zeit später mit seiner Familie nach Amerika. Als ich ihn im Jahre 1964 in New York wiedersah und ihn daran erinnerte, war er aufrichtig verwundert, denn sein Gedächtnis schien nichts von all dem bewahrt zu haben, was er für mich getan hatte. Es fiel mir schwer, es zu glauben, aber ich begriff, daß er damals sein Tun als selbstverständlich aufgefaßt hatte. Und weil es solche Menschen gab und solche »Selbstverständlichkeit«, sind manche von uns entgegen aller Wahrscheinlichkeit am Leben geblieben.

Mitte Dezember 1937 kam ich nach Paris zurück, weniger als 6 Monate, nachdem ich diese Stadt verlassen hatte, um allem zu entgehen, was mich mir selbst entfremdet und zum Feinde gemacht hatte. Nun aber war ich von meinem melancholischen Größenwahn befreit, mich schuldig oder zumindest mitverantwortlich zu fühlen für das, was im Namen einer Idee geschah, an die ich mich leidenschaftlich gebunden hatte – seit meiner Kindheit, als der messianische Glaube mich in eine weit über das persönliche Geschick hinausgehende Erwartung versetzt hatte.

Jenka holte mich von der Bahn und brachte mich in die kleine Wohnung, die sie in einem Hotel garni für uns gemietet hatte: Schlafzimmer, Wohnzimmer und Küche. Es war da auch an hellichten Tagen recht dunkel, die Fenster gingen auf einen schmalen Hof hinaus, der Himmel war unsichtbar. Hier blieben wir bis zum Sommer; Jenka arbeitete in einem Büro, führte Haushalt; wir empfingen abends häufig Gäste, da dieses Logis dann freundlicher erschien und man die gegenüberliegenden Häuser nicht sah.

Malraux brachte mir seinen gerade erschienenen neuen Roman *L'Espoir*, in dem er seine spanischen Erfahrungen verarbeitet hatte. Er war Organisator und Kommandeur der Internationalen Fliegerstaffel gewesen, die in den ersten Wochen des spanischen Krieges eingegriffen hatte. Die Mannschaft dieser hauptsächlich von französischen Sozialisten mehr oder minder konspirativ beschafften Flugkampfzeuge setzte sich vor allem aus antifaschistischen Emigranten zusammen, die in ihrer Heimat militärisch ausgebildet worden waren; einige von ihnen hatten sich im Weltkrieg als Kampfflieger ausgezeichnet. Als die Republik, nicht zuletzt dank russischen Lieferungen, eine Luftflotte aufstellen konnte, wurden die Überlebenden der Malrauxschen Escadrille in die spanische Armee eingegliedert. Malraux selbst wurde nach Amerika geschickt, um für die Sache des kämpfenden Spanien Verständnis und Hilfsbereitschaft zu erwecken. Er bereiste die Vereinigten Staaten von Ost bis West und erzielte bedeutende Erfolge, besonders bei kultivierten bürgerlichen Schichten und bei Intellektuellen.

Heimgekehrt, ging er nicht nach Spanien zurück, sondern schrieb *L'Espoir*. Dem ersten Teil dieses umfangreichen

Werkes gab er den Titel *Die lyrische Illusion,* dem letzten Teil *Die Hoffnung.* Als das Buch erschien, war den Spaniern und dem Autor von der lyrischen Illusion kaum mehr als die Erinnerung geblieben, die Hoffnung verringerte sich stetig. Man vermied es, diese Abbröckelung sich selbst einzugestehen. Nicht nur die militärischen Fortschritte der von Hitler und Mussolini tatkräftigst unterstützten Faschisten, sondern auch, wenn nicht weit mehr, die politischen Vorgänge in unserm Lager, die Ausschaltung der spanischen Anarchisten, die überhandnehmende Kontrolle aller Institutionen und Machtpositionen durch die Russen, d. h. durch die NKWD – all das verstärkte den Zweifel am Siege der von den demokratischen Ländern im Stich gelassenen Republik. Jede Nacht hörte ich das Barcelonaer Radio, wartete auf die Meldungen von allen Kriegsschauplätzen. Es tat einem gut, den ausführlichen Berichten über die Rückeroberung einer Position, über eine vielversprechende Offensive der Republikaner zu lauschen. Doch wurde es mit der Zeit klar, daß die Nachwirkung dieser Siege von geringer Dauer war, daß neue Positionen oft schnell verloren wurden, indes die von den Faschisten eroberten Gebiete zumeist in ihren Händen blieben.

In den zahllosen Gesprächen, die Malraux und ich während jener Monate führten, war natürlich von Spanien häufig die Rede, doch glaube ich nicht, daß einer von uns damals je die Befürchtung ausgesprochen hätte, die Republik könnte am Ende besiegt werden. Wir äußerten uns über alles offenherzig, aber das Wort Niederlage kam uns nicht über die Lippen. Ähnlich muß es vielen anderen ergangen sein. Diesen Triumph durften die Faschisten nicht erringen, empfanden wir; neben dem Wesentlichen, das auf dem Spiele stand, würde er für jeden einzelnen von uns eine persönliche Niederlage von unabsehbaren Folgen bedeuten und uns allen eine unheilbare Wunde schlagen.

Ich weiß nicht, ob der heutige Leser diese in der Tat

merkwürdige Identifizierung mit einem fremden Land, mit dem Schicksal eines fremden Volkes begreifen kann. »No pasaran!« – das bezog sich nicht nur auf die Front bei Madrid, sondern auf die Lage, in die die Antifaschisten Europas nach zahllosen Niederlagen geraten waren. »No pasaran!« – in Spanien waren endlich alle Voraussetzungen gegeben, aus der Defensive in die Offensive überzugehen, denn die legitime Staatsmacht war auf unserer Seite, da es ja galt, sie gegen die militärischen Putschisten zu verteidigen. Die Volksfrontpolitik wies uns endlich, nach so vielen Jahren der Verblendung, den richtigen Weg. Nicht nur das Proletariat, sondern auch die gesamte Bauernschaft war am Sieg der linken Parteien interessiert, die ihnen endlich zu einem freien Leben auf eigener Erde verhelfen würden. Das aufgeklärte Bürgertum und die Majorität der Intellektuellen, an ihrer Spitze die besten, vornehmsten Geister Spaniens – sie alle waren auf der Seite der Republik. Wenn wir unter solchen Umständen verlören ... Im Jahre 1963, etwa ein Vierteljahrhundert nach diesem unvorstellbaren Ende, schrieb ich:

»Der bittere Geschmack der Niederlage hat uns nie verlassen. Die besiegte Republik hat nie aufgehört, uns heimzusuchen wie eine nutzlose Reue. Als wir im Kriege auf die Hilferufe des aufständischen Volkes von Warschau lauschten, als wir – neun Jahre später – den Appell der Arbeiter von Ostberlin vernahmen und als uns am 4. November 1956 der bange Ruf der ungarischen Revolutionäre in Verzweiflung stürzte – stets erreichte uns zugleich die leidvolle Stimme Spaniens: ein Echo, das die Stimmen rief, auf die es antwortete.«

Malraux ging noch einmal nach Spanien zurück, um eine Episode seines Romans zu verfilmen. Dieser Film, der unter dem gleichen Titel wie das Buch erst nach 1945 in die

Kinosäle kam und seither als eigenartiges Meisterwerk anerkannt wird, endet mit einem Leichenzug: im Kampf gefallene Krieger werden von den überlebenden Kameraden und von Bauern auf holprigen Gebirgspfaden ins Tal getragen. Am Rande dieses langen Weges bilden zahllose Bauern Spalier, in wortloser Trauer um jene, die für sie gestorben sind. So, anscheinend widersprüchig, endet der Film, der »Die Hoffnung« heißt.

Wir sahen eine Kopie der endgültigen Fassung in einem winzigen Studio auf den Champs Elysées; ich erinnere mich nicht, ob außer Jenka, Malraux und mir irgend jemand dabei war. Jedoch entsinne ich mich sehr wohl, daß der Film damals, ein halbes Jahr nach dem Triumph der Frankisten, eher tröstlich wirkte. Er besänftigte die Trauer und versöhnte uns Zuschauer wie eine griechische Tragödie mit dem unbarmherzigen Schicksal. Als aber die Lichter wieder angingen, wußten wir, daß die spanische Tragödie uns doch unversöhnt zurückließ und daß sie nur das Vorspiel zu Vernichtungen war, die sich über das ganze Erdenrund ausbreiten sollten.

In den Gesprächen mit Malraux ging es oft genug um die fortgesetzt beschleunigte Schwächung des Westens, seltener um die Analyse des tyrannischen Regimes, das sich sozialistisch und sowjetisch, proletarisch und revolutionär nannte, also zumindest vier Lügen auf seine Fahnen schrieb. Malraux kannte natürlich meine Auffassungen, die ich damals bereits in der *Analyse der Tyrannis* dargelegt hatte. So gerne er selbst sprach und so aufmerksam ich seinen stets brillanten Ausführungen zuhörte, so war er doch im Gespräch zu zweien stets aufmerksam für alles, was ich vorzubringen hatte. Jedoch blieb eine Schranke zurück, die er nicht überschritt: meine scharfe Verurteilung Stalins und all dessen, was seine Anhänger als unübertreffliche Leistung rühmten und ich als gefährlichen Irrtum verwarf – dieser Antistalinismus kam Malraux ungelegen. Es war, als genierte ihn dieser Antagonismus; und ich begriff erst mit der Zeit, daß diese Haltung mit seinem Glauben an »historische Persönlichkeiten«, an »große Männer« zusammenhing, gleichviel worauf ihre »Größe«, das heißt ihr Ruhm beruhte.

Natürlich war auch er mit Stalins Politik nicht einverstanden und über die Prozesse und Deportationen entsetzt, doch blieb er ein romantischer Bewunderer historischer Helden, wie in seiner frühsten Jugend, als er in Michelets *Geschichte der französischen Revolution* von der Leuchtkraft der jungen Revolutionäre geblendet wurde. Aus dem Dunkel aufgetaucht, rissen sie im Laufe einiger Jahre, ja manchmal nach wenigen Stunden mit ihren Reden zahllose Menschen aus der Resignation des kleinen Lebens empor, um sie zu Taten anzufeuern, die noch heute junge Menschen begeistern.

Zu Beginn des 19. Jahrhunderts wandte sich die deutsche Romantik einer zwar in jeder Hinsicht überwundenen, doch von ihr fiktiv verschönten Vergangenheit zu; die französische Romantik war nicht unempfindlich gegenüber dem dunklen Zauber des Gewesenen, doch fand sie in so vielen Wagnissen und Ereignissen der Jahre zwischen 1789 und 1815 Nahrung für ihre Phantasie und zugleich für die widersprüchliche Auffassung, daß einerseits das Volk der wahre Held der Geschichte ist und daß andererseits die Weltgeschichte nur von großen Männern gemacht wird, deren Genie alles in Bewegung setzt. Diesem Widerspruch begegnete ich fast in jeder Diskussion mit Malraux.

Weit interessanter waren unsere Aussprachen über die Literatur und die bildende Kunst aller Zeiten. Malraux entwickelte damals allmählich jene poetische Kunstphilosophie, die er nach dem Kriege in den *Stimmen der Stille,* in der *Metamorphose der Götter* und einer Reihe von Monographien ausarbeiten sollte. So lernte ich sehr viel von ihm und umgekehrt kamen ihm wohl meine Fragen und Zweifel zunutze. Das Arbeitsprinzip, nach dem ich mich von früh an zu richten pflegte: erst wissen, dann deuten, brachte ich auch in unseren Gesprächen über die künstlerische Schöpfung eindringlichst zur Geltung. Es mag sein, daß er auch deshalb und nicht nur, um mir zu helfen, seinen Verleger Gaston Gallimard dazu bewog, mir die Vorbereitung und Leitung einer neuen Reihe von Kunstbüchern anzuvertrauen. Der Vertrag, den ich abschloß, war für mich finanziell recht günstig, aber ich sollte mein Honorar erst nach dem Erscheinen der von mir ausgewählten, hauptsächlich deutschen, englischen und italienischen Bücher erhalten. In der Kunstbibliothek der berühmten Stiftung Doucet las ich im Hinblick auf diese Reihe unermüdlich die einschlägigen Werke und Fachzeitschriften. Ich empfand jedoch kein Bedürfnis, über dieses erstaunlich reiche Gebiet selber irgend etwas zu schreiben; die methodische Lektüre verstärkte mein Mißtrauen gegenüber der psychologischen Interpretation der Kunst und förderte andererseits meine Absicht, später einmal zu erforschen, warum und wodurch ein künstlerisches oder literarisches Werk seine Wirkung erzielt, warum es häufig sofort und unter Umständen erst viel später starken Anklang findet. Diese sozial-ästhetische Fragestellung, mit der ich mich damals nicht beschäftigen konnte, ist später von vielen aufgenommen worden.

Als ich meine Vorbereitungsarbeiten abgeschlossen hatte, war es spät geworden, zu spät, meinte der Verleger . . Wir waren im Frühling 1939, man mußte bis zum Herbst warten, ehe man daran denken konnte, etwas Neues zu lancieren. Da der gleiche Verlag meine sozialpsychologische *Menschenkenntnis als soziale Charakterologie* veröffentlichen sollte, fragte ich von Zeit zu Zeit nach der längst fälligen Übersetzung. Man ließ durchblicken, daß der Übersetzer mit dem Manuskript verschwunden und vorderhand nicht erreichbar wäre. Allmählich wurde ich müde, mich nach ihm zu erkundigen; alles ging bergab, dieses seltsame Mißgeschick paßte zum Ganzen.

Im Herbst war Koestler wieder nach Paris zurückgekehrt und wir sahen einander sehr oft. Da er in seinem *Spanischen Testament*, diesem »Zwiegespräch mit dem Tod«, seine Erlebnisse nach einer strengen Selbstprüfung mit einer unerbittlichen Entschlossenheit zur Wahrheit wiedergegeben hatte, war er manche inneren Bedrängnisse losgeworden. Er war aus der Todeszelle nicht als ein anderer herausgekommen, er hatte auch keine neuen Gewißheiten, aber den entschiedenen Willen, sich fortab nicht mehr mit Halbwahrheiten zufriedenzugeben. So stimmten wir in allem Wesentlichen überein, obschon wir nach wie vor verschieden blieben in Fragen des Geschmacks und des Lebensstils. Unsere Freundschaft glich der von Felskletterern, die, den gleichen Lockungen und Gefahren ausgesetzt, voneinander nicht weniger erwarten als von sich selbst. So sehr uns die Geschehnisse des Tages bedrücken mochten, der jüdische Witz und der Galgenhumor, den jeder Tag aufs neue herausforderte, bestimmte den Ton, in dem der eine wie der andere Befürchtungen und Hoffnungen äußerte. Ja, wir empfanden mehr Bitternis, als es braucht, um dem eigenen Leben und der ganzen Zeitgenossenschaft feind zu sein, trotzdem amüsierten wir uns ausgezeichnet, wenn wir zusammen waren, und man hörte uns oft und herzlich lachen.

Dank Arthurs Vermittlung wurde ich ein *Ghostwriter*, ich schrieb Texte, die unter fremden, manchmal bekannten Namen veröffentlicht wurden. Hunderte von Seiten widmete ich psychologischen und pädagogischen Themen; ich schrieb über die Sozialpsychologie der Familie; über Probleme der Biologie; über die Judenfrage; über Kriminalität und jugendliche Delinquenz wie über sovieles andere. Wann, wo und in welcher Sprache diese Arbeiten je erschienen sind, habe ich nie erfragt, es hat mich auch nicht interessiert. Mein Honorar war sehr bescheiden, ich brauchte jeden Franc, denn ich hatte überhaupt kein anderes

Einkommen als jenes, das mir solche oder ähnliche Gelegenheitsarbeiten eintrugen. Da ich jedoch seit meiner frühen Jugend ein Vormittags-Hungerkünstler bin, kam ich tagsüber mit sehr wenig Nahrung aus. Wenn es gut ging, reichte es täglich für eine ausreichende Mahlzeit am Abend und, was wichtiger war, ich konnte die Miete pünktlich bezahlen.

Einmal, in der kalten Jahreszeit, ich fror in meinem schlecht geheizten Hotelzimmer, war ich am frühen Nachmittag zu Malraux eingeladen, dessen Mittagsgäste André Gide und Paul Nizan waren. Ich kam zu früh, das Mahl war noch nicht beendet, ich setzte mich auf die Couch, nahe neben Gide, der, zweifellos auf mein Kommen vorbereitet, sofort ein Gespräch begann. Im wohlig warmen Zimmer merkte ich erst, wie sehr mir die Kälte in den Knochen stak, daher nahm ich besonders gerne ein Glas Cognac an und leerte es hastig, um mich schneller zu erwärmen.

Die Konversation mit Gide, dem ich zum ersten Mal privat begegnete, war nicht sehr belebend. Er wurde erst lebhaft, nachdem er die Sprache auf die Tagebücher von Delacroix gebracht hatte. Obschon ich diese aufmerksam gelesen und aus ihnen mancherlei gelernt hatte, fand ich nichts Besonderes darüber zu sagen. Ich erwartete, daß Gide, der seit Jahrzehnten seine Tagebücher den Lesern der *Nouvelle Revue Française* hemmungslos darbot, über diese intime Literatur und über den ungewöhnlich scharfsichtigen Maler etwas Wesentliches äußern würde.

Ja, und da geschah es: Ich fuhr auf und merkte, daß Gide etwas ungeduldig, also wohl zum zweiten oder dritten Mal eine Frage wiederholte, die mit dem Maler nichts zu tun hatte. Ich begriff, daß ich eingenickt war – von der Wärme und dem auf fast leeren Magen getrunkenen Cognac eingeschläfert. Ich antwortete hastig, geniert, aber auch amüsiert; daß irgend jemand, daß ich bei der ersten persönlichen Begegnung mit André Gide einschlafen könnte, war damals unvorstellbar, besonders in Frankreich, wo man kaum eine Zeitung öffnen konnte, ohne auf seinen Namen, auf Artikel, Glossen, Polemiken und Elogen zu stoßen, die seine Person, sein Werk, seine Vergangenheit und seine politische Stellung betrafen. Ich hatte Mühe, das blöd-genierte Lächeln von meinen Lippen wegzuwischen, denn ich empfand zu deutlich, daß dieser winzige, kaum bemerkte Zwischenfall vorbildlich zur Lage eines intellektuellen Emigranten paßte. Auch zu der eines Verarmten, der um so seltener zu Mahlzeiten eingeladen wird, je dringender er ihrer bedürfte. Um jedoch keinen falschen Eindruck aufkommen zu lassen – gerade die Malraux's haben mich damals häufig zum Essen eingeladen, aber selbst sie ermaßen nicht, wie schnell jemand verelenden mußte, der in einem zweifachen Exil nirgends dazugehört und im Niemandsland des Ketzers sein Leben fristen muß.

»Wer dürfte sagen, schlimmer kann's nicht werden . .« Am 2. März 1938 begann in Moskau der dritte jener Schauprozesse, mit denen Stalin alte Kommunisten, die irgendeinmal seine Gegner oder Rivalen gewesen waren oder die es später hätten werden können, zur Selbstverhöhnung zwang und dann umbringen ließ. In diesen Erinnerungen, in meinen Romanen und Essays habe ich von diesen Prozessen so viel gesprochen, daß ich den Prozeß Bucharins und seiner Mitangeklagten nur deshalb erwähne, weil er in vielen Hinsichten der schändlichste war und weil er gleichzeitig den Beweis dafür erbrachte, daß es keine Grenzen gibt für die Verblendung jener, die die Wahrheit nicht kennen wollen. Wer das in Moskau veröffentlichte, in vielen Sprachen und überall verbreitete Prozeßprotokoll las, konnte feststellen, daß Bucharin ebenso wie Rykow keinerlei Geständnis abgelegt hatte oder nur abstrakt und im allgemeinen, um dann im einzelnen deutlich genug dessen

Nichtigkeit zu proklamieren. Trotzdem erklärten Juristen und Priester, Schriftsteller, Diplomaten und Politiker, daß sie tief bestürzt wären über die abscheulichen Verbrechen der Angeklagten. Sie boten sich als Zeugen an dafür, daß Stalin mit diesen Prozessen den Frieden der Welt rettete. Einen von der Gestapo und den Stalinisten verfolgten deutschen Arbeiter ließ ich es aussprechen: »Wenn man das einmal geschluckt hat, dann gibt es keine Grenzen mehr, dann wird man alles schlucken und als eigenes Todesurteil wieder auskotzen.«

Noch ehe der Prozeß zu Ende war, am Freitag den 11. März abends, trat das vorausgesehene und dennoch für die meisten Betroffenen unwahrscheinliche Ereignis ein: Österreich fiel, es fiel Hitler zu. Ich blieb lange Stunden vor dem Radioapparat, es war eine jener Nächte, da man mit überwachem Sinn wahrnimmt, wie das ins Maßlose wachsende Unglück auf allen Wegen unaufhaltsam näher kommt und wie jenen, die ihm entfliehen müßten, kaum noch ein Pfad offen bleibt. Als ich spät nach Mitternacht dem »Sieg-Heil«, das aus dem Lautsprecher in mein Zimmer drang, ein Ende machte, beherrschte mich die Furcht für die Meinen, meine Familie und meine Freunde. Ich wußte nicht, ob ich die Kraft aufbringen würde, mich zu erheben. Ich hoffte auf den Schlaf und das Vergessen, doch fürchtete ich ihn, denn ich durfte ja nicht vergessen. Jetzt war ich heimatlos, mein Exil vervielfachte sich in jenen Stunden. Und das Gefühl der Hilflosigkeit wurde abgrundlos – die bedrängende Empfindung, sofort helfen zu müssen, und die täglich wiederholte Erfahrung, daß man ins Leere greift, da die Antwort auf die Hilferufe ungehört und jedenfalls ohne Wirkung bleibt. In diesem mit offenen Augen geträumten Alptraum ist die Welt entzweigespalten: Ursachen überall, nirgends die erstrebte Wirkung.

Auch das gehörte zur widerspruchsvollen Logik meines Lebens: ich liebte eine Stadt, deren Bewohner sich singend und grölend ihres goldenen Herzens rühmten und zugleich auf ihren hemmungslosen Judenhaß stolz waren. Es war vorauszusehen, daß die Nazis da leichter als in irgendeiner deutschen Stadt zahllose eifrige Komplizen finden würden, um Juden zu erniedrigen, und niederträchtige Schergen für die Konzentrationslager und später für die Vernichtungslager.

Das französische Konsulat in Österreich trug seinerseits ohne Zögern zur Diskriminierung der Juden bei: diese sollten, um ihr Einreisegesuch einzureichen, nur zu besonderen Stunden erscheinen, in langen Reihen auf den Straßen warten, wo die Feinde ihren Spott mit ihnen trieben. Die Zeitungen brachten Photos von den wartenden Juden und erklärten deren Wunsch, Österreich zu verlassen, mit ihrem schlechten Gewissen und der jüdischen Feigheit.

Mirjam suchte für sich und das Kind um ein Visum an; auf meinen Rat hin gab sie als Referenz einen französischen Intellektuellen an, der mir versprochen hatte, beim Innen- oder Außenministerium zu intervenieren, sobald das Gesuch in Paris angelangt sein würde. Die Angelegenheit zog sich sehr lange hin, schließlich bekam Mirjam einen negativen Bescheid. Sie und Vladim flüchteten daher nach Jugoslawien.

Erst als alles vorüber war, im Jahre 1946, erfuhr ich, daß mein Bekannter völlig versagt, auf Befragen der Pariser Behörden zuerst nicht reagiert und schließlich erklärt hatte, daß er nicht verstünde, wieso man sich auf ihn berufen hätte. Seine Frau, eine besonders intolerante Kommunistin, hatte ihn daran gehindert, die Familie eines Renegaten zu retten. Nein, sie war kein niederträchtiger Mensch, aber sie nutzte die Gelegenheit aus, einen Parteifeind zu strafen. Dabei hatte sie nicht nur kein schlechtes Gewissen, sondern die Genugtuung, mit reinem Herzen der Partei und der Revolution einen Dienst erwiesen zu haben.

Ich kam oft mit jungen Menschen zusammen, unter ihnen Polo und Judith, jungen Wissenschaftlern, die aus Jenkas Heimat stammten; auch einige Individualpsychologen traf ich oft, am häufigsten Edmund und Frida Schlesinger, die im Kreise der emigrierten österreichischen Sozialisten einen Mittelpunkt bildeten. Trotz seiner Zugehörigkeit zum engsten Adler-Kreise war Edmund, ein besonders charmanter und herzensguter Mensch, mir ein lieber Freund geblieben. Zu welcher Tageszeit auch immer ich bei Schlesingers vorbeikam, immer traf ich da interessante Leute. Dank Malraux gewann ich auch immer mehr Kontakt mit französischen Intellektuellen; mit Raymond Aron, dem schon erwähnten Philosophen und Soziologen, verbindet mich seither nicht nur herzlichste Freundschaft, sondern auch die Erfahrung, daß wir unabhängig voneinander gegenüber dem Geschehen unserer Zeit, gegenüber allen Herausforderungen der Mächtigen gleichermaßen standhaft bleiben können.

Willi Münzenberg wurde damals nach Moskau berufen. Obschon er wußte, was ihm dort dronte, zögerte er lange, ehe er sich dazu entschloß, nicht zu genorchen. Er trat von der Führung der weit verzweigten Propaganda- und Agitationsagenturen und aller Organisationen, die er geschaffen hatte, zurück. Wenn er die Hoffnung gehegt hatte, daß ihm die Intellektuellen folgen würden, die er für die Sache gewonnen hatte, so fand er sich schnell damit ab, daß ihn fast keiner seiner gestrigen Weggefährten mehr kennen wollte. Politische Kinder, folgten sie gern einem Rattenfänger, aber nur, wenn er von Moskau erwählt und ermächtigt war. Der Mann, der Willis engster Mitarbeiter gewesen war, Otto Katz, wurde sein Nachfolger und blieb es, bis der Ausbruch des Krieges dieser Aktivität ein Ende setzte. Die gegen ihn 14 Jahre später im Slansky-Prozeß erhobenen Anschuldigungen und seine Geständnisse übertrafen an Abscheulichkeit fast alles, was man in diesen Schauprozessen sonst an mörderischen Lügen und absurden Bekenntnissen zu hören bekam. Otto Katz, der unter dem Pseudonym André Simone bekannt geworden war, ist wie Slansky und so viele ihrer Gefährten schändlich umgebracht worden.

Willi scharte einige Getreue um sich, unter ihnen Koestler und andere Männer, die schon früher mit der Partei gebrochen hatten. Schnell reifte der Plan, eine Wochenzeitung herauszugeben. Sie sollte *Die Zukunft* heißen, Koestler der Chefredakteur sein und Münzenberg selbst als Herausgeber zeichnen. Ludwig Marcuse übernahm den Kulturteil, ich selbst wurde Berater und ständiger Mitarbeiter. Wie erwartet, organisierte Willi alles mit Erfolg, gewann die Unterstützung französischer Sozialisten, brachte das nötige Geld zusammen und mietete schließlich im Herzen der Stadt eine Wohnung, die nicht nur der Sitz der Redaktion, sondern auch ein Versammlungslokal wurde. In langen Diskussionen wurde das politische Programm der Zeitung festgelegt. Während jener Monate sah ich Willi öfter als je vorher; er erzählte mir von seiner Kindheit und Jugend, ich verlor die eher mißtrauische Zurückhaltung, die ich in all den Jahren gegenüber dem »Macher«, den ich in ihm sah, gehegt hatte – nicht ohne Neugier und nicht ohne zögernde Bewunderung. Er seinerseits fand es interessant und nützlich zu erfahren, wie ich die Ereignisse analysierte und auf sie reagierte.

Koestler gab bald die Leitung der Zeitung auf, denn der große Erfolg seines *Spanischen Testaments* bestimmte ihn, die literarische Laufbahn zu wählen und nur noch fallweise Artikel und Reportagen zu schreiben. Er arbeitete nun mit äußerster Spannung an einem Roman, der die polizeilichen und politischen Hintergründe der Moskauer Prozesse aufdecken und die Beweggünde der selbstverleumderischen Angeklagten analysieren sollte.

Die politische Linie der Zeitung war natürlich antifaschistisch, insbesondere dem Nazismus und allen Manifestationen des Dritten Reiches feindlich; sie trat entschieden für die spanische Republik ein, für die Einheitsfront, für Aktionseinheit im Kampf gegen alle Formen des Faschismus. Da wir alle davon überzeugt waren, daß Rußland unser verläßlichster Verbündeter wäre, beschlossen wir einstimmig, daß die *Zukunft* die Sowjetunion und ihre Herrscher nicht angreifen, über sie wenig und nichts Negatives veröffentlichen dürfte. Die Kapitulation der Westmächte in München, die Nichtinterventionspolitik in Spanien, die zur Annexion Österreichs führte, mußte uns in diesem Entschluß bestärken. Ich glaube auch heute noch, daß diese Haltung damals begründet war. Bereits ein Jahr vorher hatte ich es öffentlich ausgesprochen, daß die Zeit der Erpresser angebrochen war, daß wir stark genug sein mußten, um nicht ihre Komplizen zu werden, aber zu schwach blieben, um beide Erpresserdiktaturen gleichzeitig zu bekämpfen.

Als Daladier und Chamberlain die Tschechoslowakei zwangen, das Sudetengebiet bedingungslos aufzugeben, stand es für uns fest, daß damit der Friede verloren war. Ich erwog keineswegs, Europa zu verlassen, aber ich fand, daß jene klug handelten, die unverzüglich alle Schritte unternahmen, um ein amerikanisches Visum zu erlangen und rechtzeitig, spätestens im Frühjahr den Kontinent zu verlassen.

Auch im Jahre 1914 wollten die Völker nicht den Krieg, aber es war erstaunlich leicht, in ihnen mit patriotischen Schlagworten eine Kriegsbegeisterung zu erwecken, die sie während einiger Tage oder Wochen wahrhaft berauschte. Da glaubten sie alles, was man ihnen einhämmerte: daß der Feind heimtückisch, neidisch und eroberungssüchtig war und daß der Sieg über ihn ganz gewiß nur eine Frage von Wochen wäre. Diese überwältigende Stimmung beeinflußte auch die sozialistischen Parteien in kriegsführenden Ländern und riß manche ihrer Führer mit, unter ihnen auch jene, die Kriegsgegner blieben, aber nachgaben, um sich dem Volke nicht zu entfremden.

Im frühen Herbst 1938 aber, kaum 20 Jahre nach dem Ende des Kriegs, graute dem Volk vor einem neuen Massenmord; es hatte vielleicht seine wahnwitzige Begeisterung von 1914 vergessen, jedoch nicht die Millionen Männer, die für einen Sieg gestorben waren, dessen Nutzlosigkeit gerade durch die neue Kriegsgefahr aufs traurigste bewiesen wurde.

In der überwiegenden Mehrheit waren Franzosen und Briten antifaschistisch, sie verabscheuten Hitler, den gefährlichen, allmächtigen Komödianten, aber sie wollten keinen Krieg mehr, weil sie nicht mehr daran glaubten, daß ein Krieg irgend etwas dauerhaft regeln könne. Sie wollten nicht um der Tschechoslowakei willen sterben und auch um keines andern Landes willen, vielleicht auch nicht für Elsaß-Lothringen. Viele empfanden es als schändlich, daß man zurückwich, daß man einen Alliierten im Stich ließ – ja, sie erkannten es nun eindeutig, daß ein Erpresser am Werke war, und gestanden sich heimlich ein, daß sie sich von ihm erpressen ließen: »Alles, nur keinen Krieg!« Und weil die Politiker diese Stimmung kannten und zumeist ebenso empfanden, gaben sie nach.

Offiziell waren mehrere Parteien in Frankreich gegen das Münchener Abkommen, aber ihre Führer, insbesondere die der Kommunistischen und Sozialistischen Partei, wußten, daß ihre Anhänger, die als Antifaschisten entschieden die Kapitulation ablehnten, in ihrem Herzen froh darüber waren, daß sie auch weiterhin in Frieden leben und bei ihren Frauen und Kindern bleiben durften.

Dieser Widerspruch charakterisiert die Lage der Erpreßten. Jedes Mal, wenn sie nachgegeben haben, sind sie glücklich, der Gefahr entgangen zu sein, zugleich aber beschämt und gedemütigt durch ihr eigenes Verhalten. Der Erpresser seinerseits folgert aus seiner Erfahrung, daß die Erpreßten immer nachgeben, wenn man sie nur rücksichtslos genug bedroht; er beschließt daher, das nächste Mal noch viel mehr zu verlangen. Er verachtet die Erpreßten und hört auf, ihren Widerstand zu fürchten. So ist denn Hitler ein Opfer der Alliierten geworden, deren Nachgiebigkeit ihm spätestens im Frühling 1939, nachdem er Prag besetzt hatte, endlich die falsche Gewißheit eingab, daß der Westen für keinen seiner Verbündeten auch nur einen Fingernagel riskieren würde.

In jeder Tragödie stößt man auf diese verführerische, falsche Gewißheit und eine durch sie geförderte Hybris: den dünkelhaften Wahn der Unbesiegbarkeit. Wir jedoch hatten es nicht mit »der Macht des Schicksals« zu tun, nicht mit gekränkten Göttern und ränkesüchtigen Göttinnen, sondern damit, was man abgekürzt »Weltgeschichte« nannte. Auf sie berief sich jeder, als ob sie die Nachfolgerin der Parzen, das Weltgericht und zugleich die Architektin der kommenden Welt wäre. Schon im ersten Viertel des vorigen Jahrhunderts erfuhr man, daß die Geschichte der Philosophie nur ein präliminärer Beitrag zur Philosophie der Geschichte war. Doch erst im zwanzigsten Jahrhundert, nach dem Weltkrieg und den Revolutionen, die ihm folgten, wuchs eine Generation heran, die von Gottesglauben und Metaphysik frei, von der Geschichte aber so besessen war, daß sie aus ihr eine Sinngebung und eine Zielsetzung für die Zukunft ableiten wollte.

Wir zweifelten fast an allem, aber nicht daran, daß die Geschichte einen Sinn haben mußte, und daß wir berufen waren, gleichzeitig diesen Sinn von ihr zu übernehmen und ihn ihr unsererseits zu geben. Auch das erklärt, warum ich mich während der Jahre, in denen ich mich von der Bewegung entfernte und mich schließlich radikal abwandte, fast ununterbrochen dem Studium bestimmter geschichtlicher Phasen zuwandte. Die Französische Revolution, deren dramatischer Verlauf mich schon immer passioniert hatte, versuchte ich nun, auf eine andere Weise zu verstehen als vorher. Bei dieser Gelegenheit las ich Georg Büchners *Dantons Tod* wieder und schrieb »im Kopf« gewisse Szenen dieses Stücks um, welches mich 15 Jahre vorher im Wiener Deutschen Volkstheater tief beeindruckt hatte. Nun erschütterte mich die stupende Unvorhersehbarkeit der Ereignisse, die die gescheiten jungen Revolutionäre über den Königsmord, die Massaker des September und den Sieg von Valmy zur verderblichen Fraktionsbildung, zur gegenseitigen Vernichtung und schließlich zum Thermidor und zum Bonapartismus führten. Wer hatte das im voraus gewollt, wer von ihnen hatte solchen Verlauf auch nur geahnt, wer hatte etwas getan, um ihn zu fördern, ihn zu verhindern oder auch nur aufzuhalten? Damals geriet mein scheinbar wohlgeordnetes Geschichtsbild in Gefahr, zerschlagen, ein Puzzle zu werden, das, selbst zusammengesetzt, keinen Sinn mehr, sondern gleichsam Sinnfetzen ergab. Viel später, in der *Achillesferse* habe ich es in einem Gleichnis ausgedrückt: »Ein Schauspiel, von dem keiner weiß, wie und warum es begonnen hat. Ein Tauber und ein Blinder wohnen ihm bei, bald schläft der eine, bald der andere ein. Als sie erwachen, staunen sie zunächst darüber, daß sich während ihres Schlafes alles verändert hat, und gleich danach darüber, daß sich im Grunde alles gleich geblieben ist. Die Gebärden, die nur der Taube wahrnehmen kann, stehen in schreiendem Gegensatz zu den Worten, die sie begleiten. Diese aber vernimmt nur der Blinde, jedoch kennt er die Sprache kaum, in der sie vorgebracht werden – es ist die Sprache des Tauben.«

Nach dem Münchener Pakt waren wir davon überzeugt, daß der Krieg nunmehr unvermeidlich geworden war und daß der von Erpressern und Erpreßten geschändete Friede nur noch einige Monate, jedenfalls weniger als ein Jahr dauern könnte. Unsere ehrlichen Gegner sagten: »Die

Einwohner des Sudetengebiets wollen deutsche Staatsbürger werden. Soll Frankreich in den Krieg ziehen, um dies zu verhindern? In einen Krieg für eine Sache, die nicht einmal gerecht ist? Es geht nicht darum, sagen Sie? Also ein Präventivkrieg gegen Hitler, weil er Hitler ist? Ein Volk, das den Frieden so bedingungslos liebt wie die Franzosen von 1938, führt keinen Präventivkrieg mehr. Und unternimmt es ihn, so wird es besiegt. Wir haben guten Grund, für den Frieden einen hohen Preis zu bezahlen. Butter oder Kanonen – wir haben die Butter gewählt.«

Nach dem 30. September sagten unsere ehrlichen Gegner: »Hätte man nicht nachgegeben, so hätte Hitler seine Truppen in Böhmen einmarschieren lassen, im Zugzwang hätten die Tschechen und ihre Alliierten zurückschlagen müssen – dies hätte den Krieg unvermeidlich gemacht. Schließlich hat ja Hitler vor aller Welt erklärt, daß die Angliederung des Sudetengebiets an das Reich seine allerletzte Forderung ist. So steht der Tatsache, daß wir jetzt Frieden haben, die unbewiesene, unbeweisbare Behauptung gegenüber, daß eben deshalb in einem Jahr der Weltkrieg ausbrechen wird. Welcher Narr sollte eine Gewißheit gegen eine Eventualität eintauschen?« Solche Einwände hörten wir alle Tage von den *Munichois,* den Verteidigern der Münchener Kapitulation. Sie hatten unrecht, das versuchte ich ihnen zu beweisen, doch in meinem Innern war von allem, was ich je in meiner Geschichtsbessenheit geglaubt hatte, nur die Gewißheit geblieben, daß es keine Gewißheit gibt, sondern bestenfalls Wahrscheinlichkeiten und vernünftige Annahmen.

In den Tagen und Nächten, die dem Münchener Abkommen vorangingen, lebten die Pariser in einer zwar beherrschten, doch um so bedrückenderen Angst. Wehrpflichtige wurden einberufen, die Straßenbeleuchtung wurde so abgeschirmt, daß die Straßen im Dunkel lagen, als ob man im nächsten Augenblick von einem Luftangriff überrascht werden könnte. Die illustrierten Abendblätter brachten jeden Tag mehrere Sonderausgaben, mit Balkenlettern erweckten sie Hoffnungen und vernichteten sie eine Stunde später. Das Land fragte nicht: »Was werden wir tun?«, sondern: »Was wird Hitler tun, was wird geschehen?« So verliert man eine Schlacht, einen Krieg, den Frieden.

Nun war's Oktober. In der Stadt und über ihren Dächern glühten wieder millionenfach die weißen und die farbigen Lichter. Den Liebespaaren war es nicht mehr wie in den verdunkelten Straßen einige Tage vorher zumute, als ob ein Dritter zwischen ihnen stünde, der sie im nächsten Augenblick auseinanderreißen könnte. Nun schien's wieder gewiß, daß es ein Morgen geben wünde, zahllose Morgen für jedermann. Was war ich, dem allmählich das Wort vom nahen Unglück im Mund gefror, wenn nicht ein Unglücksrabe? Und wer sollte Unglücksraben länger als eine Minute ertragen können?

Ich logierte damals in einer hübschen Wohnung, die mir Freunde für die Dauer ihrer Sommerferien überlassen hatten. Sie lag in Vanves, einem nahen Vorort, am Rande eines Parks, in dem das Laub noch immer leuchtend grün blieb. Mit dem Blick auf den Park, einige Blumenbeete und Bäume und auf die spielenden Kinder hatte ich über »das Unglück, begabt zu sein«, lange nachgedacht und dann den Essay unter diesem Titel recht schnell abgefaßt. Er sollte in einem Band mit der *Analyse der Tyrannis* im späten Herbst erscheinen. Ich erwog nicht, ob dies überhaupt noch einen Sinn hätte, ob es für dergleichen nicht bereits zu spät wäre, und vereinbarte mit Ernst Heidelberger, dem Besitzer einer Buchhandlung und des an ihn angeschlossenen Verlags »Science et Littérature«, die Herausgabe meines Buchs. Stand dieser Beschluß nicht im Widerspruch zu unseren Kassandra-Rufen? Ja und nein. Denn wir hatten eine unerschütterliche Gewißheit: Hitler muß, wird diesen Krieg verlieren. Die Maginot-Linie wird die deutschen Truppen hindern, in Frankreich einzudringen, wie sie es im Ersten Weltkrieg getan hatten. Und andererseits würden mit dem Ausbruch der Feindseligkeiten alle Illusionen bezüglich der jedes Mal »allerletzten« Forderung der Nazis und ihres Friedenswillens endgültig zerstäubt werden. Es stand fest, daß abgesehen von der Roten Armee, deren Stärke schwer abzuschätzen war, die französische Armee die stärkste, die best ausgerüstete war: *la plus belle armée du monde,* hieß es überall.

In der *Zukunft* schrieb ich nur selten politische Artikel, häufiger kurze Essays über historische, ideologische und psychologische Themen, unter verschiedenen Pseudonymen, häufig unter dem Namen Jan Heger (dem Familiennamen meiner Mutter). Es stand in meinem Belieben, Gegenstand und Länge meiner Beiträge zu wählen. Mit Ludwig Marcuse, dem zuständigen Redakteur, verstand ich mich sehr gut, obschon wir einander durchaus fremd blieben. Erst viel später, als ich seine Autobiographie las, erfuhr ich, daß ich ihm damals sehr streng erschienen war und überdies in ihm ein unbegründetes schlechtes Gewissen hervorgerufen hatte. Obwohl wir einander in den sechziger Jahren, wenn sich die Gelegenheit ergab, gerne trafen, habe ich ihn nie danach gefragt, womit ich diesen Eindruck bei ihm erweckt hatte. Wie in der Gegenüberstellung der Reklame: vorher – nachher, lag soviel zwischen den letzten Vorkriegsjahren im Exil und der Zeit, da wir einander in Deutschland wieder begegneten. Wir saßen auf der besonnten Terrasse des Domhotels in Köln, hatten links und rechts den Blick frei auf den Rhein und den Dom. Die Sprechweise des Berliner Bildungsbürgers, der seine Worte ohne Komma und Punkt in fertigen Absätzen bündelte, amüsierte mich um so mehr, als ich alles, was er witzig und streitbar, jedoch tief besorgt vorbrachte, sehr ernst nahm. Ein bejahrter Mann mit fahrigen Gesten und einem körperlichen Unsicherheitsgefühl, nahm er immer so mutig Stellung, wie es ihm sein unfehlbarer geistiger Anstand gebot. Wo es darum ging, die Wahrheit gegen Lüge und Verdrehung, Gedanken gegen Klischees zu setzen, da fürchtete Ludwig Marcuse nichts und niemanden. Sein letztes Werk heißt *Nachruf auf L.M.* Es ist ein Buch von maßvoller und zugleich kühner Klugheit, ein Buch der Trauer, in die ihn der Tod der geliebten Frau versetzt hatte. In der Widmung nannte er mich einen der »seltenen nahen Freunde, die ich nie erreichte«. Ich schrieb ihm, daß er mich sehr wohl erreicht hatte und daß ich seinen Mut um so mehr bewunderte, als er ihn im Kampfe gegen jede Hirnvernebelung verwandte

Ludwig Marcuse war übrigens einer der ersten, wahrscheinlich der einzige unter uns, der unmittelbar nach dem Münchener Abkommen Europa verlassen wollte. Es gelang ihm auch recht bald, nach Amerika auszuwandern; wir alle bedauerten seinen Abgang.

Obschon der Einfluß der *Zukunft* auf die Emigration und außerhalb ihrer nicht leicht festgestellt werden konnte, erwog keiner von uns, sie aufzugeben. Es gab in Paris eine deutsche Tageszeitung, die als liberal bezeichnet werden konnte, aber jedes Mal, wenn es der KP darauf ankam, brachte dieses Blatt den kommunistischen Standpunkt, nur leicht verbrämt, zur Geltung. Fast alle anderen deutschen Publikationen waren, mit nur seltenen Ausnahmen, z. B. das von Leopold Schwarzschild geleitete *Neue Tagebuch*, offen oder getarnt kommunistisch. Man wußte, daß die *Zukunft* von Münzenberg herausgegeben wurde, deshalb wurde sie von gewissen Leuten verdächtigt, kommunistisch zu sein, aber die meisten begriffen, daß es sich im Gegenteil um das Organ einer lose verbundenen Gruppe früherer Kommunisten handelte, die gegenüber der Komintern nur so lange neutral bleiben wollten, als der Faschismus nicht besiegt war.

Schon in den ersten Monaten des Jahres 1939 wurden hie und da schwache, nicht hörenswerte Stimmen laut, die ankündigten, daß es zu einer Verständigung zwischen der Hitlerschen und der Stalinischen Diktatur kommen könnte. Man zuckte einen Augenblick zusammen, beruhigte sich jedoch schnell damit, daß der Antagonismus zwischen der Sowjetunion und dem Dritten Reich das unanzweifelbare Faktum war, von dem man bei jeder Erwägung der internationalen Lage ausgehen mußte. Als im Frühjahr deutsche Truppen Prag besetzten und ein Statthalter Hitlers sich im Hradschin etablierte, zerfiel in Frankreich und in England der Block der »Münchener«. Widerwillig gaben die *Appeasers* zu, daß jede Forderung Hitlers sich, kaum erfüllt, in die vorletzte verwandelte – es war immer die gleiche Taktik, die des Erpressers.

Noch bevor die Nazis an der Macht waren, sagten wir voraus, daß ihr Sieg über Deutschland sie in wenigen Jahren zum Krieg gegen die Welt verführen würde. In den sechs Jahren, die seither verstrichen waren, wurden die Exilierten den Gastländern in dem gleichen Maße immer lästiger, wie ihre Warnungen sich bestätigten. Die ersten Monate des Jahres 1939 brachten das Ende der spanischen Republik und der Tschechoslowakei, Mussolinis Handstreich in Albanien und eine ganze Reihe von Positionsverlusten der freien Welt. Die Ahnung, daß der Friede trotz allem nicht erhalten werden könnte, beunruhigte die friedliebenden Menschen, aber sie verscheuchten den Gedanken an den Krieg.

Das war der Sommer 1939, nicht zu heiß, nicht verregnet. Ganz Frankreich schien sich verschworen zu haben, zur gleichen Zeit in Ferien zu gehen. Nie hatte man solche Massen an den Ufern der Meere, der Flüsse, in den Bergen, in den Tälern, in den verschlafenen Dörfern gesehen. Das stand ja fest: Kriege brechen nicht vor dem Herbst aus, also brauchte man nicht an eine unmittelbare Gefahr zu denken. Außerdem gab es ja die Sowjetunion mit ihrer riesigen

Armee; alle Zeitungen und Wochenzeitschriften brachten Reportagen mit Illustrationen, man konnte die Fallschirmregimenter bewundern, die Tanks und die wunderbar kräftigen, so verläßlich wirkenden jungen Burschen, wie sie da gleichermaßen friedlich und siegessicher über den Roten Platz marschierten. Und noch viel interessanter war, daß man im Louvre ein Bild von Watteau gestohlen hatte. Die Suche nach dem Meisterdieb, dem solch ein Streich gelungen war, hielt die Sommerfrischler in Atem. Das war eine merkwürdige Angelegenheit, erfuhr der Zeitungsleser, denn vor dem Ersten Weltkrieg war auch ein Meisterbild aus dem Louvre verschwunden, die Mona Lisa, die jedem zulächelt – man wußte noch immer nicht, warum. Ja, es gab Gesprächsstoff für alle, man brauchte nicht nur an Adolf und seinen Schnurrbart zu denken.

Wir waren mitten drin, Wissende in diesem frivolen Spiel des scheinbar schützenden Nichtwissens, oft genug angelockt von dieser Lebensfreude und ihr immer wieder entrissen durch die zudringliche Gewißheit, daß Furchtbares bevorstand. Es geschah manchmal, daß ich in Gesprächen mit Franzosen mir verbot, die nahende Katastrophe selbst in Anspielungen zu erwähnen, um so zumindest für einige Augenblicke die Stimmung nicht zu verderben. Was nützte uns oder sonstwem unser Wissen? So nahm ich lebhaft Anteil an dem nicht endenwollenden Geplapper über die jungen Leute, die den Watteau gestohlen und zurückgebracht hatten, über diese falschen Diebe, die nur Reklame für sich und für ihre eventuelle Schauspielerkarriere machen wollten.

Ich war damit beschäftigt, die kunstphilosophische Schriftenreihe vorzubereiten, aber im Wettlauf mit dem Kriege würde ich verlieren, dachte ich. Der Übersetzer meiner *Charakterologie* war noch immer nicht aufgetaucht, bald würde ich gar nicht mehr daran denken. Zu Beginn des Jahres war mein Buch *Zur Analyse der Tyrannis* erschienen und die Partei hatte unverzüglich dafür gesorgt, daß es totgeschwiegen würde. Ich ärgerte mich, aber nicht zu sehr, denn es kam nicht überraschend. Und es handelte sich nicht um mein Pech: das mit dem Übersetzer verschwundene Manuskript, das totgeschwiegene Buch das hing mit einem Sachverhalt zusammen, der weit über mich hinausging. Ich überlegte: entweder ich überlebe den kommenden Krieg, den wir sicher gewinnen werden, dann werde ich alles aufholen können – in fünf, in zehn Jahren. Oder ich überlebe ihn nicht, dann wird all das, was mich betrifft, sowieso unerheblich gewesen sein.

Eines Tages tauchte August Cesarec bei mir auf. Er hatte sich längere Zeit in Moskau aufgehalten und war für einige Monate nach Spanien gereist; auf der Rückreise machte er halt in Paris. Er wußte, daß ich ein Abtrünniger war, aber er überging meinen Bruch mit Schweigen, selbst als ich meinerseits zuerst heftig, dann traurig in ihn drang, zuzugeben, daß, was in Rußland im Namen des Kommunismus geschah, unvereinbar war mit den Gründen und Zielen, die uns zum Kommunismus gebracht hatten. Er, der weit besser als ich wissen mußte, was insbesondere den Führern der kommunistischen Partei Jugoslawiens, Polens, Deutschlands in Moskau angetan worden war, er, der all dies wußte, wollte er wirklich schweigen?

Ja, auch so könnte man auf ein relativ langes, bewegtes Leben zurückblicken: wie auf eine fast endlose Reihe von Gesprächen; solchen, mit denen unabsehbar Wichtiges begann, und anderen, die den Anfang eines Endes und schließlich dieses selbst bedeuteten. Und natürlich weist jedes inhaltsschwere Gespräch weit über sich hinaus – in die Vergangenheit, in die geahnte, gewünschte oder gefürchtete Zukunft.

Wir aßen zuerst das Abendbrot, das uns Jenka mit grenzenlos gutem Willen, aber begrenzten Mitteln und spärlicher Kochkunst bereitet hatte. Dann blieben wir allein und schließlich begleitete ich ihn in sein Hotel, das in der Nähe des Jardin des Plantes lag. Dem Anschein nach war alles wie seinerzeit: ich brachte ihn bis vor sein Haus, dann gingen wir den gleichen Weg wieder zurück, wie es junge Leute gern tun, wenn sie miteinander Klarheit suchen oder eine Entscheidung, die für des einen oder andern Zukunft bestimmend werden könnte.

Ein kalter Nordwind hatte sich spät am Abend erhoben. Cesarec fror in seinem Mäntelchen, wollte aber meinen Mantel nicht annehmen und lehnte es ab, in ein Bistro einzutreten – vielleicht weil er vorhatte, sehr bald Abschied zu nehmen. Doch verschob er es immer wieder, ihm war wohl bange vor der Trennung, der – das wußte er so gut wie ich – kein Wiedersehen folgen würde.

Er bestritt nichts von dem, was ich vorbrachte, und versuchte auch nicht, die russischen Zustände zu rechtfertigen. Aber er bestand darauf, daß er mit der Partei nicht brechen könne, jedenfalls nicht solange sie in Jugoslawien illegal war und verfolgt wurde, aber auch weil es nichts anderes gab, weil es für ihn nirgendwo etwas anderes geben könnte.

Schließlich, es war spät nach Mitternacht, wir froren nun beide erbärmlich, da nahmen wir Abschied. Er kam mir einige Schritte nachgelaufen und ermahnte mich mit einer merkwürdigen, flehentlichen Eindringlichkeit, auf mich gut aufzupassen.

Etwa zwei Jahre später, wenige Wochen nachdem Ante Pavelić, der Führer der Ustaschi, von den Nazis zum Diktator Kroatiens erkoren worden war, wurde Cesarec zusammen mit einigen anderen Intellektuellen verhaftet und bald danach hingerichtet.

Er gehört nicht zu den vom Tito-Regime auserwählten Märtyrern. In einigen Städten sind Gassen nach ihm benannt und einige seiner Bücher sind neu aufgelegt worden, aber als ich im Jahre 1960 in Jugoslawien nach ihm fragte, erhielt ich niemals ausführliche Antworten. Es gab nichts zu verbergen, sein Tod war völlig desaktualisiert, im Kalender des Regimes wurde seiner nicht gedacht, Cesarec war kein Heiliger der Partei geworden. Er hat nie viel Glück gehabt...

Rufe ich ihn mir ins Gedächtnis zurück, so taucht er unter dem kalten Regen jener Nacht auf, da wir beide mit Beklommenheit die gefesselten halbnackten Ustaschi über den Jelačić-Platz dahinwanken sahen. Oder ich erblicke ihn und mich, wie wir im Nordwind frierend durch Pariser Gassen gehen, verstrickt in eine Auseinandersetzung, die hätte heftig werden können, aber immer leiser wurde und so traurig wie eine Trennung, die man immer wieder hinausschiebt, weil man weiß, daß sie die allerletzte sein wird. Wer so Abschied nimmt, dem ist's, als ob das Alter plötzlich über ihn hereinbräche. Solches Altern wurde mir in jenen Jahren ein häufiges, ein typisches Erlebnis, doch selten hatte ich es so schmerzlich empfunden wie in jener Nacht.

Die Nachrichten aus Wien wurden täglich schlimmer. Für meine Familie und meine Freunde gab es nur eine Frage: wie das Land verlassen und wohin gehen, das heißt, wie ein Einreisevisum in irgendein Land bekommen? Zagreber Freunde halfen Mirjam, nach Jugoslawien einzureisen, das Kind hatte sie vorausschicken können, Freunde brachten es inzwischen in einem sehr guten Kinderheim unter. Es gelang mir, den Eltern ein englisches Visum zu besorgen, aber sie verzögerten ihre Abreise. In Österreich hatte mein Vater seine Pension, ihn schreckte die völlige Mittellosigkeit ab, die in der Fremde sein Los sein würde. Daher verließen sie Wien erst am 2. September, dem zweiten Kriegstag, einem Sabbath. Das erste Mal hatten sie diesen Tag im Frühsommer 1915 entweiht, unter dem Kanonendonner der schnell vorrückenden Russen. Nun fuhren sie über Deutschland und Holland nach England, wo meine Brüder sie erwarteten.

Die Briefe, die ich von meinen Wiener Freunden erhielt, berichteten in zumeist ungeschickt verhüllenden Worten von Demütigungen und ausgeklügelten Schikanen, denen sie fortwährend ausgesetzt waren, und von den Leiden der in Konzentrationslagern, besonders in Buchenwald Internierten, deren Befreiung nicht zu erhoffen war, bevor ihnen ein gültiges Visum die Ausreise ermöglichte. Also ging es darum, von irgendeinem Staate, und wäre er der obskurste südamerikanische oder asiatische Staat, eine Einreisebewilligung zu erlangen; in den meisten Fällen konnte, mußte man sie erkaufen.

Manche von den Befreiten kamen durch Paris, wo sie einige Tage bleiben durften. Von ihnen erfuhr ich in allen Einzelheiten, wie sehr die schlimmsten Befürchtungen übertroffen wurden. Die Flüchtlinge erinnerten sich sehr wohl, daß sie gewarnt hatten und selbst gewarnt worden waren; sie hatten gewußt und es nicht glauben wollen. Solch vernunftwidriges Verhalten war wohl auch daraus zu erklären, daß fast jeder gar zu prompt die Augen vor allem verschließt, was seine Liebe zu einem Menschen, zu einem Volk, zu einer Stadt vermindern oder verhindern könnte. Nun, sie liebten Wien zu sehr, als daß sie die unleugbare Wahrheit hätten glauben mögen. Ihre Einbildungskraft versagte, sooft sie sich vorstellen sollten, daß sie anderswo heimisch werden, zu Hause sein könnten. Das ist das Kennzeichen einer schlimmen Epoche, daß man in ihr an dem Besten des eigenen Wesens zugrunde geht – so an der Liebe und der Treue und an ihrer bindenden Kraft.

Nicht selten versuchte ich mir auszumalen, wie ich Wien wiedersehen würde – nachher, nach der Sintflut. Es gelang mir nicht, die Kränkung war zu groß.

Im Bewußtsein der stetig wachsenden Gefahren genoß ich alles, was Museen, Galerien, Theater und Kino zu bieten hatten, mit noch größerer Intensität als sonst. Jedes Mal, wenn ich an Notre Dame de Paris vorbeiging, blieb ich auf dem Platz vor dem Hauptportal stehen, betrachtete jede Einzelheit der Fassade, als sähe ich sie das letzte Mal und müßte sie deshalb aufs genaueste meinem Gedächtnis einprägen. Manchmal überwältigte mich ein Gefühl sonderbaren Mitleids mit der Kathedrale, dem Louvre und den anderen alten Bauten, die das Seine-Ufer säumen, als wär's gewiß, daß sie alle tödlich gefährdet waren. Menschen konnten fliehen oder sich unter der Erde verbergen, indes die Türme unbeweglich emporragten, als ob sie die Zerstörung seit langem erwarteten und geduldig ertragen wollten.

Wir gingen häufig in die kleinen Kinos der Nachbarschaft, die gewöhnlich zwei Filme zu mäßigen Preisen zeigten. Wir lachten über alles, was heiter war, aber auch über alles Unechte, das unsern Spott herausforderte. Wir bewunderten Charlie Chaplin, Buster Keaton, die Regisseure Pudowkin und Eisenstein, Wildwestfilme und große Reportagen, und von der neuen französischen Filmkunst erwarteten wir mehr als die übliche Unterhaltung. Jouvet, Fresnay, Raimu und Gabin überwanden das Theatralische, die Natur des einzelnen drang durch, machte das Spiel glaubhaft und erzeugte ein schwer definierbares Einverständnis zwischen ihm und dem kritischen Zuschauer, den die reife Kunst überzeugt, weil sie nicht die schwindelhafte Fiktion des Echten darbietet, sondern das Sein als eine Abfolge von Varianten und Nuancen. Louis Jouvet blieb stets der fast karikaturale, herausfordernde Jouvet; dennoch glaubte man, daß er jener sein konnte, den er jeweils inkarnierte. Wie die Pirandello'sche Fiktion sich selbst entblößt, indem sie bekennt, daß sie nicht die Wirklichkeit ist, sondern das »als ob« einer Wirklichkeit, so spielten in jenen Jahren die besten Schauspieler, ohne sich zu »verstellen«.

Zwischen den beiden Weltkriegen, besonders aber gegen Ende der dreißiger Jahre, wurde es augenfällig, daß in Paris eine hohe Kultur ihren Reifegrad erreicht hatte und nun zu überschreiten begann. Das war unter anderem daran zu erkennen, daß die Frage: »Wie?« hundertmal häufiger gestellt und in zahllosen Varianten beantwortet wurde als die Frage »Wozu?«, und daß man über das »Was?« scheinbar leichtfertig hinwegging. Wer von Frankreich nur sah, was sich oberflächlich dem Blick bot, mußte glauben, daß in der Haute Couture und den von ihr jeweils als »letzter Schrei« lancierten Moden eine überalterte, auf unerhebliche, modische Varianten reduzierte Zivilisation sich am deutlichsten widerspiegelte. In den Sprachrubriken der Tageszeitungen wurden regelmäßig Fragen behandelt, die das *Wie* des Sagens und Schreibens betrafen, aber selten den Inhalt selbst. Und der sportliche Wettstreit, der alljährlich während mehrerer Wochen die Gemüter von Millionen erregte und ihre Gespräche ausfüllte, war die Radfahrer-*Tour de France*. Die Reporter wetteiferten in der Erfindung von Worten und Phrasen, denk denen dieser simple, in der Ausübung keineswegs abwechslungsreiche Sport zu einem gigantischen Kampf der »Helden der Straße« und der »Märtyrer der Berge« wurde. So verwandelte sich die Berichterstattung in ein Epos, das die kärglichen Tatsachen metamorphisierte – wieder einmal verschlang das Wie das Was.

Gleich so vielen, die nach dem Ersten Weltkrieg jung waren, hatte ich Spenglers *Untergang des Abendlandes* gelesen; später rief Edward Gibbons *Niedergang und Fall des Römischen Reichs* in mir die Begier hervor, genauer zu erfassen, wie sich der Niedergang einer Zivilisation ankündigt, wer ihn wohl vorantreibt und schließlich den Sturz unvermeidlich macht. Am meisten interessierte mich der Jahrzehnte, ja Jahrhunderte währende Niedergang, beziehungsweise die gegenläufigen Prozesse von Fäulnis und Blüte, von Entkräftung bis zur Willenlosigkeit und ungeahnten Energien, von Selbstvernebelung und Bewußtwerdung. Alles bezog ich auf unsere Zeit, auf diese Welt, in der sich niemand mehr auszukennen schien. Ich mußte verstehen, um das Unerträgliche ertragen zu können, ich suchte Aufklärung in der Geschichte der Antike.

Der Hellenismus breitete sich unaufhaltsam in den Jahrhunderten aus, die dem Niedergang Griechenlands folgten. Als freie Angestellte oder als Sklaven vermittelten Griechen den Römern neben den Raffinements der hellenischen Lebensweise ihre Sprache und Literatur; römische Bildhauer kopierten die griechischen Vorläufer, selbst wenn sie Standbilder oder Köpfe von Zeitgenossen formten. Hellas war besiegt, der Hellenismus, einige Zeit noch schöpferisch, sodann ein geschäftiger Nachahmer seiner selbst, bereicherte die Geister und façonnierte die Mode. Der Niedergang hatte bereits begonnen, als Platon noch lehrte; er beschleunigte sich, als Aristoteles die Grundlagen schuf, auf denen das Mittelalter seine eigene Philosophie zu begründen suchte. Unterstellt man, daß die erste, zuweilen lang andauernde Phase des Niedergangs zwar nicht die Zeit der Blüte, sondern der Reife, der Überreife und des beginnenden Alters ist, so hat man damit anerkannt, daß die regste geistige Tätigkeit, der zuweilen weit über seine Grenzen hinausragende kulturelle Einfluß eines Volkes sich im Lichte der Nachmittagssonne entfaltet – bis zu jener Stunde der Minerva, der Stunde des Übergangs, mit dem der Untergang beginnt, dem später der Anfang, das Neue und die Wiedererstehung folgen werden.

Das Wort *dekadent* war einige Jahrzehnte lang, vor 1914, ein Modewort gewesen; man bezeichnete damit bestimmte Strömungen in Kunst und Literatur und die übertriebene Kläglichkeit einer Lebensweise, deren man sich gern rühmte. Die Deutschen, in deren Bilderbuchvorstellung Frankreich die Heimat der Dekadenz war, erfuhren vor Verdun, daß die »dekadenten, entmännlichten und vernegerten« Franzosen so gut standhalten und sterben konnten wie sie selbst. Doch gab es einen fast nie deutlich hervortretenden Grund zu glauben, daß Frankreichs Niedergang begonnen hatte: diese Nation, die 1918 ihren Sieg feierte, als sicherte er die Zukunft für immer, verlor nach und nach den Glauben an den Sieg, an seine Dauer und somit an seinen Sinn, an den Wert kriegerischer Tugend und an die *Gloire.*

Zwar sah man täglich alte Frontkämpfer zum Grabmal des Unbekannten Soldaten ziehen; zwar waren so viele Reden und Zeitungsartikel voll von Erinnerungen an jene *Gloire,* aber der Stolz auf die ferne und nahe Vergangenheit und die Erinnerung an die Toten verhinderten nicht die Schwächung jener Energie, ohne die man keine Schlacht gewinnt.

In den Kinos folgte man den Wochenschauen mit größerem Interesse als je, lachte man laut über Mussolini, aber gar nicht mehr über Hitler, ob er nun die uniformierten Massen am Nürnberger Parteitag hinriß oder im Reichstag die freie Welt herausforderte: diesen grotesk aussehenden, starr blikkenden, bellenden Mann nahm man im Jahre 1939 ernst, tödlich ernst. Wenn es absolut unvermeidbar war, wollte man, mußte man gegen Deutschland in den Krieg ziehen, schon wieder, nur zwanzig Jahre nach dem Ende des großen Schlachtens. Und dies warum, wozu? Um zu siegen? Welch ein Unsinn, dieser Mann da mit dem vorgestreckten Arm in dem offenen Wagen, von zahllosen Deutschen umjubelt, war ja der lebendige Beweis dafür, daß es nichts mehr nützte, einen Krieg zu gewinnen.

Wer so denkt, ist im voraus besiegt, das bedachte ich oft, aber ich wollte es nicht glauben. War Frankreich, war unsere Kultur in der Zeit ihrer vollen Reife, d.h. im ersten Stadium ihres Niedergangs begriffen, so war doch der Wille, in Unabhängigkeit und Freiheit zu leben, so stark, daß er rechtzeitig den Glauben an den Sieg als Mittel, wenn auch nicht als Ziel, wiederherstellen mußte. Überdies gab es

Rußland. Die Verhandlungen, die zum Abschluß des Bündnisses zwischen England, Frankreich und der Sowjetunion führen mußten, hatten begonnen; es war nur noch eine Frage von Tagen, dann würden die Nazis und ihre Führer wissen, daß eine mächtige Triple-Alliance den kleineren Ländern Mittel- und Osteuropas zu Hilfe eilen würde.

Über diese Gefahren, Befürchtungen und Hoffnungen schrieb man überall, die Zeitungen waren voll davon; sie widerspiegelten und erzeugten das manisch-depressive Auf und Ab, das nicht nur die öffentliche Meinung des Westens, sondern auch die verantwortlichen Politiker – mit seltenen Ausnahmen – schwanken ließ zwischen dem Entschluß, auf die Herausforderung mit Härte und Entschlossenheit zu reagieren, und der Zuversicht, daß Hitler durch einige Zugeständnisse beschwichtigt werden könnte.

Von 1938 an kamen Koestler und ich wöchentlich, zumeist nach dem Abendbrot, mit Alfred Döblin in dessen Wohnung zusammen. Der Dichter hatte das sechzigste Lebensjahr bereits überschritten, war aber wandelbar geblieben. Seit meinen Berliner Begegnungen mit ihm und Brecht hatte er die Judenfrage neu entdeckt und wollte eine neue jüdische Bewegung schaffen, war aber inzwischen wieder davon abgekommen. Ein groß angelegtes Werk nahm ihn in Anspruch, dennoch interessierte er sich leidenschaftlich für die Politik, die mehr als je das Schicksal der Zeitgenossen bestimmen mußte; das galt für alle, ob sie es wußten oder nicht, doch waren die Emigranten dessen am deutlichsten, am unglücklichsten bewußt.

Unsere Diskussionen zu dritt waren jedoch keineswegs nur der Politik gewidmet, wir sprachen oft über Literatur, über die europäische Geschichte, über die Weimarer Republik und über Persönlichkeiten, die gerade im Mittelpunkt des allgemeinen Interesses standen. Döblin hatte über alles viel zu sagen, manchmal Weises und Tiefes, oft Gescheites, zuweilen aber Skurriles. Wir hörten ihm, der 27 Jahre älter war als wir, stets aufmerksam und mit Zeichen des Respektes zu. Nun geschah es fast an jedem dieser Abende, daß Koestler oder ich irgend jemanden, etwa einen ältern Dichter mit Bewunderung nannten und eines seiner Werke zitierten. Damit lösten wir manchmal Zornausbrüche aus: das Gesicht unseres Gastgebers verwandelte sich plötzlich, die Züge seines länglichen, eher lieblos geformten Antlitzes gerieten in Unordnung, gleichsam in Widerstreit miteinander, der Mund aber lenkte von ihnen und allem ab – Bitternis und Hohn entstellten ihn, der wie im Widerwillen Worte hervorbrachte, die den zitierten Dichter und sein Werk herabsetzten. Der hämische Angriff, der wie ein Schrei des Triumphs begann, endete zumeist unversehens im Ton einer ebenso unwilligen wie traurigen Resignation. Döblin fühlte sich verkannt, von Unwissenden oder Gegnern in den Schatten jener abgedrängt, denen er sich keineswegs unterlegen fühlte. (Als ich im Jahre 1946 meine Verlagsarbeit in Paris begann, wählte ich einen Roman von Alfred Döblin als erstes Werk in der Reihe ausländischer Romane, die ich ins Französische übersetzen ließ.)

Die Münchener Kapitulation, die Niederlage der spanischen Republik und die Besetzung Prags drängten immer mehr die Politik in den Mittelpunkt unserer Gespräche. Wir saßen in einer friedlichen Straße des vierzehnten Arrondissements, manchmal vor offenen Fenstern, kein Geräusch drang in die Wohnung herauf; so lebhaft wir auch diskutierten, völlig auf unser Thema konzentriert, das Bewußtsein eines jeden von uns begleitete die Worte mit einem Kommentar über die Machtlosigkeit der Worte und die Unvermeidlichkeit von Taten, die in ihrer Wirkung länger dauern als die Handelnden, als wir alle, die lebten, die *noch* lebten.

Jeder erwachsene Mann wüßte sich an Ereignisse und Nachrichten zu erinnern, die ihn selbst und seine Zeitgenossen so »vor den Kopf gestoßen hatten«, daß dieses phraseologische Bild tatsächlich einen vergewaltigenden Vorgang bezeichnete. Man geriet ins Torkeln auf bebender Erde, der Boden unter den Füßen stürzte in den Abgrund. Sofern das Wort Urangst irgend etwas bedeutet, trifft es am ehesten auf jenes Gefühl zu, das sich mit einer unvorstellbaren Heftigkeit all jener bemächtigt, die ein Geschehnis so unvorbereitet trifft, wie es sonst nur in Angstträumen geschieht.

Die Nachricht, daß die Unterzeichnung eines Paktes Hitler-Stalin unmittelbar bevorstehe, wurde von den französischen Radiostationen und Zeitungen zuerst als Gerücht und dann als eine »Ente«, als eine von Goebbels lancierte Falschmeldung bezeichnet, als ein letzter Querschuß gegen den stündlich erwarteten Abschluß der Allianz zwischen der Sowjetunion und den Westmächten. Die kommunistische Morgenzeitung *Humanité* und die Abendzeitung *Ce Soir* wußten sogar genau, wo man die faschistischen Brunnenvergifter finden konnte, die, durch ihre eigene grenzenlose Menschenverachtung irregeführt, der Öffentlichkeit solch einen Bären aufbinden wollten. Schließlich wäre der erste April noch sehr ferne, sagte man, man war im August 1939.

Wenige Stunden später erwies es sich, daß das Unglaubliche wahr war, denn die gleiche Nachricht kam aus Moskau. Darauf erklärte man den verstörten Kommunisten, den Sympathisanten und Volksfront-Anhängern, daß selbst wenn Stalin tatsächlich einer Verständigung mit Deutschland zustimmte, diese ihn keineswegs hindern würde, das Bündnis mit den demokratischen Staaten sofort oder einen Tag später endgültig abzuschließen. Das war so selbstverständlich, daß die französischen Kommunisten wiederholten, daß sie selbst an der Spitze aller Kämpfer gegen den Faschismus marschieren, daß ihr Führer Maurice Thorez, ohne eine Minute zu zögern, einrücken und allen ein

Beispiel dafür geben würde, daß ein Kommunist immer der erste ist, wenn es gilt, das Vaterland zu verteidigen. Im übrigen, erklärten sie, war der deutsch-russische Pakt ein Geniestreich Stalins, der damit den Frieden der Welt rettete, denn er band Hitler die Hände.

Am 1. September überfiel die Wehrmacht Polen, der Frieden war also nicht gerettet, und doch fuhren die Kommunisten fort, unbeirrt zu ihrer Politik zu stehen: die Franzosen sollten nicht nur in Treue zum polnischen Verbündeten, sondern auch im Interesse der von den Nazis bedrohten Freiheit sofort in den Krieg ziehen. Erst einige Zeit später bekamen die Kommunisten endlich eine neue Direktive von Moskau: Es galt, gegen den von Frankreich und England ausgelösten imperialistischen Krieg, gegen die Sozialisten und den verräterischen Léon Blum an ihrer Spitze mit allen Mitteln zu kämpfen. Thorez desertierte, Stalin und Hitler zerstückelten Polen; die Russen beeilten sich zu erklären, daß Polen aufgehört hatte zu existieren.

Und wir, die so lange geschwiegen hatten, um den einzig sichern Verbündeten zu schonen, wir wußten nun, daß wir uns und andere auch darin getäuscht hatten. Daß Stalin alle Profite aus der wohlwollenden Neutralität gegenüber dem Dritten Reich einheimste, wurde von der gesamten bürgerlichen Presse angeprangert, als ob solch eine Wendung eine charakteristische kommunistische Diplomatie kennzeichnete. Dagegen nahm ich sehr entschieden Stellung: die Außenpolitik bedient sich seit jeher religiöser, ethischer oder ideologischer Vorwände, doch entspricht sie dem – oft völlig falschen – Kalkül einer Real- oder Machtpolitik, die darauf abzielt, den Herrschaftsbereich einer Dynastie oder eines Staates zu erweitern und ein für allemal unangreifbar zu machen. Richelieu hatte sich mit dem Protestanten Gustav Adolf gegen die katholischen Habsburger verbündet, zur gleichen Zeit verbrannte man in Frankreich – auf Befehl dieses Kardinals – Protestanten nur um ihres Glaubens willen. Religion und Moral spielten bei alledem nur eine vorgespiegelte Rolle. So stand es der französischen und englischen Regierung, die das republikanische Spanien hatten verbluten lassen und dann die Tschechoslowakei Hitler ausgeliefert hatten, schlecht an, eine moralische Außenpolitik zu predigen.

Für die gesamte antifaschistische Bewegung aber, für die gesamte Linke bedeutete der Stalin-Hitler-Pakt die größte politische und moralische Niederlage, die ihr je zugefügt worden war. In der *Zukunft* entwickelte ich diese Gedankengänge und erwog die Folgen des russischen Vorgehens. In einem *Der Pakt* betitelten zweiteiligen Artikel sagte ich unter anderm voraus, daß ein Sieg Hitlers an der Seine der Wehrmacht den Weg zur Moskwa und Newa freilegen würde. Dies schrieb ich im September; man mußte mit der Zensur rechnen und sich deshalb hie und da mit Anspielungen begnügen. Als auch der bornierteste Parteikommunist nicht mehr daran zweifeln konnte, daß die Rote Armee den Vormarsch der Wehrmacht in Polen nicht behinderte, sondern mit ihr die Beute teilte, bemächtigte sich der Stalinisten ein quälender Zweifel: Wie, wenn sie nicht erst vom 23. August an irregeführt und mißbraucht worden wären – und zwar gerade von denen, an die bedingungslos zu glauben, sie um der Sache willen beschlossen hatten?

In jenen Tagen, da der Himmel über ihnen einzustürzen schien, kamen viele von ihnen zu mir, den sie noch kurz davor wie einen Leprösen gemieden hatten. Sie wollten erfahren, wie das Unfaßliche zu erklären war und was noch zu tun blieb, wenn überhaupt noch irgend etwas unternommen werden konnte. Es kamen solche, die schon vorher zu zweifeln begonnen hatten, aber nicht hatten brechen wollen. Einer von ihnen war Gustav Regler, der begabte Schriftsteller und tapfere Soldat, der in Spanien als Kommissar einer internationalen Brigade unter schwierigen Umständen Beweise von Mut und Führergabe erbracht hatte. Nun endlich war es so weit, er trennte sich von der Partei. Andere wollten davon überzeugt werden, daß das sowjetische Regime nicht sozialistisch, nicht sowjetisch und nicht kommunistisch, sondern despotisch war: eine totalitäre Diktatur nicht des Proletariats, sondern gegen das Volk, gegen Arbeiter und Bauern, gegen alle. Ich redete niemandem zu, die Partei zu verlassen, denn nun erst wurde es ja offenbar, wie sehr die meisten verlernt hatten, selbständig zu denken. Ich verheimlichte niemandem, wie schwer es war, zu sich selbst zurückzufinden, nicht mehr in herzerwärmenden Gewißheiten, sondern in vereinsamenden Einsichten zu leben.

Die Deutschen und Italiener unter diesen Kommunisten hatten sich als Kriegsfreiwillige gemeldet, sie konnten ohne Verzug einberufen werden. Gemäß der neuen Parteilinie galt es nunmehr, sich der inzwischen als imperialistisch abgestempelten französischen Armee zu entziehen. Das war für die bereits registrierten Freiwilligen schwer, ja gefährlich. Die neue Lage brachte manche zur Verzweiflung, lähmte den Mut oder den winzigen Rest von Lebensfreude, den sie bewahrt hatten.

Die französische Regierung, die kaum einen Fehler vermied, befreite sie aus ihrer Ratlosigkeit, indem sie die meisten dieser Männer internierte, zusammen mit den anderen, österreichischen und deutschen Emigranten, da sie ja Angehörige eines feindlichen Staates waren. Sie verbot die kommunistische Partei und ihre Presse, nahm ihre Führer fest und ließ ihre Parlamentsabgeordneten wegen Untergrabung des Wehrwillens und tätiger Sympathie für den Landesfeind verurteilen. Mit diesen Maßnahmen retteten Daladier und seine Minister die kommunistische Partei, die es dank dem Verbot vermeiden konnte, sich öffentlich zu ihrer russischen Politik zu bekennen, die für ihre Mitglieder und Mitläufer eine Herausforderung war. Umgekehrt brachte die Märtyrerposition den Kommunisten allmählich

Sympathien zurück, da sie ja von einer Regierung verfolgt wurden, die ihre Armeen nicht gegen den Feind schickte, sondern nur die Polizei gegen Andersmeinende einsetzte.

Am Vormittag des 3. September lief das englische Ultimatum ab, das von Hitler forderte, die in Polen eingedrungenen Truppen sofort zurückzuziehen; am Nachmittag lief das gleichlautende Ultimatum der Franzosen ab. Die Wehrmacht setzte ihren Vormarsch in Polen fort; Frankreich und England, Verbündete des überfallenen Staates, erklärten Deutschland den Krieg. Vor den Rekrutierungsbüros bildeten sich lange Reihen von Ausländern und Franzosen, die sich freiwillig zum Kriegsdienst meldeten. Ich war einer von ihnen und wurde tauglich befunden; das Datum der Einberufung stand noch nicht fest, doch war damit zu rechnen, daß es ganz nahe bevorstand.

In jenen Monaten nahm ich wieder einige Bücher vor, die in den zwanziger Jahren den Abscheu meiner Generation gegen den Krieg geschürt hatten. So las ich auch das *Feuer* von Henri Barbusse, diesmal nicht nur als abschreckende Erinnerung, sondern als Ankündigung dessen, was nun jene erleben würden, die 1914 noch Kinder oder ungeboren waren. Das 1916 erschienene Buch ließ mich nun, im Sommer 1939, erschaudern, denn ich identifizierte mich mit den Frontkämpfern, als ob ich gerade nur auf Urlaub wäre und bald in den Schützengraben zurückkehren müßte. Ja, es flößte mir Angst um mein eigenes Leben ein, aber auch die Befürchtung, daß es mir nicht gelingen würde, gegenüber jenen Vorgängen gleichgültig zu werden, deren Zeuge, Mitschuldiger oder Opfer man im Gemetzel wird.

Meine Eltern und meine Brüder hatten in England ein Asyl gefunden, Mirjam und Vladim in Jugoslawien. Das war beruhigend – jedenfalls bis auf weiteres, bis der Krieg sich zu einem Weltkrieg ausgeweitet haben würde.

Die Erwartung, daß die Franzosen wenigstens durch Angriffe auf die westdeutschen Grenzgebiete der polnischen Armee zu Hilfe kommen würden, wurde enttäuscht. Hörte oder las man die täglichen Communiqués des französischen Hauptquartiers, so gewann man den Eindruck, daß Patrouillengänge und Aktionen von winzigem Ausmaß eine große Offensive vorbereiteten, die in wenigen Stunden oder Tagen einsetzen mußte. Es geschah nichts.

Sobald die Nacht anbrach, lag Paris im Dunkel, die wenigen Straßenlampen, die noch angezündet wurden, verbreiteten ein schwaches, blau-fahles Licht in einem kleinen Umkreis, außerhalb dessen die Straßen finster blieben. So entdeckten die Pariser zuerst erstaunt, dann bewundernd den Himmel, die Sterne und den Mond über ihren Köpfen und die phantastischen Ungeheuer, die gigantische Gliedmaßen aufwärtsreckten: die Häuser der Großstadt verwandelten sich nächtens in Monstren. Die Bewunderung wich bald dem Ärger, in der Finsternis seinen Weg suchen zu müssen und überdies immer wieder von Patrouillen aufgehalten zu werden, die die Ausweispapiere verlangten.

Vom 3. September an weckte der Fliegeralarm die Pariser mehrere Mal in der Nacht; es genügte, daß von den Grenzen her der Anflug auch nur eines einzigen feindlichen Beobachtung-Flugzeuges gemeldet wurde, um diesen Alarm auszulösen. Aus dem Schlaf gerissen, mußte man unverzüglich in die Keller hinuntersteigen und dort auf das Entwarnungssignal warten. In den ersten Wochen wiederholte sich dieser Vorgang so häufig, daß die Pariser übernächtig und müde zu ihrer Arbeit gingen, wo sie erneut durch diese törichten, nutzlos angewandten Schutzmaßnahmen immer wieder unterbrochen wurden. Die Regierung ließ nichts ungetan, was die Bevölkerung grundlos in Angst versetzen und um den Schlaf bringen konnte; sie störte die gewerbliche und kommerzielle Tätigkeit und desorganisierte den Schulbetrieb. Um diese Wirkung zu erzielen, brauchten die Deutschen nur ein kleines Flugzeug den Rhein oder irgendeine französische Grenze überfliegen zu lassen

Wir waren gewiß zahlreich, denen diese unsinnige, in jeder Hinsicht schädliche, demoralisierende Alarm-Politik die Befürchtung einflößte, daß die Kriegsführung sich, wie vorher in der Außenpolitik, ängstlich-defensiv verhalten könnte und das Gros der Armeen in den Untergrundfestungen der Maginot-Linie dahinvegetieren lassen würde. Entgegen jeder vernünftigen Überlegung setzte die Heeresleitung darauf, daß der Feind die Neutralität Belgiens und Hollands nicht verletzen würde und somit an die von keinerlei Befestigung gesicherten Nordgrenzen Frankreichs gar nicht herankommen könnte. Daß die französische Regierung tatsächlich ihrer Strategie einen so sträflichen Irrtum zugrunde legen würde, erwogen wir zwar manchmal, doch nur im grimmigen Scherz, wenn uns die großmäuligen Verlautbarungen der Minister und das greisenhafte Hurra-Gepolter der Zeitungen besonders auf die Nerven gingen. Nein, wir glaubten nicht im Ernst daran, daß die alliierten Strategen Hitler für fähig hielten, die neutralen Länder zu schonen und in einem wahnwitzigen Frontalangriff gegen die Maginot-Linie anzurennen.

Daß Polen, von der Wehrmacht und der Roten Armee in die Zange genommen, fallen mußte, ohne daß die Alliierten dem unglücklichen Lande die geringste Unterstützung gewährt hätten, auch das erschütterte das Vertrauen nicht, das wir trotz allem in Frankreich setzten. Wir schlossen nur daraus, daß der Krieg lange, weit länger dauern würde, als man bis dahin angenommen hatte.

In jenen Tagen fiebriger Erwartung, falscher Nachrichten über bevorstehende Offensiven und Siege und wahrer Schreckensberichte über den Kampf und Zusammenbruch des Landes, dessenthalb man in den Krieg eingetreten war – in jenen Tagen war die französische Polizei hauptsächlich damit beschäftigt, antinazistische Emigranten in Sportstadien zu konzentrieren, wo nichts für ihre Unterbringung vorgekehrt war. Nichts geschah, um die Entrechteten gegen Regen und Kälte, gegen Hunger und Durst zu schützen, bis sie endlich ferne von Paris in improvisierten und schlecht geleiteten Lagern interniert wurden.

In jenen Wochen gab es nur wenig, was uns von dem Gedanken an all das ablenken konnte, was nicht geschah und doch geschehen mußte. Zu diesem wenigen gehörte für mich in erster Reihe ein Manuskript, das mir Koestler überbrachte: es sollte vor Vernichtung gerettet und schließlich nach England gebracht werden, wo es etwa drei Jahre später unter dem Titel *Darkness at Noon* zu einem der bedeutendsten, erfolgreichsten und wirksamsten Bücher unserer Zeit wurde.

Arthur und ich hatten schon seit Jahren die für uns bedrängende, ja obsessive Frage diskutiert: warum gestehen die Angeklagten in den Moskauer Prozessen, Männer wie Sinowjew, Radek, Kamenjew, Piatakow und Bucharin und alle ihre Mitangeklagten imaginäre Verbrechen, statt im öffentlichen Prozeß umgekehrt die Ankläger und mit ihnen Stalin schärfstens anzugreifen?

In meiner 1937 beendeten *Analyse der Tyrannis* hatte ich die psychisch zermürbende Wirkung des totalitären Unterdrückungsmechanismus aufgezeigt, wie er von der GPU gegen jeden in Gang gesetzt wurde, den sie, gleichviel aus welchem Grunde, dazu erkoren hatte, ein Schuldiger zu sein. Koestler seinerseits, der die Romanform benutzt hatte, um in *Spartakus* eine Revolte und die mit ihr zusammenhängenden Probleme darzustellen, erwog nach dem *Spanischen Testament*, das Schicksal einer Hauptfigur der Moskauer Prozesse so darzustellen, daß der Weg eines Mannes wie Bucharin sich deutlich abzeichne – der Weg, der ihn nach langen Verhören und rücksichtslosen Gewissensprüfungen, denen er sich in der Zelle selbst unterwirft, schließlich zur Kapitulation führt, das heißt zur Teilnahme an der mörderischen Posse, die ihm seine Todfeinde aufzwingen wollen.

Während der vielen Monate, die Koestler an seinem Buch arbeitete, hatten wir über seinen Plan viel diskutiert, besonders über die Schwierigkeit, den absurden Vorgang auch jenen überzeugend darzulegen, die die Wahrheit verkennen wollten. Und nun lag das abgeschlossene Manuskript vor mir. Es war nachmittags, ich begann, es unverzüglich zu lesen, und legte es nicht aus der Hand, ehe ich die letzte Seite gelesen hatte – die Nacht war darüber fast vergangen.

Einige Stunden später kam Arthur; ich versicherte ihm begeistert, daß sein Buch genau so geworden war, wie er es gewollt hatte: er hatte ein äußerst komplexes Thema, für das die Leser noch nicht vorbereitet waren, so bildhaft und zugleich gedankenreich behandelt, daß auch der verstockteste Stalinist die Wahrheit durchschauen und somit erkennen mußte, daß er Opfer einer Irreführung geworden war. Darin irrte ich mich. Und auch darin irrten wir uns beide, daß wir die Wirkung der psychischen Folter und der körperlichen Mißhandlungen nicht in Rechnung stellten, die – das wußten wir damals noch nicht – viel dazu beitrugen, den Widerstand der Opfer so dauerhaft zu brechen, daß nur ganz wenige es zustande brachten, bei Beginn des offenen Prozesses zu enthüllen, daß ihr Geständnis falsch war und erpreßt. Man denke an den alten Bolschewiken Krestinski, der solche Enthüllung trotz allem gewagt, aber neuen Erpressungen erliegend, das Geständnis tags darauf wiederholt hatte. Erst nach dem Kriege erfuhren wir von Opfern dieser Prozesse und Insassen des Gulag, daß die Mittel, fiktive Selbstanklagen zu erzwingen, weit zahlreicher, härter, quälender gewesen waren, als wir es uns je vorgestellt hatten. Es mußten noch lange Jahre nach unserem Bruch mit dem sogenannten Marxismus-Leninismus vergehen, ehe wir endlich von allen Illusionen frei wurden und von manchen Bilderbuchvorstellungen, die wir trotz allem fast unbewußt, jedenfalls ungewollt bewahrt hatten.

Schließlich überschätzten wir den Anteil der Ideologie und der politischen Motive im Falle eines Bucharin; wir wußten nicht, daß er um das Leben seiner jungen Frau und seines kleinen Kindes bangte. Dem Tyrannen den letzten, schändlichen Dienst zu erweisen, war Bucharin kein zu hoher Preis für die Rettung des Lebens von Frau und Kind. Natürlich wurde er auch um diesen Lohn betrogen.

Am 2. Oktober 1939 wurde Arthur Koestler von der Pariser Polizei verhaftet, mit anderen politisch Verdächtigen eine Woche lang auf einem Sportplatz gefangengehalten und schließlich nach Südfrankreich, in das berüchtigte Internierungslager Vernet, gebracht. Koestler, dessen Austritt aus der kommunistischen Partei und entschiedene Gegnerschaft gegen den Hitler-Stalin-Pakt notorisch war, wurde als kommunistischer Agent verfolgt. Ähnliches geschah Gustav Regler und manchen anderen Intellektuellen, die allesamt zu den unterwürfigsten Stalinisten in Vernet gesteckt wurden. In *Scum of the Earth*, seinem Erlebnisbericht aus den ersten Monaten des Zweiten Weltkrieges, stellte Koestler diese Vorgänge und ihre Folgen mit der Präzision eines Beobachters dar, welcher am eigenen Leibe die blöde Arroganz einer brutalen Macht erfahren hat, die gegen Unschuldige und Hilflose wütet und vor der Drohung der größeren Macht widerstandslos und ehrlos zurückweicht.

»Bourrage de crâne« – so nannten die Franzosen im Ersten Weltkrieg die Hirnvernebelung, die bedenkenlos lügnerische, verdummende, chauvinistische Propaganda. Nun, im Herbst 1939 wurde die Verblödung von zwei Seiten mit gleicher Verachtung von Vernunft und Redlichkeit betrieben. In *Tiefer als der Abgrund* habe ich über die Verwirrung der Geister, über den Selbstbetrug der sich überschreienden Betrüger geschrieben:

»Stetten meinte: Es ist nun wirklich unmöglich geworden

zu entscheiden, welche Presse verächtlicher ist, die bürgerliche oder die kommunistische. Wenn ich in den Zeitungen, die den Münchener Pakt glorifiziert und den verratenen Tschechen Vorhaltungen gemacht haben, die paroxistische moralische Empörung über den russischen Treuebruch lese, so erinnert mich das daran, daß die Huren das Wort Hure als Schimpfwort benutzen .. Wenn man andererseits in den gleichen bürgerlichen Blättern liest, daß der Stalin den Hitler gezwungen hat, den Kommunismus in Deutschland zu fördern, so wird man versöhnlich gestimmt. So abgrundlos der Zynismus dieser Journalisten ist, ihre Dummheit ist weit größer .. Und was nun Ihre früheren Freunde betrifft, mein lieber Dojno, deren Verlogenheit hat einen höheren Grad erreicht. Die Lüge ist total und totalitärer als bei den Nazis, ihren neuen Bundesgenossen, die Wahrheit ist ein Zwischenfall, ein Unfall.«

Stalins Verrat am Antifaschismus befreite mich und viele andere *endgültig* von der letzten Hypothek, die uns noch an den verrotteten Kommunismus gebunden hatte. Dank jenem Verrat sind wir seit dem 24. August 1939 von ihm so frei, daß wir ihn mit der Objektivität eines Mikroben-Forschers betrachten können.

Auf Münzenbergs Bitte entwarf ich das Programm einer neuen sozialistischen Bewegung und erwog die Bedingungen, unter denen sie nach Hitlers Niederlage in Deutschland entstehen könnte. Keiner von uns zweifelte am Ausgang des Krieges – trotz der Hilfe, die Hitler bei seinem russischen Gevatter fand. Andererseits war es klar, daß Frankreich und England sich nur im Westen ernsthaft schlagen würden. Als Rußland seinen Raubkrieg gegen Finnland unternahm, gestikulierten die Alliierten wild, drohten mit einem Expeditionskorps, das dem kleinen Volk zu Hilfe eilen würde; dieses Geschwätz war verächtlich und lächerlich.

Die ungewollt satirischen Bilder der Wochenschauen, in denen man französische Soldaten an den Grenzen auf

Küchenstühlen dösen sah, wurden von einem pathetischen Kommentar begleitet, der die Heldenhaftigkeit dieser tapferen Kämpfer rühmte, die der deutschen Armee solche Furcht einflößten, daß sie es nicht wagte, zum Angriff überzugehen. Ich war im dunklen Saal wohl der einzige, der auflachte, das Publikum aber schien diesen scheußlichen Unsinn widerstandslos zu schlucken. Polen war bereits »abserviert«, des im Stich gelassenen Verbündeten wurde keine Erwähnung mehr getan. Damals wurde mir Polen wichtig; sein Unglück warf es wieder in jene Einsamkeit unter den Nationen zurück, die häufig sein Schicksal gewesen war. Erst nach dieser Aufteilung Polens durch Hitler und Stalin wurde ich dessen bewußt, wie sehr Polens Fall auch stets Unheil für die polnische Judenheit bedeutete.

Malraux hatte sich freiwillig gemeldet und wartete auf seine Einberufung; er sollte einer Panzerbrigade zugeteilt werden. Im übrigen war er davon überzeugt, daß ich am nützlichsten im neu errichteten Propaganda-Kommissariat arbeiten könnte, das unter der Leitung des Diplomaten und Dichters Jean Giraudoux weit über die Grenzen hinaus wirken sollte. Er beabsichtigte, mich Giraudoux zu empfehlen, der meine Mitarbeit, meinte er, sehr schätzen würde. Jedoch gab Malraux zu, daß er an meiner Stelle auch vorziehen würde, ein Frontsoldat zu sein.

Als wir Abschied nahmen – ich wurde vor ihm einberufen –, sahen wir vielerlei voraus, doch keineswegs jene Ereignisse, die im Mai 1940 eintreten sollten. Wir versprachen einander zu schreiben; sollte die direkte Verbindung eines Tages abreißen, so würden Jenka und Josette, so hieß seine Lebensgefährtin, dafür sorgen, daß ein jeder von uns wüßte, wie es um den andern stand. Den Tod erwähnten wir nicht. Er war in allem, was Malraux schrieb, stets mitgedacht und häufig genannt. Ich aber konnte mir leicht vorstellen, daß ich irgendwo eine schwere Verwundung erleiden und ihr wehrlos, hilflos erliegen könnte – von Kameraden allein zurückgelassen, die gegen den Feind anliefen oder vor ihm flüchteten.

Mich begleiteten seit meiner frühen Kindheit Vorstellungen von dem Guten, das mir zustoßen könnte, und von dem Schlimmsten; meine realistische Phantasie hat mich gewiß nicht vor Unerwartetem bewahrt, jedoch bewirkt, daß es, war es eingetroffen, mich selten wirklich überraschte. Andererseits haben meine Kindheitserlebnisse zur Folge gehabt, daß der Anblick von Leichen, von Wunden und Blut mich weder erschreckt noch anwidert. Das Antlitz eines toten Freundes jedoch mag ich nicht betrachten; ich ziehe es entschieden vor, die Erinnerung an den Lebenden unverzerrt zu bewahren. Stehe ich zwischen Gräbern, so stelle ich mir keine Leichen und keine Sterbenden vor, sondern selbst jene, die ein Greisenalter erreicht haben, sehe ich, wie sie in ihrer Jugend oder in der Mitte ihres Lebens gewesen waren.

Nein, ich habe nie etwas aus Kühnheit oder Übermut getan, sondern nur aus der Überzeugung, daß ich es unbedingt tun müßte – trotz der plastischen Vorstellung von der Gefahr, die ich damit auf mich nahm. So erwächst mein Mut aus der Überwindung von Furcht und Angst, er ist ein *Trotzdem* – wie es in der Zeit der Verfolgungen die Glaubenstreue meiner Ahnen gewesen ist.

Bei einer unserer allerletzten Begegnungen gab mir Koestler eine weiße Pille – für den Fall, daß der sofortige Tod der einzige Ausweg wäre. Ich bewahrte sie in einer versteckten Falte meines Portemonnaies auf. Sie ging mir während des Rückzugs verloren, gerade am Ende der Nacht, in der ich befürchtete, daß der anbrechende Tag für mich der letzte sein könnte.

Fünfter Teil

Ich rückte erst im Dezember ein, Jenka begleitete mich bis zur Kaserne, vor dem Tor blieben wir noch einige Minuten stehen. Alles war gesagt. Wir hatten besprochen, was in jedem der vielen möglichen Fälle getan werden müßte, damit die Verbindung niemals abrisse. Nur einen einzigen Fall erwogen wir nicht – gerade dieser trat ein halbes Jahr später ein. Die Kapitulation, die ein allgemeines, grenzenloses Unglück war, brachte uns wieder zusammen.

Ich hatte immer gedacht, daß ich später einmal ausführlich darstellen würde, was ich als Kriegsfreiwilliger in der französischen Armee, in einer Infanterie-Kompanie ausländischer Freiwilliger erlebt habe, die von Unteroffizieren der Fremdenlegion ausgebildet wurde. Einiges davon habe ich vor langen Jahren im zweiten Band meiner Romantrilogie verarbeitet, in Erlebnisse dritter Personen umgestaltet. Nun aber zögere ich, nicht etwa, weil ich all das, diese ungeheuerliche, sinnwidrige Zeit- und Kraftvergeudung unserer Ausbildung für einen Krieg von 1870 bereits in *Tiefer als der Abgrund* geschildert habe. Nein, aus einem andern Grunde: was uns während der brutalen und so gut wie völlig unzulänglichen, verfehlten Instruktion in jenem kalten Winter zustieß, das haben auch andere in anderen Armeen mitgemacht. Das den Franzosen nachgerühmte Talent, Lösungen zu improvisieren, versagte in jenen Monaten fast ununterbrochen. Wir wurden in baufälligen Scheunen untergebracht, deren Dächer und Wände löchrig waren; wir froren auf dem verfaulten Stroh, wurden eingeregnet, eingeschneit, da unsere Quartiere natürlich unheizbar waren. Überdies lagen sie so weit von der Küche, daß das Essen immer kalt war, bis es zu uns gebracht wurde. Die Uniformen, die wir trugen, waren schon im Ersten Weltkrieg schäbig und fleckig geworden, ein großer Teil der Gewehre stammte aus dem 19. Jahrhundert; sie taugten hauptsächlich für die endlosen Übungen, die uns auf Paraden, aber nicht auf Kämpfe vorbereiteten.

Es gab unter uns viele Emigranten, die ihre Heimat – Italien, Spanien, Portugal, Rumänien und Polen – verlassen hatten, um ihrem Elend zu entgehen und in Frankreich ein besseres, ja vielleicht das gute Leben zu finden. Sie wurden Freiwillige, weil man es von ihnen erwartete und, wenn sie zögerten, recht deutlich forderte, hauptsächlich aber, weil sie hoffen durften, daß sie dank ihrer Kriegsleistung später fül sich und die ganze Familie die französische Staatsbürgerschaft erlangen würden. Überdies gab es in großer Zahl politische Emigranten, die den Faschismus nicht mehr mit Worten, sondern endlich mit der Waffe in der Hand bekämpfen wollten. Zu diesen zählten die Spanier, die nach dem verlorenen Bürgerkrieg Zuflucht in Frankreich gesucht hatten, wo sie gleich bei der Grenze abgefangen und interniert wurden. Sie ergriffen die erste Gelegenheit, aus den Lagern hinauszukommen, und meldeten sich freiwillig, denn der Krieg gegen Francos Verbündeten, gegen Hitler, war auch ihr Krieg. Es gab viele ausländische Kommunisten, die sich, getreu der Parteilinie, bereits während der Sudetenkrise oder spätestens Ende August gemeldet hatten; nun aber hätten sie gemäß der neuen Parteilinie weglaufen wollen, sie blieben aber, weil sie das Schicksal von Deserteuren fürchteten. Überdies hatte die Partei noch nicht den ausdrücklichen Befehl zur Desertion ausgegeben. Die Zahl der bedingungslosen Antifaschisten war nicht sehr groß, es waren in der Mehrheit Intellektuelle aus Italien, Polen und den baltischen Randstaaten. Die Juden waren unter ihnen zahlreich, aber am zahlreichsten unter jenen Freiwilligen, die im Zivil Gewerbetreibende oder Arbeiter der Pariser Konfektionsindustrie waren.

So wenig Zeit ihnen allen der Dienst auch ließ, so müde und unausgeschlafen sie waren, sie alle wurden Briefschreiber. Jene, denen das Schreiben zu schwer fiel, fanden Kameraden, die ihnen diese Mühe abnahmen. Ich selbst verbrachte Stunden damit, Schreiben für jüdische Kameraden »aufzusetzen«, die sich zumeist Schneider nannten und tatsächlich nur angelernte Konfektionsarbeiter waren; und für Ukrainer, die aus dem Norden der Kohlengruben kamen oder aus der Pariser Region, wo sie in der Gemüsezucht arbeiteten. Nichts von dem, was ich so über ihr Leben »im Zivil« erfuhr, war mir neu, trotzdem empfand ich es oft, als ob ich zum ersten Mal Einblick in das wirkliche Leben erhielte. Natürlich stimmte das keineswegs, denn dieses dem Anschein nach so beschränkte Leben ist nicht »wirklicher«, was solcher Komparativ auch bedeuten mag, als die persönlich und gesellschaftlich erweiterte Existenz von Intellektuellen oder wohlhabenden Leuten. Und trotzdem beobachte ich seither mit einer ganz besondern, sachlich nicht begründeten Aufmerksamkeit Leute, etwa ältere ärmliche Männer, die schwer atmend ihre Koffer selber zum Zug tragen, oder junge Arbeiterinnen, die in der Mittagspause auf Parkbänken ihre Sandwiche verzehren, oder alleinstehende Altersrentner, die sich vor Hunger und Kälte nur bewahren können, wenn sie bei all ihren Einkäufen nur das Nötigste und Billigste kaufen – all das nenne ich für mich selbst das *wirkliche Leben.* Warum? Wie hat sich denn damals, als mir jene halbanalphabetischen Soldaten die Briefe ihrer Frauen zu lesen gaben, damit ich ihnen antworten könnte – wie und womit hat der fremde Alltag bei mir den bleibenden Eindruck erweckt, daß die Authentizität dieser Existenzen gewisser wäre als die anderer? Die seitenlangen Briefe, die ich täglich an Jenka richtete, so wie jene, die ich täglich von ihr bekam, waren gewiß keineswegs weniger authentisch, tatsächlich viel aufrichtiger als jene, die meine Kameraden erhielten oder die sie mich schreiben ließen.

Das Essen war ausreichend und nicht schlecht, der Wein genießbar, die Löhnung jedoch so lächerlich, daß die Männer ihre Frauen um Geldsendungen bitten mußten. Als wir für einige Zeit in einer Kaserne untergebracht wurden, schliefen wir endlich im Warmen; überdies gab es da eine Kantine, in der wir die freien Stunden verbrachten. Man lebte eng beieinander, es war unmöglich, mehr als einige Minuten allein zu bleiben. So gesellig ich immer war, das Bedürfnis nach Alleinsein, das ich schon in der Kindheit gekannt hatte, stellte sich stets ein, sobald ich mehrere Stunden mit anderen zusammen gewesen war. Immer peinlicher empfand ich die Unmöglichkeit, mich auch nur für eine Stunde abzusondern; sie erschien mir unerträglicher als die völlige Isoliertheit in der Einzelzelle. Da entdeckte ich durch einen Zufall, daß es einen Dienst gab, für den man sich freiwillig meldete: man mußte da ganz allein von Tagesanbruch bis zum Abend *Vedette* sein, das heißt, an der Grenze eines weiten Schießfeldes Wache stehen und ausnahmslos jedem verwehren, sich dem Feld zu nähern. Die Vedette wurde nicht abgelöst und blieb den ganzen Tag allein; es war Winter, nur ganz selten kam jemand vorbei. Von den Schießübungen sah man nichts, man hörte jedoch gedämpft das Geknatter von Gewehren und noch öfter das leichter Maschinengewehre.

Da sich kaum einer zu diesem Dienst drängte, war ich zwei, drei Mal in der Woche Vedette; so verbrachte ich diese Tage in einer Einsamkeit, deren Stille selbst durch die Schüsse kaum gestört wurde. Während dieser Stunden entfernte ich mich von dieser bizarren, in Wahrheit unechten Existenz, die ich nicht als meine eigene erkennen konnte, nicht erkennen wollte.

Ob wir nun in einer Scheune untergebracht waren oder in einer Kaserne, ob wir in langen Märschen mit dem schweren Rucksack auf dem Rücken Kilometer fraßen oder bei den Übungen mit oder ohne Gewehr auf den verschneiten, aufgeweichten Feldern herumstanden – all das wurde uns schnell genug alltäglich und blieb dennoch absurd. Die schlecht sitzenden, schäbigen Uniformen ersetzten nicht die Zivilistenkleidung, sie waren lächerliche Verkleidungen.

Einer von uns, ein polnischer Jude mit blonden Haaren über seinem stets lächelnden Gesicht, trug eine zu enge horizont-blaue Uniform und einen gelb-braunen Mantel, der ihn in eine Vogelscheuche verwandelte. Ich setzte mich in den Übungspausen oft zu ihm, weil er gerne und sehr gut sang. Wenn er sich singend erhob und seine viel zu weiten, langen Ärmel fast bis auf den Boden fielen, empfand ich aufs deutlichste, wie eindringlich durch diese Tracht, die ihn bis zur Unkenntlichkeit entstellte, unser aller Entfremdung augenscheinlich wurde.

Ich kannte das vielsprachige Repertoire seiner Lieder und mochte sie alle. Der Schlager, den die französische Armee an den Grenzen und im Hinterland Tag und Nacht sang, war ein Schmachtfetzen, in dem die Frau oder der Mann verspricht, Tag und Nacht zu warten. Das Wort »warten« kam in jeder zweiten Zeile vor – ach, es war eine sentimentale Armee von verkleideten Zivilisten, die nur selten auf die üblichen, knabenhaft gerühmten Abenteuer ausgingen. Da man nicht genug Geld für Zigaretten hatte, wo sollte man die paar Francs für das billigste Bordell hernehmen? Überdies wurde gleich in den ersten Wochen das Gerücht kolportiert und geglaubt, daß dem Wein Brom beigemischt war, um das geschlechtliche Bedürfnis zu schwächen. Jeder sprach davon und bemühte sich, seine Männlichkeit dadurch zu beweisen, daß er kaum einen Satz ohne sinnlos obszöne Worte aussprach.

Mein Sänger kannte hebräische, ukrainische und polnische Lieder, deren Texte uns für Minuten zu einer Welt des Friedens zurückbrachten, zu Frauen, um die man bangte, die man liebte, die einen erwarteten. Doch ich fand auch ohne diese Lieder den Weg aus diesem sonderbaren militärischen Ghetto hinaus, sobald ich auf Wache stand. Manchmal ging ein so scharfer Wind, daß er mir den Atem verschlug, manchmal hüllte mich ein kalter Regen ein, so daß ich kaum die Augen offenhalten konnte. Doch oft genug war die Temperatur erträglich, die Erde hatte den Nachtregen aufgesogen, ich konnte mich hinsetzen, ohne daß die Feuchtigkeit durch den Mantel drang. So verbrachte ich manche Tage in einer Stimmung, die gar nicht zu meinem Dienst paßte – ich war belustigt, wenn auch nicht heiter: fast alles rundherum und ich selbst mitten drinnen, alles belustigte mich in diesen besten Stunden.

Als sich, vom Frühling 1933 an, immer öfter der Wiederholungstraum einstellte, in dem Worte, immer nur Worte zu solcher Pein wurden, daß sie mich aus dem Schlaf rissen, da wußte ich, daß dieser Traum durch die kampflose Niederlage in Deutschland begründet und eine Reaktion auf die ach so beredte Hoffnungslosigkeit war, in der wir die Dinge hatten kommen und über uns ergehen lassen. Jetzt aber, seit dem 3. September 1939 war es so weit: die große entscheidende Auseinandersetzung hatte begonnen. Und deshalb war ich ja, ohne die geringste Neigung zum Soldatentum, Infanterist geworden: »Ich glaube nur jenen Zeugen, die sich für die Wahrheit auch umbringen lassen«, so ähnlich heißt es bei Blaise Pascal. Wir hatten genug geredet, genug geschrieben, jetzt galt nur die Tat. Und nun vergingen die Monate und nichts geschah. Selbst als Kind hatte ich solche Zeitvergeudung nicht gekannt, da ich die vergehende Zeit mit den Fortschritten maß, die ich im Lernen machte. Hier nun lernte und tat man nichts und es sah nicht danach aus, als ob die französische Armee irgendeine Initiative ergreifen und endlich, endlich zur Offensive übergehen würde.

Ja, wie ich da meine 30 oder 50 Schritte auf und ab machte, war ich ohne Bosheit belustigt über mich selbst. Hatte ich zwischen den Stangen mit den warnenden Fähnchen etwa 3 Kilometer zurückgelegt, so blieb ich beim winzigen Hügelchen stehen, auf dem meine zwei Musetten lagen: große Brotsäcke mit dem kalten Imbiß, einer kleinen Thermosflasche mit warmem Kaffee und, in einer geschlossenen Menage-Schale, die Weinration; die Schokolade, die ich im Gehen verzehrte, und die Zigaretten bewahrte ich in der Manteltasche auf. Mein Gewehr war im Jahre 1886 neu gewesen; ich lud es nie, zumeist hatte ich auch gar keine Patronen bei mir.

Im übrigen kam niemand. Die Einheimischen wußten, was da geschah, und hatten hier auch sonst nichts zu suchen. Hie und da tauchte ein Sergeant auf, um zu inspizieren. Er stellte sich gewöhnlich am Nachmittag ein, er war schon besoffen und befand sich in jenem Übergangszustand, in dem er mitleidsbedürftig wurde. Es begann damit, daß er erklärte, daß weder ich noch sonst jemand auf Erden ein Recht darauf hätte, in sein Geheimnis eingeweiht zu werden, zum Beispiel den wahren Grund zu erfahren, warum er seinerzeit zur Fremdenlegion gegangen war. Flugs darauf erzählte er seine Geschichte, eine von den drei Fassungen, trank meinen Wein aus und versprach, mir am Abend eine ganze Flasche zu schenken.

Im Gehen sang ich gerne, so leise wie im Gefängnis und gemäß einem Programm, das ich bereits am Morgen zusammenstellte. Ich verstummte für eine Weile, wenn ich müde war, und begann dann in einer anderen Sprache zu singen. Nicht alle, aber viele meiner Lieder riefen Assoziationen hervor, die weit seltener durch den Text als durch die Melodie ausgelöst wurden und zumeist an eine bestimmte Situation und an ein scheinbar unwesentliches, ja farb- und stimmungsloses Erlebnis gebunden waren, zuweilen aber an eine Person, an die Begegnung mit ihr oder an den Abschied. Damals wußte ich noch, von wem ich die einzelnen Lieder das erste Mal gehört und gelernt hatte.

Während jener Wochen stiegen mir häufig Erinnerungen auf, in denen ich mir mißfallen mußte. Es handelte sich nur selten um etwas Belangreiches, gewöhnlich um Anekdotisches, um Randerscheinungen in meinem Leben. Nachts auf dem Stroh, fragte ich mich manchmal, worauf all das abzielte: dieser Spott, der daneben griff und nie das Wichtige betraf. Bedauerte ich, mich freiwillig gemeldet zu haben? Lenkte ich mich, um so den schweren Vorwürfen zu entgehen, durch eine Selbstentwertung ab, die unernst und vielleicht zutiefst unaufrichtig war? Ich schlief zumeist ein, ehe ich eine überzeugende Antwort gefunden hatte.

Jeden Tag sandte ich Jenka einen langen Brief, in dem ich in wenigen Worten berichtete, was geschah, und dann ausführlicher über anderes schrieb: über uns beide, meine Sehnsucht, über die wenigen Kameraden, die mich interessierten, über die Geschehnisse in der Welt, über Pläne für die nahe und ferne Zukunft. Aber ich bin gewiß, daß ich niemals der merkwürdig zudringlichen Erinnerungen, dieser »Randerscheinungen« Erwähnung getan habe. Unsere ganze Korrespondenz – etwa 180 Briefe – ist verlorengegangen und ich kann nicht überprüfen, ob ich mich irre.

Ich war ein mittelmäßiger Soldat, ein schlechter Schütze, doch unermüdlich in den Gewaltmärschen, die zu unserer Ausbildung gehörten. Ich gewann Freunde, nicht nur unter den Intellektuellen, und als Briefschreiber wurde ich besonders deshalb geschätzt, weil ich keine Entlohnung verlangte. Unter den Kameraden, die meine Dienste beanspruchten, gab es kluge Menschen, zartfühlende und einige, deren Güte mich um so mehr beeindruckte, als keiner von ihnen je vom Glück begünstigt worden war. Der Begegnung mit ihnen verdanke ich die Einsicht, daß absichtslose, natürliche Güte sowohl den, der sie ausübt, wie jene, denen sie zugute kommt, zwar gewiß nicht vor Unglück bewahrt, aber gegen dessen seelische Nachwirkungen besser feit als alles andere. Ich entdeckte in manchen dieser Bedrückten eine seelische Kraft, die sich nicht nur im Erleiden bewährte, sondern auch in ihrer Art, still, doch unbeirrbar dem zu widerstehen, was sie als schlecht oder ungerecht empfanden.

Sofern ich je durch irgend jemand von der Politik abgelenkt worden bin, so ist es durch einige dieser »Briefkunden« geschehen. Was sie mir aus ihrem und ihrer Familie Leben offenbaren mußten, damit ich genau das schreiben könnte, was sie zum Ausdruck bringen wollten, enthielt kaum etwas, was ich nicht schon vorher von jenem armseligen Alltag gewußt hätte, der nicht nur von Nöten, Sorgen und Befürchtungen erfüllt ist, sondern auch von vielen großen und kleinen Hoffnungen, freudigen Überraschungen und erfüllten Erwartungen. Und doch erfuhr ich von ihnen weit mehr als sie von mir – aber was? Ich lernte, daß man sich nie zu weit oder für lange Zeit vom Konkreten entfernen darf, von den Einzelheiten, die einander folgen, sich miteinander vermengen und am Ende eben Inhalt und Form der täglichen Existenz bestimmen. Deutlicher als vorher entdeckte ich, daß sich unter allen Lebensbedingungen ein Ordnungsprinzip entwickelt, ein System von äußerlichen, aber auch von innerlichen Gewißheiten.

In keiner der Organisationen, denen ich je angehört hatte, war ich dem Volk wirklich begegnet – hier aber in dieser seltsam zusammengewürfelten Armee von Freiwilligen, hier begegnete ich ihm wieder – zum ersten Mal seit ich das Städtel verlassen hatte, doch diesmal als ein Erwachsener, der wußte, was Elend ist und Sorge um das tägliche Brot.

Wenn ich mich in tiefster Stille »in mich selber beugte«, schien's mir zuweilen, als ob ich noch eine andere als nur die eigene Stimme hörte – nein, nicht die Stimme des »einfachen« Mannes, sondern eine, die sich wohl seit Jahrtausenden nicht geändert hat: die gepreßte Stimme des schwer atmenden Menschen, der, mit einer zu schweren Last auf den Schultern, geht und geht und niemals ankommt.

Wie in einem Schulinternat bilden sich in einer Kompanie sehr schnell Freundschaften, die durch Mißstimmungen gelockert und dann durch versöhnende Gesten um so enger geknüpft werden. Meine Freunde waren zuerst Intellektuelle ostjüdischer Abstammung, sodann politische Emigranten aus Italien, Polen und den baltischen Staaten. Manche von ihnen boten ohne Einschränkung ihre Gegenwart an, ließen aber kaum etwas von ihrer Vergangenheit oder ihrem Leben im Zivilstand durchblicken. Da war nicht unbedingt Geheimnistuerei im Spiel, doch hatten sie den Entschluß gefaßt, alles, was für sie wesentlich war und es bleiben sollte, für sich zu behalten. Aus Mißtrauen? Vielleicht. Aus der Befürchtung, daß ihre Vergangenheit ihnen angelastet werden könnte, wenn die gewiß reaktionäre Militärbehörde davon Kenntnis erhielte – wahrscheinlich. Es gab unter uns einen Norditaliener, einen stämmigen Mann, dessen Augen immer in die Ferne zu spähen schienen. Dieser Kamerad erstaunte uns nicht nur durch die gleichbleibende Präzision, mit der er alle Befehle ausführte, und durch die Gleichgültigkeit, mit der er heftigen Auseindersetzungen beiwohnte, ohne je Partei zu ergreifen. Es hieß, er wäre in seiner Heimat Hauptmann gewesen, hätte aus unbekanntem Grunde Italien plötzlich verlassen und sich bei Kriegsausbruch in einem französischen Rekrutierungsbureau freiwillig gemeldet – als einfacher Soldat oder – wie es französisch heißt – als Soldat zweiter Klasse. Er war gewiß kein Faschist und auch kein Jude. Als Mussolini am 9. Juni 1940 dem besiegten Frankreich in »vorweggenommener Notwehr« den Krieg erklärte, meldete sich der Italiener sofort zum Rapport, um dem Kompaniekommandanten zu erklären, daß er niemals gegen sein Vaterland kämpfen würde und deshalb unter keinen Umständen an die italienische Front geschickt werden wollte.

Auch Spartaco kam aus Italien. Er war der Sohn anarchistischer Eltern, was sein Taufname absichtsvoll verraten sollte, und ein überzeugter Antifaschist. Ob er nun sprach oder schwieg, stets spielte um seinen Mund ein gutes

Lächeln, so daß selbst Unbekannte ihn freundlich ansprachen. Wir alle mochten diesen großgewachsenen hübschen Mann, der die Blicke der Frauen anzog, sooft wir durch ein Dorf marschierten. Ihn schickten wir vor, wenn wir bei den Bauern etwas kaufen wollten; gewöhnlich steckten ihm die Frauen – die Männer waren zumeist mobilisiert – ein großes Stück Speck oder einige Äpfel oder eine Flasche Wein zu; er teilte alles mit jedem, der in der Nähe war. Er war der einzige Anarchist unter uns und stimmte mit den anderen nicht überein, denn sie waren aktive oder abtrünnige Kommunisten, Trotzkisten, Sozialisten oder politisch unaktive Liberale. Spartaco diskutierte ungern, denn er glaubte, daß erst später, nach dem Kriege, die Anarchisten Gehör finden würden. Inzwischen verlief alles in ungeheuerlichen Widersprüchen, die nur denen zugute kamen, welche die Macht ausüben wollten. Selbst die Staaten, die gegen die Diktaturen Krieg führten, wandten immer häufiger diktatorische Maßnahmen an und wurden dem Feinde ähnlich. Um so notwendiger war es, so schnell wie möglich zu siegen. Auch deshalb war er, ein Pazifist und Antimilitarist, ein Kriegsfreiwilliger geworden. Die aggressive Dummheit, mit der wir es täglich zu tun hatten, störte ihn weit weniger als mich. Er nahm sie mit Gleichmut auf, denn er hatte nichts anderes erwartet. Und ähnlich wie Alfred Adler glaubte er, daß man dem Stinktier nicht seinen Geruch vorwerfen darf.

Auch ich wich dem politischen Gespräch manchmal aus. Die Stalinisten folgten widerspruchslos den Anweisungen der Vertrauensmänner der Partei, die das Propagandamaterial mit einiger Vorsicht, aber ohne Schwierigkeiten verbreiteten und den Treugebliebenen wie den Schwankenden bewiesen, daß der Krieg nichts als ein von Frankreichs und Englands Kapitalisten provozierter, imperialistischer Konflikt war. Im übrigen sollten die Kommunisten keinen Augenblick vergessen, daß alles, was sie in den Zeitungen lasen und im Radio hörten, von A bis Z perfide Lüge war.

Ich gab es auf, mit ihnen zu diskutieren, als einer von ihnen, ein Medizinstudent, der im Spanischen Bürgerkrieg als Sanitäter Beispiele von Kühnheit und Hilfsbereitschaft gegeben hatte, mich darüber aufzuklären versuchte, daß die Russen Finnland gar nicht angegriffen hätten, daß es dort gar keinen Krieg gäbe, daß die gegenteiligen Nachrichten nur Lüge und Erfindung der Sowjetfeinde wären. Was auch immer ich als Gegenbeweis vorbrachte: die offiziellen sowjetischen Informationen, die in deutscher und in französischer Sprache vom Moskauer Kurzwellen-Sender verbreiteten Nachrichten – all das tat er mit einem Lächeln ab. Er hielt mich nicht für dumm, sondern für ein wehrloses, weil naives Opfer der imperialistischen Propaganda. Er klärte mich darüber auf, daß auf den Wellenlängen der sowjetischen Radiostationen sich französische und britische Agenten meldeten, die meisterhaft sowjetische Sprecher nachahmten.

Wir lagen an einem verschneiten Waldrand, mit unseren elektrischen Signalisierungsapparaten sandten und empfingen wir von Zeit zu Zeit Botschaften in Morse. Diese Übungen verlangten nicht viel Aufmerksamkeit und keinerlei Anstrengung. Wenn es nicht zu kalt war, verlief uns die Zeit recht schnell und am Anfang amüsierten uns diese Übungen wie zur Zeit, als wir noch Pfadfinder waren. Während der junge Mediziner mir bereitwilligst die Weltlage erklärte, spielte ein ironisches Lächeln um seinen Mund – er war nicht nur seiner selbst sicher, sondern auch gewiß, daß er mir die Augen öffnete, so daß mir »die kapitalistischen Schuppen« endlich von den Augen fallen müßten.

Glaubensdogmen, weltliche Erlösungshoffnungen und die sie begleitenden Erpressungen erzeugen die politische Paranoia der totalitären Bewegungen. Ihre Anhänger werden unempfindlich für vernünftige Argumente und taub für die unüberhörbare Sprache der Tatsachen. Das gilt besonders in einer zerrütteten Welt, in der es leichter ist, sich negativ als positiv zu orientieren, und man eher damit rechnet, daß der Feind gefährlich und vernichtenswert ist, als daß der Freund ein verläßlicher Kampfgefährte bleiben wird.

Die Schwierigkeit meiner Position wie der meiner wenigen Gesinnungsgenossen in der Kompanie bestand darin, daß wir den Irrtum, aber nicht den Irrenden bekämpfen wollten. Seit ich meine neue Freiheit erlangt hatte, achtete ich darauf, den Menschen nicht mit seiner Meinung zu identifizieren und den Gegner nicht ohne weiteres als Feind zu betrachten. So unversöhnlich meine Feindschaft gegen die Diktaturen und ihre wahrheitsmordende Propaganda war, ich bemühte mich – oft genug ohne Erfolg – in ihren Anhängern Verführte und nicht unbedingt Feinde zu sehen. Die absolute Negativität ist mir immer ein Greuel gewesen, sie erschien und erscheint mir noch immer als eine Vorankündigung von Mord und Tod mitten im Leben. Vor einer Welt, in der es nur zwei Farben – und diese ohne Nuancen – gäbe, würde mir grauen wie vor einer Krankheit, die ihr Opfer körperlich und seelisch bis zur Unkenntlichkeit entstellt, ehe sie es vernichtet.

Als ich ein Kind war, lauschte ich im Bethaus zwischen den Gottesdiensten dem Singsang, mit dem die Talmudstudenten den Text, seine Übersetzung und den Kommentar halblaut vor sich hinsprachen. In den dunklen Winkeln der Betstube saßen sie vor Pulten, auf denen Folianten lagen, die das Licht einer Kerze schwach erhellte. Obwohl die Melodien des Rezitativs sich voneinander nicht sehr unterschieden, erweckten sie in mir die Stimmung einer seltsam entspannten, geduldigen Erwartung. Häufig wurden aramäische Sätze wiederholt, dazwischen kehrte eine Frage in jiddisch wieder: »Und vielleicht umgekehrt?« fragte der Lernende, nachdem er aus vielen Erwägungen eine Schlußfolgerung gezogen hatte, die ihn jedoch nur einen Augenblick lang befriedigte, und ohne Übergang begann er zu erörtern, ob eine ganz andere, ja diametral entgegengesetzte Folgerung nicht ebenso, ja allein gültig sein könnte.

Da ich in der Darlegung meiner Stellungnahmen gewöhnlich sehr entschieden bin, dürfte kaum einer meiner Leser vermuten, wie oft ich mich im Schreiben unterbreche, um wie jener Talmudjünger zu erwägen, ob eine entgegengesetzte Meinung nicht begründet wäre. Ich bin gewiß kein nachsichtiger Diskussionspartner, aber während ich in einer ernsten Auseinandersetzung dem andern zuhöre oder selber spreche, taucht häufig die Frage auf: »Un thomer fàrkert?« So wäre die Quelle meiner – zuweilen ungeduldigen – Toleranz im Erlebnis des Kindes zu suchen, das, tief beeindruckt, immer wieder jene Jünglinge bewunderte, die, am Ziele angekommen, den Blick zurückwandten, um sich zu fragen, ob sie nicht Weg und Ziel verfehlt hatten.

Als mir der sympathische stalinistische Kamerad beibringen wollte, daß alle Nachrichten falsch waren, suchte ich in seinem ehrlichen Gesicht Gründe, die Diskussion fortzusetzen. Aber wie seinerzeit gegenüber den jungen Nazis in meinen Berliner Kursen verzichtete ich, denn mit Grammaphonplatten diskutiert man nicht. Sie verführen aber oft den Gegner dazu, sich stets zu wiederholen: der Platte wie eine Platte zu antworten.

Zu den glaubwürdigsten Ankündigungen des nahen Untergangs gehört die Unfähigkeit der Bedrohten, aus dem Verhalten ihrer Feinde irgend etwas zu lernen. Der deutsche Feldzug in Polen enthüllte denen, die es wissen wollten, wie wirksam die Wehrmacht Panzereinheiten einsetzte und wie die Landarmee dank ihnen zum Bewegungskriege zurückgefunden hatte. Obschon die französische Heeresleitung die Erfolge der meisterhaft geführten deutschen Invasionsarmee in allen Einzelheiten analysiert haben mußte, enthielt sie sich, daraus praktikable Konsequenzen zu ziehen. Dabei blieb es während jener acht Monate, die die »drôle de guerre«, dieser Sitz-Krieg dauern sollte, ehe die Wehrmacht auch im Westen den Blitzkrieg entfesselte. Auch der deutsche Überfall auf Dänemark und Norwegen bewog die Alliierten nicht zu Maßnahmen, die dem Sitzkrieg rechtzeitig ein Ende gemacht hätten.

Unsere Feldübungen blieben die gleichen, nur wurden die Gewaltmärsche häufiger. Wir sollten aufs äußerste abgehärtet und darauf vorbereitet werden, mit dem schweren Rucksack, mit Waffen und Munition zwanzig oder dreißig Kilometer bis zur Front anzumarschieren. Daß die Truppe infolgedessen dem Feinde in einem Zustand der Entkräftung entgegentreten mußte, störte die Führung nicht, der die Abhärtung der Soldaten als das eigentliche Ziel der Ausbildung, wenn nicht gar des Krieges erschien. Die Verwendung von Motorfahrzeugen, die die Truppe bis zur Kampflinie heranfahren konnten, kam gar nicht in Betracht. Einer unserer Offiziere, der irgendwo gelesen hatte, daß ich Psychologe war, zog mich manchmal ins Gespräch; ihn fragte ich, wie sich Infanteristen zu verhalten hätten, wenn sie sich plötzlich anrollenden Panzerwagen gegenüberfänden. Dieser Oberleutnant, in Zivil ein Hauptschullehrer, fand es natürlich, daß er darauf keine Antwort wußte.

Der Zufall fügte es, daß wir unsern ungeduldig erwarteten Urlaub am Abend des 9. Mai antraten; wir hätten am frühen Morgen ankommen sollen, aber unser Zug blieb während mehrerer Stunden in einem Vorort-Bahnhof stecken. Erst als wir endlich in Paris ausstiegen, erfuhren wir, daß die Deutschen in Holland und in Belgien eingedrungen waren. Die meisten von uns meldeten sich bald nach ihrer Ankunft an der zuständigen Stelle, aber man versicherte uns, daß wir den Urlaub nicht zu unterbrechen brauchten.

Als ich einige Tage später zum Regiment zurückkehrte, ahnte ich trotz den unerfreulichen Nachrichten von der

Front nicht, daß ich Paris erst fünf Jahre später wiedersehen würde. Ich war fast immer auf der Seite der Besiegten gewesen, aber diesmal befand ich mich auf der Seite der Sieger – das glaubte ich. Nur wenig später sollte es sich erweisen, daß wir die jämmerlichsten aller Besiegten waren. Und wieder gehörte ich zu ihnen; und auch diesmal, wie 1933, nach einer fast kampflosen Niederlage.

Auch über die Ereignisse und Erlebnisse jenes Frühlings habe ich in *Tiefer als der Abgrund* berichtet und will es nicht wiederholen. Ich zitiere hier nur die einleitenden Absätze jenes Berichts:

»Man suchte ein Wort, die Niederlage zu bezeichnen: Débâcle, Zusammenbruch, Auflösung – keines war gemäß, jedes zu schwach. Das Geschehen war beispiellos, so wollte man in ersonnenen Beispielen, in weit hergeholten Gleichnissen den angemessenen Ausdruck finden: noch vor einem Augenblick hatte er im Sonnenlicht gestanden: jung, spannkräftig, der kommenden Tage so sicher wie seiner selbst. Und nun lag er da, von einem einzigen Schlage gefällt. So starb Achill, so fiel Siegfried – solcher Beispiele gab es viele. An diesem Untergang war neu und fürchterlich, daß der Sterbende mit jedem Atemzug um Ewigkeiten alterte, das Gesicht war pergamenten, das Fleisch verfault, die Knochen vermodert, noch ehe der letzte Atemzug ausgehaucht war. So war die Jugend nur Betrug gewesen, ein falscher Zauber die leuchtende Kraft.«

Als wir endlich eingesetzt werden sollten – viel zu spät, alles schien verloren – da trat das Bataillon vollzählig an. Man würde von einer noch nicht bestimmten Station aus mit der Bahn an die Front herangebracht werden oder vielleicht mit Lastwagen, denn es war Not am Mann, hieß es. Der Zug war nicht da, deshalb marschierten wir in wechselnder Richtung, mit ganz kurzen Unterbrechungen Tag und Nacht. An einem Morgen entdeckten wir, daß fast alle unsere Offiziere verschwunden waren; unsere Reihen lichteten sich, viele flüchteten auf Lastwagen, die gegen Westen oder Süden fuhren, so dicht mit Soldaten angefüllt, daß alle stehen mußten. In der gleichen Richtung fuhren Personenwagen, die die Offiziere und deren Familien in Sicherheit brachten. Wir sahen sie an uns vorbeiflitzen, wir marschierten gegen Osten oder Norden.

In einem Städtchen machten wir halt, um in einem Wirtshaus die Radionachrichten zu hören. Wir vernahmen die Stimme eines alten Mannes – es war Marschall Pétain; er bot den Deutschen die Kapitulation an.

Wenn es nur irgend möglich war, hielten wir uns von den Straßen fern und marschierten durch Wälder, über Felder. Häufig mußten wir jedoch zur Landstraße zurückkehren, um uns in Dörfern oder kleinen Städten Nahrung zu verschaffen. Sooft wir in eine Stadt kamen, marschierten wir in geschlossenen Reihen und sangen Marschlieder mit so kräftiger Stimme, als ob wir zum Äußersten entschlossen wären, und ganz besonders laut, wenn wir an Café-Terrassen vorbeikamen, wo Einheimische gemächlich ihren Apéritif schlürften. Es war, als hätte sich das Volk, die Bauern so gut wie die Städter, mit der katastrophalen Niederlage abgefunden; sie fanden Trost in der Gewißheit, daß ihre Söhne heil nach Hause kommen würden. Noch einige Tage, höchstens Wochen – alles würde wieder sein wie früher.

Die Erde blieb fest unter ihren Füßen, das Getreide reifte auf ihren Feldern wie die Früchte auf ihren Bäumen, in ihren Kellern alterte wohlgeschützt der Wein. All das war unversehrt geblieben, war unverlierbar. Nur wir, wir mußten denken, nur wir hatten den Krieg und damit Frankreich verloren. Unser Anblick war den anderen lästig, denn er erinnerte sie daran, daß die *grande nation* fast kampflos kapituliert hatte und sich nun dem Willen des Feindes unterwarf.

Die Tage waren heiß, die Nächte regnerisch – wir marschierten. Ich verbot mir das Schlafen, denn ich war entschlossen, nicht lebend in Gefangenschaft zu geraten. Daher mußte ich während der kurzen Ruhepausen, wenn alle schliefen, wach bleiben. Ich schrieb fast ununterbrochen – im Kopf – einen sehr langen Brief an meine Freunde, um zu erklären, warum ich in Frankreich geblieben war und nun in der Falle steckte. Der Brief war ein Vermächtnis voller Hoffnung: Geschlagen, kehrten wir nicht nach Haus, weil wir keines mehr hatten, und jeder Flecken Erde, auf den wir traten, für uns, nur für uns Nirgendland wurde. Andererseits aber sollten die Freunde nicht daran zweifeln:»die Enkel fechten's besser aus.« Und wenn England nicht kapitulierte, dann war auf die Dauer nichts verloren.

Ich schrieb auch eine Novelle, deren Held Georges Danton war. Ich wollte verständlich machen, warum und wieso er, der Initiator der Septembermorde, plötzlich, so schien es, ein Gegner des Terrors wurde und es schließlich vorzog, selbst guillotiniert zu werden als andere guillotinieren zu lassen. Ich hatte die Handlung von Anfang bis zum Ende ausgedacht, aber nun, da ich die endgültige Fassung im Kopf formulierte, wollte das erste Kapitel kein Ende nehmen. Es gelang mir nicht, der Verführung zur übergroßen Ausführlichkeit zu widerstehen. Ununterbrochen drängten sich mir Einzelheiten auf – in der Verschwommenheit des Halbschlafs, in dem ich, die Hand auf der Schulter des Vordermanns, die Augen halb geschlossen, Fuß vor Fuß setzte. Die vielen neuen Details mußte ich dann einfügen und so begann ich immer wieder von vorne.

Abwechselnd mit dem Brief an die Freunde und der Novelle dachte ich ein Zwiegespräch zwischen Sokrates und einem jüdischen Schiffsreeder aus Tyros aus, der den zum Tode verurteilten Philosophen überreden will, ihm nach Tyros zu folgen und Lehrer seines Sohnes Raphaël zu werden.

Gegen Ende einer regnerischen Nacht erfuhren wir, daß der Waffenstillstand in Kraft getreten war. Wir machten am

Eingang eines winzigen Städtchens, nahe dem Rand eines Forstes halt; die Türen und die Fensterläden waren geschlossen, die Einwohner schliefen noch; wir ließen uns auf der steinigen Straße nieder. Diesmal konnte ich endlich schlafen wie alle anderen, wir brauchten nun keine Wache mehr. Alles war zu Ende.

Ein warmer Hauch und flüsternde Stimmen weckten mich; widerwillig, mühsam öffnete ich die Augen. Zwei Frauen, eine ganz junge und eine alte knieten neben mir, ihre Gesichter berührten fast meine Stirne. Ich begriff nicht recht, was sie wollten, und sagte: »Ich schlafe, ich muß schlafen.« Sie hoben mich sachte vom verregneten Boden, nahmen meine Sachen und führten mich in ein Haus. Die Alte zeigte mir ein Bett, es war sauber. Ich bat, sie sollten mich doch in der Scheune schlafen lassen, denn ich hatte keine Kraft, mich auszuziehen, und meine Uniform war schmutzig und steif vom Regen. Nach einigem Zögern brachte sie mich in einen Kuhstall, es duftete darin wie von frischem Heu, ich ließ mich fallen. Die junge Frau eilte herbei, die Alte half mir und richtete mich halb auf, ich trank die heiße Milch und legte mich wieder hin.

Einige Stunden später fanden mich Kameraden, sie weckten mich, denn wir sollten weitermarschieren. Ein berittener Offizier hatte sich eingestellt, ein Unteroffizier begleitete ihn, wir standen wieder unter Befehl. Ich suchte hastig nach den Frauen, aber sie waren nicht im Haus und auch nicht im Gemüsegarten.

Wenn ich pessimistische Äußerungen über Menschen höre, tauchen diese zwei ungleichen Gesichter manchmal auf, hinter ihren Augen mühsam zurückgehaltene Tränen des Mitleids mit dem Fremden, der auf einer steinigen Landstraße den Schlaf suchen mußte. Sie haben mich, sind sie noch am Leben, wahrscheinlich längst vergessen. Aber seit jenem Morgen sind sie im Zeit-Raum meines Lebens beheimatet und werden darin bleiben bis, ja bis man mir Scherben auf die Augen legen wird.

In einem meiner Romane sagt ein jugoslawischer Partisan: »Grausamkeit ist ansteckend.« Ihm antwortet jemand: »Nicht nur sie, auch Güte, Großmut sind ansteckend. Ebenso der Mut und die Feigheit ... Was die Grausamkeit betrifft, ich glaube nicht, daß sie tiefer ist als das Mitleid, und sie ist unwichtiger als die Liebe und selbst als das Bedürfnis nach Gerechtigkeit. Wäre es anders, so würden viele von uns nicht mehr leben, zum Beispiel ich, zum Beispiel du.«

Wir marschierten nun wieder in Reih und Glied, der Hauptmann, abwechselnd leutselig oder grundlos zornig, hatte keinen klaren Marschbefehl bekommen oder ihn nicht recht verstanden. Das ging so zwei Tage, dann wurden wir in einer kleinen Bahnstation einwaggoniert; es hieß, wir würden nach Marseille und von dort nach Marokko gebracht werden. Wir verließen jedoch den Zug in Aix-en-Provence, wo wir in einer großen Kaserne untergebracht wurden, die so überfüllt war, daß man auf den Gängen aller Etagen schlief und im weitläufigen Hof. Versprengte kleine Truppenteile machten hier halt, man wartete ungeduldig auf die Demobilisierung. Wir stellten mit Mißmut, doch ohne Verwunderung fest, daß bei unseren französischen Kameraden das Gefühl der Erleichterung überwog; natürlich bedauerten sie, daß Frankreich nun besiegt war, doch war es für sie wichtiger, daß sie fortab nicht mehr Verwundung und Tod zu fürchten hatten: Den Krieg haben wir hinter uns, sagten sie, die Folgen der Niederlage werden sich unangenehm bemerkbar machen, aber alles ist besser als Krieg.

Ich kam mit einem Alpenjäger aus Grenoble ins Gespräch, er bot mir eine Zigarette an und drängte mir dann das ganze Paket auf. Er hatte erraten, daß mir, dem

Fremden, der aus politischen Gründen freiwillig in den Krieg gezogen war, der Anblick der fast freudig erregten Besiegten befremdend war. Deshalb sagte er: »Der Krieg zerstört, der Frieden macht alles möglich. Sorgen Sie sich nicht. Solange die Gefangenen nicht heimkommen, wird es hier Arbeit für jeden geben. Und die Jahreszeiten werden sich nicht ändern, jedenfalls nicht für uns, die wir überlebt haben.«

Einigemal gingen wir in der Stadt spazieren; er kannte sie von früher und mochte sie. Er sprach klug von Cézanne und Zola, die einmal hier zu Hause gewesen waren. Ihm war jeder Gesprächsstoff genehm, sofern er nur nicht die Kapitulation, Hitlers Sieg und die nahe Zukunft Frankreichs betraf. Manchmal tranken wir stehend an der Theke eisgekühlten Rosé-Wein und auf den Caféterrassen Apéritifs und sahen gelassen den Schatten zu, die sich verlängerten, und der Sonne, die sich nur langsam senkte. Während der zahlreichen Stunden, die wir miteinander in der Kaserne und in der Stadt verbrachten, empfand keiner das Bedürfnis, dem andern irgend etwas über die eigene Person zu erzählen. Solches geschah mir zum ersten Mal. Ich teilte mit ihm Minuten und Stunden, die uns als gemeinsame Gegenwart verflossen, doch blieb die Vergangenheit eines jeden wohlbehütetes Geheimnis; die nahe Zukunft sollte uns für immer trennen, wie die Passanten einer großen Stadt, die einander kreuzen und für immer hinter sich lassen. Eines Morgens verschwand der Sergeant ohne Abschied.

Einige Tage später marschierten wir von Aix nach Fuveau, einem Städtchen, das gegenüber dem von Cézanne häufig gemalten Gebirge »de la Victoire« liegt. Etwa eine Woche später bezogen wir Quartier in einem höher gelegenen Ort, der uns recht gut aufnahm. Alle, auch die Dumpfesten unter uns, empfanden den eigenartigen Reiz der provençalischen Landschaft und träumten mit offenen Augen von dem Glück, sich hier niederzulassen und im

Einklang mit den Bergen und Tälern zu leben, mit den roten Dächern der steinernen Häuser, von denen viele im sommerlichen Sonnenlicht wie weißer Marmor leuchteten.

Doch mitten in dieser so wohlwollenden Landschaft konnte man kaum einen Augenblick die Sorge um die Eigenen vergessen, von denen man seit Wochen abgeschnitten und ohne ein Lebenszeichen war. Wann immer wir auf diesen Rückzugsmärschen eine Überlandstraße erreichten, stießen wir auf zahllose Männer, Frauen und Kinder, Hunderttausende waren es wohl, die in einer heillosen Flucht nach dem Süden und dem Westen strömten. Jeder von uns suchte mit den Augen unter ihnen seine eigene Frau, die Kinder, seine Eltern, denn gewiß hatten auch sie, wie so viele Pariser und Bewohner der nördlichen Hälfte Frankreichs, überstürzt ihr Haus verlassen und waren mit Packen auf dem Rücken unterwegs. Doch nun, im Juli, war alles zu Ende, gewiß kehrten viele schon wieder heim, aber es war unwahrscheinlich, daß unsere Frauen sich in das besetzte Paris begeben würden. Wo hatten sie wohl haltgemacht, wo konnte die Nachricht sie erreichen, daß wir noch am Leben waren?

Wir hatten bereits alle Waffen abgeliefert, machten aber, von wieder aufgetauchten Unteroffizieren der Fremdenlegion kommandiert, noch immer Dienst. Am frühen Morgen zogen wir aus unseren Quartieren auf den Hauptplatz des Dorfes, von dort in das nahegelegene Wäldchen, wo wir – immer unter Befehl – uns die Zeit mit den dümmsten Pfadfinderspielen und derbsten Bauernraufereien vertreiben mußten. Manchmal, wenn wir vergattert auf dem Hauptplatz standen, kam der Hauptmann, der im schönsten Haus logierte, halb angezogen heraus, hielt warnende Reden, die ihn, je länger sie dauerten, um so heftiger erzürnten, so daß er am Ende nur noch Flüche und Schimpfworte gegen uns ausstieß. Gegen uns, ein aus der Fremde in das gutmütige Frankreich eingebrochenes Gesindel, das an Krieg und

Niederlage schuld war und das sich nur ja nicht einbilden sollte, bald wieder freigelassen zu werden, denn man würde uns nach Afrika schicken, wo wir hoffentlich schnell genug krepieren würden. Wir kannten natürlich seinen Namen, ich brachte mühelos in Erfahrung, woher er stammte und wo seine Familie wohnte, denn ich wollte es ihm später einmal heimzahlen. Von solchem Nachher träumen wohl Soldaten seit jeher. Nach dem Kriege hätte ich ihn öffentlich anprangern können; ich habe es nicht getan, obschon mein Gedächtnis alles treu bewahrt hatte. Wir nahmen seine Drohungen ernst, denn wir wollten natürlich so schnell als möglich demobilisiert werden; deshalb bemühten wir uns in jenen Wochen, brave, disziplinierte Soldaten zu sein. Frei willig waren wir gekommen, nun waren wir fast Gefangene; es galt, dieser gefährlichen Situation schleunigst zu entrinnen.

Ich schrieb meinen Eltern nach London, obgleich ich daran zweifelte, daß sie der Brief erreichen würde. Einige meiner jüngeren Freunde hatten sich bei Ausbruch des Krieges in Cagnes sur Mer, in der Nähe von Nizza niedergelassen, unter ihnen Ingrid, eine Freundin, welche auch Jenka kannte. Sie bat ich, mir eine vom Bürgermeister bescheinigte Erklärung zu schicken, daß sie mich beherbergen wollte; dieses Zertifikat war für die Demobilisierung von Freiwilligen erforderlich. Jenka, die vor dem Einmarsch der Deutschen das zur offenen Stadt erklärte Paris zu Fuß verlassen hatte, war nach dem Südwesten gewandert wie zahllose Schicksalsgenossen, die gleich ihr nur eines im Sinn hatten: sich von Paris möglichst weit zu entfernen, dabei die großen Straßen und Brücken zu vermeiden, die von Fliegern bombardiert wurden. Am Ende fand sie sich in Bergerac mit ihren lettischen Freunden Polo und Judith zusammen; in diesem Falle wie in so vielen anderen hatte ein glücklicher Zufall mitgespielt: Jenka erinnerte sich an die Adresse Ingrids, die ihr postwendend mitteilte, wo ich mich aufhielt.

Ohne die damals erforderliche Reisebewilligung fuhr sie los; es war eine abenteuerliche, immer wieder unterbrochene Fahrt, die wegen des völlig zerrütteten Bahnverkehrs zur Irrfahrt wurde, aber sie kam ans Ziel.

Man rief mich in die Bataillonskanzlei, ich vermutete etwas Unwichtiges oder eine Schikane. Als ich eintrat und Jenka erblickte, war's mir, als ob das überraschendste aller Wunder geschähe, doch gleich danach schien es mir durchaus natürlich, daß sie, gerade sie trotz aller Hindernisse nun in ihrem sommerlich leichten, blauen Kleid mit den großen weißen Tupfen in diesem versteckten Nest der Provence aufgetaucht war.

Jenka mietete sich bei einem älteren Ehepaar ein, dessen fensterlose Garage meinen Kameraden und mir als Quartier diente. Das Treiben der Soldaten, das sie von ihrem Fenster aus beobachten konnte, erschien ihr kindisch, unsere Disziplin lächerlich, unser Dasein grotesk. Sie verstand, daß keiner dieser Männer sein wollte, was er war, daß wir von jeder Stunde die Befreiung erhofften, obwohl keiner wußte, wohin er dann gehen würde und zu wem. Alle empfanden, daß sie in der Mausefalle steckten, doch flößte ihnen diese winzige provençalische Welt ein heiteres Zutrauen zum Leben ein.

Als wir endlich am 16. August demobilisiert wurden, bekamen wir natürlich nicht die Zivilkleidung zurück, in der wir eingerückt waren; sie war in der besetzten Zone geblieben und wahrscheinlich verloren. Nun nahm man uns auch die Uniform weg und entließ uns schließlich in verwaschenen, verblichenen Drillich-Anzügen. Auf dem Entlassungsschein war vermerkt, daß wir kein Recht auf die »Prime de Démobilisation« hätten. Diese von Pétains Leuten beschlossene Ausnahme wurde später rückgängig gemacht mit der Erklärung, die zuständige Militärbehörde hätte in dem Demobilisierungsdekret vergessen, auch die ausländischen Freiwilligen zu nennen, indes allen anderen ein Entlassungssold gewährt wurde. Das erwähne ich nicht nur, weil es keinen unter uns gab, der diese 1000 Francs nicht dringendst benötigt hätte, um die ersten Schritte ins Zivilleben zu tun, sondern um anzudeuten, mit welcher Bitternis die Freiwilligen die Diskrimination empfinden mußten, deren Opfer sie noch lange bleiben sollten.

Jenka und ich machten in Marseille anderthalb Tage halt, vor allem um zu prüfen, welche Möglichkeiten es da gäbe, unser Leben zu fristen oder das Land zu verlassen. Fast an jeder Straßenecke trafen wir nahe und ferne Bekannte, die ausnahmslos aus Frankreich flüchten wollten. Sie gaben bereitwillig Auskunft über die zahllosen Umwege, die man beschreiten mußte, um den Weg zu erreichen, der einen antifaschistischen Emigranten in ein freies Land führen könnte. Alle spielten in einem tragischen Drama mit, das wie ein Vaudeville inszeniert war, in welchem ein jeglicher zur allgemeinen Verwirrung beiträgt, Hoffnungen weckt und vernichtet, die sofort von anderen Illusionen ersetzt werden. Ich habe in meinen Romanen nicht selten Situationen geschildert, in denen die Verzweifelten ihre Ängste und ihre Verlorenheit in einem unbezwinglichen Gelächter ausdrükken und so für einige Minuten desaktualisieren. Am deutlichsten aber empfand ich es an jenem Augusttage in der so leichtlebigen Hafenstadt. Einige Jahre später habe ich es in *Tiefer als der Abgrund* kondensiert wiedergegeben:

»Die Aussichten sind nicht so schlecht!« erklärte ein früherer deutscher Minister. »Man muß jedenfalls zuerst nach Portugal. Das zu erreichen, sollte keine Hexerei sein . . Also das ist selbstverständlich, die Portugiesen gewähren kein Einreisevisum, sondern nur die Durchreise. Nicht so schlimm. Man kann ein chinesisches Visum kaufen, erschwinglich. Aber die Chinesen wollen ja gar nicht, daß wir hingehen; darum bestehen sie darauf, daß man ein südamerikanisches Visum, wenigstens ein Durchreisevisum besitzt. Da gibt es drei Möglichkeiten ... Wenn man also ein südamerikanisches und ein chinesisches Visum hat, ist man fraglos ein gutes Stück weiter. Aber wie kommen Sie nach Portugal? Über Spanien? Die Spanier sind so übel nicht ... Sie geben ein Durchreisevisum – unter der Voraussetzung natürlich, daß Sie ein französisches Ausreisevisum haben. Und das bekommt man nicht. Und daß Ihnen, einem Kriegsfreiwilligen, die Préfecture einen *Titre de voyage* ausstellt, ist ausgeschlossen.« Als Dojno laut auflachte, sah ihm der Minister forschend ins Gesicht und sagte: »Sie lachen, weil Sie glauben, daß Ihre Lage völlig ausweglos ist. Da sind Sie aber auf einem Holzwege. Denn erstens ...«

Es gab in Marseille Comités, von denen man eine Unterstützung erbitten konnte, wichtiger aber war es, ihre Hilfe bei den Bemühungen um ein Visum und Fahrgeld zu erlangen. In meinem Falle ging es um ein »Danger-Visum«, das politisch schwer gefährdeten Emigranten und Franzosen nicht nur die Einreise, sondern auch die Aufenthaltsbewilligung in USA ermöglichte. Ich brauchte nicht viele Gänge zu machen, um mich dessen zu vergewissern, daß ich von diesen Comités nichts zu erwarten hatte. Ich gehörte keiner Organisation an, bekannte mich zu keiner Partei und keiner Gruppe. Auch als Malraux, etwa ein Jahr später, bei dem wichtigsten dieser Comités, das von einem Amerikaner geleitet wurde, für mich intervenierte, erhielt ich keinerlei Zusage.

Mehr als die Aussichtslosigkeit, über deren Ausmaß ich wirklich nur noch lachen konnte, bewog mich zur schleunigsten Abfahrt das tiefe Unbehagen, das mir die Begegnung mit diesen verzweifelten Flüchtlingen einflößte: Ich ertrug ihren Anblick nicht, weil meine Lage der ihren so ähnlich war, ich aber keineswegs einer von ihnen sein wollte. So fand ich mich schnell damit ab, daß es mir keinesfalls gelingen konnte, Frankreich zu verlassen, und daß ich daher so gut wie sicher verloren war. Eine solche Haltung hatte ich mir zum ersten Mal im Gefängnis aufgezwungen und mir damit ein neues Gleichgewicht erobert; ich hoffte nicht und verzweifelte nicht, ich rannte nicht wie die Passagiere auf einem sinkenden Schiff herum, die sich einen Weg zu den wenigen Rettungsbooten durchkämpfen wollen. Wahrscheinlich würde England standhalten und Hitler den Krieg verlieren, sagte ich mir, aber erst nach einem langen Krieg, der für uns jedenfalls zu lang dauern würde.

Während der 36 Stunden, die wir in Marseille verbrachten, trafen wir nur wenige Menschen, die mir näher standen. Völlig unerwartet, einen Augenblick lang nicht nur überraschend, sondern erschütternd, war die Begegnung mit Arthur Koestler. Er trug genau die gleiche Uniform eines Legionärs, die ich einen Tag vorher endlich abgelegt hatte. Um sich zu retten, hatte er sich zur Fremdenlegion gemeldet und war in einer Kaserne stationiert, von wo er mit anderen Rekruten nach Afrika verschickt werden sollte. Sein Plan war überaus gewagt, doch klug; dank ihm schlug er sich von Afrika über Portugal nach England durch. Als wir uns beim Abschied umarmten, tat er mir unaussprechlich leid. Er seinerseits dürfte für mich das Schlimmste befürchtet haben. *Arrival and Departure*, einen noch während des Krieges erschienenen Roman, widmete er mir im Zweifel, ob ich noch am Leben wäre: »To Munio if he is still alive«. Wir sollten einander erst fünfeinhalb Jahre später wiedersehen.

Wenige Stunden nach dieser Begegnung fuhren wir nach Cagnes sur Mer. Es blieb uns gerade genug Geld, um die relativ kurze Reise zu bezahlen und während einiger Tage den Unterhalt zu bestreiten. Wir hatten so gut wie gar kein Gepäck und bescheidenste Hoffnungen, die sich schnell als unbegründet erwiesen. Von der Hand in den Mund zu leben, das sollte möglich sein, im Materiellen gewiß, aber auch im Seelischen. »Wer dürfte sagen, schlimmer kann's nicht werden . . «

Vielerlei kleine Arbeiten, die sich nicht länger hinausschieben ließen, bewogen mich, während einiger Wochen das Heft beiseite zu legen, in dem ich über »All das Vergangene« bald ausführlich, bald in knappen Zusammenfassungen berichte. Ehe ich dort fortsetze, wo ich mich unterbrochen habe, lese ich die letzten 50 Seiten wieder durch und verwundere mich darüber, daß ich manche Gefühlsaufwallungen »herunterspiele«, das heißt keine Vorstellung von ihrer Intensität und Wirkung zu geben versuche. Man könnte es damit erklären, daß mitten in dem alles überwältigenden Geschehen dem Ausdruck persönlichen Gefühls nicht viel Raum gelassen wird. Diese Verknappung des intimen Bereichs gleicht keineswegs einer Entfremdung, sondern entspricht einem Kraftverschleiß, der wie ein besonders heftiger körperlicher Schmerz unsere gesamte Aufmerksamkeit während Minuten, Stunden, ja manchmal während ganzer Tage so absorbieren kann, daß alles andere, sogar ein anderer, aber leichterer Schmerz kaum merkbar wird. Das überpersönliche Geschehen bemächtigt sich eines Menschen, überwältigt ihn, sein Wesen und seine Gegenwart so unwiderstehlich, daß die tiefsten Empfindungen, die es in ihm hervorruft, für ihn selbst im Hintergrund bleiben, daß sie gleichsam gefrieren.

Als ich mit dem Kommunismus endgültig, unwiderruflich brach, gewann ich mühelos die Freiheit des Erkennens und des Urteilens wieder. Es mag prätentiös klingen: seither habe ich mich in der Einschätzung der Ereignisse und ihrer Folgen recht selten geirrt. Die Geschehnisse, die die Geschichte der dreißiger Jahre und der nachfolgenden Jahrzehnte markiert haben, habe ich so zu erkennen und zu analysieren versucht, als ob es auf mein Urteil ankäme, obschon ich natürlich von seiner Unwirksamkeit durchaus überzeugt war. Ich habe das Geschehen nicht subjektiviert, sondern mein eigenes Geschichtserlebnis objektiviert, so gut es mir gelingen wollte. Das konnte nur dank einem scheinbar paradoxen Vorgang geschehen: einerseits kam es darauf an, das Ereignis so aufmerksam, ja so passioniert zu erleben, als wäre man persönlich betroffen, einbezogen oder ausgestoßen, aber andererseits – und fast im gleichen Atemzug – mußte man von sich selbst und dem eigenen Interesse absehen, so als wäre man gar nicht ein Zeitgenosse, als gehörte das Ereignis bereits der Vergangenheit an.

Was in jenen Jahren, besonders in der Zeit geschehen ist, von der ich hier erzähle, hat mir mehr Leid bereitet als die schmerzlichsten all meiner persönlichen Erlebnisse. Es hat mich auch mehr, ausdauernder gequält und gedemütigt. Und dennoch berichte ich hier beinahe gefühllos von jenen Geschehnissen – warum? Eben um den Gefühlen zu wehren, die in meiner Erinnerung zu lebhaft geblieben sind. Im Hinblick darauf, was nachfolgen sollte und was Millionen Menschen, insbesondere meinesgleichen, erleiden mußten, ist auch der leiseste Ausdruck von Sentimentalität fehl am Platze. »Rührt mich nicht an«, schrieb der todkranke französische Schriftsteller Henri Calet in seinen letzten Aufzeichnungen. »Rührt mich nicht an, denn ich bin ein Sack voller Tränen.«

Soeben habe ich vom Zusammenbruch Frankreichs im Sommer 1940 gesprochen. Aber was in der Zeit geschehen ist, die mich von jenem Zusammenbruch trennt, beschattet noch mein heutiges Dasein. Was ich seither geschrieben habe, hat man nicht richtig gelesen, wenn man darin nicht den unauslöschlichen Schmerz entdeckt hat, der die nicht desaktualisierbare Erinnerung an all das durchtränkt, was so vielen unschuldigen Menschen, besonders aber meinem Volk angetan worden ist.

Mit der Stimme des einzelnen spricht niemals er allein, denn Generationen, deren Erbe und Fortsetzer er ist, reden aus ihm – selbst dann, wenn er über die Banalitäten seines Alltags berichtet. Meinesgleichen weiß, daß er im zweiten Viertel dieses Jahrhunderts Erbe eines Unglücks geworden ist, an dem er die Geringfügigkeit dessen ermessen muß, was ihm, der überleben durfte, zugestoßen ist. Niemand vermag sich der Last eines Erbes zu entledigen, das von einem Besitz ergreift, noch ehe man erwogen hat, ob man es antreten soll.

Hauts-de-Cagnes, das Alte Cagnes genannt, liegt auf einem steil ansteigenden Hügel. Die Häuser an seinen Abhängen überraschen den Besucher; wohlhabende Angelsachsen, unter ihnen besonders viele Homosexuelle und Lesbierinnen, hatten sie renoviert, umgebaut und mit Komfort und hübschen Möbeln ausgestattet. Gleich nach dem Ausbruch des Krieges, spätestens nach dem Zusammenbruch, mußten viele dieser Besitzer Frankreich verlassen, daher konnte man solche Wohnungen billig mieten; das taten wir. Im ersten Logis, das einem Maler gehörte, verfügten wir über ein großes Atelier, dessen hohe Fenster den weiten Blick aufs Meer, auf die Bucht von Nizza und Antibes offen ließen. Mich zog's in den ersten Wochen zu diesen Fenstern, dem blauen Meer, dem leuchtenden Himmel. Es bedeutete für mich nicht nur Schönheit, sondern auch die beglückende Wiederbegegnung mit jener Reinheit, die ich im Schnee entdeckt hatte. So erstaunlich es heute mir selbst erscheint, in den ersten Tagen empfand ich das Leben als ein traumhaftes Geschenk. Eines Morgens überraschte mich Jenka dabei, wie ich vor den Fenstern einen Tanz aufführte und dabei sang: »Ach, wie gut, daß niemand weiß, daß ich Rumpelstilzchen heiß.« Sie überraschte mich dabei, sage ich, weil es sich um eine solch spontane Glücksäußerung handelte, daß ich selbst dessen kaum bewußt geworden war. Es war das Glück im Winkel, das nur eine Weile dauerte, bis ich mich von der nutzlosen und absurden Soldatenknechtschaft völlig befreit, gesäubert fühlte.

Als ich mich gemäß den polizeilichen Anordnungen bei der Préfecture in Nizza meldete und um Aufenthaltserlaubnis ansuchte, wurde sie mir verweigert. Man deutete mir an, ich sollte nicht insistieren, es wäre besser, gar nichts mehr zu unternehmen. Erst später, nachdem Malraux den Präfekten um Aufklärung gebeten hatte, erfuhr ich den Grund der Abweisung: ich stand auf der Auslieferungsliste. Blieb ich unangemeldet, polizeilich inexistent, so konnte die Polizei meine Anwesenheit ignorieren.

Dabei blieb es. Meine Demobilisierungsbescheinigung genügte, um vom Gemeindeamt registriert zu werden und Rationierungskarten zu erhalten, die sehr bald für Lebensmittel, für Tabak, Seife und fast alle anderen Konsumartikel notwendig waren. Noch ehe der Winter anbrach, übersiedelten wir in das ärmliche Haus einer alten Frau; die Moskitos plagten uns dort bis in die kalte Jahreszeit, aber wir zahlten eine ganz geringe Miete. Doch schon im Frühjahr bezogen wir ein hübsch eingerichtetes Häuschen, das von der Straße aus ebenerdig aussah, aber in der Tat dreistöckig war, mit einem Raum auf jeder Etage und einer Veranda im zweiten Stock.

Die rationierten Lebensmittel waren billig, aber unzureichend, die des schwarzen Marktes für uns unerschwinglich. Wovon lebten wir? Rückblickend erscheint es mir rätselhaft, wie wir die allerdings sehr bescheidene Miete aufbringen und uns, schlecht genug, ernähren konnten. Meine Eltern schickten etwas Geld aus London, das sie sich vom Munde absparten. Der Vater und meine Brüder waren zuerst als Feindstaatsangehörige interniert und erst nach einer geraumen Weile freigelassen worden. Hesiu, der ältere Bruder, ein Polyglott, gab Sprachstunden, Milo, der Schauspieler, fand Beschäftigung im Theater und im britischen Rundfunk, die Eltern machten Heimarbeit und erzeugten unter anderem Ledergürtel.

In den Nächten und am Morgen lauschte ich auf die

Nachrichten der BBC; ich malte mir aus, wie es meinen Eltern in diesen nicht endenwollenden Stunden der Bombenangriffe wohl zumute sein mochte, und hoffte, daß sie und meine Brüder wieder einmal mit dem Leben davonkommen würden. Ich fand es mitten in diesem Unglück tröstlich, daß sie zum Unterschied von den in Ghettos gefangenen Juden das Schicksal eines freien Volkes, dessen Gefahren, aber auch dessen Hoffnungen teilen durften. Sie selbst lehnten es ab, auf dem Lande Sicherheit zu suchen, wie es so viele alte Leute taten. Sie bewunderten die Ruhe ihrer englischen Nachbarn und folgten deren Beispiel. So fiel es ihnen leichter, an die nahende Niederlage Hitlers zu glauben; sie verzagten keinen Augenblick, aber sie bangten um mich, als ob ich eine Geisel im Feindesland wäre.

Ich verdiente etwas Geld mit Deutschstunden, die mir neu gewonnene Freunde in Nizza verschafften. Diese jungen Menschen, denen es materiell recht gut ging, ließen keine Gelegenheit aus, uns zu verwöhnen. Gleiches taten andere Freunde, unter ihnen Polo und Judith, die uns aus der Provinz Lebensmittelpakete und Geld schickten, und schließlich Familien, die wir durch Jetty, Jenkas Schwester, kennen gelernt hatten. Wir besuchten sie oft ın Nizza, blieben einige Tage und formten mit mehreren Paaren eine Gemeinschaft, die den Notstand und die Gefahren überdauern sollte.

Die etwa 40 Fremden, die in Hauts-de-Cagnes lebten, waren entschlossen, bis zum Ende des Krieges dazubleiben; sie bildeten keine Gemeinschaft, sondern eine lose zusammengehaltene Fremdenkolonie. Alle kannten einander, Beziehungen jeglicher Art wurden angeknüpft, wurden immer enger und erschütterten Ehen, Liaisons und Freundschaften; dann nutzten sie sich ab und wichen neuen Beziehungen. In dieser Sondersituation schienen die Erwachsenen sich wieder in Halbwüchsige zu verwandeln, der häufige Wechsel der Gefühle glich dem von Knaben und Mädchen in Internaten.

Ein hochgewachsener Mann mit schlohweißem Haar stand eine Zeitlang im Mittelpunkt dieser durch Zufall zusammengehaltenen Gesellschaft: Franz Blei, der alte österreichische Schriftsteller, war eine journalistische Berühmtheit gewesen; er hatte über viele Literaten geschrieben, war ihr Herold oder satirischer Gegner gewesen. Die Fremdenkolonie verehrte ihn, obschon kaum einer je etwas von ihm gelesen hatte. Seine materiellen Bedingungen wurden immer schwieriger, endlich gelang es seiner Familie in Amerika, ihm ein Visum und Fahrgeld zu besorgen. Er war in wenigen Monaten so gealtert, daß er hinfällig wirkte. Von Lissabon schickte er mir einen Brief, einige kaum lesbare Worte und zwei Zigaretten.

Cagnes, der letzte Wohnort von Auguste Renoir, hatte mehrere später berühmt gewordene Maler beherbergt, unter ihnen Modigliani. Nun lebten wieder einige Maler hier, französische und ausländische. Der Holländer Geer van Velde war einer von ihnen. Mit ihm und seiner Frau Elisabeth schlossen wir Freundschaft; sie wird nur enden, wenn keiner von uns mehr sein wird.

Jedes Mal, wenn ich mich dem Platz hinter dem Schloß näherte, wo sich die Boulespieler fast zu jeder Tageszeit einfanden, hielt ich Ausschau nach Geer. Der großgewachsene schlanke Mann mit dem schönen hochgereckten Kopf zog den Blick aller auf sich. Noch heute betrachte ich sein seltsam kühnes Gesicht mit den die Ferne suchenden jungen blauen Augen so gerne wie vor 35 Jahren.

Fast alles, was ich seit dem Kriege geschrieben habe, ist im Anblick eines seiner Bilder entstanden. Wenn ich von meinem Heft aufschaue, sehen mich die Farben und Konturen, die Geer ersonnen und in ein Kunstwerk verwandelt hat, so an, wie manche jener Bilder im Amsterdamer Rijksmuseum, bei denen ich, dreizehnjährig, Zuflucht vor

Einsamkeit suchte und die Nähe einer vergangenen, fernen und doch präsenten Welt fand. Es gehört zu den besten Dingen im Leben, das Werk eines Freundes stets vor Augen zu haben, es bewundern zu dürfen.

Manchmal, wenn ich in seinem Atelier vor einem seiner großen neuen Gemälde sitze, die, nicht figurativ, eine unnennbare Welt darstellen, eine Welt für sich, für ihn und für all jene, die sie entdecken können, da denke ich an einen Halbwüchsigen, der in hundert oder zweihundert Jahren vor diesen Bildern in einem Museum stehen wird. Wie von dem Maler selbst sachte geleitet, wird der Junge versuchen, sich eine Vorstellung von dem Mann zu bilden, der das Werk vor langer Zeit geschaffen hat.

Wir schlossen noch einige dauerhafte Freundschaften in Cagnes; wir nahmen an allem teil, was die durch eine ungewollte Schicksalsgemeinschaft vorübergehend gebildete Menschengruppe unternahm, um die »harsche Zeit« mit heiterm oder bösem Trotz zu überdauern oder – wie der Wiener sagt – »zu übertauchen«.

Ich wurde häufig als Psychologe in Anspruch genommen; manchmal ging es darum, jemanden vor einer schweren Depression zu bewahren, die ihn nach einer Trennung bedrohte, welche er selbst herbeigeführt hatte und nun doch nicht ertragen konnte; ein anderes Mal sollte ich den wilden Streit zwischen älteren Lesbierinnen schlichten, die einander eine junge Freundin abspenstig machten. Schwierigkeiten des Zusammenlebens erregten die Gemüter der Paare heftig; Komparsen in einer weltumfassenden Tragödie, wandten sie ihre besten Kräfte daran, ein Vaudeville zu spielen, darin sie ihre Rollen so oft wechselten, daß sie sich nur schwer aus den Wirrnissen befreien konnten.

Inzwischen war der Winter gekommen. Da ich die Kleider, die mir aus Paris nachgesandt werden sollten, noch immer nicht bekommen hatte, konnte ich das Haus nur verlassen, wenn die Sonne schien. Ich wanderte dann durch die Gassen und blieb lange auf dem Platz stehen, um den Boulespielern zuzusehen. In jenem Winter begann ich zu schreiben, nachdem ich alle Bedenken zerstreut hatte, die mich bis dahin davon abgehalten hatten. Als ich das erste Schulheft erwarb, um endlich mit dem Schreiben Ernst zu machen, wußte ich genau, warum ich es tat: Ich wollte eine Zuflucht finden vor dem Dasein, das zwar oft so heiter wie ein satirisches Lustspiel anmutete, mir aber, sobald ich es mit mir allein zu tun hatte, stets aufs neue unerträglich wurde. Mit jedem Federstrich entfernte ich mich von dieser ausgehöhlten, mit vergeblichen Worten nutzlos vertriebenen Zeit und fand zu mir, zur nahen Vergangenheit zurück. Wie der Mann, der seinen Schatten verloren hatte, hatte ich die Zukunft verloren, mir blieb nur die Vergangenheit, ich lebte zeitlich auf Borg, räumlich fern von allen Kämpfen; ein emsiger Hörer von Radioberichten, der darauf wartete, daß der Feind endlich aufhöre, überall dort, wo er angriff, zu siegen.

Wozu, für wen aber schrieb ich? Ich fand mich damit ab, daß mein Tun keinerlei Zweck hatte und daß ich wohl der einzige Leser meiner Texte bleiben würde. Ich verbrachte die Zeit damit, mein Heft mit Worten zu bedecken – eine Flaschenpost-Botschaft, die nie ein Ufer erreichen würde.

Dieses erste Heft liegt jetzt vor mir: auf dem grau-blauen Umschlag sind vier Landschaften abgebildet: die Bretagne, die Auvergne, die Provence und ein verschneiter Bergrükken. Die Schrift, die die hundert Seiten bedeckt, ist unvergleichlich leserlicher als die meiner letzten Manuskripte. Da ich während der Rückzugsmärsche auch meine Füllfeder verloren hatte, schrieb ich mit einer Stahlfeder, wie ich es als Kind gewohnt war.

Über die drei oder vier Seiten, die ich täglich schrieb, hatte ich kein Urteil und ich versuchte gar nicht, mir eines zu bilden. Je weiter ich kam, um so mehr verzichtete ich auf die Selbstzensur und ließ alles stehen, wie es kam: viel zu lange Schilderungen von geschlossenen Räumen und von Landschaften, von Wanderungen; ausführliche Beschreibungen von unwesentlichen Episodenfiguren, deren Auftreten nicht unlogisch, aber nicht unbedingt notwendig war; lang ausgesponnene Gespräche zu zweit, zu dritt, zu vieren; Unterhaltungen von beschwipsten Gästen eines Geburtstagsfestes, das ein wohlhabender Mann feiert, dem schon im Frühling 1930 vor Europas naher Zukunft graut.

Nein, ich beeilte mich nicht; ich hatte Zeit oder umgekehrt gar keine mehr. Ich glaubte, daß ich gewiß nicht lange genug leben würde, um das, worauf es ankam, zu Ende zu führen; also ging es darum, täglich einige Stunden lang Zuflucht zu finden. »Ich schrieb, wie der einsame Wanderer, verloren in tiefer Nacht, singen oder zu sich selber sprechen mag.« Das erklärte ich 20 Jahre später im Vorwort zu der ersten einbändigen Ausgabe der Trilogie *Wie eine Träne im Ozean.* Als ich im Sommer 1948 die endgültige Fassung des ersten Romans dieser Trilogie schrieb, kürzte ich den Text jenes Schulheftes beinahe um die Hälfte. Das fiel mir nicht gar zu schwer: deutlich genug hoben sich nun in meiner Sicht jene Episoden, Seiten und Satzfolgen ab, die psychohygienisch notwendig gewesen, aber fortab überflüssig waren. Es handelte sich eben nicht mehr um eine im voraus verlorene Flaschenpost, sondern um ein Buch.

Malraux, der in Gefangenschaft geraten war, aber noch vor der Überführung nach Deutschland entfloh und sich in der unbesetzten Zone niederließ, fand meine Spur dank André Gide, der sich auch an der Côte d'Azur befand, in einem Haus, in dem er seit Jahrzehnten abzusteigen pflegte; deshalb konnte man ihn während der Monate, die dem Waffenstillstand folgten, leicht erreichen. So kam es, daß Malraux eines Tages bei uns in Cagnes auftauchte, zusammen mit Josette, die ihm mitten in den Wirren einen Sohn geboren hatte. Auch um ihn kennenzulernen, sollten wir bald nach Rocquebrune kommen, einem Dorf, das über dem Cap St. Martin liegt. Das Haus, das ihnen durch Gides Vermittlung zur Verfügung gestellt worden war, gehörte einem Colonel der Bengali-Lancers; alles war auch danach: angefangen von den an den Wänden der Halle hängenden, elegant und dennoch kriegerisch gekreuzten Schwertern bis zu dem zeremoniellen Butler, den der Mieter gemäß dem Wunsch des Colonels behalten mußte. Es kam sehr zustatten, daß Luigi ein Italiener war, da er leicht über die Grenze gehen und manches besorgen konnte, was in Frankreich zu einem erschwinglichen Preis nicht aufzutreiben war. Da Malraux sich weigerte, irgend etwas unter der Herrschaft der Besatzung und der direkt oder indirekt von ihr ausgeübten Zensur zu veröffentlichen, fand er sich häufig in Geldnöten, die er mit großem Gleichmut ertrug, obschon ihm ein hoher Lebensstandard wichtig war – aus Gründen, die wohl mit seiner Kindheit und den zerrütteten Verhältnissen zusammenhingen, in denen er bei der vom Vater verlassenen Mutter aufgewachsen war.

Es geschah nun nicht selten, daß wir an mit Blumen geschmückten Tischen aßen und Luigi mit seinen weißen Handschuhen ein Rutabaga genanntes Gemüse servierte, das viele Wiener gewiß unter dem Namen *Wrucken* seit dem Ersten Weltkrieg in unangenehmer Erinnerung behalten haben. Auch damals verabscheuten wir dieses Gemüse und aßen es dennoch, selbst wenn es verfroren oder halb verfault war; es gehörte für mich zum *déjà vu.* Doch bei Malraux verspeisten wir das Rutabaga in einem schönen Speisezimmer, durch dessen hohe, breite Fenster man das blaue Meer erblickte: zur Linken die italienische Grenze, zur Rechten Monte Carlo mit seinen vorspringenden Felsen und die Bucht von Monaco, und in der Ferne den östlichen Rand der Engelsbucht von Nizza. Die Absurdität unserer Situation war zugleich lächerlich und tröstlich. Wir lebten in diesen aufgezwungenen, besonnten Ferien an einem der schönsten Flecken der Erde, mitten in einem Kriege, den wir keinen Augenblick vergessen konnten. So diskutierten wir ohne Aufhör über die Probleme, welche die Gestaltung der zukünftigen Verhältnisse nicht weniger betrafen als die Gefahren, Leiden und Hoffnungen, die wir empfanden, als ob sie uns noch mehr angingen als alle anderen.

Malraux, mit seinem Kind auf den Schultern, und ich gingen stundenlang im Garten auf und ab. Über den Ausgang des Krieges gab es für uns, ich sagte es schon, keinerlei Zweifel, besonders nach dem schnell offenbar gewordenen Mißerfolg der deutschen Luftwaffe, die Englands Kapitulation herbeiführen oder zumindest den Erfolg einer Landung sichern sollte. Vordringlich war die Frage, wann in Frankreich die Résistance sich aus einer Bewegung kollaborationsfeindlicher Propagandisten in eine Reihe wohlorganisierter, zusammenhängender Kampfgruppen verwandeln würde.

Malraux wurde von zahlreichen Schriftstellern besucht – von solchen, die ihn dazu bewegen wollten, durch einen Artikel in einer Pariser Revue sein Verständnis für jene zu demonstrieren, die wenn nicht die Kollaboration, so doch irgendeine Form der Koexistenz mit dem Vichy-Regime und der Besatzung akzeptierten oder – wie Drieu la Rochelle – sogar förderten. Malraux ließ nicht den geringsten Zweifel walten an seiner unversöhnlichen Gegnerschaft gegen das Pétain-Regime sowie gegen jede Art von Kollaboration; er erlaubte nicht, daß auch nur eine einzige Zeile von ihm im Herrschaftsbereich der Nazis gedruckt würde. Es kamen andererseits zahlreiche Männer, die in Paris oder Lyon

Widerstandsgruppen anführten; diese Résistants, zumeist alte Freunde und Gefährten, warben um seine Mitarbeit, die er jedoch bei aller Sympathie für die Résistance ablehnte. Er wollte von dem Augenblick an zu Verfügung stehen, da es möglich sein würde, den Kampf nicht nur mit Worten zu führen. Wie man weiß, übernahm Malraux die Führung eines »Maquis«, d. h. einer schnell erstarkenden militärischen Widerstandsgruppe, die einige Monate nach der Landung der Alliierten in die *Brigade Alsace-Lorraine* verwandelt wurde. Dieser wortmächtige und ungewöhnlich einflußreiche Schriftsteller hat keine Kampfgesänge und keine Heldengeschichten geschrieben – er hat sich selbst, er hat sein Leben eingesetzt.

Noch war es nicht so weit. Er schrieb an dem Roman *Die Nußbäume von Altenburg,* der in der Schweiz und erst nach dem Krieg in Frankreich erschien. Wir diskutieren viel über das werdende Werk, das ich Seite um Seite im Manuskript las. Malraux seinerseits interessierte sich mit nie erlahmender Aufmerksamkeit für mein Buch; da er des Deutschen nicht mächtig war, mußte ich ihm resümierend berichten, wie es sich mir selber fortschreitend darstellte und dennoch ganz anders wurde, als ich es erwartet hatte. Wie Alfred Adler 20 Jahre vorher es getan hatte, ermutigte mich Malraux aufs wirksamste, indem er mir unbeschränkt Vertrauen und Zutrauen entgegenbrachte, obschon er nur vermuten, doch nicht wissen konnte, in welchem Maße ich das eine wie das andere verdienen mochte. Diese beiden wahrhaft bedeutenden Männer, die einander äußerst unähnlich waren, haben dieserart das typische Erlebnis meiner Kindheit, das unerschütterliche Zutrauen meines Vaters ausgeweitet und mir Mut eingeflößt, viel weiter zu gehen, als ich wohl sonst gewagt hätte.

Ich brauche hier nicht an die zahllosen Wendungen zu erinnern, die der Krieg bis zu seinem späten Ende noch nehmen sollte, obschon sie uns damals so angingen, als ob wir selbst auf den torpedierten Schiffen, in den Kampfflugzeugen, an den Fronten in der nordafrikanischen Wüste und den Ebenen Rußlands, in den Wäldern Jugoslawiens, auf den Inseln Griechenlands oder in Asiens Dschungeln gesteckt hätten. Zum ersten Mal erlebten Menschen in weiter Ferne von Kriegsschauplätzen die Ereignisse fast im Augenblick ihres Geschehens – sie brauchten nur einen Knopf zu drehen und wurden Ohrenzeugen. Es ist jedoch nicht nur für die psychologische, sondern auch für die politische Deutung um so belangreicher, daß diese alltäglich gewordene Simultaneität das Vorstellungsvermögen der Menschen kaum gefördert hat. Die Nachrichten riefen in den Hörern Freude oder Mißmut hervor, aber die Vorstellung vom geschilderten Ereignis verblaßte in jedem Falle sehr schnell und machte einer statistischen Feststellung Platz, die die Zahl der versenkten Schiffe, der getöteten und verwundeten Soldaten, der zerstörten Städte betraf. Im übrigen beherrschte ein Thema, immer das gleiche, das Gespräch: überall in Europa sprach man während dieser gigantischen Katastrophe am meisten über die mangelnden Nahrungsmittel. Der Kontinent vergoß Blut in endlosen Strömen und träumte Tag und Nacht vom Fressen.

Stalin dürfte der einzige Politiker gewesen sein, der nicht daran glauben wollte, daß Hitler beabsichtigte, Rußland anzugreifen, sobald er die europäischen Gestade des Atlantik, die Küsten der Adria und zum größten Teil auch die des Mittelmeers in seine Gewalt bekommen haben würde. Ich erwähnte schon meinen, im September 1939 in der *Zukunft* veröffentlichten Artikel »Der Pakt«, in welchem ich davon sprach, daß die deutsche Armee sich nach einem Sieg an der Seine einige Zeit später an der Newa und Moskwa einstellen könnte. Ein Jahr später glaubten fast alle westlichen Beobachter, daß Hitler den Überfall auf Rußland vorbereite und im Frühling 1941 »schlagartig« mit einem Maximum an Kräften auf breitester Front die Invasion unternehmen werde. Man weiß, daß Stalin die zahlreichen Warnungen in den Wind schlug; überall argwöhnte er gewissenlose Verschlagenheit; jeden verdächtigte er der Neigung zum gleichen schlauen Doppelspiel, das ihn selbst zur Macht gebracht hatte. Daher mißtraute er allen – jedem außer Adolf Hitler. Die besten Führer der Roten Armee hatte er »liquidiert«, zahllose höhere Offiziere in die Gulags deportiert. Daß somit das sowjetische Heer geköpft war, schien dem »größten Genie aller Zeiten« keine Sorge zu bereiten – ihn schützte der Pakt mit Hitler.

Mit Entsetzen, doch ohne Überraschung erfuhren wir, daß ganze russische Armeecorps vor den Nazitruppen kapitulierten, deren Vormarsch erst der Winter schließlich zum Stillstand bringen sollte. Und trotzdem glaubten wir nicht an den Sieg Hitlers, da er mit diesem Überfall eine tödliche Gefahr herbeiführte: eben jenen Zweifrontenkrieg, den er durch den Pakt mit Stalin hatte vermeiden wollen. Diese beiden Männer, die in ihrem Streben nach totaler Macht und in deren verbrecherischer Ausübung wohl von niemand übertroffen werden könnten, waren überdies monströs geltungssüchtig. Sie hegten das unstillbare Bedürfnis, vergöttert zu werden, bis sie unfähig wurden, an der eigenen Unfehlbarkeit zu zweifeln.

Während langer Jahre bin ich kaum eine Nacht eingeschlafen, ohne an Hitler und Stalin zu denken: an des einen wie des andern abgrundlosen Sturz, der doch kommen mußte; ich wünschte, ihn zu erleben – um der ›Gerechtigkeit und der Wahrheit‹ willen. »Hoffentlich weißt du, daß geschrieben steht, daß der Mensch geformt ist nach dem Ebenbild Gottes. Nun, und da stellst du dir vor, daß Hitler siegen wird? Es ist eine Schande, solch einen Blödsinn über die Lippen zu lassen.« Als ich einen Kameraden meiner Kompanie dies sagen hörte, lächelte ich darüber wie über einen Scherz. Heute, 37 Jahre später, nehme ich diese Argumentation recht ernst.

Als Psychologe glaubte ich, beide Diktatoren gleichsam persönlich zu kennen und die wesentlichen Züge ihres Charakters in der *Analyse der Tyrannis* deutlich genug aufgezeigt zu haben. Alles, was bis zum April 1945 bzw. bis zum April 1953 geschah, bestärkte mich in der Überzeugung, daß sie von maßloser Angst angetriebene Amokläufer waren, denen spalierbildende Millionen zujubelten – teils aus echter Begeisterung, teils einem Zwang folgend, oder weil es für sie vorteilhafter, jedenfalls ungefährlicher war, ihre Begeisterung laut zu heucheln.

Zweifellos unter dem Einfluß eines Romans, dachte ich mir in meiner ganz frühen Jugend Zwiegespräche aus, in denen ich einem Herrschenden seine schlimmsten Taten vorhielt und dann seine Rechtfertigungen anhörte. Ich befand mich mit ihm zusammen in einem schmalen Korridor zwischen Leben und Tod, auf der Suche nach Wahrheit, nach einem Rechtsspruch, dem sich der Herrschende in verspäteter Einsicht beugte. Aber in den allnächtlichen Begegnungen mit Hitler und Stalin gab es keine Worte, sondern nur den Blick, der sich bald an den einen, bald an den andern heftete. Verfluchte ich sie, ohne an die Wirkung von Flüchen zu glauben? Flehte ich stumm den Zorn eines Gottes herab, an den ich schon seit langem nicht mehr glaubte? Das wäre, so absurd es klingen mag, nicht auszuschließen. In früher Kindheit lernte ich, daß jeder verloren war, dessen Missetaten und hoffärtige Herausforderungen Gottes Zorn lange genug erregt hatten.

Im tiefsten Grunde, mehr im Empfinden als im wachen

Bewußtsein, wurde ich den Verdacht nicht los, daß solch großes Unglück nur möglich war, weil wir, wir alle auf uns Schuld geladen hatten: so unsagbar verbrecherisch Hitler und Stalin und die anderen Diktatoren und ihre Komplizen und Schergen auch waren, sie verkörperten gleichsam nur das Resümee des Bösen, das potentiell in uns allen war und dem wir nicht genug Widerstand leisteten. Ich haßte weder Hitler noch Stalin und führte mit ihnen auch nicht jene fiktiven Gespräche, weil ich sie nur als gigantisch aufgeblähte Parasiten und Profiteure des Verderbens ansah, das wir alle ermöglicht, aber sie dann vollendet hatten.

Als im Dezember 1941 die Vereinigten Staaten von Amerika in den Krieg eintraten, begriffen auch die vorsichtigsten Opportunisten, daß Hitler zwar den Krieg noch verlängern, aber keineswegs je gewinnen könnte. So viele Siege die deutschen Armeen auch errangen, so tief sie in Rußland eindringen mochten, jeder Tag brachte das Dritte Reich der vernichtenden Katastrophe näher. Daran zweifelten wir keinen Augenblick, diese Gewißheit stärkte den Widerstand in Frankreich und in allen besetzten Ländern.

Blieb für mich die Frage des Überlebens. Meine totale Mittellosigkeit beschränkte aufs äußerste meine Mobilität. So fließend und nuanciert mein Französisch war, mein Akzent verriet den Fremden. Ich brauchte eine echte falsche Identitätskarte, die mich als naturalisierten Franzosen auswies, um mich, wie es eine politische Aktivität erfordert hätte, im Lande bewegen zu können. Ich hatte sie nicht. Meine Lage aber wurde besonders durch meine Krankheit erschwert, die mich während langer Perioden daran hinderte, über meinen Körper unbeschränkt zu verfügen. Einige Monate nach unserer Ankunft in Cagnes sur Mer stellte sich nämlich ein Leiden ein, das bald als ein Zwölffingerdarmgeschwür erkannt wurde. Während der einander recht schnell folgenden, überaus schmerzhaften Krisen, die mehrere Wochen andauerten, erlitt ich zwei, drei Mal am Tag und manchmal auch in der Nacht Krämpfe, die mich völlig hilflos machten; ich mußte liegend darauf warten, daß sie nachließen.

Der psychische Anteil an dieser Krankheit war offenbar. In diesem *Organdialekt* äußerte sich, wie Alfred Adler gesagt hätte, die Aggressivität eines aktiven Menschen, der sich den Drohungen des Feindes ausgeliefert weiß, aber durch die Bedingungen seines Daseins daran gehindert wird, sich zu wehren, geschweige denn in den offenen Kampf zu ziehen. Schon zu Beginn des 17. Jahrhunderts erhielt das französische Verbum *ulcérer* (ein Geschwür bilden) in der transitiven Form eine zweite Bedeutung: jemanden aufs äußerste verärgern, kränken. Ohnmächtiges Opfer der Lage, in der sich so viele damals befanden, war ich geradezu der Musterfall eines *ulceré.* Diese Einsicht blieb jedoch ohne irgendeine therapeutische Wirkung, die Röntgenbilder zeigten ein Geschwür, das sich ausbreitete; die häufigen Injektionen halfen mir nicht, mir fehlten die Mittel, mir jene Nahrung zu besorgen, die lindernd hätte wirken können, so z. B. die Milch, die, obschon zugunsten der Kleinkinder rationiert, nur auf dem schwarzen Markt in beliebiger Quantität zu haben war.

Törichterweise war ich auch darüber *ulceriert,* daß mich solch eine Krankheit heimsuchte und mich – zum ersten Mal in meinem Erwachsenenleben – daran hinderte, über mich zu verfügen, und das in einer politischen Situation, in der die Résistance aus ihrer vorbereitenden Phase in die der Aktion übergehen konnte, und in einer persönlichen Lage, in der die körperliche Beweglichkeit eine Frage von Leben und Tod wurde.

War aber eine solche Krise vorbei, so suchte ich mich davon zu überzeugen, daß sie nie mehr oder nicht so bald wiederkehren würde. Um so kränkender war jedes Mal die Enttäuschung, wenn die Schmerzen mich wieder überraschten und Krämpfe, die mir den Atem verschlugen, das Stehen und Gehen fast unmöglich machten. Bis dahin hatte ich meinen Körper eher als einen gutwilligen Knecht benutzt, selbst in den Jahren meiner Lungenkrankheit, die weit gefährlicher werden konnte als dieser Ulcus, aber mir nicht solch ein Gefühl der Ohnmacht einflößte. Erst lange nachdem dieses Magengeschwür verheilt war, hörte ich auf, mir seinethalb böse zu sein. In Wirklichkeit habe ich jedoch guten Grund, ihm so dankbar zu sein wie manchen Verirrungen: Es ist dumm, zuweilen gefährlich, Irrwege zu beschreiten, aber aus Irrtümern lernen wir mehr noch als aus anderen Erfahrungen. Das Kranksein hat mich sehr viel gelehrt, ihm verdanke ich manche Einsicht in die wechselreiche Beziehung des Individuums zu seinem Körper. Wie jeder, der ein »Dankbarer des Lebens« ist, wurde ich fast ein Dankbarer der Krankheit, aber erst – das ist wahr – nachdem sie mich endlich vergessen hatte.

Der Mensch, unfähig, sein Wesen dauerhaft zu verhüllen, steht unter dem Zwang, gerade das zu entblößen, was er geheimhalten wollte. Gleiches gilt für die Geheimnisse, die die Machthaber eines Landes vor der Welt bewahren wollen. Gerade die Bemühungen, das Geschehene als ungeschehen, das Ungestehbare als böswillige Erfindung hinzustellen, erregen mit Recht Aufmerksamkeit und Mißtrauen. Die Wahrheit, vollständig oder teilweise entstellt, sickert durch, man weiß zumeist gar nicht, wie. Und jedes neue Dementi beflügelt die Gerüchte, statt sie aus der Welt zu schaffen.

Die Nazis hatten selbst dafür gesorgt, daß jeder, der es wissen wollte, erfuhr, wie sie die Juden in viel zu enge Ghettos einsperrten, sie gleichzeitig ausplünderten und demütigten. Photos in deutschen Zeitungen, von den Nazis überall verbreitet, führten uns vor Augen, wie frommen polnischen Juden der Bart abgerissen oder grausam abgeschnitten wurde, nur um sie jener Verachtung preiszugeben, die die Gewalttäter gegenüber ihren wehrlosen Opfern hegen.

Man erfuhr, daß das Leben in den absurd überfüllten Ghettos unerträglich war und schließlich zur Hölle wurde; die Entwürdigung der verhungernden Opfer ging einher mit der Entwertung ihres Daseins. Gleichzeitig wurden die Internierungslager, die anfangs nur besonders schlimme Konzentrationslager gewesen waren, in Stätten des Massenmordes verwandelt, in Hauptstädte des Todes.

In Frankreich mobilisierte die Collaboration die radikalsten Judenfeinde, besonders innerhalb einer gewissen Lumpenbourgeoisie, einer Intelligenzschicht, die in der Wochenpresse des besetzten Gebietes mit Berufung auf die »heiligsten Güter« das Volk aufzuhetzen suchte.

In seinem Pariser Tagebuch vermerkte Ernst Jünger eine Begegnung mit Céline (den er Merline nennt). Der zweifellos geniale französische Schriftsteller spricht sein Befremden darüber aus, daß die Soldaten die Juden nicht erschießen, aufhängen, ausrotten, sein Erstaunen darüber, daß jemand, dem Bajonette zur Verfügung stehen, nicht unbeschränkten Gebrauch von ihnen macht. Diese Äußerung Célines wurde am 7. Dezember 1941 notiert.

Noch hatten die Deportationen aus Frankreich nicht begonnen, wir kannten die vorhandene Gefahr, glaubten aber nicht an sie. Richtiger: wir zweifelten nicht an der Möglichkeit, daß Schlimmes, immer Schlimmeres geschehen könnte, sondern daran, daß es unvermeidlich wäre – und dies aus vielen, nicht immer klar genug faßbaren Gründen. Wir hörten nie auf, die Rationalität der Handlungen zu überprüfen: Ja, nach dem Eintritt Amerikas in den Krieg müßte Hitler, meinten wir, alles zurückstellen, was für die

Kriegsführung nicht unbedingt notwendig war. Also erachteten wir es für gewiß, daß Hitler viele arbeitsfähige Männer, Juden und Nichtjuden, aus den besetzten Gebieten deportieren und anstelle kriegsdiensttauglicher Deutschen überall da einsetzen würde, wo man rastlos tätige Hände brauchte, vor allem in der Rüstungsindustrie und in der Landwirtschaft. Wer sollte da glauben, daß die Nazis Kinder und ihre Mütter, alte Männer und Frauen, Kranke aus Spitälern und Altersheimen durch ganz Europa transportieren würden, um sie sogleich in Lagern zu vernichten. Nun, im Sommer 1942, als die Wehrmacht jeden Waggon für die Vorbereitung der großen entscheidenden Offensive brauchte, durchquerten diese Transporte, von Etappenhengsten zusammengestellt, von frontdiensttauglichen Soldaten bewacht und kontrolliert, Tag und Nacht den Kontinent – von Nizza und Paris, von Saloniki und Athen, von Amsterdam und Brüssel, später von Budapest und Rom. In Auschwitz wurden sie ungeduldig erwartet.

Wir aber brauchten einige Zeit, ehe wir den Gerüchten von solchem Wahnwitz vollen Glauben schenken konnten, denn wir nahmen an, daß Hitler auch in seinem Wahn auf Zweckdienlichkeit bedacht blieb, was er ja auf dem Wege zur Macht hinlänglich bewiesen hatte. Es gab aber auch einen andern Grund für unsere Abneigung, das Grauenhafte für wahr zu halten: die tiefe, unzerstörbare Bindung an die deutsche und an die österreichische Kultur. Hitler durfte man jedes Verbrechen zutrauen, aber wie sollte man es für möglich halten, daß sich Deutsche und Österreicher zu Tausenden bereit finden könnten, diese völlig sinnlose Ausrottung unschuldiger, völlig wehrloser Menschen wie ein Tageswerk zu betreiben. Millionen Deutsche mußten es wissen ... Wogegen wehrte ich mich denn so lange, daß noch viele Monate vergehen mußten, ehe ich imstande war, den Gerüchten von der industriell betriebenen Massenvernichtung zu trauen? *Ich wehrte mich gegen den Bruch mit Deutschland.*

Ich bin in Auschwitz nicht gewesen, aber dort wie in allen Lagern und Ghettos ist meine Beziehung zu alledem, was Deutschland für mich während langer Jahre bedeutet hatte, verhöhnt, zerschlagen, vergast, ausgerottet worden.

Jeder Bruch ist eine Stufe, über die man immer tiefer, immer leidvoller in die fernste Kellerzelle der Einsamkeit hinabsteigt. So verdichtete sich damals meine Einsamkeit mitten in der so ereignisreichen Zeit, in der die Hoffnung notwendiger war als je und zugleich gefährlicher als die verblendendste Lockung. Ich schrieb viele Schulhefte voll und kehrte schreibend um Jahre hinter die Gegenwart zurück: dorthin, wo wir am Werke gewesen waren, die große Entscheidung über die Zukunft vorzubereiten und sie schnell herbeizuführen, gemäß der »Logik der Geschichte«, die natürlich auf unserer Seite war. So sah ich diese zumeist noch jungen Menschen, sooft ich von meinem Heft aufblickte. Der Leser, wenn es ihn jemals geben sollte, durfte es noch nicht vermuten, aber der Schreibende wußte bereits, daß die meisten von ihnen nicht mehr lebten. Mit ihnen bevölkerte ich meine Einsamkeit.

Bis zum deutschen Überfall auf Jugoslawien waren Mirjam und Vladim in Sicherheit; nachher mußte ich lange warten, bis endlich Nachricht von ihnen kam, die relativ beruhigend war. Zusammen mit Freunden hatten sie an der adriatischen Küste Zuflucht gefunden; sie lebten unter italienischer Besatzung, die erträglich zu sein schien. Nach einiger Zeit wurden sie wie viele andere jüdische Flüchtlinge nach Norditalien, in den Friaul gebracht, wo ihnen ein Zwangsaufenthalt in einem Dorf unweit von Udine angeordnet wurde. Unter anderen Umständen hätte diese Verschickung in mir Befürchtungen erregt, aber daß sie nicht deutscher Gewalt überantwortet waren, war ein Glück im permanenten Unglück, dessen Folgen noch lange unvorhersehbar blieben. Ich kannte den italienischen Faschismus recht gut, aber ich glaubte, daß das italienische Volk trotz der aggressiven chauvinistischen Hochstapelei und den Erpressungen der ruhmredigen Faschisten sich doch im wesentlichen, in seiner *gentillezza,* in seiner Menschlichkeit treu geblieben war.

Jüngere Leser können sich gewiß nicht recht vorstellen, in welch steter, nur zu sehr begründeter Beunruhigung man in jenen Jahren lebte – jeder Augenblick konnte jene vernichten, ohne die das eigene Dasein schwer denkbar war, ohne die es verkrüppelt, sinnlos zu werden drohte. Die seit Jahrtausenden zur *conditio judaica* gehörenden, das nackte Dasein gefährdenden Lebensbedingungen erschütterten nun das Dasein aller Europäer und so vieler Bewohner anderer Kontinente. In diesem besonderen Sinne verjudeten auch die Deutschen, in deren Namen Europas Juden ausgerottet wurden; es »verjudeten« zahllose Bewohner des Planeten, die im Bewußtsein der eigenen Hilf- und Wehrlosigkeit nichts tun konnten als verzweifelt hoffen. Die Beruhigung, die eine Nachricht brachte, war stets von kurzer Dauer, denn im Augenblick, da sie einen erreichte, mochte sie nicht mehr begründet sein.

Gewiß, auch in diesem Ausnahmezustand setzte sich der Alltag durch. Selbst der größte Kummer widerstand nicht dauernd den kleinen Sorgen, die sich zu Bergen häuften. Ich werde nie aufhören, die elendigen Zauberkünste zu bewundern, mit denen der Alltag seine Herrschaft selbst in der Hölle täglich aufs neue antritt. Es wäre unmöglich gewesen, ein verhältnismäßig stabiles Gleichgewicht zu bewahren, hätte der Alltag nicht allen sein Gesetz aufgezwungen. »Es genügt, daß ein jeglicher Tag seine eigene Plage habe«, heißt es in der Bergpredigt.

Am 20. Juni 1942, um halb zwei Uhr morgens kam Dan zur Welt, siebeneinhalb Jahre nach Vladim, meinem ersten Sohn. Natürlich war ich davon überzeugt, daß es unter den Umständen unserer höchst gefährdeten und bis auf weiteres auch wirtschaftlich hoffnungslosen Existenz absurder Leichtsinn, wenn nicht gar Irrsinn war, ein Kind in die Welt zu setzen ... Ermüdet von der nicht zu langen, doch schmerzlichen Entbindung, schlief Jenka bald ein; ich blieb noch einige Zeit, in die Betrachtung des Kindes versenkt, das die Augen weit offen hielt, scheinbar auf die weiße Wand gerichtet, die sich langsam rosig färbte. Endlich schlief das Baby ein. Ich verließ die Klinik, die auf einem der Hügel lag, über die die Seealpen sich ins Meer herabsenken. Ich stieg über Bergpfade an dem Haus vorbei, in dem der alte Renoir bis zu seiner Sterbestunde gemalt hatte, den Pinsel an die kranken Finger festgeschnürt, den Blick auf die Bäume rundum gerichtet oder auf die junge Magd, die ihm Modell saß.

Es war die früheste Morgenstunde des längsten Tages des Jahres. Die weißen Wellenkämme des blauen Meeres färbten sich rosig, ehe sie sich in den ersten Sonnenstrahlen röteten oder wieder silbrig wurden. Nein, es war nicht Wahnsinn, in die Welt einzutreten, die so schön blieb, selbst wenn sie Schauplatz ungeheuerlicher Missetaten wurde.

Siebenundzwanzig Jahre war es her, fast auf den Tag genau, da hatte ich meinen Vater in ein Dorf begleitet, um einen Sack Mehl zu holen, den wir im Schubkarren heimbrachten. Es hieß, daß man bald wieder flüchten müßte, da sollte es uns zumindest nicht an Brot fehlen, erklärte mir der Vater. Der Schein der noch unsichtbaren Sonne färbte die weißen Birken in jenem fernen Land; wandte ich den Blick von ihnen ab, so nur um zum Himmel aufzuschauen, der weiter, höher schien als sonst. Daher meine ständige Neigung, von dem Licht des Junihimmels zu sprechen, wenn ich jemanden um der Helligkeit seines Geistes und um der Klarheit seines Ausdrucks willen rühme.

Gewiß ahnte ich, glücklicher Vater im Morgenrot, nicht, daß Dan noch vor Ende seines dritten Lebensmonats in einem Blumenkörbchen auf dem Rücken eines Grenzschmugglers in tiefer Nacht flüchten würde müssen. Hätte ich es aber gewußt, so hätte ich trotzdem jenen Morgen unübertrefflich schön gefunden und das Leben sinnvoller als alles, was nicht Leben ist.

Einige Wochen später begannen die Festnahme und die Verschickung der nicht in Frankreich geborenen Juden. Pétain und Laval befahlen diese Deportation in den Tod wenige Wochen, nachdem die Deutschen die »Aktion« im besetzten Teil des Landes mit äußerster Energie in Gang gebracht hatten. In den dunkelsten Kellern, in den verstecktesten Winkeln der Dachböden suchte man Juden, besonders ihre Kinder, die sich da versteckt hielten. Laval bestand darauf, daß man diese gleichzeitig mit ihren Eltern deportiere. Außer den deutschen Spezialisten beteiligten sich französische Milizionäre und Polizisten an dieser Jagd auf die wehrlosesten aller Opfer. Da das Vichy-Regime der lokalen Polizei mißtraute, setzte es die sogenannte Staatspolizei ein, die darauf achtete, daß die Gemeindepolizisten keine Gelegenheit fänden, die Gesuchten zu warnen. Die Namenslisten waren vorher in den Präfekturen angefertigt worden, alle waren im Netz gefangen, es galt nur noch, sie zu holen. Wer Geldmittel und falsche Papiere hatte, versuchte, sich über die spanische oder die Schweizer Grenze zu schmuggeln. In Spanien riskierte man Gefängnis oder Internierung, aber nicht die Auslieferung. In der Schweiz jedoch wurden Flüchtlinge an die Grenze zurückgebracht und den Franzosen oder der Gestapo übergeben. Das dauerte aber nur einige Monate, so lange bis sich angesehene Schweizer, unter ihnen viele gläubige Christen und sozialistische Abgeordnete, empört gegen dieses Vorgehen wandten und bei einem recht bedeutenden Teil der Bevölkerung Zustimmung fanden. Ihnen war es zu verdanken, daß die Maßnahme der Auslieferung gegen Ende des Sommers sehr gemildert wurde und Flüchtlinge, die außerhalb des engeren Grenzgebietes aufgegriffen wurden, nicht mehr zurückgejagt, sondern in sogenannten Auffanglagern interniert wurden.

Im Garten unterhalb unseres Hauses in Cagnes gab es einen Pavillon, der seit Ausbruch des Krieges verschlossen geblieben war. Dort verbrachte ich die Nächte, denn die Polizisten kamen gewöhnlich vor Tagesanbruch. Man konnte hoffen, daß diese Menschenjäger, fanden sie mich nicht im Haus, mich nicht im unbewohnten Pavillon suchen würden. Jenka schien durch das Baby geschützt; in der sogenannten »freien Zone« Frankreichs deportierte man damals die Mütter von Kleinkindern noch nicht. Fragte man sie nach mir, so sollte die Antwort lauten, daß ich mich seit Wochen davongemacht und alles im Stich gelassen hätte. Daß diese Auskunft die Häscher befriedigen würde, war wenig wahrscheinlich, aber ich hatte keine bessere Möglichkeit, mich ihrem Griff zu entziehen.

In Nizza hätte ich mich leichter in Sicherheit bringen können, aber da hätte ich die Freunde, die mich aufnehmen wollten, in Gefahr gebracht; überdies mochten sie selbst auf der Deportationsliste stehen. Und die Reise nach Nizza im Autobus wie im Zug war schon gefährlich, denn die Identitätskontrollen waren sehr häufig. Ich aber hatte keine falschen Papiere, ich saß in der Mausefalle.

Von den Wochen, die ich im Pavillon nicht nur nachts, sondern später auch tagsüber verbringen sollte, habe ich eine Erinnerung bewahrt, die während vieler Jahre peinvoll blieb. Mit der Gefangenschaft in der Gemeinschafts- und der

Einzelzelle hatte ich mich trotz der undurchsichtigen und um so unerträglicheren Bedrohlichkeit der Lage abgefunden. Damals, etwa 9 Jahre vorher, kam alles darauf an, daß ich mich auf das Schlimmste vorbereite, mich endgültig damit abfinde. Ich selbst konnte nichts entscheiden, gar nichts tun, sondern mußte in der Hand des Feindes abwarten, was er über mich beschließen würde. Hier im Versteck aber war ich wie ein Hund an einer zu kurzen Kette. Meine Freiheit reichte so weit wie sie, also konnte ich manches entscheiden: zum Beispiel, ob ich unten oder oben im Atelier schlafen sollte. Blieb ich unten, so würde ich leichter überrascht werden – also oben. Drangen sie jedoch unten ein, wie konnte ich da entschlüpfen? Ich konnte eine Leiter an das Fenster des oben liegenden Schlafzimmers lehnen. Kamen sie zu mehreren, dann stellten sie auf jeder Seite eine Wache auf; ja selbst wenn sie mich nicht suchen kämen, sondern nur mit beruflich geübtem Mißtrauen durchs Viertel streiften, würde eine Leiter ihre Neugier erwecken. Also keine Leiter, und im schlimmsten Fall aus dem Fenster springen. Dabei würde ich mich kaum schwer verletzen, aber fast sicher einen Fuß verstauchen – in diesem Fall konnten sie mich mit Leichtigkeit einfangen, noch bevor ich mich in irgendein Haus flüchten konnte.

Es war nicht leicht, die einander im Kreise jagenden Erwägungen auszuschalten, selbst wenn ich schrieb. Ich konnte das nur noch »im Kopfe« tun, da ich es nicht wagte, die Hefte bei mir im Versteck zu behalten. Jenka und, ein anderes Mal, unsere Freundin Dela hatten Roger Martin du Gard, den Nobelpreisträger, aufgesucht, der über Malraux' Empfehlung meine Manuskripte aufbewahren sollte. Der Dichter empfing sie sehr freundlich und fand sich ohne Umschweife bereit, mir, von dem er nur wußte, daß ich ein Freund André Malraux' und ein Verfolgter war, diesen Dienst zu leisten. Natürlich begriff er, daß dies auch für ihn selbst schlimme Folgen haben konnte.

Das Schreiben in Gedanken ging nur sehr langsam vonstatten, es wurde immer wieder durch eine jener entnervenden Fragen unterbrochen, auf die ich rechtzeitig, bevor ich den Nazis in die Hände fiel, eine Antwort finden mußte: Sollte ich im Verhör gestehen, daß ich schon seit mehr als fünf Jahren mit der KP gebrochen hatte, also nur als Jude und Antifaschist und nicht für Stalin und seinen Kommunismus sterbe? Ich wiederholte mir unzählige Male, daß diese Frage im Ernstfall so unerheblich wäre wie die sozusagen ideologische Motivation unserer Mörder. Doch konnte ich mich dieser Bedenken nicht entledigen, da ich zu deutlich empfand, in welch falsche Situation ich geraten würde, wenn ich mich vor den Nazis zum Antistalinismus bekennte. Blieb das Schweigen, gewiß. Aber auch in der Folter? Aus Treue zu Stalin, Hitlers Gevatter und Rivalen?

Ich zögere heute noch, diese innere Auseinandersetzung als Gewissenskonflikt zu bezeichnen, obschon sie mich in jenen Wochen weit mehr gequält hat als alle Selbstvorwürfe, die ich mir je vorher gemacht hatte. Ich lasse den kroatischen Dichter Djura, den die Ustaschi in den Kerker geworfen haben, einem Mönch, der ihn retten will, erklären: »Die Rangordnung in Haß und Verachtung ist anderes, ist mehr als eine Nuance.« Und wie so oft frage ich mich, wie junge Leser das wohl verstehen und ob sie es überhaupt begreifen können. Djura war kein Hasser und, obschon er die Menschen gut kannte, auch kein Menschenverächter. Aber es war unsäglich schwer, nicht zu hassen und nicht zu verachten in jenen Jahren, da Hasser und Menschenverächter die totale Macht ausübten.

Sechster Teil

Freunde, junge Menschen, die mir in keiner Weise verpflichtet waren, griffen ein. Sie verschafften mir eine falsche Identitätskarte, mit der ich mich gegebenenfalls als Elsässer ausweisen konnte. Sie konnte zwar im Ernstfall kaum nützen, reichte aber für eine oberflächliche Kontrolle aus, die oft in Zügen und Autobussen ausgeübt wurde. Mit diesem Personalausweis in der Tasche fuhr ich als Bergsteiger mit einem leichten Rucksack am Wochenende in eine savoyische Bergstation, wo mich ein junger Mann namens Henri ansprechen und in eine Hütte zu einem Häusler bringen sollte, der Flüchtlinge über einen Bergpaß in die Schweiz schmuggelte. Henri, der von meinen jungen Freunden in Nizza engagiert worden war, mich so zu retten, war ein Trotzkist, der wußte, daß ich mit der Partei gebrochen, aber mich seither weder den Trotzkisten noch sonst irgendeiner Gruppe angeschlossen hatte. Ohne daß ich es merkte, fuhr er im gleichen Zug wie ich, und danach im gleichen Autobus bis zu jenem Ort, von dem aus wir die Bergwanderung in die Schweiz antreten sollten. Es war nicht das erste Mal, daß er solche Reisen unternahm, er hatte bereits mehreren Männern und Frauen in dieser Weise uneigennützig geholfen. Das Geld, das er dafür bekam, ging an den Hilfsfonds seiner politischen Kampfgruppe.

Wir faßten sofort Zutrauen zueinander und diskutierten über vielerlei, als ob wir frühere Gespräche fortsetzten. Wir blieben mehrere Stunden in der unbeleuchteten Hütte des Schmugglers, der sich anbot, uns inzwischen ein gutes Abendbrot zu servieren, das wir auch sogleich bezahlten. Er vergaß jedoch das Abendessen, vielleicht weil er zuviel trank, und schlief ein. Wie verabredet, weckten wir ihn knapp nach Mitternacht, der Vollmond stand hoch am nur teilweise bewölkten Himmel. Wir folgten ihm, der immer eiliger ausschritt, auf den Fersen, dann nahm ich Abschied von Henri, der sich in keinerlei Gefahr begeben sollte. Ich ging hinter dem Schmuggler einher, oft entschwand er meinem Blick und tauchte unvermutet wieder auf; wir verließen den Pfad und stiegen steil auf. Nach einer Weile blieb er stehen und verlangte seinen Lohn. Er versteckte ihn in den Schuhen, machte noch einige Schritte und dann plötzlich halt. Weiter wollte er nicht gehen, sagte er, ich könnte auch ohne ihn die Grenze finden und müßte nur genau die Richtung beibehalten. Sobald ich auf einen Wald stieß, sollte ich rechts abbiegen und in das Tal hinabsteigen. Er hatte schon das Geld, ich besaß kein Argument und keine Mittel, ihn zur Erfüllung unserer Abmachung zu bewegen.

Da es bekannt war, daß die Grenzwache in diesem Gebiet häufig patrouillierte, horchte ich angestrengt auf jedes Geräusch, gab es jedoch bald wieder auf. Jedenfalls würden die Wächter mich viel früher erspähen als ich sie. Ich hatte die Nacht vorher im Zug verbracht, seit 30 Stunden beinahe nichts gegessen – ich war völlig wehrlos und unfähig zu laufen, überdies wußte ich gar nicht, wo ich war. Das Mondlicht hob alles, was scheinbar zum Greifen nahe war, deutlich hervor und machte es zugleich fast unkenntlich; was ferner lag, schwamm in einem hellen Schein, verlor seine Konturen, die ineinander übergingen. Den Wald gab es nicht oder ich hatte ihn nicht rechtzeitig erkannt; vielleicht war ich nun wieder in Frankreich; ich achtete nicht einmal mehr auf den Steinschlag, den ich selbst immer wieder auslöste.

Als der Tag zu grauen begann, der Himmel hatte sich inzwischen völlig bedeckt, erblickte ich ein Wäldchen; es brauchte noch einige Zeit, bis ich es endlich erreichte. Ich stolperte häufig über Baumstümpfe, dann stürzte ich zu Boden. Ich lehnte meinen Rücken an einen Baum, schob die Hände unter die Achseln, schloß die Augen und schlief ein.

Ich träumte, daß ich tot war. Im Traum wiederholte ich ohne Bedauern: »Nun bin ich tot. Endlich. Ich tu' nichts mehr, ich muß nicht mehr, ich muß *nichts* mehr. Endlich!« Als ich erwachte, mit dem Ende versöhnt, aber frierend, da erblickte ich durch die sich verdünnenden Nebelschwaden hindurch in der Ferne ein Tal und drüber eine Kirchturmspitze. Ich lebte also noch und mußte wieder vieles tun: sofort aufstehen zum Beispiel. Einen Augenblick lang fühlte ich es wie einen schmerzlichen Verzicht, weiterleben zu müssen.

Ich fand mich jedoch wieder zurecht, erhob mich mühsam, schob den Rucksack auf die Schulter und zog los; ich hatte ja vor mir die Richtung, die Kirchturmspitze, und wollte hoffen, daß das Tal in der Schweiz lag.

Jetzt bin ich zweimal so alt wie in jener Nacht; dem Tod begegne ich nicht selten in meinen Träumen, den Träumen eines Menschen, der sich nie über die Jahreszeit seines Lebens täuschen wollte. Ich erkenne aber den Tod gewöhnlich erst nachher, wenn ich erwachend meinen Traum zu deuten versuche. Das Sterben und das Totsein der Menschen, die mir besonders nahe standen, und mein eigenes, das der Träumer vorwegnimmt, sind fast immer verhüllt, verraten sich jedoch dem Suchenden schnell genug. In jener Nacht aber war der Tod unverhüllt – ein Un-Wesen, dem die Worte erst eine nichtige Wesenheit verliehen. Ich hatte die erste Hälfte des Lebens vollendet und, glaubte ich, zugleich sein verfrühtes Ende.

Es bedurfte nur einiger Stunden – und ich war gerettet. Ohne zu wissen, wohin ich ging, erreichte ich eine Eisenbahnstation, ein direkter Zug brachte mich ohne Zwischenfall nach Zürich. Im Telephonbuch fand ich die Adresse eines Freundes, seine Frau antwortete am Telephon; ihr Mann hatte sie verlassen. Eine halbe Stunde später war ich in ihrem Haus. Rührende Freundschaft erwartete mich da, Speise, Trank und Zigaretten nach Belieben, ein warmes Bad und ein gutes Bett.

In Zürich bestand keine Gefahr mehr, daß man einen illegal über die Grenze gekommenen Flüchtling nach Frankreich überstellte. Ich meldete mich gleich vormittags bei der kantonalen Polizei, wo ich keineswegs rüde aufgenommen, aber wie ein Delinquent registriert wurde. Man photographierte mich im Profil und en face, fertigte Fingerabdrücke an, anthropometrische Kennzeichen wurden notiert, ebenso meine Antworten auf vielerlei Fragen.

Ich hatte Telegramme ausgesandt, spätestens am frühen Nachmittag mußte Jenka wissen, daß ich gut angekommen war, ebenso meine Familie in London. Nun schlenderte ich durch die belebten Straßen Zürichs zur Brücke, von der aus man das Großmünster erblickt und den Limmatkai. Rechts breitete sich der See aus, auf dem Segelboote kreuzten und kleine weiße Schiffe schwammen. Die zahlreichen, sommerlich gekleideten Passagiere an Deck ließen mich an die Amateurvorstellung eines russischen Theaterstücks, etwa von Tschechow denken, der gerne Feriengäste auf der Veranda einer Datscha vorführte. Wenn der Vorhang aufgeht, ist alles friedlich, man wartet zuversichtlich auf den kühlenden Abend und die Ankunft eines besonders interessanten Gastes oder auf die sehnsüchtig erwartete Heimkehr einer dem Autor besonders wichtigen, von einem nicht mehr ganz jungen Mädchen vergeblich geliebten Person.

Ich spielte nicht mit. Ich war kein Sommergast, kein Tourist, sondern ein ungebetener Zaungast, der nur einen Blick in fremdes Leben werfen durfte, das ganz nahe und von ihm dennoch so ferne war, als ob er selbst in einem ganz anderen, unzugänglich gewordenen Zeit-Raum beheimatet wäre.

Farbige Plakate warben für ein Erntefest, andere für den reichen Konsum von Weintrauben. Auf Litfaßsäulen fand man detaillierte Konzert- und Theaterprogramme. Das Schauspielhaus präsentierte Stücke, die ich gerne gesehen hätte; mit einigen der Hauptdarsteller war ich übrigens gut bekannt, denn sie stammten aus Österreich und aus Deutschland.

Ich war in Zürich einige Mal gewesen und kannte die Stadt recht gut; sie hatte sich nicht verändert. Aber als ich versuchte, das Erinnerte mit dem neu Wahrgenommenen zu vergleichen, wollte mir die Identifizierung nicht gelingen. So begriff ich, daß ich mich aus der Selbstentfremdung, in die ich während jener Wochen im Versteck und während der fünfzig Stunden der Flucht geraten war, noch nicht gelöst hatte. Auf einer Bank neben der Landungsstelle blieb ich lange sitzen. Ich achtete auf meine Atemzüge, sie sollten sich verlangsamen und in wohlabgemessenem Rhythmus wiederholen, ich wollte mich im zuständlichen Sein wiederfinden und dem Boden unter den Füßen wieder trauen. So galt es nur noch, das Vertrauen zu mir selbst wiederzugewinnen, den Traum vom Gestorbensein zwar nicht zu vergessen, aber ihn zu desaktualisieren. Das gelang erst einige Tage später, als mich endlich die Nachricht erreichte, daß Jenka mit dem Kind die Schweizer Grenze überschritten hatte, in Lausanne von der Polizei aufgefangen und in einem Heim der Heilsarmee untergebracht worden war. Ich erhielt die Erlaubnis, sie dort aufzusuchen, und blieb zwei Tage. Kurz nach meiner Rückkehr wurde ich wie alle Flüchtlinge, die sich in Zürich aufhielten, einer Militärbehörde übergeben, die uns in einem sogenannten Auffanglager internierte und so scharf überwachte, als bestünde die Gefahr, daß wir ausreißen und nach Frankreich zurückkehren wollten.

In diesen Lagern, in denen die Internierten völlig rechtlos waren, wurde ihnen selbst der Versuch, sich zu beschweren, strengstens verboten, als ob die Beschwerde ein Akt der Meuterei wäre. Jene, die diese Lager so gewollt und geleitet haben, handelten im Sinne Adolf Hitlers. Die zivilen

Arbeitslager hingegen, in denen die Flüchtlinge etwa ein Jahr später untergebracht wurden, waren ungleich besser, die Internierten hatten bestimmte Rechte und genossen einige Freiheiten; sie wurden nicht mehr wie Parias oder entlaufene Sträflinge behandelt. Noch bevor der Krieg zu Ende war, begann die Schweizer Öffentlichkeit, sich mit ihrer Verantwortlichkeit auseinanderzusetzen und die Schuld jener abzuwägen, die für die Flüchtlingspolitik während der schwersten Jahre zuständig gewesen waren.

Eine stillgelegte Textilfabrik diente im Dorf Gierenbad bei Hinwil als Lager für einige hundert Flüchtlinge, ausschließlich Männer, deren Frauen und Kinder aus untriftigen, uneingestandenen Gründen in anderen, zumeist gemischten Lagern untergebracht waren. Wir lagen auf Stroh, das wir manchmal auf den verschneiten oder verregneten Hof hinaustragen mußten, um es zu lüften; war es ausreichend feucht geworden und schmutzig, so trugen wir es wieder in die Schlafräume hinauf, wo kaum eine Armlänge die Schläfer voneinander trennte. Der Rest war ganz danach: die Nahrung, die Waschgelegenheiten, die Latrinen im Hof, am schlimmsten aber der auf Geringschätzung, auf brutale Verachtung der Flüchtlinge abgestellte Ton der Soldaten, der Unteroffiziere und der meisten Offiziere; zweifellos war der Mannschaft anbefohlen worden, uns wie Aussätzige zu behandeln.

Im Stroh lag zu meiner Linken Franz Fein, ein hervorragender Übersetzer der angelsächsischen Literatur; ihn kannte ich schon aus Cagnes, wo er mit Maria Fein, seiner Schwester, fast Tür an Tür mit uns gewohnt hatte. Zu meiner Rechten lag ein anderer Wiener, Dr. Saxl, ein Jurist und passionierter Kunsthistoriker – ein Mann von Geist, Bildung und Witz, ein Lungenkranker, für den die Lagerbedingungen lebensgefährlich werden konnten. Er ertrug alles mit einer unverhohlenen, arroganten Ungeduld. Ihm konnte nichts mehr geschehen, er hatte nichts mehr zu verlieren;

was er hingegen, um seine Zigaretten bezahlen zu können, gewinnen mußte, war die tägliche Bridge-Partie.

Vom Morgen bis zum Zapfenstreich wurde im Eßsaal mit kurzen Unterbrechungen gespielt, es war der Zeitvertreib der Lagerinsassen. Die Leser, hauptsächlich junge Menschen, bildeten eine winzige Minderheit, für die ich allabendlich Vorträge hielt, denen lange Diskussionen folgten. Da der Lärm im Saal betäubend war, versammelten wir uns an seinem äußersten Ende. Als die Spieler sich darüber beklagten, daß sie unserethalb enger zusammenrücken mußten und daß sie auch sonst durch die Vorträge gestört wurden, wies ich sie aufs entschiedenste zurück. Dies nun hatte eine völlig unerwartete Wirkung: einzeln und in Gruppen begannen sie, sich an mich um Rat zu wenden, und häufig auch, um ihre Zwistigkeiten zu schlichten. Am Ende leitete ich das von den Internierten geschaffene Wohlfahrtscomité, welches die von außen kommenden Gaben – Kleider, zusätzliche Nahrungsmittel und bescheidene Geldunterstützungen – verteilte.

Mit einigen meiner Gierenbader Hörer, die inzwischen ihren Weg gemacht haben, bin ich in Kontakt geblieben. Mitten in der ebenso grotesken wie demütigenden Misere hatten diese Jungen begriffen, daß es hier mehr als unter gewöhnlichen Bedingungen darauf ankam, Haltung und Würde zu bewahren: täglich aufs neue die Freiheit zu erringen, eben da man sie uns versagte. Doch gab es unter den Internierten andere junge Menschen, die zumeist aus Österreich stammten und die in Konzlagern, in Buchenwald oder in Dachau gewesen waren, ehe sie sich nach Frankreich durchgeschlagen hatten. Von ihren Eltern getrennt, die daheim geblieben und seither gewiß nach Polen deportiert worden waren, verließen sie sich auf niemanden und handelten in allem so, als ob sie nur mit List und Gewalt überleben könnten. Gegenüber den Stärkeren müßte man schmeichlerisch ergeben tun, glaubten sie, und gegenüber den Schwächeren rücksichtslos die Ellenbogen anwenden, um irgendeinen Vorteil zu ergattern. Manche meiner Strohlager-Nachbarn waren solche Kraftmeier, in Wirklichkeit aber kindlich sentimentale, von Unsicherheitsgefühlen geplagte Jungen, die, kaum der Kindheit entwachsen, sich um jeden Preis behaupten mußten. Einer von ihnen lauschte immer unseren Worten, wenn Franz Fein, Saxl und ich diskutierten. Besonders gerne war er dabei, wenn ich die militärische Lage erörterte. Manchmal nun wurde ich, ohne daß er es merkte, Zeuge dessen, wie er seinerseits einigen seiner »Spezis« die Kriegslage erklärte. Er gebrauchte meine Ausdrücke, wies souverän auf große Zusammenhänge hin und ließ durchblicken, wie ungewiß alle Vorhersagen waren und daß man daher stets mindestens zwei Möglichkeiten in Betracht ziehen mußte. Zuerst amüsierte mich diese sonderbare Szene, aber plötzlich begriff ich, daß mein Nachbar, ohne es zu wissen, meine »Strategie« parodierte und, ohne es zu wollen, ihre Lächerlichkeit enthüllte.

Wir lebten am Rande eines Dorfes, Tag und Nacht von militärischen Einheiten so bewacht, als ob sie den Ausbruch besonders gefährlicher Verbrecher verhüten müßten; wir standen überdies unter Schreibverbot. Der Kommandant, ein maßlos eitler, herrschsüchtiger Mann, hatte es verhängt, weil angeblich Verdacht bestand, daß irgendeine ansteckende Krankheit bei uns ausgebrochen sein könnte. In der Tat befiel sie einen einzigen Mann: den Kommandanten selbst. So abgeschnitten von der Außenwelt, ohne ein Rundfunkgerät und nur durch eine Tageszeitung informiert, schrieb ich in unseren Gesprächen dem Krieg seinen Verlauf an all seinen Fronten vor. Daß ich mich hierbei nicht gar zu sehr irrte, änderte nichts an der Lächerlichkeit dieser rein verbalen Kriegsführung. Und als ich nun dem jungen »Galeristen« – so nannte man spöttisch die jungen Flüchtlinge dieser Art – zuhörte, fühlte ich mich dem eigenen Spott ausgeliefert. Statt am »Webstuhl der Zeit« zu weben, war ich einer jener zahllosen Kiebitze geworden, die in Kneipen oder im Familienkreis geschwätzig Schlachten gewannen, welche andere schlugen. Ich nahm mir vor, fortab stets zu erwägen, wie sich wohl mein Tun, mein Schreiben und Reden in der Karikatur ausnehmen könnte. Ich hörte nicht auf, die Ereignisse zu analysieren und ihre Folgen zu erörtern, aber ich hörte mir dabei so zu, wie ein Karikaturist das Gesicht eines wichtigtuerischen Redners betrachtet, ehe er es entlarvend zeichnet. Nach dem Krieg habe ich während langer Jahre immer wieder zu erfahren versucht, was aus jenem Jungen geworden ist – vergeblich! Ich bewahre ihn dankbar in Erinnerung, weil er mir bei der noch immer nicht abgeschlossenen Selbsterziehung geholfen hat.

Mein Geschwür war wieder aufgebrochen, die Schmerzen hinderten mich an jeder Tätigkeit. Schließlich wurde ich in ein Spital überführt, wo ich diätetisch ernährt und mit Injektionen eines damals vielgerühmten Medikaments behandelt wurde. Nach etwa 4 Wochen war die Krise vorüber, vielleicht dank dieser Therapie oder aber aus dem gleichen Grunde, aus dem auch früher jede Krise geendet hatte.

Das Evangelische Hilfswerk für Flüchtlinge, das man auf meinen Fall hingewiesen hatte, nahm sich meiner an und erwirkte die Verwandlung des Paria-Status, unter dem ich als *Flüchtling* lebte, in den eines *Emigranten.* Der Züricher Pfarrer Dr. Adolf Maurer verbürgte sich für mein Wohlverhalten und nahm mich in sein Haus auf, wo ich etwa ein Jahr blieb, bis Jenka und Dan die Aufenthaltsbewilligung im Züricher Kanton erhielten. Wir mieteten uns dann in einem abgelegenen Haus am Fuß des Ütliberges ein, wo wir bis zur Rückkehr nach Frankreich blieben.

Die Begegnung mit Adolf und Luise Maurer gewann eine ungewöhnliche Bedeutung für mich – und dies nicht nur, weil sie mich, den Fremden, den ungläubigen Juden, vom ersten Augenblick wie einen lieben Gast aufnahmen und sich auch später unser Wohl angelegen sein ließen. Diese Beziehung sollte zu einer dauernden, bedeutungsvollen Freundschaft werden, weil der Pfarrer und seine Frau wie Christen der Bergpredigt lebten und handelten. Ich hatte immer gedacht, daß es wohl solche Christen geben müßte, und nun entdeckte ich sie im Pfarrhaus in der Haldenstraße. Solche Menschen rechtfertigen nicht nur ihr eigenes, sondern unser aller Dasein auf Erden; ihretwegen leuchtet das Licht selbst in der Finsternis.

Der Pfarrer Adolf Maurer war auch ein Dichter, der vielen Gläubigen in der Seelennot Mut und Hoffnung eingeflößt hat. Zweifellos hätte seine Dichtung einen beträchtlichen Tiefengang erreicht und ungewohnte Ausdrucksformen gefunden, wenn seine Beziehung zu Gott weniger harmonisch gewesen wäre und er den Konflikten mit ihm nicht ausgewichen wäre. Manchmal will's mir scheinen, daß Christen zuweilen davor zurückscheuen, mit Gott zu hadern, weil sie befürchten, damit Jesu Christo wehzutun. Lieber erklären sie, wie es heute in gewissen Kreisen geschieht, Gott für tot. Mein Pfarrer aber liebte Gott um Gottes willen und war sein treuer Knecht bis zu dem letzten Tage seines 93. Lebensjahres.

Während einiger Jahrzehnte war er der Herausgeber des Zwingli-Kalenders; in diesem Almanach druckte er drei jüdische Anekdoten von mir ab. So begingen wir zusammen ein Vergehen gegen die Verordnung, die ausländischen Schriftstellern, vor allem aber den Emigranten, jede Publikation verwehrte. Der schweizerische Schriftstellerverband erinnerte die Polizei immer wieder öffentlich an ihre Pflicht, aufs strengste darüber zu wachen, daß diesem Verbot nicht zuwidergehandelt werde. Es gab allerdings Schriftsteller im Lande, die ebenso öffentlich ihre Scham über die Haltung ihrer Kollegen bekundeten.

So jämmerlich und schändlich das Verhalten mancher Instanzen auch war und blieb, bis sie unter dem Eindruck der deutschen Niederlagen allmählich aufhörten, die Flüchtlinge als den Abschaum der Erde zu behandeln, so machte meinesgleichen auch in der schlimmsten Zeit mit Schweizer Männern und Frauen Erfahrungen, die äußerst ermutigend waren und uns vergessen ließen, daß wir häufig nur ungeduldig geduldet waren.

Um das Lager für einige Stunden zu verlassen und nach Zürich fahren zu dürfen, mußte man die Notwendigkeit der Reise begründen, etwa mit einem unerträglichen Zahnschmerz, der das Eingreifen eines Dentisten sofort erforderte. So kam ich zu dem sehr angesehenen Dr. H. Leisinger. Wir wurden bald Freunde und, als ich aus dem Spital entlassen wurde, nahmen er und seine Frau Trudi mich in ihrem schönen Hause in Küßnacht auf. Jene ersten Tage der wiedergefundenen Freiheit sind mir in jedem Detail unvergeßlich geblieben. Mir schien alles großmütiges Geschenk, mit dem man mich verwöhnte: der Garten, die Waldung hinter dem Haus und die Hügel jenseits des Sees; Beethovens Symphonien, die am frühen Morgen in mein Zimmer heraufdrangen, die so wohlgeformten Dinge, zwischen denen ich mich wieder bewegen durfte, und vor allem die Freundschaft, die seither unverändert fortdauert.

Auch Franz Fein war endlich aus dem Lager entlassen worden und lebte im Hause seiner Nichte Maria Becker, deren Mutter Maria schon vorher glücklich über die Grenze gekommen war. Sie und ihre Tochter hatte ich in Cocteau's *Höllenmaschine,* einem Ödipus-Drama bewundert – das war in Wien, kurz bevor es zur Hauptstadt der Ostmark wurde. Maria Feins Jokaste war so schön und verführerisch zugleich, daß ich an diesem Abend vergessen konnte, daß Ödipus sie aus Ehrgeiz und nicht aus Liebe geehelicht hatte. Ihre Tochter und mein Bruder Milo spielten mythische Lebewesen; von Milo wußte ich, daß er Worten und Gesten in jeder Rolle eine ungewöhnliche Intensität verleihen konnte; zu meinem Staunen entdeckte ich, daß auch seine jüngere Partnerin in einer eigenen Art so präsent war, daß man gebannt auf sie blicken mußte, als ob nur Unvorhergesehenes von ihr kommen könnte. Nun, sechs Jahre später, war sie die viel bewunderte Tragödin des Züricher Schauspielhauses geworden, in dessen Ensemble Emigranten recht zahlreich waren. Dank ihnen und einigen ausgezeichneten Regisseuren, die gleichfalls in Zürich ein Asyl gefunden hatten, wurde das Schauspielhaus das bedeutendste deutschsprachige Theater.

Ich bewunderte beide Marien; mit Maria Fein verband mich eine Freundschaft, die fast so seltsam war wie diese ungewöhnliche Frau, eine große Schauspielerin, eine höchst liebenswerte, aber ebenso schwierige Person. Sie ist nun schon seit Jahren tot, aber ich denke oft an sie zurück. Es geschieht nicht selten, daß ich mir im Theater oder im Kino vorzustellen suche, wie sie wohl diese oder jene Hauptrolle gespielt hätte, und es genügt, daß ich die Augen schließe, um sie zu erblicken: ihre recht schlanke Figur, die groß wirkte, ihr Gesicht, das auch im Altern die Züge einer nicht immer hübschen, aber stets schönen, sensiblen und zuweilen herausfordernd herrischen Frau bewahrte. Ihre Stimme erinnerte mich an die Stimme der Burgtheater-Schauspielerin Hedwig Bleibtreu, der ich auch deshalb ein dankbares Gedenken bewahre, weil ihre geflüsterten Worte selbst auf den hintersten Stehplätzen der vierten Galerie deutlich hörbar waren. Wenn mir Maria Fein in einem Kino oder Café eine kritische Bemerkung über eine gerade eintretende Person zuflüsterte, vernahm es der ganze Saal.

Nur einmal war ihr Flüstern fast unhörbar, besonders für mich, der darauf mit Herzklopfen lauschte. Das geschah, als sie endlich im Schauspielhaus auftreten konnte: in Tschechows *Kirschgarten* spielte sie Ljuba Andrejewna. Der Dichter bereitet den ersten Auftritt der nach einem fünfjährigen Aufenthalt in Paris endlich heimkehrenden Gutsherrin so vor, daß nicht nur die Personen auf der Bühne, sondern auch die Zuschauer äußerst gespannt ihr Eintreffen erwarten. Endlich war es so weit, Ljuba erschien im Türrahmen, sah sich um, hob zögernd den Schleier vom Gesicht und fragte: »Wie war's doch? Laß, ich will mich erinnern . . .«

Seitlich in der vierten Parkettreihe erlebte ich an jenem Abend zum ersten und einzigen Mal das Lampenfieber eines Schauspielers – mir stockte der Atem. Als Maria die ersten Worte zögernd, bebend über die Lippen gebracht hatte, wurde es besser, denn nun war alles wieder da: ihre Stimme und Tschechows Ljuba, die unser Mitgefühl auch dann erweckt, wenn sie entschlossen ist, heiter zu sein und leichtfertig in ihrer wohlbegründeten Unruhe.

Seit meiner frühen Jugend hatte ich Schauspieler gekannt, und mit einigen von ihnen verband mich Freundschaft. Aber erst an jenem Abend erfuhr ich an mir selbst, was ihr Lampenfieber bedeutet. Und noch viel später begriff ich, warum Maria trotz ihrer Erfolge in Deutschland und Österreich früh damit begonnen hatte, ihre Karriere zu gefährden, zu unterbrechen und schließlich zu zerstören. Sie, die mit jedem Zoll ihres Wesens eine Schauspielerin war, fand daran nicht ihr Genüge. Sollte sie in einem Stück von Jean Giraudoux spielen, so überarbeitete sie die Übersetzung oder stellte selbst eine her; im Streit um die richtige Auffassung des Stückes verwandelte sie sich in eine »reißende Leopardin«. In den schweren Jahren, als sie völlig unbeschäftigt blieb, malte ich ihr aus, wie wunderbar sich alles für sie nachher, nach Hitlers Niederlage, gestalten würde – in Berlin so gut wie in Wien. Endlich bot sich ihr die Möglichkeit eines neuen Beginnens, Maria ging nach Berlin, spielte dort, aber es hielt sie nicht. Aus New York schrieb sie mir dann seitenlange Briefe, ganze dramaturgische Traktate, detaillierte Erinnerungen an Max Reinhardts

Regiearbeit, ausführliche Urteile über Leute; zwischendurch erwähnte sie neue Aussichten, sichere Hoffnungen. Sie alle verblaßten schnell genug. Was zwischen den Zeilen ihrer Briefe stand, wurde mit den Monaten, die ihr in einem wahrscheinlich wenig heimeligen New Yorker Hotelzimmer entschwanden, immer trauriger. Es war so herzzerbrechend wie die Briefe, die die seinerzeit berühmte Schauspielerin Miss Patrick Campbell aus New York an Bernhard Shaw schrieb, der ihr so viel zu verdanken hatte und ihr nicht im mindestens half. Auch sie war eine ungewöhnliche Persönlichkeit, so stolz und erwartungsvoll zugleich, daß ihr jeder Ort fremd, zum enttäuschenden, feindlichen Exil wurde.

Maria sah ich in Paris wieder. Sie erzählte mir, was sie alles versucht, erreicht und verfehlt hatte. Sie war so klug und neugierig auf die Einsichten, die man mit ihr teilen wollte, aber unfähig, Ratschlägen zu folgen, die ihr Kompromisse nahelegten. Sie blieb auf ihrem holperigen Pfad, der nirgends hinführte.

In einem alten Theatersaal, im Vieux Colombier, las sie einen Abend lang *Der Schwierige* von Hofmannsthal vor. Sie spielte alle Rollen, ohne vom Stuhl aufzustehen. Diesmal hatte ich kein Lampenfieber, sie war ja ihrer Sache sicher, wir alle bewunderten ihre vollendete schauspielerische Leistung. Nachher im Café, von Freunden und Verehrern umgeben, bezauberte sie die ganze Runde. Mir schien's, ich entdeckte an ihr das Gesicht der jungen Frau, die ich gar nicht gekannt hatte.

Sie starb zu früh an einer schweren Krankheit. Ihrethalb hätte ich zeitweilig ein Theaterdirektor, ein Regisseur, ein Bühnendichter sein mögen – um ihr in allem nachzugeben. Auch im Hinblick auf sie hatte ich ein Sokrates-Stück zu schreiben begonnen. Sie schwebte mir als Darstellerin der Xanthippe vor, der einzigen Person in dieser Tragödie, welche klug genug ist, nicht weise sein zu wollen gegenüber Sokrates. Sie ist die einzige, die ihn wirklich liebt und auch deshalb ahnt, warum er der rettenden Flucht den so leicht vermeidbaren Tod vorzieht. Mit Marias Stimme im Ohr habe ich in abweichenden Fassungen die große Klage erdacht, mit der Xanthippe den Tod des Sokrates beweint. Ich hörte damit auf, als Maria starb.

Maria Becker sehe ich – viel zu selten – auf der Bühne. Sie ist all das geworden, was man für sie erhofft hat. Wenn wir zusammen sind, sprechen wir viel von ihrer Mutter, der sie ähnlich ist und doch ganz anders: Sie weiß sich vor jenen Unklugheiten zu bewahren, zu denen ungewöhnlich begabte Menschen sich selbst manchmal verführen.

In Zürich kannte ich, wie bereits erwähnt, mehrere Schauspieler. Einer von ihnen, ungewöhnlich begabt und eigenwillig, war mir von Wien her ein naher Freund gewesen, so fand ich ihn auch in meinem neuen Exil wieder. Eines Tages aber zerbrach er diese Freundschaft: im Namen der kommunistischen Zelle, der er angehörte, drohte er, daß mir Schlimmes passieren würde, falls ich nicht aufhören würde, meine parteifeindliche Gesinnung in Gesprächen zu äußern oder in einer Gruppe zu verbreiten, die ich, das wüßten sie, gründen wollte. Sein Gehaben bewies, daß er kaum ahnte, welch üble Rolle er da spielte und wie er mit diesen Drohungen unsere Freundschaft vernichtete. In den Jahren, die folgten, sollten mir Kommunisten noch viel Übles antun, fast niemals offen, sondern hinterrücks, mit schlauen Schlichen. Das konnte mir zwar schaden, doch tat es nicht weh, indes diese Drohung eines Freundes noch eine lange Zeit anhaltend schmerzlich blieb.

In den frühen zwanziger Jahren lernte ich Manfred Inger kennen, seither sind wir Freunde. Und er ist einer der seltenen Schauspieler, die nicht theatrozentrisch sind. Die Bühne ist für ihn eine Welt, aber er weiß, daß die Welt unermeßlich weiter und vielfältiger ist. Sein zeichnerisches

Talent mußte er während langer Jahre vernachlässigen, aber die bildende Kunst bedeutete ihm nicht weniger als das Theater. Die großen Erfolge haben sich für ihn erst seit seiner Heimkehr aus dem amerikanischen Exil eingestellt; jetzt bewundert ihn das Publikum als Künstler und jene, die ihn persönlich kennen, schätzen seine menschlichen Qualitäten so hoch ein, wie es seine Freunde seit jeher tun.

Ich habe Manfred Inger von unserer ersten Begegnung an besonders gemocht, weil er in jeder Hinsicht echt war – von einer Authentizität, die bei einem so jungen Menschen und gar bei einem noch nicht ganz flügge gewordenen Schauspieler äußerst selten ist. So ist er mit siebzig Jahren jenem Jungen unverwechselbar ähnlich – ein Mann von vornehmer Diskretion, völlig ohne Pose, aufmerksam für die anderen, deren Anderssein er mit Sympathie anerkennt und beobachtet. Als Charakterdarsteller hat er zahllose Wesen inkarniert und jedem seine eigene Echtheit verliehen, aber er hat nichts von ihnen angenommen. Sein Gesicht ist nicht zur Maske geworden, er spielt nicht den Schauspieler, er ist es wirklich – aber nur auf der Bühne.

Wenn ich mit Manfred Inger durch die Wiener Gassen oder Pariser Straßen streife, oder in Venedig unermüdlich spazierengehe, dann sind wir nicht draußen, sondern drinnen, in einer seit Jahrhunderten sich formenden Welt. Wir vernehmen das Zwiegespräch zwischen Vergangenheit und Gegenwart und beziehen es in unsere Gespräche ein, denn wir fühlen uns in alledem mit einbezogen. Nicht das Pittoreske und Kuriose suchen wir, nicht das monströs Häßliche und nicht das ans Wunder grenzende Schöne. Das Unechte ist unwichtig, bestenfalls eine Kuriosität; nur das Echte ist das werdende oder das gewordene Wesen.

Gehen wir durch die Herrengasse, dann starren wir einen Augenblick lang das Haus an, in dem einmal das Café Herrenhof seine Gäste bis um 1 Uhr 15 nach Mitternacht mit unwandelbarer Freundlichkeit empfing. Inger war immer dabei, ein aufmerksamer Zuhörer, stets bereit, uns mit seinen Parodien zu erheitern oder ernsthaft über Malerei, Graphik und Bühnenbildnerei zu sprechen, doch nur sehr selten über sich selbst und seine Erfolge im Theater. Nun sind wir bejahrte Männer, Inger spielt noch immer, hat aber mehr Zeit zu malen. Das kommt spät, doch nicht zu spät – in jenem Alter, das einen lehrt, dem Leben am dankbarsten für all das zu sein, was man ihm selber gibt.

Pfarrer Adolf Maurer führte mich in die Museumsgesellschaft ein, eine altehrwürdige, im besten Sinne des Wortes respektable Vereinigung, die nach wie vor ihren Mitgliedern angenehme Lesesäle bietet, in denen man alle nennenswerte Periodica und eine ganz ausgezeichnete Leihbibliothek findet. Dank ihr habe ich viel nachholen, einige Wissenslükken schließen und überdies manche Werke wiederlesen können. So las ich Jacob Burckhardt wieder und fand mich weit mehr im Einklang mit ihm als 15 Jahre vorher; besonders taten es mir seine damals gerade neu aufgelegten *Weltgeschichtlichen Betrachtungen* an. Ich begriff nun weit besser, warum Nietzsche von Burckhardt so hingerissen war und andererseits warum Burckhardt es vorzog, sich Nietzsche mit all seinen Geschichtsinterpretationen vom Leibe zu halten. Ich las viele historische Werke, Memoiren aus dem 17. und 18. Jahrhundert und überdies in Sammelbänden fast alle Theaterstücke, die in Paris zwischen 1919 und 1930 aufgeführt worden waren.

Was mich an ihnen interessierte? Da ich zwischen 1919 und 1939 in Wien, beziehungsweise in Berlin fast allen sehenswerten Aufführungen beigewohnt hatte, wollte ich – mit Verspätung – erfahren, welche Stücke die Pariser Bühnen zwischen den beiden Kriegen beherrscht hatten. Doch war dies nicht der einzige Grund: ich wollte mir bei der Lektüre eines Dramas eine bildhafte Vorstellung von den

Bühnenvorgängen und den handelnden Personen machen. Ich hatte beinahe alle klassischen Stücke des deutschen Theaters gelesen, ehe ich eines von ihnen auf der Bühne sah; auch später blieb die Bühnendichtung eine vom Theaterbesuch unabhängige wichtige Lektüre. Der fortgesetzte Kontakt mit Schauspielern war gewiß auch ein Anstoß zu dieser Lektüre, ebenso meine häufige Begegnung mit Fritz Hochwälder, dessen *Heiliges Experiment* ich im Manuskript mit größtem Interesse, ja mit Bewunderung gelesen hatte. Dem jungen Wiener Emigranten wollte es nicht gelingen, dieses Stück, das bald nach Kriegsende ein Welterfolg werden sollte, in Zürich zur Aufführung zu bringen; eine Zeitlang stand er sogar unter polizeilichem Schreibverbot – und dies nicht aus politischen Gründen, sondern nur weil er ein Emigrant war.

Auch Fritz Hochwälder war ein steter Gast der Museumsgesellschaft, wie viele andere emigrierte Intellektuelle, die in diesen Sälen vergessen durften, daß sie unwillig geduldete Fremde waren, denen die Polizei nicht nur das Publizieren, sondern sogar das schwer kontrollierbare Schreiben untersagen wollte.

Ich fuhr, so oft es mir die Mittel erlaubten, nach Lausanne, wo Jenka und Dan in einer billigen Pension untergebracht waren, die hauptsächlich Flüchtlingsfrauen mit Kleinkindern beherbergte. Alles wurde für mich anders, als wir endlich vereint waren. Nun erst lernte ich Dan, der über anderthalb Jahre alt war, wirklich kennen. Er sprach bereits recht gut, hatte Spaß an allem, was er im Spiel allein zuwege bringen konnte; ebenso an alledem, was wir zusammen unternahmen: auf einer Rodel den schneebedeckten Hügel hinunterrasen, durch den Schnee stapfen, ein Liedchen auswendig lernen oder der Vorlesung aus einem Bilderbuch lauschen. Er wachte am frühen Morgen auf und wartete geduldig darauf, daß auch wir den Tag begannen. Unterdessen vertrieb er sich die Zeit, indem er, kaum hörbar, Gedichtchen aufsagte und seine Bilderbücher betrachtete. Er zeigte eine Vorliebe für mehrsilbige Worte, auch diese wiederholte er leise vor dem Einschlafen und nach dem Erwachen und benutzte sie häufig in Gesprächen, bis er endlich sicher war, daß er sie richtig anwandte.

Alle Kinder leisten in den ersten Jahren, besonders aber in der Phase, in der sie das Sprechen erlernen, als Entdecker und Erfinder weit mehr als die meisten Menschen in der Zeit ihrer Reife. Das Kind verbindet das Lernen, den Prozeß der Anpassung durch Nachahmung und Aneignung, mit der schöpferischen Erfindung der eigenen Persönlichkeit.

Ich mußte mich sehr zurückhalten, um im Gespräch über Dan den väterlichen Stolz, so gut es ging, zu verhehlen, daher sprach ich von ihm wie von einem Erwachsenen und bezeichnete ihn als »einen besonders angenehmen Zeitgenossen«; das war er überdies wirklich und ist es mir geblieben. In Wirklichkeit war diese »Zeitgenossenschaft« in jenen schweren Jahren für Jenka und mich eine unversiegbare Quelle von Glück.

Wie mein Vater ein fast unbegrenztes Vertrauen in mich setzte, so tat ich es gegenüber Dan. Ich vergaß nicht, daß ich dieses erwartungsvolle Zutrauen als eine Last empfunden hatte, und bemühte mich, solche Wirkung bei meinem Sohn zu vermeiden; ich wüßte nicht zu sagen, ob und in welchem Maße es mir gelungen ist. Erst später, als er schon erwachsen war, ging's mir auf, wie oft ich, ohne es zu merken, dem Beispiel meines Vaters gefolgt war, bemüht weiterzugeben, was ich von ihm empfangen hatte. Doch hatte ich mehr Glück als mein Vater, sein Enkel gehörte von Anbeginn der gleichen Welt an wie ich. Der Generationskonflikt wurde von uns beiden als eine natürliche, durchaus überwindliche Schwierigkeit erlebt, denn uns trennte nicht die Kluft zwischen einer in allen Eigenheiten rigoros religiösen

Kultur, die die Lebensführung eines jeden in ihrer geringsten Einzelheit bestimmte, und einer humanistischen Zivilisation freier Individuen, die aus eigener Verantwortlichkeit ihr Ziel wählen und die Wege, die zu ihm führen mögen.

Im Jahre 1943 gab es sicher noch viele Nazis und faschistische Mitläufer, die an Hitlers Sieg glaubten. Allen anderen aber war es gewiß, daß die große Wendung eingetreten war. Man fragte viel seltener: »Was wird die Achse tun?«, sondern »Wo werden die Alliierten endlich angreifen und siegen?« Das Jahr brachte den Sturz Mussolinis und die gleichsam plötzliche Verwandlung einer Bevölkerung, die während vieler Jahre dem Duce mit einem ungeheuern Aufwand an Stimmkraft und theatralischen Komparsengebärden ihre Bewunderung bewiesen hatte. Nun waren die Straßen und Plätze der italienischen Städte von Männern und Frauen überfüllt, die ebenso lautstark ihren negativen Enthusiasmus, das heißt ihre unbändige Feindschaft gegen Mussolini und die Faschisten demonstrierten.

Im gleichen Jahr bekam der Name eines winzigen Ortes einen erschreckenden Klang in der ganzen Welt: *Katyn* bezeichnete den Ort der Massengräber, in denen die Leichen mehrerer tausend polnischer gefangener Offiziere gefunden wurden, die 1939 in russische Gefangenschaft geraten waren. Hitler und Stalin, beiden konnte man solches Massaker zutrauen, jedoch wiesen alle Umstände darauf hin, daß Stalin noch vor dem deutschen Überfall diese Tausende Genickschüsse anbefohlen hatte. Die Nazis ihrerseits hatten in Polen die Vernichtung der Intellektuellen und der politischen Elite systematisch betrieben, gleiches taten die Mordknechte Stalins und Berijas in Katyn und gewiß auch anderswo. Kein Zweifel, die Nazis benutzten die Massengräber von Katyn als Propaganda-Waffe, aber das durfte die polnische Exilregierung nicht daran hindern, eine Untersuchung über diese Ausrottungsaktion von dem Internatio nalen Roten Kreuz zu verlangen. Man weiß, daß Stalin daraufhin die diplomatischen Beziehungen zur polnischen Regierung abbrach, ohne daß die Alliierten, auf deren gigantische Waffenlieferungen die Russen angewiesen waren, zugunsten der Polen und der Erforschung der Wahrheit eingegriffen hätten. Daraus mußte man folgern, daß Polen, um dessethalb die Alliierten in den Krieg gezogen waren, seine Selbständigkeit nicht wiedererlangen würde. Den Krieg werden wir gewinnen, aber schon sind wir im Begriff, den Frieden zu verlieren, schrieb ich in einem Artikel, der natürlich nicht veröffentlicht wurde, obschon ich ihn mit einem Pseudonym gezeichnet hatte.

Da Churchill und Roosevelt befürchteten, daß Stalin bei der ersten Gelegenheit einen Sonderfrieden mit Hitler schließen könnte, machten sie ihm Konzessionen, so oft es auf Kosten der kleinen Verbündeten geschehen konnte. Sie begingen fortab Stalin gegenüber den gleichen Irrtum, der die Politik des Westens gegenüber den steigenden Ansprüchen Hitlers bestimmt hatte: Sie gaben nach, weil sie glaubten, damit die Befriedung des Diktators erreichen zu können. Roosevelt war überzeugt davon, daß Mr. Stalin, dieser gute *Uncle Joe* , gar keine neuen Grenzen, sondern nur die Sicherung der Vorkriegsgrenzen Rußlands anstrebte. Die dreißiger Jahre hatten im Zeichen fortgesetzter Zugeständnisse an Hitler gestanden, in den vierziger Jahren würde die Welt vor Stalin kapitulieren. Ließ man Polen jetzt im Stich, schrieb ich im Jahre 1943, so ermutigte man Stalin und bereitete Kapitulationen vor, die ganz Europa gefährden würden.

Im gleichen Jahr erfuhr ich aus dem Munde eines Augenzeugen, was in Polen geschah. Der junge Mann, der mir an einem verregneten Nachmittag in unaufhaltsamem

Wortschwall mit quälender Genauigkeit berichtete, was er in mehreren jüdischen Städten und in Treblinka erlebt hatte, war dem Tode durch gute und üble Wunder entkommen. Er glaubte, daß er gerettet war, doch war es offenbar, daß er fortab sich selbst nur noch ein Überlebender sein würde.

Mir wurde es in jenen Stunden gewiß, daß Deutschland für mich fortab nie mehr das bedeuten könnte, was es mir bis zu diesem Augenblick, bis zu meinem 37. Lebensjahr trotz allem gewesen war. Der Bruch ist unheilbar geblieben. So lebte ich von dieser Zeit an im Bewußtsein, daß ein Großteil Europas am Tage des Sieges nur ein Trümmerhaufen sein würde, daß die Welt meiner Kindheit vernichtet war, daß ihre Bewohner nicht mehr auf Erden weilten. An Europas Wiederaufbau zweifelte ich nicht im mindesten, ebensowenig an der Entschlossenheit der Amerikaner, dem alten Kontinent großzügig zu helfen. Jedoch befürchtete ich, daß die Sieger mit dem nach so ungeheuren Opfern errungenen Sieg nicht das Rechte würden anfangen können. Unsere Feinde verdienten tausendfach ihre Niederlage, ihren totalen Zusammenbruch, aber die Sieger, glaubte ich, verdienten nicht den Sieg. Sie hatten den Aufständischen des Warschauer Ghettos nicht beigestanden, ihnen nicht einmal symbolisch ein Zeichen der Solidarität oder der Bewunderung gegeben. Sie griffen die Vernichtungslager nicht an, obschon ihre Kampfflugzeuge es leicht hätten tun können. Und ein Jahr später kamen sie den Aufständischen Warschaus nicht zu Hilfe; sie blieben tatenlos vom Augenblick an, da Stalin ihnen die Benutzung der russischen Flugplätze untersagte.

In den Nächten vor dem Einschlafen unterbrach ich oft meine Gedanken an die Tyrannen, ich stand unter dem Zwange, die Bitternis mitzuempfinden, welche die völlig vereinsamten Insurgenten im Warschauer Ghetto erfüllte, nachdem sie die letzten Patronen verschossen hatten. Sie dachten an die Juden in der freien Welt, die mit ihren kleinen

Sorgen und ihren Freuden dahinlebten, als ob alles seinen rechten Gang ginge. »Wie hat dir dein Bruder geholfen?« fragte man den verhungernden, obdachlosen Mann. »Mit einem Seufzer nur, aber mit welch' tiefem Seufzer,« war die Antwort. Ach, wie der Mangel an realistischer Phantasie die Gleichgültigkeit fördert, die Tatenlosigkeit und das Vergessen.

Im Warteraum des Züricher Polizeibüros, das für Ausweis- und Reisepapiere zuständig war, fiel mir eine etwa 35jährige Frau auf, deren Worte und Tonfall im Gespräch mit einer Begleitperson mich an das Deutsch der Zagreber erinnerten. Da sie mich von Zeit zu Zeit prüfend ansah, nahm ich an, daß sie mich vielleicht gesehen, einem meiner Vorträge beigewohnt hatte. Ich sprach sie an und fand meine Vermutung bestätigt: sie kam tatsächlich aus Jugoslawien, hatte Zagreb in den letzten Tagen des furchtbaren Jahres 1941 verlassen und sich mit ihrer Familie nach Mussolinis Sturz über Italien in die Schweiz durchgeschlagen. Sie kannte mich vom Hörensagen und wußte, wer meine Freunde in der Stadt gewesen waren. Als ich nach ihnen fragte, zuckte sie die Achseln und erwiderte im Ton einer zu Unrecht gekränkten Person: »Was soll ich Ihnen sagen? Bei uns ist ja alles geschehen, was nur geschehen konnte.« Ich fragte sie nach Beno Stein. »Er ist unser Familienarzt gewesen«, antwortete sie freundlicher, ehe sie wieder abwehrend, wie beleidigt hinzufügte: »Was soll ich Ihnen sagen? Alle sind tot. Dr. Stein war eingerückt; er ist von den Deutschen gefangengenommen worden, nicht er allein, alle. Er ist tot, natürlich!« Nach wem auch immer ich fragte, jedes Mal leitete sie die Todesbotschaft mit dem törichten »Was soll ich Ihnen sagen?« ein. Nur einmal blieb die Formel aus. Sie berichtete, daß die Ustaschi eine größere Anzahl von jüdischen Jungen verschleppt und an die adriatische Küste gebracht hatten. Dort stellten sie aus den Jungen kleine Gruppen zusammen, banden Stacheldraht um sie und stürzten die Wehrlosen von einer überhängenden Klippe ins Meer. Manche dieser Jungen hatte ich seit ihrer frühen Kindheit gekannt.

Sie verstummte für einen Augenblick und begann dann wieder von den Verbrechen der kroatischen Faschisten mit armen, verbrauchten Worten zu erzählen. Ich hörte nicht mehr zu. Das Bild von diesen mit Stacheldraht aneinander gefesselten jungen Menschen, die rettungslos im Wasser untergehen, wurde zu einem neuen Alptraum. So tief die Trauer auch war, sie sollte noch lange überschattet werden von dem Schauder, der mich erfrieren ließ im Eis, das sich auf die Brust legte und das Herz fast zum Stillstand brachte.

Frau Luise Maurer, die Gattin des Pfarrers, betete zu gewissen Stunden an bestimmten Tagen für diesen oder jenen besonders unglücklichen Menschen, verbündete sich mit ihm im Gebet um Gottes Hilfe. Auch ich hätte beten mögen um jene, die in der Macht der Ausrotter auf Wunder hoffen mußten, weil sie keine menschliche Hilfe erwarten konnten – von niemand mehr! Und niemand – das waren wir alle; niemand, das war auch ich, der in das graue Dunkel starrte und sich vergebens abmühte zu glauben, daß noch Wunder geschehen könnten. Die sicherste Zuflucht vor solcher Demütigung war das Schreiben.

Ich beschrieb einen Aufstand, den schnell besiegten Aufstand der österreichischen Sozialisten im Februar 1934. Einem jüdischen Sozialistenführer wird vorgehalten:

»Die Juden hatten die Tragödie immer um deren fünften Akt betrogen, sie hatten sich nie mit dem Tode abgefunden. Wo immer wer rebellierte, sie waren dabei, getrieben von dem Glauben, sie könnten ein happy end auf Erden erzwingen.« Diese Erwägung ließ ich Professor von Stetten äußern, sonst legte ich zumeist Dojno Faber, einer andern Romanfigur, meine Gedanken in den Mund.

Das Schreiben war mir Zuflucht, weil ich so viele Stunden mit diesen ersonnenen Menschen verbringen konnte. In den Finsternissen waren sie mir die nächsten Freunde. Wir drei – Dojno, Stetten und ich – hatten keinerlei Macht, um mit irgendwelcher Wirkung einzugreifen, wir waren keine Partei, keine Mahner, sondern nur *Erinnerer.*

Damals faßte ich einen Beschluß, der ebensowenig rational war wie die Zuversicht eines Hasardspielers: Fand ich meine Manuskripte wieder, die Roger Martin du Gard für mich aufbewahrte, so würde ich sie, zusammen mit dem, was ich inzwischen im Dachstübchen des Pfarrhauses schrieb, veröffentlichen. Waren aber die Manuskripte verlorengegangen oder vernichtet worden, so würde ich mich damit abfinden, daß mir das Schreiben immerhin geholfen hatte, das Geschehen der Zeit um einiges besser zu ertragen, und es damit bewenden lassen. Gewiß, die Welt brauchte Erinnerer, ohne es zu wissen und ohne sie herbeizuwünschen; überdies war es ungewiß, ob sie jemanden wie mich als Erinnerer gelten lassen würde. In Wirklichkeit fragte ich nicht sehr danach, denn das Schreiben war Trost für den Untröstlichen – das genügte bis auf weiteres.

Obwohl ich seit der Begegnung mit dem aus dem Ausrottungslager entflohenen polnischen Juden nicht mehr in Betracht zog, mich je wieder in Deutschland niederzulassen, wurde ich von einem Wiederholungstraum geplagt, der im Jahre 1944 auftauchte. Ich befand mich in einem Zug, der gerade Basel verlassen hatte und langsam über die deutsche Grenze rollte. Man erwartete eine alliierte Militärkontrolle, statt ihrer erschienen SS-Männer. Wahrscheinlich geschah dies zum letzten Mal, denn die amerikanischen Tanks nahten. Noch waren sie aber nicht da, zum letzten Mal holte die SS Passagiere aus dem Zug, die ihr nicht gefielen. So wußte ich, daß ich um einen Tag, vielleicht um einige Stunden zu früh zurückgekommen war. Die Wut gegen mich selbst und über die wahnwitzige Ungeduld, die ich mit meinem Leben bezahlen würde, wich einer schmerzlosen Resignation, einer vollkommenen Ruhe: sie glich einer völlig betäubten Qual, die bald mit dem Tode enden würde.

Dieser Traum kam, mit kaum merklichen Varianten, auch nach dem Kriege wieder und verschwand erst im Jahre 1949, nachdem ich den *Verbrannten Dornbusch* veröffentlicht hatte.

Im überfüllten Repatriierungszug, der uns von Genf nach Paris zurückbrachte, gab es keine Kontrolle. Ich blieb während der Fahrt im Gang, vor dem Coupé, in dem Dan und andere Kinder schliefen. Der Gedanke an das Wiedersehen mit Paris erregte mich sonderbar, rief in mir eine Bangnis hervor wie vor einem Wiedersehen nach einer zu langen Trennung. So mag man einer Frau begegnen, die man nicht mehr geliebt hat und die wieder zu lieben man gleichermaßen fürchtet und erhofft. »Erst nach einiger Zeit merkte er, wie seltsam ihn das Gefühl in die Irre führte, denn er schrieb, als wäre nicht er, sondern Paris zurückgekehrt – ein leichtsinniges, leicht verführbares Wesen, das sich mit den Fremden herumgetrieben hatte ... denn es ist mir manchmal schwer geworden, dich zu lieben, es ist mir noch immer unmöglich, dich nicht zu lieben.« So war ich beklommen vor der Wiederkehr, die ich bald als eine Heimkehr empfand und bald als eine Rückkehr ins Exil.

Wenige Wochen zuvor hatte eine neue Ulcus-Krise begonnen, die noch andauerte, als wir die Reise antraten; das war ein schlechtes Beginnen. Ich stand am Korridor-Fenster, sang mit geschlossenen Lippen ein Lied nach dem anderen, während ich Ausschau hielt nach den ersten Zeichen des grauenden Morgens. Die Lieder waren nicht dazu angetan, mich vergessen zu lassen, daß ich im vierzigsten Lebensjahr keinen Boden unter den Füßen hatte und nicht das mindeste

Vermögen, nicht einmal genug Geld, um in den ersten Wochen mit Frau und Kind durchzukommen. Gewiß, Freunde holten uns vom Zug ab, sie wollten ihre Wohnung mit uns teilen, andere wünschten, uns auf andere Weise beizustehen. Doch mich bedrängte der Zweifel, ob ich noch genug Mut aufbringen könnte, alledem entgegenzustehen, was mir seit Jahren als verderbliche Lüge erschien, als Usurpation, als schändlicher Mißbrauch von Ideen, die es gegen ihre Verderber zu schützen galt. Ich bekannte schon, daß ich nie ein Don Quichotte sein wollte, obwohl ich manche seiner Narreteien bewunderte. Bedachte ich jedoch, was ich tun müßte, um mir selber treu zu bleiben, so entging es mir nicht, daß ich gar nicht die Mittel und kaum noch den Mut hatte, auf dem eingeschlagenen Weg weiterzugehen. Noch hegte ich die Hoffnung, daß jene, die dachten wie ich, zahlreich sein würden und daß meinesgleichen sich endlich der Einsamkeit würde entwinden können.

Sechs Jahre waren vergangen, seit ich Paris verlassen hatte. Die Stadt, die ich wiederfand, sah gleichsam abgenutzt aus und so verwahrlost, daß man sich fragen mußte, ob ihre schlecht angezogenen, abgemagerten Bewohner es überhaupt noch merkten. Mehr als irgendeine andere Weltstadt war Paris die Heimat der Heiterkeit gewesen, die man in den Straßen, in der Métro und in den Parks weit mehr spürte, als die Müdigkeit der arbeitenden Menschen und die Mühsal des alltäglichen Lebens, die vor allem die alten Leute ertragen mußten. Nun aber stieß man überall auf griesgrämige Menschen, die ungern die Nähe der anderen ertrugen, ob sie nun vor Läden oder Postschaltern Schlange standen oder sich zusammenpferchten in den überfüllten Wagen der Züge, deren Zahl unzureichend war, so daß die Plattformen der Station von Wartenden überfüllt waren. Alle drängten sich, stießen einander, als ob jeder dem andern im Wege stünde.

Überall begegnete man den nach vier Jahren heimgekehrten Kriegsgefangenen und den Männern und Frauen, die in den Konzentrationslagern erfahren hatten, wie abgrundtief man sinken kann und wie wenig ein Menschenleben wert ist. Aus dem Reiche der Menschenvernichter heimgekommen, auferstandene Lazarusse, fanden es viele von ihnen zu schwer, die unsichtbare Grenze zu überschreiten, die sie von all jenen trennte, welche vor solcher Erfahrung bewahrt geblieben waren.

Man stieß auf Leute, die ausführlich erzählten, wie sie mit dem Gewehr in der Hand die Deutschen aus Paris verjagt hatten. Zu ihrer Prahlerei wurden sie durch nationalistische Legenden ermutigt: Frankreich hatte von Anfang an, hieß es, aktiven Widerstand gegen die Besatzung und gegen das Pétain-Regime geleistet, hatte stets in de Gaulle seinen legitimen Repräsentanten anerkannt und dessen Anweisungen aller Gefahr zum Trotz treu befolgt.

In den wenigen Briefen, die ich mit Malraux wechselte, ehe ich nach Paris zurückkam, hatte ich von der moralischen Gefahr gesprochen, daß sich in Frankreich eine falsche Einmütigkeit um diese riesenhaft aufgeblasene Lüge bilden könnte und daß dies eine Verwirrung der Geister herbeiführen würde. De Gaulle, der im Namen aller Franzosen zu sprechen und zu entscheiden behauptete, hatte an dieser Entstellung der noch überprüfbaren historischen Wahrheit ein Interesse, ebenso wie die Kommunisten, die im September 1939 auf Stalins Befehl die antifaschistische Bewegung verlassen und 1940 zur Verbrüderung mit den deutschen Soldaten aufgerufen hatten, ehe sie, gleich nach Ausbruch des deutsch-russischen Krieges, aufs energischste wieder antifaschistisch und patriotisch wurden. Auch die anderen Parteien und die Gewerkschaften hatten Grund, einer solch wahrheitswidrigen Glorifizierung zuzustimmen und so ihre Schwächen und ihr Versagen in den entscheidenden Phasen der Tragödie vergessen zu lassen.

Um jedoch Frankreichs Trauma des demütigenden

Zusammenbruchs zu heilen, wäre umgekehrt die Suche nach der Wahrheit notwendig gewesen. Daß man die Niederlagen willkürlich ungeschehen machen und die Vergangenheit dadurch sozusagen sterilisieren kann, wenn man nur energisch genug von ihr abrückt, ist eine alte Halbwahrheit und eine von manchen Psychologen geförderte Illusion. Ohne Bewußtsein kann man nicht »aus sich herausgehen«, genauer: nicht über sich selbst hinauskommen. Aber auch dies genügt nicht, solange man nicht fähig wird, die eigene Verantwortlichkeit zu erkennen. Unter dem Einfluß der Psychoanalyse sind Worte wie Schuldgefühl, Schuldkomplex und Kulpabilisierung unvermeidliche Bestandteile einer zeitgenössischen Phraseologie geworden, dank der man sich melodramatisch schuldig und zugleich absolut unverantwortlich fühlen kann.

Nach dem Krieg hätten Millionen Deutscher, nach der Destalinisierung hätten Millionen von Kommunisten ein quälendes Gefühl der Verantwortlichkeit, zumindest der passiven Komplizenschaft empfinden müssen: dem einen wie dem andern begegnete man in Deutschland hauptsächlich bei jenen, die niemals Nazis oder früh genug Antinazis gewesen waren; und in Rußland bei den Opfern des Gulag, die vorher an Stalin und deshalb an die Schuld der von ihm Verfolgten geglaubt hatten. Die Schuldigen, die Mitschuldigen und Verantwortlichen aber klagten überall, daß man sie mißbraucht hatte und ihnen nun unrecht tat, ja ein Unrecht zufügte, wenn man sie an ihre nahe Vergangenheit erinnerte.

Siebenter Teil

Zwei Tage nach unserer Rückkehr traf ich Malraux; er empfing mich in einem relativ kleinen, aber sehr hübschen, mit antiken Möbeln ausgestatteten Salon, der ihm als einem nahen Mitarbeiter de Gaulles zugewiesen worden war. Seine Funktion war nicht klar genug definiert, doch war alles ja noch provisorisch, de Gaulle, Chef der provisorischen Regierung, amtierte noch immer im Kriegsministerium, wo er sich gleich nach seinem Einzug in Paris installiert hatte. Es bedurfte keiner Worte, um unsere Wiedersehensfreude auszudrücken, wir empfanden sie beide in gleicher Weise. De Gaulles Büro lag auf der gleichen Etage, Malraux brauchte nur einige Räume zu durchschreiten, um dem General gegenüberzustehen, den die kommunistische Presse als den ersten Résistant Frankreichs rühmte, ehe sie ihn – nur wenige Monate später – einen Faschisten schimpfte. *Le général,* so nannte ihn auch Malraux in unserem Gespräch, das wir so führten, als ob wir es tags zuvor unterbrochen hätten. Erst am Ende informierten wir einander in wenigen Worten über unsere persönlichen Angelegenheiten und die seit unserer Trennung eingetretenen Veränderungen.

Dem Rufe de Gaulles hätte er erst Folge geleistet, nachdem er zuvor Léon Blum um Rat gefragt hatte, informierte mich Malraux. Der alte Sozialist, dessen Autorität damals auf dem Höhepunkt stand, meinte, es könnte nur von großem Nutzen sein, wenn Malraux diese Gelegenheit ergriffe, in vertraulichen Gesprächen dem General den Standpunkt der Linken nahezubringen und ihn vielleicht dadurch zu beeinflussen. Ich war nicht überzeugt davon, daß Blum recht hatte, betrachtete es aber keineswegs als kompromittierend, daß Malraux in der Nähe des Chefs einer

Regierung blieb, an der alle linken Parteien teilnahmen.

Das Land stand vor den bedrohlichsten Problemen; die Ernährungsfrage war ungelöst, angesichts der Geldentwertung waren die Löhne viel zu niedrig, besonders da die rationierten, billigen Lebensmittel quantitativ nicht ausreichten und die Preise des schwarzen oder parallelen Marktes unerschwinglich waren. Es gab das Wohnungsproblem und schließlich die »Epuration«, das heißt die Bestrafung verwerflicher kollaborationistischer Handlungen und die Beseitigung der Kollaborateure aus staatlichen und städtischen Ämtern. Malraux war optimistisch, ihm schien die endgültige Lösung dieser zum Teil höchst komplizierten Probleme nicht nur möglich, sondern in kurzer Frist erreichbar; er rechnete mit einigen Monaten, ich mit mehreren, sehr schwierigen Jahren. In dieser Einschätzung stimmten wir nicht überein, im übrigen aber stellten wir mit Genugtuung fest, daß wir während der Zeit unserer Trennung die Ereignisse, insbesondere die politischen und militärischen Entscheidungen der Alliierten, in gleicher Weise beurteilt hatten. Ähnlich erging es mir mit Raymond Aron, der 1940 nach London geflüchtet war und dort in einer Monatsschrift die Probleme des Krieges und der erhofften Zukunft mit seiner gewohnten, durchaus ungewöhnlichen Luzidität behandelt hatte. Die Freude, sich im Einklang mit Freunden zu wissen, besonders wenn man, ferne von ihnen, gegen den Strom schwimmt, kennt jeder, der erfahren hat, wie die Einsamkeit den Mut ermatten kann.

Malraux bestand darauf, daß wir unser Gespräch ungestört anderswo fortsetzten; am Abend brachte er uns im Dienstwagen in die sehr geräumige Villa, die einmal dem Komponisten Vincent d'Indy gehört hatte. Nach Josettes Tod – sie war ein Jahr vorher bei einem Eisenbahnunfall verunglückt – war er mit den zwei Kindern Gauthier und Vincent zurückgeblieben; seine beiden Brüder waren in der Deportation umgekommen, Roland, der ältere Bruder, hinterließ eine Frau mit einem Baby. So tat sich Malraux mit seiner verwitweten Schwägerin Madeleine, einer schönen jungen Frau, zusammen, die drei Knaben sollten gemeinsam, nicht als Waisenkinder aufwachsen.

Wir verließen Malraux erst spät nach Mitternacht. Er hatte so viel zu erzählen – von der Partisanentruppe, die er im Südwesten Frankreichs angeführt und 1944 in die *Brigade Alsace-Lorraine* umgewandelt hatte; in den schweren Kämpfen um das Elsaß blieb er an ihrer Spitze. Zwischendurch während kurzer Urlaube in Paris, nahm er an politischen Kongressen teil und bewahrte eine der aktivsten Résistance-Bewegungen davor, sich von der KP kolonisieren, im Namen einer sogenannten Nationalen Front verschlingen zu lassen

Gemäß den Befehlen von Moskau waren die Kommunisten inzwischen die unduldsamsten französischen Nationalisten geworden; auf ihren Plakaten sahen einen die wohlwollend retouchierten französischen Generale an, die sich im Ersten Weltkrieg hervorgetan hatten; auf sie berief sich die stalinistische Partei, deren Führer selbst im Parlament nicht davor zurückscheuten, den Schimpfnamen »Boche« zu benutzen, den die äußerste Rechte für die Deutschen erfunden hatte. Die von den Kommunisten dirigierte Nationale Front sollte vorgeblich die anderen Résistance-Gruppen und die Parteien »überparteilich« miteinander vereinigen. Es handelte sich überall um eine Machination, aber dort, wo die Rote Armee eingreifen konnte, diente sie den sogenannten Volksdemokratien zur Vernichtung aller, die sich nicht bedingungslos der stalinistischen Diktatur unterwarfen. André Malraux, dessen Ansehen am Ende des Krieges unübertrefflich war, hatte diesen Schwindel natürlich durchschaut und durch sein Eingreifen bewirkt, daß viele Widerstandsgruppen nach langem Zögern schließlich davon Abstand nahmen, dieser Front beizutreten. Die Kommunisten führten daher eine Verleumdungskampagne gegen ihn, in der die Blödheit zuweilen der Niedertracht den Rang ablief.

Nach wenigen Tagen fühlte ich mich in Paris wieder zu Hause, doch anders als früher, denn ich lebte nicht mehr im Wartestand. Ich war kein Emigrant mehr; nach allem, was geschehen war, gab es für mich keine Rückkehr mehr. Die provisorische Existenz hatte zwölf Jahre gedauert – Jahre, die in meinem Leben die besten hätten sein müssen. Europa war für mich, wie ich befürchtet hatte, auf einige westliche Länder zusammengeschrumpft, vor allem auf Frankreich. Und das Rumpf-Europa schien gefährdet und im Ernstfalle nur durch die Atombombe geschützt. Zwar bedachte ich, daß es gewiß am vernünftigsten wäre, nach Übersee, nach Kanada oder den Vereinigten Staaten auszuwandern und dort meine psychologische Tätigkeit wiederaufzunehmen, doch wußte ich, daß ich das Vernünftigste diesmal ebensowenig tun würde wie seinerzeit im Jahre 1933 in Berlin und 1939 in Frankreich – und aus dem gleichen Grunde. Der Kampf war nicht zu Ende, der Faschismus war zwar erledigt, aber es gab ein anderes, mächtigeres totalitäres Regime, das sich anschickte, die Länder, um deren Befreiung man gekämpft hatte, rasch in unterjochte Satelliten zu verwandeln.

Wer sich nicht täuschen wollte, der durchschaute die Zustände jener Zeit, die sich wie in einem Vexierbilde präsentierten, in dem fast nichts und niemand an seinem rechten Platze war. Panikartig liefen manche, die sich an das Vichy-Regime angeschlossen und der Besatzungsmacht gedient hatten, auf die Seite der Kommunisten über. Sie warben um deren Gunst, indem sie sich ihnen genauso anpaßten, wie sie sich vorher den Nazis und den Pétainisten unterordnet hatten. Leute der Rechten, die im Sommer 1940 die Niederlage der Republik als ihren eigenen Triumph gefeiert und daher ihren chauvinistischen Deutschenhaß vergessen hatten, sprachen nun wieder von der Notwendigkeit, Deutschland ein für allemal zu zerstückeln und völlig zu entmachten. Sie wetteiferten darin mit einem Aragon, der alle Werke französischen Ursprungs, die sich in deutschen Museen oder Bibliotheken befanden, »dem verbrecherischen Volk« entreißen wollte. Der Gedanke, daß irgendwo das Bild eines Nicolas Poussin in deutschem Besitz bleiben könnte, war seinem Nationalgefühl unerträglich.

Nicht nur in Frankreich, überall stieß man auf die »Nichtaberiten«. Diese Bezeichnung wandte ich in den dreißiger Jahren, vor Hitlers Machtergreifung, auf jene Deutschen an, die sich langsam den Nazis näherten und ihre Selbstentwaffnung in Sätzen ausdrückten, die sie wie unter einem neurotischen Zwang mit den Worten einzuleiten pflegten: »Ein Nazi bin ich natürlich *nicht, aber . . .*« Psychologen wissen, daß man die ersten Worte eliminieren muß, will man erfassen, was wirklich gemeint ist, denn was dem »aber« vorangestellt ist, dient nur als Tarnfarbe und ist nichtig, aufschlußreich ist nur, was folgt. Spätestens seit 1945 hieß es: »Ein Kommunist bin ich *nicht, aber* Stalin hat recht, wenn er sich Estlands, Lettlands, Litauens, Polens, Rumäniens, Bulgariens, Jugoslawiens und Ost- und Mitteldeutschlands direkt oder indirekt bemächtigt, denn schließlich muß er ja Rußland gegen einen neuen Invasionskrieg sichern . . Das ist sein gutes Recht,« fügten die Nichtaberiten mit einem Seufzer hinzu, der gleichzeitig großmütiges Verständnis und Selbstentschuldigung bedeutete. Die so sprachen, waren zumeist Groß-, Mittel- oder Kleinbürger, brave Leute, aber *prä-okkupiert,* das heißt: sie bekannten sich zu denjenigen, auf deren Gunst sie im Falle einer neuen Okkupation angewiesen wären. So verliehen manche literarische Jurys die Preise am liebsten Schriftstellern, die Kommunisten oder deren Sympathisanten waren, um sich für den Fall der Fälle eine Protektion zu sichern.

Die Nichtaberiten der dreißiger Jahre beteuerten, wie gesagt, daß sie keineswegs Nazis wären, bekannten sich aber immer entschiedener als Anti-Antinazis; zehn Jahre später versicherten sie ebenso aufrichtig, keine Kommunisten zu sein, nahmen jedoch bei jeder Gelegenheit gegen die Antistalinisten Stellung, obschon diese fast ausschließlich Männer und Frauen waren, die der Linken angehörten und ausnahmslos gegen alle Formen des Faschismus gekämpft hatten. Es waren hauptsächlich sozialistische Publikationen, die den von allen Kommunisten und Sympathisierenden bewunderten Stalinismus enthüllten und bekämpften – in Frankreich wie in Deutschland, in Skandinavien wie in England und den Vereinigten Staaten. Die internationale Gewerkschaftsbewegung hatte sogar schon in den frühen zwanziger Jahren die Existenz der sowjetischen Konzentrationslager enthüllt.

Combat war eine von der Résistance gegründete Tageszeitung, die Albert Camus einige Zeit leitete. Dank ihm und seinen wichtigsten Mitarbeitern wurde sie das Blatt der Intellektuellen, die dem Kampf für Freiheit, für die individuelle, nationale und soziale Freiheit keinerlei geographischen oder ideologischen Grenzen setzten. Wenige Jahre später sollte Camus in *L'homme revolté* die Grundsätze formulieren, welche seine Position in der antagonistischen Welt bestimmten; er wurde von den Kommunisten und ihren Mitläufern, in der Tat von fast all jenen bekämpft, die sich um keinen Preis mit den Antistalinisten solidarisieren wollten; sie wußten, warum. Es gab allerdings auch die Naiven, die der Einladung zum Intellektuellen-Kongreß in Breslau, das nun Wroclaw hieß, Folge leisteten und dort fast gläubig und beschämt die Botschaft empfingen, daß sich der Westen kulturell in der letzten Phase seines unaufhaltsamen Niedergangs befinde: daß seine Literatur wie seine anderen Künste dekadent und steril seien, daß z. B. Malraux, aber auch Sartre, der damals noch kein Sympathisant war, und so viele andere Intellektuelle »Hyänen mit Schreibmaschinen im Dienste von Wallstreet« wären. Ich erinnere mich nicht, davon gelesen oder gehört zu haben, daß die Teilnehmer dieses Kongresses, daß diese Biedermänner aus dem Westen gegen solch ebenso schändliche wie lächerliche Herabsetzung protestiert hätten. Übrigens verbreitete man ähnliches in zahllosen Zeitungen und Wochenschriften, deren Leser indes jeden Tag aufs neue feststellen konnten, welch reiches, geistiges Leben sich im Westen entfaltete, wie die bildenden Künste in Formen und Farben fruchtbarer und erfindungsreicher wurden als je zuvor, ebenso die Musik, das Theater und die Filmkunst. Ganz Frankreich lachte über die Reportagen, in denen den Lesern der sowjetischen Presse der Alltag der Franzosen so lügnerisch dargestellt wurde, daß sich die kommunistischen Blätter Frankreichs davor hüteten, auch nur ein Wort davon zu erwähnen.

Auf dem von Nazis und Faschisten aller Art unterworfenen Kontinent hatte die Lüge geherrscht. Zahlreichen Menschen wurde sie so unerträglich wie eine haßerfüllte Demütigung und sie erhoben sich gegen ihre Erfinder und Verbreiter. Nun aber, da das Recht auf Wahrheit allen wieder gewährleistet war, zogen ihr so viele die Lüge wieder vor, die sinnlos prahlende, nationalistische Lüge und die mörderische Fiktion der neuen Moskauer Prozesse, die in Sofia, Budapest und Prag, die überall dort in Szene gesetzt wurden, wo die Stalinisten im Namen der »wahren«, der Volksdemokratie ihre Herrschaft errichtet hatten.

Als de Gaulle im November 1945 die neue Regierung bildete, vertraute er Malraux das Informationsministerium an, das kaum noch irgendeine Zensur ausüben durfte, jedoch auf andere Weise die Macht besaß, die öffentliche Meinung zu beeinflussen. Von diesem Ministerium hing nicht nur der Rundfunk ab, sondern auch die Zuweisung von rationiertem

Druckpapier, das lächerlich billig war. Es war ein Kinderspiel, nicht nur für große Parteien, sondern auch für kleine Gruppen, mit Berufung auf ihre Verdienste in der Widerstandsbewegung große Papierzuteilungen zu bekommen. Man gab zahllose neue Zeitungen oder Wochenschriften heraus, die man in kleinen Auflagen druckte und zumeist nicht an den Mann bringen konnte. Auf dem schwarzen Markt verkaufte man den Rest des angewiesenen Papiers und finanzierte mit dem Erlös nicht nur die Zeitung, sondern auch die eigene politische Gruppe. Daher war die Kontrolle des Verbrauchs eine der wichtigen Funktionen des Informationsministeriums, dank der es indirekt auf die öffentliche Meinungsbildung einwirken konnte, ohne Zensurmaßnahmen zu ergreifen.

Für Malraux und Raymond Aron, seinen Kabinettsdirektor, und ihre nächsten Mitarbeiter waren andere Aufgaben vordringlicher. Der Rundfunk hatte während des Krieges eine ganz ungewöhnliche Bedeutung erlangt, besonders in einem Lande wie Frankreich, dessen Bevölkerung weder der eigenen, pétainistischen Presse noch dem vom Regime strikt kontrollierten Radio Glauben schenkte und daher den Sendungen des BBC lauschte, als ob nur diese der Wahrheit dienten. Nun galt es, den französischen Rundfunk nicht nur technisch, sondern auch intellektuell und moralisch auf ein hohes Niveau zu heben, auf das höchste, wie es den Franzosen anstand. Ähnliches war auch in anderen Bereichen notwendig: für die Musik, das Theater und die Filmproduktion. Überall ging es um den Wiederaufbau, um mutige Initiativen, die dem Neuen überall zur vollsten Entfaltung verhelfen sollten.

Ein Projekt, das uns in der Euphorie der ersten Volksfront-Jahre sehr interessiert hatte, konnte nun, glaubten wir, endlich realisiert werden. Es handelte sich um die besonders von Malraux selbst lancierte Idee, in jeder Stadt, unter Umständen auch in den Kleinstädten ein *Haus der Kultur* zu errichten, darüber hinaus in den großen Fabriken Ausstellungsräume, Bibliotheken und Lesesäle zu schaffen, mit einem Wort: den *Massen,* deren kulturelle Bedürfnisse wir qualitativ gewiß weit überschätzten, leichten Zugang zu allen Kulturgütern zu bieten. Endlich war die Zeit gekommen, damit zu beginnen. Nach den Schrecken und Entbehrungen des Krieges wollte sich jeder der materiellen Güter versichern, doch kam es nicht weniger darauf an, den arbeitenden Menschen endlich auch die kulturelle Gleichberechtigung zu erringen: das Recht, die Freiheit und somit die praktischen Möglichkeiten, den Wert aller Schöpfungen des menschlichen Geistes zu erkennen und ihnen im eigenen Leben Raum zu schaffen.

In Wien hatte ich von meiner Familie im Dezember 1937 Abschied genommen, nun ergriff ich die erste Gelegenheit, sie in London zu besuchen. Das Schiff brauchte etwa 20 Stunden, um den Ärmelkanal zu durchqueren, denn es mußte ganz langsam einem Minensucher folgen; das stürmische Wetter zwang zu noch größerer Vorsicht. Als wir endlich übernächtig und hungrig in Dover an Land gingen, wo man fast nur uniformierte Männer und Frauen sah, machte ich eine Entdeckung, die mich sehr beeindruckte. Die Freundlichkeit, mit der alle Leute dem Fremden entgegenkamen, brachte mir plötzlich zu Bewußtsein, wie rüde Ton und Gehaben der Leute in Frankreich geworden waren. Mich stimmte nachdenklich, daß ich nun hier in England die Höflichkeit wiederfand, die vor dem Krieg in Paris allgemein gewesen war, und daß ich erst in dieser Stunde das Ausmaß der Veränderung entdeckte, die Krieg und Okkupation in Frankreich bewirkt hatten.

Auf dem Bahnsteig, wo der Zug nach London bereits wartete, boten Soldaten hinter langen Tischen Sandwiches und Tee an. Ich hatte keine Münzen, sondern nur Pfundnoten; als ich das den Soldaten erklärte, verwandte ich das französische Wort *monnaie,* das im täglichen Sprachgebrauch Kleingeld bedeutet. »Was« rief einer der jungen Männer, »Sie haben kein *money*?« Und er nahm einen großen Papiersack und warf anstatt des einen Sandwichs, den ich verlangt hatte, so viele hinein, wie der Beutel fassen konnte. Er und seine Kameraden lachten mich an, schenkten mir Tee ein und wünschten mir viel Glück in England.

Für die Eltern, die mich so oft tot geglaubt hatten, war es erschütternd, mich so wiederzusehen, wie sie mich in Erinnerung behalten hatten. Ich meinerseits hatte am meisten Mühe, den Eindruck zu verhehlen, den mir das durch eine Operation entstellte Gesicht meines Vaters machte. Nach einer gelungenen Operation hätte ein zweiter harmloser chirurgischer Eingriff die Senkung des unteren Augenlides beheben können, aber der von den Nazis eingesetzte Direktor des Rothschild-Spitals war dagegen. Gerade in diesem alten Wiener jüdischen Spital wollte er beweisen, daß, was man zugunsten eines Juden tat, jedenfalls zu viel, also überflüssig war; im Herbst 1939, als meine Eltern endlich in England ankamen, war es für diese Operation zu spät. Ich gewöhnte mich an die verletzte Wange; die böswillige Verhinderung einer notwendigen und möglichen Heilung hätte genügt, mir die Erinnerung an das Dritte Reich auch in Augenblicken aufzuzwingen, in denen es möglich gewesen wäre, jene Vergangenheit zu vergessen, da die schwindenden Jahre uns von ihr zu entfernen begannen.

Obschon mein älterer Bruder inzwischen geheiratet hatte, war in der Familie alles beim alten geblieben. Wenn man nicht hinausblickte, konnte man sich einbilden, noch in Wien in der Lilienbrunngasse zu sein. Wieder hatte man einen Krieg überlebt und wollte glauben, daß fortab alles besser werden mußte. Jedoch wußte man diesmal, daß man den Rest des Lebens Trauer tragen würde, denn man vermutete, daß von der so zahlreichen Familie, die in Polen geblieben war, zwei, höchstens drei Personen überlebt haben könnten. In der Tat tauchte nur ein einziger auf, ein Arzt, der in der russischen Armee gedient hatte, denn Ostgalizien war 1939 von den Russen annektiert worden. Ehe sich dieser Cousin in den Westen »absetzte«, hatte er überall Verwandte gesucht und keinen von ihnen gefunden, sondern nur hie und da die Spuren des Untergangs.

Die Mutter vergaß es keinen Augenblick, das merkte ich ihr an; sie war eine tapfere Frau. Milo, der jüngere Bruder, lebte mit den Eltern zusammen. Er wußte, daß er mit seinem Beschluß, nie mehr nach Österreich zurückzukehren, die so vielversprechende schauspielerische Karriere äußerst gefährdete; er fand sich schweren Herzens damit ab und hoffte, sich im englischen Theater durchzusetzen.

Als ich meine Eltern wieder verließ, empfand ich deutlich, was mich an sie band, wie all das, was mich vierzigjährigen Mann seit langem von ihnen trennte. Und ich war dessen gewiß, daß sie das eine wie das andere ahnten. Der Vater brachte mich zur Victoria-Station. Ich versprach, recht bald wiederzukommen, und er erwiderte, daß er gerne auf mich warten wollte, wenn man ihn nur warten ließe. Das wiederholte er bei jedem meiner späteren Besuche. »Man«, das war Gott, das war der Tod; er stellte sich früh genug ein.

Das Wiedersehen mit Koestler, den ich während dieses Aufenthaltes fast jeden Tag traf, war höchst erfreulich. Wir hatten es geschafft, waren mit dem Leben davongekommen. Mit Genugtuung entdeckten wir, daß sich uns die zurückliegenden Ereignisse ebenso wie die Nachkriegssituation und die Gefahren, die sie heraufbeschwören mußte, in gleichem Licht darstellten Dieses Gefühl der Übereinstimmung brauchte ich stets dringend, besonders aber seit meinem

Bruch mit dem Kommunismus. Dennoch bin ich nach wie vor unfähig geblieben, eine Überzeugung aufzugeben oder zu verschweigen, selbst wenn sie diese Eintracht stören könnte. Jeder bestimmt aus eigener Machtvollkommenheit den Preis, den er für das Leben zahlen oder verweigern darf; jeder bestimmt ebenso das *sacrificium intellectus,* das er für die Erhaltung der so wertvollen Eintracht mit seinen Freunden bringen darf. Der Einklang des einzelnen mit sich selbst bestimmt seine Echtheit; wer aber auf diese verzichtet, entwertet nicht nur sich selbst, sondern alle Freundschaft.

Da Frankreich gewisse Provinzen in Deutschland und in Österreich verwaltete oder jedenfalls kontrollierte, mußte der Informationsminister auf die Gestaltung der dortigen Presse, des Rundfunks und des Verlagswesens entscheidend Einfluß nehmen. Damit ich ihn darin berate, nahm mich Malraux als Chargé de Mission in sein Kabinett auf. Da Aron und ich auch in diesen Fragen die gleiche Auffassung vertraten, bedurfte es keiner besonderen ministeriellen Richtlinien für meine Tätigkeit. Dennoch ließ ich einige Wochen verstreichen, ehe ich die erste Reise nach Deutschland antrat, weil ich vorher über alle Maßnahmen informiert werden mußte, die von den militärischen und zivilen Instanzen getroffen worden waren. Ich war keinesfalls überrascht, festzustellen, daß die französische Okkupation, wie jede andere vor ihr, in ihren Entscheidungen von Auffassungen geleitet wurde, die dank einem Gemisch von Uninformiertheit und Einsichtslosigkeit so wirklichkeitsfremd waren, daß am Ende selbst richtige sachliche Feststellungen zu praktischen Folgerungen führten, in denen das Grade krumm wurde, das Krumme sich aber bis zur Unkenntlichkeit entstellte.

Was mich überdies meine Reise nach Baden-Baden hinauszögern ließ, hatte mit mir selbst zu tun, mit meiner Vergangenheit und meiner Stellung zu den Deutschen. Ja, mir bangte vor der Begegnung mit ihnen. Einerseits lehnte ich ganz entschieden die Anklage wegen einer kollektiven Schuld ab, gegen welche Nation auch immer sie erhoben werden sollte. Die Bestrafung der Schuldigen war notwendig, die des Volkes aber, argumentierte ich, wäre ebenso ungerecht wie unausführbar. Andererseits vergaß ich keinen Augenblick, daß ich in Deutschland Männern und Frauen begegnen würde, die meinesgleichen verhöhnt, verfolgt, in Konzentrationslagern gequält und umgebracht haben. Wie soll ich sie erkennen und wie von den anderen, vom Volke unterscheiden?

Jahrelang hatte mich der Wunsch beherrscht, die Niederlage Hitlers und seiner Armeen, somit der Deutschen zu erleben. Sie waren nun endlich – nach welchem Leiden, um welchen Preis! – besiegt worden. Ich wünschte, war ich in Deutschland, keinerlei Mitleid mit den Besiegten in mir aufkommen zu lassen, doch wollte ich nicht vergessen, daß jede Okkupation hassenswert wird, selbst wenn sie milde ist. Deshalb zog ich gar nicht in Betracht, im besetzten Gebiet jeweils länger als einige Tage zu bleiben, und lehnte es entschieden ab, eine Uniform zu tragen

Die Lynch-Szene in Berlin, die die SA bei der Verhaftung von Intellektuellen auf einem offenen Platz organisiert hatte, vergaß ich nicht. Mir schien's, daß ich, wollte ich es nur, die Gesichter der Männer und Frauen wiederfinden könnte, die mit Fäusten und Stöcken auf uns einschlugen, während wir wehrlos auf dem Lastwagen saßen. Ich erinnerte mich an ihre Beschimpfungen und an ihre speienden Mäuler. Jedoch viel deutlicher hatte mein Gedächtnis die Begegnung mit den Mitgefangenen bewahrt, die alle Deutsche waren; war Hitler besiegt, so sollten sie zu den Siegern gehören. Ihresgleichen wollte ich finden, ihnen meine Solidarität beweisen, von ihnen erfahren, was sie, die Antinazis, von uns Antifaschisten nun erwarteten, was für eine Presse sie haben, was für Bücher sie lesen und wen sie hören wollten – nun, da sie alles nachholen konnten, was sie hatten versäumen müssen.

In Baden-Baden erwartete mich ein Wagen vor dem Bahnhof; es war noch recht früh am Morgen, die Schneeschaufler waren an der Arbeit, die Stadt war weiß. Schulkinder stapften mühsam durch den Schnee, der am Rand der Fahrstraße noch unberührt war. Der Unteroffizier neben dem Chauffeur, der mich ins Hotel begleitete, bemühte sich ungebeten, mir eine Idee von den Deutschen zu geben, die er ohne Feindseligkeit nur »Boches« nannte. Ihm fiel es leicht zu glauben, daß er alles über sie wußte, denn er war dumm und unwissend. Das Hotel lag über der Stadt, französische Orientierungstafeln, die es umzäumten, konnten den Eindruck erwecken, daß man in einem französischen Ferienort wäre. Die Gäste des vollbesetzten Hotels trugen Uniformen, zumeist waren es Zeitungskorrespondenten, aber auch Offiziere und Verwaltungsbeamte; einige von ihnen kannte ich oberflächlich. Sie hatten nur mit solchen Deutschen Kontakt, die für die Okkupation arbeiteten, mit Journalisten, Rundfunkredakteuren und Musikern.

Der Zufall fügte es, daß ich Alfred Döblin am Tage meiner Ankunft traf; von der Zivilverwaltung angestellt, sollte er in der Kulturabteilung arbeiten, die ihrerseits vom Unterrichtsministerium in Paris abhing. Da er die militärische Uniform trug, erkannte ich ihn nicht sofort, doch seine Frau gab mir ein Zeichen, ich näherte mich ihrem Tisch und wir begrüßten einander, überrascht und herzlich erfreut über diese Begegnung. Ich mußte eine eher ironische Bemerkung über die Uniform unterdrücken, das gelang mir noch rechtzeitig. Auch bei späteren Gelegenheiten unterließ ich es, ihm zu sagen, wie unpassend solche Verkleidung für ihn, einen deutschen Dichter war. Mag sein, daß er es ahnte oder begriff, aber meinte, daß er, ein naturalisierter Franzose mit fremdem Akzent, sich in Militärkreisen nur akzeptabel machen könnte, wenn sie ihn für einen Elsässer hielten. Den Deutschen stellte er sich natürlich mit seinem wahren Namen vor und machte damit den berechtigten Anspruch geltend, ein Repräsentant der deutschen Literatur zu sein. Als solcher gründete er eine Zeitschrift, die er nach der berühmten Brücke von San Francisco *Das goldene Tor* nannte. Die Vorbereitungsarbeiten für diese Revue nahmen weit mehr Zeit in Anspruch, als vorgesehen war; bevor ihr erstes Heft herauskam, hatten bereits andere Monatsschriften in der französischen Besatzungszone eine aufmerksame Leserschaft gefunden.

So sehr sich Döblin seit unseren Vorkriegsgesprächen verändert hatte, sein Ärger über alles, was er als Konkurrenz empfand, blieb ebenso lebhaft und im Ausdruck unbeherrscht wie in den Diskussionen, die wir, Koestler, er und ich, in seiner Wohnung geführt hatten. Die Mischung von Hilflosigkeit und Aggressivität, die ich bei ihm auch bei anderen Gelegenheiten beobachtet hatte, verminderte meine Sympathie für ihn, doch nicht die Gewißheit, daß er ein bedeutender Dichter war, dessen nicht unbegründete Vergrämtheit zuweilen auch jene verstimmen konnte, die ihn aufrichtig verehrten.

Döblin hatte sich inzwischen taufen lassen und war nun ein gläubiger, vielleicht sogar frommer Christ. Dieser sehr intelligente und gebildete Dichter war ein Mann vieler Wandlungen, die er aufrichtig, reinen Herzens, ja fast naiv einander folgen ließ. Er handelte keineswegs aus Opportunismus, sondern gemäß sich wandelnden Überzeugungen, deren jede ihm endgültig erschien, ehe sie einer anderen, ebenso endgültigen weichen mußte. Auch seine unbestreitbar bedeutenden originellen Werke hatten sich in Form und Inhalt mehrfach verändert; sie waren berühmt und, mit Ausnahme von *Berlin-Alexanderplatz,* fast unbekannt.

Wie ich ihn, diesen in Stettin geborenen Berliner Juden,

Arzt und Dichter, nach seiner Rückkehr aus der Fremde als französischen Offizier verkleidet sah – stets unverändert und niemals ganz sich selber gleich –, ahnte ich, daß er fortab in der ihm eigenen Neigung zur Übertreibung einen besonderen Typus des »Menschen auf der Brücke« verkörpern würde: den des deutschen Juden, der seine Heimat verloren hat und sie nun, heimgekehrt, nicht wiederfinden kann, nicht wiederfinden will und zugleich sehnlichst wünscht, von ihr wiedergefunden zu werden.

Über den Dichter Döblin, sein Leben und sein Werk, hat Robert Minder das Wesentliche gesagt und das unwandelbar Wandelbare an ihm tiefgründig erklärt. Auf den Trümmern des Dritten Reiches präfigurierte Döblin in jenen Tagen so viele Zeitgenossen, die in amerikanischer, englischer, französischer Uniform oder im Zivil durch Deutschland reisten und da zumeist vergeblich die Heimat zu entdecken suchten. Statt dessen erfuhren sie, daß es eine unglückliche Liebe gibt, die so unheilbar ist wie die grausamste Krankheit: die Liebe zum Land, das einen verstoßen hat.

Erst in Mainz befand ich mich zwischen den Ruinen einer entkernten Stadt, auf dem Friedhof von Häusern, die dem Erdboden gleichgemacht worden waren. Ich hatte ähnliches lange zuvor im Städtel gesehen, nach den Bränden, welche die armseligen Häuschen während einer Nacht in verkohltes Holz und Asche verwandelten. Aber das Bild der verwüsteten großen Städte gehört dem Bereich des Unbewußten an, das die Alpträume hervorbringt. Daher empfand ich ein seltsames Gefühl des »déjà-vu«, das mich so bedrängte, als sollte diese Zerstörung mich an etwas erinnern, das ich nie hätte vergessen dürfen. Der Major, der mich begleitete, äußerte immer wieder die Genugtuung, die dieser Anblick in ihm hervorrief. Da er wußte, daß ich Jude war, hoffte er wohl auf meine Zustimmung; ich blieb stumm. Dieses

Unglück machte den Gedanken an unser Unglück nicht erträglicher, obschon es mit ihm in einem unauflösbaren Zusammenhang stand. Unter irgendeinem Vorwand entledigte ich mich meines Begleiters und streifte durch die verwaisten Straßen. Der schneidende Wind, der sich plötzlich erhob, schien den Geruch der kalten Asche durch die gespenstische Stadt zu tragen. Wie ein riesiger, hochgestreckter Arm mit einer Hand, an der zwei Finger fehlten, ragte über einer Brandstätte eine Mauer bis zur vierten Etage empor. In der zweiten, an einer gelb gestrichenen Wand schwankte ein Rasierspiegel an einem Nagel hin und her, aber hielt dem Winde stand.

Hier gab es keinen Schnee, alles war grau, auch die wenigen Passanten, die nicht gingen, sondern liefen, wegliefen. Ich hörte Orgeltöne, sie kamen aus einer halb vernichteten Kirche, an deren Dachresten der Wind heftig zerrte. Ich fand die eingemummte Orgelspielerin, eine nicht mehr junge Frau. Sie hörte sofort zu spielen auf und sah mich fragend an. Sie wies mit der Hand auf das zerschlagene Dach über der Orgel und auf die Ruinen des Chors. Ich wollte ihr sagen, daß ich ein Jude war, unterließ es aber, winkte nur wie zum Zeichen eines stummen Einverständnisses und ging.

Ganz in der Nähe des Hauptbahnhofs, in einer winzigen Schenke, hatte ich ein Rendezvous mit Ernst Glaeser. Einige Minuten blieb ich noch vor dem Bahnhof stehen; fast alle, Erwachsene und auch Kinder, trugen Rucksäcke, manche hatten Bergstöcke in der Hand. Vor und nach dem Ende des Ersten Weltkrieges war ich, ähnlich ausgerüstet, mit Kameraden einigemal aufs Land »hamstern« gefahren. Wir wurden von den Bauern zumeist unfreundlich aufgenommen; nicht Geld, sondern Tauschgegenstände wollten sie für ihre Lebensmittel haben, vor allem Schuhe mit echt ledernen Sohlen, gut erhaltene, am liebsten schwarze Anzüge für Sonntage und Feste, sonst Tabak oder Zigaretten. Ach, ich war ein recht erfolgloser Hamsterer und kam oft mit fast leerem Rucksack zurück – wie so viele der jungen Leute am Mainzer Bahnhof, die da plötzlich auftauchten und eilig wieder verschwanden. Nein, es überraschte mich nicht im mindesten, daß der besiegte Feind jenem, den es zu besiegen galt, so selten gleicht und einen oft und eindringlich an das Elend erinnert, das man selbst erlitten hat.

Erst als ich Ernst Glaeser gegenübersaß, empfand ich, daß es nicht so übel war, im Lager jener zu sein, die nach so vielen verlorenen Schlachten die allerletzte endlich gewonnen hatten. Der Schriftsteller Ernst Glaeser war durch seinen *Jahrgang 1902* gegen Ende der zwanziger Jahre über Nacht berühmt geworden. Er wurde viel umworben, schloß sich den linken Intellektuellen an, schrieb günstige Berichte über seine Reisen in die Sowjetunion und emigrierte später in die Schweiz. Knapp vor Kriegsausbruch aber söhnte er sich mit dem Dritten Reich aus und kehrte zurück. Er war einer der wenigen deutschen Emigranten, die solcherart zu Renegaten wurden. Während des Krieges diente er als Journalist in Propagandastaffeln und schrieb in Soldatenzeitungen.

Er war kaum 44 Jahre alt, als wir einander trafen, sah aber viel älter aus; er trank und rauchte viel zu viel. Ja, hier war ich sozusagen Sieger – meine Genugtuung darüber dauerte aber nur wenige Minuten. Wir waren freundlich zueinander, obschon ich ihn recht bald wissen ließ, daß ich mit Joseph Roth übereinstimmte, der ihn und sein Vorgehen im *Tagebuch* aufs entschiedenste verurteilt hatte. Glaeser, nicht mehr ganz nüchtern, sprach mir von seiner antinazistischen Haltung, besonders ausführlich von seiner Tätigkeit in Italien, wo er – wenn ich ihn richtig verstand – zusammen mit gewissen deutschen Diplomaten sich bemüht hatte, das Schlimmste zu verhindern.

Ich deutete an, daß er am besten täte, zur schriftstellerischen Arbeit zurückzukehren und, ohne Reue-Erklärung und ohne Selbstverleugnung, in einem beliebig langen Text darlegen sollte, was ihn damals zur Solidarität mit den Nazis bewogen hatte; inzwischen würde man ihm materiell helfen. Ich wiederholte am Ende deutlich: »Es geht mir nicht darum, Sie zu beurteilen oder gar zu verurteilen, sondern darum, Sie zu verstehen.« Er wolle sich das noch überlegen, sagte er, und werde wahrscheinlich meinen Rat befolgen.

Mehrere Jahre später traf ich ihn bei Malraux in Paris. Er sah gut aus, machte keineswegs den Eindruck eines Trinkers, der er wahrscheinlich auch nicht war. Da er die Mainzer Begegnung nicht erwähnte, tat auch ich so, als ob ich sie vergessen hätte. Ich sollte noch bei vielen Deutschen auf die gleiche, erstaunliche Vergeßlichkeit stoßen, die gerade jene Periode gleichsam annullierte. Ähnliche Erfahrungen haben übrigens andere Intellektuelle gemacht, die sich in den ersten Nachkriegsjahren für Deutsche eingesetzt haben, die etwa, wie ich, das Verbot einer Zeitschrift verhindert oder zugunsten von Verlegern, von ungerecht zurückgesetzten Professoren und Schriftstellern energisch und schließlich erfolgreich eingegriffen hatten.

Jene, die auch nachher nicht vergaßen, lernte ich kennen, als ich auf die Suche nach Menschen ging, von denen ich wußte, daß sie auch in den schwersten Stunden unbeugsam geblieben waren. Einen von diesen, den ich nur dem Namen nach kannte, besuchte ich während meines ersten Aufenthaltes in Baden-Baden. Es war ein alter, schwerkranker Mann, der von mir wußte und deshalb wünschte, mich zu sehen. Obschon durch Krankheit und gewiß auch durch Entbehrungen sehr geschwächt, war er geistig durchaus auf der Höhe. Es war wie ein Wiedersehen, aber wir waren einander nie vorher begegnet. Zu Beginn unseres Gespäches, das mir aus einem besonderen Grunde deutlich in Erinnerung geblieben ist, erfuhr ich, daß er aus Sicherheitsgründen schon in den ersten Jahren der Hitlerherrschaft Berlin verlassen hatte, um sich in einem Dorf niederzulassen. Da ließ man ihn fast völlig unbelästigt; man wußte, daß er kein Nazi war, aber sein Alter schützte ihn und man kümmerte sich nicht weiter um seine politische Gesinnung. Er hielt sich vor allem dank den ausländischen Sendungen auf dem laufenden und wartete ungeduldig, oft verzweifelt drauf, daß die Westmächte sich endlich Hitler entgegenstellten, daß sie aufhören sollten, ihn wie einen gekränkten Gentleman zu behandeln.

Als ich ihn in diesem Zusammenhang fragte, wann er es als besonders schwer empfunden hätte, fast allein gegen den Strom zu schwimmen, erwiderte er: »Das weiß ich genau. Es war im Sommer 1940, nach der Kapitulation Frankreichs. Alle, nicht nur in meinem Dorf, sondern überall in Deutschland, jubelten, freuten sich über die Siege der Wehrmacht und das so schnelle Ende des Feldzugs. Ich saß an meinem Radio, hörte den Jubel fast einer ganzen Nation und war so traurig wie nach einem ungeheueren Unglück. Ja, da gab es einen Tag, an dem hat es mich plötzlich überfallen, das Gefühl, daß die Schuld an mir lag, daß ich wohl verrückt war, von einer Geisteskrankheit befallen, denn mein Volk war glücklich und es hatte ja, worauf stolz zu sein – ich aber saß da, allein, zum Sterben traurig, als ob ich ein Feind meines eigenen Volkes wäre. Ich war so verstört, daß ich es nicht gewagt habe, das Haus zu verlassen und jemandem in die Augen zu sehen. Gottseidank hat das nicht länger als ein, zwei Tage gedauert.«

Was ich dankbar aus seiner Erzählung lernte, war mir keineswegs neu, aber es bestärkte mich in der Überzeugung, daß es *alle* gar nicht gibt und daß die einzelnen weniger einsam und innerlich bedroht wären, wenn sie wüßten, daß es viele ihresgleichen gibt, die ihrerseits annehmen müssen, daß sie allein seien – gegenüber *allen.*

Ich traf auch einen Mann im besten Alter, einen Studienrat, der das Tausendjährige Reich als Gepäckträger überdauert hatte. Und ich ließ mich in lange Gespräche mit Leuten ein, die, nicht ohne schwer vermeidbare Kompromisse, in ihrer eigenen Stadt wie in einem »innern Exil« gelebt hatten. Nur in seltenen Fällen bezweifelte ich ihre Aufrichtigkeit. In jenen Jahren begegnete ich keinem Deutschen, gleichviel welchen Geschlechts oder Alters, der mir gesagt hätte, daß er aus Überzeugung oder Opportunismus Nazi gewesen war. Auch das mag erklären, warum ich so ungern nach Deutschland fuhr und, nach einem zumeist kurzen Aufenthalt, deprimiert zu Hause ankam.

Ein anderer Grund war der, daß mir die Okkupanten, mit einigen allerdings bedeutsamen Ausnahmen, kaum gefielen und daß mir viele jener Deutschen mißfielen, mit denen sich die Verwaltung am häufigsten einließ: Sie waren zumeist aus dem gleichen Grund alliiertenfreundlich, aus dem sie Nazis gewesen waren: aus einem Opportunismus, dessen Skrupellosigkeit grenzenlos war im Jahre 1933 und im Jahre 1945 grenzenlos blieb. Manche waren sogar aus Opportunismus nie in die NSDAP eingetreten, aber hatten die allerbesten Beziehungen zu dieser Partei, ihren Unter- und Oberführern gepflegt. Gemäß den unsinnigen Entnazifizierungsgesetzen waren sie politisch »in Ordnung«, genau wie die Geschäfte, die sie mit den übelsten Elementen der Okkupation mitten in der schlimmsten Nachkriegssituation betrieben. Eines dieser Geschäfte, für das man die führenden Repräsentanten der Besatzungsmacht gewonnen hatte, zielte auf die Überführung möglichst vieler deutscher Verlage in französischen Besitz ab. Meine Bemühung, die zuständigen Instanzen von der politischen und materiellen Sinnlosigkeit einer derartigen Manipulation zu überzeugen, scheiterten. Manche hohe und höchste Offiziere erwiesen sich als unfähig zu begreifen, daß gleichviel wie lange die Besatzung noch dauern mochte, es ihr nie gelingen könnte, ein Land wie Deutschland kulturell dauernd zu beherrschen. Zu den charakteristischen, verdummenden Irrtümern, denen Okkupanten selten entgehen, gehört die Meinung, daß der Sieg nie enden, daß er zuständlich werden wird, indes er – kaum sind die Tage des Triumphs verstrichen – bereits zu vergehen beginnt. Jede Stunde nützt ihn ab, entkräftet ihn, bis auch die Erinnerung an ihn zu verblassen beginnt. Die Niederlage hingegen wird schnell zuständlich und bleibt so, bis die Arbeit der Besiegten die Umstände verändert und neue Zustände schafft. Es gibt eine spezifische Verblendung der Okkupanten, die es den Einheimischen erleichert, vorerst unmerklich und immer schlauer den eigenen Willen durchzusetzen. Das ist so wenig erstaunlich oder vermeidbar wie die nässende Wirkung des Regens.

Als de Gaulle sich von der Macht zurückzog – in der Hoffnung, daß das dankbare französische Volk ihn stürmisch zurückrufen würde –, verließ auch Malraux das Ministerium und wurde Propagandist der Sammelbewegung, die den von keiner Partei zurückgerufenen de Gaulle wieder an die Macht bringen sollte. Ohne Antigaullist zu sein, beurteilte ich den unaufrichtig begründeten Rücktritt sehr kritisch und noch kritischer Malraux' Entscheidung, am RPF – so nannte sich jene Sammelbewegung – teilzunehmen. Man durfte dem General nicht irgendwelche Putschpläne unterschieben, aber seine unverhüllte Feindseligkeit gegen die Parteien konnte mit der Zeit einen antiparlamentarischen Charakter annehmen und damit zu einer Bedrohung der Demokratie werden. Eben davor versuchte ich Malraux zu warnen, vergebens. Seine Bindung an de Gaulle machte ihn taub gegenüber jedem Einwand, er wurde ungeduldig, ja intolerant gegenüber jeder Meinung, die der gaullistischen entgegengesetzt war oder auch nur von ihr abwich. Und wie gewöhnlich rief die Intoleranz des einen die Unduldsamkeit des andern hervor. Es gelang mir nicht, Malraux davon zu überzeugen, daß er im Begriffe stand, das immense politische Kapital, das er für die nichtkommunistische Linke darstellte, zugunsten einer Bewegung zu vergeuden, die im Falle ihres Erfolges sich als einzige Partei der Regierung bemächtigen, das heißt ein autoritäres Regime errichten könnte.

Nach langem Zögern faßte ich damals den Beschluß, nie mehr aus politischen Gründen auf eine Freundschaft zu verzichten. Ich hörte auf, Malraux meine schweren Bedenken gegen seine politische Tätigkeit zu wiederholen; wir vermieden somit, so gut es ging, von dem RPF zu sprechen, fuhren aber fort, zusammen die weltpolitische Situation, die beunruhigenden Vorgänge, die fast jeder Tag brachte, zu analysieren. Und in diesen Gesprächen stimmten wir fast immer überein.

Als die sensationellen Anfangserfolge des RPF nicht dazu führten, die von allen als kraftlos, ja lebensunfähig erklärte Vierte Republik zu stürzen, verlor die Bewegung ihren Sinn, denn de Gaulle hatte sie geschaffen, um im Sturmschritt das französische Volk zu erobern und eine andersartige Republik zu gründen. Auch die zahllosen Streiks und andauernden Attacken der Kommunisten verhinderten nicht, daß Frankreich, langsam zwar, aber unaufhaltsam, ohne jede Propaganda und ohne jede Ideologie, seine Wirtschaft wieder aufbaute und so die Voraussetzungen für eine nie vorher gekannte Prosperität herstellte. Malraux seinerseits legte das Amt des Propagandachefs des RPF nieder und zog sich bald von der aktiven Politik zurück. Er nahm seine Arbeit da auf, wo er sie nur einige Jahre vorher unterbrochen hatte, um sich am Befreiungskampfe seines Volkes zu beteiligen.

Der RPF hatte viele Anhänger unter den Offizieren und Verwaltungsbeamten der Besatzung. Das erklärte sich einerseits durch den nationalistischen Charakter dieser Bewegung, aber noch mehr durch jene Lockungen, denen Opportunisten selten widerstehen. Man riskierte nämlich nichts, wenn man gegen die Vierte Republik war, und konnte umgekehrt im Falle eines Sieges viele Vorteile, vor allem schnelle Beförderung, erhoffen. Auch die Kommunisten waren damals sehr nationalistisch, denn sie wollten ja – wie sie erklärten – Frankreich von der amerikanischen Fremdherrschaft befreien, die sie der Herrschaft der Nazis gleichstellten. Deshalb erwiesen ihnen viele Besatzungsoffiziere heimlich oder offen ihre Sympathie und sicherten sich auch nach dieser Seite gute Aussichten für eine mögliche Zukunft. Obwohl Gaullisten und Kommunisten einander damals wieder sehr scharf bekämpften, fanden sie sich in der totalen Feindschaft gegen die Vierte Republik vereint; am deutlichsten konnte man diesen paradoxen Sachverhalt in der französischen Besatzungszone feststellen. Obschon der Oberkommandierende der gesamten Okkupationsmacht ein verläßlicher Gaullist war, ließ er sich dennoch von jungen kommunistischen Intellektuellen, die vor allem im Informationsdienst und in verschiedenen kulturellen Departements tätig waren, gerne beraten und ohne Mißtrauen beeinflussen, nicht zuletzt, weil er sich so gegen Angriffe der sehr aggressiven linken Presse am wirksamsten zu schützen glaubte.

In der französischen wie in der amerikanischen Besatzungszone wurde die gleiche politische Posse gespielt: Kommunisten und deren Sympathisanten bekannten sich nicht offen zu ihrer Partei, sondern stellten sich als aufrichtige Demokraten vor. Sie überzeugten nicht nur die als Majore und Obersten verkleidete Babbitts, sondern auch die französischen Okkupanten davon, daß gerade sie als Demokraten die verläßlichsten Mitarbeiter der Besatzung seien – zum Unterschied von den Sozialisten, die ja den sozialen Frieden stören wollten und sofort die politische Freiheit der Deutschen verlangten. So geschah es, daß stockkonservative Offiziere getarnten Kommunisten den Rundfunk und die Presse überantworten wollten, um Deutschland vor dem Sozialismus zu retten. In der französischen Zone galt es eine

Zeitlang als Gipfel der politischen Weisheit, keinerlei Partei anzuerkennen, sondern an ihrer Stelle einen *Antifaschistischen Kampfbund,* der in der Tat gar nicht existierte und als eine kommunistische Tarnorganisation aufgezogen werden sollte.

In vielen Abwandlungen wurde diese Posse immer aufs neue gespielt, bis sie sich, spätestens im Jahre 1948, selber als betrügerisches Manöver enthüllte. Da die Mehrheit des militärischen und zivilen Besatzungspersonals weder kommunistisch noch sozialistisch war, sondern politisch indifferent, sympathisierte sie am ehesten mit Politikern, die sich aus religiösen Gründen dem Nazismus insgeheim widersetzt hatten. Diese schienen die verläßlichsten, nachgiebigsten Verbündeten zu sein, die man in Deutschland und in Österreich vorfinden konnte. Hingegen wagten es Sozialisten, so zum Beispiel der aus der englischen Emigration nach Wien heimgekehrte Oskar Pollak, Irrtümer, Mißbräuche und Schikanen der Alliierten in der *Arbeiter-Zeitung,* dem Zentralorgan der Sozialistischen Partei, offen anzugreifen. Er rief damit bei der Besatzung Ärger hervor, besonders wenn er die Russen kritisierte; der französische Informationsoffizier schlug den Alliierten in einem solchen Falle vor, die *Arbeiter-Zeitung* zu verbieten. Es verwunderte niemanden, daß ich entschieden gegen ein solches Vorgehen Stellung nahm, denn man wußte, daß ich auf seiten der Sozialisten war, obgleich ich weder der SP noch irgendeiner Partei angehörte. Überdies war ich prinzipiell gegen die Zensur und erst recht gegen das Verbot von Publikationen, in denen begründete Kritik an Zuständen und Maßnahmen geübt wurde. So verhinderte ich z. B. das Verbot, das ein schlecht gelaunter Offizier über die *Gegenwart,* die von Benno Reifenberg mit geistigem Anstand und Zivilcourage redigierte Zeitschrift, verhängen wollte.

In der Tat ergab sich überall die scheinbar paradoxe, aber psychologisch und politisch leicht erklärbare Situation, daß jene, die den Drohungen und Lockungen der Nazis widerstanden hatten, die staatsbürgerliche Freiheit auch in der Okkupation verteidigten. Da sie kein schlechtes Gewissen hatten, mußten und wollten sie keine Beweise von Dienstfertigkeit erbringen – sie waren zur Mitarbeit bereit, aber nicht zur Unterwerfung. Sie nahmen das Recht in Anspruch, zu kritisieren und in der Besatzung einen notwendigen, aber vorübergehenden und jedenfalls prekären Zustand zu sehen, dessen Härte es zu mildern galt – sowohl im Interesse des Volkes wie des zukünftigen Friedens.

Ebenso aufschlußreich ist die Tatsache, die man überall feststellen konnte: ein unglückliches Bewußtsein, ein unabweisbares Gefühl der Mitverantwortlichkeit für die im Namen Deutschlands verübten Verbrechen fand man nur bei Männern und Frauen, die immer Gegner des Nazismus gewesen waren und unter ihm selbst sehr gelitten hatten. Sie, die Unschuldigen, haben das Gefühl der Scham über das Geschehene spät oder nie überwunden. Sie waren es auch, die während der Jahre der allmächtigen Besatzung den Mut aufbrachten, für das Wohl des eigenen, leidenden Volkes zu kämpfen und für das Recht und die Freiheit anderer Völker einzustehen.

Mehr als drei Jahrzehnte sind seit der frühen Nachkriegszeit vergangen, in deren Verlauf mich Dienstreisen in Deutschland und Österreich mit zahllosen Menschen in Berührung brachten, deren Sprache meine eigene war. Ganz anders als während meines Aufenthaltes in der deutschen Schweiz, erfuhr ich hier – erstaunt, erfreut und nicht weniger erschreckt – den Zauber der Sprache, der bindet, was ein organisiertes Unheil und nicht die Mode getrennt hat. Am späten Abend von der Gare de l'Est abgefahren, erwachte ich, von deutschen Stimmen geweckt, die mir fast unaufhörlich während der folgenden Tage ans Ohr klingen sollten. Obschon mir das Badische in Dialekt und Tonfall fremd klingen mußte, konnte ich mich kaum des zudringlichen Gefühls erwehren, daß ich mich zwar nicht in der Heimat, aber dennoch im Heimischen befand, weil auf den Straßen, in der Bahn, weil überall deutsch gesprochen wurde und die Schulkinder mit deutschen Rufen ihre Schneeballschlacht begleiteten. Ich war nicht ausgegangen, um zu fluchen, doch gewiß nicht, um zu segnen. Hier aber stand ich nun, las Namen und deutsche Worte auf Ladenschildern und Plakaten, als ob sie an mich gerichtet wären. Eben in der anonymen Sprache, nicht im einzelnen deutsch geführten Gespräch, empfand ich das Heimische, den Reiz und nicht weniger die Gefahr der unerwünschten Heimkehr.

In der *Zukunft* hatte ich vor Ausbruch des Krieges unter dem Titel *Coriolanuli* einen Artikel veröffentlicht, darin ich deutsche Exilgefährten kritisierte, die nicht nur das Dritte Reich, sondern – mit einigen der Geschichte entlehnten Argumenten – das deutsche Volk verurteilten. Ich warnte vor der corolianischen Verachtung, mit der jene Polemiker von Deutschland sprachen. In meinen ersten Begegnungen mit Deutschen trat ich weder als rächendes Opfer, noch als Ankläger oder als Richter auf; ich versuchte, Gesprächswendungen zu vermeiden, die die Gesprächspartner zu beschönigenden Unwahrheiten verführen oder in eine jämmerliche Verteidigungsposition drängen konnten. So stellte ich niemals direkte Fragen nach der Vergangenheit und wollte nur erfahren und am liebsten glauben, was der andere mir von sich aus erzählen wollte. Diese Methode des Umgangs mit Menschen jeder Art, die dem Psychologen die natürlichste ist, hat sich fast in jeder Situation bewährt. Ich wandte sie deshalb auch hier an, wohl wissend, daß der andere ein persönliches, oft vordringliches Interesse hatte, mich zu seinen Gunsten einzunehmen. Ich konnte ihm zu einer

Anstellung oder zu einer Lizenz verhelfen, ihn mit Lebensmitteln bevorzugt versorgen lassen, mit ihm meine Zigaretten und Getränke teilen. Die Leute, fast ausschließlich Männer, waren Professoren, Schriftsteller, Journalisten, seltener Politiker, die seit Januar 1933 kaltgestellt, eingekerkert oder in Freiheit unter äußerst schwierigen Bedingung gelebt und standgehalten hatten. Gealtert, resigniert oder hoffnungsvoll kamen sie aus dem toten Winkel, manche mit dem Gefühl, daß ihr Aufstieg gesichert war. Von ihnen allen, »Angehörigen der gebildeten Stände«, lernte ich jedoch weniger, als ich gehofft hatte.

In der von mir unter dem Pseudonym A. J. Haller herausgegebenen und in Mainz gedruckten internationalen Revue *Die Umschau* spreche ich von »Forschungsreisenden«, die seit Kriegsende nach Deutschland kamen, um beharrlich eine glaubhafte Lösung des Rätsels zu suchen, das sie seit 1933 aufs höchste beunruhigt hatte. Der Reisende fragt: »Wie ist all das möglich gewesen?« Und der Gebildete beklagt sich über das Volk, die Massen, die Dummen, die nicht alle werden. Ja, alle waren schuld, nur er war es nicht.

Der zuständige Informationsoffizier in Mainz – ich will ihn Tisserand nennen – war ein Kommunist, Parteimitglied oder Sympathisant; ich fragte ihn nicht danach. Er wußte sicher, wo ich politisch stand, brachte mir aber trotzdem, wie ich annehmen mußte, Sympathie und Achtung entgegen. Er empfahl mir einen Mainzer – ich will ihn Salm nennen –, der in der Tat ein gebildeter Mann, ein Sozialist und vertrauenswürdiger Mensch zu sein schien. Ihn machte ich zu meinem Mitabeiter. Er hatte nicht sehr viel zu tun, denn ich wählte die Texte zusammen mit meiner Mitarbeiterin Charlotte Roland in Paris aus und setzte da jede Nummer zusammen. Von ihm erwartete ich nützliche Kontakte mit deutschen Intellektuellen, die als spätere Mitarbeiter der Revue in Frage kamen. In der Publikation traten jedoch nach einigen Nummern unbegreifliche Schwierigkeiten ein:

obgleich die Zeitschrift sich sehr gut verkaufte, war die Kasse leer. Da gestand Dr. Salm, daß er das Vermögen der *Umschau* irgend jemandem, einem Transportunternehmer, geborgt hatte, der inzwischen verschwunden war. Ob wahr oder unwahr, sein Vorgehen blieb ungeklärt. Die Druckerei, die mir von Tisserand empfohlen war, erklärte sich außerstande, die Zeitschrift zu drucken, da eben Tisserand ihr andere Aufträge zugewiesen hatte. Etwa um die gleiche Zeit hatte ein französischer Geheimdienst Telephongespräche des Dr. Salm mit Kommunisten der Sowjetzone abgelauscht, überdies Briefe von ihm und an ihn aufgefangen. Man schöpfte Verdacht, daß ich eben durch ihn Kontakt mit der Ostzone und den Russen angeknüpft hätte. Dr. Salm ließ sich einige Zeit nachher in der Ostzone nieder, wo er sofort einen Lehrauftrag erhielt. Etwas später ging Tisserand nach Leipzig, wo er Lektor war und seine Studien beendete.

Und nun das Merkwürdige: Tisserand habe ich später noch einige Male bei mir zu Hause empfangen und dann aus den Augen verloren. Nach der Entstalinisierung meldete er sich wieder; er bat mich, ihn bei seinem nächsten Aufenthalt in Paris zu empfangen. Und da geschah es: in einer plötzlichen Erleuchtung begriff ich, welch üble, in der Tat verächtliche Rolle er in der ganzen Angelegenheit gespielt hatte. Daß er über Befehl seiner Partei so gehandelt hatte, erstaunte mich natürlich nicht im mindesten. Unbegreiflich hingegen bleibt mir meine eigene Blindheit.

Als ich mit so großer Verspätung die wahren Zusammenhänge dieser Affaire entdeckte, wurde mir mein Verhalten zum Rätsel. Liebe oder sexuelle Hörigkeit und ebenso Fanatismus jeder Art können selbst einen reifen Menschen vorübergehend seiner Intelligenz, seiner Beobachtungsfähigkeit und seiner Menschenkenntnis berauben. Aber hier war nichts dergleichen im Spiel. Meine Beziehung zu allen Beteiligten war eine durchaus nüchterne; ich empfand wie immer Sympathie für jene, die für mich oder mit mir arbeiteten. Trotzdem verrieten sich mir gewöhnlich kleinere oder größere Unwahrheiten, als Gründe maskierte Ausreden und Vorwände ganz von selbst. Um so erstaunlicher, daß ich die Manipulationen in diesem Falle gar nicht in Betracht gezogen habe. Wie ich nun betroffen zurückdachte, wurde es mir gewiß, daß ich das Wesentliche doch vermutet oder rechtzeitig erraten und dennoch nichts unternommen hatte, um alles aufzuklären. Paßte das zu mir, der bereits als vierjähriges Kind die schlauen Schummeleien Bereles, des um wenige Jahre älteren Kameraden, durchschaut hatte, ihn aber glauben ließ, daß ich sie für bare Münze nahm?

Ich erwähne diese Episode vor allem, weil sie Einsicht gibt in die überaus komplexe, in der Tat *falsche Situation,* in die ich dadurch geraten war, daß ich eine Mission annahm, für die ich zwar sachlich geeignet war, die mir jedoch gefühlsmäßig unerträglich blieb. Ich habe schon erwähnt, daß mich jeder Aufenthalt im besetzten Deutschland deprimierte, daß ich mich nicht mit den Okkupanten identifizieren wollte, noch viel weniger mit den Okkupierten. Das Gefühl des Heimischen, das die gemeinsame Sprache erzeugte, stand – von seltenen Ausnahmen abgesehen – im Widerspruch mit der bedrängenden Gewißheit, daß ich nur ein Jahr zuvor in Deutschland wegen meines Judeseins einem grauenhaften Schicksal ausgeliefert worden wäre. Die meisten Männer und Frauen, denen ich begegnete, hätten gleichgültig oder mit Genugtuung das Nötige getan, damit ich diesem Geschick nicht entginge. Und trotzdem war mir ihre materielle und seelische Not nicht gleichgültig, nicht ihr Hunger und nicht ihre Angst um Söhne oder Gatten, von denen sie seit Monaten vergeblich ein Lebenszeichen erwarteten.

Ja, ich war in einer falschen Situation. Am deutlichsten

trat das zutage, wenn ich mehrere Stunden in der Gesellschaft der leitenden Beamten und der Kommandanten der Besatzungsarmee verbrachte. Natürlich wurde ich wegen meiner Mission zu offiziellen Diners eingeladen, wo man aus Langweile zuviel aß und zuviel trank, wie es fast jedesmal geschieht, wenn die so zahlreichen Tischgenossen ständig damit beschäftigt sind, den Anschein zu erwecken, als ob sie wirklich diejenigen wären, als die sie aufzutreten haben. Ohne dessen gewahr zu werden, sprachen die meisten, als ob sie Kolonialherren wären in einem rückständigen Land, in das sie Ordnung, Arbeitsfleiß und Bildung bringen sollten. Ich konnte oft nicht an mich halten, meine Gesprächspartner daran zu erinnern, daß Deutschland in jeder Hinsicht ein kultiviertes Land war und schnell genug seinen Rang wiederfinden würde. Sie aber waren erstaunt darüber, daß jemand von meiner Abstammung nach allem, was geschehen war, von Deutschland so sprechen konnte.

Verbrachte ich einen Abend mit deutschen Intellektuellen, unter denen es nicht wenige Kriegsverletzte gab – fast alle hatten als Offiziere Frontdienst geleistet –, dann gab es zu Beginn gegenseitiges Verständnis, teilten wir doch alle das gleiche Unglück, Hitlers Aufstieg erlebt und unter dessen Folgen gelitten zu haben. Je weiter indes der Abend fortschritt, um so beredter wurden sie. Zwar lasen sie es nicht anders als »vor Tische«, aber immer eindringlicher wiederholten sie, wie sehr gerade sie gelitten und wie gut es zum Beispiel die Emigranten gehabt hätten, die durch ihre Flucht ja rechtzeitig dem Schlimmsten entronnen waren. Noch ein wenig – und meine Gäste hätten, nicht ohne taktvolles Zögern, angedeutet, daß alles in allem die Juden in ihren Ghettos und Lagern es weniger schlimm gehabt hätten als so viele deutsche Soldaten im russischen Winter, z. B. in den Igelstellungen. Ehe ich antworten konnte, lenkten sie gewöhnlich wieder ein, denn immerhin durfte man die Gaskammern und Auschwitz nicht vergessen . . .

War ich aber mit Tisserand und den jungen linken Intellektuellen zusammen, die er häufig einlud, dann schien alles einfach: ihnen stellte sich das Unglück, dessen Nachwirkungen noch unser aller Sein und Denken beherrschten, genauso dar wie mir. In unseren Gesprächen vergaßen sie gewiß nicht, daß es Sieger und Besiegte gab, aber auch für sie verlief die Grenze nicht so sehr zwischen den Nationen als zwischen den Positionen, die die einzelnen, die Gruppen und Parteien in diesen 13 Jahren bezogen hatten. Und eben weil ich immer bei der Begegnung mit den anderen befremdet war, empfand ich das Bedürfnis, denen, die genau so zu denken schienen wie ich, uneingeschränktes Vertrauen zu schenken. Die erstaunliche Schnelligkeit, mit der sich zwischen Soldaten schon in der Mannschaftsstube und erst recht im Kampfeinsatz ein brüderliches Zutrauen einstellt, erklärt sich sicher aus dem gleichen Wunsch, Zuflucht vor einer befremdlichen Lage und damit sich selbst zu finden.

Ich blieb noch lange, nachdem Malraux das Ministerium verlassen hatte, im Amt. Viel länger als ich es getan hätte, wären im Zusammenhang mit der Revue nicht Konflikte entstanden, die ich unbedingt durchfechten wollte. Ich hatte gute Gründe, mich zurückzuziehen: Roger Martin du Gard hatte meine Hefte vor jedem Zugriff bewahrt, sie zeitweise eingegraben, wenn Gefahr drohte. So konnte ich darangehen, das Buch zu beenden. Arthur Koestler, dem ich einige Kapitel vorlas, ermutigte mich aufs entschiedenste und riet mir, keine Zeit mehr zu verlieren.

Ich begann mit dieser Arbeit, noch ehe ich Ende 1948 meine Tätigkeit im Französischen Generalkommissariat für die besetzten Gebiete aufgab. Wollte ich Schriftsteller werden? Das stand noch gar nicht fest, denn ich hielt es nicht für sicher, daß ich damit das Auskommen finden würde; ich war aber entschlossen, den Roman zu veröffentlichen. Zwar ging es hier um ein literarisches Werk, aber noch mehr um eine Art Vermächtnis: 1937 war ich wortlos weggegangen, in der *Analyse der Tyrannis* blieb ich unpersönlich, erst hier, im Roman erzählte ich die »Geschichte einer Leidenschaft«, die, transponiert, auch die meine gewesen war, und die Geschichte eines Zeitabschnitts. Ich hatte dem Buch von Anfang an den Titel gegeben: »Doch dieser Tag brach nicht an . .«, häufig nannte ich ihn auf englisch »The Day did'nt dawn . . .«. Merkwürdig genug, daß ich somit an die unerfüllte Hoffnung dachte und nicht an die vollbrachte Zerstörung. Erst als der Roman in seiner endgültigen Form abgeschlossen war, ersann ich die »Legende vom verbrannten Dornbusch«. Doch noch war es nicht so weit. Ich blieb in der falschen Situation, versuchte währenddessen manches Gute zu bewirken, verhinderte manches Dumme und Schlechte; ich reiste alle paar Wochen nach Deutschland und einige Male nach Wien, wo ich einmal mehrere Wochen blieb.

Ja, das Wiedersehen mit Wien. In diesen Erinnerungen habe ich erzählt, wie ich am späten Abend des 11. März 1938 entdeckte, daß Wien mir nicht als eine Stadt erschien, die mir – wer weiß für wie lange – unzugänglich wurde, wie etwa Berlin seit 1933. Nein, mir war, als ob Wien in diesen Stunden von der Bildfläche verschwinden müßte. In jener Nacht verwaiste ich, verlor ich erneut meine Wurzeln.

Als ich nun, acht Jahre später, auf dem Wiener Westbahnhof aus dem Zug stieg, sprach mich ein uniformierter Mitarbeiter des französischen Informationsdienstes an. Auf dem Weg in die requirierte Wohnung, die mir zur Verfügung gestellt wurde, wandte ich kaum den Blick von meinem Begleiter ab, der mir ausführlich darlegte, welche Personen ich wann und wo sehen, an welchen offiziellen Déjeuners, Diners und Partys ich teilnehmen müßte. Er flocht ganz witzige Charakterisierungen der Franzosen und Österreicher ein, denen ich mehr oder minder häufig begegnen würde. Fürs erste schlug er eine Spazierfahrt durch die Stadt vor, die sofort wiederzusehen ich ja gewiß begierig wäre. Ich lehnte es ab, denn ich wollte ohne Begleitung, ohne diesen Zeugen den gleichen Weg einschlagen, auf dem ich vom Herrenhof nach Mitternacht gewöhnlich nach Hause ging.

Ich stellte mich ans Fenster, die Häuser hatten nicht gelitten, die Fassaden waren genauso schäbig wie 1919, aber die Kleidung der Fußgänger schien weniger abgenutzt als damals, viele trugen farbige Provinztrachten. Die Tramway hatte sich nicht geändert, sie war noch immer rot-weiß, das Knirschen der Bremsen und das ungeduldige Geklingel der Fahrer – all das war wie früher. Ich erinnerte mich, welch Vergnügen ich am Wiedersehen mit Wien immer fand, sooft ich aus Berlin oder aus Paris für einige Zeit zurückkam. Natürlich gab es damals viele Menschen, die meine Heimkehr erwarteten, so daß ich stets das Gefühl hatte, daß ich von der Stadt ebenso wiedergefunden wurde wie ich sie wiederfand.

Mit alledem war es vorbei. Ich hatte hier keinen einzigen Freund mehr, auch wenn da noch einige Leute leben mochten, die sich an mich erinnerten. Unter den Sozialisten, die aus der Emigration heimgekehrt waren, gab es gewiß nicht wenige, die ich einmal gekannt hatte; mit ihnen wollte ich jedenfalls den Kontakt aufnehmen, ebenso mit einigen katholischen Intellektuellen, die in Konzentrationslagern oder in einer inneren Verbannung tapfer durchgehalten hatten. Sonst blieben nur die französischen Besatzungsbeamten und einige Engländer.

Ich packte meinen Koffer aus, warf einen Blick auf die Dokumente, die mir mein Begleiter zurückgelassen hatte, dann stellte ich mich ans Fenster. Es regnete, alles war grau, die Fußgänger beschleunigten ihre Schritte. Auf dem Trottoir gegenüber schrie ein junger Mann etwas und gestikulierte dabei; es galt wohl jemandem, der über mir wohnte. Endlich wurde er dessen müde oder man hatte ihm geantwortet, er entfernte sich. Da bemerkte ich erst, daß er Lederhosen trug, unter seinen Knien leuchteten die langen weißen Stutzen.

Endlich verließ ich das Haus; zu meiner Linken erblickte ich die vom Ring aufsteigende Mariahilfer Straße. Ich ging in der Richtung des Burgtheaters, von dem es hieß, daß es sehr beschädigt worden war. Plötzlich blieb ich stehen, ganz deutlich tauchte vor mir ein nächtliches Erlebnis aus dem Ersten Weltkrieg auf: Es war ein Sonntag. Am Nachmittag stellte ich mich vor dem Burgtheater an, um für die Abendvorstellung einen Stehplatz auf der vierten Galerie zu ergattern. Es sollte mein erster Theaterabend sein. Mir ist gewiß, daß man *Wilhelm Tell* spielte, doch könnte es eine jener Gewißheiten sein, die sich dann unbegreiflicherweise als Irrtum herausstellen ... Nach der Vorstellung, es ging auf Mitternacht, war ich vom langen Stehen erschöpft und so schwach vor Hunger, daß ich, nachdem sich alle verlaufen hatten, eine Weile auf den Stufen vor dem Theater sitzen blieb, ehe ich den Heimweg antrat. Ich hatte schon lange den Kaisergarten und die Hofburg hinter mir gelassen, als ich staunend entdeckte, daß ich noch nicht am Stephansdom vorbeigekommen war. Die Straßentafeln lagen im Dunkel, ich wußte nicht, wo ich war. Trotz meiner Müdigkeit lief ich auf eine Laterne zu und entdeckte, daß ich in der verkehrten Richtung marschiert war und mich nun an der Ecke der Mariahilfer Straße befand.

Jene Nacht kam mir plötzlich in den Sinn. So begann ich meinen ersten Gang durch Wien ganz nahe der Stelle, an der ich damals, ganz allein in tiefer Nacht, entdeckte, daß ich in einen fremden Stadtteil geraten war und wieder zum Theater zurück mußte. Den gleichen Weg wählte ich nun 30 Jahre später.

An der Marienbrücke zögerte ich, ehe ich zum Leopoldstädter Ufer hinüberging, bei den ersten Häusern meiner Gasse machte ich wieder halt. Ich erblickte deutlich genug unser Haus, wandte mich schnell ab und kehrte in die Innere Stadt zurück. Dort setzte ich mich in ein Café, ließ mir einen Gespritzten servieren und alle Zeitungen bringen. Ich wollte kein Gefühl in mir aufkommen lassen: nicht Trauer, nicht Enttäuschung, auch keine Erinnerungen.

Meine Eltern in London erwarteten gewiß, daß ich ihnen ausführlich über den Eindruck berichte, den mir die Stadt, unsere Gasse und unser Haus gemacht hatten, und die Menschen. Nun, darüber, was ich ihnen schreiben durfte, ohne sie zu erschüttern, konnte ich später nachdenken, inzwischen sollte die Erstarrung in mir bleiben. Das Vergangene war jetzt nicht wichtig, nicht darauf kam es an, sondern auf die Erledigung der Aufgaben, die mich hier erwarteten, und darauf, daß ich recht schnell nach Paris zurückfahre.

Ein Kind von drei, vier Jahren empfängt manchmal seine Eltern, die von einer Reise heimkehren, so, als ob es sie kaum noch kennte und jedenfalls nicht kennen wollte. Es braucht Stunden, zuweilen sogar Tage, bis die Widerspenstigkeit des verlassenen Kindes gegenüber denen, von denen es sich verraten fühlt, aufhört und es in ihnen wieder seine Eltern sehen und lieben kann. Nun, ich war dieses Kind, das jene nicht anblicken mag, denen es grollt, von denen es – wie es in der Bibel heißt – sein Gesicht abkehrt. Ich war mit offenen Augen durch die Stadt gegangen, hatte alles gesehen, aber nichts angeschaut, nichts außer unserm alten Haus – und auch das nur einen Augenblick lang.Im übrigen blieb ich während jener Tage im Kreise der zumeist jungen Franzosen, die in den Informations- und Kulturbüros beschäftigt waren.

Erst während meines zweiten Aufenthaltes nahm ich den

Kontakt mit Österreich wieder auf, vor allem mit Julius Deutsch und Peter Strasser und manchen ihrer Genossen. Es meldeten sich auch einige wenige Wiener, die ich in meinen ganz jungen Jahren gekannt, mit denen mich zum Beispiel die gleiche Begeisterung für Egon Schiele oder für Nestroy zusammengebracht hatte. Jungen Menschen mag solcher wie durch Zufall entdeckter Einklang das Gefühl einer allumfassenden Gemeinsamkeit einflößen, indes tatsächlich außer der juvenilen Begeisterung für einen Künstler, für ein Werk oder eine Aktion sie nichts verbindet.

Eines Tages suchte mich eine etwa fünfundvierzigjährige Frau auf, die ich im Herbst 1925 das letzte Mal gesehen hatte. Ich erkannte sie nicht, sie erinnerte mich jedoch daran, daß ich mich mit dem jungen Mann, den sie später heiraten sollte, öfters zu treffen pflegte. Er lebte nicht mehr, sagte sie und ließ eine Weile verstreichen, ehe sie hinzufügte, daß er in Rußland gefallen war. Sie sah mir dabei forschend ins Gesicht, sie erwartete wohl, daß ich sie ausfrage, doch ich tat es nicht. Sie und ihr Mann, klärte sie mich auf, waren nie wirklich Nazis gewesen, sondern nur so zum Schein. Als sie endlich ging, wußte ich nicht, warum sie gekommen war. Ich unterließ auch zu fragen, ob ich etwas für sie tun könnte. Schon jenseits der Türe, bestand sie darauf, daß ich ihre Adresse notiere. Auch sie hatte ich während dieser Stunde nur gesehen, aber nicht angeschaut.

Noch am gleichen Tage löste sich die Erstarrung in mir, am Abend ging ich ins Theater und andertags feierte ich Wiedersehen mit dem Wienerwald. Er hatte sich nicht verändert, ich fand die Wiesen, die Kogel, die Abhänge und die Haine wieder – mit welch einer Deutlichkeit erstand das Gewesene in meiner Erinnerung! So viele Gesichter tauchten auf, manche von ihnen blieben in der Ferne, als ob sie bald verschwinden sollten, indes zu meinem Erstaunen die Farben der Kleider mancher Mädchen so lebendig wurden, als ob sommerliches Sonnenlicht sie erhellte. Obschon ich auch in den dreißiger Jahren Ausflüge in den Wienerwald gemacht hatte, brachte mir dieses Wiedersehen die Erlebnisse aus den Jahren zurück, die unmittelbar auf den Ersten Weltkrieg gefolgt waren. Der Selektionsprozeß des Gedächtnisses schaltete fast alles aus, was nicht im Erlebnisbereich des ganz jungen Menschen geschehen war.

Ich betrat schließlich auch die Lilienbrunngasse, blieb vor dem Tor unseres Hauses stehen und wartete darauf, daß jemand herauskäme oder hineinginge; es kam eine ältere Frau, dann ein alter Mann. Ich wünschte gar nicht zu erfahren, wer jetzt da wohnte. Ich blickte zu den Fenstern unserer Wohnung, besonders zu denen meines Zimmers hinauf, niemand zeigte sich. Als ich die Gasse verließ, dachte ich an die alte, in der Mitte abgebrochene Steinbrücke von Avignon. Wer sie vom rechten Rhône-Ufer aus betrachtet, dem scheint es, daß sie in der Mitte des Flusses aus dem Nichts entsteht und dem linken Ufer zustrebt – ein Sinnbild der Verwandlung des Sinnvollen in ein Sinnloses, Absurdes. Das Achterhaus in der Lilienbrunngasse stand noch, aber für mich hatte es aufgehört zu existieren – es war ein Phantom. So wie die Witwe des Schein-Nazis. Und so viele andere, deren Weg den meinen kreuzten.

Mich frappierte in den belebten Wiener Straßen die große Zahl neuer Gesichter: Gesichter von vielen Bauern und Bäuerinnen, die man seinerzeit in der Stadt nur auf großen Märkten gesehen hatte. Wien zog einen wachsenden Strom von Flüchtlingen und Vertriebenen an, in der Mehrzahl Altösterreicher, die aus slawischen Ländern kamen, in denen sie vor Jahrhunderten deutschsprachige Enklaven gebildet hatten, und aus Böhmen und Mähren. Man mochte glauben, die Stadt wäre aus einem ganz besondern Anlaß von ländlichen Besuchern überschwemmt worden, so selten war in ihrer Mitte der unverkennbare urbane Typus, den jede Stadt im Laufe der Jahrhunderte herausbildet. Es kam vor, daß ich den Schritt verlangsamte, wenn ich ein bekanntes

Gesicht zu erkennen glaubte, aber es handelte sich meistens um Leute, die besser als die anderen zur Stadt paßten.

Ich konnte da nur wie ein Fremder leben, daher zog ich vor, in einem Hotel abzusteigen. Wien als *Stadt ohne Juden* hatte der Journalist Hugo Bettauer schon in den zwanziger Jahren in einem geistreichen Roman beschrieben. Jene Fiktion war Wirklichkeit geworden, aber in einer grausamen Weise, die weder Bettauer noch sonst wer jemals auch nur für denkbar gehalten hätte. Im Theater und in den Konzertsälen schienen die Juden durch die »Zuagerasten« ersetzt worden zu sein, doch traf es nicht ganz zu: Wien hatte sich in der Nazizeit provinzialisiert – Wiener, die in Kleidung und Gehaben Provinzlern glichen, bildeten nun die Mehrheit des Publikums. Schon in der Zwischenkriegszeit hatte man von dieser alten Hauptstadt als einem riesigen Dorf gesprochen; nun war sie zwar kein Dorf geworden, aber sie erweckte den Eindruck, die weitaus größte Kleinstadt der Welt zu sein.

Ich sah Deutschland erst im Jahre 1955 und Wien 1962 wieder. Das Schreiben nahm all meine Zeit in Anspruch, es bestimmte von nun ab meine Lebensweise und beherrschte meine Gedanken. Diese brachten mich häufig nach Berlin und Wien zurück, doch war ich nicht begierig, diese Städte erneut wiederzusehen. Über alles, was dort geschah, war ich auf dem laufenden, aber es ging mich nur in dem Maße an, als es allgemein politisch von Belang war – nicht zuletzt wegen der russischen Besatzung von Wien und wegen der Blockade, die das freie Berlin durch Hunger und Kälte zur Kapitulation zwingen sollte. Ich war ohne Ranküne, ich sagte es schon, und wünschte Wien und Berlin Freiheit und uns allen dauernden Frieden.

Seit langem war ich kein Emigrant mehr; die Hälfte des Lebens lag hinter mir, es war Zeit, daß da, wo ich lebte, für mich *hier* werde und jeder andere Ort *dort.* Wer so entwurzelt worden ist wie ich, und dies nicht nur einmal, schlägt nirgends wieder Wurzel, aber er kann sich irgendwo festsetzen, entschlossen, zu bleiben, wo er ist. Das tat ich auch. Doch als ich endlich mit großer Verspätung Schriftsteller wurde, mußte ich eine Frage lösen, die für mein Schaffen und meine Laufbahn von größter Bedeutung war: die Frage der Sprache. Da es mir psychisch unmöglich war, mich ganz vom Deutschen zu lösen, entschloß ich mich notgedrungen, ein zweisprachiger Schriftsteller zu werden – die Romane deutsch, die Essays hauptsächlich französisch zu schreiben. *À cheval sur le Rhin:* mit dem einen Fuß auf dem linken, mit dem andern auf dem rechten Rheinufer – diese Situation mag vorteilhaft erscheinen, sie ist es keineswegs. Wohl dem, der nur in einer einzigen Sprache fühlt, denkt und schreibt, selbst wenn er mehrere Sprachen beherrscht.

Seit 1946 war ich Lektor für deutsche Literatur im alten Pariser Verlag Calmann-Lévy, der mir einige Zeit später die Leitung des gesamten fremdsprachigen Sektors anvertraute. Unter den ersten deutschen Romanen, die ich ins Französische übersetzen ließ, gab es Werke von Alfred Döblin, Hermann Hesse, Hermann Kesten und Heinrich Mann. Während ich die von ausgezeichneten Germanisten besorgten Übertragungen überprüfte, stellte ich mit Staunen, ja mit Entsetzen fest, wie wenig kongenial die beiden Sprachen sind, so daß sie einander hoffnungslos fremd bleiben. Deshalb erstaunte es mich nicht, daß was immer ich in der einen schrieb, mir selber fremd erschien, sobald ich es in die andere Sprache zu übersetzen begann. Die sprachliche Bigamie bringt gewiß auch viele Vorteile, aber ich mag sie nicht. Es sind die Vorteile eines schicksalhaften Nachteils: der Entwurzeltheit.

Französisch wurde meine Sprache in jener äußerst

schwierigen Situation, als ich darauf achten mußte, kein deutsches Wort auszusprechen, wenn etwa gegen Ende der Nacht Polizei bei mir anklopfen sollte, und keinen Schmerzensschrei in einer andern Sprache als der französischen auszustoßen. Damals, nach dem Debakel und besonders seit 1941 wurde Französisch meine Traum-Sprache. Aber es vergingen noch mehrere Jahre, ehe ich mich entschloß, französisch zu schreiben, da ich bis dahin nur das als authentisch empfand, was sich mir in deutscher Sprache gleichsam aufdrängte. Es dauerte recht lange, ehe es anders wurde.

Die Lebensbedingungen normalisierten sich – zu langsam, glaubte man damals, doch rückblickend wissen wir, daß es recht schnell geschah, trotz den Unruhen, welche die von Gaullisten und Kommunisten fortgesetzt erschütterte politische Lage hervorrief, und trotz dem Vordringen des russischen Imperialismus, der Polen, Rumänien, Ungarn, Bulgarien, Mitteldeutschland und schließlich die Tschechoslowakei in totalitäre Satelliten-Staaten verwandeln sollte. Obschon es drei Jahre nach dem Ende des Krieges aussah, als hätte eine neue Vorkriegsphase begonnen, bewirkte die unübertreffliche Schaffenskraft Europas, durch den Marshallplan tatkräftigst gefördert, einen unerwartet raschen Wiederaufstieg der westlichen Staaten, in denen sich bald eine Konjunktur von Produktion und Konsumtion einstellte, deren Ausmaß und Dauer in der Geschichte hochentwickelter Länder ohne Beispiel ist. Mit einer Verspätung von mehr als 30 Jahren ergriffen sie endlich die ersten Maßnahmen, die zu einer europäischen Gemeinschaft führen sollten.

Wir alle überschätzten die Unstabilität Frankreichs, weil die Vierte Republik aus einer Regierungskrise in die andere stürzte, weil sie mit der Dekolonisierung nicht schnell genug ernst machte und deshalb sinnlose Konflikte heraufbeschwor. Die Vierte Republik schien nicht imstande, auch nur ein einziges Problem zu lösen, aber sie war es, die das

Land, das sich um Jahrzehnte verspätet hatte, schließlich aus dem 19. Jahrhundert herausgeholt und es wirtschaftlich auf die Höhe gebracht hat.

Mein Wirkungsbereich im Verlag Calmann-Lévy erweiterte sich bedeutend, außerdem arbeitete ich während mehrerer Jahre als Redakteur der deutschsprachigen Programme des französischen Rundfunks; die beiden Gehälter erlaubten uns, angenehm zu leben – mitten unter vielen alten und neuen Freunden.

Meine Eltern und die Brüder sah ich mindestens ein Mal im Jahr; es ging ihnen recht gut, keiner von ihnen beabsichtigte, nach Österreich oder Deutschland zurückzukehren. Sie waren keine Engländer geworden, sondern Briten, das heißt Staatsbürger des United Kingdom.

Mirjam hatte in Rom einen angemessenen Wirkungskreis gefunden, sie arbeitete als Psychologin im amerikanisch-jüdischen Hilfswerk, das die Überlebenden aus den Nazilagern betreute. Vladim, der nun fast ein junger Mann war, hatte sich italianisiert. Seiner Liebe zu Italien ist er treu geblieben, er hat in Rom seine Studien beendet und dort eine Heimat gefunden. Ich besuchte beide in Rom, Vladim kam oft zu uns nach Paris.

War meine Lehrzeit im 43. Lebensjahr endlich abgeschlossen? Nein, nicht abgeschlossen, sondern nur abgebrochen. So provisorisch die Umstände waren, es galt, sich eine Existenz zu schaffen, als ob alles halbwegs wieder in Ordnung wäre, und jeder nun in relativer Sicherheit die Zeit nutzen könnte, die ihm zugemessen war. Seit meiner frühesten Jugend betrachtete ich es als sinnvoll und somit notwendig, daß jeder Mensch *für* etwas lebe. Die Ziele, für die ich von Anbeginn hatte kämpfen wollen, schienen mir auch weiterhin durchaus erstrebenswert, aber seit Jahren war mir offenbar, daß der Weg, den ich wie zahllose andere eingeschlagen hatte, zum Irrweg geworden war. In der Wahl des Übels, das ich bekämpfen wollte, hatte ich mich so gut wie nie geirrt, aber oft genug in der Wahl dessen, wofür ich mich einsetzte, und am schlimmsten war ich in der Wahl jener fehlgegangen, an deren Seite ich in das »letzte Gefecht« zu ziehen glaubte. Natürlich galt dieses Versagen nicht nur für mich allein, sondern für so viele meiner Freunde, die nicht mehr waren, und für die Überlebenden, mit denen ich mich wieder zusammenfand.

Ich habe nie das Gefühl und noch weniger den Wunsch gehegt, ein »Unzeitgemäßer« zu sein. Aber als ich darangging, den *Verbrannten Dornbusch* zu beenden und ihn französisch zu veröffentlichen, wußte ich, daß ich damit zu spät oder zu früh kam. Gewiß wünschte ich, mit diesem Buch einen Erfolg zu erringen; das bedeutete für mich mehr als die Zustimmung meiner Freunde und die Gunst der Kritiker, denn nach wie vor wollte ich *wirken.* Alles sprach dagegen, daß es mir gelingen könnte.

In den ersten Nachkriegsjahren drängte sich jedem die Gewißheit auf, daß den Zeitgenossen die hartnäckig bewahrte Unbelehrbarkeit, dem Totstell-Reflex mancher wehrloser Tiere ähnlich, als Abwehr gegen die moralischen und politischen Gefahren des Wissens diente. Sie waren bereitwillig, dem Druck jeder Macht nachzugeben, soferne diese stark genug war, ihnen Besorgnis um ihr Wohlergehen und Angst vor der nahen Zukunft einzuflößen.

Sie glaubten den neuen Emigranten nicht, die sich aus der Sowjetunion und aus den von den Russen beherrschten Gebieten in den Westen retteten, unter denen viele, Männer und Frauen, Opfer des NKWD geworden waren. Um diesen Flüchtlingen lügnerische Verleumdung vorwerfen zu können, hörte man sie nicht an, las man nicht, was sie schrieben. So schützte sich ein beträchtlicher Teil der gebildeten Schichten vor dem Risiko, von den Kommunisten und ihren Sympathisanten als Faschisten gebrandmarkt zu werden.

Doch eben an diese Gebildeten wandte ich mich mit dem *Verbrannten Dornbusch* – weniger um sie zu überzeugen, als um in ihnen Zweifel und eine beunruhigende Nachdenklichkeit hervorzurufen. Mein Roman, weit mehr interrogativ als demonstrativ, stellte die Möglichkeit totaler Lösungen in Frage, ließ keine Dogmen gelten und keine Gewaltherrschaft. Das Wesentliche und Schwierige an ihm war, daß er die leichtfertige Vereinfachung, die Versimpelung des Komplizierten ablehnte – und gerade das mußte die von den *terribles simplificateurs* verwöhnten Leser befremden. Die Germanistin Blanche Gidon, mit der zusammen ich dieses Buch übersetzte, machte mich häufig auf meine Unnachgiebigkeit gegenüber dem Leser aufmerksam; ich strich manches, was mir zu schwer und dem »Komfort der Seele« besonders abträglich schien, aber niemals einen Absatz, in dem es sich um das Wesentliche handelte.

Im Juni 1949, als das 1940 begonnene Werk unter dem Titel *Et le Buisson devint Cendre* endlich erschien, war ich trotz meiner 44 Jahre ein Anfänger – nach solch langer Lehrzeit noch immer ein Anfänger. Auch deshalb wartete ich gespannt, mit einer nahezu kindlichen Bangnis auf den Widerhall; jeder gedruckte Hinweis schien mir wichtig. Die ersten Artikel – sie waren beinahe ausnahmslos günstig – las ich, als ob sie mir den wundersamen Erhalt der Flaschenpost bestätigten und mich so verpflichteten, ihr sofort eine zweite nachfolgen zu lassen. Erhob irgendein Kritiker einen Einwand, so antwortete ich ihm – nur in Gedanken – sehr ausführlich. Ich war in meinen eigenen Augen lächerlich, wußte ich doch als Verleger und Freund vieler Schriftsteller, wie begrenzt die Leserschaft der Kritiker ist und wie gering zumeist ihr Einfluß. Interviewer kamen, Einladungen zur Mitarbeit an Zeitungen und Zeitschriften, ich nahm an öffentlichen Debatten teil und wurde mit berühmten Persönlichkeiten bekannt gemacht; es passierte mehrmals, daß man mich in Leitartikeln zitierte. Nein, ich vergaß nicht, daß mein Ahne Salomon mit seinem Ausruf über die Eitelkeit aller Eitelkeiten noch immer recht hatte, aber während einiger Wochen nahm ich Komplimente ernst und stellte mit Bedauern fest, daß es schwer ist, auf sie geistreich zu reagieren, doch entdeckte ich rechtzeitig genug, daß im übrigen niemand das erwartet.

Das wertvollste Ergebnis, das sich gleich nach dem Erscheinen des *Verbrannten Dornbusch* einstellte, war die Freundschaft einer wachsenden Zahl von Menschen, hauptsächlich von Schriftstellern. So glich mein Eintritt in die Literatur der Aufnahme in einen Orden. Um es gleich zu sagen: ich bin besonders gerne mit Schriftstellern zusammen, am liebsten mit solchen, deren Talent mich beeindruckt, aber auch mit anderen, sofern sie ihre Freiheit als Autoren bewahren, so daß Schöpfer und Werk authentisch bleiben. Doch befinde ich mich am Rande ihres Kreises, was nicht nur daran liegt, daß ich mich recht spät zu ihnen gesellt habe, sondern viel mehr daran, daß die psychologische Vergangenheit an mir klebt wie die Kutte an einem Mönch, der sich ihrer längst entledigt hat.

Ich nehme das Schreiben so ernst wie das Leben und die Drohung des Todes, denn ich bleibe dessen stets gewahr, daß alles künstlerische Schaffen, besonders aber jenes des Dichters, den ganzen Menschen auf die Probe stellt: sein Wesen, sein Wissen und sein Bewußtsein, seine innere Wahrhaftigkeit ebenso wie seine nicht überwundenen Schwächen. Ist dies zu hoch gegriffen oder jedenfalls zu ernst, so wirkt die andere, gleichsam von einem künstlichen Mondlicht erhellte Seite des schriftstellerischen Unterfangens um so frivoler: hier entdeckt man seine übertriebenen Prätentionen und zugleich das Aleatorische und das Ungefähre, das auf die Dauer auszuschalten niemals ganz gelingt.

In Wahrheit stellt der Autor an sich selbst und an seine Leser den Überanspruch, jedes neue Werk als ein neues Beginnen und gleichermaßen als eine letzte Vollendung anzuerkennen. Dieser maßlose Anspruch verrät, wie wenig er des eigenen Urteils und des Urteils der anderen sicher ist. Denn es ist nicht Selbstsicherheit und nicht das Zutrauen zu einer ererbten oder errungenen Gewißheit, die zum Schreiben drängt, sondern fast immer eine unerträglich gewordene alte oder neue Ungewißheit, die zuweilen schmerzlich empfundene Notwendigkeit, mit sich selbst ins Reine und so endlich zu sich selbst zu kommen.

Unser Leben in den fast dreißig Jahren meiner schriftstellerischen Tätigkeit ist weit besser, sinnvoller gewesen, als ich je zu hoffen gewagt hatte: wir – Jenka, Dan und ich – haben sie tätig, in intensiver Anteilnahme an Menschen und Ereignissen verbracht, mit Freude am Dasein, am Tun und an Erfolgen, mit der sich stets erneuernden Freude an Freundschaft, die wir so oft geboten und empfangen haben; von alledem brauche ich in diesen Erinnerungen nicht zu erzählen. Über alles, was ich jedoch als Zeitgenosse in diesen Jahrzehnten erlebt und getan habe, geben meine Bücher und Artikel Aufschluß.

Befreit von der Notwendigkeit, in der ersten Person zu sprechen, werde ich den drei Bänden meiner Autobiographie einige Berichte und Essays folgen lassen: über das »Wiedersehen mit Deutschland und mit Österreich«, über das »Wiedersehen mit Israel«, über meine »Freunde in der Welt« und schließlich über den »Kongreß für kulturelle Freiheit«, dessen tätiges Mitglied ich zwanzig Jahre gewesen bin. All das muß ich noch zu Papier bringen und manches andere überdies.

Ich muß? Warum? Darauf habe ich am 18. Oktober 1975 in Darmstadt, bei der Entgegennahme des Georg Büchner-Preises geantwortet:

»Ich bekenne, daß ich zu schreiben begann, weil ich es bitter nötig hatte, um die Misère der Zeit, die ständige Bedrohung und mich selbst ertragen zu können. Aber daß ich seither veröffentliche, was ich schreibe, das geschieht, weil ich auf die Gefühle meiner Leser und - in erster und in letzter Reihe – auf ihr Bewußtsein wirken will. Vielleicht, weil ich erst spät ein Schriftsteller geworden bin, ist mir ›das Lied, das aus der Kehle dringt‹, keineswegs Lohn, der reichlich lohnet, sondern im Sinne des Rabbi Nachman von Bratzlaw ein stets erneuter Ruf, der den Leser wecken soll, den Leser und mich selber.«

Nach wie vor habe ich es »bitter nötig« zu schreiben. Doch selbst in den Stunden bedrängender Zweifel an mir selbst, an allen und an allem, bleibt es mir gewiß, daß schöpferische Arbeit nicht nur für den einzelnen stetig werdende Freiheit bedeuten kann, sondern daß sie auch die Freiheit in der Welt bewahren und vermehren hilft.

Epilog

»Er wurde geboren, hat gelebt und ist gestorben« – diese kürzeste aller Lebensbeschreibungen ist offensichtlich zu lang. Daß einer, der einmal gelebt hat, vorher geboren worden war, versteht sich ebenso von selbst, wie daß er nachher gestorben ist. Der Autobiograph seinerseits kann allerdings den eigenen Tod nicht vermelden, deshalb muß das letzte Wort seiner Erinnerungen von fremder Hand hinzugefügt werden. »Wie man stirbt, ist unwichtig wie alles, was nicht Leben ist . . . Was auch immer der Tod sein mag, ein Argument ist er nicht: nicht für, nicht wider.« Ich war 36 Jahre alt, fast hoffnungslos gefährdet, als ich diese Worte einem Mann in den Mund legte, der geschlagen war, aber unbesiegbar blieb, solange er sich noch wehren wollte. Heute, fast zweimal so alt, denke ich weit seltener an den Tod und mit größerer Gelassenheit als damals: er ist ein lästiger Gefährte, der sich zwar nicht abschütteln, aber immer wieder leicht vergessen läßt.

Erst als ich an der französischen Übersetzung der *Wasserträger Gottes* arbeitete, fragte ich mich erstaunt, warum ich wohl den Bericht über meine Kindheit mit dem Tod eines kleinen Mädchens begonnen hatte, denn ich hatte ja mit der frühesten Erinnerung anfangen wollen, der Erinnerung an eine weiße, reine Welt: an den Schnee und die Eisblumen auf den Fenstern. Nun, jene Begegnung mit der aufgebahrten Spielgefährtin wirkte auf mich damals wohl wie eine Warnung vor dem Tode, aber weit gewisser noch warnte sie den kleinen Jungen vor den fremden trauernden Frauen, die ihn seinem Glauben, das heißt seiner Welt abspenstig machen wollten. Auch der verwirrende Gegensatz war da: das Mädchen in den weißen Gewändern, mit den sorgfältig frisierten, leuchtend blonden Haaren – geschmückt für das ewige Leben, eben weil es tot war.

Mit den Jahren bin ich dem Tod, diesem nicht endenwollenden Skandal gegenüber toleranter geworden; ich finde mich ohne Widerstreben damit ab, daß alte Menschen sterben. Hingegen ruft das Ableben junger Menschen in mir eine schmerzliche Empörung, eine tiefe Trauer und ein stummes Gefühl mißbrauchter Wehrlosigkeit hervor. Auch deswegen bewirkt der Gedanke an die nekrologische Fußnote, die meine Erinnerungen an *All das Vergangene ...* eines Tages endgültig abschließen wird, in mir keinerlei Gemütsbewegung: ich werde als alter Mann sterben.

Noch vor zwanzig Jahren war es mir selbstverständlich, daß ein Schriftsteller nichts so sehr ersehnen kann, wie daß sein Werk ihn während langer Jahrzehnte, ja daß es ihn um eine kleine Ewigkeit überlebe. Das hat sich seit geraumer Zeit geändert, ich denke nicht mehr so. Zwar wünsche ich nach wie vor, auch von späteren Generationen gelesen zu werden, doch hat die Erfüllung dieses Wunsches aufgehört, für mich wirklich belangreich zu sein. Die Vorstellung einer posthumen Präsenz schmeichelt mir kaum noch, weil es mir nicht mehr gelingt, mich als einen Zeitgenossen der Nachfahren zu empfinden. Sollte einer von diesen – sagen wir in fünfzig Jahren – diese Zeilen lesen, so mag er wissen, daß ich recht früh aufgehört habe zu glauben, daß jene, die nach uns kommen werden, nur dank dieser Verspätung ein klügeres, gerechteres Urteil und einen besseren Geschmack haben werden als wir. Auch wir sind ja nicht klüger, als es die Juden oder die Griechen der Antike waren, und obschon wir viel reicher sind an Wissen und Erfahrungen, begehen wir keineswegs weniger Fehler im Denken und Urteilen, im individuellen und im politischen Tun. Weder unsere Philosophie im allgemeinen noch unsere Lebensphilosophie im besondern ist der ihren überlegen. Und die Todesphilosophie? Sie ist – mit geringen Änderungen – die gleiche Mischung von sentimentalen oder stoisch gemäßigten Gefühlsergüssen, von schwachem Protest, von wortreichen Tröstungen und von unkontrollierten Gerüchten, die von der Unsterblichkeit der Seele und von einem ewigen Leben wissen wollen.

Ein Leben im Jenseits war auch mir versprochen, doch habe ich seit dem dreizehnten Lebensjahr daran zu glauben aufgehört. Nur die »Religion des guten Gedächtnisses« ist mir geblieben, der Glaube an die den Werken manchmal beschiedene »kleine Ewigkeit«. In der winzigen Wiener Hafnergasse, in einer Filiale der Volksbibliothek entdeckte ich vor vielen, vielen Jahren diese Art Ewigkeit, als ich dort Bücher entlehnte, deren Autoren längst vergessen schienen. Die Augen des blutjungen Lesers erweckten die Buchstaben zu neuer Wirkung, in ihnen fand er Spuren, die ihn zu anderen Büchern führten, die ihrerseits wieder andere Erinnerungen weckten – fremdes Leben, dem die Gegenwart eines Jungen Platz machte.

So wurde ich unerwartet zum Erben. Manchmal schien's mir, als ob ich umgekehrt in eine vergangene Welt aufgenommen, von ihr adoptiert würde im Augenblick, da ich sie dem Nichts wieder entriß. Damals schon drängte sich mir die scheinbar so banale, doch in der Tat beunruhigende Wahrheit auf: Nichts hat mit uns begonnen, nichts wird mit uns enden. Ja, und das meine ich, wenn ich von meinem Glauben an die kleine irdische Ewigkeit alles Menschlichen spreche.

Zwischen dem 23. April 1972 und dem 25. April 1977 habe ich – durch andere unaufschiebbare Arbeiten und viele Reisen häufig unterbrochen – meine besten Stunden dem Erinnerungsbuch *All das Vergangene ...* gewidmet. Es gab

Wochen und Monate, da mich die Vergangenheit so tyrannisch in Anspruch nahm, daß die Gegenwart zusammenzuschrumpfen drohte. Mehr als sonst wurde mir das Schreiben zum Inhalt des Lebens. Und nun, nun sollte ich mich endlich frei fühlen, frei von der Aufgabe, die ich auf mich genommen hatte, und in einem besondern Sinne frei von »all dem Vergangenen«. Den schweren Sack, den ich so lange auf den Schultern trug, habe ich geleert und mich seiner endlich entledigt. Noch warte ich vergebens auf das Empfinden, daß ich ihn für immer losgeworden bin . . .

Je älter ich werde, um so deutlicher erfasse ich, daß ich »gegen die Uhr renne«. Dieser Ausdruck bezeichnet jene besondere Phase des berühmten Radfahrer-Wettbewerbs »Tour de France«, in der die Konkurrenten einzeln starten und sich daher mit der Uhr messen müssen, die gleichmütig und ohne menschliche Schwäche die Sekunden in Minuten und Stunden verwandelt. Maler, Musiker, Schriftsteller und so viele andere, die sich verloren glauben, wenn sie ihr Schaffen unterbrechen, sie alle laufen – jeder in seiner Einsamkeit – *gegen die Uhr,* um mit jedem neuen Werk ein Ziel zu erreichen, das nicht immer genau bezeichnet ist und oft genug bis zuletzt unerkennbar bleiben kann.

Und wie, wenn solchen Läufer deshalb niemand am Ziel erwartet, weil dieses in Wirklichkeit gar nicht existiert? Somit gäbe es keinen Halt für ihn: das Ziel, also der Sinn liegt in seinem Tun und nicht an dessen Ende, das jedenfalls sein eigenes Ende sein wird.